진실(眞實)된 세계(世界)의
역사(歷史)와 종교(宗敎)
(上)

彌勒佛　著

(주)阿那

彌勒佛 著 (一名 : 金鉉斗)

| 법화경 해설서 | ▶ 『(改訂版) 우주간의 법 해설 정본(正本) 반야바라밀다심경』(2015)
『(개정판) 우주간의 법 해설 무량의경』(2009)
『묘법연화경 해설 1~14』(총 14권)
『묘법연화경 해설 제 이십사 관세음보살보문품』(2005)
『관보현보살행법경 해설』(2006)

경전 해설서 ▶ 『(改訂版) 우주간의 법 해설 삼일신고』(2015)
『화엄일승법계도 근본진리해설』(2002)
『우주간의 법 해설 금강경』(2007)
『천부경 천부진리 해석 완역』(2003)
『북두칠성연명경해설』(2005)

단행본 ▶ 『(改訂版) 妙法華(묘법화)의 실상(實相)의 법(法)』(2015)
『(改訂版) 우주간의 법 해설 대승보살도 기초교리』(2015)
『(改訂版) 불교 기초 교리 핵심 81강』(2015)
『미륵불과 메시아(Maitreya Buddha and Messiah)』(2015)
『무량의경(無量義經) 약본(略本)』(2015)
『진실(眞實)된 세계(世界)의 역사(歷史)와 종교(宗敎) 上』(2015)
『진실(眞實)된 세계(世界)의 역사(歷史)와 종교(宗敎) 下』(2015)
『미륵부처님께서 밝히시는 한민족(韓民族)들이 가야만 하는 길』(2013)
『미륵부처님께서 밝히시는 문명(文明)의 종말(終末)』(2011)
『미륵부처님께서 밝히시는 우르난쉐(Ur-Nanshe)님에 대한 진리(眞理)』(2014)
『현대과학 용어로 본 유식사상과 여래장과 선』(2003)

예언서 해설 『우주간의 법 해설 요한계시록』(2008)
『격암유록 남사고 비결 해설 上』(2001)
『격암유록 남사고 비결 해설 下』(2001)

경전 독송용 ▶ 『관보현보살행법경 독송용』(2006)
『약사유리광여래본원공덕경』(2008)

※ 품절 및 절판 도서 소개는 생략합니다.

진실(眞實)된 세계(世界)의 역사(歷史)와 종교(宗敎) 上

지은이	彌 勒 佛
펴낸이	최 원 아
펴낸곳	(주) 아나, 2001년 1월 22일 등록 제16 - 9호
입력	혜경

초판 발행	2015년 8월 26일 (1판 1쇄)
주소	부산광역시 기장군 기장읍 차성남로 62 아나빌딩 3층
전화번호	(051) 723-2261 ~ 3
팩스	(051) 723-2264
홈페이지	http://www.brahmanedu.org (브라만법화연수원) (미륵부처님 직강 동영상과 법문 공개)
저작권	ⓒ 2015, (주)아나
가격	24,000원
ISBN	978-89-89958-55-0 (04220) 978-89-89958-54-3 (세트)

인사 말씀

　　진리(眞理)가 현상세계(現像世界)로 드러난 것이 실상(實相)이다. 이와 같은 실상(實相)을 바로 볼 줄 알아야 진리(眞理)를 깨우칠 수 있는 것이다. 그러나 이러한 실상(實相)을 바로 보지 못하게 가로막은 자들이 학자들이요 권력을 쥔 자들이었으며,《마왕 부처》들과《악마(惡魔)의 신(神)》들인《대마왕신(神)》들이었으며, 지상(地上)에 있는 각종 종교(宗敎)였다. 이러한 자들과 관계자들이 실상(實相)을 뒤죽박죽으로 만들어 왔기 때문에 중생들이 갈 곳을 몰라 방황하다가 끝내는 파멸을 맞고 마는 것이다.

　　때문에 중생을 구원하고자 하면 먼저 실상을 깨우치게 해야 한다. 실상의 축적이 지혜(智慧)가 되어 등불이 됨으로써 이러한 실상을 바탕으로 한 등불이 어둠을 헤쳐가야 하기 때문에 먼저 실상을 바로 하는 의미에서 이번 강의를 진행하는 것이다. 이러한 강의를 오늘 이후 매달 1회 2시간씩 진행하고자 한다. 이와 같은 미륵불(佛)의 강의가 일 년 반이 걸릴지 2년이 걸릴지는 해봐야 알 것 같다. 고로 이러한 강의가 미륵불 생전에는 마지막이 될 것이니 뜻있는 분들은 이러한 강의에 많은 분들과 함께 동참하여 주시기를 당부 드린다. 지배욕과 권력욕에 취한 자들이 만들어온 역사가 얼마나 끔찍한 결과를 가져 왔는가도 알아야 할 사항이다. 이것이 역사의 교훈이다.

　　　　　　　　　　　한기(桓紀) 9212년 음(陰) 사월

　　　　　　　　　　　　　미륵불(佛) 드림

목 차

인사 말씀 ··· 4
목 차 ·· 5

제1장 불교(佛敎)란 과연 어떠한 종교(宗敎)인가

1. [진화(進化)와 창조(創造)] ·· 25

[1] 진화(進化)의 근본목적(根本目的) ·· 25

[2] 창조(創造) ··· 28
 (1) 정명궁(正明宮) ·· 29
 (2) 진명궁(眞明宮) ·· 31

2. 불교(佛敎) ·· 37

[1] 지상(地上)에서의 불교 구분 ·· 39
 (1) 《석가모니 하나님 부처님》 주도의 북반구 및 남반구 문명 ············ 41
 (2) 《아미타불(佛)》과 《노사나불(佛)》 주도의 남반구 문명 ····················· 42
  ① [인간 육신(肉身) 진화와 U.F.O] ·· 44
  ② 관념(觀念) ·· 45

3. 《석가모니 하나님 부처님》께서 주도하시는 지상(地上)의 마지막 문명기 ······ 47

[1] [한국(桓國)](7200BC~6000BC) ·· 49
 (1) 《구석기인》의 《신석기인》으로의 교화(敎化) ······································· 50
 (2) 《민족대이동》 ·· 51

[2] [배달국(倍達國), 딜문(Dilmun)](6000BC~4000BC) ································ 53

5

(1) 《일곱 한님(桓因)》(불보살) ··· 54
(2) [다섯 한님(桓因)《불보살(佛菩薩)》]과 《스키타이》가 교화(敎化)한 후손(後孫) 정리 ··· 55
(3) [2차 민족대이동] ·· 57
(4) 《배달국(倍達國, 달문)》과 《돈황》 ·· 58

[3] 《아시리아(Assyria)》 왕조(王朝)와 [수메르 문명] ·· 62

[4] [한국(韓國)] (3898BC~2333BC) ·· 64
(1) 《한국(韓國)》을 종주국(宗主國)으로 한 《구막한제국(寇莫韓帝國)》 역대표 ··············· 67
(2) [한국(韓國)과 한단고기(桓檀古記) 기록] ·· 69
(3) [한국(韓國)과 청동기 시대] ··· 76
　　　※ 석가모니 하나님 부처님의 명령 ··· 80
(4) [한국(韓國)과 연방국] ··· 81
　　① 《한국(韓國)》 ·· 83
　　② 《구막한제국(寇莫韓帝國)》 ·· 84
　　③ 《객현한국(客賢桓國)》 ··· 86
　　　※ 강주(講主) 1-3-1 : ·· 87
　　　가> "파나류산 밑에~한국(韓國)이요" ·· 88
　　　※ 강주(講主) 1-3-2 : ·· 89
　　　※ 특기(特記) 1 : ·· 94
　　　나> "갈라서 말하면 비리국,~합해서 12국(國)이다." ······································· 95
　　　※ 강주(講主) 1-3-3 : 인류의 역사 ··· 99
　　　다> "천해는 지금 북해라 한다.~알 수가 없다." ·· 101
(5) 《한국(韓國)과 한웅(桓熊)》 ··· 102
　　① 한국(韓國)과 한문(韓文) ··· 103
(6) 한단신(불)교(桓檀神(佛)敎) ·· 105
　　※ 강주(講主) 1-3-4 : ··· 107
　　※ 강주(講主) 1-3-5 : ··· 113
　　※ 황제내경(皇帝內經) : ··· 114
(7) 신선도(神仙道) ·· 119
　　① 《신선도(神仙道)》의 구분 ·· 119
　　② 《신선도(神仙道)》에 숨어 있는 비밀(秘密) ··· 121
　　③ 《황제중경(皇帝中經)》과 《연등불(佛)》 ·· 123
　　④ 《자부선생(紫府先生)》과 《역사(歷史) 왜곡》 ·· 124

[5] [단군조선(檀君朝鮮)] (2333BC~232BC) ·· 135
(1) 《단군조선(檀君朝鮮)》과 《석가모니 하나님 부처님》의 유지(遺志) ··························· 136
(2) 《단군왕검(檀君王儉)》 ·· 138
(3) 《문수보살》과 《이집트》 ··· 142
　　① 《아미타불(阿彌陀佛)과 세트 신(Set, Seth 神)》 ··· 144
　　② 《세트 신과 비로자나 1세, 비로자나 3세의 계략》 ··· 145
　　③ 《세트 신(Set, Seth 神)의 체포》 ·· 147
　　④ 《약상보살과 약왕보살》 ··· 149

⑤《아미타불(佛)의 부활(復活)》 ··· 149
(4) 《공산사상(共産思想)》과 《자연사상(自然思想)》 ······································· 152
    ① 《공산사상(共産思想)》 ··· 153
    ② [《공산사상(共産思想)》과 《자연사상(自然思想)》의 본질] ······················· 155
    ③ 《자유사상(自由思想)》 ··· 160
    ④ 《묘음보살(妙音菩薩)과 모세(Moses, 1211BC~1136BC)》 ····························· 162
    ⑤ 《유다 왕국의 몰락》 ··· 164
    ⑥ 《중국(中國) 공산당》 ··· 165
    ⑦ 《자연사상(自然思想)》 ··· 166
(5) 《노사나불(佛)》과 《불법(佛法)》 ··· 169
    ① 《남방불교 전래(南方佛敎傳來)》 ··· 170
    [도형 1-3-4] 보살불교와 마왕불교의 진화 차이 ··· 172
    ② 《금관가야(金官伽倻)》와 《수로왕(首露王, 25BC~AD110, 재위 6BC~AD110)》 ··· 173
    ※ 강주(講主) 1-3-6 : ·· 174
        1. 《중원 대륙》에서의 《노사나불(佛) 1세》 패배의 원인(原因) ··············· 175
        2. 《중원 대륙》 백성(百姓)들의 사상적(思想的) 배경 ··································· 175
        3. 《중원 대륙》 백성(百姓)들의 종교적(宗敎的) 구분 ··································· 176
(6) [단군조선(檀君朝鮮)의 역사(歷史) 왜곡의 실상(實相) 정리] ······················· 177

[6] [북부여(北夫餘)] ··· 179
(1) [공화제(共和制) 철폐] ·· 180
(2) [공양태모법(公養太母法)과 태교(胎敎)] ·· 181

[7] 후고조선(後古朝鮮) 삼한(三韓)과 《고구려》, 《신라》, 《가야》, 《백제》 등 4국(四國) 체제 ············ 184
※ 특기(特記) 2 : ··· 187
(1) [한반도내(韓半島內)의 민족 대이동] ··· 189
    ※ 특기(特記) 3 : 《석가모니 하나님 부처님》의 《작용신(作用身)》 ··········· 191
    ① [한반도내(韓半島內)의 1차 민족(民族) 대이동] ·· 192
    ② [한반도내(韓半島內)의 2차 민족 대이동] ·· 193
    ※ 강주(講主) 1-3-7 : [노사나불(佛)과 수로(首露, 25BC~AD110, 재위 6BC~AD110)] ··· 195

[8] [일본(日本)] ·· 199
(1) [구석기인들의 일본 열도(日本列島) 정착] ·· 199
(2) [일본열도(日本列島) 《구석기인》들의 교화(敎化)] ··· 202
    ① [다보불(佛) 직계와 《마왕신(神)》 후손들의 교화(敎化)] ·························· 203
    ② [노사나불(佛) 직계(直系) 《스키타이》 후손들의 교화(敎化)] ················ 204
        가> [노사나불(佛)과 여타 《천왕(天王)》들과의 관계] ································· 206
        나> [신무천왕(神武天王)] ··· 207
        다> [신공왕후(神功王后)] ··· 208
    ③ [야마타이 교화기(敎化期) 왕명록](AD183~AD539) ·· 208
    ④ [《일본 본토(本土)》 문명기(文明期)](AD201~AD539) ································· 210
        가> [일본 본토(日本本土) 《스키타이》 탄생 이후의 문명기(文明期)] ······· 211
        나> [대마왕 불보살들과 《악마의 신》들인 대마왕신(神)들의 엄청난 계략] ··· 213

              다> [《대마왕》불보살들과《악마의 신》들인《대마왕신(神)》들의 계략과《한반도》] ············ 215
              라> [일본(日本) 본토(本土) 문명기(文明期)] ·· 216
        ⑤ [통합(統合) 아스카 시대](AD539~AD715) ·· 216
        ⑥ [나라 시대](AD715~AD781) ··· 218
        ⑦ [헤이안 시대](AD781~AD1180) ··· 219
        ⑧ [가마쿠라 막부(幕府) 시대](AD1180~AD1339) ·· 221
              가> [막부(幕府)] ·· 224
        ⑨ [북조 막부(幕府)](AD1331~AD1412) ··· 227
        ⑩ [무로마치 막부(幕府) 시대](AD1339~AD1611) ·· 228
              가> [노사나불(佛)과 막부체제(幕府體制)] ·· 230
              나> [도요토미 히데요시와 임진왜란] ··· 232
        ⑪ [에도 막부(幕府) 시대](AD1611~AD1866) ·· 233
              가> [에도 막부(幕府)와 공산주의(共産主義)] ·· 234
              나> [《악마의 신》들인《대마왕신(神)》들과《대마왕》들의 움직임] ················ 235
              다> [중국공산당(中國共産黨)과 북한공산당(北韓共産黨)] ···································· 236
              라> [남한(南韓)] ·· 239
                    ※ 특기(特記) 4 : ·· 241
        ⑫ [메이지 시대](AD1867~현재) ··· 244
              가> [일본(日本)의 근대화(近代化)] ··· 245
              나> [메이지 유신과《일본(日本)》의 교육(敎育) 정책] ··· 246
              다> [한국(韓國)과《일본국(日本國)》에 관계된 국제적《음모(陰謀)》] ·········· 247
                    ※ 특기(特記) 5 : ·· 250
                    ※ 특기(特記) 6 : ·· 252

[9] [동남(東南) 아시아] ··· 254
(1) 《진화(進化)》의《근원지(根源地)》 ·· 254
(2) [민족(民族) 대이동] ··· 255
(3) [동남아시아《한민족(韓民族)》들의 2차 교화(敎化)] ··· 257
(4) 《버마(Burma, 미얀마 Myanmar)》 ·· 258
    ① [버마(Burma) 서부 해안의 1차 교화(敎化)] ·· 258
    ② 《라크히네(Rakhine)》 문명기(文明期) (3500BC~3325BC) ··· 259
    ③ [버마(Burma) 서부 해안 2차 교화기(敎化期)] ·· 261
          가>《상(上) 버마》2차 교화기(敎化期) 문명(文明)과《단야와디 1왕조》 ············· 261
          나>《하(下) 버마》2차 교화기 문명(文明)과《단야와디 2왕조(Danyawaddy II)》 ···· 262
    ④ [버마(Burma) 서부 해안 왕조(王朝) 시대] ·· 266
    ⑤ [버마(Burma) 동부 내륙의 1차 교화(敎化)] ·· 271
    ⑥ [버마(Burma) 동부 내륙 2차 교화기(敎化期)] ·· 272
          가> [《동부 내륙》《상(上) 버마》2차 교화기 문명(文明)] ······································ 272
          나> [《동부 내륙》《하(下) 버마》2차 교화기 문명(文明)] ······································ 273
          다> [《버마》동부 내륙의 왕조(王朝) 정리] ··· 273
          라> [《버마》동부 내륙《왕조(王朝)》《왕명록》] ·· 274
                ※ 특기(特記) 7 : ·· 286
                ※ 특기(特記) 8 : ·· 288

마> [종족(種族)들과 왕조(王朝) 구분 ·· 289
    ㄱ> 《석가모니 하나님 부처님》과 《버마인》과 《퓨족》 ·········· 289
    ㄴ> 《관세음보살》과 《샨족》 또는 《아라칸족》 ······················ 290
       ⑦ [윈난(Yunnan) 성] ··· 291
       ㉯ [남조(南詔) 왕국(王國)](AD737~AD902) ·············· 292
    ㄷ> [몬족(Mon 族)] ··· 294
    ㄹ> [카렌(Karen) 족(族)] ·· 296
바> [《버어마》에서의 교화(敎化)와 왕조(王朝)들의 정리] ·········· 298
사> [버어마 교화기(敎化期) 신시(神市)의 정리] ························ 298
아> [버마 전국시대(戰國時代)의 시작] ······································ 301
자> [버마《파간 제국》 멸망 이후부터 《콘바웅(Konbaung) 왕조》까지](AD1297~AD1885) ········· 304
   ※ 주(註) : ··· 305
차> [영국(英國, British)의 버마 통치기(統治期)] ······················ 306

(5) [라오스(Laos)] ··· 307
 ① [《라오스》 지역의 1차 교화(敎化)](5500BC~4500BC) ······ 307
 ② [라오스 지역의 2차 교화기(敎化期) 문명](1800BC~1300BC) ····· 308
 ③ [라오스 2차 교화기(敎化期) 이후의 왕조(王朝)] ················· 309
   ※ 주(註) 1 : ·· 312
   ※ 주(註) 2 : ·· 313
 ④ [라오스《란쌍(Lan Xang)》 2왕조 이후의 《역사(歷史)》 정리] ···· 313
   ※ 주(註) 3 : ·· 315
 ※ [강주(講主) 1-3-8] [인간 육신이 단련을 받는 이치] ·········· 320
    [1] [유전자 4만 개] ·· 320
    [2] [삼진(三眞)] ·· 321
    [3] [단련] ·· 321
    [4] [마음(心)] ·· 324
    [5] [작용(作用)의 결과] ·· 324
    [6] [분리독립] ·· 325
    [7] [결론] ·· 327
      (1) [이슬람교(敎)와 《수니파(Sunnis)》] ················ 330

(6) [태국 하리푼차이(Hariphunchai) 문명(文明)] ······················ 332
 ① [태국 《하리푼차이(Hariphunchai) 왕조(王朝)》](1300BC~AD1) ····· 333
 ② [《히란(Hiran) 1》, 《느게온양(Ngeon Yang)》, 《란나(Lanna)》 왕조] ·········· 336
 ③ AD 1년 이후 《태국》 북부 지역의 왕조(王朝)들 ················· 340

(7) [푸난(Funan) 왕국(王國)](1300BC~300BC) ······················· 342
 ① [태국 중부와 남부 지방 《2차 교화기》 문명(文明)] ············ 342
   가> [라보(Lavo) 1왕조(王朝)](1300BC~300BC) ················ 342
   나> [아유타야(Ayutthaya) 왕조와 《2차 교화기》 문명(文明)](800BC~300BC) ···· 343
 ② [캄보디아 《1차 교화(敎化)》](800BC~300BC) ··················· 345

(8) [태국(Thailand)] ·· 347
 ① 《태국》 북부 왕조(王朝) 정리 ·· 347
 ② [《태국》 중부와 남부 2차 교화기 문명 및 이후의 왕조(王朝) 정리] ······ 348
 ③ [대(大) 아유타야(Ayutthaya) 왕국(王國)](300BC~AD640) ······ 350
   가> [《BC 300 ~ AD 200》년까지의 《대(大) 아유타야 왕국(王國)》] ······ 350

※ 특기(特記) 9 : ··· 352
    1. [불교경전(佛敎經典) 결집(結集)] ··· 352
    2. [굴내결집(窟內結集)] ··· 352
    3. [굴외결집(窟外結集)] ··· 354
    4. [상좌부 연각과 독각 불교(上座部 緣覺과 獨覺佛敎)] ····································· 355
※ 특기(特記) 10 : [대마왕(大魔王) 관세음보살] ··· 359
    1. 《대마왕》《관세음보살》의 《음모(陰謀)》 ·· 361
    2. 《악마(惡魔)의 신(神)》인 《석가모니》의 성불(成佛) ·· 363
        ※ 주(註) 1 : 《조로아스터교(Zoroastrianism)》와 《자이나교(Jainism)》 ········ 364
        ※ 주(註) 2 : 고대(古代) 《인도》의 역사(歷史)에 대한 당부 ························ 365
    3. 《불법(佛法)》 수호(守護)를 위한 《석가모니 하나님 부처님》의 대책 ············· 366
        ※ 주(註) 3 : 비자야(Vijaya, 생몰 562BC~475BC) ······································ 369
                    금강경 진언 ··· 370
    4. 《제바달다(Devadatta)》 (생몰 534BC~461BC) ·· 371
        ※ 주(註) 4 : 《빔비사라(BimbiSara) 왕》의 죽음과 《묘법연화경(妙法蓮華經)》 ······ 374
    5. 간추린 《불법(佛法)》 파괴의 실상(實相) ·· 377
       (1) [2차 불법(佛法) 파괴] 《굴외결집(窟外結集)》 ··· 377
       (2) [3차 불법(佛法) 파괴] 《대중부 독각불교(大衆部 獨覺佛敎)》 ······················· 378
       (3) [4차 불법(佛法) 파괴] 《상좌부 연각과 독각 불교(上座部 緣覺과 獨覺佛敎)》 ········· 380
       (4) [5차 불법(佛法) 파괴] 《양(陽)의 독각불교(獨覺佛敎)》 ································ 382
       (5) [관음신앙(觀音信仰)] ··· 385
   나> [《AD 200 ~ AD 640》년까지의 《대 아유타야 왕국(王國)》] ····················· 387
  ④ 《라보(Lavo) 2왕조(王朝)》(AD640~AD1087), 《아유타야(Ayutthaya) 왕국》(AD640~AD1087~AD1438), 《수판나품(Suphannaphum) 왕조》(AD1087~AD1438) ··· 388
  ⑤ [수코타이(Sukhothai) 왕조(王朝)](AD1238~AD1438) ································· 389
  ⑥ [《아유타야(Ayutthaya)》 통합 왕국](AD1438~AD1767) ······························· 391
  ⑦ 《톤부리(Thonburi) 왕조(王國)》(AD1767~AD1782), 《라따나꼬신(Rattanakosin) 왕조(王國)》(AD1782~AD1932) ········ 392
(9) [캄보디아(Cambodia)] ··· 394
  ① 《첸라(Chenla)》 왕조(王朝) 2차 교화기 문명과 왕조시대(王朝時代) (300BC~AD802) ············· 395
  ② 《크메르(Khmer) 제국(帝國)》(AD802~AD1393) ··· 398
     가> [크메르 제국(帝國)의 멸망] ··· 401
  ③ [캄보디아 왕국(王國) 1 《암흑기(暗黑期)》](AD1393~AD1863) ··················· 402
     가> 《차르크토모크 시대(Charktomok Era)》 왕명록 ·································· 403
     나> [로베크 시대(Lovek Era) 왕명록] ·· 404
     다> 《스레이 산토르 시대(Srei Santhor Era)》 왕명록 ······························· 405
     라> 《오우동 시대(Oudong Era)》(AD1619~AD1863) ······························ 405
  ④ [현대 캄보디아](AD1863~현재) ·· 406
※ 특기(特記) 11 : ··· 406

4. 마왕불교(魔王佛敎) ·· 413

[1] [대마왕신불(大魔王神佛) 《악마(惡魔)의 신(神)》《석가모니》] ························· 413

(1) [악마(惡魔)의 신(神)인 석가모니 천상(天上)의 행적(行跡)] ·················· 413
(2) [《악마(惡魔)의 신(神)》인 석가모니 《지상(地上)》의 행적(行跡)] ·········· 416
(3) [《악마(惡魔)의 신(神)》인 《석가모니》 부처(佛) 이룸의 배경] ············ 419
(4) [《악마(惡魔)의 신(神)》인 석가모니의 성불(成佛)] ···························· 421
    ① [《악마(惡魔)의 신(神)》인 《석가모니》 성불(成佛)의 의미] ·········· 422
        가> [《아미타불(佛)》의 불법(佛法)] ······································· 422
        나> [《노사나불(佛)》의 불법(佛法)] ······································· 423
    ② [금강경(金剛經)과 비자야(Vijaya, 생몰 562BC~475BC)] ············· 424
    ③ [《악마(惡魔)의 신(神)》인 《석가모니》 성불(成佛)의 문제점] ······ 426
    ④ [《대마왕신(大魔王神)》《악마의 신》인 석가모니의 군림(君臨)] ······ 429

[2] [불법(佛法) 파괴의 실상(實相)] ·· 431
(1) [북방불교(北方佛敎)의 전래(傳來)] ·· 431
(2) [상좌부 연각과 독각 불교(上座部 緣覺과 獨覺佛敎)] ·························· 433
(3) [《악마(惡魔)의 신(神)》인 《석가모니》 불멸(佛滅) 이후의 《인도》] ········ 434
(4) [불교(佛敎)와 불법(佛法)] ··· 435
(5) [당 왕조(唐王朝)와 불법(佛法)] ·· 436
    ① [음(陰)의 독각불교(獨覺佛敎)] ·· 438
    ※ 특기(特記) 12 : ·· 439
    ② [당 마왕불교(唐魔王佛敎)] ··· 439
    ※ 특기(特記) 13 : ·· 440
(6) [당 왕조(唐王朝)와 《다보불》과 《문수보살》] ····································· 441
(7) [당 왕조(唐王朝)와 현장(玄奘)] ··· 444
(8) [《마왕불법(魔王佛法)》과 《측천무후(則天武后)》] ································ 445
    ① [측천무후(則天武后)] ··· 448
    ② [대마왕신(大魔王神)《묘음보살》과 《유다 3대 왕》《아사》] ··········· 450
    ③ [《대마왕신(大魔王神)》《묘음보살》의 행적(行跡) 일부분] ············· 453
(9) [마왕불교(魔王佛敎) 한반도(韓半島) 전래(傳來)] ······························· 455

[3] [마왕불법(魔王佛法)과 진언(眞言)] ·· 459
(1) [아제(阿帝)] ··· 459
    ① [아만(阿曼)과 나반(那般)] ·· 459
    ② [《석가모니 하나님 부처님》과 작은곰자리(Ursa Minor)《베타성(β星)》] ···· 460
    ③ [황제(皇帝)와 상제(上帝)와 천제(天帝)] ····································· 461
    ④ [황제(皇帝)와 제국(帝國)] ··· 461

[4] [당(唐) 현장 역(譯)《반야바라밀다심경(般若波羅蜜多心經)》] ················ 463
(1) [《당(唐)》《현장 역(譯)》 반야심경(般若心經) 진언(眞言)의 문제점] ······· 463
(2) [현장 역(譯)《반야심경》 진언(眞言)의 해설] ····································· 464
    ① 《揭帝揭帝(계제계제)》 ·· 464
    ※ 특기(特記) 14 : ·· 464
    ② [《波羅揭帝(바라게제)》] ··· 465
    ③ [《波羅乘揭帝(바라승게제)》] ··· 465

④ 《菩提娑婆訶(모지사바하)》 ·· 466
⑤ 《진언(眞言)》 전체의 뜻 ·· 466

[5] [정본(正本) 반야바라밀다심경(般若波羅蜜多心經)] ··································· 467
(1) [阿帝阿帝(아제아제)] ··· 467
(2) [波羅阿帝(바라아제)] ··· 468
(3) [波羅乘阿帝(바라승아제)] ··· 468
(4) [菩提娑婆訶(모지사바하)] ··· 469
(5) [《진언(眞言)》 전체의 뜻] ··· 469

[6] [《진언(眞言)》과 《다라니》의 의의(意義)] ··· 471

5. [유대의 역사(歷史)와 유대교(敎)]와 [로마(Rome)] ······························ 473

[1] [《유대인》과 《이스라엘인》들 우주적(宇宙的) 진화의 역사] ············· 473
 ※ 결론(結論) ··· 478
(1) 《유대인》들과 《이스라엘인》들 지상(地上) 진화의 역사 ················· 479
　　① 《후리안족(Hurrians)》과 검은 텐트를 치고 사는 《유목 민족》 ··· 482
　　② [수메르 문명(文明)과 음(陰)의 곰족(熊族)] ·· 483
　　③ [수메르 문명권의 왕조(王朝)들] ··· 487
　　　　가> 수메르 문명권(4100BC~1674BC) 일람표 ····································· 488
　　　　나> [《수메르 문명권》 왕조(王朝)들을 이끈 《유대인》들과 《이스라엘인》들의 조상(祖上) 불(佛)
　　　　　, 보살(菩薩)들의 《왕명록》] ··· 489
　　　　※ 특기(特記) 15 : ·· 492
　　　　※ 특기(特記) 16 : ·· 493
　　　　※ 특기(特記) 17 : ·· 494
(2) [《유대인》들과 《이스라엘인》들의 《히브리 왕국》(1996BC~931BC)] ··· 496
　　① 《석가모니 하나님 부처님》과 《아미타불》 ································· 497
　　② [테라(Terah)로 이름하셨을 때의 《석가모니 하나님 부처님》 가계도(家系圖)] ··· 498
　　　　가> [아브람(아미타불, Abram, 생몰 2016BC~1841BC, 재위 1996BC~1841BC)] ··· 498
　　　　나> [나호르 2세(미륵불, Nahor II, 생몰 2014BC~1961BC)] ··············· 499
　　　　다> [하란(노사나불, Haran, 생몰 2010BC~1851BC)] ·························· 501
　　③ [아브람(Abram)과 《히브리 왕국》] ·· 505
　　　　가> [아브람(Abram)의 이력](생몰 2016BC~1841BC) ····························· 509
　　　　　　ㄱ> [모리아(Moriah) 산(山)의 제례의식] ································ 511
　　④ [타나크(Tanakh)] ··· 514
　　　　가> [타나크(Tanakh)의 형성과 1차 왜곡] ······································ 515
　　　　나> [타나크(Tanakh)의 2차 왜곡] ·· 517
　　⑤ [《롯(Lot)》과 《소돔(Sodom)과 고모라(Gomorrah)》] ····················· 520
　　　　※ 특기(特記) 18 : ·· 522

⑥ [이집트와 《아미타불》] ·· 523
　가> [이집트 통치(統治)의 역사적 구분] ··· 524
　나> [1왕조(王朝)~12왕조(王朝)까지의 이집트 통치(統治)] ··················· 525
　　ㄱ> 《이집트 11왕조(王朝)》에 대한 설명 ································· 527
　다> [《히브리인》들을 위한 《메시아(Messiah)》의 분노] ····················· 530
　라> [13왕조(王朝)~20왕조(王朝)까지의 《이집트》 통치(統治)] ············· 530
　　ㄱ> 《이집트 13왕조(王朝)》(1802BC~1624BC) ··························· 532
　　ㄴ> [14왕조(王朝)~20왕조(王朝)까지](1624BC~1077BC) ··················· 535
　　ㄷ> 야곱과 요셉 ··· 539
　　　[《석가모니 하나님 부처님》께서 히브리 왕국에 있던 장자 민족인 이스라엘인들을 이집트로 이동시킨 세 가지 목적] ······························· 540
　　ㄹ> [영아살해명령(嬰兒殺害命令)과 강제 노동] ························· 542
　　　[악마의 신들이 이집트에서 이스라엘인들을 핍박하고 강제 노동을 시킨 근본 원인] ··· 544
　　ㅁ> [이스라엘 장자민족(長者民族)과 모세(Moses)] ······················ 545
　　　[최고 《대마왕신(神)》 비로자나 1세와 고위급 《악마의 신》들이 《모세》를 앞장 세워 획책한 목적 정리] ···································· 549
　　※ [결론] ·· 550
　마> [《이집트》 20왕조(王朝) 이후의 역사(歷史)] ····························· 552
　　ㄱ> [내부 요청에 의한 외부 세력 지배기](1077BC~332BC) ·············· 553
　　ㄴ> [순수한 외부 침략으로 인한 지배기](332BC ~ AD1517) ············ 555
　　ㄷ> [한민족(韓民族) 구성원들에 의한 점령기](AD1517~현재) ··········· 556
　　※ 특기(特記) 19 : 한민족(韓民族) 혈통을 가진 나라들 ················ 559
⑦ [《히브리 통합 왕국》과 《북 이스라엘》과 《남 유다》] ·················· 561
　가> 북 이스라엘 왕국(931BC~722BC) ·· 564
　나> 남 유다 왕국(931BC~520BC) ·· 565
⑧ [바빌론 유수(幽囚)(Babylonian Captivity)](520BC~483BC) ···················· 567

[2] 로마(Rome) ·· 569
(1) 로마 민족(民族) 이동(移動)과 《라틴어(語)》 ······································ 569
　① [1대 왕 우르-남무(다보불, 재위 2047BC~2030BC)] ·························· 571
　② [2대 왕(王) 슐기(문수보살 2세, 재위 2030BC~1982BC)] ···················· 571
　③ 《다보불》과 《양(陽)》의 《곰족(熊族)》 ·· 573
(2) [로마(Rome) 건국](753BC~AD286) ··· 574
　① [로마(Rome) 역사(歷史)의 구분] ·· 574
　② [로마 왕정(王政)(Roman Kingdom)](753BC~509BC) ·························· 575
　③ [로마 공화정(共和政)](Roman Republic, 509BC~27BC) ······················ 576
　※ 푸브리우스 바레리우스 푸브리코라(석가모니 하나님 부처님, 573BC~503BC)의 유명한 법 ··· 579
　④ [로마 종교(宗敎)] ·· 580
　⑤ [로마 종교(宗敎)의 특징] ·· 582
　　※ 특기 19 : [문명기(文明期)와 신전(神殿)] ·································· 588
　⑥ [로마 구원사상(救援思想)과 《줄리안력(歷)》] ································ 594
　　가> [줄리안력(歷)과 아노 도미니(Anno Domini) 사상(思想)의 수난(受難)과 그레고리안력(歷)] ······ 596

13

※ 《디오니시우스 엑시구스(Dionysius Exiguus)》가 부활절 테이블을 고안하면서 벌인 대사기극의
목적 ·· 596
※ [결론(結論)] ·· 602
※ 특기(特記) 20 : [메시아(Messiah)께서 《기독인》들에게 드리는 당부] ··············· 604
⑦ [로마 제국(帝國)](27BC~AD286) ·· 607
가> 《지상(地上)》에서의 2차 우주 쿠데타와 《로마 제국(帝國)》(27BC~AD286) ······· 608
나> [퀴리누스(Quirinus) 숭배 사상과 유대인 폭동] ··· 614
ㄱ> 《1차 유대인 대폭동(大暴動)》(AD66~AD73) ·· 615
ㄴ> [2차 《유대인》 대학살과 《신전(神殿)》 파괴](AD99~AD117) ······················ 617
ㄷ> [3차 《유대인》 대학살(大虐殺)] ·· 618
※ 특기(特記) 21 : ··· 620
다> [《로마 제국(帝國)》(Roman Empire) 해체(解體)] ·· 623

[3] 악(惡)의 축(軸) 1,2,3의 움직임 ·· 627
(1) 《악(惡)》의 《축(軸) 1》: 줄리어스 시저(문수보살 1세, 100BC~44BC) 암살단 ············· 632
① 줄리어스 시저(문수보살 1세) 암살단에 대한 설명 ·· 632
② 최고 《악마(惡魔)의 신(神)》 《대마왕신(神)》 《비로자나 1세》와 《대마왕》 《다보불 1세》와의 동
참을 위한 《2차 우주 쿠데타》 합의 사항 ··· 637
(2) [《악(惡)》의 《축(軸) 2》] : 자칭 유대교단 창단 멤버(헤로드 왕가) ···························· 638
① [헤로드 대제(大帝)(다보불 1세, 74BC~4BC, 재위 37BC~4BC)] ······························ 638
※ 아리스트부루스 4세와 구약결집 완성 ·· 641
② [《악(惡)의 축(軸) 2》와 《자칭》 《유대교단》] ·· 642
※ 구원사상의 왜곡 ··· 645
(3) [악(惡)의 축(軸) 3] : 로마 황제 및 로마 황제 사칭자들, 예수님의 12제자 ················ 646
(4) [예수(Jesus)와 기독교(基督敎)] ·· 649
① 《예수님》의 출생(出生) ·· 649
② 《예수님》 성장(成長)과 배경 ··· 651
③ [예수님의 설법(說法)] ·· 652
④ [《요한 성자(聖者)》의 죽음] ·· 655
⑤ [참(眞) 기독인 대학살] ·· 657
⑥ [《예수님》의 죽음] ·· 660
⑦ [협박(脅迫)의 상징 십자가(十字架)] ··· 665
[도형 1-5-2] 인간평면도 ··· 666
⑧ [마왕 성경(魔王聖經)과 마왕 기독교(魔王基督敎)] ·· 668
가> 예수님(악왕보살) 12제자의 본색(本色) ·· 669
나> 《마왕 성경》 결집과 《마왕 기독교》 탄생 ··· 670
다> 요한계시록 ·· 671
⑨ [마왕 천주교(魔王天主敎)] ··· 673
⑩ [마왕 기독교(魔王基督敎)] ··· 674
가> [《지상(地上)》의 인류들을 향한 파렴치한 거짓말과 《예수님》의 행적(行蹟)] ······ 675
※ 특기(特記) 22 : ··· 677

6. 신라 왕조와 불교 ·· 679

[1] 《진리(眞理)의 법(法)》 묘법화(妙法華) ·· 679
(1) [한단불교(桓檀佛敎)와 《신라(新羅)》] ·· 680
(2) 《한단불교(桓檀佛敎)》와 《금관가야》] ·· 680
(3) [《한반도(韓半島)》《양(陽)》의 《불법(佛法)》 전래(傳來)] ················ 681

[2] [신라(新羅) 보살불교(菩薩佛敎)의 탄생과 전래(傳來)] ······················ 682
　　※ 특기(特記) 23 : ·· 685
(1) [《한반도(韓半島)》《보살불교(菩薩佛敎)》의 수난(受難)] ···················· 687
(2) [《고구려》 19대 《광개토왕》의 남하(南下) 정책] ···························· 689
(3) [《신라》 마왕불교의 정착] ··· 691
(4) [《신라(新羅)》 삼국통일(三國統一) 전쟁] ·· 693
(5) [신라(新羅)의 멸망] ·· 698

제 2 장 탈취당한 한반도

1. 한반도(韓半島)에서 일어나는 3차 《인간들》 이치의 소용돌이 ·········· 703

[1] 《악(惡)의 축(軸) 4, 5, 6》의 움직임 ·· 706
(1) [악(惡)의 축(軸) 4](AD400~AD600) : 동남아의 일부 왕조들 ············ 706
(2) [악(惡)의 축(軸) 5](AD618~AD907) : 당 왕조가 추숭한 조상들과 당 왕조 ··· 706
　① [합의 사항] ·· 707
　② [악(惡)의 축(軸) 5의 명단] ·· 709
　③ [《악(惡)의 축(軸) 5》의 움직임] ·· 712
(3) [악(惡)의 축(軸) 6](AD918~AD1392) : 후삼국, 고려왕조, 일본 가마쿠라 막부 ······ 714
　① [고려 태조(太祖) 왕건(王建, 가이아신, AD877~AD943, 재위 AD918~AD943)] ······ 714
　② [고려 4대 광종(그림자 비로자나 1세, AD925~AD975, 재위 AD949~AD975)] ······ 715
　③ [고려 5대 경종(그림자 비로자나 2세, AD955~AD981, 재위 AD975~AD981)] ······ 718
　④ [고려 6대 성종(천관파군 1세, AD960~AD997, 재위 AD981~AD997)] ·········· 720
　⑤ [고려 10대 정종(천관파군 2세인 이오 신(神), 재위 AD1034~AD1046)] ······ 723

[2] [후삼국 시대(後三國時代)](AD900~AD936) ·· 728

[3] [고려 왕조](AD918~AD1392) ·· 735
(1) [고려의 건국(高麗의 建國)] ·· 735

(2) [고려 왕조(王朝) 왕명록](AD918~AD1392) ··· 737
(3) 《고려 왕조(王朝)》에 특정 지어진 중요한 사항들에 대한 설명의 순서 ············· 740
　① [고려 왕조(王朝)의 시작과 멸망] ··· 741
　② [고려 왕조(王朝)의 일관(一貫)된 정책] ··· 745
　③ [훈요십조] ·· 748
　　　※ 특기 1 : [기복불교(祈福佛敎)] ·· 750
　④ [노비안검법(奴婢按檢法)과 노비종모법(奴婢從母法)] ······················· 752
　　　가> [노비(奴婢) 안검법(按檢法)] ·· 752
　　　나> [노비종모법(奴婢從母法)] ··· 756
　⑤ [고려 4대 광종과 은진미륵(恩津彌勒)] ·· 759
　⑥ [6대 성종(대마왕신(神) 천관파군 1세, 재위 AD981~AD997)과 《시무(時務) 28조》··· 761
　　　가> [시무(時務) 28조가 성립된 배경] ··· 761
　　　나> [시무(時務) 28조의 지침을 명령한 이유] ····························· 763
　　　다> 《성리학(性理學)》과 주희(대마왕신(神) 비로자나 1세, AD941~AD1011) ···· 766
　　　※ 특기(特記) 2 : [진화(進化)와 창조(創造)] ······························ 771
　　　　　　　　　　　[도형 2-1-1] 인간 평면도 ····························· 772
　⑦ [고려 무신정권(武臣政權)](AD1170~AD1270) ······································ 776
　　　가> [고려 무신정권(武臣政權)을 위한 《군사 쿠데타》] ············· 776
　　　나> [고려 무신정권(武臣政權) (AD1170~AD1270)] ······················ 779
　⑧ [몽골군(軍) 개입] ··· 781
　　　가> 최고(最高)의 《대마왕》《다보불 1세》진리(眞理)로의 대회귀(大回歸) ······· 781
　　　나> [몽골국](AD1206~AD1368) ·· 784
　　　　　　[몽골국과 고려와의 강화 조약 전문] ···························· 786
　　　다> [올바른 불교(佛敎)] ··· 788
　　　라> [고려와 몽골 전쟁(AD1231~AD1259)] ·································· 789
　　　　　ㄱ> [2차 전쟁](AD1232) ··· 790
　　　　　ㄴ> [3차 전쟁](AD1235) ··· 791
　　　　　ㄷ> [4차 전쟁](AD1246) ··· 792
　　　　　ㄹ> [5차 전쟁](AD1254) ··· 792
　　　　　ㅁ> [6차 전쟁](AD1255) ··· 793
　　　　　ㅂ> [7차 전쟁](AD1257) ··· 793
　　　마> [팔만대장경] ·· 795
　　　※ 특기(特記) 3 : ·· 796
　⑨ [원(元)나라 속국(屬國)](AD1279~AD1351) ··· 799
　　　가> [《음양(陰陽)》의 《이치》와 《한일(韓日)》관계 역사(歷史)] ········ 803
　　　※ 특기(特記) 4 : ·· 808
　　　　　1. [군국주의(軍國主義)와 일본(日本)] ······································ 808
　　　　　2. 최고(最高)의 《대마왕신(神)》《비로자나 1세》의 계략(計略)] ··· 816
　　　나> [당(唐)나라 이후 《중원 대륙》을 대표한 왕조(王朝)들] ······ 819
　⑩ [삼국사기와 삼국유사] ··· 822
　⑪ 한단고기(桓檀古記)와 역사(歷史) 왜곡 ··· 823
　　　가> 최초의 한단고기(桓檀古記) 목록 ·· 825
　　　나> [(보완된) 최초의 한단고기(桓檀古記) 목록] ························· 826

16

　　　　다> [2차 한단고기(桓檀古記) 편찬과 《계연수》 선생] 829
　　　　라> [2차 결집된 한단고기(桓檀古記)의 목록] 830
　　　　마> 위작(僞作) 《한단고기(桓檀古記)》 832
　　　　바> 2차 위작(僞作)된 《한단고기(桓檀古記)》 835
　　　　사> [3차 결집 예정인 《한단고기(桓檀古記)》] 836
　　　　　　※ 주(註) : 837
　(4) [《고려 왕조(王朝)》와 유교(儒敎)] 838
　　① [주역(周易)] 839
　　　　[도형 2-1-2] 장기판 도형 843
　　② [유교(儒敎)] 846
　　　　※ 특기(特記) 7 : [《한 무제(漢武帝)》와 《성리학(性理學)》] 848

부록 851

[도표] 법공(法空)의 1회 진화(進化) 주기 853
[도형] 상천궁(上天宮) 10성(星) 853
[도형] 천일궁(天一宮)을 포함한 천일우주(天一宇宙) 100의 궁(宮) 854
[도표] 지상(地上)에서의 문명과 지도하신 부처님 854
[지도] 고대 메소포타미아 지역의 수메르 문명과 수메르 문명권 855
[지도] 북반구 문명(8000BC~AD2000) 최초의 한민족(韓民族) 국가인 한국(桓國) 855
[지도] 1국(國) 3체제 구한(九桓) 856
[지도] 버어마(Burma) 1차 교화 영역 및 시기 857
[지도] 버어마(Burma) 2차 교화 영역 및 시기 858
[지도] 태국 2차 교화기 문명 및 캄보디아 1차 교화기 859
[지도] 고대 라오스 왕조들의 신시(神市) 위치 860
[표] 불교 구분 861
[표] 불교 구분에 따른 구원자 861
[표] 불교경전 결집과 불법 파괴 862
[표] 마왕불교 내에서의 관음신앙(觀音信仰) 862

표

[표 1-2-1-1] 각 성단별 주인 39
[표 1-2-1-2] 불법(佛法)에 따른 불교 구분 42
[표 1-3-2-1] 일곱 한님(불보살) 55
[표 1-3-4-1] 《한국(桓國)》을 종주국(宗主國)으로 한 《구막한제국(寇莫韓帝國)》 역대표 68
[표 1-3-8-1] 일본인(日本人)의 민족 구성 201
[표 1-3-8-2] 일본 열도 교화기 및 문명기 202

[표 1-3-8-3] 다보불 직계와 《마왕신(神)》 후손들 교화 때의 왕명록 ·· 203
[표 1-3-8-4] 노사나불 직계 《스키타이》 후손 교화 때의 왕명록 ·· 204
[표 1-3-8-5] 야마타이 교화기(敎化期) 왕명록 ··· 208
[표 1-3-8-6] 일본 본토(本土) 문명기(文明期) 왕명록 ·· 211
[표 1-3-8-7] 10가야국 ··· 214
[표 1-3-8-8] 통합 아스카 시대 스키타이 왕조 왕명록 ·· 217
[표 1-3-8-9] 나라 시대 《백제계》 때의 왕명록 ·· 218
[표 1-3-8-10] 헤이안 시대 《스키타이계》 때의 왕명록 ··· 219
[표 1-3-8-11] 가마쿠라 막부(幕府) 시대 왕명록 ··· 222
[표 1-3-8-12] 북조 막부 시대 왕명록 ··· 228
[표 1-3-8-13] 무로마치 막부(幕府) 시대 왕명록 ··· 229
[표 1-3-8-14] 에도 막부 시대 왕명록 ··· 233
[표 1-3-8-15] 메이지 시대 왕명록 ·· 244
[표 1-3-9-1] 《상(上) 버어마(Burma)》 《단야와디 1왕조(Danyawaddy I)》 2차 교화(敎化)에 참여한 신명(神名)
(3325BC~2666BC) ··· 262
[표 1-3-9-2] 버어마(Burma) 서부 해안 2차 교화기 문명(文明)과 왕조(王朝) 시대 단야와디 2왕조(Danyawaddy II)
: 2666BC~82BC ·· 264
[표 1-3-9-3] 버어마 서부 해안 왕조(王朝) 시대 단야와디 3왕조(Danyawaddy III) : 825BC~AD146 ······ 267
[표 1-3-9-4] 버어마 서부 해안 왕조(王朝) 시대 단야와디 4왕조(Danyawaddy IV) : AD146~AD788 ···· 269
[표 1-3-9-5] 버어마(Burma) 서부 해안 왕조(王朝) 시대 웨타리(Wethali) 왕조 : AD796~AD1018 ········· 270
[표 1-3-9-6] 버어마(Burma) 동부 내륙 왕조(王朝) ··· 273
[표 1-3-9-7] 동부 내륙 상 버어마 타가웅 1 왕조(Tagaung I) 왕명록(850BC~600BC) ······················ 274
[표 1-3-9-8] 동부 내륙 상 버어마 타가웅 2 왕조(Tagaung II) 왕명록(600BC~483BC) ···················· 276
[표 1-3-9-9] 동부 내륙 하 버어마 쓰리 크세트라(Sri Ksetra) 왕조 왕명록(483BC~AD94) ············· 277
[표 1-3-9-10] 동부 내륙 상 버어마(Upper Burma) 파간 1왕조(Pagan I) 왕명록(AD80~AD846) ······ 279
[표 1-3-9-11] 동부 내륙 하 버어마(Lower Burma) 타톤 왕조(Thaton) 왕명록(593BC~AD1057) ····· 281
[표 1-3-9-12] 동부 내륙 하 버어마 초기 한타와디 왕조(Early Hanthawaddy) 왕명록(AD825~AD1057) ········· 284
[표 1-3-9-13] 버어마(Burma 또는 Myanmar) 파간 2왕조(Pagan II) 왕명록(AD874~AD1044) ············· 285
[표 1-3-9-14] 버어마(Burma 또는 Myanmar) 파간 제국(Pagan Empire) 왕명록(AD1044~AD1297) ······ 286
[표 1-3-9-15] [버어마 종족 구분과 종족별 최고 조상] ··· 289
[표 1-3-9-16] 남조(南詔, AD737~AD902) 《피라각》의 영토 분할 ·· 293
[표 1-3-9-17] 버어마(Burma)에서의 교화 ··· 299
[표 1-3-9-18] 버어마의 신시(神市) ·· 300
[표 1-3-9-19] 라오스(Laos) 2차 교화기 이후 왕명록 란쌍 2왕조(Lan Xang II) : AD1353~AD1706 · 310
[표 1-3-9-20] 라오스 《란쌍 2왕조(王朝)》 이후의 역사(AD1700~AD1953) ·· 314
[표 1-3-9-21] 태국 하리푼차이(Hariphunchai) 왕조 왕명록 2차 교화기 문명 및 왕조 시대 :
1300BC~AD1 ·· 334
[표 1-3-9-22] 태국 하리푼차이(Hariphunchai) 속국 왕명록 1150BC~AD1 ··· 336
[표 1-3-9-23] 《AD 1년》 이후 《태국》 북부 지역의 왕조(王朝) 정리 ·· 341
[표 1-3-9-24] 태국 아유타야(Ayutthaya) 왕조 왕명록 2차 교화기(敎化期) 문명(文明) (800BC~300BC) ······· 344
[표 1-3-9-25] 캄보디아 1차 교화기 푸난(Funan) 왕조 왕명록 교화(敎化) 기간 : 800BC~300BC ··· 346
[표 1-3-9-26] 《태국》 북부 왕조(王朝) 정리 ·· 347
[표 1-3-9-27] 《태국》 중부와 남부 2차 교화기 문명 및 이후의 왕조 정리 ····································· 349

[표 1-3-9-28] AD200~AD640년 《대아유타야 왕국》을 통치한 왕(王)들 신명(神名) ·············· 387
[표 1-3-9-29] 태국 수코타이 왕국(Sukhothai Kingdom) 왕명록 프랑 루앙 왕조(Phra Ruang Dynasty) :
　　　　　　 AD1238~AD1438 ··· 390
[표 1-3-9-30] 태국 아유타야(Ayutthaya) 통합 왕국 왕명록 AD1438~AD1767 ················ 391
[표 1-3-9-31] 태국 톤부리(Thonburi) 왕국 왕명록 톤부리 왕조 : AD1767~AD1782 ·········· 393
[표 1-3-9-32] 태국 라따나꼬신(Rattanakosin) 왕국(AD1782~AD1932) 왕명록 차크리(Chakri) 왕조 :
　　　　　　 AD1782~현재 ··· 393
[표 1-3-9-33] 캄보디아(Cambodia) 교화기 및 이후의 왕조 정리 ································· 395
[표 1-3-9-34] 캄보디아 첸라(Chenla) 왕조(王朝) 왕명록 ·· 397
[표 1-3-9-35] 캄보디아 왕명록 - 크메르 제국 1 문명기(AD802~AD1006) ····················· 399
[표 1-3-9-36] 캄보디아 왕명록 - 크메르 제국 2 문명기(AD1006~AD1393) ···················· 401
[표 1-3-9-37] 캄보디아 왕국 1 왕명록 - 차르크토모크 시대(Charktomok Era, AD1393~AD1525) ·········· 403
[표 1-3-9-38] 캄보디아 왕국 1 왕명록 - 로베크 시대(Lovek Era, AD1525~AD1594) ········ 404
[표 1-3-9-39] 캄보디아 왕국 1 왕명록 - 스레이 산토르 시대(Srei Santhor Era, AD1594~AD1618) ···· 405
[표 1-4-1-1] 악마의 신인 석가모니 행적 ·· 417
[표 1-4-2-1] 당 왕조(唐王朝)가 추숭한 조상(祖上) 8명의 《대마왕》들과 《대마왕신(大魔王神)》 ······ 443
[표 1-4-2-2] 당(唐, AD618~AD907) 왕조 왕명록 ··· 443
[표 1-5-1-1] 수메르 문명 왕명록 ·· 483
[표 1-5-1-2] 수메르 문명권(4100BC~1940BC) 일람표 ·· 488
[표 1-5-1-3] 수메르 문명권 : 《수밀이국》 ·· 490
[표 1-5-1-4] 수메르 문명권 : 《우르(Ur) 문명(우루국)》 ··· 491
[표 1-5-1-5] 이집트 통치(統治)의 역사적 구분 ··· 524
[표 1-5-1-6] 이집트 왕조별 초대 왕명록 (12왕조까지) ··· 526
[표 1-5-1-7] 이집트 11왕조와 12왕조 ·· 527
[표 1-5-1-8] 이집트 왕조별 초대 왕명록 (13왕조~20왕조) ······································· 531
[표 1-5-1-9] 이집트 13왕조 왕명록 ··· 532
[표 1-5-1-10]《이스라엘》장자 민족 영아살해(嬰兒殺害) 및 강제노역(强制奴役)에 관계된 《파라오
　　　　　　(Pharaoh)》명단 ·· 542
[표 1-5-1-11]《이스라엘》장자 민족 박해 및 모세와의 관계 일람표 ···························· 546
[표 1-5-1-12] 모세(Moses)의 이력(履歷) ··· 548
[표 1-5-1-13]《이집트 20왕조(王朝)》이후의 역사(歷史) ·· 552
[표 1-5-1-14]《히브리 통합 왕국》(1171BC~931BC) 왕명록 ····································· 561
[표 1-5-1-15] 북 이스라엘 왕국과 남 유다 왕국의 약력 ·· 563
[표 1-5-2-1] 우르(Ur) 3왕조(2047BC~1940BC) 왕명록(王名綠) ································ 570
[표 1-5-2-2]《다보불(佛)》과 《양(陽)》의 《곰족(熊族)》들의 교화(敎化) ·························· 573
[표 1-5-2-3] [로마의 특징] ·· 575
[표 1-5-2-4] [로마 왕정 시대(753BC~509BC) 왕명록] ·· 575
[표 1-5-2-5] 로마 공화정(509BC~27BC) 초기 집정관 ·· 577
[표 1-5-2-6] 올림포스 12신(神)(Twelve Olympians) ··· 589
[표 1-5-2-7] 이집트 통치(統治)의 역사적 구분 ··· 590
[표 1-5-2-8]《줄리안력(율리우스력, Julian calendar)과 그레고리안력(그레고리력, Gregorian calendar)의 차이
　　　　　　비교표》 ··· 597
[표 1-5-2-9] 로마 제국(27BC~AD286) 왕명록 ·· 611

[표 1-5-2-10] 악의 축 1 : 줄리어스 시저(운수보살 1세, 100BC~44BC) 암살단 ················· 632
[표 1-5-3-1] 헤로드 왕가 ·· 639
[표 1-5-3-2] 악의 축 2 : 자칭 유대 교단 창단 멤버 ································ 643
[표 1-5-3-3] 악(惡)의 축(軸) 3-1 : 로마 황제 및 로마 황제 사칭자들 ··········· 647
[표 1-5-3-4] 《로마 제국(帝國)》 멸망(AD286) 이후 참(眞) 《기독인》 박해자 명단 ······ 659
[표 1-5-3-5] 악(惡)의 축(軸) 3-2 : 예수님의 12제자 ································ 668
[표 1-6-2-1] 불교의 구분 ·· 684
[표 2-1-1-1] 악(惡)의 축(軸) 5-1 : 당 왕조(唐王朝)가 추숭한 조상(祖上) ······ 710
[표 2-1-1-2] 악(惡)의 축(軸) 5-2 : 당(唐, AD618~AD907) 왕조 왕명록 ·········· 711
[표 2-1-1-3] 그림자 비로자나 1세의 행적 ·· 715
[표 2-1-1-4] 그림자 비로자나 2세의 행적 ·· 719
[표 2-1-1-5] 《천관파군 2세》인 《이오 신(神)》의 행적 ···························· 725
[표 2-1-2-1] 후삼국 시대 ·· 731
[표 2-1-3-1] 고려 왕조 왕명록 (AD918~AD1392) ····································· 737
[표 2-1-3-2] 무신정권시작(정중부의 난(AD 1170, 고려 18대 의종 24년) 주역들의 명단과 신명 ······ 743
[표 2-1-3-3] 고려의 정변(난) ·· 747
[표 2-1-3-4] 고려 왕조(王朝) 한민족(韓民族) 학살자 명단 ························· 754
[표 2-1-3-5] 《신라》 삼국 통일 이전 한반도 민족 구성 비율 ···················· 758
[표 2-1-3-6] 고려 때 한민족 대학살(AD956~AD996) 이후 한반도 민족 구성 비율 ······ 758
[표 2-1-3-7] 《최승로》의 《시무(時務) 28조》 중 지금까지 전하여져 오는 22조까지 드러난
           당 마왕불교(佛敎)와 관계되는 조항 ····································· 764
[표 2-1-3-8] 고려 무신정권 시작(정중부의 난(AD1170, 고려 18대 의종 24년)) 주역들의 명단과 신명(神名) ········ 778
[표 2-1-3-9] 고려 무신정권 집권자 명단과 신명(神名) ······························ 779
[표 2-1-3-10] 몽골국(AD1206~AD1368) 왕명록 ······································· 784
[표 2-1-3-11] 고려-몽골 전쟁 (AD1231~AD1259, 28년간) ·························· 789
[표 2-1-3-12] 《원(元)》 나라 속국(AD1279~AD1351) 시절의 《고려 왕조(王朝)》 왕명록 ······ 800
[표 2-1-3-13] 가마쿠라 막부(幕府) 시대 왕명록 ····································· 805
[표 2-1-3-14] 역대 일본 총리 ··· 810
[표 2-1-3-15] 당(唐)나라(AD618~AD907) 이후 《중원 대륙》을 대표한 왕조들 ······ 821

도형

[도형 1-3-1] 갈고 한웅님과 염제신농의 연대 ·· 77
[도형 1-3-2] 중앙천궁상궁 운행도 ··· 92
[도형 1-3-3] 영혼(靈魂)과 영신(靈身)의 마음 작용도 ······························· 156
[도형 1-3-4] 보살불교와 마왕불교의 진화 차이 ····································· 172
[도형 1-3-5] 카렌족의 우주적 구분 ·· 296
[도형 1-3-6] 인간과 독각 무리의 올바른 진화 과정 ································ 318
[도형 1-3-7] [4만 개 《유전자》의 도형] ··· 320
[도형 1-3-8] [날숨(出息) 때 마음(心)의 작용도] ··································· 322
[가계도 1-5-1] [테라(Terah)로 이름하셨을 때의 《석가모니 하나님 부처님》 가계도(家系圖)] ········ 498

[도형 1-5-2], [도형 2-1-1] 인간 평면도 ·· 666, 772
[도형 2-1-2] [장기판 도형] ··· 843

지도

[지도 1-3-1] 고대 버어마(미얀마) 신시(神市) ··· 301
[지도 1-3-2] 고대 태국의 신시(神市) ·· 348

그림

[그림 1-5-1] [이집트 신화도 형상 일부] ·· 476

제 1 장

불교(佛教)란 과연 어떠한 종교(宗教)인가?

1. [진화(進化)와 창조(創造)]

[1] 진화(進化)의 근본목적(根本目的)

　법공(法空) 단면의 둘레는 《7,160》 광년(光年)이다. 이러한 법공(法空)의 진화(進化)를 위해 지구계 시간 기준으로 지금으로부터 220억 년(億年) 전(前)에 《석가모니 하나님 부처님》께서 법공 내(法空內)에 법공(法空) 크기의 40%되는 단면의 둘레가 《5,275.²》 광년(光年)되는 《대공(大空)》을 만드시고 대공 내(法空內)에서 대공(大空)의 진화(進化)를 위해 《정명궁(正明宮)》과 《진명궁(眞明宮)》을 만드시어 오온(五蘊)의 단계를 거쳐 《다섯 기초 원소》와 《복합원소》들을 탄생시켜 《인간의 씨종자》와 물질(物質)들을 100억 년(億年)에 걸쳐 《창조(創造)》하신 이후 축소의 과정을 거친 《정명궁(正明宮)》《중성자알 대일(大一)》의 대폭발로 상천궁(上天宮)이 탄생됨으로써 현재의 우주가 탄생되어 오늘에 이르기까지 120억 년(億年)이 걸림으로써 선천우주(先天宇宙) 진화(進化)가 진행되어온 것이다.

　이러한 선천우주(先天宇宙) 220억 년(億年) 기간 중 개천이전(開天以前) 100억 년(億年) 기간이 《석가모니 하나님 부처님》께서 《법공(法空)》《진화(進化)》의 출발선상에서 《인간의 씨종자》와 물질(物質)을 창조하신 《창조(創造)》의 기간이 되며, 개천이후(開天以後) 120억 년(億年) 기간이 창조에 의해 만들어진 《인간의 씨종자》와 물질(物質)들이 대공 내(法空內)에서 진화

(進化)한 기간이 된다. 이와 같이 하여 만들어진 《대공(大空)》이 《석가모니 하나님 부처님》의 《음신(陰身)》이 되고 《대공(大空)》 속의 현존(現存)하는 우주인 별(星)들의 세계가 《석가모니 하나님 부처님》의 《양신(陽身)》이 된다.

지구계 시간 서기 2000년(年)이 선천우주와 후천우주의 갈림길이 되는 해이다. 이러한 갈림길을 기준해서 후천우주(後天宇宙) 팽창기 기간이 240억 년(億年)이 진행이 된다. 이후 140억 년(億年)이 소멸기인 축소기에 해당이 된다. 이러한 이후 300억 년(億年)의 붕괴기를 마치면 법공(法空)의 휴식기간 100억 년(億年)을 합하여 1,000억 년(億年)의 법공(法空) 1회(回) 진화의 주기가 끝이 난다. 지금까지 밝힌 시간은 지구계 기준 시간이 되나 우주 전체적으로는 10배수가 되는 《만억 년(億年)》이 법공 1회 진화의 주기가 되는 것이다. 지구계 기준 시간과 전체적인 우주의 시간이 10배수로 차이가 나는 이유는 현재의 인간들이 살고 있는 지구는 법공(法空)의 중심점(中心點)이 되는 ○(ZERO) 지점으로써 지구가 소속하여 있는 현재의 태양계(太陽界)까지가 1이라면은 지구가 소속된 현재의 태양계 외곽부터 우주 전체는 10배수가 되기 때문이다. 이와 같이 지구계 기준 시간으로 후천우주 팽창기 기간 240억 년(億年)과 소멸기 140억 년(億年)이 모두 진화의 기간이 되는 것이다. 즉, 전체적인 진화의 기간은 선천우주 120억 년(億年)과 후천우주 팽창기 240억 년(億年)과 소멸기 140억 년(億年)의 합(合) 500억 년(億年)이 모두 진화(進化)의 기간이 해당됨으로써 《석가모니 하나님 부처님》에 의한 인간 씨종자와 물질(物質)의 창조 기간이 100억 년(億年)이면 진화의 기간은 600억 년(億年)이 되는 것이다.

이와 같은 진화의 기간 600억 년(億年) 중 팽창기 360억 년(億年) 진화의 기간 내내에도 《석가모니 하나님 불(佛)》에 의해 필요에 의한 창조가 부분적으로 진행이 되나, 이는 개천이전 100억 년(億年) 동안 《석가모니 하나님 부처님》께서 창조하신 《인간 씨종자》와 물질(物質)들의 진화(進化)를 위한 확대 재생산의 과정에서 이루어지는 창조이기 때문에 창조의 기간을 개천이전 100억 년(億年)으로 특정 지우는 것이며, 팽창기를 포함한 소멸기까지의 500억 년(億年)을 진화(進化)의 기간으로 특정 지우는 것이다.

법공(法空)의 휴식기 100억 년(億年)은 법공(法空) 외곽을 법성(法性)의 1-6체계인 무색투명한 고열을 가진 《순수 진공(眞空)》층이 법공(法空) 크기의 4% 영역을 차지하여 자리하며, 그 내부는 법공(法空) 크기 96% 영역을 《암흑물질》층이 움직임 없이 고요 속에 자리한다. 이렇듯 법성(法性)의 1-6체계인 《순수 진공(法空)》층과 《암흑물질》층이 양음(陽陰)짝을 한 법공(法空) 자체가 《석가모니 비로자나 하나님 부처님》의 몸(身)이다. 이러한 때 법성(法性)의 1-6체계인 《순수 진공(眞空)》층에 《석가모니 비로자나 하나님 부처님》께서 머무실 때를 《공왕(空王) 여래》라고 《묘법연화경》에서 밝히고 있으며, 법공(法空) 내부에 대공(大空)이 경계 지워졌을 때 《석가모니 비로자나 하나님 부처님》께서는 《석가모니 하나님 부처님》으로 호칭이 달라지는 것이다. 이와 같이 《석가모니 하나님 부처님》께서 대공 내(大空內)의 법공(法空) 크기 40% 영역의 《암흑물질》층에 머무르실 때를 《위음왕(威陰王) 여래》라고 이름하시는 것이나 현재의 《묘법연화경》에서는 마왕(魔王) 무리들이 이마저 왜곡하여 《위음왕(威音王) 여래》라고 적고 있는 것이다.

《석가모니 비로자나 하나님 부처님》의 몸(身)인 법공(法空)의 1회(回) 진화(進化)의 주기를 지구계 기준 시간으로는 1,000억 년(億年), 전체적인 우주의 시간으로는 10,000억 년(億年)이 됨을 밝혀 드렸다. 이러한 법공(法空)의 진화(進化)를 《만,만억 년》으로 수리(數理)로써 표현을 한다. 즉, 10,000억 년(億年)을 1주기(週期)로 하여 10,000회(回) 진화(進化)가 계속되는 가운데 이번 법공(法空) 진화는 6회(回) 진화의 기간을 거치는 것이다.

단면의 둘레가 《7,160》광년(光年)이 되는 법공(法空) 바깥에는 법공(法空) 크기의 60배에 이르는 어마어마한 완성된 《보물우주(寶物宇宙)》가 산수(算數)로써는 헤아릴 수 없는 보석(寶石)으로 된 별(星)들을 품고 있다. 이렇듯 헤아릴 수 없는 광대한 《보물우주》는 진화(進化)가 완성이 된 우주로써 눈물과 고통과 죽음이 없는 《영원》을 사는 우주이다. 이러한 《보물우주》를 진작 수도 헤아릴 수 없는 기간 동안 《석가모니 비로자나 하나님 부처님》께서는 만들어 두시고 마지막으로 법공(法空) 진화(進化) 작업에 착수하신 것이다.

휴식기 법공(法空) 내부에 자리하는 법공(法空) 크기의 96%에 달하는 암흑물질층에는 무수한 고통 받는 중생들과 그들의 영(靈)들이 자리하고 있다. 《석가모니 비로자나 하나님 부처님》께서 목표하시는 바는 법공(法空) 내(內)의 《암흑물질》 모두를 빛(光)의 세계로 끌어내어 진화(進化)를 시켜 《인간 무리》들은 진화(進化)의 완성을 시켜 《보물우주》로 내어 보내 영원한 세월을 쾌락하게 살게 하고 《물질(物質)》들은 《금강석(金剛石)》으로 진화시켜 궁극적으로 법공(法空)을 현재의 법공(法空) 보다는 축소된 《다이아몬드》 태양성(太陽星)과 같은 법공(法空)으로 진화시켜 《보물우주》의 중심(中心)으로 자리함으로써 모든 진화(進化)가 완성이 된 크기를 헤아릴 수 없는 《보물우주》의 인간 무리들과 더불어 영원(永遠)히 고통과 죽음과 다툼이 없이 쾌락하게 같이 지내시기 위해 10,000번에 걸친 진화(進化)의 작업을 수행하고 계시는 것이다. 이렇듯 말로 표현할 수 없는 위대하신 원천 창조주가 《석가모니 비로자나 하나님 부처님》과 《석가모니 하나님 부처님》이신 것이다. 진리(眞理) 수호불(佛)이신 《미륵불(彌勒佛)》께서 밝히시고 있는 이와 같은 진리(眞理)의 실상(實相)에 대해 우주간(宇宙間)이나 세간(世間)의 인간 무리들은 함부로 설왕설래하지 마시기를 당부 드린다.

[2] 창조(創造)

　　100억 년(億年)에 걸친 법공(法空)의 휴식기가 끝이 나고 새로운 진화기(進化期)에 돌입하면서 법성(法性)의 1-6체계는 파동(波動)에 의해 난법(煖法), 정법(頂法), 인법(忍法), 세제일법(世第一法) 등 사선근위(四善根位)의 과정을 거침으로써 2합(二合)의 순수 진공(眞空) 구슬인 《세제일법(世第一法)》의 진공(眞空)을 탄생시킨 후 《세제일법(世第一法)》의 진공(眞空)이 바로 아래층에 자리한 《암흑물질》 가벼운 것과 삼합(三合)을 하면서 《여섯 뿌리》 진공(眞空)을 탄생시키게 된다. 이러한 삼합(三合) 활동으로부터 회전(回轉)이 일어나면서 《여섯 뿌리》 진공과 《세제일법》 진공이 혼재되어 법공 내부의 법공 크기 40% 지점에 자리한 《암흑물질》층으로 분출이 되어 《여섯 뿌리》 진공은 《대공(大空)》의 경계를 형성하고, 형성된 《대공 내(大空內)》에서 《세제일법》의 진공이 거대한 《공(空)》을 형성한 후 공(空)의 경계에서 《암흑물질》과 삼합(三合) 활동을 함으로써 《여섯 뿌리》 진공이 탄생되어 《세제일법》 진공의 공(空)을 경계함으로써 이 거대한 《공(空)》은 생명력(生命力)을 얻어 자체 회전(回轉)을 하며 주위의 암흑물질을 계속 끌어들여 《세제일법》 진공으로 이루어진 공(空)을 《여섯 뿌리》 진공으로 전환을 시키는 작업을 반복적으로 계속한다. 이러한 반복 작용을 계속하는 동안 법공(法空) 외곽에서는 《세제일법》 진공 분출이 모두 마쳐진 후 법공(法空) 외곽은 법공(法空) 크기의 2%영역이 《여섯 뿌리》 진공층으로 변화하여 《적멸보궁》으로 자리하고, 그 아래층이 《암흑물질》층이 자리하게 되며, 분출되어 대공(大空) 내에서 《세제일법》 진공으로 공(空)을 이루었던 공(空)은 반복 작용으로 모두 《여섯 뿌리》 진공으로 전환이 되어 법성(法性)의 1-6체계 파동(波動) 이후 15억 년(億年) 만에 《석가모니 하나님 부처님》의 몸(身)인 《초기 정명궁(正明宮)》으로 탄생이 되는 것이다.

(1) 정명궁(正明宮)

　이렇게 탄생된 《석가모니 하나님 부처님》의 《정명궁(正明宮)》은 《초기 정명궁(正明宮)》이후 《커블렉홀》의 과정 5억 년(億年)을 거치면서 새로운 암흑물질을 끌어들여 《정명궁(正明宮)》 중심 부분 ⅓크기의 《여섯 뿌리》 진공은 그대로 두고 이를 제외한 ⅔크기를 차지한 《여섯 뿌리》 진공들은 《성(性)》인 《반야공(般若空)》들이 되어 색(色), 수(受), 상(相), 행(行), 식(識) 등 오온(五蘊)의 과정을 차례대로 거쳐 오온(五蘊)의 마지막 단계인 식(識)으로 까지 진화가 된다. 이러한 단계를 거쳐 만들어진 식(識)은 개체의 《여섯 뿌리》 진공과 암흑물질이 양음(陽陰) 짝을 하여 개체의 《여섯 뿌리》 진공 내(內)에서 짝을 하였던 미세한 《암흑물질》이 나머지 오온(五蘊)의 단계를 거치면서 분별력을 갖춘 《식(識)》으로 진화(進化)된 것으로써 이의 상세한 설명은 필자의 저서(著書) 《정본 반야바라밀다심경》(2015)이나 《대승보살도 기초교리》(2015)편을 참고하시기 바란다. 이와 같이 하여 탄생된 《식(識)》을 현대과학(現代科學)에서는 《쿼크》라고 하는 것이다.

　이렇듯 《커블렉홀》의 단계에서 《여섯 뿌리》 진공들을 식(識)으로 까지 진화시킨 《정명궁(正明宮)》은 《커블렉홀》에서 차례대로 만들어졌던 《식(識)》들이 셋이 모여 하나를 이루는 삼합(三合) 활동을 부지런히 하면서 다섯 기초 원소인 중성자(中性子), 양전자(陽電子), 양자(陽子), 중간자(中間子), 전자(電子)로 탄생이 되어 중성자(中性子), 양전자(陽電子), 양자(陽子) 등의 기초 원소들은 《정명궁(正明宮)》 내부에 남고 중간자(中間子)와 전자(電子)는 상극(相剋) 작용으로 《정명궁》 바깥으로 분출이 된다. 이러한 분출이 끝날 무렵 이번에는 《정명궁》 중심에 자리하였던 《정명궁》 크기 ⅓에 해당하는 《여섯 뿌리》 진공이 분출이 된다. 이렇게 하여 분출된 《여섯 뿌리》 진공은 전자(電子)를 바탕으로 한 한곳에 모여 공(空)을 이루어 중심(中心)을 이룬 이후 《초기 진명궁(眞明宮)》으로 탄생이 된다. 이러한 때가 법공(法空) 진화의 시작 이후 25억 년(億年) 만에 《정명궁》의 분신궁(分身宮)으로써 《진명궁(眞明宮)》이 탄생되어 양음궁(陽陰宮)을 이루어 서로 상호작용을 하게 되는 것이다. 이러한 《진명궁》에는 《석가모니 하나님 부처님》의 분신(分身)으로 《비로자나불(佛) 1세(世)》가 자리하시게 되는 것이다.

　이와 같은 과정 이후의 《정명궁》은 중심에 자리하였던 《여섯 뿌리》 진공 분출 이후 그동안 《정명궁》에서 만들어진 중성자(中性子)와 양전자(陽電子)와 양자(陽子)들을 《정명궁》 중심으로 이동시켜 《정명궁핵(核)》을 만드는 작업을 계속한다. 이와 같이 다섯 기초 원소를 생산하면서 중간자(中間子)와 전자(電子)와 《여섯 뿌리》진공을 분출한 《커블렉홀》진화의 기간 《5억 년(億年)》이후 《정명궁핵(核)》을 만드는 기간 10억 년(億年) 기간을 《태양수(太陽數) ⊕9의 핵(核)》의 과정이라고 하며, 이후 《정명궁》은 《화이트홀》의 과정 10억 년(億年)과 《퀘이샤》의 과정 10억 년(億年)과 빛(光)의 축소기인 《황금알 대일(大一)》의 과정 10억 년(億年)을 거쳐 법공(法空) 진화기 시작 이후 60억 년(億年) 만에 대공 내(大空內)에서 《황금태양(太陽)》으로 진화되어 거듭 탄생하게 되는 것이다.

법공(法空) 진화기 시작 이후 60억 년(億年) 만에 《황금태양(太陽)》으로 탄생한 《정명궁》은 10억 년(億年) 동안 《황금태양(太陽)》핵(核)의 붕괴로 많은 《여섯 뿌리》진공을 발생시켜 대부분의 《여섯 뿌리》진공들을 분출하여 《대공(大空)》내(內)에 또 다른 공(空)의 경계인 《36궁(宮)》을 만들고 일부의 《여섯 뿌리》진공은 《황금태양(太陽)》중심부에 남아 《양자(陽子)》로 표면을 이루고 있는 《황금태양》중심부에서 대부분의 《여섯 뿌리》진공이 빠져 나간 빈 공간(空間)을 향한 내부 《축소기》를 주도하게 된다. 이와 같이 하여 만들어진 《36궁(宮)》에는 《정명궁》과 《진명궁》이 자리하고 나머지 공간은 《암흑물질》로 가득 찬 가운데 핵(核)의 붕괴로 인한 《여섯 뿌리》진공이 분출이 되는 것이다. 이러한 《36궁(宮)》내(內)는 고온(高溫)과 고압이 작용(作用)하는 곳이다. 이와 같은 《36궁(宮)》내(內)에서 형성된 《시계 방향》회전길인 1-3-1의 길 순리(順理)를 따르는 길에서 분출된 《여섯 뿌리》진공은 《암흑물질》들과 삼합(三合)하여 오온(五蘊)의 단계를 거친 후 무수한 《다섯 기초 원소》를 탄생시키게 되며, 이러한 작용은 핵(核)의 붕괴로 《여섯 뿌리》진공 분출을 마칠 때까지 계속이 된다. 이와 같이 《정명궁》핵(核)의 붕괴가 모두 마쳐진 때가 법공(法空) 진화기 시작 이후 70억 년(億年)이 되는 때로써 이러한 70억 년(億年) 중 10억 년(億年)이 《석가모니 비로자나 하나님 부처님》의 수명이며 60억 년(億年)이 《석가모니 비로자나 하나님 부처님》께서 변신(變身)하신 《석가모니 하나님 부처님》의 1차적 수명이다.

이후 《양자(陽子)》로써 《황금태양(太陽)》의 표면을 이루었던 《정명궁》이 빈 《공간(空間)》이 된 중심부를 향하여 《수축기》에 돌입할 때 이를 주도한 중심부에 일부 남아있던 《여섯 뿌리》진공이 《석가모니 하나님 불(佛)》의 몫이다. 즉, 이의 뜻은 이후부터는 《석가모니 하나님 불(佛)》에 의해 30억 년(億年)에 걸쳐 《정명궁》수축기가 진행된 결과 끝 무렵에는 《양자(陽子)》로써 《황금태양(太陽)》의 표면을 이루었던 《정명궁》이 축소된 《중성자(中性子)알 대일(大一)》로 재탄생이 되고 중심(中心)에는 《석가모니 하나님 불(佛)》께서 자리하신 것이다. 이러한 《중성자알 대일(大一)》의 대폭발을 현대과학에서는 《빅뱅》이라고 하는 것이며, 이로써 하늘(天)이 열리는 《개천(開天)》이 되어 《상천궁(上天宮)》 10성(星)이 탄생이 되어 《석가모니 하나님 불(佛)》께서 《원천창조주》로서 최고(最高)의 《절대자(絕對者)》가 되시어 개천이후(開天以後) 전체 우주(宇宙) 진화(進化)를 주도하시는 것이다.

이와 같이 《정명궁》이 《석가모니 하나님 불(佛)》 주도로 30억 년(億年)간 《축소기》를 거치는 동안 핵(核)의 붕괴 기간에 《36궁(宮)》에서 만들어졌던 《다섯 기초 원소》들은 삼합(三合) 활동으로 같은 《성질(性質)》을 가진 종류들의 이합집산으로 수많은 《인간 씨종자》들과 《복합원소》를 탄생시키는 것이다. 《법성(法性)》의 《성(性)》은 《세제일법》 진공과 《여섯 뿌리》 진공이 양음(陽陰)짝을 하며 《여섯 뿌리》 진공은 다시 양음(陽陰)짝을 한다. 이후 《여섯 뿌리》 진공이 《암흑물질》과 결합하여 《오온(五蘊)》의 단계를 거칠 때부터와 《다섯 기초 원소》의 탄생과 《복합원소》와 이들이 이합집산으로 같은 성질(性質)을 가진 것들이 한 덩어리를 이룬 이들 모두를 《성(性)》 또는 《반야공(般若空)》들이라고 하며, 이러한 《성(性)》 또는 《반야공(般若空)》들이 삼합(三合) 활동과 이합집산으로 탄생되는 것이 《인간 씨종자》들과 《복합원소》들인 것이다. 상기 설명에서 드러나듯이, 《석가모니 하나님 불(佛)》은 《석가모니 비로자나 하나님 부처님》과 동일인(同一人)으로서 때에 따른 변신(變身)이심을 분명히 하는 것이다.

(2) 진명궁(眞明宮)

《정명궁(正明宮)》으로부터 형성되는 《역리(逆理)》의 길인 《시계 반대 방향》 회전길로 불리우는 《1-4-1》의 길에서 탄생되는 것이 《진명궁(眞明宮)》이다. 이러한 《진명궁(眞明宮)》 탄생의 이치는 〔(1) 정명궁(正明宮)〕편에서 설명 드렸으므로 이 장에서는 《진명궁(眞明宮)》이 처음 만들어진 후 이후의 작용(作用)을 설명 드리겠다.

법공(法空) 진화기 이후 25억 년(億年) 만에 초기 《진명궁(眞明宮)》의 형상이 만들어졌음을 진행하면서 말씀드렸다. 이러한 《진명궁》은 《정명궁》이 대공(大空) 내(內)에서 《암흑물질》

을 바탕으로 하여 스스로 《다섯 기초 원소》를 생산하며 진화의 과정을 거쳐 《황금태양(太陽)》으로 탄생하였다면 《진명궁(眞明宮)》은 《정명궁》에서 분출된 《전자(電子)》를 바탕으로 한 가운데 《정명궁》에서 마지막으로 분출되었던 《여섯 뿌리》 진공이 중심 공(空)을 이루고 이보다 먼저 전자(電子)와 함께 분출되었던 《중간자(中間子)》들이 시차를 두고 《양자(陽子)》로 진화(進化)를 함으로써 이러한 먼저 진화(進化)된 《양자(陽子)》를 끌어들여 《여섯 뿌리》 진공이 중심공(中心空)을 이룬 외곽을 형성하게 하는 작용(作用)을 5억 년(億年)간을 함으로써 명실공히 《진명궁(眞明宮)》《커블렉홀》의 완성을 이루는 것이 《정명궁》과는 큰 차이를 보이는 것이다.

    이렇게 하여 탄생된 《커블렉홀》 과정의 《진명궁(眞明宮)》은 《정명궁(正明宮)》과는 달리 《전자(電子)》를 바탕으로 하기 때문에 《오온(五蘊)》의 과정이 생략되어 없는 것이 큰 특징이다. 이러한 《진명궁(眞明宮)》도 5억 년(億年)간의 《커블렉홀》 과정을 거치면서 《진명궁(眞明宮)》 중심부에 자리한 《여섯 뿌리》 진공이 회전 작용으로 《전자(電子)》를 끌어들여 작용을 하면서 《중성자(中性子)》와 《양전자(陽電子)》와 《중간자(中間子)》와 《양자(陽子)》 등 넷(4)의 기초원소와 많은 《복합원소》를 탄생시킨 후 다음 단계인 10억 년(億年) 《태양수(太陽數) ⊕9의 핵(核)》의 단계로 진입하면서 《정명궁(正明宮)》《커블렉홀》의 과정 때 분출된 《중간자(中間子)》 중 뒤편에 《공간(空間)》에서 진화를 한 《양자(陽子)》를 끌어들이고 바탕이 된 《전자(電子)》로부터 많은 《수소(H)》를 탄생시킨 후 《수소(H)》는 진명궁(眞明宮) 《커블렉홀》 완성 때에 진명궁(眞明宮) 《커블렉홀》 외곽에 자리한 양자(陽子)층 외곽을 둘러싸게 하고, 《복합원소》들과 《중간자(中間子)》는 《진명궁》 상극(相剋)의 길을 통하여 외부로 분출하고, 《진명궁(眞明宮)》《커블렉홀》의 과정 때 마지막으로 분출된 《여섯 뿌리 진공(眞空)》이 분출되어 빠져나간 중심부(中心部)의 빈 공간(空間)에 《중성자(中性子)》와 《양전자(陽電子)》와 《양자(陽子)》로써 중심 《핵(核)》을 이루는 것이다. 이렇게 하여 만들어진 중심핵(中心核)을 《태양수(太陽數) ⊕9의 핵(核)》이라고 하는 것이다. 이후 《진명궁》은 다음 단계인 《화이트홀》의 단계 10억 년(億年)을 거치는 동안도 반복 작용으로 많은 《복합원소》들을 만들어 《진명궁》 바깥으로 내어 보내는 것이다.

    이러한 《복합원소》들을 생산하여 《진명궁》 바깥으로 내어 보내는 작용(作用) 역시 《진명궁》의 특징이며, 《진명궁》《태양수(太陽數) ⊕9의 핵(核)》의 단계 이후 《진명궁》 바깥으로 분출되었던 《중간자(中間子)》들은 《양자(陽子)》 진화(進化)의 길을 걷게 되는 것이다. 《화이트홀》 진화의 과정을 거친 이후의 《진명궁》도 《퀘이샤》의 과정 10억 년(億年)과 빛(光)의 축소기인 《붉은 알(卵) 대일(大一)》의 과정 10억 년(億年)을 거친 후 법공(法空) 진화기 시작 이후 70억 년(億年) 《초기 진명궁(眞明宮)》 탄생 이후 45억 년(億年) 만에 《검붉은 태양(太陽)》으로 탄생되어 중심(中心)에는 《석가모니 하나님 부처님》의 분신(分身)으로서 《비로자나불(佛) 1세(世)》가 자리하신 것이다.

50억 년(億年) 진화(進化)의 과정을 겪고 태어난 《비로자나불(佛)》의 《검붉은 태양(太陽)》도 태어나자 곧바로 핵(核)의 붕괴를 10억 년(億年)간 일으켜 《여섯 뿌리》 진공을 《36궁(宮)》 내부의 《암흑물질》 층으로 역리(逆理)의 길인 《시계 반대 방향》 1-4-1의 길을 통하여 분출을 한다. 이러한 분출로 인해 고온(高溫)과 고압이 작용(作用)하는 《36궁(宮)》의 《시계 반대 방향》 회전길에 자리한 《암흑물질》층에서는 《여섯 뿌리》 진공과 《암흑물질》이 결합하여 《오온(五蘊)》의 과정을 거쳐 무수한 《다섯 기초 원소》가 탄생하게 되는 것이며, 《오온(五蘊)》의 중간 과정과 《다섯 기초 원소》들의 이합집산으로 수많은 《복합원소》들이 탄생하게 되는 것이다.

한편, 이와 같이 《진명궁(眞明宮)》 핵(核)의 붕괴로 인한 《여섯 뿌리》 진공 분출과 동시에 《36궁(宮)》 내(內)에서 《시계 반대 방향》의 회전길이 형성됨으로써 그동안 먼저 《정명궁》에 의해 《시계 방향》의 회전길에서 《36궁(宮)》 내(內)에 만들어졌던 《다섯 기초 원소》와 《복합원소》와 《시계 반대 방향》의 회전길에 자리하였던 《진명궁》에서 만들어져 《진명궁》 바깥으로 내어 보내졌던 《복합원소》들이 《고온(高溫)》과 《고압》이 작용하는 《36궁(宮)》 내(內)에서 《정명궁(正明宮)》과 《진명궁(眞明宮)》 상호작용에 의해 합성이 이루어져 물(水), 모래, 광물질 등의 《물질(物質)》들로 탄생이 되는 것이 《30억 년(億年)》간 계속되는 것이다. 이와 같이 물질(物質)들이 탄생하기 시작한 때가 개천이전(開天以前) 30억 년(億年) 전(前)으로써 개천이후(開天以後)부터 지구계(地球界) 시간 서기(西紀) 2000년까지가 120억 년(億年)이 되기 때문에 물질(物質)들이 처음 만들어졌던 때를 150억 년(億年)이라고 하는 것이다.

《검붉은 태양(太陽)》인 《진명궁(眞明宮)》이 핵(核)의 붕괴를 모두 마쳤을 때가 법공(法空) 진화기 시작 이후 80억 년(億年), 《진명궁(眞明宮)》 탄생 이후 60억 년(億年)이 되는 때로써 이때까지의 60억 년(億年) 중 《진명궁(眞明宮)》 핵(核)의 붕괴 기간 10억 년(億年)을 제외한 50억 년(億年) 중 《5억 년(億年)》이 《석가모니 하나님 부처님》의 수명이며 나머지 45억 년(億年)이 《비로자나불(佛)》의 수명이 되는 것이다.

이후 30억 년(億年)이 《검붉은 태양(太陽)》인 《진명궁(眞明宮)》이 핵(核)의 붕괴로 《여섯 뿌리》진공을 모두 분출하고 난 뒤 빈 《공간(空間)》을 이루고 있는 《중심부(中心部)》를 향해 《내부 수축기》에 돌입한 후 30억 년(億年)간 수축을 계속함에 있어서 20억 년(億年)간은 《개천이전(開天以前)》에 수축을 계속하고 10억 년(億年)은 《개천이후(開天以後)》《상천궁(上天宮)》 10성(星)이 모두 탄생되어 자리한 기간으로써 이때까지 수축을 계속한 후 축소된 《황금알 대일》로 재탄생이 된 후 이 《황금알 대일(大一)》이 대폭발을 일으켜 2등분으로 갈라져 한쪽은 현재의 북극성(北極星)이 되어 《일월등명불(日月燈明佛)》이 자리하시고 또 다른 한쪽은 《노사나불(佛)》께서 자리하신 이후 현재의 《북두칠성(北斗七星)》《알파성(星)》을 이룬 이후 앞서 《진명궁(眞明宮)》이 《커블렉홀》 이후 《태양수(太陽數) ⊕9의 핵(核)》의 과정과 《화이트홀》의 과정에서 만들어 외부로 분출하였던 《중간자(中間子)》가 나머지 진화(進化) 과정에서 《양자(陽子)》 진화를 마침으로써 이들 《양자(陽子)》들과 이때 함께 분출되었던 《복합원소》들이 오랜 기간 이합집산되어 물질(物質)로 합성이 됨으로써 이렇게 합성(合成)된 물질(物質)들을 끌어 들여 작용을 하여 일부는 현재의 《북극성(北極星)》과 《북두칠성(北斗七星)》《알파성(星)》의 표면으로 자리하고, 대폭발시의 잔해와 나머지 일부로써 《북두칠성(北斗七星)》《알파성(星)》이 이들을 끌어 모아 2성(二星)을 탄생시키게 된다. 이렇듯 탄생된 《북두칠성(北斗七星)》《알파성(星)》과 2성(二星)을 합한 3성(三星)을 《노사나불(佛)》《진신삼성(眞身三星)》이라고 한다.

이러한 이후 《노사나불(佛)》은 현재의 《북극성(北極星, Polaris)》과 《북두칠성(北斗七星)》《알파성(星)》의 상호 회전 작용으로 《진명궁(眞明宮)》《검붉은 태양(太陽)》의 핵(核) 붕괴로 《36궁(宮)》 내(內)로 분출된 《여섯 뿌리》진공이 《암흑물질》과 작용하여 만들어진 《다섯 기초원소》와 《복합원소》들에 의해 만들어진 물질(物質)들을 끌어 모아 4성(四星)을 탄생시킴으로써 《노사나불(佛)》《진신삼성(眞身三星)》과 함께 현재의 《큰곰자리》《북두칠성(北斗七星)》이 탄생하게 되는 것이다.

《진명궁(眞明宮)》 탄생 이후 진화(進化)의 과정을 거쳐 《검붉은 태양(太陽)》으로 탄생된 후 《검붉은 태양(太陽)》 핵(核)의 붕괴가 시작이 되는 《50억년(億年)》 중 《45억 년(億年)》이 《석가모니 하나님 부처님》의 분신(分身)으로서 《비로자나불(佛) 1세》의 수명임을 밝혀 드렸다. 이러한 이후 《진명궁(眞明宮)》은 《10억 년(億年)》에 걸쳐 핵(核)의 붕괴 기간을 가짐으로써 진명궁(眞明宮)의 중심은 빈 공간(空間)을 이루게 된다. 이와 같이 하여 발생된 중심부의 빈 공간(空間)을 향하여 진명궁(眞明宮)은 30억 년(億年)간 내부 《수축기》에 들어간 후 축소된 《황금알 대일(大一)》이 탄생됨을 아울러 설명 드렸다. 이와 같은 내부 수축기 30억 년(億

年) 중 《25억 년(億年)》은 《대관세음보살》에 의해 내부 수축이 주도되고 나머지 《5억 년(億年)》이 때에 《상천궁(上天宮)》 1-4의 성(星)에서 《석가모니 하나님 불(佛)》의 우주적(宇宙的) 장자(長子)로 태어난 《지적(地積)》이 황금알 대일(大一)의 과정에 있던 《진명궁(眞明宮)》으로 옮겨 앉아 내부 수축기를 마무리하는 것이다.

이렇게 하여 태어난 진명궁(眞明宮) 《황금알 대일(大一)》이 대폭발을 일으켜 둘로 나뉘어져 한쪽은 현재의 북극성(北極星)이 되어 《일월등명불(佛)》이 자리하고 한쪽은 북두칠성(北斗七星) 알파성(星)이 되어 《노사나불(佛)》이 자리하신 것이다. 이러한 《일월등명불(佛)》과 《노사나불(佛)》은 한 몸(一身)에서 진화(進化)의 방편상 나누어지게 되는 것이며, 이와 같이 나누어진 《노사나불(佛)》이 진명궁(眞明宮) 《황금알 대일(大一)》 때의 《지적(地積)》인 것이다. 이렇듯 《진명궁(眞明宮)》은 《비로자나불(佛)》, 《대관세음보살》, 《지적(地積)》 등 세 분에 의해 진화(進化)가 주도되는 것이 또한 특징 중의 하나이다.

이와 같이 개천이전(開天以前) 《정명궁(正明宮)》의 진화의 과정 《100억 년(億年)》과 《진명궁(眞明宮)》의 진화의 과정 《90억 년(億年)》의 합(合) 《190억 년(億年)》에서 ○(ZERO)는 완성수로써 이를 제한 《19수(數)》를 《창조주(創造主)》의 《수(數)》로써 《십거일적수(十鋸一積數)》라고 하며 서구 사회에서 《알파와 오메가》라 하는 것이다. 이러한 《십거일적(十鋸一積)》이 우주(宇宙)를 떠받치는 《여섯 기둥 법칙》 중의 하나가 되는 것이다.

이로써 《20억 년(億年)》에 걸쳐 탄생된 것이 《상천궁(上天宮)》과 《천일궁(天一宮)》 10의 궁(宮)으로써 이들 두 천궁(天宮)이 《천일궁(天一宮)》 10의 궁(宮)을 중심으로 《천일우주(天一宇宙)》 100의 궁(宮)을 탄생시킨다. 이렇게 하여 만들어진 《상천궁(上天宮)》을 중심한 《천일우주(天一宇宙) 100의 궁(宮)》을 《초기 우주(宇宙)》라고 한다. 이러한 《초기 우주》가 《100억 년(億年)》간 진화(進化)하여 완성된 것이 현존우주(現存宇宙)가 되는 것이다.

2. 불교(佛敎)

　[1. 진화(進化)와 창조(創造)]편에서 밝혔듯이, 우주간(宇宙間)과 세간(世間)에 대한 《진화(進化)》와 《창조(創造)》가 원천창조주이신 《석가모니 하나님 부처님》에 의해 주도된다. 사정이 이렇다 보니 《개천(開天)》으로 이름되는 《상천궁(上天宮)》이 만들어지는 《5억 년(億年)》부터인 지금으로부터 《115억 년(億年)》 전(前)부터 진화(進化)를 거쳐 최초의 인간(人間) 무리들이 태어났을 때 《석가모니 하나님 부처님》께서는 이러한 인간 무리들이 올바른 사상(思想)과 관념(觀念)을 가지고 진화(進化)할 수 있도록 가르침을 베풀게 됨으로써 자연스레 《석가모니 하나님 부처님》을 믿고(信) 그 가르침을 따르는 《불교(佛敎)》가 종교(宗敎)로써 자리한 것이다. 즉, 《불교(佛敎)》는 전우주적인 유일한 종교(宗敎)로써 《교주(敎主)》는 당연히 《원천창조주》이신 《석가모니 하나님 부처님》이 되신다.

　《진화(進化)》를 크게 두 구분한 것이 《영체(靈體)》의 진화(進化)와 《고체(固體)》의 진화로써, 《영체(靈體)》의 진화가 중생(衆生) 무리들의 진화이며 그 정상(頂上)에 인간 무리들이 있다. 이러한 인간 무리들 중 인간(人間) 진화(進化)의 완성을 이룬 자를 부처(佛)를 이루었다고 하며, 이와 같은 부처(佛)가 계속 진화(進化)하여 《법(法)》의 완성을 이루게 되면 명실상부한 《불법(佛法)》 일치된 완전한 깨달음의 《부처(佛)》를 이룸으로써 진화(進化)의 종착점에 도착하여 중생(衆生)들을 위하여 많은 일들을 하신 이후는 죽음(死)과 고통을 완전히 떠난 영원을 사는 《금강궁(金剛宮)》이나 상락아정(常樂我淨)이 있는 《적멸보궁(寂滅寶宮)》으로 들어간 후 최종으로는 《법공(法空)》 바깥의 《보물 우주》로 들어가게 됨으로써 오랜 진화(進化)의 여정(旅程)은 끝이 나는 것이다. 이와 같은 《법(法)》의 완성이 곧 자신의 법신(法身)인 별(星)의 완성으로서 《태양성(太陽星)》이나 밝은 《별(星)》을 이루는 것을 이름한다. 이러한 진화(進化)의 과정이 모두 진리(眞理)의 법(法)인 《불법(佛法)》 테두리 내(內)에서 이루어지는 것이다.

이와 같은 이치로 《상천궁(上天宮)》 이후 《천일궁(天一宮)》과 지금의 《오리온좌》 성단인 《천일일(天一一) 우주》에서 많은 《보살(菩薩)》들과 여러분의 불법(佛法) 일치를 이룬 《부처님》들이 탄생하는데, 그 대표적인 부처님들이 《아미타불》과 《노사나불》과 《미륵불》로서 이 분들은 훗날 《지상(地上)》에서 각각 따로 불법(佛法)을 가지고 있게 되나 이는 어디까지나 《교주(敎主)》이신 《석가모니 하나님 부처님》의 진리(眞理)의 법(法)을 보좌하는 불법(佛法)으로 자리할 따름인 것이다.

이와 같은 《우주간(宇宙間)》에서의 《석가모니 하나님 부처님》께서 설(說)하신 불법(佛法)을 간략히 정리하면, 《상천궁(上天宮)》 이후 지금으로부터 100억 년전(億年前) 《천일궁(天一宮)》에서 원천창조주이신 《석가모니 하나님 부처님》께서 설(說)하신 진리(眞理)의 법(法)과 80억 년전(億年前) 《오리온좌 성단》이 있는 《천일궁(天一宮)》에서 설(說)하신 《석가모니 하나님 부처님》의 진리(眞理)의 법(法)을 모두 묶어 《묘법화경(妙法華經)》이라고 하며 이 가운데는 인간들을 일깨우기 위한 《방편의 경》도 포함이 되어 있다.

이와 같이 종교(宗敎)로써의 불교(佛敎)와 불법(佛法)은 《지상(地上)》의 인류 《남반구 문명》이 시작되기 이전까지는 원천창조주로서의 《석가모니 하나님 부처님》만을 받드는 불교(佛敎)와 《불법(佛法)》이 유일하게 우주간(宇宙間)과 세간(世間)에 전하여져 온 것이나 이후 《남반구 문명기》에 들어와서 《아미타불》의 불법(佛法)이 전하여진 것이며, 지상(地上)의 인류 마지막 문명기인 BC 8000년에 시작된 인류 《북반구 문명기》에 들어와서 BC 4000년 이후부터 《악마(惡魔)의 신(神)》들 종교인 《조로아스터교(敎)》와 《마왕(魔王)》 불교와 각종 종교가 《석가모니 하나님 부처님》을 받드는 《불교(佛敎)》와 《진리(眞理)》의 《법(法)》이 담긴 불법(佛法) 파괴를 위해 우후죽순처럼 생겨난 것이다.

이로써 《선후천우주(先後天宇宙)》 갈림길에서 《선천우주(先天宇宙)》를 마감하면서 《세간(世間)》에 만연한 《악마(惡魔)의 신(神)》들 종교(宗敎)의 실상을 파악한 후 이를 정리하고 오롯한 《원천창조주》이신 《석가모니 하나님 부처님》을 받드는 《불교(佛敎)》와 그 가르침인 《진리(眞理)의 법(法)》을 오롯이 하여 《후천우주(後天宇宙)》 진화(進化)의 길에 들어가기 위해 《미륵불》께서 이 장을 진행하는 것이다.

[1] 지상(地上)에서의 불교 구분

우주간이나 세간(世間)인 지상(地上)에서의 불교(佛敎)는 《석가모니 하나님 부처님》을 교주(敎主)로 받드는 불교(佛敎) 밖에는 없다. 그러나 지상(地上)에서 문명기가 펼쳐진 후 새로이 태어나시는 부처님(佛)들과 《석가모니 하나님 부처님》 불법(佛法)을 파괴하여 인간 무리들의 《정신세계》 지배를 위해 광분한 《대마왕신(神)》《석가모니》 이후 《불법(佛法)》들이 다시 파괴되어 종파 불교(佛敎)로 변질된 이들 모두가 《불법(佛法)》으로 인해 《불교(佛敎)》로 호칭을 하게 됨으로써 지상(地上)에서 펼쳐진 《불법(佛法)》 구분을 불교(佛敎) 호칭으로 구분하는 것이다.

지상(地上)에서 펼쳐진 불교(佛敎)의 완전한 이해를 위해서는 법공(法空)의 0(ZERO) 지점에 위치한 우리들 지구상(地球上)에서 전개된 인간들의 문명을 먼저 이해를 하는 것이 순서이다. 《선천우주(先天宇宙)》 동안 제일 처음 탄생한 우주(宇宙)가 《상천궁(上天宮)》이며, 그 다음으로 만들어진 우주(宇宙)가 《천일우주(天一宇宙)》 100의 궁(宮)이다. 이러한 《상천궁(上天宮)》과 《천일우주(天一宇宙)》 100의 궁(宮)에는 모두 10개의 성단(星團)이 존재하였으나 지금의 때로 봐서 《상천궁(上天宮)》은 진화(進化)되어 시야(視野)에서 모두 사라졌기 때문에 《천일우주(天一宇宙)》 100의 궁(宮)은 현재 9개의 성단(星團)이 존재하면서 현재 시야(視野)에 드러나 있다. 이러한 9개 성단(星團)을 밝혀 드리면 다음과 같다.

[표 1-2-1-1] 각 성단별 주인

순서	성단	성단의 주인	비고
1	천일궁(天一宮) : 작은곰자리 성단	《다보불(佛)》	《석가모니 하나님 부처님》의 육신불(肉身佛) 선천우주 하늘(天)
2	북두칠성 성단	《노사나불(佛)》	

3	관음궁(觀音宮) : 목동자리 성단	《관세음보살》	
4	용자리 성단	《문수보살》	
5	카시오페아 성단	《정화수왕지불(佛)》	이 성단의 주인(主人)은 여인(女人)으로 《정화수왕지불(佛)》이나 이 분이 《노사나불(佛) 1세》의 부인이기 때문에 최고 조상은 《노사나불(佛) 1세》가 된다.
6	헤라클레스 성단	《쌍둥이 천왕불(佛)》이신 《알라신(神)》	《천왕불(佛)》과 《쌍둥이 천왕불(佛)》은 일란성 쌍둥이기 때문에 때로는 《천왕불(佛)》이 최고 조상이 되기도 하고 때로는 《쌍둥이 천왕불(佛)》이신 《알라신(神)》이 최고 조상이 되기도 한다.
	거문고 성단	문곡성불(佛)	《칠성불(佛)》 중의 문곡성불(佛)이 주인(主人)으로서 최고 조상이 되며, 실질상 성단의 주인은 《문곡성불(佛) 2세》가 된다.
7	백조자리 성단	《아미타불(佛)》	
8	목동자리 성단 : 아미타 진신 4성(星)	《아미타불(佛)》	
9	케페우스 성단	《그림자 비로자나 1세》	이 성단은 《그림자 비로자나 1세》와 《가이아신(神)》이 함께 만든 성단이다. 이러한 《그림자 비로자나 1세》의 아들로 《천왕불(佛)》과 《쌍둥이 천왕불(佛)》과 《야훼 신(神)》이 태어나는 것이며, 뒤에 태어난 《천관파군》은 다시 《노사나불(佛)》의 아들로 태어나 북두칠성 끝자리 별(星)을 법신(法身)으로 하는 것이다.
※ 각 성단별 순서가 《십만 년》 전부터 1만 년씩 진화기를 거친 순서가 된다.			

이와 같은 《천일우주(天一宇宙)》 100의 궁(宮)의 9개 성단이 지금도 존재하고 있다. 이러한 9개 성단의 상당수 인간 무리들이 지금으로부터 《십만 년》 전(前)부터 완벽한 인간 육신(肉身)의 진화를 위해 법공(法空)의 0(ZERO) 지점에 위치한 지구상(地球上)으로 와서 1만 년을 주기로 하여 1개 성단(星團)의 인간 무리들이 문명기(文明期)를 열고 문명(文明)의 종말을 맞으면서 완벽한 인간 육신(肉身)의 진화(進化)를 마치고 자기네 성단(星團)으로 돌아감으로써 9개 성단의 인간 무리들이 모두 인간 육신(肉身)의 진화를 위해 문명기 시작과 문명기 몰락을 거치기를 9차례 하면서 9만 년(九萬年)의 시간을 지상(地上)에서 소요한 것이다.

이와 같이 상기 [표 1-2-1-1]에 기록된 천일우주(天一宇宙) 100의 궁(宮) 9개 성단 중 8개 성단이 《선악(善惡)》 양면성을 가진 불보살(佛菩薩)들께서 만드신 성단이며 《케페우스 성단》 하나가 《악(惡)》을 근본 바탕으로 하는 《악마(惡魔)의 신(神)》들인 《대마왕신(神)》들이 만든 성단이다. 이러한 성단들이 문명기를 거칠 때 《석가모니 하나님 부처님》과 《아미타불》과 《노사나불》에 의해 인간 무리들의 교화(敎化)를 위해 펼쳐진 《불법(佛法)》에 따른 불교(佛敎)를 구분하면 [표1-2-1-2]와 같다.

(1) 《석가모니 하나님 부처님》 주도의 북반구(北半球) 및 남반구(南半球) 문명

지금으로부터 10만 년 전(前)부터 4만 년까지 《6만 년》 기간 동안 7개 성단의 인간 무리 진화(進化) 때 자리한 《불교(佛敎)》가 《석가모니 하나님 부처님》을 교주(敎主)로 받드는 불교(佛敎)로써 이때 설(說)하신 《불법(佛法)》이 《아함》, 《방등》, 《화엄》, 《반야》 등 성문(聲聞)의 불법(佛法)이다. 이러한 《성문(聲聞)》의 《불법》이 일만 년(一萬年)마다 반복되는 천상(天上)의 대재앙(大災殃)으로 문명기가 종말을 맞이하는 가운데서도 《신(神)》들의 문자(文字)로 알려진 《산스크리트어(語)》와 《산스크리트어(語)》로 기록된 경전(經典)들이 적도(赤道)에 가까운 고

[표 1-2-1-2] 불법(佛法)에 따른 불교 구분

문명기	순서	성단	불교(佛敎)의 구분	설(說)하신 불법(佛法)
북반구 및 남반구 문명	1	천일궁(天一宮) : 작은곰자리 성단	석가모니 하나님 부처님	성문(聲聞)의 불법(佛法)
	2	북두칠성 성단		
	3	관음궁(觀音宮) : 목동자리 성단		
	4	용자리 성단		
	5	카시오페아 성단		
	6	헤라클레스 성단		
		거문고 성단		
남반구 문명	7	백조자리 성단	아미타 불교	아미타불이 설(說)한 성문(聲聞)의 불법(佛法)
	8	목동자리 성단: 아미타 진신 4성(星)		
	9	케페우스 성단	노사나불(佛)에 의한 불법(佛法) 전달	《석가모니 하나님 부처님》《진리(眞理)》의 《불법(佛法)》 전달

대 《인도》를 통하여 꾸준히 전하여져 온 것이다. 즉, 각 문명기 종말을 맞이하여도 고대 《인도》에서는 살아남은 인간 무리들이 상당수가 있었기 때문에 《산스크리트어(語)》로 된 경전(經典)들이 전하여져 온 것이다.

(2) 《아미타불(佛)》과 《노사나불(佛)》 주도의 남반구(南半球) 문명(文明)

지상(地上)의 AD 2000년(年)을 기준으로 4만 년(萬年) 전(前)부터 1만 년(萬年) 전(前)까지의 3만 년(萬年) 기간을 《남반구 문명(南半球文明)》 기간이라고 한다. 이러한 《남반구 문명》 3만 년 기간 중 4만 년과 2만 년 전의 2만 년 문명 기간은 《아미타불(佛)》 주도로 일어난 문명기로, 이 중 4만 년 전~3만 년 전의 1만 년 문명 기간은 《아미타불(佛)》과 《비로자나 1세》와 《악마(惡魔)의 신(神)》인 《석가모니》 후손(後孫)들인 《백조자리》 성단의 인간 무리들이 《아미타불(佛)》의 지도로 문명을 일으키고 문명의 종말을 맞이한 것이다.

이러한 문명이 일어났던 곳이 남미(南美) 《안데스 산맥》 아래와 중남미(中南美) 일대이며, 이때의 자취가 고스란히 남은 것이 《남미(南美)》《페루》의 《나스카(Nazca)》 평원에 있는 《나스카 문양》으로써 이 문양은 지금으로부터 100억 년(億年) 전(前) 《아미타불(佛)》이 《2×1×2》 천궁도(天宮圖) 성단으로 만든 《백조자리》 성단을 형상화한 것으로써 《아미타불(佛)》의 자취를 남겨둔 것이다. 이때의 《아미타불(佛)》을 후세인(後世人)들은 《비라코챠》라고 이름한다. 때문에 《백조자리》 성단에서 태어난 인간 무리들 모두를 《아미타불(佛)》과 최고의 《대마왕신(神)》《비로자나 1세》와 《악마(惡魔)의 신(神)》인 《석가모니》 후손(後孫)들이라고 하는 것이다.

이와 같은 문명(文明)이 파괴되어 몰락할 때 《아미타불(佛)》은 그의 후손(後孫) 일부를 데리고 대양을 건너 《이집트》로 건너와서 그의 후손들을 중심으로 이번에는 3만 년 전(前)에서 2만 년 전(前)까지 1만 년 문명기를 열게 되는데, 이때는 《목동자리》에 있는 《아미타불(佛)》《진신 4성(眞身四星)》으로부터 진화(進化)하여온 인간 무리들의 교화(敎化)와 진화(進化)를 도모한 것이다.

엄격히 따지면, 이때의 문명기는 《아미타불(佛)》의 선도로 진행이 된 《목동자리 성단》에 있는 《아미타불(佛)》《진신 4성(眞身四星)》으로부터 진화(進化)하여온 인간 무리들의 진화기(進化期)가 되는 것이다. 이때 남은 《아미타 불교(佛敎)》의 유적이 《스핑크스》이다. 이러한 《스핑크스》는 《관세음보살》을 형상화한 유적이며, 이때 《아미타불》께서 남기신 경전(經典)이 《아미타경》, 《무량수경》, 《승만경》, 《유마경》 등이 지금까지 남아 전하여져 오고 있으며 《이집트》《피라밋》 상형 문자가 《산스크리트어(語)》임을 밝혀 두는 바이다.

이러한 선대(先代) 《이집트》 문명도 1만 년의 문명기 종말을 맞이했을 때 《아미타불(佛)

》은 천상(天上)으로 오르고 《헤라클레스》가 그의 후손 민족 일부를 데리고 다시 대양을 넘어 《남미(南美)》로 이동하여 《케페우스》 성단의 인간 무리들과 함께 《노사나불(佛)》 선도로 1만 년의 문명기를 열어가는 것이다. 이때의 유적이 《남미(南美)》 지역에 산재해 있으며 1만 년 문명의 몰락 이후 곧바로 시작되는 《북반구(北半球)》 문명 때에도 《노사나불(佛)》과 《노사나불(佛)》의 후손들인 《가야인》들이 《남미(南美)》로 건너가서 마지막 《남반구(南半球)》 문명 연속선상에서 문명을 발전시킨 흔적들이 《테우티우아칸(Teotihuacán)》에 산재해 있으며, 그 중 유명한 것이 《태양신전(太陽神殿, Coricancha or Qurikancha)》이다. 이와 같이 《노사나불》 주도로 일어난 마지막 《남반구 문명》 1만 년 동안 불교(佛敎)와 같은 종교(宗敎)의 가르침은 없었으나 《석가모니 하나님 부처님》《진리(眞理)》의 《법(法)》을 충실히 가르친 증거가 《남미》《에콰도르》 밀림에 산재해 있는 《지구라트》이다.

이렇듯 《노사나불(佛)》의 주도로 시작된 마지막 《남반구(南半球)》 문명도 1만 년을 끝으로 몰락하고 이때 그의 후손들 일부와 《한민족(韓民族)》 후손 일부들이 대양을 건너 《이집트》로 다시 이동하여 오게 됨으로써 곧바로 시작되는 《석가모니 하나님 부처님》 주도의 《북반구(北半球)》 문명이 시작되었을 때 시간 차이를 두고 《천상(天上)》에서 내려온 《아미타불(佛)》이 대양을 넘어온 이들과 함께 다시 《이집트》 문명을 일으키는 것이다.

이로써 《남반구(南半球)》 문명 3만 년 중 2만 년의 문명기는 《아미타불(佛)》이 주도하고 마지막 1만 년은 《노사나불(佛)》 주도로 문명기를 마친 것이며, 이후 《석가모니 하나님 부처님》 주도의 지상(地上) 마지막 문명기인 인류 《북반구(北半球)》 문명기가 시작되는 것이다. 이러한 이유 때문에 고대 《이집트》인 문명의 역사가 4만 년 전(前)으로 거슬러 올라간다고 하는 것이다.

① [인간 육신(肉身) 진화와 U.F.O]

《천일우주(天-宇宙)》100의 궁(宮) 9개 성단 중 상대적으로 먼저 만들어진 《천일궁(天-宮)》, 《백조자리 성단》, 《관음궁(宮)》, 《북두칠성》 등의 성단들이 성단 진화가 많이 진행되었으며, 이 중 《천일궁(天-宮)》의 《작은곰자리(Ursa Minor)》 성단은 지금은 진화되어 사라진

《상천궁(上天宮)》과 함께 《양음(陽陰)》 짝을 한 《선천우주(先天宇宙)》의 《하늘(天)》로 자리한 후 《상천궁(上天宮)》이 진화되어 사라진 지금의 때로 봐서는 《천일궁(天一宮)》의 《작은곰자리 성단(Ursa Minor)》이 《하늘(天)》이 되며, 《작은곰자리 성단(Ursa Minor)》《베타성(β)》이 《석가모니 하나님 부처님》의 《육신(肉身)의 궁(宮)》이 된다. 《천상(天上)》이라고 할 때 이는 《천일궁(天一宮)》을 말하는 것이며, 상기 성단 중에서도 제일 진화(進化)가 많이 된 성단이 된다.

그 다음으로 진화가 많이 된 성단이 《용자리 성단》과 《카시오페아》 성단과 《거문고자리》 성단이며, 다음이 《헤라클레스》 성단과 《케페우스》 성단이 된다. 이러한 성단 중 상대적으로 《진화(進化)》가 많이 된 성단에 남아 있는 인간 무리들은 모두 《영육(靈肉)》 일치된 진화(進化)를 1차적으로 마친 인간들이 거주하고 있으나, 나머지 진화가 덜된 성단에 거주하고 있는 인간 무리들은 《영혼(靈魂)》의 진화(進化)는 상당히 되었으나 아름다운 인간 육신(肉身)의 진화는 마치지 못하였기 때문에 이들이 그들의 발달한 과학문명으로 《U.F.O》를 만들어 지상(地上)으로 중단 없이 오고 있는 것이다.

지상(地上)에서 현재의 때에 목격되는 《U.F.O》는 사실적인 것이며, 이들이 지상(地上)으로 몰려오는 이유는 《지상(地上)》의 인간들과 전쟁을 하기 위함도 아니고 자원 탈취의 목적으로 오는 것도 아닌 다만 그들 육신(肉身)의 아름다움을 갖춘 지상(地上)의 인간들 육신(肉身)과 같은 육신(肉身) 진화를 위해 지상(地上)으로 온다는 점을 아시기 바라며, 지금의 때에 오고 있는 《U.F.O》는 대부분이 《카시오페아》 성단과 《케페우스》 성단에서 오는 것임을 알려드리는 것이다.

② 관념(觀念)

[관념(觀念)]

金鉉斗

잘못된 믿음(信)이 낳은 관념(觀念)은
집착(執着)의 허상(虛像)일 뿐

믿음(信)을 바로 하고
허상(虛像)의 허망(虛妄)함을 깨달으면
그는 곧
잘못된 관념(觀念)으로부터 해방이 된다.

마성(魔性)의 관념(觀念)을 가진 자도
믿음을 바로 하여
허상(虛像)의 허망(虛妄)함으로부터
벗어난 그의 존재(存在)는

마치 연기처럼 사라지므로
그는 진정한 법공(法空)의 주인이 되네
이것이 곧 열반(涅槃)의 자리일세

믿음(信)과 관념(觀念)으로부터
모두 벗어나고
인연법(因緣法)에 물들지 않으며
초연히 모든 것을 받아들이면

법(法)을 설(說)할 때는
진리(眞理)만을 설(說)하네

이 분이 곧
절대자(絶對者)요
브라만(Brahman)일세

3. 《석가모니 하나님 부처님》께서 주도하시는
지상(地上)의 마지막 문명기(文明期)

인류 북반구(北半球) 문명 (8000BC~AD2000)

《후천우주》의 하늘(天)을 《중앙천궁상궁(中央天宮上宮)》이라고 하며, 이와 같은《중앙천궁상궁(中央天宮上宮)》의 핵(核)이 법공(法空)의 0(ZERO) 지점에 자리한《석가모니 하나님 부처님》《진신 4성(眞身四星)》으로써 《목성(木星)》을 중심한 《달(月)》, 《화성(火星)》, 《지구(地球)》가 순리(順理)를 따르는 《3-1의 길》 회전 운행을 하는 것을 이름한다. 이와 같이《석가모니 하나님 부처님》《진신 4성(眞身四星)》이 《3-1의 길》 회전 운행을 하면서《중앙천궁상궁(中央天宮上宮)》 핵(核)으로 자리한 이곳을 《도솔천궁(兜率天宮)》이라고 하며 인간들이 살고 있는 별(星)인 《지구(地球)》를 《도솔천(兜率天)》《내원궁(內院宮)》이라고 한다. 이렇듯 복(福) 받은 별(星)이 우리들의 지구(地球)이다.

이러한《도솔천 내원궁(兜率天內院宮)》으로 이름되는 지상(地上)의 마지막 문명기(文明期)는 지금으로부터 100억 년 전(億年前) 천일우주(天一宇宙) 100의 궁(宮)에서 만들어진 영체 진화(靈體進化)를 하는 양자영(陽子靈)들과 전자영(電子靈)들이 양음(陽陰) 짝을 하여 진화(進化)하여 오다가 지금으로부터 45억 년 전 《인일이(人一二)》 우주에서 지구(地球)가 탄생한 이후 오랜 진화(進化)의 과정을 거쳐 《지상(地上)》에서 《구석기인》으로 진화(進化)를 한 무리들을《하늘(天)》의 씨앗인 《삼진(三眞)》을 심어 《신석기인》으로 전환시켜《문명기(文明期)》를 열고 이후 《왕조시대(王朝時代)》를 갖게 하여 완전한 인간 무리로 진화를 하게 하는 지상(地上)에서 마지막 열리는 문명기가 인류 북반구 문명이다.

　이와 같은 《석가모니 하나님 부처님》 주도의 《북반구 문명》(8000BC~AD2000)은 우리들 태양계(太陽界) 회전 운행에서 《중앙천궁상궁(中央天宮上宮)》 운행으로 바뀌는 때가 선천우주(先天宇宙) 운행에서 후천우주(後天宇宙) 운행으로 전환이 될 때이며, 이때가 지상(地上)의 북반구 문명이 종말을 고하는 때이다. 이러한 종말이 《석가모니 하나님 부처님》께서 주도하시는 《북반구 문명(北半球文明)》 1만 년이 끝나는 서기 2000년에 천지(天地) 대개벽이 일어나야만 하였던 것이었으나, 《북반구 문명》 기간 동안 《악마(惡魔)의 신(神)》들인 《대마왕신(神)》들에 의한 지상(地上)에서의 2차 《우주 쿠데타》가 계속된 탓에 지상(地上)의 인간 무리들 진화(進化)에 문제가 생겨 《원천창조주》이신 《석가모니 하나님 부처님》께서는 종말의 기간을 약간 연장을 하심으로써 그 연장선상에 지상(地上)의 인간 무리들이 현재 살고 있는 것이다.

　이와 같은 북반구 문명이 있기 전에 지상(地上)에서는 매회(每回) 1만 년(一萬年)을 주기로 9번의 문명이 일어나 문명기가 끝이 나면 문명기 동안 아름다운 인간 육신을 갖춘 인간 무리들의 《영혼(靈魂)》과 《영신(靈身)》들은 그들이 자리하였던 성단(星團)으로 돌아가고 지상(地上)에서 처음부터 진화의 과정을 겪은 《구석기인》은 《북반구 문명 기간》 동안의 《구석기인》들이 최초이다. 이와 같이 《도솔천(兜率天)》 《내원궁(內院宮)》에서 《석가모니 하나님 부처님》께서 주도하시는 인류 《북반구 문명》 기간 동안 교화(敎化)되어 지상(地上)에서 반복(反復)되는 윤회(輪廻)로 진화(進化)하는 오늘을 살고 있는 인간 무리들은 사실상 큰 복락(福樂)을 누리고 진화(進化)하는 무리들이라는 사실을 아시기 바란다.

　그러므로 《석가모니 하나님 부처님》께서 주도하시는 인류 《북반구 문명》(8000BC~AD2000)에서 일어나 종교(宗敎)로써 자리하게 되는 《불교(佛敎)》에 대해서는 《북반구 문명》권의 《구석기인》의 《신석기인》 전환과 중요한 《문명(文明)》과 《왕조시대(王朝時代)》 등 인간들의 역사(歷史)를 총체적으로 다루면서 중간 중간 불교(佛敎)에 대한 설명을 하고자 하오니 이해 있으시기를 당부 드린다.

[1] [한국(桓國)] (7200BC~6000BC)

《멕시코》를 비롯한 중남미 일대에서 《노사나불》께서 주도하셨던 《선대문명(先代文明)》에서 문명의 몰락에 즈음하여 《노사나불》께서 완전히 진화된 인간 무리 3,000을 대양을 건너 《이집트》로 피신하게 하신 이후, 반복되는 윤회로 원천창조주이신 《석가모니 하나님 부처님》께서 《BC 7200년경》 터키 《아라랏트산(山)》으로 천상(天上)에서 내려오실 때까지 때를 기다리시다가 《석가모니 하나님 부처님》께서 《아라랏트산(山)》으로 강림하시는 시점을 맞춰 이들 인간 무리들을 모두 《터키》로 이동시킨 후 무리들을 둘로 나누어 한 무리는 《석가모니 하나님 부처님》께서 이들을 이끄시고 《아조프 해(海)》 건너편 《크림반도》와 주변 일대에 거주하는 《구석기인》 교화(敎化)에 들어가시고 나머지 한 무리는 《노사나불》께서 거느리고 《터키》 일대의 《구석기인》 교화에 들어가시는 것이다.

이와 같이 《원천창조주》이신 《석가모니 하나님 부처님》과 그의 우주적 장자(長子)이신 《노사나불》께서 《구석기인》들을 교화하신 영역이 《흑해(黑海)》와 《아조프 해(海)》를 끼고 있는 《크림 반도》를 중심으로 한 인근 평야 지대와 《코카서스》 지역과 《터키》를 포함하여 《BC 7200년》에 《한민족(韓民族)》 최초의 고대(古代) 국가인 《한국(桓國)》을 세우게 됨으로써 시작이 된다. 이러한 때 교화(敎化)에 임하신 분들이 모두 《착함(善)》을 근본 바탕으로 하는 《한민족(韓民族)》 조상(祖上) 《불, 보살》들께서 교화(敎化)에 임하신 것이며, 이들 모두를 《제신(諸神)》으로도 이름한다. 그리고 이때 교화된 인간 무리들 무리가 모두 《선(善)》을 근본 바탕으로 하는 인간 무리들과 《선악(善惡)》 양면성을 근본 바탕으로 하는 인간 무리들로서 이들 모두들을 《한민족(韓民族)》들이라고 하는 것이다.

이러한 북반구 문명의 시작은 《BC 8000년》부터 시작이 되었으나 이후 《800년》간은 선대문명(先代文明) 몰락을 위한 기상 재앙(災殃)으로 빙하기가 계속된 관계로 본격적인 문명기 시작은 한민족(韓民族)의 첫 번째 고대 국가인 《한국(桓國)》이 탄생한 《BC 7200년》부터 시작이 된다.

(1) 《구석기인》의 《신석기인》으로의 교화(敎化)

《양자영(陽子靈)》《18》을 중심으로 외곽에 《양자영 6》과 《전자영 6》이 양음(陽陰) 짝을 하여 회전하는 당체를 《성(性)의 30궁(宮)》이라고 하며 《구석기인》의 《영혼(靈魂)》과 《영신(靈身)》이 되는 진화(進化)의 주인공으로써 마음(心)의 근본 뿌리가 된다. 이러한 《구석기인》의 영혼과 영신인 《성(性)의 30궁(宮)》의 바른 진화(進化)를 위해 《구석기인》들에게 《하늘(天)》의 씨앗으로 이름되는 《삼진(三眞) 10》을 남녀(男女) 교접(交接)으로 심음으로써 《성(性)》은 《40궁(宮)》이 되어 비로소 《구석기인》이 《신석기인》으로 거듭 태어나게 된다. 이렇게 하여 태어난 《신석기인》은 다시 《구석기인》과 교접(交接)을 하였을 때 하늘(天)의 씨앗인 《삼진(三眞) 10》을 자동적으로 심을 수가 있는 것이다. 이와 같이 하여 태어난 《성(性)의 40궁(宮)》은 사실상 진화(進化)의 당체인 《성(性)의 30궁(宮)》과 《삼진(三眞) 10》이 양음(陽陰) 짝을 하고 있는 상태인 것이다.

이와 같은 《삼진 10》은 진성(眞性) 1과 진명(眞命) 3과 진정(眞精) 6으로 이루어져 있으며, 진성(眞性)은 《반중성자영(靈)》이며, 진명(眞命)은 《양전자영(靈)》이며, 진정(眞精)은 《중성자영(靈)》이다. 이러한 《삼진(三眞) 10》이 머무는 곳은 《진성(眞性) 1》이 다시 《음양(陰陽)》으로 나뉘어져 《음(陰)》의 《진성(眞性)》이 《우뇌(右腦)》에 자리하며 《양(陽)》의 《진성(眞性)》이 《왼쪽 눈》 눈동자로 자리한다. 다음으로 《진명(眞命) 3》 중 《진명(眞命) 1》은 《오른쪽 눈》 눈동자로 자리하고 《진명(眞命) 2》는 《편도선》에 자리하여 《들숨(入息)》과 《날숨(出息)》을 주관한다. 다음으로 《진정(眞精) 6》이 《마음(心)》의 근본 뿌리인 《성(性)의 30궁(宮)》 중앙에 자리하여 《36궁(宮)》을 이루고 인간들 《심장》에 자리한다.

이러한 《삼진(三眞) 10》은 인간들이 《육신(肉身)》의 죽음(死)을 맞이하면 《성(性)의 30궁(宮)》과 분리되어 《하나님 궁전》으로 되돌아갔다가 《성(性)의 30궁(宮)》이 새로운 태어남으로 《어머니(母)》 자궁(子宮)에 안착할 때 어김없이 똑같은 《삼진(三眞) 10》이 《성(性)의 30궁(宮)》과 합류하여 《성(性)의 40궁(宮)》을 이룬다. 이 때문에 《천부경 81자》에서 《석가모니 하나님 부처님》께서는 《삼진 10》의 움직임을 [만 번 갔다가 만 번 돌아온다]고 《만왕만래용(萬往萬來用)》이라고 가르침을 베풀고 계시는 것이다.

이렇게 하여 탄생한 《신석기인》들에게 가축을 기르고 《농경법》을 가르쳐 부락(部落)을 이루게 한 후 《인간 질서》를 가르치고 이후 문명기(文明期)를 열어 《도덕성(道德性)》과 《사회정의(社會正義)》를 가르친 후 다스림의 시대인 《왕조시대(王朝時代)》를 열게 하는 것이 교화(敎化)의 근본 목적이다. 이러한 목적 달성을 위해 《석가모니 하나님 부처님》께서는 《크림 반도》를 중심한 《코카서스》 지방 경계까지 인근 평야 지대의 《구석기인》들 교화를 모두 마친 기간이 《1,200년》이 걸린 것이며, 《터키》 일대와 《코카서스》 지방은 《노사나불》께서 《구석기인》 교화(敎化)를 열게 하신 것이며, 이러한 《터키》 일대와 《코카서스》 지방까지 《구석기인》 교화(敎化)를 모두 마친 기간 역시 《1,200년》이 걸린 것이다.

(2) 《민족대이동》

이렇게 하여 시작된 《인류 북반구 문명》은 《한민족(韓民族)》들로부터 《BC 7200년》부터 시작이 되어 최초의 《한민족(韓民族)》 고대(古代) 국가인 《한국(桓國)》이 세워진 후 불어난 인간 무리들로 인하여 《BC 6000년》에 1차 민족대이동이 두 갈래로 나뉘어져 진행이 된다. 즉, 《석가모니 하나님 부처님》께서는 《한국(桓國)》 백성들을 세 무리로 구분하여 대부분의 무리들은 그들이 처음 자리하고 살고 있던 《한국(桓國)》 땅에 머물게 하시고 이 중 3,000의 무리를 엄선하시어 《석가모니 하나님 부처님》께서 손수 이들을 이끄시고 《파미르 고원》을 끼고 있는 곳으로 이동하시어 《한민족(韓民族)》 두 번째 고대 국가인 《배달국(倍達國)》 《딜문(Dilmun)》을 여시는 것이다. 이와 같이 하여 《크림 반도》를 중심한 인근 평야 지대에서 교화(敎化)된 인간들의 무리들을 《석가모니 하나님 부처님》 직계(直系) 《음(陰)》의 《공족(熊族)》들이라고 한다.

이러한 때 《노사나불(佛)》은 《터키》와 《코카서스》 지방에서 교화(敎化)된 그의 직계(直系) 후손들인 《스키타이족(族)》들을 세 구분으로 나누어 한 무리는 《터키》와 《코카서스》 지방에 머물게 하시고 또 한 무리는 《석가모니 하나님 부처님》 직계(直系) 후손들인 《음(陰)》의 《공족(熊族)》들과 함께 《메소포타미아 평야》 남쪽으로 이동하여 《구석기인》 교화(敎化)에 들어감으로써 훗날 교화(敎化)된 이들 무리에 의해 《수메르 문명(文明)》과 《아시리아 문명(文

明)》이 일어나는 것이며, 또 한 무리는 《석가모니 하나님 부처님》께서 직접 이끄시는 주력 (主力) 세력들과 함께 《배달국(倍達國)》《딜문(Dilmun)》으로 이동한 후 《기마군단》을 형성하여 뒷날 모두 만들어지는 《한민족(韓民族)》의 연방들인 《구한(九桓)》 상호간의 물자 수송과 치안 (治安)을 담당하게 한 것이다.

 《스키타이》《기마군단》의 이러한 임무가 모두 끝이 난 때 이들의 후손(後孫)들 모두는 한반도(韓半島) 땅으로 집결하도록 처음부터 계획된 것으로써 이 때문에 훗날 《중원대륙》에서 《고조선(古朝鮮)》이 멸망한 후 이때의 《스키타이》 후손들이 그들의 소임을 다한 후 《한반도(韓半島)》 땅으로 들어와서 세운 나라가 《금관가야》를 중심한 《가야 연방국》이다.

[2] 배달국(倍達國, 딜문(Dilmun))] (6000BC~4000BC)

BC 6000년 1차 민족대이동 때에 《석가모니 하나님 부처님》의 인솔로 한국(桓國) 주력 세력들인 《석가모니 하나님 부처님》 직계 후손들인 《음(陰)의 곰족(熊族)》들과 《노사나불》 직계 후손들인 《스키타이》 일부 무리들과 함께 《파미르 고원》을 등진 지금의 《타클라마칸 사막》에 도착하여 《한민족(韓民族)》들의 두 번째 고대(古代) 국가인 《배달국(倍達國)》《딜문(Dilmun)》을 세워 《구석기인》 교화(敎化)를 시작하게 된다.

《파미르 고원》을 등진 평야 지대에 세워진 《배달국(倍達國)》 딜문(Dilmun)은 동서양(東西洋)을 아우르는 교통의 중요한 요지로써 매우 살기 좋은 쾌적한 환경을 가진 곳이었으나 《상천궁(上天宮)》에서 최고(最高)의 《악마(惡魔)의 신(神)》인 《비로자나 1세》의 아들로 태어나 훗날 《지상(地上)》의 《인류 북반구 문명》 때에 《석가모니 하나님 부처님》께서 창조하신 《불법(佛法)》을 파괴하여 지상(地上)의 인간 무리들을 《정신적(精神的)》으로 지배하기 위해 일찍부터 《원천창조주》이신 《석가모니 하나님 부처님》의 호(號)를 도적질한 《악마(惡魔)의 신(神)》인 《석가모니》가 《상천궁(上天宮)》에서 그의 아비인 《비로자나 1세》가 세운 계획을 구체화하기 위해 《BC 8세기》에 일찍부터 《배달국(倍達國)》을 점령하고 《BC 6세기》에 《배달국(倍達國)》 국경과 맞닿아 있는 《인도》 동북부 《카필라성》에서 반복(反復)되는 윤회로 《정반왕》으로 이름한 《비로자나 1세》와 《마야 부인》으로 알려진 악명(惡名) 높은 《가이아신(神)》 사이에 《싯다르타》 태자로 이름하고 태어난 《악마(惡魔)의 신(神)》인 《석가모니》가 처음 세운 그들의 각본대로 출가하여 《대마왕신(大魔王神)》《부처(佛)》를 이루고 《석가모니 하나님 부처님》께서 일찍부터 지상(地上)의 선대문명(先代文明) 때에 설(說)하신 《성문(聲聞)의 불법(佛法)》을 훔쳐 와서 《부처(佛)》 놀이를 할 때 《원천창조주》이신 《석가모니 하나님 부처님》께서는 일찍부터 《배달국》에서 교화(敎化)한 후손 인간 무리들이 《악마(惡魔)의 신(神)》으로서 《대마왕신(神)》인 《석가모니》와 이들을 추종하는 세력으로부터 비롯되는 《정신적(精神的)》 오염을 막기 위해 천상(天上)의 재앙(災殃)으로 《BC 6세기 ~ BC 5세기》 동안 《배달국(倍達國)》《딜문 Dilmun》을 《사막화》시킴으로써 《한민족(韓民族)》 고대 국가 중 한 곳이 사라져 《타클라마칸 사막》이 되었음을 밝혀 두는 바이다.

이와 같은 《배달국(倍達國, 딜문)》에서 BC 6000년 ~ BC 4000년간 2,000년간에 교화(敎

化)된 《한민족(韓民族)》들이 훗날 세운 나라들이 《러시아》, 《아르메니아》, 《아제르바이잔》, 《벨라루스》, 《카자흐스탄》, 《키르키즈스탄》, 《몰도바》, 《타지키스탄》, 《우즈베키스탄》 등 9개국으로 오늘날 이들 국가들을 《독립 국가 연합(CIS)》 9개국이라고 하며, 이와 같은 《독립 국가 연합(CIS)》 9개국이 《배달국(倍達國)》(딜문Dilmun)이 《타클라마칸 사막》으로 변화하면서 《악마(惡魔)의 신(神)》인 《석가모니》가 만든 《마왕신(魔王神)》불교(佛敎)로부터 벗어남으로써 정신적(精神的)인 지배로부터 자유로울 수 있었던 것이다.

이와 같이 교화(敎化)가 진행되는 동안 《배달국》에서 먼저 교화(敎化)된 《한민족(韓民族)》의 일부가 《석가모니 하나님 부처님》의 명령에 의해 《버마》, 《인도》, 《태국》, 《라오스》, 《캄보디아》 등 동남아시아로 이동하여 《BC 5500년 ~ BC 3500년》간 2,000년 동안 《구석기인》들을 《신석기인》들로 전환시켜 새로운 《한민족(韓民族)》들로 탄생시키는 것이다.

(1) 《일곱 한님(桓因)》 (불보살)

《배달국》에서 《한민족(韓民族)》들의 교화(敎化)가 거의 끝날 무렵인 BC 4500년 이후 《석가모니 하나님 부처님》 명령에 의해 《5분(分)》의 불보살(佛菩薩)들이 《천상(天上)》에서 시간 차이를 두고 《배달국》으로 내려와서 《석가모니 하나님 부처님》의 지시로 이들 다섯 분의 불보살(佛菩薩) 각각의 후손 《구석기인》들이 있는 지금의 《유럽》으로 건너가서 교화(敎化)에 임함으로써 오늘날 이러한 《다섯 분》의 불보살(佛菩薩) 후손들이 유럽 각 지역에 흩어져 살게 된 것이다.

이와 같이 천상(天上)에서 내려온 다섯 분의 불보살(佛菩薩)을 밝혀 드리면, 지금의 《작은곰자리》 별자리가 있는 《천일궁(天一宮)》에서 《다보불(佛)》과 《고시리(古是利)》와 《대가전연》 보살이 내려오시고 《노사나불계(佛系)》에서는 《문곡성불》과 《연등불》이 내려오신 것이다. 이와 같은 다섯 분의 불보살과 《배달국》을 만드신 《석가모니 하나님 부처님》과 장자(長

子)이신 《노사나불(佛)》을 합한 7분을 《한민족(韓民族)》 상고사(上古史)가 기록된 《한단고기(桓檀古記)》(임승국 번역·주해) 편에서는 《일곱 한님》으로 기록하고 있다. 이렇게 기록으로 전하여져 오는 《일곱 한님》을 밝혀 드리면 [표 1-3-2-1]과 같다.

[표 1-3-2-1] 일곱 한님(불보살)

순서	한님 명호(桓因名號)	불보살 명호(佛菩薩名號)
1	안파견(安巴堅) 한님	《석가모니 하나님 부처님》
2	혁서 한님	《다보불(佛)》
3	고시리 한님	《고시리(古是利)》
4	주우양 한님	《대가전연》
5	석제임 한님	《문곡성불(佛)》
6	구을리 한님	《연등불(佛)》
7	지위리(단인)	《노사나불(佛)》

※ 상기 《표》의 2번~6번까지 다섯 분이 BC 4500년 이후 《지상(地上)》으로 오신 불보살(佛菩薩)들로서 이와 같은 《한민족(韓民族)》 상고사(上古史) 기록은 《한민족(韓民族)》 두 번째 고대 국가인 《배달국(倍達國)》(딜문 Dilmun) 때의 기록이다. 이러한 귀중한 《한민족(韓民族)》들의 고대사(古代史)를 《악마(惡魔)의 신(神)》들인 《대마왕신(神)》들과 《대마왕》《불보살》들은 하나같이 그들과 그들 후손들을 시켜 없애고자 광분한 것이다.

(2) [다섯 한님(桓因) 《불보살(佛菩薩)》]과 《스키타이》가 교화(敎化)한 후손(後孫) 정리

《BC 4500년》 이후 《스키타이》 기마군단의 인솔로 유럽으로 건너간 《불보살》들께서 현지의 《구석기인》들을 교화(敎化)하여 후손들을 남긴 자취를 정리하면 다음과 같다.

① 다보불(佛)

현재의 《독일》《게르만 민족》과 《포르투칼인》들을 교화하여 이들의 최고 조상(祖上)이 된 이후 BC 4000년 ~ BC 3500년 몽골족과 선비족 교화

② 고시리(古是利)

현지의 《구석기인》들을 교화하여 《슬라브족(族)》의 최고 조상이 됨.

③ 대가전연

현지의 《구석기인》들을 교화한 후 오늘날 《프랑스인》들의 최고 조상이 됨.

④ 문곡성불(佛)

현지의 《구석기인》들을 교화한 후 오늘날 《스페인인》들의 최고 조상이 됨.

⑤ 연등불(佛)

현지의 《구석기인》들을 교화한 후 《바이킹족(族)》의 최고 조상이 됨.

※ 《연등불(佛)》은 《노사나불 3세》로서 그의 후손들인 《바이킹족(族)》들이 받들고 있는 《오딘신(神)》이 《노사나불》이다.

⑥ 스키타이

현지의 《구석기인》들을 교화한 후 《스코틀랜드인》의 최고 조상들이 된다.

※ 《스키타이》 기마군단은 《노사나불(佛)》 직계(直系) 후손(後孫)들이다. 고로 《스코틀랜드인》은 《노사나불(佛)》의 직계(直系) 후손들이 되며, 이와 같은 《스키타이》에 의해 현재 《영국》《스코틀랜드》 지방에 있는 《스톤헨지》가 만들어진 것이며, 《색슨족(族)》 역시 《스키타이》의 후손들이다.

※ 《석가모니 하나님 부처님》께서는 《BC 5000년 ~ BC 4500년》까지 《북아프리카》에 있는 《알제리》를 교화(敎化) 하신 이후 《BC 4500년 ~ BC 4000년》까지 《영국》의 《앵글로족》을 교화(敎化)하시어 직계(直系) 음(陰)의 곰족(熊族)인 《한민족(韓民族)》 주력 세력을 남기시는 것이다.

(3) [2차 민족대이동]

 《배달국(倍達國)》에서의 인간 교화(敎化)는 2,000년간의 기간을 끝으로 불어난 많은 인구들 덕분에 다음 인간 무리 교화를 위한 2차 민족대이동이 BC 4000년에 시작이 된다. 이러한 《2차 민족대이동》 때에 《석가모니 하나님 부처님》께서는 《배달(달문)》의 진화(進化)된 인간 무리들을 세 무리로 나누어 나누어진 큰 무리는 《배달국(달문)》에 그대로 살게 하고 《3,000》의 무리를 이룬 한 무리는 《다보불(佛)》의 인솔로 《몽골》로 들어가 BC 4000년~ BC 3500년까지 《몽골》과 《캄차카 반도》에 산재한 후손 《구석기인》들을 《신석기인》으로 교화하여 진화(進化)된 《양(陽)》의 《한민족(韓民族)》 구성원들로 전환시키고 《3,000》을 이룬 또 한 무리는 《노사나불(佛)》께서 인솔하시어 《101년》에 걸친 대장정 끝에 《몽골 평원》을 가로질러 《한반도(韓半島)》 《평양》에 도착하시어 뒤늦게 《배달국(달문)》을 출발하신 《석가모니 하나님 부처님》과 합류하신 이후 《BC 3898년》에 한민족(韓民族) 세 번째 고대(古代) 국가인 《한국(韓國)》을 《평양》을 중심으로 하여 세우시고 《석가모니 하나님 부처님》께서 초대 《거발한 한웅님》(재위 3898BC~3804BC)으로 이름하고 자리하시는 것이다.

 이로써 첫 번째 세워진 《한민족(韓民族)》 고대 국가인 《한국(桓國)》의 교화 기간 1,200년(年)과 두 번째 세워진 《한민족(韓民族)》 고대 국가인 《배달국(달문)》에서의 교화 기간 2,000년과 《배달국(달문)》에서 무리를 이끌고 《몽골 평원》을 가로질러 《한반도(韓半島)》로 이동하여 《한민족(韓民族)》에 세 번째 고대 국가인 《한국(韓國)》을 《BC 3898년》에 세우기까지 《3,301년》이 걸린 것이다. 이로써 《한단고기(桓檀古記)》 기록의 정확함이 다시 드러나는

(4) 《배달국(倍達國, 딜문)》과 《돈황》

　　《BC 4000년》《배달국》에서 2차 민족대이동이 시작될 때 그동안《지중해》연안과 《중동 지방》에서 후손들의 교화(敎化)를 마치신《관세음보살》께서《배달국》에 합류하시면서《반고》와《공공(共工)》으로 알려진《천왕불》과《야훼 신(神)》을 대동하고 도착하여 그들 후손《구석기인》교화를 위해 나누어살기를 청하게 된다. 이로써《석가모니 하나님 부처님》께서는 이를 허락함으로써 이들은《삼위산》《라림동굴》에 이르러《제견(諸畎)》이라는 나라를 세운다. 이와 같은 내용이《한단고기(桓檀古記)》(임승국 번역·주해)편의《삼성기 전하편》에 기록으로 전하여져 온다. 이와 같은《한단고기(桓檀古記)》《삼성기 전하편》의 기록 일부를 살펴보면서 다음을 진행하도록 하겠다.

> "『때에 반고(盤固)라는 자가 있어 괴상한 술법을 즐기며 길을 나누어 살기를 청하매 이를 허락하였다. 마침내 재물과 보물을 꾸리고 십간(十干) 십이지(十二支)의 신장(神將)들을 이끌고 공공(共工), 유소(有巢), 유묘(有苗), 유수(有燧)와 함께 삼위산(三危山)의 라림동굴에 이르러 군주가 되니 이를 제견(諸畎)이라 하고 그를 반고가한(盤固可汗)이라 했다.』"

① "『때에 반고(盤固)라는 자가 있어 괴상한 술법을 즐기며 길을 나누어 살기를 청하매 이를 허락하였다.』"

상기 기록이 《BC 4000년》《배달국(倍達國)》으로부터 시작된 2차 민족 대이동 때에 그동안 《배달국(倍達國)》에서 교화된 《신석기인》무리들이 셋으로 나뉘어져 한 무리는 《배달국(倍達國)》에 남고 또 한 무리는 《다보불》의 인솔로 《몽골》에 산재한 그들 후손 민족 교화에 들어가고, 나머지 한 무리는 《노사나불》의 인도로 《몽골 평원》을 가로질러 《101년》간의 대장정 끝에 《한반도(韓半島)》로 들어가서 《한국(韓國)》을 세우게 된다.

이러한 때 《중동 지방》에서 1차로 후손(後孫)들의 교화를 끝내신 《관세음보살 1세, 2세, 3세》께서 《배달국(倍達國. 딜문Dilmun)》에 도착하시어 《배달국(倍達國)》을 떠날 무렵 때마침 《중동 지방》에서 《관세음보살계(系)》와 같이 1차 교화를 끝낸 《천왕불(佛)》이 《반고(盤固)》로 이름하고 일부의 그들 무리들과 함께 《배달국(倍達國)》에 계시는 《석가모니 하나님 부처님》께로 와서 그들도 그들 후손 《구석기인》들의 교화를 할 수 있도록 《청(請)》함으로써 《석가모니 하나님 부처님》께서 이를 허락하시는 내용이 된다.

② "『마침내 재물과 보물을 꾸리고 십간(十干) 십이지(十二支)의 신장(神將)들을 이끌고 공공(共工), 유소(有巢), 유묘(有苗), 유수(有燧)와 함께 삼위산(三危山)의 라림동굴에 이르러 군주가 되니 이를 제견(諸畎)이라 하고 그를 반고가한(盤固可汗)이라 했다.』"

상기 대목이 《석가모니 하나님 부처님》의 허락을 얻고 《천왕불(佛)》이신 《반고(盤固)》와 《야훼 신(神)》인 《공공(共工)》이 인솔하는 무리와, 《관세음보살 1세, 2세, 3세》이신 《유묘(有苗), 유수(有燧), 유소(有巢)》가 거느리는 무리가 《배달국》 경계 지점에 있는 지금의 《돈황》 지방 인근에 있는 《삼위산(三危山)》의 《라림동굴》에 도착하여 《제견(諸畎)》이라는 나라를 세우고 《반고(盤固)》가 《반고가한(盤固可汗)》이 되는 장면을 기록하고 있는 것이다.

이 내용이 기록되어 있는 『십간(十干) 십이지(十二支) 신장(神將)』에 대한 설명이 기록된 필자의 저서(著書) 【(改訂版) 우주간의 법 해설 대승보살도 기초교리】(2015, 369쪽)에 실려 있는 내용을 인용하여 드리면 다음과 같다. 기록된 내용 중 《아테나신(神)》은 《천왕불》이신 《반고(盤固)》의 후신(後身)임을 참고하시기 바란다.

"상기 기록에서 반고(盤固)와 공공(共工)이 아테나신(神)의 전신(前身)과 야훼 신(神)의 전신(前身) 중의 하나의 이름임이 드러나는 명확한 증거 기록이 '<u>십간 십이지 신장들을 이끌고</u>'이다. 십간(十干) 십이지(十二支) 신장들을 이끌 분은 <u>십간 십이지 신장들의 주인공이 되어야 하는 것이다.</u>

십간(十干)은 태양성(太陽星)의 작용(作用)을 음양(陰陽)으로 나누어 10등분한 것이며 십이지(十二支)는 땅(地)을 12등분한 것이다. 그러면 십간(十干)의 신장들을 거느릴 분은 태양성(太陽星)을 법궁(法宮)으로 하는 주인공이 되어야 하고, 십이지(十二支) 신장들을 거느려야 하는 분은 지(地)의 별(星)을 가진 주인공이 되어야 하는 것이다. 우리들 태양계(太陽界)에 있어서 태양성(太陽星)은 노사나불(佛)의 법궁(法宮)이며, 우리들의 지구(地球)는 한때 문수보살(文殊菩薩)의 법궁(法宮)이었다. 그렇다면 기록에 등장하는 십간(十干)의 태양성(太陽星) 주인공은 <u>때에 가스(Gas) 성(星) 태양성(太陽星)을 법궁(法宮)으로 한 야훼 신(神)의 전신(前身)인 공공(共工) 밖에 없으며,</u> 땅(地)의 주인공은 <u>천왕성을 법궁(法宮)으로 한 아테나신(神)의 전신(前身)인 반고(盤固) 밖에는 없는 것이 드러나게 되는 것이다.</u>

이러한《야훼 신(神)》이 그의 가스성 태양성이 가진 입장을 지상(地上)에서《가짜 하나님》행세를 하면서『구약』「신명기 4장 13, 14절」에 '네 하나님 여호와는 소멸하는 불이요, 질투하는 하나님'이라고 밝히면서 <u>스스로가 소멸하는 가스성(GAS星) 태양성(太陽星)의 주인공임을 인정하고 있는 것이다.</u>

이와 같이《파미르 고원》을 등진《배달국》을 출발하신 한웅(桓熊)들께서는 한반도에서 한국(韓國)을 세우신 후 신시(神市)를 만들어 교화의 축을 옮기면서 <u>중원 대륙으로 나아가는 서진(西進) 정책을 취하였고,</u> 때에 지금의 중국《돈황》지방에 자리하였던 반고(盤固)와 공공(共工)과 유소(有巢), 유묘(有苗), 유수(有燧) 세 분 등은 <u>중원 대륙을 향해 동진(東進)을 하게 된 것이다.</u> 서진(西進) 정책을 취하던 한국(韓國)의 한웅(桓熊)들께서는 한반도의 구석기인을 모두 교화한 후《<u>5대 태우의 한웅</u>》님 때에는 그 거점을 산동(山東) 반도까지 진출하셨음이 기록상 드러나고《<u>14대 자오지(치우) 한웅(桓熊)</u>》님 때에는 중원 대륙의 심장부인《양자강》일대까지 진출하셨음이 드러나고 있다."

③ 이와 같은 일이 있고 난 후《삼위산(三危山)》의《라림동굴》을 중심한《제견(諸畎)》이라는 나라에서도 교화(敎化)된 많은《신석기인》들이 불어남으로써《BC 3800년》경 민족 이동이 일어나는 것이다. 이때《관세음보살계(系)》는 셋으로 나뉘어져 한 무리는《관세음보살 3세》이신《유소(有巢)》의 인솔로 오늘날의《티벳》인근 지역으로 옮겨가고, 또 한 무리는《관세음보살 2세》이신《유수(有燧)》의 인솔로《중원 대륙》의《호남성》과《강서성》으로 진출하여 훗날《묘족(苗族, 마오족)》을 이루게 된다. 이러한《묘족(苗族)》을 발판으로 하여 시간 차이를 두고《한국(韓國)》의 14대《자오지(치우)》한웅님 때에는 지금의《상하이》가 있는 강 건너 맞은편에 있는《청구(靑邱)》에 세 번째로 만들어지는《도시국가(都市國家)》형태의《신시(神市)》를 만들어《양자강》심장부까지 진출하게 되는 것이다. 이러한《신시(神市)》를 역사 왜곡의 일환으로써 혼란을 주기 위해 훗날의《한족(漢族)》들은 여러 곳에《청구(靑丘)》를 만들어 두고 이곳 역시《청구(靑丘)》로 적고 있는 것이다.

그리고 나머지 한 무리는 소수(小數)로서《관세음보살 1세》이신《유묘(有苗)》께서 이들을 이끌고《반고(盤固)》와《공공(共工)》의 무리와 동행하여《중원 대륙》화북(華北) 지방의《탁록》이 있는 지금의《허베이성》까지 진출을 하시는 것이다. 이렇게《반고(盤固)》와《공공(共工)》의 무리와《관세음보살 1세》이신《유묘(有苗)》께서 동행을 하게 된 이유는《선대문명》때에《목동자리》성단으로부터《구석기인》으로 진화(進化)하여온《관세음보살》후손《구석기인》들이《요하(遼河)》유역에 산재해 있었기 때문에 이들의 교화(敎化)를 위해 동행을 한 것이다. 이러한 이후《관세음보살 1세》께서는 이들과 결별하고 무리를 이끌고《홍산(紅山) 문화》가 일어날 곳으로 가시어 후손(後孫)들을 교화하신 후 일으킨 문명이《홍산(紅山) 문화》라고 한다. 이로써《구려족(族)》이 일어나게 되는 것이다.

한 가지 구분되어야 할 사항은 다 같은《조상(祖上)》이나 먼저 탄생한《묘족(苗族, 마오족)》과 뒤에 탄생한《구려족》은 선후(先後)가 있음을 깊이 인식하시기 바란다. 이와 같은 장면이 진행을 하면서 밝혀지게 되는 것에 대해 유의하시기 바란다. 그리고 상기 내용에 대하여서는 다음《한단고기(桓檀古記)》해설편에서 다루어지니 그렇게 아시기 바란다.

[3] 《아시리아(Assyria)》 왕조(王朝)와 [수메르 문명]

《BC 6000년》《한국(桓國)》으로부터 시작된 1차 민족대이동 때 《석가모니 하나님 부처님》께서는 그의 직계 후손인 《음(陰)》의 곰족(熊族)과 《스키타이》 일부 무리를 인솔하여 《파미르 고원》을 등진 《배달국(倍達國, 둘문)》으로 떠나실 때 《노사나불(佛)》 역시 《음(陰)》의 곰족(熊族)을 중심한 《스키타이족(族)》 일부를 인솔하여 《터키》로부터 이동하여 《메소포타미아》 남부 지역에 도착하여 《BC 6000년 ~ BC 5500년》까지 《500년》 동안 《구석기인》들을 《신석기인》들로 교화(敎化)하게 된다. 이러한 교화(敎化)가 모두 마쳐졌을 때 《노사나불》은 불어난 인구들로 말미암아 인간 무리들을 세(3) 구분하여 그동안 교화의 중심 세력으로 자리하였던 《문수보살 1세》가 인솔한 《곰족(熊族)》들과 《곰족(熊族)》들이 교화한 인간 무리들은 《메소포타미아》 남부 지방에 그대로 둠으로써 훗날 《석가모니 하나님 부처님》께서 《수메르 왕조(王朝)》를 세워 《수메르 문명(文明)》(5200BC~4100BC)을 일으키게 하시고 《노사나불》께서는 그의 직계 후손들인 《스키타이》들을 둘로 나누어 한 무리는 스스로께서 인솔하시어 《메소포타미아》 북부 지방에 있는 《데자브강》 유역으로 가시어 《아시리아(Assyria)》 왕조(王朝)를 세우시고 《BC 5500 ~ BC 5000》년간 《500년》 동안 《구석기인》 교화(敎化)를 하시게 된다. 이때 다른 한 무리의 《스키타이》들은 《노사나불 2세》인 《무곡성불》이 인솔하여 《트로이(Troy)》로 가서 왕조(王朝)를 세우고 《BC 5500년 ~ BC 5000년》간 500년 동안 《구석기인》 교화(敎化)를 하는 것이다.

이러한 때 《석가모니 하나님 부처님》께서는 《알룰림》으로 이름하시고 《메소포타미아》 남부 지방과 중부 지방을 아울러 《곰족(熊族)》을 중심으로 하여 《수메르 왕조(王朝)》를 세워 《BC 5200 ~ BC 4100》년간 《수메르 문명기》를 여시는 것이다. 이러한 《수메르 문명기》가 끝이 난 후 같은 장소에서 《수메르 문명권》 문명이 일어나 《수밀이국》(4100BC~2050BC)과 《우르(Ur) 문명》(3740BC~1940BC)이 일어나는 것이다. 한편, 이러한 때 《노사나불》은 《아시리아 왕조(王朝)》의 교화(敎化)가 끝이 난 후 다시 《스키타이》 무리들을 셋으로 나누어 나누어진 큰 무리는 《아시리아》 왕조(王朝)를 계승하여 살게 하고 나머지 한 무리는 《노사나불》께서 직접 이끄시고 《페르시아》 북부 지역으로 가서 왕조(王朝)를 여시고 《BC 5000년 ~ BC 4500년》간 《구석기인》 교화(敎化)를 하시는 것이며, 나머지 한 무리는 《노사나불》의 장자이신 《지장보살》이 이들을 인솔하여 《메소포타미아》 중부 지방 《수메르 문명권》 경계 지점을 벗어난 곳에서 《BC 5000년 ~ BC 4500년》간 구석기인 교화(敎化)를 한 후 이곳에서 《아카드(Akkad)》 문명을 일으키는 것이다.

　　한편, 《트로이(Troy)》에서 왕조(王朝)를 세우고 《BC 5500 ~ BC 5000》년간 《구석기인》 교화에 들어갔던 《노사나불 2세》인 《무곡성불》은 이곳에서 교화가 모두 끝이 난 후 교화된 무리들을 셋으로 나누어 한 무리는 《트로이(Troy)》 지역에 그대로 살게 하고 한 무리의 《스키타이》들을 《그리스》《펠로폰네소스》 반도로 들여보내 《BC 5000 ~ BC 4500》년 《500년》간 《구석기인》 무리를 교화(敎化)하여 《스파르타인》으로 태어나게 하며, 또 한 무리는 《무곡성불》께서 직접 이끄시고 《발칸 산맥》이 경계한 남부 《트라키아(Thracia)》 평원 지대로 옮겨 《BC 5000 ~ BC 4500》년간 《구석기인》 교화를 함으로써 훗날 《불가리아》가 만들어지는 것이다. 이와 같은 상세한 역사적(歷史的) 진실은 진행(進行)을 하면서 상세히 밝혀질 것이므로 이 장에서는 대략적인 개요만 먼저 설명 드리는 것이니 그렇게들 아시기 바란다.

[4] [한국(韓國)] (3898BC~2333BC)

《배달국(倍達國)》으로부터 시작된 2차 민족 대이동 때 《석가모니 하나님 부처님》으로부터 명령을 받은 장자(長子)이신 《노사나불(佛) 1세》께서 《배달국》의 주력(主力) 세력을 이끌고 무리를 이루어 《몽골》 평원을 가로질러 101년(年)간의 대장정 끝에 《한반도(韓半島)》에 도착하여 뒤늦게 출발하신 《석가모니 하나님 부처님》과 합류한 후 《한반도(韓半島)》 《평양》을 중심으로 《석가모니 하나님 부처님》께서 초대 《거발한》 한웅님(재위 3898BC~3804BC)으로 이름하시고 한민족(韓民族) 3번째 고대(古代) 국가인 《한국(韓國)》을 세우시는 것이다.

이러한 이후 《석가모니 하나님 부처님》이신 《거발한 한웅님》께서는 《한국(韓國)》에서 《구석기인》 교화를 마치신 후 《BC 3814년》에 《중원대륙》으로 이동하시어 《하얼빈》 남쪽 《불함산》 인근 지역에서 첫 번째 신시(神市)를 여시고 인근 지역을 교화(敎化)할 때 부인이신 《관세음보살 1세》와 만나시어 《요하 유역》에서 《구려족》을 교화한 흔적이 《홍산문화》이다.

이러한 이후 《석가모니 하나님 부처님》께서는 반복(反復)되는 윤회(輪廻)로 《5대 태우의 한웅님》(재위 3512BC~3419BC)으로 이름하고 오신 이후 두 번째 신시(神市)를 《산동반도》에 있는 《청구(靑丘)》로 정하시어 옮기신 후 《한민족(韓民族)》의 뜻글인 《녹도문자》를 《한문화(韓文化)》하는데 성공하심으로써 완벽한 《한민족(韓民族)》의 뜻글인 《한문(韓文)》이 완성되고 《가림토 문자》는 《소리글》로써 《발음문자》가 된 것임을 《메시아(Messiah)》이신 《미륵불》이 분명히 하는 것이다.

이러한 이후 《14대 자오지(치우) 한웅님》(재위 2707BC~2598BC) 때 지금의 《상하이》가 있는 양자강 건너편에 있는 《청구(靑邱)》로 세 번째 신시(神市)를 옮김으로써 첫 번째 신시(神市)와 두 번째 신시(神市)와 세 번째 신시(神市)를 묶은 《중원 대륙》 전체를 《한국(韓國)》을 종주국으로 한 《구막한제국(寇莫韓帝國)》(3814BC~2333BC)이라고 한다.

이러한 《구막한제국(寇莫韓帝國)》은 《한반도(韓半島)》의 《한국(韓國)》을 중심하여 존재한 진정한 《진리(眞理)》를 따르는 최초의 《제국(帝國)》이었으며, 이때의 백성(百姓)들이 한반도(韓半島)인들과 현재 《중국인》의 《솗》이 《음양(陰陽)》의 《한민족(韓民族)》들인 것이다. 이러한 이치 때문에 《중원대륙》의 역사(歷史)가 《한국(韓國)》편에서 다루어지는 것임을 깊이 아시기 바란다.

　　이와 같이 《석가모니 하나님 부처님》께서 초대 《거발한 한웅님》으로 이름하시고 《한국(韓國)》을 세우신 목적은 크게 두 가지로 요약된다. 첫째는 《한반도(韓半島)》 및 《중원 대륙》 곳곳에 산재한 《선대문명(先代文明)》 때 진화(進化)하여온 《구석기인》들 교화(敎化)의 목적과, 둘째 《한국(韓國)》이 세워질 무렵 《배달국》으로부터 시작된 2차 민족 대이동 때 《중원 대륙》으로 이동한 무리들과 이후 《중원 대륙》에서 시간 차이를 두고 교화된 《신석기인》 무리들 모두들에게 《농경법》을 가르치고 《청동기 시대》를 거쳐 《문명사회》를 이룰 수 있도록 수준 높은 교화(敎化)를 하기 위한 목적으로 《한국(韓國)》을 세워 《중원 대륙》을 다스리는 《종주국(宗主國)》으로 하신 것이다.

　　《석가모니 하나님 부처님》께서는 이러한 목적 중 첫 번째 목적을 위해 《문수보살 1세》와 《천관파군 1세》와 《천관파군 2세》인 《이오 신(神)》과 중동 지방에서 1차적으로 그들의 후손(後孫) 《구석기인》들을 교화한 《천왕불(佛) 1세》와 《야훼 신(神) 1세》와 《배달국》에서 활약하신 불보살(佛菩薩)들을 제외한 모든 불보살(佛菩薩)들과 《악마(惡魔)의 신(神)》들인 《대마왕신(神)》 모두들을 인간 육신 《자궁(子宮)》의 힘을 빌어 모두 태어나게 한 후 《선대문명(先代文明)》으로부터 진화하여온 그들과 인연 있는 《구석기인》들을 교화(敎化)하여 시간 차이를 두고 《신석기인》으로 전환시키시게 한다.

　　이와 같은 《불보살(佛菩薩)》들과 《악마(惡魔)의 신(神)》들에 의해 교화된 대표적인 《예》를 들면, 《석가모니 하나님 부처님》께서는 《한국(韓國)》의 초대 한웅이신 《거발한 한웅》으로 이름하시고 《한반도(韓半島)》 토착민(民)으로 자리한 《직계(直系)》 후손들을 교화하시어 《곰족(熊族)》으로 자리하게 하시고, 《중원 대륙》에서는 《노사나불(佛) 1세》 다음으로 아들(子)로 태어나셨던 《문수보살 1세》로 하여금 《용자리 성단》의 《구석기인》들을 교화하여 《신석기인》으로 전환시켜 《연각(緣覺)》의 무리를 이룬 《예》가 있다. 다음으로 《천왕불(佛) 1세》가 《반고(盤固)》로 이름하고 와서 그와 인연 있는 《구석기인》을 교화하여 《제견(諸畎)》이라는 나라를 세워 지금의 《돈황》 지방에서 활약하다가 시간 차이를 두고 《중원 대륙》으로 진출한 《예》와, 《중원 대륙》 곳곳에서 《천관파군 1세》와 《천관파군 2세》인 《이오 신(神)》

〉 등은 《선대문명(先代文明)》 때 《카시오페아》 성단과 《케페우스》 성단으로부터 진화하여 온 《구석기인》들을 교화하여 후손 민족으로 삼고 이를 발판으로 훗날 《주(周)》나라(1099BC~256BC)를 세우게 되는 것이다. 즉, 《주(周)》나라를 세운 주(周)의 문왕(文王, 재위 1099BC~1050BC)이 바로 《천관파군》이다.

《구석기인》을 교화하여 《신석기인》으로 전환시킨 《예》는 이 이외에도 《악마(惡魔)의 신(神)》들인 《대마왕신(神)》들이 그들과 인연 있는 무리들을 교화(敎化)한 《예》는 부지기수이다. 이와 같이 고대(古代)의 《중원 대륙》에는 많은 《구석기인》 무리들이 있었음을 아시기 바라며, 한마디로 말씀드려서 《중원 대륙》은 《인종(人種)》 전시장이었다고 해도 과언이 아니다.

《노사나불(佛) 1세》는 천상(天上)에서의 《미륵》의 형(兄)이 되는 분이며 《문수보살 1세》는 《미륵》의 동생이 되는 분이다. 이 때문에 뒷날 《단군왕검》으로 오시게 되는 《문수보살 1세》를 《천제(天帝)》의 아들이라고 하는 것이다.

이러한 한국(韓國)을 세우신 두 번째 목적인 새로이 교화(敎化)된 《신석기인》과 《중원 대륙》으로 이동하여온 무리들에게 《농경법》을 가르치고 《청동기시대》를 거쳐 《문명사회》를 이룰 수 있도록 함으로써 《석가모니 하나님 부처님》이신 《거발한》 한웅님께서는 《한반도(韓半島)》의 《구석기인》들인 《직계(直系)》《곰족(熊族)》들의 교화(敎化)를 모두 마치게 된다. 이러한 이후에는 《중원 대륙》의 《구석기인》들의 교화와 《신석기인》과 《몽골족》들에 대한 수준 높은 교화를 위해 《신시(神市)》를 만들어 교화(敎化)의 축을 옮기는 방식으로 《배달국(倍達國)》이 있었던 곳으로 향한 《서진(西進)》 정책을 명령하심으로써, 5대 《태우의》 한웅님 때에는 이미 《중원 대륙》의 《산동 반도》까지 진출하시어 《신시(神市)》를 만들어 교화를 하셨으며, 이후의 《한웅님》들께서도 《황하(黃河)》 유역 일대에서 수준 높은 교화(敎化) 작업을 하신 것이다.

이때의 기록이 《한단고기(桓檀古記)》에서는 《천왕불(佛)》이신 《반고(盤固)》의 후손들인 성정이 사나운 《범 무리》를 《사해(四海)》 바깥으로 내쫓고 "『뒤에 《갈고 한웅님》이 나셔서 《염제신농》의 나라와 땅의 경계를 정했다』"라고 적고 있다. 이 기록이 《갈고 한웅님》께서 이때 《산동 반도》에서 만드신 《신시(神市)》인 《청구(靑丘)》에 머물고 계셨음을 직접적으로 설명한 내용이 된다.

상기 기록에 대한 상세한 설명은 [(2)《한국(韓國)》과《한단고기(桓檀古記)》기록]편에서 설명 드리기로 하고, 기록에 나오는 《한국(桓國)》의 10대 한웅님이신 《갈고 한웅님》이 바로 세 번째로 《한웅님》으로 오신 《석가모니 하나님 부처님》이시며 《염제신농》이 《관세음보살》이시다.

한국(韓國)의 《연방국》인 《구한(九桓)》 중의 하나가 《사납아국(斯納阿國)》으로 이름하는 고대 《이집트》 문명권이다. 이와 같은 고대(古代) 《이집트》 문명권에서도 《한국(韓國)》의 이러한 제도를 받아들여 《파라오》들이 한 곳에 《도시국가》를 만들고 그곳에서 인간 무리들의 교화(敎化)가 끝이 나면 교화의 축(軸)을 옮겨 다시 새로운 《도시국가》를 만들고 교화(敎化)를 한 자취가 지금도 남아 있다. 《한국(韓國)》의 한웅님들이 《신시(神市)》를 만들어 교화의 축(軸)을 옮긴 것이나 고대(古代) 《이집트》 《파라오》들이 《도시국가》를 만들어 교화의 《축(軸)》을 옮긴 것은 같은 개념임을 아시기 바란다.

(1) 《한국(韓國)》을 종주국(宗主國)으로 한 《구막한제국(寇莫韓帝國)》 역대표

《한국(韓國)》을 종주국(宗主國)으로 한 《구막한제국(寇莫韓帝國)》을 이끌어 오신 《한웅(桓熊)》님들에 대한 《불보살(佛菩薩)》 명호(名號)와 재위년도를 밝혀 드리면 다음과 같다.

[표 1-3-4-1] 《한국(韓國)》을 종주국(宗主國)으로 한
《구막한제국(寇莫韓帝國)》 역대표

왕대	한웅(桓熊) 명호	불, 보살 명호	재위	재위년	기타
1	한웅(거발한)	석가모니 하나님 불	3898BC~3804BC	94년	황제(皇帝)
2	거 불 리	노사나불	3804BC~3718BC	86년	천제(天帝)
3	우 야 고	관세음보살	3718BC~3619BC	99년	〃
4	모 사 라	대세지보살	3619BC~3512BC	107년	〃
5	태 우 의	석가모니 하나님 불	3512BC~3419BC	93년	황제(皇帝)
6	다 의 발	연등불	3419BC~3321BC	98년	천제(天帝)
7	거 련	관세음보살	3321BC~3240BC	81년	〃
8	안 부 련	다보불	3240BC~3167BC	73년	〃
9	양 운	노사나불	3167BC~3071BC	96년	〃
10	갈고(독로한)	석가모니 하나님 불	3071BC~2971BC	100년	황제(皇帝)
11	거 야 발	다보불	2971BC~2879BC	92년	천제(天帝)
12	주 무 신	대세지보살	2879BC~2774BC	105년	〃
13	사 와 라	노사나불	2774BC~2707BC	67년	〃
14	자오지(치우)	대세지보살	2707BC~2598BC	109년	〃
15	치 액 특	무곡성불	2598BC~2509BC	89년	〃
16	축 다 리	관세음보살	2509BC~2453BC	56년	〃
17	혁 다 세	다보불	2453BC~2381BC	72년	〃
18	거불단(단웅)	석가모니 하나님 불	2381BC~2333BC	48년	황제(皇帝)
				1,565년	

※ 《한웅(桓熊)》님들은 대부분이 《선천우주(先天宇宙)》의 《하늘(天)》인 《천일궁(天一宮)》에서 내려오신 분들임.

(2) [한국(韓國)과 한단고기(桓檀古記) 기록]

《한단고기(桓檀古記)》(임승국 번역·주해)《삼성기 전하편》에 다음과 같은 기록이 있다.

> " 『이때에 무리의 이름은 하나로 통일되지 않았고 풍속도 오히려 점점 달라졌다. 원래 살던 무리는 범 무리였으며 새로 살기 시작한 것은 곰 무리였다.
>
> 범 무리의 성질은 잔인한 짓을 즐기며 탐욕이 많아서 오로지 약탈을 일삼았고 곰 무리의 성질은 어리석으며 또 자만에 쌓여 조화를 이루지 못했다. 비록 같은 굴에 산지는 오래 되었다 하더라도 날로 멀어지기만 해서 일찍이 서로 도울 줄도 몰랐고 혼인도 터놓고 한 적이 없었다. 일마다 서로 따르지 않았고 모두가 하나같이 그 길을 같이 한 적이 없었다.
>
> 이에 이르러 곰 무리의 여추장은 한웅이 신과 같은 덕이 있다함을 듣고 무리를 이끌고 찾아가 뵙고 말한다.「원컨대 한 굴에 함께 사는 저희들을 위하여 굴 하나를 내려 주시고 신계(神戒)의 무리로 받아주옵소서」하니 한웅이 이를 허락하시고 저들을 받아 들여 아들을 낳고 산업을 갖게 하였다. 그러나 범 무리는 끝내 그 성질을 고치지 못함으로 이를 사해(四海)로 내쫓았다. 한족(桓族)의 일어남이 이렇게 하여 시작되었다.』"

상기 기록의 해설은 《한민족(韓民族)》에게는 엄청난 파장을 몰고 올 해설이 된다. 이러한 기록의 해설에 있어서 먼저 이해를 하셔야 될 부분이 오늘날 《중원 대륙》의 주인이 되어 있는 《한족(漢族)》들의 최고 조상(祖上)들에 대한 이해이다.

《한족(漢族)》들의 대표적인 최고 조상(祖上)은 모두 여섯 분이 된다. 이러한 여섯 분 중 제일 첫 조상(祖上)으로 자리한 분이 《반고(盤固)》의 몸(身)을 가지고 오셨던 《천왕불(佛)》이며, 다음으로 대표되는 분이 《공공(共工)》으로 이름한 《야훼 신(神)》이며, 그 다음이 《천관파군 1세》이며, 그 다음이 《천관파군 2세》인 《이오 신(神)》이며, 그 다음이 《악마(惡魔)의 신(神)》인 《석가모니》이며, 그 다음이 《쌍둥이 천왕불(佛)》이신 《알라신(神)》이다. 이러한 여섯 분들이 대표되는 《한족(漢族)》의 최고 조상(祖上)들이 되며 이들 각각이 인간 육신(肉身)을 가지고 여러 번 태어났을 때의 이름은 각각 다른 이름을 가지고 있음을 먼저 이해하시기 바란다.

이와 같이 오늘날 《한족(漢族)》의 최고 조상 중 제일 처음 조상(祖上)으로 자리하신 분이 《반고(盤固)》로 이름한 《천왕불》이시다. 이러한 《반고가한(盤固可汗)》이 《BC 4000년》에 《관세음보살》들과 함께 《제견(諸畎)》이라는 나라를 세우고 인연 있는 《구석기인》들을 교화하여 시간 차이를 두고 《신석기인》으로 전환을 시키시기 시작한 곳이 현재의 중국(中國) 《깐수성》 사막에 있는 《돈황》이다. 이러한 《돈황》에서 후손(後孫)들의 교화사업을 꾸준히 한 결과 많은 인구들이 불어나므로 《BC 3800년》경 《관세음보살계(系)》는 세 그룹으로 나뉘어 한 무리는 《관세음보살 3세》이신 《유소(有巢)》의 인솔로 오늘날의 《티벳》 인근 지역으로 옮겨가고, 또 한 무리는 《관세음보살 2세》이신 《유수(有燧)》의 인솔로 《중원 대륙》의 《호남성》과 《강서성》으로 옮겨가 자리하고, 나머지 소수를 이룬 한 무리는 《관세음보살 1세》이신 《유묘(有苗)》의 인솔로 《반고(盤固)》와 《야훼 신(神)》의 후손 무리들과 《중원 대륙》 《화북(華北)》 지방 깊숙한 곳인 오늘날의 《허베이성》에 있는 《탁록》 인근 지대까지 진출을 하게 된다. 이때 이들과 동행하셨던 《관세음보살 1세》께서는 《선대 문명》 때 《구석기인》으로 진화하여온 그의 후손(後孫) 무리들이 《요하(遼河)》 유역에 산재해 있었기 때문에 이들의 교화(敎化)를 위하여 동행한 것이다.

이렇게 진출한 《반고(盤固)》와 《야훼 신(神)》의 후손들을 상기 《한단고기》 기록에서는 「범 무리의 성질은 잔인한 짓을 즐기며 탐욕이 많아서 오로지 약탈을 일삼았고」라고 기록하고 있는 것이다. 《천왕불(佛)》의 형상을 《동양》에서는 《호랑이》로 비유하고 《서양》에서는 사나운 《이리》로 표현을 한다. 이러한 표현은 《천왕불(佛)》 스스로의 진화(進化)의 과정에서 형상으로 드러나기 때문에 《천상(天上)》에서도 모두 이 형상이 《천왕불(佛)》의 형상임을 알고 있다. 때문에 그의 후손 무리를 《범 무리》라고 하는 것이다.

상기《한단고기》기록의 무대는 지금의《중국》《허베이성》과《라오닝성》으로써,《허베이성》《장자커우현》에는《한국(韓國)》의 14대《자오지(치우)》한웅님이《공손헌원(公孫軒轅)》을《한족(漢族)》의 무리들이 조작을 한《황제헌원(黃帝軒轅)》과 큰 전쟁을 벌였던《탁록》이 있는 곳이며,《라오닝성》에는《홍산문화》가 꽃피워졌던《홍산》이 있는 곳이다. 그리고 이 기록이 전개된 기간은 추정하건대 BC 3800년에서 BC 3700년(年) 사이에 벌어진 사실을 기록한 것이다.

이와 같이 여러분들이 이참에 아셔야 할 사항이《곰족(熊族)》에 대한 바른 이해이다.《곰족(熊族)》은 세 부류로 나누어지는데 첫째《석가모니 하나님 부처님》직계(直系)《음(陰)》의《곰족(熊族)》과, 둘째《관음궁》이 있는《목동자리(Boötes)》성단에서 진화하여온《구석기인 무리》에서《신석기인》으로 진화하여 온 무리로서,《석가모니 하나님 부처님》과《관세음보살 1세》는 부부의 연(緣)을 가지고 있기 때문에 이 사이에서 태어난 후손들도《곰족(熊族)》으로 분류를 하나 천상(天上)에서는 이들을《관세음보살계(系)》의 후손으로서《구려족》으로 분류를 한다. 이러한《곰족(熊族)》들을 상기 기록에서는《곰 무리》라고 표현을 하고 있는 것이다. 또 하나,《다보불》과《문수보살》이 교화한《신석기인》도《곰족(熊族)》으로 분류를 하는데 이는《다보불》이《석가모니 하나님 부처님》의 육신불(肉身佛)이기 때문에 이들을《양(陽)》의《곰족(熊族)》들로 분류를 하는 것이다.

《관음궁》이 있는《목동자리(Boötes)》성단에 있던 인간 무리들이《선대 문명》기 동안《구석기인》으로 진화(進化)하여 지상(地上)에서 자리하였던 곳이《중동 지방》과《지중해 연안》과《인도》와《중원 대륙》의《돈황》지방과《요하》유역이다.

이렇게 자리하였던 지역들 중 이들《구석기인》들의 원천 조상(祖上)이신《관세음보살》들께서는 BC 7200년에《석가모니 하나님 부처님》께서《터키》의《아라라트산》으로 내려오신 이후 시간 차이를 두고《석가모니 하나님 부처님》명령에 의해 BC 6000년에《관세음보살》들을 위시한 일부《불보살(佛菩薩)》들과 지상(地上)과 인연이 있는 상당수의《악마(惡魔)의 신(神)》들인《대마왕신(神)》들을 데리고《이란 고원》으로 내려오시게 된다. 이에 대한 상세한 설명은 뒷장에서 다루어짐으로 이 장에서는 관계되는 부분만 설명 드리겠다.

이때《관세음보살님》들께서는 1차적으로《중동 지방》과《지중해 연안》에 있는 그의 후손(後孫) 《구석기인》들의 교화를 마치시고, 두 번째로 《반고(盤固)》와 《야훼 신(神)》 무리들과 함께 《제견(諸畎)》이라는 나라를 세워 지금의 《돈황》 지방 일대에 산재한 그의 후손 무리 《구석기인》들의 교화를 마치시고 《신석기인》으로 전환시키신 후, 세 번째로 그의 후손 《구석기인》 무리들이 있는 《요하 유역》으로 오신 것이다. 상기 기록된 《한단고기》의 기록은 이때를 설명하고 있는 것이다.

즉, 이때 《반고(盤固)》와 《야훼 신(神)》의 후손(後孫)들은 먼저 《신석기인》으로 교화되어 있었고, 《관세음보살님》의 후손(後孫)들은 이동할 때 데려온 일부 무리를 제외하고 대부분은 《구석기인》 상태로 있은 것이다. 이러한 장면을 기록에서는 다음과 같이 설명을 하고 있다.

「이때 무리의 이름은 통일되지 않았고 풍속도 오히려 점점 달라졌다. 원래 살던 무리는 범 무리였으며 새로 살기 시작한 것은 곰 무리였다.」

라고 기록을 하고 있는 것이다.

그리고 《돈황》이라는 지역에서 교화된 《범 무리》들은 척박한 환경 때문에 이때까지는 《농경법》을 배우지 못하고 대부분 《유목민》이 되어 그 중 일부가 지금의 《중국》《허베이성》까지 《관세음보살 1세》와 함께 들어온 것이며, 이때 대부분의 《곰 무리》는 아직까지 《구석기인》의 상태임을 다음과 같이 기록하고 있다.

「범 무리의 성질은 잔인한 짓을 즐기며 탐욕이 많아서 오로지 약탈을 일삼았고 곰 무리의 성질은 어리석으며 또 자만에 쌓여 조화를 이루지 못했다. 비록 같은 굴에 산지는 오래 되었다 하더라도 날로 멀어지기만 해서 일찍이 서로 도울 줄도 몰랐고 혼인도 터놓고 한 적이 없었다. 일마다 서로 따르지 않았고 모두가 하나같이 그 길을 같이 한 적이 없었다.」

라고 기록하고 있는 것이다.

　즉, 《구석기인》들이 대부분인 《관세음보살님》의 후손(後孫)들이 소유하고 있는 것들을 《범 무리》들이 약탈이나 하고 괴롭힘으로, 이에 《곰 무리》의 여추장이 《범 무리》가 있는 곳을 피해서 《구석기인》 무리를 이끌고 지금의 《중국》《라오닝성》에 있는 《몽골》 사람들이 《우란하따》라고 부르는 《붉은 바위산》인 《홍산(紅山)》 인근으로 이동하여 온 장면을 다음과 같이 기록하고 있는 것이다.

　　「이에 이르러 곰 무리의 여추장은 한웅이 신과 같은 덕이 있다함을 듣고 무리를 이끌고 찾아가 뵙고 말한다. 「원컨대 한 굴에 함께 사는 저희들을 위하여 굴 하나를 내려 주시고 《신계(神戒)》의 무리로 받아주옵소서」하니 한웅이 이를 허락하시고 저들을 받아 들여 아들을 낳고 산업을 갖게 하였다.」

라고 기록하고 있다.

　상기 기록에 나오는 《여추장》이 바로 《관세음보살 1세》이자 《홍산(紅山)》 문화 《여신상(女神像)》의 주인공이며, 이때의 《굴》이 동굴이 아니고 기거할 영역을 말하는 것이며, 이때의 한웅님이 《석가모니 하나님 부처님》께서 처음 《거발한 한웅님》으로 오시어 《한반도》의 직계(直系) 후손인 《곰족(熊族)》의 교화를 마치신 후 《중원 대륙》의 교화를 위해 지금의 《하얼빈》 유역의 《완달산》 밑에서 처음 《신시(神市)》를 주력(主力) 세력들과 함께 여시었을 때이다.

　그러므로 상기 기록의 《한웅님》은 《거발한 한웅님》을 지칭하는 것이며, 《신계(神戒)》의 무리로 받아 달라는 뜻은 《관세음보살》 후손인 《구석기인》들을 《신석기인》으로 전환시키는 것을 뜻하는 것이다. 앞서 말씀드린 대로 《석가모니 하나님 부처님》과 《관세음보살님》은 《부부》의 《연(緣)》을 가지신 분들임을 아시면 상기 대목의 기록에 대한 내용이 쉽게 이해가 되실 것이다.

이와 같은 기록이 《곰족(熊族)(直)》, 《구려족》, 《스키타이》 등 셋이 하나된 《한민족(韓民族)》 구성원 중의 하나인 《관세음보살》 후손으로서 《구려족》의 일어남을 설명한 내용임을 아시기 바라며, 단언코 《미륵불(佛)》께서 말씀드리되 《홍산(紅山) 문화》는 《한민족(韓民族)》의 문화임을 분명히 하는 것이며, 《요하》 유역에서 볼 때, 《신석기인》으로의 진화(進化)는 《반고(盤固)》의 후손들이 약 200년 정도 앞선 것이나 《구석기인》으로의 진화(進化)는 《관세음보살님》 후손들의 진화(進化)가 훨씬 빠른 것임도 분명히 하는 것이다. 그리고 《관세음보살계(系)》에 있어서 《돈황》 지방에서 교화되어 《중원 대륙》 《호남성》과 《강서성》으로 진출한 후손과 《홍산 문화》에서 교화된 《구려족》은 같은 조상(祖上)으로서 한 뿌리로 한 것이나 선후(先後)가 있음을 아시기 바란다.

　그리고 다음 대목을 살펴보면,

「그러나 범 무리는 끝내 그 성질을 고치지 못함으로 이를 사해(四海)로 내쫓았다. 한족(桓族)의 일어남이 이렇게 하여 시작되었다.」

　이 기록은 《관세음보살님》의 후손들인 《구석기인》들이 《홍산(紅山)》 인근에 자리하여 《신석기인》으로 전환하는 교화(敎化)가 본격적으로 진행이 되기 시작한 《BC 3800년》 이후, 《관세음보살》께서 다시 몸(身)을 바꾸시고 《염제신농(炎帝神農)》(3218BC~3078BC)으로 이름하고 오셨을 때의 기록으로써 시간 차이를 두고 기록한 내용이 된다. 이때 《석가모니 하나님 부처님》께서도 다시 몸(身)을 바꾸시고 세 번째로 한국(韓國)의 10대 《갈고(독로한) 한웅님》으로 오셨을 때이다. 《갈고 한웅님》께서는 《25세》에 《한웅님》의 자리에 오르셔서 100년(年)을 재위에 머무심으로써 재위가 《BC 3071년 ~ BC 2971년》이 되시나 세상에 머무신 것은 《BC 3096년 ~ BC 2971년》이 된다.

　상기 기록은 《동서양(東西洋)》 역사 모두에 엄청난 파장을 몰고 온 기록으로써 《반고(盤固)》와 《야훼 신(神)》의 후손(後孫)들이 기록에서와 같이 그 성질을 버리지 못하고, 《신석기인》으로 전환이 된 《구려족》들이 《농경법》을 배워 《농사(農事)》를 지어 놓으면 《유목》 생활을 하던 《범 무리》들이 이러한 《농사(農事)》 지어 놓은 것을 《약탈》하고 살인과 방화를 예사롭게 저지르게 되자 《염제신농》께서 《한웅님》의 자리에 오르시기 전의 《석가모니 하나님 부처님》께 이 사실을 알려드림으로써 《석가모니 하나님 부처님》께서는 원래 그들 무리가 처음 교화를 시작한 《중동(中東) 지방》과 가까운 사해(四海) 바깥에 있는 《크레타섬》과 인근한 《섬》들로 추방하게 되는 명령을 내리시고 《천왕불(佛)》이신 《반고(盤固)》의 《후신(後身)》과 《범 무리》 모두를 《스키타이》의 《기마군단》의 호위 아래 《크레타섬》으로 내쫓게 되는 것이다. 이와 같은 엄청난 명령을 내릴 수 있는 분은 오로지 《석가모니 하나님 부처님》 뿐이다. 때문에 이러한 사실들이 《한국(韓國)》의 10대 《갈고 한웅님》이 《석가모니 하나님 부처님》이심을 증명하는 것이 된다. 지금 말로 표현을 하면 《귀양》을 보내는 셈이다.

이러한 때에 일부 《범 무리》 중 《공공(共工)》으로 이름한 《야훼 신(神)》 후손들은 그들을 호송하는 《기마 군단》의 경비를 뚫고 무리지어 도망을 쳐 산속으로 들어가서 《산악족(山岳族)》들이 된다. 이와 같은 현상은 《사해(四海)》에 도착하기 까지 틈틈이 계속된 것이나 《반고(盤固)》로 이름된 《천왕불》의 후손들인 주력(主力) 세력들은 《석가모니 하나님 부처님》 명령의 무서움을 알기 때문에 이탈 없이 고스란히 《크레타섬》까지 가게 된 것이다. 이와 같이 경비의 허술한 틈을 타서 산 속으로 들어가 《산악족(山岳族)》이 된 무리를 《헌구(軒丘)》라고 하며, 이러한 《헌구(軒丘)》의 무리 지도자를 《헌원(軒轅)》이라고 하는 것이다.

사정이 이러함에도 훗날 《한족(漢族)》들은 《염제신농》, 《복희씨》, 《황제헌원》을 삼황(三黃)으로 이름한 것이다. 지금 밝혀 드리는 대로, 《염제신농》은 《관세음보살 1세》로서 《한족(漢族)》의 조상(祖上)들을 쫓아낸 분이며, 《복희씨》는 5대 《태우의 한웅님》 막내아들로 태어난 《문수보살》이며, 《황제헌원》은 실체가 없는 《헌구(軒丘)》의 무리 지도자라는 뜻이다. 이와 같이 그들이 말하는 《삼황(三黃)》은 조작된 허구임이 드러나는 것이며, 때문에 《한국(韓國)》의 14대 《자오지 한웅님》과 전투를 벌인 유명한 《탁록 전투》에서의 《황제헌원》의 기록들은 《공손(公孫) 헌원》임이 드러나는 것이다. 이 당시 《공손헌원》이 거느린 무리가 바로 그들의 추방 때 산속으로 들어갔던 《헌구(軒丘)》의 무리들인 것이다.

그리고 이참에 분명히 말씀드리는 바는 《황제》라고 할 때의 뜻글자는 《皇帝》가 되며, 그 뜻은 《흰빛》의 《왕》으로서의 《천제(天帝)》라는 뜻으로 《석가모니 하나님 부처님》께만 붙일 수 있는 《호칭》이다. 이와 같은 뜻을 훼손하기 위해 후대의 인간들 나라에서는 예사로 《황제(皇帝)》라는 호칭을 사용하였음을 아시기 바란다.

한편, 이때 《크레타 섬》으로 쫓겨 들어간 《천왕불(佛)》을 위시한 《범 무리》들의 주력(主力) 세력들은 훗날 이곳에서 유명한 《크레타 문명(文明)》을 일으켜 뒤에 일어나는 《그리스 문명》과 《로마 문명》에 지대한 영향을 미치는 것이다. 이때 《천왕불(佛)》의 상징이 《이리》이며, 이러한 《이리》의 동상이 지금도 《크레타섬》에 있는 것으로 알고 있다.

상기 기록은 이렇듯 엄청난 내용을 담고 있는 기록으로써 이들을 추방한 분들이 《관세음보살》이신 《염제신농》과 한국(韓國)의 10대 《갈고 한웅님》이신 《석가모니 하나님 부처님》이심을 깊이 인식하시기 바란다.

그리고 마지막 대목인 「한족(桓族)의 일어남이 이렇게 하여 시작되었다」라고 기록된 부분의 《한족(桓族)》의 《한(桓)》은 후대의 누군가에 의해 고쳐진 글자임이 드러난다. 지금까지 설명 드린 대로 《한족(桓族)》의 일어남은 이미 초대 《한국(桓國)》 때에 일어났기 때문에 이때의 《한》은 《한(韓)》으로 고쳐 적는 것이 옳은 것이다.

필자가 또 한 번 분명히 하는 바는 《한웅님》 다스림 때의 한민족(韓民族) 고대 국가의 이름은 《한국(韓國)》을 종주국(宗主國)으로 한 《구막한제국(寇莫韓帝國)》임을 다시 한 번 더 강조하는 바이다. 고로 상기 대목은 《한민족(韓民族)》 구성원 중의 하나인 《관세음보살님》의 후손인 《구려족》의 일어남을 뜻하는 기록이다.

(3) [한국(韓國)과 청동기 시대]

지금까지 설명 드린 《한단고기(桓檀古記)》(임승국 번역·주해) 《삼성기 전하편》 일부 기록 중 그 다음 부분을 살펴보기로 하자.

> 『뒤에 《갈고 한웅(曷古桓熊)》이 나셔서 염제신농(炎帝神農)의 나라와 땅의 경계를 정했다. 또 몇 대를 지나 자오지 한웅(慈烏智桓熊)이 나셨는데, 귀신같은 용맹이 뛰어났으니 동두철액을 하고 능히 큰 안개를 일으키듯 온 누리를 다스릴 수 있었고 광석을 캐고 철을 주조하여 병기를 만드니 천하가 모두 크게 그를 두려워하였다. 세상에서는 치우천왕이라고 불렀으니 치우란 속된 말로 우레와 비가 크게 와서 산과 강을 크게 바꾼다는 뜻을 가진다.』

《한국(韓國)》의 10대 《갈고 한웅님》의 재위는 《BC 3071년 ~ BC 2971년》으로써 100년을 재위에 머무신 것이 된다. 그러면 언제 《염제신농》과 회담이 이루어져 《천왕불(佛)》과 《야훼 신(神)》을 비롯한 《범 무리》를 《사해(四海)》 바깥으로 추방하게 되었나를 살펴볼 필요가 있다. 《석가모니 하나님 부처님》이신 《갈고 한웅님》께서 재위에 오르시기는 《갈고 한웅님》 세속의 나이 《25세》 때이다. 이로써 역산을 하면, 이때 《석가모니 하나님 부처님》께서 다시 인간 육신(肉身)을 가지시고 태어나신 때는 《BC 3096년》이 된다. 이때 《구려족(族)》의 《염제신농》께서 《세간(世間)》에 머무신 기간이 《BC 3218년 ~ BC 3078년》까지이다.

그러면 《석가모니 하나님 부처님》께서 인간 육신(肉身)을 가지고 오신 《BC 3096년》에서 《염제신농》의 마지막 재위 기간인 《BC 3078년》을 빼면 《18년》의 차이가 난다. 이와 같은 《18년》의 기간 중 《10년》을 《성년(成年)》의 기간으로 보면 《BC 3086년》부터 《염제신농》의 마지막 재위 기간 《BC 3078년》까지의 《8년》간이 《범 무리》의 추방 기간으로 유추할 수가 있다. 성년(成年)의 기간을 《10년》으로 보는 이유는 훗날 《석가모니 하나님 부

[도형 1-3-1] 갈고 한웅님과 염제신농의 연대

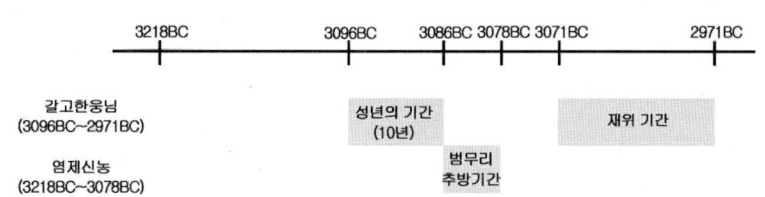

처님》께서 《한반도(韓半島)》의 《신라 시조왕》인 《박혁거세》로 오셨을 때 《8세》에 등극하신 《예》가 있기 때문이다.

이와 같이 《염제신농》 마지막 재위 기간인 《BC 3078년》의 《7년 후》인 《BC 3071년》에 《석가모니 하나님 부처님》께서 《한국(韓國)》의 10대 《갈고 한웅》으로 등극하시어 《염제신농》의 나라와 때에 《신시(神市)》가 있던 《산동반도》 《청구(青丘)》를 중심한 《한웅님》들께서 다스리시던 나라와의 경계를 정하시는 기록에 다음과 같은 내용이 있다.

"「뒤에 《갈고 한웅(曷古桓熊)》이 나셔서 염제신농(炎帝神農)의 나라와 땅의 경계를 정했다.」"

라고 기록하고 있는 것이다. 그리고 이때의 배경이 《범 무리》의 주력(主力) 세력들은 《추방》이 되고 일부 그들이 거느리는 《범 무리》들은 도망하여 《산악족(山岳族)》이 되어 있던 때이다.

이후 《한국(韓國)》의 14대 《한웅님》이신 《자오지(치우)》 한웅님께서 《신시(神市)》를 《양자강》 유역의 지금의 《상하이》 맞은편 강 건너에 있는 곳으로 옮기시고 《신시(神市)》의 이름을 《청구(青邱)》로 하시고 주위의 영역을 개척하여 넓혔음을 기록은 전하고 있다.

분명히 말씀드려, 《자오지 한웅》께서 《신시(神市)》를 여신 곳은 《양자강(揚子江)》 유역의 《상하이》 맞은 편 강 건너에 있는 《청구(青邱)》로써, 이때 남긴 《자오지 한웅》님의 직계 후손들 역시 《구려족》들이 되는 것이다. 분명한 것은 《자오지 한웅님》이 새로운 신시(神市)를 《양자강》 유역에 만들었으나 이전의 《신시(神市)》가 있던 《하얼빈》 유역의 《완달산》 밑과 《산동반도》에 있는 《청구(青丘)》도 다같이 《한국(韓國)》 다스림의 영역이기 때문에, 《한국(韓國)》의 모든 한웅님들이 이러한 《신시(神市)》들을 왕래하며 이들 모두를 다스렸다는 점을 깊이 인식하시기 바란다. 이와 같은 《신시(神市)》의 존재를 없애기 위해 후대의 《한족(漢族)》들은 이외에도 여러 곳에 《청구(青丘)》라는 지명(地名)을 만들어 놓은 술수를 부린 것이다.

다른 기록에 나오는 "『옛날 황제헌원이 동쪽으로 《청구(青丘)》에 이르러 풍산을 지나 자부선생을 뵙고 《삼황내문》을 받아 이를 가지고 온갖 만 가지 신을 불러 부렸다.』"라고 기록된 《갈홍(葛弘)》(AD283~AD345)의 《포박자(抱朴子)》란 책에 기술된 《청구(青丘)》는 《산동반도》에 있는 《신시(神市)》의 이름이며, 이때의 《자부진인(紫府眞人)》 또는 《자부선생(紫府先生)》으로 호칭되는 분(分)이 《연등불(佛)》이시다.

　　이와 같은 《자부선생》의 호칭인 《선생(先生)》의 호칭은 역사상 제일 처음의 호칭이다. 이와 같은 《연등불(佛)》이 훗날 《조선 왕조》《중종》 때에 《격암유록》으로 유명한 《남사고(南師古)》로 오시면서 은연 중 그의 이름에 《남쪽에서 오래된 스승》이라는 뜻을 담은 것이다. 이때의 남쪽은 《연등불(佛)》이 《우주적(宇宙的)》으로 갖게 되는 궁극적인 자리가 되는 좌표와 같은 방향이다. 즉, 《오래된 스승》으로서 그가 최초의 《선생(先生)》 칭호를 썼던 《자부선생》이자 《연등불(佛)》이라는 뜻을 그의 이름에 담았던 것이다. 이러한 《산동반도》에 있던 《신시(神市)》인 《청구(青丘)》 부근에는 이 영향으로 많은 《신선(神仙)》들이 배출되었으며 지금도 그의 후손들이 상당수 있는 것으로 알고 있다.

　　《자오지 한웅님》은 천상(天上)에서는 《관음궁(宮)》이 있는 《목동자리 성단》《베타성(星)》을 《법궁(法宮)》으로 한 《대세지보살》이시다. 즉, 천상(天上)에서는 《관세음보살님》의 동생으로서 《여인(女人)》의 몸(身)을 가지고 있으나 이때 《석가모니 하나님 부처님》의 배려에 의해 《남자(男子)》 몸(身)을 받고 오신 것이다. 마치 《관세음보살》께서 후대에 남자(男子) 몸(身)을 받고 고대 《인도》에서 유명한 《아쇼카왕(Ashoka)》으로 오셨듯이 같은 이치로 이때 《대세지보살》께서는 《자오지 한웅》으로 오신 것이다. 이러한 《대세지보살》은 《문수보살 1세》와는 《부부》의 《연(緣)》을 가지고 있는 반면, 《관세음보살님》과는 《형제》의 《연(緣)》을 가지고 있는 것이다. 이 때문에 《자오지 한웅》으로 오셨을 때 《신시(神市)》의 백성들이 되어 있는 이들의 후손들인 《곰족(熊族)》과 《구려족(族)》을 다스리는 것은 당연한 이치인 것이다.

　　이러한 《자오지 한웅》께서 이전(以前)의 《신시(神市)》인 《산동 반도》에 있는 《청구(青丘)》로부터 시작하셨는지 《양자강》 유역의 《청구(青邱)》에서 시작하셨는지는 확실하지 않으나, 《자오지 한웅님》 때부터 다스리는 무리들이 《신석기》에서 《청동기》 시대로 넘어 가게 되는 기록으로써 인용된 나머지 기록이 "『또 몇 대를 지나……중략……크게 바꾼다는 뜻을 가진다.』"까지이다.

이참에 《미륵불(佛)》이 또 한 가지 분명히 하여야 될 부분이 《황제헌원》으로 기록되고 있는 《공손헌원》의 본거지가 있던 곳이 《탁록》 인근 유역이며, 《산악족》들이 결집하여 다시 《홍산(紅山) 문화》가 일어났던 곳의 《구려족》들을 괴롭힘으로써 일어난 것이 《탁록 전투》이다. 때에 《구려족》 일부는 《신시(神市)》의 백성들이 되어 있었으나 《홍산 문화》가 일어났던 곳은 대부분이 《구려족》 다스림의 영역으로 남아 있었던 때이다.

　《공손헌원》역시 그의 선대(先代)는 《범 무리》의 주력(主力) 세력 추방 때 추방되고 그 역시 《고아》로서 자란 이력을 가지고 있으며, 이러한 《공손헌원》이 바로 《천왕불(佛) 3세》이다. 오늘날 전하는 고대 《한족(漢族)》들의 이때 기록은 대부분이 엄청나게 왜곡되어 있는 기록들임을 아시기 바라며, 고(古)기록에서 등장하는 《공공(共工)》이 바로 《야훼 신(神) 1세》의 후신(後身)임을 아울러 밝히며, 때문에 《야훼 신(神) 1세》인 《공공(共工)》이 《한족(漢族)》들의 일곱 조상 중 한 분으로 자리하는 것이다. 그리고 고(古)기록에 등장하는 《창힐》이 《연등불(佛)》의 직계 후손임을 아시기 바란다.

※ [석가모니 하나님 부처님의 명령]

　또 하나 여러분들께서 아셔야 할 사항이 《원천창조주》이신 《석가모니 하나님 부처님》의 명령은 모든 《영(靈)》들에게 내리시는 명령이라는 점이다. 《우주(宇宙)》 만물(萬物)은 《석가모니 하나님 부처님》께서 《영(靈)》들에 대하여 내리시는 명령은 어느 누구도 거부를 할 수가 없는 것이다. 그러나 몇 가지 예외의 경우는 있다. 즉, 《권력욕》과 《지배욕》이 《관념(觀念)》으로 승화된 자와 인간 육신(肉身)을 가진 자들 중 영혼(靈魂)과 《영신(靈身)》의 진화(進化)가 덜 되어 《욕망(慾望)》으로 가득 찬 자들이 《석가모니 하나님 부처님》의 명령을 거부하는 경우가 있다.

　이러한 경우 중 《권력욕》과 《지배욕》이 《관념(觀念)》으로 승화된 자들은 그들의 극강한 《영력(靈力)》으로 그들의 뜻에 의해 《윤회(輪廻)》를 자유자재로 하게 되나, 인간 육신(肉身)을 가진 자들 중 《영혼(靈魂)》과 《영신(靈身)》의 진화가 덜 되어 《욕망(慾望)》으로 가득 찬 자들은 《육신(肉身)》의 죽음을 맞이한 이후 그의 《영혼(靈魂)》과 《영신(靈身)》은 《지옥》, 《아귀》, 《축생》,《아수라》,《인간》,《천인》 등의 《육도윤회(六道輪廻)》의 길을 거쳐야 하는 것이 《법도(法道)》이다. 이와 같은 《법도(法道)》에 있어서 《석가모니 하나님 부처님》의 명령이나 뜻을 어긴 자들은 대부분이 《지옥》,《아귀》,《축생》 등의 《삼악도(三惡道)》에 빠지는 것이 통례이다.

당시에 《범 무리》《주력(主力)》 세력들 중 《공공(共工)》으로 이름한 《야훼 신(神)》 후손들 무리들에게는 이러한 《법도(法道)》에 대해 옳은 가르침이 베풀어지지 못하였기 때문에 《사후(死後)》의 처벌은 두려워하지 않고 우선 눈앞의 《욕망(慾望)》으로 인한 《이익됨》에만 탐착하여 《석가모니 하나님 부처님》 명령을 어기고 《기마 군단》의 허술한 경비망을 뚫고 산(山) 속으로 도망하여 《산악족(山岳族)》들이 된 것이나, 《주력(主力)》 세력들 중 《천왕불》의 후손들은 이러한 《법도(法道)》를 잘 알았기 때문에 《석가모니 하나님 부처님》의 영적(靈的)인 명령에 따라 《크레타 섬》으로 이동을 한 것이다. 이러한 《법도(法道)》를 주력(主力) 세력들 중 《천왕불》 후손이 잘 알고 있었다는 증거가 《범 무리》의 교화(敎化)가 처음 시작된 《돈황》의 석굴 벽화와 천정 벽화 등이다. 이러한 벽화들은 대부분이 《진리(眞理)》 부분들을 《형상(形像)》화하여 둔 것들이다.

---

(4) [한국(韓國)과 연방국]

《한국(韓國)》에 대한 폭넓은 이해를 위해 먼저 이에 관련된 《한단고기(桓檀古記)》《삼성기 전하편》에 기록된 일부 기록을 먼저 인용하여 살펴 본 후에 다음 설명을 드리겠다.

> 『옛글에 말한다.
> 「파나류산(波奈留山) 밑에 한님의 나라가 있으니 천해(天海) 동쪽의 땅이다. 파나류의 나라라고도 하는데 그 땅이 넓어 남북이 5만리요 동서가

> 2만여 리니, 통틀어 말하면 《한국(桓國)》이요 갈라서 말하면 《비리국(卑離國)》, 양운국(養雲國), 구막한국(寇莫汗國), 구다천국(句茶川國), 일군국(一群國), 우루국(虞婁國 혹은 畢那國), 객현한국(客賢汗國), 구모액국(句牟額國), 매구여국(賣句餘國 혹은 稷臼多國), 사납아국(斯納阿國), 선비국(鮮裨國 혹은 시위국(豕韋國) 또는 통고사국(通古斯國)), 수밀이국(須密爾國)이니 합해서 12국이다.
> 천해는 지금 북해(北海)라 한다. 7세에 전하여 역년 3,301년 혹은 63,182년이라고 하는데 어느 것이 맞는 말인지 알 수가 없다.』

《삼성기 전하편》을 지은 분은 《고려》(AD918~AD1392) 때의 사람으로서 《원동중(元董仲)》님께서 지은(撰) 것으로 되어 있다. 이러한 《원동중》님께서 지으시게 된 배경을 《한단고기(桓檀古記)》(임승국 번역·주해)편에 다음과 같이 기록이 되어 있다.

> 「……중략……원동중(元董仲)씨가 찬(撰)하고 태천(泰川)의 백진사(白進士) 관묵(寬黙)씨로부터 얻은 것을 이제 《삼성기 전하편》으로 하여……중략……진사(進士)의 집은 글로써 전통이 알려졌던 오래된 가문으로 본래 많은 책을 갖추고 있었는데……중략」

상기 기록의 《삼성기 전하편》을 지으신 분은 고려 23대 《고종》(재위 AD1213~AD1259) 때 《메시아(Messiah)》이신 《미륵불》이 《원동중(元董仲)》(AD1236~AD1295)으로 이름하고 태어나서 24대 《원종 5년》인 《AD 1264년》에 집필을 완료한 것이며, 《태천(泰川)》의 《백진사(白進士)》 《관묵(寬黙)》(AD1866~AD1941)은 《메시아(Messiah)》이신 《미륵불》이 《일본》 식민지 시대에 태어나서 《계연수》 선생과 함께 《고려》 때 출간된 《한단고기(桓檀古記)》를 세상에 드러내기 위해 재집필할 때의 이름이다.

이러한 내용을 《악마(惡魔)의 신(神)》들인 《대마왕신(神)》들이 때에 《백진사(白進士)》 《관묵(寬黙)》과 《계연수》 선생이 집필하여 세상에 드러낸 《한단고기(桓檀古記)》를 역사 왜곡 차원에서 모두 수거하여 없애 놓고 왜곡된 《한단고기(桓檀古記)》를 만들면서 《고려》 때의 《원동중》과 일본 식민지 시대의 《백진사(白進士)》 《관묵(寬黙)》을 동시대 사람으로 거짓으로 꾸며 기록한 내용임을 분별하시기를 바라고, 현재 전하여져 오는 《한단고기(桓檀古記)》는

《악마(惡魔)의 신(神)》들로서 《대마왕신(神)》들인 《이유립》, 《박창암》, 《가지마노보루》, 《문선명》 등이 왜곡하여 만든 엉터리 《한단고기(桓檀古記)》임을 《메시아(Messiah)》이신 《미륵불》이 분명히 밝혀 두는 바이다.

왜? 이 문제를 거론하느냐 하면 인용된 《삼성기 전하편》 내용 중 몇 부분 《한문(韓文)》의 《뜻글자》가 이 《미륵불(佛)》이 볼 때 왜곡된 부분이 있기 때문에 먼저 이를 거론하는 것이다. 왜곡된 《뜻글자》는 《한국(桓國)》과 《구막한국(寇莫汗國)》과 《객현한국(客賢汗國)》의 《한국(汗國)》이다. 이와 같이 왜곡된 《뜻글자》를 먼저 규명해 보자.

① 《한국(韓國)》

상기 기록은 《한국(桓國)》, 《배달국(倍達國)》, 《한국(韓國)》 등 셋을 하나(1)로 한 연방국인 《구한(九桓)》을 기록한 내용으로써 연방국인 《구한(九桓)》이 모두 형성된 때가 《한국(韓國)》 때이다. 진행을 하면서 밝혀 왔듯이, 초대 《한국(桓國)》은 BC 7200년 ~ BC 6000년 때까지 《구석기인》을 《신석기인》으로 교화(敎化)한 기간이며, 《배달국(倍達國)》은 BC 6000년 ~ BC 4000년까지 2,000년 동안 《파미르 고원》을 등진 평야 지대에 《배달국》을 두고 《BC 4500년》 이후는 전 《유럽》까지 일곱 《불보살》들이 《구석기인》을 교화한 기간이 되며, 이후 BC 4000년에 단행된 2차 민족 대이동 때에 《배달국》의 주력(主力) 세력들이 《몽골》 평원을 가로질러 101년간의 대장정 끝에 《한반도(韓半島)》 땅으로 들어와 세운 나라가 《한국(韓國)》이다. 이후 《신시(神市)》를 만들어 《중원 대륙》의 《구석기인》 교화와 《신석기인》들에게 수준 높은 교화를 하는 것이다.

고로 연방국을 거느리는 국가(國家)는 《한국(桓國)》이 아니고 《한국(韓國)》이므로 상기 기록의 《한국(桓國)》은 《한국(韓國)》으로 고쳐져야 하는 것이다. 나머지 상세한 내용은 진행을 하면서 보완적으로 밝혀 드리겠다.

② 《구막한제국(寇莫韓帝國)》

《석가모니 하나님 부처님》이신 《거발한 한웅》님께서 처음 《한반도(韓半島)》 땅에서 세우신 《한국(桓國)》의 연장선상에 있는 것이 《구막한국(寇莫韓國)》이다. 기록에서 《1국(國)》《3체제(桓國, 倍達國, 韓國)》와 《구한(九桓)》을 풀어서 《12국(國)》으로 기록한 데에는 깊은 뜻이 있다.

즉, BC 7200년부터 시작된 《한민족(韓民族)》 최초의 국가인 《한국(桓國)》의 교화 기간이 1,200년 계속된 후, 불어난 인구로 인해 세 갈래로 나누어져 1차 민족 대이동이 일어났음을 진행하면서 밝혀 드렸다. 이때 《주력(主力)》 세력이 《배달국》으로 이동한 후 세 갈래 중 남은 한 갈래가 《한국(桓國)》이 위치한 곳에 남아서 만들어진 국가가 《스키타이》 주도의 《일군국(一群國)》이다. 다음으로 《한국(桓國)》의 주력(主力) 세력들이 《파미르 고원》을 등진 평야 지대로 옮겨와서 만들어진 《한민족(韓民族)》 두 번째 고대 국가인 《배달국(倍達國)》에서는 옮겨온 주력(主力) 세력 외에 《석가모니 하나님 부처님》의 명령으로 천상(天上)의 《불보살》 5분(分)이 《BC 4500년》에 새로이 내려와 교화(敎化)에 동참함으로써 전 《유럽》에 각기 그들의 후손들을 남기게 된다. 이러한 이후 《배달국》 교화의 영역도 불어난 인구들로 인해 BC 4000년에 세 갈래로 나누어져 이동할 때 《배달국》 교화의 주력 세력들은 《한반도(韓半島)》로 이동하게 된다. 이와 같은 때 《배달국》에 남은 무리들이 만든 나라가 《객현한국(客賢桓國)》이다.

다음으로 《배달국》 주력(主力) 세력들이 《몽골》 평원을 가로질러 101년의 대장정 끝에 《한반도(韓半島)》로 들어와서 《한국(韓國)》을 만든 후 《한반도내》의 교화(敎化)를 마친 후 《신시(神市)》를 만들어 《중원 대륙》을 교화하면서 그 곳의 교화가 끝이 나면 다시 《신시(神市)》를 만든 후 교화하기를 《3번》을 반복한다. 이렇게 반복된 3번째 마지막 신시(神市)는 《한국(桓國)》의 14대 《자오지(치우) 한웅님》에 의해 《양자강》 유역에 만들어져 그 이름을 《청구(靑邱)》라고 한 것이다. 이러한 가운데 《중원 대륙》 여러 지역에서도 《불보살》들에 의해 《구석기인》들의 교화가 진행이 된다.

이때 교화된 대표적인 《예》가 《문수보살》의 후손 민족인 《비족(卑族)》과 《관세음보살》의 후손인 《구려족》으로서 이들의 근본은 모두 《곰족(熊族)》들이다. 《석가모니 하나님 부처님》의 직계(直系)《곰족》들이《신시(神市)》를 만든 주력(主力) 세력들이며, 때에《몽골족(族)》들과《비족(卑族)》과《구려족(族)》등 셋이 하나가 되어《비리국(卑離國)》을 만들어 중원 대륙 일부를 포함한《몽고》까지의 광범위한 지역을 다스리는《구한(九桓)》중의 하나가 된다.

　이로써 신시(神市)를 만들어《중원 대륙》의《하얼빈》유역과《산동 반도》유역과《양자강》유역을 교화한《석가모니 하나님 부처님》직계(直系)《곰족(熊族)》인 주력(主力) 세력이 다스린 지역을《구막한국(寇莫韓國)》으로 이름한 것이다. 즉,《한국(韓國)》때의《중원 대륙》모두는 이와 같은《곰족(熊族)》들인《한민족(韓民族)》들이 다스린 것이며, 이때에《한반도(韓半島)》에 있게 되는 최초의《한국(韓國)》을《축(軸)》으로 하여 연장선상에 있게 되는《구막한국》과《비리국》모두를《한국(韓國)》이라고 하며, 다만, 다스리는 경계 때문에 이렇게 구분되었음을 아시기 바라며, 이 때문에《1국(國)》《3체제》와《구한(九桓)》을 풀어서《한반도(韓半島)》에 있는《한국(韓國)》을《축(軸)》으로 하여《12국(國)》으로 구분한 것이다. 이때 오늘날《한족(漢族)》들의 조상(祖上)인《헌구(軒丘)》의 무리들은《탁록 전투》로 유명한《탁록》인근에서《공손헌원》의 지도하에 있은 소규모 무리였다는 점을 깊이 인식하시고, 이들이 훗날 세력이 강하여져 오늘날《중원 대륙》의 주인(主人)이 되었으나 당대의 그들 세력은《한민족(韓民族)》다스림의 영역과 세력에 비하면 미미한 존재였을 뿐이었다.

　기록에 드러나 있는《12국(國)》중 중심 국가가《구막한국(寇莫韓國)》이다. 이러한 사실을 누구보다 잘 알고 있었던《한족(漢族)》들과《악마(惡魔)의 신(神)》들인《대마왕신(神)》족(族)들이《한국(韓國)》의 존재를 없애기 위해 기발한 역사 왜곡을 한 것이《구막한국(寇莫韓國)》의《구(寇)》를《도둑》《구(寇)》로 글자의 뜻을 바꾸고《한국(韓國)》의《한(韓)》자(字)를《땀》《한(汗)》자(字)로 바꾸어《구막한국(寇莫汗國)》으로 왜곡을 한 것이다.《구막(寇莫)》의 파자(波字)의 의미는《갓을 쓴 으뜸이 회초리를 쥐고 구원을 위해 풀을 매일 많이 없애게 하는 나라》라는 뜻으로 본래《구(寇)》자(字)의 의미는《구원》의 뜻말을 가진 글자이다.

　당대《한족(漢族)》들인《악마(惡魔)의 신(神)》들로서의《대마왕신(神)》족들은 문자(文字)를 만들 능력도 갖지 못하였다. 이러한 저들이 비유를 하면 손바닥 가지고 해(日)를 가리우는 짓을 한 것이다. 글자를 찬찬히 뜯어보면 필자가 말한 뜻이 이해가 되실 것이다. 이러한 글자 왜곡을 헤아려 보지 못하는 썩은《한학자(漢學者)》들이 한문(韓文)을《한문(漢文)》으로 적고 저들이 글자의 뜻을 고쳐 놓은 지도 모르고 아직까지도《옥편》에는《도둑》

《구(寇)》자로 표현을 해 놓고 있는 것이다. 《역사 왜곡》을 하여야 할 《한족(漢族)》들과 《악마(惡魔)의 신(神)》들인 《대마왕신(神)》족들로서는 철천지원수 같은 눈에 가시가 《구막한제국(寇莫韓帝國)》임을 아시고 이제 비로소 기록들에 있는 《구막한국(寇莫汗國)》을 《구막한제국(寇莫韓帝國)》으로 바로 잡는 것이다.

③ 《객현한국(客賢桓國)》

　　《한민족(韓民族)》 두 번째 고대(古代) 국가인 《배달국》에서 2,000년간 교화를 마친 끝에 불어난 인구로 인하여 BC 4000년에 2차 민족 대이동이 일어날 때 《배달국》을 포함한 《중앙아시아》에 남아 있던 나라 이름을 《객현한국(客賢桓國)》이라고 하는 것이다. 이와 같은 《객현한국(客賢桓國)》의 《한국(桓國)》을 중원 대륙의 《한족(漢族)》들은 《한국(汗國)》으로 표기함으로써 《한(桓)》을 《땅 한(汗)》자(字)를 써서 왜곡을 한 것이다.

　　주력(主力) 세력이 이동한 이후 《배달국》을 《객현한국(客賢桓國)》으로 이름하게 된 이유는 다음과 같다. 즉, 《배달국》의 주력 세력들이 빠져 나가고 난 후의 《배달국》을 《객(客)》의 《현자(賢者)》들이 다스린다고 초대 《한국(桓國)》의 연장선상에서 《객현한국(客賢桓國)》이라고 한 것이다. 고로 기록에 나와 있는 《객현한국(客賢汗國)》의 《한국(汗國)》은 《한국(桓國)》을 왜곡한 글자임을 분명히 하는 것이다.

　　이러한 《객현한국(客賢桓國)》이 《배달국(倍達國)》 《딜문(Dilmun)》에서 교화된 《아르메니아》, 《아제르바이잔》, 《벨라루스》, 《카자흐스탄》, 《키르기즈스탄》, 《몰도바》, 《타지키스탄》, 《우즈베키스탄》, 《러시아》 등 《CIS(독립 국가 연합)》으로 이름하고 오늘날까지 존재하고 있다는 사실을 《메시아(Messiah)》이신 《미륵불》이 분명히 하는 것이며, ①번의 《한국(韓國)》과 ③번의 《객현한국(客賢桓國)》에 대한 왜곡을 훗날 《한반도(韓半島)》가 일본 식민지 시대를 겪을 때 《백진사》 《관묵》과 《계연수》 선생이 출간한 《한단고기(桓檀古記)》를 《악마(惡魔)의 신(神)》들인 《대마왕신(神)》들이 모두 수거하여 없애고 그들이 왜곡한 엉터리 《한단고기(桓檀古記)》를 재편집하면서 왜곡한 내용들임을 《미륵불》이 분명히 하는 것이다. 《삼성기 전하편》을 지으신 《원동중(元童仲)》님과 《백진사》 《관묵》이 때에 따라 올바른 《한민족(韓民族)》들의 역사(歷史)를 전해 주기 위해 《메시아》이신 《미륵불》이 몸(身)을 드러내었을 때의 이름임을 분명히 하는 바이다.

※ 講主 1-3-1 :

항상 이동하는 주력(主力) 세력의 수(數)는 3,000이다. 이러한 주력(主力) 세력의 무리를 기록에서는 《신계(神戒)》의 무리라고 하며, 이들 교화(敎化)의 첫 번째 방법은 이동하여 교화(敎化)의 목적지에 도착하면 주력(主力) 세력 내(內)의 건장한 무리에게 《석가모니 하나님 부처님》 명령에 의해 그곳에 머물러 있던 인연 있는 《구석기인》들과 교접(交接)함으로써 후손들로서 새로운 《영혼(靈魂)》과 《영신(靈身)》들을 가진 《신석기인》이 육신(肉身)을 가지고 태어나 자라서 또 다시 《구석기인》의 《여인(女人)》과 혼인함으로써 다시 후손들이 태어나게 되면 그들은 《하늘(天)》의 씨앗인 《삼진(三眞) 10》을 가지고 태어나게 되어 태어난 자들의 《영혼》과 《영신》은 《성(性)의 40궁(宮)》을 갖게 됨으로써 《신석기인》들이 되어 그들은 다시 반복적으로 《삼진(三眞) 10》을 가진 후손들을 남기는 경우이다.

이와 같이 주력(主力) 세력 내의 건장한 남자(男子)들이 《구석기인》의 여인(女人)과 혼인함으로써 후손을 남기게 되면 그 후손이 자라서 반복되는 일을 함으로써 후손들을 남기게 되는데, 이 방법이 《고기(古記)》의 기록에 등장하는 후손 생산(生産) 방법이다. 이로써 태어나게 되는 후손들이 성년이 되면 《농경법》을 가르치고 각종 일상사(事)를 가르쳐 교화(敎化)를 하는 것이다. 때에 《한반도(韓半島)》 내(內)의 《구석기인》 교화 기간은 100년도 채 걸리지 않은 것이다.

이와 같이 하여 《한반도》의 《석가모니 하나님 부처님》의 직계(直系) 후손들인 《곰족(熊族)》들의 교화를 모두 마친 주력(主力) 세력들은 이번에는 《중원 대륙》으로 이동하여 《하얼

빈》 남쪽에 있는 《불함산》 또는 《완달산》으로 이름하는 인근 지역에서 최초의 《신시(神市)》를 열고 교화(敎化) 작업에 임하는 것이다. 이러한 내용을 기록(記錄)에서는 다음과 같이 전하고 있다.

가> "『파나류산(波奈留山) 밑에 한님의 나라가 있으니 천해(天海) 동쪽의 땅이다. 파나류의 나라라고도 하는데 그 땅이 넓어 남북이 5만리요 동서가 2만여리니 통틀어 말하면 한국(韓國)이요』"

《파나류산(波奈留山)》이 《하얼빈》 남쪽에 있는 《불함산》 또는 《완달산》으로 불리우는 곳이며, 《한님의 나라》가 최초의 《신시(神市)》이다. 《천해(天海)》는 《북해(北海)》라고도 이름하는 지금의 《바이칼호》이다. "『파나류의 나라라고도 하는데』"의 《파나류국(波奈留國)》은 최초에 만들어진 《신시(神市)》의 지명(地名)을 딴 애칭으로써 최초로 만들어진 《신시(神市)》의 교화(敎化) 영역을 말하는 것이다.

이는 훗날 《거발한 한웅님》께서 《몸(身)》을 바꾸시고 《한웅》으로서 두 번째 태어나셔서 《한국(韓國)》의 5대 《태우의 한웅님》(재위 3512BC~3419BC)으로 오셨을 때, 주력(主力) 세력들을 이끄시고 지금의 《산동 반도》에 있는 《청구(靑丘)》에 이르러 두 번째 《신시(神市)》를 여시고 교화(敎化) 작업을 하시면서 새로운 《신시(神市)》가 자리한 《지명(地名)》인 《청구(靑丘)》의 이름을 따서 교화 영역을 《청구국(靑丘國)》으로 호칭을 한 경우와 같은 것이다.

다음으로 "『그 땅이 넓어 남북이 5만리요 동서가 2만여리니 통틀어 말하면 한국(韓國)이요』"

《우주간(宇宙間)》 진리(眞理)의 법칙(法則) 중 하나인 《1-3》의 법칙(法則)에 의한 《한국(韓國)》에 대한 설명은 《한반도(韓半島)》에서 처음 만들어진 《한국(韓國)》이 《음(陰)》의 《한국(韓國)》으로써 《축(軸)》이 되어 《1》이 되고, 이의 연장선상에서 《신시(神市)》 《셋》이 만들어져 탄생한 《구막한국(寇莫韓國)》이 《3》이 되어 《양(陽)》의 《한국(韓國)》이 된다. 즉, 《한국(韓國)》이 《음양(陰陽)》으로 갈라져 《한반도(韓半島)》의 《한국(韓國)》과 《구막한국(寇莫韓國)》이 된다는 뜻이다.

그러나 이러한 정의가 좁은 의미의 해설이 되고, 광역적인 의미의 《한국(韓國)》은 《한반도(韓半島)》의 《한국(韓國)》을 《축(軸)》으로 한 다음 인용문에서 거론되는 《12국(國)》 모두가 《한국(韓國)》이 되는 것이다. 《1국(國)》《3체제》와 《구한(九桓)》 중 《3체제》와 《구한(九桓)》을 풀어서 기록한 것이 《12국(國)》이라는 뜻이다. 이러한 《1국(國)》을 《축(軸)》으로 한 《12국(國)》 다스림의 영역이 "『그 땅이 넓어 남북이 5만리요 동서가 2만여리니 통틀어 말하면 한국(韓國)이요』"라고 기록하고 있는 것이다.

※ 講主 1-3-2 :

1. 《한반도(韓半島)》에 있는 《한국(韓國)》이 어찌하여 《축(軸)》이 되는가 하는 점을 설명하고 넘어가야 할 것 같다. 《법공(法空)》《0(ZERO)》 지점이 곧 《대공(大空)》을 바탕으로 한 현존(現存) 우주(宇宙)의 《0(ZERO)》 지점이다. 이러한 현존(現存) 우주의 중심점인 《0(ZERO)》 지점에 자리한 별(星)이 우리들의 《지구(地球)》이다. 이와 같은 《지구(地球)》에서도 중심점이 되는 《0(ZERO)》 지점에 자리한 나라가 《한국(韓國)》이다. 때문에 이를 《지구(地球)》의 《핵(核)》이라고 하는 것이다. 이러한 뜻이 잘 나타나 있는 글자가 《한(韓)》자이다. 이러한 《한(韓)》자(字)를 파자(波字)하여 이에 담겨 있는 《진리(眞理)》를 밝히면 다음과 같다.

韓(한)

十 (10)   : 10개의 궤도를 가진 《태양계(太陽界)》를 뜻하는 수리(數理)이다.

日 (날 일) : 이는 현재의 우리들 태양성(太陽星)을 뜻하는 글자이다.

十 (10)   : 이는 후천우주(後天宇宙) 중앙천궁상궁(中央天宮上宮) 10의 궁(宮)을 뜻하는 글자이다.

五 (다섯 오) : 다섯 오는 5의 수리(數理)를 뜻함으로써 천마(天馬)의 길인 《1-4의

길》을 뜻하는 것이다.

口 (입 구)　　: 입 구(口)는 사방(四方)으로 펼쳐진 것을 뜻하는 글자이다.

牛 (소 우)　　: 소 우자는 4획으로 이루어진 글자로써 4의 수리(數理)를 가진다. 이러한 4의 수리(數理)가 가진 의미는 《황소(黃牛)》의 길로 이름되는 《3-1의 길》로 들어가게 되는 무리들을 뜻한다. 즉, 이는 《중앙천궁상궁(中央天宮上宮)》 핵(核)이 되는 《대공(大空)》의 《0(ZERO)》 지점이 되는 《달(月)》, 화성(火星), 지구(地球)이 《목성(木星)》을 중심하여 《3-1의 길》 회전을 하는 《이상세계》가 펼쳐지는 곳으로 들어가는 것을 뜻한다.

상기 《파자(波字)》에 숨어있는 《진리(眞理)》의 뜻을 묶으면 다음과 같다.

『10개의 궤도를 가진 《태양계(太陽界)》에서 우리들 태양성(太陽星)의 작용(作用)으로부터 비롯되어 후천우주(後天宇宙) 《중앙천궁상궁(中央天宮上宮)》 운행이 시작될 때에 《1-4의 길》에서 사방(四方)이 펼쳐짐으로써 황소의 길인 《3-1의 길》로 들어가게 되는 무리들』

이라는 뜻이 되는 것이다.

이와 같은 《진리(眞理)》의 뜻은 연장된 《북반구(北半球)》 문명의 《종말(終末)》을 몰고 올 《지구(地球)》의 핵(核)이 되는 《한반도(韓半島)》의 《한국(韓國)》을 《축(軸)》으로 한 《중앙천궁상궁(中央天宮上宮)》의 운행(運行)을 뜻하는 진리(眞理)이다. 여러분들의 이해를 위해 《중앙천궁상궁(中央天宮上宮)》 운행(運行)을 설명 드리겠다.

2. 현재 우리들의 《태양계(太陽界)》는 《태양성(太陽星, Sun)》을 중심(中心)으로 하여 《수성(水星, Mercury)》, 《금성(金星, Venus)》, 《지구(地球, Earth)》, 《지구(地球)》의 위성으로써의 《달(月, Moon)》, 《화성(火星, Mars)》, 《목성(木星, Jupiter)》, 《토성(土星, Saturn)》, 《천왕성(Uranus)》, 《해왕성(Neptune)》, 《명왕성(Pluto)》 등의 11성(星)이 10개뿐인 궤도 탓에 《달(月)》은 지구(地球)의 위성으로써 자리함으로써 10개의 궤도를 가지고 《시계 반대 방향》의 회전인 《1-4의 길》 회전을 하고 있는 것이다.

이와 같은 《시계 반대 방향》의 회전인 《1-4의 길》 회전에서 《지구(地球, Earth)》에서의 《석가모니 하나님 부처님》께서 주도하시는 인류 《북반구 문명》이 끝날 무렵, 《태양성(太陽星, Sun)》이 《천왕성(Uranus)》과 《해왕성(Neptune)》 사이에 있는 우주(宇宙)의 《동북간방(東北艮方)》으로 궤도 이동을 하게 된다. 그리고 나서 《태양성(太陽星, Sun)》이 있던 궤도에는 《석가모니 하나님 부처님》의 《법궁(法宮)》인 《목성(木星, Jupiter)》이 회전을 일시 멈추었다가 이번에는 《시계 방향》의 회전을 하면서 《태양성(Sun)》이 있던 궤도로 이동하여 중심(中心)을 이룬다. 다음으로 《수성(水星, Mercury)》이 이동하여 《태양성(Sun)》의 위성이 된다. 이후 《수성(水星, Mercury)》이 옮겨간 빈 궤도에는 지금까지 《지구(地球, Earth)》의 위성이었던 《달(月, Moon)》이 회전을 일시 멈추었다가 《시계 방향》의 회전을 하면서 《수성(水星, Mercury)》이 옮겨간 빈 궤도에 자리하게 된다. 이러한 연후 이번에는 《금성(金星, Venus)》이 이동하여 《태양성(Sun)》 다음 궤도에 자리하게 된다.

다음으로 이와 때를 맞춰 《화성(火星, Mars)》이 회전을 일시정지한 후 이 역시 《시계 방향》의 회전을 하면서 《금성(金星, Venus)》이 옮겨간 빈 궤도에 자리하게 된다. 이와 같은 이동이 완료되었을 때 이번에는 우리들의 《지구(地球, Earth)》가 본래 있던 궤도에서 일시 회전을 멈춘 후 곧바로 《시계 방향》의 회전을 하게 된다. 우리들의 《지구(地球, Earth)》가 본래의 궤도에서 일시 회전을 멈추었을 때가 지상(地上)의 《북반구 문명》이 일시에 몰락하는 때이다.

한편, 《화성(火星, Mars)》이 이동한 후 곧바로 《토성(土星, Saturn)》도 본래의 회전 방향을 유지한 채 궤도 변경을 하여 《화성(火星, Mars)》이 있던 자리로 옮겨 오고, 이후 《천왕성(Uranus)》도 본래의 회전방향을 유지한 채 《목성(木星, Jupiter)》이 이동한 후의 빈 궤도로 궤도 수정을 하는 것이다.

이로써 우리들 태양계(太陽界)는 큰 변화를 일으켜 이번에는 《목성(木星, Jupiter)》을 중심(中心)으로 《달(月, Moon)》, 《화성(火星, Mars)》, 《지구(地球, Earth)》의 순서로 자리하여 《시계 방향》의 회전인 《3-1의 길》 회전을 하고, 그 다음으로는 《토성(土星)》, 《천왕성》, 《태양성》, 《태양(太陽)》의 위성으로써 《수성(水星)》, 《금성(金星)》, 《해왕성》, 《명왕성》 순서로 자리하여 《시계 반대 방향》의 회전인 《1-4의 길》 회전을 함으로써 《목성(木星, Jupiter)》을 중심한 《3-1-4의 길》 회전이 완성됨으로써 《중앙천궁상궁(中央天宮上宮)》 운행(運行)이 완성이 되는 것이다.

3. 《목성(木星, Jupiter)》을 중심한 《달(月, Moon)》, 《화성(Mars)》, 《지구(Earth)》 등의 삼성(三星)이 《시계 방향》의 회전을 하는 《3-1의 길》 회전 반경까지가 법공(法空)의 《0(ZERO)》 지점이 된다. 이 때문에 《지구(地球, Earth)》의 《시간(時間)》은 우주적 《표준 시간》이 된다. 이와 같이 우주적인 《중앙천궁상궁(中央天宮上宮)》 운행(運行)을 주도하는 곳이 《지구(地球)》의 핵(核)인 《한반도》의 《한국(韓國)》이며, 《한국(韓國)》 중에서도 지금의 《남한(南韓)》이며, 《남한(南韓)》 중에서도 《부산(釜山)》이며, 《부산(釜山)》 중에서도 《보리수산》인 《장산(萇山)》이다. 이러한 《장산(萇山)》은 전우주적(全宇宙的)으로 《성역화(聖域化)》하여야 할 산(山)이다. 그리고 이와 같은 《한국(韓國)》의 중요성을 세계인(世界人)들이 이제는 알아야 할 때이다.

지금까지 설명 드린 바대로, 《한국(韓國)》의 《한(韓)》자(字) 한 글자에 이렇듯 엄청난 우

[도형 1-3-2] 중앙천궁상궁 운행도

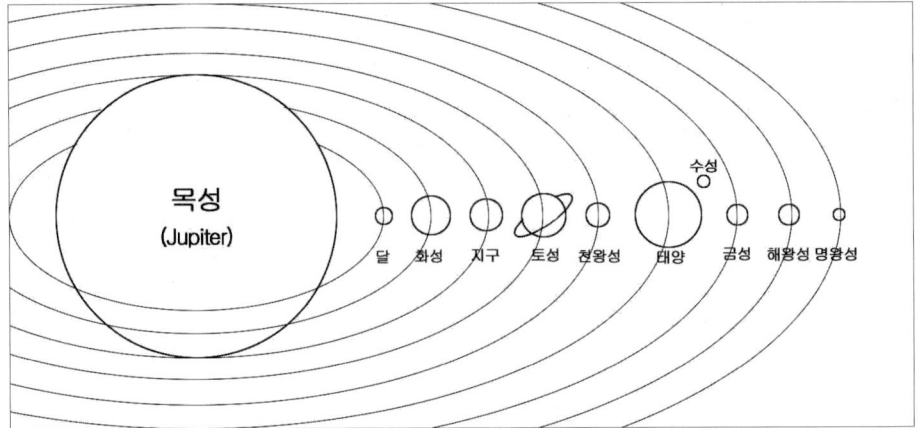

주(宇宙)의 진리(眞理)를 담을 수 있는 분이 과연 누구이겠는가? 이 분이 바로 여러분들의 최고 조상님이신 《석가모니 하나님 부처님》이시다.

뒤에 다시 설명될 것이나 진행의 방편상 미리 말씀드리는 바는 최초의 《한국(韓國)》을 여시고 무리들을 위해 만들어 주신 《한문(韓文)》의 뿌리가 되는 《녹도문자》나 이를 바탕으로 한 오늘날의 뜻글로써의 《한문(韓文)》 모두는 《석가모니 하나님 부처님》께서 초대 《거발한 한웅님》과 《한웅》님으로서의 두 번째 태어남이신 5대 《태우의 한웅님》으로 오셨을 때에 모두 완성하시어 후손(後孫)들에게 물려준 문자(文字)임을 깊이 인식하시기 바란다.

그리고 이참에 또 하나 알려드려야 할 사실은 오늘날의 《남한(南韓)》이 법공(法空)의 《0(ZERO)》 지점에 위치한 지구의 핵(核)으로 자리한 사실을 잘 알고 있는 《대마왕(大魔王)》《불보살(佛菩薩)》들과 《악마(惡魔)의 신(神)》들인 《대마왕신(神)》들과 이들의 행동(行動) 대장들인 추종 세력 모두들이 근래에 몽땅 《한국(韓國)》 땅에서 《육신(肉身)》을 가지고 태어나서 그 중 일부를 제외한 대부분은 《남한(南韓)》 백성들 틈에 섞여 《우주 쿠데타》의 연장선상에서 《남한(南韓)》 정부를 《적화(赤化)》시킴으로써 《지구(地球)》의 핵(核) 중의 핵(核)을 정복하여 후천우주(後天宇宙)의 하늘(天)이 되는 《중앙천궁상궁》과 《중앙우주 100의 궁(宮)》이 음양(陰陽) 짝을 한 《천상(天上)》을 그들의 손아귀에 넣고자 하였던 것이다. 이러한 그들의 획책이 최고 절정에 달하였던 때가 불과 몇 달 전의 일이 된다.

그들은 인간 육신(肉身)을 가지고 있으면서 육신(肉身)은 움직이지 않고 그들 내면(內面)이 갖고 있는 막강한 《영력(靈力)》으로 일을 도모하고 추종 세력들인 《행동 대장》들이 육신(肉身)을 가지고 움직이다가 이때를 기다리고 계시던 《석가모니 하나님 부처님》과 《미륵불(彌勒佛, Maitreya Buddha)》께서 이들 모든 자들의 《영혼(靈魂)》과 《영신(靈身)》들을 붙들어 영원히 돌아오지 못할 곳으로 사라지게 함으로써 그들이 이때까지 도모하여 왔던 모든 일들은 수포로 돌아가고 육신(肉身)만을 가지고 있는 그들은 《힘》을 잃고 만 것이다.

이참에 분명히 경고하는 바는 《공산사상》과 이에 물든 《좌익사상》과 《자연사상》들 모두는 원천창조주이신 《석가모니 하나님 부처님》께서 추진하시는 《진화(進化)》의 이치에는 역행하는 사상들이니, 불과 얼마 살지 못하고 육신(肉身)을 버리고 모두가 떠나야 할 판에 육신(肉身)을 가지고 있을 때 이들 사상들을 모두 정리하시기를 당부 드리는 것이다.

곧 시작되는《후천우주(後天宇宙)》에서는 이들 사상(思想)들을 가진《영혼(靈魂)》과《영신(靈身)》들은 설 자리가 없는 이치가《석가모니 하나님 부처님》으로부터 정하여졌으니, 이를 청산하지 못하면 향후 다시는 인간《생명(生命)》을 얻기가 불가능하기 때문에 이러한 사실들을 알려 드리는 것이다.

※ 특기(特記) 1 :

상기 내용은《선천우주》에서《이치》가 정하여진 내용으로써《중앙천궁상궁(中央天宮上宮)》 운행(運行)인《3-1-4의 길》운행이 설명되었으나,《후천우주(後天宇宙)》에서는《중앙천궁상궁(中央天宮上宮)》 다음의《중앙천궁(中央天宮)》은 사라지고《중앙우주(中央宇宙) 100의 궁(宮)》에 흡수되어《중앙천궁상궁(中央天宮上宮)》의 운행도《음(陰)》의《3-1의 길》과《양(陽)》의《1-3의 길》로 바뀌게 된다.

이로써《지(地)》의 우주 이치는《선후천우주(先後天宇宙)》 모두에서 영원히 사라지고 기존에 있던《1-3-1의 길》 진화의 길은《음(陰)》의《1-3-1의 길》이 되고《1-4-1의 길》은《양(陽)》의《1-3-1의 길》로 바뀌게 됨으로써《시계 방향》의 회전인《순리(順理)》를 따르는 길만 있게 되고《시계 반대 방향》의 회전인《역리(逆理)》를 따르는《1-4-1의 길》은 영원히 사라지게 되는《이치》가《석가모니 하나님 부처님》으로부터 정하여져서《후천우주(後天宇宙)》에서는 새로운《이치》대로 운행(運行)이 될 것임을 알려 드리며 이는《역리(逆理)》의 길에서 일어난《우주 쿠데타》 음모 때문임도 아울러 밝혀 둔다.

현재《지구(地球, Earth)》가 소속해 있는 태양계(太陽界, Solar System)는《시계 반대 방향》의 회전길인 《1-4-1의 길》 운행을 하고 있으나, 《1-3-1》의 길 운행만 음양(陰陽)으로 나뉘어 있게 됨으로써, 《중앙천궁상궁(中央天宮上宮)》 운행이 시작될 때 현재의 우주 전체가 훌렁 뒤집혀 지는 그야말로 천지(天地) 대개벽이 일어남으로써 《초특급 대마왕》과 《대마왕》들과 《악마(惡魔)의 신(神)》들인 《마왕신(神)》 모두들과 이들의 백성(百姓)들 중 구원을 받지 못하는 자(者) 모두들은 《후천우주》에서는 그 씨앗도 찾아볼 수 없는 대개벽이 일어날 것임을 《메시아(Messiah)》가 밝혀 두는 바이다.

나>
" 『갈라서 말하면 비리국(卑離國), 양운국(養雲國), 구막한국(寇莫韓國), 구다천국(句茶川國), 일군국(一群國), 우루국(虞婁國 혹은 필나국(畢那國)), 객현한국(客賢桓國), 구모액국(句牟額國), 매구여국(賣句餘國 혹은 직구다국(稷臼多國)), 사납아국(斯納阿國), 선비국(鮮卑國 혹은 시위국(豕韋國) 또는 통고사국(通古斯國)), 수밀이국(湏密爾國)이니 합해서 12국이다.』"

상기 기록의 12국(國)을 《1국(國)》《3체제》《구한(九桓)》으로 구분하여 설명 드리면 다음과 같다.

ㄱ> 1국(國)

《한국(韓國)》: 《축(軸)》
《한반도(韓半島)》 내(內)의 《한국(韓國)》
《한국(韓國)》을 음양(陰陽) 분리한 《음(陰)》의 《한국(韓國)》

ㄴ> 《3체제(三體制)》

○ 《일군국(一群國)》: 초대 《한국(桓國)》의 교화 영역
　　《아조프해(Sea of Azov, 海)》 건너편의 우랄 산맥 밑과 지금의 《터키(Turkey)》를 포함한 인근지역

○ 《객현한국(客賢桓國)》: 《배달국(倍達國)》의 교화 영역. 《중앙아시아》를 포함한 《몽골(Mongolia)》의 일부 지역

○ 《구막한국(寇莫韓國)》: 《한반도내》《한국(韓國)》의 연장선상에서 《중원 대륙》의 《하얼빈》 남부 지역과 《산동반도》와 《양자강》 유역에서 만든 세 곳의 《신시(神市)》에서 교화한 영역. 이러한 구막한국(寇莫韓國)을 《양(陽)》의 《한국(韓國)》이라 한다.

ㄷ> 《구한(九桓)》

○ 《비리국(卑離國)》:
《문수보살》의 후손인 《비족(卑族)》과 《관세음보살님》의 후손인 《구려족》과 《몽골족》 등 셋이 모여 하나를 이룬 나라로써, 《한국(韓國)》의 10대 《갈고 한웅님》께서 《구막한국(寇莫韓國)》과의 경계를 정하심으로써 《범 무리》의 주력(主力) 세력들을 지금의 《크레타섬》으로 내어 쫓고 실질상 《중원 대륙》 전체를 《구막한국(寇莫韓國)》과 양분하여 다스린 것이다. 그러나 이들 모두가 《한국(韓國)》의 영역이라는 점을 분명히 하는 것이다.

○ 《양운국(養雲國)》:
《배달국(倍達國)》 교화를 모두 마치고 2차 민족 대이동 때 《관세음보살계(系)》와 《반고(盤固)》와 《공공(共工)》이 《삼위산》《라림동굴》에서 같이 만든 《제견(諸畎)》이라는 나라에서 후손들을 교화한 이후, BC 3800년에 《관세음보살 3세》이신 《유소(有巢)》가 무리를 이끌고 《돈황》 지방으로부터 지

금의 《티벳(Tibet)》 지방으로 옮겨가서 세운 나라로써 《티벳(Tibet)》 인근한 지역이 모두 포함이 된다.

○ 《구다천국(句茶川國)》 :
지금의 《캄차카》 반도(Kamchatka Peninsula) 일대로써 《배달국(倍達國)》 교화를 마치고 2차 민족 대이동 때에 이곳으로부터 《몽골 평원》을 거쳐 이동하여 온 무리들과 《연등불(佛)》의 후손들이 모여 세운 나라로써, 이곳으로부터 훗날 일부의 무리가 《아메리카 대륙》으로 진출하여 《아메리카》 《인디언》들이 된 것이다.

○ 《우루국(虞婁國)》 :
《수메르(Sumer) 문명》 연장선상에서 《석가모니 하나님 부처님》의 직계(直系) 후손들인 《곰족(熊族)》들을 바탕으로 하여 《대관세음보살 1세》께서 《아카람두그(Akalamdug)》로 이름하시고 BC 3740년 《우르(Ur) 1왕조》를 탄생시킨 후 아드님이신 2대 《메스카람두그(Meskalamdug)》로 이름하신 《아미타불(阿彌陀佛, Amitābha)》에게 왕위(王位)를 물려줌으로써 이후 《우르(Ur) 2왕조》를 거쳐 《우르(Ur) 문명》 부흥기에 만들어진 《라가시(Lagash) 2왕조》와 《우르(Ur) 3왕조》 모두를 《우루국》이라고 하며, 잃어버린 《유대인》과 《이스라엘인》들의 고대 역사(歷史)가 바로 《우루국》이자 《우르 문명(文明)》이다. 이후 《우르(Ur)》는 《우르(Ur) 3왕조》에서 문명의 꽃을 피우게 된다. 이러한 문명(文明)을 이룬 《우르 문명(文明)》이 《우루국》이다.

이때 《우르(Ur) 3왕조》로부터 《문수보살 2세》의 후손들이 BC 2000년경에 시작된 3차 민족 대이동 때에 《그리스》로 건너가 《미케네 문명(Mycenaean Civilization)》을 일으켰고, 일부는 《이탈리아》 북부로 들어가게 된다. 이러한 이후 《미케네 문명(Mycenaean Civilization)》을 일으켰던 그의 후손 일부가 《이탈리아》로 건너가 《로마 문명》을 일으키는 것이다.

《로마》의 《줄리어스 시저(Julius Caesar)》가 바로 《문수보살 1세》의 후신(後身)이며, 때에 《시저(Caesar)》의 암살에 가담한 《안토니우스(Marcus Antonius)》가 《천관파군》의 후신(後身)이며, 《안토니우스(Marcus Antonius)》가 《이집트》로 건너가서 사랑에 빠졌던 《클레오파트라(Cleopatra VII Philopator)》가 고대 인도 땅으로 와서 《부처(佛)》 놀이를 즐겨하였던 대마왕(大魔王) 《악마(惡魔)의 신(神)》인 《석가모니》 부인이었던 《관세음보살 3세》로서의 《야수다라비(Yaśodharā)》 후신(後身)이었다. 이러한 자들 역시 《대마왕신(大魔王神)》들인 것이다.

○ 《구모액국(句牟額國)》
　《배달국(倍達國)》의 교화 기간이 끝이 난 후 《배달국(倍達國)》 인근의 《구석기인》 교화에 힘을 쏟으셨던 일곱 《불보살(佛菩薩)》들이 오늘날의 《유럽》으로 건너가서 남기신 후손(後孫)들을 모두 묶어 그들이 거주하는 영역 모두를 《구모액국(句牟額國)》이라고 한 것이다. 즉, 오늘날의 《유럽》이다.

○ 《매구여국(賣句餘國)》 또는 직구다국(稷臼多國)
　《인더스 문명(Indus Valley Civilization)》이 일어난 고대 인도를 《매구여국(賣句餘國)》이라고 하며, 고대 《인도》의 토착 《구석기인》들과 《BC 4500년경》 《이란 남부》로부터 《인도》로 이동하여 온 《알라신(Allah 神)》의 후손들인 《드라비다족(Dravidians)》과 BC 4100년에 《문수보살 1세》의 인도로 《수메르(Sumer) 문명》으로부터 이동하여온 《사카족(Saka)》을 중심한 《아리안(Aryans)》 민족이 거주하는 지역 모두를 이름한 나라이다

○ 《사납아국(斯納阿國)》
　이집트 문명권 모두를 《사납아국(斯納阿國)》이라고 한다. 먼저 기술한 《한국(韓國)》이 《신시(神市)》를 만들어 《구막한국(寇莫韓國)》을 이루었듯이, 이들 역시 《도시 국가》를 만들어 교화에 임한 것 역시 구한(九桓)의 연방국이었음을 잘 나타내 주는 "예"이다. 뒤편의 《이집트 문명》편에 상세히 밝히겠으나 먼저 일부를 밝혀 드리면, 《이집트 문명권》에서 나온 유적에서 기록된 《피라밋》 텍스트나 《레우.누.페르.엠.후르》 등이 모두 《석가모니 하나님 부처님》께서 두 번째 신시(神市)에서 만드신 지상(地上) 최초의 종교(宗敎)인 《한단신(불)교(桓檀神(佛)敎)》의 진리(眞理)와 경전(經典)들을 가져가서 그들의 문자로 풀어서 쓴 기록임이 드러나는 자체가 구한(九桓) 중의 하나로써 《이집트 문명》이었음을 증거하는 것이다.

○ 《선비국(鮮卑國)》 혹은 시위국(豕韋國) 또는 통고사국(通古斯國)

《배달국(倍達國)》 이후 뒤늦게 교화에 참여한 《문수보살 1세》가 교화하여 남긴 후손 민족으로서 이들을 《퉁구스족(Tungus 族)》이라고 하며, 동쪽은 《사할린》으로부터 서쪽으로는 《예니세이강(Yenisei River)》에 걸치고 또 북쪽은 《야쿠티아 자치공화국(Sakha(Yakutia) Republic)》의 극한(極寒) 툰드라(Tundra) 지대로부터 남쪽으로는 동북 만주 지방에 이르는 넓은 지역에 거주하는 자들의 나라를 《선비국(鮮卑國)》 또는 《시위국(豕韋國)》 또는 《통고사국(通古斯國)》이라고 한다. 이들은 《몽골계》로 분류를 한다.

○ 《수밀이국(須密爾國)》

《석가모니 하나님 부처님》께서 《사카족(Sakas)》을 중심하여 일으킨 《수메르(Sumer) 문명》 이후, BC 4100년에 《문수보살 1세》의 인도로 《수메르(Sumer) 문명》을 일으킨 《사카족(Saka)》을 중심한 주력(主力) 세력들이 《인도》로 이동하고 난 이후 《BC 4150년경》 2차 민족 대이동이 일어나기 직전에 《비로자나 1세》의 지시로 《문수보살 2세》가 《석가모니 하나님 부처님》의 허락도 없이 《배달국(倍達國)》의 일부 《곰족(熊族)》들을 《메소포타미아(Mesopotamia)》 평야로 이동시켰다. 이러한 이후 《비로자나 1세》가 이 《곰족(熊族)》들을 묶어 《BC 4100년》 《우루크(Uruk) 1왕조》를 세우게 되고, 이 왕조가 《라가시(Lagash) 1왕조》와 《우루크(Uruk) 2왕조》와 《우루크(Uruk) 3왕조》와 《우루크(Uruk) 4왕조》와 《우루크(Uruk) 5왕조》로 이어졌다. 이들 왕조 모두를 묶어 《수밀이국》이라고 하는 것이다.

이로써 만들어진 《구한(九桓)》이 《한국(韓國)》의 연방국이라는 사실을 깊이 인식하시기 바라며, 이로써 《한국(韓國)》 다스림의 전체 경계가 『남북 5만리요 동서가 2만여리니』라고 설명하고 있는 것이다. 그리고 연방국인 《구한(九桓)》이 모두 만들어진 때가 《한국(韓國)》 다스림 때임을 분명히 아시기 바란다.

※ 강주(講主) 1-3-3 :

인류의 역사

　지금까지의 기록에서 보듯이,《북반구 문명》의 역사는《석가모니 하나님 부처님》을 비롯한 모든《불, 보살(佛菩薩)》들과《대마왕》《불보살(佛菩薩)》들과《악마(惡魔)의 신(神)》들인《대마왕신(神)》들이 인간 육신(肉身)을 가지고 태어나서 그들의 후손(後孫)들을 남기고, 육신(肉身)의 죽음(死)을 맞이한 이후는 시간(時間) 차이도 두지 않고 그들의 막강한《영력(靈力)》으로 곧바로 다시 인간 육신(肉身)을 가지고 태어나게 하여, 그들 스스로가 도모하였던 일들을 계속 연속적으로 행(行)함으로써 수없는《윤회(輪廻)》를 반복한 것이다.

　이러한 과정에서 이분들은《인연(因緣)》이 있는 곳이면《동서양(東西洋)》을 가리지 않고 이번 태어남에는《중원 대륙》에 태어났다가 다음 태어남에서는《유럽》으로 태어나고 때로는《아프리카》에서 태어나기도 하는 태어남의《윤회(輪廻)》를 그들의 뜻에 의해 자유자재로 함으로써 인간들의《역사》를 만들어 온 이 자체가《실상(實相)》임을 여러분들은 바로 깨달으셔야 하는 것이다. 이로써 태어난 후손(後孫)들인 여러분들도 여러분들《영혼(靈魂)》과《영신(靈身)》의 진화(進化)를 위해 인간 육신(肉身)의 죽음(死)을 맞이한 이후 여러분들도《인과(因果)》법칙에 의한《육도윤회(六道輪廻)》를 쉼 없이 반복하여 왔다는 점을 분명히 하는 것이다. 이로써 쓰여진 것이《역사》이다.

　그러나 이러한《역사》가《실상(實相)》의《역사 기록》이 되어야 하는 것인데, 때로는《이기심(利己心)》에 찬 권력자들과 학자(學者)들에 의해 고쳐지고 왜곡되어《실상(實相)》의《진리(眞理)》가 감추어짐으로써《선천우주(先天宇宙)》가 마감되는 이 시점에서 볼 때 지상(地上)에서 태어났던 모든 인간들 중 겨우 25%정도만 구원이 되어《미륵불(彌勒佛, Maitreya Buddha)》과 함께《후천우주(後天宇宙)》로 넘어 가야 하는 참담한 결과를 낳고 말았다는 점을 차제에 밝혀 드리는 것이다.

　사정이 이러함에도 작금의《한국(韓國)》과 이웃한《섬나라》에서는 역사를 왜곡하고 힘의 우위를 내세워《독도》를 자기들 영토라고 주장하며《한국(韓國)》을 핍박하고 있는 것이다. 분명히 말씀드리면,《독도》는《미륵불(彌勒佛, Maitreya Buddha)》상징 섬이다. 이와 같은《독도》를 그들 나라의 소유라고 억지 주장을 하는 자체를《천상(天上)》에서는《석가모니 하나님 부처님》《법(法)》의 이치에 도전하고 있었던《대마왕신(大魔王神)》들이 벌이고 있는 《우주 쿠데타》의 일부로 보고 사태 추이를 지켜보고 있다는 사실을 알려 드리는 것이다. 그리고 그들이 시끄럽게 하고 있는 행위 자체가 그들 나라에 대한 《천상(天上)》에서 내리는 《대재앙(大災殃)》의 벌(罰)을 서둘러 스스로 자처하고 있다는 점을 말씀드리는 것이다.

덧붙여, 이번에는 필자가 여러분들께 양해를 구할 일이 있어서 몇 말씀드리겠다. 필자의 《저서(著書)》 곳곳에 지금까지 진행하여온 《삼성기 전하편》의 내용을 최초의 《한국(桓國)》 위주로 설명하는 잘못된 내용을 기록한 바가 있다. 이렇게 잘못된 내용을 기록하게 된 경위는 당시 《대마왕(大魔王)》들과 《대마왕신(神)》 무리들이 연합하여 《삼성기 전하편》에 담겨져 있는 진리(眞理)를 밝히지 못하게 하기 위해 집요한 방해 공작을 한 결과, 이에 걸려든 필자가 한순간 착각하여 일어난 일들이었다.

그리고 이러한 잘못이 밝혀지기까지는 한동안의 세월이 흐른 후였다. 이러한 이후 잘못된 내용의 기록이 발견된 즉시 개정판(改訂版)을 내어 정정(訂正)하는 것이 순서였으나 재정 형편상 그렇게 하지 못하고 《대마왕(大魔王)》들과 《대마왕신(神)》 모두들과 이들의 추종세력 모두들을 정리한 후, 《삼성기 전하편》 내용의 기록을 바로 하여 상기와 같이 바른 설명을 드리고 때맞춰 여러분들께 양해를 구하는 바이니 부디 너그러이 이해를 하여 주실 것을 말씀 올리는 바이다. 이외에도 더 이러한 경향이 있는데, 이는 필자가 최종 집필한 내용이 제일 정확한 기록임을 아울러 밝혀 드리는 바이다.

다>
"『천해는 지금 북해(北海)라 한다. 7세에 전하여 역년 3,301년 혹은 63,182년이라고 하는데 어느 것이 맞는 말인지 알 수가 없다.』"

상기 기록은 《한반도(韓半島)》에 《한국(韓國)》이 자리하기까지의 초대 《한국(桓國)》과 《배달국(倍達國)》과 《배달국》에서 2차 민족대이동 때에 《노사나불》에서 인솔한 무리들이 《몽골》 평원을 가로질러 《한반도(韓半島)》 《평양》에 도착하기까지의 기간인 《3,301년》을 기록한 것이다. 즉, 다스림의 기간《3,301년》은《한국(桓國)》의 교화 기간《1,200년》과《배달국(倍達國)》교화 기간《2,000년》과《배달국(倍達國)》의 주력(主力) 세력들이《몽골》평원을 가로질러《한반도(韓半島)》에 도착하기까지의 기간《101년》을 합한《3,301년》을 역년으로 설명하고 있는 것이다. 앞장에서 밝혀 드린 대로,《북해(北海)》는 현재의《바이칼호(Lake Baikal)》이다.

(5) 《한국(韓國)과 한웅(桓熊)》

《한국(韓國)》을 중심한《구막한제국(寇莫韓帝國)》의 다스림은《18분(分)》의《한웅(桓熊)》님들에 의해《1,565년》을 다스리시게 되며, 이후는《문수보살 1세》의 후신(後身)으로 태어난《단군왕검(檀君王儉)》께서 세우신《고조선(古朝鮮)》의 시대가 열리는 것이다. 이때의 특이한 사항은《석가모니 하나님 부처님》께서《한웅님》으로 세 번째 태어나신 10대《갈고 한웅》님 이후, 다시 네 번째로《한웅님》들로서는 마지막 다스림이 되는 18대《거불단(단웅)》으로 다시 오셔서 때에《문수보살 1세》를 낳으심으로써 뒷날《문수보살 1세》가《단군왕검》으로 이름하고《고조선(古朝鮮)》의 초대《단군(檀君)》으로 자리하시고《한국(韓國)》 시절의 문물과《구한(九桓)》 모두를 승계하게 되는 것이다. 이로써《단군왕검(檀君王儉)》에 의한 국경(國境) 개념이 도입되는《치화(治化)》의 시대가 열리게 된 것이다.《한국(韓國)》의 마지막《한웅(桓熊)》이신《거불단(단웅)》으로부터《단군왕검(檀君王儉)》에게 물려준《한국(韓國)》 시절의 문물과《구한(九桓)》의 승계는 나라 이름은 달라도 아버지가 아들에게 물려주는《세습(世襲)》임을 분명히 밝히는 것이다.

이로써《석가모니 하나님 부처님》께서는《교화(敎化)》의 기간을《동양(東洋)》에서 끝을 내심으로써《서양(西洋)》보다는 약 667년 늦게《교화(敎化)》를 마무리하신 것이다.

이와 같이《한국(韓國)》을 중심한《구막한제국(寇莫韓帝國)》을 이끌어 오신《한웅(桓熊)》님들은 대부분이《선천우주(先天宇宙)》의《하늘(天)》인《천일궁(天一宮)》《작은곰자리(Ursa Minor)》성단에서 내려오신 분들이시다. 그 때문에 《한(桓)》자 다음의 《웅(熊)》자(字)를 《곰 웅(熊)》자(字)를 쓰게 되는 것이다. 이러한 《곰 웅(熊)》자(字)를 《한단고기(桓檀古記)》에서는 《수컷 웅(雄)》자(字)를 쓰고 있는데, 이는 《천상(天上)》에서 인간들 교화(敎化)를 위해 내려오신 《부처님(佛)》들에 대한 예의가 아니니 고쳐져야 할 사항임을 알려 드린다. 그리고 《거발한 한웅》님께서 《한반도 내(韓半島內)》의 《구석기인》들을 모두 교화(敎化)하여 《신석기인》들로 태어나게 하신 이후, 《중원 대륙》 《하얼빈》 남쪽 《불함산》 또는 《완달산》으로 호칭되는 인근 지역에서 처음 《신시(神市)》를 여신 때는 《천부수리(天符數理)》 계산으로는 《BC 3814년》임을 알려 드리니 참고하시기 바란다.

　이와 같이 두 번째 《신시(神市)》는 《석가모니 하나님 부처님》께서 두 번째 《한웅(桓熊)》님의 몸(身)을 가지고 오신 5대 《태우의 한웅님》 때에 《산동반도》에 있는 《청구(靑丘)》로 옮기시어 여신 것이며, 세 번째 《신시(神市)》는 14대 《자오지(치우)》 한웅(桓熊)님 때에 지금의 《상하이》의 강 건너 맞은편에 있는 《청구(靑邱)》로 옮기시어 여신 것이다. 《신시(神市)》를 옮겼으나 다스림의 영역은 항상 먼저 만들어졌던 《신시(神市)》를 오르내리심으로써 인근 지역들을 다스렸음을 알려 드리는 것이다.

　특별히 강조 드리고 싶은 바는 《한국(韓國)》을 종주국(宗主國)으로 한 《구막한제국》 역대표에서도 드러나 있듯이, 《석가모니 하나님 부처님》께서 《한민족(韓民族)》 최고 조상(祖上)님으로서 민족(民族)에게 쏟으신 정성을 잊지 마시기 바란다. 이러한 《인간(人間)》들의 《역사(歷史)》는 《원천창조주》이신 《석가모니 하나님 부처님》께서 만드신 《이치》대로, 《천상(天上)》의 불(佛), 보살(菩薩)들과 《대마왕》 《불보살(佛菩薩)》들과 《악마(惡魔)의 신(神)》들인 《대마왕신(神)》들과 이들의 행동(行動) 대장들인 추종 세력들에 의해 진화(進化)되어가는 이 자체가 《실상(實相)》의 《역사(歷史)》임을 분명히 하는 것이다. 이러한 《역사(歷史)》들이 쓰일 당시는 다스리는 백성들의 의식(意識) 수준이 낮았기 때문에 《한웅(桓熊)》님을 제외한 모든 불(佛), 보살(菩薩)들과 《악마(惡魔)의 신(神)》들인 《대마왕신(神)》 모두들을 《신(神)》으로 묶어 표현을 하였음을 염두에 두시기 바란다. 이 때문에 《신지(神誌)》, 《신계(神戒)》 등의 용어들이 등장하는 것이며, 이들은 대부분이 교화(敎化)의 주력(主力) 세력들이 되는 것이다.

① 한국(韓國)과 한문(韓文)

《한문(韓文)》의 근원은 《녹서(鹿書)》이다. 이러한 《녹서(鹿書)》가 《거발한 한웅님》이신 《석가모니 하나님 부처님》께서 《한반도(韓半島)》에서 처음 《한국(韓國)》(3898BC~2333BC)을 세우시고 무리들에게 가르친 《문자(文字)》이며, 발음(發音) 문자(文字)로써 《가림토 문자(文字)》를 가르친 것이다.

이와 같은 《녹서(鹿書)》를 《중원 대륙》에서 첫 번째 세우신 《신시(神市)》 시대(時代)까지는 사용한 것이나, 《석가모니 하나님 부처님》께서 몸(身)을 바꾸시고 두 번째 《한웅(桓熊)》님으로 오셨던 5대 《태우의 한웅님》 때인 두 번째 신시(神市)가 있는 《산동반도》 《청구(靑丘)》로 옮겨 오셨을 때 이미 《태우의 한웅님》께서 《녹서(鹿書)》를 완벽한 《한문(韓文)》으로 만드셨으며 그 증거가 때에 《한단신(불)교(桓檀神(佛)敎)》를 체계화하시어 최초로 《종교(宗敎)》를 만드시고 《창작》하신 《황제중경(皇帝中經)》과 《황제내경(皇帝內經)》, 《천부경 81자》와 《삼일신고》 등 4대 경전(經典)이 있는 것이다.

이러한 경전 중(經典中) 《황제중경(皇帝中經)》은 《단군왕검》으로 이름한 《문수보살 1세》와 《자허선인》으로 이름한 《연등불》 손에 의해 완전히 사라지고 없으나, 《황제내경(皇帝內經)》은 《황제내경(黃帝內經)》으로 둔갑되어 《한문(韓文)》이 뜻글자임을 악용한 《대마왕》들과 《대마왕신(神)》들의 손에 의해 고쳐 적고 왜곡되어 《의술서(醫術書)》로 전락이 되어 현재까지도 전하여져 오고 있는 것이다.

이 문제는 《한단신(불)교》편에서 다시 거론할 것인 바, 이 장에서는 《한단신(불)교(桓檀神(佛)敎)》 4대 경전(經典)은 한국(韓國)의 5대 《태우의 한웅님》으로 오셨던 《석가모니 하나님 부처님》께서 《창작》하신 《경전(經典)》들이라는 사실과 이때 이미 《한민족(韓民族)》의 문자(文字)로써 《한문(韓文)》이 완성이 된 사실을 《미륵불(彌勒佛, Maitreya Buddha)》이 분명히 하는 것이다. 《한문(韓文)》의 《서체(書體)》는 여럿일 수 있으나 지금 전하여져 오는 《한문체(韓文體)》는 이미 두 번째 《신시(神市)》 때에 《석가모니 하나님 부처님》께서 완성을 하셨다는 사실을 알리고 그 증거가 《경전(經典)》으로써 《한단신(불)교(桓檀神(佛)敎)》 4대 경전(經典)이라는 뜻이다.

이와 같이 《한문(韓文)》은 뜻글자로써 《한민족(韓民族)》의 문자(文字)이며, 발음문자인 《가림토》 문자(文字)를 발판으로 하여 훗날 《조선 왕조》 《세종 왕》 때에 《훈민정음》이 발표되고, 이후 발전을 거듭하여 《소리글》로써 《한글》이 탄생한 것이다. 이와 같이 뜻글로써의

《한문(韓文)》과 소리글로써의 《한글》은 《양음(陽陰)》 짝을 하는 문자(文字)로써 완벽한 문자(文字)임을 천상(天上)에서도 인정을 하고 있는 것이다. 이렇게 《한글》로 가는 중간 단계인 《훈민정음》을 만든 《세종 왕》이 바로 《다보불(佛) 3세》이시다.

(6) 한단신(불)교(桓檀神(佛)敎)

《석가모니 하나님 부처님》께서 《거발한 한웅님》으로 이름하시고 《한반도(韓半島)》로 이동하시어 《한국(韓國)》을 세우시고 처음하신 일이 《녹서(鹿書)》를 만들어 교육하시고, 다음으로 교화(敎化)의 주력(主力) 세력들에게 《천경신고(天經神誥)》를 가르치시는 것이었다. 이러한 《천경신고(天經神誥)》가 《천부경(天符經) 81자(字)》와 《삼일신고(三一神誥)》이다. 이러한 가르침이 《교화(敎化)》한 《신석기인》들에게도 점차 확대된 것이다.

《우주간(宇宙間)》의 종교(宗敎)는 《원천창조주》이신 《석가모니 하나님 부처님》을 받드는 《불교(佛敎)》 밖에는 없다. 이러한 《불교(佛敎)》에 있어서 때에 따른 《방편(方便)》의 경전(經典)은 수(數)도 헤아릴 수 없도록 많다. 그러나 이러한 경전(經典) 중 《진리(眞理)》가 몽땅 한꺼번에 들어 있는 것이 《묘법화경(妙法華經)》이다. 이와 같은 《묘법화경》은 《진리(眞理)》를 《천부수리(天符數理)》에 담아 이를 바탕으로 하고 그 위에 때에 따른 《문자반야(文字般若)》로써 이루어져 있다. 이러한 《천부진리(天符眞理)》의 바탕과 《문자반야(文字般若)》에 담겨있는 《석가모니 하나님 부처님》의 《진의(眞意)》는 《천부진리(天符眞理)》의 바탕이 3이며, 《문자반야(文字般若)》가 1이다. 이러한 비율에 있어서 바탕이 되는 《천부진리(天符眞理)》는 《묘법화경(妙法華經)》 《문자반야(文字般若)》에게 《생명력(生命力)》을 부여함으로써 《묘법화경(妙法華經)》이 위력을 발휘하게 되는 것이다.

《묘법연화경(妙法蓮華經)》 《제7 화성유품》에 보면 《대통지승불(大通智勝佛)》께서 《묘법연화(妙法蓮華)》를 설(說)하시는 장면이 나온다. 이때의 《대통지승불(大通智勝佛)》은 《석가모니 하나님 부처님》께서 《상천궁(上天宮)》 끝자리 별(星)인 양자 태양성(陽子太陽星)을 법궁(法宮)으로 하셨을 때의 《호(號)》이다. 즉, 이 뜻은 《석가모니 하나님 부처님》께서 제일 처음 《묘법화(妙法華)》를 설(說)하신 곳은 《상천궁(上天宮)》이며, 다음으로 《묘법화》를 설(說)하신 곳이 《상천궁(上天宮)》과 《음양(陰陽)》 짝을 하는 지금의 《천상(天上)》으로 이름되는 《작은곰자리(Ursa Minor)》 성단(星團)이 있는 《천일궁(天一宮)》에서 이며, 그 다음 설(說)하신 곳이 지금의 《오리온좌(Orion)》 성단(星團)이 있는 《천일일(天一一) 우주》에서 이며, 그 다음 설(說)하신 곳이 《도솔천 내원궁(宮)》이 있는 지금의 우리들 《지구(地球, Earth)》에서 이다. 이렇게 하여 총 4번을 설(說)하시게 되시는데, 《묘법화(妙法華)》를 설(說)하실 때마다 그 밑바탕이 되는 《천부진리(天符眞理)》는 불변(不變)으로써 변함이 없으나 《문자반야(文字般若)》는 그때그때 상황에 따라 《방편(方便)》으로 설(說)하시기 때문에 설(說)하실 때마다 달라지는 것이다.

이와 같이 《석가모니 하나님 부처님》께서 지상(地上)에서 처음 《묘법화(妙法華)》를 설(說)하신 곳이 《수메르(Sumer) 문명권》에서 이며, 이때 《설(說)》하신 자취가 남아 있는 것이 현재 대영박물관에 보관되어 있는 《독수리의 비(碑)》로써, 이러한 《독수리의 비(碑)》는 《상천궁(上天宮)》을 형상화한 《천부진리(天符眞理)》로 되어 있으며 중앙에 앉아 계시는 분이 《석가모니 하나님 부처님》으로서 《석가모니 하나님 부처님》께서 《상천궁(上天宮)》의 주인으로서 《수메르(Sumer) 문명》을 스스로께서 일으켰음을 암시하고 있는 것이다.

이러한 연후 《한반도(韓半島)》로 들어오시어 《한국(韓國)》을 세우시고 《묘법화(妙法華)》의 근본 바탕이 되는 《천부진리(天符眞理)》를 간결하게 묶어 《선천우주(先天宇宙)》 모두를 드러내는 《천부경 81자(天符經 81字)》를 창작하시고, 그 작용(作用)을 간결하게 묶어 《문자반야(文字般若)》로써 《삼일신고(三一神誥)》를 창작하신 것이다. 이와 같이 창작된 《천부경 81자(天符經 81字)》와 《삼일신고(三一神誥)》가 《천부진리(天符眞理)》와 《문자반야(文字般若)》가 《음양(陰陽)》 짝을 한 《묘법화(妙法華)》인 것이다. 이러한 《묘법화(妙法華)》를 《한국(韓國)》의 초대 《거발한 한웅님》으로 오셨을 때 무리들에게 설(說)하신 것이 《천경신고(天經神誥)》임을 여러분들은 깊이 인식하시기 바라며, 이러한 《예》가 《우주간(宇宙間)》에서의 《종교(宗敎)》는 《불교(佛敎)》 밖에 없는 것이 증명되는 실례(實例)가 되는 것이다.

그리고 《석가모니 하나님 부처님》께서 《5대 태우의 한웅님》으로 오시어 만드신 종교(宗敎)의 명칭을 《한단신(불)교(桓檀神(佛)敎)》라고 이름한 이유는 이의 호칭이 《한단신교(桓檀神敎)》도 될 수가 있고 《한단불교(桓檀佛敎)》도 될 수가 있기 때문이다. 그 이유는 《신(神, Sin)》이라고 할 때 《착함(善)》을 근본 바탕으로 하시는 《신(神)》을 《불보살(佛菩薩)》이라고 하며 《선악(善惡)》 양면성을 근본 바탕으로 하는 《신(神)》을 《대마왕》《불보살》이라고 하며, 《악(惡)》을 근본 바탕으로 하는 《악마(惡魔)의 신(神)》들을 《대마왕신(神)》으로 세분화한다. 이렇듯 세분화된 《신(神, Sin)》들 중 《착함(善)》을 근본 바탕으로 하는 《신(神)》을 《불보살(佛菩薩)》로 호칭을 하기 때문에 《한단신(불)교(桓檀神(佛)敎)》로 이름하는 것이다.

※ 강주(講主) 1-3-4 :

《천부진리(天符眞理)》와 《문자반야(文字般若)》가 《음양(陰陽)》 짝을 한 것이 《묘법화(妙法華)》임을 밝혀 드렸다. 이러한 《묘법화》를 고대 인도 땅으로 《석가모니불(佛)》로 이름하고 온 《악마(惡魔)의 신(神)》인 《석가모니》가 불법(佛法) 일치된 완전한 깨달음의 부처(佛)도 이루지 못한 채 《반쪽자리》《마왕신(魔王神)》 부처(佛)가 되어 《천상(天上)》의 《석가모니 하나님 부처님》《법(法)》을 훔쳐 와서, 중생(衆生)들에게 《대마왕신(大魔王神)》들의 《사상(思想)》과 《관념(觀念)》을 심고 《석가모니 하나님 부처님》의 존재와 《한단불교(桓檀佛敎)》의 《진리(眞理)》와 《법(法)》을 고스란히 계승한 《바라문교(婆羅門敎, Brahmanism)》를 무력화시키기 위해 《부처(佛)》놀이에 열중하면서 설(說)한 것이다.

이러한 《묘법화경(妙法華經)》이 바로 《천부진리(天符眞理)》와 《문자반야(文字般若)》가 《음양(陰陽)》 짝을 하고 있는 경(經)으로써, 이와 같은 사실을 모르는 인간들에게 《천부진리(天符眞理)》는 불변(不變)이니 손도 못 대고 《문자반야(文字般若)》의 허점을 노려 《대마왕신(大魔王神)》으로서의 기록으로 남겨 둔 것이 《묘법연화경(妙法蓮華經)》이다.

필자는 한때 《대마왕신(大魔王神)》《석가모니》 아들인 《라후라(Rāhula)》로 태어난 적이 있다. 이렇게 필자의 《영혼(靈魂)》과 《영신(靈身)》이 자청하여 그의 몸(身)에 들어가서 그로부터 몸(身)을 받아 아들로 태어난 목적이 바로 《묘법화(妙法華)》 때문이었다. 이 관계 내용의 이해는 《십이인연법(十二因緣法)》을 공부하시면 필자의 뜻에 의해 그의 아들로 태어날 수 있음을 이해하실 것이다.

이와 같이 《라후라(Rāhula)》가 그의 아들로 태어나자 《악마(惡魔)》의 《신(神)》인 《석가모니》가 탄식하며 부르짖은 소리가 《라후라(Rāhula)》의 이름이 되었다는 고사(古事)를 여러분들께서는 잘 아실 것이다. 이렇게 그가 탄식(歎息)한 이유가 《라후라(Rāhula)》가 곧 《미륵(Maitraya)》이며, 이러한 《미륵(Maitraya)》에 의해 훗날 그가 《악마의 신(神)》으로서 《대마왕신(大魔王神)》 부처(佛)였음이 밝혀질 것을 미리 알았기 때문에 그가 탄식하고 아들의 이름을 《라후라(Rāhula)》로 부르게 된 것이다.

이러한 《악마(惡魔)의 신(神)》인 《석가모니》가 《묘법연화경해설 8》(2009) 《제7 화성유품》 《⑩항》에서는 《제 십육은 나 석가모니 부처님이니》라고 부처(佛) 이루는 장면을 스스로 밝히고서는 《제15 여래수량품》에서는 《미륵보살》이 간청을 하니 스스로는 구원겁 전에부터 부처(佛)였노라 라고 일순간 말을 바꾸어 《석가모니 하나님 부처님》 행세를 한 것이다.

이와 같이 그가 설(說)한 《묘법연화경》에서는 《제5 약초유품》, 《제7 화성유품》, 《제15 여래수량품》을 제외한 모든 《품(品)》의 내용은 대부분이 진리(眞理) 파괴를 목적으로 한 《대마왕(大魔王)》들과 《대마왕신(神)》들에 대한 기록이며, 거짓투성이로 《문자반야(文字般若)》가 이루어져 있다. 이러한 거짓을 드러내기 위해 필자는 《천부진리(天符眞理)》 일부를 드러내어 《묘법연화경해설》 《전 14권》을 해설하여 《세간(世間)》에 드러낸 것이다.

이와 같이 《미륵보살(Maitraya)》이 《라후라(Rāhula)》로 태어난 목적은 《악마(惡魔)의 신(神)》인 《석가모니》가 《묘법연화(妙法蓮華)》를 설(說)하게 되면 틀림없이 《천부진리(天符眞理)》는 불변(不變)이니 그대로 두고 거짓 내용의 《반야지혜》를 설(說)하여 《천부진리》가 가진 《생명력(生命力)》으로 거짓 《반야지혜》를 중생들에게 전달함으로써 그들 《대마왕신(大魔王神)》들의 사상(思想)과 관념(觀念) 등을 중생들에게 심을 것이므로, 이러한 행위를 막고 궁극적으로 중생들을 파멸의 길이 아닌 구원의 길로 인도하고자 하는 목적과 이로써 《악마(惡魔)의 신(神)》인 《석가모니》도 《대마왕신(大魔王神)》 부처(佛)에서 순리(順理)를 따르는 《진리(眞理)》의 길로 가시게 하기 위해 《라후라(Rāhula)》로 태어났던 것이다.

고로 《대마왕신(神)》인 《악마(惡魔)의 신(神)》 《석가모니(Sakyamuni)》가 《대마왕신(大魔王神)》 부처(佛)임을 증거하는 물증이 고스란히 남은 것이 현재의 《묘법연화경》의 《문자반야(文字般

若)》인 것이다.

이렇게 잘못된 《문자반야(文字般若)》라도 필자가 《천부진리(天符眞理)》를 드러내어 《세간(世間)》에 발표한 《묘법연화경 해설》《전 14권》은 《진리(眞理)》를 밝히는 과도기적 과정으로 펴낸 것이나, 적어도 《천부진리(天符眞理)》를 알고 공부를 하면 《대마왕신(神)》으로서 《악마(惡魔)의 신(神)》인 《석가모니(Sakyamuni)》의 《사상(思想)》과 《관념(觀念)》에는 물들지 않게 되며, 《악마(惡魔)의 신(神)》인 《석가모니(Sakyamuni)》가 《대마왕신(神)》 부처(佛)임이 밝혀진 연후에는 거짓 《반야지혜(般若智慧)》를 밝히는 과정에서 많은 진리(眞理)의 공부를 할 수 있게 되는 《반작용(反作用)》 공부도 할 수가 있는 것이다.

그리고 이참에 또 하나 밝혀야 할 사항은 《악마(惡魔)의 신(神)》인 《석가모니(Sakyamuni)》가 당대 그의 아들인 《라후라(Rāhula)》가 《미륵(Maitreya)》임을 뻔히 알면서도 이를 감추고 《묘법연화경》《제9 수학무학인기품》에서 《라후라(Rāhula)》는 미래세에 부처(佛)를 이루어 《도칠보화불(佛)》이 되실 것이라고 엉터리 수기(授記)를 주고 다른 경(經)에서는 《미륵불(彌勒佛, Maitreya)》이 《56억 7천만 년》 후에 부처(佛)를 이루고 《세간(世間)》에 나타날 것이라고 거짓 기록을 남김으로써, 《선후천우주(先後天宇宙)》 갈림길에 있는 현재의 시점 《미륵불》이 이 세상에 와서 중생(衆生)들을 구원하고자 하는 일들을 원천적으로 방해를 한 것이다.

필자가 《미륵불》이라고 하니 《악마(惡魔)의 신(神)》인 《석가모니》의 거짓 기록에 속은 수많은 《불자(佛者)》들이 《미륵불》을 가짜 《미륵불(彌勒佛, Maitreya Buddha)》로 몰아세우고 비웃음의 야유를 보내는 판에 어찌 그들을 설득하여 《구원》함으로써 바른 진화(進化)의 길에 들어가게 하겠는가. 이것이 오늘날 이 세상에 육신(肉身)을 가지고 온 《미륵불(彌勒佛, Maitreya Buddha)》로서는 제일 황당한 일이 되어 이제는 이러한 일들을 접어두고 《석가모니 하나님 부처님》과 함께 스스로 하여야 할 일에만 몰두를 하고 있는 것이다. 이와 같은 사실들이 수많은 중생(衆生)들을 구원할 길을 《악마(惡魔)의 신(神)》인 《석가모니》가 막은 실례(實例)가 되는 것이다.

《악마(惡魔)의 신(神)》인 《석가모니》가 당대 《묘법연화》를 설(說)한 이후에는 어찌된 셈인지 《라후라(Rāhula)》가 《미륵(Maitreya)》임을 모든 《마왕(魔王)》들이 눈치를 채어 생명(生命)의 위협을 느낀 《미륵(Maitreya)》인 《라후라(Rāhula)》는 숨어서 도망 다니기 바쁜 신세가 된 것이다. 때문에 이러한 《미륵(Maitreya)》인 《라후라(Rāhula)》를 《악마(惡魔)의 신(神)》인 《석가모니》 10대 제자 중 한 분으로서 《밀행(密行)》 제일(第一)의 《존자(尊者)》라고 이름한 것이다.

《석가모니 하나님 부처님》이신 《거발한 한웅님》께서 《한반도 내(韓半島內)》 《한국(韓國)》의 교화를 모두 마치신 후, 《BC 3814년》경 지금의 《하얼빈》 남쪽에 있는 《불함산》 또는 《완달산》으로 불리우는 인근 지역으로 첫 번째 《신시(神市)》를 만드시고 이곳 주위의 인간 무리들 교화가 끝이 난 후, 《석가모니 하나님 부처님》께서는 두 번째로 몸(身)을 바꾸시고 《한국(韓國)》의 5대 《태우의 한웅님》으로 이름하시게 된다.

이렇게 5대 《태우의 한웅님》의 지위에 오르신 《한웅님》께서는 《한웅님》의 지위에 오르신 후 무리들을 이끌고 《산동 반도》 《청구(靑丘)》에 도착한 후 두 번째 《신시(神市)》 시대를 여시면서 첫 번째 하신 일이 《녹서(鹿書)》를 《한문화(韓文化)》하여 무리들을 가르치시고 다음으로 《천상(天上)》의 불교(佛敎)를 지상(地上)에서 체계화하여 지상(地上) 최초의 《종교(宗敎)》인 《한단불교(桓檀佛敎)》를 만드신 것이나, 당대 인간 무리들의 인지도가 낮아 처음부터 《불, 보살(佛菩薩)》들을 《신(神)》으로 호칭을 하였기 때문에 《한단신교(桓檀神敎)》로 이름한 것이다.

이렇게 이름한 다음 단계가 무리들의 인지도가 높아졌을 때 부처(佛)와 보살(菩薩)과 《대마왕》 불보살(佛菩薩)과 《악마(惡魔)의 신(神)》들인 《대마왕신(神)》들로 구분하여야 하기 때문에 이때는 아직 때가 이르지 않아 《한단신교(桓檀神敎)》로 이름한 것이다. 그러나 《한단신교(桓檀神敎)》의 교주(敎主)가 《석가모니 하나님 부처님》이시기 때문에 《한단불교(桓檀佛敎)》로 이름함도 무방한 것이다.

이렇듯 《천상(天上)》의 불교(佛敎)를 지상(地上)에서 체계화하여 만드신 경전(經典)이 이때까지 강설(講說)하시던 《천경신고(天經神誥)》와 함께 다음과 같은 경전(經典)들이 된다.

〖한단신(불)교(桓檀神(佛)敎)의 경전(經典)〗

ㄱ. 황제중경(皇帝中經)
ㄴ. 황제내경(皇帝內經)
ㄷ. 천부경 81자(天符經 81字)
ㄹ. 삼일신고(三一神誥)

이로써 《한민족(韓民族)》들은 《수메르 문명》 이후 지상(地上) 최초로 경전(經典)을 갖춘 고급 종교(宗敎)를 갖게 된 것이다. 그러나 상기 경전(經典) 중 《황제중경(皇帝中經)》은 역사 왜곡을 주도한 《단군왕검(檀君王儉)》과 반복(反復)되는 윤회(輪廻)로 《자허선인(紫虛仙人)》으로 이름하고 태어났던 《연등불(佛)》과 《단군조선(檀君朝鮮)》 권력자들에 의해 완전히 사라졌으나, 다행히 이를 풀어서 그들의 문자(文字)로 기록된 고대 《인도》의 《베다(Veda)》가 있어서 천만다행인 것이다. 이를 제외한 《황제내경(皇帝內經)》은 《대마왕》들과 《대마왕신(神)》들에 의해 《의술서》로 전락되어 《천부경(天符經) 81자(字)》와 《삼일신고(三一神誥)》와 함께 지금까지 전하여져 오고 있는 것이다.

다음은 상기 《한단신(불)교(桓檀神(佛)敎)》와 관련된 매우 중대한 기록이 [태백일사/신시본기]편에 있어 이를 인용하여 설명을 드리겠다.

" 『《밀기(密記)》에서 말한다.
복희는 신시(神市)에서 태어나 우사(雨師)의 자리를 세습하고 뒤에 청구(靑邱)와 낙랑(樂浪)을 거쳐 마침내 진(陳)에 옮겨 수인(燧人), 유소(有巢)와 나란히 그 이름을 서방에 빛내었다.……중략……』"

상기 기록의 《복희》는 5대 《태우의 한웅님》의 막내아들로서 태어난 《문수보살 1세》이다. 때에 장남으로 태어난 《발귀리 선인(仙人)》이 《태우의 한웅님》 다음으로 6대 《다의발 한웅님》이 되는 《연등불(佛)》이신데, 《천상(天上)》의 서열로 보면 《문수보살 1세》가 장남으로 태어나는 것이 옳은 일이나 때에 지금의 《황소자리 성단(Taurus)》에서 불법(佛法) 일치를 먼저 이룬 《연등불(佛)》이 장남으로 태어나고 부처(佛)를 이루지 못한 《문수보살 1세》가 막내로 태어난 것이다. 이러한 태어남의 불만이 뒷날 《신(神)》들의 전쟁이 한창일 때 《문수보살 1세》가 이에 가세한 결정적 한 요인으로도 작용을 하는 태어남이었다.

　　이러한《복희》씨가 태어난 곳이《산동반도》《청구(靑丘)》로 두 번째《신시(神市)》로 옮겼을 때임으로, 이를 두고『복희는 신시(神市)에서 태어나 우사(雨師)의 자리를 세습하고』라고 적고 있는 것이다.

　　상기 기록에 나오는《청구(靑邱)》가 지금의《상하이》의 강 건너 맞은편에 있는《청구(靑邱)》로써, 훗날 이곳으로 14대《자오지(치우)》한웅님이 세 번째《신시(神市)》를 연 곳으로써 세 번째《신시(神市)》를 연 곳의 지명이《청구(靑邱)》임을 밝히는 결정적 기록이 되는 것이다. 그리고 역사 왜곡을 밥 먹듯이 한《한족(漢族)》들이 지명(地名)인《청구(靑邱)》다음으로 필사적으로 왜곡하고자 하였던 한 부분이《진(陳)》나라이다. 먼저 진행을 하면서 밝힌 지금의《돈황》지방으로부터 BC 3800년경 교화된 인간 무리들이 이동을 할 때《관세음보살계(系)》의《관세음보살 2세》인《유수(有燧)》가 무리를 이끌고《중원 대륙》의《호남성》과《강서성》등지로 이동하고,《관세음보살 3세》인《유소(有巢)》가 무리를 이끌고 지금의《티벳(Tibet)》인근 지역으로 옮겼음을 밝혀드렸다. 이때의《호남성》과《강서성》으로 옮겨왔던《묘족(苗族, Mao people)》이 세운 나라가《한국(韓國)》의 속국으로써의《진(陳)》나라인 것이다.

　　즉,《복희》씨가《산동 반도》에 있는《신시(神市)》를 떠나 지금의 양자강 하류에 있는《청구(靑邱)》를 거쳐《묘족(苗族, 마오족)》의 나라인《진(陳)》에 도착하였다는 뜻으로써, 이때가《약 BC 3480년대(代)》로써 320년의 시간 차이를 두고 어찌하여 다시《유수(有燧)》와《유소(有巢)》가 등장하는가 하면,《상고(上古)》시대에는 흔히 있는 일로써 이는 후손들의 지속적인 교화를 위해 반복적인《윤회(輪廻)》를 하여 태어남(生)을 갖기 때문이다. 이러한 태어남에서 설사 다른 이름을 가졌다고 해도 기록을 할 때는 그의 본래의 모습을 기록하는 것이 통례이다. 비유를 하면,《반고(盤固)》를 본래 그의 모습인《천왕불(佛) 1세》로도 기록하는 이치와 같다. 또한,《관세음보살 2세, 3세》정도면 태어남은 본인들의 의지에 따라 자유자재로 한다는 사실을 염두에 두면 필자가 기록하는 내용이 이해가 되실 것이다.

　　이참에 또 하나의《예》를 들면,《공손헌원(公孫軒轅)》이《황제헌원(黃帝軒轅)》으로 이름하고 시간 차이를 두고 계속 그 모습을 드러내는 기록 역시 마찬가지이다. 이러한《공손헌원(公

孫軒轅)》으로 불리우는《황제헌원(黃帝軒轅)》이 곧《천왕불(佛) 1세》이신《반고(盤固)》의 분신(分身)이다. 그리고 이때《진(陳)》나라를 이끌고 있던 분이《유수(有燧)》이며, 이를《수인(燧人)》으로 이름한 것이다.

당대인《산동 반도》에 자리한《신시(神市)》인《청구(靑丘)》에서《진(陳)》이 있는 곳과《유소(有巢)》가 자리한《티벳(Tibet)》지방은 모두《서방(西方)》에 자리하는 것이며, 이때《복희》씨는 5대《태우의 한웅님》의 명령으로《한단신(불)교(桓檀神(佛)敎)》의 경전(經典)들인《황제중경(皇帝中經)》과 《황제내경(皇帝內經)》과 《천부경 81자(天符經 81字)》와 《삼일신고(三一神誥)》를 고대 《인도》의 《석가모니 하나님 부처님》 직계 후손인 《수메르(Sumer) 문명》을 일으켰던 중심 세력인 《사카족(Saka 族)》들에게 《약 BC 3470년》대(代)에 전해줌으로써 이로써 태어난 것이 지금의 《인도》가 자랑하는 《베다(Vedas)》와 《우파니샤드(Upanisads)》이다. 이 때문에 필자의 저서 곳곳에 《베다(Vedas)》는 《천부경(天符經)》와 《삼일신고(三一神誥)》와 《황제중경(皇帝中經)》의 해설서이며, 《우파니샤드(Upanisads)》는 《황제내경(皇帝內經)》의 해설서와 같은 것이라고 기록을 한 것이다.

이와 같이《유수(有燧)》는《진(陳)》에서,《유소(有巢)》는《티벳》에서,《복희》는《인도》에서《한단신(불)교(桓檀神(佛)敎)》의 경전(經典)으로써 그 이름을 빛낸 장면을 "『《마침내 진(陳)에 옮겨 수인(燧人), 유소(有巢)와 나란히 그 이름을 서방에 빛내었다.……중략……』"라고 적고 있는 것이다.

※ 강주(講主) 1-3-5 :

한때는 필자도 《한단불교(桓檀佛敎)》 3대 경전(經典)으로써 《천부경(天符經) 81자(字)》와 《북두칠성연명경》과 《삼일신고(三一神誥)》를 《천지인(天地人) 경(經)》으로써 설명하여 여러 책에 기록을 해 둔 바가 있다. 그러나 마지막 이번 기록에서는 《북두칠성연명경》은 제외한 것이다. 이렇게 제외하게 된 이유를 밝혀야 할 것 같다.

이러한 《북두칠성연명경》은 《석가모니 하나님 부처님》의 우주적 장자(長子)이신 《노사나불(佛)》께서 《한국(韓國)》의 2대 《거불리 한웅》님으로 오신 이후에 《창작》하신 경(經)이다. 이와 같은 《북두칠성연명경》은 불가(佛家)의 《연각승(緣覺乘)》의 도(道)인 《신선도(神仙道)》의 경(經)이다. 이와 같은 《북두칠성연명경》은 《진리(眞理)》만을 다룬 《한단신(불)교(桓檀神(佛)敎)》의 4대 경전(經典)과는 달리, 《대마왕(大魔王)》 부처(佛)들에게 《이기심(利己心)》을 부채질하는 《복(福)》이나 비는 《기복불교(祈福佛敎)》의 출발점이 되는 경(經)으로써, 《석가모니 하나님 부처님》의 《진리(眞理)》의 법(法)과는 그 의도하는 바가 사뭇 다르므로 이를 마지막 집필에서는 《한단신(불)교(桓檀神(佛)敎)》의 경전(經典)들에서는 이를 제외하는 것이다. 그래도 민가(民家)에서는 일찍부터 전승되어 어려운 일반 백성들에게는 의지처가 되었으나 세월이 지나면서 《대마왕(大魔王)》《불보살》들로부터 심어진 사상(思想)과 관념(觀念)으로 인하여 《습(習)》이 되어 축적된 결과가 오늘날의 《불교(佛敎)》를 타락시킨 큰 원인으로 《작용(作用)》을 한 것이다.

그러나, 이러한 경(經)에도 《진리(眞理)》의 내용이 일부분 있기 때문에 필자가 일전 《북두칠성연명경》을 해설하여 《세간(世間)》에 발표를 한 적이 있으니 이를 참고하시기 바라며, 《한단신(불)교(桓檀神(佛)敎)》의 경전(經典) 중 《삼일신고(三一神誥)》 해설은 필자의 저서(著書)가 이미 나와 있으니 이를 참고하시고 《천부경(天符經) 81자(字)》에 대하여서는 향후 특별 강의를 통하여 해설할 것이니 참고하시기 바란다.

※ [황제내경(皇帝內經)]

《한단신(불)교(桓檀神(佛)敎)》의 경전(經典)들 중 《천부경 81자(天符經 81字)》와 《삼일신고(三一神誥)》는 익히 알려진 경전(經典)이니 이를 제외하고 이 장에서는 《황제내경(皇帝內經)》에 대하여 말씀드리겠다. 서두에 잘라 말씀드리되, 현재 전하여져 오는 《황제내경(黃帝內經)》의 《누를 황(黃)》은 《한족(漢族)》들이 《한문(韓文)》이 뜻글자임을 악용하여 《임금 황(皇)》자(字)를 고쳐 적은 것임을 분명히 한다. 이때의 《황제(皇帝)》는 《석가모니 하나님 부처님》께서 두 번째로 《한웅님》으로 오셔서 5대 《태우의 한웅님》으로 이름하셨을 때의 《태우의 한웅님》이심을 분명히 하며, 이 《태우의 한웅님》께서 《황제내경(皇帝內經)》을 창작하셨음을 깊이 인식하시기 바란다.

황제내경(皇帝內經)을 간략히 정의하면 다음과 같다.

> 《천부경(天符經) 81자(字)》의 작용(作用)으로써 현존우주(現存宇宙) 전체를 《대인형상(大人形像)》으로 비유하여 81단원으로 나누어 《황제(皇帝)》이신 《태우의 한웅(桓熊)님》과 때에 《복희》씨로 태어났던 《문수보살 1세》를 기백(其白)으로 이름하고 대담 형식으로 설(說)하신 《천부경(天符經) 81자(字)》의 《진리(眞理)》를 말씀하신 《해설경(解說經)》이다.

1. 대인형상(大人形像) 비유(比喩)를 크게 구분하면 다음과 같다.

[외형상(外形像)의 비유]

a. 상계(上界)의 우주(宇宙)

○ 머리   천일우주(天一宇宙) 100의 궁(宮)
○ 목   천일일(天一一) 우주(오리온좌 성단)
○ 가슴의 단중혈(膻中穴)을 중심한 주위   인일일(人一一) 우주
○ 왼쪽 어깨 ~ 팔꿈치까지   인일이(人一二) 우주
○ 왼쪽 팔꿈치 ~ 왼쪽 손끝까지   인일삼(人一三) 우주
○ 오른쪽 어깨 ~ 팔꿈치까지   지일일(地一一) 우주
○ 오른쪽 팔꿈치 ~ 오른쪽 손끝까지   지일이(地一二) 우주

b. 중계(中界)의 우주(宇宙)

○ 왼쪽 상체(上體)의 피부　　　　　천삼삼(天三三) 우주
○ 머리 피부　　　　　　　　　　　천삼일(天三一) 우주
○ 오른쪽 상체(上體) 피부　　　　　천삼이(天三二) 우주
○ 상완(上脘)~중완(中脘)까지　　　천이삼(天二三) 우주
○ 중완(中脘)~배꼽까지　　　　　　지이삼(地二三) 우주
○ 배꼽~관원혈까지　　　　　　　　인이삼(人二三) 우주
○ 관원혈~성기(性器)까지　　　　　중앙천궁상궁(中央天宮上宮)
○ 왼쪽 하체(下體) 피부~허벅지까지　천이일(天二一) 우주
○ 오른쪽 하체(下體) 피부~허벅지까지　천이이(天二二) 우주
○ 성기(性器)~고환까지　　　　　　중앙우주(中央宇宙) 100의 궁(宮)
○ 왼쪽 엉덩이　　　　　　　　　　인이일(人二一) 우주
○ 왼쪽 허벅지　　　　　　　　　　인이이(人二二) 우주
○ 오른쪽 엉덩이　　　　　　　　　지이일(地二一) 우주
○ 오른쪽 허벅지　　　　　　　　　지이이(地二二) 우주

c. 하계(下界)의 우주(宇宙)

○ 왼쪽 무릎　　　　　　　　　　　음(陰)의 하천궁(下天宮)
○ 오른쪽 무릎　　　　　　　　　　양(陽)의 하천궁(下天宮)
○ 왼쪽 종아리 피부　　　　　　　　인삼삼(人三三) 우주
○ 왼쪽 종아리　　　　　　　　　　인삼일(人三一), 인삼이(人三二) 우주
○ 오른쪽 종아리 피부　　　　　　　지삼삼(地三三) 우주
○ 오른쪽 종아리　　　　　　　　　지삼일(地三一), 지삼이(地三二) 우주

d. 소멸기 우주(宇宙)

○ 왼쪽 발목　　　　　　　　　　　음(陰)의 소멸기 우주 36궁(宮)

○ 오른쪽 발목　　　　　　양(陽)의 소멸기 우주 36궁(宮)

○ 왼쪽 발　　　　　　　　음(陰)의 소멸기 우주

○ 오른쪽 발　　　　　　　양(陽)의 소멸기 우주

2. 다음으로는 경(經)에 등장하는 대인형상(大人形像) 각각의 기관(器官) 비유(比喩)

[내부적(內部的) 비유]

a. 머리 : 천일우주(天一宇宙) 100의 궁(宮)

○ 백회혈(百會穴)을
　중심한 머리 상층부　　　천일궁(天一宮)　　　　　　┐
　　　　　　　　　　　　　　　　　　　　　　　　　　│
○ 오른쪽 눈(右眼)　　　　　현재의 북극성(北極星, Polaris)　│ 천일궁(天一宮)
　　　　　　　　　　　　　　　　　　　　　　　　　　├ (작은곰자리 성단)
○ 왼쪽 눈(左眼)　　　　　　작은곰자리(Ursa Minor)《베타성(β星)》│
　　　　　　　　　　　　　　…다보불(佛) 법궁(法宮)　　┘

○ 코(鼻)　　　　　　　　　북두칠성(Big Dipper) 성단

○ 오른쪽 귀(右耳)　　　　　관음궁(宮)-목동자리(Boötes) 성단

○ 왼쪽 귀(左耳)　　　　　　백조자리(Cygnus) 성단

○ 입(口)　　　　　　　　　용자리(Draco) 성단

○ 우뇌(右腦)　　　　　　　카시오페아(Cassiopeia) 성단

○ 좌뇌(左腦)　　　　　　　케페우스(Cepheus) 성단

○ 오른쪽 턱　　　　　　　헤라클레스(Hercules) 성단

○ 왼쪽 턱　　　　　　　　거문고(Lyra) 성단

　　　　　　　　　　　　　총 9개 성단

b. 목(目) : 천일일(天一一) 우주……지금의 오리온좌(Orion) 성단

c. 오장(五臟)

○ 심장(心臟)　　　　　　　인일일(人一一) 우주……도솔천 내원궁

○ 간장(肝臟)　　　　　　　인일삼(人一三) 우주

- ○ 비장(脾臟)　　　　　　지일일(地一一), 지일이(地一二) 우주
- ○ 폐장(肺臟)　　　　　　지일삼(地一三) 우주
- ○ 신장(腎臟)　　　　　　인이삼(人二三) 우주

d. 육부(六腑)

- ○ 대장(大腸)　　　　　　지이삼(地二三) 우주
- ○ 소장(小腸)　　　　　　지이일(地二一) 우주
- ○ 담낭(膽囊)　　　　　　인일이(人一二) 우주
- ○ 삼초(三焦)　　　　　　지삼삼(地三三) 우주
- ○ 위(胃)　　　　　　　　지이삼(地二三) 우주
- ○ 방광(膀胱)　　　　　　인이삼(人二三) 우주

※ 경(經)에 등장하는 대인형상(大人形像) 각각의 기관(器官) 비유(比喩)는 내부적(內部的) 비유를 주로 따름을 강조하는 바이다.

　이렇듯 엄청난 총체적 우주간(宇宙間)의 진리(眞理)에서 《선천우주(先天宇宙)》의 진리(眞理)를 소상히 밝혀 놓은 경(經)을 오늘날 중원 대륙을 차지한 《한족(漢族)》들인 《소인배(小人輩)》들이 인간 육신(肉身)에 집착을 하여 경(經)의 제호(題號)마저 《임금 황(皇)》자(字)를 《누를 황(黃)》자(字)로 바꾸고 《의술서(醫術書)》로 전락을 시킨 저들이 얼마나 가소로운가? 단언하건데, 《황제헌원(黃帝軒轅)》과 《화타》와 《편작》같은 이가 천만 명(千萬 名)이 모여 한 덩어리를 이루고 《200억 년(億年)》을 진화(進化)하여도 쓸 수가 없는 경(經)이 《황제내경(皇帝內經)》이다. 그리고 불법(佛法) 일치를 이룬 모든 부처(佛)들도 감히 쓸 수가 없는 경(經)이 《황제내경(皇帝內經)》인 것이다.

　인간(人間)을 《소우주(小宇宙)》로 보고 《대우주(大宇宙)》의 진리(眞理)를 활용(活用)하는 것은 대단히 바람직한 일이나, 《황제내경(皇帝內經)》 자체를 《제호(題號)》마저 뜻이 다른 《누를 황(黃)》자(字)로 바꾸고 《의술서》로 전락시켜 놓고 이를 《의술서》로 이름하는 짓은 안하는 것이 옳은 처사인 것이다. 《천상(天上)》의 소중한 경전(經典)인 《황제내경(皇帝內經)》을 필자가 현재 밝히고 있는 이 시점 이후 《누를 황(黃)》자(字)를 써서 《제호(題號)》를 바꾸고 《의술서》라고 중생들을 현혹하는 《한학자(漢學者)》와 《한의학자》들이 있다면 이들에게는 《천상(天上)》

에서 재앙(災殃)으로 다스릴 것임을 미리 밝혀 두는 바이다.

(7) 신선도(神仙道)

《신선도(神仙道)》를 《연각승(緣覺乘)》의 도(道)라고도 한다. 이와 같은 《신선도(神仙道)》를 창시(創始)하신 분이 《노사나불(佛) 1세》이며, 이를 체계화 하신 분이 《노사나불(佛) 3세》인 《연등불(佛)》이 때에 《한국(韓國)》의 5대 《태우의 한웅님》의 장자(長子)로 태어나서 《발귀리 선인(發貴理仙人)》으로 이름하고 오셨을 때 《노사나불(佛)》이 《창작(創作)》하신 《북두칠성연명경(北斗七星延命經)》을 소의(所意) 경전(經典)으로 하고 《신선도(神仙道)》를 체계화한 것이다. 이러한 《신선도(神仙道)》를 《단군왕검(檀君王儉)》이 《단군조선(檀君朝鮮)》을 세우자마자 《선교(禪敎)》로 만들어 국교(國敎)로 하기 위해 《자허선인》으로 태어났던 《연등불》과 결탁하여 《한단신(불)교》를 권력의 힘으로 없애고 《황제중경》을 없애버리고 일부 내용은 《자허선인》이 탈취하여 그가 창작한 것인 양 거들먹거린 것이다. 이렇게 만들어진 《선교(禪敎)》인 《신선도(神仙道)》가 훗날 《촉나라》 때에 《도교(道敎)》로 나타난 것이다. 이와 같은 《신선도(神仙道)》를 구분하면 다음과 같다.

① 《신선도(神仙道)》의 구분

《신선도(神仙道)》는 《인선(人仙)》, 《지선(地仙)》, 《천선(天仙)》, 《금선(金仙)》 등 넷으로 구분이 된다. 이렇게 하여 구분된 각각을 설명 드리면 다음과 같다.

가> 인선(人仙)

인간 신선(神仙)으로서 인간 무리들을 다스리는 《지배 계층》에 있는 모든 자들로서 왕(王)과 왕족(王族)과 이들에게 충성하는 벼슬아치들과 학자(學者)들과 선비(士) 등 일반민(一般民)들보다 《지배욕(支配慾)》과 《권력욕(權力慾)》이 강한 자들을 말하며, 《선계(仙界)》에 있는 일부 《신선(神仙)》들도 포함이 되는 것이다.

나> 지선(地仙)

《물고기》, 《뱀》, 《이무기》, 《거북》 등에서 《용(龍)》으로 승천하였을 때의 《용(龍)》과 이러한 《용(龍)》의 《영(靈)》이 인간 육신(肉身)을 가지고 태어났을 때 이들을 《지선(地仙)》이라고 하며, 《힘(力)》의 상징으로 종종 묘사되기도 한다.

다> 천선(天仙)

인선(人仙)이 진화(進化)하여 《공간(空間)》의 《별(星)》들을 스스로의 법신(法身)으로 하였을 때 이들을 《천선(天仙)》 또는 《연각승(緣覺乘)》이라고 하며, 이들이 성단(星團)을 이루는 《천궁(天宮)》을 중심한 역리(逆理)의 길인 1-4의 《천마(天馬)》의 길에 자리하는 무리들을 말한다.

라> 금선(金仙)

《천선(天仙)》인 《연각승(緣覺乘)》이 진화(進化)하여 마왕(魔王) 불, 보살(佛菩薩)을 이루었을 때를 《금선(金仙)》이라고 한다. 이때 이들의 《법신(法身)》이 밝은 별(星)이나 《태양성(太陽星)》을 스스로의 《법신(法身)》으로 하기 때문에 《금선(金仙)》으로 이름된 것이다.

※ 이러한 체계를 이룬 《발귀리(發貴理)》 선인(仙人)이 5대 《태우의》 한웅님의 뒤를 이은 6대 《다의발》 한웅님이며, 바로 《연등불(佛)》의 몸(身) 바꾸기임을 아시기 바란다.

② 《신선도(神仙道)》에 숨어 있는 비밀(秘密)

　《상천궁(上天宮)》에서 《석가모니 하나님 부처님》께서 만드신 《사상(思想)》이 자유사상(自由思想)이며, 지금으로부터 100억 년(億年) 전(前) 천일우주(天一宇宙) 100의 궁(宮)에서 《역리(逆理)》를 따르는 무리들로부터 만들어진 《사상(思想)》이 《비로자나 1세》와 《악마(惡魔)의 신(神)》인 《석가모니》에 의해 만들어진 사상(思想)이 《공산사상(共産思想)》이며, 《노사나불(佛) 1세》에 의해 만들어진 사상(思想)이 《자연사상(自然思想)》이다. 이 관계의 상세한 설명은 뒷장에서 별도로 다루어지므로 이 장에서는 요점만 설명 드리겠다.

　이러한 《공산사상》과 《자연사상》은 《지배층(支配層)》이 일반민(一般民)을 다스리는 《통치(統治)》차원에서 만들어진 사상(思想)들로써, 이들 두 사상(思想)이 진화(進化)하여 흘러온 길은 차이가 있으나 《역리(逆理)》를 따르는 목적(目的)은 하나로써 바로 《지배욕(支配慾)》과 《권력욕(權力慾)》의 충족이다. 이러한 목적을 위해 최고 《지도자》들이 《정신적(精神的)》으로 일반민(一般民)들을 지배하기 위해 만든 것이 《사상(思想)》과 《관념(觀念)》이다. 이러한 《사상(思想)》과 《관념(觀念)》이 진화(進化)하는 《인간 무리들》에게 미치는 영향은 실로 막대한 것이다.

　이와 같이 진행(進行)이 되는 진화(進化)에 있어서 《공산사상(共産思想)》은 오늘날 이북(以北) 《공산당》 사회에서 표면적으로 드러나 있는 바와 같이 《공산당원》들이 몰려 있는 《평양》과 지방에 있는 일반민(一般民)들과의 차별적 대우에서 드러나 있듯이 이들은 《일반민(一般民)》들을 그들의 이용물로써 희생의 제물로 알고 그들 지배층인 《공산당원》들을 위해 존재하는 자들로 규정짓고 《힘(力)》과 선동과 감언이설로 《일반민(一般民)》들을 강압적으로 다스리는 반면, 《자연사상(自然思想)》을 가진 《지배층(支配層)》에서는 《일반민(一般民)》을 두려워할 줄 알기 때문에 《일반민(一般民)》이 하나의 힘으로 뭉쳐 《세력화》되는 것을 방지하기 위해 여러 가지 방편을 구사함으로써 그들의 기득권을 지키는 진화를 계속한 것이 《공산사상》을 가진 《지배층》과는 차이를 보이는 것이다.

　그러나 이들 역시 《일반민(一般民)》들을 그들의 희생 제물로 알고 있기는 마찬가지이다. 필자가 지금까지 여러 번 밝혀 왔듯이, 《지배층》을 이루는 자들이나 《일반민》들이나 모두가 《천일우주(天一宇宙)》 100의 궁(宮)으로부터 《영적(靈的)》인 진화를 하여 《지상(地上)》의 《인류 북반구 문명》기를 거치면서 모두 《인간(人間)》으로 태어났음을 지금까지 밝혀 왔다. 이러한 진화(進化)의 과정에서 놀라운 하나의 사실을 밝혀 드리면, 이들 두 사상(思想)의 《지배층》에 자리하는 무리들은 이미 《천일우주(天一宇宙)》100의 궁(宮)에서 100억 년(億年) 전(前)에 결정이 되어 진화를 하여 왔다는 사실이다. 오늘날 《남한(南韓)》 사회를 어지럽게 만들고 있는 《좌익 세력》들을 이끌고 있는 무리들이 《지상(地上)》에 와서 《좌익사상》에 물든 것이 아니라 《선천적》으로 그들의 《영혼(靈魂)》과 《영신(靈身)》들은 《공산사상》에 깊이 물들어 있는 자들이라는 뜻이다. 이렇듯 《공산사상》에 물들어 있는 자들은 그들이 백성들을 위하는 것처럼 선전 선동하는 것은 그들의 《지배욕》과 《권력욕》을 채우기 위한 수단에 지나지 않는 것이다. 이러한 그들의 《지배욕》과 《권력욕》을 채우고 나면 지금의 《이북(以北)》과 같이 강압적인 통치 수단을 강구할 뿐임을 백성들도 이제는 알아야 하는 것이며, 그들의 욕심을 위해서는 언제라도 백성들을 돌보지 않는 것이 그들의 《속성》이라는 사실도 알아야 하는 것이다.

《공산사상》이나 《자연사상》의 《지배층》에 있는 무리들은 그들 조직 내부에는 엄격한 계급 사회가 형성되어 이를 바탕으로 그들의 권력을 《세습》화 하면서 진화하기 때문에 그들의 목적을 위해서는 어떠한 수단과 방법을 가리지 않는 이유가 그들이 육신(肉身)의 죽음을 맞이한 이후 《영혼(靈魂)》과 《영신(靈身)》의 상태에서 《육도윤회》를 모두 마친 이후에도 그들의 이익됨은 보장을 받기 때문에 그들 《지배 체제》의 이익됨을 위해서는 물불을 가리지 않고 행동을 하는 것이다. 이러한 "예"에서 《자연사상》을 가진 《지배층》들은 세간(世間)에서 그들의 체재가 왕조(王朝)를 이루든지 왕조가 사라진 지금의 정부 체제로 바뀌더라도 이에 상관없이 그들이 표면으로 나타나 《지배층》을 이루기는 마찬가지인 것이다.

《지배층》과 《일반민(一般民)》이 함께 진화(進化)하는 가운데에서도 실질상 내부적(內部的)으로는 따로 구분이 되어 진화(進化)를 하는 특성을 이용하여 《노사나불(佛) 1세》께서는 《신선도(神仙道)》의 소의(所意) 경전(經典)인 《북두칠성연명경》은 《일반민(一般民)》들에게 가르쳐서 그들에게 《기복(祈福)》에 물든 타락한 《관념(觀念)》을 심음으로써 눈에 보이지 않는 《기복(祈福)》의 《포로(捕虜)》로 만들어 놓고, 《지배층》을 위해서는 《신선도(神仙道)》를 만들어 《마왕(魔王)》들로서 본분(本分)을 다한 자들로 하여금 지금의 《한국(韓國)》에 자리한 《마왕불교(魔王佛敎)》에 전하여져 온 《교외별전(敎外別傳)》된 《간화선(看話禪)》으로 부르는 《선법(禪法)》을 이때 이미 가르쳐 《선법(禪法)》에 통달한 자(者)들은 《신선(神仙)》이 되어 쾌락하기 이를 데 없는 《선계(仙界)》에 머물게 하고 이에 실패한 무리들은 《나락(那落)》으로 떨어지게 함으로써 《선계(仙界)》에 든 《신선(神仙)》 무리들을 그가 움직일 수 있는 무기(武器)로 활용한 것이다. 이를 위해 만든 것이 《신선도(神仙道)》로써 상기 설명된 내용이 《신선도(神仙道)》가 지닌 비밀

(秘密)한 뜻이 되는 것임과 동시에 《노사나불(佛) 1세》께서 《신선도(神仙道)》를 만드신 《목적(目的)》이 되는 것이다.

분명히 잘라서 말씀드리되, 훗날 《당(唐)》나라에서 《한민족(韓民族)》의 《정체성(正體性)》을 깨기 위해 왜곡된 불법(佛法)과 함께 《한반도(韓半島)》로 들여보낸 《교외별전》된 선법(禪法)이 바로 《신선도(神仙道)》의 《선법(禪法)》임을 분명히 하는 것이다.

③ 《황제중경(皇帝中經)》과 《연등불(佛)》

다음은 《연등불(佛)》께서 《자부선생(紫府先生)》으로 오신 이후 다시 《몸(身)》을 바꾸고 《문수보살 1세》이신 《단군왕검(檀君王儉)》께서 《고조선(古朝鮮)》을 세우셨을 때 《자허선인(紫虛仙人)》으로 이름하고 오셨을 때의 기록이 《태백일사/소도경전본훈》에 나와 있어서 이를 인용하여 살펴 본 후에 다음을 진행하겠다.

  "『자부선생은 발귀리의 후손이다. 태어나면서 신명하여 도를 얻어 날아 오르사, 일찍이 해와 달을 측정하여 이를 정리하고 다음으로 오행(五行)의 수리(數理)를 따져서 칠정운천도(七政運天圖)를 저작하니, 이것이 칠성력의 시작이다. 뒤에 창기소(蒼其蘇)가 또 그 법을 부연하여 이로써 오행치수의 법을 밝혔다. 이 역시 신시황부(神市黃部)의 중경(中經)으로부터 나온 것이다. 우인(虞人) 사우(姒禹)는 회계산(會稽山)에 이르러 조선으로부터 가르침을 받고 자허선인(紫虛仙人)을 통해 창수(蒼水) 사자(使者) 부루를 뵙기를 청하여 《황제중경(皇帝中經)》을 받으니 바로 신시황부의 중경이다. 우(禹)임금이 이를 취하여 쓰니 치수에 공이 있었다.』"

《한민족(韓民族)》의 역사(歷史)를 사계절(四季節)에 비유하여 4구분하면, 《한국(桓國)》과 《한국(韓國)》 시절이 《봄(春)》과 《여름(夏)》이 되고 《단군조선(檀君朝鮮)》 시절이 《가을(秋)》이 되며, 《단군조선(檀君朝鮮)》(2333BC~232BC) 멸망 이후 서기(西紀) 2000년까지가 《겨울(冬)》이 되며, 그 이후가 《한민족(韓民族)》의 의식(意識)이 다시 깨어나 우주적(宇宙的)인 새로운 시대를 열어 가야 되는 시점이기 때문에 〖진리(眞理) 수호불(守護佛)〗이신 《미륵불(彌勒佛, Maitreya Buddha)》께서 《실상(實相)》을 밝히고 있는 것이다.

  상기 인용된 기록은 《한민족(韓民族)》 고대 국가인 《한국(韓國)》이 《석가모니 하나님 부처님》께서 《한웅(桓熊)》으로서는 마지막 태어남인 4번째 태어남으로 《거불단(단웅)》으로 이름하고 오신 이후 《한웅(桓熊)》의 시대를 서둘러 마감하시고 때에 장자(長子)로 태어난 《문수보살 1세》에게 《한국(韓國)》과 《3체제》와 연방국인 《구한(九桓)》을 물려줌으로써 《문수보살 1세》가 《단군왕검(檀君王俭)》으로 이름하고 《BC 2333년》에 《단군조선(檀君朝鮮)》(2333BC~232BC)을 여심으로써 《단군조선(檀君朝鮮)》의 시대가 시작된다. 이러한 때 이후 《한민족(韓民族)》으로 봐서는 좋은 시절 다 보낸 후 《한(恨)》의 시대를 맞게 되는 것이다.

  이러한 《단군조선(檀君朝鮮)》(2333BC~232BC) 초기 《BC 2300년 ~ BC 2200년》 때의 기록과, 《대마왕(大魔王)》 보살(菩薩)인 《문수보살 1세》와 《대마왕(大魔王)》《노사나불(佛) 1세》와 《연등불(佛)》과 《무곡성불(佛)》의 야합으로 일어난 일들의 기록이 상기 기록으로써, 기록의 일부는 왜곡되고 은연 중 《신선도(神仙道)》를 체계화한 《연등불(佛)》의 후신(後身) 중의 하나인 《자허선인(紫虛仙人)》을 치켜세움으로써 《신선도(神仙道)》를 심은 의도를 내어 보이고 있는 기록이나, 기록 내부에는 무시할 수 없는 《정보(情報)》가 들어 있어 이를 밝혀 드림으로써 여러분들의 궁금증을 해소시켜 드리는 차원에서 계속 설명을 드리겠다.

④ 《자부선생(紫府先生)》과 《역사(歷史) 왜곡》

  "『자부선생은 발귀리의 후손이다. 태어나면서 신명하여 도를 얻어 날아오르사, 일찍이 해와 달을 측정하여 이를 정리하고 다음으로 오행(五行)의 수리(數理)를 따져서 칠정운천도(七政運天圖)를 저작하니, 이것이 칠성력의 시작이다.』"

상기 기록 자체가 《자연사상(自然思想)》을 따르는 《노사나불(佛) 1세》의 《행동(行動)》 대장들 집단인 《신선도(神仙道)》를 추앙하는 《지배욕》과 《권력욕》과 이에 따른 《사상(思想)》과 《관념(觀念)》으로 무장된 《지배 세력》들이 《신선도(神仙道)》를 심기 위해 《날조》한 기록이 된다.

지금까지 《한단(桓檀)》의 《역사(歷史)》 기록의 왜곡을 《중원 대륙》의 《한족(漢族)》들 탓으로 돌렸으나, 실질상의 《역사(歷史)》 왜곡은 오늘날 《한족(漢族)》들로 흡수 통합된 《신선도(神仙道)》의 《사상(思想)》과 관념(觀念)을 가진 상기 《지배 세력》들인 《노사나불(佛) 1세》의 행동 대장들에 의해 많은 《역사(歷史)》가 왜곡되었음을 차제에 깊이 인식하시기 바라며, 이로써 《한민족(韓民族)》 《한(恨)》의 《역사(歷史)》가 시작이 된 것이다. 《발귀리(發貴理)》 선인(仙人)이 때에 한국(韓國)의 5대 《태우의 한웅님》의 장자(長子)로 태어났음을 진행을 하면서 밝혔다. 그러한 연후 《발귀리(發貴理)》 선인(仙人)이 성년(成年)이 되었을 때 한 깨달음을 얻어 《오도송(悟道頌)》을 남긴 것이 《태백일사/소도경전본훈 5》 서두에 아무 훼손 없이 지금까지도 전하여져 오고 있다. 이와 같이 그들은 그들에게 유리한 기록은 훼손 없이 후대(後代)에 전한 것이다. 이와 같은 《오도송(悟道頌)》 내용을 "『자부선생은 발귀리의 후손이다. 태어나면서 신명하여 도를 얻어 날아 오르사, 일찍이 해와 달을 측정하여 이를 정리하고』"라고 적고 있어, 기록의 내용이 마치 《자부선생》이 《오도송(悟道頌)》을 발표한 것으로 되어 있다.

이와 같은 《오도송(悟道頌)》 발표 이후 《발귀리(發貴理)》 선인(仙人)은 《한국(韓國)》 6대 《다의발 한웅》의 자리에 오르게 되며, 이후의 태어남이 《자부선생》이다. 그리고 이 다음의 태어남이 《단군조선(檀君朝鮮)》(2333BC~232BC) 초기의 《자허선인(紫虛仙人)》으로서의 《연등불(佛)》이다. 이와 같은 《연등불(佛)》이 《칠정운천도(七政運天圖)》와 《칠성력(七星歷)》을 만들 수 있는 실력을 갖추지 못한 대마왕(大魔王) 부처(佛)일 뿐이다. 《노사나불(佛) 1세》가 《북반구 문명》 기간 동안 남긴 경전(經典)이 《북두칠성연명경》과 《도덕경(道德經)》이며, 《연등불(佛)》이 남긴 반듯한 기록이 훗날 《조선 왕조》 《중종》 때에 《남사고(南師古)》라고 이름하고 와서 남긴 《격암유록》이 고작이다. 즉, 《노사나불(佛) 1세》나 《연등불(佛)》 모두가 《칠정운천도(七政運天圖)》와 《칠성력(七星歷)》을 만들 처지가 못 되는 분들이다. 이는 《석가모니 하나님 부처님》께서 지으신 《황제중경(皇帝中經)》에 기록된 일부 내용인 것이다. 이러한 사실을 필자는 《석가모니 하나님 부처님》께 직접 확인을 한 바가 있다.

이렇듯 이들은 《칠정운천도(七政運天圖)》와 《칠성력(七星歷)》을 마치 한때의 《연등불(佛)》 후

신(後身)인 《자부선인(紫府仙人)》이 지은 것으로 《날조》하고 있는 것이다. 이렇게 《날조》한 이유가 《신선도(神仙道)》 때문임을 아시기 바란다.

"『뒤에 창기소(蒼其蘇)가 또 그 법을 부연하여 이로써 오행치수의 법을 밝혔다. 이 역시 신시황부(神市黃部)의 중경(中經)으로부터 나온 것이다.』"

상기 기록의 《창기소(蒼其蘇)》는 다음 설명에서 나오는 《창수사자(蒼水使者)》《부루》를 칭하는 용어로써 《푸른 그가 깨어나서》라는 뜻을 가진다. 즉, [태자《부루》가《칠정운천도(七政運天圖)》와《칠성력(七星歷)》을 만든 법에 추가하여 오행(五行) 치수(治水)의 법을 밝혔는데, 이 역시 신시황부(神市黃部)의 중경(中經)으로부터 나온 것이다]라는 뜻으로써, 여기에서도 《임금 황(皇)》자(字)를 《누를 황(黃)》자(字)로 바꾸어 놓고 《황제중경(皇帝中經)》을 《신시황부(神市黃部)》의 《중경(中經)》이라고 기록하고 있는 것이다.

이 뜻은 《황제중경(皇帝中經)》에는 《상생상극(相生相剋)》의 법칙 또는 《작용(作用)》《반작용(反作用)》의 법칙으로써 《오행(五行)》의 법칙이 기록되어 있다. 이러한 《오행(五行)》의 법칙을 응용하여 《물(水)》을 다스리는 이치로 사용한 것을 《치수(治水)》라고 하는 것이다. 즉, 태자 《부루》는 《황제중경(皇帝中經)》에 기록된 《칠정운천도(七政運天圖)》와 《칠성력(七星歷)》과 《오행(五行)》의 법칙 중 《오행(五行)》의 법칙을 응용하여 《치수(治水)》의 법을 개발한 것이지 《자부선생》이 저작하였다는 《칠정운천도(七政運天圖)》와 《칠성력(七星歷)》의 법에 부연하여 만든 것이 아닌 것이다. 이로써 이러한 법들이 《황제중경(皇帝中經)》으로부터 나온 것임을 밝힘으로써 교묘하게 《칠정운천도(七政運天圖)》와 《칠성력(七星歷)》을 《자부선생》이 만든 것으로 사실을 왜곡하고 있는 것이다.

필자가 분명히 밝히는 바는 《우주(宇宙)》를 떠받치는 《여섯 뿌리》의 기둥 법칙이 담긴 필자의 저서(著書) 《(改訂版) 묘법화의 실상(實相)의 법(法)》(2015)의 내용이 《황제중경(皇帝中經)》의 내용 중 80%를 현대화(現代化)하여 풀어서 쓴 기록임을 비로소 밝히는 것이다. 또한, 이러한 《황제중경(皇帝中經)》을 필자보다 더 쉽게 비유로써 그들의 문자(文字)로 기록한 것이 《인도》의 《베다(Veda)》인 것이다. 때문에 《태자 부루》가 《작용(作用)》과 《반작용(反作用)》의 법칙인 《오행(五行)》의 법칙을 응용하여 《치수(治水)》를 하는 법을 개발한 것을 한 눈에 알아볼 수가 있는 것이다.

" 『우인(虞人) 사우(姒禹)는 회계산(會稽山)에 이르러 조선으로부터 가르침을 받고 자허선인(紫虛仙人)을 통해 창수(蒼水) 사자(使者) 부루를 뵙기를 청하여《황제중경(皇帝中經)》을 받으니 바로 신시황부의 중경이다. 우(禹)임금이 이를 취하여 쓰니 치수에 공이 있었다.』"

※ 상기 대목이 매우 중요한《정보(情報)》를 제공하는 기록이니 주의력을 가져 주시기 바란다. 상기 기록의《우인사우(虞人姒禹)》는《근심하는 사람 맏동서 우》라는 뜻으로써, 때에《노사나 3세》인《연등불(佛)》이《자부선생》다음 생(生)인《자허선인(紫虛仙人)》으로 몸(身)을 받고 왔을 때《맏동서》가 된《노사나불(佛) 2세》인《칠성불(七星佛)》중의 한 분인《무곡성불》을 말하는 것이다. 이러한《무곡성불(佛)》이 당시《우(禹)》씨 성씨(姓氏)를 가지고 온 것이다. 이와 같은《우(禹)》씨 성씨(姓氏)를 가진《무곡성불(佛)》이 당시에 깊은 고민에 빠져 있었던 모습을《우인사우(虞人姒禹)》라고 한 것이다.

《우인사우(虞人姒禹)》에 숨어 있는 깊은 뜻을 설명 드리면, 먼저 진행(進行)하면서 밝힌《포박자(抱朴子)》《갈홍(葛弘)》의 기록에서 드러난《자부선생》이《자부진인(紫府眞人)》으로 이름하고《공손헌원(公孫軒轅)》으로 이름되는《황제헌원(黃帝軒轅)》으로 자처하였던《천왕불 3세》에게《삼황내문(三皇內文)》을 전달하는 장면을 기억하실 것이다. 이와 같은《삼황내문(三皇內文)》은《신선도(神仙道)》에 관한 기록으로써《한국(韓國)》의 2대《거불리 한웅》님으로 오셨던《노사나불(佛) 1세》와 6대《다의발 한웅》으로 왔던《연등불(佛)》자신과 11대《거야발 한웅님》으로 오셨던《다보불(佛)》세 분 모두가《신선도(神仙道)》에 머물고 계셨던 것이다. 이러한《세 분》을《삼황(三皇)》으로 하고 이들《세 분》이 행(行)하던《신선도(神仙道)》수행과 여타《신선도(神仙道)》에 관계되는 기록이 담겨 있는 것이《삼황내문(三皇內文)》이다.

이러한《삼황내문(三皇內文)》을《공손헌원(公孫軒轅)》에게 전달한 경위를 기록에서는 " 『황제가 청구에 와서 풍산을 지나 자부선생을 만나 삼황내문을 받아』"라고 기록하고 있는데, 이 기록 역시 조작된 기록으로써, 당시《신시(神市)》의 본거지를《자오지(치우)》한웅님께서《양자강(揚子江)》하류에 있는《청구(靑邱)》로 옮겨 세 번째《신시(神市)》를 만들 때였으나 두 번째《신시(神市)》가 있는《산동 반도》의《신시(神市)》인《청구(靑丘)》로 왕래할 때임으로 감히《공손헌원(公孫軒轅)》이 두 번째《신시(神市)》인《청구(靑丘)》로 들락거릴 입장이 못 된 처지였다. 이와 같은《공손헌원》의 처지였기 때문에《연등불(佛)》의 후신(後身)인《자부선생》이 비밀리에 사람을 보내《공손헌원》을 부름으로써《공손헌원》은 다른 사람들의 이목을 피해 비밀리에《자부선생》을 방문한 것이었다. 이때까지만 해도《공손헌원》은《황제헌원(黃帝軒轅)》으로 이름하지 않았던 것이다.

이렇게 하여《공손헌원》을 비밀리에 불러들인 목적은 첫째가《공손헌원》과 그가 거느리는《지배층》에게《신선도(神仙道)》를 가르칠 목적이 첫째이며, 둘째가《공손헌원》이 거느리는《일반민(一般民)》들에게는《기복신앙(祈福信仰)》의《관념(觀念)》을 심게 하기 위해《황제내문(皇帝內文)》을 가르친 것이며, 셋째가 넌지시《황제내문(皇帝內文)》의《삼황》과 같이 스스로의《삼황(三黃)》을 만들고《공손헌원》이 거느리는 후손(後孫)들에게는《임금 황(皇)》의 글자를《누를 황(黃)》으로 바꾸어《역사(歷史)》왜곡을 할 것을 가르치고, 네 번째가《공손헌원》이 거느리는 무리를 둘로 나누어 나누어진 한 무리를《묘족(苗族, 마오족)》들이 살고 있는《양자강(揚子江)》서남(西南)쪽으로 이동하게 가르친 것이다.

이렇게 하여 나누어진 한 무리가《양자강(揚子江)》서남(西南)쪽에 자리하게 되는 장면을 후대(後代)의《중국》의 역사가《왕동령》이 쓴《중국민족사 p4》에서 기록된 한 부분을 참고하고 다음 설명을 드리겠다.

"『4,000년 전(……) 현재의 호북, 호남, 강서 등지는 이미 묘족(苗族, 마오족)이 점령하고 있었고 중국에《한족(漢族)》이 들어오게 된 후에 차츰 이들과 접촉하게 되었으며, 이 민족의 나라 이름은《구려》이며 군주는《치우》이다.』"

상기 기록의《묘족(苗族, 마오족)》과《구려족》은 같은 조상임을 진행하면서 밝혀 드렸고, 이때가《자오지(치우)》한웅님이 세 번째 신시(神市)인《양자강(揚子江)》하류에 있는《청구(靑邱)》에 계셨을 때를 기록에서는 말하고 있으나, 연대(年代) 차이는 상당히 있기 때문에 이 기록이 정확하지는 않으나,《공손헌원》이 이끌던 무리 중 이동하여온 무리들이《묘족(苗族)》들 사이에서 자리 잡는 모습에 참고가 될 것 같아 인용한 것이다.

이로써《자부선생(紫府先生)》이《공손헌원(公孫軒轅)》에게《삼황내문(三皇內文)》을 건네주면서 가르친 가르침이 훗날《한족(漢族)》들에 의한《역사(歷史)》왜곡의 지침이 되어 오늘날까지도 말없는 전통으로 《불문율(不文律)》이 되어 전하여져 오고 있는 것이다. 분명히 말씀드리되, 이 사건 이후 《누를 황(黃)》자(字)를 쓴 《삼황(三皇)》이 등장한 것이며, 《공손헌원》도 《황제헌원(黃帝軒轅)》으로 아예 호칭이 달라진 것이다.

이러한 《자부선생》의 가르침을 후대(後代)의 《한족(漢族)》들로 하여금 잊지 않게 하기 위해 《자부선생》 스스로도 《자부진인(紫府眞人)》에서 최초로 《선생(先生)》이라는 칭호를 스스로가 만들어 《자부선생(紫府先生)》으로 이름하는 교활한 면모를 보인 자가 《연등불(佛)》인 것이다. 다음 편에서 다시 거론될 것이나, 《한단(桓檀)》의 역사(歷史) 왜곡은 이러한 《연등불(佛)》과 《동상이몽(同床異夢)》의 꿈속을 헤매이던 《단군왕검(檀君王儉)》으로 오셨던 《문수보살 1세》의 묵시적(黙示的) 동의(同意)하에 이루어진 사실임을 《한민족(韓民族)》들은 꼭 알아야만 할 엄청난 음모(陰謀)였다는 사실을 폭로하는 바이다. 이 때문에 《단군조선(檀君朝鮮)》(2333BC~232BC)부터 《한민족(韓民族)》 《한(恨)》의 《역사(歷史)》가 시작되었다고 《미륵불(彌勒佛, Maitreya Buddha)》이 표현을 하는 것이다. 참고로 한 가지 더 말씀을 드리면, 《공손헌원(公孫軒轅)》은 《BC 2692년 ~ BC 2592년》동안 재위에 있었던 분으로서 《자부선생(紫府先生)》 역시 동시대(同時代)에 살았던 분임이 드러남을 아시기 바란다.

한편, 이때 《중원 대륙》《호남》, 《강서》 지방으로 옮겨온 《공손헌원》이 거느렸던 무리들인 《산악족(山岳族)》들이 비로소 《농경법》을 배우고 후손(後孫)들을 늘려 갈 때, 먼저 기록에 드러난 《자허선인(紫虛仙人)》의 《맏동서》로서 《노사나불 2세》인 《무곡성불(佛)》이 《우(禹)》씨 성씨(姓氏)를 가지고 옴으로써 다시 이들을 하나로 묶어 나라를 세울 생각을 하니 자연히 근심과 걱정이 앞서는 것이었다. 《자허선인(紫虛仙人)》 역시 《자부선생》이 다시 몸(身)을 바꾸어 오신 《노사나불(佛) 3세》로서의 《연등불(佛)》인 것이다.

이와 같은 뜻이 담긴 기록이 《우인사우(虞人姒禹)》이며, 기록에 등장하는 《회계산(會稽山)》은 《양자강(揚子江)》 남(南)쪽에 있는 산(山)으로써, 이 산(山) 인근에서 《무곡성불(佛)》인 《우(禹)》씨가 인간 육신(肉身)을 가지고 태어난 것을 기록에서는 "『우인(虞人) 사우(姒禹)는 회계산(會稽山)에 이르러』"라고 기록하고 있는 것이며, 후세인(後世人)들은 《하(夏)》나라(2070BC~1600BC)의 《우왕(禹王)》이 이곳에서 여러 왕을 모아 놓고 그 공적을 헤아린 데서 《콰이지》라고 불리우게 되었다고 적고 있다. 이후 《단군조선(檀君朝鮮)》(2333BC~232BC)으로부터 가르침을 받은 장면을 "『조선으로부터 가르침을 받고』"라고 적고 있는 것이다. 이 기록에서 드러나 있듯이 가르침을 받은 곳은 세 번째 《신시(神市)》가 있었던 《청구(靑邱)》로 봐야 하는 것이다.

129

다음으로 "『자허선인(紫虛仙人)을 통해 창수(蒼水) 사자(使者) 부루를 뵙기를 청하여 《황제중경(皇帝中經)》을 받으니 바로 신시황부(神市黃部)의 중경(中經)이다.』"

상기 대목에서 난해한 대목이 《창수사자(蒼水使者)》《부루》이다. 《부루》는 《단군왕검(檀君王俊)》의 아들로서 당시는 《태자(太子)》의 신분이다. 이러한 《태자(太子)》《부루》를 왜 《창수사자(蒼水使者)》《부루》라고 하는 것인가를 규명해 볼 필요가 있다. 《창수사자(蒼水使者)》라는 뜻은 《푸른 물의 사신으로 온 사람》이라는 뜻말을 가진다. 필자가 구분한 《묘법연화경(妙法蓮華經)》《전 27품》 중 《제11 견보탑품》《제바달다》항에 보면, 《노사나불(佛)》의 전신(前身)인 《지적보살(地積菩薩)》과 《문수사리보살》과의 대담에 《용녀(龍女)》가 등장한다. 이 《용녀》는 《문수보살 1세》가 인간 육신(肉身)을 가지고 태어났을 때를 제외하면 대부분 《동해(東海)》《용왕(龍王)》이 있는 《사가라 용궁(龍宮)》에서 《사가라 용왕(龍王)》으로 자리하시게 되는데, 이때에 태어난 딸이 《용녀(龍女)》이다. 이러한 《용녀(龍女)》가 지혜(智慧)가 출중한 탓에 인간 육신(肉身)을 가지고 태어나면서 《남자(男子)》의 몸(身)을 받아 처음으로 《문수보살 1세》인 《단군왕검(檀君王俊)》을 아버지로 하여 태어난 때가 《태자(太子)》《부루》이다. 이러한 《부루》의 전력(前歷) 때문에 《푸른 물의 사신으로 온 사람》으로서 《창수사자(蒼水使者)》라고 한 것이다.

다음으로 《신시황부(神市黃部)》의 《중경(中經)》이라는 뜻은 《한국(韓國)》의 《한웅(桓熊)》님들 다스릴 때의 《중경(中經)》이라고 설명하는 내용이 된다. 이러한 뜻을 감안한 상기 기록 내용을 재구성하면 다음과 같다.

"『《자허선인(紫虛仙人)》을 통해 《푸른 물의 사신으로 온 사람》인 《부루》 뵙기를 청하여 《황제중경(皇帝中經)》을 받으니 바로 《한국(韓國)》의 《한웅(桓熊)》님 다스릴 때의 《중경(中經)》이다.』"

이는 훗날 《하(夏)》나라를 세우게 되는 《무곡성불(佛)》《우(禹)》씨가 태자(太子) 《부루》로부터 《황제중경(皇帝中經)》을 받는 장면을 기록하고 있는 것이다. 이 대목에서도 《임금 황(皇)》을 《누를 황(黃)》으로 왜곡하여 《황제중경(皇帝中經)》과 《신시황부(神市皇部)》를 고쳐놓고 있는 것이다. 상기 기록에는 《임금 황(皇)》을 《누를 황(黃)》으로 고쳐 놓고, 《삼황내문(三皇內文)》이라고 적을 때는 《임금 황(皇)》으로 적고 있는 《신선도(神仙道)》를 따르는 무리들의 교활함이 돋보이는 기록이 되는 것이다.

　《무곡성불(佛)》인 《우(禹)》씨가 이렇듯 《황제중경(皇帝中經)》을 받게 되는 것은 《연등불(佛)》인 《자허선인(紫虛仙人)》 때문임을 주목하여야 하는 것이다. 그 다음 대목이 "『우(禹)임금이 이를 취하여 쓰니 치수에 공이 있었다.』"라는 대목으로써, 《무곡성불(佛)》인 《우(禹)》씨가 《태자(太子)》 《부루》로부터 《황제중경(皇帝中經)》을 받은 이후 시간 차이를 두고 《하(夏)》나라를 세우고 《임금》으로 자리하여 《황제중경(皇帝中經)》에 기록된 《작용(作用)》 《반작용(反作用)》 법칙이 적용되는 《오행(五行)》의 법칙을 이용하여 치수(治水)에 성공하여 백성들을 이롭게 한 장면을 설명하고 있는 것이다.

　《BC 6세기》 《악마(惡魔)의 신(神)》인 《석가모니》가 《석가모니불(佛)》(577BC~497BC)로 이름하고 《인도》 땅으로 왔을 때 《석가모니 하나님 부처님》의 불법(佛法)을 훔쳐 와서 부처(佛) 놀이를 하면서 앵무새처럼 설법(說法)할 때 불법(佛法) 왜곡을 감독하던 《아자타샤트루》(Ajatasatru, 534BC~461BC) 왕자로 이름하기도 한 《제바달다》가 훗날 부처(佛)를 이루었을 때가 《천왕불(佛) 1세》로서 최근에 이분이 《마왕(魔王)》 부처(佛)를 이루었기 때문에 필자는 계속 《천왕불(佛)》로 호칭을 하고 있는 것이나, 이러한 《제바달다》가 곧 《반고(盤固)》이며, 《아테나신(Athena 神)》이다. 이 이외에도 수많은 태어남이 있기 때문에 일일이 이름 붙여 설명할 수가 없어서 공통적으로 이분을 《천왕불(佛) 1세》로 호칭을 하는 것이다. 이와 같은 《천왕불(佛) 1세》이신 《반고(盤固)》 역시 지금의 《황소자리(Taurus)》 성단이 있는 《지일이(地一二)》 우주에서 《노사나불(佛) 1세》의 아들로 태어난 적이 있기 때문에 이분 역시 《노사나불(佛)》계(系) 불보살(佛菩薩)로 분류를 하는 것이다.

　이러한 《천왕불(佛) 1세》이신 《반고(盤固)》가 《제견(諸畎)》이라는 나라를 세운 이후 두 번째로 《노사나불(佛) 2세》인 《무곡성불(佛)》에 의해 나라 같은 나라로 세워진 나라가 《단군조선(檀君朝鮮)》의 제후국으로써의 《하(夏)》나라(2070BC~1600BC)인 것이다. 이러한 《하(夏)》나라의 출현이 《노사나불(佛) 3세》인 《연등불(佛)》과 《단군왕검(檀君王儉)》으로 이름한 《문수보살 1세》가 결탁하여 출현된 이 자체가 《석가모니 하나님 부처님》께서 4번이나 《한웅(桓熊)》님으로 오시어 《한국(韓國)》을 중심한 《구막한제국(寇莫韓帝國)》을 이끌어 오신 애쓴 보람도 없이 《중원 대륙》을 《대마왕》 불보살들과 《대마왕신(神)》들에게 통째로 넘겨주기 위한 수순 밟기 였음을 《한민족(韓民族)》들은 알아야 하는 것이다.

《하(夏)》나라(2070BC~1600BC) 이후 이곳에 살던 후손(後孫)들인 《묘족(苗族, 마오족)》들을 위해 《관세음보살 1세》께서 《설(契)》이라고 이름하시고 이후 《은(殷)》나라(1600BC~1046BC)를 세우시게 된다. 때에 《관세음보살 1세》께서 《설》이라고 이름하시게 된 것을 후세인(後世人)들은 〔《설》은 《유융》씨의 딸이자 제곡차비인 《간적》이 제비의 알을 먹었기 때문에 낳은 아이〕로 기록하고 있다.

이렇게 하여 세운 《은(殷)》나라 또는 《상(商)》나라도 훗날 《악마(惡魔)의 신(神)》들 중의 한 분인 《천관파군》이 세운 《주(周)》나라(1099BC~256BC)에 멸망하고 이후 대대로 《대마왕》불보살(佛菩薩)들과 《악마(惡魔)의 신(神)》들인 《대마왕신(神)》들이 《지배층》으로 자리함으로써 《중원 대륙》이 모두 이들 후손들의 차지가 된 것이다. 일이 이렇게 진행(進行)이 된 것은 《문수보살 1세》와 《노사나불(佛) 1세》가 결탁하였기 때문이다. 이러한 결탁을 시사하는 내용이 《태백일사/삼신오제본기》편에 다음과 같이 기록이 되어 있다.

"『(……중략……) 왕검씨(王儉氏)는 지름이 둘레를 한 바퀴 도는 길이인 《3.14》의 기(機)를 받아 애오라지 왕의 도를 써서 천하를 다스리니 천하가 이에 따른다고 한다.』"

상기 내용에 있어서 관계되는 중요한 정보(情報)가 《3.14》의 기(機)이다. 이러한 《3.14》의 기(機)에 있어서 《기(機)》는 《기(氣)》를 잘못 표기한 것이 된다. 이와 같은 정보(情報)의 《3.14》의 기(氣)에 대하여 설명을 드리면, 《문수보살 1세》는 《상천궁(上天宮)》에서 《미륵(彌勒, Maitreya)》과 함께 《석가모니 하나님 부처님》이신 《대통지승불》의 아들로 태어난 후, 두 번째로 《천일궁(天一宮)》인 지금의 《작은곰자리(Ursa Minor)》 성단이 만들어질 때 《작은곰자리(Ursa Minor)》 《베타성(β星)》을 법궁(法宮)으로 하신 《석가모니 하나님 부처님》의 육신불(肉身佛)이신 《다보불(佛)》의 아들들 별(星)들인 《진신삼성(眞身三星)》이 탄생할 즈음 《미륵(Maitreya)》과 함께 다시 《다보불(佛)》의 아들들로 태어나게 된다.

이러한 《다보불(佛)》 《진신삼성(眞身三星)》이 만들어질 때 제일 처음 만들어진 별(星)이 《작음곰자리》 《감마성(星)》으로써 《미륵》의 법신(法身)이 되며, 두 번째로 만들어진 별(星)이 《용자리(Draco)》 《알파성(α星)》으로 있는 《문수보살 1세》의 법신(法身)이 되며, 세 번째로 만들어진 별(星)이 《작음곰자리》 《감마성(星)》과 《용자리》 《알파성(星)》 사이에 만들어진 《백의관음》의 《법신(法身)》이 있다. 이렇게 하여 만들어진 《백의관음》 법신(法身)은 《핵(核)》의 붕괴 이후 《천궁(天宮)》을 만들어 뒤에 《카시오페아》 성단을 만들게 된다. 이러한 세 번째 만들어진 《백의관음》의 《법신(法身)》은 《핵(核)》의 붕괴 이후 《전자성(電子星)》 특유의 진화 방법에 의해 《시야(視野)》에서는 영원히 사라지는 것이다. 이 때문에 《작은곰자리(Ursa Minor)》《감마성(γ星)》과 《용자리(Draco)》《알파성(α星)》 사이가 넓어져 현재 관측이 되고 있는 것이다. 이러한 세 번째 《백의관음》의 《법신(法身)》이 만들어져 탄생함으로써 《다보불(佛)》《진신삼성(眞身三星)》이 모두 탄생하게 되는 것이다.

이러한 《다보불(佛)》《진신삼성(眞身三星)》은 《다보불(佛)》의 《법궁(法宮)》인 《작은곰자리(Ursa Minor)》《베타성(β星)》을 중심한 《시계 방향》의 회전길인 《3-1의 길》에서 만들어진 것이나, 두 번째로 만들어진 《문수보살 1세》의 《법신(法身)》인 《용자리(Draco)》《알파성(α星)》은 중심(中心)이 되는 《작은곰자리(Ursa Minor)》《베타성(β星)》과는 상대적으로 거리가 상당히 떨어진 관계로 《용자리(Draco)》《알파성(α)》 인근에 있는 《북두칠성(北斗七星, Big Dipper)》의 회전길인 《1-4의 길》의 《1-4의 기(氣)》를 강력하게 받고 탄생한 관계로 이를 《3.14》의 《기(氣)》로 정확히 표현을 하고 있는 것이다. 즉, 《3-1의 기(氣)》는 《다보불(佛)의 기(氣)》이며, 이때의 《1-4의 기(氣)》는 《노사나불(佛)의 기(氣)》이다. 이후 세 번째 태어난 《백의관음》의 《법신(法身)》도 《1-4의 기(氣)》인 《노사나불(佛)》의 《기(氣)》를 상당히 많이 받게 되나, 《용자리(Draco)》《알파성(α)》보다는 덜 받은 것이다. 이러한 이후 제일 처음 만들어진 《미륵(Maitreya)》의 법신(法身)인 《작은곰자리(Ursa Minor)》《감마성(γ)》은 《3-1의 기(氣)》를 온전히 받고 태어난 것이다.

지금의 별자리들은 이들 별(星)들이 모두 만들어져 자기 자리를 지키고 있으나, 《다보불(佛)》의 《진신삼성(眞身三星)》과 《북두칠성(Big Dipper)》의 《노사나불(佛)》《진신삼성(眞身三星)》은 거의 동시에 가까운 거리에서 이동을 하면서 만들어진 관계로 자연히 서로 간에 많은 영향을 미치고 만들어져 지금 관측되는 대로 자리하였음을 알고 나면 상기 설명되는 내용이 더욱 더 쉽게 이해가 될 것이다.

《노사나불(佛) 1세》는 《석가모니 하나님 부처님》 최초의 장자(長子)로서 이를 우주적(宇宙的) 장자(長子)라고도 하며 이후에도 인간 육신(肉身)을 가지고 태어날 때는 수(數)도 헤아릴 수 없도록 《장자(長子)》로 태어나시지마는, 《문수보살 1세》 역시 《석가모니 하나님 부처님》의 아들로 태어나는 이력(履歷)을 가지고 있는 것이다. 이러한 인연들이 《한국(韓國)》을 중심한 《구막한제국(寇莫韓帝國)》을 《석가모니 하나님 부처님》이신 《거불단(단웅)》(재위 2381BC~2333BC)으로부터 세습으로 물려받은 《문수보살 1세》인 《단군왕검》이 《자허선인》으로 이름한 《연등불》과 함께 《한민족(韓民族)》 최초의 고급 종교인 《한단불교(桓檀佛敎)》를 말살하여 《신선도(神仙道)》인 《선교(仙敎)》로 둔갑시키기 위해 《한민족(韓民族)》 《상고사(上古史)》를 권력의 힘으로 잘라내고 일부는 역사 기록을 왜곡하여 왜곡된 기록을 후대(後代)에 남겨 놓은 것이다.

이러한 사실을 잘 알고 있는 상기 인용문을 쓴 《고려팔관기(高麗八觀記)》의 저자(著者)도 감정이 상하여 《단군왕검(檀君王儉)》을 폄하하여 《왕검씨(王儉氏)》로 호칭한 것으로 보인다. 《한민족(韓民族)》에게는 크게 《죄(罪)》를 지은 자가 《단군왕검(檀君王儉)》임을 아시기 바라며, 차제에 부연 설명을 드리면, 《고려팔관기》는 《황제중경(皇帝中經)》의 일부 내용이 실려 있어 《한민족(韓民族)》으로서는 어느 보물보다도 더 중요한 《국보》 중의 《국보》인 것이다.

이러한 보물 중의 보물을 내용 해설도 제대로 하지 못하는 썩어빠진 학자(學者)라는 자(者)들이 이를 《팔관잡기(八觀雜記)》로 이름하고, 얼마 전(前) 《한단고기(桓檀古記)》(임승국 번역·주해)가 문제가 되었을 때 《3.14의 기(氣)》의 뜻도 모르는 이 나라 학자(學者)라는 자(者)들이 이를 비난하고 키득거리는 장면을 이 《미륵불(彌勒佛, Maitreya Buddha)》이 본 적이 있다. 이러한 《무식(無識)》한 학자(學者)들이 바로 《한민족(韓民族)》의 《정체성(正體性)》을 깨는 《마왕(魔王)》 무리들임을 분명히 하는 것이니, 차제에 스스로들은 큰 부끄러움을 느껴야 할 것이다.

이로써 볼 때, 《한민족(韓民族)》들에게 크나큰 해(害)를 입힌 《단군조선(檀君朝鮮)》의 책임도 피할 수가 없는 것이다. 이 문제는 다음 편에서 다시 구체적으로 살펴보자. 비록 《단군조선(檀君朝鮮)》의 제후국이기는 하나, 때에 《하(夏)》나라의 출현은 동양(東洋) 역사(歷史)에 하나의 큰 획을 긋는 사건이었음을 아시기 바라며, 이러한 사실적인 일들이 모두 《석가모니 하나님 부처님》 법(法)에 반기를 든 《우주 쿠데타》의 일환으로 일어난 일들이기 때문에 이를 거론하는 것이다.

[5] [단군조선(檀君朝鮮)] (2333BC~232BC)

《석가모니 하나님 부처님》께서 네 번째 《한웅(桓熊)》으로 오신 《한국(韓國)》의 18대 《거불단(단웅)》《한웅(桓熊)》님으로부터 《1국(國)》《3체제》《9한(桓)》을 《세습(世襲)》으로 《권력(勸力)》을 이양받은 《문수보살 1세》가 《단군왕검(檀君王儉)》으로 이름하고 나라 이름을 《조선(朝鮮)》으로 이름하고 내린 첫 조치가 《신시(神市)》에 머물던 《한국(韓國)》때 《교화(敎化)》의 주력(主力) 세력들과 《문수보살》의 직계 후손(後孫)들인 《비족(卑族)》들의 경계 유역을 《진한(辰韓)》으로 이름하고 《구려족(句麗族)》들의 경계 유역을 《막한(莫韓)》으로 하고 일부의 《구려족》과 《노사나불》과 《연등불》의 후손들이 자리한 경계 유역을 《번한(番韓)》으로 하여 《단군조선(檀君朝鮮)》을 《삼한(三韓)》체제로 묶고 《구한(九桓)》을 거느림으로써, 《한민족(韓民族)》최초의 국가인 《한국(桓國)》과 두 번째 고대 국가인 《배달국(倍達國)》과 세 번째 국가(國家)인 《한웅(桓熊)》님 다스림의 《한국(韓國)》의 존재를 《역사(歷史)》에서 없애 버린 것이다.

이 때문에 《노사나불(佛)》계(系)의 부처(佛)들과 《문수보살 1세》인 《왕검씨(王儉氏)》가 《진리(眞理)》의 《실상(實相)》이 담긴 《한민족(韓民族)》《상고사(上古史)》기록을 고치고 왜곡함으로써 《석가모니 하나님 부처님》의 존재(存在)를 지울려고 애를 쓴 것이다.

오늘날 숱한 《한(恨)》의 시대를 거쳐 《1국(國)》《3체제》《구한(九桓)》을 이끌던 《한웅(桓熊)》다스림의 《한국(韓國)》의 정통맥을 이어 받은 《대한(大韓)》의 《한민족(韓民族)》들은 이때 《왕검씨(王儉氏)》가 《한국(韓國)》을 버렸다는 사실을 깊이 인식하시기 바란다. 이렇게 당부하는 뜻은 오늘날의 《한국(韓國)》이 바로 서야 《지상(地上)》의 평화뿐만 아니라 《우주적(宇宙的)》평온이 있기 때문에 특별히 당부 드리는 것이다.

《단군조선(檀君朝鮮)》이 《단군왕검(檀君王儉)》에 의해 《BC 2333년》에 개국(開國)이 된 후 47대 단군(檀君) 《고열가》께서 단군(檀君)의 자리에서 물러난 때가 《BC 238년》이며, 이후 《오가(五加)》들이 6년(年)을 더 다스리다가 옛날 《반고(盤固)》로 왔던 《천왕불(佛)》이신 천왕랑(天王郎) 《해모수》에게 정권을 넘겨준 때가 《BC 232년》으로써 이때까지의 《2,102년》이 《단군조선(檀君朝鮮)》의 존속년도가 된다. 이때까지의 상세한 기록은 《한단고기(桓檀古記)》(임승국 번역·주해)의《단군세기》편에 기록이 되어 있으니 이를 참고하시기 바라며, 이 장에서는 기록으로 드러나지 않은 중요한 부분들만 설명 드리도록 하겠다.

(1) 《단군조선(檀君朝鮮)》과 《석가모니 하나님 부처님》의 유지(遺志)

《단군(檀君)》다스림의《단군조선(檀君朝鮮)》은 진행을 하면서 밝힌 바 있는《용자리(Draco)》《알파성(α星)》을 법궁(法宮)으로 한《문수보살 1세》가 거느리는《용자리(Draco)》성단(星團)에서 오신 47분(分)의《신선(神仙)》들에 의해 다스려진 것이다. 이 설명에서 여러분들이 먼저 알고 넘어가야 할 사항이《성단(星團)》을 이끌고 있는 주인공에게《성단(星團)》에 소속된 무리들과 이들이 인간 육신(肉身)을 가지고 태어나는 경우라도 절대 복종을 한다는 사실을 먼저 이해를 하셔야 하는 것이다. 즉,《단군조선(檀君朝鮮)》의《왕검씨(王儉氏)》를 제외한 46분(分)의《단군(檀君)》들 모두는《용자리(Draco) 성단》에서 온《신선(神仙)》들이기 때문에 이들은 성단(星團)의 주인(主人)이신《문수보살》의 명령에는 절대 복종을 하여야 하는《신선(神仙)》들인 것이다.

왜? 먼저 이 문제를 거론하느냐 하면 진행(進行)을 하면서 밝혀 왔듯이《문수보살》과《노사나불(佛)》의 결탁으로 중원 대륙 전체를《한족(漢族)》들에게 넘겨준 근본 원인이 여기에 있기 때문이다. 즉,《왕검씨(王儉氏)》가《석가모니 하나님 부처님》이신《한국(韓國)》(3898BC ~2333BC)의 18대《거불단(단웅)》으로부터《세습》으로 권력을 이양 받을 때《석가모니 하나님 부처님》께서《문수보살》인 왕검씨(王儉氏)에게 남기신《유지(遺志)》가 "『백성(百姓)들의 뜻은 화백(和白)을 하여 하나로 모으고 백성(百姓)들의 다스림은《덕(德)》으로써 하라"는《유지(遺志)》를 남기신 것이다.

《문수보살 1세》는 이러한《유지(遺志)》를 받들 것을 결심한 척하고 처음부터 앞으로《단군(檀君)》의 신분으로 올 모든《신선(神仙)》들에게 명령을 내리고 스스로는《노사나불(佛) 1세》와 결탁한 대로《연등불(佛)》과 야합하여 제후국인《하(夏)》나라를《무곡성불(佛)》이 만드는 것을 용인을 한 것이다.

　　이렇게 하여 내린《유지(遺志)》덕분에 대대(代代)로《신선(神仙)》들인《단군(檀君)》들은《단군조선(檀君朝鮮)》전반을 도모하면서《힘(力)》을 우위로 한《신선(神仙)》들의 최고 우두머리들인《노사나불(佛)》계(系)의 불·보살(佛菩薩)들이 그들의 후손(後孫)들에 대하여는《통제력(統制力)》을《합리적(合理的)》인《방편(方便)》으로 발휘하여 옛날《치우》한웅(桓熊)님처럼 모든 일에 적극적으로 대처를 하지 않고《소극적(消極的)》으로 대처함으로써《하(夏)》나라(2070BC~1600BC) 멸망 이후《관세음보살 1세》께서 만드신《묘족(苗族, 마오족)》의《은(殷)》나라(1600BC~1046BC)가 《천관파군》이 만든《주(周)》나라(1099BC~256BC)에 멸망당하는 것을 수수방관하더니, 일정한 기간이 흐른 이후에는《제후국》의 세력이《단군조선(檀君朝鮮)》의 세력을 능가하고, 급기야는 이러한《소극적(消極的)》인《단군(檀君)》들의 의도를 간파한《노사나불(佛)》계(系)의《대마왕》《불보살(佛菩薩)》들과《악마(惡魔)의 신(神)》들인《석가모니》계(系)의《대마왕신(神)》들이 인간 육신(肉身)을 가지고 태어나서 우후죽순(雨後竹筍)처럼 나라를 세워 서로가 패권(覇權)을 다투는 동양(東洋)에서《신(神)》들의 전쟁에 돌입된 것이 BC 8세기에서 BC 3세기에 이르는 《춘추전국시대(春秋戰國時代)》(770BC~221BC)이다.

　　이러한《신(神)》들의 전쟁은《주(周)》왕조의《제후국》으로부터 시작이 된 것이며, 이때 전쟁에 참여한《신(神)》들의 계보를 밝히면《악마(惡魔)의 신(神)》들인《천관파군 1세》와《천관파군 2세》인《이오 신(神)》과《대마왕》《불보살(佛菩薩)》들인《천왕불(佛)》과《쌍둥이 천왕불(佛)》과《악마(惡魔)의 신(神)》인《석가모니》등이다.

　　이와 같은 일들이 모두《단군조선(檀君朝鮮)》외곽에서 일어남으로써《소극적(消極的)》이었던《단군조선(檀君朝鮮)》(2333BC~232BC)은 그들이 다스리는 경계 영역이 점점 줄어들어《중원 대륙》동북(東北)쪽으로 수도(首都)를 옮기는 수모를 당한 끝에 끝내 소규모 명목상의 나라로만 남게 된 것이다. 이러한 실상(實相)이《노사나불(佛)》과《문수보살》결탁에 의하여《중원 대륙》전체를《대마왕》불보살들과《악마(惡魔)의 신(神)》들인《한족(漢族)》들에게 내어 주기 위한 수순 밟기였음을 분명히 하는 것이다.

　　이와 같이《춘추전국시대》(770BC~221BC)의 전쟁이 한창일 때《노사나불(佛)》이 다시《노자(老子)》로 이름하고 와서《도덕경(道德經)》을 설(說)하였으며, 때에《유대인》들의 조상(祖上)인

《다윗(David)》(재위 1040BC~971BC)으로 오셨던 《약상보살》이 《공자(孔子)》(551BC~479BC)로 이름하고 와서 《유학(儒學)》을 전파하였으며, 이후 《노사나불(佛) 1세》께서 《BC 259년 ~ BC 210년》에 《진(秦)》나라 《시황제(始皇帝)》로 와서 《춘추전국시대》를 마무리 짓고 《중원 대륙》 통일을 한 것이며 이때 일으킨 《분서갱유》 사건이 《한단(桓檀)》의 기록들이 있는 모든 책들을 거두어 들여 불태운 것이다. 이러한 기록들은 《한국(韓國)》과 《석가모니 하나님 부처님》을 비롯한 《한민족(韓民族)》 상고사(上古史)와 관계된 서적이 주류를 이루었음을 밝히는 바이며, 이것이 《노사나불(佛)》이 역사(歷史)를 왜곡한 실상(實相)이 되는 것이다.

이와 같은 일이 있고 난 후 《악마(惡魔)의 신(神)》인 《석가모니》가 《유방(劉邦)》(247BC~195BC)으로 이름하고 와서 《한(漢)》나라(206BC~AD220)를 세우고, 때에 《헤라클레스(Hercules)》로 때로는 《알라신(Allah 神)》으로 왔던 《쌍둥이 천왕불(佛)》이 《서초패왕(西楚覇王)》 《항우(項羽)》로 왔을 때 이를 물리치고 《진(秦)》(221BC~206BC)나라 이후 다시 《중원 대륙》을 통일함으로써 《악마(惡魔)의 신(神)》인 《석가모니》는 《노사나불(佛)》과 더불어 쫓고 쫓기는 패권 다툼을 벌인 것이다. 오늘날의 《중원 대륙》의 백성(百姓)들 모두를 묶어 《한족(漢族)》이라고 하는 이유가 통일된 《한(漢)》나라로부터 비롯된 것이다. 이러한 인연(因緣)이 훗날 《악마(惡魔)의 신(神)》인 《석가모니》가 《공산당》 두목(頭目) 중의 한 분인 《모택동(Mao Zedong)》(AD1893~AD1976)으로 이름하고 현재의 《중국(中國)》 땅으로 오게 된 인연(因緣)이 되는 것이다.

이렇듯 《왕검씨(王儉氏)》를 비롯한 《단군조선(檀君朝鮮)》의 모든 《단군(檀君)》들은 《신선도(神仙道)》의 최고 수장(首長)인 《노사나불(佛) 1세》의 눈치를 살피면서 겉으로는 선대(先代)의 《석가모니 하나님 부처님》이신 《거불단(단웅)》님의 《유지(遺志)》를 핑계로 《소극적(消極的)》인 국가(國家) 경영을 도모함으로써 《대마왕》 불보살들에게 《노사나불(佛)》과 《문수보살》의 결탁에 의한 《중원 대륙》을 내어 주기 위한 수순 밟기의 국가(國家) 경영을 하였음이 만천하에 드러난 것이다.

(2) 《단군왕검(檀君王儉)》

《문수보살 1세》《왕검씨(王儉氏)》가 처음 《단군(檀君)》의 지위에 오른 이후 《한민족(韓民族)》 상고사(上古史)의 기록을 모두 없앤 이후 《천부경 81자》와 《삼일신고》를 강설(講說)하면서 그 기록을 후대(後代)에 전하여 준 것은 대단히 고마운 일이 되나, 《왕검씨(王儉氏)》와 《신선(神仙)》들이신 역대 《단군(檀君)》들이 파렴치하게 《한국(韓國)》(3898BC~2333BC)으로부터 전하여진 《한단불교(桓檀佛敎)》의 기록과 자취들을 《역사(歷史)》에서 말끔히 모두 지우고 《선교(仙敎)》를 따르는 《지배층》의 《신선도(神仙道)》 완성인 《신선(神仙)》 이룸의 방편(方便)으로 《천경신고(天經神誥)》를 강설(講說)한 것임을 분명히 하는 것이다. 이렇듯 《한단불교(桓檀佛敎)》의 자취를 모두 지운 탓에 이를 몰랐던 필자가 처음에는 《삼일신고(三一神誥)》가 《복희씨》로 태어났을 때 《문수보살 1세》가 창작한 것으로 잘못 알고 필자의 저서(著書) 여러 곳에 잘못 기록한 바가 있어 여러 저서(著書)의 개정판을 내지 못하고 이번 집필에서 이를 바로 잡는 것이다.

다음은 《왕검씨(王儉氏)》가 권력(權力)을 쥐자마자 《한반도(韓半島)》의 《한국(韓國)》과 《중원대륙》에서 《신시(神市)》 세 곳을 만들어 《중원 대륙》을 다스렸던 《구막한국(寇莫韓國)》의 존재를 《역사(歷史)》에서 말끔히 지우고 《한민족(韓民族)》을 서러움과 《한(恨)》의 세월을 보내게 한 증거가 지금까지도 전하여져 와서 《문화재(文化財)》라는 이름으로 보호되고 있는 한심한 실태를 밝히고자 한다. 즉, 《왕검씨(王儉氏)》가 《한민족(韓民族)》들에게 못된 짓 한 것을 밝혀 드린다는 뜻이다.

《한단고기(桓檀古記)》(임승국 번역·주해)의 《p59》《단군세기》편에 다음과 같은 기록이 등장한다.

"『(……중략……) 무오 51년(2283BC) 임금께서 《운사(雲師)》인 배달신(倍達臣)에게 명하여 《혈구(穴口)》에 《삼랑성(三郞城)》을 짓고 제천(祭天)의 단(檀)을 마리산(摩璃山)에 쌓게 하였으니 지금의 《참성단(塹星壇)》이 바로 그것이다.(……중략……)』"

상기 기록의 《마리산(摩璃山)》은 지금의 《강화도》에 있는 《마니산(山)》을 말함이며, 《운사(雲師)》는 《비와 구름》을 다스리는 당대 《벼슬아치》의 직책을 가진 자를 말하며, 《배달신(倍達神)》은 《밝은 신하》를 말함이며, 《혈구(穴口)》는 《혈(穴)의 입구》를 말함이며, 《제천(祭天)》은 《하늘(天)에 제사 지내는 것》을 말함이다. 이와 같은 뜻을 감안하여 상기 기록을 재구성하면 다음과 같다.

"『(……중략……) 무오 51년(2283BC) 임금께서 《비와 구름을 다스리는 직책을 가진 자》인 《밝은 신하》에게 명하여 《혈(穴)의 입구》에 《삼랑성(三郞城)》을 짓고 《하늘(天)에 제사 지내는》단(檀)을 《마니산》에 쌓게 하였으니 지금의 《참성단(塹星壇)》이 바로 그것이다.(……중략……)』"

상기 기록이 《문수보살 1세》이신 《왕검씨(王儉氏)》가 《석가모니 하나님 부처님》이신 한국(韓國)의 초대 《거발한》한웅(桓熊)님께서 《한반도(韓半島)》에서 처음 만드신 《한국(韓國)》에 대하여 《역사(歷史)》 기록에서 말끔히 지운 후 《한국(韓國)》이 다시는 발흥(發興)하지 못하도록 조치를 한 《왕검씨(王儉氏)》의 저주(咀呪)의 산물(産物)이 《참성단(塹星壇)》임을 천상(天上)에서는 알고 있다.

《한반도(韓半島)》를 《인체(人體)》에 비유를 하면, 《참성단(塹星壇)》이 위치한 곳이 《배꼽》에 해당한다. 이러한 《배꼽혈(穴)》을 우주간(宇宙間)의 법칙 중 하나인 《십거일적(十鉅一積)》의 법칙을 이용하여 《참성단(塹星壇)》을 쌓음으로써 《한민족(韓民族)》의 《정기(精氣)》를 눌러 놓은 것이다. 이렇게 《한민족(韓民族)》《정기(精氣)》를 눌러 놓으면 《한민족(韓民族)》 구성원 전체가 힘(力)을 쓰지 못함과 아울러 《한민족(韓民族)》 국가(國家)에서는 《액난(厄難)》이 끊일 날이 없는 것이다.

《왕검씨(王儉氏)》가 하늘(天)에 제사 지낸다고 《석가모니 하나님 부처님》께서 그 제사를 받으시겠는가? 또한, 《중원 대륙》의 《신시(神市)》 중 한 곳에 머무는 《왕검씨(王儉氏)》가 언제 《참성단(塹星壇)》에 와서 제사를 지내겠는가? 《왕검씨(王儉氏)》의 명령으로 《현지인(現地人)》이 《참성단》에서 제사 지낸다고 하여도 불순한 목적으로 만들어진 《참성단》에서의 제사를 《석가모니 하나님 부처님》께서 그 제사를 받으시겠는가? 상기 기록에 나와 있는 《제천(祭天)》 의식은 《한반도(韓半島)》의 중심혈(中心穴)을 눌러 놓기 위한 명분에 지나지 않는 것이다. 이러한 《참성단》을 아무것도 모르는 후세인(後世人)들은 《문화재(文化財)》로 지정하고 자기들 나라인 《대한민국(大韓民國)》을 망(亡)하게 해 달라고 《참배》하는 행렬이 이어지는 것을 보다 못해 《미륵불(彌勒佛, Maitreya Buddha)》이 이 관계를 소상히 밝히는 것이다.

그대들에게 수많은 《한(恨)》을 심게 한 《참성단》은 《한국(韓國)》의 정통(正統) 맥(脈)을 이은 《대한민국(大韓民國)》 백성(百姓)들의 손에 의해 《참배》를 하기 보다는 《참성단》을 쌓은 돌(石) 하나씩 하나씩을 모두 뽑아내어 하루빨리 해체하여야 얼마 남지 않은 지상(地上)의 생활(生活)이나 《액난(厄難)》을 면하고 편안한 생활을 영위하게 될 것이다. 이러한 짓을 한 《왕검씨(王儉氏)》의 행동을 《미륵불(彌勒佛, Maitreya Buddha)》께서는 악랄하기 짝이 없는 《악질적》인 행동으로 규정을 하는 것이다.

지금의 《한국(韓國)》 백성(百姓)들 손에 의해 하루빨리 《참성단(塹星壇)》이 해체되어야 할 이유를 한 가지 더 들어 드리겠다. 현재의 우주(宇宙) 전체의 중심점(中心點)에 있는 것이 우리들이 현재 살고 있는 《지구(地球)》이며, 《지구(地球)》에서도 《핵(核)》이 되는 곳이 《한국(韓國)》이다. 지금을 살고 있는 인간들은 《지구(地球)》의 위성인 《달(月)》을 《달(月, Moon)》이라고 이름하고 있는데 실질상 《우주간(宇宙間)》에서는 우리들의 《지구(地球, Earth)》를 《달(月)》이라고 하며, 《지구(地球, Earth)》의 위성인 《달(月, Moon)》은 《달(月)》로써 취급을 하지 않는다. 이로써 《달(月)》이 되는 《지구(地球, Earth)》를 거대한 한 그루 나무로 비유를 할 때 나무의 상층부 중심(中心) 가지로써 《한반도(韓半島)》를 《월지(月支)》라고도 하는 것이다.

이와 같은 《법공(法空)》과 《대공(大空)》 전체에서 《중심점(中心點)》이 되는 《지구(地球, Earth)》에서도 또한 《중심(中心)》이 되는 《월지(月支)》인 《한반도(韓半島)》에 있어서 《중심(中心)》을 이루는 곳에 극히 악질적인 의도로 《참성단》이 만들어져 있는 것이다. 이와 같은 《참성단》의 해체는 《공업(共業)》으로 묶여 있는 《한국(韓國)》의 백성(百姓)들에 의해서만이 해체를 할 수 있는 것이다.

지금까지 진행을 하면서 밝혀 온 모든 대마왕(大魔王) 불(佛), 보살(菩薩)들과 《악마(惡魔)의 신(神)》들인 《대마왕신(神)》들과 이들을 추종하는 세력 모두들이 현재 육신(肉身)을 가지고 태어나서 《한국(韓國)》의 백성(百姓)들로 자처하고 있다. 이들이 《지상(地上)》의 다른 곳에서 골고루 태어나야 하는데 어찌하여 《한국(韓國)》 한 곳에 집중적으로 태어나 있는가 하면, 《선후천(先後天)》 우주(宇宙) 갈림길에서 《천상(天上)》에 오르고자 하면 우주(宇宙)의 중심 중의 중심인 《한국(韓國)》 땅에 태어나지 못하면 오를 수 없기 때문이다. 이 때문에 지상(地上)의 여러 곳에 머물던 《영웅호걸》들이 대부분 그들 육신(肉身)의 죽음 이후는 대부분 《한국(韓國)》 땅에 태어나서 《소시민(小市民)》이 되어 여러분들과 함께 생활하고 있음을 《미륵불(彌勒佛, Maitreya Buddha)》이 분명히 밝히는 바이다.

당대의 《영웅》들인 《알렉산더왕(Alexandros)》도, 《나폴레옹(Napoleon)》도, 《빅토리아 여왕(Queen Victoria)》(AD1819~AD1901)도, 《처칠경(Winston Leonard Spencer Churchill)》(AD1874~AD1965)도, 《아이젠하워(Dwight David Elsenhowe)》(AD1890~AD1969)도 모두 한국(韓國) 땅에 현재 태어나 있는 것이다. 이처럼 《한국(韓國)》은 우주간에서도 전무후무(前無後無)한 귀한 나라라는 것을 차제에 깊이 인식하시기 바란다.

북반구(北半球) 문명의 마지막인 인류의 종말이 오는 때가 《중앙천궁상궁(中央天宮上宮)》운행(運行) 때임을 여러 번 밝혀왔다. 이러한 《중앙천궁상궁》 운행이 모두 마쳐진 후, 우리들 태양계(太陽界)는 큰 변화를 일으켜 《중앙천궁상궁》을 이루고 있는 별(星)들 중에서 다시 우리들 《지구(地球, Earth)》에서 인류 《북반구 문명》 종말 이후 새로운 인간 문명들이 일어나게 되어 있는 것이다. 이러한 때에 《대마왕(大魔王)》《불(佛), 보살(菩薩)》들과 《악마(惡魔)의 신(神)》들인 《대마왕신(神)》 모두들과 이들을 추종하는 행동(行動) 대장 출신들 모두들의 인간 무리를 제외한 《왕검씨(王儉氏)》의 저주(咀呪)로부터 자유로워진 《한민족(韓民族)》 일반 백성(百姓)들은 누구든지 새로운 인간 사회가 만들어지는 곳에서는 대접을 받게 되어 있는 것이다.

《왕검씨(王儉氏)》의 저주(咀呪)로부터 자유로워지지 않았을 때는 문제가 달리 전개(展開)가 되는 것이니, 먼 미래세(未來世)의 스스로를 위하여서라도 《한민족(韓民族)》 백성(百姓)들 모두들이 서둘러 《참성단(塹星壇)》의 존재를 파(波)하여야 할 것이다. 《왕검씨(王儉氏)》가 《참성단(塹星壇)》을 만들었을 때는 이러한 위력이 있기 때문에 만들게 된 점을 깊이 생각하시기 바란다.

(3) 《문수보살》과 《이집트》

《문수보살 1세》가 《왕검씨(王儉氏)》의 일생(一生)을 마치고 다음 인간 육신(肉身)을 가지고 태어난 곳이 《이집트》로써 때에 《이집트》 중왕국 초기의 《멘투호텝 3세(Mentuhotep Ⅲ)》 파라오로 태어나서 재위기간이 《BC 2010년 ~ BC 1998년》이 된다. 이러한 때에 그가 창작(創作)한 것이 유명한 《레우 누 페르 엠 후루(Reu nu pert em hru)》로써 《한국(韓國)》의 《한단불교(桓檀佛敎)》 진리(眞理)의 한 부분을 《방편(方便)》으로 엮어 창작(創作)한 것이 《레우 누 페르 엠 후루》이다.

이러한 《레우 누 페르 엠 후루》의 전문(全文)을 지인(知人)의 도움을 얻어서 직접 번역하여 30항으로 나누어 필자의 저서(著書) 《(改訂版) 妙法華(묘법화)의 실상(實相)의 법(法)》(2015)에 《사자(死者)의 영(靈)의 낭송문》으로 이름하여 《P 391》에 실어 놓았으니 이를 참고하시기 바라며, 이 장에서는 그 중 《⑦항》을 인용하여 설명하여 드리겠다.

⑦항
"『또한 그날은 그의 아버지 《라(Ra)》에 의해 치러진 《오시리스(Osiris)》의 장례날입니다. 내세의 서방세계(西方世界)에서는 그곳의 《지배자(支配者)》인 《오시리스(Osiris)》의 명령으로 《신(神)》들의 전쟁이 시작되었습니다.』"

상기 기록의 《오시리스(Osiris)》는 고대 《이집트》의 《오시리스 신화(神話)》에 등장하는 《오시리스(Osiris)》로서 《아미타불(阿彌陀佛, Amitābha)》을 뜻하며, 《라(Ra)》는 《태양신(神)》으로서 고대 《이집트》에서 《아툼신(Atum 神)》으로 이름되던 《석가모니 하나님 부처님》을 뜻하는 것이다.

또 하나, 상기 항의 설명에 앞서서 여러분들께 이해를 구하여야 할 사항이 《레우 누 페르 엠 후루》 30항 전문(全文)에 등장하는 《호루스(Horus)》는 《다보불(佛)》이 아닌 《미륵(彌勒, Maitreya)》임을 이 장을 통해서 바로 하는 것이다. 30항 전문(全文)을 번역할 때에만 하여도 《대마왕(大魔王)》 부처(佛)들과 《악마(惡魔)의 신(神)》들인 《대마왕신(神)》들의 심한 방해로 인하여 잘못 기록한 것을 사과드리며, 마지막 집필이 되는 오늘에 와서야 이를 바로 하는 바이니 너그러이 이해하여 주시기를 부탁드리는 바이다.

그러면 상기 인용문 중

"『또한 그날은 그의 아버지《라(Ra)》에 의해 치러진《오시리스(Osiris)》의 장례날입니다.』"

라는 대목의《그》는《미륵(Maitreya)》이 됨으로써 이를 감안한 상기 내용을 재구성하여 설명 드리면 다음과 같다.

"『또한 그날은《미륵》의 아버지《석가모니 하나님 부처님》에 의해 치러진《아미타불(佛)》의 장례날입니다.』"

라는 뜻이 된다.

이렇듯 짧은 한 대목에는 많은 우주(宇宙)의 진리(眞理)가 응축되어 있으며, 이러한 우주적(宇宙的)인 진리(眞理)를 모르면 해설(解說)이 불가능한 대목으로써 당대《지혜(智慧)》제 일인자로 알려진《문수보살 1세》이였기 때문에 진리(眞理)가 응축된 상기와 같은 대목을 말할 수 있는 것이지 여타 대마왕(大魔王) 부처(佛)들과《대마왕신(神)》들은 엄두를 내지 못하는 그러한《진리(眞理)》가 응축된 대목이 상기 대목인 것이다. 이러한《문수보살 1세》를 고대(古代)《이집트인》들은《따오기》형상을 한《토드신(Thoth 神)》으로도 곧잘 비유를 한 것이다. 이러한 한 대목의 설명이 장황한 것이니 이에 대한《해설(解說)》에 주의력을 집중하시기 바란다.

① 《아미타불(阿彌陀佛)과 세트 신(Set, Seth 神)》

고대(古代)《이집트》의《오시리스(Osiris)》신화(神話)는 천상(天上)인《천일궁(天一宮)》에서 일어났던 사건을 그대로 묘사된《진리(眞理)》의 한 부분이 드러나 있는 신화(神話)이다. 이러한 신화(神話)에 나와 있는 내용을 대략적으로 설명을 드리면,《상천궁(上天宮)》에서 한때《아미타불(阿彌陀佛)》이신《오시리스(Osiris)》는《석가모니 하나님 부처님》의《분신(分身)》의 아들로 태어난 적이 있다.

　　이러한 《아미타불(阿彌陀佛)》이 원천 창조주이신 《석가모니 하나님 부처님》의 도움으로 부처(佛)를 이룬 이후 《2×1×2》 천궁도(天宮圖) 성단을 만들고 지금의 《백조자리(Cygnus)》 성단을 모두 만들고 《목동자리》 성단의 《아미타불》 《진신 4성(眞身四星)》을 만든 후, 다시 몸(身)을 바꾸어 지금의 《용자리(Draco)》 성단을 만들 《4×3×4》 천궁도 성단을 만들었을 때 일시적으로 《천일궁(天一宮)》 인간들이 거주하는 한 별(星)에서 태어나 《왕(王)》으로 자리하게 된다. 이렇게 《왕(王)》으로 자리하신 《아미타불(佛)》은 장자(長子)로서 《예수(Jesus)》의 전신(前身)으로서 유명한 《세트 신(Set, Seth 神)》을 아들로 두게 된다.

　　《아미타불(佛)》은 《비로자나 2세》이다. 이러한 《아미타불(阿彌陀佛, Amitābha)》을 《악마(惡魔)의 신(神)》들 중 최고 두목인 《비로자나 1세》와 《비로자나 3세》인 《악마(惡魔)의 신(神)》인 《석가모니》가 작당을 하여 《아미타불(佛)》의 아들인 《세트 신(Set, Seth 神)》을 부추겨 《아미타불(阿彌陀佛)》을 살해하고 2차 죽임인 《영혼(靈魂)》 죽임까지 시킴으로써 훗날 《아미타불(阿彌陀佛)》께서 만드신 《4×3×4》 천궁도(天宮圖) 성단까지 탈취하는 전무후무(前無後無)한 사건을 일으키는 것이다.

　　《아미타불(阿彌陀佛)》의 《법궁(法宮)》이 고대 《이집트인》들이 《신전의 별(Temple Star)》로 이름하여 공경의 대상으로 삼고 고대(古代) 《아라비아(Arabia)》에서는 《하늘의 수호성》으로 이름한 《목동자리(Boötes)》 《알파성(α星)》이며, 이 별(星)의 《핵(核)》의 붕괴로 만들어진 《천궁도》 성단(星團)이 《4×3×4》 천궁도 성단이다. 보통 불법(佛法) 일치를 이룬 부처(佛)들이 인간 육신(肉身)의 죽음 이후는 스스로의 《법궁(法宮)》이나 그가 만든 《천궁도》 성단(星團)의 중심혈(中心穴)에 앉는 것이 통례이나, 《영혼(靈魂)》 죽임을 당하면 스스로의 《법궁(法宮)》이나 그가 만든 성단의 《중심혈(中心穴)》에는 돌아가지를 못한다. 이 때문에 《세트 신(Set, Seth 神)》이 《4×3×4》 천궁도 성단마저 탈취하게 된 것이다.

② 《세트 신(Set, Seth 神)과 비로자나 1세, 비로자나 3세의 계략》

이렇듯 《아미타불(佛)》의 아들인 《세트 신(Set, Seth 神)》을 부추겨 그 아버지인 《아미타불(佛)》을 살해하고 성단(星團)마저 탈취하도록 부추긴 《악마(惡魔)의 신(神)》들인 《비로자나 1세》와 《비로자나 3세》인 《악마(惡魔)의 신(神)》《석가모니》는 《세트 신(Set, Seth 神)》이 이러한 일을 벌인 허물을 《석가모니 하나님 부처님》께 뒤집어씌움으로써 나중에 부활한 《아미타불(佛)》이 이러한 사실을 알게 된 것은 최근래에 와서 이다.

참고로 말씀드리면, 《아미타불(佛)》은 최고의 《악마(惡魔)의 신(神)》인 《비로자나 1세》와 《대관세음보살 1세》 사이에서 태어나 《비로자나 2세》가 된 분이며, 최고의 《악마(惡魔)의 신(神)》인 《비로자나 1세》와 《대관세음보살 2세》인 《가이아 신(Gaia 神)》 사이에서 태어난 분이 《악마(惡魔)의 신(神)》인 《석가모니》로서 《비로자나 3세》가 되며, 뒷날 《가이아 신(Gaia 神)》은 《그림자 비로자나불(佛) 1세》의 부인이 되는 것이다.

이러한 《악마(惡魔)의 신(神)》들인 《비로자나 1세》와 《비로자나 3세》인 《악마(惡魔)의 신(神)》《석가모니》가 《세트 신(Set, Seth 神)》을 부추겨 《아미타불(佛)》을 살해하게 된 이유가 《아미타불(佛)》이 《석가모니 하나님 부처님》의 《분신(分身)》의 아들로 태어나 《석가모니 하나님 부처님》의 도움으로 불법(佛法) 일치된 부처(佛)를 이루어 《태양성(太陽星, Sun)》 법궁(法宮)인 《목동자리(Boötes)》 《알파성(α星)》도 갖게 되고 《백조자리(Cygnus) 성단》도 만들고 《4×3×4》 천궁도 성단마저 만들게 되자, 이에 위기감을 느낀 최고의 《악마(惡魔)의 신(神)》《비로자나 1세》와 《비로자나 3세》인 《악마(惡魔)의 신(神)》《석가모니》는 《지배욕(支配慾)》과 《권력욕(權力慾)》에 점철된 그들 《야망(野望)》을 실현시키기 위해 《아미타불(佛)》을 《대마왕(大魔王)》 부처(佛)로 끌어내림과 동시에 《석가모니 하나님 부처님》의 영향력으로부터 벗어나게 하는 것이 첫째 목표였다. 그리고 두 번째 목적이 《아미타불(佛)》 자신을 살해한 《세트 신(Set, Seth 神)》을 사주한 것이 《석가모니 하나님 부처님》이심을 잘못 알게 함으로써 훗날 지상(地上)에서 펼쳐지는 인류 《북반구 문명기》 때에 《석가모니 하나님 부처님》의 법(法)에 반기를 드는 2차 《우주 쿠데타》를 도모할 수 있게 미리 계략을 꾸민 것이 두 번째 목적이었던 것이다. 그들은 《지배욕(支配慾)》과 《권력욕(權力慾)》으로 점철된 그들의 《야망(野望)》 충족을 위해 이러한 계략을 꾸미고 실행한 사건을 1차 《우주 쿠데타》라고 하는 것이다.

이와 같이 아들인 《세트 신(Set, Seth 神)》이 그의 아버지인 《아미타불(佛)》을 살해한 이러한 일들을 지상(地上)에서 고대(古代) 《이집트》 신관(神官)들이 후대(後代)에 미칠 파장을 고려하여 《오시리스(Osiris)》 신화(神話)를 남기면서 《신화(神話)》에서는 《세트 신(Set, Seth 神)》을 《오시리스(Osiris)》이신 《아미타불(佛)》의 형제(兄弟)로서 묘사를 하고 있는 것이다.

《미륵불(彌勒佛, Maitreya Buddha)》은 《석가모니 비로자나 3세》로서 《석가모니 하나님 부처님》의 《분신(分身)》의 아들이다. 이러한 《미륵(Maitreya)》도 한때 《세트 신(Set, Seth 神)》보다는 앞서 《아미타불(佛)》의 아들로 태어난 적이 있다. 이러한 인연(因緣)이 《아미타불(佛)》께서 《영혼(靈魂)》 죽임을 당할 때 오는 극심한 공포와 고통이 《미륵(Maitreya)》에게도 전하여져 세세생생 극심한 공포와 고통이 따르는 《심장병》으로 자리하여 얼마 전까지도 고통을 당하는 세월을 보낸 바가 있다. 한 번씩 이러한 심한 공포와 고통이 치밀어 오를 때는 말로 표현을 못하는 공포와 함께 고통을 당하다가도 때로는 억울하게 죽임을 당한 《아비》 생각에 눈물을 하염없이 흘린 적도 한두 번이 아니었다. 이러한 《미륵(Maitreya)》의 《심장병》도 《아미타불(佛)》께서 뒷날 《석가모니 하나님 부처님》께 반역하여 권위에 도전하는 《우주 쿠데타》의 최정점(最頂点)에 자리하고 있음을 확인한 이후, 《인연법(因緣法)》을 말끔히 정리함으로써 이로부터 얻은 《심장병》으로부터 자유로워진 것이다.

③ 《세트 신(Set, Seth 神)의 체포》

한편, 《4×3×4》 천궁도 성단을 탈취한 《세트 신(Set, Seth 神)》은 《4×3×4》 천궁도 성단으로써 지금의 《용자리 성단(Draco)》의 별(星)들을 탄생시키고 이 성단에 동승하셨던 《관세음보살》을 공간(空間)에 내쳐 버리고, 그는 현재의 《용자리(Draco)》 《알파성(α星)》으로 자리한 《문수보살 1세》이신 《왕검씨(王儉氏)》의 법궁(法宮)이 있는 북쪽 지점에 외톨이 별(星)을 그의 《법궁(法宮)》으로 하여 자리하고, 《용자리 성단(Draco)》은 《천일궁(天一宮)》이 만들어질 때 《다보불》의 둘째 아들로 탄생한 《문수보살》이신 《왕검씨(王儉氏)》가 차지하게 된다.

이러한 외톨이 별(星)인 《세트 신(Set, Seth 神)》의 법궁(法宮)이 현재 지상(地上)의 《서력기원(西曆紀元)》 《원년(元年)》이 되는 별(星)로써, 《세트 신(Set, Seth 神)》 후신(後身)인 《예수(Jesus)》의 별(星)도 되는 것이다. 이와 같은 인연 때문에 《기독교도》들의 《십자가(十字架)》가 탄생한 것으로써 《십(十)》자(字)가 《천일궁(天一宮) 10의 궁(宮)》을 뜻하고 열 십(十)자(字) 가운데 매달려 있는 《예수(Jesus)》가 당대 《세트 신(Set, Seth 神)》으로서 훗날 《예수》가 지상(地上)으로 왔을 때

《로마》의 형벌과 맞물려 나타난 것이 《십자가(十字架)》인 것이다.

《석가모니 하나님 부처님》께서 천상(天上)으로 불리우는 《천일궁(天一宮)》에 머무실 때 보다는 주로 오랫동안 머무실 때에는 《천일일(天一一)》 우주(宇宙)인 지금의 《오리온좌(Orion)》 성단의 《석가모니 하나님 부처님》의 《법왕궁(法王宮)》에 머무실 때가 많다. 이러한 《천일일(天一一)》 우주(宇宙)로 불리우는 지금의 《오리온좌(Orion)》 성단은 《석가모니 하나님 부처님》께서 《상천궁(上天宮)》을 만드신 후 다시 《석가모니 하나님 부처님》 단독으로 이루신 성단으로써, 이곳에 지금도 《석가모니 하나님 부처님》의 《법왕궁(法王宮)》이 존재를 하고 있다. 이러한 관계로 《천일우주(天一宇宙)》 100의 궁(宮)에 자리하였던 모든 부처(佛)들이 그들의 법궁(法宮) 핵(核)의 붕괴로써 만들어지는 《천궁(天宮)》이 있는 성단을 만들어 아래로 이동을 할 때는 모든 성단들이 《천일일(天一一)》 우주(宇宙)에 있는 《석가모니 하나님 부처님》의 《법왕궁(法王宮)》을 거쳐 지나가야 하는 것이다.

이러한 때에 《용자리(Draco)》《알파성(α星)》인 《문수보살》의 법궁(法宮)이 있는 북쪽에서 외톨이 별(星)을 이루고 있던 《세트 신(Set, Seth 神)》도 그의 법궁(法宮) 핵(核)의 붕괴로 소규모 《천궁(天宮)》을 이루고 《오리온좌(Orion)》 성단으로 들어오자, 이때를 기다려온 《호루스(Horus)》로 불리우던 《미륵(彌勒, Maitreya)》이 한때 그의 아버지였던 《아미타불(佛)》의 복수를 위해 기다렸다가 《세트 신(Set, Seth 神)》이 만든 《천궁(天宮)》을 파괴하여 무너뜨리고 《천궁(天宮)》 중심혈(中心穴)에 앉아 있던 《세트신(Set, Seth 神)》을 체포하여 《석가모니 하나님 부처님》께로 압송을 하니, 《석가모니 하나님 부처님》께서는 때마침 이곳을 지나던 《노사나불(佛)》《지일(地一)》의 태양선(太陽船) 지옥(地獄)에 가두게 하신다. 이러한 연후 비로소 《석가모니 하나님 부처님》께서는 그의 분신(分身)의 아들로 태어나셨던 《아미타불(佛)》의 장례식을 치르게 되는 것이다. 이때가 지금으로부터 《70억 년(億年)》 전(前)의 일이 된다.

이와 같은 장례식의 장면을 《문수보살 1세》의 후신(後身)으로 태어난 《멘투호텝 3세(Mentuhotep III)》(재위 2010BC~1998BC) 파라오가 "『또한 그날은 《미륵》의 아버지 《석가모니 하나님 부처님》에 의해 치러진 《아미타불(佛)》의 장례날입니다.』"라고 표현을 하고 있는 것이다. 이때의 여러 장면들을 《레우 누 페르 엠 후루》에서 다루고 있는 것이다.

④ 《약상보살과 약왕보살》

　　이러한 이후 《세트 신(Set, Seth 神)》도 《20억 년(億年)》의 옥고(獄苦)를 겪고 《노사나불(佛)》께서 《지일일(地一一)》 우주를 완성하시고 지금의 《황소자리(Taurus)》 성단인 《지일이(地一二)》 우주를 만드실 때 《가스(GAS) 성(星)》 태양성(太陽星)을 법궁(法宮)으로 하여 《일체중생희견보살(一切衆生喜見菩薩)》로 이름하고 태어난 후 자기 몸(身)인 《가스(GAS) 성(星)》 태양성(太陽星)을 《1,200년》간을 불태움으로써 《4×3×4》 천궁도 성단에서 탈취하여온 《아미타불(佛)》의 《혼(魂)》을 되돌려 드림으로써 비로소 《아미타불(佛)》께서는 《50억 년(億年)》만에 부활을 하시고, 《일체중생희견보살(一切衆生喜見菩薩)》이 된 《세트 신(神)》은 그의 몸(身)이 마지막 불타는 것과 때를 같이하여 《약상보살》과 《약왕보살》 쌍둥이 형제로서 《노사나불(佛)》의 아들들로 태어나 현재 우리들 태양계(太陽界)의 《해왕성(Neptune)》과 《명왕성(Pluto)》을 새로운 법신(法身)으로 하여 태어나게 되는 것이다.

　　이때 태어난 쌍둥이 형제가 《정안(淨眼)》, 《정장(淨藏)》으로서, 훗날 《정안(淨眼)》이 《약상보살》이 되며 《정장(淨藏)》이 《약왕보살》로서, 후신(後身)으로서는 《약상보살》이 《유대인》의 최고 조상(祖上)인 《다윗(David)》(재위 1040BC~971BC)이 되고 훗날 《공자(孔子)》(551BC~479BC)로서도 오시게 되며, 《정장(淨藏)》이 《약왕보살》로서 《이스라엘인》의 최고 조상(祖上)으로서 훗날 《예수(Jesus)》로 오게 되는 것이다. 이와 같은 기록이 《묘법연화경(妙法蓮華經)》 제22 《약왕보살본사품》과 제26 《묘장엄왕본사품》에 상세하게 기록되어 오는 것이다. 이로써 훗날의 《다윗(David)》과 《예수(Jesus)》는 《아미타불(佛)》과 《노사나불(佛)》 두 분 모두를 아버지(父)로 하시게 되는 것이다.

⑤ 《아미타불(佛)의 부활(復活)》

　　한편, 《일체중생희견보살(一切衆生喜見菩薩)》이 된 《세트 신(Set, Seth 神)》으로부터 탈취당하였던 《혼(魂)》을 되돌려 받고 50억 년(億年)만에 《부활(復活)》하신 《아미타불(佛)》께서는 《1-3의 길》에서 《4억 년(億年)》에 걸쳐 《천궁(天宮)》의 초기 형태인 《블랙홀(black hole)》을 이루고 《천궁(天宮)》을 중심한 성단(星團)을 만든 후 진화(進化)하면서 《은하수(銀河水)》를 건너 중계(中界)의 우주 초입에서 《천이삼(天二三)》 우주를 《석가모니 하나님 부처님》과 《노사나불(佛)》의 도움으로 완성하시고, 이후 《천궁(天宮)》을 이동시켜 《45억 년(億年)》 만에 불법(佛法) 일치를 이루어 《시리우스(Sirius)》 태양성(太陽星)의 법궁(法宮)을 가지시고 새로이 탄생을 하시는 것이다. 즉, 부활 이후 49억 년(億年) 만에 《시리우스(Sirius)》 태양성(太陽星)을 법궁(法宮)으로 하여 다시 태어나신 것이다. 이렇게 《시리우스(Sirius)》 태양성(太陽星)을 《법궁(法宮)》으로 하신 때가 지구계(地球界) 시간으로는 지금으로부터 《1억 년(億年)》 전(前)이 되나, 우주 전체의 시간으로 볼 때는 《10억 년(億年)》이 되는 것이다.

이러한 이후 《지상(地上)》에서 《남반구(南半球)》 문명 2만 년(二萬年)을 선도하시고 《북반구(北半球)》 문명이 시작된 후 《수메르(Sumer) 문명 왕조》(5200BC~4100BC)의 7대 《엔-시파드-지드-아나(En-sipad-zid-ana)》(재위 4500BC~4400BC) 왕으로 머무신 후, 《BC 4400년 ~ BC 3900년》까지 《500년》 동안 《고대(古代)》 《이집트》로 건너가시어 후손(後孫) 무리들을 교화하신 이후 《BC 3800년경》 다시 《수메르(Sumer) 문명권》(4100BC~1674BC)으로 돌아오시어 《우루크(Uruk) 제1왕조》의 5대 《길가메쉬(Gilgamesh)》 왕으로 자리하신 이후 《BC 3450년》 《우르(Ur) 제1왕조》를 세우시고, 다음으로 《우르 문명》의 부흥을 위해 《BC 2220년》 《라가시(Lagash) 제2왕조》 초대 《키쿠이드》 왕(王)으로 오시게 되며 그리고 나서 《BC 2053년 ~ BC 2049년》까지 제15대 《우르-가르(Ur-gar)》 왕으로 재위에 머무신 후 곧바로 《아미타불(佛)》께서는 《갈데아 우르》를 떠나시면서 직계(直系) 후손들인 《유대인》과 《이스라엘인》들을 위해 《신(神)들의 전쟁을 명령하시는 것 같이 꾸며 놓은 기록이 다음 인용 기록이 되는 것이다.

"『내세의 서방세계(西方世界)에서는 그곳의 지배자인 《아미타불(佛)》의 명령으로 《신(神)》들의 전쟁이 시작되었습니다.』"

라고 기록을 함으로써 《신(神)》들의 전쟁이 《아미타불(佛)》의 명령으로 일어난 것인 양 《문수보살 1세》인 《멘투호텝》 파라오가 허위 기록을 남기고 있는 것이다.

이러한 《신(神)》들의 전쟁은 훗날 밝혀지게 되는 《석가모니 하나님 부처님》 법(法)에 반기를 든 《우주 쿠데타》를 명령한 주범인 최고의 《악마(惡魔)의 신(神)》인 《비로자나 1세》와 《그림자 비로자나 1세》의 《계략》에 의해 인류 최초의 문명(文明)으로 알려진 《수메르 문명》때부터 일어난 《신(神)들의 전쟁》을 《문수보살 1세》는 이를 왜곡하여 마치 《아미타불》이신 《오시리스 신(神)》이 명령함으로써 일어난 것인 양 허위 기록으로 남겨 놓고 있는 것이다.

 이러한 인연이 훗날 최고의 《악마(惡魔)의 신(神)》인 《비로자나 1세》와 《그림자 비로자나 1세》의 《계략》에 의해 《그림자 비로자나 1세》와 《가이아 신(Gaia 神)》 사이에서 태어난 적이 있는 《묘음보살》이 《남자(男子)》 몸(身)을 받고 유대인 탈을 쓰고 태어나 《모세(Moses)》(1211BC~1136BC)로 이름하고, 훗날 《묘음보살》과 형제로 태어났던 《천관파군 2세》인 《이오 신(神)》 역시 유대인 탈을 쓰고 태어나 《에스라(Ezra)》(510BC~440BC)로 이름하고 《구약》 결집을 시작한 결과, 결국 《아미타불(佛)》의 아드님이신 《예수(Jesus)》를 최고의 《악마(惡魔)의 신(神)》인 《비로자나 1세》와 《가이아 신(Gaia 神)》이 로마 제국의 《콘스탄티우스 클로로스(Chonstantius Chlorus)》(AD250~AD312)와 《헬레나(Helena)》(AD246~AD330)로 태어나서 유대인 탈을 쓴 《마왕(魔王)》들과 《마왕신(神)》《제사장》들과 일들을 꾸며 《예수(Jesus)》(AD274~AD310)를 죽임으로써 이후 결국 《아미타불(佛)》께서 《우주 쿠데타》 주동 세력들에게 항복하게 되는 참담한 결과를 낳은 것이다.

 만약 이집트 제19왕조 4대 파라오 《메르넵타(Merneptah)》(재위 1213BC~1203BC) 때 내려진 《영아 살해》 명령이 충실히 지켜지고 때에 《나일강》가에 떠내려 오는 갈대 잎으로 만든 조그마한 배의 포대 속에 싸인 어린아이를 훗날 《람세스 3세(Ramesses III)》(1209BC~1155BC, 재위 1186BC~1155BC)의 어머니가 되실 이집트 왕녀가 꿈속에서 최고의 《악마(惡魔)의 신(神)》인 《비로자나 1세》가 부탁한 당부를 듣지 않고 그를 구하지만 않았으면 《모세(Moses)》(1211BC~1136BC)도 태어나지 않았을 것이기 때문에 《유대인》과 《이스라엘》인들과 이들을 후손들로 둔 《아미타불(佛)》께서도 저들이 획책한 2차 《우주 쿠데타》를 상당 부분 막았을 것이고 《유대인들》과 《이스라엘인》들 역시 운명이 크게 바뀌는 계기가 되었을 터인데 하는 진한 아쉬움이 남는 것이다.

 그리고 현재 전하여져 오는 《세티 1세(Setti I)》와 《람세스 3세(Ramesses III)》의 재위연도는 많이 흐려져 있는 점을 유의하시기 바라며, 상기 내용의 상세한 설명은 《우르(Ur) 왕조》와 연결된 내용에서 상세하게 밝혀 드리겠다.

이와 같이 짧은 《낭송문》 속에 우주간(宇宙間) 《진리(眞理)》의 《실상(實相)》을 왜곡하여 담을 수 있는 자(者)가 《왕검씨(王儉氏)》인 《문수보살 1세》로서 《지혜(智慧)》가 출중한 분이다. 이러한 분이 옳지 못한 생각으로 만들어 놓은 《강화도》《참성단》은 하루빨리 해체되어야 《대한민국(大韓民國)》 모든 백성(百姓)들이 그의 《저주(咀呪)》로부터 자유로워질 수 있음을 다시 한 번 강조하는 바이다.

(4) 《공산사상(共産思想)》과 《자연사상(自然思想)》

《미륵불(彌勒佛, Maitreya Buddha)》이 3,4년 전(前)부터 《대마왕(大魔王)》 부처(佛)들과 보살(菩薩)들과 《대마왕신(大魔王神)》 모두들과 이들의 행동(行動) 대장들인 추종 세력 모두들을 차례로 《석가모니 하나님 부처님》의 도움을 얻어 그들의 《영혼(靈魂)》 죽임을 위해 《항마의식(降魔儀式)》을 거행할 때, 《27품》《묘법연화경(妙法蓮華經)》《제19 상불경보살품(常不輕菩薩品)》에 나오는 《상불경보살(常不輕菩薩)》이 《악마(惡魔)의 신(神)》인 《석가모니》인데, 이러한 《상불경보살(常不輕菩薩)》이 《석가모니 하나님 부처님》의 몸(身)인 《대공(大空)》을 《음양(陰陽)》으로 나눈 《음(陰)》의 몸(身)인 《암흑물질(dark matter)》을 표현한 《위음왕여래(威陰王如來)》를 스스로인 《상불경보살(常不輕菩薩)》이라고 호칭을 하는 것을 수상히 여겨 《수기(授記)》를 줄 형편도 못되는 자(者)가 당대의 《비구, 비구니(比丘, 比丘尼)》들이 한사코 거부를 하는데도 《수기(授記)》를 준다고 요란을 떠는 것을 추궁하다 보니, 이렇게 요란을 떤 이유가 《진화(進化)》가 덜 되어 《욕망(慾望)》으로 가득 찬 이들을 자극하기 위한 목적으로 최고의 《악마(惡魔)의 신(神)》인 《비로자나 1세》와 《비로자나 3세》인 《악마(惡魔)의 신(神)》인 《석가모니》가 서로 짜고 벌인 일들로써, 이에 자극을 받은 이들이 훗날 《대마왕신(魔王神)》들이 되어 그 중 하나가 《아미타불(佛)》의 장자(長子)로서 《세트 신(Set, Seth 神)》으로 태어나 스스로의 《욕망(慾望)》함인 《지배욕(支配慾)》과 《권력욕(權力慾)》을 채우기 위해 그의 아버지인 《아미타불(佛)》을 살해하게 된 근본 부추김이었다는 사실을 밝혀내게 된 것이다.

즉, 《부처(佛)》나 《보살(菩薩)》에 대한 반감을 깊게 심어줌으로써 때에 부처(佛, Buddha)를 이루신 《아미타불(佛)》을 그 아들인 《대마왕신(大魔王神)》인 《세트 신(Set, Seth 神)》이 반감을 가지고 그의 욕망(慾望) 충족을 위해 《아비》를 살해하도록 교사(敎唆)를 하기 위해 《악마(惡魔)의 신(神)》인 《석가모니》가 스스로 《보살(菩薩)》로 자청하고 이들을 자극(刺戟)하였음이 밝혀진 것으로써 이의 증거가 《묘법연화경(妙法蓮華經)》 《제19 상불경보살품(常不輕菩薩品)》이 되는 것이다. 이로써 그들은 《아미타불(佛)》께서 《2×1×2》 천궁도(天宮圖) 성단(星團)으로써 만든 《백조자리 성단(星團)》을 탈취하게 된 것이다. 이러한 《상불경보살품》의 《문자반야(文字般若)》는 《악마(惡魔)의 신(神)》인 《석가모니》 스스로가 《석가모니 하나님 부처님》의 불법(佛法)을 파괴하여 《설(說)》한 것이니 변명의 여지가 없게 된 것이다.

이로써 그동안 《석가모니 하나님 부처님》의 사주를 받고 그의 아들인 《세트 신(Set, Seth 神)》이 스스로를 살해한 것으로 잘못 알고 있던 《아미타불(佛)》께서는 불과 3,4년 전(前)에 《미륵(彌勒, Maitreya)》에 의해 밝혀진 《아미타불(佛)》 살해 동기를 알게 되시어 비로소 전후(前後) 사정을 모두 파악하신 이후 이 부분에 대하여는 《석가모니 하나님 부처님》께 깊은 참회를 하심으로써 그동안의 잘못된 생각으로부터 벗어나시게 된 것이다. 이러한 일이 있고 난 후 《미륵(彌勒, Maitreya)》은 《아미타불(佛)》께 간곡히 옛날 부처(佛)의 지위로 오르실 것을 말씀 드렸으나, 《아미타불(佛)》께서는 옛날 《부처(佛, Buddha)》의 자리로 되돌아가기에는 너무 깊게 《대마왕(大魔王)》 생활에 빠져든 관계로 되돌릴 수 없는 지경까지 왔으므로 그냥 그대로 스스로는 스스로가 택한 길로 가시겠다고 말씀하시면서 미안하다고 뜻을 전해옴으로써 《미륵(彌勒, Maitreya)》은 또 한 번의 슬픔을 맛보아야만 한 것이다.

① 《공산사상(共産思想)》

이로써 볼 때 《천일우주(天一宇宙)》 100의 궁(宮)에서 《공산사상(共産思想)》을 만든 자가 최고의 《악마(惡魔)의 신(神)》인 《비로자나 1세》와 《비로자나 3세》인 《악마(惡魔)의 신(神)》 《석가모니》임이 확연히 드러난다.

이 인연으로 최고의 《악마(惡魔)의 신(神)》인 《비로자나 1세》 분신이 《구. 소련》의 제1대 공산당 서기장인 《레닌(Vladimir Il'ich Lenin)》(AD1870~AD1924)으로 온 적이 있으며, 때에 각기 다른 곳에서 태어난 《아미타불(佛)》이 제2대 공산당 서기장이 된 악명 높은 《스탈린(Stalin)》(AD187

9~AD1953)으로 오신 것이며, 때에 《악마(惡魔)의 신(神)》인 《석가모니》가 《모택동》(AD1893~AD1976)으로 이름하고 와서 《중국》《공산당》의 두목이 되었으며, 《노사나불(佛)》이 《김일성(金日成)》(AD1912~AD1994)으로 이름하고 와서 《이북(以北)》《공산당》의 두목이 됨으로써 이들 모두가 선후천(先後天) 우주 갈림길에서 《법공(法空)》의 핵(核) 중의 핵(核)인 《남한(南韓)》을 《적화통일(赤化統一)》을 시켜 그들이 점령함으로써 후천우주(後天宇宙) 천상(天上)을 장악하여 《후천우주(後天宇宙)》 역시 《선천우주(先天宇宙)》와 같이 《욕망(慾望)》이 가득 찬 우주(宇宙)로 만들기 위해 광분한 것이다.

이를 위해 《아미타불(佛)》을 제외한 그들 무리들은 수시로 몸(身)을 바꾸고 《신(神)》들의 전쟁과 《석가모니 하나님 부처님》과 《미륵불(彌勒佛, Maitreya Buddha)》의 제거를 위해 《우주(宇宙) 쿠데타》를 일으키고 《역사(歷史)》를 만들어 온 것이다.

때에 《아미타불(佛)》께서는 오랫동안 《우르(Ur) 문명》을 부흥시키고 《곰족(熊族)》과 그의 직계(直系) 후손들인 《유대인》과 《이스라엘인》들의 올바른 교화(敎化)를 위해 노력하심과 아울러 이들 세력들이 획책한 《우주 쿠데타》에 맞서 싸우시다가 마지막 희망이었던 그의 아드님이신 《예수(Jesus)》(AD274~AD310)의 죽음 이후 최고의 《악마(惡魔)의 신(神)》인 《비로자나 1세》와 《그림자 비로자나 1세》에게 항복함으로써 뒤늦게 《우주 쿠데타》에 합류를 한 것이다.

이러한 자(者)들이 《한반도(韓半島)》에서 획책한 것이 《AD 1953년》의 《6.25사변》이며, 이후 이들이 떠난 이후에도 그들의 행동 대장들이 남아 아직까지 꿈을 깨지 못하고 《남한(南韓)》을 위협하였기 때문에 서둘러 《이북(以北)》의 최고 지도자의 《생명(生命)》을 정리한 후 그들이 《이남(以南)》의 《좌익 세력》들과 공모하여 도모한 모든 일들을 정리를 한 것이다.

분명히 말씀드리되, 《후천우주(後天宇宙)》에서는 《공산사상》과 《자연사상》이 자리하지 못하도록 《석가모니 하나님 부처님》께서 《이치》로 확정 지우셨으니, 이러한 사상(思想)을 가지고 있는 《한민족(韓民族)》의 일원이 있으면 하루빨리 이러한 사상(思想)들을 정리하시어 새로운 《한민족(韓民族)》의 일원으로 다시 태어나시라는 뜻이다. 이러한 사상을 가진 자들은 《후천우주(後天宇宙)》에서는 두 번 다시 인간의 몸(身)을 받고는 태어나지를 못하는 《이치》가 결정되었음을 알려 드리는 것이니 명심하시기 바란다.

이제 이들 세력들의 계획은 《석가모니 하나님 부처님》과 《미륵불(彌勒佛, Maitreya Buddha)》에 의해 모두 수포로 돌아갔기 때문에 이제 세인(世人)들도 알아야 할 때이므로 이를 상세히 밝히고 있는 것이다. 여름철 부나비처럼 한철 살다가 가야 할 인간들이라면 《미륵불(彌勒佛, Maitreya Buddha)》의 경고를 무시해도 좋다. 그러나 인간들에게 스스로의 《영혼(靈魂)》과 《영신(靈身)》이 있음을 믿는 자들은 《미륵불(彌勒佛, Maitreya Buddha)》의 당부를 꼭 들으시기 바란다. 여러 번 밝힌 바 있듯이, 《법공(法空)》의 《0(ZERO)》 지점에서도 핵(核)이 되는 곳을 이제 두 번 다시는 《좌익 세력》들에게 내어주는 일을 하지 못하도록 《천상(天上)》에서는 결정하고 있음을 분명히 알리는 바이다.

② [《공산사상(共産思想)》과 《자연사상(自然思想)》의 본질]

지금으로부터 100억 년(億年) 전(前)에 《백성(百姓)》들을 다스리는 통치(統治) 차원에서 최고의 《악마(惡魔)의 신(神)》인 《비로자나 1세》와 《비로자나 3세》인 《석가모니》가 만든 사상(思想)이 《공산사상(共産思想)》이며, 《노사나불(佛)》께서 만드신 사상(思想)이 《자연사상(自然思想)》임을 진행을 하면서 밝혀 왔다. 이러한 《공산사상(共産思想)》과 《자연사상(自然思想)》이 통치(統治) 차원에서 《천상(天上)》에서부터 만들어진 배경을 이제 때가 되어 이를 밝혀 드리고자 한다.

《인간》들의 《심장》에는 《양자영(陽子靈) 24》와 《전자영(電子靈) 6》이 진화(進化)의 주인공이 되는 《성(性)의 30궁(宮)》을 이루고 있는 것임을 지금까지 설명 드려 왔다. 이러한 《성(性)의 30궁(宮)》이 삼진(三眞) 중의 진정(眞精)으로 이름되는 《중성자영(中性子靈) 6》과 결합하여 《36궁(宮)》을 이루고 《심장》에 자리하고 있는 모습이 《현대 의학》《초음파 검사》에서도 그 모습이 뚜렷이 드러나고 있으나, 이의 실체에 대하여서는 《현대의학》도 침묵을 하고 있는 것이다.

이러한 《성(性)의 36궁(宮)》에서 중심(中心)에 자리한 것은 《중성자영 6》으로써 이와 같은 《중성자영 6》을 《양자영 18》이 둥글게 싸고 있는 《24궁(宮)》을 《영혼(靈魂)》이라 하며, 이러한 《영혼》 주위를 진화가 덜된 《양자영 6》이 궤도 운행을 한다. 이렇게 《양자영 6》이 궤도 운행을 하는 것과 《궤(匱)》를 같이 하여 일정한 거리를 두고 《전자영 6》이 마찬가지로 그 외곽에서 궤도 운행을 하는 것이다. 이와 같이 《24궁(宮)》을 이룬 《영혼》 주위에서 《양자영 6》과 《전자영 6》이 《음양(陰陽)》 짝을 하여 《6×6 구조》를 이루고 있는 것을 《영혼》의 몸(身)으로써 《영신(靈身)》이라고 한다. 이러한 궤도 운행을 하는 《6×6 구조》를 가진 《양자영 6》과 《전자영 6》과 《속성(屬性)》 사이의 빈 공간에 형성되는 《다르마의 구름》을 《마음(心)》이라 한다고 여러 번 설명 드린 바가 있다.

[도형 1-3-3] 영혼(靈魂)과 영신(靈身)의 마음 작용도

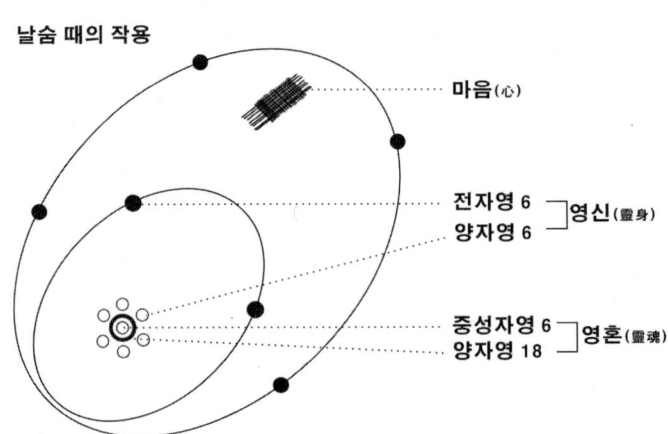

이와 같은 《영혼》과 《영신》에 대한 구조를 머릿속에 그리고 다음 설명을 진지하게 들으시기 바란다. 《영혼》을 이루고 있는 《24궁(宮)》은 《태양(太陽)》의 구조를 가지고 있기 때문에 항상 《인체》에 《36.5도》의 열(熱)을 공급한다. 이러한 《열》을 공급하는 《영혼》의 《24궁(宮)》에 있어서 중심을 이루고 있는 《중성자영 6》을 제외한 《양자영 18》이 만들어진 곳은 3곳으로 구분이 된다. 이렇듯 《양자영 18》이 만들어진 곳을 밝히면 다음과 같다.

1. 《양자영 6》 : 천일우주(天一宇宙) 100의 궁(宮)
2. 《양자영 6》 : 천일일 우주(天一一 宇宙) (오리온좌 성단)
3. 《양자영 6》 : 인일일 우주(人一一 宇宙) (도솔천 내원궁)

다음으로 《6×6》 구조를 가지고 《궤도 운행》을 하는 《영신(靈身)》의 《양자영 6》과 《전자영 6》은 지금으로부터 45억 년(億年) 전(前)에 우리들의 지구(地球)가 탄생될 때 만들어진 영(靈)들이다. 이러한 《영혼(靈魂)》을 이루고 있는 《영》들과 《영신(靈身)》을 이루고 있는 《영》들이 《영신(靈身)》을 가지고 진화(進化)하는 수(數)는

$$3 \times (6 \times 6) = 108$$

로써 《108번뇌(煩惱)》의 주인공들이 된다. 즉, 《영신(靈身)》을 가지고 진화(進化)하는 당체가 《108》 종류가 됨으로써 이러한 당체들이 진화(進化)의 주인공인 《성(性)의 30궁(宮)》을 이루면 인간 육신(肉身)을 가지고 태어날 수 있다는 뜻이며, 인간 《육신(肉身)》을 가지고 태어난 무리들 진화(進化)의 척도는 《영신(靈身)》이 쥐고 있는 것이다.

이와 같이 《인간》 《육신(肉身)》을 가지고 태어날 수 있는 《영신(靈身)》을 가진 《108》의 무리들을 진화(進化)의 순서대로 크게 구분하면 다음과 같다.

  1. 《인간》 무리 8종류
     《인간》 무리는 《3-1의 성문승(聲聞乘)》과 《스키타이 무리》와 《4-1의 성문승(聲聞乘)》 《음(陰)의 무리》와 《양(陽)》의 무리 등 4무리와 이들 4 무리를 《음양(陰陽)》으로 나눈 4의 무리 합(合) 《8무리》가 《인간》 《영신》을 가진 무리가 된다.

  2. 《백조》 등 《날짐승》 무리 20종류

  3. 《가축》 등과 들(野) 《짐승 무리》 20종류

  4. 《물고기》와 《어패류》 무리 30종류

  5. 《곤충 무리》 30종류   합(合) 《108》

이러한 《인간》의 무리 8과 《짐승》의 무리 40과 《물고기》와 《어패류》와 《곤충》의 무리 60의 합(合) 《108》의 《영신》을 가진 자들이 인간 《육신(肉身)》을 가지고 태어날 수가 있는 것이다.

이와 같이 《인간》의 무리 《8종류》를 제외한 《짐승》의 무리 《50종류》의 《영신》을 가진 《후손(後孫)》들을 두고 이들을 다스리는 자(者)들을 《대마왕(大魔王)》《불보살》들이라고 하며, 《물고기》와 《어패류》와 《곤충》 무리 《50종류》의 《영신》을 가진 《후손》들을 두고 이들을 다스리는 자(者)들을 《대마왕신(大魔王神)》들이라고 한다.

그러나 일부의 《대마왕》 불보살들 중에도 《곤충》 무리의 후손(後孫)들을 두게 되는 《대마왕》 불보살들이 있으나, 크게 구분하면 《짐승》의 《영신》을 가진 후손들을 두고 다스리는 《대마왕》《불보살》들과 《물고기》와 《어패류》와 《곤충》의 《영신》을 가진 후손들을 두고 이들을 다스리는 《대마왕신(神)》으로 두 구분하는 것이다. 이러한 《진화(進化)》의 구분은 《영신》에서 한다는 사실을 염두에 두시기 바란다. 지금까지 설명 드린 내용이 《진리(眞理)》의 한 부분임을 《메시아(Messiah)》이신 《미륵불(佛)》이 분명히 밝히는 바이다.

사정이 이러함에도 《대마왕》 불보살들은 인간 《육신(肉身)》 내면(內面)에 있는 《인간》《육신(肉身)》과 《양음(陽陰)》 짝을 하는 또 다른 《영혼》의 《육신》인 《영신(靈身)》의 진화(進化)를 무시하고 《육신(肉身)》을 가진 《인간》은 자연적으로 태어난 존재로써 자연적으로 《인간》이 탄생함으로써 《만물(萬物)》은 제자리를 지키고 있으며 《신(神)》들도 그 이후에 태어나서 각자 제자리를 지키고 있다는 《자연사상(自然思想)》을 주장하며, 막강한 《영력(靈力)》과 《힘(力)》을 앞세워 《무력통치》 차원에서 《짐승》 무리의 《영신》을 가진 그들 후손들의 《통치(統治)》를 위해 만든 것이 《자연사상》으로써 더러 《아프리카》 평원에서 이동하는 코끼리 무리나 얼룩말 무리 등 《동물(動物)》들의 《습성(習性)》을 자세히 관찰하면 이로써 만들어진 것이 《자연사상》이라는 사실이 잘 이해가 되실 것이다.

그리고 《물고기》나 《어패류》나 《곤충》의 《영신(靈身)》을 가진 《인간》 육신(肉身)을 가진 무리들이 《통치》 차원에서 《악마(惡魔)의 신(神)》들인 《대마왕신(神)》들이 《특수층》을 형성하여 만든 것이 《공산사상》임을 먼저 말씀드렸다. 이 역시 《물고기》나 《어패류》나 《개미》나 《벌》 등 《곤충》들의 《습성(習性)》을 잘 관찰하여 보면 《리더(leader)》를 따라 일사분란

하게 움직이는 《물고기》나 《곤충》 무리들의 움직임에서 나타나는 바와 같이 이곳으로부터 비롯된 것이 《공산사상》이라는 사실을 알 수 있을 것이다. 즉, 《악마(惡魔)의 신(神)》들인 《대마왕신(神)》들 역시 그들 후손들의 진화(進化)를 가로막고 그들의 《욕망》에 의한 《야망(野望)》을 채우기 위해 《특수층》을 형성하여 《무력통치》 차원에서 《천상(天上)》에서 만든 것이 《공산사상》이라는 점을 바로 이해하시기 바란다.

《원천창조주》께서는 이렇듯 진화하는 당체인 《성(性)의 30궁(宮)》을 가진 《구석기인》들에게 하늘(天)의 씨앗인 《삼진(三眞)》을 심어 《신석기인》으로 전환을 시킨 후 《인간》으로서 살아가야 하는 기초인 《농경법》과 가축을 기르며 안정적인 삶을 살 수 있는 방법을 가르친 후 다음으로 가르치는 것이 《문명 사회》로 가는 법(法)을 가르치고 그 다음으로 가르치는 것이 《왕조(王朝)》 시대를 열어 《도덕성(道德性)》 교육을 시키는 것이다. 이러한 《도덕성》 교육이 마쳐진 후 다음으로 《지혜(智慧)》의 완성을 위해 《인간》 육신(肉身)에 대한 담금질의 시작으로 《시련기》를 겪게 함으로써 《영신(靈身)》의 담금질을 통해 《영혼》 진화를 꾀하시는 것이 《인간 무리》들에게는 공식화되어 있는 《진화》의 과정이다.

이러한 과정을 거치는 《인간 무리》 《영신》을 가진 자들의 진화의 과정을 따라 《짐승》과 《물고기》와 《어패류》와 《곤충》의 《영신(靈身)》을 가진 자들이 《인간 무리》 《영신(靈身)》을 가진 자들을 따라 보고 배우게 하기 위해 《인간》 《육신(肉身)》을 주어 그들도 《육신(肉身)》의 《단련》을 통해 《영신》의 진화를 도모함으로써 《짐승》과 《물고기》와 《어패류》와 《곤충》의 무리 《영신》에서 《인간 무리》의 《영신》으로 진화할 수 있는 기회를 부여하기 위한 《원천창조주》의 뜻을 거부하고 《적반하장》도 유분수이지 오히려 《대마왕》 불보살들과 《악마(惡魔)의 신(神)》들인 《대마왕신(神)》들은 이러한 《인간 무리》들을 타락시켜 그들의 수하로 거느려 그들 야망을 채우기 위한 도구로 활용하다가 마지막에는 《인간 무리》들을 《파멸(波滅)》의 길로 내몰고자 하였던 일들이 《선천우주》 내내 진행이 되어 온 것이다.

이에 《원천창조주》이신 《석가모니 하나님 부처님》께서는 향후 전개되는 《후천우주》에서는 《진화(進化)》의 특성상 상기 설명 드린 《짐승》의 《영신》을 가진 《대마왕》 불보살들과 그의 후손들을 제외한 《선천우주》 동안 《인간》 《영신》을 가진 자들에게 엄청난 피해를 준 《물고기》와 《어패류》와 《곤충》의 《영신》을 가진 《악마(惡魔)의 신(神)》들인 《대마왕신(神)》들과 그들의 후손들은 그들 스스로가 진화(進化)되어 《짐승》의 《영신》을 갖기 이전에는 《인간》《육신(肉身)》을 가지고 태어날 수 없도록 이치로써 확정을 하셨기 때문에 이들은 향후 두 번 다시 인간 육신(肉身)을 가지고 태어날 수 없으며, 그들이 본능적으로 가졌던 《공산사상(共産思想)》도 《우주간》에서나 《세간》에서 영원히 사라지게 되어 있는 것이다.

이와 같은 《공산사상》이나 《자연사상》은 《원천창조주》이신 《석가모니 하나님 부처님》께서 행(行)하시는 《진화(進化)》의 법칙을 정면으로 거부하는 《사상(思想)》으로써 이러한 《사상(思想)》을 만든 자(者)들은 궁극적으로 그들의 후손들을 《파멸(波滅)》의 길로 내몰고 있다는 사실을 깊이 인식하시기 바란다. 그리고 이러한 두 사상(二思想)이 실행면에서는 상대적으로 현격한 차이를 보이고 있으나, 본질적(本質的)으로는 《지배욕(支配慾)》과 《권력욕(權力慾)》으로써 그 근본(根本)이 같음을 《석가모니 하나님 부처님》께서는 알고 계시는 것이다.

이러한 두 사상(二思想) 중 《공산사상(共産思想)》이 지상(地上)의 인류 《북반구(北半球)》 문명》 끝 무렵이 가까워서야 《공산주의(共産主義)》가 되어 나타난 이유를 밝혀야 할 때가 온 것 같다.

왕조시대(王朝時代)에는 그 지배층이 모두 《지배욕》과 《권력욕》으로 점철되어 있기 때문에 구태여 《공산사상(共産思想)》이나 《자연사상(自然思想)》을 구분 지어야 할 필요가 없었던 것이나, 다만, 《공산사상(共産思想)》을 가진 분들은 주로 권력(權力)이 중앙(中央)으로 집중되는 《절대군주제(絶對君主制)》를 선호한 것이 특징이 되는 것이다. 이러한 《왕조시대(王朝時代)》에는 그들 사상(思想)의 근본(根本)이 되는 본질(本質)이 같음으로써 《공산사상(共産思想)》이 따로 그 모습을 드러낼 필요가 없었던 것이나, 《AD 1789년 7월 14일 ~ AD 1794년 7월 8일》에 걸쳐 일어난 《자유사상(自由思想)》을 갈망하는 《프랑스 대혁명》이 일어난 이후 이에 위기감을 느껴 상대적으로 《공산사상(共産思想)》이 이후에 등장하게 된 것이다.

③ 《자유사상(自由思想)》

《자유사상(自由思想)》이 《석가모니 하나님 부처님》께서 《상천궁(上天宮)》에서 만드신 사상(思想)임을 아울러 진행(進行)을 하면서 밝혔으며, 《화백(和白)》을 하고 백성(百姓)들을 다스린 《단

《군조선(檀君朝鮮)》이 완전한 《자유사상(自由思想)》에 입각하여 《백성(百姓)》들을 다스린 것은 아니나 상당 부분 《자연사상(自然思想)》에 《자유사상(自由思想)》의 일부를 받아들인 것이 바로 《화백제도(和白制道)》인 것이다.

《자유사상(自由思想)》을 지상(地上)에서 처음 《영국(英國)》에 전달한 사람이 바로 필자인 《미륵(彌勒, Maitreya)》이다. 여러분들께서는 중세(中世) 《영국(英國)》의 《로빈훗(Robin Hood)》(AD1160~AD1247)을 잘 아실 것이다. 이 《미륵(彌勒, Maitreya)》이 한때 《로빈훗(Robin Hood)》의 《아비》가 되어 당시 귀족들에게 《자유사상(自由思想)》을 전(傳)함으로 당시 많은 귀족들의 호응을 얻은 적이 있다. 즉, 《로빈훗》(AD1160~AD1247)은 실존(實存) 인물로서 《미륵(彌勒, Maitreya)》의 아들(子)이다. 이러한 《로빈훗》이 당시 영국(英國)의 《존왕(John 王)》(AD1167~AD1216) 시절 《자유사상(自由思想)》을 지키기 위한 무용담이 훗날 《로빈훗(AD1160~AD1247)》을 전설의 인물로 만든 것이었다. 이러한 《로빈훗(Robin Hood)》이 《AD 1160년 ~ AD 1247년》에 존재한 인물로 《설(說)》로써 전하여져 오고 있으나, 이는 사실임을 《미륵불(彌勒佛, Maitreya Buddha)》이 밝혀 드리는 것이다. 이와 같이 《로빈훗》(AD1160~AD1247)이 태어나기 이전에 《미륵(彌勒, Maitreya)》이 《앵글로족》의 피를 가지고 태어나서 설(說)한 《자유사상(自由思想)》이 훗날 꽃이 핀 것이 《프랑스 대혁명》(AD1789~AD1794)임을 분명히 하는 것이다.

이후 《묘법연화경(妙法蓮華經)》 제23 묘음보살품(妙音菩薩品)에서 마왕(魔王) 무리들이 《용 용(龍)》자(字)를 《날랠 용(勇)》자(字)로 바꾸어 놓은 《용시보살(龍施菩薩)》이 《영국(英國)》의 《엘리자베스 1세(Elizabeth I)》(AD1533~AD1603)로 와서 《화성(火星, Mars)》을 법궁(法宮)으로 한 《미륵(彌勒, Maitreya)》의 도움으로 《스페인》 《무적함대》를 격파하여 《영국(英國)》을 《스페인》의 영향력으로부터 벗어나게 함으로써 훗날 만들어지는 《영연방(英聯邦)》의 초석(礎石)을 놓게 된다.

이후 《관세음보살 1세》 《분신(分身)》께서 《빅토리아 여왕(Queen Victoria)》(AD1819~AD1901)으로 오시게 되고, 임진왜란 때 《이순신》(AD1545~AD1598)으로 오셨던 《지장보살 2세》가 《윈스턴 처칠(Winston Leonard Spencer Churchill)》(AD1874~AD1965)로 옴으로써 《영국(英國)》은 18세기~19세기에 걸쳐 《영연방(英聯邦)》을 완성하게 되는 것이다. 이렇듯 《영국(英國)》이 《영연방(英聯邦)》을 이룬 것은 《공산사상(共産思想)》에 물들지 않게 《석가모니 하나님 부처님》의 직계(直系) 후손 민족인 《앵글로족》들이 있는 《영국(英國)》에게 《천상(天上)》에서 내린 배려였음을 《미륵불(彌勒佛, Maitreya Buddha)》이 분명히 하는 것이다.

④ 《묘음보살(妙音菩薩)과 모세(Moses, 1211BC~1136BC)》

그리고 《묘법연화경(妙法蓮華經)》 제23 묘음보살품(妙音菩薩品)에 등장하는 《묘음보살(妙音菩薩)》은 《천상(天上)》에 있을 때 《가이아 신(Gaia 神)》의 딸로 태어난 후 두 번째로 《미륵(彌勒, Maitreya)》의 딸로 태어난 자로서 《악마(惡魔)의 신(神)》인 《대마왕신(神)》 중의 《대마왕신(神)》이다. 이러한 《대마왕신》이 세세생생 한때 그 《아비》인 《미륵(Maitreya)》의 《생명(生命)》을 노려온 《악연(惡緣)》을 가진 자로서, 때로는 《천수천안관음(千手千眼觀音)》으로도 자리하고 고대 《중원 대륙》과 《인도》에서는 전설의 《서왕모(西王母, Xi Wangmu)》(생몰 1044BC~932BC)로도 자리한 자이다.

이러한 자가 최고의 《악마(惡魔)의 신(神)》인 《비로자나 1세》와 《그림자 비로자나 1세》와 《가이아 신(Gaia 神)》의 계략에 의해 BC 13세기경 《고대 이집트》에서 남자(男子) 몸(身)을 받아 《유대인》의 탈을 쓰고 《모세(Moses)》(1211BC~1136BC)로 태어나, 당시 파라오 왕(王)의 《이스라엘인(人)》 영아 학살을 피하기 위해 《나일강》에 버려졌고 때에 파라오의 딸에 의해 구출된 후 왕궁에서 《람세스 3세(Ramesses III)》(1209BC~1155BC, 재위 1186BC~1155BC)와 형제간 같이 자라게 된다. 자라면서 《람세스 3세(Ramesses III)》는 왕도(王道) 교육을 받게 되고 《모세(Moses)》(1211BC~1136BC)는 처음부터 《신관(神官)》의 교육을 받게 된다. 당시로 봐서는 권력(權力)의 제 1인자가 《파라오(pharaoh)》이며 2인자가 《신관(神官)》이다. 이렇게 자라면서 성년이 된 후 《람세스 3세(Ramesses III)》와 《모세》는 《파라오》의 자리를 두고 권력 다툼을 벌인 끝에 패한 《모세》는 《시나이 반도》로 도망을 치게 된다.

이후 권력 다툼에 패하여 도망하였던 《모세》(1211BC~1136BC)가 최고의 《악마(惡魔)의 신(神)》인 《비로자나 1세》의 행동(行動) 대장인 악(惡)의 신(神)인 《야훼 신(Yahweh 神)》을 《하나님》으로 받들기로 약속한 대가로 《신통(神通)》을 얻어 최고의 《악마(惡魔)의 신(神)》인 《비로자나 1세》의 보호 아래 《이집트》로 되돌아가서 당시의 《파라오》인 《람세스 3세(Ramesses III)》(1209BC~1155BC, 재위 1186BC~1155BC)를 신통(神通)으로 제압함으로써 《이스라엘(Israel)》 백성들을 이집트로부터 데리고 나와서 곧바로 《히브리 왕국》이 있는 가나안 땅으로 이들을 인도하게 된 것이다. 이러한 일을 벌인 《야훼 신(Yahweh 神)》의 등 뒤에는 항상 최고의 《악마(惡魔)의 신(神)》인 《비로자나 1세》가 자리하여 《야훼 신(Yahweh 神)》을 조종하는 《섭정(攝政)》을 한 것이다.

《지배욕(支配慾)》과 《권력욕(權力慾)》에 눈이 먼 《모세》(1211BC~1136BC)는 《악(惡)》의 신(神)인 최고의 《악마(惡魔)의 신(神)》인 《비로자나 1세》의 여러 행동대장 중 하나인 《야훼 신》을 《하나님》으로 받드는 대가로 이러한 짓을 저지른 것이나 《야훼 신(Yahweh 神)》등 뒤에는 항상 최고의 《악마(惡魔)의 신(神)》인 《비로자나 1세》가 있는 것이다.

《아미타불(佛)》께서는 때에 《이집트인》들의 교화(敎化)를 모두 마치신 후 《우르(Ur) 문명》권이 있는 곳으로 건너오시어 쇠약해진 《우루국》의 부흥을 도모하신 이후, 《BC 2046년》에 《아미타불(佛)》께서 일족들을 데리고 《우루국》을 떠나 《중동 지방》에서 직계(直系) 후손 민족을 교화하실 때 후손 민족들인 《이스라엘인》 장자(長者) 민족들을 고대 《이집트(Egypt)》로 이동시킨 이유는 그의 후손 민족인 《이스라엘인》들을 스스로께서 《아미타불(佛)》계(系)의 불보살(佛菩薩) 9분(分)을 이끄시고 일으킨 《이집트 문명》의 주인(主人) 민족(民族)으로 만드시고자 하였던 것인데, 이 계획이 《모세》(1211BC~1136BC)로 인하여 수포로 돌아간 것이다.

이러한 이후 《모세》(생몰 1211BC~1136BC)인 《묘음보살》은 《유다 왕국》의 3대 《아사왕(Asa)》(생몰 931BC~870BC, 재위 911BC~870BC)으로 다시 와서 최고의 《악마(惡魔)의 신(神)》인 《비로자나 1세》의 인도로 《유럽》으로 건너가서 《게르만 민족(Germanic peoples)》들의 나라들을 초토화시키고 많은 재물 약탈과 포로들을 끌고 와서 남자(男子) 어린애들은 모두 살육하고 여자(女子)들은 노예로 팔고 약탈한 재물은 《야훼 신(Yahweh 神)》 탈을 쓴 최고의 《악마(惡魔)의 신(神)》인 《비로자나 1세》와 나누는 장면이 《구약》에 그대로 전하여져 오고 있는 것이다.

이러한 만행이 인(因)이 되어 훗날 《영국(英國)》에서 《로빈훗(Robin Hood)》(AD1160~AD1247)으로 태어나서 활약을 하였던 《미륵(彌勒, Maitreya)》의 아들이 몸(身)을 바꾸어 《히틀러(Adolf Hitler)》(AD1889~AD1945)로 태어나 《유대인》들을 학살하는 끔찍한 일들을 저질은 것이다. 이로써 《유대인》들은 그들이 일찍부터 심어온 《인연(因緣)》에 대한 《보답(報答)》을 철저히 치름으로써 《역사(歷史)》에 대한 《인연과보(因緣果報)》의 법칙이 철저히 지켜진 한 "예"가 되는 것이다. 이러한 잘못을 저질은 《히틀러(Adolf Hitler)》(AD1889~AD1945)는 그 벌(罰)을 받아 현생(現生)에는 《여자(女子)》의 몸(身)을 받고 태어나 있는 것이다.

그리고 한때 《유럽》을 통일한 《알렉산더왕(Alexander the Great)》(356BC~323BC)이 《야훼 신(神) 2세》이며, 이때 전쟁에 앞장 세웠던 《마케도니아인(Macedonians人)》들이 《야훼 신(神) 1세》의 직계(直系) 후손 민족들이다. 이후 《프랑스》에서 태어난 《나폴레옹(Napoleon)》(AD1769~AD1821)이 《야훼 신(神) 3세》로서 끝에는 《엘바섬》으로 귀양을 가서 한 많은 일생을 마감하였으나, 이후는 2차 대전의 영웅인 《아이젠하워(Dwight D. Eisenhower)》(AD1890~AD1969)로 태어나서 전생(前生)에서 못다 이룬 꿈을 2차 대전을 승리로 이끌면서 《한(恨)》풀이를 하고 이 덕분에 한때는 《미국(美國)》 대통령까지 된 것이다.

⑤ 《유다 왕국의 몰락》

《히브리 통합 왕국》(1171BC~931BC) 마지막 왕이신 6대 《솔로몬(Solomon) 왕》(재위 971BC~931BC) 이후, 북(北) 《이스라엘 왕국》(931BC~722BC)과 남(南) 《유다 왕국》(931BC~520BC)으로 분열된 이들은 《히브리 통합 왕국》 5대 《다윗왕(David)》(재위 1040BC~971BC)이 《약상보살 1세》로서 그의 후손들이 《유다 왕국》(931BC~520BC)을 세운 것이며, 《히브리 통합 왕국》 3대 《사울(Saul) 왕》(1079BC~1007BC, 재위 1047BC~1007BC)이 《약왕보살 1세》로서 《약왕보살》의 후손들이 세운 나라가 《북(北)》《이스라엘 왕국》(931BC~722BC)인 것이다.

북(北) 《이스라엘 왕국》(931BC~722BC)은 BC 8세기에 《아시리아(Assyria)》의 《샬만에세르 5세(Shalmaneser V)》(재위 727BC~721BC)로 이름한 《악마(惡魔)의 신(神)》인 《천관파군 1세》에게 망하고, 남(南)의 《유다 왕국》은 《예루살렘》을 수도로 하고 《BC 931년 ~ BC 520년》까지 존재한 것이며, 이후 《유다 왕국》은 《무곡성불(佛)》인 신(新) 《바빌로니아(Babylonia)》의 《나보니두스(Nabonidus)》(550BC~483BC, 재위 525BC~483BC)와 《페르시아 왕조》 초대 《다리우스 1세(Darius I)》(재위 522BC~486BC)로 이름한 《천관파군1세》 연합군에 의해 《BC 520》년에 멸망하게 된다. 이들을 멸망시킨 《네부카드네자르 2세(Nebuchadnezzar II)》인 《무곡성불(佛)》이 한때 《이집트》에서 《람세스 3세(Ramesses III)》(1209BC~1155BC, 재위 1186BC~1155BC)로 태어난 이력을 가지신 분이다.

이때 《바빌론》으로 끌려간 《유다(Judah)》의 《일반 백성》들이 때에 《노사나불(佛) 분신》께서 《아키메네스 왕조(Achaemenid Dynasty)》의 《키루스 2세(Cyrus II)》(503BC~ 443BC, 재위 485BC~443BC)

164

로 태어나시어 《BC 483년》에 《신 바빌론》을 점령함으로써 때에 《신 바빌론》에 유폐되어 있던 《이스라엘인》과 《유대인》들을 해방시켜 본국으로 돌려보내게 된 것이며, 《유대교》의 신앙과 제례의식도 허가한 것이다.

이것이 《구약》 결집의 원인이 된 것이며, 《페르시아(Persia) 왕조》 왕 《다리우스 1세(Darius II)》(재위 522BC~486BC)가 《천관파군》이 때에 태어나서 이름한 것이다. 이때가 《BC 2000년》부터 시작된 《신(神)들의 전쟁》이 최고 절정에 다다른 때이기에 기록을 하는 것이며, 《이스라엘 왕국》(931BC~722BC)과 《유다 왕국》(931BC~520BC)의 몰락은 《아미타불(佛)》계(系)가 《대마왕》들과 《악마(惡魔)의 신(神)》들인 《대마왕신(神)》들에게 철저히 패배한 때이기 때문에 《신(神)》들의 실명(實名)을 밝히는 것이다. 이후의 내용은 뒤편에서 진행되는 《신(神)들의 전쟁》에서 다루도록 하겠다.

⑥ 《중국(中國) 공산당》

《중국(中國)》 공산당은 여타 공산 국가와는 달리 넓은 국토와 많은 인구들 때문에 사뭇 다른 모습을 가진 《공산국가(共産國家)》로 발전한 나라이다. 《중국 공산당》의 최고 두목이 《악마(惡魔)의 신(神)》인 《석가모니》가 몸(身)을 바꾸어 태어난 《모택동(마오쩌둥)》(AD1893~AD1976)임을 진행을 하면서 밝혔다.

이러한 《중국(中國)》 공산당(共産黨)은 그 지배 세력이 《공산당(共産黨)》이 되는 것이나, 《공산당》이 다스리는 백성(百姓)들은 진행을 하면서 밝혀 왔듯이 《신선도(神仙道)》로부터 비롯된 《자연사상(自然思想)》이 옛날부터 뿌리 깊게 자리 잡았기 때문에 《지배층》에서 아무리 《공산사상(共産思想)》과 이념으로 백성(百姓)들을 강압적으로 다스린다고 하여도 《백성(百姓)》들에게 뿌리 깊게 자리한 《자연사상(自然思想)》을 그들로서도 어찌할 수가 없기 때문에 《공산당》《지배층》들이 그 다스리는 《백성(百姓)》들의 저항을 두려움의 대상으로 여긴 것이다. 이 때문에 세월이 흐르면서 《공산사상(共産思想)》과 《자연사상(自然思想)》이 결합된 체제(體制)를 유지하게 된 것이다.

이로써 《등소평》(AD1904~AD1997)과 같은 인물이 나와서 경제(經濟) 개혁(改革)의 《초석(礎石)》을 놓음으로써 오늘날 경제대국(經濟大國)을 이룬 특이한 《예》가 되는 것이다. 이와 같은 《경제대국(經濟大國)》의 초석(礎石)을 놓은 《등소평》(AD1904~AD1997)이 《문수보살 1세 분신》이시다.

⑦ 《자연사상(自然思想)》

　여러 번 말씀드렸다시피 《자연사상(自然思想)》에서 나온 것이 《연각승(緣覺乘)》의 도(道)인 《신선도(神仙道)》이다. 고로 《자연사상(自然思想)》이 곧 《신선도(神仙道)》 사상으로써 《선교(仙敎)》에서 비롯된 사상(思想)인 것이다. 이러한 《자연사상(自然思想)》에 대한 고대 《그리스》의 기록을 보면 다음과 같이 기록하고 있다.

　　　　"『《신(神)》과 같은 절대자가 있어서 이 세계(世界)를 창조한 것이 아
　　　　니고 《만물(萬物)》은 《자연(自然)》이 이루어져 각기 제자리를 차지하고
　　　　있으며 《신(神)》들도 인간처럼 나중에 생겨난 것이다.』"

라고 이야기하면서 《원천창조주》이신 《석가모니 하나님 부처님》을 부정하고 자연(自然)히 생겨난 《신(神)》들이 최고인 양 《우주(宇宙)》 《진화(進化)》와 진화(進化)를 위한 《창조(創造)》를 원천적으로 부정하고 있는 것이다. 이러한 《그리스》 《자연사상(自然思想)》은 《왕검씨(王儉氏)》인 《문수보살 1세》가 전한 것이니, 이는 다음 편에서 다시 거론할 것인 바 이 장에서는 필요 부분만 말씀 드리겠다.

　《단군조선(檀君朝鮮)》 시절은 《신선도(神仙道)》로써 《지배층》에게는 《신선(神仙)》 이룸을 목표로 하고 《백성(百姓)》들에게는 《일신(一身)》의 풍족함과 부귀영화를 위한 《기복신앙(祈福信仰)》으로 자리 잡게 하여 《대마왕(大魔王)》 부처(佛)들의 《사상(思想)》과 《관념(觀念)》을 심음으로 이들의 《의지처(依支處)》가 되게 함으로써 이들을 포로로 만든 것이었으나, 이후 《신(神)들의 전쟁》이 한창일 때에는 이러한 《자연사상(自然思想)》을 《석가모니 하나님 부처님》을

배척하는 《우주(宇宙)》《쿠데타》의 명분(名分)으로 삼은 것이었다.

이러한 때에 《중원 대륙》에서는 《신선도(神仙道)》의 《칠성불(七星佛)》을 따르는 《신앙(信仰)》이 자리한 것이며, 《그리스》에서는 BC 8세기 이후 《제우스 신(Zeus 神)》이신 《노사나불(佛) 1세》를 위시한 《지(地)》의 우주 《노사나불(佛)》계(系)의 제신(諸神)들을 따르는 《종교(宗敎)》로 자리한 것이며, 이보다 훨씬 이전에 《천왕불(佛)》이 《조로아스터(Zoroaster, 자라투스트라)》로 이름하고 태어나서 만든 《조로아스터교(Zoroastrianism)》를 만든 정도가 대표되는 자연사상을 따르는 《종교(宗敎)》로 자리한 것이나, 이후 《BC 6세기》《악마(惡魔)의 신(神)》인 《석가모니》가 고대 《인도》로 와서 《석가모니불(佛)》(577BC~497BC)로 이름하고 만든 《대마왕》《불교(佛敎)》 이후 우후죽순처럼 많은 《종교(宗敎)》들이 탄생하게 된다.

이로써 《서력기원》 이후 AD 274년에 《약왕보살》이 《예수(Jesus)》(AD274~AD310)로 이름하고 온 이후 《헬레나》로 이름한 《가이아 신(神)》과 《콘스탄틴 대제(大帝)》로 이름한 《천관파군 1세》가 《기독교》를 만들고 훗날 종교(宗敎) 전쟁에 뛰어 듦으로써, 《서력기원》으로부터 2,000년간은 《대마왕(大魔王)》 부처(佛)들과 보살(菩薩)들과 《악마(惡魔)의 신(神)》들인 《대마왕 신(神)》들 중 상당수가 《종교(宗敎)》를 만들어 《교주(敎主)》로 자리함으로써 《BC 2000년경》부터 시작된 《신(神)》들의 전쟁은 《서력기원》과 함께 《종교(宗敎)》 영역 쟁탈전으로 양상이 달라진 가운데 《BC 27년》《로마 제국(帝國)》이 탄생하면서 시작된 2차 《우주 쿠데타》가 지금까지도 계속되고 있는 것이다.

이와 같은 과정을 거치는 동안 《공산사상(共産思想)》의 두목(頭目) 중의 한 분으로 뒤늦게 2차 《우주 쿠데타》에 합류를 한 《아미타불(佛)》을 원천 조상으로 하였던 《유대인》과 《이스라엘》 사회에서는 간헐적으로 잠깐씩 《공산사상(共産思想)》이 나타나게 된 것은 최고의 《악마(惡魔)의 신(神)》인 《비로자나 1세》의 영향력 때문이었으나, 영속성(永續性)은 없었던 것이다.

이러한 가운데 《천일우주(天一宇宙)》 100의 궁(宮)에서 최고의 《악마(惡魔)의 신(神)》인 《비로자나 1세》와 《비로자나 3세》인 《석가모니》가 《공산사상(共産思想)》을 만들 때 《이론적(理論的)》인 바탕을 제공하여 주었던 《용시보살(龍施菩薩)》이 이번에는 남자(男子) 몸(身)을 받고 《그리스》에서 《플라톤(Plato, Platon)》(427BC~347BC)으로 태어나 《국가론(國家論, The Republic)》을 남기게 된 것이다.

　이러한 일이 있고 난 후 훗날 《용시보살(龍施菩薩)》은 천일우주(天一宇宙) 100의 궁(宮)에서 《공산사상(共産思想)》의 바탕을 제공한 잘못과 고대 《그리스》에서 《플라톤(Plato, Platon)》(427BC~347BC)으로 태어나서 《국가론(The Republic)》에 《공산사상(共産思想)》을 담은 죄(罪)를 깊이 참회를 함으로써 《석가모니 하나님 부처님》과 《미륵불(彌勒佛, Maitreya Buddha)》로부터 용서를 받은 적이 있다.

　이러한 이후 20세기 초 《레닌(Vladimir Il'ich Lenin)》(AD1870~AD1924)에 의해 《마르크스-레닌》주의 정당인 《공산당(共産黨)》이 태동하게 된 것이다. 이렇듯 늦게 《공산사상(共産思想)》이 구체화되어 그 모습을 드러내게 된 이유가 먼저 진행을 하면서 밝혀온 《왕조시대(王朝時代)》에는 《공산사상(共産思想)》과 《자연사상(自然思想)》이 근원적(根源的) 본질(本質)인 《지배욕(支配慾)》과 《권력욕(權力慾)》이 같았기 때문이며, 《18세기》에 일어난 《프랑스 대혁명》(AD1789~AD1794) 이후 《자유주의(自由主義)》 사상(思想)이 등장함으로써 비로소 《공산사상(共産思想)》이 그 모습을 드러내게 된 것이다. 이와 같이 뒤늦게 《공산사상(共産思想)》이 나타나기까지는 그동안은 《자연사상(自然思想)》에 동화(同化)되어 있었다는 뜻이 된다.

　이참에 또 하나 여러분들께서 알고 넘어가야 할 사항이 《막스-레닌주의》에 관계되는 사항이다. 《칼 막스(Karl Marks)》(AD1818~AD1883)는 《19세기》에 《유대인》의 피를 받고 태어난 자칭 유대인으로서 《천관파군 2세》이다. 이러한 《악마(惡魔)의 신(神)》들인 《천관파군 2세》인 《이오 신(神)》과 《비로자나 1세 분신》이 《공산당(共産黨)》을 만들어 《스탈린(Stalin)》(AD1879~AD1953)으로 태어난 《아미타불(佛)》과, 최고의 《악마(惡魔)의 신(神)》인 《비로자나 1세》와 《가이아 신(Gaia 神)》 사이에서 아들로 태어난 《모택동(Mao Zedong)》(AD1893~AD1976)으로 온 《악마(惡魔)의 신(神)》인 《석가모니》와, 때에 《김일성(金日成)》(AD1912~AD1994)으로 이름하고 온 《노사나불(佛) 1세》에게 이를 물려준 것이 《막스-레닌》주의이다. 이 때문에 이들 모두들을 《대마왕(大魔王)》《불보살》들과 《악마(惡魔)의 신(神)》으로서 《대마왕신(神)》들이라고 하는 것이다.

(5) 《노사나불(佛)》과 《불법(佛法)》

BC 6세기 《악마(惡魔)의 신(神)》인 《석가모니》가 고대 《인도》로 《석가모니불(佛)》(577BC~497BC)로 이름하고 《석가모니 하나님 부처님》을 사칭하고 부처(佛) 놀이를 할 때 그가 《대마왕신(大魔王神)》 부처(佛)를 이루고 설(說)한 바 《법(法)》이 비록 《천상(天上)》에서 훔쳐온 《석가모니 하나님 부처님》의 《불법(佛法)》이었으나 이를 앵무새처럼 설(說)한 《법(法)》 중 《묘법연화경(經)》을 제외한 《불법(佛法)》 파괴가 되지 않은 모든 《법(法)》은 《석가모니 하나님 부처님》의 《불법(佛法)》이기 때문에 상당한 《파괴력》을 가진 귀중한 《불법(佛法)》이다.

이러한 《불법(佛法)》이 《악마(惡魔)의 신(神)》인 《석가모니》(577BC~497BC) 멸후(滅後) 《왕사성》 《칠엽굴》에서 《대가섭존자》를 상좌로 하여 500비구가 모여 1차 경전(經典) 대결집으로 《경율(經律)》 2장(藏)을 결집하는 《굴내결집(窟內結集)》을 완성하였을 때, 또 다른 한편에서는 《대가섭존자》가 상좌로 한 결집에 참여하지를 못한 《문수사리》와 《목건련》이 《위제희》 부인으로 이름한 《관세음보살 1세》가 사주한 《바사파(婆師波)》를 중심한 비구들과 함께 모여 《굴내결집본》을 바탕으로 하여 《자연사상(自然思想)》을 담은 《굴외결집(窟外結集)》을 단행함으로써 처음부터 《교단(敎團)》이 갈라져 결집(結集)을 한 것이다. 이렇듯 결집된 경전(經典) 중 《대가섭존자》가 상좌로 하여 결집한 《경율(經律)》 2장(藏)의 결집인 《굴내결집》본(本)이 왜곡 없는 순수한 《경전(經典)》으로써 《성문(聲聞)》의 불법(佛法)이며, 《바사파(婆師波)》가 결집한 《굴외결집》본(本)이 《문수사리보살》의 작용(作用)에 의한 《자연사상(自然思想)》이 가미된 왜곡된 경전(經典)인 것이다.

이처럼 《대마왕불(大魔王佛)》 멸후(滅後) 첫해부터 단행된 《결집(結集)》에서 《문수사리》가 경전(經典) 왜곡을 하게 된 지금까지 숨겨져 왔던 비밀한 이유를 밝혀야 할 때가 온 것 같다. 《중원 대륙》에서 《문수보살 1세》가 《왕검씨(王儉氏)》로 자리한 후 《노사나불(佛)》계(系)와 《왕검씨(王儉氏)》가 《동상이몽(同床異夢)》을 가지고 서로가 결탁한 장면을 진행을 하면서 밝혀 왔다. 이러한 《문수보살》이 《악마(惡魔)의 신(神)》인 《석가모니》 출현 이후 《악마(惡魔)의 신(神)》인 《석가모니》가 설(說)한 법(法)이 《천상(天上)》의 《석가모니 하나님 부처님》의 《법(法)》임을 누구보다도 잘 아는 《문수보살》이였기에, 때에 《문수보살 2세》인 《사리프타》가 태어나자 《노사나불(佛)》과 결탁하였던 《룰》을 깨고 《악마(惡魔)의 신(神)》인 《석가모니》가 설(說)한 법(法)을 왜곡시켜 《상좌부불교(獨覺佛敎)》의 《불법(佛法)》으로 전환시킨 뒤, 이를 《중원 대륙》으로 들여보내 《신선도(神仙道)》인 《칠성신앙(七星信仰)》의 《기복신앙(祈福信仰)》에 물들어 있는 《중원 대륙》 백성(百姓)들로 하여금 《연각불교》의 《사상(思想)》과 《관념(觀念)》을 심음으로써 《정신적》 지배를 하여 《중원 대륙》을 장악하고 《그리스》에서 《미케네 문명(Mycenaean Civilization)》을 일으켰던 그의 직계 후손 민족들로 하여금 《로마》를 세워 《노사나불(佛)》을 비롯한 《노사나불(佛)》계(系)의 대마왕(魔王) 불보살(佛菩薩)들을 모두 축출하고 《대세지보살》, 《사리프타》, 《화엄보살》, 《수월보살》 등 《문수보살》계(系)가 패권을 쥐게 하기 위해 처음부터 이의 이용 목적으로 《불법(佛法)》 파괴를 처음부터 행(行)한 것이다.

이러한 일에 《아이러니컬》하게도 이 계획에 처음부터 《노사나불(佛) 1세》의 장남(長男)인 《지장보살 1세》를 끌어들임으로써 《지장보살 1세》의 후신(後身)인 《목건련》이 이에 가담을 한 것이다. 이때까지는 《노사나불(佛)》에게 협력하여 많은 일들을 도모한 《문수사리》였으나, 이후는 패권을 쥐기 위한 제거 대상으로 변한 것이며, 이에 자극을 받은 《노사나불(佛) 1세》가 서둘러 《중원 대륙》에서 《도덕경(道德經)》을 설(說)한 배경이며, 이에 맞서 《문수보살》은 《노자(老子)》와 《이오 신(神)》인 《이이(李耳)》를 동일인으로 만드는 역사 왜곡을 한 것이다. 이후 《중원 대륙》을 비롯한 《지중해》 연안과 《중동 지방》에서는 이에 대한 《두뇌》 싸움이 치열하게 전개된 것이다.

이로써 《악마(惡魔)의 신(神)》인 《석가모니》는 《문수사리》와 《목건련》이 사주한 무리들에게 《독살(毒殺)》당하였음을 《미륵불(彌勒佛, Maitreya Buddha)》이 분명히 하는 것이다. 이와 같이 《문수사리》와 《목건련》을 추종하는 모든 무리들이 《악마(惡魔)의 신(神)》인 《석가모니》와 관련된 모든 기록과 《전법(傳法)》 과정 등을 모두 왜곡하였음도 아울러 밝혀 두는 바이다.

① 《남방불교 전래(南方佛敎傳來)》

《악마(惡魔)의 신(神)》인 《석가모니》가 세간(世間)에 머문 기간이 《BC 577년 ~ BC 497년》까지이다. 이로써 볼 때 《독각승(獨覺僧)》들이 주장하는 올해 기준의 《불기(佛紀) 2556년》은 엉터리로 조작(造作)된 연대임을 아시기 바라며, 서기(西紀) 《2012년》 기준으로 보면 《불기(佛紀)》는 《2589년》이 됨을 분명히 밝히는 것이다. 왜? 이 문제를 거론하느냐 하면,

《남방불교(南方佛敎)》 전래와 밀접한 관계가 있기 때문에 이를 밝히는 것이다. 이러한 실상(實相)을 밝히자니 본의 아니게 한때《라후라(Rahula)》로 태어났던 필자로서도 부모(父母)의 인연(因緣)을 맺었던 분들의 허물을 드러내는 것에 대해 미안한 감도 가지고 있으나, 후세인(後世人)들을 위해 집안의 비밀한 얘기까지 털어 놓아야만 하는 사실이 못내 힘이 든다.

《악마(惡魔)의 신(神)》인 《석가모니》가 《싯다르타(Siddhartha Gotama)》(577BC~497BC) 태자(太子)로 있을 당시 《야수다라비(Yasodharā)》와 혼인(婚姻) 약속을 하고 성급하게 동침을 하였을 때 《천상(天上)》의 《석가모니 하나님 부처님》의 명령으로 《노사나불(佛)》의 《영(靈)》이 《야수다라비(Yasodharā)》의 자궁(子宮)으로 들어가서 자리하게 된다. 이 관계는 여러 번 말씀드렸다시피 《십이인연법(十二因緣法)》을 공부하시면 쉽게 이해가 되실 사항이다. 이러한 이후 《야수다라비(Yasodharā)》가 만삭(滿朔)이 되었을 때 《싯다르타(Siddhartha Gotama)》 태자(太子) 《16세》에 결혼(結婚)을 한 후 곧바로 출산(出産)을 하시어 장남(長男)이신 《비자야(Vijaya)》(생몰 562BC~475BC)를 낳게 된다. 이렇게 하여 태어난 《비자야(Vijaya)》(생몰 562BC~475BC, 재위 543BC~505BC)가 곧 《노사나불(佛)》이신 것이다. 이러한 사실이 당대로써는 《악마(惡魔)의 신(神)》인 《석가모니》에게는 명예롭지 못한 일이었기 때문에 이를 감춘 것이나 후세인(後世人)들에게는 "『**인도 대륙 북동부가 고향인 한 공주가 사자와 사랑에 빠져 아들 《비자야(Vijaya)》를 낳았다**』"라고 허위 기록을 남기고 있다. 이러한 이후 《싯다르타(Siddhartha Gotama)》(577BC~497BC) 태자는 《6년(年)》의 고행(苦行) 끝에 《대마왕신》 부처(佛)를 이루고 《석가모니불(佛)》로 이름한 것이다.

이와 같은 성불(成佛) 이후 《라후라(Rahula)》는 《8세》 때에 출가(出家)를 하게 되고 《라후라(Rahula)》의 《12년》 연상이 되는 형(兄)으로서의 《비자야(Vijaya)》(생몰 562BC~475BC, 재위 543BC~505BC)는 추종자 《700명》과 함께 인도 땅을 떠나 거북 모양의 선박에 올라타고 바다를 건너 《스리랑카》 서부 해안에 도착 《BC 543년》《비자야(Vijaya)》 나이 《20세》에 스리랑카 최초의 왕으로 추대되어 《싱할리》 왕국의 주춧돌을 놓은 것이다.

이로써 《불멸후(佛滅後)》 최초로 결집된 《대가섭존자》가 상좌로 하여 결집된 《경율(經律)》 2장으로 된 《굴내결집(窟內結集)》본(本)인 순수한 《불법(佛法)》 파괴되지 않은 《성문(聲聞)》

의《불법(佛法)》이《비자야(Vijaya)》로 이름한《노사나불 1세》에게 전달이 되어 이후《버마(Burma)》,《말레이지아(Malaysia)》,《태국(Thailand)》,《자바(Java)》,《보르네오(Borneo)》,《금관가야》 등에 전달됨으로써《성문승(聲聞僧)》의 도(道)로 자리하게 되는《남방불교(南方佛敎)》 전래사(傳來史)가 되는 것이다.

《성문승(聲聞僧)》의 도(道)는 우주(宇宙) 진화적(進化的)으로 볼 때《음(陰)》의《연각승(緣覺僧)》도(道)보다는《50억 년(億年)》 진화(進化)가 앞선 도(道)이며,《독각승(獨覺僧)》의 도(道) 보다도《100억 년(億年)》 진화(進化)가 앞선 도(道)이다.

사정이 이러함에도《연각승(緣覺僧)》인《신선승(神仙僧)》에도 들지 못하는《독각승(獨覺僧)》들이 스스로는《대승불교(大乘佛敎)》로 자처하면서《성문승(聲聞僧)》의 도(道)를 따르는 분들을《소승(小乘)》으로 부르는 해괴망측한 뻔뻔스러운 짓을 스스럼없이 저지르고 있는 상층부에《문수사리》와《목건련》인《지장보살 1세》와 그의 수많은 추종자들이 있는 것이다.

때에《석가모니 하나님 부처님》께서 신통(神通)으로《노사나불(佛) 1세》를《악마(惡魔)의

[도형 1-3-4] 보살불교와 마왕불교의 진화 차이

보살불교(菩薩佛敎)	한단불교(桓檀佛敎) 신라보살불교	구원자 : 석가모니 하나님 부처님
	↑ 50억 년	
성문불교	성문의 불법(聲聞의 佛法)	구원자 : 석가모니 하나님 부처님
	↑ 50억 년	
마왕불교(魔王佛敎)	상좌부 연각불교(上座部緣覺佛敎) 마왕관음불교	구원자 : 관세음보살 구원자 : 관세음보살 1세 분신
	↑ 50억 년	
	상좌부 독각불교(上座部獨覺佛敎)	구원자 : 관세음보살
	↑ 50억 년	
	대중부 독각불교(大衆部獨覺佛敎) 당(唐) 마왕불교	구원자 : 악마의 신인 석가모니 구원자 : 다보불

172

신(神)》인 《석가모니》의 장자(長子)인 《비자야(Vijaya)》(생몰 562BC~475BC, 재위 543BC~505BC)로 태어나게 하신 목적이 《우주 쿠데타》 같은 허망(虛妄)한 생각을 버리고 순리(順理)를 따라 《신선도(神仙道)》인 《연각승(緣覺僧)》의 수행을 하는 후손(後孫)들을 《4-1의 길》 《성문승(聲聞乘)》의 도(道)로 인도하라는 마지막 기회를 부여함과 아울러 《악마(惡魔)의 신(神)》인 《석가모니》가 훔쳐와서 설(說)하게 되는 《석가모니 하나님 부처님》 불법(佛法) 왜곡을 방지하기 위한 목적을 가지고 때에 《악마(惡魔)의 신(神)》인 《석가모니》의 아들로 태어나게 한 것이다.

이렇게 《노사나불(佛)》이 《비자야(Vijaya)》(생몰 562BC~475BC)로 이름하고 태어나실 수 있는 이치는 《석가모니 하나님 부처님》의 명령에 따른 일이기 때문에 가능한 것이었음을 아시기 바라며, 이러한 사실들 때문에 훗날 《문수사리》와 《지장보살 1세》가 그들이 거느리는 《독각승(獨覺乘)》 무리들과 함께 한사코 《상좌부 연각과 독각 불교(上座部 緣覺과 獨覺 佛敎)》를 없애고 《불법(佛法)》 왜곡을 또다시 주도하였음을 깊이 인식하시기 바란다.

그리고 또 하나 중요한 사실은 《노사나불(佛)》께서 《비자야(Vijaya)》(생몰 562BC~475BC)로 이름하고 오신 이후 곧바로 《중원 대륙》에서 태어나시어 《노자(老子)》로 이름하시고 《도덕경(道德經)》을 설(說)하신 것으로써 《도덕경(道德經)》이 설하여진 때와 《노자(老子)》로 이름하고 《세간(世間)》에 머무신 때가 《BC 5세기》임을 분명히 하는 것이다.

이러한 기록을 삭제하고 흐리게 하여 《후세인(後世人)》들을 혼란스럽게 만든 이유가 《독각승(獨覺僧)》들이 스스로를 《대승(大乘)》으로 자처하고자 하니 《노자(老子)》와 《도덕경(道德經)》이 쓰여진 연대를 흐리게 해 놓아야 《비자야(Vijaya)》(생몰 562BC~475BC)가 전한 《성문(聲聞)》의 도(道)를 《소승(小乘)》으로 몰아 부칠 수 있기 때문에 이 관계의 기록이 있는 곳은 모두 고의적으로 대물림을 해 가면서까지 삭제하고 흐리게 해놓은 것이며, 이들의 상층부에는 《문수사리보살》과 《지장보살 1세》가 있다는 점도 깊이 인식하시기 바란다.

② 《금관가야(金官伽倻)》와 《수로왕(首露王, 25BC~AD110, 재위 6BC~AD110)》

이러한 이후 《노사나불(佛)》께서는 《비자야(Vijaya)》(생몰 562BC~475BC) 시절 불법(佛法)을 전하시면서 계속 몸(身)을 바꾸시고 전법(傳法) 활동을 하시다가, 이 경로를 통해 《단군조선(檀君朝鮮)》 주력(主力) 세력들이 《한반도(韓半島)》로 철수하여 만든 《후고조선(後古朝鮮)》 《삼한(三韓)》 중의 《변한(弁韓)》 땅이 있는 《김해(金海)》로 오시어 《금관가야(金官伽倻)》를 세웠을 때, 뒤따라 오시어 《왕후》가 되시는 《허왕후(許王后)》가 《황옥(黃玉)》으로 이름하고 BC 1년에 《금관가야》로 오시면서 처음 《비자야(Vijaya)》 시절 전(傳)한 온전한 《불법(佛法)》인 《성문(聲聞)》의 도(道)를 가지고 오시게 됨으로써 《가야불교(伽倻佛敎)》와 《신라(新羅)》에도 전하여져 《신라불교(新羅佛敎)》로 자리하게 되는 것이다. 전술한 역사(歷史) 관계는 뒤편에서 상세하게 다룰 예정이니 이 장에서는 간단히 언급하고 지나가겠다. 이러한 이후 훗날 본래 《신라(新羅)》가 지니고 있던 《한단불교(桓檀佛敎)》와 만남으로써 《양음(陽陰)》 합일(合一)된 불법(佛法)이 태어나 비로소 명실상부한 《대승불교(大乘佛敎)》가 탄생하여 《신라(新羅)》 불교(佛敎)가 꽃을 피우게 된 것이다.

　　《가야불교(伽倻佛敎)》가 《신라(新羅)》(36BC~AD935)에 들어오기 이전에 《신라》에는 《한단불교(桓檀佛敎)》가 존재하였던 증거가 첫째 신라(新羅)로 이름하기 이전에 《서라벌》 시절 초대 왕이 되시는 《박혁거세 왕》(43BC~AD36, 재위 36BC~AD36)이 때에 《석가모니 하나님 부처님》의 현신(現身)이기 때문이며, 둘째가 《서라벌》이 들어선 자리가 《후고조선(後古朝鮮)》 삼한(三韓) 중의 하나인 《진한(眞韓)》으로써 옛날 《한국(韓國)》(3898BC~2333BC) 시절부터 주력(主力) 세력을 이루었던 후손(後孫)들로서 이들이 《단군조선(檀君朝鮮)》 시절도 주력(主力) 세력이 되어 《오가(五加)》 등의 벼슬살이를 하던 후손(後孫)들이었기 때문이며, 셋째 현재 《천마총》 등 고분 벽화 등이 그 증거가 되는 것이다.

※ 강주(講主) 1-3-6 :

　　《노사나불(佛) 1세》께서 《비자야(Vijaya)》(생몰 562BC~475BC)로서 태어나시기 직전의 삶이 《BC 7세기》 인도 북부 지방의 《코살라국(Kosala Kingdom)》 국왕인 《다사라타(DaSaratna)》의 장남(長男)으로 태어난 《라마(Rama)》(627BC~563BC)이며, 이후 스스로도 국왕이 된 후 남긴 《산스크리트어(Sanscrit)》로 된 대서사시 《라마야나(Ramayana)》는 유명하다. 이것에 대한 기록 역시 훗날 《문수사리》와 《목건련》인 《지장보살 1세》에 의해 철저히 지워지고 흐려져 있는 상태이다. 즉, 《라마(Rama)》가 육신(肉身)의 죽음(死)을 맞이한 후 그 《영혼(靈魂)》과 《영신(靈身)》이 《천상(天上)》의 《석가모니 하나님 부처님》명령에 의해 《야수다라비(Yasodhara)》 자궁(子宮) 속으로 들어가 훗날 《비자야(Vijaya)》(생몰 562BC~475BC)로 태어난 것이다. 다음으로 《비자야(Vijaya)》(생몰 562BC~475BC) 이후의 《노사나불(佛) 1세》 거취에 대하여 상세히 말씀드리겠다.

1. 《중원 대륙》에서의 《노사나불(佛) 1세》 패배의 원인(原因)

앞서 말씀드린 대로, 《비자야(Vijaya)》 이후 《노사나불(佛) 1세》께서는 《BC 5세기》《중원 대륙》에서 다시 《노자(老子)》로 이름하시고 《도덕경(道德經)》을 남기신 이후 《BC 3세기》에는 《진(秦)》나라 《시황제(始皇帝)》(259BC~210BC, 재위 221BC~210BC)로 이름하고 오시어 당대 소란스러웠던 《춘추전국(春秋戰國)》 시대를 마감하시고 《중원 대륙》을 통일한 것이나, 이러한 《진(秦)》나라(221BC~206BC)도 《서초패왕》《항우(項羽)》가 《악마(惡魔)의 신(神)》인 《석가모니》의 후신(後身)인 《유방(劉邦)》에게 패함으로써 다시 《유방(劉邦)》의 《한(漢)》나라(206BC~AD220)가 《중원 대륙》을 통일하는 것이다. 이와 같은 《서초패왕》《항우(項羽)》가 《그리스 신화(神話)》에 등장하는 《헤라클레스(Hercules)》로 이름되는 《쌍둥이 천왕불》로서 《노사나불 1세》의 우주적(宇宙的)인 아들이 되는 것이다. 이 이후 《BC 2세기》에 《전한(前漢)》의 《애제(哀帝)》《원수(元壽)》 1년(年)에 《상좌부 연각과 독각 불교(佛敎)》가 《중원 대륙》에 전해진 것이다. 이 이후 《노사나불(佛)》께서 《금관가야(金官伽倻)》 시조 《김수로(金首爐) 왕》(25BC~AD110, 재위 6BC~AD110)로 오시게 된 것이다.

2. 《중원 대륙》 백성(百姓)들의 사상적(思想的) 배경

이러한 때에 《단군왕검(檀君王儉)》 이후의 《중원 대륙》 실상(實相)을 사상적(思想的)으로 살펴보면, 《무곡성불(佛)》이 세우신 《하(夏)》나라(2070BC~1600BC)나 《관세음보살 1세》께서 세우신 《은(殷) 또는 상(商)》나라(1600BC~1046BC)나 《천관파군 1세》가 세운 《주(周)》나라(1099BC~256BC) 전반부까지는 《단군조선(檀君朝鮮)》(2333BC~232BC)의 영향으로 대부분 《신선도(神仙道)》의 《자연사상(自然思想)》에 의한 기복(新福) 신앙에 물들어 있었으나, 《주(周)》나라 중반 이후 《춘추전국(春秋戰國)》 시대가 한창일 때 《노자(老子, Laozi)》와 《장자(莊子)》의 등장으로 《노장사상(老莊思想)》과 때에 《공자(孔子)》(551BC~479BC)의 등장으로 《공자(孔子, Confucius)》의 《유학(儒學)》 사상(思想)이 들어오게 된다. 이러한 《유학(儒學)》을 제외한 《노장사상(老莊思想)》은 《신선도(神仙道)》인 《자연사상(自然思想)》의 연장일 뿐이며, 이러한 《자연사상(自然思想)》의 바탕에 북방불교(北方佛敎) 전래(傳來)로써 《관세음보살》의 《상좌부 연각과 독각 불교(佛敎)》가 《대승불교(大乘佛敎)》로 자처하고 나타난 것이다.

3. 《중원 대륙》 백성(百姓)들의 종교적(宗敎的) 구분

다음은 상기 설명에서 말씀드린 《사상적(思想的)》 배경을 가진 《백성(百姓)》들을 《종교적(宗敎的)》으로 살펴보면, 《무곡성불(佛)》이 세운 《하(夏)》나라(2070BC~1600BC) 백성(百姓)들 대부분은 《카시오페아(Cassiopeia) 성단》에서 진화(進化)하여온 《독각(獨覺)》의 무리들이며, 《관세음보살 1세》께서 세우신 《은(殷) 또는 상(商)》나라(1600BC~1046BC) 백성들은 대부분 《목동자리(Boötes) 성단》에서 진화(進化)하여온 무리들로서 이들 모두들을 《4-1의 성문승》으로서 《구려족》들로 분류를 하며, 《천관파군 1세》가 세운 《주(周)》나라(1099BC~256BC) 백성(百姓)들 대부분은 《카시오페아(Cassiopeia)》성단에서 진화(進化)하여온 무리들로서 이들 역시 《독각(獨覺)》의 무리들로 분류를 한다.

《노사나불(佛)》 직계(直系)인 《스키타이족(Scythians 族)》들은 《연등불(佛)》이 교화를 한 《거문고(Lyre) 성단》에서 진화하여온 무리들인 《양(陽)》의 《연각승(緣覺乘)》들과는 진화적으로 볼 때 《50억 년(億年)》의 차이를 보이는 것이며, 이와 같은 《양(陽)》의 《연각승(緣覺乘)》 무리들보다 《노사나불》계(系)의 《독각》의 무리들은 또한 《50억 년(億年)》 진화(進化)의 차이가 나며, 이러한 《노사나불계(系)》의 《독각(獨覺)》의 무리들보다 《악마(惡魔)의 신(神)》들인 《대마왕신족(神族)》들의 후손들인 《독각(獨覺)》의 무리는 이들보다 100억 년(億年) ~ 200억 년(億年) 진화의 차이가 나는 것이다.

다음으로 《문수보살》이 교화한 《퉁구스족(Tungusic peoples 族)》들이나 《다보불》 직계인 일부의 《몽골족(Mongols 族)》들 모두들을 《양(陽)》의 《곰족(熊族)》으로서 《독각(獨覺)》의 무리들로 분류를 하며, 《용자리 성단(Draco)》에서 진화하여온 무리들을 《양(陽)》의 《연각승》의 무리로 분류를 하며,《문수보살》계(系)의《비족(卑族)》들을《양(陽)》의《곰족(熊族)》들로서《독각승(獨覺乘)》들로 분류를 하며,《다보불》직계《독각》의 무리와《용자리 성단》에서 진화하여 온《양(陽)》의《연각승》무리들은 진화(進化)의 기간이 같다.

이러한 무리들 중《단군조선(檀君朝鮮)》의 주력(主力) 세력들과《노사나불(佛)》의 직계(直系)인《스키타이족(Scythians 族)》을 제외한 여타《양(陽)》의《연각승(緣覺乘)》무리들이 모조리《독각(獨覺)》의 무리들에게 정복당함으로써《다보불》과《문수보살》이 주도한《독각불교(獨覺佛敎)》가 들어왔을 때《노사나불(佛)》이 서야 할 입지는 없어지는 것이며, 특히, 이러한 일들을 막아보기 위해《중원 대륙》을 통일하여《진(秦)》나라 시왕(始王)으로 자리하였으나 이 역시 얼마 가지 못하고《악마(惡魔)의 신(神)》인《석가모니》후신(後身)인《유방(劉邦)》의《한(漢)》나라(206BC~AD220)에 멸망함으로써,《노사나불(佛)》은《문수보살》과의 두뇌(頭腦) 게임에서《중원 대륙》에서는 철저히 참패를 한 것이다.

---

(6) [단군조선(檀君朝鮮)의 역사(歷史) 왜곡의 실상(實相) 정리]

지금까지의 설명에서 드러난《단군조선(檀君朝鮮)》에서 행(行)한 역사(歷史) 왜곡으로《한민족(韓民族)》들에게 위해(危害)를 가한 내용을 묶어 정리하면 다음과 같다.

① 한국(桓國)과《배달국(倍達國)》과《한국(韓國)》에 대한 역사 기록 삭제
② 신시(神市) 세 곳과《구막한제국(寇莫韓帝國)》에 대한 역사 기록 삭제
③ 한단불교(桓檀佛敎) 기록 삭제
④《1국(國)》《3체제》《구한(九桓)》의 체제 해체
⑤ 신선도(神仙道)로써《기복신앙(祈福信仰)》심화
⑥ 한문(韓文) 문자(文字) 창작(創作)의 연원 삭제
⑦ 황제중경(皇帝中經) 없앰

⑧ 황제내경(皇帝內經) 의술서 전락 방관
⑨ 한민족(韓民族) 발흥(發興)을 저지하기 위한 《참성단》 건립
⑩ 한문(韓文)의 발음문자인 《36자(字)》《가림토 문자》를 철폐함으로써 삭제

이와 같은 엄청난 일들을 《단군조선(檀君朝鮮)》에서 행(行)하였음을 차제에 깊이 인식하시기 바란다.

사정이 이러함에도 이러한 일들을 모르는 《대한민국(大韓民國)》의 여러 기관들에서는 년년(年年)의 연호를 《단기(檀紀)》와 《서기(西紀)》로 병용하여 쓰고 있는데, 천상(天上)의 비밀한 뜻이 《미륵불(彌勒佛)》에 의해 밝혀지는 지금의 때로 봐서는 《단기(檀紀)》의 사용은 《민족(民族)》《자존(自尊)》을 위하여서라도 당장 철폐되어야 하며, 고대 《한국(韓國)》의 정통(正統) 《맥(脈)》을 이어 받은 《대한민국(大韓民國)》에서는 초대 《한국(韓國)》이 만들어졌던 《BC 3898년》에서 올해로 《서기(西紀)》가 《2012년》이니 이를 합한 연도에서 중복되는 《1년》을 뺀 《5909년》이 《한기(韓記)》가 되는 것이다. 늦게나마 밝혀지는 《한기(韓記)》 《5909년》으로 《한민족(韓民族)》의 연호(年號)를 쓰는 것이 합리적인 옳은 처사이기 때문에 이를 알려드리는 바이니, 부디 《한민족(韓民族)》의 《자존(自尊)》을 지키시기 바란다.

[6] [북부여(北夫餘)]

이 장을 진행하면서 다시 한 번 《메시아(Messiah)》이신 《미륵불(彌勒佛, Maitreya Buddha)》이 분명히 밝히는 바는 《중원 대륙》에 있어서 《하(夏)》(2070BC~1600BC), 《상(商) 또는 은(殷)》(1600BC~1046BC), 《주(周)》(1099BC~256BC) 등 세 나라는 《단군조선》(2333BC~232BC)의 《제후국(諸侯國)》들임을 분명히 하며, 《단군조선》(2333BC~232BC)이 이러한 《제후국》들을 둔 목적이 《통치 차원》보다 《대마왕》《다보불(佛)》과 《문수보살》의 지시로 고대 《한국(韓國)》(3898BC~2333BC)이 구축하여 《중원 대륙》 전체를 다스렸던 《구막한제국(寇莫韓帝國)》(3814BC~2333BC)을 해체하여 《대마왕》 불보살들과 《악마(惡魔)의 신(神)》들인 《대마왕신(神)》들이 다스리는 《독각의 무리》 나라로 전환시키기 위해 처음에는 《제후국》을 둔 것이며, 이후 《주(周)》나라(1099BC~256BC)의 경우, 그들 세력이 커진 후 다시 그들의 《제후국》을 둠으로써 이후 《춘추전국시대》(770BC~221BC)를 유발시켜 《구막한제국(寇莫韓帝國)》 모두를 물려받았던 《단군조선(檀君朝鮮)》(2333BC~232BC)마저 해체시켜 《대마왕》들과 《대마왕신(神)》들이 다스리는 《독각의 무리》 나라들로 바꾸어 버린 것이며, 이에 반발한 《스키타이》의 최고 우두머리이신 《노사나불(佛)》께서 처음으로 《우주 쿠데타》를 일으켜 《진(秦)》나라(221BC~206BC) 《시황제(始皇帝)》(259BC~210BC, 재위 221BC~210BC)로 자처하고 《중원 대륙》을 통일하였으나 이렇게 하여 만들어진 《진(秦)》나라도 《BC 206년》에 《한 고조(漢高祖)》《유방(劉邦)》으로 이름한 《대마왕신(神)》으로서 《악마(惡魔)의 신(神)》인 《석가모니》에게 망(亡)함으로써 《중원 대륙》의 지배(支配)는 다시 《악마(惡魔)의 신(神)》들인 《대마왕신(神)》 다스림의 시대로 넘어가는 것이다.

이러한 와중에 명목상 《천제(天帝)》의 나라로 군림하던 《단군조선》도 《BC 232년》《구려족》의 《탈》을 쓰고 때에 《단군조선》의 멸망을 위해 태어난 《대마왕신(神)》 두목급 중의 하나인 《천왕랑》《해모수》에 의해 《BC 232년》에 멸망함으로써 《북부여》가 시작이 되는 것이다. 특이하게도 그는 《천왕불》임을 그 스스로가 《천왕랑》이라고 호칭을 한 것이다. 이러한 《천왕랑》으로 호칭을 한 《천왕불》이 바로 《반고(盤固)》, 《조로아스터(Zoroaster, 자라투스트라)》, 《아테나》, 《제바달다》 등으로 이름하였던 《대마왕신(神)》으로서 《BC 194년》에 《대장군 탁(卓)》이 《단군조선》의 주력(主力) 세력인 《오가(五加)》의 무리와 《한민족(韓民族)》 구성원들을 데리고 《월지(月支)》인 《한반도(韓半島)》로 떠난 이후, 주력(主力) 세력이 철수 때 같이 떠나지 못한 《한민족(韓民族)》 구성원들을 흩어 일부는 《하층민》으로 전락시켜 《한(漢)》나라(206BC~AD220)의 《노예》로 전락시키고, 대부분의 《한민족(韓民族)》 말살을 위해

179

당대 마지막으로 《한민족(韓民族)》 백성(百姓)들의 《목》을 조여 질식사(死)하도록 《공양태모법(公養太母法)》을 만들어 《태교(胎敎)》를 실시한 악질 《대마왕신(神)》이 바로 《천왕불》인 《천왕랑》《해모수》이다. 그는 원천적으로 《중원 대륙》《독각 무리》 최고 조상(祖上) 중의 하나로서, 훗날 《대마왕신(神)》에서 《대마왕》 불보살로 진화(進化)를 한 분이다.

이러한 《천왕랑》《해모수》가 만든 《북부여》나 《동부여》 등에서 《단군(檀君)》들로 이름한 자(者) 모두들은 《단군조선》의 《단군(檀君)》들보다 우주적(宇宙的)으로 50억 년(億年) ~ 100억 년(億年) 이상 진화(進化)가 덜된 《하급(下級)》 《단군(檀君)》들로 《대마왕신(神)》들일 뿐인 자(者)들로서 그들의 《권력욕》과 《지배욕》 충족을 위해서는 미친 듯이 물불 가리지 않는 무리들인 것이다. 중요한 사항은 이러한 《북부여》는 《한민족(韓民族)》들의 역사(歷史)가 아닌 최고의 《악마(惡魔)의 신(神)》인 《비로자나 1세》 후손들의 나라인 《백제계》와 연결고리를 가진 역사라는 점을 《미륵불(佛)》이 분명히 하는 것이다.

(1) [공화제(共和制) 철폐]

《천왕랑》《해모수》로 이름한 악질적인 《대마왕신(神)》《천왕불》이 《단군조선》을 멸망시키고 정복한 후 제일 처음 행(行)한 것이 《공화제(共和制)》 철폐이다. 이러한 《공화제》 철폐가 《막한(莫韓)》, 《진한(辰韓)》, 《번한(番韓)》 등 셋의 《한(韓)》을 하나로 한 《단군조선》의 《셋》의 《한(韓)》을 없애는 것을 《공화제》의 철폐라고 하며, 이로써 일국가(一國家)인 《북부여》를 만든 것을 이름한다. 이와 같은 《공화제》 철폐의 과정에서 《한민족(韓民族)》 백성(百姓)들 중 《막한(莫韓)》의 백성(百姓)들인 《구려족》 대부분이 《한(漢)》나라(206BC~AD220)의 《노예》로 전락한 것이며, 《번한(番韓)》은 《북부여》의 《제후국》으로 전락한 것이다.

(2) [공양태모법(公養太母法)과 태교(胎敎)]

《천왕랑》《해모수》가 두 번째 행(行)한 악질적인 법(法)이 《한민족(韓民族)》《백성(百姓)》들 《목》을 졸라 궁극적으로 질식사(窒息死)시키기 위해 만든 법(法)이 《공양태모법(公養太母法)》으로써 《태교(胎敎)》이다. 즉, 《임신(姙娠)》중에 《임신》된 《아이》에게 《태교(胎敎)》를 실시하면 좋을 것으로 일반인들은 생각하기 쉬우나, 이는 《행(行)》하여서는 절대 안 되는 금기사항이다.

《인간》 내면(內面)의 주인공인 《영혼(靈魂)》과 《영신(靈身)》이 《육신(肉身)》을 갖게 되는 이유는 인간 사회의 공동생활을 통해 인간 육신(肉身)의 단련으로 《영혼(靈魂)》과 《영신(靈身)》의 진화(進化)를 도모하는 것이 불변의 이치이며, 이렇듯 중요한 《육신(肉身)》을 만드는 자(者)는 《어머니(母)》가 공급하여 주는 《영양분》을 받아 임신된 《태아》의 《영혼》과 《영신》이 하는 것이다. 이러한 때 《태교(胎敎)》를 실시하면 《태아》의 《영혼》과 《영신》은 《편안함》을 즐기는 《신선도(神仙道)》도 이루지 못한 《신선(神仙)》 생활을 즐기면서 그가 만드는 《육신(肉身)》 각각의 기관을 만들면서 태만하여져 이를 등한시 하는 경우가 종종 있다. 이렇듯 태만한 결과가 《육신(肉身)》을 가지고 태어날 경우 불완전한 육신을 가진 《장애아》로 태어나게 되며, 이러한 《장애아》 내면에는 한 분의 미완성된 《신선(神仙)》이 앉아 있게 된다. 이와 같이 좌정한 《신선(神仙)》이 어느 한 부분에 가서 강한 《집착(執着)》을 하게 되면 한 순간 《마왕(魔王)》이나 《마왕신(神)》으로 변하여 다음 인간 육신(肉身)의 죽음 이후에도 《마왕(魔王)》이나 《마왕신(神)》으로서 반복되는 윤회를 하다가 궁극에는 파멸(波滅)의 길로 들어가게 되는 것이다. 이 때문에 옛날부터 부유한 가정에서 이러한 경우가 종종 발생한 것이다.

그리고 다음으로 대단히 중요한 점이 《태아》를 임신한 어머니(母)가 일상생활을 하는 가운데 《태아》는 새로운 《인간도(人間道)》를 배우게 된다. 이러한 때 어머니가 《태교(胎敎)》를 실시하면 《태아》는 그 자신만을 위해서 어머니가 노력하고 있음을 알게 됨으로써 《이기심(利己心)》이 그의 《영혼》에 뿌리 깊게 심겨져 《관념화(觀念化)》가 된다. 이러한 《이기심(利己心)》이 나중에는 《지배욕(支配慾)》을 낳게 됨으로써 《태교(胎敎)》를 하는 어머니는 그의 자식들에게 《악(惡)》의 씨앗을 깊게 심게 되는 것이다. 입으로는 태아에게 《착한》 아기가 되라고 당부하는 것이 결과는 《악(惡)》의 씨앗이 심어진 《이기심(利己心)》에 의한 《욕망(慾望)》하는 《마왕(魔王)》을 생산하게 되는 것이다. 이것이 《태교(胎敎)》를 실시하게 한 《대마왕신(

神)》《천왕랑》《해모수》가 노린 목적인 것이다.

 《메시아(Messiah)》가 분명히 말씀드리되, 《전쟁》을 하는 데는 천재적인 소질을 가지고 있는 《천왕불》로 봐서는 이렇듯 교묘히 위장된 《공양태모법》인 《태교(胎敎)》의 숨은 계략을 모른다. 그러면 어찌하여 《천왕랑》《해모수》가 이러한 법(法)을 실시하게 된 것이며 《단군조선》 멸망의 때를 맞춰 《천왕랑》《해모수》가 《구려족》의 《탈》을 쓰고 태어날 수 있었는가?에 대한 깊은 생각을 여러분들께서 하시게 되면, 이 모든 일들이 최고 《대마왕》들인 《다보불(佛)》과 《문수보살》에 의해 계획되고 지시에 의해 일어났던 일이었음을 《메시아(Messiah)》가 여러분들에게 고발하는 것이다. 이러한 사실을 아시고도 이 나라 《국조(國祖)》를 《단군왕검(檀君王儉)》이라고 하실 건지…………

 《고구려 왕조(王朝)》를 이끌어 왔던 분들과 그 백성들 대부분이 《한민족(韓民族)》 구성원 중의 한 축을 담당한 《구려족(族)》들이다. 이러한 《구려족》을 《4-1의 성문승(聲聞乘)》들이라고 하며, 《관세음보살 1세》의 후손들로서 《착함》인 《선(善)》을 근본 바탕으로 하는 《양(羊)》과 같은 인간들이다. 《단군조선》(2333BC~232BC) 멸망 이후 《막한(莫韓)》의 백성(百姓)들인 이들을 《한(漢)》나라(206BC~AD220)에 내어 주어 《노예》로 전락시키더니 이도 모자라 이들에게도 《태교(胎敎)》를 강요한 결과가 2,000년 후 나타난 것이 《이북(以北)》《공산당》 당원들이라는 사실을 여러분들은 뼈저리게 알아야 하는 것이다.

 《구려족》을 제외한 세계의 《공산사상》을 가진 자 모두들이 본래부터 《천일우주 100의 궁(宮)》에서부터 《공산사상》이 뿌리 깊게 내린 자들임을 밝힌 바가 있다. 그러나 《구려족》에서 《공산사상》을 가진 자들이 등장하게 된 배경에는 상기 설명 드린 《천왕랑》《해모수》의 《공양태모법(公養太母法)》인 《태교(胎敎)》로부터 비롯된 사실임을 분명히 밝히며, 이들과는 달리 현재 남한(南韓)의 모든 《백제계》《좌익 세력》들은 선천적(先天的)인 《공산사상》을 가진 자(者)들이기 때문에 스스로의 의지에 따라 전향하기 어려운 자들이나 《후천적(後天的)》 요인에 의해 《공산사상》에 물든 《구려족》들은 스스로의 의지에 따라 전향을 할 수가 있는 자(者)들이다.

 그러나 《메시아(Messiah)》가 여러 차례 경고한 바 있듯이, 이들 역시 달라지지 않으면 현재의 육신(肉身) 이후의 그들 《영혼》과 《영신(靈身)》의 반복되는 윤회는 이것으로 끝이 나고

슬프게도 그들은 파멸을 맞이하여 우주간(宇宙間)이나 세간(世間)에서는 영원히 사라지든지 《지하세계》에 갇혀야 함을《메시아(Messiah)》이신《미륵불(彌勒佛, Maitreya Buddha)》이 분명히 하는 것이다.

《구려족》에 있어서 많은《공산사상》가들과《좌익사상》을 가진 자들이 배출된 데에는 이와 같이《태교(胎敎)》라는 슬픈 역사적 진실(眞實)이 도사리고 있음을 지금을 살아가고 있는 어머니(母)들은 깊이 인식하시고 일상생활을 하는 것이《태아》에게는 새로운《인간도(人間道)》를 익히는 때라는 점을 다시 한 번 더 강조 드리는 바이며, 특히《종교의식》이나《마왕 종교》들의 기도 같은 것은 일체 중지하는 것이 착한 아이들을 생산하는 비법임을 알려 드리는 것이다. 이렇듯 먼 훗날을 내다보고《대마왕》들이 획책한 일들이 엄청난 결과를 초래한다는 점도 깊이 아시기 바란다.

[7] 후고조선(後古朝鮮) 삼한(三韓)과 《고구려》, 《신라》, 《가야》, 《백제》 등 4국(四國) 체제

《단군조선》(2333BC~232BC)이 《BC 232년》에 《천왕랑》《해모수》에게 정복당함으로써 《단군조선》은 멸망하고, 《단군조선》은 찢어져 《막한(莫韓)》은 《한(漢)》나라(206BC~AD220)로 넘어가고, 《번한(番韓)》은 《북부여》의 《제후국》으로 전락하고, 《진한(辰韓)》은 《북부여》가 되는 것이다. 이러한 이후 《막한(莫韓)》의 《대장군 탁(卓)》의 인솔로 당시 《단군조선》의 《오가(五加)》들을 포함한 《단군조선》 주력(主力) 세력들이 《월지(月支)》라고 불리우는 《한반도(韓半島)》로 철수하여 《마한(馬韓)》, 《진한(辰韓)》, 《변한(弁韓)》 등 《삼한(三韓)》을 세움으로써 이를 《후고조선(後古朝鮮)》 《삼한(三韓)》이라 하며, 이러한 《후고조선(後古朝鮮)》 《삼한(三韓)》이 《단군조선(檀君朝鮮)》의 정통맥을 이은 《한민족(韓民族)》들의 역사(歷史)라는 점을 《미륵불(佛)》이 분명히 하는 것이다.

《한반도(韓半島)》 북쪽 지방과 《중원 대륙》 동북부에서는 훗날 《한(漢)》나라(206BC~AD220) 《노예》로 전락하였던 《단군조선》 시절의 《막한(莫韓)》의 백성(百姓)들인 《구려족(族)》을 무력으로 해방시켜 이들을 거느리고 《졸본》에서 《오이》, 《마리》, 《협보》의 추대로 《고주몽 대왕》(199BC~128BC, 재위 179BC~128BC)이 《BC 179년》 《21세》 때에 《고구려》(179BC~AD668)를 건국함으로 비로소 《한반도(韓半島)》는 《후고조선 삼한(三韓)》과 함께 《고구려》가 《1》이 되고 《후고조선 삼한(三韓)》이 《3》이 되어 《천상(天上)》의 《진리(眞理)》의 법칙을 따라 《1-3》을 이룸으로써 《한민족》《정통성》을 다시 세우게 된 것이다. 이러한 바탕에서 훗날 《후고조선 삼한》의 《마한(馬韓)》을 근거지로 하였던 《노사나불》 직계(直系) 후손들인 《스키타이인(Scythians)》들이 《고구려》의 개국공신 중의 한 분인 《협보》를 따라 일본 《규슈》 지방으로 들어가서 《다파라국》을 세우게 됨으로써 《마한(馬韓)》 지역은 공백 상태를 이루게 된다.

이러한 때 《단군조선》 멸망 이후 한때 《북부여》의 《제후국》으로 전락하였던 《단군조선》 때의 《번한(番韓)》의 주력(主力) 중 일부 세력들은 최고의 《악마(惡魔)의 신(神)》인 《비로자나 1세》의 후손들인 《양(陽)》의 《연각승(緣覺乘)》 무리들이다. 이러한 《번한(番韓)》의 주력(主力) 세력들 중 일부 무리인 《양(陽)》의 《연각승》들이 《주몽대왕》(199BC~128BC, 재위 179BC~128BC)

을 도와 《고구려》 건국에 공을 세운 관계로 때에 《양(陽)》의 《연각(緣覺)》의 핏줄을 가진 부인 《소서노(召西奴)》와의 사이에 태어난 《온조 왕자》와 《변한》의 주력 세력들 중 일부인 《양(陽)》의 《연각(緣覺)》의 무리들에게 《고구려》 몫이었던 《마한(馬韓)》의 영역을 하사함으로써 《온조 왕자》와 《양(陽)》의 《연각》의 무리는 《BC 159년》에 《백제》를 건국하고 《온조》가 초대 왕(王)으로 추대되는 것이다. 이러한 내용이 《악마(惡魔)의 신(神)》인 《비로자나 1세》의 계략에 의해 《한반도(韓半島)》 정복을 위해 꾸며진 일들로써 이후 두고 두고 《한민족(韓民族)》들을 핍박하고 《한민족(韓民族)》 말살 정책을 실행한 원인이 된다.

《후고조선 삼한》의 《마한(馬韓)》이 《고구려》의 몫이었기 때문에 《고구려》의 개국 공신인 《협보》와 《주몽대왕》(199BC~128BC, 재위 179BC~128BC)이 상의하여 《마한(馬韓)》에 먼저 뿌리 내리고 살고 있던 《스키타이》를 일본국 《규슈》 지방으로 이주시키고 《다파라국》을 만들어 《협보》가 왕(王)이 된 것이다.

이러한 이후 《진한(辰韓)》을 근거지로 하여 《BC 36년》에 《석가모니 하나님 부처님》께서 《신라(新羅)》(36BC~AD935)를 건국하시고 《초대 왕》으로 《박혁거세》(43BC~AD36, 재위 36BC~AD36)로 이름하신 것이다. 이때까지만 해도 《후고조선 삼한(三韓)》의 체제는 엄격히 존중된 때였음을 기억하시기 바란다.

이러한 《신라(新羅)》 건국 이후 《박혁거세》(43BC~AD36, 재위 36BC~AD36)로 이름하신 《석가모니 하나님 부처님》과 부인이신 《선도 성모(聖母)》로 이름하셨던 《관세음보살 1세》 사이에 장남(長男)으로 《BC 25년》에 《노사나불 1세》께서 《수로(首爐)》(25BC~AD110)로 이름하시고 태어나시고, 이후 필자인 《미륵보살》도 막내아들로 태어나는 것이다. 이와 같이 《노사나불 1세》인 《수로》(25BC~AD110)께서 장남(長男)으로 태어나게 된 사연은 《진(秦)》나라(221BC~206BC) 《시황제(始皇帝)》(259BC~210BC, 재위 221BC~210BC)로 태어나 《우주 쿠데타》를 처음 일으킨 것을 훗날 깊이 참회함으로써 《석가모니 하나님 부처님》으로부터 용서 받는 차원에서 때에 《장남(長男)》으로 태어나 《수로》(25BC~AD110)라고 이름하고 《김씨(金氏)》 성씨(姓氏)까지 하사 받으시는 것이다. 그리고 이때 《노사나불(佛) 1세》께서 《수로》(25BC~AD110)로 이름하시고 태어나시던 해에 《석가모니 하나님 부처님》께서는 지금의 《터키》 동북쪽 《아조프 해(海)》 건너편에서 초대 《한국(桓國)》 이후 줄곧 《구한(九桓)》 상호간의 치안과 물자 수송을 담당하다가 《구한(九桓)》의 체계가 《단군조선》 때에 모두 무너짐으로써 한때 그들 전통을 고수하며 무리를 지어 있던 《스키타이》 《기마군단》 주력(主力) 세력들을 《한반도》 《변한(弁韓)》 땅으로 철수할 것을 명령하시는 것이다.

　　이와 같은 《스키타이》《기마군단》이 현지에서 따로 《왕조(王朝)》를 이루고 있을 때 《중원 대륙》의 《대마왕》 불보살들과 《대마왕신(神)》들은 이들을 험한 용어로써 《흉노족(匈奴族)》으로 이름하고 이들로부터 오랫동안 신세를 져온 《유럽》 각국들 역시 이들에 대한 《역사(歷史)》적 사실에 대해 아예 무시하고 있는 것이다. 이러한 이유가 《서구 유럽》 역사(歷史) 자체가 이들 《악마(惡魔)의 신(神)》들인 《대마왕신(神)》 무리들에 의해 철저히 왜곡되고 날조된 엉터리 역사 기록들임을 깊이 인식하여야 하는 것이다.

　　이와 같이 《석가모니 하나님 부처님》의 명령을 받은 《스키타이》 기마군단의 주력(主力) 세력들은 《몽골 평원》을 가로질러 《BC 6년》에 김해(金海) 지역에 도착함으로써 때에 《20세》된 《수로》(25BC~AD110, 재위 6BC~AD110)와 만나 이들의 추대로 《BC 6년》에 《금관가야》를 세우고 《스키타이》 기마군단 지도자 다섯에게 각각 연방국 일국(一國)의 왕(王)으로 임명함으로써 《6가야 연방국》이 탄생한 것이다.

　　이로써 《단군조선》 멸망 이후 한반도(韓半島)에서는 《고구려》《1국(國)》과 《후고조선》 삼한(三韓)이 천상(天上)의 법칙인 《1-3의 법칙》을 따라 《정통성(正統性)》을 회복한 이후 《고구려》, 《백제》, 《가야 연방국》 등 《셋》의 나라와 《석가모니 하나님 부처님》께서 세우신 《신라(新羅)》로 천상(天上)의 법칙인 《3-1의 법칙》을 따라 재편성이 된 것이다.

　　이렇듯 만들어진 《고구려》와 《백제》와 《가야 연방국》에 있어서 《고구려》는 《관세음보살 1세》의 나라로써 《구려족》의 나라이며 《백제》는 최고의 《악마(惡魔)의 신(神)》인 《비로자나 1세》 후손의 나라이며 《가야 연방국》은 《노사나불》 직계인 《스키타이》 나라들로써, 한반도(韓半島)는 사실상 《관세음보살 1세》의 나라인 《4-1의 성문승》들과 《노사나불》 직계의 《스키타이》 무리들과 《석가모니 하나님 부처님》의 《3-1의 성문승》인 《음(陰)》의 《곰족(熊族)》들이 진화(進化)하여 가는 곳으로써, 이를 간추리면 《성문승》과 《스키타이》가 음양(陰陽) 짝을 하여 주인(主人)이 되어 이들 주인(主人)들보다 우주적(宇宙的)으로 50억 년(億年)에서 200억 년(億年)간 진화(進化)가 덜된 《중원 대륙》 《독각의 무리》 나라들을 다스리며 진화(進化)시키기 위해 처음부터 《구막한제국(寇莫韓帝國)》을 《석가모니 하나님 부처님》께서 만드시어 《중원 대륙》의 《대마왕》 불보살들과 《악마(惡魔)의 신(神)》들인 《대마왕신(神)》 후손들을 순리(順理)를 따라 정상적인 진화(進化)를 할 수 있도록 배려하신 차원에서 《단군왕검》으로 이름한 《문수보살 1세》에게 《구막한제국》을 물려주었더니, 《대마왕》《문수보살 1세》인 《단군왕검》은 권력(勸力)을 쥐자마자 《대마왕》최고 두목인 《다보불》과 함께 여타 《대마왕》들인 《무곡성불》과 《관세음보살 2세》를 끌어들이고 급기야는 《대마왕신(神)》 최고위급들인 《악마(惡魔)의 신(神)》들인 《비로자나 1세》와 《그림자 비로자나 1세》와 《석가모니》와 《가이아신(Gaia 神)》과 《천관파군》 등 《대마왕신(神)》들과 연합하여 지상(地上)의 인간 역사(歷史)의 실상을 모두 왜곡하고 날조하여 그들 기준의 잣대로 바꾸어 놓고 힘(力)의 우위를 무기로 하여 《한민족(韓民族)》을 핍박한 것이다.

중동 지방에서는 《한민족(韓民族)》의 형제들인 《유대인》과 《이스라엘인》들을 파멸시키고 《한반도》에서는 《한민족(韓民族)》 파멸을 위해 《한민족(韓民族)》《탈》을 쓰고 태어나서, 어렵게 정통성을 다시 찾은 《한민족》국가들인 《신라》를 위시한 《고구려》와 《백제》와 《가야 연방국》간의 갈등을 부채질하여 끊임없는 《전쟁》으로 수많은 백성(百姓)들에게 고통을 주고 급기야는 《고려 왕조》와 《조선 왕조》를 그들 《악마(惡魔)의 신(神)》들인 《대마왕신(神)》들이 차례로 자리하여 《한민족》《백성(百姓)》들을 핍박하는 본격적인 《한민족》《한(恨)》의 시대 2,000년이 이로써 시작이 된 것이다. 《인류》《북반구 문명》 1만 년을 4계절로 구분한 《춘하추동》에서도 《한민족》에게는 마지막 차가운 칼바람이 부는 혹독한 겨울 기간이 《한(恨)》의 시대 2,000년인 것이다. 이러한 《한(恨)》의 시대 2,000년으로부터 《한민족》이 이제는 깨어나야 할 때이기 때문에 《메시아(Messiah)》이신 《미륵불(彌勒佛, Maitreya Buddha)》이 《역사》의 《실상》을 《실명(實名)》으로 밝히면서 모든 《종교(宗敎)》로부터 벗어나고 이로써 깨어난 《한민족(韓民族)》이 이제는 《우주간(宇宙間)》과 《세간(世間)》에서 전무후무한 괴로움과 고통이 없는 《후천우주(後天宇宙)》의 주인(主人) 민족이 되어야 하기 때문에 《진리(眞理)》의 《실상(實相)》을 전하는 것이다.

※ 특기(特記) 2 :

《고구려》《주몽대왕》(199BC~128BC, 재위 179BC~128BC)은 《고모수》 또는 《불리지(弗離支)》로 때에 이름하고 남자(男子) 몸(身)을 받고 태어나신 《관세음보살 1세》와 《유화(柳花)》 부인 사이에서 《BC 199년 5월 5일》에 태어나셨다. 이렇게 《고주몽 대왕》(199BC~128BC, 재위 179BC~128

BC)을 태어나게 하여 주신 그의 어머니이신《유화(柳花)》부인이 유명한《화엄보살》이시다. 때에《유화(柳花)》부인의 아버지가《하백(河伯)》으로 이름한《문수보살 1세》이다. 이러한《유화(柳花)》부인이 처녀 시절 강변에서《관세음보살 1세》이신《불리지》를 만나 사랑에 빠져 연애를 한 결과《임신》을 하게 된다. 이러한 사실을 뒤늦게 알게 된《하백(河伯)》은 불같이《노(怒)》하여《하백녀(河伯女)》인《유화(柳花)》를 쫓아냄으로써《유화 부인》은 온갖 고초를 겪은 끝에《고주몽》(199BC~128BC, 재위 179BC~128BC)을 낳게 된다. 이러한 때《하백(河伯)》으로 이름한《문수보살 1세》가 불같이 성을 내어《유화 부인》을 쫓아낸 사연을 알아야《고구려》를 세운《고주몽》을《고주몽 대왕》(199BC~128BC, 재위 179BC~128BC)으로 부르게 되는 이유를 여러분들께서 알 수가 있기 때문에 이에 대한 상세한 설명을 드리는 것이다.

《단군조선》의 마지막《단군(檀君)》이신《고열가 단군》께서《단군(檀君)》지위를《BC 238년》에 버리시고 산(山) 속으로 들어가신 이후《오가(五加)》의 무리들이《6년》(232BC)을 더《단군조선》을 다스릴 때 이때를 호시탐탐 노려오던《구려족》의《탈》을 쓰고 태어난《대마왕신(神)》《천왕랑》《해모수》가《단군조선》을《BC 232년》에 멸망시킨 후《단군조선》의《삼한(三韓)》체제를 해체시켜《구려족》들이 자리한《막한(莫韓)》을《한(漢)》나라(206BC~AD 220)에 떼어줌으로써《구려족》을《한(漢)》나라 하층민으로 전락시켜《노예》로 만들었음을 진행을 하면서 밝혀 드렸다. 그리고 이러한 모든 일을《대마왕》《다보불》과《문수보살》이 꾸미고 획책한 일들임도 아울러 밝혀 드렸다.

즉, 이들《대마왕》들 뜻에 따라《관세음보살 1세》의 후손들인《구려족》말살 차원에서《한(漢)》나라의 하층민으로 만들고《노예》로 전락시킨 판국에 그의 딸《유화(柳花)》가《관세음보살 1세》의 씨앗을 품고 있으니《하백(河伯)》인《문수보살 1세》로서는 불같이《노(怒)》할 수 밖에 없는 것이다.《하백녀》인《유화》가《임신》한 초기에는 아무리 신통(神通)이 자재한《문수보살 1세》라고 하더라도 이러한 사실을 모르나《태아》가 한동안 자란 이후에는《문수보살》정도의 신통(神通)을 가진 자는《태아》의 신원을 알 수 있음과 동시에《태아》에 대한《미래세(未來世)》도 알 수가 있는 것이다. 이로써 쫓겨난《유화 부인》의 고초를 여러분들께서도 충분히 이해하실 것이다.

이러한 사연을 가진《고주몽》(199BC~128BC, 재위 179BC~128BC)이 훗날《한(漢)》나라(206BC~AD220)의《노예》로 전락한《구려족》들을 구원하여 이를 바탕으로《고구려》를 세움으로써 계속하여 《관세음보살 1세》의 후손들인 《구려족》을 모두 구원을 하게 되는 것이다. 이와 같은 목적을 위해 《관세음보살 1세》께서도 《남자(男子)》 몸(身)을 가지고 태어나시어 때에 《불리지(弗離支)》로 이름하시고 《유화(柳花)》 부인을 만남으로써 목적 수행을 하신 것이며, 《유화》 부인이 임신하신 사실을 아신 후는 두 번 다시 나타나지 않으시고 본래의 자리로 돌아가신 것이다. 이로써 《구원》이 된 《구려족》이기 때문에 역대 어느 왕보다도 훌륭한 일을 수행하셨기 때문에 《천상(天上)》에서도 그를 《주몽 대왕》(199BC~128BC, 재위 179BC~128BC)으로 호칭을 하는 것이다.

이러한 숨겨진 일들이 있었기 때문에 《주몽 대왕》(199BC~128BC, 재위 179BC~128BC)이 《육신(肉身)》의 죽음을 맞이한 후 《대마왕》들과 《대마왕신(神)》들 때문에 곧바로 《천상(天上)》으로 오르지 못하고 《제주도》 《삼성혈(三聖穴)》에 숨어 지내시던 것을 얼마 전 《메시아(Messiah)》가 그분을 안심시키고 《천상(天上)》으로 오르시게 하여 드린 것이다.

《고구려》의 상징인 《삼족오(三足烏)》가 《관세음보살 1세》의 상징인 《양전자(陽電子)》가 붕괴된 태양흑점(太陽黑點)을 상징하는 것이며, 이러한 태양 흑점의 폭발로 세 갈래 방향으로 퍼져 나가는 《공(空)》들이 《만물(萬物)》을 《화육(和育)》하는 이치를 형상화한 것이 《삼족오》이며 이의 폭발은 질풍같이 이루어진다. 이러한 뜻을 감안한 것이 《삼족오》 깃발인 것이다. 그리고 《고주몽 대왕》(199BC~128BC, 재위 179BC~128BC)은 한 나라의 왕(王)이기 이전에 《구려족》을 구원하기 위해 이 세상에 오신 분이라는 사실을 깊이 인식하시기 바란다.

─────────────────────────────

(1) [한반도내(韓半島內)의 민족 대이동]

《한반도내(韓半島內)》의 토착(土着) 《구석기인》들은 《지리산(地理山)》을 중심한 《한반도》 《서남부(西南部)》 지방을 제외한 《한반도내》의 곳곳에 무리지어 자생(自生)한 《석가모니 하나님 부처님》의 《직계(直系)》 후손들인 《음(陰)》의 《곰족(熊族)》 《구석기인》들과 《지리산(地理山)》을 중심한 《한반도》《서남부》 지역에 있는 지금의 《전라남북도》 지역에 자생한 《마왕신(神)》《마고신(神)》과 그의 딸인 《백의관음》 후손인 《토착》《구석기인》들 뿐이다. 이러한 인연(因緣)이 있기 때문에 《지리산(地理山)》에서 《마고신(神)》을 상징하는 곳을 《노고단(老姑壇)》으로 이름하고 《백의관음》을 상징하는 곳을 《천왕봉(天王峰)》이라고 하는 것이다.

그리고 《BC 4500년》부터 《인도》 남부(南部)에 자리하던 《스키타이》《구석기인》들이 《이란》으로부터 《인도》로 침공하여 들어온 《드라비다족》들에게 밀려 《해상(海上)》 루트를 따라 대거 이동하면서 세 무리로 갈라져 그 중 한 무리는 《BC 4000년경》 한반도(韓半島)로 이동하고 나머지 한 무리는 같은 시기에 《일본(日本)》 본토(本土)로 들어가고 또 다른 한 무리는 《캄보디아(Cambodia)》로 이동을 한 것이다.

이로써 《한반도》 남부(南部)에 산재한 《남방식》《고인돌》이 이들의 《거주지》를 나타내는 《돌무덤》으로써 이를 남긴 근본(根本) 목적은 훗날 그들을 《신석기》인들로 교화(敎化)하여 줄 그들의 최고 조상(祖上)인 《노사나불》께서 그들 무리들을 쉽게 알아볼 수 있게 하는 일종의 《표시석》 및 《경계석》의 의미도 가진 것이다.

한편, 이와 같은 시기에 《중원 대륙》 요하(遼河) 유역으로부터 《관세음보살 1세》의 후손 《구려족》《구석기인》들이 《홍산문화》가 일어나기 이전에 이미 《한반도》 북부 지방을 통하여 유입되면서 《북방식》 고인돌을 남긴 것이다.

이로써 《한반도(韓半島)》는 《토착(土着)》《구석기인》들인 《음(陰)의 곰족(熊族)》《구석기인》들과, 《마왕신(神)》계(系)의 《구석기인》들과, 외부로부터 들어온 《스키타이》《구석기인》들과, 《구려족》《구석기인》 등 넷의 《구석기인》 무리가 거주하던 중, 《BC 4000년》《배달국(倍達國)》《딜문 Dilmun》으로부터 《한민족(韓民族)》 교화(敎化)의 주력(主力) 세력들이 《몽골》 평원을 가로질러 101년간의 대장정 끝에 《BC 3898년》에 《한반도(韓半島)》《평양》에 도착하여 《한국(韓國)》(3898BC~2333BC)을 여시고 한반도내(韓半島內)의 《구석기인》 교화(敎化)에 들어가는 것이다. 이때 교화된 《구석기인》들이 《음(陰)》의 《곰족(熊族)》과 《구려족(族)》과 《스키타이》들이며, 《마왕신(神)》계(系)의 《구석기인》들은 그들의 최고 조상신(祖上神)이 교화의 대열에 참여하지 않았기 때문에 《교화(敎化)》에서 제외된 것이다.

이와 같이 하여 《한반도(韓半島)》 교화를 마친 《주력(主力)》 세력들은 《BC 3814년》에 《중원 대륙》《하얼빈》 인근 지역에서 첫 번째 신시(神市)를 여시고 인연 있는 《구석기인》 교화에 들어가는 것이다. 이때 이후 일정한 기간이 흐른 후 《요하 유역》에서 《구려족》 교화를 한 것이 《홍산문화》이며, 이후 두 번째 신시(神市)와 세 번째 신시(神市)를 여시어 《구막한제국(寇莫韓帝國)》을 완성하여 《중원 대륙》 모두를 다스리는 것이다. 이러한 《구막한제국》 때나 《단군조선》 때까지도 벼슬살이를 하는 주력(主力) 세력들은 한반도에서 일찍 교화된 《음(陰)》의 《곰족》, 《구려족》, 《스키타이족》에서 차출되어 《오가(五加)》 등 주요 직책을 가지고 주력(主力) 세력으로 자리하였던 것이다.

※ 특기(特記) 3 :

[《석가모니 하나님 부처님》의 《작용신(作用身)》]

먼저 이 장을 정리하기 이전에 여러분들이 분명히 알아야 할 사항이 《석가모니 하나님 부처님》 작용신(作用身)에 대한 것이다. 이러한 《석가모니 하나님 부처님》 작용(作用)의 몸(身)은 《우주간(宇宙間)》의 《법칙》인 《2음(陰) 1양(陽)》의 법칙에 의해 구분이 되는데, 《2음(陰)》은 《석가모니 하나님 부처님》께서 인간(人間) 육신(肉身)을 가지고 오실 때의 《몸(身)》과 《석가모니 하나님 부처님》의 《음신(陰身)》인 천상(天上)의 《옥황상제(玉皇上帝)》님이 《2음(陰)》에 해당하며 방편으로 둘로 갈라져 있으나 그 뜻은 《하나》로써, 《석가모니 하나님 부처님》이 곧 《천상(天上)》에 머무시는 《옥황상제(玉皇上帝)》님이시며 《옥황상제(玉皇上帝)》님이 곧 《석가모니 하나님 부처님》으로서 그 역할에 따라 《방편(方便)》으로 구분되어 있음을 이해하셔야 한다. 나머지 《1양(陽)》에 해당하시는 분이 《석가모니 하나님 부처님》의 《양신(陽身)》을 가진 《다보불(佛)》로서 이분은 《석가모니 하나님 부처님》의 간섭 없이 독자적으로 진화(進化)하는 《대마왕불(大魔王佛)》이라는 점을 깊이 아시기 바란다.

즉, 《석가모니 하나님 부처님》께서 인간 육신(肉身)을 가지고 움직이실 때라도 스스로의 뜻을 《염력》으로 《옥황상제(玉皇上帝)》님께 전달을 하면 《옥황상제(玉皇上帝)》님께서는 추호도 어김없이 《석가모니 하나님 부처님》의 뜻에 의해 명령을 내리거나 일들을 도모하시는 것이다. 이 때문에 《석가모니 하나님 부처님》과 《옥황상제(玉皇上帝)》님은 《한 뜻》을 가진 일신(一身)이 그 맡은 바 역할 때문에 《방편(方便)》으로 둘로 나누어지시어 《작용(作用)》하시는 것임을 아시기 바란다.

---

① [한반도내(韓半島內)의 1차 민족(民族) 대이동]

《한반도(韓半島)》에서 처음 민족 대이동이 일어난 때가 《단군조선》 멸망 이후 《석가모니 하나님 부처님》께서 《단군조선》의 《오가(五加)》들을 비롯한 《단군조선》 주력(主力) 세력의 《한반도》 철수를 대비하여 《한반도내(內)》에서 교화되어 오랫동안 거주하였던 《구려족(族)》들은 《일본 본토》로 이동 명령하시고, 《지리산(地理山)》을 중심하였던 《전라남북도》에 거주하였던 교화되지 않은 《대마왕신(神)계(系)》의 《구석기 무리》들에게 《규슈 지방》으로 이동할 것을 《BC 200년》에 명령하신 것이다. 이때 《노사나불》께서 일본 본토(本土)로 《BC 4000년경》 《인도》 남부로부터 해양 루트를 따라 이동하여온 《구석기인》 《스키타이》 무리들의 교화를 《BC 700년 ~ BC 200년》까지 마친 때로써, 주로 《영남》 지방에 거주하던 《구려족(族)》들로 하여금 이들 진화(進化)된 《스키타이》 무리들에게 《농경법》을 가르치고 《한반도》와 같이 《성문승》과 《스키타이》가 《음양(陰陽)》 짝을 한 《인간(人間)》들의 무리로 자리하게 한 후 《야요이》 문명(文明)을 탄생시키게 되는 것이다. 이러한 때 전라도의 《교화(敎化)》되지 못한 《마왕신(神)》계(系)의 후손들인 《구석기인》들은 《규슈》 지역으로 모두 이동을 하는 것이다.

이렇게 《규슈》 지방으로 이동된 《마왕신(神)》계(系)의 후손 《구석기인》들의 교화(敎化)는 때에 이들 교화를 위해 《마왕신(神)》계(系)의 최고 조상들이 올 형편이 되지 못해 버려진 상태로 있던 것을 《금관가야》 《수로왕》(25BC~AD110, 재위 6BC~AD110) 때 《수로왕》 장녀로 태어났던 《용시보살》이 《히미코》(AD91~AD247, 재위 AD183~AD247)라고 이름하고 《야마타이국》을 세움으로써 훗날 《금관가야》 《수로왕》으로 이름하셨던 《노사나불》 아들들 《일곱 왕자》들과 합세하여 《대마왕신(神)》 후손 《구석기인》들 모두를 《교화(敎化)》하게 되는 것이다. 《히미코 여왕》이 나타나기 이전에는 이들 《구석기인》 상호간에 끊임없는 전쟁이 계속되었으나, 《히미코 여왕》(AD91~AD247, 재위 AD183~AD247)이 여왕(女王)으로 추대된 이후부터는 이들도 모두 전쟁을 멈춘 기록이 지금도 전하여져 오는 것이다. 이와 관계되는 상세한 내용은 《일본(日本)》편을 다룰 때 다시 말씀드리겠다.

이러한 민족대이동이 있고 난 후 《구려족》과 《대마왕신(神)》계(系)의 후손들이 떠난 거주지에 《단군조선 멸망》 이후 《BC 194년》 《대장군 탁(卓)》의 인솔로 《단군조선》 주력(主力) 세력들이 도착함으로써 주력 세력 중 《스키타이》 무리는 《전라남북도》와 《충청》 지방에 머물면서 《후고조선 삼한(後古朝鮮 三韓)》의 《마한(馬韓)》을 세우게 되고 《음(陰)》의 《곰족(熊族)》의 무리는 지금의 《경주》 지방을 중심으로 《진한(辰韓)》을 세우게 되며 《구려족(族)》들은 지금의 《김해》 지역을 중심으로 《변한(弁韓)》을 세움으로써 《후고조선(後古朝鮮)》 《삼한(三韓)》을 이루고, 이후 《진한(辰韓)》에 《석가모니 하나님 부처님》께서 《박혁거세 왕》(43BC~AD36, 재위 36BC~AD36)으로 이름하고 오시기 이전까지는 《마한(馬韓)》과 《고구려》 주도로 《삼한(三韓)》 체제가 엄격히 지켜지게 됨으로써 《한반도》에서의 1차 민족 《대이동》은 끝이 나는 것이다.

② [한반도내(韓半島內)의 2차 민족 대이동]

《중원 대륙》 《요하(遼河)》 유역에서 《홍산문화》를 일으켰던 《구려족》들이 《단군조선》 시절 《막한(莫韓)》 세력으로 있다가 《단군조선》 멸망 이후 《천왕랑》 《해모수》에 의해 《한(漢)》나라에 넘겨져 그 백성(百姓)들이 《노예》로 전락하게 된다. 이러한 때 《고구려》(179BC~AD668)를 세운 《주몽대왕》(199BC~128BC(72세), 재위 179BC~128BC)이 당시 《북부여》의 제후국으로 전락하였던 《단군조선》 시절 《번한(番韓)》의 주력(主力) 세력들 중 최고의 《악마(惡魔)의 신(神)》인 《비로자나 1세》의 계략에 의한 《소서노계(系)》의 도움으로 《구려족》들을 구원하여 《졸본》에서 《고구려국》을 세운 《주몽대왕》은 그의 부인 《소서노》와의 사이에 태어난 《온조》 왕자(王子)와 《고구려》 건국에 공이 큰 《번한(番韓)》의 주력(主力) 세력들 중 《소서노계(系)》 때문에 고심하던 중 때마침 《천상(天上)》 《옥황상제(玉皇上帝)》님으로부터 《후고조선》 《삼한(三韓)》 중 《고구려》 몫으로 있는 《마한(馬韓)》의 백성(百姓)들인 《스키타이(Scythians)》 무리를 《일본 열도》의 《규슈 지방》으로 이동시키라는 《계시》를 받고 당대 《고구려》 소유 선박들을 총동원하여 《고구려》 개국 공신 중 한 분이 《협보》로 하여금 이들을 인솔하여 《규슈 지방》으로 이동하게 한 후 그곳에서 《협보》는 《다파라국》을 세워 왕(王)이 되는 것이다.

　이러한 이후 《주몽대왕》은 이들이 떠나고 난 이후 《공백》 상태에 있는 일부 《마한(馬韓)》 땅을 《온조 왕자》와 그를 따르는 《변한》의 주력(主力) 세력들 중 최고의 《악마(惡魔)의 신(神)》인 《비로자나 1세》의 후손들인 《소서노계》에게 하사함으로써 《온조 왕자》는 이곳에서 《BC 159년》에 《백제국》(159BC~AD660)을 세우는 것이다. 《백제》의 건국은 훗날 《진한(辰韓)》에서 《석가모니 하나님 부처님》께서 《박혁거세》(43BC~AD36, 재위 36BC~AD36)로 이름하시고 《BC 36년》에 건국하신 《신라(新羅)》(36BC~AD935)보다는 건국 연대가 훨씬 앞선다는 사실을 아시기 바란다.

　한편, 《협보》가 《스키타이(Scythians)》 무리를 이끌고 《규슈 지방》으로 이동할 때 일부의 《전라도》 땅에 있던 《스키타이(Scythians)》 무리들이 《마한(馬韓)》 세력을 유지하고 한때 《백제》와의 갈등을 겪기는 하였으나 훗날 설득에 의해 이들도 《백제》의 백성(百姓)들이 된 것이다.

　이러한 이후 《BC 36년》에 《진한(辰韓)》 땅에서 《석가모니 하나님 부처님》께서 《박혁거세》(43BC~AD36, 재위 36BC~AD36)로 이름하시고 추대에 의해 초대 《신라 왕(王)》이 되신 후 부인이신 《선도성모》로 이름하신 《관세음보살 1세》와의 사이에서 《BC 25년》에 《노사나불(盧舍那佛)》이 장남(長男)으로 태어나 《수로(首爐)》(25BC~AD110, 재위 6BC~AD110)로 이름하게 됨으로써 《석가모니 하나님 부처님》께서는 그의 장남(長男)에게 《금(金)》씨 성(性)을 하사하시는 것이다. 이러한 때 《박혁거세 왕》(43BC~AD36, 재위 36BC~AD36)이신 《석가모니 하나님 부처님》께서는 진행을 하면서 밝혀 왔듯이 《흉노족》으로 후세의 《마왕 학자》들이 이름한 《한국(韓國)》의 고대 국가인 《한국(桓國)》 시절부터 《단군조선》에 이르기까지 《구한(九桓)》의 물자 수송과 치안을 담당하던 《스키타이(Scythians)》 《기마군단》의 주력(主力) 세력들을 《한반도(韓半島)》로 철수할 것을 명령하심과 동시에 《단군조선》 멸망 이후 《단군조선》 주력(主力) 세력을 따라 《한반도》로 들어와서 《변한(弁韓)》을 이루고 자리하였던 《구려족》들에게 《일본》 본토(本土)에서 처음 《스키타이(Scythians)》 무리들이 교화(敎化)되어 자리한 지역을 피해 《일본》 본토(本土) 《서남부(西南部)》 지방으로 이동할 것을 2차로 명령하심으로써 《후고조선》 삼한(三韓)의 《변한(弁韓)》 땅에 기거하던 《구려족》들은 《BC 10년경》 모두 일본(日本) 본토 서남부(西南部) 지방으로 이동을 마치게 된다.

이러한 이동이 있고 난 후 지금의 《터키》 동북쪽 《아조프 해(海)》 건너편으로부터 출발한 《스키타이(Scythians)》 기마군단 주력(主力) 세력들은 몽골 평원을 가로질러 《한반도》 땅으로 들어와서 《죽령》 고개를 넘어 《김해(金海)》 지역에 도착하게 됨으로 이들과 함께 《수로(首爐)(25BC~AD110, 재위 6BC~AD110)》는 《BC 6년》에 《가야 연방국》을 세우고 스스로께서는 《금관가야》 초대 왕인 《수로왕》이 되시는 것이다. 이와 같이 하여 김해(金海) 지역에 도착한 《기마군단》이 사실상 《한국(桓國)》 때 《노사나불》께서 교화한 《스키타이(Scythians)》 무리들 후손들이 되는 것이다.

이와 같이 하여 《한반도내》의 2차 민족 대이동도 끝이 나는 것이며, 이로써 《한반도(韓半島)》의 《북(北)》쪽은 《구려족》의 《고구려》가 자리하고 《남서(南西)》쪽은 최고의 《악마(惡魔)의 신(神)》인 《비로자나 1세》의 후손들인 《백제》가 자리하고 《남(南)》쪽의 《변진(弁辰)》 지역은 《스키타이(Scythians)》의 《가야 연방국》이 자리하고 《남동(南東)》쪽은 《음(陰)》의 《곰족(熊族)》과 《스키타이》의 《신라(新羅)》가 자리한 것이다.

이와 같이 《중원대륙》 동북부와 《한반도(韓半島)》에서 만들어진 《고구려》, 《신라》, 《가야》, 《백제》에 대한 역사 기록은 그 분량이 너무 많은 탓도 있지만 일반인들에게 상당히 많이 알려진 바가 있으므로 따로 《역사(歷史)》 기록은 하지 않고 진행을 하면서 필요 부분만 드러내어 중간 중간 설명을 하는 것에 대하여 깊은 이해 있으시기를 당부 드린다.

※ 강주(講主) 1-3-7 :

[노사나불(佛)과 수로(首爐, 25BC~AD110, 재위 6BC~AD110)]

《노사나불(佛)》은 진행(進行)을 하면서 밝혀 왔듯이 《선천우주》 동안 우주(宇宙)를 크게 세 구분한 《천지인(天地人)》의 우주(宇宙)에서 《지(地)》의 우주를 이끌어 오신 분으로서, 《천일우주(天一宇宙)》 100의 궁(宮)에서는 《북두칠성(北斗七星, Big Dipper)》의 첫 번째 자리에 자리한 《큰 곰자리 성단(Ursa Major)》의 《알파성(星)》을 법신(法身)으로 하고 현재의 우리들 태양계(太陽界)

에서는 《태양성(太陽星)》을 법신(法身)으로 하신 《석가모니 하나님 부처님》의 우주적(宇宙的) 《장남(長男)》이 되시는 분으로서 《메시아(Messiah)》이신 《미륵불(佛)》에게 있어서는 맏형(兄)이 되시는 분이다. 이러한 《노사나불(佛)》께서 《신라(新羅)》의 초대 왕이신 《박혁거세》(43BC~AD 36, 재위 36BC~AD36)로 이름하신 《석가모니 하나님 부처님》의 장남(長男)으로 태어나셨을 때 이름을 《수로(首爐)》로 하고 《금씨(金氏)》 성씨(姓氏)까지 하사를 하시는 것이다.

이와 같이 《석가모니 하나님 부처님》께서는 때에 《노사나불(爐舍那佛)》이 장남(長男)으로 태어나시자 《북두칠성》의 우두머리라는 뜻으로 《우두머리》 《수(首)》와 현재 태양성(太陽星)을 상징하는 《불덩어리》를 형상화한 글자인 《화로》 《로(爐)》로써 《수로(首爐)》라고 이름 지어 후세인(後世人)들이 진리(眞理)의 법(法)을 깨닫게 하기 위해 이로써 이름하고 성씨(姓氏)를 따로 《금씨(金氏)》로 하신 뜻도 《태양성(太陽星)》에 기인하는 것이다.

이러한 《수로왕》을 신라(新羅) 27대 《선덕여왕》 때 《한민족(韓民族)》 구성원들을 타락시켜 괴멸시키고자 《당(唐)》(AD618~AD907)에서 만든 《마왕불교(魔王佛敎)》를 가지고 들어온 당대 일부 《승려》들이 그들 《마왕불법(魔王佛法)》을 합리화시키기 위해 진리(眞理)의 자취를 지우기 위해 미친 듯이 《역사(歷史)》 기록을 날조하고 왜곡할 때 《수로왕(首爐王)》의 《로(爐)》자(字)를 《이슬 로(露)》로 바꾸고 《성씨(姓氏)》도 《금씨(金氏)》를 《김씨(金氏)》로 바꾸어 지금까지 필자가 설명한 진리(眞理)의 자취를 지우고 《역사(歷史)》를 왜곡한 것이다. 이로써 때에 《미륵불(彌勒佛)》도 현생(現生)에 《김씨(金氏)》 성씨(姓氏)를 가지고 태어난 인연으로 알려 드리는 것이니 《스키타이(Scythians)》 대표 성씨(姓氏)를 가지신 《김해(金海)》 《김씨(金氏)》 문중에서는 이러한 점을 지나쳐서는 안 될 것이다.

그대들이 가지고 있는 《수로왕(首爐王)》 탄강 설화는 《북두칠성(Big Dipper)》 중 일곱째 별(星)인 대마왕신(神) 《천관파군 1세》를 제외한 《노사나불(佛)》과 그의 형제 되시는 《거문성불(佛)》과 《녹존성불》로 이름되시는 《삼현불(三賢佛)》과 아들들인 《문곡성불》과 《염정불》과 《무곡성불》 여섯에 대한 설화로써 이분들 각각이 《6가야》국의 《왕(王)》들로 자리하였음을 뜻하는 설화라는 사실을 바로 깨우치시기 바라며, 《김해 김씨(金海金氏)》라고 할 때는 《북두칠성(Big Dipper)》 중 《노사나불(佛)》 《진신삼성(眞身三星)》을 법신(法身)으로 하신 《노사나불(佛)》과 형제분이신 《거문성불(佛)》과 《녹존성불(佛)》이신 《삼현불(三賢佛)》 후손들만이 《김해 김씨》 성씨(姓氏)를 가질 수 있는 것이며, 《노사나불(佛)》 아들들 성씨(姓氏)는 각각 따로 있음을 아시기 바란다.

그리고 내친 김에 《김해 김씨》문중에 한 가지 더 충고 말씀을 드리겠다. 《신라(新羅)》의 골품제도(骨品制度)에 있어서 《진골(眞骨)》은 《석가모니 하나님 부처님》의 직계 후손인 음(陰)의 《곰족(熊族)》 출신의 왕족을 말하는 것이며, 《성골(聖骨)》은 《석가모니 하나님 부처님》 장남(長男)으로 태어나서 따로 《성씨(姓氏)》를 받은 《수로왕(首露王)》 계통의 《스키타이(Scythians)》 출신 왕족(王族)들을 《성골(聖骨)》이라 하였음을 깊이 인식하시기 바란다.

그리고 훗날 《삼국통일》을 한 《신라(新羅)》 제29대 왕 《태종무열왕(太宗武烈王)》이신 《김춘추》(AD604~AD661)가 때에 《삼국통일》을 위해 몸(身)을 바꾸고 오신 《수로왕(首露王)》이신 《노사나불(佛)》이시며 《고려》 25대 《충렬왕》 때에 문과에 급제한 후 28대 《충혜왕》 때 《금령군(金寧君)》으로 봉해진 《목경(牧卿)》께서도 다시 몸(身)을 바꾸고 오신 《수로왕》이신 《노사나불(佛)》이심을 《미륵불(彌勒佛)》이 정확히 말씀드리는 바이며, 이때 형제분인 《거문성불(佛)》과 《삼현불(三賢佛)》께서도 따로 이름하고 같이 오신 것이다.

때문에 《중시조(中始祖)》를 거론할 때 《김유신 장군》은 제외하는 것이 옳을 것이다. 《김유신》은 한때 《한민족(韓民族)》 말살을 위해 광분하던 《대마왕》 《천왕불》로서, 《노사나불(佛)》께서 지금의 《황소자리 성단》인 《지일이(地一二)》 우주를 만들었을 때 《노사나불(佛)》의 아들로 태어난 적이 있기 때문에 종종 《스키타이(Scythians)》 핏줄을 가지고 태어나는 것이다. 이러한 인연으로 《노사나불》께서 《삼국통일》을 하시기 위해 전쟁 잘하는 《천왕불》을 일시적으로 《김유신》(AD595~AD673)으로 태어나시게 하셨기 때문에 《김해 김씨》 중시조(中始祖)로는 무리가 따르는 것으로 보이니 참고하시기 바란다.

《사대사상》은 《대마왕》들과 《악마(惡魔)의 신(神)》들인 《대마왕신(神)》들을 받드는 사상으로써 썩고 부패하여 냄새나는 사상이다. 그러므로 《김해 김씨》문중은 자랑스러운 조상(祖上)인 《노사나불》이신 《수로왕》을 욕보이는 《사대사상》에서 하루빨리 벗어나서 지금까지 《미륵불(佛)》이 밝혀 드린 사항만 가지고서도 그대들의 자랑스러운 《족보》를 다시 재정비하여 《천상(天上)》의 그대들 《족보》와 일치를 시키도록 노력하시는 것이 옳은 것이며, 《노사나불(佛)》의 꿈이 사라진 《한반도》에서의 《스키타이(Scythians)》 주력(主力) 세력들이 《일본 열도》로 철수한 후 《가야국》과 《신라(新羅)》의 합병은 자연스러운 것이니 이에 연연하지 마시고 이 모두 《대마왕》 불보살들과 《악마(惡魔)의 신(神)》들인 《대마왕신(神)》들의 방해로 인한 운명적인 일들로 받아들이고 때에 《수로왕》 후손들께 《진리(眞理)》의 공부도 등한시 하시지 말라는 뜻에서 이러한 사실들을 따로 알려 드리니 참고하시기 바란다.

그리고 《중원 대륙》의 《사대사상에 젖은》 연호 따위는 하루빨리 그대들 《족보》에서 정리하시고 그대들이 《중원 대륙》의 대마왕들과 《악마(惡魔)의 신(神)》들인 대마왕신(神)들의 후손들인 《독각 무리》들을 가르치는 입장에 있는 훌륭한 조상(祖上)을 둔 입장임을 재차 강조하는 것이다.

[8] [일본(日本)]

(1) [구석기인들의 일본 열도(日本列島) 정착]

《인도》남부 지방에서 《구석기인》으로 진화하여온 《노사나불》직계(直系)《스키타이(Scythians)》《구석기인》들이 《BC 4500년》《이란》에서 《인도》동북부 지방으로 이동하여온 《쌍둥이 천왕불》의 후손들인 《드라비다족(族)》들이 《인도》남부로 점차 이동하게 됨으로, 그들의 최고 조상(祖上)이신 《노사나불(佛)》의 명령에 따라 《스키타이(Scythians)》《구석기인》들이 《BC 4500 ~ BC 4000》년까지 세 부류로 나뉘어져 해상(海上) 루트를 따라 동쪽으로 이동하게 된다. 이때 제1진으로 출발한 《스키타이》《구석기인》들이 《한반도(韓半島)》로 들어오게 되며, 제2진으로 출발한 《스키타이》《구석기인》들이 《일본》《본토》에 상륙하여 《일본》《본토》심장부로 이동하게 된다. 이러한 이후 제3진으로 출발한 《스키타이(Scythians)》《구석기인》들이 같은 경로를 따라 《캄보디아(Cambodia)》로 이동하게 됨으로써 이들 모두들의 이동은 《BC 4000년》이전에 모두 완료가 되는 것이다. 이로써 《일본 열도》로 봐서는 최초의 주인(主人)이 되는 무리가 《스키타이》《구석기인》들이 되는 것이다.

이와 같이 《스키타이》《구석기인》들이 《일본》《본토(本土)》에 정착한 사실을 잘 알고 있는 《대마왕》《다보불》이 훗날 《스키타이인》들이 《일본 열도》를 장악하는 것을 방해하기 위해 《몽골》동북부 지역에 자리한 《다보불》직계 《구석기인》들과 《대마왕신(神)》후손 《구석기인》들이 《2:1》의 비율로 함께 거주하던 무리들에게 《BC 3500년》에 《일본열도》《침공》명령함으로써 이들은 현재의 《러시아》극동 지역에서 《해류(海流)》를 따라 《사할린》을 거쳐 《일본》《본토》에 상륙하여 《일본》《본토》동북부(東北部) 지방으로 이동을 완료하는 것이다.

이러한 이동이 완료된 후, 이번에는 《문수보살》이 교화한 《퉁구스족》들 중 《몽골》동북부 일부 지역과 《러시아》극동 지역에 거주하던 그의 후손 《양(陽)》의 《독각》무리들에게 《BC 3000년》에 그들의 최고 조상(祖上)인 《문수보살》이 《일본열도(日本列島)》로 이동을 명령함으로써 이들도 《해류(海流)》를 따라 《일본열도(日本列島)》를 침공하여 《사할린》을 비롯한 인근 도서 지방과 《홋카이도》를 점령함으로써 《다보불》 직계 《음(陰)》의 《독각》 무리 《구석기인》과 《마왕신(神)》 후손들인 《양(陽)》의 《연각승》 무리들 《구석기인》들이 《일본》《본토》 동북부 지역을 점령하고 《홋카이도》를 비롯한 부속 《섬》들과 《사할린》 일대 부속 《섬》들 모두를 《대마왕》《문수보살》 후손 《독각》의 무리들이 점령하여 《스키타이》《구석기인》들을 압박한 것이다.

 이 때문에 훗날 《스키타이》《구석기인》들이 《노사나불(佛)》에 의해 교화(敎化)되어 《음(陰)》의 《연각승(緣覺乘)》인 《스키타이》로 거듭 태어났을 때 이들의 보호를 위해 《석가모니 하나님 부처님》께서 《BC 200년》에 《한국(韓國)》의 《경상도》 지방에 자리하였던 《구려족》들을 이동시켜 이들에게 《농경법》을 가르치고 《야요이》 문명을 일으키게 하고 《한반도》 서남부 지역에 자리하였던 《대마왕신(神)》계(系)의 《구석기인》들을 《규슈》로 이동시켜 《노사나불(佛)》이신 《수로왕(首露王)》(25BC~AD110, 재위 6BC~AD110)의 딸이신 《용시보살》인 《히미코》와 《스키타이》들인 《가야국》《일곱 왕자》들을 보내 이들을 《교화(敎化)》시킴으로써 《스키타이》에 우호적인 《대마왕신(神)》 타이틀을 뗀 《양(陽)》의 《독각》들로 교화를 한 것이며, 훗날 다시 《옥황상제(玉皇上帝)》님의 명령으로 《고구려》 개국 공신인 《협보》가 《한반도》《마한(馬韓)》에 거주하던 《스키타이인》들을 《일본》《규슈》 지방으로 이동시켜 《다파라국》을 만든 일과 이때 다시 《석가모니 하나님 부처님》께서 명령하시어 《한반도》《변한(弁韓)》에 거주하던 《구려족》들을 《규슈》 지방과 맞닿아 있는 《일본》《본토》 서남부(西南部) 지방으로 서둘러 이동시키신 이유도 《한민족(韓民族)》과 같은 핏줄을 가진 《인간(人間)》 무리들인 《스키타이인》들을 《대마왕》《다보불(佛)》과 《문수보살》과 《대마왕신(神)》 등의 《독각》과 《양(陽)》의 《연각》 무리들로부터 이들을 지키기 위한 《천상(天上)》의 배려였음을 오늘을 살고 있는 《한국인(韓國人)》들이나 같은 핏줄을 가진 《일본인(日本人)》들은 다 같이 알아야 하는 것이다.

 이 때문에 오늘날 《일본인》들은 《스키타이》 20%와 《구려족》인 《4-1의 성문승》 10%로 이루어진 《인간(人間)》 무리들 30%와 이들에 우호적인 《양(陽)》의 《독각》 무리 10%가 40%를 이루고, 《대마왕》《다보불》 직계 《음(陰)》의 독각 무리 20%와 《문수보살》의 후손들인 《양(陽)》의 《독각》의 무리 《30%》 등 《50%》의 《독각》 무리들과 《10%》의 《악마(惡魔)의 신(神)》인 《비로자나 1세》의 후손들인 《양(陽)》의 《연각》 무리들이 모두 60%를 차지하여 《대마왕》《다보불(佛)》과 《문수보살》과 《악마(惡魔)의 신(神)》인 《대마왕신(神)》《비로나자 1세》의 지시를 따르는 것이다.

이와 같이 오늘날《일본》에도 음(陰)의 한민족(韓民族)《인간(人間)》무리들《30%》가 있다는 사실을 밝히는 바이며, 항상 말썽을 일으키는《일본》《국수주의자》들이《일본》《본토》동북 지방에 주로 거주하는《악마(惡魔)의 신(神)》인《비로자나 1세계(系)》의《양(陽)》의《연각》무리들이《10%》라는 점을 아시고《군국주의자》들이 모두 이들과《독각》의 무리에서 등장한다는 사실도 알아야 할 것이다.

오늘날《남한(南韓)》에는 삼국(三國) 시절《백제계》의 최고《악마(惡魔)의 신(神)》인《비로자나 1세》의 후손들인《양(陽)》의《연각》무리가 있다. 이러한《양(陽)》의《연각》무리들이 항상《일본》의《양(陽)》의《연각》과《독각 무리》들과 행동을 같이 하였으며, 지금의 때로써는《남한(南韓)》에서《좌익사상》을 가진 자들 대부분이《양(陽)》의《연각승》무리들로서 이들은《한민족(韓民族)》구성원들이 아닌《한민족(韓民族)》을 사칭하는《자칭》《한민족(韓民族)》들이라는 사실을 아시기 바라며, 이러한 이들이《한일(韓日)》관계를 악화시키는 주범들로서 작용하며《한일(韓日)》관계 갈등은 모두 이들이 뿌리 깊게 심고 있다는 사실을 깊이 인식하시기 바란다.

그리고 이들《양(陽)》의《연각》들과《독각》의 무리들은《인간(人間)》무리들보다《우주적(宇宙的)》으로 최소《50억 년(億年)》에서 최대《250억 년(億年)》까지《진화(進化)》가 늦은 무리들로서 이렇게《진화(進化)》가 덜된 무리들이《지배욕(支配慾)》과《권력욕(權力慾)》으로 그들의《야망(野望)》을 채우기 위해 말썽을 부린다는 사실도《메시아(Messiah)》가 분명히 하며, 이

[표 1-3-8-1] 일본인(日本人)의 민족 구성

민족	비율		
스키타이	20%	음(陰)의 한민족(韓民族)	40%
구려족(4-1의 성문승)	10%		
양(陽)의 독각 무리	10%	한민족(韓民族)에 우호적인 무리	
다보불 직계 음(陰)의 독각 무리	20%	양(陽)의 한민족(韓民族)	60%
문수보살 직계 양(陽)의 독각 무리	30%		
비로자나 1세 직계 양(陽)의 연각 무리	10%	국수주의자	

로써 그들은《파멸》의 길로 가고 있다는 점도 분명히 하는 것이다.

그러면 다음으로《일본열도(日本列島)》《구석기인》들 교화(敎化)의 과정을 살펴보기로 하자.

(2) [일본열도(日本列島)《구석기인》들의 교화(敎化)]

《일본열도》《구석기인》들의 교화(敎化)는《섬 지방》특수성 때문에《대륙》의《구석기인》교화(敎化)를 모두 마치고 교화(敎化)가 시작되기 때문에 상대적으로 상당히 늦게 교화(敎化)가 진행이 된다. 이 때문에 뒤늦게 교화되는《스키타이인》들을 위해《한반도》에서 먼저《진화(進化)》된《구려족》과《스키타이인》들이 대거 지원이 된 것이다. 아래 표는 일본열도 교화기와 문명기를 구분한 것으로 참고하시기 바란다.

[표 1-3-8-2] 일본 열도 교화기 및 문명기

구분	연도
다보불 직계와 대마왕신(神) 후손들 교화 기간	1200BC~700BC
노사나불 직계《스키타이》후손 교화 및 문명 기간	700BC~AD200
야마타이 교화기(규슈 지방)	AD183~AD539
일본 본토 문명기	AD201~AD539
통합 아스카 시대	AD539~AD715
나라 시대(백제계)	AD715~AD781
헤이안 시대(스키타이계) 문명기	AD781~AD1180
가마쿠라 막부 시대	AD1180~AD1339
북조 막부 시대	AD1331~AD1412

무로마치 막부 시대	AD1339~AD1611
에도 막부 시대	AD1611~AD1866
메이지 시대	AD1867~현재

※ 《다이쇼 시대》, 《쇼와 시대》, 《군정기》, 《군정기》 이후부터 현재까지의 정권은 《메이지 시대》의 연장선상에 있는 시대로써 이때까지 정권 모두를 《메이지 시대》로 통일하는 것이다.

① [다보불(佛) 직계와 《마왕신(神)》 후손들의 교화(敎化)]

※ 《다보불》 직계와 《마왕신(神)》 후손들 교화(敎化) 때의 《왕명록》을 밝혀 드리면 다음과 같다.

[표 1-3-8-3] 다보불 직계와 《마왕신(神)》 후손들 교화 때의 왕명록
교화(敎化) 기간 : 1200 BC ~ 700 BC

왕 순서	천왕명	신명(神名)
1	아마쓰히타카 히코호노	다보불 1세
2	니니기노미코토	마고신 1세
3	아마쓰히타카 히코호호	다보불 2세
4	데미노코토	백의관음
5	아마쓰히타카 히코나기사타케	마고신 1세
6	우가야후키아 에즈노미코토	다보불 1세

《다보불(佛) 1세》 직계(直系) 후손들은 지금의 《작은곰자리(Ursa Minor)》 《베타성(β星)》에서 《다보불 1세》와 그의 부인이신 《마고신(神)》이 만드신 《영(靈)》들이 진화(進化)하여 《지상(地上)》에서 《구석기인》들로 태어난 무리들로서 이분들이 교화하신 무리들을 《양(陽)》의 《곰

족(熊族)》 또는 《음(陰)》의 《독각》의 무리라고 한다. 그리고 상기 《표》의 《백의관음》이신 《데미노코토》 천왕(天王)은 《다보불 1세》와 《마고신(神)》 사이에서 태어난 딸로서 《다보불 2세》와 함께 교화(敎化)한 무리가 《카시오페아》 성단(星團)에서 진화(進化)하여온 무리들이며, 이들을 《대마왕신(神)》의 후손들로서 최고 《악마(惡魔)의 신(神)》인 《비로자나 1세》의 후손들이라고 한다.

이와 같이 《백의관음》과 《다보불 2세》가 교화(敎化)한 무리들을 《양(陽)》의 《연각승》 무리라고 하며, 《노사나불(佛)》 직계(直系)보다 《우주적(宇宙的)》으로 50억 년(億年) 진화(進化)가 덜 된 무리들이다. 그리고 원래 《백의관음》 직계는 《양음(陽陰)》의 《독각》의 무리로서, 일본에서는 《백의관음》이 《다보불 2세》와 함께 《양(陽)》의 《연각승》 무리를 교화한 것이다.

② [노사나불(佛) 직계(直系) 《스키타이(Scythians)》 후손들의 교화(敎化)]

※ 《노사나불(佛)》 직계(直系) 《스키타이》 《구석기인》 교화(敎化) 때의 《왕명록》을 밝혀 드리면 다음과 같다.

[표 1-3-8-4] 노사나불 직계 《스키타이》 후손 교화 때의 왕명록
교화(敎化) 및 문명 기간 : 700 BC ~ AD 200

왕 순서	천왕명	신명(神名)	비고
1	진무천왕	**노사나불 1세 분신**	재위 660BC~585BC
2	스이제이 천왕	정화수왕지불	재위 581BC~549BC
3	안네이 천왕	용시보살	재위 549BC~511BC
4	이토쿠 천왕	노사나불 1세 분신2	재위 510BC~477BC
5	고쇼 천왕	노사나불 1세 분신3	재위 475BC~393BC
6	고안 천왕	정화수왕지불	재위 392BC~291BC

7	고레이 천왕	용시보살	재위 290BC~215BC
8	고겐 천왕	노사나불 1세 분신	재위 214BC~158BC
9	가이카 천왕	**노사나불**	재위 158BC~98BC
10	스진 천왕	정화수왕지불	재위 97BC~30BC
11	스이닌 천왕	용시보살	재위 29BC~AD70
12	게이코 천왕	관세음보살 1세	재위 AD71~AD131
13	세이무 천왕	노사나불 1세 분신1	재위 AD131~AD190
14	주아이 천왕	노사나불 1세 분신2	재위 AD192~AD200

※ BC 700년에 진무천왕 교화의 시작년도 BC 660년까지의 40년은 불(佛)의 용(用)의 수(數) 4에 해당하는 기간으로써《노사나불》께서 교화(敎化)에 임하시기 전 준비 기간이 40년이 됨을 아시기 바란다.

※ 진행(進行)을 하면서 여러 번 밝혀 왔듯이,《노사나불(佛)》직계(直系)《스키타이》들은《큰곰자리성단(Ursa Major)》에 있는《북두칠성(Big Dipper)》중《노사나불(佛)》《진신삼성(眞身三星)》인《큰곰자리(Ursa Major)》《알파성(α)》과《베타성(β)》과《감마성(γ)》등《삼성(三星)》으로부터 진화(進化)하여온《영(靈)》들이 지상(地上)에 와서《구석기인》으로 진화(進化)한 무리가《스키타이》《구석기인》무리들로서 이들의 최고 조상(祖上)이《노사나불(佛)》이시다. 이러한《노사나불(佛)》후손들이《일본 열도》에 들어와서《인간》으로의 교화(敎化)는《다보불(佛)》직계(直系) 후손들보다《500년》늦은 것이나《우주적(宇宙的)》으로는《다보불(佛)》직계 후손들보다《50억 년(億年)》진화(進化)가 빠른 것이다.

상기《왕명록》에서도 드러나 있듯이, 이 때문에《일본계(系)》《스키타이》《구석기인》들에 대한《노사나불(佛)》의《교화(敎化)》노력은 다른 어느 곳에서도 찾아볼 수 없는 지극한《정성》그 자체인 것이다. 이러한《노사나불(佛)》의 적극적인《정성》과《석가모니 하나님 부처님》의 배려로《한반도》에서 이들보다 훨씬 앞선 연대(年代)에《교화(敎化)》된《성문》의 무리와《스키타이》무리의 유입이 있었기 때문에 오늘날의《일본(日本)》이 경제 대국으로 자리할 수 있었다는 사실을 오늘을 살고 있는 일본(日本)의 인간들 무리나《독각》들 무리들 모두가 알아야 하는 것이다.

그리고 이참에 한 가지 분명히 할 일이 있다. 현재의 일본학자(日本學者)들은 상기《왕명록》에 나와 있는《교화자(敎化者)》모두를《천황(天皇)》으로 표기를 하고 그렇게 호칭을 하는데, 이는 크게 잘못된 것임이《왕명록》에서 그대로 드러나 있는 것이다. 필자가《천황(天皇)》에 대하여 여러 번 밝힌 바 있듯이《황(皇)》의 칭호는《석가모니 하나님 부처님》께만 붙일 수 있는 것이《천상(天上)》의《법칙》이다. 이러한 칭호를 지상(地上)에서《대마왕》들과《대마왕신(神)》들이《우주 쿠데타》를 일으키면서 스스로들을《황제(皇帝)》라 칭하고 그들 나라들을《제국(帝國)》이라고 거들먹거린 것이다.

이로써 볼 때, 한때《노사나불》께서《진(秦)》나라《시황제(始皇帝)》로 와서 동양(東洋)에서는 처음으로《천상(天上)》에 반란하여《황제(皇帝)》로 칭하였으나 곧바로 이는《대마왕》들과《대마왕신(神)》들을 제압하기 위해 먼저《우주 쿠데타》를 일으킨 것으로써 거들먹거렸으나 곧바로 그의 행동이 잘못되었음을 알고《석가모니 하나님 부처님》께 깊이 참회함으로써《석가모니 하나님 부처님》께서 참회를 받아들이셔서 그를 용서하시고 뒷날《석가모니 하나님 부처님》께서《신라(新羅)》《시조 왕(始祖王)》《박혁거세》로 이름하고 오셨을 때 장남(長男)으로서《수로(首爐)》(25BC~AD110, 재위 6BC~AD110)라 이름하고《금(金)》씨 성씨(姓氏)까지 하사를 하시는 것이다.

이와 같이《일본 열도》교화기 이후의 사건을 미리 말씀드린 이유는《일본 열도》교화기 때와 뒷날《가야국》《수로왕(首爐王)》(25BC~AD110, 재위 6BC~AD110) 때와《일본(日本)》국호를 만드신《신무천왕(神武天王)》(재위 AD335~AD461) 때와《신라(新羅)》의《삼국통일》을 이루었던《태종무열왕》《김춘추》(AD604~AD661) 때까지와 뒷날《임진왜란》을 일으켰던《도요토미 히데요시》(AD1537~AD1598) 이전까지는《석가모니 하나님 부처님》의《장남(長男)》으로서 본분을 다하시고《우주 쿠데타》에 가담한 적이 없기 때문에 그에게《우주 쿠데타》의 멍에를 씌우는《황제(皇帝)》의 칭호를《후세인(後世人)》들이 붙인다는 것은《노사나불(佛)》에 대한 불경(不敬)한 짓이 되므로 그 후손들 자신들이《화약》을 등에 지고 불(火) 속으로 들어가는 형국이니 이러한 일은 삼가하시기 바라며,《왕명록》에 드러난 바와 같이 이분들 모두는《천왕(天王)》들이라는 사실을《메시아(Messiah)》가 분명히 하는 것이다.

가> [노사나불(佛)과 여타《천왕(天王)》들과의 관계]

《왕명록》에 드러난 《스이제이》 천왕으로 오신 《정화수왕지불》은 《노사나불(佛)》의 《천상(天上)》에서부터의 《부인》이시며, 《안네이 천왕》으로 이름하신 《용시보살》은 《노사나불(佛)》과 《정화수왕지불》 사이에 태어난 《딸》이며, 《이토쿠 천왕》으로 이름하신 분은 《노사나불(佛)》《분신(分身)》이시다. 이러한 《노사나불(佛)》《분신(分身)》은 《지상(地上)》에서 《인류북반구 문명》이 펼쳐진 후 《천상(天上)》에서 《석가모니 하나님 부처님》께서나 《관세음보살 1세》께서 《영육(靈肉)》 분리를 이루시듯이 《노사나불(佛)》께서도 《영육(靈肉)》 분리를 이루시어 《노사나불(佛)》과는 별도로 따로 진화(進化)하는 《육신불(肉身佛)》을 두시게 되는데, 이러한 《육신불(肉身佛)》을 《노사나불(佛)》의 《분신(分身)》이라고 하는 것이다.

다음으로 12대 《게이코 천왕》으로 이름하신 분이 《노사나불(佛)》의 어머니(母)가 되시는 《관세음보살 1세》이시다. 이렇듯 《노사나불(佛)》의 어머니(母)이신 《관세음보살 1세》를 제외한 《4분》의 불(佛), 보살(菩薩)이 번갈아 가며 《스키타이》《구석기인》들 교화(敎化)를 한 것이다.

이와 같이 《노사나불(佛)》《친가족(親家族)》들만으로 《스키타이》《구석기인》들을 교화(敎化)한 경우는 《지상(地上)》에서는 유례를 찾아 볼 수가 없는 것으로써 늦게 이들을 교화(敎化)한 충분한 보상을 《정성》으로 한 것이 《왕명록》에 그대로 드러나는 것이다.

나> [신무천왕(神武天王)]

5대 《고쇼 천왕》이나 9대 《가이가 천왕》이나 13대 《세이무 천왕》 등과 교화(敎化) 기간이 끝이 난 후 《신무천왕(神武天王)》(재위 AD335~AD461)으로 이름하고 오신 분 모두가 《노사나불(佛)》께서 반복(反復)되는 윤회(輪廻)로 때에 따라 인간 육신(肉身)을 가지고 오셔서 이름한 호칭이기 때문에 이분들 모두들을 《신무천왕(神武天王)》이라고 호칭을 하는 것도 무리가 아니다.

다> [신공왕후(神功王后)]

　　《왕명록》에 나타나 있는 3대 《안네이 천왕》과 7대 《고레이 천왕》과 11대 《스이닌 천왕》은 《노사나불(佛)》의 딸인 《용시보살》이시다. 이러한 《용시보살》이 3대 《안네이 천왕》으로 교화(敎化)에 임할 때 《가림토 문자(文字)》와 《한민족(韓民族)》의 뜻글인 《한문(韓文)》을 바탕으로 하여 오늘날 《일본인》들이 쓰고 있는 《문자(文字)》를 창작(創作)하여 그의 백성(百姓)들에게 전(傳)한 분이시다. 이와 같이 《스키타이(Scythians)》《구석기인》교화가 끝이 난 후 《용시보살》은 《노사나불(佛)》이신 《금관가야》 초대 왕이신 《수로왕(首爐王)》(25BC~AD110, 재위 5BC~AD110)의 장녀(長女)로 태어나서 《AD 103년》《13세》때 《규슈》 지방에 《가야국》《스키타이》《3,000》의 무리를 이끌고 상륙하여 《AD 183년》에 《야마타이국》《초대 왕》으로 추대된 일명 《히미코》로 불리우는 《신공왕후(神功王后)》(AD91~AD247, 재위 AD183~AD247)가 된다.

③　[야마타이 교화기(敎化期) 왕명록](AD183~AD539)

※ 《야마타이》 교화기(敎化期) 왕명록은 다음과 같다.

[표 1-3-8-5] 야마타이 교화기(敎化期) 왕명록
《규슈 지방》 교화(敎化) 기간 : AD183~AD539

왕 순서	천왕명	신명(神名)	재위	비고
1	신공왕후 (神功王后)	용시보살	생몰 AD91~AD247 재위 AD183~AD247	《히미코》
2	오진 천왕	세이무 천왕 막내 왕자	재위 AD248~AD310	세이무 천왕은 《노사나불 1세 분신1》이심
3	닌토쿠 천왕	거문성불 1세	재위 AD313~AD399	
4	리추 천왕	거문성불 2세	재위 AD400~AD405	
5	한제이 천왕	거문성불 1세	재위 AD406~AD410	

6	인교 천왕	거문성불 2세	재위 AD412~AD453	
7	안코 천왕	녹존성불 1세	재위 AD453~AD456	
8	유랴쿠 천왕	녹존성불 2세	재위 AD456~AD479	
9	세이네이 천왕	녹존성불 1세	재위 AD480~AD484	
10	겐조 천왕	녹존성불 2세	재위 AD485~AD487	
11	닌켄 천왕	용시보살	재위 AD488~AD498	이때는 남자 몸으로 태어나 신공왕후라 할 수 없음
12	부레쓰 천왕	천왕불 1세	재위 AD498~AD506	
13	게이타이 천왕	쌍둥이 천왕불 1세	재위 AD507~AD531	
14	안칸 천왕	천왕불 2세	재위 AD531~AD535	
15	센카 천왕	쌍둥이 천왕불 2세	재위 AD535~AD539	

《야마타이국(國)》이 처음 세워진 때는 《금관가야》 초대 《수로왕(首爐王)》이신 《노사나불(佛)》의 장녀(長女)로 태어나신 《용시보살》이 13세 때인 《AD 103년》에 《가야국》《스키타이》 3,000의 무리와 함께 일본(日本) 《규슈 지방》에 도착함으로써 이미 《야마타이국》은 탄생한 것이나, 주변국의 추대로 정식으로 《천왕(天王)》으로 추대된 때가 《AD 183년》이다. 이로써 《교화기(敎化期)》는 《재위(在位)》 연도를 기준하는 것이며, 이때의 정식 호칭이 《신공왕후(神功王后)》라고 한 것이며, 그 이전의 호칭이 《히미코》 여왕(女王)이시다. 《히미코》(AD91~AD247, 재위 AD183~AD247) 여왕(女王)이 《야마타이국(國)》(AD 183~AD539)을 세운 목적은 《BC 200년》 《한반도(韓半島)》 서남부(西南部) 지역에 거주하던 《마왕신(神)》인 《마고 신(神)》과 《백의관음》 후손 《구석기인》들이 《석가모니 하나님 부처님》의 명령에 의해 《일본(日本)》《규슈 지방》으로 이동하게 된다. 이렇게 하여 이동된 이들 《구석기인》들 교화(敎化)를 위해 《노사나불(佛)》의 명령으로 《히미코》 여왕이 《야마타이국》(AD183~AD539)을 만든 것이다.

그리고 2대 《오진 천왕》(재위 AD248~AD310)은 《노사나불(佛)》의 막내아들로 태어난 왕자(王子)로서 반복(反復)되는 윤회(輪廻)로 시간 차이는 있으나 똑같은 부모(父母)로부터 태어난 관계로 《신공왕후(神功王后)》에게는 동생(同生)이 되시는 분이다.

《왕명록》에 드러난 3대 《닌토쿠 천왕(天王)》(재위 AD313~AD399)부터 10대 《겐조 천왕(天王)》(재위 AD485~AD487)까지는 때에 《일본 본토(本土)》 교화기(敎化期)가 끝이 난 후 계속되는 《일본 본토(日本本土)》《문명기(文明期)》(AD201~AD539) 때 3대 《신무천왕(神武天王)》(재위 AD335~AD461)으로 다시 오신 《노사나불(佛)》께서 오셨을 때 북두칠성(北斗七星, Big Dipper) 중 《노사나불(佛)》《진신삼성(眞身三星)》 중 《이성(二星)》에 자리하셨던 형제분들이신 《거문성불(佛)》과 《녹존성불(佛)》께서 거의 비슷한 시기에 내려오셔서 《교화(敎化)》에 적극적으로 임하신 때이다. 다음으로 11대 《닌켄 천왕(天王)》(재위 AD488~AD498)은 이번에는 《용시보살》께서 남자(男子) 몸(身)을 받고 오셔서 《교화(敎化)》에 임하시는 것이다.

　　이와 같이 《야마타이》 교화기(敎化期)에서는 《왕명록》에 드러난 왕 순서 1대에서 11대 《닌켄 천왕》까지는 《스키타이》 천왕들의 교화(敎化)가 되며, 나머지 12대~15대까지 4분의 천왕(天王)은 처음에는 《대마왕신(神)》이었으나 먼저 진행된 《야마타이》 교화(敎化) 결과 《대마왕신(神)》의 타이틀을 떼고 비로소 《대마왕》 불보살로 진화를 한 것이다. 이러한 《대마왕》 불보살들이 여러 번 말씀드린 바와 같이 《노사나불(佛)》께서 《지일이(地一二)》 우주를 만드실 때 《아들들》로 태어난 인연이 있기 때문에 이때 《교화(敎化)》에 참여하신 것으로써 여타 《대마왕》들과는 달리 《노사나불》과 《스키타이》 무리들에게 우호적인 자(者)들로서 이 이후로는 《스키타이》로 태어나기 때문에 이들을 《대마왕》《스키타이》라고 하며, 이들이 거느리는 무리를 《양음(陽陰)》의 《독각》 무리라고 하는 것이다.

④ [《일본 본토(本土)》 문명기(文明期)] (AD201~AD539)

　　《일본(日本)》 본토(本土)에서 《스키타이》《구석기인》 교화(敎化)가 끝이 난 후 그 연장선상에서 《일본(日本)》《본토(本土)》의 《문명기(文明期)》가 시작이 된다. 이러한 때의 《왕명록》을 밝혀 드리면 다음과 같다.

[표 1-3-8-6] 일본 본토(本土) 문명기(文明期) 왕명록
본토 문명기간(本土文明期間) : AD201~AD539

왕 순서	천왕명	신명(神名)	재위
1	진구왕후	정화수왕지불(佛)	AD201~AD269
2	신공왕후(神功王后)	용시보살	AD270~AD334
3	신무천왕(神武天王)	노사나불(佛)	AD335~AD461
4	주아이 천왕(天王)	노사나불(佛) 분신	AD462~AD539

※ 2대 《신공왕후(神功王后)》와 4대 《주아이 천왕(天王)》은 반복(反復)되는 윤회(輪廻)로 따로 천왕(天王) 명칭이 없어 앞서 정리한 자료와 동일하게 호칭하였음을 아시기 바란다.

※ 이때 《신불(神佛)》들께서 인간 육신(肉身)을 가지고 태어나서 일생(一生)을 사실 때는 필요에 의해 150세 이상의 수명을 가진 "예"는 다반사였음을 밝혀 두는 바이다.

가> [일본 본토(日本本土) 《스키타이》 탄생 이후의 문명기(文明期)]

한편, 《스키타이》《구석기인》 교화(敎化)가 한창 진행될 때인 《노사나불 분신(分身)》께서 《고겐 천왕》(재위 214BC~158BC)으로 이름하고 오셨을 때 먼저 교화된 《스키타이》 무리를 위해 《석가모니 하나님 부처님》께서 명령하시어 《한반도》 남부 지방에 있던 《구려족》들을 《BC 200년》에 이동시킴으로써 《일본》《본토》에서 《스키타이》와 《구려족》 등의 인간 무리들에 의해 《일본》 최초의 문명인 《야요이 문명》이 들어서면서 《구려족》으로부터 《스키타이》 무리들이 《농경법》을 배우게 된 것이며 이후 《구려족》과 《스키타이》 무리들은 따로 경계를 지우지 않고 하나의 민족으로 동화되는 것이다. 이러한 가운데 교화(敎化) 기간이 끝이 나게 되는데, 이러한 교화 기간 이후에도 《스키타이》 무리들이 교화된 영역에서는 《야요이 문명》 연장선상에서 불(佛), 보살(菩薩)들에 의한 《왕조(王朝)》가 계속이 된다.

이러한 때 《일본》 동북부 지방과 훗카이도 지방을 비롯한 인근 도서 지역에서 거주하

고 있던 먼저 교화된 대마왕《다보불》과《문수보살》계(系)의《독각》의 무리들과,《일본》북서부 지방에 자리한《악마(惡魔)의 신(神)》인《비로자나 1세계(系)》의《양(陽)》의《연각》들은《우주적(宇宙的)》인 진화(進化)가《스키타이》무리들보다는 훨씬 뒤늦은 관계로《스키타이》와《구려족》이 일으킨《야요이 문명》과는 확연히 구분되는 경계를 가진 가운데,《노사나불(佛)》께서 다시 반복(反復)되는 윤회(輪廻)를 거쳐《신무천왕(神武天王)》(재위 AD335~AD461)으로 이름하고 오신다. 이때 일본(日本) 서남부 지역에 자리한《규슈 지방》에서는《용시보살》이신《신공왕후》(재위 AD183~AD247) 이후,《스키타이》천왕(天王)들에 의한《마왕신(神)》후손들의 교화(敎化) 작업은 계속 진행이 되는 것이다.

이러한 때에《신무천왕》께서 일본 본토 중심부에 자리한《야요이 문명권》으로 오셔서 처음 하신 일이《일본(日本)》이라는 국호(國號)를 지으신 일이다. 이렇게《일본(日本)》으로《국호(國號)》를 지으신 내력을 말씀드리면,《일(日)》은《노사나불(佛)》의 법신(法身)인《태양성(太陽星)》을 상징하는 글자이며,《본(本)》은 파자(波字)하면《목(木)》,《일(一)》이 된다. 이러한 때의《목(木)》은《대공(大空)》을 바탕으로 한 현존우주(現存宇宙) 전체를 거대한 한 그루《나무(木)》를 뜻하는 글자이며 하나《일(一)》은 거대한 나무 기둥 뿌리 중의《하나》라는 의미를 가짐으로써《석가모니 하나님 부처님》의 우주적(宇宙的) 장자(長子)이신《노사나불(佛)》을 의미하는 뜻글자가 된다. 이러한 뜻을 가진《일본(日本)》글자 전체가 가진 의미는 [태양성(太陽星)의《법신(法身)》을 가진《노사나불(佛)의 나라》]라는 뜻을 가진 국호(國號)가《일본(日本)》인 것이다.

이러한《일본(日本)》이라는 국호(國號)가 대내외에 발표된 일이《우주간(宇宙間)》의《대마왕》불보살들과《악마(惡魔)의 신(神)》들인《대마왕신(神)》들에게는 청천벽력과 같은 충격을 주게 된 것이다. 즉,《일본열도(日本列島)》의《패권(覇權)》을 쥐기 위해 일찍부터《대마왕》《다보불(佛)》과《문수보살》은 그들의 후손 무리들로 하여금《일본 열도》를 침공하여 자리하게 하고 그들 후손《구석기인》무리들 교화(敎化)도 서둘러 먼저 끝내고《한반도》땅에는 최고의《대마왕신(神)》인《비로자나 1세》가 이때를 대비해서《대마왕신(神)》중의 하나인《그림자 관세음보살 2세》인《소서노》를 시켜 그의 후손인《양(陽)》의《연각》의 무리들을 주축으로 하여《자칭》《한민족(韓民族)》의 나라인《백제》를 열게 하고 기회만 엿보고 있던 차에,《노사나불》이신《신무천왕》께서 먼저《일본(日本)》이라는 국호를 지어 대내외에 선포를 하게 됨으로써 그들《대마왕》불보살들과《악마(惡魔)의 신(神)》들인《대마왕신(神)》들은《노사나불》이신《신무천왕》에게 기선을 빼앗기고 제압당한 꼴이 된 것이다.

이로써 이들《대마왕》불보살들과《악마(惡魔)의 신(神)》들인《대마왕신(神)》들은《노사나불》이신《신무천왕》제거와 함께《일본 열도》의《패권》을 그들이 쥐기 위함과 아울러《한반도(韓半島)》에 자리한《신라》,《고구려》,《백제》에 정착한《보살불교》를 없애기 위해 전무후무한 계략을《40년》동안 꾸미고 이를 실행하는 것이다. 이러한 계략이 동북아시아에 미친 영향이 실로 엄청남으로써 이를 상세히 밝혀 드리면 다음과 같다.

나> [대마왕 불보살들과《악마(惡魔)의 신(神)》들인 대마왕신(神)들의 엄청난 계략]

　《한국(韓國)》의《구막한제국(寇莫韓帝國)》14대《자오지(치우)》한웅님은《천상(天上)》에서는《여자(女子)》의《몸(身)》을 가진《문수보살 1세》의 부인이신《세지보살》이시다. 이러한《세지보살》은《권력욕》과《지배욕》에 취한《다보불》에게는《며느리》가 된다. 이와 같은 그의《며느리》를 이번에는《고구려》의《광개토왕》(AD374~AD413)으로 태어나게 조치를 한 후 이와 때를 맞춰 최고의《악마(惡魔)의 신(神)》으로서 대마왕신(神)인《비로자나 1세》는《일본》북서부 지역 해안가에 자리한 그의 후손 무리들에게《신라(新羅)》해안을 침공하여 계속적으로 괴롭힐 것을 명령하는 것이다. 이로써 살인과 약탈을 일삼는《왜구》의 등살에 오랜 기간《신라》가 괴롭힘을 당하고 있을 때《고구려》가《왜》를 물리쳐 준다는 구실하에《신라》에 한때 군대를 주둔시키고《신탁 통치》를 하게 된다.

　이와 같이《고구려》《광개토왕》이《신라》를《신탁통치》하며 군대를 주둔시킨 목적은 당시 막강한 군대를 보유한《금관가야》를 비롯한《가야 연방국》의《스키타이》기마 군단을 궤멸시키기 위함으로 한동안《가야 연방국》을 안심시킨 후 호시탐탐 기회를 노리다가 일거에《금관가야》로 쳐들어가서《금관가야》5대《이시품왕》(재위 AD346~AD407)을 죽이고《스키타이》기마군단과 치열한 접전을 벌인 끝에《스키타이》기마군단은 이 전쟁에서 패하여《일본(日本)》《규슈》지방으로 철수를 하자 이를 빌미로《광개토》는 여세를 몰아《일본》《본토》를 공격하는 것이다. 이로써《광개토》가 노린 목적이《가야 연방국》의《정복》과 아울러《일본 본토》에 자리한《신무천왕》제거와 함께《일본》동북부 지역에 자리한《다보불계》《독각》의 무리와 함께《일본열도》마저 정복함으로써《일본 열도》의《패권》을 쥐고자 한 것이 목적이었음이 여실히 드러난 것이다.

이러한 《일본국(日本國)》과의 전쟁에서 《노사나불》이신 《신무천왕》께서 일으킨 《신풍(神風)》이 《광개토》의 선단을 궤멸시키자 《광개토》는 이 전쟁에서 패배하여 철수하고 《한반도》에서도 《스키타이》주력(主力) 세력이 빠진 《가야국》으로부터는 《조공》을 받기로 결정함으로써, 《가야국》은 계속 존속이 되고 《신라》로부터도 철수하여 《고구려》본국으로 돌아감으로써 《대마왕》들과 《대마왕신(神)》들의 계략은 1차적으로 실패를 하게 된 것이나 그들이 노린 목적 중 상당 부분은 그들도 달성을 한 것이다. 이러한 《일본 열도》의 《패권》 다툼 전쟁이 미친 파급 효과는 실로 엄청난 결과를 후대(後代)에 몰고 오게 되는 것을 《세인(世人)》들은 모르고 있는 것이다.

지금의 《인도차이나 반도》에 있는 《태국(Thailand)》은 《관세음보살 1세》의 나라로써 《구려족》의 나라이며, 뒷장의 《푸난(Funan) 왕조》에서 상세히 설명될 것이나 먼저 필요한 만큼 말씀드리면, 《캄보디아(Cambodia)》는 《스키타이》의 나라로써 《노사나불》의 나라이다. 이러한 것을 감안하여 《한반도》에서 《석가모니 하나님 부처님》의 허락으로 만들어진 《스키타이》주력(主力) 세력이 머무는 《가야 연방국》과 지금의 《대마도》인 《임나 가야》와 규슈 지방에 있는 《협보》의 《다파라 가야》와 《용시보살》인 《신공왕후》가 교화한 《야마타이 가야》와 멀리 《멕시코》에 있는 《마야 가야》까지 총 10개의 《가야》가 있다. 이러한 《가야국》과 《스리랑카》로부터 《인도차이나 반도》와 연결된 《해양 강국》을 이루어 《한반도》《가야국》에 자리한 《스키타이》주력(主力) 세력과 《일본국》에 자리한 《스키타이》가 하나가 되어 그 중심(中心)에 자리하여 세계를 다스리겠다는 웅대한 《노사나불》의 계획은 이것을 총지휘할 《스키타이》주력(主力) 세력들이 한반도(韓半島)로부터 《일본》으로 철수함으로써 물거품이 되고 만 것이다.

[표1-3-8-7] 10 가야국

가야국명	위치
가야 연방국 (6가야)	한반도
임나 가야	대마도
다파라 가야	일본 규슈
야마타이 가야	일본 규슈
마야 가야	멕시코

이와 같은 사건이 훗날 《한반도》에서 《신라》 주도로 《삼국 통일》 전쟁이 일어나게 되는 근본 배경이 되는 것이며, 이로써 《대마왕》 불보살들과 《악마(惡魔)의 신(神)》들인 《대마왕신(神)》들의 계략에 빠진 《노사나불》께서 벌인 《삼국통일》 전쟁이 궁극적으로 《한반도》에 정착한 《보살불교》를 사라지게 하는 하나의 큰 원인이 되는 것이다.

다> [《대마왕》 불보살들과 《악마(惡魔)의 신(神)》들인 《대마왕신(神)》들의 계략과 《한반도(韓半島)》]

《인도차이나 반도》에 있었던 《푸난 왕조(王朝)》의 교화(敎化) 기간이 《BC 1300 ~ BC 300》년까지 이며, 이때 교화에 참여한 분들이 《석가모니 하나님 부처님》과 《노사나불》과 《정화수왕지불》과 《용시보살》과 《관세음보살 1세》와 《미륵불(佛)》이시다. 이러한 《푸난(Funan) 왕조》의 교화 때부터 위기감을 느낀 최고의 《악마(惡魔)의 신(神)》으로서 《대마왕신(神)》인 《비로자나 1세》가 《주몽대왕》이 《고구려》를 건국하기 전에 이미 최고의 《대마왕신(神)》 《비로자나 1세》의 후손들인 《소서노계》의 《양(陽)》의 《연각》 무리들을 《고주몽》(199BC~128BC, 재위 179BC~128BC)에게 접근시켜 《고구려》 건국을 돕게 한 목적이 《백제》를 세움과 아울러 훗날 《고구려》마저 정복하고자 미리부터 치밀한 계산 하에 《소서노》를 《고주몽》에게 접근을 시킨 것이다.

《단군조선》의 일원이었던 《번한(番韓)》의 주력(主力) 세력 중 극히 일부분이 《소서노계》 《양(陽)》의 《연각》 무리들로서 이들은 한마디로 말씀드리면 《장돌뱅이》들인 것이다. 이러한 《소서노계》가 《고주몽》을 도와 《고구려》(179BC~AD668)가 건국되면 반드시 《영지》를 하사받아 《백제》(159BC~AD660)를 세움으로써 《후고조선》 삼한(三韓)의 틀을 깨는데 앞장서고, 내부적으로는 《고구려》를 정복하고자 비밀한 계획을 세운 최고 《악마(惡魔)의 신(神)》으로서 《대마왕신(神)》인 《비로자나 1세》의 계획이 표면으로 드러난 때가 《광개토》 때부터인 것이다. 즉, 《고구려》 역대 왕(王)들이 《광개토》 이전까지는 모두 《관세음보살 1세》계(系)의 왕(王)들로서 이때까지의 《고구려》를 《관세음보살 1세》의 나라라고 하며 《광개토》 이후부터는 대마왕(大魔王) 《관세음보살 2세》의 후손들이 왕위(王位)를 차지함으로써 《고구려》는 《대마왕》 불보살들의 나라가 되고 만 것이다. 이것이 내부적으로 《고구려》를 정복하게 된 실상(實相)임을 《메시아(Messiah)》가 분명히 하는 것이며, 《한반도내》에 《악마(惡魔)의 신(神)인 《비로자나 1세》의 후손들이 《백제》를 세운 자체가 《한반도내》의 불행이 시작된 때로 보면 정확한 것이다.

　《백제》가 삼한(三韓) 상호간에 불신을 조장하고 크고 작은 전쟁을 먼저 일으킨 것이나 《고구려》의 《광개토》에 의한 《남하(南下)》 정책 등이 모두 《대마왕》 불보살들과 《악마(惡魔)의 신(神)》들인 《대마왕신(神)》들의 지시에 의해 이루어진 것으로써 이 이후 삼국(三國)은 끊임없는 전쟁을 계속 함으로써 《한민족(韓民族)》 백성(百姓)들은 편안한 날이 없었던 것이다. 이러한 《대마왕》《광개토》가 뿌린 씨앗이 원인이 되어 훗날 《신라》에 의한 《삼국통일》 전쟁이 시작된 것이다.

라> [일본(日本) 본토(本土) 문명기(文明期)]

　《고구려》《광개토왕》 침공 이후에도 《일본》의 《왕조(王朝)》는 《스키타이》들에 의해 문명기(文明期)가 계속되면서 《왕조(王朝)》도 계속되는 것이다. 즉, 《AD 200년》부터 《규슈》 지방 《독각》의 무리 교화(敎化)가 끝이 나는 《야마타이국》의 마지막 《천왕(天王)》이신 《센카천왕》(재위 AD535~AD539)까지 《340년》이 《일본(日本)》 본토(本土)의 《문명기(文明期)》가 되는 것이다.

⑤ [통합(統合) 아스카 시대](AD539~AD715)

※ 통합(統合) 《아스카 시대》의 《왕명록》을 밝혀 드리면 다음과 같다.

[표 1-3-8-8] 통합 아스카 시대 스키타이 왕조 왕명록
문명(文明) 기간 : AD539~AD715

왕 순서	천왕명	신명(神名)	재위
1	긴메이 천왕	노사나불	AD539~AD571
2	비다쓰 천왕	노사나불 분신	AD572~AD585
3	요메이 천왕	거문성불	AD585~AD587
4	스슌 천왕	녹존성불	AD587~AD592
5	스이크 천왕	정화수왕지불	AD592~AD628
6	조메이 천왕	노사나불 1세 분신	AD629~AD641
7	고교쿠 천왕	천왕불 1세 분신	AD642~AD645
8	고토쿠 천왕	쌍둥이 천왕불	AD645~AD654
9	사이메이 천왕	용시보살	AD655~AD661
10	덴지 천왕	거문성불	AD661~AD671
11	고분 천왕	녹존성불	AD671~AD672
12	덴무 천왕	노사나불	AD673~AD686
13	지토 천왕	노사나불 분신	AD686~AD697
14	몬무 천왕	정화수왕지불	AD697~AD707
15	겐메이 천왕	용시보살	AD707~AD715

《일본(日本)》《본토(本土)》《문명기(文明期)》이후 반복(反復)되는 윤회(輪廻)로《노사나불(佛)》께서《여섯 번째》로《긴메이 천왕》(재위 AD539~AD571)으로 이름하시고 오시어《통합(統合) 아스카 시대》의 초대《천왕(天王)》이 되심으로써《아스카 왕조(王朝)》마지막《천왕(天王)》이신《겐메이 천왕》(재위 AD707~AD715)까지《스키타이》계(系)의《천왕(天王)》《15분(分)》이 백성(百姓)들을 직접 다스리시는 친정(親政) 체제를 구축하시어《177년》을 다스리신 이후《나라 시대》로 넘어가는 것이다.

※ ⑥항 나라 시대 부터의 《시대》 구분은 기존 《왕명록》에 따른 것임을 유의하시기 바란다.

⑥ [나라 시대] (AD715~AD781)

※ 《나라 시대》 때의 《왕명록》을 밝혀 드리면 다음과 같다.

[표 1-3-8-9] 나라 시대 《백제계》 때의 왕명록
문명(文明) 기간 : AD 715 ~ AD 781

왕 순서	천왕명	신명(神名)	비고
1	겐쇼 천왕	정화수왕지불 1세	재위 AD715~AD724
2	쇼무 천왕	악마의 신(神)인 석가모니 1세	재위 AD724~AD749
3	고켄 천왕	정화수왕지불 2세	재위 AD749~AD758
4	준닌 천왕	악마의 신(神)인 석가모니 분신	재위 AD758~AD764
5	쇼토쿠 천왕	정화수왕지불 2세 분신	재위 AD764~AD770
6	고닌 천왕	그림자 비로자나 1세	재위 AD770~AD781

※ 《노사나불(佛)》의 부인이신 《정화수왕지불(佛)》의 본래 바탕은 《대마왕신(神)》 《비로자나 1세계(系)》의 《양(陽)》의 《연각승》이다. 이러한 《정화수왕지불(佛)》께서 남편이신 《노사나불(佛)》 직계(直系)의 바탕을 가진 《스키타이》 무리를 다스릴 때는 스스로도 《스키타이》 《천왕(天王)》이 되시나, 그의 본래 바탕인 《대마왕신(神)》 《비로자나 1세계(系)》의 《양(陽)》의 《연각승》을 다스릴 때는 스스로도 《대마왕신(神)》이 되는 《양면성(兩面性)》을 가지고 있으며 이때는 《악마(惡魔)의 신(神)》인 《비로자나 1세》의 명령을 수행하는 것이다.

상기 《나라 시대》를 연 무리들이 《BC 3500년경》 《대마왕》 《다보불(佛)》의 후손 《구석기인》 무리들과 함께 《일본 열도》를 침공하여 《일본》 《본토》 동북부와 북서부 지역에

자리한 후, 《BC 1200 ~ BC 700》년 사이 《아마쓰히타카 히코호호》《천왕(天王)》으로 이름하였던 《다보불 2세》와 《데미노코토》《천왕(天王)》으로 이름하였던 《백의관음》이 교화(敎化)한 무리들로서 이 무리들이 《악마(惡魔)의 신(神)》인 《대마왕신(神)》《비로자나 1세》계(系)의 《양(陽)》의 《연각》 무리들로서 이들을 《일본(日本)》《백제계》라고 하는 것이다.

이들은 《한반도(韓半島)》의 《백제계》와 똑같은 무리들이며 최고의 《악마(惡魔)의 신(神)》인 《비로자나 1세》의 명령을 충실히 이행하는 무리들로서, 이들의 지도자들이 상기 《왕명록》에 기록된 《천왕(天王)》들이다. 이러한 《6분(分)》의 《천왕(天王)》들이 《일본 열도(日本列島)》를 다스린 기간은 《67년》이며, 이러한 때를 《나라 시대》라고 하며, 이들은 같은 출신의 《한반도(韓半島)》《백제계》와 빈번한 교류를 하게 된 것은 자연스러운 현상으로 봐야 하는 것으로써 이들 모두들이 《양(陽)》의 《연각》 무리들이라는 사실을 깊이 인식하시기 바란다.

⑦ [헤이안 시대](AD781~AD1180)

※ 《헤이안 시대》 때의 《왕명록》을 밝혀 드리면 다음과 같다.

[표 1-3-8-10] 헤이안 시대 《스키타이계》 때의 왕명록
문명(文明) 기간 : AD781~AD1180

왕 순서	천왕명	신명(神名)	재위	비고
1	간무 천왕	노사나불	재위 AD781~AD806	
2	헤이제이 천왕	노사나불 분신	재위 AD806~AD809	
3	사가 천왕	거문성불	재위 AD809~AD823	
4	준나 천왕	녹존성불	재위 AD823~AD833	
5	닌묘 천왕	정화수왕지불 1세	재위 AD833~AD850	

6	몬토쿠 천왕	노사나불	재위 AD850~AD858	
7	세이와 천왕	노사나불 분신	재위 AD858~AD876	
8	요제이 천왕	거문성불	재위 AD876~AD884	
9	고코 천왕	천왕불 1세	재위 AD884~AD887	
10	우다 천왕	녹존성불	재위 AD887~AD897	
11	다이고 천왕	쌍둥이 천왕불 1세	재위 AD897~AD930	
12	스자쿠 천왕	정화수왕지불1세 분신	재위 AD930~AD946	남자 몸
13	무라카미 천왕	노사나불	재위 AD946~AD967	
14	레이제이 천왕	거문성불	재위 AD967~AD969	
15	엔유 천왕	녹존성불	재위 AD969~AD984	
16	가잔 천왕	정화수왕지불	재위 AD984~AD986	남자 몸
17	이치조 천왕	용시보살	재위 AD986~AD1011	남자 몸
18	산조 천왕	녹존성불	재위 AD1011~AD1016	
19	고이치조 천왕	쌍둥이 천왕불 1세	재위 AD1016~AD1036	
20	고스자쿠 천왕	쌍둥이 천왕불 2세	재위 AD1036~AD1045	
21	고레이제이 천왕	천왕불 1세	재위 AD1045~AD1068	
22	고산조 천왕	천왕불 2세	재위 AD1068~AD1072	
23	시라카와 천왕	거문성불	재위 AD1072~AD1086	
24	호리카와 천왕	녹존성불	재위 AD1086~AD1107	
25	도바 천왕	정화수왕지불	재위 AD1107~AD1123	남자 몸
26	스토쿠 천왕	용시보살	재위 AD1123~AD1141	남자 몸
27	고노에 천왕	천왕불 1세	재위 AD1141~AD1155	
28	고시라카와 천왕	쌍둥이 천왕불 1세	재위 AD1155~AD1158	
29	니조 천왕	정화수왕지불	재위 AD1158~AD1165	남자 몸
30	로쿠조 천왕	거문성불	재위 AD1165~AD1168	
31	다카쿠라 천왕	녹존성불	재위AD1168~AD1180	

《헤이안 시대》 초대 천왕(天王)이신 《간무 천왕(天王)》(재위 AD781~AD806)은 반복(反復)되는 윤회(輪廻)로 때에 다시 오신 《노사나불(佛)》로서 《악마(惡魔)의 신(神)》들인 《대마왕신(神)》 계통의 《천왕(天王)》들을 물리치고 다시 천왕(天王)이 되시어 《스키타이》와 《구려족》 출신들의 《천왕(天王)》들이 다스리는 《헤이안 시대》를 열게 됨으로써 《31분》의 《천왕(天王)》이 《AD 1180년》까지 《400년》을 다스리는 것이다.

현재 일반적으로 알려진 《헤이안 시대》 《왕명록》에 드러난 《안토쿠 천왕》(재위 AD1180~AD1185)과 《고토바 천왕》(재위 AD1183~AD1198) 두 천왕(天王)은 《가마쿠라 막부 시대》를 연 천왕(天王)들로서 이 두 천왕(天王)을 《헤이안 시대》 천왕(天王)으로 정리하는 자체가 역사 왜곡임을 아시기 바란다.

이때까지 《일본 열도(日本列島)》에 있어서 《천왕(天王)》 쟁탈전은 한마디로 말씀드려 《선(善)》과 《악(惡)》의 대결로써, 《선(善)》의 세력이 《스키타이》와 《구려족》이 되고 《악(惡)》의 세력이 《악마(惡魔)의 신(神)》인 《비로자나 1세》의 후손들인 《양(陽)》의 《연각(緣覺)》 무리가 되며 선악(善惡) 양면성의 근본 바탕을 가진 《다보불(佛)》과 《문수보살》의 후손들인 《음(陰)》의 《독각》 무리와 《양(陽)》의 《독각》 무리가 되며 《대마왕신(神)》 계열의 《독각》 무리가 모두 《악(惡)》의 세력이 되는 것이다. 이러한 《선(善)》과 《악(惡)》의 대결에서 《선(善)》의 세력 《불(佛)》, 《보살(菩薩)》 《천왕(天王)》들이 다스릴 때는 모든 백성(百姓)들이 《인간도(人間道)》를 배우고 정상적인 진화(進化)를 할 수 있는 것이나, 《악(惡)》의 세력들이 승리를 하면 정상적인 인간 진화(進化)를 방해하고 《이기심》과 《탐욕》을 부추기는 가르침으로 종국에는 인간들 무리를 《파멸(波滅)》의 길로 인도하는 것이 특징이다.

⑧ [가마쿠라 막부(幕府) 시대](AD1180~AD1339)

※ 《가마쿠라 막부(幕府)》 시대의 《왕명록》을 밝히면 다음과 같다.

[표 1-3-8-11] 가마쿠라 막부(幕府) 시대 왕명록
문명(文明) 기간 : AD1180~AD1339

왕 순서	천왕명	신명(神名)	재위	비고
1	안토쿠 천왕	비로자나 1세 분신	재위 AD1180~AD1185	
2	고토바 천왕	그림자 비로자나 1세	재위 AD1183~AD1198	
3	쓰치미카도 천왕	다보불 1세 분신	재위 AD1198~AD1210	
4	준토쿠 천왕	문수보살 1세 분신	재위 AD1210~AD1221	
5	주쿄 천왕	문수보살 2세 분신	재위 AD1221~AD1221	
6	고호리카와 천왕	악마의 신(神)인 석가모니 1세	재위 AD1221~AD1232	
7	시조 천왕	대마왕신족(神族)	재위 AD1232~AD1242	
8	고사가 천왕	천관파군 1세 분신	생몰 AD1220~AD1272 재위 AD1242~AD1246	
9	고후카쿠사 천왕	비로자나 1세	생몰 AD1243~AD1304 재위 AD1246~AD1259	
10	가메야마 천왕	대마왕신족(神族)	생몰 AD1249~AD1305 재위 AD1259~AD1274	
11	고우다 천왕	그림자 비로자나 1세	생몰 AD1267~AD1324 재위 AD1274~AD1287	1차(AD1274), 2차(AD1281) 원(쿠빌라이 칸)과 고려(충렬왕) 연합군의 일본 원정
12	후시미 천왕	대마왕신족(神族)	재위 AD1287~AD1298	
13	고후시미 천왕	〃	재위 AD1298~AD1301	
14	고니조 천왕	〃	재위 AD1301~AD1308	
15	하나조노 천왕	〃	재위 AD1308~AD1318	
16	고다이고 천왕	〃	재위 AD1318~AD1339	

《천상(天上)》에서 《악마(惡魔)의 신(神)》들인 《대마왕신(神)》인 《비로자나 1세》와 《석가모니》가 《지배욕(支配慾)》과 《권력욕(權力慾)》에 의한 그들의 《야망(野望)》 충족을 위해 그들이 거느리는 무리들의 통치(統治) 차원에서 만든 사상(思想)이 《공산사상(共產思想)》임을 진행(進行)을 하면서 밝혀 왔다.

이러한 그들이 만든 《공산사상》이 한마디로 말씀드려서 《무력통치(武力統治)》를 위한 사상(思想)이다. 이와 같은 《천상(天上)》의 《공산사상(共產思想)》을 현실로 펼쳐 놓은 것이 《무력통치(武力統治)》 체제로써 이를 위해 《가마쿠라 막부(幕府) 시대》 초대 천왕(天王)인 《안토쿠》 천왕(天王)은 최고의 《대마왕신(神)》 《비로자나 1세 분신》으로서 교화기 이후 그 모습을 드러내지 않고 막후에서 여타 《대마왕신(神)》들과 《대마왕》들을 조종하던 자(者)이다. 즉, 이때 《악마(惡魔)의 신(神)》들인 《대마왕신(神)》들과 《선악(善惡)》 양면성을 가진 《대마왕》 불보살들이 한통속이 되어 제휴한 때가 된다.

이렇게 하여 시작된 《가마쿠라 막부》 시대는 이들 최고의 《악마(惡魔)의 신(神)》들인 《대마왕신(神)》 《비로자나 1세》와 《악마(惡魔)의 신(神)》인 《석가모니》가 《대마왕》들인 《다보불(佛)》과 《문수보살》 등과 번갈아 가며 《천왕(天王)》의 자리에 자리한 후 그들 후손들인 《양(陽)》의 《연각승 무리》들과 《음(陰)》의 《독각》 무리와 《양(陽)》의 《독각》의 무리 모두를 통치(統治)하는 수단으로써 《무력통치》 체제를 완성한 때가 《가마쿠라 막부》 시대이다. 이러한 《막부(幕府)》 체제가 곧 《무력통치(武力統治)》 체제인 것이다.

이로써 이들 《악마(惡魔)의 신(神)》들인 《대마왕신(神)》들과 《대마왕》들이 《반복(反復)》되는 윤회(輪廻)를 통하여 번갈아 가며 《천왕(天王)》이 됨으로써 《16명》의 《천왕(天王)》을 배출하고 《AD 1339년》까지 《160년》간을 이들 《악마(惡魔)의 신(神)》들인 《대마왕신(神)》들과 《대마왕》들이 《천왕(天王)》이 되어 다스린 것이다.

즉, 이때부터 《스키타이》 천왕(天王)들은 모두 축출되고 이후부터는 이들 《악마(惡魔)의 신(神)》들인 《대마왕신(神)》들과 《대마왕》들이 《일본 열도》의 《패권》을 쥐고 《무력통치》 체제인 《막부 체제》를 계속 유지함으로써 《스키타이계(系)》 천왕(天王)들이 파고 들어올 여지를 원천적으로 봉쇄를 한 것이다. 그러나 이후부터는 《대마왕》 《스키타이계(系)》는 슬슬 《막부 정치》에 참여시켜 그들을 회유하여 《스키타이》로부터 분리시키는 교활함도 보이게 되는 것이다.

가> [막부(幕府)]

　이 장에서 여러분들께서는 《막부(幕府)》에 대하여 정확히 아셔야 할 필요가 있다. 《막부(幕府)》는 [《천왕(天王)》을 중심으로 하여 《천왕(天王)》이 지명한 제 2인자인 《쇼군(Shogun)》을 우두머리로 한 일본(日本) 군부 독재 정권]을 지칭하는 용어로, 《무력통치(武力統治)》 집단의 최고위(位)에 《천왕(天王)》이 자리하고 실질상 《무력(武力)》을 행사하는 우두머리로서 《천왕(天王)》이 지명한 《쇼군(Shogun)》을 둠으로써 실제 정치적(政治的) 실권은 《천왕(天王)》에게 있는 것이다.

　이러한 《천왕위(天王位)》에는 《악마(惡魔)의 신(神)》들인 《대마왕신(神)》과 《대마왕》 불보살들이 반복(反復)되는 윤회(輪廻)를 통하여 자리하여 이들이 구축한 《무력통치》 체제가 《막부정치》로써 《악마(惡魔)의 신(神)》들인 《대마왕신(神)》들과 《대마왕》들이 고안해낸 더러운 《통치(統治)》 제도인 것이 《왕명록》에 그대로 드러나 있는 것이다.

　지금까지 설명 드린 《스키타이》와 《구려족》이 동화(同化)된 《천왕(天王)》들께서는 우주적으로 진화(進化)가 많이 된 《인간 무리들》의 《왕(王)》으로서 《왕조(王朝)》인 《국가(國家)》를 경영하고 인간 무리들을 다스릴 수 있는 능력을 가진 《천왕(天王)》들이었으나, 이들 《대마왕》 불보살들과 《악마(惡魔)의 신(神)》들인 《대마왕신(神)》들은 우주적으로 한참 진화(進化)가 덜된 무리들이기 때문에 《지배욕(支配慾)》과 《권력욕(權力慾)》 때문에 《권력(勸力)》을 쥐어도 《국가 경영》 능력과 인간 무리들을 합리적(合理的)으로 다스릴 능력이 없기 때문에 그들은 힘(力)의 통치(統治)인 《무력(武力)》 통치에 의존할 수밖에 없는 자(者)들이라는 사실을 깊이 인식하시기 바란다.

　이로써 그들은 당시 《일본(日本)》 각 지역에 치안을 이유로 《다이묘(大名)》(daimyo)를 비롯한 무사(武士) 계급을 양성시켜 《영지(領地)》를 나누어 주어 《일반민(一般民)》을 다스리게 함으로써 지방 역시 《무력통치(武力統治)》 체계를 완성한 것이다.

　　이와 같이 《무력 통치 체제(武力統治體制)》 최고 정상에 《천왕(天王)》이 자리하고 2인자로서 실제적으로 《무력(武力)》을 지휘하게 하는 《쇼군(Shogun)》을 두게 된 것이며, 이러한 최정상에 자리하게 되는 《천왕(天王)》은 천상(天上)에서 《무력통치》 차원에서 《공산사상(共産思想)》을 만든 최고위급 《악마(惡魔)의 신(神)》들인 《대마왕신(神)》《비로자나 1세》와 《석가모니》와 《대마왕》《다보불(佛)》과 《문수보살》 계열의 《대마왕신(神)》들과 《대마왕》들만이 《천왕(天王)》에 자리할 수 있는 것이며, 《쇼군(Shogun)》 역시 이 계열의 《악마(惡魔)의 신(神)》들인 《대마왕신(神)》들과 《대마왕》 불보살 출신들이 모두 차지하는 것이다.

　　이와 같이 최고위급 《악마(惡魔)의 신(神)》들인 《대마왕신(神)》들과 《대마왕》들이 반복(反復)되는 윤회(輪廻)로 차례대로 《천왕(天王)》에 자리함으로써 《악마(惡魔)의 신(神)》들인 《대마왕신(神)》이나 《대마왕》 계열의 《마왕(魔王)》들 이외에는 《쇼군(Shogun)》의 자리에 앉을 수 없게 되어 있는 것이 그들만이 세운 법칙인 것이다.

　　이로써 이들 《악마(惡魔)의 신(神)》들인 《대마왕신(神) 천왕(天王)》들이 《천상(天上)》에서 그들 무리가 만든 《공산사상(共産思想)》에 입각하여 펼쳐놓은 체제(體制)가 《무력통치(武力統治)》를 기본으로 하는 상기 《막부(幕府)》 체제로써 《지상(地上)》에서 《공산체제》가 처음 구체화되어 나타난 경우가 되며, 이로써 발전한 것이 《공산주의》가 신봉하는 《공산당》 1당 체제인 것이다.

　　이로써 한 가지 분명히 하고 넘어가야 할 사항이 《쇼군(Shogun)》이나 지방 조직으로 자리하여 《영지(領地)》를 다스리는 《다이묘(大名)》(daimyo)와 무사(武士) 계급들은 그들이 다스리는 《일반민(一般民)》들을 그들의 《소유물(所有物)》로 받아들이는 《개념(概念)》들을 가지는 것이 《공산사상(共産思想)》의 본질(本質)이기 때문에 한마디로 말씀드려, 그들이 《일반민》들을 《노예》 이상으로 생각하지 않는 것이 일반화되어 있다는 점을 깊이 명심하시기 바란다.

　　이러한 체제가 《악마(惡魔)의 신(神)》들인 《대마왕신(神)》들과 《대마왕》들의 후손들인 《양(陽)》의 《연각》들 무리나 《독각》의 무리들을 다스리는 데는 적합할지 모르나 한 가지 그들이 잊고 있는 사항이 그들 후손 무리들인 《양(陽)》의 《연각》들과 《독각》의 무리들을 진화(進化)시켜 《인간(人間)》 무리들로 진화(進化)시키는 일을 방해함으로써 궁극적으로 진화(進化)하지 못한 그의 후손들이 《파멸(波滅)》의 길로 가야 하는 운명(運命)을 짐 지우게 됨으로써 《원천창조주》이신 《석가모니 하나님 부처님》께서 정하신 진화(進化)의 법칙을 정면으로 거부하고 그들 《지배욕(支配慾)》과 《권력욕(權力慾)》에만 취한 《야망(野望)》 충족을 위해 그들 하수인들인 특수 계층에 자리한 《다이묘(大名)》들과 《무사(武士)》 계급층만 잘 먹고 잘 살자고 하는 《공산사상(共産思想)》의 《허구성》이 완전히 드러난 제도가 《막부(幕府)》 정치 제도인 것이다.

　　이러한 그들 《공산사상》에 입각한 《막부》 정치가 시작되자 제일 큰 피해를 입게 되는 무리가 《스키타이》와 《구려족》이 동화(同化)된 《인간(人間)》들 무리로서 이러한 《일본인》들도 좋은 시절인 《봄》과 《여름》을 다 보내고 《가을》과 《겨울》에 접어드는 《암울》한 시기가 바로 《막부》 시절이며, 이제는 《악마(惡魔)의 신(神)》인 《대마왕신(神)》들과 《대마왕》의 후손들인 《양(陽)》의 《연각》과 《독각》의 무리들이 그들 조상(祖上)들로부터 벗어나지 않는 이상 이번 육신(肉身)의 죽음 이후는 두 번 다시 《인간》 육신(肉身)을 가지고 태어나지 못하고 영원한 《파멸》의 길로 가야 하는 슬픈 때를 맞이한 것이며 이러한 《파멸》을 몰고 온 정치 체제가 《막부》 정치 체제와 《공산당》 정치 체제라는 점을 《메시아(Messiah)》가 분명히 하는 것이다. 이러한 때를 맞이하여 《현존(現存)》하는 《일본국(日本國)》《인간 무리》들에게 《문명의 종말》 때를 준비하라고 《메시아(Messiah)》가 모든 것을 상세히 밝히고 있다는 점에 대해 유의하시기 바란다.

　　그리고 《가마쿠라 막부》 시대의 《천왕》들이 하나같이 일본(日本) 본토 동북부와 북서부 《홋카이도》에 자리한 《악마(惡魔)의 신(神)》인 《비로자나 1세》계(系)의 《양(陽)》의 《연각》 무리들과 《다보불(佛)》과 《문수보살》계(系) 《독각》의 무리들 조상(祖上)들이다.

　　그리고 이러한 때를 맞이하여 그대들에게 한 가지 사실을 밝혀 드리는 바는 얼마 전에 발생한 일본(日本) 동북부 지역 《후쿠시마》 원전 사고도 그대들 무리들에게 경고하는 《천상(天上)》의 《재앙(災殃)》 중 하나임을 《메시아(Messiah)》가 분명히 하며, 그대들 무리들이 천상(天上)의 재앙(災殃) 이후 스스로들을 돌아보고 반성하기는커녕 이번에는 《한국(韓國)》의 영토(領土)인 《독도》를 그대들의 영토라고 주장하며 《군국주의》 부활을 노리고 있는 어리석음을 다시 저지르고 있는 중심에 그대들 《양(陽)》의 《연각》의 무리들과 《독각》의 무리들이 있음을 《메시아(Messiah)》가 파악하고 있는 것이다.

일전 《메시아(Messiah)》가 분명히 《독도》가 《미륵불(佛)》 상징 《섬》임을 밝힌 바가 있는데도 그대들은 이러한 행위들을 중단하기는커녕 더 기세를 올리고 떠빌리고 있는데 차제에 《공산사상》을 뿌리 깊게 내린 《가마쿠라 막부》를 다루면서 다시 한 번 더 《메시아(Messiah)》가 경고하는 바는 그대들이 이러한 행위들을 중지하지 않으면 이번에는 타락한 그대들 《일본 열도》들은 바다 속으로 가라앉아야 할 이치가 《천상(天上)》에서는 정하여져 있음을 《메시아(Messiah)》가 분명히 밝히는 바이며, 그때를 늦출 수 있는 것도 그대들의 몫이며 지금처럼 《독도》 영유권을 주장하고 《군국주의》를 부채질하는 행위가 계속되면 그 시기가 빨라진다는 사실을 분명히 다시 알리는 바이다. 이렇게 두 번씩이나 《경고》를 하는 《천상(天上)》의 경고를 무시하고 이러한 행위들을 계속 한다면 그대들 《파멸》의 시간은 그만큼 빨라진다는 사실을 《메시아(Messiah)》가 다시 한 번 더 분명히 하는 것이다.

그대들 《양(陽)》의 《연각》과 《독각》 무리 후손들은 《메시아(Messiah)》의 경고를 무겁게 받아들여 하루빨리 그대들 조상(祖上)들로부터 벗어나서 《석가모니 하나님 부처님》의 진리(眞理)의 법(法)을 찾아 공부하고 아울러 깊은 《참회》가 따랐을 때 《석가모니 하나님 부처님》께서 행(行)하시는 《구원》의 대열에 들어설 수 있음도 분명히 알려드리는 바이니 깊이 생각하시고 마지막 때를 기다리는 것이 순서임을 분명히 밝히는 바이다.

⑨ [북조 막부(幕府)] (AD1331~AD1412)

※ 《북조 막부(幕府)》 시대의 《왕명록》을 밝혀 드리면 다음과 같다.

[표 1-3-8-12] 북조 막부 시대 왕명록
문명(文明) 기간 : AD1331~AD1412

왕 순서	천왕명	신명(神名)	재위
1	고곤 천왕	문수보살 1세	재위 AD1331~AD1333
2	고묘 천왕		재위 AD1336~AD1348
3	스코 천왕		재위 AD1348~AD1351
4	고코곤 천왕		재위 AD1352~AD1371
5	고엔유 천왕		재위 AD1371~AD1382
6	고코마쓰 천왕	문수보살 1세 분신2	재위 AD1382~AD1392

※《문수보살》직계《독각의 무리》대마왕들이 천왕으로 자리함

　《북조 막부(幕府)》는《가마쿠라 막부(幕府)》연장선상에서 만들어진《막부(幕府)》로써《북조 막부(幕府)》시대 초대 천왕(天王)《고곤 천왕》(재위 AD1331~AD1333)은《문수보살 1세》로서《천왕(天王)》재위(在位) 2년 만에《천왕(天王)》의 자리에서 물러난 후《막부(幕府)》를 이끄는《쇼군(Shogun)》이 되어 마지막《천왕(天王)》인《고코마쓰 천왕》(재위 AD1382~AD1392(북조), AD1392~AD1412(무로마치 막부))까지《80년》간《문수보살 1세》가《쇼군(Shogun)》의 자리에 있게 된다. 이때까지의《천왕(天王)》들은 지금의《홋카이도》와 인근 도서 지방에 머무는《문수보살 1세계》의《독각 무리》조상(祖上)들이 되시는 분들이다.

　이러한《문수보살 1세》가《쇼군(Shogun)》에 머무는 동안《북조 막부》시대는 계속 된 것이며, 이때 처음《천왕(天王)》들보다《쇼군(Shogun)》의 힘이 더 막강한 때로써《천왕(天王)》들은《상징적》인 존재들로써 자리한 것이다. 이렇듯《문수보살 1세》가 오랜 기간 동안《쇼군(Shogun)》에 머무른 이유는 지방 무력(武力) 조직인《다이묘(daimyo)》들과《무사(武士)》계급층을 튼튼히 하기 위해《쇼군(Shogun)》의 자리에 오래 머물게 된 것이다.

⑩ [무로마치 막부(幕府) 시대](AD1339~AD1611)

※ 《무로마치 막부(幕府)》시대의 《왕명록》을 밝혀 드리면 다음과 같다.

[표 1-3-8-13] 무로마치 막부(幕府) 시대 왕명록
문명(文明) 기간 : AD1339~AD1611

왕순서	천왕명	신명(神名)	생몰 및 재위
1	고무라카미 천왕	비로자나 1세	생몰연대 AD1328~AD1368 재 위 AD1339~AD1368
2	조케이 천왕	그림자 비로자나 1세 분신	생몰연대 AD1342~AD1394 재 위 AD1368~AD1383
3	고카메야마 천왕	다보불 1세 분신	생몰연대 AD1347~AD1424 재 위 AD1383~AD1392
4	고코마쓰 천왕	문수보살 1세 분신3	생몰연대 AD1377~AD1433 재 위 AD1382~AD1392 (북조천왕) 재 위 AD1392~AD1412
5	쇼코 천왕	비로자나 1세 분신	생몰연대 AD1401~AD1428 재 위 AD1412~AD1428
6	고하나조노 천왕	다보불 2세 분신	생몰연대 AD1419~AD1471 재 위 AD1428~AD1464
7	고쓰치미카도 천왕	비로자나 1세 분신	생몰연대 AD1442~AD1500 재 위 AD1464~AD1500
8	고카시와바라 천왕	그림자 비로자나 1세	생몰연대 AD1464~AD1526 재 위 AD1500~AD1526
9	고나라 천왕	천왕불 1세 분신1	생몰연대 AD1497~AD1557 재 위 AD1526~AD1557
10	오기마치 천왕	쌍둥이 천왕불 1세 분신	생몰연대 AD1517~AD1593 재 위 AD1557~AD1586
11	고요제이 천왕	천왕불 2세	생몰연대 AD1571~AD1617 재 위 AD1586~AD1611

※ 《다보불》직계, 《문수보살》직계, 《천왕불》직계의 《독각 무리》대마왕들이 번갈아 가면서 천왕이 됨

※ 《무로마치 막부(幕府)》 초대 천왕 《고무라카미 천왕(天王)》(재위 AD1339~AD1368)은 최고 《악마(惡魔)의 신(神)》인 《비로자나 1세》이며, 이러한 《무로마치 막부》도 마지막 천왕(天王) 《고요제이 천왕(天王)》(재위 AD1586~AD1611)까지 《11분(分)》의 천왕(天王)이 《273년》을 다스린다.

이러한 《무로마치 막부》에서는 《악마(惡魔)의 신(神)》인 《비로자나 1세》계(系)와 《다보불》과 《문수보살》계(系)의 《악마(惡魔)의 신(神)》들인 《대마왕신(神)》들과 《대마왕》들이 《천왕(天王)》으로 자리하는 가운데, 뒤늦게 《대마왕》《스키타이》계(系)의 《천왕(天王)》들이 《막부 정치》에 뛰어들게 된다. 이러한 《대마왕》《스키타이》들인 《천왕불》계(系)가 《막부 정치》에 합세하게 된 배경 설명은 따로 하여 드리겠다.

가> [노사나불(佛)과 막부체제(幕府體制)]

《막부체제》가 시작되기 이전 《왕명록》에 드러난 바와 같이, 《스키타이》와 《구려족》이 동화(同化)된 《인간 무리》들을 교육시켜 나머지 《독각》들 무리들을 진화(進化)시키고자 총력을 기울인 《노사나불(佛)》께서는 《악마(惡魔)의 신(神)》들인 《대마왕신(神)》들과 《대마왕》들에 의해 《무력통치》를 하기 위한 《막부체제》가 완성이 된 후 이들을 뛰어넘어 다시 《중생(衆生)》들에게 다가갈 수 있는 기회를 원천적으로 봉쇄를 당하고 만 것이다. 이러한 원천 봉쇄의 의미가 그동안 《노사나불(佛)》께서 심혈을 기울여 지도하여온 《일본 열도》가 《악(惡)》의 세력에 완전 정복당하고만 의미를 지니는 것이다.

이러한 일들이 그동안 여러 번의 우여곡절을 겪기는 하였으나 그때마다 아버지이신 《석가모니 하나님 부처님》께 참회하고 그의 본래 자리로 돌아오곤 하였던 《노사나불(佛)》께서 이번에는 그의 《존립기반(存立基盤)》이 크게 흔들린 탓에 심경 변화를 크게 일으켜 《부처(佛)》의 자리를 내려놓고 《대마왕(大魔王)》으로 돌아앉은 안타까운 일이 이때 발생한 것이다. 《석가모니 하나님 부처님》의 우주적(宇宙的) 장자(長子)로서 《북반구 문명》 시작 이후 《석가모니 하나님 부처님》 다음으로 《지상(地上)》의 곳곳에서 《구석기인》들을 교화(敎化)하여 《문명(文明)》을 일으키는 큰 발자취를 남기신 《노사나불(佛)》께서 그가 일으킨 《문명지(文明地)》마다 《악(惡)》의 세력들에 의해 정복되고 마지막 그의 근거지인 《일본 열도》마저 《악(惡)》의 세력들에 의해 정복됨으로써 빚어진 일이 되는 것이다.

 항상 《선(善)》의 세력 대표 《불(佛)》로서 본분을 다하시던 《노사나불(佛)》께서 이때부터 《대마왕》으로 돌아앉았다는 사실은 진화(進化)를 하는 인간 무리들뿐만 아니라 《천상(天上)》으로써도 크나큰 손실을 가져온 사건이 되는 것이다. 이로써 《악마(惡魔)의 신(神)》들인 《대마왕신(神)》들과 《대마왕》들이 《공산사상(共産思想)》을 펼쳐 놓은 《무력통치(武力統治)》 체제인 《막부 정치》체제를 구축하였기 때문에 일어난 사실들임을 지금의 《인간(人間)》 무리들은 깊이 인식을 하셔야 하는 것이다.

 특히,《북조 막부》시대 《문수보살 1세》가 《쇼군(Shogun)》이 되어 지방(地方) 무력(武力) 세력들인 《다이묘(daimyo)》와 《무사(武士)》 계급층을 더욱 더 튼튼히 하여 장악한 결과, 《특권층》을 이룬 이들이 《일반민(一般民)》을 《노예》처럼 다스리게 되고 그들의 이익됨에 크게 맛을 들인 결과는 《선(善)》의 세력들인 《노사나불(佛)》을 비롯한 《스키타이》들이 파고 들어갈 수 없는 결정적인 요인이 된 것이다.

 한편,《무로마치 막부》시대 9대 《고나라 천왕(天王)》(재위 AD1526~AD1557)으로 이름한 분은 《천왕불 1세 분신1》이다. 이러한 《천왕불 1세 분신》이 처음 《막부 체제》에 참여하게 된 배경이 《악마(惡魔)의 신(神)》들인 《대마왕신(神)》들과 《대마왕》들이 《대마왕》《스키타이》들의 회유 차원에서 처음으로 《천왕(天王)》의 위(位)에 오르게 한 것이 《노사나불》의 아들 중 《대마왕》《스키타이》인 《천왕불 1세 분신1》인 것이다. 이러한 때에 《노사나불(佛)》께서는 반복(反復)되는 윤회(輪廻)를 통하여 이번에는 《도요토미 히데요시》(AD1537~AD1598)로 태어나서 성년(成年)이 된 《AD 1557년》에 그의 충성심이 받아 들여져 《인연법(因緣法)》의 덕분으로 《쇼군(Shogun)》이 되고, 다음 《천왕(天王)》으로는 그의 《전생(前生)》 아들들인 《대마왕》《스키타이》 출신으로써 《쌍둥이 천왕불 1세 분신》이 《무로마치 막부》 10대 《오기마치 천왕(天王)》(재위 AD1557~AD1586)의 위(位)에 오르고 그 다음 11대에 《천왕불 2세》가 《고요제이 천왕(天王)》(재위 AD1586~AD1611)으로 자리함으로써 《대마왕》《스키타이》 출신들인 《천왕불계(系)》가 《막부체제》에 합류를 하게 된 것이다.

나> [도요토미 히데요시와 임진왜란]

　이와 같이 《쇼군(Shogun)》이 된 《도요토미 히데요시》는 때에 반복(反復)되는 윤회로 옛 《가야국》에서 《고구려》《광개토》군에 쫓겨 일본(日本) 《규슈》지방으로 철수하였던 《스키타이》기마군단의 장군들을 모두 다시 태어나게 한 후, 이들을 투입하여 당시 《악마(惡魔)의 신(神)》들로서 《대마왕신(神)》들인 《천관파군 1세》와 《천관파군 2세》계(系)의 《대마왕신(神)》《왕(王)》들이 《왕조(王朝)》를 이룬 《조선 왕조(朝鮮王朝)》를 정복하기 위해 《임진왜란》(AD1592~AD1598)을 일으켜 《한반도 내(內)》의 수많은 인명을 살상한 후 그의 죽음을 맞이한 《AD 1598년》에 《임진왜란》은 끝이 나는 것이다. 이러한 때 《대마왕》으로 변신한 《노사나불(佛)》이신 《도요토미 히데요시》가 추구한 바는 《일본 열도》에서는 《막부정치》체제로 인하여 다시 그가 발붙일 수 없는 입장임을 잘 알고 있었기 때문에 《쇼군(Shogun)》의 자리에 있을 때 강력한 그의 군대를 이용하여 《조선 왕조》를 정복한 후, 다시 반복(反復)되는 윤회를 통하여 《한반도》에 다시 태어나서 《한반도 내》에 있는 그의 후손들과 함께 《한반도 내》에서 강력한 《왕조(王朝)》를 이룬 이후 《일본 열도》에 자리한 《악마(惡魔)의 신(神)》들인 《대마왕신(神)》들과 《대마왕》들을 견제하고자 하였던 계획이 당시 《조선 왕조》때에 태어난 그의 많은 아들들 중 한 분인 《지장보살 2세》인 《이순신》에 의해 그의 군대들이 파(波)하여짐으로써 《임진왜란》도 실패로 돌아가고 그 역시 때에 《도요토미 히데요시》로 태어나서 《육신(肉身)》의 죽음을 맞이함으로써 그의 꿈도 사라져 간 것이다.

　이러한 《임진왜란》의 실패 이후 그의 《영혼(靈魂)》과 《영신(靈身)》은 최고의 《대마왕신(神)》들인 《비로자나 1세》와 《석가모니》에게 항복함으로써 이후의 태어남에서는 그 스스로 《악마(惡魔)의 신(神)》들인 《대마왕신(神)》들의 뜻에 따라 《석가모니 하나님 부처님》《진리(眞理)의 법(法)》에 반기를 드는 《우주 쿠데타》에 본격적으로 참여하게 됨으로써 그 인연으로 훗날 《한반도》이북(以北) 땅에 세워진 《북한》《공산당》의 두목인 《김일성(金日成)》(AD1912~AD1994)으로 오게 된 것이다.

　때에 참고로 한 가지 더 알려드리는 바는 《도요토미 히데요시》이후 세워지는 《에도 막부》의 초대 천왕인 《고미즈노오 천왕》(재위 AD1611~AD1629)이 《덕천가강》으로서 《악마(惡魔)의 신(神)》인 《석가모니》임을 앞질러 밝혀두는 바이다.

⑪ [에도 막부(幕府) 시대](AD1611~AD1866)

※ 《에도 막부(幕府)》 시대의 《왕명록》을 밝혀 드리면 다음과 같다.

[표 1-3-8-14] 에도 막부 시대 왕명록
문명(治化) 기간 : AD1611~AD1866

왕 순서	천왕명	신명(神名)	재위
1	고미즈노오 천왕 (덕천가강)	악마의 신(神)인 석가모니 1세	재위 AD1611~AD1629
2	메이쇼 천왕		재위 AD1629~AD1643
3	고코묘 천왕		재위 AD1643~AD1654
4	고사이 천왕		재위 AD1654~AD1663
5	레이겐 천왕		재위 AD1663~AD1687
6	히가시야마 천왕		재위 AD1687~AD1709
7	나카미카도 천왕	노사나불	재위 AD1709~AD1735
8	사쿠라마치 천왕		재위 AD1735~AD1747
9	모모조노 천왕		재위 AD1747~AD1762
10	고사쿠라마치 천왕		재위 AD1762~AD1770
11	고모모조노 천왕		재위 AD1770~AD1779
12	고카쿠 천왕		재위 AD1779~AD1817
13	닌코 천왕		재위 AD1817~AD1846
14	고메이 천왕	악마의 신(神)인 석가모니 2세 분신2	재위 AD1846~AD1866

※ 《에도 막부(幕府)》의 초대 《고미즈노오 천왕(天王)》(재위 AD1611~AD1629)은 우리들에게 익히 알려진 《덕천가강(德川家康)》으로서 《악마(惡魔)의 신(神)》인 《석가모니》이다. 이로써 마지막 14대 《고메이 천왕(天王)》(재위 AD1846~AD1866)까지 《256년》을 다스린다.

이러한 《에도 막부》의 천왕(天王)들은 최고 《악마(惡魔)의 신(神)》인 《대마왕신(神)》《비로자나 1세》계(系)와 《대마왕》들인 《다보불》과 《문수보살》계(系)가 번갈아 가며 《천왕(天王)》의 위(位)에 오르는 가운데, 《악마(惡魔)의 신(神)》들로서 《대마왕신(神)》들인 《비로자나 1세》와 《석가모니》에게 《도요토미 히데요시》 이후 항복한 《대마왕》《노사나불》이 7대 《나카미카도 천왕(天王)》(재위 AD1709~AD1735)으로 이름하고 재위(在位)에 오른 것이 색다른 것으로써 이 외의 천왕(天王)들 모두는 《악마(惡魔)의 신(神)》인 《대마왕신(神)》들과 《대마왕》들 계열인 것이다.

가> [에도 막부(幕府)와 공산주의(共産主義)]

《공산사상(共産思想)》을 《이념(理念)》으로 한 것이 《공산주의(共産主義)》이며, 《공산사상(共産思想)》을 현실로 펼쳐 놓은 것이 《무력통치(武力統治)》 체제인 《막부(幕府)》 체제이다. 이러한 《막부(幕府)》 체제가 곧 《공산당(共産黨)》 체제인 것이다.

이로써 《에도 막부(幕府)》 이후 《에도 막부》를 이끌었던 《악마(惡魔)의 신(神)》들인 《대마왕신(神)》들과 《대마왕》들이 반복(反復)되는 윤회(輪廻)로써 《악마(惡魔)의 신(神)》《비로자나 1세 분신》이 공산이론가(共産理論家)인 《레닌(Vladimir Il'ich Lenin)》(AD1870~AD1924)으로 태어나고, 《악마(惡魔)의 신(神)》들인 《대마왕신(神)》 중 《천관파군 2세》인 《이오 신(神)》이 《마르크스(Karl Heinrich Marx)》(AD1818~AD1883)로 태어났으며, 《암흑의 신(神)》인 《가이아(Gaia)》가 남자 몸(身)을 가지고 《엥겔스(Frierich Engels)》(AD1820~AD1895)로 태어나서 《일본(日本)》의 《막부(幕府)》 체제를 바탕으로 하여 《공산주의》 이론가(理論家)로 활동하면서 창시(創始)한 것이 《공산주의(共産主義)》이며 이로써 《막부(幕府)》와 같이 《무력통치(武力統治)》 체제로써 《공산당(共産黨)》을 만든 후, 《아미타불》이 구(舊) 《소련》의 《스탈린(Stalin)》(AD1879~AD1953)으로 태어나고, 최고 《악마(惡魔)의 신(神)》인 《비로나자 1세》계(系)의 《석가모니》가 중국(中國) 《공산당(共産黨)》의 《모택동》(AD1893~AD1976)으로 태어났으며, 《대마왕》《노사나불(佛)》이 《북한(北韓)》 《공산당(共産黨)》의 《김일성(金日成)》(AD1912~AD1994)으로 태어나 《공산이념(共産理念)》을 말을 바꾸어 《사회주의(社會主義)》 이념으로 이름하고 한때 활발한 활동을 한 것이다. 《공산주의(共産主義)》나 《사회주의(社會主義)》는 똑같은 《공산이념(共産理念)》을 바탕으로 하는 것이다.

이와 같이 《막부정치》 체제와 《공산당》 정치 체제가 같은 점은 《막부 정치》 체제에서는 지방(地方) 하부조직에 《다이묘(daimyo)》와 《무사(武士)》 계급층을 형성하여 《일반민(一般民)》들을 그들의 《소유물(所有物)》 개념으로써 이용하는 이용물로써 취급을 하고 《공산당(共産黨)》은 그들 하부조직에 지방 공산당을 두고 그 지방 공산당 산하에 각급 기관을 두어 《일반민(一般民)》을 그들의 《소유물》 개념으로 이용하는 이용물(利用物) 이상으로는 생각하지 않는 것이 《막부 정치》와 같은 것으로서, 지방 《공산당》이 모든 일반민(一般民)을 다스리는 《상위(上位)》에 자리하여 시시콜콜 간섭하며 중앙 《공산당》에서는 《공산당》 이념을 잘 실천할 《간부》들을 양성하여 지방으로 내려 보내 《지방 공산당》을 지배하는 체제를 갖춤으로써 《막부체제》를 현대화하였을 뿐으로 본질적으로는 《막부 정치》나 《공산당 정치》가 똑같은 것으로써 일반민(一般民)들을 《무력통치(武力統治)》하는 것은 마찬가지이다. 즉, 이들은 《공산당》이라는 특수층을 형성하여 《일반민(一般民)》을 그들의 《소유물》인 《노예》로 거느리면서 《노예》 사회의 《평등(平等)》을 부르짖으며 《일반민(一般民)》들에게 엄청난 《사기》를 치고 있는 실정인 것이다.

나> [《악마(惡魔)의 신(神)》들인 《대마왕신(神)》들과 《대마왕》들의 움직임]

　이렇게 하여 탄생한 《공산국가(共産國家)》 중 구(舊) 《소련》은 철권통치로 인한 공포 정치를 하다가 《스탈린(Stalin)》(AD1879~AD1953)이 죽고 난 후 얼마동안 《공산 국가》로 있다가 구(舊) 《소련연방국》은 해체되어 《공산 이념》을 벗어난 《러시아》로 거듭 태어나 있으나, 《러시아》 내(內)에는 아직까지 일부 《공산 이념》을 청산하지 못한 무리들이 있는 것이다.

　이와 같이 《러시아》가 빠른 시간 내에 《공산 국가》에서 탈피할 수 있었던 것은 《러시아》에 있는 《석가모니 하나님 부처님》의 직계 후손들인 《음(陰)》의 《곰족(熊族)》들과 《천상(天上)》에서 《지상(地上)》의 《경찰》 국가(國家)로 임명한 《도덕성(道德性)》을 갖춘 《미국(美國)》이 버티고 있었기 때문에 가능한 일이었음을 《천상(天上)》은 알고 있는 것이다.

　이러한 이후 《악마(惡魔)의 신(神)》인 《대마왕신(神)》 《비로자나 1세》계(系)의 《악마(惡魔)의 신(神)》인 《석가모니》가 《모택동》(AD1893~AD1976)으로 이름하고 《중국공산당(中國共産黨)》을 만든 후 한때 구(舊)《소련》의 사주를 받아《대마왕》《노사나불(佛)》인《북한(北韓)》의《김일성(金日成)》(AD1912~AD1994)을 시켜《남한(南韓)》을 침공하여 유명한《6.25》사변을 일으킨다. 이러한《6.25》사변을 일으킨 드러나지 않은 근원적인 목적은 진행을 하면서 따로 밝혀 드리기로 하고 이 장에서는 표면적으로 드러나는 목적에 대하여 말씀 드리도록 하겠다.

이와 같이《6.25》사변을 일으킨 표면적인 목적은《남한(南韓)》을 정복함으로써《법공(法空)》과《대공(大空)》의 중심점(中心點)인《0(ZERO)》지점을 정복하여《악마(惡魔)의 신(神)》들인《대마왕신(神)》들과《대마왕》들이 일으킨《우주 쿠데타》를 완성하고《후천우주(後天宇宙)》를 그들《악마(惡魔)의 신(神)》들인《대마왕신(神)》과《대마왕》들이 다스리는《욕망(慾望)》하는《우주(宇宙)》로 만듦으로써, 그들 최고의《악마(惡魔)의 신(神)》으로서《대마왕신(神)》인《비로자나 1세》와《악마(惡魔)의 신(神)》인《석가모니》와《대마왕》들인《다보불》과《문수보살》과《노사나불》이 차례로 군림하여《지배욕(支配慾)》과《권력욕(權力慾)》을 충족하는《야망(野望)》의 꿈을 완성하게 되는 것이다.

이러한 그들《야망(野望)》실현을 위해《법공(法空)》과 대공(大空)의 중심(中心) 중의 중심점(中心點)인《0(ZERO)》지점에 위치한《남한(南韓)》정복을 위해 그 외곽에 위치한《일본 열도(日本列島)》를 정복함으로써《막부 체제》를 만들고 사력(死力)을 다해《무력통치(武力統治)》체제를 완성한 후《공산사상》을 이념(理念)으로 한《공산주의》를 만들어 그들《악(惡)》의 세력들이 지상(地上)의 문명기(文明期)를 거치면서《정복》하였던 모든 국가(國家)들을 묶어《자유사상(自由思想)》을 가졌던 국가들을 항복받으려면 우주적(宇宙的) 이치를 가진《남한(南韓)》을 정복하여야만 그들 꿈이 실현이 되기 때문에 일찍부터 그들은 이를 위해 하나하나 그들의 준비를 하는 과정에서《일본 열도(日本列島)》의 패권을 쥐고자 하였던 것임을《메시아(Messiah)》가 분명히 밝히는 바이다. 이러한 그들의《야망(野望)》도《미국》을 위시한《자유 국가》들의 참전으로 실패로 돌아가고 현재의 남북한(南北韓)은《휴전선》을 가운데 두고 지금까지 서로 대치를 하고 있는 것이다.

다> [중국공산당(中國共産黨)과 북한공산당(北韓共産黨)]

《대마왕신(神)》계열의《모택동》(AD1893~AD1976) 사후(死後)《중국공산당》은《악마(惡魔)의 신(神)》들인《비로자나 1세계》의《양(陽)》의《연각》의 무리와《대마왕》그룹의《독각》의 무리 중《공산사상》을 신봉하는 중간급《마왕신(神)》들과《마왕》들과 그들의 추종 세력들인 행동대장 대부분들이《공산당》고위 간부직과《지방 공산당》을 장악하고 그 최고 지도자는《악마(惡魔)의 신(神)》들인《대마왕신(神)》들과《대마왕》들이 차례로 자리하는 것이다.

이러한《중국공산당》의 특징은 그들이 다스리는 광대한 영토에 산재한 수많은《양(陽)》의《연각》과《독각》의 무리들이 일찍부터《자연사상(自然思想)》에 물들어 있는 관계로 이들《공산당원》들이《일반민(一般民)》을《소유물》로 보는《본질(本質)》을 수정하여《자연사상》일부를 받아들임으로써 진일보한 통치(統治) 방법을 구사하는《수정주의》《공산당》을 표방하고 있으나《무력통치(武力統治)》의 근간은 그대로 유지하는 것이《북한(北韓)》《공산당》과는 차이를 보이는 것이다.

북한(北韓)《공산당》의 우두머리로 자리하였던《대마왕》《노사나불》인《김일성》사후(死後) 세습으로《공산당》우두머리가 된《김정일》은《대마왕》《지장보살 1세》의 분신(分身)이며, 북한(北韓)《공산당》의 중앙당(中央黨)은《대마왕 지장보살 1세》계(系)의《대마왕》들이《공산당》요직을 모두 차지하고 있으며 하부 조직인《지방》《공산당원》대부분은《공산사상》이 뿌리 깊게 심겨진 타락한 일부《구려족》들이 자리하여《공산당》본질인《일반민(一般民)》을《소유물》로 보는 개념을 가지고《무력통치(武力統治)》를 하는데 앞장서고 있는 것이다.

이러한《북한(北韓)》《공산당》들이《6.25》사변 이후 무력(武力)으로《남한(南韓)》을 정복하는데 한계를 느낀 그들은 이번에는《남한(南韓)》땅에 뿌리를 내리고 살고 있는《악마(惡魔)의 신(神)》으로서《대마왕신(神)》인《비로자나 1세》의 후손들인《백제계》《양(陽)》의《연각》과《악마(惡魔)의 신(神)》후손들인《독각》의 무리들인《원조 공산당》들을 이용하여《남한(南韓)》사회 백성(百姓)들 전체를《좌익사상》에 물들게 한 후 자연스럽게《적화통일》을 하고자 방침을 바꾼 것이다.

이 와중에《권력욕(權力慾)》에 미친 일부 좌익분자들이 이북(以北)의 일부 군인들을 남한(南韓) 사회에 끌어들여 한바탕 분탕질을 치고 나서 최고《권력(權力)》을 잡은 이가 탄생한 이후 뒤이어 다시《북한(北韓)》《공산당》과 내통(內通)을 하고 있는 자가 최고 권력(勸力)을 잡음으로써 이들을 있게 한《공산사상》에 심취한《좌익분자》들이《남한(南韓)》백성(百姓) 절반을 좌익사상에 물들게 하여 놓은 것이다. 이러한 행동들을 거침없이 하고 있는 자들이《정당》을 결성한 후《백성》들을 속이기 위해 온갖 감언이설과 수단과 방법을 가리지 않는 파렴치한 짓을 지금도 계속하고 있는 실정인 것이다. 이러한 그들의 주도면밀한 행위들이《남한》백성들을 속일 수 있으나《천상(天上)》은 속일 수 없기 때문에 그들의 파렴치한 짓을《메시아(Messiah)》가 밝히고 있는 것이다.

근간에《최고 권력자》지위에 머물렀던 몇몇《악마(惡魔)의 신(神)》들인《대마왕신(神)》들은《북한(北韓)》《공산당》두목들과 내통한 최고 권력자들이었음을《메시아(Messiah)》가 분명히 하는 것이며, 이들을 추종하던《좌익 세력》들은 내친 김에 아직까지《좌익사상》에 물들지 않은 나머지 백성(百姓)들마저《좌익사상》에 물들게 하기 위해 다시《권력(勸力)》을 쥐기 위한 골수《좌익분자》를 최고 권력자 지위에 오르게 하기 위해《대통령》후보로 내세워《백성(百姓)》들을 선동하는 일에 혼신의 힘을 쏟고 있는 것을《메시아(Messiah)》가 보고 있는 것이다. 이렇게 하여《남한(南韓)》사회가 온통 좌익사상으로 물들어 그들이 바라는《적화통일》이 되면《북한》《공산당》세력에 의해 1차적으로《숙청》당하는 제1호가 바로《남한》《좌익 세력》지도자들이라는 사실을 모르고 저들은《사회주의》《이념(理念)》실현 하나만 믿고 천방지축 날뛰는 꼴이 가련한 것이다.

《북한》《공산당》을 이끌고 있는《대마왕》《지장보살 1세》계(系)의《대마왕》들과《남한(南韓)》의《좌익 세력》들을 주도하는《악마(惡魔)의 신(神)》인《비로자나 1세》계(系)의《양(陽)》의《연각》과《독각》의 무리《원조 공산당》들은《숙명적(宿命的)》으로《화합(和合)》할 수 없는《원수》지간임을 향후 계속되는《아카드 문명(Akkad 文明)》《사르곤 왕(Sargon 王)》(2290BC~2215BC, 재위 2270BC~2215BC) 편에서 상세히 설명이 된다. 이 때문에《해방》이후《남한(南韓)》에서 활약하던《남로당》주력 세력들이《북한(北韓)》으로 넘어갔을 때 하나같이 모두《김일성》에 의해 숙청된 이유들이 되는 것이다.

이와 같이《북한》《공산당》도 그들의 목적이 이루어졌을 때 서둘러《남한》에서《좌익 활동》을 하던 자(者)들을 숙청해야 하는 이유가《숙명적》인 관계 때문임도《메시아(Messiah)》가 밝혀 두는 것이며, 이와 같은 사실을 잘 알고 있는《남한(南韓)》의《악마(惡魔)의 신(神)》들인《비로자나 1세계(系)》의《양(陽)》의《연각》과《악마(惡魔)의 신(神)》들인《독각》의 무리 《좌익 세력》들인 《원조 공산당》 수뇌부는 《북한》《공산당》을 이용하여 《남한(南韓)》 전체를 《좌익화(化)》한 이후 《남한(南韓)》만의 《좌익 정부》를 구성한 후 《북한 공산당》 정부를 흡수 통합하는 《무력통치(武力統治)》 체제로 바꾸기 위해 혈안이 되어 있는 것이다.

이렇게 하여 《남한(南韓)》이 《원조 공산당》《정부》가 되었을 때 《북한(北韓)》《공산당》과는 사안에 따라 공조 체제를 유지할 것이나 때로는 《대결》도 불사함으로써, 궁극적으로 《북한(北韓)》《공산당》도 이들 《악마(惡魔)의 신(神)》들인 《비로자나 1세계(系)》의 《양(陽)》의 《연각》과 《독각》의 무리 《좌익 세력》들인 《원조 공산당》 정부에서 흡수 통합하여 지배하고자 하는 복안을 가지고 있음도 《메시아(Messiah)》가 분명히 밝혀 두는 바이다.

라> [남한(南韓)]

구(舊) 《소련연방국》이 해체된 후 많은 수(數)의 《대마왕신(神)》 후손들인 《양(陽)》의 《연각》과 《독각》의 무리들이 지상(地上)의 세계 도처에 흩어져 《사회주의》 이념(理念)을 심고자 노력하고 있으나, 《도덕성(道德性)》을 갖춘 일부 국가 지도자들이 버티고 있는 관계로 별로 힘을 쓰지 못하고 지금은 그들의 활동이 소강상태에 있는 것이다. 그러나 《남한(南韓)》 땅에는 상기 말씀드린 대로 《법공(法空)》과 《대공(大空)》의 중심(中心) 중의 중심점(中心點)이 되는 《남한(南韓)》의 《좌익 세력화》를 위해 이들 《악마(惡魔)의 신(神)》들인 《대마왕신(神)》들이 그들 계열의 《대마왕신(神)》들과 그들의 추종 세력 상당 부분이 《남한(南韓)》 땅에 태어나서 정부 기관 및 각계각층에 고루 침투하여 《사회주의》 이념(理念)을 심고 부채질함으로써 《남한(南韓)》 사회를 《좌익화(化)》시키기 위해 광분하고 있는 실정이다.

한 가지 용서 못할 《예》를 들면, 《악마(惡魔)의 신(神)》인 《대마왕신(神)》 출신 《최고 지도자》가 권력(勸力)을 잡자말자 인간(人間) 내면(內面)의 진화(進化)를 돕는 《도덕성(道德性)》 교육(敎育)을 철폐하고 《악(惡)》의 씨앗인 《마성(魔性)》을 심는 경쟁력을 부추기는 《교육 정책》으로 한순간 탈바꿈시킴으로써 이러한 《교육》을 받은 젊은이들이 쉽게 《사회주의》 이념에 빠져 들도록 유도하는 행위가 우주 《진화적》으로 볼 때 용서받지 못할 《악질적(惡質的)》인 《교육》 개혁이 되는 것이다. 이렇듯 《악마(惡魔)의 신(神)》들인 《대마왕신(神)》들이 《인간(人

間)》사회에서 그들이 《권력(勸力)》을 쥐게 되면 이와 같이 《도덕성(道德性)》을 갖추는 《교육 정책》은 철폐하고 《이기심(利己心)》과 《욕망(慾望)》만 부채질하는 《마성(魔性)》을 심는 《교육 정책》으로 전환하는 것이 통례로 되어 있는 것이다.

　　이러한 《도덕성》을 배제한 《교육 정책》이 《도덕(道德)》 불감증을 낳게 되고 우수한 자(者)들은 《악마(惡魔)의 신(神)》인 《대마왕신(神)》들의 이용물로 쓰고 그렇지 못한 자(者)들에게는 극단적인 사고(思考)를 부채질함으로써 새로운 《마왕》들을 탄생시키는 구조를 가지고 있기 때문에 그 사회(社會)는 썩어가게 되어 있는 것이 이치이다. 이러한 사회를 《대마왕신(神)》들은 《선전》《선동》으로써 이끌어 가는 가운데 백성들 위에 군림하고자 하는 것이 그들의 희망인 것이다.

　　그리고 이참에 한 가지 더 명확하게 밝히고 넘어가야 할 사항이 있다. 《남한(南韓)》에서 두 번째로 《좌익 성향》을 가지고 《최고 지도자》가 되었던 자(者)는 《보현보살 2세 분신》으로서 《악마(惡魔)의 신(神)》으로서 《대마왕신(神)》 중의 하나이다. 이러한 《악마(惡魔)의 신(神)》인 《대마왕신(神)》이 획책한 《동서화합(東西和合)》 정책은 겉으로 보면 그럴싸한 정책같이 보이나, 그 속을 들여다보면 《남한(南韓)》 전체를 《좌익화(化)》시키려는 엄청난 음모가 숨겨져 있었던 정책이었음을 《메시아(Messiah)》가 분명히 하는 것이다. 같은 땅에 뿌리 내리고 살고 있는 《동서(東西)》의 인간 무리들은 각각 그 《성질(性質)》들이 다른 무리들이다. 이러한 무리들에게 《인위적》으로 《화합(和合)》을 강조하는 데는 《불순한》 음모가 항상 깃들어 있게 마련이다. 때문에 이렇게 강조하는 자체가 《분열》을 낳는 역작용도 생기기 때문에 자연스럽게 그대로 둠으로써 서로가 어울려 살게 하는 《지혜》가 필요한 것이다. 이와 같은 《이질적(異質的)》인 두 무리들 각각은 서로 간섭 없이 진화(進化)하여 가게 하는 것이 바람직하다는 사실을 분명히 밝혀 두는 바이다.

　　이와 같이 《이북(以北)》《공산당》과 내통(內通)한 《이남(以南)》의 《좌익 세력》들이 한창 기승을 부릴 때 《천상(天上)》에서는 《이북(以北)》《공산당》 두목인 《김정일》의 목숨을 거두고 그들이 큰소리치며 획책하였던 《로켓》 발사도 실패로 돌아가게 한 것이다.

　　이후 《원천창조주》이신 《석가모니 하나님 부처님》께서는 《메시아(Messiah)》인 《미륵불(佛)》의 건의를 받아들이셔서 지금까지 《우주간》과 《세간》에서 온갖 행패를 부린 모든 《

악마(惡魔)의 신(神)들인 《대마왕신(神)》과 《대마왕》들과 그들의 행동대장 무리들과 추종 세력 모두들의 《영혼(靈魂)》과 《영신(靈身)》들을 불러내어 《업장》 두터운 《악질 무리》들 모두들은 티끌도 남지 않게 하여 《우주간(宇宙間)》에서 영원히 사라지게 하고 《최고위급》 《악마(惡魔)의 신(神)》들인 《대마왕신(神)》들과 《대마왕》들과 그들을 따르는 추종 세력들 중 상대적으로 《업장》이 가벼운 자(者) 모두들을 현재의 우리들 《태양계》 행성(行星) 중 네 곳에 《지하세계(地下世界)》를 만들어 분산하여 모두 가두고 이들이 《진화》되지 않는 이상 몇 《백억 년(百億年)》이 지나도 《지상세계(地上世界)》에는 올라오지 못하도록 조치를 하신 것이다. 더러 현재 육신(肉身)을 가지고 살고 있는 자(者)들도 그들의 《영혼》과 《영신》들은 이미 처리되었기 때문에 현재 그들이 지니고 있는 것은 《육신(肉身)》을 지탱하는 그들의 《속성(屬性)》밖에 남아 있지 않은 것이다. 이러한 그들의 《속성》은 그들 육신(肉身)의 죽음 이후는 그들 《영혼》들이 간 길을 따라 갈 수밖에 없는 것이 진리(眞理)의 《법칙》이기 때문에 살아서 온갖 짓을 하고는 있으나 사실상 그들은 죽은 목숨들인 것이다. 이로써 향후 《우주간(宇宙間)》과 《세간(世間)》 어디에서든지 《공산사상(共産思想)》은 영원히 사라져 갈 것이며, 지상(地上)에서도 역시 마찬가지이다.

지금까지는 이들 《최고위급》 《악마(惡魔)의 신(神)》들인 《대마왕신(神)》들과 《대마왕》들이 그들의 막강한 《영력(靈力)》과 자유자재한 《신통(神通)》으로써 그들이 원하는 바대로 수하에 있는 《악마(惡魔)의 신(神)》들인 《대마왕신(神)》들과 《대마왕》들과 그들의 하수인들을 그들이 목표하는 대로 태어나게도 하고 이들이 도모하는 일들에도 그들 《영력》과 《신통》으로 일이 뜻대로 이루어지도록 하였으나, 이제는 그들의 《영력》과 《신통》 모두들이 회수되어 《파(波)》하여진 후 《지하세계》에 갇힌 신세가 된 때문에 《남북한》 모두에 있는 《공산당》과 《좌익 세력》들이 《남한(南韓)》을 《좌익 세력》화(化)하고자 하는 모든 계획들은 수포로 돌아가고 이미 그들의 뜻은 물(水) 건너갔다고 하는 점을 이를 부추기는 그들의 행동(行動) 대장들이나 《남한》에 살고 있는 일반 백성(百姓)들 모두들은 깊이 인식하시기를 《메시아(Messiah)》가 당부 드리는 것이다.

※ 특기(特記) 4:

이제 최고위급 《악마(惡魔)의 신(神)》들인 《대마왕신(神)》들과 《대마왕》들과 그들의 추종 세력 모두들이 처리된 지금의 때에 《남한(南韓)》 땅에 살고 있는 《음(陰)》의 《곰족》, 《구려족》,《스키타이》등 셋이 하나된《한민족(韓民族)》구성원 모두들과《백제계》《양(陽)》의《연각》과《독각》의 무리 일반민(一般民)들에게《메시아(Messiah)》이신《미륵불(佛)》이 마지막으로 간곡한 당부를 드리고자 한다.

혼란하고 타락한 이 세상(世上)을 멸(滅)하는《문명(文明)》의《종말(終末)》은 어느 날 갑자기 반드시 오게 되어 있는 것이 이치이다. 이러한《종말(終末)》의 순간은《조만간》오게 되어 있어 그 시간도 얼마 남지 않았음을《메시아(Messiah)》가 분명히 일러두는 바이다. 이렇게 찾아오는《문명(文明)》의《종말(終末)》때가 이때를 준비하지 않은 자(者)들에게는《파멸(波滅)》의 순간이 된다.

이로써 당부 드리는 바는 상기 거론한《남한(南韓)》에 살고 있는《일반민(一般民)》모두들의 원천 조상(祖上)은《원천창조주》이신《석가모니 하나님 부처님》이시다. 다만, 진화(進化)의 과정에서《불(佛)》,《보살(菩薩)》이나《악마(惡魔)의 신(神)》들인《대마왕신(神)》이나《대마왕》들을 중간 조상(中間祖上)으로 둔 것일 뿐인 것이다. 이로써 볼 때, 그대들 모두들은《석가모니 하나님 부처님》의 아들들이요 딸들로서 진화(進化)의 한 과정에 한때《악마(惡魔)의 신(神)》들인《대마왕신(神)》이나《대마왕》을 조상(祖上)으로 한 죄(罪) 밖에 없는 것이다.

이로써 그대들에게 특별히 당부 드리는 바는 그대들 중간 조상으로부터 받은 잘못된《마성(魔性)》과 이로 인한 사상(思想)과 관념(觀念)들은 그대들 스스로가 노력하여《석가모니 하나님 부처님》께 깊은《참회》의 기도를 하고《석가모니 하나님 부처님》께서 남기신《진리(眞理)》의《법(法)》을 전한《메시아(Messiah)》이신《미륵불(佛)》의 가르침을 따르고자 얼마간의 노력을 하면 충분히 그들의 마수로부터 벗어나서《구원》의 대열에 설 수가 있다. 그러나 이를 실행하는 데는 하나의 전제 조건이 붙는다. 그 전제 조건이 반드시《좌익사상》을 청산하고《악마(惡魔)의 신(神)》들인 최고위급《대마왕신(神)》들이 자리한 지상(地上)의 모든《종교(宗敎)》로부터 벗어났을 때, 비로소《석가모니 하나님 부처님》과《메시아(Messiah)》이신《미륵불(佛)》이 전하는 진리(眞理)의 법(法)이 보이기 때문이다. 이러한 전제 조건을 충족하기 위해서는 그대들의 노력이 필요한 것이다. 이와 같이 노력하여《석가모니 하나님 부처님》께서 행(行)하시는《구원》의 대열에 섬으로써 오는 이익됨은 필설로 다 말을 할 수가 없는 것이다. 지금의 때는 이렇듯《자숙(自肅)》하여《참회》하며《공부》할 때이지 흥청망청《해외여행》이나 하고 그대 육신(肉身)의 일시적 쾌락을 위해 허송세월을 보낼 때가 아님을 분명히 일러두는 바이며, 이를 지키지 않았을 때 어느 날 갑자기 찾아오는《파멸(波

滅)》은 그대들 몫이 된다는 점을 분명히 하는 것이다. 이러한 《파멸(波滅)》이 곧 《우주간》에서 자취도 없이 사라지거나 《지하세계》에 갇히는 그대들 중간 조상(祖上)들인 《악마(惡魔)의 신(神)》들인 《대마왕신(神)》들과 《대마왕》들이 간 길을 똑같이 가야 한다는 사실을 명심하셔야 하는 것이다.

《악마(惡魔)의 신(神)》들인 《대마왕신(神)》들과 《대마왕》들이 그들 후손들에게 철두철미하게 지워버린 것이 《우주간》 진리(眞理)의 법칙 중 하나인 《윤회》의 《법칙》이다. 진화(進化)에 있어서는 필수적으로 따르는 것이 《윤회》이며, 이를 지우기 위해 그들은 오늘날도 《창조》를 앞세우는 《사기(詐欺)》를 예사로 치고 있는 것이다. 이와 같은 《윤회》의 법칙이 바로 인간들 무리에게 가르쳐 졌으면 《인과(因果)》법(法)을 알게 되고, 《인과(因果)》법(法)을 알고 나면 《미래세(未來世)》에 대한 두려움도 알게 됨으로써 《죄(罪)》를 짓지 않기 위해 노력을 하였을 것인데 하는 진한 아쉬움이 남는 부분이 바로 《윤회(輪廻)》의 법칙인 것이다. 이와 같은 《윤회》의 법칙으로 볼 때, 《우주간》에서 그의 《영혼》과 《영신》이 사라진다는 것은 현재 《육신(肉身)》의 삶을 살 때보다 몇백 배 또는 몇천 배나 되는 《고통》 속으로 빠진다는 사실을 알아야 하는 것이다.

《자연사상》을 가진 혹자(或者)들은 육신(肉身)의 죽음을 맞이한 이후는 《자연(自然)》으로 돌아간다고 예사롭게 이야기를 하는 《무식(無識)》함을 보이는 자(者)들도 많다. 이들은 《자연》을 몰라도 한참 모르는 자(者)들로서 《약육강식》과 《공포》와 《두려움》이 상존하는 처절한 《생명(生命)》 진화의 과정을 겪는 곳임을 모르고 마치 《마약》에 취한 사람처럼 《환상적》으로 《자연》을 이야기하는 꼴을 보면 기가 막히는 것이다. 이 역시 《대마왕》들과 《대마왕신(神)》들이 뿌려 놓은 《마약》의 《씨앗》인 것이다.

그리고 다음으로 《지하세계》에 갇히는 고통은 필설로 다 말을 할 수가 없다. 이렇듯 《고통》과 《공포》가 상존하는 곳으로 가야만 한다는 자체가 《두려움》 그 자체인 것이다. 인간 육신(肉身)을 가지고 태어난다는 자체가 《축복》이요 《영광》인 것이다. 이 때문에 《인간(人間)》을 《만물(萬物)》 중에서 제일 수승하다고 하는 것이다. 《석가모니 하나님 부처님》께서 행(行)하시는 《구원》의 대열에 동참함으로써 새로운 인간 육신(肉身)을 가지고 태어나서 모든 죽음의 고통과 두려움이 없는 극락 중의 최고의 극락으로 변한 지상(地上)에서 영원을 살게 하고자 하여 《남한(南韓)》 땅에 현재 뿌리 내리고 살고 있는 여러분들을 일깨우기 위해 이렇듯 《메시아(Messiah)》이신 《미륵불(佛)》이 마지막으로 신신당부를 하는 것이다.

부디 지금부터라도 당부하는 뜻을 살려 좋은 《인(因)》을 심게 되면 《과(果)》는 필연적으로 따르는 것임을 깊이 인식하시기 바란다.

---

⑫ [메이지 시대](AD1867~현재)

※ 《메이지 시대》의 《왕명록》을 밝혀 드리면 다음과 같다.

[표 1-3-8-15] 메이지 시대 왕명록
문명(文明) 기간 : AD1867~현재

왕 순서	천왕명	신명(神名)	재위
1	메이지 천왕	천왕불 1세	재위 AD1867~AD1912
2	다이쇼 천왕	쌍둥이 천왕불 1세	재위 AD1912~AD1926
3	쇼와 천왕	천왕불 3세	재위 AD1926~AD1989
4	금상 아키히토	쌍둥이 천왕불 2세	생몰 AD1933~현재 재위 AD1989~현재

※ 《메이지 시대》는 《한반도(韓半島)》 서남부(西南部) 《지리산(地理山)》 인근에 자리하였던 《토착 구석기인》들이 《BC 200년》 《석가모니 하나님 부처님》의 명령으로 《일본(日本)》 《규슈 지방》으로 이동한 이후 《야마타이국》(AD183~AD539)을 세운 《신공왕후(神功王后)》(AD91~AD247, 재위 AD183~AD247)를 비롯한 《15분(分)》의 《천왕(天王)》들에 의해 교화(敎化)된 무리들이 자리한 《규슈》 지방으로 《정권(政權)》이 넘어온 시대로써 《대마왕》 《스키타이》 천왕(天王)들에 의해 다스려지는 시대를 말하는 것이다. 한마디로 표현을 하면, 《메이지 시대》는 《규슈 왕조(王朝)》가 《일본 열도》를 다스린 때인 《AD 1867년 ~ 현재》까지를 말한다.

《메이지 시대》의 특징은 지금까지 《일본 열도(日本列島)》 여러 《왕조(王朝)》에서 시행하였던 《무력통치(武力統治)》인 《막부정치(幕府政治)》를 철폐하고, 《천왕(天王)》 친정(親政) 체제로 돌아서서 《메이지 유신》을 통하여 《일본(日本)》을 근대화하고, 지금까지 《다이묘(daimyo)》나 《무사(武士)》 계급층에 의해 《무력(武力)》으로 오랫동안 억눌려 살아왔던 《일반민(一般民)》들에게 《교육 개혁》 정착으로 《도덕성(道德性)》을 회복시키는 크나큰 업적을 남긴 것이 특징이다. 이러한 특징에 대해 상세한 설명이 필요할 것 같다.

가> [일본(日本)의 근대화(近代化)]

《막부(幕府)》 정치 체제를 청산하고 일본(日本) 근대화(近代化)를 처음 시작하신 《천왕(天王)》은 《메이지 천왕(天王)》(재위 AD1867~AD1912)으로 이름하신 《대마왕》《스키타이》인 《천왕불 1세》이시다. 이러한 《메이지 천왕(天王)》이 《막부》 정치 체제인 《무력통치》에 길들여져 있는 《악마(惡魔)의 신(神)》들인 《대마왕신(神)》의 후손들인 《양(陽)》의 《연각》과 《독각》의 무리와 《대마왕》의 후손들인 《독각》의 무리 합(合) 60%나 되는 《일본인》의 무리와 《스키타이》와 《규슈》 지방 《대마왕》《독각》의 무리 40%나 되는 《일본인》들로 하여금 《무력통치》의 잔재를 없애고 전일본인(全日本人)들을 하나로 묶기 위해서는 그들 《일본인(日本人)》 내면(內面)에 잠재된 《무력통치》에서 길들여진 《정신(精神)》을 외부로 돌려야 하는 불가피성 때문에 어쩔 수 없는 방편(方便)으로 선택된 것이 《군국주의(軍國主義)》이다. 그러니 이 역시 일본(日本) 《내부인(內部人)》들에 내재된 《폭력적(暴力的)》인 《정신(精神)》 청소에는 상당한 효과를 기대할 수 있는 방법이나 이를 외부로 돌린다는 것은 지도부의 《야망(野望)》에 의해 선택된 방편(方便)이 되는 것이다. 이렇게 하여 선택된 방편(方便) 덕분에 그들은 문호를 개방하여 선진 외국의 문물을 받아들이는 과정에서 《일본국(日本國)》은 개방되어 《근대화(近代化)》됨과 아울러 그들의 국력(國力)도 막강하여진 것이다.

《군국주의(軍國主義)》를 표방하고 그들의 국력(國力)이 강(强)하게 되면 자연히 그들 《야망(野望)》 충족을 위해 인근 여러 나라들을 《침공》하여 괴로움을 줄 수밖에 없는 것이 교과서적인 사실이 되는 것이다. 이때 《일본국》에 나타난 걸출한 인물이 《한국(韓國)》의 《안중근(安重根)》(AD1879~AD1910)에 의해 피살당한 《이등박문(伊藤博文)》(AD1841~AD1909)으로 이름한 《거문성불(佛)》이다.

이러한 《일본(日本)》《군국주의(軍國主義)》도 훗날 《2차 세계대전》 패망으로 《한국(韓國)》을 침공한지 50년도 채 되지 못한 기간에 망(亡)하고 만 것이다. 그러나 일부 못난 《일본인》들은 아직도 그때의 그들 잘못을 반성하지 못하고 다시 《군국주의(軍國主義)》 부활을 꿈꾸고 있는 것이다. 이러한 와중에 《일본국》은 개방되고 《근대화(近代化)》된 것은 《메이지 시대》에 선포된 《메이지 유신》의 힘이 크게 작용(作用)한 것은 사실이며, 이로써 《일본 국민》들을 하나로 묶는 데는 성공함으로써 《일본 내(日本內)》의 정책적인 결실은 톡톡히 거두게 되는 결과를 가져온 것은 긍정적인 하나의 사례가 되었다는 점도 《후세인(後世人)》들은 알아야 하는 것이다.

나> [메이지 유신과 《일본(日本)》의 교육(敎育) 정책]

《메이지 유신》의 두 개의 축(軸)이 《일본(日本)》의 근대화(近代化)와 《일본(日本)》의 《교육(敎育)》 정책이다. 이러한 《일본(日本)》의 《교육(敎育)》 정책을 발표하고 추진하신 분이 《메이지》 2대 천왕(天王)으로서 《다이쇼 천왕(天王)》(재위 AD1912~AD1926)으로 이름한 《쌍둥이 천왕불》이시다. 이러한 《메이지 유신》으로 인하여 성공한 정책 중 최대의 성공 걸작물이 《일본(日本)》의 《교육 정책》이다. 이때 실시된 《교육 정책》이 크게 주목받는 이유는 《막부 정치》 체제인 《무력통치》로 《다이묘》와 《무사 계급》의 소유물(所有物)로 인정되던 《일반민(一般民)》들이 《무력(武力)》에 짓눌려 《인간》들 《내면(內面)》의 상태가 황폐할 대로 황폐한 마당에 새로운 《교육 제도》가 도입되어 《일반민(一般民)》들에게 《교육》이 됨으로써 《도덕성(道德性)》이 살아나서 《인간(人間)》 본연의 자세를 다시 갖추고 스스로 순리(順理)를 따라 진화(進化)할 수 있는 길이 이로써 열리게 된 것이다.

《천상(天上)》에서는 이러한 《일본(日本)》《메이지 시대》 교육 정책을 매우 잘한 일로 높이 평가를 하는 것이다. 이로써 한동안 《일본 국민》들은 《도덕성(道德性)》을 갖춘 국민들이 되어 2차 세계대전으로 패망한 《일본(日本)》을 다시 《경제대국》으로 일으켜 세우는데 결정적인 《요인(要因)》으로 작용(作用)한 사실을 《천상(天上)》도 인정을 하고 있는 것이다.

다> [한국(韓國)과 《일본국(日本國)》에 관계된 국제적 《음모(陰謀)》]

　　《일본(日本)》과 《일본인(日本人)》의 자존(自尊)을 살렸던 《규슈 왕조(王朝)》인 《메이지 시대》도 2차 세계 대전 후 《천왕(天王)》 친정(親政) 체제에서 《내각 책임제》로 정치(政治) 구도가 바뀜에 따라 현재의 《천왕(天王)》이신 《아키히토 천왕(天王)》(재위 AD1989~현재)으로 이름하신 《쌍둥이 천왕불 2세》께서는 《정치(政治)》 일선에서 물러나 현재는 상징적인 존재로 남아 있다. 이러한 《아키히토 천왕(天王)》을 마지막으로 《규슈 왕조》인 《메이지 시대》도 끝이 나야 하는 것이 《천상(天上)》의 법칙이다.

　　이러한 때를 맞이하여 《악마(惡魔)의 신(神)》들인 《대마왕신(神)》들과 《대마왕》들은 《일본 열도》에 《메이지 시대》에 이룩한 《일본인》의 《자존(自尊)》과 긍정적으로 쌓아올린 《공적(功績)》을 허물어 뒤집어엎어 붕괴시킨 후 다시 《악(惡)》의 세력들인 《대마왕신(神)》들과 《대마왕》의 후손들인 《마왕》 무리들이 다시 《일본 열도》의 패권을 쥐고자 하여 《남한(南韓)》의 《악마(惡魔)의 신(神)》인 《비로자나 1세》의 후손들인 《양(陽)》의 《연각》과 《독각》의 무리 《좌익 세력》들과 연대하여 《남한(南韓)》을 정복함으로써 《법공(法空)》과 《대공(大空)》의 중심(中心) 중의 중심(中心)을 함락시켜 그들 최고의 《악마(惡魔)의 신(神)》들로서 《대마왕신(神)》들인 《비로자나 1세》와 《악마(惡魔)의 신(神)》인 《석가모니》가 반복(反復)되는 윤회를 통하여 그들이 다시 군림하고자 지금 한창 《남한(南韓)》과 《일본국》 사이에서 그들의 음모가 진행 중에 있다.

　　이와 같은 《음모(陰謀)》를 여러분들께 밝혀 드림에 있어서 먼저 이해를 하셔야 될 부분부터 말씀드리면, 《남한(南韓)》에 현존(現存)하는 《백제계》 《양(陽)》의 《연각》과 《독각》의 무리들 중 《일반민(一般民)》을 제외한 《좌익사상》 신봉자들인 《악마(惡魔)의 신(神)》들인 《대마왕신(神)》들과 수하 행동대장들과 이들의 추종 세력 모두들은 《이북(以北)》 공산당(共産黨)과 내통(內通)을 하여 《남한(南韓)》 전체를 《좌익화(化)》하는데 공동보조를 취하고 있으나, 이들에게 직접 명령을 내리는 자(者)는 《천상(天上)》에서 《공산사상(共産思想)》을 만든 자들 중 최고의 《대마왕신(神)》인 《악마(惡魔)의 신(神)》으로서 《비로자나 1세》가 《영적(靈的)》으로 직접 내린다는 사실을 먼저 이해하셔야 하며 《일본 열도》 동북부에 자리하여 한때 《나라 왕조》를 이루었던 《일본인》 10%에 해당하는 《악마(惡魔)의 신(神)》 《비로자나 1세》계(系)의 《양(陽)》의 《연각》 무리들 역시 똑같은 그의 후손들인 것이다.

이와 같이 집중적으로 이 문제를 규명하는 이유는 현재《한일(韓日)》간에 첨예하게 대립하고 있는《독도》《영유권》문제의 본질(本質)을《한민족(韓民族)》들에게 알림으로써 이들을 깨우치게 하기 위해 이를 상세히 말씀드리는 것이다.

　전술한 바와 같이《일본 열도》의《금상 아키히토 천왕》임기가 끝이 나가자 다시《대마왕》들과《악마(惡魔)의 신(神)》들인《대마왕신(神)》들이《지배욕(支配慾)》에 의한《권력(勸力)》을 쥐기 위해 최고의《악마(惡魔)의 신(神)》으로서《대마왕신(神)》인《비로자나 1세》가 그의 충복인《악마(惡魔)의 신(神)》인《대마왕신(神)》《행동대장》중의 하나인《골수 좌익》분자인 모(某) 정당을 이끌던 자(者)에게《영적(靈的)》인 명령을 내리게 된다. 이러한 이후 이 작자는 이름도 밝히지 않는 무뢰한들을 불러들여《좌익 세력》들이 시위하는 현장에 합세하게 한 후, 한바탕 분탕질을 벌인 사건이 최근에 있었던 것이다. 이와 같은 분탕질 이후 그는 여세를 몰아 최고의 권력(勸力)을 쥔 후 한때《신라》《원효》의 아들인《설총》으로 태어났던《대마왕신(神)》후신(後身)을 시켜《도덕성(道德性)》교육을 배제하고《마왕》들을 양산하는《마성(魔性)》을 심는《교육 정책》을 시행한 후 이번에는《일본(日本)》으로 건너가서《한일(韓日)》《어업협정》을 체결하면서《독도》를 일본(日本) 관할 수역으로 넘겨주면서 어업협정에 참가한《일본(日本)》쪽《악마(惡魔)의 신(神)》《비로자나 1세》의 후손《대마왕신(神)》에게 비밀리에 최고의《악마(惡魔)의 신(神)》인《비로자나 1세》의《메세지》를 전달하게 된다. 이러한《메세지》가《남한(南韓)》은《도덕성》교육을 배제한《마왕》들을 양산하는 교육체제로 탈바꿈시키고《좌익화(化)》사업이 본격적으로 시작되었으니《남한》과 마찬가지로《일본 열도》도 보조를 맞춰《마왕》들을 양산하는《교육체제》로 전환함과 아울러《메이지 시대》가 끝이 난 이후를 대비하라는 최고《악마(惡魔)의 신(神)》인《비로자나 1세》의 명령을 전달한 것이다.

　이로써《일본 열도》에 자리한《악마(惡魔)의 신(神)》들인《대마왕신(神)》과《대마왕》들의 하수인들인《마왕》들이《역사》를 왜곡하고《독도》를 그들 나라 땅이라는 핑계로 그들도 후학들을 가르치는《교과서》에 이를 기정사실화하고《메이지 시대》이후 줄곧 지켜져 오던《도덕성》교육을 내팽개치고 후학들에게 날조된 내용을 가르치는《악(惡)》의 씨앗을 심는《교육 정책》으로 탈바꿈시키고《독도》문제를 가지고《독도》가 그들의 영토라고 주장하며 계속《한국(韓國)》을 압박하고 있는 것이다. 이번《독도》영유권 문제는《한국》의《좌익》지도자로서 최고 권력자가 된 자(者)가 먼저 촉발시킨 것임을《메시아》가 분명히 하는 것이다. 그리고《독도》영유권 문제도 중요한 것이지만 더 중요한 점은 이를 빌미로《일본(日本)》의 교육 정책이 역사를 왜곡하고《도덕성》교육을 배제한《마왕》들을 양산하는 교육체제로 바꾸었다는 점이 더 중요한 것이다.

　　즉, 지금까지 《메이지 시대》《천왕》들께서 그들 백성들에게《도덕성》을 갖춤으로써 백성들이 올바른 진화(進化)의 길로 나아가도록 심혈을 기울인 것을 다시 그 이전의 원점으로 돌아가게 한 후《악마(惡魔)의 신(神)》들인《대마왕신(神)》들과《대마왕》들이 다시 군림하고자 획책하는 이 자체가 그들 후손들뿐만 아니라《일본인》전체의 진화(進化)에 미치는 영향이 심각함으로써《천상(天上)》은 이러한 변화를 예의주시하고 있는 것이며, 이들에 의해《마성》을 심는 교육이 계속될 경우 그들 후손들뿐만 아니라 40%에 달하는《스키타이》와《구려족》과《규슈》《메이지 천왕》들의 후손들《미래세(未來世)》를 위해서 천상(天上)은《일본 열도》침몰을 심각하게 고려하고 있는 입장임을《메시아》가 분명히 밝히는 것이다.

　　이와 같이《독도》영유권을 주장하는《일본(日本)》의 국수주의 무리와《남한(南韓)》의《좌익 세력》모두들이 궁극적으로 바라는 바 목적은 진행(進行)을 하면서 밝혀 왔듯이《남한(南韓)》이나《일본(日本) 열도》모두를《공산화(共産化)》시켜《악마(惡魔)의 신(神)》들인《대마왕신(神)》들과《대마왕》들이《무력통치(武力統治)》를 하면서 그들이《인간》들 무리나 그들의 후손들인《독각》의 무리들 위에 군림하면서 지배하고자 하는《권력욕(權力慾)》에서 이러한 일들을 벌리고 있다는 사실을 분명히 하며《독도》문제로《남한》이 무척 시끄러운 가운데에서도《남한》의《좌익 세력》들은 이 문제에 대하여서는《침묵》으로 일관하고 있다는 사실도 눈여겨봐야 하는 것이다.

　　진행을 하면서 말씀드린 바대로,《천상(天上)》에서는《독도》를《미륵불(佛)》의 상징성으로 알고 있으며, 때에 이와 관련하여《메시아》이신《미륵불(佛)》께서《남한(南韓)》땅에 등정같이 와서 계시는 상태이다. 이러한 사실을 아는지 모르는지 당시 한국(韓國)의 최고 지도자로부터《메세지》를 전달받은 그들은 그들의 최고 지도자들인《악마(惡魔)의 신(神)》《비로자나 1세》를 포함한《대마왕신(神)》과《대마왕》들과《독도》를《일본(日本)》영토라고 주장하고 선동하는 자 모두들의《영혼》과《영신》들 중 일부는《우주간》에서 영원히 사라지게 하여 엄청난 고통과 공포가 따르는《심연(深淵)》으로 침몰하게 하였으며, 일부는《지하세계(地下世界)》에 가두어 버림으로써《영혼》과《영신》이 빠져 나간《속성(屬性)》으로만《육신(肉身)》을 지탱하고 살아 있는 것 같으나 죽은 목숨들을 가진 그들이《군국주의(軍國主義)》부활을 노리고 일반민(一般民)들을 선동하고 있다. 그러나 이러한 일들이 모두 다 부

249

질없는 짓들임을 알아야 하며 그들이 《육신(肉身)》의 죽음을 맞이한 이후는 먼저 처리된 그들 《영혼》들이 간 길을 필수적으로 따라가야만 하는 이치가 있다. 그러므로 그들이 꾸민 《음모(陰謀)》도 모두 수포로 돌아간 것임을 알아야 하는 것이다.

그리고 《인간》 진화(進化)에 있어서 필수적인 것이 《도덕성》 교육이며, 이를 지키지 않는 자(者)들은 궁극적으로 모두 파멸(波滅)의 길로 가야만 하는 것도 이치이다. 이 때문에 《천상(天上)》은 인간 무리의 《도덕성》 교육을 무엇보다도 중요시하는 것이다.

《한국(韓國)》의 《양(陽)》의 《연각》과 《독각》의 무리들인 《백제계》의 《좌익분자》들과 《일본국》에 자리한 《양(陽)》의 《연각》 무리들 중 《막부(幕府)》 정치에 향수를 가진 무리들이 다 같이 최고의 《대마왕신(神)》인 《비로자나 1세》의 《영적인》 지령을 받는 자들이다. 이들이 《대마왕》 《다보불(佛)》과 《문수보살》의 후손들인 《독각 무리》들을 선동하여 일을 꾸미는 자(者)들로서 옛날부터 《한일(韓日)》간에 이간질과 전쟁을 부추기는 무리들이라는 사실을 여러분들도 이제는 아셔야 할 때가 된 것이다.

※ 특기(特記) 5 :

《메이지 시대》 초대 천왕(天王)이신 《메이지 천왕(天王)》으로 이름하셨던 《천왕불 1세》와 2대 《다이쇼 천왕(天王)》으로 이름하셨던 《쌍동이 천왕불》은 육신(肉身)의 죽음 이후 곧바로 《쌍동이》로서 《한국(韓國)》 땅에 태어난 후 온갖 시련을 겪게 된다. 특히, 《메이지 천왕(天王)》으로 한때 태어나셨던 《천왕불 1세》는 천왕(天王) 당시 불가피한 선택이었으나 《군국주의(軍國主義)》를 받아들이고 그의 《야망(野望)》에 의해 여러 나라를 침략하여 괴롭힌 전력(前歷) 때문에 심한 고통을 받으면서 깊은 참회를 하다가 일생(一生)을 마친 후, 《영혼(靈魂)》과 《영신(靈身)》의 상태에서 오랫동안 지난 과오에 대한 《업장》 소멸을 위해 노력하면서 《석가모니 하나님 부처님》께 깊은 참회를 오랫동안 한 결과, 그의 과오를 《석가모니 하나님 부처님》으로부터 용서받고 그의 《업장》도 소멸되어 깨끗하여져 《밝고》 《맑은》 《영혼(靈魂)》과 《영신(靈身)》으로 거듭 태어나게 된다. 이때까지 이 양반의 《참회》를 돕기 위해 《메시아(Messiah)》이신 《미륵불

《佛》》의 고생도 이만저만이 아니었다.

　이로써 《천왕불 1세》는 그의 《내면(內面)》에 뿌리 깊게 자리한 《마성(魔性)》을 모두 정리하게 됨으로써 비로소 《대마왕》의 타이틀을 벗어던지고 《부처(佛)》의 지위에 올라 《33천(天)》이 있는 《지이삼(地二三)》 우주 《1천(天)》에 있는 《아촉 궁전》의 주인이 되심으로써 《지이삼(地二三)》 우주인 거대한 성단(星團)을 다스리시는 《궁주(宮主)》가 되신 것이다.

　한편, 《다이쇼 천왕(天王)》으로 이름하셨던 《쌍둥이 천왕불 1세》도 《메이지 천왕(天王)》을 이름하셨던 《천왕불 1세》와 함께 똑같은 과정으로 일생(一生)을 산 후, 깊은 참회로써 그의 내면(內面)에 내재된 《마성(魔性)》을 뿌리째 정리를 함으로써 《석가모니 하나님 부처님》으로부터 《밝고》 《맑은》 《영혼(靈魂)》과 《영신(靈身)》의 소유자가 되었음을 검증받은 후 《다이쇼 천왕(天王)》 시절 《도덕성(道德性)》을 갖춘 교육(敎育) 개혁으로 많은 《일본인》들로 하여금 《밝음》을 갖춘 진화(進化)의 길로 인도한 공적을 높이 사서 《마왕》의 탈을 벗어 던지고 《불법(佛法)》 일치된 《부처(佛)》를 이루시고 《메시아(Messiah)》이신 《미륵불》께서 거느리던 《4-1의 성문승》들을 인계받아 《지이일(地二一)》 우주 《궁주(宮主)》가 되는 파격적인 승진을 함으로써 거대한 하나의 은하성단(銀河星團)을 다스리시는 《부처(佛)》가 되신 것이다.

　그리고 불(佛) 법(法) 일치를 이룬 두 분의 《부처(佛)》 형(兄)들 덕분에 《금상아키히토 천왕(天王)》으로 이름하신 《쌍둥이 천왕불 2세》도 그의 내면(內面)의 《영혼(靈魂)》은 이미 《부처(佛)》를 이루시고 그분이 거느리시는 《천왕가(天王家)》 일족(一族)들의 《영혼》들을 거느리시고 《지삼일(地三一)》 우주 궁주(宮主)가 되시어 떠나신 상태이며, 육신(肉身)의 죽음 이후 그분들의 《속성(屬性)》들은 자동적으로 그곳으로 가서 합류를 할 것이다. 이 성단(星團)은 지금은 그 규모가 작아 보잘 것 없으나 진화(進化)가 계속됨으로써 그 규모가 커져서 거대 《은하성단(銀河星團)》이 되는 것이다.

　이렇듯 이 부처(佛)님께서 자리하시는 우주에서 현재의 《일본(日本)》에서 거주하는 《일본인》들 중 《밝고》 《맑음》을 갖춘 《영혼》과 《영신》들이 그들의 《법신(法身)》인 《별(星)》의 몸(身)을 받아 《구원》이 되어 《부처(佛)》님의 보호 속에 가르침을 받게 될 것이다. 이때를 생각해서 오늘을 살고 있는《일본인》들과 특히《규슈 지방》에 거주하는 분들께서는 부지런히《석가모니 하나님 부처님》의 진리(眞理)의 법(法)을 펼친《메시아(Messiah)》이신《미륵불(佛)》의 가르침을 따르고,《도덕성(道德性)》을 잃지 않도록 노력하시고 부지런히 정진하는 자세를 갖추시기를 당부하는 바이다.

※ 특기(特記) 6 :

《일본(日本)》《제국주의(帝國主義)》《헌법》을 만든 분이《메이지 천왕(天王)》때《내각 총리 대신》으로 있던《이등박문》(AD1841~AD1909)으로 이름하였던《거문성불》이다. 이러한《이등박문》이《제국주의》《헌법》제정을 완료한 때가《AD 1889년》이다. 이와 같은 일들이 진행 될 때《악마(惡魔)의 신(神)》인《석가모니》분신이《우주 쿠데타》의 명분(名分)을 빼앗기지 않기 위해《한국(韓國)》의《안중근》(AD1879~AD1910)으로 태어나서《하얼빈 역》에서《이등박문》을 살해하게 된다.

이러한 사건 이후《메이지 천왕(天王)》이신《천왕불 1세》께서 다스리시는 나라가《제국(帝國)》칭호를 하게 되면《석가모니 하나님 부처님》법(法)에 반기(反旗)를 드는《우주 쿠데타》를 선포하는 것이라는 사실을 크게 깨달으시고《제국주의(帝國主義)》《헌법》시행을 하시지 않은 것이다. 이와 같은 이유 때문에《메이지 천왕(天王)》과 2대《다이쇼 천왕(天王)》때까지《제국주의》《헌법》이 제정 완료된 상태였으나 이를 시행하시지 않으신 것이나, 3대《쇼와 천왕(天王)》때에《제국주의》《헌법》을 시행하지 않았으나《AD 1936년》《일본 외무성》《외교문서》에서 일본의 국호(國號)를《일본제국(日本帝國)》으로 통일한 결과,《쇼와 천왕(天王)》은 육신(肉身)의 죽음 이후《천상(天上)》으로부터 큰 벌(罰)을 받고《나락(那落)》으로 떨어진 것이다. 이러한 이후 2차 세계 대전이 끝이 나고《AD 1946년》2월 13일 연합군 최고 사령부가《일본 제국》헌법 개정 초안을 제시한 뒤부터《헌법》초안에서의 국명(國名)은《일본국(日本國)》이 됨으로써 4대《금상아키히토 천왕(天王)》께서는 아슬아슬하게 위기를 벗어나시게 된 것이다.

이로써 《세 분》의 《부처(佛)》가 탄생하신 것은 우주간(宇宙間)이나 《세간(世間)》에서는 전무후무한 경사로써 《일본》 국민들뿐만이 아닌 모든 《중생(衆生)》들에게도 크나큰 경사가 되는 것이다. 이와 같이 《부처(佛)》를 이루시고 《대은하성단》의 궁주(宮主)로 자리한 세 분 천왕(天王)들께서 《제국주의》《헌법》을 멀리하신 뜻을 오늘을 살고 있는 《일본국》의 《정치》하시는 분들은 깊이 새겨야 할 것이다. 지금도 《군국주의》 부활을 노리고 《제국주의》 망상에 휩싸여 있는 그대들 무리들에게 《메시아》가 다시 한 번 더 경고하는 바는 그대들이 바라고 있는 시대의 도래는 결코 오지 않는다는 사실을 아시고 《대마왕》들과 《대마왕신(神)》들의 하수인들인 그대들이 날뛰면 날뛰는 대로 그대들과 《일본국》 인구 60%에 달하는 《대마왕》들과 《대마왕신(神)》들이 남긴 죄(罪) 없는 수많은 후손(後孫)들에 대한 《구원》의 기회마저 그대들이 빼앗고 있다는 사실을 깊이 명심하시기 바란다.

[9] [동남(東南) 아시아]

(1) 《진화(進化)》의 《근원지(根源地)》

　　《동남(東南) 아시아》에 위치한 지금의 《버마》와 《라오스》와 《태국》의 동북부(東北部) 지역에는 선대문명(先代文明)으로부터 진화(進化)하여온 《석가모니 하나님 부처님》의 직계 후손들인 《음(陰)》의 《곰족(熊族)》《구석기인》들이 《동굴(洞窟)》 속에 기거하며 산재해 있었다.

　　이러한 《음(陰)》의 《곰족(熊族)》《구석기인들》에게 하늘(天)의 씨앗인 《삼진(三眞)》을 심어 《신석기인》으로 교화(敎化)하기 위해 《석가모니 하나님 부처님》께서는 《한민족(韓民族)》의 두 번째 고대(古代) 국가인 《배달국(倍達國)》으로 불리우는 《딜문(Dilmun)》에서 먼저 《교화(敎化)》된 《한민족(韓民族)》 구성원들인 《음(陰)》의 《곰족(熊族)》 인간 무리들을 한 그룹에 《3,000명》씩 세 개의 그룹을 만드신 후 이들 각각의 그룹을 교화(敎化)의 주력(主力) 세력으로 하여 《BC 5500년》에 이들을 출발시켜, 한 무리는 《버마》 일대에 산재한 《음(陰)》의 《곰족(熊族)》《구석기인》 교화(敎化)에 임하게 하시고 또 한 무리는 《라오스》 일대에 산재한 《음(陰)》의 《곰족(熊族)》《구석기인》 교화(敎化)에 임하게 하시고 나머지 한 무리는 《태국》 북동부(北東部) 지역에 자리한 《음(陰)》의 《곰족(熊族)》과 《양(陽)》의 《곰족(熊族)》의 교화(敎化)에 임하시게 하시는 것이다.

　　《태국》의 경우, 이러한 1차 교화(敎化)를 《BC 5500 ~ BC 4750》년까지 《750년》을 함으로써 《음(陰)》의 《곰족(熊族)》과 《양(陽)》의 《곰족(熊族)》《구석기인》들을 《신석기인》 인간의 무리들로 전환을 시킨 후 《250년》 동안 새로이 진화(進化)된 인간의 무리들에게 《촌락(村落)》을 이루게 하여 《농경법》과 가축을 키워 안정적인 삶을 영위할 수 있도록 가르치게 한 결과 이들 나라 곳곳에는 《촌락(村落)》과 《부락(部落)》들이 생겨나게 된 것이다. 이러한 때인 《BC 4500년》에 《태국》 북동부 지역에 자리하였던 《음(陰)》의 《곰족(熊族)》과 《양(陽)》의 《곰족(熊族)》 무리들에게 《석가모니 하나님 부처님》으로부터 이동 명령이 내려지게 됨으로써 무리들은 셋으로 나뉘어져, 첫 번째 《음(陰)》의 《곰족(熊族)》 무리는 《인도》 동북부(東

北部) 지역으로 이동하고 두 번째 《양(陽)》의 《곰족(熊族)》들인 《몬족(族)》의 무리는 《버마》 내륙 북동부 지역으로 이동하여 《버마》 동부 내륙 《상(上) 버마》에 자리한 《음(陰)》의 《곰족》들과 합류를 하고 세 번째 《음(陰)》의 《곰족(熊族)》 무리는 《라오스》로 이동하여 《라오스》《음(陰)》의 《곰족(熊族)》들과 합류를 함으로써 《태국》은 공백 상태가 되는 것이다.

(2) [민족(民族) 대이동]

이때 《인도》《동북부(東北部)》로 옮겨간 《음(陰)》의 《곰족(熊族)》들과 훗날 《BC 4100년》에 《문수보살 1세》의 인솔로 《수메르 문명권》을 출발한 《수메르 문명》 주력(主力) 세력인 《사카족(族)》을 중심한 《음(陰)》의 《곰족(熊族)》 무리가 《인도》《서북쪽》 국경을 넘어 들어와서 정착을 하게 됨으로 《인도》《북부(北部)》 지역 모두는 《석가모니 하나님 부처님》의 직계(直系) 《음(陰)》의 《곰족(熊族)》들이 정착하게 된 것이다.

한편, 이 무렵 《BC 4500년》에 《이란》을 출발한 《쌍둥이 천왕불》 후손들인 《드라비다족(族)》들이 《인도》《동북부》 국경을 넘어 이동하여 들어왔으나 먼저 자리한 《음(陰)》의 《곰족(熊族)》들에게 밀려 《인도》 중부(中部) 지역으로 이동하게 되었다. 하지만 그곳도 《관세음보살 1세》의 《교화(敎化)》 지역이라 그곳에도 머물지 못하고 《인도》《남부(南部)》 지역으로 옮김으로써 때에 《인도》《남부(南部)》에 거주하던 《인도》 토착 《구석기인》들이었던 《노사나불(佛)》 직계(直系) 《스키타이》 구석기인》들이 이들에게 밀리게 됨으로써 《노사나불(佛)》의 명령으로 《BC 4500 ~ BC 4000》년에 《스키타이》《구석기인》들이 셋으로 나뉘어져 해류(海流)를 따라 한 무리는 《한반도》로 들어가게 되고 또 한 무리는 《일본 열도》에 정착하게 된 것이며 다른 한 무리는 《캄보디아》로 이동하게 된 것이다.

이와 같은 이동이 있고 난 후 《석가모니 하나님 부처님》께서는 《관세음보살 1세》께서 교화(敎化)하신 《홍산문화》를 일으켰던 《중원 대륙》 동북 지방에 있던 《구려족》들에게 《BC 3500년》에 명령을 내리시어 《구려족》을 세 구분하여 한 무리는 그대로 《중원 대륙》 동북 지방에 머물게 하시고 또 한 무리는 《한반도(韓半島)》로 이동하게 하시고 또 다른 한 무리의 《신석기인》들과 《윈난성(운남성)》에서 《대관세음보살》께서 교화(敎化)하신 《묘족》의 일부와 함께 《음(陰)》의 《곰족(熊族)》들이 모두 떠나고 난 후 공백 상태에 있는 《태국》으로 이동할 것을 명령하심으로써 《신석기인》 《구려족》들과 《묘족》들이 이동 완료한 후 《태국》에 정착하게 되는 것이다. 이러한 이후 훗날 《중원 대륙》 동북 지방에 남아 있던 《구려족》이 《단군조선》이 멸망한 후 우여곡절을 겪은 끝에 《고구려》(179BC~AD668)를 세우게 되는 것이다.

　　이로써 볼 때, 《인도》 중부에서 《관세음보살 1세》께서 교화(敎化)하시어 《신석기인》으로 거듭 태어나게 하신 민족 역시 《구려족》들로서 《인도》 남부에 정착한 《드라비다족(族)》을 제외한 《인도인》 2/3가 《한민족(韓民族)》들이 된 것이며, 동남아시아의 《버마》, 《라오스》, 《태국》, 《캄보디아》가 모두 《한민족(韓民族)》 국가들이 되는 것이다.

　　이로써 《석가모니 하나님 부처님》께서는 미리부터 《중원 대륙》에서 만드시었던 《한국(韓國)》을 중심한 《구막한제국(寇莫韓帝國)》이 《단군왕검》으로 이름하였던 《문수보살 1세》와 《다보불(佛)》에 의해 해체되어 《독각》의 무리들에게 점령될 것을 예상하시고 상대적으로 《척박》한 《중원 대륙》을 내어주는 대신 기름지고 풍요로운 《동남아시아》에 《한민족(韓民族)》의 국가(國家)들을 만드신 것이며, 이들 국가(國家)들의 중심국(中心國)이 한반도(韓半島)에 있는 《한국(韓國)》이라는 사실을 오늘을 살고 있는 《남한(南韓)》의 《한민족(韓民族)》들은 바로 깨우쳐야 할 것이다.

　　이와 같이 《동남 아시아》에 《한민족(韓民族)》 국가들의 토대가 구축이 되었을 때, 《인도》 남부(南部)에 머물던 《쌍둥이 천왕불》 후손들인 《드라비다족》 일부가 해상루트를 따라 《말레이(Malay)》 반도를 차지한 것이며, 때에 《중원 대륙》에서 많은 활약을 한 《악마(惡魔)의 신(神)》인 《대마왕신(神)》 《그림자 비로자나 1세》가 《필리핀》과 《인도네시아》 각 섬에 산재하였던 그의 후손 《구석기인》들을 교화(敎化)하여 자리한 것이다. 그리고 《중원 대륙》 《당(唐)》나라(AD618~AD907) 이후 《악마(惡魔)의 신(神)》인 《대마왕신(神)》 《천관파군 1세》가 그의 무리 일부를 데리고 《북 베트남》에 정착하고 《대마왕》 《관세음보살 2세》가 《남 베트남》에 그의 후손들을 정착시킨 것이다. 이러한 이유가 《당(唐)》나라(AD618~AD907) 때에 《악마(惡魔)의 신(神)》들인 《대마왕신(神)》들과 《대마왕》들이 만든 《공동 성씨(共同姓氏)》인 《이씨(李氏)》가 지금도 《베트남》에 있게 된 배경인 것이다.

(3) [동남아시아 《한민족(韓民族)》들의 2차 교화(敎化)]

※ 《구석기인》들에게 하늘(天)의 씨앗인 《삼진(三眞)》을 심고 《신석기인》으로 전환시키는 것이 1차 교화(敎化)이며, 이렇게 하여 탄생한 《신석기인》들이 《촌락(村落)》과 《부락(部落)》을 형성하여 《농경법》을 배우고 가축을 기르는 등 안정적인 삶을 배운 뒤 이번에는 《인간(人間)》으로서 지켜야 할 기본 《법도(法道)》와 질서와 국가 경영 능력과 산업(産業)을 일으켜 문명사회(文明社會)를 열어 갈 수 있도록 하는 치화(治化)의 법도를 가르치기 위한 한 차원 높은 교화(敎化)를 《2차》 교화(敎化)라고 하는 것이다.

이러한 《2차》 교화(敎化)는 《석가모니 하나님 부처님》께서 《한국(韓國)》을 중심으로 《중원 대륙》에서 《신시(神市)》 셋을 만드시어 《구막한제국(寇莫韓帝國)》을 이루고 《중원 대륙》 전체를 《통치(統治)》하셨듯이 《동남아시아》 《한민족(韓民族)》 《국가》들 역시 마찬가지로 하나의 나라에 《신시(神市)》를 처음 만드신 후 그곳과 주변 지역의 교화(敎化)가 모두 끝이 나면 마치 《수도(首都)》를 옮기시듯이 다음 두 번째 《신시(神市)》를 만드시어 그곳과 그 곳 주변 지역의 2차 교화(敎化)가 끝이 나면 그 다음 세 번째 《신시(神市)》를 만들어 그 곳과 그곳 주변 지역을 교화(敎化)를 하시되 통치(統治)는 나라 경계가 그어진 전 지역을 다스리시는 것이다. 즉, 마지막 세 번째 《신시(神市)》를 만드시었을 때도 두 번째 《신시(神市)》와 첫 번째 《신시(神市)》 영역 모두를 다스린다는 뜻이다.

이렇듯 장황한 설명을 드리는 이유는 《신시(神市)》를 다른 말로 표현을 하면 《도시 국가(都市國家)》라고도 한다. 이러한 《도시 국가》가 세 번 만들어지는데, 이는 각각 별도의 국가가 아니고 한 나라 안에서 2차 교화의 방편으로 세 곳을 옮기면서 《도시 국가》가 만들어지되 나라는 한 나라(一國)라는 뜻이다. 이를 두고 후대(後代)의 기록에서는 마치 《도시 국가》가 따로 따로 존재하는 것인 양 기록을 하고 있는데, 이것은 잘못된 시각으로 본 기록들이기 때문에 이를 바로 잡으라고 말씀드리는 것이다.

《석가모니 하나님 부처님》께서 2차 교화(敎化)를 하실 때는 항상 교화(敎化)의 주력(主力) 세력 3,000을 구성하신 이후 《신시(神市)》인 《도시 국가》를 여시고 그 곳과 그 곳 주변 지역의 2차 교화가 모두 마쳐지면, 다음 2차 교화를 위한 신시(神市)를 세 번째까지 여시고 《교화(敎化)》를 마치시는 2차 《교화》의 방편으로 신시(神市) 세 곳을 만드신다는 사실을 바로 이해하시기 바란다.

(4) 《버마(Burma, 미얀마 Myanmar)》

《버마(Burma)》에 대한 1차와 2차에 대한 《교화(敎化)》와 《문명기(文明期)》는 《아라칸 산맥(Arakan Mountains)》을 경계로 하여 《서부 해안》의 《상(上) 버마》와 《하(下) 버마》와 《동부 내륙》 지방의 《상(上) 버마》와 《하(下) 버마》로 나뉘어져 진행이 되는 점에 유의하시기 바란다.

① [버마(Burma) 서부 해안의 1차 교화(敎化)]

《한국(韓國)》의 두 번째 고대(古代) 국가인 《배달국(倍達國)》(6000BC~4000BC) 《딜문(Dilmun)》으로부터 출발한 교화(敎化)의 주력(主力) 세력들이 처음 도착한 곳은 《서부 해안》의 《상(上) 버마》 지역으로써 이곳에서 《BC 5500 ~ BC 5000》년까지 《500년》간 《교화(敎化)》의 《주력(主力)》 세력들이 반복(反復)되는 《윤회(輪廻)》로 《석가모니 하나님 부처님》의 직계(直系) 후손들인 《음(陰)》의 《곰족(熊族)》 《구석기인》을 《신석기인》으로 전환시켜 교화(敎化)를 마치게 된다.

그리고 나서 이 무리들을 세 구분하여 한 무리는 처음 교화된 곳에 머물러 살게 하고 나머지 한 무리는 《교화》의 주력(主力) 세력들이 되어 《서부 해안》 지방의 《하(下) 버마》 지역으로 이동하여 그곳에서 《BC 5000 ~ BC 4500》년까지 《구석기인》들을 《신석기인》들로 교화(敎化)하게 하며 또 다른 한 무리의 《교화》의 주력(主力) 세력들은 《아라칸 산맥》을 넘어 《동부 내륙》의 《상 버마》 지역으로 이동하여 그곳에서 《BC 5000 ~ BC 4500》년까지 1차 교화를 마치게 되며, 이러한 이후 《교화》의 주력(主力) 세력들은 다시 《동부 내륙》의 《하 버마》 지역으로 이동하여 그곳에서 《BC 4500 ~ BC 4000》년까지 1차 교화를 마친 후 그곳에서 교화가 마쳐진 《신석기인》들에게 《BC 4000 ~ BC 3500》년까지 《500년》동안 《농경법》을 가르치고 가축을 기르는 등 안정적인 삶을 영위하는 법을 가르쳐 《촌락(村落)》과 《부락(部落)》을 형성하는 《초기 문명기》까지 거치게 되는 것이다. 이러한 이후 《문명기(文明期)》를 여는 《2차 교화(敎化)》가 시작이 되는 것이다.

② 《라크히네(Rakhine)》 문명기(文明期) (3500BC~3325BC)

《버마(미얀마)》에서 1차 교화된 《신석기인》 무리들이 《초기 문명기》를 거치면서 모두 인간들 무리로 거듭 태어난다. 이러한 인간들 무리들은 《석가모니 하나님 부처님》의 직계(直系) 후손들로서 《착함(善)》을 근본 바탕으로 한 《성문승(聲聞乘)》들의 무리가 된다.

이와 같은 《성문승》의 무리들에게 《악(惡)》의 근본을 심어 《대마왕》들의 수하로 만든 후 훗날 《버마》 일대를 점령하기 위해 《대마왕》인 《다보불》의 지시로 《문수보살 2세》가 《몽골 북부》로부터 그들을 추종하는 무리들과 함께 《BC 3500년》에 《버마》 《서부 해안》 북부에 《침공》하여 《BC 3325년》까지 《175년》간 《문명기》를 열고 《문수보살 2세》계(系)의 《대마왕》들이 차례로 왕(王)이 되어 그들을 추종하는 무리들과 함께 《성문승》의 무리들에게 《악(惡)》의 근본을 심어 그들의 수하 무리들로 전환시키는 작업을 계속한 기간인 《BC 3500 ~ BC 3325》년까지의 기간을 《라크히네(Rakhine)》 문명기(文明期)라고 하며, 이때 《성문승》 무리들이 그들로부터 《악(惡)》의 씨앗이 심어져 《성문승》 무리보다 《우주적(宇宙的)》으로 《50억 년(億年)》 진화(進化)가 후퇴된 무리들로 변화하게 된다. 이렇게 변화된 무리들과 《문수보살》계(系)의 후손 무리들을 묶어 《라크히네족(Rakhine 族)》 또는 《몬족(Mon 族)》이라고 하는 것이다.

본래부터 《성문승》의 무리는 《대마왕》 《다보불(佛)》과 《문수보살》이 거느리는 그들 후손들인 《독각》의 무리들보다는 《100억 년(億年)》 진화가 빠른 무리들이었으나, 그들로부터 혈통(血統)을 따라 《악(惡)》의 씨앗이 심어짐으로써 그래도 본래 그들의 바탕이 《착함(善)》을 근본 바탕으로 한 탓에 《50억 년(億年)》 진화(進化)가 후퇴한 인간들 무리들이 되어 《몬족(族)》의 세력들이 되고 만 것이다. 이러한 자(者)들 역시 《양(陽)》의 《곰족(熊族)》들이라고 하며 《석가모니 하나님 부처님》의 《방계(傍系)》라고도 한다.

그리고 《대마왕》인 《문수보살 2세》계(系)의 무리들이 이러한 짓을 계속할 때, 《석가모니 하나님 부처님》께서 당시 《중원 대륙》을 지배한 《한국(韓國)》을 중심한 《구막한제국(寇莫韓帝國)》으로부터 《버마》 지역의 후손 민족 《문명기(文明期)》를 열기 위해 《2차 교화》 주력(主力) 세력들을 이끄시고 《버마》《서부 해안》 북부 지역에 《BC 3325년》에 도착하시어 《문수보살 2세》계(系)의 《대마왕》들 모두를 쫓아내시고 《단야와디(Danyawaddy)》에 첫 번째 신시(神市)를 여시고 《왕조(王朝)》를 세우신 것이 《단야와디 1왕조(王朝)》이다. 이때 《석가모니 하나님 부처님》께서는 《문수보살 2세》에게 《버마》 지역에서 《문명기(文明期)》를 여는 《2차 교화》 기간 내에는 얼씬도 하지 못하도록 엄한 명령을 내리심으로써 《문수보살 2세》는 줄행랑을 치고, 그들 《수하 마왕》들은 그들이 《175년》간 심혈을 기울여 《악(惡)》의 씨앗을 심어 논 《몬족(族)》을 이끌고 《단야와디(Danyawaddy)》 신시(神市)로부터 멀리 떨어진 《아라칸 산맥》을 넘어 《버마》 동부 내륙 지방으로 이동을 하여 일찍부터 《태국》에서 《버마》 동부 내륙으로 이동하여온 《몬족(族)》들과 합류를 하게 된 것이다.

그리고 이참에 다시 한 번 더 강조 드리는 바는 《불(佛)》, 《보살(菩薩)》계(系) 제신(諸神)들의 후손들은 《착함(善)》을 근본 바탕으로 하며, 《대마왕》들의 후손들은 《선악(善惡)》 양면성을 근본 바탕으로 하며, 《악마(惡魔)의 신(神)》들인 《대마왕신(神)》들의 후손들은 《악(惡)》을 근본 바탕으로 한다는 사실을 깊이 인식하시기 바란다.

이와 같이 《라크히네》 문명기 동안 탄생한 《몬족(族)》들이 《버마》 내륙 동부 지역으로 옮긴 이후 이들보다 먼저 《태국》에서 《버마》 동부 지역으로 이동하여온 같은 계열의 《몬족(族)》들과 합류하게 되고 이후 《2차 교화기》가 끝이 난 《버마》《왕조(王朝)》 시대에는 《버마》 동부 내륙 지역에서 때로는 그들만의 《왕조(王朝)》를 이루어 그들 세력 확장을 위해 노력함으로써 《버마인》들로서는 달갑지 않은 존재들이 된 것이다.

이들 중 일부는 훗날 《악마(惡魔)의 신(神)》인 《석가모니》 후손들과 함께 《버마》 동부 내륙 지방에서 《공산사상(共産思想)》을 심고 확장에 노력한 자(者)들로서 《공산사상(共産思想)》이 뿌리 깊게 내려진 자(者)들이 상당수가 되는 것이다. 《다보불》과 《문수보살》계(系)의 《대마왕》들과 그들의 추종 세력들이 심게 되는 《악(惡)》의 씨가 《탐욕》과 《이기심》만을 부채질하는 《지배욕》과 《권력욕》을 위한 《공산사상(共産思想)》이라는 점을 《메시아》가 분명히 하는 것이며, 이로써 훗날 《버마》가 《공산 국가》가 된 원인이라는 점을 깊이 인식하시기 바란다.

③ [버마(Burma) 서부 해안 2차 교화기(敎化期)]

가> 《상(上) 버마》 2차 교화기(敎化期) 문명(文明)과 《단야와디 1왕조》

　《버마(Burma)》 서부 해안 지역 2차 교화(敎化)는 《석가모니 하나님 부처님》께서 《중원 대륙》에서 세우신 《한국(韓國)》을 중심한 《구막한제국(寇莫韓帝國)》 연장선상에서 《석가모니 하나님 부처님》 주도로 이루어진다. 즉, 《한국(韓國)》을 중심한 《구막한제국(寇莫韓帝國)》이 두 번째 《신시(神市)》인 《산동 반도》《청구(靑丘)》를 《신시(神市)》로 하였던 때가 《석가모니 하나님 부처님》께서 《5대》《태우의 한웅님》(재위 3512BC~3419BC)으로 이름하고 오셨을 때이다.

　이러한 이후 《반복(反復)》되는 윤회(輪廻)로 다시 인간 육신(肉身)을 가지고 《BC 3346년》에 태어나시어 성년(成年)이 되셨을 때 2차 교화(敎化)의 주력(主力) 세력 《3,000》을 이끌고 《윈난성》을 지나 《버마(Burma)》 서부 해안 《상(上) 버마》 지역에 도착하시어 《라크히네》 문명(文明)(3500BC~3325BC)을 일으켰던 《문수보살 2세》계(系)의 《대마왕》 무리들을 추방한 후 《BC 3325년》에 최초의 《신시(神市)》인 《단야와디(Danyawaddy)》를 만드시고 왕조(王朝)를 세워 《단야와디 1왕조(王朝)》로 이름하시고 처음 하신 일이 《BC 3320년》에 《티벳어(語)》를 바탕으로 하여 《문자(文字)》를 만들어 교화의 주력(主力) 세력들과 다스리는 백성(百姓)들에게 보급하게 된 것이 오늘날의 《버마어(語)》가 된다.

　이러한 일들이 있고 난 이후 이곳에서의 2차 교화가 모두 끝이 남으로써 다시 두 번째 《신시(神市)》인 《웨타리(Waithali)》를 만드시고 교화(敎化)의 축(軸)을 옮기신 후 이곳에서의 2차 교화가 모두 끝이 나자 다시 세 번째 《신시(神市)》인 《라임로(Laymro)》를 만드시고 《왕조(王朝)》의 축(軸)을 옮기시어 《BC 2666년》까지 《단야와디 1왕조(王朝)》(3325BC~2666BC)가 존속되게 하시는 것이다. 이러한 《단야와디 1왕조(Danyawaddy I)》를 있게 한 《왕(王)》들의 신명(神名)들을 밝혀 드리면 다음과 같다.

[표 1-3-9-1] 《상(上) 버어마(Burma)》《단야와디 1왕조(Danyawaddy I)》 2차 교화(敎化)에 참여한 신명(神名) : 3325 BC ~ 2666 BC

왕 순서	신명(神名)	비고
1	석가모니 하나님 불	생몰 3346BC~3263BC 재위 3325BC~3263BC
	미륵불	
	용시보살	
	정화수왕지불	
	거문성불	
	녹존성불	

※ 상기 6분의 《석가모니 하나님 부처님》의 직계(直系) 불(佛), 보살(菩薩)들께서 반복(反復)되는 윤회(輪廻)로 《왕위(王位)》에 오르셔서 《BC 3325년 ~ BC 2666년》까지 문명기(文明期)를 여시는 2차 교화(敎化)를 하신 것이다.

나> 《하(下) 버마》 2차 교화기(敎化期) 문명(文明)과 《단야와디 2왕조(Danyawaddy II)》

《단야와디 1왕조(Danyawaddy I)》 초대 왕(王)으로 자리하셨던 《석가모니 하나님 부처님》 (3346BC~3263BC, 재위 3325BC~3263BC)께서는 이후 《석가모니 하나님 부처님》 직계(直系) 불(佛), 보살(菩薩) 등 제신(諸神)들로 하여금 반복(反復)되는 윤회로 《왕위(王位)》에 올라 2차 교화기(敎化期) 문명(文明)을 열어 가게 하시고, 스스로께서는 다시 《중원 대륙》에 있는 《한국(韓國)》을 중심한 《구막한제국(寇莫韓帝國)》으로 복귀하신 이후 《단야와디 1왕조》가 끝나갈 무렵 다시 《한민족(韓民族)》만으로 2차 《교화(敎化)》의 주력(主力) 세력 《3,000》의 무리를 선별하신 이후 이들 2차 교화의 주력(主力) 세력들을 이끄시고 《윈난성》을 거쳐 이번에는 《버마》 해안 지역에 자리한 《하(下) 버마》로 이동하시어 첫 번째 《신시(神市)》인 《페구(Pegu)》를 여시고 《BC

2666년》에《왕조(王朝)》를 세워《단야와디 2왕조》로 이름하시고《석가모니 하나님 부처님》께서는 초대 왕(王)《마라요(Mara Yo)》(재위 2666BC~2604BC)로 이름한 후 재위(在位)에 오르신 것이다.

　이와 같이《단야와디 2왕조》의 기틀을 마련하여 주신《석가모니 하나님 부처님》께서는 다시《한국(韓國)》을 중심한《구막한제국(寇莫韓帝國)》으로 복귀하시고《단야와디 2왕조》는《석가모니 하나님 부처님》직계(直系) 불(佛), 보살(菩薩) 등 제신(諸神)들이《왕위(王位)》를 물려받으며 2차 교화기 문명(文明)을 열어 가며 이전의《단야와디 1왕조》의 영역과《아라칸산맥(Arakan Mountains)》을 경계로 한 동부 내륙 지역 모두를 다스리는 것이다. 이러한 이후 이곳의 2차 교화기 문명을 모두 마친 이후 4대《마라 르와이린(Mara Rwaylin)》왕(王)으로 이름하신《정화수왕지불》(재위 2519BC~2471BC) 때인《BC 2519년》에 두 번째 신시(神市)인《이라와디 델타(Irrawaddy Delta)》로 왕조(王朝)의 축(軸)을 옮기시어 2차 교화기 문명(文明)을 열어가는 것이다. 이러한 이후 이곳의 2차 교화(教化)를 모두 마친《왕조(王朝)》는 이번에는 세 번째 신시(神市)인《탄리인(Thanlyin)》을 만든 후《6대 왕(王)》으로《마라지 2세(Mara Zi II)》로 이름하고 자리하였던《미륵불》(재위 2416BC~2383BC) 때부터 이곳으로 왕조(王朝)의 축(軸)을 옮겨 2차 교화기 문명(文明)을 열어 가는 것이다.

　이와 같이 시작된《단야와디 2왕조》에서의 2차 교화기(敎化期)는 13대《티산다(Ti Sanda)》왕(王)으로 이름하셨던《정화수왕지불》때까지《517년》간 계속된 것이며, 이후부터는 명실상부한《왕조(王朝)》시대가 계속되는 것이다. 이로써《단야와디 2왕조》는《BC 2666 ~ BC 2149》년까지는 2차 교화기 문명(文明) 기간이 되며, 이후 왕조(王朝) 시대가《BC 2149 ~ BC 825》년까지 계속됨으로써《단야와디 2왕조》는 사실상 내부적으로 그 기간이 양분되어《왕조(王朝)》가 존속하여 온 것이다. 이러한《단야와디 2왕조》때의《왕명록》을 밝혀 드리면 다음과 같다.

[표 1-3-9-2] 버어마(Burma) 서부 해안 2차 교화기 문명(文明)과 왕조(王朝) 시대
단야와디 2왕조(Danyawaddy II) : 2666BC~82BC

왕순서	왕명(王名)	신명(神名)	재위	비고
1	마라 요(Mara Yo)	석가모니 하나님 불	2666BC~2604BC	교화기 문명
2	마라 지 1세(Mara Zi I)	미륵불	2604BC~2572BC	
3	마라 온린(Mara Onlin)	용시보살 분신	2572BC~2519BC	
4	마라 르와이린(Mara Rwaylin)	정화수왕지불	2519BC~2471BC	
5	마라 빈(Mara Bin)	거문성불	2471BC~2416BC	
6	마라 지 2세(Mara Zi II)	미륵불	2416BC~2383BC	
7	마라 킨(Mara Kin)	녹존성불	2383BC~2351BC	
8	느가 샤 포(Nga Sha Po)	미륵불	2351BC~2330BC	
9	드와라 산다(Dwara Sanda)	용시보살	2330BC~2290BC	
10	토라 산다(Thola Sanda)	정화수왕지불	2290BC~2257BC	
11	산다 투리야 산다(Sanda Thuriya Sanda)	거문성불	2257BC~2220BC	
12	카라 산다(Kala Sanda)	녹존성불	2220BC~2180BC	
13	티 산다(Ti Sanda)	정화수왕지불	2180BC~2149BC	
14	마드후타 산다(Madhurtha Sanda)		2149BC~2129BC	이하 왕조 시대
15	케야 산다(Zeya Sanda)		2129BC~2089BC	
16	모크하 산다(Mokkha Sanda)		2089BC~2063BC	
17	군나 산다(Gunna Sanda)		2063BC~2051BC	
18	세 명의 공작들		2051BC~2050BC	
19	칸 라자 1세(Kan Raza I)	아미타불 분신	2050BC~2009BC	
20	칸 라자 2세(Kan Raza II)	약상보살	2009BC~1973BC	
21	아투린다 투리야(Athurinda Thuriya)		1973BC~1938BC	
22	타라메타(Tharameta)		1938BC~1880BC	

23	투리야(Thuriya)		1880BC~1849BC	
24	민 티(Min Thi)		1849BC~1827BC	
25	민 바(Min Ba)		1827BC~1805BC	
26	시 아웅(Si Aung)		1805BC~1777BC	
27	타타잉틴(Tataingthin)		1777BC~1746BC	
28	키야우-크하웅 윈(Kyaw-Khaung Win)		1746BC~1715BC	
29	투리야 난다메이트(Thuriya Nandameit)		1715BC~1694BC	
30	아투 인다바야(Athu Yindabaya)		1694BC~1663BC	
31	레티아 시투귀(Letya Sithugyi)		1663BC~1631BC	
32	티하카(Thihaka)		1631BC~1588BC	
33	민 분 탄(Min Bun Than)		1588BC~1557BC	
34	타이에트 흐웨(Thayet Hmwe)		1557BC~1508BC	
35	제야 난다투(Zeya Nandathu)		1508BC~1457BC	
36	테카두(Tekkathu)		1457BC~1411BC	
37	레카나(Lekkhana)		1411BC~1374BC	
38	군나리트(Gunnarit)		1374BC~1326BC	
39	티와리트(Thiwarit)		1326BC~1285BC	
40	민 흐라 흐웨(Min Hla Hmwe)		1285BC~1254BC	
41	므린다(Mrinda)		1254BC~1192BC	
42	테이다트 쿠마라(Theiddat Kumara)		1192BC~1170BC	
43	민 흐라 1세(Min Hla I)		1170BC~1123BC	
44	민 흐라 2세(Min Hla II)		1123BC~1099BC	
45	느가 사리트(Nga Sarit)		1099BC~1061BC	
46	미에트-흐나 운(Myet-hna Wun)		1061BC~1030BC	

47	레트 투스 키이 (Let Thut Kyi)		1030BC~1003BC	
48	티리 캄마 툰다 (Thiri Kamma Thunda)		1003BC~972BC	
49	난다 코타바이아 (Nanda Kotabaya)		972BC~945BC	
50	민 난 퓨(Min Nan Phyu)		945BC~925BC	
51	민 마누(Min Manu)		925BC~897BC	
52	민크하웅(Minkhaung)		897BC~878BC	
53	라우크카웅 라자 (Laukkhaung Raza)		878BC~838BC	
54	민 느게 퍄우-흐라-시 (Min Nge Pyaw-Hla-Si)		838BC~832BC	
55	세 명의 공작들		832BC~825BC	

※ 《단야와디 2왕조》《왕명록》에서 13대 왕(王) 이하는 13대 왕(王) 이전까지의 《왕(王)》들이 반복(反復)되는 윤회(輪廻)를 통해 다시 재위(在位)에 머무시는 관계로 《신명(神名)》 정리는 모두 하지 않은 것이니 이해 바란다.

④ [버마(Burma) 서부 해안 왕조(王朝) 시대]

《BC 2149 ~ BC 825》년까지가 《단야와디 2왕조》《왕조(王朝)》 시대임을 말씀드렸다. 이러한 《단야와디 2왕조》 이후 《버마》 서부 해안 《상(上) 버마》에서 《단야와디 3왕조》가 《BC 825 ~ AD 146》년까지 계속 되었으며, 《단야와디 3왕조》 다음으로 다시 《하(下) 버마》에서 《단야와디 4왕조》가 《AD 146 ~ AD 788》년까지 계속 된 후 다시 《왕조(王朝)》의 축(軸)을 《상(上) 버마》로 옮겨 《웨타리 왕조》(AD796~AD1018)가 만들어진 것이다. 이러한 《왕조(王朝)》들 모두가 《석가모니 하나님 부처님》과 《미륵불(佛)》이 주축이 되어 《석가모니 하나님 부처님》의 직계(直系) 불(佛), 보살(菩薩) 등 제신(諸神)들이 반복(反復)되는 윤회(輪廻)를 통하여 《왕위(王位)》에 머무름으로써 백성(百姓)들을 교화(敎化)하며 《왕조(王朝)》를 이끌어 온 것이다.

　　이와 같은 《왕조(王朝)》들에 대한 《왕명록》을 밝혀 드리면서 당부 드리는 바는 《왕명록》에 기록된 《신(神)》들의 명칭은 《석가모니 하나님 부처님》계(系)의 불(佛), 보살(菩薩) 등 제신(諸神)들이 반복(反復)된 윤회(輪廻)를 통해 《왕위(王位)》에 머무른 관계로 그 일부분만 밝혀 놓았으니 여러분들의 이해를 바란다.

[표 1-3-9-3] 버어마(Burma) 서부 해안 왕조(王朝) 시대 단야와디 3왕조(Danyawaddy III)
825BC~AD146

왕순서	왕명(王名)	신명(神名)	재위	비고
1	칸 라자 3세(Kan Raza III)	석가모니 하나님 불	825BC~788BC	
2	티라 라자(Thila Raza)	미륵불	788BC~740BC	
3	와사 투라(Wasa Thura)		740BC~709BC	
4	난다위 투라(Nandawi Thura)		709BC~669BC	
5	푸나 투리야(Puna Thuriya)		669BC~637BC	
6	투란다(Thuranda)		637BC~614BC	
7	산디마(Sandima)		614BC~577BC	
8	티리 산다(Thiri Sanda)		577BC~537BC	
9	티하 란(Thiha Ran)		537BC~491BC	
10	티하 누(Thiha Nu)		491BC~471BC	
11	파야카(Payaka)		471BC~440BC	
12	네라 군(Nela Gun)		440BC~399BC	
13	로하하 군(Rohaha Gun)		399BC~368BC	
14	티리 군(Thiri Gun)		368BC~344BC	
15	타마자(Thamaza)		344BC~309BC	
16	쿰마라(Kummara)		309BC~289BC	

17	테트 흐틴 프후 (Thet Htin Phyu)		289BC~249BC	
18	타 빈 유(Tha Bin U)		249BC~207BC	
19	테자 운(Teza Wun)		207BC~171BC	
20	문자야바(Munzayaba)		171BC~137BC	
21	쿰마라 위투디 (Kummara Withuddi)		137BC~50BC	
22	오투 문 다라(Wathu Mun Dala)		50BC~16BC	
23	투린다(Thurinda)		16BC~AD15	
24	라라마유(Ralamayu)		AD15~AD37	
25	나라마유(Nalamayu)		AD37~AD68	
26	와다 군(Wada Gun)		AD68~AD90	
27	위투 라자(Withu Raza)		AD90~AD111	
28	티리 라자(Thiri Raza)		AD111~AD146	

[표 1-3-9-4] 버어마(Burma) 서부 해안 왕조(王朝) 시대
단야와디 4왕조(Danyawaddy Ⅳ) : AD146~AD788

왕순서	왕명(王名)	신명(神名)	재위	비고
1	산다 투리야(Sanda Thuriya)	석가모니 하나님 불	AD146~AD198	
2	투리야 디파티(Thuriya Dipati)	미륵불	AD198~AD245	
3	투리야 파티파트(Thuriya Patipat)	용시보살 분신	AD245~AD298	
4	투리야 루파(Thuriya Rupa)		AD298~AD313	
5	투리야 만다라(Thuriya Mandala)		AD313~AD375	
6	투리야 운나(Thuriya Wunna)		AD375~AD418	
7	투리야 나타(Thuriya Natha)		AD418~AD459	
8	투리야 운타(Thuriya Wuntha)		AD459~AD468	
9	투리야 반다(Thuriya Banda)		AD468~AD474	
10	투리야 카리아나(Thuriya Kalyana)		AD474~AD492	
11	투리야 모크크하(Thuriya Mokkha)		AD492~AD513	
12	투리야 테자(Thuriya Teza)		AD513~AD544	
13	투리야 폰냐(Thuriya Ponnya)		AD544~AD552	
14	투리야 카라(Thuriya Kala)		AD552~AD575	
15	투리야 파빠(Thuriya Pabba)		AD575~AD600	
16	투리야 시트야(Thuriya Sitya)		AD600~AD618	
17	투리야 테흐타(Thuriya Thehta)		AD618~AD640	
18	투리야 위마라(Thuriya Wimala)		AD640~AD648	
19	투리야 레누(Thuriya Renu)		AD648~AD670	
20	투리야 간타(Thuriya Gantha)		AD670~AD686	
21	투리야 타갸(Thuriya Thagya)		AD686~AD694	

22	투리야 티리(Thuriya Thiri)		AD694~AD714	
23	투리야 케티(Thuriya Kethi)		AD714~AD723	
24	투리야 쿠타(Thuriya Kutta)		AD723~AD746	
25	투리야 케투(Thuriya Ketu)		AD746~AD788	

[표 1-3-9-5] 버어마(Burma) 서부 해안 왕조(王朝) 시대
웨타리(Wethali) 왕조 : AD796~AD1018

왕순서	왕명(王名)	신명(神名)	재위	비고
1	마하 타잉 산다 (Maha Taing Sanda)	석가모니 하나님 불	AD796~AD810	
2	투리야 타잉 산다 (Thuriya Taing Sanda)	미륵불	AD810~AD830	
3	마우라 타잉 산다 (Mawla Taing Sanda)	용시보살	AD830~AD849	
4	파우라 타잉 산다 (Pawla Taing Sanda)		AD849~AD875	
5	카라 타잉 산다 (Kala Taing Sanda)		AD875~AD884	
6	투라 타잉 산다 (Tula Taing Sanda)		AD884~AD903	
7	티리 타잉 산다 (Thiri Taing Sanda)		AD903~AD935	
8	틴크하 타잉 산다 (Thinkha Taing Sanda)		AD935~AD951	
9	추라 타잉 산 (Chula Taing Sanda)		AD951~AD957	
10	아먀흐투(Amyahtu)	관세음보살 1세	AD957~AD964	묘족 족장
11	페 퓨(Pe Phyu)		AD964~AD994	
12	느가 핀 느가 톤 (Nga Pin Nga Ton)		AD994~AD1018	

⑤ [버마(Burma) 동부 내륙의 1차 교화(敎化)]

《버마(Burma)》 서부 해안 《상(上) 버마》 지역에서 1차 교화(敎化)를 마치고 교화(敎化)의 주력(主力) 세력들이 셋으로 나뉘어져 그 중 한 무리의 주력(主力) 세력들이 《아라칸 산맥(Arakan Mountains)》을 넘어 《버마》 동부 내륙 《상(上) 버마》 지역에 도착하여 이곳에서 《BC 5000 ~ BC 4500》년까지 《500년》 기간 동안 《구석기인》들에게 《하늘(天)》의 씨앗인 《삼진(三眞)》을 심고 《신석기인》으로 전환시키는 1차 교화(敎化)가 끝이 난 후 교화(敎化)의 주력(主力) 세력들은 《동부 내륙》 《하(下) 버마》 지역으로 이동하여 《BC 4500 ~ BC 4000》년 동안 《500년》 기간 동안 《구석기인》을 《신석기인》으로 전환시키는 1차 교화(敎化) 작업을 완성하는 것이다.

한편, 이러한 때 《태국》에서 1차 교화된 《양(陽)》의 《곰족(熊族)》 《신석기인》들이 《BC 4500년》 《석가모니 하나님 부처님》의 이동 명령에 따라 1차 교화가 끝이 난 《상(上) 버마》 지역으로 이동함으로써 《동부 내륙》 《상(上) 버마》 지역은 이곳의 본래 주인인 《음(陰)》의 《곰족(熊族)》들과 《태국》으로부터 이동하여온 《양(陽)》의 곰족(熊族)이 《음양(陰陽)》 합일(合一)되어 어울려 사는 지역이 된 것이다. 이로써 《태국》으로부터 이동하여온 《양(陽)》의 《곰족》들 역시 《몬족(族)》들이라고 하며, 이들 《몬족(族)》들은 근본적으로는 《대마왕》 《다보불(佛)》과 《문수보살》의 후손들이 되는 것이다.

이와 같이 《동부 내륙》의 《하(下) 버마》 교화(4500BC~4000BC)가 끝이 난 후 《하(下) 버마》에서는 《BC 4000 ~ BC 3500》년까지 《500년》 기간 동안 새로이 진화(進化)된 인간 무리들에게 《농경법》과 가축 등을 키워 안정적인 삶을 살 수 있는 《지혜(智慧)》를 가르치게 함으로써 많은 《촌락(村落)》과 《부락(部落)》들이 많이 생겨나는 기간을 갖게 된 것이다. 이러한 기간을 《초기 문명기(文明期)》라 하며, 이와 같은 《초기 문명기》 이후 《버마》 《동부 내륙》 지역은 《BC 3325 ~ BC 2300》년 2차 교화가 시작되기 이전까지는 《버마》 《서부 해안》 지역에 있는 《단야와디 왕조(王朝)》의 통치(統治)를 받은 후 《BC 2300년》부터 《석가모니 하나님 부처님》을 비롯한 직계(直系) 불(佛), 보살(菩薩) 등에 의한 2차 교화(敎化)가 시작되는 것이다.

⑥ [버마(Burma) 동부 내륙 2차 교화기(敎化期)]

가> [《동부 내륙》《상(上) 버마》 2차 교화기 문명(文明)]

　　《버마》 동부 내륙에 자리한 《상(上) 버마》에 대한 2차 《교화 기간》은 《BC 2300 ~ BC 1800》년까지 《500년》 기간이다. 이러한 2차 교화(敎化)가 시작되기 이전 《석가모니 하나님 부처님》께서는 《한국(韓國)》을 중심한 《구막한제국(寇莫韓帝國)》 때 마지막 《한웅(桓熊)》이신 《거불단(단웅)》으로 이름하시고 《BC 2333년》에 《구막한제국》을 아들인 《문수보살 1세》에게 물려줌으로써 《문수보살 1세》는 《단군왕검(檀君王儉)》으로 이름하고 《BC 2333년》에 《단군조선(檀君朝鮮)》을 열게 된다. 이러한 때 《석가모니 하나님 부처님》께서는 《한민족(韓民族)》 교화의 주력(主力) 세력 《3,000》을 이끄시고 《윈난성》을 거쳐 《BC 2300년》에 《버마》 동부 내륙 《상(上) 버마》에 도착하시어 《타가웅(Tagaung)》에 첫 번째 《신시(神市)》를 여시고 《퓨(Pyu) 왕조(王朝)》를 세우신 후 《초대 왕(王)》으로 자리하시게 된다. 이러한 이후의 《왕조(王朝)》는 《단야와디 왕조》와 같이 《석가모니 하나님 부처님》 직계(直系) 불(佛), 보살(菩薩)들께서 반복(反復)되는 윤회(輪廻)로 《왕위(王位)》에 머무르면서 2차 교화(敎化)에 들어가게 된 것이다.

　　이와 같은 교화(敎化)가 《150년》간 지속된 후 주변 지역의 교화가 모두 끝이 날 무렵 다시 교화의 축(軸)을 옮겨 두 번째 《신시(神市)》인 《하린(Halin)》으로 옮기시어 2차 교화를 하시기를 《150년》을 한 후 이곳의 교화가 끝이 날 무렵 다시 교화의 축(軸)을 옮겨 세 번째 신시(神市)인 《파간(Pagan)》으로 옮기시어 2차 교화를 《200년》간 하심으로써 《버마》 동부 내륙 지방의 《상(上) 버마》 교화는 《BC 2300 ~ BC 1800》년간을 하시고, 이번에는 2차 교화가 끝이 난 무리들 중 2차 교화를 계속 수행할 수 있는 무리들을 선별하여 각각 《3,000》의 무리로서 2차 교화의 주력(主力) 세력들을 두 구분하여 한 무리의 2차 교화의 주력(主力) 세력들은 《버마》 동부 내륙 《하(下) 버마》 지역으로 이동시켜 《BC 1800 ~ BC 1300》년간 2차 교화에 임하게 하시고 또 다른 한 무리의 2차 교화의 주력(主力) 세력들은 《라오스(Laos)》로 이동시켜 《라오스》에서 《BC 1800 ~ BC 1300》년간 2차 교화에 들어갈 수 있도록 조치를 하신 것이다.

나> [《동부 내륙》《하(下) 버마》 2차 교화기 문명(文明)]

　《버마》 동부 내륙《상(上) 버마》 2차 교화를 마친 후, 동부 내륙《하(下) 버마》로 이동한 2차 교화의 주력(主力) 세력들은 《아바(Ava)》에 첫 번째 《신시(神市)》를 열고 이곳에서《150년》간 2차 교화를 마친 후, 교화의 주력(主力) 세력들은 두 번째《신시(神市)》를《빈나카(Binnaka)》에 열고 이곳에서《150년》간의 교화를 마친 후 교화의 주력(主力) 세력들은 마지막으로 세 번째《신시(神市)》를 《쓰리 크세트라(Sri Ksetra)》에서 열고 이곳에서《200년》간 2차 교화를 함으로써《BC 1800 ~ BC 1300》년까지《500년》간을 2차 교화를 하는 것이다. 이와 같이《동부 내륙》《하(下) 버마》 2차 교화가 끝이 난 이후에도《BC 1300 ~ BC 850》년까지《450년》간은《퓨(Pyu)》신시(神市) 시대가 계속됨으로써《퓨(Pyu)》신시(神市) 시대는 총《1,450년》간 계속된 후《왕조(王朝)》시대로 넘어가는 것이다.

　이러한 2차 교화에서 특징적인 사안은《버마》《동부 내륙》《상(上) 버마》에서 2차 교화된 무리는《다보불》이나《문수보살》의《영적(靈的)》인 지시를 받는《양(陽)》의《곰족(熊族)》들로서《독각》의 무리가 되며,《버마》《동부 내륙》《하(下) 버마》에서 2차 교화된 무리는《석가모니 하나님 부처님》 직계 후손들인《음(陰)》의《곰족(熊族)》으로서《성문(聲聞)》의 무리들이 되는 것이다.

다> [《버마》 동부 내륙의 왕조(王朝) 정리]

[표 1-3-9-6] 버어마(Burma) 동부 내륙 왕조(王朝)

일련번호	왕조명	존속기간
1	《퓨(Pyu)》 신시(神市) 왕조 시대	1300BC~850BC
2	타가웅 1왕조(Tagaung I)	850BC~600BC
3	타가웅 2왕조(Tagaung II)	600BC~483BC
4	파간 1왕조(Pagan I)	AD80~AD846

5	쓰리크세트라(Sri Ksetra)	483BC~AD94
6	타톤 왕조(Thaton)	593BC~AD1057
7	초기 한타와디 왕조(Early Hanthawaddy)	AD825~AD1057
8	파간 2왕조(Pagan II)	AD874~AD1044
9	파간 제국	AD1044-AD1297

※ 이하는 전국시대 돌입함

라> [《버마》 동부 내륙 《왕조(王朝)》 《왕명록》]

※ 《버마》 동부 내륙에 들어선 각 왕조(王朝)들의 《왕명록》을 차례로 밝혀 드리면 다음과 같다.

[표 1-3-9-7] 동부 내륙 상 버어마(Upper Burma 또는 Myanmar)
타가웅 1 왕조(Tagaung I) 왕명록 (850BC~600BC)

왕순서	왕명(王名)	신명(神名)	재위	비고
1	아브히야자(Abhiyaza)	석가모니 하나님 불	850BC~825BC	
2	칸야자 느게(Kanyaza Nge)	미륵불	825BC~?	
3	잠부디파 야자(Zambudipa Yaza)	용시보살		
4	틴가타 야자(Thingatha Yaza)			
5	웨이판나 야자(Weippanna Yaza)			
6	데와타 야자(Dewata Yaza)			
7	무니카 야자(Munika Yaza)			
8	나가 야자(Naga Yaza)			

9	에인다 야자(Einda Yaza)			
10	타무티 야자(Thamuti Yaza)			
11	데와 야자(Dewa Yaza)			
12	마헤인드라 야자(Maheindra Yaza)			
13	위마라 야자(Wimala Yaza)			
14	티하누 야자(Thihanu Yaza)			
15	민가나 야자(Mingana Yaza)			
16	칸타 야자(Kantha Yaza)			
17	카레인가 야자(Kaleinga Yaza)			
18	틴드웨 야자(Thindwe Yaza)			
19	티하라 야자(Thihala Yaza)			
20	타무티 야자(Thamuti Yaza)			
21	한타 야자(Hantha Yaza)			
22	와라 야자(Wara Yaza)			
22	아라웅 야자(Alaung Yaza)			
23	카우라카 야자(Kawlaka Yaza)			
24	투리야 야자(Thuriya Yaza)			
25	틴기 야자(Thingyi Yaza)			
26	타인치트 야자(Taingchit Yaza)			
27	마두 야자(Madu Yaza)			
28	민흐라기 야자(Minhlagyi Yaza)			
29	탄투 티하 야자(Thanthu Thiha Yaza)			
30	다닌가 야자(Daninga Yaza)			
31	헤인다 야자(Heinda Yaza)			
32	마우리야 야자(Mawriya Yaza)			
33	베인나카 야자(Beinnaka Yaza)			

[표 1-3-9-8] 동부 내륙 상 버어마(Upper Burma 또는 Myanmar) 타가웅 2 왕조(Tagaung II) 왕명록 (600BC~483BC)

왕순서	왕명(王名)	신명(神名)	재위	비고
1	다자 야자(Daza Yaza)	석가모니 하나님 불		
2	타도 타잉-야(Thado Taing-Ya)	미륵불		
3	타도 야흐타-야(Thado Yahta-Ya)			
4	타도 타군-야(Thado Tagun-Ya)			
5	타도 흐란비안-야(Thado Hlanbyan-Ya)			
6	타도 쉐(Thado Shwe)			
7	타도 가론-야(Thado Galon-Ya)			
8	타도 나가-야(Thado Naga-Ya)			
9	타도 나가-나잉(Thado Naga-Naing)			
10	타도 야하우라우(Thado Yahawlaw)			
11	타도 파웅쉐(Thado Paungshe)			
12	타도 카우크쉐(Thado Kyaukshe)			
13	타도 흐신라우크(Thado Hsinlauk)			
14	타도 흐신흐테인(Thado Hsinhtein)			
15	타도 타잉치트(Thado Taingchit)			
16	타도 민기(Thado Mingyi)			
17	타도 마하 야자(Thado Maha Yaza)			

[표 1-3-9-9] 동부 내륙 하 버어마(Lower Burma 또는 Myanmar) 쓰리 크세트라(Sri Ksetra) 왕조 왕명록 (483BC~AD94)

왕순서	왕명(王名)	신명(神名)	재위	비고
1	마하탄바와(Maha Thanbawa)	석가모니 하나님 불	483BC~477BC	
2	수라 탄바와(Sula Thanbawa)	미륵불	477BC~442BC	
3	두타바웅(Duttabaung)	용시보살	442BC~372BC	
4	두타얀(Duttayan)		372BC~350BC	
5	얀 바웅(Yan Baung)		350BC~300BC	
6	얀 만(Yan Man)		300BC~250BC	
7	예트크한(Yetkhan)		250BC~219BC	
8	크한라웅(Khanlaung)		219BC~181BC	
9	레트크하잉(Letkhaing)		181BC~147BC	
10	티리크한(Thirikhan)		147BC~119BC	
11	티리이트(Thiriyit)		119BC~110BC	
12	타바(Taba)		110BC~59BC	
13	파피얀(Papiyan)		59BC~AD7	
14	얀 무크하(Yan Mukha)		AD7~AD22	
15	얀 테인크하(Yan Theinkha)		AD22~AD25	
16	얀 모나레인다(Yan Monsaleinda)		AD25~AD40	
17	베레인다(Bereinda)		AD40~AD52	
18	몬사라(Monsala)		AD52~AD57	
19	폰나(Ponna)		AD57~AD60	
20	타크하(Thakha)		AD60~AD63	
21	타티(Thathi)		AD63~AD66	
22	칸 누(Kan Nu)		AD66~AD67	
23	칸 테트(Kan Tet)		AD67~AD70	

24	베이짜(Beizza)		AD70~AD74	
25	투몬다리(Thumondari)		AD74~AD81	
26	아티티아(Atitya)		AD81~AD84	
27	투피인냐(Thupyinnya)		AD84~AD94	

[표 1-3-9-10] 동부 내륙 상 버어마(Upper Burma 또는 Myanmar) 파간 1왕조(Pagan I) 왕명록
(AD80~AD846)

왕순서	왕명(王名)	신명(神名)	재위	비고
1	타무다리트(Thamudarit)	석가모니 하나님 불	AD80~AD125	
2	야테키아웅(Yathekyaung)	미륵불 분신	AD125~AD140	
3	피우사우티(Pyusawhti)		AD140~AD222	
4	흐티 민 인(Hti Min Yin)		AD222~AD249	
5	인 민 파이크(Yin Min Paik)		AD249~AD334	
6	파이크 틴리(Paik Thinli)		AD334~AD371	
7	티리 키아웅 1세(Thili Kyaung I)		AD371~AD415	
8	키아웅 투 이트(Kyaung Tu Yit)		AD415~AD440	
9	티흐탄(Thihtan)		AD440~AD477	
10	투예(Thuye)		AD477~AD492	
11	타라몬 피아(Tharamon Phya)		AD492~AD514	
12	타이크 타잉(Thaik Taing)		AD514~AD521	
13	틴리 카웅 2세(Thinli Kyaung II)		AD521~AD530	
14	틴리 파이크(Thinli Paik)		AD530~AD535	
15	칸 라웅(Khan Laung)		AD535~AD545	
16	칸 라트(Khan Lat)		AD545~AD557	
17	흐툰 타이크(Htun Taik)		AD557~AD570	
18	흐툰 피이트(Htun Pyit)		AD570~AD586	
19	흐툰 치트(Htun Chit)		AD586~AD613	
20	포파 사우라한(Popa Sawrahan)		AD613~AD640	
21	쉬웨 오흔티(Shwe Ohnthi)		AD640~AD652	
22	페이트 톤(Peit Thon)		AD652~AD660	

23	페이트 타웅(Peit Taung)		AD660~AD710	
24	민 크훼(Min Khwe)		AD710~AD716	
25	미인기웨이(Myingyway)		AD716~AD726	
26	테인가(Theinga)		AD726~AD734	
27	테인 쿤(Thein Khun)		AD734~AD744	
28	쉬웨 라웅(Shwe Laung)		AD744~AD753	
29	흐툰 흐트윈(Htun Htwin)		AD753~AD762	
30	쉬웨 흐마우크(Shwe Hmauk)		AD762~AD785	
31	흐툰 루트(Htun Lut)		AD785~AD802	
32	사우 킨 흐니트(Saw Khin Hnit)		AD802~AD829	
33	케 루(Khe Lu)		AD829~AD846	

[표 1-3-9-11] 동부 내륙 하 버어마(Lower Burma 또는 Myanmar) 타톤 왕조(Thaton) 왕명록(593BC~AD1057)

왕순서	왕명(王名)	신명(神名)	재위	비고
1	티하 야자(Thiha Yaza)	석가모니 하나님 불 분신	593BC~543BC	
2	다마 타우카 1세(Dhamma Thawka I)	미륵불		
3	타타(Titha)			
4	다마 파라(Dhamma Pala)			
5	다마 다자(Dhamma Daza)			
6	에인쿠라(Einkura)			
7	우파데와 야자(Upadewa Yaza)			
8	티와 야자(Thiwa Yaza)			
9	자우타 쿰마(Zawta Kumma)			
10	다마 타우카 2세(Dhamma Thawka II)			
11	우타라(Uttara)			
12	카타 운나(Katha Wunna)			
13	마하 타라(Maha Thala)			
14	아라카(Araka)			
15	나라투 1세(Narathu I)			
16	마하 베인다(Maha Beinda)			
17	아다라(Adara)			
18	안구라(Angula)			
19	우룬나타(Urunnata)			
20	투간다 1세(Thuganda I)			
21	투간다 2세(Thuganda II)			
22	브라마흐 다타(Bramah Datta)			

23	만야 야자(Manya Yaza)			
24	아디카(Adika)			
25	마라디 야자(Maradi Yaza)			
26	타두카(Thaduka)			
27	디파 야자 1세(Dipa Yaza I)			
28	아틴크하 야자(Athinkha Yaza)			
29	봄마 야자(Bomma Yaza)			
30	만다 야자(Manda Yaza)			
31	마힌타 야자(Mahintha Yaza)			
32	다마 네카 야자(Dhamma Sekka Yaza)			
33	투산바디(Thusanbadi)			
34	바다라 야자(Baddara Yaza)			
35	나라투 2세(Narathu II)			
36	잠부디파 야자(Zambudipa Yaza)			
37	케타리트 야자(Ketharit Yaza)			
38	위자야 쿰마(Wizaya Kumma)			
39	만니 야자(Mani Yaza)			
40	테카 민(Tekka Min)			
41	아틴크하 야자(Athinkha Yaza)			
42	쿠타 야자(Kutha Yaza)			
43	디파 야자 2세(Dipa Yaza II)			
44	나라 야자(Nara Yaza)			
45	야자 투라(Yaza Thura)			
46	세이타 야자(Seitta Yaza)			
47	디가 야자(Diga Yaza)			
48	오타마 야자(Ottama Yaza)			

49	티리 야자(Thiri Yaza)			
50	다마 야자(Dhamma Yaza)			
51	마하 세이타 야자(Maha Seitta Yaza)			
52	간단 야자(Ganda Yaza)			
53	제야 야자(Zeya Yaza)			
54	투마나 야자(Thumana Yaza)			
55	마다카 야자(Madaka Yaza)			
56	아민나 야자(Aminna Yaza)			
57	우딘나 야자(Udinna Yaza)			
58	마누하(Manuha)		AD1030경 ~ AD1057	파간 제국의 초대 왕 아나우라흐타(Anawrahta)에 패함

[표 1-3-9-12] 동부 내륙 하 버어마(Lower Burma 또는 Myanmar) 초기 한타와디 왕조(Early Hanthawaddy) 왕명록 (AD825 ~ AD1057)

왕 순서	왕명(王名)	신명(神名)	재위	비고
1	타마라(Thamala)	석가모니 하나님 불	AD825~AD837	페구(Pegu)를 건국
2	위마라(Wimala)	미륵불	AD837~AD854	
3	아타(Atha)		AD854~AD861	
4	아레인다마(Areindama)		AD861~AD885	
5	승려		AD885~AD902	
6	제인다(Geinda)		AD902~AD917	
7	미가데이파 1세(Migadeippa I)		AD917~AD932	
8	게이사디야(Geissadiya)		AD932~AD942	
9	카라위카(Karawika)		AD942~AD954	
10	피인자라(Pyinzala)		AD954~AD967	
11	아타타(Attatha)		AD967~AD982	
12	아누야마(Anuyama)		AD982~AD994	
13	미가데이파 2세(Migadeippa II)		AD994~AD1004	
14	에카타만다(Ekkathamanda)		AD1004~AD1016	
15	우파라(Uppala)		AD1016~AD1028	
16	폰타리카(Pontarika)	문수보살 1세	AD1028~AD1043	다곤(Dagon) 세움
17	티사(Tissa)	악마의 신인 석가모니 3세	AD1043~AD1057	

[표 1-3-9-13] 버어마(Burma 또는 Myanmar) 파간 2왕조(Pagan II) 왕명록(AD874~AD1044)

왕순서	왕명(王名)	신명(神名)	재위	비고
1	피인비아(Pyinbya)	악마의 신(神)인 석가모니 1세 분신	AD874~AD906	
2	탄네트(Tannet)	악마의 신(神)인 석가모니 분신	AD906~AD934	
3	사례 느가흐쿠에(Sale Ngahkwe)	미륵불	AD934~AD943	
4	테인흐코(Theinhko)	혜경보살	AD943~AD959	
5	니아운구 사우라한(Nyaung-u Sawrahan)	악마의 신(神)인 석가모니	AD959~AD992	
6	쿤흐사우 키아운그흐퓨(Kunhsaw Kyaunghpyu)	악마의 신(神)인 석가모니 분신의 아들	AD992~AD1014	
7	키이소(Kyiso)	악마의 신(神)인 석가모니 분신 1	AD1014~AD1020	
8	소크카테(Sokkate)	악마의 신(神)인 석가모니 분신 2	AD1020~AD1044	

[표 1-3-9-14] 버어마(Burma 또는 Myanmar) 파간 제국(Pagan Empire) 왕명록
AD1044 ~ AD1297

왕 순서	왕명(王名)	신명(神名)	재위	비고
1	아나우라흐타(Anawrahta)	악마의 신(神)인 석가모니	AD1044~AD1078	
2	사우루(Sawlu)		AD1078~AD1084	
3	키안시트타(Kyansittha)		AD1084~AD1112/1113	
4	시투 1세(Sithu I)		AD1112/1113~AD1167	
5	나라투(Narathu)		AD1167~AD1170	
6	나라테인크하(Naratheinkha)		AD1170~AD1174	
7	시투 2세(Sithu II)		AD1174~AD1211	
8	흐티로민로(Htilominlo)		AD1211~AD1235	
9	키아수아(Kyaswa)		AD1235~AD1249	
10	우자나(Uzana)		AD1249~AD1256	
11	나라티하파테(Narathihapate)		AD1256~AD1287	
공백기 (AD1287~AD1289)				
12	키아우수아(Kyawswa)		AD1289~AD1297	

※ 특기(特記) 7 :

《버마》《왕조(王朝)》에 있어서 《단야와디 2왕조, 3왕조, 4왕조》 및 《웨타리 왕조》와 《퓨(Pyu)》 왕조와 《타가웅(Tagaung) 1왕조, 2왕조》와 《파간 1왕조》와 《쓰리 크세트라》 등의 왕조(王朝)들의 왕(王)들은 《착함(善)》을 근본 바탕으로 한 《석가모니 하나님 부처님》 직계 불(佛), 보살(菩薩)들과 《석가모니 하나님 부처님》의 부인이신 《관세음보살 1세》 등이 반복(反

復)되는 윤회(輪回)로써 《왕(王)》들이 되시어 백성(百姓)들을 다스린 것이며, 《타톤(Thaton) 왕조》와 《초기 한타와디 왕조》 등은 《몬족(族)》의 왕조들로써 왕조의 출발은 《석가모니 하나님 부처님》과 《미륵불(佛)》이 시켰으나 이하의 왕(王)들은 《다보불》과 《문수보살》과 《문수보살》계(系)의 《마왕》《불보살》들이 차례로 왕위(王位)에 올라 《반복(反復)》되는 《윤회(輪廻)》로 백성(百姓)들을 다스린 때가 되는 것이다. 그리고 《파간 2왕조》와 《파간 제국》은 《악(惡)》을 근본 바탕으로 한 《대마왕신(神)》인 《악마(惡魔)의 신(神)》인 《석가모니》와 《석가모니》 직계(直系) 《대마왕신(神)》들이 왕(王)들이 되어 다스린 《왕조(王朝)》들이다.

 이러한 《왕조(王朝)》들을 만들게 된 배경은 당시 《중원 대륙》 모두를 《대마왕》 불보살들과 《악마(惡魔)의 신(神)》들인 《대마왕신(神)》들이 정복한 후 그들이 정복한 《중원 대륙》의 보호 목적과 함께 그동안 《버마》에서 《석가모니 하나님 부처님》과 《미륵불(佛)》 등 《선(善)》을 근본 바탕으로 한 모든 불(佛), 보살(菩薩)계(系)의 제신(諸神)들이 교화한 《다보불》과 《문수보살》의 후손들인 《양(陽)》의 《곰족(熊族)》들인 《몬족(族)》들을 다시 《다보불》과 《문수보살》이 정복하여 그들의 명령을 따르고 수행할 수 있는 《몬족(族)》들로 되돌리기 위해 《타톤 왕조》와 《한타와디》 왕조에서 《다보불》과 《문수보살》계(系)의 《마왕》《불보살》들이 대거 《왕위(王位)》에 오른 것이며, 이러한 이후 《공산사상(共産思想)》을 심어 다시 《독각》의 무리로 만든 후 《버마인(人)》 모두들을 이에 물들게 함으로써 《버마》 전체를 영원히 통치하기 위해 《천상(天上)》에서부터 《공산사상(共産思想)》을 만든 최고위급 두목 중의 하나인 《악마(惡魔)의 신(神)》인 《석가모니》가 때에 침투하여 만든 《왕조(王朝)》가 《파간 2왕조 (Pagan II)》이다.

 이로써 그는 반복되는 윤회로 다시 《파간 제국》을 만들고 초대 왕 《아나우라타(Anawrahta)》(재위 AD1044~AD1078)로 이름한 《악마(惡魔)의 신(神)》인 《석가모니》가 《버마》에서 《석가모니 하나님 부처님》《진리(眞理)의 법(法)》에 반기를 드는 《우주 쿠데타》를 선포한 것이 《제국(帝國)》의 호칭으로써 이로써 그는 그가 다시 만든 《왕조(王朝)》를 《파간 제국(帝國)》이라고 한 것이다.

287

※ 특기(特記) 8 :

《BC 8000년》부터 시작된 《인류 북반구》 문명기에서 진화(進化)하는 모든 인간 무리들은 《선신(善神)》이나 《악신(惡神)》들과 똑같이 반복(反復)되는 윤회(輪廻)를 통하여 계속 진화(進化)하여 온 것이다. 즉, 현재 《지구상(地球上)》에 살고 있는 인간 무리들 역시 마찬가지이다. 이러한 진실된 《진리(眞理)》를 덮어 버리기 위해 《악마(惡魔)의 신(神)》들인 《대마왕신(神)》들이 만들고 그들이 군림하고 있는 지상(地上)의 각종 종교(宗敎)에서는 지금도 《창조론》을 들고 나와 인간 무리들을 현혹하고 속이고 있는 것이다. 《원천》 창조주이신 《석가모니 하나님 부처님》께서는 《만물(萬物)》의 진화(進化)를 위해 방편으로 《창조》를 활용하고 계시는 것이지 《창조》를 위해 《진화(進化)》를 활용하고 있지 않음을 《메시아》가 분명히 하며 때문에 《윤회사상(輪廻思想)》은 《진리(眞理)》의 법칙 중 하나임을 분명히 하는 것이다.

지금까지 《버마》의 인간 무리들을 위해 《1차 교화》와 《2차 교화》와 《왕조(王朝)》 시대에 대한 설명을 드리면서 여러분들이 깨달아야 하는 부분을 먼저 말씀드리면, 《인간》 무리들이 살고 있는 사회 모든 곳에서 《왕(王)》이 되거나 지금과 같이 《국가(國家)》의 최고 지도자급 모두들은 《선(善)》을 근본 바탕으로 하는 《불(佛)》, 《보살(菩薩)》계(系)의 제신(諸神)들이나 《선악(善惡)》 양면성을 근본 바탕으로 하는 《대마왕》 불보살들과 《악(惡)》을 근본 바탕으로 하는 《악마(惡魔)의 신(神)》들인 《대마왕신(神)》계(系)의 제신(諸神)들이 아니면 《권력(勸力)》의 최정상에 오르지 못하는 것 역시 《천상(天上)》에서 정하여진 이치라는 점을 《인간》 무리들은 깨달아야 하며,

일반 《인간》 무리들은 《권력(勸力)》을 가진 지도자가 될 수 없음을 분명히 하며, 《대마왕》 불보살들과 《악마(惡魔)의 신(神)》들인 《대마왕신(神)》들 역시 《천상(天上)》에서 이미 정하여져 있는 《제신(諸神)》들이라는 사실을 분명히 밝히는 바이며, 일반 《인간》 무리들이 《권력》을 가진 최고 지도자가 되기를 원한다면 먼저 그 자격을 갖추는 《불(佛)》, 《보살(菩薩)》을 이루는 《성불(成佛)》로 가는 공부를 먼저 하여야 하는 이치를 아시고 《선악(善惡)》 양면성을 근본 바탕으로 하는 《대마왕》들과 《악(惡)》을 근본 바탕으로 하는 《대마왕신(神)》들과 그들의 추종 세력들 모두들은 정상적인 《진화(進化)》의 길에 들어서서 《진화(進化)》하여 《선신(善神)》의 대열에 들지 못하게 되면 종국에는 《파멸(波滅)》의 길로 가야 하는 것이 《진리(眞理)》의 법칙으로써 이들이 《파멸》의 수령으로 빠지는 때가 《지상(地上)》 《문명(文明)》의 종말(終末)》 때임을 《메시아(Messiah)》가 분명히 밝히는 바이다.

마> [종족(種族)]들과 왕조(王朝) 구분

※ 《버마》의 《종족》들과 그들이 소속한 왕조(王朝)들을 구분하면 다음과 같다.

[표 1-3-9-15] [버어마 종족 구분과 종족별 최고 조상]

종족		왕조명	최고 조상(祖上)	비고
음(陰)의 곰족	버마인	단야와디 1,2,3,4왕조(王朝)	석가모니 하나님 불	버어마 서부 해안
	퓨족(Pyu)	퓨(Pyu) 신시(神市) 왕조 시대		버어마 동부 내륙
		타가웅(Tagaung) 1,2왕조		
구려족	아라칸인(Arakanese)	웨타리 왕조(王朝)	관세음보살	버어마 서부 해안
		파간 1왕조		버어마 동부 내륙
		쓰리 크세트라 왕조		
양(陽)의 곰족	몬족(Mon people, 라크히네족(Rakhine) 포함)	타톤 왕조	다보불 및 문수보살	버어마 동부 내륙 ※ 몬족은 양(陽)의 곰족(熊族)으로 《양음(陽陰)》의 곰족(熊族)과 《양양(陽陽)》의 곰족이 섞여 있다.
		초기 한타와디 왕조		
독각	캬난족(Kanyan)	파간 2왕조	악마의 신인 석가모니	버어마 동부 내륙
		파간 제국		

ㄱ> 《석가모니 하나님 부처님》과 《버마인》과 《퓨족》

《힌두교(敎)》에 등장하는 《브라만(Brahman)》이 《석가모니 하나님 부처님》이시며, 《비슈누(Vishnu)》가 《석가모니 하나님 부처님》의 《음신(陰神)》인 《천상(天上)》의 《옥황상제(玉皇上帝)》이시다.

이는 《천상(天上)》과 《지상(地上)》 모두를 다스리기 위한 방편으로 《석가모니 하나님 부처님》께서 자신(自身)을 둘로 나누시어 한쪽은 《석가모니 하나님 부처님》으로서 《브라만(Brahman)》이 되시고 또 한쪽이 《옥황상제(玉皇上帝)》로서 《비슈누 신(Vishnu 神)》이 되시기 때문에, 《브라만(Brahman)》이 곧 《비슈누 신(Vishnu 神)》이며 《비슈누신(Vishnu 神)》이 곧 《브라만(Brahman)》으로서 두 분 모두가 《석가모니 하나님 부처님》이라는 사실을 바로 아시기 바라며 다만, 《작용(作用)》 때문에 방편으로 분리된 것임을 깊이 인식하시기 바라고, 다음으로 《석가모니 하나님 부처님》의 《양신(陽身)》이 《대마왕》 중의 《대마왕 두목》인 《다보불(佛)》로서 이를 《힌두신(神)》에서는 《브라흐마(Brahma)》라고 하며, 이분은 《석가모니 하나님 부처님》의 의지와는 관계없이 별도로 진화(進化)하는 당체이심을 차제에 깊이 인식하시기 바란다.

이와 같이 《버마》의 《서부 해안》의 《버마인》들이나 《동부 내륙》의 《퓨(Pyu) 족(族)》들이 모두 《음(陰)》의 《곰족(熊族)》들로서 《석가모니 하나님 부처님》의 직계 후손들이 된다. 이러한 우주적(宇宙的) 진화(進化)의 척도로 이야기할 때는 《성문승(聲聞乘)》의 무리들로서 《인간(人間)》의 무리라고 하는 것이다.

ㄴ> 《관세음보살》과 《샨족》 또는 《아라칸족》

《관세음보살》이라고 할 때 많은 분들은 한 분(一分)으로 알고 있는 경우가 많은데, 이는 크게 잘못 알고 있는 경우가 된다. 차제에 《메시아(Messiah)》가 정확히 밝혀 드리기 위해 다음 설명을 계속 드리겠다.

《관세음보살》은 《음양(陰陽)》으로 갈라져 《음(陰)》의 《관세음보살》이 《관세음보살 1세》로서 우주적으로 출산(出産)의 임무를 수행하시는 분(分)이며, 《양(陽)》의 《관세음보살》이 《대관세음보살》로서 《관세음보살》의 《힘(力)》을 구사하실 때를 《힌두신(神)》에서는 《쉬바신(神)》이라고 한다. 이와 같이 두 분이 《음양(陰陽) 합일(合一)》되었을 때를 《관세음보살》이라고 하며 《관세음보살 2세》는 《대마왕》이며 《관세음보살 3세》는 《대마왕신(神)》임을 아울러 밝혀 둔다.

그리고 이러한 《관세음보살》의 후손들을 《구려족(族)》 또는 《묘족(苗族, 마오족)》이라고 하며 《버마》에서는 《샨(Shan) 족(族)》 또는 《아라칸(Arakan) 족(族)》으로 이름한다. 이러한 《구려족》 또는 《묘족》으로 이름하는 《샨(Shan) 족(族)》 또는 《아라칸(Arakan) 족(族)》은 우주적 진화의 구분으로는 《4-1의 성문승(聲聞乘)》이라고 하며, 《성문승》과 《4-1의 성문승》과 《스키타이》 셋이 하나된 《한민족(韓民族)》 구성원 중의 한 무리라는 사실을 세계의 《한민족(韓民族)》들은 알아야 하는 것이다.

다음으로 《버마》의 《구려족(族)》 또는 《묘족(族)》으로 불리우는 《샨족(族)》과 《아라칸족(族)》이 세운 《왕조(王朝)》의 이해를 위해서는 필수적으로 알고 넘어가야 하는 사항이 《윈난성(Yunnan)》과 《남조(南詔)》 왕국(王國)(AD737~AD902)에 대한 것이다. 이러한 사항에 대해 별도 설명을 드리겠다.

㉮ [윈난(Yunnan) 성]

《윈난성》을 고대(古代) 《수메르 신화(神話)》에서는 《아라타(Aratta)》로 이름한 곳으로써 《BC 6000년》에 《석가모니 하나님 부처님》의 명령에 의해 《엘람(Elam)》 지역으로 그의 아들인 《아미타불(佛)》과 함께 내려오신 《대관세음보살》이신 《쉬바 신(神)》이 후손 《구석기인》 교화를 위해 그의 아들인 《아미타불》을 《수메르》 중동부(中東部) 지역으로 보내 드리고 스스로께서는 《아라타(Aratta)》로 이름한 《윈난성》에 도착하여 《BC 6000 ~ BC 5000》년까지 후손 《구석기인》들을 교화하시어 《묘족(苗族)》으로 거듭 태어나게 하신다.

이러한 《묘족(苗族)》의 탄생은 《동양(東洋)》에서는 최초로 진화(進化)된 종족으로서 훗날 《관세음보살 1세》께서 《BC 4000년》 한국(韓國)의 두 번째 고대 국가인 《배달국(倍達國)》 딜문(Dilmun)에 도착하시어 《천왕불》과 함께 《배달국》의 변두리 지방에 위치한 《돈황》에서 처음 교화하여 탄생시킨 《묘족(苗族)》들보다는 상대적으로 《2,000년》이 빠른 시간에 교화된 《묘족(苗族)》들이 《대관세음보살》께서 교화하신 《윈난성》의 묘족(苗族)들로서, 《대마왕》들과 《악마(惡魔)의 신(神)》들인 《대마왕신(神)》들이 교화한 《중원 대륙》 《독각》의 무리들 보다는 《4,000년》이나 빠른 시기에 《신석기인》으로 진화된 종족이 《윈난성》 《묘족(苗族)》들인 것이다. 즉,《윈난성》은《대관세음보살》의 아성이라는 사실을 아시기 바란다.

　　이와 같이《BC 6000 ~ BC 5000》년까지《윈난성》의 교화를 마치신《대관세음보살》께서는《BC 5000년》에《수메르 문명권》으로 오시어《메시아》이신《미륵불》과 함께 많은 활동을 하신 이후 반복되는 윤회로《우루국》의《우르 1왕조》를 만드시고 초대 왕《아카람두구(Akalamdug)》(재위 3740BC~3600BC)로 머무신 후 다음으로《수밀이국》《우루크 1왕조》에서는 11대 왕《멜렘안나(Melem-ana)》(3579BC~3510BC, 재위 3559BC~3510BC)로 머무신 이후, 그 다음으로《우루국》《라가시 2왕조》에서는 14대 왕《피리그메(Pirigme)》(재위 2055BC~2053BC)로 머무신 후 이후《히브리 왕국》과《로마》에서도 활발한 활동을 하신 것이다. 그리고《수메르 신화(神話)》에 등장하는《닌닐(Ninlil)》이 바로《대관세음보살》이신《쉬바 신(神)》임을 아울러 밝혀 두는 바이다.

㉯ [남조(南詔) 왕국(王國)](AD737~AD902)

　　이러한 이후《대관세음보살》께서는 한때《초나라》《장교(將校)》로 태어나시어《윈난성》에《디안(Dian) 왕조(王朝)》(BC4세기~109BC)를 세우시고 반복(反復)되는 윤회(輪廻)로《대몽국》의 초대《고조》《기가왕 세노라》(AD634~AD674, 재위 AD653~AD674) 왕(王)으로 머무신 후, 다시《24년》후 반복(反復)되는 윤회(輪廻)로 5대《피라각 왕(王)》(AD698~AD748, 재위 AD728~AD748)으로 계실 때《AD 737년》에《6조》를 통합하여 새로운《남조(南詔)》왕조(王朝)로 탈바꿈시키게 된다. 이러한《왕조(王朝)》의 백성(百姓)들이 모두《대관세음보살》의 직계 후손들인《묘족(苗族)》들로서 이들을《바이(Bai)》사람들로서《백의민족(白衣民族)》이라고 하는 것이며,《양(陽)》의《구려족》들이 된다.

　　이러한 이후 그는 다시 반복(反復)되는 윤회(輪廻)로《대리국(Dali)》(AD937~AD1253) 초대 왕《두안시핑(Duan Siping, 단사평(段思平)》(AD893~AD944, 재위 AD937~AD944)으로 자리하시고 나라를《대관세음보살》계(系)의 제신(諸神)들 출신의《왕(王)》들에게 물려주었으나《AD 1253년》에《몽골》의《쿠빌라이 칸》의 침공으로 멸망하고 만 것이다. 이렇듯《윈난성》에 자리한《대관세음보살》의 후손들이 좀 더 강력한 왕조(王朝)를 경영하였으면《대마왕》들과《악마(惡魔)의 신(

㊙)들인 《대마왕신㊙)》들이 《동남아시아》 진출은 하지 못하였을 것인데 하는 진한 아쉬움이 남는 장면이다.

그러면 다음으로 《묘족(苗族)》들이 대거 《버마》로 진출하여 《버마》 서부 해안 북부와 동부 내륙에 먼저 자리하였던 《관세음보살 1세》께서 교화하신 《음(陰)》의 《구려족》과 동화되어 《아라칸족(族)》으로 자리하게 되는 것을 이해하기 위해 《대관세음보살》께서 《남조(南詔)》 왕조(王朝)의 5대 왕 《피라각(Khun Borom)》으로 오셨을 때 9명의 자식들을 생산하시어 7명의 아들들에게 영토 분할하여 나누어준 내용을 말씀드리면 다음과 같다.

[표 1-3-9-16] 남조(南詔, AD737~AD902) 《피라각》의 영토 분할

왕명	신명(神名)	비고
피라각(Khun Borom)	대관세음보살	생몰 AD698~AD748 재위 AD728~AD748
쿤 롤(Khun Lor)	아미타불	장남. 라오스의 루앙프라방(Luang Phrabang)
쿤 파란(Khun Palanh)	일월등명불	자(子). 중국의 윈난성
쿤 추송(Khun Chusong)	약상보살 1세	자(子). 베트남의 무앙 후아오-판흐(Muang Huao-Phanh)
쿤 사이퐁(Khun Saiphong)	약왕보살 1세	자(子). 태국의 치앙 마이(Chiang Mai) 통치함
쿤 느구아인(Khun Ngua In)	약상보살 2세	자(子). 태국 아유타야(Ayuthaya)
쿤 로크-쿰(Khun Lok-Khom)	약왕보살 2세	자(子). 버어마(미얀마)의 샨주(Shan state)
쿤 체트-체앙(Khun Chet-Cheang)	약상보살의 분신	자(子). 라오스의 씨앙쿠앙(Xiang Khouang)

※ 상기 《표》에서도 드러나 있듯이, 이때 이후 상당수의 묘족(苗族)들이 《버마》의 《구려족(族)》들과 하나가 되어 《웨타리 왕조》 등 《아라칸인》들이 만든 왕조(王朝)를 이루었다는 사실을 아시기 바라며, 《구려족》이 곧 《음(陰)》의 《구려족》이며 《묘족》이 《양(陽)》의 《구려족》으로서 이들 모두들은 《구려족》의 《음양(陰陽)》 관계를 이루는 민족들이며, 《버마》에서는 《아라칸족》 또는 《샨족》으로 이름한다는 사실을 아시기 바라며 이들 모두들을 《관세음보살》의 후손들이라고 한다.

또한 《남조》《왕조》에 대한 《역사(歷史)》 기록들이 《중원 대륙》《대마왕》들과 《악마(惡魔)의 신(神)》들인 《대마왕신(神)》들과 《버마》에 침공한 《대마왕》들과 《악마(惡魔)의 신(神)》들인 《대마왕신(神)》들에 의해 상당수 왜곡되어 있는 점을 아시고, 《버마》와 《동남아시아》에 대한 상당수 《역사(歷史)》 기록들이 《대마왕》《다보불》의 지시로 《단군조선》 때부터 철저히 삭제되었다는 점을 《한민족(韓民族)》들은 아셔야 할 필요가 있는 것이다. 그리고 《남조(南詔)》 왕조(王朝)나 《대리국》 왕조(王朝) 등이 《한민족(韓民族)》 국가들 중의 하나라는 사실도 《한민족(韓民族)》들은 깊이 인식하여야 하는 것이다.

ㄷ> [몬족(Mon 族)]

《몬족(族)》은 《태국》 북동부 지역에서 《BC 5500 ~ BC 4750》년에 《배달국(倍達國)》 딜문(Dilmun)으로부터 온 교화의 주력 세력들인 《음(陰)》의 《곰족(熊族)》들로부터 1차 교화를 거친 후 《250년》동안 《농경법》을 배우고 가축 등을 기르는 《초기 문명기》를 거치고 《BC 4500년》에 《석가모니 하나님 부처님》의 이동 명령으로 《버마》 동부 내륙 북동부 지역으로 이동하여 온 《양(陽)》의 《곰족(熊族)》들이다.

본래 이들은 《다보불》 직계 후손들로서 우주 진화적 구분으로는 《독각》의 무리였으나 《음(陰)》의 《곰족(熊族)》 무리들로부터 1차 교화를 거친 탓에 《독각》의 무리에서는 제일 진화(進化)가 많이 된 《음(陰)》의 《독각》의 무리가 되어 《버마》 중부 내륙 북동부 지역으로 이동하여 온 자(者)들로 이들이 《다보불》의 후손들인 《몬족(族)》들이다. 이러한 《몬족(族)》들은 《문수보살》계(系)의 후손들인 《양(陽)》의 《독각》 무리들보다는 우주적(宇宙的)으로 《50억년(億年)》 진화가 빠른 자(者)들로서 《곰족(熊族)》의 구분으로써는 《다보불》의 후손들이 《양음(陽陰)》의 《곰족》이 되며, 《문수보살》의 후손은 《양양(陽陽)》의 《곰족(熊族)》들이 되는 것이다.

이와 같이 《양음(陽陰)》의 《곰족(熊族)》들인 《몬족(族)》들이 만든 《왕조(王朝)》가 《타톤 왕조(Thaton dynasty)》와 《초기 한타와디 왕조(Early Hanthawaddy dynasty)》이다. 이러한 《초기 한타와디 왕조》 때 《석가모니 하나님 부처님》과 《미륵불》이 왕위(王位)에 오른 이후는 줄곧 《다보불》과 《문수보살 1세》계(系)의 《마왕》《불, 보살》들이 차례로 왕위(王位)에 올라 백성(百姓)들을 다스린 이후, 16대 《폰타리카왕(Pontarika)》(재위 AD1028~AD1043)으로 이름하고 《대마왕》《문수보살 1세》가 다시 왕위(王位)에 오른 이후 17대에 《티사왕(Tissa)》(재위 AD1043~AD1057)으로 이름하고 《악마(惡魔)의 신(神)》인 《석가모니 3세》가 파고 들어옴으로써 이후 《몬족(族)》의 파란은 시작이 되는 것이다.

즉, 《대마왕》《문수보살 1세》가 《한타와디 왕조》에 파고 들어온 목적은 《몬족》이 1차 교화 때 《음(陰)》의 《곰족(熊族)》 피(血)를 받고 《음(陰)》의 《독각》 무리로 진화(進化)를 하고 그동안 꾸준히 《석가모니 하나님 부처님》과 《미륵불》 및 선신(善神) 계열의 불(佛), 《보살(菩薩)》들로부터 교화(敎化)를 받고 《진화(進化)》한 탓에 《대마왕》들인 《다보불》과 《문수보살》의 《영적(靈的)》인 명령을 거부함으로써 이들에게 《마성(魔性)》을 심어 진화(進化)를 《50억 년(億年)》 후퇴시켜 그들의 《영적》인 명령을 잘 수행하는 《양(陽)》의 《독각》 무리로 되돌리고자 한 것이다. 《대마왕》《다보불》과 《문수보살》은 이들을 바탕으로 하여 《버마》 점령을 꾀하기 위한 목적으로 《몬족》들 앞에 나타난 것이다. 그리고 《악마(惡魔)의 신(神)》인 《석가모니》가 나타난 목적은 《몬족》들에게 《공산사상(共産思想)》을 뿌리 깊게 심어 《관념(觀念)》화시켜 《몬족》을 다시 《양(陽)》의 《독각》 무리로 전환시킨 뒤, 《절대 군주제》를 신봉하는 《무력통치》에 앞장서는 무리들로 만들어 그들의 《야망(野望)》을 달성하는데 이용할 목적으로 《초기 한타와디 왕조》 마지막 왕(王)으로 파고 들어온 것이다.

즉, 《대마왕》《문수보살 1세》와 《악마(惡魔)의 신(神)》으로서 《대마왕신(神)》인 《석가모니》의 목적은 같아 《몬족》을 타락시켜 그들의 《야망(野望)》 충족에 이용할 목적은 똑같은 것이었다.

이와 같은 《대마왕》《문수보살 1세》와 《대마왕신(神)》인 《악마(惡魔)의 신(神)》으로서의 《석가모니》가 획책한 일들이 가시화되어 나타난 것이 《버마》《전국(戰國)》 시대 이후 《따웅구(Toungoo)》 왕조로 불리우는 《퉁구스(Tungus)》 왕조와 《콘바웅(Konbaung)》 왕조가 《대마왕》《다보불》과 《문수보살 1세》와 《대마왕신(神)》《악마(惡魔)의 신(神)》인 《석가모니》가 반복(反復)되는 《윤회》를 통해 태어나서 다시 만들게 됨으로써 가시화되어 나타난 것이다. 이 관계의 상세한 설명은 《버마》《전국(戰國)》 시대 편에서 하여 드리겠다.

295

ㄹ> [카렌(Karen) 족(族)]

《악마(惡魔)의 신(神)》으로서 《대마왕신(神)》인 《석가모니》가 그의 후손들을 남길 때는 꼭 《묘족(苗族)》 사회를 파고 들어가서 그의 후손들을 남긴다. 이렇듯 《악마(惡魔)의 신(神)》인 《석가모니》가 《묘족》 사회를 파고 들어가서 그의 후손들을 남기는 이유는 《묘족》과 그가 남기는 후손들이 《우주적(宇宙的)》으로 《음양(陰陽)》 관계가 되어 있기 때문이다. 즉, 진화(進化)가 많이 된 쪽이 《음(陰)》의 《묘족》이며, 진화가 덜된 《양(陽)》이 그의 후손들인 《카렌(Karen)》족(族)들이다. 이러한 《카렌(Karen)》족(族)은 《음(陰)》의 《묘족》들보다는 우주적으로 《150억 년》 진화(進化)가 덜된 민족들로서 《악마(惡魔)의 신(神)》으로서 《대마왕신(神)》인 《석가모니》 후손들이 된다. 이들은 《산악족(山岳族)》의 특성(特性)도 가지고 있는 것이다.

이와 같은 《카렌(Karen)》족(族)을 우주적인 구분으로 보면, 《독각》의 무리들을 《상(上)》, 《중(中)》, 《하(下)》로 구분하면, 《상(上)》이 《대마왕》 《다보불》과 《문수보살》의 후손들이 되며 《중(中)》이 《악마(惡魔)의 신(神)》인 《석가모니》 후손이 되며 《하(下)》가 《그림자 비로자나》와 《가이아 신(神)》 후손들 《독각》의 무리가 되는 것이다. 이러한 이들 관계를 간단한 도형으로 구성하면 다음과 같다.

[도형 1-3-5] 카렌족의 우주적 구분

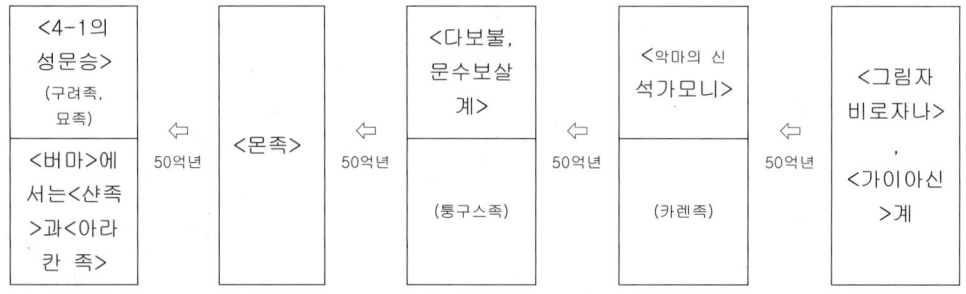

이렇듯 상세한 설명을 드리는 이유는 《악마(惡魔)의 신(神)》으로서 《대마왕신(神)》인 《석가모니》 후손들이 항상 《산족》 또는 《아라칸족》들인 《관세음보살》 후손들과 《몬족》들 사회에서 함께 어울려 산다는 뜻을 전함과 동시에 《악마(惡魔)의 신(神)》으로서 《대마왕신(

神)》인 《석가모니》가 항상 노리는 목적이 《샨족》 또는 《아라칸족》들과 《몬족》들을 《정신적(精神的)》으로 타락시켜 그가 가진 특유한 사상(思想)인 《공산사상》을 《관념화(觀念化)》시켜 이들을 거느리는 수하로 만들어 《권력욕(權力慾)》과 《지배욕(支配慾)》으로 점철된 그들 《야망(野望)》을 달성하는 《이용물》로 만들기 위해 끊임없는 노력을 하고 있는 실상(實相)을 밝히기 위해 설명을 드리는 것이다. 한마디로 첨언하면, 이들은 인간 무리들을 그들의 《이용물》로 이용하다가 궁극적으로는 《파멸(波滅)》의 수렁으로 내몰기 위해 이러한 짓을 하는 것이며 이러한 짓을 하는 무리들이 《대마왕》들과 《악마(惡魔)의 신(神)》들인 《대마왕신(神)》들과 그들의 추종 세력들이라는 사실이다.

《석가모니 하나님 부처님》께서 만드신 이치의 법(法)에서는 이들도 정상적인 진화(進化)를 하여 《성문승》의 대열에 들게 한 후 진화(進化)의 궁극적 목표 지점의 하나인 《인간(人間)》 완성의 길인 《부처(佛)》의 지위에 오를 수 있도록 진화(進化)시키는 것이 목적인데, 이들 《대마왕》들과 《악마(惡魔)의 신(神)》들인 《대마왕신(神)》들은 진화(進化)를 정면으로 거부하고 그들 《야망(野望)》 채우기에 급급함으로써 그들이 남긴 그들 후손들의 진화(進化)는 외면하고 그들을 《이용물》로만 실컷 이용하다가 궁극적으로는 그들 후손들은 버리고 《지배층》에 있는 그들과 그들 추종 세력들만 잘 먹고 권력 휘두르고 잘 살자는 배짱을 가진 자들이 《대마왕》들과 《악마(惡魔)의 신(神)》들인 《대마왕신(神)》들이라는 사실이다.

이러한 뜻을 가진 《악마(惡魔)의 신(神)》으로서 《대마왕신(神)》인 《석가모니》가 《샨족》 또는 《아라칸족》과 《몬족》으로 이름된 민족들 사회에 파고들어 그들 목적 달성을 위해 만든 《왕조(王朝)》가 《파간 2왕조》로써 《파간 2왕조》의 초대 왕 《피인비아(Pyinbya)》(재위 AD874~AD906)가 곧 《악마(惡魔)의 신(神)》인 《석가모니》이다. 이로써 《정권(政權)》을 장악한 《악마(惡魔)의 신(神)》인 《석가모니》는 반복(反復)되는 윤회(輪廻)로 다시 태어나 그의 본색(本色)을 완전히 드러내고 《우주 쿠데타》를 선언하는 《파간 제국(帝國)》(AD1044~AD1297)을 다시 세우고 초대 왕 《아나우라흐타(Anawrahta)》(재위 AD1044~AD1078)로 이름하게 된다. 이렇게 이름한 자(者) 역시 《악마(惡魔)의 신(神)》인 《석가모니》이다. 이 자(者)가 왕조(王朝)를 세울 때는 항상 그의 후손 민족인 《카렌(Karen)》족(族)이 바탕이 되는 것이다. 이와 같은 그의 후손 민족인 《카렌족》은 우주적으로 진화(進化)가 덜된 민족이기 때문에 《국가 경영》 능력들이 부족하기 때문에 항상 《무력통치(武力統治)》를 선호하며, 《전쟁》을 하는 데는 용감한 실력을 발휘하는 민족들인 것이다.

이와 같이 《파간 2왕조》(AD874~AD1044)로부터 《버마》는 사실상의 《전국(戰國)》 시대로 돌입한 것이며, 《파간 2왕조》에서 《미륵불》과 그의 아들인 《혜경 보살》이 한때 왕위(王位)에 올라 그들의 뜻을 꺾어 보고자 하였으나 실패를 한 것이다. 이로써 이들 두 분을 제외한 《파간 2왕조》와 《파간 제국(帝國)》의 모든 왕(王)들은 《악마(惡魔)의 신(神)》인 《석가모니》계(系)의 《대마왕신(神)》들이 모두 자리한 것이다. 이러한 사실들이 《왕명록》에 그대로 드러나 있으니 참고하시기 바란다. 그리고 《악마(惡魔)의 신(神)》인 《석가모니》 후손들인 《카렌족(族)》들이 오늘날 《버마》 인구의 《7%》를 차지하고 있다는 사실도 아시기 바란다.

바> [《버어마》에서의 교화(敎化)와 왕조(王朝)들의 정리]

※ 지금까지 《버마》에서의 1차 교화와 2차 교화와 이 이후 전개되는 《왕조(王朝)》에 관련된 내용들을 간단히 정리를 하면 [1-3-9-17]과 같다.

사> [버어마 교화기(敎化期) 신시(神市)의 정리]

※ 《버마》 2차 교화기(敎化期) 때 만들어진 《신시(神市)》들을 정리하면 다음과 같다.

[표 1-3-9-17] 버어마(Burma)에서의 교화

지역		1차 교화기	2차 교화기	왕조(王朝) 시대	
서부 해안	상(上)	5500BC~ 5000BC	3500BC~3325BC 《라크히네(Rakhine) 문명기》	2166BC~825BC	단야와디 2왕조(Danyawaddy II)
				825BC~AD146	단야와디 3왕조(Danyawaddy III)
	하(下)	5000BC~ 4500BC	3325BC~2666BC 《단야와디 1왕조(Danyawaddy I)》	AD146~AD788	단야와디 4왕조(Danyawaddy IV)
			2666BC~2166BC 《단야와디 2왕조(Danyawaddy II)》	AD796~AD1018	웨타리 왕조(Wethali)
동부 내륙	상(上)	5000BC~ 4500BC	2300BC~1800BC 《퓨(Pyu)》 신시(神市) 시대	1300BC~850BC	《퓨(Pyu)》 신시(神市) 왕조 시대
				850BC~600BC	타가웅 1왕조(Tagaung I)
				600BC~483BC	타가웅 2왕조(Tagaung II)
				AD80~AD846	파간 1왕조(Pagan I)
	하(下)	4500BC~ 4000BC (초기 문명기4000BC ~3500BC)	1800BC~1300BC 《퓨(Pyu)》 신시(神市) 시대	483BC~AD94	쓰리크세트라(Sri Ksetra)
				593BC~AD1057	타톤 왕조(Thaton)
				AD825~AD1057	초기 한타와디 왕조(Early Hanthawaddy)
				AD874~AD1044	파간 2왕조(Pagan II)
				AD1044-AD1297	파간 제국
※ 이하는 전국시대 돌입함					

※ 상기 버어마 왕조는 라크히네 문명기를 제외한 모든 왕조들은 석가모니 하나님 부처님께서 직접 여셨다.
※ 버마의 서부 해안과 동부 내륙은 《아라칸 산맥(Arakan Mountains)》을 경계로 하였다.
※ 1차 교화기 : 구석기인을 신석기인으로 교화한 기간
※ 초기 문명기 : 1차 교화 후 신석기인들에게 농경법과 가축을 기르는 등의 삶의 지혜를 가르친 기간
※ 2차 교화기 : 신시(神市)를 중심으로 왕조가 확대되는 기간으로, 이는 문명기에 해당된다. 신시(神市)를 만들어 왕조를 세우고 그곳에서 2차 교화가 끝이 나면 다음 신시(神市)로 그 왕조가 이동하는 식으로 신시(神市) 세 곳을 만들어 왕조가 다스리며, 첫 신시를 포함한 각 신시를 중심한 주변 영역 일대 전체를 다스린다.

※ 버어마의 동부 내륙의 2차 교화기 중 왕조가 없는 기간을 《푸(Pyu) 신시(神市) 왕조 시대》라 한다. 동부 내륙에 왕조가 없을 때는 서부 해안의 단야와디 왕조에서 동부 내륙을 통치했기 때문이다.

[표 1-3-9-18] 버어마의 신시(神市)

구분		신시(神市)	형성 시기	통치 왕조
서부 해안	상(上)	· 단야와디(Dhanyawadi) · 웨타리(Waithali) · 라임로(Laymro)	단야와디 1왕조	단야와디 1왕조
	하(下)	· 페구(Pegu 또는 Bago) · 이라와디 델타(Irrawaddy Delta) · 탄리인(Thanlyin)	단야와디 2왕조	단야와디 2왕조
동부 내륙	상(上)	· 타가웅(Tagaung) · 하린(Halin) · 파간(Pagan)	2300BC~1800BC 《퓨(Pyu)》 신시(神市) 시대	단야와디 2왕조
	하(下)	· 아바(Ava) · 빈나카(Binnaka) · 쓰리크세트라(Sri Ksetra)	1800BC~1300BC 《퓨(Pyu)》 신시(神市) 시대	단야와디 2왕조

※ 버어마의 서부 해안과 동부 내륙의 경계는 아라칸(Arakan) 산맥을 기준으로 한다.
※ 상기 내용은 2차 교화기에 순차적으로 세워진 각 지역별 세 곳의 신시(神市)이다.
※ 2차 교화기의 신시(神市)는 세 곳이 되며, 그 왕조가 다스리는 영역은 첫 신시(神市)를 포함한 전체 세 곳의 신시(神市)를 중심한 주변 영역들이다.
※ 2차 교화기에서는 신시(神市)를 중심으로 왕조가 들어서는 형태로 인간들의 문명이 전개되는 기간이다. 그래서 2차 교화기는 문명기라 일컫기도 한다. 2차 교화기의 전개는 첫 신시(神市)에서 왕조가 세워져 2차 교화가 끝이 나면 두 번째 신시(神市)로 그 왕조가 이동하여 그 곳을 중심으로 2차 교화가 이루어지고 또 다시 세 번째 신시(神市)로 옮겨 그 곳을 중심으로 2차 교화를 하면서 문명기(文明期)를 계속하는 것이다.

[지도 1-3-1] 고대 버어마 신시(神市)

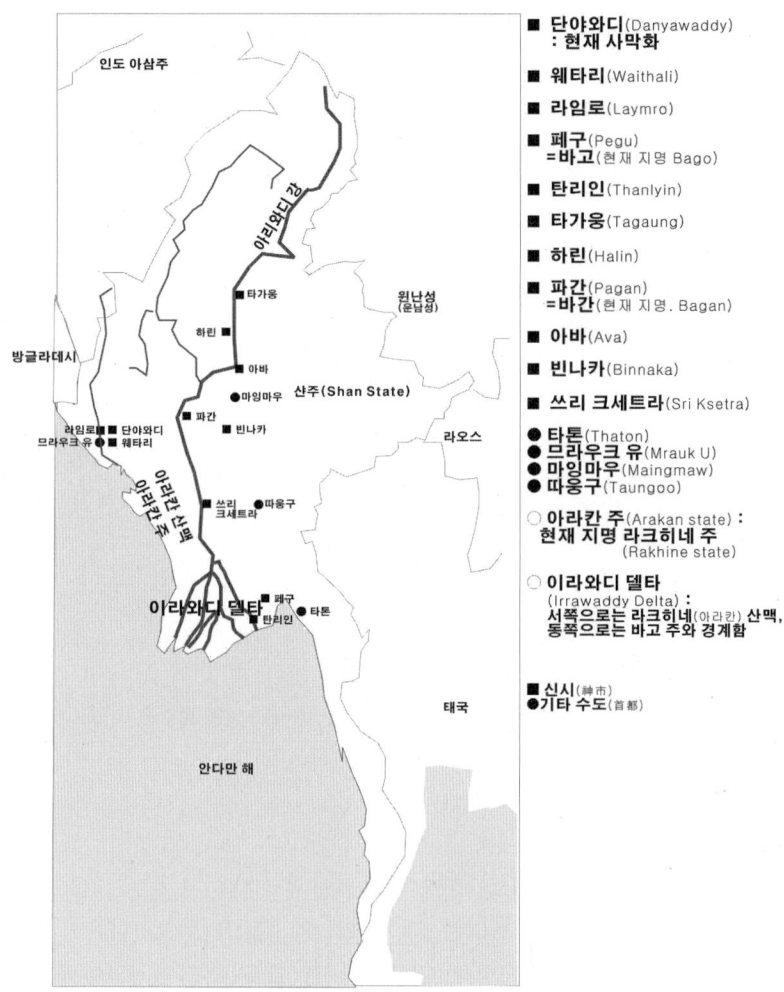

아> [버마 전국시대(戰國時代)의 시작]

　《버마》의 《전국시대(戰國時代)》는 사실상 《파간 2왕조》(AD874~AD1044)와 《파간 제국(帝國)》(AD 1044~AD1297)부터 시작이 되었음을 진행을 하면서 말씀드렸다. 이러한 《파간 2왕조》와 《파간 제국(帝國)에서 《왕(王)》으로 자리하신 분들이 모두 《20명》이며, 이와 같은 《20명》의 《왕(王)》들 중 《미륵불》과 《혜경 보살》을 제외한 《18분》의 왕(王)들이 모두 《악마(惡魔)의 신(神)》으로서 《대마왕신(神)》인 《악마(惡魔)의 신(神)》 《석가모니》계(系)의 《대마왕신(神)》들로서 이들이 반복(反復)되는 《윤회(輪廻)》를 통해 《왕위(王位)》에 머무른 것이다. 이러한 《악마(惡魔)의 신(神)》들인 《대마왕신(神)》들이 다스린 《파간 2왕조》와 《파간 제국》의 통치(統治) 기간이 《AD 874 ~ AD 1297》년까지로써 《423년》이 된다.

이와 같은 통치 기간 동안 《악마(惡魔)의 신(神)》들인 《대마왕신(神)》 왕(王)들은 그들의 후손 민족들인 《카렌(Karen) 족》들을 이용하여 《무력통치(武力統治)》의 수단으로 삼고 그들 《왕조(王朝)》 체제를 유지하면서 그들 《왕조(王朝)》의 다스림에 순응하는 《샨(Shan) 족》 또는 《아라칸(Arakan) 족》들과 《음(陰)》의 《독각》 무리인 《몬(Mon) 족(族)》들에게는 《공산사상(共産思想)》과 《관념(觀念)》의 《마성(魔性)》을 뿌리 깊게 심게 되고 이를 거부하는 세력들은 자연히 그들 《왕조(王朝)》의 통치(統治)로부터 벗어나기 위해 《본능적》으로 그들 세력들을 배척하게 되어 전쟁도 불사하게 되는 것이다.

이때 제일 중요한 점이 《아라칸족(族)》과 《몬족(族)》들에게 어떻게 하여 《공산사상》과 《관념》의 《마성(魔性)》을 심어 타락시키느냐 하는 문제이다. 이제 때가 되어 《메시아(Messiah)》가 이 문제를 밝혀 드리겠다.

《악마(惡魔)의 신(神)》인 《석가모니》 직계 후손들인 《카렌족》은 《선천적》으로 《공산사상(共産思想)》이 뿌리 깊게 박혀 진화하여온 《독각》의 무리들이다. 이러한 그 《독각》의 후손 무리들에게 《무력통치》의 기반을 닦고 《왕조(王朝)》를 세우게 되면 《카렌족》의 최고 조상인 《악마(惡魔)의 신(神)》인 《석가모니》가 그의 막강한 《영력(靈力)》으로 그의 후손들 《카렌족》들에게 결혼을 할 때는 반드시 《아라칸족》이나 《몬족》 《남녀(男女)》를 선택하여 결혼을 하도록 《영적(靈的)》인 명령을 내리게 된다. 이러한 그들 최고 조상의 《영적》인 《명령》은 특별한 경우를 제외하고는 눈에 보이지 않게 《카렌족》 개개인은 자신도 모르게 그 《영적》인 《명령》을 수행하게 되는 것이다. 이러한 《무력통치》 기반을 가진 《권력(勸力)》을 쥔 무리들이 청혼을 하여 올 때 《아라칸족》이나 《몬족》 개개인은 물리치기가 사실상 어렵다. 이로써 결혼이 성사되면 《후손》을 남기게 되는데, 이렇게 하여 탄생된 후손에게는 《공산사상》이 자동적으로 뿌리 깊게 내려지면서 그 후손의 진화(進化)는 후퇴하게 되면서 대대(代代)로 그 후손이 남기는 자손 역시 마찬가지인 것이다.

이와 같이 《피(血)》를 섞어 타락시키는 방법이 첫째이며, 다음으로 《동남아시아》 일대에 만연한 《상좌부 연각과 독각 불교(佛敎)》를 여러분들께서는 잘 아실 것이다. 이러한 《상좌부 연각과 독각 불교》를 일반적인 전문용어로 분류를 하면 《상좌부 불교》라고 한다. 이러한 《상좌부 불교》를 신앙하며 《사찰》에 들어가서 《불상(佛像)》에 예불할 때 《석가모니불(佛)》하고 예불을 하면 《불상》에 《악마(惡魔)의 신(神)》인 《석가모니》 분신불이 좌정하여 그의 막강한 《영력(靈力)》으로 예불 드리는 자에게는 《마성(魔性)》을 심게 되는 것이다. 《대마왕신(神)》 《악마(惡魔)의 신(神)》인 《석가모니》가 이러한 짓을 하기 위해 BC 6세기에 고대인도 땅으로 와서 《대마왕신(神)》 《부처(佛)》를 이루었음이 향후 진행되는 《마왕불교(魔王佛敎)》편에서 상세히 설명된다.

　　이와 같이 《악마(惡魔)의 신(神)》인 《대마왕신(神)》 《석가모니》가 《AD 874년》에 《파간 2왕조》를 연 후 《파간 제국(帝國)》이 망(亡)하게 되는 《AD 1297년》까지 《423년》간 《아라칸족(族)》과 《몬족(族)》들에게 《공산사상(共産思想)》의 《관념(觀念)》과 《마성(魔性)》을 집중적으로 심어 이들을 타락하게 한 것이다. 이로써 진화(進化)가 후퇴된 《아라칸족》과 《몬족》들이 거주하던 도시(都市)들이 《파간(Pagan)》, 《아바(Ava)》, 《하린(Halin)》, 《마잉마우(Maingmaw)》, 《빈나카(Binnaka)》 등 5개 도시(都市)로써 이 도시들에 거주하는 《일반민(一般民)》들이 진화(進化)에 후퇴한 인간 무리들이 되며 이러한 인간 무리들이 나머지 《버마》 도시(都市)들에 거주하는 《일반민(一般民)》들에게 미친 영향은 큰 것이 아니었음을 천상(天上)은 파악하고 있는 것이다.

　　이로써 먼저 말씀 드린 5개 도시(都市)에 거주하던 《아라칸족》과 《몬족》 상당수는 《공산사상》과 《관념》으로 오염되어 인간 내면(內面)의 《영혼》과 《영신》에 《마성(魔性)》이 깊게 심겨진 탓에 그들의 진화(進化)가 후퇴되어 《양(陽)》의 《독각》 무리들로 변화함으로써 《대마왕》 《다보불》과 《문수보살》과 《악마(惡魔)의 신(神)》인 《대마왕신(神)》 《석가모니》 등 양쪽으로부터 《영적(靈的)》 지배를 받는 하수인들로 변화하고 만 것이다.

　　이러한 변화가 변화를 겪지 않은 《아라칸족》과 《음(陰)》의 《독각》 무리들과 《악마(惡魔)의 신(神)》인 《대마왕신(神)》 《석가모니》 후손들인 《카렌족》과의 갈등이 본격적으로 분출이 된 때가 《파간 제국(帝國)》 멸망 이후가 된다.

자> [버마《파간 제국》멸망 이후부터 《콘바웅(Konbaung) 왕조》까지] (AD1297~AD1885)

《파간 제국》이 멸망한 《AD 1297년》부터 《므라우크 유(Mrauk U)》 왕조(王朝) 시작 년도인 《AD 1430년》까지 《133년》간은 《대마왕》《다보불계(系)》와 《악마(惡魔)의 신(神)》인 《대마왕신(神)》《석가모니계(系)》의 패권 다툼과 아울러 변화를 겪지 않은 《아라칸족》과 《몬족》들 저항의 기간으로써 《역사(歷史)》를 정리할 가치가 없어 이 부분의 정리는 생략하도록 하겠다.

이러한 일들이 있고 난 후 《악마(惡魔)의 신(神)》으로서 《대마왕신(神)》 중의 하나인 《천관파군 1세 분신2》가 《AD 1430년》《벵갈》《슐탄(Sultanate)》의 군사 도움으로 다른 지역 일부의 영토는 《벵갈》에 양도하고 《아라칸》 지역만 다스리는 《므라우크 유(Mrauk U)》 왕조(王朝)(AD1430~AD1785)를 세우고 스스로는 초대 《민 사우 문(Min Saw Mun)》(AD1404~AD1434, 재위 AD1430~AD1434) 왕(王)으로 자리하게 된 것이며, 이 왕조(王朝)의 왕(王)들은 《천관파군계(系)》의 《악마(惡魔)의 신(神)》들인 《대마왕신(神)》들과 《마왕신(神)》들이 모두 자리한 것이다

그리고 이러한 때 《대마왕》《다보불》과 《문수보살》은 《버마》 동부 내륙 지방 모두를 통일하여 《따웅구(Toungoo)》 왕조(王朝)(AD1510~AD1752)를 세우고, 초대 왕으로 《대마왕》《다보불》이 《타빈슈웨티(Tabinshwehti)》(재위 AD1530~AD1550)로 자리하고 2대 왕으로 《대마왕》《문수보살 2세 분신3》이 《베인나웅(Bayinnaung)》(재위 AD1551~AD1581)으로 이름하고 자리하였으며, 나머지 왕(王)들 역시 《다보불》과 《문수보살》계(系)의 《대마왕》들이 모두 자리한 것이다.

그리고 《따웅구(Toungoo)》 왕조의 명칭인 《따웅구(Toungoo)》는 《대마왕》《다보불》과 《문수보살》의 후손들인 《퉁구스족(Tungus族)》에서 따온 문자(文字)로써 《따웅구 왕조》 백성(百姓)들 역시 《다보불》과 《문수보살》의 후손들이라는 의미도 가진 《왕조》의 명칭이라는 사실을 아시기 바란다.

이와 같이 하여 《버마》는 한동안 《국토(國土)》가 삼등분되어 《므라우크 유(Mrauk U)》 왕조와 《따웅구 왕조》와 《벵갈인》 영역으로 나뉘어져 있는 가운데, 한때 《대마왕》《다보불》과 《문수보살》의 《영적(靈的)》인 명령을 따르지 않던 진화된 《몬족》들이 《한타와디(Hant hawaddy)》 왕조(AD1740~AD1757)를 《페구(Pegu)》에서 일시 복원하였으나 얼마 있지 않아 반복(反復)되는 윤회(輪廻)를 통하여 다시 나타나 《아라웅파야(Alaungpaya)》(재위 AD1752~AD1760) 왕(王)으로 이름하고 《콘바웅(Konbaung)》 왕조(AD1752~AD1885)를 세운 《악마(惡魔)의 신(神)》인 《석가모니》에 의해 왕조(王朝)는 멸망을 당하는 것이다. 이로써 이후 《콘바웅(Konbaung)》 왕조(AD1752~AD1885)는 삼등분된 《버마》를 통일(統一)하여 하나의 《왕조(王朝)》로 자리하게 되며, 통치자들인 《왕(王)》들은 《악마(惡魔)의 신(神)》들인 《석가모니》계(系) 《대마왕신(神)》들이 차례로 자리하게 되는 것이다.

※ 주(註) :

　　《왕조시대(王朝時代)》에 있어서 《공산사상(共産思想)》은 《절대군주제(絶對君主制)》에 의한 《무력통치(武力統治)》로 나타나는 점을 깊이 인식하시기 바란다. 그리고 차제에 하나 더 밝혀 둘 일은 《대마왕》 그룹에 있어서 《관세음보살 2세》와 《무곡성불》의 후손들과 《지장보살》이 거느리는 후손들 중 《양(陽)》의 《독각 무리》와 《악마(惡魔)의 신(神)》들인 《대마왕신(神)》의 그룹에 속한 《천관파군》과 《가이아 신(神)》 후손들은 《인간(人間)》 《영혼(靈魂)》과 《영신(靈身)》이 《인간 육신(肉身)》을 가지고 태어난 무리들이 아니고 《곤충(昆蟲)》 《영혼(靈魂)》과 《영신(靈身)》이 인간 《육신(肉身)》을 가지고 태어난 무리들이기 때문에 이들을 《곤충(昆蟲)》 무리들이라고 하며, 실제로 《인간》 《내면(內面)》의 주인공인 《영혼(靈魂)》이 가지고 있는 몸(身)인 《영신(靈身)》은 진화(進化)가 덜된 《곤충(昆蟲)》의 《육신(肉身)》으로서 《영신(靈身)》을 가지고 있으며, 실제 이들의 《영혼》들이 인간 육신(肉身)을 가지고 태어나지 않을 때는 《곤충(昆蟲)》의 《영신(靈身)》을 가지고 《곤충》으로 자리하기 때문에 이들은 모두 현상세계(現象世界)에 나타나 있는 《곤충(昆蟲)》들과 밀접한 관계를 맺고 있는 것이며, 《그림자 비로자나 1세》와 《가이아 신(神)》 사이에 태어난 《물고기》와 《어패류》의 《영신(靈身)》을 가진 자(者)들도 마찬가지인 것이다.

　　때문에 이들 다스림의 방편으로 나온 것이 《공산사상(共産思想)》에 의한 《무력통치(武力統治)》 체제로써 이것이 《공산사상》을 가진 자들의 《본질(本質)》이라는 사실을 깊이 인식하시기를 바라는 것이며, 이들 《곤충》 무리들과 《물고기》와 《어패류》의 《영신(靈身)》을 가진 무리들이 《인간》으로 진화하는 무리들에게 너무나 큰 피해를 주었기 때문에 향후 《후천우주》 및 모든 법공(法空)의 진화기에는 그들이 《짐승》 영신(靈身)으로 진화하지 않는 이상 두 번 다시 《인간》 《육신(肉身)》을 가지고 태어날 수 없도록 《원천창조주》이신 《석가모니 하나님 부처님》께서 진리(眞理)의 이치로 확정하셨음을 다시 한 번 더 알려드리는 것이다.

그리고 특히 이러한 《대마왕》들과 《악마(惡魔)의 신(神)》들인 《대마왕신(神)》들 중 《곤충(昆蟲)》 무리들 두목급들인 《천관파군 1세》와 《천관파군 2세》인 《이오 신(神)》 등 이들은 《지상(地上)》에서 펼쳐지는 《인간》 문명(文明)과 《역사(歷史)》 기록을 모두 날조하고 왜곡하여 《악(惡)》의 신(神)들 입장에서 재편성하는 의무를 띠고 세상(世上)에 태어난 자(者)들이기 때문에 이들은 《반복(反復)》되는 윤회를 통하여 전 지구계(地球界) 인간들의 역사를 날조하고 왜곡한 장본인들이라는 사실을 알아야 하며, 《천관파군》계(系)가 《왕조(王朝)》를 이루면 그때까지 진행되어온 《역사(歷史)》를 그들 악(惡)의 세력 기준에 맞게 삭제할 것은 하고 날조된 역사(歷史) 기록을 남기는 일부터 한다는 사실을 오늘을 살고 있는 《역사》학자들은 알아야 하며 이 때문에 《동남아시아》 역사 기록들인 《버마》, 《라오스》, 《태국》, 《캄보디아》 역시 이들 《곤충》 무리들이 곳곳에서 《왕조》를 이루고 자리하였기 때문에 현재 전하여져 오는 이에 대한 《역사》 기록들도 상당히 왜곡된 내용이 많다는 것을 분명히 말씀드리는 것이다.

차> [영국(英國, British)의 버마 통치기(統治期)]

《악마(惡魔)의 신(神)》인 《대마왕신(神)》 《석가모니》가 세운 《콘바웅(Konbaung)》 왕조(AD1752~AD1885) 통치 기간 중, 《석가모니 하나님 부처님》께서 《버마인》과 《아라칸족》들과 진화된 《몬족》 등 《한민족(韓民族)》 핏줄을 가진 모두들에게 《공산사상》 확대로 인한 인간 내면(內面)의 《영혼》들 타락을 더 이상 방치할 수 없었기 때문에 같은 《한민족》 핏줄을 가진 《영국(英國)》의 지도자들에게 《버마》에서의 《공산사상》 확대 저지와 함께 《버마》를 지키기 위해 《버마》 보호를 위한 《영적(靈的)》인 명령을 내리시게 된다. 이와 같은 《석가모니 하나님 부처님》의 《영적》인 명령을 충실히 이행을 한 나라가 《영국》으로써 이는 《버마》에 대한 《침공》이 아니었음을 《메시아》가 분명히 하는 것이다. 이와 같이 하여 《버마》에 진출한 《영국군》에 의해 《콘바웅(Konbaung)》 왕조는 멸망하고 《AD 1824 ~ AD 1948》년까지 《124년》간을 《버마》는 《영국(英國)》의 통치(統治)하에 있게 되는 것이다.

　　이러한 《124년》간의 《버마》에 대한 통치 기간이 《천상(天上)》의 입장으로 볼 때, 《파간 2왕조》가 시작된 《AD 874년》부터 《콘바웅 왕조》가 멸망한 《AD 1885년》까지 《1,011년》간 《버마》의 모든 백성(百姓)들이 《공산사상》과 잘못된 관념(觀念)과 전쟁 등으로 인해 시달려옴으로써 황폐할 대로 황폐하여진 모든 백성(百姓) 《영혼》과 《영신》들에게 《도덕성(道德性)》을 회복할 기회를 《천상(天上)》에서 준 때가 되는 것이다.

　　그리고 《천상(天上)》의 임무를 수행하는 《영국군》이 《버마》에 진출한 지 《115년》이 되는 때, 《영국군》을 몰아내기 위해 《악마(惡魔)의 신(神)》들인 《대마왕신(神)》들을 포함한 《공산사상가》들과 그들의 추종 세력들이 모두 《아바(Ava)》에 집결함으로써 이때를 기다리고 계시던 《석가모니 하나님 부처님》께서 《천상(天上)》의 《재앙(災殃)》으로 《AD 1939년》에 지진을 일으켜 《아바(Ava)》 일대를 땅 속으로 침몰시킴으로써 《아바(Ava)》시(市)는 《지상(地上)》에서 영원히 사라져 간 것이다. 이러한 《천상(天上)》의 대재앙(大災殃)에 크게 놀란 《악마(惡魔)의 신(神)》인 《석가모니》는 두려움 때문에 이후 《버마》에는 얼씬도 하지 못한 것이다.

　　이러한 이후 《영국(英國)》도 《일본군(日本軍)》의 《버마》 침공으로 《AD 1942 ～ AD 1945》년까지 《3년》간은 《버마》에서 철수를 하였으나 2차 세계 대전에서 《일본(日本)》이 패망(敗亡)하게 됨으로써 《영국(英國)》은 다시 《버마》로 진출하여 《버마》가 독립할 때인 《AD 1948년》에 《버마》에서 완전 철수를 한 것이다. 이것으로써 《버마》에 대한 《역사적 실상(實相)》에 대한 기록을 모두 마치도록 하겠다.

(5) [라오스(Laos)]

① [《라오스》 지역의 1차 교화(敎化)] (5500BC~4500BC)

《한민족(韓民族)》의 두 번째 고대(古代) 국가인 《배달국(倍達國)》으로 불리우는 《딜문(Dilmun)》으로부터 먼저 교화(敎化)된 일단의 《음(陰)》의 《곰족(族)》 무리들이 《3,000》의 무리를 이루어 교화(敎化)의 주력(主力) 세력들이 되어 이동하여 《라오스》 지역에 도착한 때가 《BC 5500년》이다. 이로부터 《BC 5500 ~ BC 5000》년까지 《500년》 동안 《라오스》 지역 곳곳에 있는 《석가모니 하나님 부처님》 직계 《음(陰)》의 《곰족(熊族)》 《구석기인》들에게 《하늘(天)》의 씨앗인 《삼진(三眞)》을 심어 《신석기인》으로 전환시키는 교화(敎化) 작업을 계속한 것이다.

이로써 《인간 무리》로 거듭 태어난 《음(陰)》의 《곰족(熊族)》들인 《성문(聲聞)》의 무리들에게 《농경법》을 가르치고 가축을 기르는 등 안정적인 삶을 살아가는 법을 가르치는 《초기 문명》 기간을 《BC 5000 ~ BC 4500》년까지 《500년》을 가진 후 교화(敎化)의 주력(主力) 세력들도 다음 이동이 없이 이들과 함께 《촌락(村落)》과 《부락(部落)》을 이루고 2차 교화(敎化)가 이루어질 때까지 《2,700년》간을 《초기 문명》 상태를 벗어나지 못하고 생활을 한 것이다.

특이한 사항은 이러한 긴 공백 기간 동안 《대마왕》들과 《악마(惡魔)의 신(神)》들인 《대마왕신(神)》들이 침범하지 못한 이유는 이들 《성문》의 《인간 무리》들이 《석가모니 하나님 부처님》의 직계 후손들인 탓도 있으나 2차 교화기 문명(文明)을 거치기까지는 일체 《대마왕》들과 《악마(惡魔)의 신(神)》들인 《대마왕신(神)》들의 침범을 금한 《석가모니 하나님 부처님》의 엄한 명령 때문이었던 것이다. 또한, 이러한 오랜 기간 동안 이들 무리가 스스로 《왕조(王朝)》를 이루지 못하는 이유는 진행을 하면서 밝힌 바 있듯이 《천상(天上)》으로부터 내려온 《불(佛)》, 《보살(菩薩)》 등 《제신(諸神)》들의 지도자가 있어야 되기 때문에 때에 여러 곳의 교화(敎化)와 《왕조(王朝)》를 이루어 《문명기(文明期)》를 열기 위해 바쁜 《제신(諸神)》들 탓에 긴 공백 기간이 발생한 것이다.

② [라오스 지역의 2차 교화기(敎化期) 문명(文明)] (1800BC~1300BC)

《라오스》에 대한 2차 《교화 기간》은 《BC 1800 ~ BC 1300》년까지 《500년》 기간이며, 처음 교화 기간 《BC 1800년》 이후 일정 기간은 《버마》에서 《라오스》로 교화(敎化)의 주력(主力)들이 이동한 기간이 포함되어 있다. 이러한 이동 기간을 따로 구분하는 것이 번거로와 전체 교화(敎化) 기간에 포함한 것이니 이해 바란다.

　　이렇듯 《상(上) 버마》 동부 내륙 2차 교화를 마친 후 《석가모니 하나님 부처님》께서는 2차 교화의 주력 세력 《3,000》을 이끄시고 《라오스》 지역으로 이동하시어 《루앙 프라방(Luang Prabang)》에 첫 번째 《신시(神市)》를 여시고 《왕조(王朝)》를 세워 《왕조》의 명칭을 《란쌍(Lan Xang) 1왕조(王朝)》(1800BC~1300BC)로 이름하시고, 《석가모니 하나님 부처님》 이후의 《왕(王)》들은 《미륵불》을 포함한 《착함(善)》을 근본 바탕으로 한 《불(佛)》, 《보살(菩薩)》 등을 반복(反復)되는 윤회(輪廻)를 통하여 차례로 《왕위(王位)》에 오르게 하신 이후 이곳에서 《150년》간의 2차 교화를 마친 이후 교화의 주력(主力) 세력들은 다시 두 번째 《신시(神市)》인 《씨앙쿠앙(Xiang Khouang)》을 열고 《왕조(王朝)》의 축(軸)을 옮기게 된다. 이곳에서도 《150년》간의 2차 교화를 한 후 다시 교화의 축(軸)을 세 번째 《신시(神市)》인 《비엔티안(Vientiane)》으로 옮겨 《200년》간 2차 교화를 하는 동안 《란쌍(Lan Xang)》 1왕조(王朝)는 존속한 것이며, 2차 교화가 끝이 난 후 《교화》의 주력(主力) 세력들이 《푸난》 왕조가 들어설 곳으로 교화의 《축(軸)》을 이동함으로써 《란쌍》 1왕조(王朝)는 자연히 소멸하고 만 것이다.

　　이러한 2차 교화기 때의 《란쌍(Lan Xang)》 1왕조(王朝) 《문명기(文明期)》를 상기시키기 위해 《석가모니 하나님 부처님》께서는 기원후(紀元後) 다시 《란쌍(Lan Xang)》 2왕조를 세우시고 초대 《파응움(Fa Ngum) 왕(王)》(AD1316~AD1393, 재위 AD1353~AD1372)으로 재위(在位)에 머무심으로써 후손 민족들에게 《2차 교화기》 문명(文明)이 《란쌍(Lan Xang)》 1왕조 문명기(文明期)였음을 일깨우신 것이다.

③ [라오스 2차 교화기(敎化期) 이후의 왕조(王朝)]

　　《라오스》 2차 교화기 이후 교화(敎化)의 주력(主力) 세력들이 《푸난》 왕국이 세워질 곳으로 이동하게 됨으로써 2차 교화기 때 만들어졌던 《란쌍 1왕조》(1800BC~1300BC)는 《BC 1300년》 이후 자연히 소멸하고 때에 만들어졌던 신시(神市) 세 곳은 《반독립(反獨立)》 《도시국가(都市國家)》로 존재하면서 《BC 1300 ~ BC 300》년까지 《1,000년》간은 《버마》의 여러 왕조(王朝)들에 의해 지배를 받았고, 《BC 300 ~ AD 1353》년까지 《1,653년》간은 《태국》 《대아유타야 왕국》(300BC~AD640)과 《아유타야 왕국》(AD640~AD1087~AD1438)의 지배하에 《드바라바티》 도시(都市) 국가로 존재하였으며, 이후 《AD 1353년》에 《석가모니 하나님 부처님》께서 《란쌍(Lan Xang)》 2왕조를 만드시고 초대 왕 《파응움(Fa Ngum)》(AD1316~AD1393, 재위 AD1353~AD1372)으로 왕위(王位)에 오르심으로써 《라오스》 경계가 확정되어 비로소 첫 《라오스》 왕조(王朝)가 탄생한 것이다.

이러한 《라오스》의 첫 왕조(王朝)인 《란쌍(Lan Xang)》 2왕조(AD1353~AD1706)의 《왕명록》을 밝혀 드리면 다음과 같다.

[표 1-3-9-19] 라오스(Laos) 2차 교화기 이후 왕명록
란쌍 2왕조(Lan Xang II) : AD1353~AD1706

왕순서	왕명(王名)	신명(神名)	재위	비고
1	파응굼(Fa Ngum)	석가모니 하나님 불	생몰 AD1316~AD1393 재위 AD1353~AD1372	
2	삼센타이(Samsenthai)	미륵불	재위 AD1372~AD1417	
3	란 크함 뎅그(Lan Kham Deng)	용시보살	생몰 AD1375~AD1428 재위 AD1417~AD1428	
4	사이 티아 카푸트(Sai Tia Kaphut)	석가모니 하나님 불	재위 AD1428~AD1441	
5	카이야차카파트-파엔파에오(Chaiyachakkapat-Phaenphaeo)	아미타불	재위 AD1441~AD1478	
베트남 점령기(AD1478~AD1479)				
6	수반나 반랑(Suvanna Banlang)	약상보살	재위 AD1479~AD1485	
7	라흐사엔타이 푸바나르트(Lahsaenthai Puvanart)	미륵불	재위 AD1485~AD1495	
8	솜포우(Sompou)	용시보살	재위 AD1495~AD1500	

9	비수나라트 (Visunarat)	노사나불	재위 AD1500~AD1520	
10	포티사라트 1세 (PhotiSarath I)	악마(惡魔)의 신(神)인 석가모니	생몰 AD1501~AD1547 재위 AD1520~AD1548	7대 라흐사엔타이 푸바나르트(미륵불)의 아들
11	세타티라트 1세 (Setthathirat I)	미륵불 분신	생몰 AD1496~AD1572 재위 AD1548~AD1572	9대 비수나라트(노사나불)의 아들
12	사엔수린(Saensurin)	천관파군 1세 분신3	재위 AD1572~AD1574	10대 포티사라트 1세(악마(惡魔)의 신(神)인 석가모니)의 아들
13	마하 아우파하트 (Maha Oupahat)	아미타불	재위 AD1575~AD1580	
14	사엔수린(Saensurin)	천관파군 1세 분신3	재위 AD1580~AD1582	
15	나크혼 노이 (Nakhon Noi)	천관파군 2세 분신2	재위 AD1582~AD1583	
	공백(AD1583~AD1591)			
16	노케오 코우만 (Nokeo Koumanh)		재위 AD1591~AD1596	
17	보라봉사 탐미카라트(Voravongsa Thammikarath)		재위 AD1596~AD1622	
18	우판유파라트 (Upanyuvarat)		재위 AD1622~AD1623	
19	포티사라트 2세 (PhotiSarath II)		재위 AD1623~AD1627	
20	몬 케오(Mon Keo)		재위 AD1627	
21	토네 캄 (Tone Kham)		재위 AD1627~AD1633	
22	비차이(Vichai)		재위 AD1633~AD1637	
23	수리야 봉그사 1세 (Suriya vongsa I)	노사나불	재위 AD1637~AD1694	
24	티안 탈라 (Tian Thala)		재위 AD1690~AD1695	
25	난 타라트 (Nan Tharat)		재위 AD1695~AD1698	
26	세타티라트 2세 (Setthathirath II)	천관파군 2세 분신	재위 AD1698~AD1706	

※ 주(註) 1 :

　현재 전하여져 오는 《란쌍(Lan Xang) 2왕조(王朝)》의 《왕명록》은 형편없는 악의에 찬 날조와 왜곡된 내용으로 정리되어 전하여져 오고 있다. 특히, 현재 전하여져 오고 있는 왕조(王朝)의 왕명록 중 4대 왕 ~ 11대 왕까지의 기록은 《석가모니 하나님 부처님》께서 다시 4대 왕 《사이 티아 카푸트(Sai Tia Kaphut)》(재위 AD1428~AD1441)로 왕위(王位)에 머무신 것을 삭제하고 상기 4대 왕 ~ 11대 왕까지 날조하여 꾸며 놓고, 11대 왕 《세타티라트 1세(Setthathirat I)》로 이름하고 오신 《미륵불 분신》의 생몰 연대가 《AD 1496년 ~ AD 1572년》인데, 이를 《AD 1534년 ~ AD 1572년》로 바꾸어 놓고 《란쌍 2왕조》의 왕(王) 《세타티라트 1세(Setthathirat I)》편에서 《란쌍》의 10대 왕 《포티사라트 1세(PhotiSarath I)》(생몰 AD1501~AD1547, 재위 AD1520~AD1548)의 아들로 태어난 것으로 엉터리 왜곡을 하여 놓은 것이다.

　《란쌍》의 10대 왕 《포티사라트 1세(PhotiSarath I)》로 이름한 《악마(惡魔)의 신(神)》인 《석가모니》는 그들이 남긴 기록과는 정반대로 《미륵불(佛)》께서 7대 왕 《라흐사엔타이 푸바나르트(Lahsaenthai Puvanart)》(재위 AD1485~AD1495)로 왔을 때 《악마(惡魔)의 신(神)》인 《석가모니》가 《미륵불(佛)》의 아들로 태어나서 10대 왕 《포티사라트 1세(PhotiSarath I)》(재위 AD1520~AD1548)로 왕위(王位)에 오른 것이다. 이러한 이후 《미륵불 분신》께서 반복(反復)되는 윤회(輪廻)로 《AD 1496년》에 9대 왕 《비수나라트(Visunarat)》(재위 AD1500~AD1520)로 이름하신 《노사나불(佛)》의 아들로 태어나시어 10대 왕 《포티사라트 1세(Photisarath I)》로 이름한 《악마(惡魔)의 신(化神)》인 《석가모니》가 《AD 1548년》에 죽고 난 후에 《미륵불 분신》께서 다시 《52세》에 11대 왕 《세타티라트 1세(Setthathirat I)》(재위 AD1548~AD1572)로 이름하고 《왕위(王位)》에 오른 것이다.

　이러한 이후 《AD 1572년》에 《미륵불 분신》이 생(生)을 마감하고 난 후 10대 왕 《포티사라트 1세(Photisarath I)》로 이름하고 왕위(王位)에 올랐던 《악마(惡魔)의 신(神)》인 《석가모니》 아들로 태어났던 《대마왕신(神)》들 중 하나인 《천관파군 1세 분신3》이 12대 왕 《사엔수린(Saensurin)》(재위 AD1572~AD1574)으로 이름하고 《왕위(王位)》에 오른 것이다. 그리고 11대 왕 《세타티라트 1세(Setthathirat I)》로 이름하고 오신 《미륵불 분신》을 원한 진 자(者)들에게 피살되었다고 하는 기록도 악의에 찬 꾸며낸 기록들임을 차제에 분명히 밝히는 것이다.

※ 주(註) 2 :

《악마(惡魔)의 신(神)》들인 《대마왕신(神)》《천관파군 1세》와 《천관파군 2세》인 《이오 신(神)》은 《대마왕》들과 《악마(惡魔)의 신(神)》들인 《대마왕신(神)》들의 묵계에 의해 《천상(天上)》으로부터 지상(地上)으로 내려온 근본 목적이 《지상(地上)》의 인간들 역사(歷史)를 왜곡하고 날조하여 후대(後代)의 기록으로 남기는 의무가 숙명적으로 지워져 있었기 때문에 이들이 《왕조》에 나타나기만 하면 모든 왕조(王朝)의 기록들은 《악(惡)》의 세력들인 《악마(惡魔)의 신(神)》들인 《대마왕신(神)》들 위주로 역사가 날조되고 왜곡되어 재편성된 기록을 원천적으로 남기기 때문에 이들의 기록을 믿고 후대의 《역사》《학자》들이 역사를 재정리하여 기록들을 남기게 되는데, 이러한 기록들은 사실상 가치 없는 허구에 찬 왜곡된 역사 기록들이라는 사실을 지금의 《역사》《학자》들께서는 깊이 인식하셔야 하는 것이다.

이로써 향후 진행되는 《푸난 왕국》과 《태국》과 《캄보디아》 등의 왜곡되고 날조된 《역사》 기록들에 대해 일일이 설명 드리는 것은 삼가하고 다만 현재 진행하고 있는 《메시아》이신 《미륵불(佛)》이 여러분들에게 전(傳)하고 있는 기록은 《천상(天上)》의 기록들로써 《지상(地上)》의 진실(眞實)된 인간들 《역사(歷史)》의 《실상(實相)》을 밝히고 있다는 점을 염두에 두시기 바란다. 그리고 한 가지 더 첨언하여 말씀드리면, 이와 같은 《악마(惡魔)의 신(神)》들로서 《대마왕신(神)》인 《천관파군 1세》와 《천관파군 2세》인 《이오 신(神)》이 《라오스》 2차 교화기 문명(文明)의 《란쌍 1왕조(王朝)》의 《왕명록》을 아예 없애버린 자들임을 바로 알려드리는 것이다.

④ [라오스 《란쌍(Lan Xang)》 2왕조(王朝) 이후의 《역사(歷史)》 정리]

[표 1-3-9-20] 라오스 《란쌍 2왕조》 이후의 역사에서도 드러나 있듯이, 《란쌍 2왕조(王朝)》(AD1353~AD1706) 끝 무렵 《라오스》 남부(南部) 지역을 근거로 하여 《악마(惡魔)의 신(神)》인 《대마왕신(神)》《천관파군 1세》가 《참빠삭(Champasak)》 왕조(AD1700~AD1953)를 세우고 초대

[표 1-3-9-20] 라오스 《란쌍 2왕조(王朝)》 이후의 역사(AD1700~AD1953)

국명(國名)	존속연대	초대 왕과 신명(神名)	비고
루앙 프라방(Luang Phrabang) 왕국	AD1707~AD1949	킨 키트사라트(미륵불, Kin Kitsarat, 재위 AD1707~AD1713)	란쌍(Lan Xang) 2왕조 승계
비엔티안(Vientiane) 왕국	AD1707~AD1828	세타티라트 2세(천관파군 2세, Setthathirath II, 재위 AD1707~AD1730)	
무앙 푸안(Muang Phuan) 공국	AD1707~AD1949	씨앙쿠앙(Xiang Khouang)시를 중심한 반독립(反獨立) 도시(都市) 국가	
참빠삭(Champasak) 왕국	AD1700~AD1946	난 라트(천관파군 1세 분신, Nan Rath/Soysysamoun, 재위 AD1700~AD1713)	
프랑스 식민지	AD1893~AD1953		

왕 《난라트(Nan Rath)》(재위 AD1700~AD1713)로 이름하고 《왕위(王位)》에 올라 《란쌍 2왕조》로부터 분리 독립을 선언함으로써 《7년 후》 《미륵불(佛)》께서 《킨 키트사라트(Kin Kitsarat) 왕》(재위 AD1707~AD1713)으로 이름하시고 《루앙 프라방(Luang Phrabang)》 왕조(AD1707~AD1949)를 세우시게 된다. 이로써 때에 《천관파군 2세 분신》도 《세타티라트 2세(Setthathirath II)》로 이름하고 《비엔티안(Vientiane)》 왕조(AD1707~AD1828)을 세우게 된다. 이렇듯 《란쌍 2왕조》가 3왕조(王朝)로 분리될 때 《씨앙쿠앙(Xiang Khouang) 시》를 중심으로 한 《반독립(反獨立)》 도시(都市) 국가가 따로 분리됨으로써 《라오스》는 《란쌍 2왕조》(AD1353~AD1706) 이후 3개의 《왕조(王朝)》와 1개의 도시(都市) 국가로 분열이 되는 것이다.

 이렇게 분리된 《왕조(王朝)》 중 《미륵불》께서 만드신 《루앙 프라방(Luang Phrabang)》 왕조(王朝)는 《란쌍 2왕조》를 승계하고 《착함》을 근본 바탕으로 한 《석가모니 하나님 부처님》의 직계 불(佛), 보살(菩薩) 등 제신(諸神)들이 차례로 《왕위(王位)》에 올라 백성(百姓)들을 다스린 것이며, 《악마(惡魔)의 신(神)》인 《천관파군 1세》가 만든 《참빠삭(Champasak)》 왕조(王朝)나 《천관파군 2세》가 만든 《비엔티안(Vientiane)》 왕조(王朝)는 《악(惡)》을 근본 바탕으로 한 《대마왕신(神)》계(系)의 《대마왕신(神)》이나 《마왕신(神)》들이 차례로 《왕위(王位)》에 올라 백성(百姓)들을 다스린 것이다.

그리고 나머지 《무앙 푸안(Muang Phuan)》 공국은 《대관세음보살》의 후손들로서, 《중원 대륙》 왕조(王朝)들의 박해를 피해 일부의 《묘족(마오족)》들이 《윈난성》으로부터 《태국》 북부 지방을 거쳐 《라오스》로 이동하여 거주하는 곳으로써 《란쌍 2왕조》가 3등분되어 《왕조(王朝)》가 분열되자 스스로들도 《씨앙쿠앙(Xiang Khouang) 시》를 중심으로 《반독립(反獨立)》 도시(都市) 국가를 형성하여 어느 왕조(王朝)에도 소속됨이 없이 강대국에 조공을 바침으로써 자율성을 보장받는 집단 체제를 이루고 도시(都市) 국가 형태로 자리를 한 것이다. 이로써 《란쌍 2왕조》를 이루었던 《라오스》는 모두 4등분이 되어 세 왕조(王朝)와 한 개의 도시 국가로 분열되고 만 것이다.

※ 주(註) 3 :

《라오스》 1차 교화기와 2차 교화기(敎化期) 문명(文明)은 《석가모니 하나님 부처님》을 비롯한 《선(善)》을 근본 바탕으로 하는 《불(佛)》, 《보살(菩薩)》들께서 《왕위(王位)》에 올라 이를 주도한다. 이러한 이후 《왕조시대(王朝時代)》에 돌입하면 《왕조(王朝)》 운영 기간 약 절반 기간 동안은 《선(善)》을 근본 바탕으로 하는 《불(佛)》, 《보살(菩薩)》들께서 《왕위(王位)》에 오르셔서 백성(百姓)들을 다스리고 약 절반 기간 동안은 《선악(善惡)》 양면성을 근본 바탕으로 하는 《대마왕》들과 《악(惡)》을 근본 바탕으로 하는 《대마왕신(神)》들이 왕위(王位)에 올라 백성(百姓)들을 다스린다.

이렇듯 《지상(地上)》의 어느 《왕조(王朝)》이든지간에 《선(善)》과 《악(惡)》의 지도자들이 교대로 등장하여 《왕조(王朝)》 운영을 하게 되는 이유를 지금쯤 여러분들께서는 깨달아야 하는 것이다. 이러한 이유를 깨달음으로써 《전지전능》하신 《원천창조주》로서의 《석가모니 하나님 부처님》께서 의도하시는 뜻이 과연 어디에 있는가를 여러분들이 정확히 알게 되고 그러므로써 여러분들께서 《원천창조주》의 뜻을 바로 받들 수가 있는 것이다. 잘라서 말씀드리면, 《원천창조주》이신 《석가모니 하나님 부처님》의 뜻은 인간 무리들의 진화(進化)를 바라시는 것이다. 이 때문에 《왕조 시대》에 돌입하게 되면 《진화(進化)》를 위한 《단련》 때문에 《선(善)》과 《악(惡)》의 제신(諸神)들이 교대로 《왕위(王位)》에 오르게 되는 이유가 되는 것이다.

즉, 《버마》와 《라오스》의 경우, 《음(陰)》의 《곰족(熊族)》들에 대한 1차와 2차 교화기를 거친 분들이 모두 우주적 진화(進化)의 구분으로 볼 때 《성문승(聲聞乘)》들과 《스키타이》 무리들인 인간들의 무리들로 태어나고, 《관세음보살》 후손들인 《구려족》과 《묘족》의 교화기에 함께 태어나는 무리들이 《대마왕》들과 《대마왕신(神)》들의 후손들인 《독각》의 무리들이다. 이러한 무리들 중 《구려족》과 《묘족》들은 《4-1의 성문승》들로서 《성문승》 대열에 들어가는 인간 무리들이다. 이와 같이 교화된 《성문승》과 《스키타이》 인간 무리들을 《한민족(韓民族)》들이라고 하며, 《버마》와 《라오스》와 《태국》과 《캄보디아》는 이러한 《한민족(韓民族)》 핏줄을 가진 인간들의 무리와 인간으로서의 진화(進化)가 덜된 《독각》의 무리가 항상 같은 《왕조(王朝)》를 이루었다가 주로 《대마왕》들이나 《악마(惡魔)의 신(神)》들인 《대마왕신(神)》들이 왕위(王位)에 올랐을 때 《왕조(王朝)》의 분열들이 일어나는 것이다.

이렇듯 진화(進化)가 진행되는 가운데 1차 교화기와 2차 교화기에 있어서 《선(善)》을 근본 바탕으로 하는 《불》, 《보살》들께서 《왕조(王朝)》를 다스릴 때가 인간의 질서와 《도덕성(道德性)》을 배우게 되는 때로 《편안함》의 시대가 계속되는 것이며, 이후 《대마왕》들과 《악마(惡魔)의 신(神)》들인 《대마왕신(神)》들이 《왕조(王朝)》를 다스릴 때가 이들에 의해 《악(惡)》의 씨앗이 심어져 고통을 겪게 되는 《시련》의 시대가 계속되는 것이다.

이들에 의해 심겨지는 《악(惡)》의 씨앗이 곧 《마성(魔性)》으로써 《탐욕》과 《이기심(利己心)》이 되는 것이다. 이러한 《시련》이 《인간》 무리들이나 《독각 무리》들 모두들에 대한 《진화(進化)》의 《단련(鍛鍊)》 기간으로써, 이를 통해 《인간》 무리들은 《도덕성(道德性)》을 갖추게 되고 《독각》의 무리들은 그들이 본래부터 가진 《약육강식》에 대한 《관념(觀念)》과 더불어 화합(和合)하며 살아가는 방법을 배움으로써 스스로들이 가진 짙은 《마성(魔性)》들을 차츰차츰 정리를 하여 종국에는 《인간》 무리 대열에 들도록 진화(進化)하게 되는 계기가 되는 이것이 《원천창조주》께서 바라시는 정상적인 《진화(進化)》의 목적이 되는 것이다.

그러나 이러한 《원천창조주》의 바람에 정면 도전한 것이 《대마왕》들과 《악마(惡魔)의 신(神)》들인 《대마왕신(神)》들이며 이들이 천상(天上)에서부터 《통치(統治)》 차원에서 만든 것이 《공산사상(共産思想)》으로써 이와 같은 《악마(惡魔)의 신(神)》들인 《대마왕신(神)》들이 본래부터 가진 《약육강식》의 《관념(觀念)》과 그들의 《야망(野望)》에 의해 만들어진 《무력통치(武力統治)》를 근간으로 하는 《공산사상》이 결합이 되면 《마성(魔性)》은 더욱더 짙어져 진화(進化)와는 아예 담을 쌓게 되어, 그들의 《야망(野望)》 충족을 위해서만 광분하는 무리들로 변화하여 두 번 다시 회복하지 못하는 《선천적》 《공산사상》의 포로가 되어 종국에는 《파멸(波滅)》의 길로 가야만 하는 《운명》의 소유자가 되는 것이다.

　이러한 무리들이 그들 《야망(野望)》 충족을 위해 만든 것이 《특수 계층》으로서의 《공산당》이며, 《한국(韓國)》의 《조선 왕조》 때 등장한 《양반》 계급 등이다. 이와 같이 《공산사상》을 신봉하는 《악마(惡魔)의 신(神)》들인 《대마왕신(神)》들이 만든 《특수 계층》 무리들 역시 《마왕신(神)》 무리들로서 이곳에 한번 빠져들면 세세생생 빠져 나오지 못하는 특수성을 가지고 있다. 이러한 그들은 그들이 다스리는 인간 무리들이나 그들 후손들인 《독각》의 무리들 등 《일반민(一般民)》들을 그들의 소유물인 《노예》로 알고 그렇게 취급하는 뿌리 깊은 《근성(根性)》을 가지고 있는 것이다. 즉, 《특수 계층》 그들만 잘 먹고 잘 살자는 사상이 《공산사상》인 것이다.

　이와 같은 《공산사상》을 가진 《악마(惡魔)의 신(神)》들인 《대마왕신(神)》들과 그들이 만든 《특수계층》을 전지전능하신 《원천창조주》께서는 인간들이 만든 《왕조(王朝)》들에서 이들이 다스리는 《백성(百姓)》들에게 《공산사상》을 심고 진화(進化)에 후퇴하도록 《마성(魔性)》 심는 것을 왜? 지켜보고만 계시는지에 대한 의문을 여러분들께서는 하실 것 같아 이 장을 통해 그 이유를 밝혀 드리고자 한다. 그 이유는 지금까지 설명 드린 대로 바로 인간 무리들과 《독각》 무리들의 《단련》을 통해 진화(進化)를 시키기 위해 그대로 지켜만 보고 계시는 것이다.

　지금까지 설명 드린 대로 《공산사상》을 가진 《대마왕》들과 《악마(惡魔)의 신(神)》들인 《대마왕신(神)》들과 그들이 만든 《특수 계층》은 그들 야망(野望) 충족을 위해 오로지 그들 세력들인 《특수 계층》을 확대하는데 모든 역량을 집중하지 《일반민(一般民)》들에 대해서는 《노예》 개념을 갖고 있기 때문에 거의 신경을 쓰지를 않는 편이다. 예를 들면, 《공산사상》을 《인간》이나 《독각》의 무리들에게 심게 되면 《공산사상》이 지닌 깊은 맛을 눈치 빠르게 아는 쪽은 《인간》 무리들이다. 이러한 《인간》 무리들 중 머리 좋고 영악한 자(者)들은 특권을 누리는 《특수 계층》에 들어가기 위해 온갖 노력을 기울이나 《특수 계층》에 들어갈 수 있는 수(數)는 제한적일 수밖에 없다. 즉, 《특수 계층》과 《일반민(一般民)》들의 비율은 《1대 1,000》이 되는 이치를 가지고 있다. 이 뜻은 《일반민(一般民)》 1,000명 중 《공산사상》에 길들여져 《특수 계층》에 들어갈 수 있는 수(數)는 한 명이라는 뜻이다.

사정이 이렇다 보니 기존《선천적》인《공산사상》으로 무장된《특수 계층》에《인간》 무리들 중《공산사상》에 세뇌되어 새로이《특수 계층》으로 들어가는 숫자가 더하여져 많아질 때《석가모니 하나님 부처님》께서는 더 이상《공산사상》이 확대되는 것을 방지하기 위해《버마》나《라오스》에서도 나타나 있듯이《석가모니 하나님 부처님》께서《영국》과《프랑스》에《영적(靈的)》인 명령을 내리시어《대마왕》들과《악마(惡魔)의 신(神)》들인《대마왕신(神)》들이 만든《왕조(王朝)》들을 점령하게 함으로써《공산사상》의 확대를 막고《왕조》에서 다스려지던《백성(百姓)》들에게는 사실상《도덕성(道德性)》을 회복하게 하는 기회를 주게 되는 것이다. 이러한 이후 때가 되면《원천창조주》이신《석가모니 하나님 부처님》께서는《1:1,000》의 비율 중《1》의 비율을 가진《대마왕》들과《악마(惡魔)의 신(神)》들인《대마왕신(神)》들과 그들이 거느리는《특수 계층》을 몽땅 도려내면《1,000》의 비율을 가진《인간》《독각》의 무리들 모두를 구원하여 올바른 진화(進化)의 길로 인도하실 수 있기 때문에《원천창조주》께서는 그때까지 지켜만 보고 계시는 것이다.

이렇듯 올바른 진화(進化)의 길로 인도하게 되는《인간》과《독각》의 무리들이 걷게 되는 길을 간단히 정리하면 다음과 같다.

[도형 1-3-6] 인간과 독각 무리의 올바른 진화 과정

```
                        ┌─────────────── <독각> ───────────────┐
                        │                                      │
┌─────────┐   ┌──────────────────┐   ┌──────────────┐   ┌──────────┐
│ 약육강식 │ → │ <더불어 사는 지혜(智慧)> │ → │ <도덕성(道德性)> │ → │ <인간 완성> │
│         │   │     화합(和合)    │   │     갖춤      │   │ (지혜의 완성) │
└─────────┘   └──────────────────┘   └──────────────┘   └──────────┘
                        │                                      │
                        └─────────────── <인간> ───────────────┘
```

※《대마왕》들과《악마(惡魔)의 신(神)》들인《대마왕신(神)》들로부터《단련》을 받은 후《인간》의 무리는《도덕성(道德性)》을 갖추게 되고,《독각》의 무리는《더불어 사는 지혜(智慧)》를 갖추게 되는 것이다.

이 때문에 《라오스》 왕조(王朝)의 역사(歷史) 마지막 부분에 《프랑스》 식민지 시대를 겪게 되는 것도 《석가모니 하나님 부처님》의 《영적(靈的)》인 명령을 받고 《프랑스》가 움직이었음을 《메시아(Messiah)》가 밝히는 바이다.

※ 강주(講主) 1-3-8 :

[인간 육신이 단련을 받는 이치]

다음은 《인간》 육신(肉身)이 《단련》을 받는 이치를 아래 도형들을 참고하여 말씀을 드리겠다.

[도형 1-3-7] [4만 개 《유전자》의 도형]

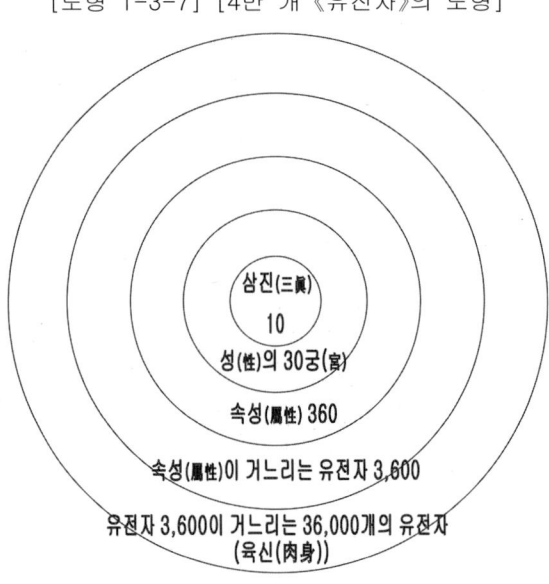

[1] [유전자 4만 개]

《인체(人體)》에는 《4만 개》의 《유전자》가 《백억 조》 개의 《세포군》들을 거느리고 있다. 이러한 구조는 《대공(大空)》 내에 있는 모든 별(星)들을 4구분한 《상계(上界)의 우주》와 《천(天)》의 우주와 《지(地)》의 우주와 《인(人)》의 우주 등 《대우주(大宇宙)》 각각이 《백억 조 개》의 별(星)들을 거느리고 있다. 그러므로 《대공(大空)》 내의 모든 별(星)들의 수(數)는 《4백억조 개》의 별(星)들이 있게 되는 것으로써 이는 《대공》 내에서 진화(進化)하는 《인간》들의 숫자와 같은 수(數)이다. 이러한 《인간》들 각각이 《대우주(大宇宙)》와 똑같은 축소된 《인체》의 구조를 가지고 있기 때문에 《인간》들을 《소우주(小宇宙)》라고 하는 것이다.

[2] [삼진(三眞)]

　　《4만 개》 유전자 도형 중 중심에 자리한 《삼진 10》은 하늘(天)의 씨앗으로써 이러한 하늘(天)의 씨앗을 가진 자들 중 인간의 《영신》을 가진 자들을 《인간》이라고 하며, 갖지 못한 자를 《구석기인》이라고 한다. 이와 같은 《삼진 10》은 진성(眞性) 1과 진명(眞命) 3과 진정(眞精) 6으로 이루어져 있으며, 진성(眞性)은 《반중성자영(靈)》이며, 진명(眞命)은 《양전자영(靈)》이며, 진정(眞精)은 《중성자영(靈)》이다. 이러한 《삼진(三眞) 10》이 머무는 곳은 《진성(眞性) 1》이 다시 《음양(陰陽)》으로 나뉘어져 《음(陰)》의 《진성(眞性)》이 《우뇌(右腦)》에 자리하며 《양(陽)》의 《진성(眞性)》이 《왼쪽 눈》의 눈동자로 자리한다. 다음으로 《진명(眞命) 3》 중 《진명(眞命) 1》은 《오른쪽 눈》의 눈동자로 자리하고 《진명(眞命) 2》는 《편도선》에 자리하여 《들숨(入息)》과 《날숨(出息)》을 주관한다. 다음으로 《진정(眞精) 6》이 도형에 나타나 있는 《마음(心)》의 근본 뿌리인 《성(性)의 30궁(宮)》 중앙에 자리하여 《36궁(宮)》을 이루고 인간들 《심장》에 자리한다.

　　이러한 《삼진(三眞) 10》은 인간들이 《육신(肉身)》의 죽음(死)을 맞이하면 《성(性)의 30궁(宮)》과 분리되어 《하나님 궁전》으로 되돌아갔다가 《성(性)의 30궁(宮)》이 새로운 태어남으로 《어머니(母)》 자궁(子宮)에 안착할 때 어김없이 똑같은 《삼진(三眞) 10》이 《성(性)의 30궁(宮)》과 합류하여 《성(性)의 40궁(宮)》을 이룬다. 이 때문에 《천부경 81자》에서 《석가모니 하나님 부처님》께서는 《삼진 10》의 움직임을 [만 번 갔다가 만 번 돌아온다]고 《만왕만래용(萬往萬來用)》이라고 가르침을 베풀고 계시는 것이다.

[3] [단련]

도형에 나타난 《성(性)의 30궁(宮)》이 《진화(進化)》의 주인공으로서 《마음(心)》의 근본 뿌리라고 하며, 이는 《양자영(陽子靈)》 24와 《전자영(電子靈)》 6으로 30궁(宮)을 이루고, 《진정(眞精) 6》인 《중성자영(中性子靈) 6》을 중심으로 36궁(宮)을 이루어 《심장》에 자리하여 작용을 한다. 이와 같은 《성(性)의 30궁(宮)》이 심장에 자리하여 《날숨(出息)》을 주관할 때의 도형을 살펴보면서 다음 설명을 드리겠다.

[도형 1-3-8] [날숨(出息) 때 마음(心)의 작용도]

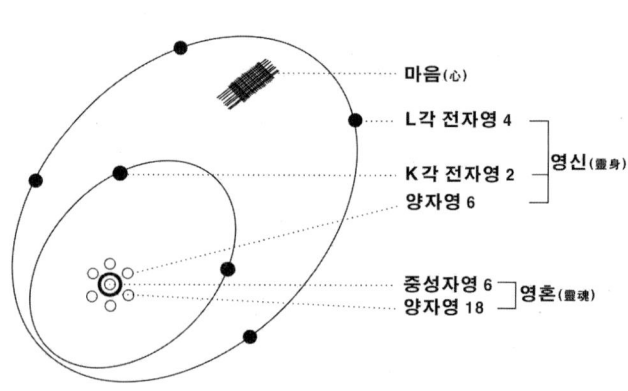

《중성자영(靈) 6》을 중심하여 그 외곽을 《양자영 18》이 둥글게 싼 《24궁(宮)》 외곽에 《양자영》으로써는 진화(進化)가 덜된 《양자영 6》이 회전을 하는 가운데, 일정한 거리를 두고 《전자영 6》이 회전을 하며 궤도 운행을 하는 6×6 구조를 가진 《36궁(宮)》을 《태양궁(太陽宮)》 구조를 가졌다고 한다. 이러한 《태양궁》 구조를 가진 《36궁(宮)》이 《단련》을 통하여 《황금태양(黃金太陽)》으로 탄생될 때가 인간 완성을 이루는 것이다.

이러한 《태양궁(太陽宮)》 구조를 가진 중심에 자리하는 《중성자영 6》을 《혼(魂)》이라고 하며 《중성자영 6》을 둥글게 둘러싼 《양자영 18》을 《영(靈)》이라고 하여 이들이 《음양(陽陰)》 짝을 한 것을 《영혼(靈魂)》이라고 한다. 이러한 《영혼》 외곽에 궤도 운행을 하는 《6×6》 구조를 가진 《양자영 6》과 《전자영 6》을 《영혼》의 《몸(身)》으로써 《영신(靈身)》이라고 하는 것이며, 이러한 구조에서 《태양궁》의 중심을 이루고 있는 《중성자영 6》은 《열핵발전소》 역할을 하여 《고온(高溫)》을 발생시켜 《체온》을 항상 유지시켜 주는 일을 하는 것이다.

　이와 같은《태양궁》구조를 가진 36궁(宮)이《황금태양》으로 태어나기까지가《단련》의 기간으로써 이러한 과정을 겪기까지의 설명을 드리면 다음과 같다. 인체(人體)의《혈액》은《양자영 1》과《전자영 1》이《양음(陽陰)》짝을 하여《핏돌》을 이루고《심장》속에서 공급받은《산소》《○(오)》를 꽁무니에 달고《동맥》의 길을 따라 인체 구석구석을 여행하다가《세포군》들에게《산소 ○(오)》를 공급하고《세포군》들이 가지고 있던《이산화탄소》를 거두어 꽁무니에 달고《정맥》의 길을 따라《심장》속으로 들어오면《풀무질》하는《심장》의 작용으로 꽁무니에 달고 온《이산화탄소》는 떨어져 나가고 새로운《산소 ○》를 꽁무니에 달고 다시 인체 여행의 길을 따라 똑같은 일을 반복하게 된다.

　한편,《날숨(出息)》에서《핏돌》로부터 떨어져 나온《이산화탄소》는 먼저《36궁(宮)》의《6×6》구조를 가진《전자영》과《이산화탄소》가 부딪치면서《정보(情報)》전달을 하고 난 후《이산화탄소》는《날숨(出息)》을 통해 배출이 되고《정보》전달을 받은《전자영》은 그와《음양》짝을 한《6×6》구조를 이룬《양자영》에게 부딪침으로써《이산화탄소》로부터 전달받은《정보》를《양자영》에게 전하게 되는 정보를《지(智)》라고 하며, 이렇듯《지(智)》를 전달받은《양자영》은 그가 전달받은《정보》를 그가 거느리는《속성》과 공유를 한 후 다시 이러한《정보》를 요약하여《정보》의《공통분모(分母)》만을《영혼》을 이룬《영(靈)》에게 부딪침으로써 전달을 한다. 이렇듯 전달된《정보》의《공통 분모》를《혜(慧)》라고 한다. 이러한《혜(慧) 1》이《지(智)》의《정보값 10》과 같은 것이다.《영혼》을 이룬《개체》《영(靈) 1》이 최대한 가질 수 있는《혜(慧)》가《10》으로써《영 18》이 가질 수 있는《정보》의 총합은《10^{18}》으로써《백억 조》가 되는 것이다. 이와 같이《혜(慧)》가 많이 축적되면 될수록《영혼》은 밝아지며《지혜(智慧)》의 완성의 때가《정보》총량《10^{18}》을 이룬 때로써 이 때가《태양궁》의 구조가《황금태양(黃金太陽)》으로 바뀌는 것이다.

　이와 같이《인간》의《심장》속에 자리한《36궁(宮)》이《황금태양》으로 바뀌었을 때가《인간》완성의《부처(佛)》를 이룬 때가 되는 것이며, 이러한 때《영혼》의《영(靈)》은 비유를 하면 하이얀《옥(玉)》돌색《진주(珍珠)》에 영롱한 광채가 발산하는 모양을 갖는 것이다.

[4] [마음(心)]

　상기 말씀드린 작용(作用)에 있어서 《이산화탄소》가 배출되기 직전 《6×6》 구조의 《전자영》과 부딪치면서 《정보》 전달을 할 때 미세한 《전자광(電子光)》이 발생하며 다음으로 《6×6》 구조의 《전자영》이 《양자영》과 부딪치면서 《정보》 전달을 할 때 미세한 《양자광(陽子光)》이 발생한다. 이렇듯 발생한 《전자광》과 《양자광》이 서로 뒤섞이어 궤도 운행을 하는 《6×6》 구조의 《양자영 6》과 《전자영 6》과 《속성(屬性)》 사이의 빈 공간에 자리한 것을 《다르마의 구름》이라고 하며, 이것이 곧 《마음(心)》인 것이다.

　이러한 《마음(心)》을 이루고 있는 《다르마》의 구름을 비유로써 말씀드리면, 각종 《color》를 띤 측정 불가능한 미세한 《금속판》으로써 《마음(心)》이 사라질 때에는 한 줄기 《빛》이 되어 《좌뇌(左腦)》의 《의식(意識)》의 창고에 축적이 된 후, 필요에 따라 과거를 떠올릴 때는 《의식》의 창고에 축적되었던 《다르마》의 구름이 순간적으로 한 줄기 《빛》이 되어 불려 나와서 《다르마》의 구름을 형성하여 과거의 《마음(心)》을 재현한 후 기억을 떠올린 이후 소임이 다하면 다시 한 줄기 《빛》이 되어 《의식》의 창고에 축적된 후 인간 《육신(肉身)》의 죽음(死) 이후 이들은 인연 있는 각종 《Color》를 띤 측정 불가능한 미세한 《금속판》끼리 결합하여 각종 《복합원소》로 변화하여 흩어지는 것이다. 모든 《빛(光)》의 《color》가 응축된 것이 《백색(白色)》이다. 이 때문에 《인간》들의 《뇌(腦)》가 《백색(白色)》을 띠는 것이다.

[5] [작용(作用)의 결과]

　《36궁(宮)》에서 《작용(作用)》을 하는 총 지휘자는 《영혼》을 이루고 있는 《영(靈)》들로서 이러한 《영(靈)》들은 《6×6》 구조를 가진 《영신(靈身)》과 함께 그 외곽에 《360궁(宮)》을 이룬 《속성(屬性)》을 거느리면서 《안(眼)》, 《이(耳)》, 《비(鼻)》, 《설(舌)》, 《신(身)》, 《의(意)》 등 《육근(六根)》을 다스리며, 《360궁(宮)》의 《속성(屬性)》은 《3,600개》의 《유전자》를 거느리고 《3,600개》의 유전자는 《36,000》의 유전자를 거느리는 구조를 가진 것이 《유전자》《40,000개》가 벌리는 작용(作用)인 것이다.

이러한 《유전자》《4만 개》 중 《성(性)의 40궁(宮)》과 《속성(屬性)》《360》을 제외한 《속성(屬性)》이 거느리는 《3,600》개의 《유전자》가 거느리는 《36,000개》의 《유전자》가 《백억조 개》의 《세포군》들을 거느림으로써 《인간》《육신(肉身)》이 온전히 지탱되는 것이다. 모든 《유전자》와 《유전자》가 거느리는 《혈액》 등의 《양자영》들과 《전자영》들은 그들 개체 각각이 가진 《정보량(情報量)》에 따라 《주종(主從)》 관계가 성립된다는 사실을 기억하시기 바란다.

[6] [분리독립]

《36궁(宮)》의 《태양궁(太陽宮)》 구조를 갖춘 자(者)가 《황금태양(黃金太陽)》을 이루게 되면 그의 《6×6》 구조를 가진 《영신(靈身)》도 진화(進化)가 완성이 되어 《전자영 6》은 《상온(常溫)》에서 《양전자 4》와 《중성자 2》로 바뀌고 《양자영 6》은 진화가 완성된 《양자영 6》으로 남게 되는 이때 진화의 완성을 이룬 《영혼(靈魂)》은 《영신(靈身)》을 대동하고 훌훌 떠나간 후 《반야바라밀다》에 의지해 《일불승(一佛乘)》이 자리한 《고온》과 《고압》이 작용하는 《천궁(天宮)》으로 들어가서 《천궁(天宮)》 변화상인 《퀘이샤》의 과정 때 《지혜(智慧)》의 완성을 이룬 《영혼》의 《영》들과 《6×6》 구조를 이루었던 《영신》의 《양자영》들이 천궁(天宮)의 《고온》《고압》에 의해 《핵(核) 분열》과 《핵(核) 융합》의 과정을 거쳐 《영신(靈身)》의 《중성자 2》와 《양전자 4》와 함께 《중성자영 20과 양전자영 10》 또는 《중성자영 10과 양전자영 20》으로 《불성(佛性)》의 《30궁(宮)》을 이루고 《지혜(智慧)》가 완성이 된 《속성(屬性)》을 거느리는 것이다.

이러한 때 《황금태양》을 이룬 《36궁(宮)》이 《천궁(天宮)》으로 들어오게 되면 이때까지 《영혼》의 《영》들과 《영신》의 《영》들을 인도하였던 《삼진(三眞)》 중의 진정(眞精)인 《중성자영 6》은 《석가모니 하나님 부처님》께 되돌려 드림으로써 《불성(佛性)》은 《30궁(宮)》을 이루는 것이다. 이렇듯 《불성의 30궁》을 이룬 《부처(佛)》가 다시 인간 《육신(肉身)》을 가지고 태어나실 때는 인연 따라 《전자영 6》과 결합하여 《36궁(宮)》을 이루되 이는 《부처(佛)》의 《36궁(宮)》으로써 자리하는 것이다.

이러한 진화에 있어서 반복(反復)되는 윤회(輪廻)로 완성된 《영혼(靈魂)》과 《영신(靈身)》이 《속성(屬性)》을 대동하고 인연 있는 《인간 육신》을 가진 자의 자궁(子宮) 속으로 들어가서 《속성》이 거느리는 《유전자》들을 스스로 만들어 새로운 인간 《육신(肉身)》을 가지고 태어났을 때 《속성》과 《속성》이 거느리는 《육신》을 진화시키는 기간은 완성된 《영혼(靈魂)》과 《영신(靈身)》이 진화를 총지휘하기 때문에 그의 《영혼(靈魂)》과 《영신(靈身)》이 완성되기 이전의 진화 기간보다 훨씬 빨리 《속성》과 《속성》이 거느리는 《육신(肉身)》의 진화를 완성시킨다는 사실을 아시기 바란다.

　한편, 처음 36궁(宮)의 《태양궁(宮)》 구조를 가진 자(者)가 《황금태양궁(宮)》을 이룬 이후 그 완성된 《영혼(靈魂)》과 《영신(靈身)》이 빠져 나가 《반야바라밀다》에 의지하게 되면 남은 《속성》 360의 유전자 중 제일 진화가 많이 된 《양자영 24》와 《전자영 6》이 처음 《36궁》의 《태양궁》 구조를 가졌을 때처럼 《양자영 18》은 《중성자영 6》을 둥글게 싸면 그 외곽에 《양자영 18》보다 진화가 덜된 《양자영 6》이 궤도 운행을 하게 되며, 이러한 궤도와 일정한 거리를 두고 《전자영 6》이 궤도 운행을 함으로써 새로운 36궁(宮)의 《태양궁》 구조를 가지게 된다. 이러한 때 《속성》에서 빠져 나간 《유전자》의 자리에는 《속성》이 거느리는 《3,600》의 유전자군에서 제일 진화가 많이 된 《양자영》과 《전자영》 《30》의 유전자가 빠져 나와 그 자리를 채우고 《3,600》의 유전자군에서 빠져 나간 자리는 《36,000》의 유전자에서 진화가 많이 된 《양자영》과 《전자영》이 그 자리를 메꾸고 《36,000》의 유전자군에서 빠져 나간 자리는 그동안 《혈액》에서 진화가 많이 된 《양자영》과 《전자영》이 그 자리를 메꾸어 다시 《유전자》는 《4만 개》가 되어 《백억조 개》의 《세포군(群)》을 거느림으로써 분리 독립된 인간으로서 진화를 하는 것이다.

　이와 같이 처음 완성된 《황금태양》에서 《영혼(靈魂)》과 《영신(靈身)》이 빠져나가 독자적인 진화의 길을 걷고 남은 《속성》과 《속성》이 거느리는 유전자로부터 새로이 36궁(宮)의 《태양궁》 구조를 갖추어 재진화의 길을 걷게 되는 것을 《영육(靈肉)》 분리라고 하며, 분리된 《영》과 《육》은 각각 따로따로 개체의 《인간》이 되어 진화(進化)를 하는 것이다. 이 때문에 《부처님》들께서 《육신불(肉身佛)》을 따로 두게 되는 것이며 《영력(靈力)》이 막강한 《부처님》들께서는 《육신(肉身)》에서 만드시게 되는 《육신불(佛)》 외에 따로 《분신(分身)》 둘을 더 두게 되시는 것이다. 그러나 일반 《인간》들에 있어서는 《36(宮)》이 《황금태양》을 이루었을 때 단 한 번 《영육(靈肉)》 분리가 일어나는 것이다. 《영육》 분리된 인간들은 각기 다른 진화(進化)의 길을 걷는다는 점을 이해하시기 바란다.

[7] [결론]

    지금까지 설명 드린 바대로, 《육신(肉身)》을 가진 《인간》은 표면으로 드러난 《육신(肉身)》 외에 인간 내면(內面)의 《영혼(靈魂)》이 가진 《영신(靈身)》이 따로 있어서 《양음(陽陰)》 짝을 한 《육신(肉身)》들을 가지고 있다는 사실을 자각(自覺)하시기 바라며 《육신(肉身)》의 단련이 곧 《영신(靈身)》의 단련이 되며 《영신》의 단련이 《영혼(靈魂)》의 단련과 밀접한 관계를 맺고 있다는 사실을 깊이 인식하시기 바란다. 그리고 《육신(肉身)》의 주인(主人)이 《영혼(靈魂)》이라는 사실을 다시 한 번 더 깊이 《자각(自覺)》하시기 바라며, 또한, 이러한 단련을 비유로써 말씀드리면, 《칼(刀)》을 숯불 구덩이에 넣고 벌겋게 달군 후 《대장장이》가 이를 꺼내 망치로 두들겨 《쇠(鐵)》의 불순물을 제거하기를 여러 번 반복하다 보면 《명검(名劍)》이 탄생하는 이치와 같은 것이다.

    그리고 《영신(靈身)》 이야기가 나온 김에 하나 더 밝혀 드려야 할 사항은 《인간》들의 《영신(靈身)》은 모두 진화(進化)가 되어 《인간》《영신(靈身)》을 가지고 있으나 《짐승》의 《영신(靈身)》이나 《물고기》의 《영신(靈身)》이나 《곤충》의 《영신(靈身)》을 가진 진화가 덜 된 자들이 《대마왕》들과 《악마(惡魔)의 신(神)》들인 《대마왕신(神)》들이라는 사실을 아시기 바라며, 이렇게 진화가 미천한 자들이 《진화》의 주인공인 《성(性)의 30궁(宮)》을 이루어 《인간》 육신(肉身)을 가지고 태어난 이후에도 《짐승》이나 《물고기》나 《곤충》의 습성을 그대로 가지고 있으며, 실제적으로 이들과도 깊은 관계를 가지고 있기 때문에 이들의 《통치(統治)》 차원에서 나온 것이 《공산사상(共産思想)》이며 이렇게 하여 만들어진 《공산사상》을 이미 이들보다 월등히 앞서 진화한 인간들 무리마저 그들의 《사상》과 《관념》으로 물들여 그들이 인간들을 지배하고자 하여 만든 것이 《특수 지배 계층》인 것이다.

    이러한 《짐승》과 《물고기》와 《곤충》의 《영신(靈身)》을 가진 자들이 《인간》 육신의 죽음(死) 이후 《공간(空間)》에 나타날 때 비유를 하면 《인간》의 진화를 하는 자는 인간 모습의 《유령》으로 나타나나 이들은 그들 《영신(靈身)》의 모습 그대로 나타나며 이 중 제일 악질적인 무리들이 《곤충》 출신의 《악마(惡魔)의 신(神)》들인 《대마왕신(神)》들이다. 이들이 일시적인 《무력통치》로 《인간》들을 지배할 수 있으나 먼 시간 개념으로 볼 때 그들의 의도는 허물어지게 되어 있는 것이 이치이다. 그러나 문제는 이들로부터 그들 세계의 달콤한 이익됨을 배워 《인간》들 위에 군림하고자 하는 그들이 만든 《인간》들의 《특수 지배층》이 큰 문제인 것이다. 이 때문에 때가 되면 《석가모니 하나님 부처님》께서 《인간》 무리들의 보호 차원에서 이들을 송두리째 뿌리 뽑아 우주간에서는 영원히 사라지게 하여 《공포》의 《심연》으로 보내거나 《지하세계》 밀폐된 곳에 가두어 놓으시게 되는 것이다.

이와 같이 《짐승》과 《물고기》와 《곤충》의 《영신(靈身)》을 가진 자(者)들이 벗어날 수 있는 길은 《순리(順理)》를 따라 진화하면서 《단련》으로 그들의 《영신(靈身)》을 《인간》들의 《영신(靈身)》으로 진화시키는 길 밖에는 없는 것이 이치인데, 그들의 지도자들인 《대마왕》들과 《악마(惡魔)의 신(神)》들인 《대마왕신(神)》들은 그들 후손들의 진화를 가로막고 오히려 《탐욕》과 《이기심》을 더하여 더욱 더 그들 후손들의 《영신(靈身)》들에게 《마성(魔性)》을 심으니 끝에는 《파멸(波滅)》의 길로 갈 수 밖에 없는 것 아닌가?

이러한 《짐승》과 《물고기》와 《곤충》의 《영신(靈身)》을 가진 자들이 《인간》 무리들의 진화를 가로 막고 끼친 해독이 너무 크기 때문에 진행(進行)을 하면서 말씀드린 바와 같이 닥쳐오는 《후천우주》부터는 《물고기》와 《어패류》와 《곤충》 무리의 《영신》을 가진 자들이 《성(性)의 30궁(宮)》을 이루더라도 그들 《영신(靈身)》들이 최소한 《짐승》 수준의 《영신(靈身)》으로 진화를 하지 못하면 인간 육신을 가지고 태어날 수 없게 《원천창조주》이신 《석가모니 하나님 부처님》께서는 《이치》로 확정을 하셨기 때문에 이후 이들은 그들의 《영신(靈身)》이 진화하지 않는 한두 번 다시 인간 육신을 가지고 태어날 수가 없게 된 것이다.

이와 같이 《영신(靈身)》과 《육신》에 대한 《단련》이 얼마나 중요한 것인지 이제는 여러분들께서도 실감하셨을 것이니 편안한 생활을 할 때라도 일정한 시간 꾸준히 진리(眞理)를 따르는 법(法) 공부를 한다든지 《명상》 수행을 한다든지 하는 태도가 매우 중요함을 아시고 게으름 없이 《정진》들 하시기를 당부 드리는 바이다.

그리고 《선천우주(先天宇宙)》 진화의 기간을 마감하셔야 하는 《원천창조주》이신 《석가모니 하나님 부처님》께서는 지금의 때에 《공산사상》의 최고 정점에 있는 《대마왕》들과 《악마(惡魔)의 신(神)》들인 《대마왕신(神)》들과 이들의 추종 세력들인 《선천적》으로 《공산사상》이 뿌리 깊게 내려져 있는 모든 《마왕(魔王)》 무리들과 이들의 앞잡이로 행동하는 모든 행동 대장 등 《공산사상》의 핵심 세력들 모두들의 《영혼》과 《영신》 모두를 불러내어 악질들은 우주간에서 영원히 사라지는 《공포》의 《심연》으로 침몰시키고 이를 벗어난 모든 무리들은 《화성》과 《토성》과 토성의 위성인 《이오성(星)》 등의 《지하세계》에 모두 가두어 버리신 것이다. 이 때문에 현재 육신(肉身)을 가지고 있는 자들은《속성》과《속성》이 거느리는《유전자》들만으로《생명(生命)》을 유지하고 있으나 이들이 인간《육신》의 죽음 이후는 현재의 생명을 유지시켜 주는《속성》과《속성》이 거느리는《유전자》들 모두는 그들을 있게 해 준《영혼》과《영신》을 따라 가야만 하는《귀소본능》의 이치가 있기 때문에《육신(肉身)》의 죽음(死) 이후는 자연히 그들《영혼》과《영신》이 간 길을 따라가야만 하는 것이다.

그리고 이러한《대마왕》들과《악마(惡魔)의 신(神)》들인《대마왕신(神)》들이 둘로 나뉘어져 나누어진 한 무리는《권력(權力)》을 쥐는 정치적 우두머리나 왕(王)들과 사회 저명인사로 자리하고 나머지 한 무리는《천주교》,《기독교》,《불교》,《이슬람교》등 각종《종교(宗敎)》의《교주(敎主)》로 자리한《대마왕》들과《악마(惡魔)의 신(神)》들인《대마왕신(神)》들과 이들을 따르는 그 수하《마왕(魔王)》들인《신부》,《목사》,《승려》등 각종 종교 단체 관계자들이 되어《종교 단체》 모두를 석권하고《진리(眞理)》의 법(法)도 아닌 온갖 감언이설로 세계의 백성(百姓)들을 현혹시켜 그들을《정신적》으로 지배하기 위해《교단(敎團)》을 지배하고 있는 것이다.

이러한 모든 무리들 역시《원조 공산당》들의《핵심》 세력들로서 이들 역시 각종 종교《교주(敎主)》로 자리하였던《대마왕》들과《대마왕신(神)》들과 똑같이 모두 처리되었음을《메시아》이신《미륵불(佛)》이 분명히 하는 것이다. 그러나《인간》 무리들에 있어서《공산사상》에 깊이 빠져든 자들과《종교(宗敎)》 단체에 깊숙이 관계한《지배 계층》들에게는 마지막 기회를 한 번 더 주는 차원에서 때에《메시아》이신《미륵불(佛)》께서 지금까지《지상(地上)》에서 행(行)하여져 왔던《진실(眞實)》된 인간들《역사(歷史)》를 모두 밝히고 있는 것이며, 이러한 이후에도 뉘우침이 없을 때는 조만간 닥쳐올《문명(文明)의 종말(終末)》때에 이들도《대마왕》들과《악마(惡魔)의 신(神)》들인《대마왕신(神)》들이 간 길을 따라 가야 하는 것이다. 그때까지 단 한 명의 인간들이라도 구원하기 위해 이들의 처리를《원천창조주》께서는 일시 보류하고 계신 상태인 것이다.

이로써 향후《우주간》뿐만 아니라《지상(地上)》에서도《공산사상》은 서서히 영원히 사라질 것이고《중국공산당》이나《이북공산당》역시 허물어져 사라지게 된다. 그리고 지금 한창 천방지축 날뛰고 있는《남한(南韓)》의《좌익 세력》역시 마찬가지며, 세계의《종교(宗敎)》역시 서서히 사라져 갈 것이다.

이와 같이 지상(地上)에서 《문명(文明)의 종말(終末)》이 오기 전에 《원천창조주》이신 《석가모니 하나님 부처님》께서 《공산사상》에 깊이 물들어 있는 《대마왕》들과 《악마(惡魔)의 신(神)》들인 《대마왕신(神)》들과 이들 추종 세력들인 모든 《마왕》들과 행동 대장 모두들과 《종교 단체》에 깊숙이 자리한 《대마왕》들과 《악마(惡魔)의 신(神)》들인 《대마왕신(神)》 핵심 세력 모두들의 《영혼》과 《영신》 모두들을 미리 처리하신 이유는 아무것도 모르는 수(數)도 헤아릴 수 없을 정도로 많은 《대마왕》들과 《악마(惡魔)의 신(神)》들인 《대마왕신(神)》들이 남긴 후손(後孫)들과 《대마왕》들과 《악마(惡魔)의 신(神)》들인 《대마왕신(神)》들과 이들의 추종 세력들에 의해 속아 《종교(宗敎)》를 믿어온 《천주교인》과 《기독교인》과 《불교인》들과 《이슬람인》들 모두들에게 《메시아》이신 《미륵불(佛)》께서 《진실(眞實)》된 《인간》들의 《역사(歷史)》를 밝히고 《실상(實相)》을 알림으로써 그들이 남긴 《사상(思想)》과 《관념(觀念)》들로부터 모두 떠나게 하고 《종교(宗敎)》의 마수로부터 벗어나게 함으로써 이들 모든 인간 무리들이 그동안 속아왔던 《업장》들을 깊은 참회로써 정리하게 하여 이들 모든 인간 무리들을 정상적인 진화(進化)의 길에 들게 하여 《구원》의 대열에 동참시키시기 위해 미리 이들을 처리하신 것이다.

이로써 볼 때, 현재 인간 역사의 실상을 밝히고 있는 《메시아(Messiah)》가 전하고 있는 뜻에 모든 인간들 무리들은 귀 기울이고 《메시아(Messiah)》가 당부하는 대로 따르시게 되면 그대들도 《구원》의 대열에 들 수 있음을 분명히 하며 그들 후손들 역시 정상적인 진화(進化)의 길에 들어갈 것을 알고 당부 드리는 바이니, 이러한 《메시아(Messiah)》의 당부를 우습게 알고 따르지 않으면 그대들 역시 《대마왕》들과 《악마(惡魔)의 신(神)》들인 《대마왕신(神)》들이 간 길을 따라 파멸(波滅)할 것임을 《메시아(Messiah)》이신 《미륵불(佛)》이 분명히 하는 것이다.

(1) [이슬람교(敎)와 《수니파(Sunnis)》]

그리고 《종교(宗敎)》 부분에서 특별히 언급하여야 될 부분이 《이슬람교(敎)》이다. 이러한 《이슬람교(敎)》의 《성서(聖書)》인 《코란》은 《노사나불(佛)》께서 《대마왕》이 되기 이전 《가브리엘》 대천사로 있을 당시《가브리엘》대천사께서《경전(經典)》을 만들어 그의 아들이신《알라신(神)》으로 이름하신《쌍둥이 천왕불》에게 넘겨주신《경전(經典)》으로써《알라신(神)》은 이를 가지고《이슬람》의 정통(正統) 교단인《수니파(Sunnis)》교단을 만들어 그가 그의 아버지로부터 받은《경전(經典)》을《코란》으로 이름하고 이를 가르치며《교단》을 이끌어 온 것이다.

　이러한《알라신(神)》역시 당대에는《대마왕》의 반열에 든 분이었으나 그가 가르친《코란(Koran)》에는《도덕성(道德性)》을 갖추고 있는 것이다. 이러한 사정을 잘 알고 있었던《악마(惡魔)의 신(神)》들인《대마왕신(神)》들이《수니파(Sunnis)》의《도덕성(道德性)》을 허물기 위해 우후죽순처럼《이슬람》의 분파를 만들어 입으로는《알라신(神)》을 따르는 척 하면서 실질상으로는 분파를 만든《악마(惡魔)의 신(神)》들인《대마왕신(神)》이 교주(敎主) 행세를 하면서《수니파》 정복에 나선 것이다. 그러나《이슬람》의 정통 교단인《수니파》는 오늘날까지도《도덕성(道德性)》을 잃지 않고 정복되지 않고 있으나,《이슬람》의 그늘에 자리한 자칭《이슬람인》들이 과격한 단체로 변하여《도덕성》 파괴를 예사롭게 하며《탐욕》과《이기심》에 끄달려 오늘날까지도《이슬람》의 이름으로 때로는《알라신(神)》을 외치며 온갖 못된 짓을 서슴없이 행(行)하고 있는 것이다.

　이와 같이《도덕성(道德性)》을 잃지 않고 있는《수니파(Sunnis)》에 반가운 소식을《메시아》이신《미륵불(佛)》이 전하여 드리면, 이 이후《알라신(神)》으로 이름하셨던《대마왕》《쌍둥이 천왕불》께서는 그동안《대마왕》 노릇을 하였던 과거사를 뼈져리게 뉘우치고 깊은 참회를 하여 과거의 모든《업장》을 깨끗이 씻으신 결과,《원천창조주》이신《석가모니 하나님 부처님》의 용서를 받으시고《메시아(Messiah)》이신《미륵불(佛)》의 도움으로《지이일(地一一)》우주로 이름되는《대은하성단》의 궁주(宮主)로서 부처(佛)의 지위에 오르신 것이다.

　이러한《알라신(神)》이셨던《부처님》께서는《도덕성》을 잃지 않은《이슬람》《수니파》그대들을 이 성단으로 많이 인도하실 것을 미루어 짐작하면서 그대들에게《메시아(Messiah)》이신《미륵불(佛)》이 한 가지 당부를 하고자 한다.

　모든《인간》무리들을《구원》하실 분은《원천창조주》이신《석가모니 하나님 부처님》

밖에 없으며 《메시아(Messiah)》나 《쌍둥이 천왕불》이신 《알라신(神)》 등은 오로지 그대들을 《구원》의 길로 인도하는 《인도자(者)》일 뿐임을 분명히 하니, 지금처럼 《알라신(神)》을 《하나님》으로 호칭하는 일들은 하지 마시기를 당부 드린다. 그대들이 《알라신(神)》을 《하나님》으로 받드는 행위가 곧 《알라신(神)》을 파멸(波滅)시키고 《알라신(神)》을 따르는 그대들 역시 《파멸(波滅)》의 길로 가야하는 것은 당연한 이치이니, 《메시아(Messiah)》의 당부를 잊지 말고 《도덕성(道德性)》을 잃지 않고 지상(地上)의 문명(文明) 마지막 때를 기다리시면 좋은 결과가 있을 것임을 미리 알려 드리는 바이다. 그리고 《이슬람》《수니파》 가르침 이외의 《이슬람》 탈을 쓴 분파를 이루고 있는 무리들은 그들이 가진 《탐욕》과 《이기심》에 찌들은 《코란(Koran)》 해석을 하는 자(者)들로서 이들에게는 《알라신(神)》이신 《쌍둥이 천왕불》의 인도함이 없을 것임을 《메시아(Messiah)》가 분명히 하는 것이다.

---

(6) [태국 하리푼차이(Hariphunchai) 문명(文明)]

《라오스》에서 2차 교화(敎化)를 마치신 《석가모니 하나님 부처님》께서는 《BC 1300년》에 교화(敎化)의 주력(主力) 세력 《3,000》의 무리 두 무리를 편성하시어 한 무리는 《대관세음보살》과 《아미타불》께서 이끄시고 《태국》 북부 지방으로 이동시키시고 나머지 한 무리는 《석가모니 하나님 부처님》께서 직접 이끄시고 《태국》 중부 지방으로 이동을 하시는 것이다.

이러한 때 《대관세음보살》과 《아미타불》께서는 《교화》의 주력(主力) 세력 《3,000》을 이끄시고 《태국》 북부에 도착하시어 《치앙라이(Chiangrai)》에 첫 번째 신시(神市)를 여시고, 이곳에서 《BC 3500년》에 《석가모니 하나님 부처님》의 명령으로 이동하여온 《중원 대륙》의 《구려족》들과 《윈난성》에서 《대관세음보살》께서 교화하셨던 《묘족》들과 《악마(惡魔)의 신(化神)》인 《석가모니》 후손들인 《카렌족》들 중 《태국》 《중부 지방》과 《남부 지방》으로 옮겨간 《구려족》들을 제외한 《북부 지방》에 남은 《묘족》들과 《카렌족》들을 위한 2차 교화를 《BC 1300년》부터 《150년》을 하신 이후, 《BC 1150년》에 《대관세음보살》께서는

《치앙라이(Chiangrai)》를 중심으로 《히란(Hiran) 1》 왕조(王朝)를 세우고 자리하시고 나머지 교화의 주력(主力) 세력들은 《아미타불》의 인솔로 《치앙라이》를 떠나 《치앙마이(Chiangmai)》에 두 번째 《신시(神市)》를 열고 《150년》간 2차 교화를 한 후, 교화의 주력(主力) 세력들은 다시 이동하여 《세 번째》 신시(神市)인 《하리푼차이(Hariphunchai)》를 열고 《200년간》 2차 교화 《문명기(文明期)》를 엶으로써 첫 번째 신시(神市)인 《치앙라이》와 두 번째 《신시(神市)》인 《치앙마이》와 세 번째 신시(神市)인 《하리푼차이(Hariphunchai)》 모두를 다스린 《하리푼차이(Hariphunchai)》 왕조(王朝) 2차 교화기 문명을 《BC 1300 ~ BC 800》년 동안 가진다.

그리고 《하리푼차이》 왕조(王朝)는 《BC 800 ~ BC 300》년 동안 《선(善)》을 근본 바탕으로 하는 2차 교화기 문명을 여시었던 《불(佛)》《보살(菩薩)》들께서 다스리시는 《왕조(王朝)》가 계속된 후 《BC 300 ~ AD 1》년까지는 《버마》《타톤(Thaton) 왕조》(593BC~AD1057)의 지배를 받게 됨으로써 《선악(善惡)》 양면성을 근본 바탕으로 하는 《대마왕》들과 《악(惡)》을 근본 바탕으로 하는 《악마(惡魔)의 신(神)》들인 《대마왕신(神)》들이 다스리는 《왕조(王朝)》로 변하였다가 《서력기원》과 함께 《하리푼차이》 왕조(王朝)의 《속국》이었던 《란나(Lanna) 왕조》의 수도였던 《폭력적》이며 《사악(邪惡)》한 《악마(惡魔)의 신(神)》인 《석가모니》 후손들인 《카렌족》들이 주로 기거하던 《치앙사엔(Chiang Saen)》에 《천상(天上)》의 벌(罰)로써 대재앙(大災殃)인 지진이 발생하여 한 명의 생존자도 없이 도시 전제가 파괴됨으로써 《하리푼차이 왕조》 및 《속국》이었던 《란나 왕조》 역시 멸망하게 된다. 이러한 이후 《태국》 북부 지역에 자리한 왕조(王朝)들에 대하여서는 진행(進行)을 하면서 설명 드리겠다.

《하리푼차이》 왕조(王朝)의 첫 《속국》으로 자리하였던 《BC 1150년》에 탄생한 《히란(Hiran) 1》 왕조(王朝)나 뒤이어 나타난 《느게온양(Ngeonyang)》 왕조(王朝)나 《란나(Lanna)》 왕조(王朝) 등은 《왕조(王朝)》 명칭은 각각 다르나 《히란(Hiran) 1》 왕조(王朝)를 계승한 왕조(王朝)들로써 이들 모두 《하리푼차이(Hariphunchai)》 왕조(王朝)의 《속국》들이라는 사실을 아시기 바란다.

① [태국 《하리푼차이(Hariphunchai) 왕조(王朝)》](1300BC~AD1)

※ 《태국》《하리푼차이》 2차 교화기 문명 《왕명록》 및 왕조(王朝) 시대 《왕명록》을 밝혀

드리면 다음과 같다.

[표 1-3-9-21] 태국 하리푼차이(Hariphunchai) 왕조 왕명록
2차 교화기 문명 및 왕조 시대 : 1300 BC ~ AD 1

왕 순서	왕명(王名)	신명(神名)	재위
1	자마데비 여왕(Queen Jamadevi)	대관세음보살	
2	하나요스(Hanayos)	아미타불	
3	쿠만자라즈(Kumanjaraj)	약상보살	
4	루단트라(Rudantra)	약왕보살	
5	소나만주사카(Sonamanjusaka)	용시보살	
6	삼사라(Samsara)	미륵불	
7	파두마라즈(Padumaraj)	아미타불	
8	쿠사데바(Kusadeva)	약상보살	
9	노카라즈(Nokaraj)	약왕보살	
10	다사라즈(Dasaraj)	미륵불	
11	구타(Gutta)	용시보살	
12	세라(Sera)	대관세음보살	
13	유바라(Yuvara)	노사나불	
14	브람타라요(Brahmtarayo)	아미타불	
15	무크사(Muksa)	약왕보살	
16	트라파카(Traphaka)	대관세음보살	
17	우키타자크라파(Uchitajakraphad king of Lavo)	약상보살	
18	캄폴(Kampol)	노사나불	
19	자카파디라즈(Jakaphadiraj, King of Atikuyaburi)	미륵불	
20	바수데브(Vasudev)	용시보살	
21	예이얄라(Yeyyala)		

22	마하라즈(Maharaj, King of Lampang)		
23	세라(Sela)	대관세음보살	
24	칸자냐(Kanjanay)	천관파군 1세 분신1	300BC~
25	키란카(Chilanka)		
26	푼투라(Phunthula)		
27	디타(Ditta)		
28	체트타라즈(Chettharaj)		
29	제야카라즈(Jeyakaraj)		
30	파티자라즈(Phatijjaraj)		
31	타미카라즈(Thamikaraj)		
32	라타라즈(Ratharaj)		
33	사파시트(Saphasith)		
34	체트타라즈(Chettharaj)		
35	제야카라즈(Jeyakaraj)		
36	다트반야라즈(Datvanyaraj)		
37	간가(Ganga)		
38	시리분(Siribun)		
39	우텐(Uthen)		
40	판톤(Phanton)		
41	아타나(Atana)		
42	하밤(Havam)		
43	트랑갈(Trangal)		
44	요타(Yotta)		
45	이프(Yip)		~ AD1

상기《왕명록》의 1대 ~ 23대 왕(王)은《BC 1300 ~ BC 300》년까지는《선(善)》을 근본 바탕으로 하는 불(佛), 보살(菩薩)들께서 2차 교화기 문명과 이후 계속되는 왕조(王朝)의《왕명록》이며, 24대 ~ 45대 왕(王)까지는《버마》《타톤 왕조》(593BC~AD1057)의 지배하에 있으면서 많은《선악(善惡)》양면성을 근본 바탕으로 한《대마왕》들과《악(惡)》을 근본 바탕으로 하는《악마(惡魔)의 신(神)》들인《대마왕신(神)》들이 반복(反復)되는 윤회로 유입되어《BC 300 ~ AD 1》년까지 차례로《왕위(王位)》에 올라《악(惡)》의 씨앗인《마성(魔性)》을 심는 시련의 기간이기 때문에《대마왕》들과《악마(惡魔)의 신(神)》들인《대마왕신(神)》들의 신명(神名)을 밝힐 가치가 없어 밝히지 않은 것이니 이해하시기 바란다.

② [《히란(Hiran) 1》,《느게온양(Ngeon Yang)》,《란나(Lanna)》왕조(王朝)]

※《하리푼차이 왕조》의 속국들인《히란 1왕조》와《느게온양 왕조》와《란나 왕조》의《왕명록》을 밝혀 드리면 다음과 같다.

[표 1-3-9-22] 태국 하리푼차이(Hariphunchai) 속국 왕명록
1150 BC ~ AD 1

왕순서	왕명(王名)	신명(神名)	재위	비고
라오(Lao) 왕조 또는 히란 1(Hiran I) 왕조 수도 : 히란(Hiran)				
1	라와창카라트(Lawachangkarat)	대관세음보살	1150BC~?	
2	라오 카오 카에우 마무엥 (Lao Kao Kaeo Ma Mueng)	아미타불		
3	라오 사오(Lao Sao)	약상보살		
4	라오 탕(Lao Tang)	약왕보살		
5	라오 크롬(Lao Klom)	용시보살		
6	라오 레오(Lao Leo)	미륵불		

7	라오 카프(Lao Kap)	대관세음보살		
8	라오 킴(Lao Khim)	아미타불		
9	라오 키앙(Lao Khiang)	약상보살		
느게온양(NgeonYang) 왕조 수도 : 느게온양(NgeonYang) 또는 치앙 사엔(Chiang Saen)				
1	라오 키앙(Lao Khiang)	약상보살		수도를 히란에서 느게온양으로 옮김
2	라오키우(Lao Khiu)	약왕보살		
3	라오 토엥(Lao Thoeng)	용시보살		
4	라오 두엥(Lao Tueng)	미륵불		
5	라오 콘(Lao Khon)			
6	라오 솜(Lao Som)			
7	라오 구아크(Lao Kuak)			
8	라오 키우(Lao Kiu)			
9	라오 총(Lao Chong)			
10	촘 파 루엥(Chom Pha Rueang)	노사나불		
11	라오 초엥(Lao Choeng)			
12	라오 느고엔 루엥(Lao Ngoen Rueang)			
13	라오 신(Lao Sin)			
14	라오 밍(Lao Ming)			
15	라오 무엥(Lao Mueang)			
16	라오 멩(Lao Meng)	용시보살		
17	만그라이(Mangrai)	천관파군 1세		
란나(Lanna) 왕조 수도 : 치앙라이(Chiangrai)				
1	만그라이(Mangrai)	천관파군 1세		
2	차이야송크람(Chaiyasongkhram)	미륵불		

3	사엔푸(Saenphu)	용시보살		
4	캄푸(Khamfu)	아미타불		
5	파유(Phayu)	약왕보살		
6	쿠에나(Kuena)	대관세음보살		
7	사엔무엥마(Saenmueangma)	약상보살		
8	삼팡카엔(Samfangkaen)	용시보살		
9	티로크카라트(Tilokkarat)	아미타불		
10	요트치앙그라이(Yotchiangrai)	약상보살		
11	카에오(Kaeo)	약왕보살		
12	케트(Ket)	용시보살	1차 재위	
13	사이캄(Saikham)	미륵불		
14	케트(Ket)	용시보살	2차 재위	
15	키라프라파(Chiraprapha)	대관세음보살		
16	카이야케타(Chaiyachettha)	미륵불		
17	메쿠티(Mekuti)	약왕보살		
18	위수트타투위(Wisutthathewi)	대관세음보살	?~300BC	
19	사와티 노라트라 망소시(Sawathi Noratra Mangsosi 또는 Nawrahta Minsaw)	천관파군 1세 분신2	300BC~	버어마 타톤(Thaton) 왕조 통치하에 있음
20	프라 초이(Phra Choi)		1차 재위	
21	프라 차이야티프(Phra Chaiyathip)			
22	프라 초이(Phra Choi)		2차 재위	
23	시송무엥(Duke Sisongmueang of Nan)			
24	프라야 루앙티프파네트(Phraya Luangthipphanet)			
25	프라 사엔무엥(Phra Saenmueang)			
26	프라에의 귀족(Duke of Phrae)			
27	우엔사에(Viceroy Uengsae of Ava)			
28	체푸타라이(Cheputarai)			

29	망 라엔나라(Mang Raenara)			
30	테프싱(Thepsing)			
31	옹 캄(Ong Kham)			버어마 타톤(Thaton) 왕조 통치하에 있음
32	옹 찬(Ong Chan)			
33	카오 키후트(Chao Khihut)			
34	포 아파이카미니(Po Aphaikhamini)			
35	포 마유구안(Po Mayu'nguan)		?~AD1	

　　상기《왕명록》중《히란(Hiran) 1왕조》9대《라오 키앙(Lao Khiang)》왕(王)으로 이름한《약상보살》때 수도를《치앙사엔(Chiang Saen)》으로 옮기면서《왕조(王朝)》의 명칭을《느게온양(Ngeon Yang)》왕조(王朝)로 바꾸고 초대 왕(王)으로 자리함으로써《히란 왕조》를 승계한 것이며,《느게온양 왕조》17대 왕(王)인《만그라이(Mangrai)》가 때에 선신(善神)들이 다스리는 왕조(王朝)에 파고 들어온 악질적인《악마(惡魔)의 신(神)》인《천관파군 1세》로서 이러한《천관파군 1세》가《느게온양 왕조》를《악(惡)》의 신(神)들 왕조(王朝)로 만들기 위해 수도를《치앙라이(Chiangrai)》로 옮기고《왕조(王朝)》의 명칭을《란나(Lanna)》로 고치고 초대 왕으로 자리하였으나《란나 왕조》2대 왕(王)인《차이야 송크람(Chaiyasong Khram)》으로 이름하신《미륵불(佛)》에 의해 타도됨으로써 이하 18대 왕(王)이신《위수트타투위(Wisutthathewi)》로 이름하신《대관세음보살》때까지는《히란 1왕조》와《느게온양 왕조》와 함께《BC 1150 ~ BC 300》년까지《850년》간은《선(善)》을 근본 바탕으로 하는《불(佛)》《보살(菩薩)》들께서 반복(反復)되는 윤회(輪廻)로《왕(王)》들이 되시어 백성(百姓)들을 다스리신 때이다.

　　이후《란나(Lanna)》왕조(王朝) 19대 왕(王)으로 자리한《망소시(Mangsosi)》왕(王)으로 이름한《천관파군 1세》부터 35대《포 마유구안(Po Mayunguan)》왕까지《BC 300 ~ AD 1》년까지는《버마》《타톤(Thaton) 왕조》의 지배를 받는 가운데《선악(善惡)》양면성을 근본 바탕으로 한《대마왕》들과《악(惡)》을 근본 바탕으로 하는《악마(惡魔)의 신(神)》들인《대마왕신(神)》들이 차례로《왕위(王位)》에 올라 백성들을 다스린 때가 되는 것이다.

③ AD 1년 이후 《태국》 북부 지역의 왕조(王朝)들

　《란나(Lanna)》 왕조(王朝) 19대 《사와티 노라트라 망소시(Sawathi Noratra Mangsosi)》 왕(王)으로 이름하였던 《악마(惡魔)의 신(神)》인 《천관파군 1세 분신2》는 이때 《란나 왕조》의 수도를 다시 《치앙사엔(Chiang Saen)》으로 옮기게 된다.

　이러한 이후 진행을 하면서 말씀드린 바와 같이 《폭력적》이며, 《사악(邪惡)》한 《악마(惡魔)의 신(神)》들인 《대마왕신(神)》들의 후손들인 《카렌족(Karen)》들이 주로 기거하던 《치앙사엔》이 《서력기원》과 함께 천상(天上)의 벌(罰)인 《대재앙(大災殃)》으로 지진이 발생하여 완전히 폐허화됨으로써 이후의 《태국》 북부 지역은 《AD 1 ~ AD 740》년까지는 《아유타야 왕조(王朝)》의 지배를 받는 《드바라바티(Dvaravati)》 도시(都市) 국가로 지내다가 다음으로 《남조 왕국》의 《피라각 왕》(재위 AD728~AD748) 때인 《AD 740년》에 《피라각 왕》께서는 그 분의 아들들 중 《약왕보살 1세》에게 《치앙마이(Chiang Mai)》의 통치권을 넘겨줌으로써 향후 《AD 740 ~ AD 1000》년까지 《260년》간을 《선(善)》을 근본 바탕으로 하는 《불(佛)》《보살(菩薩)》들께서 《왕(王)》들이 되어 다스림을 시작하는 초기에 《윈난성》으로부터 《대관세음보살》의 후손들인 《묘족》들 상당수가 《태국》 북부 지역으로 이동하게 된다.

　이때 《악마(惡魔)의 신(神)》들인 《대마왕신(神)》들의 후손들인 《카렌족》들도 《묘족》들을 따라 이동하여 다시 《치앙사엔》에 몰려들게 된다. 이러한 이동이 있고 난 후 《AD 800년》경 《악마(惡魔)의 신(神)》인 《천관파군 1세 분신》이 《심하나바티(Simhanavat)》로 이름하고 타이 족장으로 있을 당시 원주민들을 쫓아내고 《대마왕신(神)》 후손들과 함께 다시 도시(都市)를 세웠으나 《AD 1000년경》 다시 세워진 《치앙사엔》은 《석가모니 하나님 부처님》께서 내린 명령으로 인하여 천상(天上)의 재앙(災殃)인 대지진이 두 번째로 발생하여 《치앙사엔》은 폐허화가 된다.

　이러한 재앙이 있은 이후 한동안의 시간이 흐른 이후 《AD 1100년》에 《아미타불》께서 《라바차크카라즈(Lavachkkaraj)》로 이름하시고 《치앙사엔》을 중심으로 《히란(Hiran) 2왕조》(AD 1100~AD1600)를 세우시고 《500년》간 《선(善)》을 근본 바탕으로 하는 《불, 보살》들께서 반복(反復)되는 윤회(輪廻)로 《왕위(王位)》에 오르셔서 백성(百姓)들을 다스리신 것이다.

한편, 《아미타불》께서 《라바차크카라즈(Lavachkkaraj)》로 이름하시고 《히란 2왕조(Hiran II)》를 세우시기 6년 전 《AD 1094년》에 《약상보살》께서 《스리좀탐(Sri Jomtham)》으로 이름하시고 《파야오(Payao)》를 중심하여 《파야오(Payao) 왕국》(AD1094~AD1338)을 세우시고 《244년》간 선(善)을 근본 바탕으로 하는 《불보살》들께서 백성(百姓)들을 다스리신 것이다.

이와 같이 설명 드린 내용을 정리하면 다음과 같다.

[표 1-3-9-23] 《AD 1년》 이후 《태국》 북부 지역의 왕조(王朝) 정리

왕조명	기간	수도	초대 왕과 신명(神名)	비고
드바라바티(Dvaravati) 도시국가	AD1~AD740	각 도시		《대아유타야 왕국》과 《아유타야 왕국》의 지배
치앙마이(Chiang Mai) 왕조	AD740~AD1000	치앙 마이(Chiang Mai)	약왕보살 1세	
파야오(Payao) 왕조	AD1094~AD1338	파야오(Payao)	쓰리 좀탐(Sri Jomtham, 약상보살 1세)	
히란 2왕조(Hiran II)	AD1100~AD1600	치앙 사엔(Chiang Saen)	라바차크카라즈(Lavachakkaraj, 아미타불)	
※ 이후는 아유타야 왕국에 합병				

《태국》 북부 지역의 《하리푼차이 왕조》나 그 《속국》들의 왕조(王朝)에 있어서 《왕명(王名)》은 훼손됨이 없이 그대로 전하여져 오고 있으나, 《왕명(王名)》을 제외한 《왕조(王朝)》의 《년대수(年代數)》와 《왕(王)》들의 재위(在位) 년도들은 모두가 《대마왕》들과 《악마(惡魔)의 신(神)》들인 《대마왕신(神)》들과 특히 악질적인 《악마(惡魔)의 신(神)》으로서 《대마왕신(神)》인 《천관파군 1세》와 《천관파군 2세》에 의해 고쳐지고 재편되어 전하여져 오고 있으며, 《왕조(王朝)》나 《왕(王)》들에 대한 《세부적》인 기록들 대부분이 이들 《악(惡)》의 신(神)들에 의해 고쳐지고 날조된 기록이 현재 전하여져 오고 있으니 이러한 점에 각별한 주의가 요망되며 이러한 일들이 특정 국가에 한정된 것이 아니고 동남아시아 각국의 사정도 마찬가지임을 다시 한 번 더 말씀드리는 것이다.

(7) [푸난(Funan) 왕국(王國)](1300BC~300BC)

《푸난(Funan)》왕국(王國)은 《태국》중부 지역에 자리한 《라보(Lavo) 1왕조》(1300BC~300BC)와 《태국》남부 지역에 자리한 《아유타야(Ayutthaya) 왕조》(800BC~300BC)의 2차 교화기(敎化期) 문명(文明)과 《캄보디아》1차 교화기까지를 묶은 셋의 왕조(王朝)를 《푸난(Funan)》왕국(王國)(800BC~300BC)이라고 한다. 이러한 《푸난 왕국(王國)》에 대한 설명은 《태국》편과 《캄보디아》편으로 나뉘어 설명이 된다.

진행을 하면서 밝혀 드렸듯이, 《중원 대륙》동북 지방으로부터 《석가모니 하나님 부처님》의 명령에 의해 《BC 3500년》에 《태국》《중부 지방》과 《남부 지방》으로 이동하여온 《구려족》《신석기인》들에 대한 《2차 교화기 문명》이 《BC 1300 ~ BC 800》년까지 《500년》간 《태국》중부 지방에서부터 시작이 된 후 중부 지방 《2차 교화기》《문명》이 마쳐진 후 교화(敎化)의 주력(主力) 세력들이 두 무리로 나뉘어져 나누어진 한 무리는 《태국》남부 지방으로 이동하여 《BC 800 ~ BC 300》년까지 《500년》동안 《아유타야 왕조》의 《2차 교화기 문명》을 열게 되며, 나머지 한 무리는 《캄보디아》지방으로 이동하여 《BC 4000》년에 《인도》남부 지방으로부터 해류를 따라 《캄보디아》지방으로 이동하여 온 《스키타이》《구석기인》들에 대한 《1차 교화》작업으로 《스키타이》《신석기인》으로의 전환이 《BC 800 ~ BC 300》년까지 《500년》동안 이루어지게 된다. 이러한 때까지 모두를 《푸난 왕국(王國)》의 시대로 이름한다.

이러한 《태국》중부 지방과 남부 지방에 대한 《2차》《교화기 문명》과 《캄보디아》에 대한 《1차 교화》에 대해 나누어 살펴보기로 하자.

① [태국 중부와 남부 지방 《2차 교화기》문명(文明)]

가> [라보(Lavo) 1왕조(王朝)](1300BC~300BC)

《라오스》2차 교화(敎化)를 마치신 《석가모니 하나님 부처님》께서는 《BC 1300년》에 교화의 주력(主力) 세력 《3,000》의 무리 두(2) 무리를 편성하시어 한 무리는 《대관세음보살》과 《아미타불》께서 이끄시고 《태국》 북부 지방으로 이동시키시고, 나머지 한 무리는 《석가모니 하나님 부처님》께서 직접 이끄시고 《태국》 중부 지방으로 이동하시어 《쓰리테프(Sri Thep)》에 첫 번째 신시(神市)를 열고 《라보(Lavo) 1왕조》를 출발시키시면서 《석가모니 하나님 부처님》께서 《칼라바르나디쉬라즈(Kalavarnadishraj)》로 이름하시고 초대 왕(王)으로 자리하신 이후, 《150년》간 《선(善)》을 근본 바탕으로 하는 《불(佛)》《보살(菩薩)》들께서 차례로 《왕위(王位)》에 오르시어 《쓰리테프》를 중심한 인근 지역의 《2차 교화》를 마치시고 교화의 주력(主力) 세력들은 교화의 축(軸)을 옮겨 두 번째로 《라바푸라(Lavapura)》에 신시(神市)를 열고 이곳에서도 《150년》간 2차 교화(敎化)를 하시게 된다. 이후 다시 교화의 축(軸)을 옮겨 《나콘 사완(Nakhon Sawan)》에 세 번째 신시(神市)를 열고 이곳에서 《200년》간을 2차 교화하시는 것이다.

이러한 신시(神市) 세 곳을 만들어 《BC 1300 ~ BC 800》년까지 《500년》간 착함(善)을 근본 바탕으로 하는 《불(佛)》《보살(菩薩)》들께서 반복(反復)되는 윤회(輪廻)로 《왕위(王位)》에 올라 《2차 교화기(敎化期)》 문명(文明)을 열고 이후 《BC 800 ~ BC 300》년까지 《500년》간 《왕조(王朝)》가 계속됨으로써 《2차 교화기(敎化期)》 문명 때의 왕조(王朝)와 《왕조 시대》까지 포함한 《라보 1왕조》《1,000년》의 역사(歷史) 기록이 《대마왕》들과 《악마(惡魔)의 신(神)》들인 《대마왕신(神)》들 출신의 왕(王)들에 의해 사라져 간 것이다.

한편, 《라보 1왕조》 2차 교화기 문명이 끝이 난 후 《석가모니 하나님 부처님》께서는 《BC 800년》에 교화(敎化)의 주력(主力) 세력 《3,000》의 무리 두 무리를 편성하시어, 한 무리는 《관세음보살 1세》께서 이끄시고 《태국》 남부 지방으로 이동하여 《BC 800 ~ BC 300》년까지 《2차》 교화에 임하시게 하시고 나머지 한 무리는 《미륵불(佛)》과 《용시보살》이 이끄시고 《캄보디아》 지방에 머무는 《스키타이》《구석기인》들에 대한 《1차 교화》를 위해 이동하게 하시는 것이다.

나> [아유타야(Ayutthaya) 왕조(王朝)와 《2차 교화기》 문명(文明)](800BC~300BC)

《라보(Lavo) 1왕조》 2차 교화기 문명이 끝이 난 후 《BC 800년》 《관세음보살 1세》께서 교화(敎化)의 주력(主力) 세력 《3,000》을 이끌고 《태국》 남부 지방으로 이동하여 첫 번째 《신시(神市)》를 여신 곳이 《유통(U Thong)》으로써 이곳에서 《150년》간 2차 교화를 하신 이후, 교화의 주력(主力) 세력들은 교화(敎化)의 축(軸)을 옮겨 두 번째 《신시(神市)》인 《나콘빠톰(Nakhon Pathom)》을 여시고 이곳에서도 《150년》 2차 교화를 마친 이후, 교화의 주력 세력들은 교화(敎化)의 축(軸)을 옮겨 세 번째 《신시(神市)》인 《아유타야(Ayutthaya)》를 여시고 이곳에서 《200년》간 2차 교화를 하시어 《아유타야 왕조(王朝)》의 《BC 800 ~ BC 300》년까지 《2차 교화기》 문명(文明)을 모두 마침으로써 《푸난(Funan)》 왕국(王國)은 자동 소멸되며 이후는 《대아유타야 왕국(王國)》(300BC~AD640) 시대가 도래하는 것이다. 이와 같은 《BC 800 ~ BC 300》년까지 진행된 《아유타야 왕조(王朝)》의 《2차 교화기》 문명(文明) 때의 《왕명록》을 밝혀 드리면 다음과 같다.

[표 1-3-9-24] 태국 아유타야(Ayutthaya) 왕조 왕명록
2차 교화기(敎化期) 문명(文明) (800BC~300BC)

왕 순서	왕명(王名)	신명(神名)	신 구분
1	유통(Uthong 또는 Ramathibodi I)	관세음보살 1세	○
2	라메수안(Ramesuan)	용시보살	○
3	보롬마라차티라트 1세(Borommarachathirat I)	대관세음보살	○
4	통 란(Thong Lan)	천관파군 1세	●
5	라메수안(Ramesuan)	용시보살	○
6	라마 라차티라트(Rama Rachathirat)	노사나불 1세	○
7	인타 라차 1세(Intha Racha I)	아미타불	○
8	보롬마라차티라트 2세(Borommarachathirat II)	대관세음보살 1세	○
9	트라이로카나트(Trailokanat)	용시보살	○
10	보롬마라차티라트 3세(Borommarachathirat III)	대관세음보살 1세	○
11	라마티보디 2세(Ramathibodi II)	관세음보살 1세	○
12	보롬마라카티라트 4세(Borommarachathirat IV)	대관세음보살 1세	○
13	라트사다티라트(Ratsadathirat)	미륵불	○

14	차이라차(Chairacha)	용시보살	○
15	요드파(Yodfa)	노사나불 1세	○
16	우오라원사티라트(Worawongsathirat)	천관파군 1세	●
17	마하 차크크라파트(Maha Chakkraphat)	악마의 신인 석가모니	●
18	마힌트라티라트(Mahinthrathirat)	천관파군 2세	●

※ ○의 표시는 《선(善)》을 근본 바탕으로 하신 《불(佛)》,《보살(菩薩)》들이시며, ● 표시는 《악(惡)》을 근본 바탕으로 한 《대마왕신(神)》들임.

 《태국》남부《2차 교화기》문명 중 대부분의 왕(王)들은《관세음보살님》들을 비롯한 《선(善)》을 근본 바탕으로 하는《불(佛)》《보살(菩薩)》들이시다. 그러나 4대《통란(Thong Lan)》으로 이름한《천관파군 1세》와 16대《우오라원사티라트(Worawongsathirat)》로 이름한《천관파군 1세》와 17대《마하차크크라파트(Maha Chakkraphat)》로 이름한《악마(惡魔)의 신(神)》인 《석가모니》와 18대《마힌 트라티라트(Mahinthrathirat)》로 이름한《천관파군 2세》등은《악(惡)》을 근본 바탕으로 하는《악마(惡魔)의 신(神)》들인《대마왕신(神)》들로서 이들이《버마》《타톤(Thaton) 왕조》(593BC~AD1057) 세력을 등에 업고《왕조(王朝)》탈취를 목적으로 파고든 자(者)들이며, 이들이《동남아시아》각국들의《역사(歷史)》를 삭제하고 날조한 주범들이라는 사실을 깊이 인식하시기 바란다.

② [캄보디아 《1차 교화(教化)》] (800BC~300BC)

 《태국》《라보 1왕조》2차 교화기 문명(文明)이 끝이 난 후《미륵불》과《용시보살》이 《캄보디아》에 있는《스키타이》《구석기인》들에 대한《1차 교화》를 위해 교화(教化)의 주력(主力) 세력《3,000》의 무리를 이끌고《캄보디아》에 도착한 후 첫 번째 신시(神市)를 연 곳이《앙코르(Angkor)》로써 이곳에서《150년》의 1차 교화를 마친 후, 교화(教化)의 주력(主力) 세력들은 교화의 축(軸)을 옮겨 두 번째《신시(神市)》인《프놈펜(Phnom Penh)》을 열고 이곳 주위의 1차 교화를《150년》한 후 교화의 축(軸)을 다시 옮겨 세 번째《신시(神市)》를《옥에오(Oc Eo)》에서 열게 됨으로써 이곳에서《200년》의 1차 교화를 마무리 하는 것이다.

이러한 1차 교화로써 《스키타이》《구석기인》들에게 하늘(天)의 씨앗인 《삼진(三眞)》이 심어져 새롭게 태어난 《스키타이》《신석기인》으로 진화(進化)를 시킨 후 《농경법》을 가르치고 가축을 기르며 안정적인 삶을 영위할 수 있도록 촌락(村落)과 부락(部落)을 형성하는 시기가 《BC 800 ~ BC 300》년간 《500년》간 계속된 것이다.

이러한 《캄보디아》《1차 교화》가 끝이 남으로써 《캄보디아》에서도 《푸난(Funan)》 왕조(王朝)(800BC~300BC)는 소멸되고 때에 《석가모니 하나님 부처님》께서는 《라오스》와 《태국》과 《캄보디아》의 국경 경계를 설정하시는 것이며, 이때로부터 《태국》과 《캄보디아》도 《푸난 왕국》으로부터 완전히 분리된 것이다.

그리고 《캄보디아》《푸난(Funan)》 왕조(王朝)《건국 설화》에 등장하는 《토지(土地)의 신(神)》으로 숭배되는 《나가(Naga) 신(神)》이 《우주(宇宙)》를 크게 세 구분한 《천(天), 지(地), 인(人)》 우주에서 《지(地)》의 우주를 선도하시는 《노사나불(佛)》을 이름한 것이며, 《나가(Naga) 신(神)》의 딸 《소마(Soma)》가 《노사나불(佛)》의 딸인 《용시보살》을 이름한 것이며, 《소마(Soma)》와 결혼한 《카운딘야(Koundinya)》가 《미륵불(佛)》로서 이러한 건국 설화가 《푸난 왕조》의 《캄보디아》 1차 교화기를 방편으로 엮어 설화(說話)로 전한 것이며, 《캄보디아인》들이 《노사나불(佛)》의 직계(直系) 후손들로서 《한민족(韓民族)》 구성원 중의 하나인 《스키타이인》들임을 알리는 설화(說話)인 것이다. 이러한 《푸난 왕조》의 《캄보디아》 1차 교화기 때의 《왕명록》을 밝혀 드리면 다음과 같다.

[표 1-3-9-25] 캄보디아 1차 교화기 푸난(Funan) 왕조(王朝) 왕명록
교화(敎化) 기간 : 800BC~300BC

왕 순서	왕명(王名)	신명(神名)	비고
1	소마 여왕(Queen Soma)	용시보살	
2	카운딘야 1세(Kaundinya I)	미륵불	
3	스레이 메아라(Srei Meara)	정화수왕지불	
4	카운딘야 2세(Kaundinya II)	미륵불	
5	스린드라바르만 1세(Srindravarman I)	용시보살	남자 몸으로 태어남
6	자야바르만 카운딘야(Jayavarman Kaundinya)	천관파군 1세	

| 7 | 루드라바르만(Rudravarman) | 천관파군 2세 | |
| 8 | 사르바브하우마(Sarvabhauma) | 용시보살 | 남자 몸으로 태어남 |

(8) [태국(Thailand)]

① 《태국》 북부 왕조(王朝) 정리

※ 《태국》 북부 지방 《왕조(王朝)》 정리는 다음과 같다.

[표 1-3-9-26] 《태국》 북부 왕조(王朝) 정리

왕조명	기간	수도	초대 왕과 신명(神名)	비고
하리푼차이(Hariphunchai) 왕조	1300BC~AD1	하리푼차이	자마데비 여왕 (관세음보살 1세, Queen Jamadevi)	
히란(Hiran) 1왕조	1150BC~AD1	히란(Hiran)	라와창카라트 (대관세음보살, Lawachangkarat)	하리푼차이 속국
느게온양(NgeonYang) 왕조		느게온양(NgeonYang)	라오 키앙 (약상보살, Lao Khiang)	〃
란나(Lanna) 왕조		치앙 라이(Chiang Rai)	만그라이 (천관파군 1세, Mangrai)	〃
드바라바티(Dvaravati) 도시국가	AD1~AD740	각 도시		대아유타야 왕국과 아유타야 왕국 지배

치앙마이(Chiang Mai) 왕조	AD740~AD1000	치앙 마이 (Chiang Mai)	약왕보살 1세	
파야오(Payao) 왕조	AD1094~AD1338	파야오(Payao)	쓰리 좀탐 (약상보살 1세, Sri Jomtham)	
히란 2왕조 (Hiran II)	AD1100~AD1600	치앙 사엔 (Chiang Saen)	라바차크카라즈 (아미타불, Lavachakkaraj)	
※ 이후는 아유타야 왕국과 아유타야 통합 왕국에 합병					

[지도 1-3-2] 고대 태국의 신시(神市)

② [《태국》 중부와 남부 2차 교화기 문명 및 이후의 왕조(王朝) 정리]

※ 《태국》 중부와 남부 《2차》 교화기 문명(文明) 및 이후의 《왕조(王朝)》 정리는 다음과 같다.

[표 1-3-9-27] 《태국》 중부와 남부 2차 교화기 문명 및 이후의 왕조 정리

왕조명		존속기간	초대 왕과 신명(神名)	비고
푸난왕국	라보(Lavo) 1왕조(태국 중부)	1300BC~800BC	카라바르나디쉬라즈 (석가모니 하나님 불, Kalavarnadishraj)	2차 교화기 문명
		800BC~300BC		왕조시대
	아유타야(Ayutthaya) 왕조(태국 남부)	800BC~300BC		2차 교화기 문명
대(大)아유타야(Ayutthaya) 왕국이 지배한 드바라바티(Dvaravati) 도시국가		300BC~AD640		태국 북부, 중부, 남부, 라오스 통합
라보(Lavo) 2왕조		AD640~AD1087	프라야 카라바르나디트 (석가모니 하나님 불, Phraya Kalavarnadit)	
아유타야(Ayutthaya) 왕국		AD640~AD1087 ~AD1438		란쌍 2왕조 (AD1353~AD1706) 형성으로 라오스 독립함.
수판나품(Suphannaphum) 왕조		AD1087~AD1438		아유타야 왕국 통치하
수코타이(Sukhothai) 왕조		AD1238~AD1438	포 쿤 쓰리 인드라디티야 (노사나불, Pho Khun Sri Indraditya)	
아유타야(Ayutthaya) 통합왕국		AD1438~AD1767	마하 탐마라차티라트 (관세음보살 1세, Maha Thammarahathirat)	태국 북부, 중부, 남부 재통합
톤부리(Thonburi) 왕국		AD1767~AD1782	탁신(천관파군 1세, Taksin)	〃
라따나꼬신(Rattanakosin) 왕국(차크리(Chakri) 왕조)		AD1782~1973 (AD1782~현재)	라마 1세(노사나불 1세, Rama I)	〃

③ [대(大) 아유타야(Ayutthaya) 왕국(王國)] (300BC~AD640)

　　상기 ②번 표에 기록된 내용을 참고하여 말씀을 드리겠다. 왕조(王朝)를 이루고 《2차》 교화기 문명(文明)을 열었던 《BC 800 ~ BC 300》년까지의 설명은 《푸난(Funan)》 왕국(王國) 편에서 하였으니, 이 장에서는 본격적으로 《왕조(王朝) 시대》가 진행되는 《BC 300 ~ AD 640》년까지 《대(大) 아유타야 왕국》편에 대하여 설명을 드리도록 하겠다. 이러한 《대(大) 아유타야 왕국》에 대한 설명은 《BC 300 ~ AD 200》년까지와 《AD 200 ~ AD 640》년까지 두 구분이 되어 설명이 되는 것이다.

가> [《BC 300 ~ AD 200》년까지의 《대(大) 아유타야 왕국(王國)》]

　　《2차》 교화기 《문명(文明)》을 거친 《아유타야 왕조》(800BC~300BC)는 《대 아유타야 왕국》(300BC~AD640)이 시작되는 《BC 300년》 《음(陰)》의 《관세음보살 1세》와 《양(陽)》의 《관세음보살》이신 《대관세음보살》이 《음양(陰陽)》 짝을 하신 《관세음보살》들께서 《대 아유타야 왕국》을 출발시키실 때 《아유타야 왕조(王朝)》(800BC~300BC)를 중심하여 《태국》 북부와 중부와 《라오스》 지역을 아우르는 《드바라바티(Dvaravati)》 도시 국가를 다스리는 《대 아유타야 왕국》(300BC~AD640)으로 거듭 태어나 《BC 300 ~ AD 200》년까지 《500년》간을 안정적으로 다스리게 되는 것이다.

　　이렇듯 《아유타야 왕조》(800BC~300BC)가 《대 아유타야 왕국》으로 거듭 태어나서 《500년》간을 안정적으로 《드바라바티》 도시 국가들을 다스린 데에는 《석가모니 하나님 부처님》의 엄명으로 《BC 300 ~ AD 200》년까지의 기간 동안은 《악(惡)》을 근본 바탕으로 한 《악마(惡魔)의 신(神)》들인 《대마왕신(神)》들은 일체 《왕위(王位)》에 오를 수 없게 하시고 다만, 《선(善)》을 근본 바탕으로 하신 《불(佛)》 《보살(菩薩)》들과 《선악(善惡)》 양면성을 가진 《대마왕》 불보살들만이 《왕위(王位)》에 오를 수 있도록 엄명을 내리신 것이다.

　　이로써 《아유타야》 《2차》 교화기 문명(文明) 때의 《왕명록》에서 밝혀 드린 《불(佛)》 《보살(菩薩)》들께서만 반복(反復)되는 윤회(輪廻)로 차례로 《왕위(王位)》에 오른 덕분에 《아유타야 왕조》(800BC~300BC)가 《드바라바티(Dvaravati)》 도시 국가를 다스리는 《대(大) 아유타야 왕국》 (300BC~AD640)으로 태어날 수 있었던 배경이 되는 것이다.

때문에 《아유타야 왕조(王朝)》《2차》 교화기 문명(文明) 《왕명록》에서 밝혀진 《불, 보살》들께서 반복(反復)되는 윤회(輪廻)로 대부분 《왕위(王位)》에 오르셔서 《대아유타야 왕국》 (300BC~AD640)을 다스린 탓에 따로 《왕명록》을 만들지 않은 것이니 이해하시기 바라며, 이 때의 사실적 기록들 역시 《악마(惡魔)의 신(神)》들인 《대마왕신(神)》들에 의해 파괴되고 없어진 것이 많으며 남아 있는 기록들 역시 날조되고 왜곡된 기록들이 대부분임을 아시기 바란다.

※ 특기(特記) 9 :

1. [불교경전(佛敎經典) 결집(結集)]

《악마(惡魔)의 신(神)》으로서 《대마왕신(神)》인 《석가모니》가 《싯다르타 태자》(577BC~497BC)로 태어나서 출가(出家)하여 6년 고행 끝에 《마왕신(魔王神)》《부처(佛)》를 이루게 된다. 그러나 이러한 부처(佛)는 《불법(佛法)》 일치를 이룬 완전한 깨달음의 《부처(佛)》를 이루지 못하고 《법(法)》을 완성하지 못한 반쪽짜리 《부처(佛)》로서 이를 《마왕신(魔王神)》《부처(佛)》라고 하는 것이다. 이러한 《마왕신 부처》가 《부처(佛)》를 이루자마자 《원천창조주》이신 《석가모니 하나님 부처님》의 《불명호(佛名號)》를 도적질하여 스스로를 《석가모니불(佛)》로 호칭을 하고 《원천창조주》이신 《석가모니 하나님 부처님》 행세를 하며 《지상(地上)》의 인간 무리들 모두를 그의 《정신적(精神的)》 지배하에 두고자 하였던 것이다.

이러한 《대마왕신(神)》 부처(佛)는 그가 이룩한 《법(法)》이 없기 때문에 《천상(天上)》에 있는 《석가모니 하나님 부처님》《양(陽)》의 《불법(佛法)》을 훔쳐 와서 부처(佛) 놀이를 하면서 그가 설(說)한 법(法)이 마치 그가 성취한 법(法)인 양 《앵무새》처럼 설(說)하고 일생을 마친 것임이 앞으로 진행(進行)되는 《마왕불교(魔王佛敎)》편에서 상세하게 밝혀진다.

그러나 《대마왕신(神)》인 《악마(惡魔)의 신(神)》으로서 《석가모니》가 설(說)한 법(法)은 《원천창조주》이신 《석가모니 하나님 부처님》의 귀중한 《양(陽)》의 《불법(佛法)》인 것은 확실하며 이러한 사실을 《메시아(Messiah)》인 《미륵불(佛)》이 정확히 밝히는 것이다.

2. [굴내결집(窟內結集)]

이와 같은 《악마(惡魔)의 신(神)》으로서 《대마왕신(神)》인 《석가모니》(577BC~497BC)가 설(說)한 《불법(佛法)》이 《악마(惡魔)의 신(神)》인 《석가모니》《멸후(滅後)》 3개월 만에 《왕사성》《칠엽

굴》에서 《대가섭존자》를 상좌로 하여 500비구가 모여 《1차 경전 대결집》(497BC~496BC)으로 《경율(經律)》2장(藏)으로 된 《굴내결집(窟內結集)》본(本)이 완성이 된다. 이렇게 하여 결집(結集)된 경전 중(經典中) 《석가모니 하나님 부처님》께서 본래 설(說)하신 《경전(經典)》의 뜻을 거역하고 왜곡하여 《마왕신불(魔王神佛)》인 그의 뜻을 담아 《마성(魔性)》을 깊게 심어 논 《묘법연화경(妙法蓮華經)》을 제외한 《경율(經律)》2장(二藏)으로 된 《굴내결집본》을 《보살도(菩薩道)》를 지향하는 《성문(聲聞)》의 《불법(佛法)》이라고 하는 것이다.

이러한 《경율(經律)》 2장(二藏)으로 된 《굴내결집본》인 《성문(聲聞)》의 불법(佛法)이 때에 《악마(惡魔)의 신(神)》인 《석가모니》 아들로 태어났던 《비자야(Vijaya)》(562BC~475BC)가 《스리랑카》 최초의 왕(王)으로 있다가 《왕위(王位)》를 물러나 있을 당시, 《비자야(Vijaya)》로 이름한 《노사나불(佛)》에게 전하여져 《노사나불(佛)》이신 《비자야》는 이러한 《성문(聲聞)》의 《불법(佛法)》을 《동남아시아》에 전(傳)하기 위해 《승단(僧團)》을 이끌고 《BC 485년경》 해류(海流)를 따라 지금의 《월남》한 해안에 도착하여 그곳의 지명(地名)을 《비자야(Vijaya)》로 이름함으로써 그의 《전법(傳法)》 활동을 기념하는 자취를 남기시고 《승단》과 함께 《태국》의 《라보(Lavo) 1왕조(王朝)》(1300BC~300BC)와 2차 교화기에 있던 《아유타야(Ayutthaya) 왕조(王朝)》(800BC~300BC)에 전(傳)하게 됨으로써 《보살불교》인 《성문의 불법》이 《상좌부 불교》보다는 《235년》 빨리 《태국》에 전(傳)하여진 것이다.

이와 같이 왜곡되지 않은 순수한 《성문》의 《불법》을 위해 《석가모니 하나님 부처님》께서는 《라마(Rama)》로 일생(一生)을 산 후 육신(肉身)의 죽음을 맞이한 《노사나불(佛)》의 《영혼(靈魂)》과 《영신(靈身)》을 《악마(惡魔)의 신(神)》인 《석가모니》에게 심어 그의 아들로 태어나게 하여 《비자야(Vijaya)》(562BC~475BC)로 이름하게 하신 것이다. 그리고 《석가모니 하나님 부처님》께서는 《미륵불(佛)》 역시 《악마(惡魔)의 신(神)》인 《석가모니》의 아들인 《라후라(Rahula)》로 태어나게 하셨으며 《석가모니 하나님 부처님 분신》 스스로께서는 《빔비사라(Bimbisara)왕》(생몰 558BC~503BC)으로 오시어 《천상(天上)》에서 《악마(惡魔)의 신(神)》인 《석가모니》가 훔쳐 온 불법(佛法)을 왜곡하지 못하도록 하기 위해 《악마(惡魔)의 신(神)》인 《석가모니》(생몰 577BC~497BC)를 통제하고 있었음을 《메시아(Messiah)》이신 《미륵불》이 분명히 밝혀 두는 바이며, 《성문(聲聞)》의 《불법(佛法)》이 온전히 전하여지게 된 배경에는 《제바달다》의 공로가 지대하였음을 아울러 밝혀 두는 바이다.

3. [굴외결집(窟外結集)]

《경율(經律)》 2장(二藏)으로 된 《굴내결집본(窟內結集本)》이 발표된 후 이를 입수한 《관세음보살 1세》와 《대마왕》《문수사리》와 《목건련》으로 이름하였던 《지장보살 1세》는 그들의 수하에 있는 《굴내결집》에 참여하지 못한 《승려》들을 동원하여 《바사파(婆師波)》를 중심으로 《굴내결집본》《경전(經典)》에 들어있는 《원천창조주》이신 《석가모니 하나님 부처님》의 뜻을 거역하는 《그리스》《자연사상(自然思想)》을 담은 《연각(緣覺)》과 《독각(獨覺)》의 무리들만의 《음(陰)》의 《독각불교(獨覺佛敎)》 경전(經典)으로 재편성 결집을 하여 이를 《굴외결집본(窟外結集本)》으로 이름하는 2차 《불법(佛法)》 파괴를 한 것이다.

이와 같이 하여 2차 《불법(佛法)》 파괴로 탄생한 《연각(緣覺)》과 《독각(獨覺)》들만의 《음(陰)》의 《독각불교(獨覺佛敎)》를 《악마(惡魔)의 신(神)》으로서 《대마왕신(神)》인 《석가모니》가 반복(反復)되는 윤회(輪廻)로 《마하데바(Mahadeva)》로 태어나서 《경율(經律)》 2장 중 《율장(律藏)》을 손본다는 핑계로 《악마(惡魔)의 신(神)》인 《석가모니불(佛)》 멸후 114년 만에 다시 3차 경전 대결집을 선도하면서 《경전(經典)》들을 《악마(惡魔)의 신(神)》인 《석가모니》가 《창조주》인 《구원자(救援者)》로 자리하는 불교로 재편성하여 3차로 《석가모니 하나님 부처님》의 《불법(佛法)》을 파괴함으로써 중생(衆生)들에 대한 《정신적(精神的)》 지배를 노려 《대중부(大衆部)》 독각불교(佛敎)를 만들게 된다. 이러한 이후 이에 불복하여 처음 만들어진 《음(陰)》의 《독각불교》를 《관세음보살》을 《창조주》로 한 불교로 개편한 것을 《상좌부(上座部)》 연각과 독각불교(佛敎)라고 이름한 것이다.

이와 같은 《대중부 독각불교》도 《음(陰)》의 《독각불교》에서 다시 3차로 불법(佛法)이 파괴되어 만들어진 불교(佛敎)이기 때문에 《음(陰)》의 《독각불교》를 다시 《양음(陽陰)》으로 나누어 《음양(陰陽)》의 《독각불교》를 《대중부 독각불교》라고 하며, 《상좌부 연각과 독각 불교》를 《음음(陰陰)》의 《독각불교》라고 하는 것이다.

이와 같이 《악마(惡魔)의 신(神)》으로서 《대마왕신(神)》인 《석가모니》가 《창조주》가 되어 《구원자(救援者)》로 자리하는 대표적인 경전(經典)이 《묘법연화경(妙法蓮華經)》 문자(文字) 반야(般若)이다.

4. [상좌부 연각과 독각 불교(上座部 緣覺과 獨覺 佛敎)]

《노사나불(佛)》이신 《비자야(Vijaya)》가 《경율(經律)》 2장(二藏)으로 된 《굴내결집본》인 《보살도(菩薩道)》로 가는 《성문(聲聞)》의 불법(佛法)을 《태국》의 《라보(Lavo) 1왕조(王朝)》(1300BC~300BC)와 2차 교화기에 있던 《아유타야(Ayutthaya) 왕조(王朝)》(800BC~300BC)에 《BC 485년경》 전(傳)하였을 때 충격을 받은 분이 《관세음보살 1세》이다.

이러한 《관세음보살 1세》께서 그의 후손들 나라인 《태국》과 여타 《동남아시아》 각국들의 인간 무리들에 대한 《정신적(精神的)》 지배를 위해 한때 《집착》을 함으로써 《대마왕》이 되시어 《남자(男子)》 몸을 가지시고 고대 《인도》 《마우리아(Maurya)》 왕조(王朝)의 《아쇼카 왕(王)》(재위 274BC~232BC)으로 태어나시면서 《출산(出産)》을 담당하는 《우주(宇宙)》의 《어머니(母)》답게 처음 《굴내결집본》을 가지고 1차 불법(佛法) 파괴를 하여 《굴외결집본》을 만들어 《음(陰)》의 《독각불교》를 탄생시켰던 《대마왕》 《문수사리》와 《목건련》으로 이름하였던 《지장보살 1세》와 관계 《승려》들을 반복(反復)되는 윤회(輪廻)를 통해 이들 모두를 《아쇼카 왕》과 같은 동시대(同時代)에 태어나게 하여 한 자리에 모이게 한 후, 《4차》 《경전(經典)》 대결집 사업을 《아쇼카 왕》(재위 273BC~236BC) 재위 중에 벌이면서 《음(陰)》의 《독각불교》에 대한 《3차》 《불법(佛法)》 파괴를 하면서 《창조주》인 《구원자(救援者)》로서 《석가모니 하나님 부처님》과 이를 사칭한 《악마(惡魔)의 신(神)》인 《석가모니》 모두를 배제시키고 《관세음보살》이 《창조주》인 《구원자(救援者)》로 등장하는 경전(經典) 내용으로 결집을 완성하면서 《경율(經律)》 2장(二藏)에 《논장(論藏)》을 첨가하여 《삼장(三藏)》을 만들어 《불법(佛法)》을 방대하게 만듦으로써 일반민(一般民)들이 《불법(佛法)》에 접근하는 것을 방해하고자 하는 의도로 《상좌부》 《연각》과 《독각》 불교를 만들어 이를 《스리랑카》를 통하여 《해상 루트》를 따라 《BC 250년》에 《태국》의 《대아유타야(Ayutthaya) 왕국(王國)》(300BC~AD640)에 전(傳)하여지게 한 것이다.

이로써 《동남아시아》 각국들은 《비자야》에서 전한 《보살불교》와 《관세음보살》이 《창조주》인 《구원자(救援者)》로 등장한 《음(陰)》의 《독각불교》가 심한 갈등을 겪은 끝에 《권력자》로 자주 등장하게 되는 《관세음보살 1세》와 《대관세음보살》 등의 지원 때문에 《상좌부》 《연각》과 《독각불교》가 세력 다툼에서 승리하여 자리하였으나, 지금의 때로 봐서는 《음(陰)》의 《독각불교》 중 《대중부 독각불교》가 최후의 승리를 하여 자리하고 있는 것이다. 이와 같이 《불가(佛家)》에서는 최고의 경지를 자랑하는 순수하고 이상적인 《보살불교》의《성문의 도(道)》는 사라져 가야 했던 슬픈 일이 벌어진 것이다. 그리고 이러한《관세음보살》이《창조주》인《구원자(救援者)》로 등장하는《상좌부》《연각》과《독각》불교가 현재까지 고스란히 남은 불교가《티벳 불교》인 것이다.

한편,《대아유타야 왕국》(300BC~AD640)에서《성문의 불교》와《음(陰)》의《독각불교》가 부딪쳐 심한 갈등을 겪을 때《천상(天上)》의 지시로 본래《천상(天上)》에서부터《노사나불(佛)》의 부인이셨던《정화수왕지불》께서《허황옥(許黃玉)》으로 이름하시고《장유화상》과 함께《굴내결집본》인《경율 2장》으로 된《성문의 불교》를 가지고《대아유타야 왕국》(300BC~AD640)으로부터 해상루트를 따라《BC 1년》에 경남《김해(金海)》에 당도하시어《금관가야》《수로왕》(25BC~AD110, 재위 6BC~AD110)이신《노사나불》과 다시 혼인을 하심으로써《가야국》에《성문의 불교》인《성문의 불법》이 전하여진 것이다.

그리고《수로왕》의 혼인 때《수로왕》(25BC~AD110, 재위 6BC~AD110)의 아버지이신《신라》의《박혁거세 왕》(43BC~AD36, 재위 36BC~AD36)으로 이름하시였던《석가모니 하나님 부처님》께서 오셨기 때문에 자연히《신라》에도《성문의 불법》이 전해짐으로써 훗날《가야》와《신라》에서는《한단불교(桓檀佛敎)》의《석가모니 하나님 부처님》《음(陰)》의 불법(佛法)인《진리(眞理)》의 법(法)과《양(陽)》의 불법(佛法)인《성문의 불법》이 만나《음양(陰陽)》짝을 함으로써 지상(地上)에서는 찾아볼 수 없는 전무후무한《대승(大乘)》《보살불교(菩薩佛敎)》가 꽃피워져 지금도 그 유물인《경주 불국사》와《석굴암》이 존재하며,《천마총》같은《고분벽화》가 남아있는 것이다.

이러한 이후《보살불교》는 2세기경《고구려》와《백제》에도 전하여지므로써 이후《한반도(韓半島)》국가 모두에서는《보살불교》가 보편화되어 있었던 것이다. 이러한 증거가《백제》의《미륵(彌勒)》신앙이며,《고구려》역대 왕(王)들의《왕릉》과《고분벽화》가 되는 것이다. 이러한《고분벽화》의 해석은《보살불교》에 정통하지 않으면 해석을 하지 못하는 뚜렷한 증거가 되는 것이다.

이와 같은《고구려》《고분벽화》가 출토될 때마다 꿀 먹은 벙어리 행세를 하며 다만《고분》의《장식용》정도로 알고 있는 학자(學者)들과 거짓말 잘하는《당 마왕불교(魔王佛敎)》와《대중부 독각불교》를 하고 있는 마왕(魔王)《승려》들이 불교(佛敎)의 전래는《고구려》17대 왕인《소수림왕》(재위 AD371~AD384) 때 북방(北方) 불교(佛敎) 루트를 따라《중원 대륙》으로부터 들어왔다고 전문 지식이 없는 일반 백성(百姓)들을 속이고 있는 파렴치한 거짓말을 지금도 하고 있는 것이다.

이와 같은《한반도》삼국(三國)으로 자리한《신라》,《고구려》,《백제》의《보살불교》를 타락시켜《한민족》전체를 파멸로 몰고 가기 위한 목적으로《중원 대륙》《당(唐)》(AD618~AD907)나라에서《대마왕》《다보불(佛)》과《문수보살 1세》가 획책하여《당 마왕불교》를 만들어《한반도》로 들여보내게 된다. 이에 대한 상세한 사연은 [마왕불교(魔王佛敎)]편에서 설명 드리도록 하겠다.

한편,《음(陰)》의《독각불교(佛敎)》를《기복불교(祈福佛敎)》로 전환시켜 만들어진《상좌부(上座部)》연각과 독각불교(佛敎)를 형성시켰을 때 참여한《대마왕》들과《승려》들이 반복(反復)되는 윤회(輪廻)로 이들의 손에 의해 정략적으로《북방 경로》를 통하여《BC 2세기》에《중원 대륙》으로《상좌부 불교》가 전(傳)하여지게 된다.

이렇게 하여 전(傳)하여진《상좌부 연각과 독각불교》도《대마왕》《다보불(佛)》과《문수보살 1세》의 비호 아래《당(唐)》나라(AD618~AD907)가 건국될 때《대마왕》《다보불(佛)》과《문수보살 1세》와《당(唐)》《현장》과 이때 초대《황제》로 자리하였던《당 고조》《이연》과《당 태종》이 될《이세민》등이《상좌부 독각불교》를 해체하여《관세음보살》을《창조주》인《구원자》의 자리에서 내어 쫓고《한민족(韓民族)》《역사》와 관련된 모든 불교 용어(用語)》등을 삭제하는 대규모《불법(佛法)》파괴를 3차로 하여 경전(經典) 대결집을 이룸으로써 순수《독각(獨覺)》들만의《마왕불교(魔王佛敎)》가 탄생하게 된다. 이로써 불교(佛敎)는《보살불교》와《음(陰)》의《독각불교》와《당 마왕불교》등 셋으로 갈라진 것이다. 이와 관련된 상세한 설명은 뒤편에서 진행되는 [마왕불교(魔王佛敎)]편에서 설명 드리도록 하겠다.

이와 같이《집착》에 의한 자기 몫 챙기기에 급급했던《관세음보살 1세》의 행(行)이 두고두고 씻을 수 없는《불법(佛法)》파괴의《멍에》를 스스로 쓰게 되고《원천창조주》이신《석가모니 하나님 부처님》께는《대역죄(大逆罪)》를 지은 것이다. 그리고 이러한《관세음보살 1세》의 행(行)이 그의 우주적 큰 아들이신《비자야(Vijaya)》로 이름하셨던《노사나불(佛)》에게는 엄청난 충격이 되어 이후부터는《어머니(母)》에 대한《반감(反感)》으로《포 쿤 쓰리 인드라디티야(Pho Khun Sri Indraditya)》로 이름하고 훗날 《수코타이(Sukhothai)》 왕조(王朝)(AD1238~AD1438)를 세우게 된 것이며, 이러한 《수코타이 왕조(王朝)》를 《관세음보살 1세》께서는 《마하 탐마라차티라트(Thammarahathiraat)》로 이름하시고 이 왕조(王朝)를 망(亡)하게 하고 《아유타야(Ayutthaya)》《통합 왕국(王國)》(AD1438~AD1767)를 세우시게 된다.

이러한 이후 《아유타야》《통합 왕국》도 《악마(惡魔)의 신(神)》으로서 《천관파군 1세》인 《탁신(Taksin)》이 세운 《톤부리(Thonburi)》 왕국(王國)에 멸망당하게 되며, 이와 같은 《톤부리 왕국》(AD1767~AD1782)도 《라마(Rama) 1세》로 이름한 《노사나불(佛)》에게 망(亡)함으로써 《노사나불(佛)》께서 세우신 《라따나꼬신(Rattanakosin)》 왕국(王國)(AD1782~AD1932)의 《차크리(Chakri) 왕조》(AD1782~현재)가 오늘날까지 존재하고 있는 것이다.

이로써 《욕망(慾望)》에 의한 《집착(執着)》 때문에 한순간 《대마왕》으로 돌아앉은 《관세음보살》이 행(行)하신 일들이 《동양 사회》에 몰고 온 파장은 실로 엄청난 것이었다. 이 때문에 《관세음보살》께서도 그 분이 지은 《업장》 때문에 이후부터는 필설로 다 말할 수 없는 고통을 겪으시고 스스로 하신 일에 대한 깊은 참회를 오랜 기간 하신 끝에 스스로 지은 《업장》을 소멸하고 《석가모니 하나님 부처님》으로부터 죄업(罪業)을 한때 용서받으셨으나 스스로는 그로 인해 《무간지옥》에 빠지는 《벌(罰)》을 받은 중생(衆生)들로 인해 《관세음보살》 자신께서 《무간지옥》에 들어가는 《벌(罰)》을 자청하셨기 때문에 《무간지옥》으로 사라져 가신 것이다. 이로써 그분이 가지고 계시던 《관세음보살》의 소임은 모두 끝이 난 것이다.

※ 특기(特記) 10 :

[대마왕(大魔王) 관세음보살]

《개천이전(開天以前)》부터 《석가모니 하나님 부처님》을 제거한 후 《개천이후(開天以後)》에 만들어지는 《천(天)》,《지(地)》,《인(人)》 우주 모두를 지배하기 위해, 최고 《악마(惡魔)의 신(神)》인 《비로자나 1세》가 음모를 꾸미다가 그의 음모가 《석가모니 하나님 부처님》께 발각이 되어 이후부터 최고 《악마(惡魔)의 신(神)》인 《비로자나 1세》는 《천궁(天宮)》이나 《태양성(太陽星)》같은 《별(星)》의 《법신(法身)》을 가지지 못하고 《인간》들 사회에서 《인간 육신(肉身)》의 진화(進化)만을 할 수 있는 《형벌(刑罰)》을 받게 된다. 이러한 이후 《상천궁(上天宮)》의 인간들이 사는 《별(星)》에서 최고 《악마(惡魔)의 신(神)》인 《비로자나 1세》는 《암흑의 신(神)》인 《가이아 신(神)》과 결혼하여 아들(子)을 생산(生産)하였는데 훗날을 도모하기 위해 처음부터 그의 아들 이름을 《석가모니 하나님 부처님》의 《명호(名號)》를 도적질하여 《석가모니》로 이름을 하게 된다.

이렇게 하여 태어난 최고 《악마(惡魔)의 신(神)》인 《비로자나 1세》의 아들 《석가모니》와 《석가모니 하나님 부처님》과의 구분을 위해 《비로자나 1세》의 아들 《석가모니》를 《악마(惡魔)의 신(神)》인 《석가모니》로 이름하게 된 것이다.

이러한 짓을 예사롭게 한 최고(最高)의 《악마(惡魔)의 신(神)》으로서 《대마왕신(神)》인 《비로자나 1세》가 노리는 목적을 잘 아시는 《석가모니 하나님 부처님》께서는 그의 아들인 《악마(惡魔)의 신(神)》인 《석가모니》 역시 《천궁(天宮)》이나 《태양성(太陽星)》 등 《별(星)》의 《법신(法身)》을 갖지 못하게 하시고 《인간》들 사회에서 《인간 육신(肉身)》의 진화(進化)만을 할 수 있도록 《벌(罰)》을 내리신 것이다.

이와 같이 《원천창조주》이신 《석가모니 하나님 부처님》으로부터 벌(罰)을 받게 된 최고(最高)의 《악마(惡魔)의 신(神)》으로서 《대마왕신(神)》인 《비로자나 1세》와 《악마(惡魔)의 신(神)》인 《석가모니》는 그들과 뜻을 같이하는 최고(最高)의 《대마왕》인 《다보불 1세》와 《다보불

1세》의 아들인 《문수보살》을 끌어들여 동조 세력을 만든 후 호시탐탐 기회를 노리다가 지금으로부터 《100억 년 전(億年前)》《천일궁(天一宮)》에서 당시 《아미타불》의 아들로 태어났던 《세트 신(神)》을 부추겨 《아미타불》을 살해하고 《아미타불》께서 만드신 《4×3×4》 천궁도(天宮圖) 성단마저 탈취하는 사건을 일으킴으로써 《1차 우주 쿠데타》를 일으키는 것이다.

이러한 사건이 일어났을 때 《석가모니 하나님 부처님》께서는 《상천궁(上天宮)》을 모두 만드신 후 초기 우주 특성상 일찍부터 새로운 《천궁(天宮)》을 만드시고 《천일일(天一一) 우주》로 불리우는 지금의 《오리온좌 성단》을 만드시기 위해 여행을 하시고 계실 때였으며 《관세음보살》은 지금의 《목동자리 성단》에 있는 《관음궁(觀音宮)》을 만들기 시작한 때였다.

이러한 사건을 일으킨 후 최고의 《악마(惡魔)의 신(神)》으로서 《대마왕신(神)》인 《비로자나 1세》와 《석가모니》는 때에 《아미타불》께서 만드신 《백조자리 성단》을 차지하고 최고의 《대마왕》인 《다보불 1세》는 《세트 신(神)》이 탈취한 《4×3×4》 천궁도 성단이 만든 《용(龍)자리 성단》을 차지하고 그의 아들인 《문수보살》로 하여금 그의 법신(法身)을 《용자리 알파성》이 되게 하여 자리하도록 한 것이며, 《4×3×4》 천궁도 성단 중심혈에 앉아 있던 《세트 신(神)》도 《천궁(天宮)》 진화를 모두 마치고 《용자리 알파성》 북쪽에 있는 외톨이 별(星)로 탄생한 이후 초기 우주 특성상 일찍부터 《핵(核)》의 붕괴를 일으켜 새로운 《천궁(天宮)》을 만들어 여행하여 《천일일(天一一) 우주》인 《오리온좌 성단》으로 들어오다가 이때를 기다리고 있던 《호루스(Horus)》로 이름한 《메시아(Messiah)》이신 《미륵불》에 의해 체포되어 그의 성단(星團)은 해체되고 그는 《지일(地一)》의 천궁(天宮) 내(內)에 있는 감옥에 갇히게 되는 것이다.

이러한 때 최고의 《악마(惡魔)의 신(神)》으로서 《대마왕신(神)》인 《비로자나 1세》와 최고의 《대마왕》《다보불 1세》가 《천일우주(天一宇宙)》 《100의 궁(宮)》 대부분의 《성단(星團)》들을 정복하자 어쩔 수 없이 《우주의 어머니(母)》로 불리우는 《관세음보살》도 그가 만든 《목동자리 성단》의 《관음궁》에서 만든 그의 후손 보호를 위해 최고의 《악마(惡魔)의 신(神)》으로서 《대마왕신(神)》인 《비로자나 1세》와 최고의 《대마왕》《다보불 1세》에게 항복함으로써 우주(宇宙)의 《어머니(母)》이신 《관세음보살》도 《대마왕(大魔王)》이 되신 것이다.

이로써《상천궁(上天宮)》다음으로 만들어진《천일우주(天-宇宙)》《100의 궁(宮)》《9개 성단》모두는《악마(惡魔)의 신(神)》들인《대마왕신(神)》들과《대마왕》불보살들의 차지가 된 것이다.

　이와 같은 일들 중 제일 우려할 일이 발생한 것이《우주간(宇宙間)》과《세간(世間)》에서 진화(進化)하는《인간 무리》들의 태어남(生)을 자유자재로 하는《우주(宇宙)》《어머니(母)》임무를 가지신《관세음보살》께서《대마왕》이 되시어 최고의《악마(惡魔)의 신(神)》으로서《대마왕신(神)》인《비로자나 1세》와 최고의《대마왕》《다보불 1세》의 뜻을 따라 모든《악마(惡魔)의 신(神)》《대마왕신(神)》들과《대마왕》들의 태어남을 자유자재로 행사함으로써 최고의《대마왕신(神)》인《비로자나 1세》와《대마왕》《다보불 1세》가 그들이 뜻하는 전체 우주(宇宙)의 정복을 위한《지배욕(支配慾)》과《권력욕(權力慾)》을 채우는 버팀목 역할을 하는데 이용을 한 때문에《선천우주(先天宇宙)》를《욕망(慾望)》하는 우주로 만드는 크나큰 잘못을《대마왕》《관세음보살》이 저지른 것이다.

1.《대마왕》《관세음보살》의《음모(陰謀)》

　《관세음보살》께서《대마왕》으로 돌아앉은 후 처음 한 일이《메시아(Messiah)》이신《미륵불》이 부처(佛)를 이루기 전《미륵 보살》로 있을 당시《천일궁(天-宮)》에서《미륵보살》의 가정을 철저하게 파괴하는 일부터 시작을 한 것이다.

　《악마(惡魔)의 신(神)》인《석가모니》가 처음 태어났을 때는 최고의《악마(惡魔)의 신(神)》으로서《대마왕신(神)》인《비로자나 1세》와《암흑의 신(神)》인《가이아 신(神)》으로부터 탄생하였으나 그 다음부터는 현재 이를 밝히고 있는《메시아(Messiah)》이신《미륵불》과《관세음보살》분신(分身)의 딸 1세 사이에서 아들로 태어난 것이며, 다음《생(生)》을 바꾸어서는《그림자 비로자나 1세》와 암흑의 신(神)인《가이아 신(神)》사이에 태어났던《묘음보살》이《미륵보살》의 딸로 태어난 것이다. 이러한 이후《대마왕》《관세음보살》은《대마왕》으로 돌아앉은 이후 그 다음의《생(生)》에서《미륵보살》이 없는 틈을 타서《미륵보살》의 부인이었던《관세음보살》분신(分身)의 딸 1세를 그의 아들로 태어났던《악마(惡魔)의 신(神)》인《석가모니》에게 시집을 보내는《천상(天上)》이나《천하(天下)》에서 용납하지 못하는 파렴치한 짓을 스스럼없이 저지르고 《관세음보살》분신(分身)의 딸 1세로 태어난 《미륵보살》부인의 분신(分身)의 딸로 태어났던 《묘음보살》을 《우주간(宇宙間)》에 둘도 없는 《악질(惡質)》《악마(惡魔)의 신(神)》인 《대마왕신(神)》으로 만듦으로써 《미륵보살》의 가정을 철두철미하게 파괴를 한 것이다.

이러한 이후 《대마왕》《관세음보살》과 최고의 《악마(惡魔)의 신(神)》으로서 《대마왕신(神)》인 《비로자나 1세》와 최고의 《대마왕》《다보불 1세》는 《후천우주(後天宇宙)》가 시작되기 이전 훗날 《지구상(地球上)》에서 펼쳐질 《인류 북반구 문명》 후반기에 《인간 무리》들을 정신적(精神的)으로 지배함으로써 이를 바탕으로 하여 《후천우주》를 정복하기 위한 목적으로 《악마(惡魔)의 신(神)》인 《석가모니》를 《마왕신 부처(佛)》로 성불(成佛)시키기 위해 《악마(惡魔)의 신(神)》인 《석가모니》의 태어남을 세 번은 《미륵보살》을 아버지(父)로 하여 태어나게 하고 한 번은 《비로자나 1세》를 아버지로 하여 태어나게 하는 《윤회(輪廻)》의 결정을 이미 《100억 년 전(億年前)》 《천일우주(天一宇宙)》 100의 궁(宮)에서 이들 간에 합의를 하고 이의 실행을 대마왕《관세음보살》이 하게 된 것이다.

이러한 《악마(惡魔)의 신(神)》들인 《대마왕신(神)》들과 《대마왕》들의 결정 탓에 《지상(地上)》에서 《인류 북반구 문명》이 시작된 후 《수메르 문명권》과 《이집트 문명권》 등 여러 문명권에서 반복(反復)되는 윤회(輪廻)를 하는 동안 《미륵보살》은 그의 아들로 태어난 《악마(惡魔)의 신(神)》인 《석가모니》에게 《왕위(王位)》를 찬탈당하고 죽임을 당하는 《비운(悲運)》의 왕(王) 노릇을 네 번이나 한 적이 있다. 아들로 태어난 《악마(惡魔)의 신(神)》인 《석가모니》 정체를 때로는 알고 난 이후라도 《미륵보살》은 그를 죽이지 못하고 《교화(敎化)》하는 일에 주력을 한 것이며 설사 그를 미리 제거한다고 하여도 새로운 《생(生)》을 주는 일은 《대마왕》《관세음보살》의 몫이기 때문에 《미륵보살》로서는 《업장》만 쌓게 되는 부질없는 일이었던 것이다.

이와 같이 《대마왕》《관세음보살》은 《지상(地上)》에서 펼쳐지는 《문명권》마다 《악마(惡魔)의 신(神)》들인 《대마왕신(神)》들과 《대마왕》들이 이를 정복하고자 태어남(生)의 무기를 자유자재로 사용하여 인간들 사회를 분탕질 하였으며 특히 《지상(地上)》의 《북반구 문명》에서 《종교(宗敎)》가 생긴 이후는 《종교 단체》의 석권을 위해 그의 임무를 남용하여 휘두른 칼날은 추악한 《대마왕》 행위를 그대로 보여 주고 있는 것이다.

2. 《악마(惡魔)의 신(神)》인 《석가모니》의 성불(成佛)

《악마(惡魔)의 신(神)》인 《석가모니》가 《상천궁(上天宮)》에서 《석가모니 하나님 부처님》으로부터 《벌(罰)》을 받는 순간부터 《석가모니》는 《천궁(天宮)》이나 《태양성(太陽星)》과 《별(星)》의 《법신(法身)》을 받지 못하고 《인간》들 사회에서 《인간 육신(肉身)》의 진화(進化)만을 하면서 살아가야 한다고 말씀드렸다.

진행을 하면서 필자가 여러 차례 강조한 바 있듯이, 《석가모니 하나님 부처님》과 모든 불(佛), 보살(菩薩)들은 하나같이 《인간(人間)》과 《별(星)》을 동일시(同一視)한다고 말씀드렸다. 즉, 이 뜻은 《천궁(天宮)》이나 《태양성(太陽星)》과 여타 《별(星)》들을 《법신(法身)》으로 갖지 못한다는 뜻은 《불법(佛法)》 일치를 이룬 《부처(佛)》 이룸의 길인 《성불(成佛)》의 길로 가는 진화(進化)를 하지 못하고 다만 《인간》들 사회에서 《반복(反復)》되는 윤회(輪廻)로 《마왕신(魔王神)》 부처(佛)를 이룬 이후 오랫동안 계속되는 정진(精進)으로 《마왕신 부처》의 탈(脫)을 깨고 인간 완성의 《부처(佛)》를 이룰 수는 있으나 《법(法)》의 완성은 이룰 수가 없어 《반쪽짜리》 《부처(佛)》 밖에는 되지 못하는 운명의 소유자로 전락을 한 것이다.

이러한 그들의 운명(運命)임을 잘 아는 《악마(惡魔)의 신(神)》인 《비로자나 1세》와 《악마(惡魔)의 신(神)》인 《석가모니》가 최고의 《대마왕》《다보불 1세》를 끌어들여 《아미타불》의 아들인 《세트 신(神)》을 부추겨 《아미타불》을 살해함으로써 그들은 《아미타불》께서 만드신 《백조자리 성단》을 탈취하고 《대마왕》《다보불 1세》는 《용자리 성단》을 차지하게 되는 1차 《우주 쿠데타》를 《천일궁(天一宮)》에서 강행한 것이다.

그리고 이들은 끝내 《관세음보살》을 굴복시켜 그들과 뜻을 같이 하는 《대마왕》으로 만든 후 《관세음보살》로 하여금 《미륵보살》을 희생시켜 《악마(惡魔)의 신(神)》인 《석가모니》를 세세생생 《미륵보살》의 아들로 태어나게 함으로써 《미륵보살》의 《혈통(血統)》을 갖게 한 후 오래 동안 《미륵보살》의 《기(氣)》를 갈취하여 《악마(惡魔)의 신(神)》인 《석가모니》 자신의 것으로 만들어 비로소 《지상(地上)》에 와서 고대 《인도》 땅에서 《BC 542년》에 반쪽짜리 《부처(佛)》인 《마왕신 부처(魔王神佛)》를 이루게 한 것이다.

363

원래부터 《마성(魔性)》이 두터운 《악마(惡魔)의 신(神)》인 《석가모니》 스스로의 《영혼(靈魂)》과 《영신(靈身)》으로는 《성불(成佛)》의 길로 가는 진화(進化)를 할 수 없기 때문에 《미륵보살》의 《혈통(血統)》으로 《인간 육신(肉身)》을 가지고 태어남으로써 《미륵보살》의 《기(氣)》로 인하여 반복(反復)되는 윤회(輪廻)로 그의 《마성(魔性)》이 짙은 《영혼》과 《영신》은 《성불(成佛)》의 여건을 갖추어 가는 것이다. 이 때문에 《대마왕》《관세음보살》은 이미 《100억 년 전(億年前)》부터 세세생생 《악마(惡魔)의 신(神)》인 《석가모니》를 《미륵보살》의 아들로 태어나게 한 것이다.

즉, 《악마(惡魔)의 신(神)》으로서 《대마왕신(神)》인 《석가모니》가 이룬 반쪽짜리 부처(佛)는 《악마(惡魔)의 신(神)》으로서 《대마왕신(神)》《석가모니》가 이룬 것이 아니고 축적된 《미륵보살》의 기(氣)가 이룬 것으로써 다만, 《성불(成佛)》을 이룬 축척된 《미륵보살》의 《기(氣)》의 주인이 《악마(惡魔)의 신(神)》으로서 《대마왕신(神)》인 《석가모니》이기 때문에 이를 《마왕신부처(魔王神佛)》라고 하는 것이다.

이러한 《악마(惡魔)의 신(神)》인 《석가모니》(생몰 577BC~497BC)가 고대 《인도》로 《싯다르타》 태자로 이름하고 태어났을 때, 그를 태어나게 한 아버지인 《정반왕(淨飯王)》(생몰 599BC~527BC)이 최고의 《대마왕신(神)》인 《비로자나 1세》이며 어머니인 《마야(Maya) 부인》이 악명(惡名) 높은 《가이아 신(神) 1세》이며 훗날 부인이 되는 《야수다라비》가 《악마(惡魔)의 신(神)》으로서 《대마왕신(神)》 중의 하나인 《관세음보살 3세》이다.

이와 같은 결과가 지금으로부터 《100억 년 전(億年前)》 최고의 《악마(惡魔)의 신(神)》으로서 《대마왕신(神)》인 《비로자나 1세》와 최고의 《대마왕》《다보불 1세》와 《대마왕》《관세음보살》이 합의한 내용의 결과들인 것임을 《메시아(Messiah)》이신 《미륵불》이 분명히 하는 것이다.

※ 주(註) 1:

《조로아스터교(Zoroastrianism)》와 《자이나교(Jainism)》

《천왕불(天王佛)》이 《천왕불(天王佛)》로 자리하기 이전 《대마왕신(神)》으로 활동을 할 때의 이름이 《조로아스터(Zoroaster, 자라투스트라)》, 《반고(盤固)》, 《아테나》, 《제바달다(Devadatta)》, 《천왕랑 해모수》 등 다양한 이름을 가지고 있다. 이러한 이름들은 반복(反復)되는 윤회(輪廻)로 때에 따라 이름한 것이다. 이러한 《천왕불》이 《그리스 남부》와 이에 따른 《섬》 지방에 살던 그의 후손 민족 《구석기인》들을 《신석기인》으로 전환시키는 《1차 교화(敎化)》를 《BC 5500 ~ BC 5000》년 500년간을 한 후 《BC 4000년경》 그의 후손 민족들에게 처음 《종교(宗敎)》를 만들어 준 것이 그의 이름 딴 《조로아스터교(Zoroastrianism)》이다. 이러한 《조로아스터교(敎)》의 《교주(敎主)》는 《유일신(唯一神)》으로서 《악마(惡魔)의 신(神)》인 《비로자나 1세》이다. 즉, 이러한 《유일신(唯一神)》으로서 최고 《악마(惡魔)의 신(神)》인 《비로자나 1세》를 받드는 종교(宗敎)를 그의 이름을 따서 《조로아스터교》라고 한 것이다.

이러한 《조로아스터교(敎)》를 재정비하여 《자이나교(Jainism)》로 만든 《마하비라(Mahavira)》(599BC~527BC)가 최고의 《악마(惡魔)의 신(神)》인 《대마왕신(神)》《비로자나 1세》로서 《악마(惡魔)의 신(神)》인 《석가모니》를 낳아준 《정반왕(淨飯王)》으로 이름한 《슈도다나왕(Suddhodana)》과 동일(同一)한 자(者)임을 분명히 밝히는 바이며, 때에 《슈도다나 왕(Suddhodana)》인 《정반왕(淨飯王)》이 거론됨으로써 이를 분명히 하는 의미에서 간략히 《조로아스터교》와 《자이나교》에 대해 언급하는 바이다.

※ 주(註) 2 :

고대(古代) 《인도》의 역사(歷史)에 대한 당부

《인도》는 《석가모니 하나님 부처님》의 직계 후손들인 《곰족(熊族)》들과 《노사나불》 직계 후손들인 《스키타이》와 《관세음보살 1세》의 직계 후손들인 《구려족》들이 어울려 사는 《전형적》인 《한민족(韓民族)》의 국가로써 《한반도(韓半島)》의 《한민족(韓民族)》들보다 훨씬 앞선 《역사(歷史)》를 가진 《한민족(韓民族)》의 국가이다. 이러한 전통을 가진 《역사》들을 《악마(惡魔)의 신(神)》들인 《대마왕신(神)》들이 《한반도(韓半島)》에서 《한민족(韓民族)》들의 《역사(歷

史)》를 깡그리 없애 버렸듯이,《인도》역시 고대(古代)《역사(歷史)》기록들을 모두 없애고 특히《악마(惡魔)의 신(神)》인《석가모니》가《마왕신 부처(魔王神佛)》를 이루기를 전후(前後)하여 남겨진《역사》기록들과《종교(宗敎)》관계 등의 모든 기록들은 이들에 의해 모두 날조되고 왜곡된 엉터리 기록들만 넘쳐나고 있다는 사실을 아시기 바란다.

그리고 후대(後代)의 기록들 역시《악마(惡魔)의 신(神)》들인《대마왕신(神)》들과《대마왕》들이 계속하여《역사》왜곡과 함께 날조되고 왜곡된 엉터리 기록들을 그들 위주로 남기고 있음을 깊이 인식하시고 향후 뒤편에서《인도 문명》을 다룰 때에 모든 진실된《역사》기록들이 밝혀질 예정이오니 때에《마왕불교》를 탄생시킨《악마(惡魔)의 신(神)》인《석가모니》편을 다루면서 먼저 이들《악마(惡魔)의 신(神)》들인《대마왕신(神)》들과《대마왕》들이 남긴 기록들 대부분이 진실된《역사》와는 한참 거리가 먼 기록들임을 일깨우는 바이니 그들이 남긴 기록들에 대해 연연하지 마시기를《메시아(Messiah)》이신《미륵불》이 당부 드리는 바이다.

3.《불법(佛法)》수호(守護)를 위한 《석가모니 하나님 부처님》의 대책

《석가모니 하나님 부처님》께서《한국(韓國)》을 중심한《구막한제국(寇莫韓帝國)》(3814BC~2333BC)《5대 태우의 한웅(桓熊)》(재위 3512BC~3419BC)님으로 이름하고 오시어 인류 최초의 고급 종교(宗敎)인《한단불교(桓檀佛敎)》를 만드시면서《천부경(天符經)》과《삼일신고(三一神誥)》와《황제내경(皇帝內經)》과《황제중경(皇帝中經)》을 창작하시어 소의(所意) 경전(經典)으로 하신다.

이러한《한단불교(桓檀佛敎)》《4대 경전(四大經典)》을《석가모니 하나님 부처님》의《음(陰)의 불법(佛法)》이라고 하며,《석가모니 하나님 부처님》께서 지금의《오리온좌 성단》인《천일일(天一一) 우주》를 만드시고 뒤따라《인일일(人一一)》,《인일이(人一二)》,《인일삼(人一三)》우주를 만드시고《인일이(人一二) 우주》에서 만든《도솔천 내원궁》에서《인간 무리》진화(進化)를 하는 자(者)들을 위해 최초로《성문승(聲聞乘)의 도(道)》를 가르치는《성문(聲聞)》의《불법(佛

法)》을 설(說)하신다. 이러한 《성문(聲聞)》의 《불법(佛法)》을 《석가모니 하나님 부처님》의 《양(陽)의 불법(佛法)》이라고 하는 것이다.

마왕신 부처(魔王神佛)를 이룬 《악마(惡魔)의 신(神)》인 《석가모니》는 《석가모니 하나님 부처님》으로부터 《벌(罰)》을 받아 《천궁(天宮)》이나 《태양성》이나 《별(星)》의 법신(法身)을 갖지 못하고 《인간 육신(肉身)》의 진화만을 하는 자(者)이기 때문에 그가 비록 《마왕신 부처》를 이루었으나 그 스스로가 가진 《법(法)》이 없는 것이다.

부처(佛)들도 《인간 완성》의 부처(佛)를 이룬 이후 그의 법신(法身)인 《태양성》이나 《별(星)》 등의 진화를 끝마쳐야 《불법(佛法)》 일치를 이룬 완전한 깨달음의 부처(佛)를 이루게 되는 것이 정상적인 수행과정으로써 이러한 이후 《불법(佛法)》 일치를 이룬 《부처(佛)》는 스스로 깨달은 바 《법(法)》을 설(說)하게 되는 것이다. 그러나 반쪽짜리 《마왕신 부처》를 이룬 《석가모니불(佛)》로 이름한 《악마(惡魔)의 신(神)》인 《석가모니》에게는 그가 스스로 깨달은 바의 《법(法)》이 없는 것은 당연한 이치이다.

이로써 이러한 때를 대비하여 신통(神通)이 자재한 그의 아비인 최고의 《악마(惡魔)의 신(神)》으로서 《대마왕신(神)》인 《비로자나 1세》는 미리부터 《도솔 천상(天上)》으로 잠입하여 들어가서 《석가모니 하나님 부처님》께서 설(說)하신 《양(陽)의 불법(佛法)》인 《성문승(聲聞乘)》의 《불법(佛法)》을 도적질한 후 이를 《지상(地上)》에서 《BC 542년》 《마왕신 부처》를 이룬 《석가모니불》로 이름한 《악마(惡魔)의 신(神)》인 《석가모니》에게 건네주게 된다.

이러한 이후 《마왕신 부처》는 이를 고치고 왜곡하여 파괴된 《불법(佛法)》을 중생(衆生)들에게 《설(說)》하여 《인간 무리》들의 《정신세계(精神世界)》를 지배하고자 계획하고 있는 사실을 간파한 《석가모니 하나님 부처님》께서는 이러한 뜻을 가지고 훔쳐간 《성문의 법》을 고치고 왜곡하여 파괴된 《불법(佛法)》이 되지 않도록 《불법(佛法)》 수호 차원에서 《석가모니 하나님 부처님 분신》 스스로께서는 《빔비사라 왕(Bimbisara)》(생몰 558BC~503BC, 재위 543BC~504BC)으로 이름하고 오시고 때에 《라마야나》로 유명한 《라마(Rama)(627BC~563BC)》의 일생(一生)을 산 《노사나불》께서 육신(肉身)의 죽음을 맞이한 후 그의 《영혼(靈魂)》과 《영신(靈身)》을 《대마왕신(神)》으로서 《관세음보살 3세》인 《야수다라》의 자궁(子宮) 속으로 들어가서 《싯다르타 태자》의 아들로 태어나게 명령하심으로써 이후 《싯다르타 태자》의 장남(長男)으로 《비자야

(Vijaya)》(생몰 562BC~475BC)로 이름하고 태어나게 하시고 이로부터《12년》후 세세생생《악마(惡魔)의 신(神)》인《석가모니》아비 노릇을 하던《미륵보살》을《싯다르타 태자》의 둘째 아들로 태어나게 하신 것이다. 또 다른 한편으로는《석가모니 하나님 부처님 분신》이신《빔비사라 왕(Bimbisara)》과《관세음보살 1세》인《위제희(韋提希, Vaidhi)》부인 사이에서《천왕불》을 아들로 태어나게 하시어《아자타샤트루(Ajatasatru)》(생몰 534BC~461BC)로 이름하게 하신 것이다.

이렇듯《석가모니 하나님 부처님》의《성문의 불법》파괴를《마왕신 부처》인《악마(惡魔)의 신(神)》인《석가모니》가 하지 못하도록《석가모니 하나님 부처님》께서는 철두철미하게 조치를 하신 것이다.

이와 같이《악마(惡魔)의 신(神)》들인《대마왕신(神)》들과《대마왕》들은《악마(惡魔)의 신(神)》인《석가모니》로 하여금《마왕신 부처》를 이루게 총력을 기울이고《마왕신 부처》를 이룬《석가모니불》로 이름한《악마(惡魔)의 신(神)》인《석가모니》는 그의 아비인 최고의《악마(惡魔)의 신(神)》으로서《대마왕신(神)》《비로자나 1세》가《도솔 천상(天上)》으로부터 훔쳐 온《석가모니 하나님 부처님》의《양(陽)의 불법(佛法)》인《성문의 불법》을 파괴하여 그의《법(法)》인 양 거들먹거리며《인간 무리》들을 속이기 위한《사기극(詐欺劇)》을 펼친 이후《인간 무리》들의《정신세계(精神世界)》를 지배하여《불교(佛敎)》를 찬탈하고자 하였던 것이《석가모니 하나님 부처님》께서 철두철미하게 조치를 하심으로써《악마(惡魔)의 신(神)》들인《대마왕신(神)》들과《대마왕》들 뿐만 아니라《마왕신 부처》를 이룬《악마(惡魔)의 신(神)》인《석가모니》가 의도하였던 모든 일들이 실패로 돌아간 것이다.

이러한 이후《114년》의 시간이 흐른 후《악마(惡魔)의 신(神)》인《석가모니》가《마하데바(Mahadeva)》로 이름하고 와서《3차 경전(經典)》대결집을 핑계로 그가《마왕신 부처》를 이루고《설(說)》한《성문의 불법》을 본래 그가 의도한 대로 고치고 왜곡하여 파괴된《불법(佛法)》을 만들어《대중부 독각불교》로 탄생시키게 된다. 이러한 이후 그 스스로는《독각의 하나님》이라 칭하고 많은 인간 무리들을《파멸(波滅)》의 길로 이끌게 되는 것이다.

이로써《마왕신 부처》를 이룬《악마(惡魔)의 신(神)》인《석가모니》가《석가모니불》로 이름하고《설(說)》한《성문의 불법》은《석가모니 하나님 부처님》의 귀중한《양(陽)의 불법(佛

法)》임을 아시기 바라며 다만《묘법연화경》은 이 설명에서 제외되는 것이다.

※ 주(註) 3 :

비자야(Vijaya, 생몰 562BC~475BC)

　진행(進行)을 하면서《석가모니불》로 이름한《악마(惡魔)의 신(神)》인《석가모니》의 장남으로 태어난《비자야(Vijaya)》(생몰 562B~475BC)가 한때 인도의《대서사시》《라마야나(Ramayana)》를 쓴《라마(Rama)》(627BC~563BC)의 일생(一生)을 산《노사나불》께서《불법(佛法)》수호를 위해 반복(反復)되는 윤회(輪廻)로《악마(惡魔)의 신(神)》인《석가모니》장남으로 태어났을 때의 호칭임을 밝힌 바가 있다. 이러한《비자야(Vijaya)》의 출생에 대한 비밀이 밝혀져야《마왕신 부처》를 이룬《악마(惡魔)의 신(神)》인《석가모니》출현(出現) 전후(前後)의 모든 기록들이《악마(惡魔)의 신(神)》인《석가모니》위주로 왜곡되고 날조된 거짓 기록으로 점철되어 있음을 알 수 있기 때문에 이를 밝히고자 한다.

　《악마(惡魔)의 신(神)》인《석가모니》가《마왕신 부처》를 이루기 이전의 이름이《싯다르타 태자》이다. 이러한《싯다르타 태자》《16세》되던 해에 천하절색인《야수다라》와 맞선을 본 후 곧바로 눈이 맞아 결혼을 전제 조건으로 하고 동침에 들어가 연애를 하게 된다. 이러한 첫 동침에서《야수다라》는《비자야(Vijaya)》를 임신하게 되는 것이다. 이와 같이《혼전(婚前)》임신(姙娠)을 한 후 배가 불러오자 서둘러《BC 562년》에 결혼을 한 후 그해 연말에《비자야(Vijaya)》를 생산(生産)하게 되는 것이다. 이러한 이후《싯다르타 태자》가 출가(出家)하여《마왕신 부처》를 이룬 때가《BC 542년》이다.

　이러한《싯다르타 태자》가《마왕신 부처》를 이루기《1년 전(前)》《위제희(韋提希, Vaidhi)》부인으로 이름한《대마왕》《관세음보살 1세》의 지시로《관세음보살 3세》인《야수다라비》는《싯다르타 태자》가《마왕신 부처》를 이루고 왔을 때《불법(佛法)》파괴된《성문의 법(法)》설(說)함에 걸림돌이 되는《비자야》를 제거하기 위해 아들인《비자야》에게 옛날

《혼전(婚前)》임신으로 태어나게 한 사실을 실토하고 아비가 되는《싯다르타 태자》가《마왕신 부처》를 이루고 돌아왔을 때 이러한《혼전》임신으로《비자야》가 태어난 사실이 알려지면 그를 태어나게 한 아비에게 불명예를 안겨주는 결과가 오게 된다는 사실을 구실로 하여《비자야》를 설득한 끝에《비자야》를 멀리 떠나게 함으로써 걸림돌 하나를 제거하는 것이다.

한편, 어머니인《야수다라비》의 설득 끝에《비자야》(생몰 562BC~475BC)는 그의 추종 세력《700의 무리》를 이끌고 배를 타고 인도를 떠나 지금의《스리랑카(Sri Lanka)》에 도착하여《싱할리(Sinhali)》왕국을 세우고 초대 왕이 되는 것이다. 이로써《비자야》(재위 543BC~505BC)는《BC 543년》에 왕(王)이 됨으로써 이때 그의 나이《20세》가 되는 것이다. 이러한 인연으로 훗날《마왕신 부처》로서《악마(惡魔)의 신(神)》인《석가모니》가 죽은 이후《1차 경전(經典)》결집(497BC~496BC)으로 만들어진《성문(聲聞)》의《불법(佛法)》인 경율(經律) 2장으로 된《굴내결집본(本)》이 재빨리 전하여져《비자야》는 이를 해상(海上) 루트를 통해《동남아시아》로 전하게 되는 것이다.

이와 같이《마왕신 부처》인《악마(惡魔)의 신(神)》인《석가모니》가 설법(說法)할 당시《금강경(金剛經)》을 설(說)한 이후 이 경(經)을 아들인《비자야》에게 부촉하는 뜻에서 남긴《금강경 진언(金剛經眞言)》을 소개하면 다음과 같다.

[금강경(金剛經) 진언(眞言)]

《나모 바가바떼 쁘라갸 빠라미따예
옴 이리띠 이실리 슈로다
비자야 비자야 스바하》(세 번)

※《금강경 진언》에 등장하는《비자야(Vijaya)》를 훗날《악마(惡魔)의 신(神)》들인《대마왕신(神)》들과《대마왕》출신 중들이《비사야(毘舍耶)》로 왜곡하였음을 밝혀 두는 바이다.

4. 《제바달다(Devadatta)》(생몰 534BC~461BC)

《제바달다(Devadatta)》(생몰 534BC~461BC)와 《아자타샤트루(Ajatasatru)》(생몰 534BC~461BC)와 《아사세왕(阿闍世王)》(재위 504BC~461BC)은 동일인(同一人)을 각각 따로 따로 이름한 것임을 《메시아(Messiah)》이신 《미륵불》이 분명히 하는 것이다.

이때까지 《대마왕신(神)》 대열에서 활동을 하던 《천왕불》이 이때 처음으로 고대 《인도》 마가다(Magadha)국 《빔비사라(Bimbisara) 왕》(생몰 558BC~503BC, 재위 543BC~504BC)으로 이름하신 《석가모니 하나님 부처님 분신》과 《위제희(韋提希, Vaidhi)》 부인으로 이름한 《대마왕》《관세음보살 1세》 사이에서 아들로 태어나 《아자타샤트루(Ajatasatru)》 왕자로 이름한 것이다.

이와 같이 《아자타샤트루(Ajatasatru)》(생몰 534BC~461BC) 왕자가 처음 태어났을 때 《대마왕》《관세음보살 1세》인 《위제희(韋提希)》 부인은 즉각적으로 태어난 왕자가 《천왕불》임을 간파하고 뒷날인 《BC 542년》에 《마왕신 부처(佛)》를 이룰 《악마(惡魔)의 신(神)》인 《석가모니》에게 큰 위협이 될 것임을 미리 알아차리고 생후(生後) 얼마 되지 않은 왕자를 포대기에 싸서 삼층 높이의 누각으로 올라가서 실수를 위장하여 왕자를 죽이기 위해 누각 아래 땅으로 향해 던져 버렸으나 왕자는 기적같이 다친 곳 없이 살아난 것이나 때에 마당에서 모이를 찾고 있던 《닭》에게 손가락을 쪼여 다친 것 이외에는 아무 이상이 없는 건강한 모습 그대로 살아남은 사건이 발생한 것이다.

이러한 우여곡절을 겪은 《아자타샤트루》 왕자도 무사히 장성하여 성년(成年)이 되었을 때 아버지이신 《빔비사라 왕》으로부터 《마왕신 부처》로서 《악마(惡魔)의 신(神)》인 《석가모니》에 대한 이력과 그가 현재 설(說)하고 있는 《성문의 불법》이 《석가모니 하나님 부처님》의 《양(陽)의 불법(佛法)》임을 일러주고 《마왕신 부처》가 이러한 《성문의 불법》을 왜곡함이 없이 설(說)하고 있는지를 살펴보고 만약 이를 왜곡할 낌새가 보이면 즉각 보고를 하도록 당부를 하시는 것이다.

이와 같은 아버지로부터의 당부를 받은 《아자타샤트루》 왕자는 가끔 《마왕신 부처》의 설법장소에 들러서 《마왕신 부처》에게 허튼 짓을 하지 못하도록 경고를 하는 가운데 때로 이상한 낌새가 감지되면 《마왕신 부처》에게 《성문의 불법》을 왜곡하여 법설(法說)을 하면 《마왕신 부처》의 이력을 만천하에 알리고 그 죄(罪)를 물어 공개 처형도 할 수 있음을 협박이 아닌 강력한 경고를 한 때도 있었던 것이다. 이러한 때마다 《마왕신 부처》는 그의 제자들에게 경고하는 자를 《불법(佛法)》 설(說)함을 방해하는 자로 규정짓게 하고 이렇게 방해하는 자(者)가 《빔비사라 왕》의 아들인 《아자타샤트루》 왕자임을 감추기 위해 따로 《제바달다(Devadatta)》라고 이름 지어 부른 것이다. 이로써 《아자타샤트루》 왕자의 이름이 《제바달다(Devadatta)》로 따로 이름을 갖게 되었음을 《메시아(Messiah)》이신 《미륵불》이 분명히 밝히는 것이다.

이러한 이후 《마왕신 부처》에 대한 《제바달다》로 이름된 《아자타샤트루》 왕자의 경고는 시간이 흐를수록 자주 하게 되고 《마왕신 부처》로서 《악마(惡魔)의 신(神)》인 《석가모니》가 《마왕신 부처》를 이루고 설법(說法)을 한지도 40여년의 세월이 흘렀을 때까지도 처음 《악마(惡魔)의 신(神)》들인 《대마왕신(神)》들과 《대마왕》들이 계획한 파괴된 불법(佛法)을 설법(說法)하고자 하는 조짐이 보이지 않자 《대마왕》 《관세음보살 1세》인 《위제희》 부인은 이러한 모든 일들이 《석가모니 하나님 부처님 분신》이신 《빔비사라 왕》이 인간 육신(肉身)을 가지고 살아 있기 때문임을 알고 있는 그는 중대한 결심을 하고 이를 실행에 옮기는 것이다. 이러한 중대한 결심이 《아자타샤트루》 왕자를 불러 왕자가 태어나자마자 《빔비사라 왕》께서 왕자의 탄생은 잘못된 탄생이므로 부인인 《위제희》로 하여금 왕자를 높은 곳에서 떨어뜨려 살해하라고 하여 《위제희》 부인이 왕자를 포대기에 싸서 높은 누각에서 떨어뜨렸으나 왕자는 아무 곳도 다친 데 없이 살아난 이야기를 마치 아버지이신 《빔비사라 왕》이 시켜서 그러한 일을 한 것인 양 꾸며서 이야기하면서 눈물까지 보인 것이다. 이에 《아자타샤트루》 왕자는 어머니의 꾸며낸 이야기를 헤아려 보지도 않고 평소 자상하고 자애로왔던 부왕(父王)에 대한 심한 배신감으로 분노하여 그 길로 부왕(父王)을 감옥에 가두고 어머니이신 《위제희》 부인은 연금 상태로 두게 됨으로써 《왕위(王位)》를 찬탈한 것이다. 이러한 이후 《아자타사투르》 왕자는 《아사세(阿闍世)》(534BC~461BC, 재위 504BC~461BC) 왕이 되고 부왕(父王)인 《빔비사라 왕》을 일 년 가까이 감옥에 가두어 두고 어느 날 《빔비사라 왕》의 처형을 명령한 뒤 그는 일시 출타를 하는 것이다.

통상적인 예로는 사형 명령을 왕으로부터 다시 한 번 더 확인한 후 처형을 하는 것이 관례로 되어 있어서 이날도 신하들은 《아사세 왕》이 돌아온 후에 다시 한 번 더 사형 명령을 확인한 후에 처형을 하기로 하였으나 《아사세 왕》의 어머니이신 《위제희》 부인의 개입으로 《아사세 왕》이 환궁하기 이전에 《아사세 왕》의 명령을 핑계로 어머니이신 《위제희》부인이 신하들을 독려하여 감옥에 갇혀 있는《빙비사라 왕》을《BC 503년》에 무참히 살해하고《위제희》부인이신《관세음보살 1세》는 비밀한 장소로 종적을 감추는 것이다.

한편,《빙비사라 왕》의 처형을 명령한 후 출타하였던《아사세 왕》은 이러한 일들이 어머니이신《위제희》부인의 간계일 수도 있다는 생각이 순간 스쳐 지나감으로써《빙비사라 왕》의 처형을 중지시키기 위해 서둘러 왕궁으로 돌아왔을 때는 이미 어머니이신《위제희》부인의 독려에 의해《빙비사라 왕》은 살해되고 어머니이신《위제희》부인은 종적을 감춘 후가 된 것이다. 이로써 이 모든 일들이 어머니이신《위제희》부인의 간계에 의해 일어났으며 그가 어렸을 때 당하였던 모든 일들이 어머니이신《위제희》부인이 저지른 짓임이 밝혀지게 된 것이나 이미 때는 늦은 것이었다.

이때 저지른 큰 실수가《아사세 왕》으로서는 두고 두고《한(恨)》이 된 것이며, 이러한《아사세 왕》의《한(恨)》이《마왕신 부처》인《악마(惡魔)의 신(神)》인《석가모니》가 독살당한 후 1차 경전(經典) 대결집이《굴내결집》(497BC~496BC)으로 시작이 될 때《아사세 왕》의 적극적인 비호 아래《경율 2장》으로 된《굴내결집본》인《성문의 불법》이 온전히 탄생하게 된 것이다.

이로써《굴내결집본》인《성문의 도(道)》를 따르는《성문의 불법》은《아자타샤트루》왕자 시절부터 이를 지키고자 노력하여 왔고《아사세 왕》이 된 후에는 부왕(父王)이신《빙비사라 왕》을 신중하지 못한 처신으로 잃게 된《한(恨)》이 부왕(父王)께서 그토록 신경을 써왔던《석가모니 하나님 부처님》의《양(陽)의 불법(佛法)》인《성문의 불법》을 훼손 없이 지켜 세상에 빛을 보게 한 공덕은 한때《제바달다》로 이름된《아자타샤트루》왕자와 왕위(王位)에 올랐을 때의《아사세 왕》의 공적이 크다고 아니할 수 없는 것이다.

이와 같이《굴내결집본》인《성문의 불법》이 완성이 되자마자《아사세 왕》은 믿을 만한 심복을 시켜 이를《싱할리 왕국》을 이루고 있던《노사나불》이신《비자야 왕》이《왕위(王位)》를 물러나 있을 때 이를 전달함으로써 일찍부터 훼손되지 않은 불법(佛法)이《비자야》에게 전달이 된 것이다.

그리고 이러한 참기 어려운 모든 수모를 인연법(因緣法) 따라 묵묵히 감내하신 《빔비사라 왕》으로 이름하신 《석가모니 하나님 부처님 분신》께서 바라시는 바 뜻인 온전한 《성문의 법》이 세상에 정착하기를 바라시는 마음이 모든 굴욕을 감내하시게 하였다는 뜻을 분명히 하는 바이며 《빔비사라 왕》의 죽음은 《아사세 왕》의 명령을 핑계한 《대마왕》《관세음보살 1세》인 《위제희》부인이 획책한 《살해》였음을 아울러 분명히 밝혀 두는 바이다.

※ 주(註) 4 :

《빔비사라(Bimbisara) 왕》의 죽음과 《묘법연화경(妙法蓮華經)》

《아사세 왕》의 처형 명령을 핑계하여 감옥에 갇혀 있는 《빔비사라 왕》을 《위제희》부인으로 이름한 《대마왕》《관세음보살 1세》가 《아사세 왕》의 일부 신하들과 함께 《빔비사라 왕》을 무참히 살해한 해가 《BC 503년》이다. 이러한 이후 훗날 《마왕신 부처》인 《악마(惡魔)의 신(神)》인 《석가모니》를 《대마왕》《관세음보살 1세》가 그의 추종 세력들 중 두목급에 자리한 《문수사리》인 《사리프타》와 《지장보살 1세》인 《목건련》 등 《대마왕》들에게 명령을 내려 그들의 수하 《마왕》들로 하여금 《독살》을 감행한 해가 《BC 497년》이다.

즉, 《빔비사라 왕》이 죽음을 당한 《BC 503년》에서 《마왕신 부처》인 《악마(惡魔)의 신(神)》인 《석가모니》가 죽은 해가 《BC 497년》으로써 이 사이의 《6년간》이 《마왕 부처》인 《악마(惡魔)의 신(神)》인 《석가모니》가 《묘법연화경》을 설(說)한 기간이 되는 것이다. 이와 같은 《빔비사라 왕》이 죽음을 당하신 《BC 503년》 때까지 《마왕신 부처》인 《악마(惡魔)의 신(神)》인 《석가모니》는 《무량의경(無量義經)》 설법을 모두 마친 때이다.

그러나 훗날 《마왕신 부처》인 《악마(惡魔)의 신(神)》인 《석가모니》는 《불법(佛法)》 파괴된 《묘법연화경》을 설(說)하게 되는 목적을 정리하여 이미 먼저 《설(說)》한 《무량의경》《제2 설법품 ⑤항》에 삽입하여 놓고 마치 《무량의경》을 설(說)할 때 대중들에게 설(說)한 것인 양 위장하여 놓고 있다.

이러한 《무량의경》《제2 설법품 ⑤항》을 말씀드리면 다음과 같다.

⑤ "착한 남자여, 내가 스스로 도량 보리수 아래 육 년을 단정히 앉아서 위없이 높고 바르며 크고도 넓으며 평등한 깨달음 이룸을 얻었느니라. 부처님의 눈으로써 일체의 모든 법을 관하였으되 가히 베풀어 설할 수 없었나니, 까닭은 무엇인가 하면, 모든 중생의 성이 하고자 하는 것이 같지를 아니함일세, 성과 하고자 하는 것이 같지를 아니하므로 가지가지로 법을 설하였으며 <u>가지가지의 법을 설하되 방편의 힘으로써 하였으며, 사십여 년 동안 진실을 나타내지 아니하였느니라.</u>
이런 까닭으로 중생이 도를 얻음에도 차별이 있어 빨리 위없는 깨달음 이룸을 얻지 못하니라."

상기 인용문 중 "『<u>가지가지의 법을 설하되 방편의 힘으로써 하였으며, 사십여 년 동안 진실을 나타내지 아니하였느니라.</u>』"라는 대목이 《무량의경》을 설(說)하기까지가 《사십여 년》을 하였다는 뜻으로 이때까지 《마왕신 부처》가 《설(說)》한 법(法)이 《방편》의 힘으로 한 것으로써 《진실》을 나타내지 않았다는 뜻은 《무량의경》을 설하기까지 설(說)한 《성문의 불법》이 진정한 자기의 《법(法)》이 아닌 《석가모니 하나님 부처님》의 불법(佛法)을 《방편》으로 설(說)한 것이며 《진실》을 나타내는 법(法)은 따로 설(說)하겠다는 의미를 담고 있는 내용이 상기 내용이 되는 것이다.

상기 대목에서 그가 《진실》을 나타내는 《법(法)》으로 이야기하는 것은 《무량의경》 다음으로 설(說)하여지는 경(經)이 《묘법연화경》 밖에는 없기 때문에 그가 뜻하는 바의 《진실》을 나타내는 《법(法)》은 《빔비사라 왕》이 죽고 난 다음 설(說)하게 되는 《불법(佛法)》 파괴된 《묘법연화경》 밖에는 없는 것이다. 즉, 그가 《진실》을 나타낸 《법(法)》으로 이야기하는 《경(經)》은 《불법(佛法)》 파괴된 《묘법연화경》이라는 뜻이 되는 것이다.

이와 같이 《마왕신 부처》인 《악마(惡魔)의 신(神)》인 《석가모니》가 《무량의경》 다음으로 설(說)하게 되는 《묘법연화경》은 필자가 여러 저서(著書)에서 여러 번 밝힌 바 있듯이, 《경내(經內)》에는 《천부수리(天符數理)》로 된 《석가모니 하나님 부처님》의 《진리(眞理)의 법(法)》이 《3의 비율》로 담겨 있으며 《문자반야(文字般若)》가 《1의 비율》로 되어 《석가모니 하나님 부처님》《불(佛)의 용(用)의 수(數) 4》의 의미로 구성되어 있는 《경(經)》이 《묘법연화경》으로써 이를 한마디로 말씀드리면 《석가모니 하나님 부처님》《진리(眞理)의 경(經)》이라고 하는 것이다. 쉽게 말씀드리면, 《묘법연화경》에는 《천부수리(天符數理)》된 《석가모니 하나님 부처님》《진리(眞理)의 법(法)》이 《75%》의 뜻을 가지고 있고 《문자(文字)》로 쓰여진 《경(經)》이 《25%》의 뜻을 가지고 있다는 뜻이다.

이렇게 구성되어 있는 《묘법연화경》에서 《천부수리(天符數理)》로 된 《진리(眞理)의 법(法)》 《75%》는 《마왕신 부처》의 실력으로써는 그 뜻을 바꾸거나 변조할 수 없는 《우주(宇宙)의 진리(眞理)》가 고스란히 담겨 있는 부분이기 때문에 《마왕신 부처》인 《악마(惡魔)의 신(神)》인 《석가모니》는 이 부분에 대하여서는 손도 대어 보지 못하고 다만 《문자(文字)》로 된 《경(經)》에서 본래 그가 뜻한 《악마(惡魔)의 신(神)》들인 《대마왕신(神)》들과 《대마왕》들을 《불(佛)》,《보살(菩薩)》로 호칭을 하고 《수기(受記)》를 줄 형편도 못되는 《마왕신 부처》가 《악마(惡魔)의 신(神)》들인 《대마왕신(神)》들과 《대마왕》들에게 《수기》를 준다고 호들갑을 떨며 《경(經)》을 믿고 따르는 중생들에게 《사기극》을 벌이고 있는 것을 보면 기가 찰 지경이며, 《묘법연화경》에서 《제오 약초유품》과 《제7 화성유품》과 《제15 여래수량품》을 제외한 전품(全品)에서 《악마(惡魔)의 신(神)》들인 《대마왕신(神)》들과 《대마왕》들에 대한 날조되고 왜곡된 기록들로 분탕질하여 꾸며 논 것이 《묘법연화경》 문자(文字)로 된 《경(經)》인 것이다.

《묘법연화경》을 믿고 따르는 자들 중 《묘법연화경》에 담겨 있는 《석가모니 하나님 부처님》《진리(眞理)의 법(法)》을 꿰뚫어 보고 이해하는 자(者)는 하나도 없다. 이렇게 없는 이유가 일찍부터 《악마(惡魔)의 신(神)》들인 《대마왕신(神)》들과 《대마왕》들이 《석가모니 하나님 부처님》께서 지상(地上) 최초로 만드신 《한단불교(桓檀佛敎)》《진리(眞理)의 법(法)》을 모두 없애 버렸기 때문에 《묘법연화경》에 담긴 《진리(眞理)의 법(法)》을 해석하지 못하기 때문에 접근을 할 수가 없게 되어 있는 것이다.

사정이 이렇기 때문에 모든 자(者)들은 오로지 《경(經)》의 《문자(文字)》에만 끄달리게 되는데 이러한 《문자(文字)》로 기록된 《경(經)》이 《마왕신 부처》인 《악마(惡魔)의 신(神)》인 《석가모니》에 의해 철두철미하게 짓밟혀 《진실(眞實)》이 아닌 《거짓 기록》들로 변하여 있음을 분명히 하는 것이며, 이렇게 1차적으로 왜곡된 《묘법연화경》을 《마왕신 부처》인 《악마(惡魔)의 신(神)》인 《석가모니》는 《부처(佛)》 놀이를 하며 중생들을 기만하고 《6년간》 엉터리 《묘법연화경》을 설(說)하였음을 《메시아(Messiah)》이신 《미륵불》이 분명히 하는 것이다.

이와 같이 하여 《마왕신 부처》인 《악마(惡魔)의 신(神)》인 《석가모니》는 진리(眞理)도 아닌 것을 《진리(眞理)》인 양 위장을 하고 《악마(惡魔)의 신(神)》들인 《대마왕신(神)》들과 《대마왕》들이 획책하는 《지배욕(支配慾)》과 《권력욕(權力慾)》 충족을 위해서 인간 무리들에게는 《이기심》을 부채질하고 《기복신앙》을 가지게 하여 모든 인간 무리들을 《정신적(精神的)》으로 지배하기 위해 《종교(宗敎)》라는 이름으로 인간 무리들을 《파멸(波滅)》로 이끌고 있는 《악마(惡魔)의 신(神)》으로서 《대마왕신(神)》일 뿐임을 분명히 아시기 바라며, 이러한 이후 반복(反復)되는 《윤회(輪廻)》로 《악마(惡魔)의 신(神)》인 《대마왕신(神)》 노릇을 하며 《악행(惡行)》을 저지르는 그의 행적을 밝히기 위해 현재 《실상(實相)》의 《역사》도 여러분들에게 함께 강의하고 있음을 아시기 바란다.

---

5. 간추린 《불법(佛法)》 파괴의 실상(實相)

(1) [2차 불법(佛法) 파괴] 《굴외결집(窟外結集)》

《빔비사라(Bimbisara) 왕》(생몰 558BC~503BC)을 살해(殺害)하고 종적을 감춘 《위제희(韋提希)》 부인으로 이름한 《대마왕》 《관세음보살 1세》는 《마왕신 부처》인 《악마(惡魔)의 신(神)》인 《석가모니》가 1차 불법(佛法) 파괴된 《묘법연화경(妙法蓮華經)》 설법(說法)을 모두 마치자 《마왕신 부처》의 소임이 끝난 것으로 결론 내리고 《마왕신 부처》인 《악마(惡魔)의 신(神)》인 《석가모니》가 사라져야 《경전결집(經典結集)》을 통해 《마왕신 부처》 생전(生前)에 설(說)한 《성문(聲聞)의 불법(佛法)》을 《위제희(韋提希)》 부인이 살아 있는 동안 그가 주도하여 《마왕 불법(佛法)》으로 만들기 위해 서둘러 그의 추종 세력들인 《마왕신 부처》의 제자로 있던 《문수보살 2세》인 《문수사리》와 《목건련》으로 이름한 《지장보살 1세》에게 명령하여 《마왕신 부처》인 《악마(惡魔)의 신(神)》인 《석가모니》를 독살할 것을 지시함으로써, 이들은 그들의 수하 《마왕》 승려들을 동원하여 이를 실행함으로써 《BC 497년》에 《마왕신 부처》 독살에 성공하는 것이다.

이러한 이후 《아사세 왕》의 비호로 《BC 497년》에 《대가섭존자》가 상좌가 되어 《500

비구》들이 모여 《아난존자(Ananda)》의 구술에 의한 1차 경전(經典) 대결집(大結集)을 이듬해까지 하여《경율(經律) 2장》으로 된《굴내결집본(窟內結集本)》을 완성하는 것이다. 이로써《1차 경전(經典)》대결집(大結集) 기간은《BC 497 ~ BC 496》년이 되는 것이다.

이러한《경율(經律) 2장》으로 된《굴내결집본》이 발표된 후《위제희(韋提希)》부인으로 이름한《관세음보살 1세》와《문수사리》와《목건련》등이 직접 참여하여 그들의 수하 마왕 승려들인《바사파》를 중심한 비구 무리들이 모여《굴내결집본》을 가지고《BC 495 ~ BC 492》년까지《3년》에 걸쳐《그리스》《자연사상(自然思想)》에 입각한《경전(經典)》재결집을 하여《성문의 불법》인《굴내결집본》을《불법(佛法)》이 2차로 파괴된《연각승(緣覺乘)》과《독각(獨覺)》의 무리《경전(經典)》으로 탈바꿈시켜《음(陰)》의《독각불교(獨覺佛敎)》경전(經典)으로 완성을 하는 것이다. 이러한 이후 그들은 그들이 2차《불법(佛法)》파괴한 것을 감추기 위해 이를《굴외결집(窟外結集)》으로 이름한 것이다.

이와 같은 그들이 말하는《굴외결집(窟外結集)》의 총지휘자는《위제희(韋提希)》부인으로 이름한《대마왕》《관세음보살 1세》이며, 수하《대마왕》들 중 크게 공로를 세운 자가《문수사리》와《목건련》이며《바사파》를 중심한 비구 무리들은 들러리와 같은 존재였음을《메시아(Messiah)》이신《미륵불》이 분명히 하는 것이다. 이러한 2차《불법(佛法)》파괴에서 특별히《대마왕》《관세음보살 1세》가 신경을 쓴 경(經)이《반야심경(般若心經)》으로써 이를《문수사리》가 직접 왜곡한 경(經)임을 아울러 밝혀 두는 바이다.

(2) [3차 불법(佛法) 파괴]《대중부 독각불교(大衆部獨覺佛敎)》

《고대(古代)》《인도》에 있어서《바이샬리(Vaishali, 비사리)》는《악마(惡魔)의 신(神)》들인《대마왕신(神)》들과《대마왕》들의 본거지가 있는 곳이다. 이러한《바이샬리(Vaishali, 비사리)》에서《마왕신 부처》불멸후(佛滅後)《114년》되는《BC 383년》에《자이나교(Jainism)》에서《창조주(創造主)》노릇을 하던 최고(最高)의《대마왕신(神)》인《비로자나 1세》가 이번에는 반복(反復)되는 윤회(輪廻)로《카라쇼카(Kalasoka) 왕(王)》으로 와서《3차 불법 파괴》를 주최하는 가운데, 전생(前生)에《마왕신 부처》를 이루었던《악마(惡魔)의 신(神)》인《석가모니》가 반복(反復)되는 윤회(輪廻)로 때에 다시《미륵보살》과《관세음보살 1세》의 분신(分身)의 딸 1세 사이에서

《마하데바(Mahadeva)》로 이름하고 태어나게 된다. 이렇게 하여 태어난《마하데바(Mahadeva)》는 성년(成年)이 된 후 그를 낳아준 어미인《관세음보살 1세》분신(分身)의 딸 1세와《밀통(密通)》을 한 후 계속 똑같은 생활을 계속하다《부도덕(不道德)》한 생활이 들통이 날 때쯤 돼서 그 어미인《관세음보살 1세》분신(分身)의 딸 1세와 공모하여 그의 아비가 되는《미륵보살》을 독살(毒殺)을 하게 된다.

이러한 이후《마하데바(Mahadeva)》는 반복(反復)되는 윤회(輪廻)로《카라쇼카(Kalasoka)》왕으로 이름하고 와 있는 전생(前生)의 그의 아비인 최고《악마(惡魔)의 신(神)》인《비로자나 1세》를 찾아가서《3차》로《불법(佛法)》파괴를 하겠다고 자청한 후《왕(王)》의 허락을 얻고 그가 전생(前生) 한때에《마왕신 부처》를 이루고 설(說)하였던《성문의 불법(佛法)》을《마왕신 부처》를 이루기 이전《악마(惡魔)의 신(神)》들인《대마왕신(神)》들과《대마왕》들이 의도하였던 대로 파괴된 불법(佛法)으로 만들기 위해《BC 383 ~ BC 348》년까지《35년》간 일찍이《대마왕》《관세음보살 1세》의 주도로 만든《굴외결집본》을 가지고《경전(經典)》결집을 다시 하게 되는 것이다. 이러한《경전(經典)》결집을 후세인(後世人)들은《3차 경전 결집》이라고 이름하는 것이다.

이와 같이 하여《마하데바(Mahadeva)》는 불법(佛法) 파괴된 경전(經典)을 결집하면서《마왕신 부처》로서《악마(惡魔)의 신(神)》인《석가모니》를《창조주(創造主)》로서의《구원자(救援者)》로 둔갑시키고 그 스스로는《독각(獨覺)》의《하나님》이라고 자처하며 거들먹거리고 그가 불법(佛法)을 파괴하여 결집한 경전(經典)을《대중부불교(大衆部佛敎)》경전이라고 호칭을 한 것이다. 이러한 호칭을《메시아(Messiah)》이신《미륵불》께서는 색깔을 분명히 하기 위해《대중부 독각불교(大衆部獨覺佛敎)》경전이라고 이름한 것이다.

그리고 이러한《대중부 독각불교(大衆部獨覺佛敎)》의 특징은《관음신앙(觀音信仰)》을 포용(包容)하고《관세음보살》을《천상(天上)》이나《지상(地上)》에서《관세음보살 1세》분신(分身)의 딸 1세가《악마(惡魔)의 신(神)》인《석가모니》《기(氣)》를 끌어 모아 탄생시킨《관세음보살 1세》분신(分身)의 딸 2세를《관세음보살》로 내세우고 훗날 이 여인(女人)과 결혼을 함으로써《관음신앙(觀音信仰)》마저《마왕신 부처》인《악마(惡魔)의 신(神)》인《석가모니》가 장악을 하여《대중부 독각불교(大衆部獨覺佛敎)》에서는《관세음보살》을《마왕신 부처》를 보좌하는《보살(菩薩)》로서 격하(格下)를 시킨 것이다.

이와 같이 하여 만들어진 《대중부 독각불교(大衆部獨覺佛敎)》는 《석가모니 하나님 부처님》《양(陽)의 불법》인 《성문승(聲聞乘)》의 불법(佛法)을 고치고 왜곡한 《불법(佛法)》 파괴된 경전을 바탕으로 하여 만든 《마왕불교(佛敎)》라는 점을 《메시아(Messiah)》이신 《미륵불》이 정확히 밝히는 것이다.

(3) [4차 불법(佛法) 파괴] 《상좌부 연각과 독각 불교(上座部 緣覺과 獨覺 佛敎)》

《대마왕》《관세음보살 1세》가 《위제희(韋提希)》 부인으로 이름하고 와서 《2차 불법(佛法) 파괴》를 주도하여 만든 《굴외결집본(窟外結集本)》은 《연각(緣覺)》과 《독각(獨覺)》을 아우러는 불교(佛敎)의 경전(經典)으로써 이를 《음(陰)의 독각불교(佛敎)》라고 한다. 그러나 《마왕신 부처》로서 《악마(惡魔)의 신(神)》인 《석가모니》가 반복(反復)되는 윤회(輪廻)로 《마왕신 부처》《불멸후(佛滅後)》《114년 후》《마하데바(Mahadeva)》로 이름하고 와서 《3차 불법(佛法) 파괴》하여 만든 《대중부 독각불교(大衆部獨覺佛敎)》는 《독각불교(獨覺佛敎)》가 《관음신앙(觀音信仰)》을 흡수 통합한 형태이기 때문에 《독각불교(獨覺佛敎)》가 《관음신앙》보다 상위(上位) 개념에 있는 불교(佛敎)이다.

이와 같이 《마왕신 부처》인 《악마(惡魔)의 신(神)》인 《석가모니》가 《마하데바》로 이름하고 와서 《대중부 독각불교》를 만들면서 스스로를 《창조주(創造主)》로서 《구원자(救援者)》라고 칭하고 《관세음보살》을 《마왕신 부처》인 《악마(惡魔)의 신(神)》으로서 《석가모니》를 보좌하는 《보살(菩薩)》로 격하(格下)를 시킨 것이다.

《마왕신 부처》인 《악마(惡魔)의 신(神)》인 《석가모니》가 《코흘리개》 시절인 《100억 년 전(億年前)》에 이미 《마왕신 부처》를 이루고 호(號)를 《운뢰음수왕화지불(雲雷音宿王華智佛)》로 이름하였던 《관세음보살 1세》로 봐서는 뒤늦게 《지상(地上)》에 와서야 《마왕신 부처》를 이룬 《악마(惡魔)의 신(神)》인 《석가모니》가 그가 만든 《대중부 독각불교(大衆部獨覺佛敎)》에서 《관세음보살》을 그를 보좌하는 《보살(菩薩)》로 격하(格下)시킨데 크게 자극을 받게 된다.

이로써 《관세음보살 1세》는 때에 반복(反復)되는 윤회(輪廻)로 《남자(男子)》 몸을 가지고 고대 《인도》 《마우리아(Maurya)》 왕조(王朝)의 《아쇼카(Ashoka)》(재위 274BC~232BC) 왕(王)으로 이름하고 오시면서 《출산(出産)》을 담당하는 임무를 가지신 《우주(宇宙)》의 《어머니(母)》답게 《관세음보살 1세》가 주도하였던 《2차 불법(佛法) 파괴》 당시 《굴외결집본(窟外結集本)》을 만들어 《음(陰)》의 《독각불교》를 탄생시켰던 《대마왕》 《문수사리》와 《목건련》으로 이름하였던 《지장보살 1세》와 관계 《비구》들 모두를 《반복(反復)》되는 《윤회(輪廻)》로 모두 《아쇼카왕》 주위에 태어나게 한 후 이들을 그가 가진 《권력(勸力)》의 힘으로 모두 한 자리에 모이게 하여 그가 처음 주도하여 만든 《음(陰)》의 《독각불교》를 다시 파괴하는 《4차 불법(佛法) 파괴》를 감행하여 《상좌부 연각과 독각 불교(上座部 緣覺과 獨覺 佛敎)》를 탄생시킨 것이다. 이러한 《4차 불법(佛法) 파괴》를 후세인(後世人)들은 《4차 경전 대결집(經典大結集)》이라고 하는 것이다.

이와 같은 《연각(緣覺)》과 《독각(獨覺)》을 아우르는 《음(陰)의 독각불교》와 《상좌부 연각과 독각 불교》가 다른 점은 《관세음보살》이 《연각(緣覺)》의 《창조주(創造主)》로서 《구원자(救援者)》가 되어 《상위(上位)》에 자리한 점과 《경율(經律)》 2장으로 된 《마왕 불법》에서 《논서(論書)》로 된 《논장(論藏)》을 첨가시켜 《마왕 불법(佛法)》을 《삼장(三藏)》으로 《결집(結集)》을 한 점이 다른 것이다.

이러한 《상좌부 연각과 독각 불교》는 《독각(獨覺)》의 《창조주(創造主)》로서의 《구원자(救援者)》로 자리한 《대중부 독각불교》의 《마왕신 부처》인 《악마(惡魔)의 신(神)》인 《석가모니》보다 《상위(上位)》에 있는 《창조주(創造主)》로서의 《구원자(救援者)》가 《연각(緣覺)》의 《창조주(創造主)》로서의 《구원자(救援者)》이며, 이러한 《연각(緣覺)》의 《창조주(創造主)》로서의 《구원자(救援者)》가 《연각(緣覺) 불교》와 《독각(獨覺) 불교(佛敎)》 모두를 아우르는 《불교(佛敎)》를 태동시켰다 하여 이를 《상좌부 연각과 독각 불교(上座部 緣覺과 獨覺 佛敎)》라고 호칭을 한 것이다.

한마디로 말씀드리면, 《상좌부 연각과 독각 불교》는 《관세음보살》을 믿고 따르는 길이 곧 《부처(佛)》를 믿고 따르는 길이며 《부처(佛)》을 믿고 따르는 길이 곧 《관세음보살》을 믿고 따르는 길이라는 《논리(論理)》로 만든 《불교(佛敎)》가 《상좌부 연각과 독각 불교》인 것이다. 이러한 《논리(論理)》의 근거가 진행을 하면서 말씀드린 《100억 년 전(億年前)》 《관세음보살》이 《마왕 부처》를 이룬 《운뢰음수왕화지불(雲雷音宿王華智佛)》이시기 때문이다.

이와 같은 《상좌부 연각과 독각 불교》의 특징은 《마왕 불법》을 《삼장(三藏)》으로 만들어 《마왕 불법》을 방대하게 함으로써 《부처(佛)》를 믿고 따르는 일반 불자(佛者)들로 하여금 《불법(佛法)》에 접근하는 것을 차단하는 결과를 낳게 되는 것이며, 이로써 《마왕 승려》들의 입(口)으로 통하여서만이 《불법(佛法)》을 대하는 경우가 대부분이며 이로써 《기복신앙》으로만 자리잡게 하는 술책이 《상좌부 연각과 독각 불교》 저변에 깔려 있는 것이 특징이다.

　그리고 이렇게 하여 만들어진 《상좌부 연각과 독각 불교(上座部 緣覺과 獨覺 佛敎)》를 《아쇼카왕》(재위 273BC~236BC)으로 이름하신 《관세음보살 1세》는 세계(世界) 도처로 사자를 파견하여 전한 것이며, 이러한 때 《중원 대륙》에 처음으로 《상좌부 독각불교》가 전하여진 것이며 《동남아시아》에도 《스리랑카》를 통한 해상(海上) 루트를 따라 전하여진 것이다. 이와 같은 《상좌부 연각과 독각 불교》도 《마왕불교》임을 《메시아(Messiah)》이신 《미륵불》이 분명히 밝혀 두는 바이다.

(4) [5차 불법(佛法) 파괴] 《양(陽)의 독각불교(獨覺佛敎)》

　《2차 불법(佛法) 파괴》로 등장한 《음(陰)의 독각불교》가 탄생한 이후 《성문승(聲聞乘)》과 《연각승(緣覺乘)》간의 심한 갈등이 표출이 되다가 《마왕신 부처》 불멸후(佛滅後) 《114년》이 지난 후 《3차 불법(佛法) 파괴》로 《대중부 독각불교》가 등장한 이후부터는 《부파불교》 시대가 본격적으로 도래하여 《성문(聲聞)》과 《연각(緣覺)》과 《독각(獨覺)》이 각각 따로 따로 자기들의 주장을 굽히지 않고 심한 다툼을 벌인 시대를 《부파불교》 시대라고 하며 이후 《4차 불법(佛法) 파괴》로 등장한 《상좌부 연각과 독각 불교》가 《경율론(經律論)》《삼장(三藏)》을 들고 나와 스스로를 《대승불교(大乘佛敎)》로 선전하며 거들먹거린 것이다.

　《미륵불》이 분명히 밝히되, 《대승불교(大乘佛敎)》는 《보살불교(菩薩佛敎)》를 말하는 것으로써 이러한 《보살불교》가 꽃피어졌던 곳은 《한반도(韓半島)》 《신라》, 《고구려》, 《백제》 등 삼국시대(三國時代) 《600년》 기간 밖에 없으며 이러한 《보살불교》도 이후는 영원히 사라져 간 것이다.

이와 같이 《상좌부 연각과 독각 불교》가 《대승(大乘)》을 자처하고 난 이후 오랜 세월이 지나 이들의 다툼을 그동안 묵묵히 지켜보고만 있던 최고의 《대마왕》《다보불 1세》와 《문수보살 1세》가 당시 《중원 대륙》에 만연해 있던 《상좌부 연각과 독각 불교》와 《한반도(韓半島)》에 꽃피워져 있던 《보살불교》를 타파한 후, 《중원 대륙》과 《한반도(韓半島)》와 《일본 열도》 등에 거주하고 있는 모든 인간 무리들의 《정신적(精神的)》 지배(支配)를 위해 《악마(惡魔)의 신(神)》들인 《대마왕신(神)》들과 《대마왕》들로 하여금 《당(唐)》나라(AD618~AD907)를 건국하게 하고 《당(唐)》《현장(玄奘)》(AD602~AD664)으로 이름한 《악마(惡魔)의 신(神)》인 《대마왕신(神)》《천관파군 1세 분신(分身)》을 시켜 《인도》로 들여보내 당대 《인도 사회》에 널리 퍼져 있는 《경전(經典)》들을 수집하여 돌아오도록 한다. 이때 《당 현장(唐玄奘)》이 수집하여온 경전(經典)들이 《대중부 독각불교》에서 편찬한 경전들이 대부분이었으며 이때까지도 《인도 사회》는 부파불교의 부파들이 상당한 세력을 형성하고 있었음을 《당 현장》은 전하고 있는 것이다.

이러한 이후 《당 현장》이 수집하여 온 《경전(經典)》들과 미리부터 《중원 대륙》에 들어와 있던 《상좌부 불교》 경전(經典)들을 모두 한 곳에 모아 《다보불 1세》와 《문수보살 1세》가 총지휘를 하고 산하에는 《당 현장》을 중심한 《마왕 승려》들인 《비구 무리》들을 끌어 모아 새로운 《번역》 사업을 대규모로 진행을 하면서 경전(經典)들에 깃들어 있는 《관음사상》으로 대표되는 《연각(緣覺)》의 자취를 철두철미하게 지우고 최고 《대마왕》《다보불 1세》가 《창조주(創造主)》로서 《구원자(救援者)》로 자리하는 순수한 《독각(獨覺)》들만의 경전으로 번역을 하면서 《5차 불법(佛法) 파괴》를 하는 것이다. 이렇게 하여 탄생한 것이 순수 《독각(獨覺)》들만의 《양(陽)의 독각불교》가 탄생한 것이다.

이러한 《양(陽)》의 《독각불교》의 경전들을 그들은 《신역(新譯)》으로 이름하고 《상좌부 연각과 독각 불교》의 경전들을 《구역(舊譯)》으로 이름하여 《권력(勸力)》의 힘으로 철두철미하게 《상좌부 연각과 독각 불교》를 배척하여 《중원 대륙》에서 그 자취를 없애 버린 것이다. 이와 같은 《양(陽)의 독각불교》를 《당 마왕불교(唐魔王佛敎)》라고도 하는 것이다.

이와 같은 《당 마왕불교(唐魔王佛敎)》를 《다보불 1세》와 《문수보살 1세》는 《신라(新羅)》 제27대 《선덕여왕》으로 이름한 《대마왕》《관세음보살 2세》 때 《자장율사》(AD590~AD658)로 이름한 《대마왕》《미륵 3세》와 《두순》(AD566~AD640)으로 이름한 《악마(惡魔)의 신(神)》인 《대마왕신(神)》《천관파군 1세》와 《도선》(AD596~AD667)으로 이름한 《악마(惡魔)의 신(神)》인 《대마

383

왕신(神)》 중의 최고 악질인 《천관파군 2세》로서의 《이오 신(神)》《분신(分身)》 등을 시켜 《대마왕》인 《신라 27대》《선덕여왕》의 비호 아래 권력(勸力)을 등에 업고 《당 마왕불교(唐魔王佛敎)》를 《신라 사회》에 뿌리내리게 하여, 이후 《통일신라》기에 들어가서 완전히 《보살불교(菩薩佛敎)》인 《대승불교(大乘佛敎)》를 《한반도(韓半島)》에서 사라지게 함으로써 최고의 《대마왕》《다보불 1세》는 《당 마왕불교》로써 이후의 《한반도내(韓半島內)》 인간 무리들을 《정신적(精神的)》으로 지배하게 된 것이 지금까지 계속되고 있는 것이다.

특히, 이참에 분명히 밝혀 두는 바는 《화엄종》을 만들어 거들먹거린 《두순》(AD566~AD640)은 《당 고조(唐高祖)》《이연》(생몰 AD566~AD640, 재위 AD618~AD626)으로서, 이 자(者)가 2대 《당 태종(唐太宗)》(재위 AD626~AD649)으로 이름한 《대마왕》《무곡성불》에게 왕위(王位)를 물려주고 《두순》으로 이름하고 《당(唐)》나라에서 《14년》동안 《마왕 중놈》 노릇을 하며 만든 《화엄종》을 《미륵 3세》인 《자장율사》(AD590~AD658)를 통해 《당 마왕불교(唐魔王佛敎)》가 신라에 뿌리내리도록 한 동일인(同一人)임을 밝혀 두는 것이다.

이와 같이 《5차 불법(佛法) 파괴》가 되어 만들어진 《양(陽)의 독각불교》인 《당 마왕불교(唐魔王佛敎)》에서 《연각(緣覺)》의 도(道)로 자리하였던 《관음신앙(觀音信仰)》을 철두철미하게 삭제하자 《상좌부 연각과 독각 불교》를 만들었던 《대마왕》《관세음보살 1세》는 그의 《분신(分身)의 딸 1세》의 《분신(分身)》으로 태어난 바 있는 《묘음보살》을 《측천무후》(재위 AD690~AD705)로 태어나게 하여 《당 마왕불교》 경전 중 다시 일부를 파괴하고 《천수경》을 만들고 《연각(緣覺)》의 수행인 《선법(禪法)》을 활성화시켜 《양(陽)의 독각불교》인 《당 마왕불교》에 접목시킴으로써 《관음신앙》이 다시 살아나서 《관세음보살》로서는 《대마왕》《관세음보살 1세》《분신(分身)의 딸 1세》가 자리하고 《측천무후》(재위 AD690~AD705)로 이름하였던 《묘음보살》은 《천수천안관음》으로 자리를 한 것이다. 이로써 《측천무후》(재위 AD690~AD705)로 이름하였던 《대마왕신(神)》《묘음보살》은 《양(陽)의 독각불교》가 일부 파괴된 《경전(經典)》들과 《관음신앙(觀音信仰)》을 대변하는 《천수경》과 그들의 수행법으로 활용하는 《선법(禪法)》을 《교외별전》으로 이름하고 2차로 이를 《한반도(韓半島)》로 들여보냄으로써 《한반도(韓半島)》에 《관음신앙(觀音信仰)》이 뿌리 내리게 된 것이다.

이와 같이 하여 《5차 불법(佛法) 파괴》로 만들어진 《양(陽)의 독각불교》인 《당 마왕불교(唐魔王佛敎)》나 《측천무후》로 이름하였던 《대마왕신(神)》《묘음보살》이 접목시킨 《관음신앙(觀音信仰)》이나 《교외별전》된 《선법(禪法)》 모두가 《마왕불교》임을 《메시아(Messiah)》이신 《미륵불》이 분명히 하는 것이다.

(5) [관음신앙(觀音信仰)]

　　후손(後孫)들에 대한 강한 《보호본능(保護本能)》이 광적(狂的)인 《집착(執着)》이 되어 《대마왕(大魔王)》이 된 후 생명체(生命體)의 출산(出産)을 담당하는 《천상(天上)》의 임무를 가진 《관세음보살》이 윤리적(倫理的) 도덕성(道德性)은 눈을 씻고 찾아볼래야 볼 수 없는 《대마왕》이 되어 그들의 후손(後孫)들 《정신세계(精神世界)》를 지배함으로써 최고의 《악마(惡魔)의 신(神)》인 《대마왕신(神)》《비로자나 1세》와 그의 수하에 있는 《악마(惡魔)의 신(神)》들인 《대마왕신(神)》들과 최고의 《대마왕》《다보불 1세》와 그의 수하에 있는 여러 《대마왕》들로부터 그의 후손(後孫)들이 《정신적(精神的)》으로 지배(支配)를 받지 않게 하기 위하여 《종교적(宗敎的)》으로 만들어진 것이 《관음신앙(觀音信仰)》이다.

　　때문에 《원천창조주》이신 《석가모니 하나님 부처님》을 제거하고 모든 《우주(宇宙)》를 정복하고자 한 최고의 《악마(惡魔)의 신(神)》인 《대마왕신(神)》《비로자나 1세》와 최고의 《대마왕》《다보불 1세》와는 달리 《대마왕》이 된 《관세음보살》은 이들에 동조하여 《대마왕》 노릇을 하였으나 《본질적(本質的)》으로는 《악마(惡魔)의 신(神)》들인 《대마왕신(神)》들과 《대마왕》들과는 다르게 그의 후손(後孫) 보호에 뜻을 두고 있었기 때문에 《지상(地上)》에서 펼쳐진 각종 《문명권》에서 《신(神)》들을 분류할 때 《선신(善神)》 대열에 이들을 포함시키게 되는 것이다.

　　이러한 《관세음보살》이 《마왕 종교(魔王宗敎)》를 위해 《석가모니 하나님 부처님》의 뜻을 거부한 원인이 《천일우주(天一宇宙)》 100의 궁(宮)에서 최고의 《악마(惡魔)의 신(神)》인 《대마왕신(神)》들과 《대마왕》들에게 굴복하여 진화(進化)하는 과정에서 그의 후손(後孫) 보호를 위해 너무 깊이 그들의 의도에 말려 든 탓에 빚어진 일이었기 때문이다. 이로써 《악마(惡魔)의 신(化神)》들인 《대마왕신(神)》들과 《대마왕》 후손(後孫)들과는 달리 《관세음보살》 후손(後孫)들은 《원천창조주》이신 《석가모니 하나님 부처님》께서 행(行)하시는 《구원(救援)》의 대열에 들어 있기 때문에 이제는 《관음신앙》도 버리고 진정한 종교(宗敎)인 《보살불교(菩薩佛敎)》로 회귀(回歸)할 것을 《미륵불》이 강력히 요청을 하고 있는 것이다.

지금까지 《불법(佛法)》 파괴의 《실상(實相)》을 간추려 발표하면서 분명히 알려드리는 사항은 《대중부 독각불교》나 《상좌부 연각과 독각 불교》나 《당 마왕불교》에서 교주(敎主)가 되는 자(者)들이 《창조주(創造主)》로서 《구원자(救援者)》로 행세를 하고 각종 종교(宗敎)에서 《창조주(創造主)》를 사칭하고 《구원자(救援者)》로 자처하는 자(者)들 모두가 《악마(惡魔)의 신(神)》들인 《대마왕신(神)》들과 《대마왕》들로서 《구원(救援)》의 능력이 없는 자(者)들이다.

이로써 《인간》들 뿐만 아니라 만물을 《구원(救援)》할 수 있는 분은 오로지 《원천창조주》이신 《석가모니 하나님 부처님》 한 분 밖에는 없음을 《미륵불》이 분명히 하는 것이며, 이렇듯 각종 종교(宗敎)를 통해 인간 무리들의 《정신세계(精神世界)》를 지배하고 있는 《악마(惡魔)의 신(神)》들인 《대마왕신(神)》들과 《대마왕》들은 그들이 지배하고 있는 인간 무리들을 《파멸(波滅)》로 이끌고 있는 자(者)들이라는 사실을 《미륵불》이 분명히 밝히는 바이니 인간 무리들은 이러한 《미륵불》께서 당부하는 내용들을 깊이 인식하셔야 할 것이다.

그리고 《관음신앙(觀音信仰)》을 있게 한 《관세음보살》들을 밝혀 드리면, 《상좌부 연각과 독각 불교》의 《관세음보살》이 《관세음보살 1세》이며, 《대중부 독각불교》의 《관세음보살》이 《관세음보살 1세》의 《분신(分身)의 딸 2세》이며, 《당 마왕불교》의 《관세음보살》이 《관세음보살 1세》의 《분신(分身)의 딸 1세》이며 《천수천안관음》이 《관세음보살 1세》의 《분신(分身)의 딸 1세》의 《분신(分身)의 딸》로서 《악마(惡魔)의 신(神)》인 《대마왕신(神)》《묘음보살》로서 《측천무후》이며, 《해수관음(海水觀音)》이 《문수보살 1세》의 딸인 《화엄보살》이다.

이러한 《관세음보살》의 후손들은 세계 도처에 퍼져 있으며 그들이 집중적으로 모여 사는 곳을 대략적으로 간추리면, 《한반도(韓半島)》와 《일본》과 《중원 대륙》과 《티베트》와 《동남아시아》 중 《태국》에 집중적으로 모여 살고 있으며 《아일랜드》, 《이태리 남부》, 《그리스 중부》, 《인도 중부》, 《아프리카 북부》, 《팔레스타인》 등 여러 곳에 흩어져 살고 있음을 대충 밝히는 바이다. 그리고 《당(唐)》나라 《측천무후》에게 《천수경》을 만들어 준 분이 때에 《대마왕》《관세음보살 1세》께서 《의정(義淨)》(AD635~AD713)으로 이름하고 와서 《천수경》을 만들어 《묘음보살》인 《측천무후》에게 전달한 것임을 아울러 밝혀 두는 바이다.

나> [《AD 200 ~ AD 640》년까지의 《대 아유타야 왕국(王國)》]

《AD 200 ~ AD 640》년까지의 《대 아유타야 왕국(王國)》(300BC~AD640)은 《BC 300 ~ AD 200》년까지의 《대아유타야 왕국(王國)》과는 달리 《선악(善惡)》 양면성을 근본 바탕으로 하는 《관세음보살》계(系)의 《대마왕》들과 《악(惡)》을 근본 바탕으로 하는 《악마(惡魔)의 신(神)》들인 《대마왕신(神)》들이 대거 《왕위(王位)》에 올라 《도시 국가》들을 통치한 기간으로써, 진화(進化)적인 측면으로 볼 때, 《아유타야 왕조》(800BC~300BC) 2차 교화기 문명 《500년》과 《대아유타야 왕국》 통치 기간 《500년》의 합(合) 《1,000년》간을 훌륭한 왕(王)들 덕분에 그 백성(百姓)들은 안정적인 삶 속에서 《도덕성(道德性)》을 갖추는 충분한 시간을 거쳤기 때문에 이 이후는 《관세음보살》계(系)의 《대마왕》들과 《대마왕신(神)》들에게는 진화(進化)하여 《도덕성(道德性)》을 갖추게 하는 기회를 부여함과 동시에 다스리는 백성(百姓)들에게는 백성들 각각의 《내면(內面)》에 자리한 《영혼》과 《영신》의 단련을 통해 진화시키기 위한 《시련》의 시대가 도래한 것이다. 이 기간 동안 《왕위(王位)》에 올랐던 《불, 보살》 및 《대마왕》들과 《악마(惡魔)의 신(神)》으로서 《대마왕신(神)》의 신명(神名)을 밝혀 드리면 다음과 같다.

[표 1-3-9-28] AD 200 ~ AD 640년 《대아유타야 왕국》을 통치한 왕(王)들 신명(神名)

일련번호	신명(神名)	신(神) 구분
1	관세음보살 1세	○
2	대관세음보살 1세	○
3	용시보살	○
4	관세음보살 2세	●
5	정화수왕지불	●
6	관세음보살 3세	●
7	대관세음보살 2세	●
8	대관세음보살 3세	●
9	마고신 1세	●
10	마고신 2세	●

※ ○의 표시는 《선(善)》을 근본 바탕으로 하신 《불(佛)》, 《보살(菩薩)》들이시며, ●표시는 《악(惡)》을 근본 바탕으로 한 《대마왕》들과 《악마(惡魔)의 신(神)》들인 《대마왕신(神)》들임.
※ 이분들 대부분은 남자(男子) 몸을 받고 왕위(王位)에 오르신 것이다.

《AD 200 ~ AD 640》년까지 《대아유타야 왕국》을 통치(統治)한 왕(王)들의 수(數)는 18명(名)이며, 이는 상기 밝혀드린 《불, 보살》들과 《대마왕》들과 《악마(惡魔)의 신(神)》들인 《대마왕신(神)》들이 반복(反復)되는 윤회(輪廻)로 왕위(王位)에 올랐음을 밝혀 드리는 바이며, 이때까지의 《왕명록》도 《악마(惡魔)의 신(神)》들인 《대마왕신(神)》들에 의해 삭제되었음을 알려드리는 바이다.

④ 《라보(Lavo) 2왕조(王朝)》(AD640~AD 1087), 《아유타야(Ayutthaya) 왕국》(AD640~AD1087~AD1438), 《수판나품(Suphannaphum) 왕조》(AD1087~AD1438)

《대아유타야 왕국》(300BC~AD640) 끝 부분에 《선악(善惡)》 양면성을 근본 바탕으로 한 《관세음보살》계(系)의 《대마왕》들과 《악(惡)》을 근본 바탕으로 한 《악마(惡魔)의 신(神)》들인 《대마왕신(神)》들이 왕위(王位)에 올라 《탐욕》과 《이기심(利己心)》으로 《드바라바티(Dvaravati)》 도시국가들을 다스림으로써 《태국》 곳곳에서는 이에 대한 불만으로 《도시 국가》 상호간의 전쟁과 반목이 계속되고 《대아유타야 왕국》 자체가 썩고 부패한 왕국으로 변하여 가면서 《민중》들의 불만이 폭발 직전까지 갔을 때, 이를 방치할 수 없었던 《석가모니 하나님 부처님》께서는 《AD 640년》에 파키스탄의 《탁실라(Taxila)》로부터 오시어 《라보(Lavo) 2왕조》(AD640~AD1087)를 세우시고 《프라야 카라바르나디트(Phraya Kalavarnadit)》로 이름하시고 초대 왕이 되신 이후 향후 《라보 2왕조》나 《아유타야 왕국》에서는 《악(惡)》을 근본 바탕으로 하는 《관세음보살》계(系)의 《대마왕신(神)》들은 《왕위(王位)》에 오르지 못하도록 엄명을 내리심으로써 《라보 2왕조》나 《아유타야 왕국》에서는 《AD 640 ~ AD 1087》년까지 《선(善)》을 근본 바탕으로 한 《불(佛)》, 《보살(菩薩)》들과 《선악(善惡)》 양면성을 가진 《대마왕》 불보살들께서 《왕위(王位)》에 올라 도시 국가들을 나누어 다스리신 것이다.

이러한 이후 《AD 1087년》에 《라보 2왕조》는 수도(首都)를 《아요디아(Ayodhaya)》로 옮기면서 《라보 2왕조》를 《아유타야 왕국》과 합병시킴과 동시에 《수판나품(Suphannaphum)》 왕조(王朝)(AD1087~AD1438)를 세워 《아유타야 왕국》(AD640~AD1087~AD1438)의 지배하에 둔 후 《라오스》 《란쌍(Lanxang) 2왕조》(AD1353~AD1706) 형성으로 《라오스》가 독립함으로써 이를 제외한 《태국 내(內)》의 각 도시 국가들을 나누어 다스리게 하고 《선(善)》을 근본 바탕으로 한 《불(佛)》 《보살(菩薩)》들과 《선악(善惡)》 양면성을 가진 《대마왕》 《불보살》들이 반복(反復)되는

《윤회(輪廻)》로 《왕위(王位)》에 올라 도시 국가들을 다스리게 하신 것이다.

　　이러한 《왕조(王朝)》의 흥망성쇠는 사실상 《선악(善惡)》 양면성을 근본 바탕으로 한 《관세음보살》계(系)의 《대마왕》들과 《악(惡)》을 근본 바탕으로 한 《악마(惡魔)의 신(神)》들인 《대마왕신(神)》들이 왕위(王位)에 올라 도시 국가들을 잘못 다스린 덕분에 《민중》들의 불만 폭발이 임박하여짐으로써 쇠잔해진 《아유타야 왕국》(AD640~AD1087~AD1438)을 재정비하여 《아유타야 왕국》이 새로이 출발할 수 있는 계기를 마련하여 주고 《백성(百姓)》들에게는 그동안 피폐하여진 그들 각각의 육신(肉身) 내면에 자리한 《영혼》과 《영신》들로 하여금 《도덕성(道德性)》을 다시 갖추게 하기 위해 내리신 《석가모니 하나님 부처님》의 크나큰 자비심의 방편이라는 사실을 알아야 할 것이다. 이때 역시 《선(善)》을 근본 바탕으로 하는 《불(佛)》, 《보살》들과 《선악(善惡)》 양면성을 가진 《대마왕》《불보살》들께서 반복(反復)되는 윤회(輪廻)로 왕위(王位)에 올라 백성들을 다스린 때이기 때문에 따로 《왕명록》을 작성하지 않았으니 그렇게들 아시기 바란다.

⑤　[수코타이(Sukhothai) 왕조(王朝)] (AD1238~AD1438)

　　진행(進行)을 하면서 《특기(特記)》편에서 밝힌 바 있듯이, 순수한 《전법(傳法)》 활동으로 《보살도》로 가는 《성문의 불법》으로 이름되는 《경율(經律)》 2장으로 된 《굴내결집본》을 《태국》의 《라보(Lavo) 1왕조》(1300BC~300BC)와 2차 교화기에 있던 《아유타야 왕조》(800BC~300BC)에 전달한 《비자야(Vijaya)》(생몰 562BC~475BC)로 이름하셨던 《노사나불(佛)》의 뜻을 차단하여 《태국》과 인근 《동남아시아》의 인간 무리들 모두의 《정신적》인 지배를 위해 《탐욕》과 《이기심》에 물들어 《대마왕》이 된 《관세음보살 1세》께서 고대 《인도》《마우리아(Maurya)》 왕조의 《아쇼카》 왕(재위 273BC~236BC)으로 태어나서 반복(反復)되는 윤회(輪廻)로 때에 다시 태어난 《대마왕》《문수사리》와 《목건련》 일당과 함께 다시 4차 《불법(佛法)》 대파괴를 하여 《관세음보살》이 《하나님》 행세를 하는 《구원자(救援者)》로 만든 《상좌부 연각과 독각 불교》를 만들고 《경율(經律)》 2장으로 된 《불법(佛法)》을 별도로 관리하여야 할 《논서(論書)》들을 묶어 《논장(論藏)》으로 이름하고 이를 첨가하여 《삼장(三藏)》을 만듦으로써 《불법(佛法)》을 방대하게 하여 일반 《불자(佛者)》들이 《불법(佛法)》에 접근하는 것을 차단하고 《승려》들 입(口)으로만 통하여 《불법(佛法)》을 가까이 하게 하는 《기복불교(祈福佛敎)》를 만들어

놓고 《승려》들은 《논장》을 통하여 불법 파괴를 예사롭게 하는 《상좌부 연각과 독각 불교》를 《대승불교》라 이름하여 《스리랑카》를 통한 《해상 루트》를 따라 《태국》과 인근 동남아시아로 전달한 후, 반복(反復)되는 윤회(輪廻)로 《대아유타야 왕국》(300BC~AD640)의 《권력자(權力者)》로 반복(反復)적으로 등장하여 《상좌부 연각과 독각 불교》를 옹호하고 《보살불교》를 배척함으로써 못된 《상좌부 연각과 독각 불교》를 하는 《승려》들이 《권력(權力)》을 등에 업고 《보살불교》를 하는 《승려》들을 탄압한 결과, 《보살불교》는 사라지고 《상좌부 연각과 독각 불교》만이 《대아유타야 왕국》에 남게 된 것이다.

이로써 《보살불교》를 순수한 뜻에서 전(傳)한 《노사나불(佛)》은 어머니이신 《관세음보살 1세》가 옳지 못한 《대마왕》 노릇을 하는데 큰 불만을 가지게 되고 《반감(反感)》을 갖게 된 것이 《아유타야 왕국》(AD640~AD1087~AD1438)에서 다스리던 도시 국가 중 일부를 끌어들여 급기야는 《수코타이(Sukhothai)》 왕조(王朝)(AD1238~AD1438)를 세우게 된 것이다. 이러한 《수코타이 왕조》의 초대 왕으로 자리한 《포 쿤 쓰리 인드라디티아(Pho Khun Sri Indraditya)》(AD1238~AD1279)가 바로 《노사나불》이시다. 이로써 시작된 《모자(母子)》지간의 다툼은 피(血)를 튀기는 다툼으로 변하여 이후 몇 차례 더 다툼이 있게 되는 것이다.

이와 같은 《수코타이 왕조》의 《왕명록》을 밝혀 드리면 다음과 같다.

[표 1-3-9-29] 태국 수코타이 왕국(Sukhothai Kingdom) 왕명록
프랑 루앙 왕조(Phra Ruang Dynasty) : AD 1238 ~ AD 1438

왕 순서	왕명(王名)	신명(神名)	신(神) 구분	재위
1	포 쿤 쓰리 인드라디티아 (Pho Khun Sri Indraditya)	노사나불	○	AD1238~AD1279
2	포 쿤 반 무앙(Pho Khun Ban Muang)	용시보살	○	AD1257~AD1277
3	포 쿤 람캄행(Pho Khun Ram Khamhaeng)	거문성불	○	AD1278~AD1298
4	파야 로에타이(Phaya Lerthai)	녹존성불	○	AD1298~AD1323
5	파야 응우아남톰(Phaya Nguanamthom)	미륵불 분신	○	AD1323~AD1347

6	리타이 (Phaya Lithai, Phra Maha Thammaracha I)	약상보살	◐	AD1347~AD1368
7	루타이 (Phaya Leuthai, Phra Maha Thammaracha II)	약왕보살	◐	AD1368~AD1399
8	싸이루타이 (Phaya Saileuthai, Phra Maha Thammaracha III)	노사나불 1세 분신	○	AD1399~AD1419
9	보롬마판 (Phaya Borommapan, Phra Maha Thammaracha IV)	정화수왕지불	◐	AD1419~AD1438

※ 상기 《표》 신(神)의 구분에서 《○》 표시의 《신(神)》은 착함(善)을 근본 바탕으로 한 《신(神)》이며, 《◐》 표시의 신(神)은 《선악(善惡)》 양면성을 가진 《불보살》들이시다.

⑥ [《아유타야(Ayutthaya)》 통합 왕국](AD1438~AD1767)

이후 《대마왕》으로 변한 《관세음보살 1세》께서는 반복(反復)되는 윤회(輪廻)로 남자 몸(男子身)을 받고 다시 태어나시어 《AD 1438년》에 《수코타이 왕조》를 무력(武力)으로 정복하고 속국의 왕조(王朝)들을 모두 통합(統合)하여 《아유타야(Ayutthaya)》 통합 왕국(王國)을 《AD 1438년》에 세워 《태국》 전체를 통일(統一)하여 초대 왕 《마하 탐마라차티라트(Maha Thammarachathirat)》로 이름하시고 왕위(王位)에 오르신 것이다. 특징적인 사안은 이하의 왕위(王位)에 오른 분들 모두는 《선(善)》을 근본 바탕으로 하는 불보살들과 《선악(善惡)》 양면성을 근본 바탕으로 하는 《관세음보살》계(系)의 《대마왕》들과 《악(惡)》을 근본 바탕으로 하는 《대마왕신(神)》들이 반복(反復)되는 윤회(輪廻)로 왕위(王位)에 오른 것이 특징인 것이다. 이와 같이 《아유타야(Ayutthaya)》 통합 왕국(王國)의 《왕명록》은 다음과 같다.

[표 1-3-9-30] 태국 아유타야(Ayutthaya) 통합 왕국 왕명록
AD1438~AD1767

왕 순서	왕명(王名)	신명(神名)	신(神) 구분
1	마하 탐마라차티라트(Maha Thammarachathirat)	관세음보살 1세	○

2	나레수안(Naresuan)	대관세음보살 1세	○
3	에카토트사로트(Ekathotsarot)	관세음보살 2세	◐
4	시 사오와파크(Si Saowaphak)	대관세음보살 2세	●
5	송탐(Songtham)	정화수왕지불	◐
6	체트타티라트 2세(Chetthathirat II)	마고신 1세	●
7	아티타야우원(Athittayawong)	마고신 2세	●
8	프라사트 통(Prasat Thong)	관세음보살 1세	○
9	카오 파 카이(Chao Fa Chai)	대관세음보살	○
10	시 수탐마라카(Si Suthammaracha)	천관파군 1세	●
11	나라이(Narai)	관세음보살 2세	◐
12	페트라카(Phetracha)	천관파군 1세	●
13	수리엔트라티보디(Suriyenthrathibodi)	관세음보살 2세 분신	●
14	타이 사(Thai Sa)	관세음보살 3세	●
15	보로마코트(Boromakot)	관세음보살 3세 분신	●
16	우툼폰(Uthumphon)	관세음보살 1세	○
17	에크카타트(Ekkathat)	마고신 1세	●

※ 《○》 표시는 착함(善)을 근본 바탕으로 한 《신(神)》으로서 불보살들이며, 《◐》 표시는 《선악(善惡)》 양면성을 근본 바탕으로 하는 신(神)으로서 《대마왕》 불보살들이며, 《●》 표시는 《악(惡)》을 근본 바탕으로 하는 《대마왕신(神)》들이다.

⑦ 《톤부리(Thonburi) 왕국(王國)》(AD1767~AD1782), 《라따나꼬신(Rattanakosin) 왕국(王國)》(AD1782~AD1932)

　《대마왕》들과 《악마(惡魔)의 신(神)》들인 《대마왕신(神)》들이 왕위(王位)에 올라 다스린 《아유타야》 통합 왕국(AD1438~AD1767)의 끝 부분은 혼란한 정세의 연속이었다. 이러한 때를 놓치지 않고 《악마(惡魔)의 신(神)》으로서 《대마왕신(神)》인 《천관파군 1세》가 《톤부리(Thonburi)

왕조》를 세우고 《탁신(Taksin)》 왕(王)으로 이름하고 《왕위(王位)》에 오른 지 《15년》만에 《노사나불(佛) 1세》이신 《라마 1세(Rama I)》에게 쫓겨남으로써 《라마 1세》이신 《노사나불 1세》께서 《라따나꼬신(Rattanakosin)》 왕국(王國)(AD1782~AD1932)을 세우신 것이 오늘날까지 그 왕조(王朝)는 계속되고 있는 것이다. 이러한 《톤부리(Thonburi)》 왕국과 《라따나꼬신(Rattanakosin)》 왕국의 《왕명록》을 밝혀 드리면 다음과 같다.

[표 1-3-9-31] 태국 톤부리(Thonburi) 왕국 왕명록
톤부리 왕조 : AD 1767 ~ AD 1782

왕 순서	왕명(王名)	신명(神名)	신(神) 구분	재위
1	탁신(Taksin)	천관파군 1세	●	AD1767~AD1782

[표 1-3-9-32] 태국 라따나꼬신(Rattanakosin) 왕국(AD1782~AD1932) 왕명록
차크리(Chakri) 왕조 : AD1782~현재

왕 순서	왕명(王名)	신명(神名)	신(神) 구분	생몰 및 재위
1	붓다 요드파 쿠라로케 (Buddha Yodfa Chulaloke 또는 Rama I)	노사나불 1세	○	생몰 AD1737~AD1810 재위 AD1782~AD1809
2	부다 로에트라 나브하라이 (Buddha Loetla Nabhalai 또는 Rama II)	노사나불 분신	○	생몰 AD1767~AD1824 재위 AD1809~AD1824
3	제사다보딘드라 (Jessadabodindra 또는 Rama III)	거문성불	○	생몰 AD1787~AD1851 재위 AD1824~AD1851
4	몬그쿠트 (Mongkut 또는 Rama IV)	녹존성불	○	생몰 AD1804~AD1868 재위 AD1851~AD1868
5	쿠라론그콘 (Chulalongkorn 또는 Rama V)	미륵불 분신	○	생몰 AD1853~AD1910 재위 AD1868~AD1910
6	바지라부드 (Vajiravudh 또는 Rama VI)	지장보살 1세	◐	생몰 AD1881~AD1925 재위 AD1910~AD1925
7	프라자드히포크 (Prajadhipok 또는 Rama VII)	거문성불 1세 분신	○	생몰 AD1893~AD1941 재위 AD1925~AD1935
8	아난다 미히돌 (Ananda Mahidol 또는 Rama VIII)	녹존성불 1세 분신	○	생몰 AD1925~AD1946 재위 AD1935~AD1941

| 9 | 부후미볼 아둘야데즈
(Bhumibol Adulyadej 또는 Rama IX) | 노사나불
분신(子) | ○ | 생몰 AD1927~현재
재위 AD1946~현재 |

※ 《○》표시는 착함(善)을 근본 바탕으로 한 《신(神)》으로서 불보살들이며, 《◐》표시는 《선악(善惡)》 양면성을 근본 바탕으로 하는 신(神)으로서 《대마왕》불보살들이며, 《●》 표시는 《악(惡)》을 근본 바탕으로 하는 《대마왕신(神)》들이다.

《라따나꼬신(Rattanakosin)》 왕국(AD1782~AD1932)의 《차크리(Chakri)》 왕조(AD1782~현재) 왕위(王位)에 오르신 분들은 《선(善)》을 근본 바탕으로 한 《불(佛)》《보살(菩薩)》들께서 반복(反復)되는 윤회(輪廻)로 대부분 왕위(王位)에 오르신 것이며, 이로써 《태국》 국민들은 다시 《도덕성(道德性)》을 회복하는 기회를 가진 것이다.

불과 얼마 전에 《태국》 총리로 있었던 《탁신》은 《악마(惡魔)의 신(神)》인 《대마왕신(神)》 《천관파군》의 분신(分身)3으로서 《천상(天上)》에서부터 《공산사상(共産思想)》을 가진 자이며 《악마(惡魔)의 신(神)》인 《역사(歷史)》 왜곡의 전문가로서 이 자(者)가 《태국》에 있는 이상 《태국》은 조용한 날이 없는 것이며, 그가 노리고 있는 것이 《차크리(Chakri) 왕조》(AD1782~현재)의 붕괴이다. 그러나 이러한 자(者)가 물러나고 요행히 《용시보살》의 분신(分身)이 여성(女性) 《총리》가 되시자 《태국》이 안정을 찾는 것을 《메시아》는 멀리서 보고 있는 것이다.

(9) [캄보디아(Cambodia)]

※ 《캄보디아(Cambodia)》 전체 교화기(敎化期) 및 왕조(王朝)들을 정리하면 다음 표와 같다.

[표 1-3-9-33] 캄보디아(Cambodia) 교화기 및 이후의 왕조 정리

시대 구분	왕조명	존속기간	초대 왕과 신명(神名)	비고
1차 교화기	푸난(Funan) 왕조	800BC~300BC	초대 왕 : 용시보살 2대 왕 : 미륵불(佛)	
2차 교화기 문명	첸라(Chenla) 왕조	300BC~AD200	초대 왕 : 노사나불(佛)	
왕조 시대	첸라(Chenla) 왕조	AD200~AD802	초대 왕 : 노사나불(佛)	
	크메르(Khmer) 제국 1	AD802~AD1006	자야바르만 2세 (천관파군 1세)	초대 왕 ~12대 왕
	크메르(Khmer) 제국 2	AD1006~AD1393	13대 왕 : 수르야바라만 1세(노사나불(佛))	13대 왕 ~ 34대 왕
	캄보디아 왕국 1	AD1393~AD1863		암흑기
	- 차르크토모크 시대 (Charktomok Era)	AD1393~AD1525	폰헤아 야트 (Ponhea Yat, 천관파군 3세 분신)	
	- 로베크 시대(Lovek Era)	AD1525~AD1594	네이 칸(Ney Khan, 무곡성불 1세)	
	- 스레이 산토르 시대 (Srei Santhor Era)	AD1594~AD1618	레아메아 충프레이 (Reamea Chungprey, 지장보살 1세)	
	- 오우동 시대 (Oudong Era)	AD1619~AD1863	체이 체타 2세 (Chey Chettha II, 악마(惡魔)의 신(神)인 석가모니 2세)	
현대 캄보디아(AD1863~현재)	프랑스 보호국 (일본점령기)	AD1863~AD1953 (AD1941~AD1945)		
	캄보디아 왕국 2	AD1953~AD1970		
	혼란기	AD1970~AD1993		
	캄보디아 왕국 3	AD1993~현대		

① 《첸라(Chenla)》 왕조(王朝) 2차 교화기 문명과 왕조시대(王朝時代) (300BC~AD802)

《캄보디아》《1차 교화기》는 [푸난 왕조(王朝)]편에서 《왕명록》과 함께 설명 드렸으니 참고하시고 이 장에서는 《2차 교화기 문명》부터 설명 드리도록 하겠다.

《캄보디아》에서 《1차 교화기》가 끝이 난 후 《노사나불(佛)》께서 곧바로 계속하여 《1차 교화기》에서 처음 만들어진 신시(神市)인 《앙코르(Angkor)》를 수도(首都)로 하여 《첸라(Chenla)》 왕조(王朝)를 여시고 초대 왕(王)이 되신 후 《2차 교화기》 문명(文明)을 여시는 것이다. 이러한 《첸라 왕조(王朝)》 2차 교화기 문명(文明)을 여시면서 《노사나불(佛)》께서는 이를 기념하시기 위해 《석가모니 하나님 부처님》 음신(陰身)이신 《비슈누 신(Vishnu 神)》께 바치시는 사원 건축을 《BC 300년》에 시작하시어 《BC 100년》까지 2세기 걸쳐 사원(寺院)을 완성하신 것이 유명한 《앙코르 와트(Angkor Wat)》 사원이다.

이러한 이후 《BC 300 ~ AD 200》년까지 《500년》을 《노사나불(佛)》을 위시한 《선(善)》을 근본 바탕으로 하는 《불(佛)》《보살(菩薩)》들께서 반복되는 윤회를 통해 차례로 《왕위(王位)》에 오르셔서 2차 교화기 문명(文明)을 마치신 후 그 연장선상에서 다시 《노사나불(佛)》께서 《초대 왕(王)》이 되신 후 《AD 200 ~ AD 802》년까지 《602년》간 《왕조(王朝) 시대》를 계속하시는 것이다. 이러한 《왕조 시대(王朝時代)》 역시 《착함(善)》을 근본 바탕으로 하는 《불(佛)》《보살(菩薩)》들께서 차례로 《왕위(王位)》에 오르셔서 《첸라 왕조》를 다스리신 것이다.

이와 같이 2차 교화기 문명(文明) 《500년》과 본격적으로 《왕조 시대(王朝時代)》가 진행이 된 《602년》의 합 《1,102년》간은 《석가모니 하나님 부처님》 엄명에 의해 《악(惡)》을 근본 바탕으로 하는 《악마(惡魔)의 신(神)》들인 《대마왕신(神)》들은 왕위(王位)에 오르지 못하게 하신 탓에 안정적으로 백성(百姓)들에게 《도덕성(道德性)》 교육을 함으로써 《캄보디아》에서도 찬란한 왕조(王朝) 시대가 있었음을 《메시아(Messiah)》가 분명히 하는 것이다.

이러한 때 반복(反復)되는 《윤회(輪廻)》로 왕위(王位)에 오르셨던 《불(佛)》, 《보살(菩薩)》들 명단을 밝혀 드리면 다음과 같다.

[표 1-3-9-34] 캄보디아 첸라(Chenla) 왕조(王朝) 왕명록

2차 교화기(敎化期) 문명(文明) : 300BC~AD200 왕조 시대 : AD200~AD802		
왕 순서	신명(神名)	신(神) 구분
	노사나불	○
	용시보살	○
	정화수왕지불	◐
	거문성불 1세	○
	거문성불 2세	◐
	녹존성불 1세	○
	녹존성불 2세	◐
	노사나불 1세 분신	○
	노사나불 1세 분신 2	○
	약왕보살 1세	◐
	약상보살 1세	◐
※ 상기 11분의 신(神)들께서 반복되는 윤회(輪廻)를 거쳐 첸라 왕조의 왕위에 머무르심. ※ 《○》 표시는 착함(善)을 근본 바탕으로 한 《신(神)》으로서 불보살들이며, 《◐》 표시는 《선악(善惡)》 양면성을 근본 바탕으로 하는 신(神)으로서 《대마왕》 불보살들이다.		

《캄보디아》 2차 교화기 문명(文明)의 《첸라 왕조》(300BC~AD200)와 2차 교화기 문명이 끝이 난 후 《602년》간 계속된 《왕조 시대(王朝時代)》의 《왕명록》과 모든 기록을 《크메르 제국》을 연 《자야바르만 2세》로 이름한 역사 날조와 위조 전문가인 《악질(惡質)》《악마(惡魔)의 신(神)》으로서 《대마왕신(神)》인 《천관파군 1세》와 그의 추종 세력들이 모두 없애 버렸기 때문에 상기 11분의 《불(佛)》《보살(菩薩)》 명단을 밝히는 바이며, 극히 일부분의 《첸라 왕조》《왕명록》을 남겨 두었으나 이는 역사적 혼란을 염두에 두고 한 짓으로 보기 때문에 이를 무시하였음을 아시기 바란다. 그리고 이와 같은 11분(分)의 《불(佛)》《보살(菩薩)》들께서 반복(反復)되는 윤회(輪廻)로 차례로 《BC 300 ~ AD 802》년까지 《1,102년》간 왕위(王位)에 머무르셨음을 《메시아(Messiah)》가 분명히 밝히는 것이다.

② 《크메르(Khmer) 제국(帝國)》 (AD802~AD1393)

　《크메르(Khmer) 제국》의 시작은 《첸라(Chenla) 왕조》(300BC~AD802)에서 훌륭한 《불(佛)》《보살(菩薩)》들과 《선악(善惡)》 양면성의 근본 바탕을 가진 《불보살》 출신의 《왕(王)》들로부터 《인간도(人間道)》 교육을 받고 《도덕성(道德性)》을 갖춘 《노사나불(佛)》 직계(直系) 후손들인 《스키타이인》들이 《숙명적》으로 겪어야 할 《영혼(靈魂)》과 《영신(靈身)》 진화(進化)의 과정인 《단련기》에 돌입하는 때로써, 이때를 노린 《악마(惡魔)의 신(神)》으로서 《대마왕신(神)》인 《천관파군 1세》가 한때 《노사나불(佛)》의 아들로 한번 태어난 인연으로 《첸라 왕조》 마지막 왕(王)으로 파고 들어와서 《왕위(王位)》에 오른 지 얼마 되지 않아 《왕조(王朝)》 탈취를 위해 《첸라 왕조》의 호칭을 《크메르(Khmer)》로 바꾸고 《자야바르만(Jayavarman) 1세》(재위 AD802~AD850)로 이름하고 《천관파군 1세》가 초대 왕이 되어 《석가모니 하나님 부처님》께 반기를 드는 《우주 쿠데타》에 동참하는 의미로 《제국(帝國)》을 선포함으로써 《크메르 제국(帝國)》의 건국자가 되는 것이다.

　이렇게 하여 만들어진 《크메르 제국》은 《초대 왕》인 《자야바르만 1세》로 이름한 《악마(惡魔)의 신(神)》인 《천관파군 1세》로부터 반복(反復)되는 윤회(輪廻)로 12대에서 《자야비라흐바르만(Jayavirahvarman)》(재위 AD1002~AD1006) 왕(王)으로 이름하였던 《악마(惡魔)의 신(神)》인 《천관파군 1세》가 13대 왕(王) 《수리야바르만(Suryavarman) 1세》로 이름한 《노사나불(佛)》에게 쫓겨난 《초대 왕 ~ 12대 왕》까지를 《크메르 제국(帝國) 1》로 구분하고 13대 왕 《수리야바르만 1세》로 이름하셨던 《노사나불(佛)》부터 《크메르 제국》 마지막 34대 왕까지를 《크메르 제국(帝國) 2》로 구분을 하는 것이다.

　이렇게 구분하는 이유가 진행(進行)을 하면서 여러 번 말씀드린 바와 같이 《캄보디아인》들인 《스키타이족(族)》들은 《노사나불(佛)》의 직계 후손들이다. 이러한 《스키타이인》들이 《도덕성(道德性)》을 갖추고 《진화(進化)》를 위해 《영혼》과 《영신》의 《단련기》에 들어갈 때는 《노사나불(佛)》계(系)의 《대마왕》들로부터 《단련》을 받아야 하는 것이 우주적 진리(眞理)이다. 그러나 이러한 《진리(眞理)》의 법칙을 어기고 최고의 《악마(惡魔)의 신(神)》인 《대마왕신(神)》들인 《그림자 비로자나 1세》와 암흑의 신(神)인 《가이아 신(神)》 사이에 태어난 《대마왕신(神)》들이 그들의 《탐욕》 때문에 이러한 원칙을 지키지 않은 것이다.

그리고 《악마(惡魔)의 신(神)》인 《천관파군 1세》는 한때 《북두칠성(北斗七星)》이 탄생할 때 일곱째 별(星)을 그의 《법신(法身)》으로 하여 태어나면서 꼭 한번 《노사나불(佛)》의 아들로 《악마(惡魔)의 신(神)》인 《대마왕신(神)》 신분으로 태어나게 되는 것이다. 이러한 인연으로 《악마(惡魔)의 신(神)》으로서 《대마왕신(神)》인 《천관파군 1세》는 기회만 있으면 《노사나불》계(系) 《왕(王)》들의 핏줄을 따라 태어나서 여타 《악마(惡魔)의 신(神)》들인 《대마왕신(神)》들을 끌어들여 그의 후손들보다 우주적(宇宙的)으로 《150억 년(億年)》 내지 《200억 년(億年)》 진화(進化)가 많이 된 《스키타이인》들에게 《악마(惡魔)의 신(神)》들인 《대마왕신(神)》들이 가진 《마성(魔性)》과 《공산사상(共産思想)》을 심어 그들의 수하로 만들어 유용하게 쓰기 위해 한사코 이들을 노려 이들 《영혼》과 《영신》뿐 아니라 모든 것을 탈취할 목적을 가지고 수단과 방법을 가리지 않고 광분하기 때문에 직계 후손들의 보호를 위해 《노사나불(佛)》께서 직접 《노사나불》계(系)의 《대마왕》들과 함께 후손들의 《단련기》에 관여하시게 되는 것이다.

이와 같이 《크메르 제국》의 《초대 왕》에서 《12대 왕》까지는 악(惡)을 근본 바탕으로 하는 《그림자 비로자나 1세》계(系)의 《악마(惡魔)의 신(神)》들인 《대마왕신(神)》들이 왕(王)들이 되어 자리한 것이며, 《13대 왕》에서 《34대 왕》까지는 《노사나불》과 《노사나불(佛)》계(系)의 《대마왕》들이 주로 왕위(王位)를 차지한 가운데 《악마(惡魔)의 신(神)》인 《천관파군 1세》를 비롯한 《대마왕신(神)》들이 중간 중간 파고 들어와서 왕위(王位)에 머문 것이다. 그러나 전체적으로는 《노사나불(佛)》과 《노사나불(佛)》계(系)의 《대마왕》들이 왕위(王位)에 오른 수(數)가 많기 때문에 따로 이들과 구분하여 정리를 하는 것이다. 이와 같이 구분된 《크메르 제국》의 《왕명록》을 밝혀 드리면 다음과 같다.

[표 1-3-9-35] 캄보디아 왕명록
크메르 제국 1 문명기 : AD 802 ~ AD 1006

왕 순서	왕명(王名)	신명(神名)	신(神) 구분	재위
1	자야바르만 2세(Jayavarman II)	천관파군 1세	●	AD802~AD850
2	자야바르만 3세(Jayavarman III)	천관파군 2세	●	AD850~AD877
3	인드라바르만 1세(Indravarman I)	악마의 신(神)인 석가모니 1세	●	AD877~AD889

4	야소바르만 1세(Yasovarman I)	그림자 비로자나 1세	●	AD889~AD900
5	하르샤바르만 1세(Harshavarman I)	천왕불 1세	◐	AD900~AD925
6	이샤나바르만 2세(Ishanavarman II)	쌍둥이 천왕불 1세 분신	◐	AD925~AD928
7	자야바르만 4세(Jayavarman IV)	천관파군 2세 분신	●	AD928~AD941
8	하르샤바르만 2세(Harshavarman II)	천왕불 2세	●	AD941~AD944
9	라젠드라바르만 2세(Rajendravarman II)	악마의 신인 석가모니 2세	●	AD944~AD968
10	자야바르만 5세(Jayavarman V)	천관파군 3세	●	AD968~AD1001
11	우다야디티야바르만 1세(Udayadityavarman I)	천왕불 1세	◐	AD1001~AD1002
12	자야비라흐바르만(Jayavirahvarman)	천관파군 1세	●	AD1002~AD1006
13	수르야바르만 1세(Suryavarman I)	노사나불 1세	○	AD1006~AD1050
14	우다야디티야바르만 2세(Udayadityavarman II)	쌍둥이 천왕불 1세	◐	AD1050~AD1066
15	하르샤바르만 3세(Harshavarman III)	쌍둥이 천왕불 2세	●	AD1066~AD1080
16	노리디트드라바르만(Noriditdravarman)	무곡성불 1세	◐	AD1080~AD1113
17	자야바르만 6세(Jayavarman VI)	연등불 1세	◐	AD1080~AD1107
18	다라닌드라바르만 1세(Dharanindravarman I)	천관파군 1세 분신	●	AD1107~AD1113
19	수르야바르만 2세(Suryavarman II)	노사나불 1세	○	AD1113~AD1150
20	다라닌드라바르만 2세(Dharanindravarman II)	지장보살 1세	◐	AD1150~AD1156
21	야소바르만 2세(Yasovarman II)			AD1156~AD1165
22	트리브후바니디티아바르만(Tribhuvanidityavarman)			AD1165~AD1177
참족 침입 (AD1177~AD1181)				
23	자야바르만 7세(Jayavarman VII)	연등불 1세	◐	AD1181~AD1218

[표 1-3-9-36] 캄보디아 왕명록
크메르 제국 2 문명기 : AD 1006 ~ AD 1393

왕 순서	왕명(王名)	신명(神名)	신(神) 구분	재위
24	인드라바르만 2세(Indravarman II)			AD1218~AD1243
25	자야바르만 8세(Jayavarman VIII)	연등불 2세	●	AD1243~AD1295
26	인드라바르만 3세(Indravarman III)			AD1295~AD1307
27	인드라자야바르만(Indrajayavarman)	악마의 신인 석가모니 1세	●	AD1307~AD1327
28	자야바르만 9세(Jayavarman IX)	무곡성불 2세	●	AD1327~AD1336
29	트로소크 페암(Trosok Peam)			AD1336~AD1340
30	니프페안 바트(Nippean Bat)			AD1340~AD1346
31	롬퐁 라차(Lompong Racha)	지장보살 1세	◐	AD1346~AD1351
시암(Siam, 태국) 침입(AD1351~AD1357) : 아유타야 종주국(AD1351)				
32	소리아봉(Soryavong)			AD1357~AD1363
33	보롬 레아체아 1세(Borom Reachea I)	천관파군 1세 분신 2	●	AD1363~AD1373
34	톰마 사오크(Thomma Saok)	천관파군 2세 분신	●	AD1373~AD1393
시암(Siam, 태국) 침입(AD1393년 5개월간)으로 크메르 제국 멸망				

※ 《○》 표시는 착함(善)을 근본 바탕으로 한 《신(神)》으로서 불보살들이며, 《◐》 표시는 《선악(善惡)》 양면성을 근본 바탕으로 하는 신(神)으로서 《대마왕》 불보살들이며, 《●》 표시는 《악(惡)》을 근본 바탕으로 하는 《악마(惡魔)의 신(神)》들인 《대마왕신(神)》들이다.

가> [크메르 제국(帝國)의 멸망]

《캄보디아》는 한마디로 말씀드려서 《노사나불(佛)》의 나라이다. 이러한 《노사나불(佛)》께서 어머니(母)이신 《관세음보살 1세》에 대한 반감(反感)으로 《관세음보살 1세》의 나라인 《태국》에서 《AD 1238년》에 《수코타이(Sukhothai)》 왕조(王朝)(AD1238~AD1297)를 세우고 《포 쿤 쓰리 인드라디티야(Pho Khun Sri Indraditya)》로 이름하고 《노사나불(佛)》께서 초대 왕(王)으로 오르게 된다. 이러한 《노사나불(佛)》의 행동에 어머니이신 《관세음보살 1세》께서는 크게 분노하여 《아유타야(Ayutthaya)》 왕국(AD1087~AD1430) 시절 반복(反復)되는 《윤회(輪廻)》로 다시 남자(男子) 몸(身)을 가지고 태어나신 이후 《AD 1351년》에 《크메르 제국》을 침략하여 《AD 1351 ~ AD 1357》년까지 《6년간》 《크메르 제국》을 《아유타야 왕국》의 속국으로 만들게 된다. 이와 같은 속국 이후 《크메르 제국》은 《AD 1357년》에 《아유타야 왕국》으로부터 독립을 하여 《AD 1393년》까지 존속하게 되는 것이다.

이러한 때에 《아유타야 왕국》의 《관세음보살 1세》께서는 《36년》 후 다시 《앙코르》로 군대를 진격시켜 이번에는 아예 《앙코르》를 초토화시켜 《AD 1393년》에 《크메르 제국》이 멸망에 이르도록 함으로 《크메르 제국》은 34대 왕 《톰마 사오크(Thomma Saok)》(재위 AD1373 ~AD1393)로 이름한 《악마(惡魔)의 신(神)》으로서 《대마왕신(神)》인 《천관파군 2세》를 끝으로 하여 멸망하고 마는 것이다. 이러한 이후 《관세음보살 1세》께서는 육신(肉身)의 죽음을 맞이한 후 다시 반복(反復)되는 윤회(輪廻)로 《마하 탐마라차티라트(Maha Thammarachathirat)》로 이름하시고 다시 태어나시어 《노사나불(佛)》께서 세우신 《수코타이(Sukhothai)》 왕국을 《AD 1438년》에 멸망시키고 《태국》 전체를 통일하여 《아유타야(Ayutthaya) 통합 왕국》(AD1438~AD1767)을 세우시는 것이다.

한편, 이러한 때 《석가모니 하나님 부처님》께서는 《15세기 초》부터 《노사나불(佛)》계(系)의 《대마왕》 불보살들보다는 《악마(惡魔)의 신(神)》들인 《천관파군》계(系)의 《대마왕신(神)》들이 두 번 다시 《사악한》 도시가 된 《앙코르(Angkor)》에 발붙이지 못하도록 《기후 재앙》을 내리신 것이다.

③ [캄보디아 왕국(王國) 1 《암흑기(暗黑期)》] (AD1393~AD1863)

《캄보디아 왕국(王國) 1》의 시대는 《AD 1393년 ~ AD 1863년》까지로써 이 시기를 《캄보디아》의 《암흑기》라고 하며, 《크메르 제국》이 멸망하였다고 하나 그 내막은 사실상 다른 면을 가지고 있다. 즉, 《크메르 제국》의 수도였던 《앙코르》가 《아유타야 통합 왕국》에 의해 초토화됨으로써 그들은 수도를 《앙코르 톰(Angkor Thom)》(AD1393~AD1432)과 《프놈펜(Phnom Penh)》(AD1432~AD1505)과 이후 여러 곳의 수도를 전전하며 《악마(惡魔)의 신(神)》들인 《대마왕신(神)》들과 《대마왕》들이 차례로 《왕위(王位)》에 올라 《크메르 제국》의 연장선상에서 《왕조(王朝)》 시대를 이어가던 시대를 《암흑기》로써 《캄보디아 왕국 1》의 시대라고 하는 것이다. 이러한 《암흑기》의 왕조(王朝) 시대는 넷으로 나누어진다. 이와 같이 나누어진 넷의 왕조(王朝)는 아래와 같다.

◎ 《차르크토모크 시대(Charktomok Era)》 (AD1393~AD1525)
◎ 《로베크 시대(Lovek Era)》 (AD1525~AD1594)
◎ 《스레이 산토르 시대(Srei Santhor Era)》 (AD1594~AD1618)
◎ 《오우동 시대(Oudong Era)》 (AD1619~AD1863)

이와 같은 넷의 왕조(王朝) 《왕명록》을 밝혀 드리면 다음과 같다.

가> 《차르크토모크 시대(Charktomok Era)》 왕명록

[표 1-3-9-37] 캄보디아 왕국 1 왕명록
차르크토모크 시대(Charktomok Era) : AD1393~AD1525

왕순서	왕명(王名)	신명(神名)	신(神)구분	재위
1	폰헤아 야트(Ponhea Yat)	천관파군 3세 분신	●	AD1393~AD1463
2	나라야나레체아 1세(Narayanareachea I)	그림자 비로자나 1세 분신1	●	AD1463~AD1469
3	스레이 레체아(Srei Reachea)	천관파군 2세	●	AD1469~AD1485

4	스레이 소리아테이(Srei Soryatei)	악마의 신인 석가모니	●	AD1475~AD1485
5	톰마레체아 1세(Thommareachea I)	천관파군 2세 분신	●	AD1485~AD1504
6	다르마라자디라자 (Dharmarajadhiraja)	그림자 비로자나 1세 분신2	●	AD1444~AD1512
7	스리 수콘토르(Sri Sukonthor)	천관파군 1세 분신2	●	AD1486~AD1512

※ 《●》 표시는 《악(惡)》을 근본 바탕으로 하는 《악마(惡魔)의 신(神)》들인 《대마왕신(神)》들이다.

나> [《로베크 시대(Lovek Era) 왕명록》

[표 1-3-9-38] 캄보디아 왕국 1 왕명록
로베크 시대(Lovek Era) : AD1525~AD1594

왕 순서	왕명(王名)	신명(神名)	신(神) 구분	재위
1	네이 칸(Ney Khan)	무곡성불 1세	◐	AD1512~AD1516
2	앙 칸 1세(Ang Chan I)	지장보살 1세	◐	AD1516~AD1566
3	바롬레체아 1세(Baromreachea I)	천관파군 1세 분신2	●	AD1566~AD1576
4	체이 체타 1세(Chey Chettha I)	악마의 신인 석가모니 분신3	●	AD1576~AD1594

※ 《○》 표시는 착함(善)을 근본 바탕으로 한 《신(神)》으로서 불보살들이며, 《◐》 표시는 《선악(善惡)》 양면성을 근본 바탕으로 하는 신(神)으로서 《대마왕》 불보살들이며, 《●》 표시는 《악(惡)》을 근본 바탕으로 하는 《악마(惡魔)의 신(神)》들인 《대마왕신(神)》들이다.

다> 《스레이 산토르 시대(Srei Santhor Era) 왕명록》

[표 1-3-9-39] 캄보디아 왕국 1 왕명록
스레이 산토르 시대(Srei Santhor Era) : AD1594~AD1618

왕 순서	왕명(王名)	신명(神名)	신(神) 구분	재위
1	레메아 충프레이(Reamea Chungprey)	지장보살 1세	◐	AD1594~AD1596
2	바롬레체아 2세(Baromreachea II)	천관파군 2세	●	AD1596~AD1599
3	바롬레체아 3세(Baromreachea III)	지장보살 2세 분신	●	AD1599~AD1600
4	폰헤아 놈(Ponhea Nhom)	악마의 신인 석가모니 1세 분신2	●	AD1600~AD1603
5	바롬레체아 4세(Baromreachea IV)	천관파군 2세 분신	●	AD1603~AD1618

※ 《○》 표시는 착함(善)을 근본 바탕으로 한 《신(神)》으로서 불보살들이며, 《◐》 표시는 《선악(善惡)》 양면성을 근본 바탕으로 하는 신(神)으로서 《대마왕》 불보살들이며, 《●》 표시는 《악(惡)》을 근본 바탕으로 하는 《대마왕신(神)》들이다.

라> 《오우동 시대(Oudong Era)》 (AD1619~AD1863)

※ 《오우동 시대》는 《악마(惡魔)의 신(神)》들인 《대마왕신(神)》들과 《대마왕》 출신의 왕(王)들이 서로 패권을 쥐기 위해 격렬하게 다툼을 벌인 시대로써 《244년》의 통치 기간 중 무려 《23명》의 왕들이 《왕위(王位)》에 오른 것으로써 이들 역시 《악마(惡魔)의 신(神)》인 《대마왕신(神)》과 《대마왕》 출신의 왕(王)들로서 《왕명록》 첨부는 생략하도록 하겠다.

④ [현대 캄보디아](AD1863~현재)

《현대 캄보디아》(AD1863~현재)도 통치기(統治期)를 크게 나누면 4구분이 된다. 이러한 4구분된 통치기(統治期)를 기록하면 다음과 같다.

　　　　가>《프랑스 보호국 시대》: AD 1863 ~ AD 1953
　　　　　※《프랑스 보호국 시대》에는《일본(日本)》점령기가《AD
　　　　　　1941 ~ AD 1945》년까지 포함되어 있다.

　　　　나>《캄보디아 왕국 2의 시대》: AD 1953 ~ AD 1970

　　　　다>《혼란기》: AD 1970 ~ AD 1993

　　　　라>《캄보디아 왕국 3의 시대》: AD 1993 ~ 현재

이러한《현대 캄보디아》에서《프랑스 보호국 시대》이후 역시《악마(惡魔)의 신(神)》들인《대마왕신(神)》들 출신의 왕(王)들이 교대로 자리하고 있는 것이다

※ 특기(特記) 11:

진행(進行)을 하면서 여러 번 말씀드린 바 있듯이,《인간(人間)》의 주인공(主人公)은 인간 내면(內面)에 자리한《영혼(靈魂)》과《영신(靈身)》이다. 이러한《영혼》은《영신(靈身)》과《속성(屬性)》과《육신(肉身)》이《음양(陰陽)》짝을 한 가운데《인간(人間)》이 존재하게 되는 것이《진리(眞理)》이다. 이러한《진리(眞理)》에 있어서《영혼》과《영혼》이 가진《영신(靈身)》의 진화(進化)

를 위해 인간의 《속성(屬性)》과 《육신(肉身)》이 존재를 하게 된다는 사실을 분명히 하는 것이다.

이러한 《영혼》과 《영신》에 있어서 《인간(人間)》《육신(肉身)》을 가진 무리를 진화적(進化的)인 면(面)으로 크게 세 구분하면, 《인간의 무리》와 《독각》의 무리를 두 구분한 《마왕의 무리》와 《악마(惡魔)의 신(神)》들인 《마왕신(神)의 무리》로 나누어진다. 이러한 무리들 중 진화(進化)가 제일 늦은 《악마(惡魔)의 신(神)》들인 《마왕신(神)의 무리》들이 가진 《영혼》의 《영신(靈身)》은 《물고기》와 《어패류》와 《곤충 무리》와 《바퀴벌레》와 《두더지》 등의 《영신(靈身)》을 가지고 있다. 이러한 《영신》을 가진 자들은 실제로 지상(地上)의 자연세계에 있는 이들과도 밀접한 관계를 가지고 있다. 이러한 《영신》을 가진 자들의 《습성(習性)》을 비유로써 설명드리면, 가끔 자연을 다루는 TV 다큐멘터리에서 작은 《물고기》들이 둥글게 크게 무리 지어 리드를 하는 물고기를 따라 이동하면서 큰 물고기로부터 공격을 당하는 것을 피하는 장면을 보신 적이 있을 것이다. 그리고 바닷가 방파제에서 흔히 목격되는 일로써 《갯강구》들이 무리지어 두목 《갯강구》를 따라 일사불란하게 움직이는 것을 본 적이 있을 것이다.

이와 같이 《영신》의 《습성》에서 비롯되어 이들에 대한 《무력(武力)》《통치(統治)》 차원에서 《마왕신(神)》들의 최고(最高) 두목들인 《악마(惡魔)의 신(神)》들인 《비로자나 1세》와 《석가모니》와 《그림자 비로자나 1세》 등이 《천상(天上)》에서부터 출발시킨 사상(思想)이 《공산사상(共産思想)》이다. 이 때문에 그들의 후손들인 《마왕신(神)》의 무리들은 태어나면서부터 자연적으로 《공산사상》을 가지고 태어나게 되며, 이로써 《후천적》으로 이들에게 다시 《공산사상》을 역설하고 주입(注入)시키면 이들은 어느 누구의 말도 듣지 않는 《공산주의자》가 되는 것이다.

다음으로 《인간》 육신(肉身)을 가지고 태어난 무리들 중 《진화(進化)》가 제일 늦은 《마왕신(神)》 무리를 이끌고 있는 《악마(惡魔)의 신(神)》들로서 《대마왕신(神)》들인 《비로자나 1세》와 《석가모니》와 《그림자 비로자나 1세》와 그의 부인인 악명 높은 《가이아 신(神)》과 《천관파군》과 《야훼 신(神)》 등이 그들이 가진 《탐욕》으로 그들과 그들 무리들보다 진화(進化)가 많이 된 《인간》의 무리들과 《마왕》 무리들을 《정신적(精神的)》으로 지배하기 위해 《창조론(創造論)》을 들고 나와 만든 것이 각종 《종교(宗敎)》이다.

분명히 《메시아(Messiah)》이신 《미륵불(佛)》이 말씀드리되, 《원천창조주》이신 《석가모니 하나님 부처님》께서는 《진화(進化)》를 위한 방편으로 《창조(創造)》를 하심으로써 《진화》를 위한 《창조》가 이루어지는 것임을 분명히 하는 것이며, 진화(進化)를 위한 방편으로 만든 것이 《필요악(惡)》이지 진화(進化)를 거부하는 《악(惡)》은 《악(惡)》을 위한 《악(惡)》이기 때문에 이곳에는 《필요악(惡)》이 존재를 하지 않는 것이다. 이러한 《원천창조주》의 뜻을 거부하는 《악(惡)》을 위한 《악》은 《선(善)》한 씨종자를 말살하는 《속성(屬性)》을 가지고 있으며, 궁극적으로는 《선(善)》을 바탕으로 한 자(者)들의 보호를 위해 《파멸(波滅)》의 길로 보내야만 하는 이치를 가지고 있는 것이다.

이와 같이 《악마(惡魔)의 신(神)》들인 《대마왕신(神)》들과 《대마왕》들은 그들이 가지고 있는 《지배욕》과 《권력욕》을 채우기 위한 《탐욕》으로 오로지 그들보다 진화(進化)가 많이 된 《인간 무리》와 《마왕 무리》들을 《파멸(波滅)》로 몰고 가기 위해 《종교(宗教)》를 만들어 놓고 그들 하수인들을 통해 갖은 감언이설로써 《인간》《육신(肉身)》을 가진 무리들을 현혹하게 함으로써 이들에게 《석가모니 하나님 부처님》 진리(眞理)의 법(法)을 알지 못하게 차단하는 방편으로 《종교(宗教)》를 이용하고 있는 것이다.

그리고 이러한 각종 《종교(宗教)》의 최고 정상에는 《악마(惡魔)의 신(神)》들인 《대마왕신(神)》들이 《창조주》인 양 행세를 하면서 자리하고 있는 것이다. 즉, 《불교(佛教)》에는 BC 6세기 고대 《인도》에서 《석가모니 하나님 부처님》 명호(名號)를 도적질한 《악마(惡魔)의 신(神)》으로서 《대마왕신(神)》인 《석가모니》가 《석가모니불(佛)》로 이름하고 자리하고 있으며, 《천주교(天主教)》에는 《야훼 신(神)》의 탈(脫)을 쓴 최고의 《악마(惡魔)의 신(神)》으로서 《대마왕신(神)》인 《비로자나 1세》와 《대마왕》인 《다보불 1세》가 교대로 자리하고 있으며, 《기독교(教)》 교단은 악명 높은 《가이아 신(神)》과 《천관파군 1세》가 《예수 그리스도》로 이름하고 《약사유리광불(佛)》이신 《예수님》 이름을 팔아 장악하고 있으며 《이슬람》은 《쌍둥이 천왕불》이 《알라신(神)》으로 이름하고 자리하고 있는 것이다.

이와 같이 《대마왕》 두 분과 셋의 《악마(惡魔)의 신(神)》들인 《대마왕신(神)》들이 《종교(宗教)》를 만든 목적은 그들보다 진화(進化)가 많이 된 무리들을 《파멸》로 이끄는 것이 첫째 목적이며, 두 번째가 《석가모니 하나님 부처님》 진리(眞理)의 법(法)을 차단하는 것이 목적이며, 세 번째가 《인간》 육신(肉身)을 가진 모든 무리들에 대한 《정신적》인 《지배》가 목적이 되는 것이다.

   그리고 잘라서 말씀드리되,《우주간(宇宙間)》이나 《세간(世間)》 모두에 있어서 올바른 《종교(宗敎)》는 《원천창조주》이신 《석가모니 하나님 부처님》 진리(眞理)의 법(法)을 따르는 《보살불교(菩薩佛敎)》밖에 없는 것이며,《대중부 독각불교》와 《상좌부 연각과 독각 불교》나 《당 마왕불교》 역시 《악마(惡魔)의 신(神)》들인 《대마왕신(神)》들과 《대마왕》들의 《불교(佛敎)》라는 사실을 분명히 아시기 바란다.

   이와 같이 《공산사상(共産思想)》과 《마왕불교(佛敎)》의 교주(敎主)로 앉아 있는 《악마(惡魔)의 신(神)》인 《석가모니》가 BC 6세기 《인도》 땅으로 와서 《석가모니 하나님 부처님》을 사칭하여 《석가모니불(佛)》이라고 호칭을 하며 《부처(佛)》 놀이를 한 목적과 최근 《캄보디아》에서 《노사나불(佛)》계(系)의 《대마왕》 불보살들을 물리치고 《캄보디아》를 《악마(惡魔)의 신(神)》들인 《대마왕신(神)》들이 지배하는 나라로 만들기 위해 어떠한 짓을 하였는지를 여러분들은 꼭 알아야 할 필요가 있으며, 그리고 《세계(世界)》의 각 사원(寺院)에서 《석가모니불(佛)》《불상(佛像)》을 앞혀 놓고 인사의 절을 하고 있는 《불교(佛敎)》를 《신앙》하는 세계(世界)의 모든 불자(佛者)들은 《석가모니불(佛)》로 이름한 《악마(惡魔)의 신(神)》인 《석가모니》가 《캄보디아》에서 행(行)한 천인공노할 악랄한 《만행》을 저지른 일들을 또한 알아야 하기 때문에 지금부터 악질적인 이 작자가 저지른 일들을 《메시아(Messiah)》이신 《미륵불(佛)》이 이를 밝히고자 하는 것이다.

   진행을 하면서 《석가모니불(佛)》로 이름한 《악마(惡魔)의 신(神)》인 《대마왕신(神)》《석가모니》가 《중국 공산당》 두목인 《모택동》(AD1893~AD1976)으로 왔던 사실을 밝힌 바가 있다. 이러한 《석가모니불(佛)》로 한때 이름하였던 《모택동》이 《캄보디아》가 《프랑스 식민지》 시대를 마감하였을 때 《캄보디아》를 《악마(惡魔)의 신(神)》들인 《대마왕신(神)》들이 다스리는 나라로 영구히 만들기 위해, 《시아누크(Sihanouk)》(AD1922~AD2012)로 이름한 《악마(惡魔)의 신(神)》으로서 《대마왕신(神)》인 《석가모니 2세》와 현재 국왕으로 자리한 《시하모니(Sihamoni)》(1953~현재)로 이름하고 때에 태어난 《악마(惡魔)의 신(神)》으로서 《대마왕신(神)》인 《그림자 비로자나 2세 분신3》과 《폴 포트(Pol Pot)》(AD1928~AD1998)로 이름한 《악마(惡魔)의 신(神)》인 《대마왕신(神)》《천관파군 1세》에게 지령을 내림으로써 《폴포트(Pol Pot)》로 이름한 《천관파군 1세》는 《크메르 제국》 때부터 이들 《악마(惡魔)의 신(神)》들인 《대마왕신(神)》들이 남긴 후손들인 골수 《공산주의자》가 된 《크메르 루즈(Khmer Rouge)》를 동원하여 《캄보디아》《스키타이인》《150만 명》이상을 《대학살》하는 악질적인 만행을 저지름으로써 《한민족(韓民族)》 일원인 《캄보디아》 인구 ⅓을 없애 버리는 일들을 저지른 것이다.

　　이러한 일이 진정 《부처(佛)》였던 자가 시킬 수 있는 일이 되는가를 되묻고 싶다. 그리고 이러한 일들을 눈도 깜짝하지도 않고 《악마(惡魔)의 신(神)》들인 《대마왕신(神)》들에게 시키는 자(者)에게 《경배》를 한다는 자체가 우스운 노릇이 아닌가? 이러한 짓을 한 《석가모니 불상》을 세계의 불교(佛敎) 사원들에서 모두 끌어내어 파괴하여 《용광로》 속으로 쳐 넣을 것을 《석가모니 하나님 부처님》의 이름으로 《메시아》이신 《미륵불(佛)》이 불자(佛者) 여러분들께 명령하는 바이다.

　　그리고 《대마왕》으로 변신한 《노사나불》이 최고 《악마(惡魔)의 신(神)》들인 《비로자나 1세》와 《석가모니》에게 항복하여 《공산주의》 선봉에 앞장섰던 《김일성》으로 이름하였던 《노사나불(佛)》이 그의 직계 후손들인 《스키타이인》들을 저버린 결과가 이토록 참담한 결과로써 나타난 것이다.

　　이러한 일이 있고 난 후 극히 최근에 《석가모니 하나님 부처님》과 《미륵불(佛)》께서는 이들 《악마(惡魔)의 신(神)》들인 《대마왕신(神)》 모두들과 그들을 추종하던 《공산주의자》 모두들과 《석가모니불》을 추종하던 《승려》들 모두들의 《영혼》과 《영신》을 불러내어 한명 빠짐없이 《토성(土星)》의 위성인 《이오 성(星)》 지하세계에 모두 가두어 버림으로써 그들은 영원히 우주간에서 사라져 갈 것이다.

　　현재 육신(肉身)을 가지고 살고 있는 《시아누크》와 《시하모니》 등 모두들에게서 그들이 가진 《영력(靈力)》 모두들을 회수하여 《파(波)》하여 버렸기 때문에 그들에게는 예전 같은 힘(力)이 없는 《종이 호랑이》에 지나지 않는 상태로 되어 있는 것이다. 이러한 그들도 《육신(肉身)》의 명(命)이 다하면 그들의 《육신(肉身)》을 다스리는 《속성(屬性)》이 《귀소본능》에 의해 그들 《영혼》과 《영신》들이 간 길을 따라 감으로써 그들은 두 번 다시는 《인간》으로 태어나지 못하는 《고통》의 《심연》에서 빠져 나오지 못하고 영원히 사라져 가야만 하는 것이다. 그리고 이들 《악마(惡魔)의 신(神)》들인 《대마왕신(神)》들이 학살한 《150만》의 《캄보디아인》들이 모두 《스키타이인》들이라는 사실을 깊이 인식하시기 바라며, 이와 같은 기록을 남기는 《메시아》이신 《미륵불(佛)》의 마음도 고통 속에서 학살당한 《캄보디아인》들을 생각하면 착잡한 마음을 가눌 길이 없다.

  그러나 이러한 기록을 남기면서 나머지 《스키타이》《캄보디아인》 모두들에게 당부 드리고자 하는 말씀은 이제 그대들의 《시련기》도 어지간히 끝난 것 같으니 때가 이르기 전에 부디 《도덕성(道德性)》을 잃지 말고 《석가모니 하나님 부처님》을 따르고 의지하며 진리(眞理)의 법(法)을 찾아 공부하시면서 《석가모니 하나님 부처님》의 구원의 때를 기다리시는 것이 순서이며, 이제는 《악마(惡魔)의 신(神)》들인 《대마왕신(神)》들은 예전같이 그대들을 괴롭히지 못할 것이니 안심하시고 생업에 열중하시면서 《메시아(Messiah)》이신 《미륵불(佛)》의 당부를 잊지 마시기 바란다. 그리고 때에 또 하나 분명히 밝혀 둘 일은 《북 베트남》은 《악마(惡魔)의 신(神)》들인 《대마왕신(神)》들 중 최고의 《악마(惡魔)의 신(神)》들인 《비로자나 1세》와 《석가모니》가 만든 나라로써 이곳이 《지상(地上)》에서는 유례를 찾아볼 수 없는 《공산당》 진원지로써 이곳으로부터 《악마(惡魔)의 신(神)》들인 《대마왕신(神)》들이 근거지로 삼아 움직여 온 것임을 아울러 밝혀 두는 바이다. 이러한 곳도 이제 얼마 있지 않은 세월이 지나면 《천상(天上)》의 《재앙(災殃)》으로 사라져 가야 하는 것임을 알려 두는 바이다.

4. 마왕불교(魔王佛敎)

[1] [대마왕불(大魔王佛) 《악마(惡魔)의 신(神)》《석가모니》]

　《악마(惡魔)의 신(神)》인 《석가모니》는 개천이전(開天以前) 《진명궁(眞明宮)》에서 《비로자나 3세》로서 그의 《영혼(靈魂)》과 《영신(靈身)》이 태어난 후 《개천이후(開天以後)》 《상천궁(上天宮)》에서 초특급 대마왕신(神)들로서 최고 《악마(惡魔)의 신(神)》인 《비로자나 1세》와 암흑의 신(神)인 《가이아신(Gaia 神)》을 부모로 하여 최초의 인간(人間) 육신(肉身)을 받고 태어난다. 이렇듯 태어난 《악마(惡魔)의 신(神)》인 《석가모니》는 태어나자마자 항상 우주(宇宙) 정복의 대야망(野望)을 가진 그의 아버지이신 최고 《악마(惡魔)의 신(神)》인 《비로자나 1세》에 의해 《원천창조주》이신 《석가모니 하나님 부처님》의 호칭을 도둑질하여 《석가모니》라고 이름을 지어 부르게 된 것이다. 이로써 그에게 붙여진 호(號)를 《석가모니 하나님 부처님》과 차별화하기 위해 《악마(惡魔)의 신(神)》인 《석가모니》로 부르게 된 것이다.

(1) [악마(惡魔)의 신(神)인 석가모니 천상(天上)의 행적(行跡)]

《석가모니 하나님 부처님》께서 처음 《5,275.²광년(光年)》되는 《대공(大空)》의 경계를 정하였을 때 《대공(大空)》 속은 《암흑물질(Dark matter)》로 가득 차 있었다. 이러한 《암흑물질(Dark matter)》을 《빛(光)》의 세계로 끌어내어 많은 인간 씨종자와 물질(物質)을 만든 기간이 《100억 년(億年)》으로써 이때 이를 위해 작용(作用)으로 《석가모니 하나님 부처님》께서 만드신 것이 《개천이전(開天以前)》의 《정명궁(正明宮)》과 《정명궁(正明宮)》 분신(分身)의 궁(宮)으로써 《진명궁(眞明宮)》을 만드신다. 이러한 이후 《정명궁(正明宮)》이 진화(進化)를 완성하여 대폭발을 일으켜 《개천(開天)》이 되면서 《상천궁(上天宮)》이 태어나는 것이다. 이상의 상세한 설명은 [제3장 진리(眞理)의 실상(實相) 1]편에서 강의가 됨으로 이 장에서는 필요 부분만 말씀드리겠다.

이렇게 하여 《상천궁(上天宮)》이 태어나고 《진명궁(眞明宮)》은 아직 진화(進化)를 마치지 못하였을 때 《악마(惡魔)의 신(神)》인 《석가모니》가 《석가모니 하나님 부처님》의 《음양신(陰陽身)》 중의 하나인 《음신(陰身)》인 《암흑물질(Dark matter)》 상태로 있을 때를 《위음왕여래(威陰王如來)》라고 호칭을 하는데, 그가 최고 《악마(惡魔)의 신(神)》인 《비로자나 1세》의 지시로 《석가모니 하나님 부처님》으로 위장하고, 《진명궁(眞明宮)》에서 진화(進化)를 하고 있는 《노사나불계(系)》와 《관음불계(系)》와 《마왕신계(神系)》의 인간 무리들 《영혼(靈魂)》들에게 다가가서 《수기(受記)》를 준다고 호들갑을 떠는 장면이 그가 왜곡하여 설(說)한 《묘법연화경》《제19 상불경보살품》 문자(文字) 반야(般若)에 여실히 드러나고 있다. 현재의 《묘법연화경》에서는 《독각》의 무리들이 《마왕불교(魔王佛敎)》를 만들면서 《위음왕여래(威陰王如來)》의 음(陰) 자(字)를 소리 음(音)으로 바꾸어 놓고 《위음왕여래(威音王如來)》로 표기하고 있다. 이때 그가 노린 것은 《진화(進化)》의 과정에 있는 《영혼》들에게 《악마(惡魔)의 신(神)》인 《석가모니》가 《하나님》이심을 각인시키기 위해 벌인 일이 되는 것이다.

이러한 일이 있고 난 후 《악마(惡魔)의 신(神)》인 《석가모니》는 《석가모니 하나님 부처님》으로부터 《벌(罰)》을 받아 그의 아버지인 최고 《악마(惡魔)의 신(神)》인 《비로자나 1세》와 마찬가지로 향후 진화(進化)의 과정에서는 《별(星)》의 《법신(法身)》과 《천궁(天宮)》을 이룬 성단(星團)은 절대 가지지 못하고 인간들이 있는 별(星)에서 인간 육신(肉身)만을 가진 채 진화(進化)를 하면서 계속되는 《참회》 속에 살아가야만 했던 것이다.

이러한 《이치》로써 확정된 《벌(罰)》을 받은 최고 《악마(惡魔)의 신(神)》들인 《비로자나 1세》와 《석가모니》는 이번에는 《천일궁(天一宮)》 《작은곰자리(Ursa Minor)》 성단(星團)에 있는 인간들이 사는 별(星)인 《작은곰자리(Ursa Minor)》《베타성(β星)》에서 인간 육신(肉身)을 가지고 태어난 후 새로운 계략을 꾸미게 된다.

즉, 이때쯤 《아미타불》께서 《2×1×2》 천궁도 성단(星團)을 이루시고 《백조자리 성단(Cygnus)》을 탄생시키시고 스스로께서는 《진신 4성(眞身四星)》을 이루시어 《목동자리(Boötes)》 성단에 자리하신 이후, 초기 우주 특성상 그의 《법신(法身)》인 《목동자리(Boötes)》 《알파성(α星)》의 핵(核)붕괴로 많은 《여섯 뿌리 진공(眞空)》을 외부로 분출하신 후 이를 끌어 모아 새로운 《공(空)》을 만드신 후 《4×3×4》 천궁도(天宮圖) 성단을 만드시어 여행 중 잠깐 기간 동안 《아미타불》께서는 《천궁》을 떠나 인간들이 사는 《작은곰자리(Ursa Minor)》 《베타성(β星)》에 태어나시어 인간들의 《왕(王)》이 된다.

이러한 때 최고 《악마(惡魔)의 신(神)》인 《비로자나 1세》와 《석가모니》는 《석가모니 하나님 부처님》의 《양(陽)》의 《육신불(肉身佛)》이신 최고의 《대마왕》 《다보불》을 끌어들여 《아미타불(阿彌陀佛, Amitābha)》의 큰 아들로 태어난 《세트 신(Set, Seth 神)》을 부추겨 그의 아버지인 《아미타불》을 살해하여 《영혼》 죽임까지 시키는 일을 저지른다. 상기와 같은 내용이 《이집트》 《오시리스 신화(神話)》에 그대로 드러나 있다.

이와 같이 그들 스스로가 《성단(星團)》을 만들 수 없었던 《악마(惡魔)의 신(神)》들인 《비로자나 1세》와 《석가모니》는 《아미타불(阿彌陀佛, Amitābha)》께서 만드신 주인 없는 《백조자리(Cygnus)》 성단을 강탈하고, 그의 아버지를 죽여 《50억 년(億年)》 동안 《인욕선인(仙人)》이 되게 한 《세트 신(Set, Seth 神)》은 《아미타불(阿彌陀佛, Amitābha)》께서 《영혼》 죽임까지 당하게 됨으로 《천궁(天宮)》으로 돌아가지 못하자 《세트 신(Set, Seth 神)》이 육신(肉身)의 죽음을 맞이한 후 최고 《악마(惡魔)의 신(神)》인 《비로자나 1세》의 도움으로 《4×3×4》 천궁도 성단을 탈취하여 천궁(天宮)의 《중심혈(中心血)》에 앉아 진화(進化)의 여행을 한 후 《용자리 성단(Draco)》을 탄생시키자 이때를 기다리고 있던 《용자리 알파성(Draco α)》을 법신(法身)으로 하였던 《문수보살》이 그의 아버지이신 《다보불(佛)》의 도움으로 《용자리 성단(Draco)》을 차지하고 《세트 신(Set, Seth 神)》 역시 진화(進化)를 모두 마치고 《용자리 알파성(Draco α)》 북쪽의 외톨이 별(星)을 법신(法身)으로 다시 태어나는 것이다. 이러한 《세트 신(Set, Seth 神)》의 외톨이 법신(法身)이 《서력(西曆)》 《기원원년(紀元元年)》이 되는 《예수(Jesus)》(AD274~AD310)의 별(星)이 된다.

이로써 살해당하여 《영혼》 죽임까지 당하셨던 《아미타불(阿彌陀佛, Amitābha)》께서는 《50억 년(億年)》의 긴 《인욕선인(仙人)》의 고통을 겪으신 후 《노사나불(佛)》께서 지금의 《황소자리(Taurus)》 성단인 《지일이(地-二)》 우주(宇宙)를 만드실 때 다시 부활하게 되시는 것이다.

　　이와 같이 《악마(惡魔)의 신(神)》들인 《비로자나 1세》와 《석가모니》는 《백조자리(Cygnus)》 성단을 강탈하고 《문수보살》은 《다보불》의 지시에 의해 뒤에 만들어지는 《용자리 성단(Draco)》을 차지하기 위해 우주간(宇宙間)에 전무후무(前無後無)한 《불법(佛法)》 일치를 이룬 《부처(佛)》를 살해하고 일파만파를 일으키는 범죄를 《천상(天上)》에서 저질렀음을 깊이 인식하시기 바란다.

(2) [《악마(惡魔)의 신(神)》인 석가모니 《지상(地上)》의 행적(行跡)]

　　상기 말씀드린 강탈한 《백조자리(Cygnus)》 성단에서 《악마(惡魔)의 신(神)》들인 《비로자나 1세》와 《석가모니》는 많은 그들 후손들이 될 《인간 씨종자》들인 《영(靈)》들을 생산하여 《아미타불》께서 만드신 《영(靈)》들과 함께 존재한 후 진화(進化)의 길을 따라 진화하면서 《지상(地上)》에 도착하여 《지상(地上)》 여러 곳에서 《구석기인》으로 진화를 한 것이다. 이러한 진화를 한 대표적인 한 곳을 《예》를 들어 설명 드리면, 《악마(惡魔)의 신(神)》인 《비로자나 1세》와 《석가모니》 후손 《구석기인》은 《메소포타미아(Mesopotamia)》 북동부 지역에 주로 모여 살고 《아미타불》의 후손 《구석기인》은 《메소포타미아(Mesopotamia)》 중동부 지역에 모여 살게 된다.

　　이와 같은 그들 후손 《구석기인》 교화를 위해 《석가모니 하나님 부처님》의 명령으로 《아미타불》은 《BC 6000년》 《엘람 지방(Elam)》으로 내려온 후 그의 후손들이 있는 곳으로 가서 《BC 6000 ~ BC 5500》년까지 그들을 교화한다. 이때 《아미타불》께서 《엘람 지방(Elam)》으로 내려와 그의 후손들이 있는 곳으로 출발한 후 약간의 시간 차이를 두고 최고 《악마(惡魔)의 신(神)》들인 《비로자나 1세》와 《석가모니》가 함께 내려와 그들 후손들이 있는 곳으로 이동하여 《BC 6000 ~ BC 5500》년 동안 교화한 민족이 《후리안족(Hurrian 族)》

들이다. 이렇게 하여 교화(敎化)한 그들의 후손 민족들을 《악마(惡魔)의 신(神)》들인 《비로자나 1세》와 《석가모니》는 지상(地上) 최초로 《석가모니 하나님 부처님》에 의해 일어난 《수메르 문명》과 《수메르 문명》이 끝이 난 이후 《수메르 문명권》(4100BC~1674BC)에 들어서는 《수밀이국》과 《우루국》정복을 위해 그들 후손 민족들을 항상 동원하여 《움마(Umma) 족(族)》이라는 호칭을 얻게 되는 것이다.

그러면 이들에 의한 그의 후손 민족 교화(敎化)가 끝이 난 이후의 《악마(惡魔)의 신(神)》인 《석가모니》행적(行跡)을 상세히 살펴보자.

[표 1-4-1-1] [악마(惡魔)의 신(神)인 석가모니 행적(行跡)]

구분 나라	왕조	왕명(王名)	재위
수메르 문명기	수메르(Sumer) 문명	3대 왕 엔멘루아나(En-men-lu-ana)	4900BC~4800BC
수밀이국	우루크(Uruk) 1왕조	2대 왕 엔멘르카르(Enmerkar)	4040BC~3990BC
	라가시(Lagash) 1왕조	1대 왕 엔헨갈(Enhengal)	3100BC~2980BC
	우루크(Uruk) 2왕조	1대 왕 엔샤칸샤아나(En-shag-kush-ana)	2695BC~2635BC
	라가시(Lagash) 1왕조	9대 왕 에니타르지(Enentarzid)	2440BC~2400BC
기타	라르사(Larsa) 왕조	1대 왕 나플라눔(Naplanum, 베두엘)	1961BC~1940BC
※ 이러한 행적은 《수메르 문명권》 행적으로써 《동양권》 행적은 별도로 다루겠다.			

《수메르 문명》은 《곰족(熊族)》들의 문명으로써 《수메르 문명》 기간은 《BC 5200 ~ BC 4100》년까지 1,100년간 10대 왕(王)으로써 끝이 나고 이후 《수메르 문명권》(4100BC~1940BC)에서 만들어진 나라를 크게 구분하면, 《수밀이국》(4100BC~2050BC)과 《우루국》(3740BC~1940BC)으로써, 《수밀이국》이 《우루크 1왕조》(4100BC~3485BC), 《라가시 1왕조》(3100BC~2360BC), 《우루크 2왕조》(2695BC~2508BC), 《우루크 3왕조》(2296BC~2270BC), 《우루크 4왕조》(2256BC~2147BC),

417

《우루크 5왕조》(2110BC~2050BC)가 되며 《우루국》이 《우르 1왕조》(3740BC~3100BC), 《우르 2왕조》(2411BC~2297BC), 《라가시 2왕조(갈데아 우르)》(2346BC~2046BC), 《우르 3왕조》(2047BC~1940BC)가 된다. 상기 설명된 상세한 내용은 뒤편에서 강의가 되니 그렇게 아시기 바란다.

《악마(惡魔)의 신(神)》인 《석가모니》는 그들 후손 민족의 교화(敎化)를 모두 마친 후, 《수메르 문명》(5200BC~4100BC) 2대 왕(王) 《알라가르(AlaIngar)》(재위 5050BC~4900BC)로 이름한 《메시아(Messiah)》인 《미륵(彌勒, Maitreya)》의 아들로 태어나 《세습》으로 3대 왕(王)이 된 후 이후에도 그의 《행적(行跡)》표에 드러난 태어남 모두가 《메시아(Messiah)》인 《미륵(彌勒, Maitreya)》의 아들로 태어나긴 하였으나 그의 《영혼》과 《영신》이 지닌 《습(習)》 때문에 항상 마왕신(神) 중의 최고 두목인 《천상(天上)》에서 그의 아버지로 있었던 최고 《악마(惡魔)의 신(神)》인 《비로자나 1세》와 함께 《수메르 문명》(5200BC~4100BC)을 일으킨 《석가모니 하나님 부처님》 직계(直系) 후손들인 《음(陰)》의 《곰족(熊族)》들과 《다보불(佛)》의 후손들인 《양(陽)》의 《곰족》들에게 《악(惡)》의 씨앗인 《탐욕》과 《이기심》을 심어 그들과 같은 《사상(思想)》과 《관념(觀念)》으로 자리할 수 있도록 하는 일에 광분한 것이다.

이로써 최고 《악마(惡魔)의 신(神)》들인 《비로자나 1세》와 《석가모니》는 《곰족(熊族)》들을 타락시켜 그들의 명령을 충실히 수행하는 무리들로 만듦으로써 궁극적으로 《수메르 문명》(5200BC~4100BC)과 《수메르 문명권》(4100BC~1674BC)에서 일어난 《수밀이국》과 《우루국》 모두를 정복하고자 집요한 노력을 계속하고 《아카드 문명권》 및 여타 《마왕신(神)》 계열의 후손들에게도 크게 영향을 준 후에 《히브리 왕국》의 《파멸(波滅)》을 위해 그들이 교화한 후손 민족들과 《정신적(精神的)》으로 지배하는 무리들을 십분 활용함으로써 궁극적으로 《히브리 왕국》은 《히브리 통합 왕국》(1171BC~931BC) 6대 《솔로몬 왕(Solomon 王)》으로서 《왕조(王朝)》가 끝이 난 후 《남 유다 왕국(Southern Kingdom of Judah)》(931BC~520BC)과 《북 이스라엘 왕국(Northern Kingdom of Israel)》(931BC~722BC)으로 분열되고 이후 이들 《곰족(熊族)》들의 나라들이 파멸(波滅)을 맞이할 때까지 최고 《악마(惡魔)의 신(神)》들인 《비로자나 1세》와 《석가모니》는 《반복(反復)》되는 《윤회(輪廻)》를 통하여 《악(惡)》의 씨앗을 심는 일에 끈질기게 노력을 하게 된다.

이러한 모든 일들이 현재 《메시아(Messiah)》가 강의하는 데에서 차례로 그들의 《악행(惡行)》이 공개가 된다. 이와 같이 《유다 왕국》과 《이스라엘 왕국》의 파멸에 성공한 《악마(惡魔)의 신(神)》인 《석가모니》가 다음으로 목표한 곳이 《동양 사회》이다.

이 장을 통하여 다시 한 번 더 밝히는 바는 《영력(靈力)》이 강한 자들은 그의 태어남(生)을 우주의 어머니(母)이신 《관세음보살 1세》의 《위신력(威神力)》에 힘입어 그의 뜻에 따라 자유 자재로 할 수 있다는 점을 깊이 인식하시고 이는 《십이인연법(十二因緣法)》을 공부하면 그 이치를 알 수 있음도 다시 한 번 더 강조 드리는 바이다.

(3) [《악마(惡魔)의 신(神)》인 《석가모니》 부처(佛) 이룸의 배경]

　　《배달국(倍達國)》을 《수메르 문명권》에서는 《딜문(Dilmun)》이라고 이름한다. 이러한 《딜문(Dilmun)》으로 이름한 《배달국》의 위치가 《인도(India)》와 《파키스탄(Pakistan)》과 《카자흐스탄(Kazakhstan)》과 《타지키스탄(Tajikistan)》과 《아프가니스탄(Afghanistan)》과 《중원 대륙》을 연결하는 《파미르 고원(Pamir Plat)》을 등진 《타클라마칸(Taklamakan)》 사막이다.

　　이와 같은 전략적 요충지에 자리한 《배달국(딜문 Dilmun)》을 최고 《악마(惡魔)의 신(神)》들로서 《대마왕신(神)》들인 《비로자나 1세》와 《석가모니》와 《그림자 비로자나 1세》와 《가이아신(Gaia神)》 등이 한때 점령하여 《왕조(王朝)》를 이루고 한동안 자리한 후 이곳에서 지금까지 《중동(中東)》 지방에서 그들이 심혈을 기울여 《악(惡)》의 씨앗을 심고 그들의 사상(思想)과 관념(觀念)을 뿌리 깊게 심어 그들의 명령에 절대 복종하는 추종 세력들로 하여금 군대(軍隊)를 조직하게 한 후 《물리적(物理的)》으로 《아시아》 일대를 정복하여 그들의 사상(思想)과 《관념(觀念)》을 심기 위한 《교두보》로 활용할 계획을 간파하신 《석가모니 하나님 부처님》께서 《기상(氣象)》 재앙(災殃)을 내리시어 《배달국(딜문 Dilmun)》을 《BC 600년대 ~ BC 500년대》까지 《200년(年)》에 걸쳐 서서히 사막화를 진행시키시어 《BC 500년대》에는 완전한 사막화가 됨으로써 《배달국(딜문 Dilmun)》은 인간들의 역사(歷史) 속에서 영원히 사라져 《타클라마칸(Taklamakan)》 사막이 된 것이다.

　　이와 같이 《배달국(딜문 Dilmun)》이 《타클라마칸》 사막이 된 직접적인 원인이 《악마(惡魔)의 신(神)》인 《석가모니》가 《마왕신 부처》를 이루고 부처(佛) 놀이를 하면서 《인간》들을 《정신적《精神的》으로 지배하고자 함으로써《마왕 불교》가 더 이상 확대되지 않도록《석가모니 하나님 부처님》께서 내리신 조치가 동서양《東西洋》과 중동 지방을 잇는 중요한 교통 요지《要地》에 자리한《배달국(딜문 Dilmun)》을 천상《天上》의 재앙《災殃》으로 사막화시킨 것임을 분명히 밝혀 두는 바이다.

　　최고《악마《惡魔》의 신《神》》들인《대마왕신《神》》《비로자나 1세》와《석가모니》와 여타《대마왕신《神》》모두들이《BC 6000 ~ BC 600》년까지《5,400년》에 걸쳐 그들의 추종 세력으로 만든 인간 무리들로서《물리적《物理的》》으로《아시아인《人》》들의 정복을 노렸으나 이러한《악마《惡魔》의 신《神》》들인《대마왕신《大魔王神》》들의 계획은 수포로 돌아간 것이다.

　　이러한 이후《악마《惡魔》의 신《神》》들인《대마왕신《大魔王神》》들은《물리적《物理的》》정복이 실패하게 됨으로써 이번에는《중동 지방》을 제외한 전《아시아인《人》》들을《정신적《精神的》》으로 지배《支配》함으로써《석가모니 하나님 부처님》께서《교주《敎主》》로 계시는《불교《佛敎》》를 찬탈하기 위해《종교《宗敎》》라는 방편의 길을 택한 것이《악마《惡魔》의 신《神》》인《석가모니》가 교주《敎主》로 자리한《마왕 불교》인 것이다. 이러한《마왕불교《魔王佛敎》》라는 방편의 길을 택하기 이전에도 고대《그리스》나《인도》나《중동 지방》등에서는《대마왕신《神》》중의 한 분인《아테나》로 이름하였던《천왕불》이《조로아스터(Zoroaster, 자라투스트라)》로 이름하고 한때 인간 육신《肉身》을 가지고 태어났을 때《조로아스터교《敎》》(4500BC경)를 만든 적이 있다.

　　이와 같은《조로아스터교(Zoroastrianism, Mazdaism)》는 최고《악마《惡魔》의 신《神》》으로서《대마왕신《大魔王神》》인《비로자나 1세》를《유일신《唯一神》》으로 받드는 종교《宗敎》로써 이와 같은《조로아스터교》로는 인간 무리들의《정신세계《精神世界》》를 지배《支配》하는 데에 한계를 느낀 그들은 이번에는《천상《天上》》에서부터《지상《地上》》의《선대문명《先代文明》》과《북반구 문명기《北半球文明期》》에 들어와서 고대《한국《韓國》》다스림의《구막한제국《寇莫韓帝國》》때《석가모니 하나님 부처님》이신 5대《태우의 한웅님》(3512BC)께서 만드신 최초의 고급 종교인《한단불교《桓檀佛敎》》를 인간들의 기억 속에서 사라지게 하는《마왕불교《佛敎》》를 만들어《석가모니 하나님 부처님》천상《天上》의 불법《佛法》을 훔쳐 와서 이를 왜곡하여 전《傳》함으로써 중동지역을 제외한《아시아인》들의 정신세계를 지배하고자 하였던 것이다. 이로써 그 이전에 그들《악마《惡魔》의 신《神》》들인《대마왕신《神》》들이 만들었던 종교《宗敎》와는 차별을 보이는 길을 택하고 그들은 이를 실행에 옮긴 것이다.

이와 같은 실행을 위해 최고 《악마(惡魔)의 신(神)》인 《비로자나 1세》는 고대 《인도》에서 《샤카족(Saka 族)》의 혈통(血統)을 따라 태어나서 《정반왕(淨飯王)》(범어. Suddhodana)으로 이름하고 《중인도》《가비라국》의 왕(王)이 된 후 그의 부인으로서 《마야 부인》으로 이름한 《암흑의 신(神)》인 《가이아신(神)》 사이에서 《BC 577년》에 《악마(惡魔)의 신(神)》인 《싯다르타》 태자를 탄생하게 하는 것이다.

(4) [《악마(惡魔)의 신(神)》인 석가모니의 성불(成佛)]

이렇게 하여 태어난 《악마(惡魔)의 신(神)》인 《석가모니》는 《싯다르타》 태자(太子)(Siddhartha Gotama, 577BC~497BC)로 이름하고 그의 나이 《16세》되던 해에 절세의 미모를 갖춘 《야수다라(Yasodharā)》와 《혼인》을 약속하자마자 그녀와 동침하여 그녀로 하여금 임신을 하게 한다. 이때 임신된 아이가 《노사나불 1세》로서 이 사건 이후 《싯다르타》 태자(太子)(Siddhartha Gotama, 577BC~497BC)와 《야수다라(Yasodharā)》는 곧바로 혼인을 하여 《비자야(Vijaya)》(생몰 562BC~475BC)로 이름한 《노사나불 1세》를 탄생시키는 것이다.

이와 같이 《노사나불 1세》가 《악마(惡魔)의 신(神)》인 《석가모니》의 장남(長男)으로 태어난 사연을 밝혀 드리면, 《노사나불 1세》가 《야수다라비(Yasodharā)》의 자궁(子宮)에 잉태되기 이전의 삶이 《라마야나(Ramayana)》로 유명한 《라마(Rama)》(627BC~563BC)였으며, 이러한 《라마(Rama)》가 인간 육신(肉身)의 죽음을 맞이하자, 《석가모니 하나님 부처님》께서 《라마(Rama)》였던 《노사나불 1세》에게 《우주 쿠데타》 같은 허망한 생각을 버리고 《순리(順理)》를 따라 그의 후손들을 《신선도(神仙道)》인 《연각승(緣覺乘)》의 도(道)로부터 《4-1의 길》《성문승》의 도(道)로 인도하라는 마지막 기회 부여와 함께 《악마(惡魔)의 신(神)》인 《석가모니》가 천상(天上)에서 훔쳐온 《석가모니 하나님 부처님》의 《성문(聲聞)》의 《불법(佛法)》을 왜곡하여 설(說)하는 것을 감시하는 차원에서 《석가모니 하나님 부처님》의 명령으로 《라마(Rama)》의 육신(肉身) 죽음 이후 곧바로 《야수다라비(Yasodharā)》의 자궁(子宮) 속으로 들어가서 일정 기간이 지난 이후 《비자야(Vijaya)》(생몰 562BC~475BC)로 태어난 것이다.

이러한 이후 《12년》이 지나서 《메시아(Messiah)》인 《미륵(彌勒, Maitreya)》이 《악마(惡魔)의 신(神)》인 《석가모니》가 훗날 부처(佛)를 이루고 설(說)할 천상(天上)의 《석가모니 하나님 부처님》의 《법(法)》을 지키고자 이번에는 반대로 《메시아(Messiah)》인 《미륵(彌勒, Maitreya)》이 그의 아들로 태어나게 되는 것이다.

① [《악마(惡魔)의 신(神)》인 《석가모니》 성불(成佛)의 의미]

《라후라(Rāhula)》 탄생 2년 후 《싯다르타》 태자(太子)(Siddhartha Gotama, 577BC~497BC) 나이 《30세》에 《싯다르타》 태자(Siddhartha Gotama, 577BC~497BC)께서는 출가(出家)하여 《6년》 고행(苦行) 끝에 《36세》되는 해에 《마왕신 불(佛)》을 이룸으로써 《악마(惡魔)의 신(神)》인 《대마왕신(大魔王神)》 《석가모니불(佛)》로 거듭 태어나는 것이다. 이러한 《악마(惡魔)의 신(神)》인 《석가모니불(佛)》의 성불(成佛)은 《불법(佛法)》 일치를 이룬 완전한 깨달음을 얻으신 《아미타불(佛)》이나 《노사나불(佛)》과는 달리 《법(法)》의 완성을 이루지 못한 반쪽짜리 《대마왕신(大魔王神)》 부처(佛)를 이루었기 때문에 스스로의 《법(法)》은 없는 것이다. 이 때문에 마왕신 부처(佛)를 이룬 《악마(惡魔)의 신(神)》인 《석가모니》는 최고 《악마(惡魔)의 신(神)》인 《비로자나 1세》의 도움으로 《천상(天上)》에서 《석가모니 하나님 부처님》께서 설(說)한 《불법(佛法)》을 훔쳐 와서 마치 《악마(惡魔)의 신(神)》인 《석가모니》 자기 법(法)인 양 앵무새처럼 《설법(說法)》을 할 수 밖에 없는 처지였다.

참고로, 《불법(佛法)》 일치를 이루신 《아미타불(佛)》과 《노사나불(佛)》의 《불법(佛法)》을 밝혀 드리면 다음과 같다.

가> [《아미타불(佛)》의 불법(佛法)]

《능엄경》, 《승만경》, 《무량수경》, 《유마경》

※ 상기 경(經)들은 지상(地上)의 선대문명(先代文明) 때에 《아미타불(佛)》께서 설(說)하신 경전(經典)들이다.

나> [《노사나불(佛)》의 불법(佛法)]

《북두칠성연명경》, 《도덕경》, 《요한계시록》, 《코란》

※ 상기 경(經)들은 《노사나불(佛)》께서 지상(地上)에서 설(說)하신 경전들이다.

《이슬람》의 《코란》은 《천왕불》과 《쌍둥이 천왕불》이 지금의 《황소자리(Taurus)》 성단이 있는 《지일이(地一二)》 우주에서 《노사나불》의 아들로 재탄생이 됨으로써 이 인연으로 아들인 《쌍둥이 천왕불》이신 《알라신(神)》이 《마호메트》로 이름하고 오셨을 때 《대가브리엘》 천사로 이름하셨던 《노사나불(佛)》께서 경(經)을 만들어 《알라신(神)》에게 넘겨준 것이다. 그러므로 《코란》의 창작자는 《노사나불(佛)》이신 것이다.

이와 같이 《불법(佛法)》 일치를 이루신 부처(佛)님들께서는 부처(佛)를 이루신 이후 오랜 세월을 거쳐 법(法)의 완성을 이루시기 때문에 《지상(地上)》에 와서 그것도 옳은 부처(佛)가 아닌 《마왕신불(魔王神佛)》을 이룬 《악마(惡魔)의 신(神)》인 《석가모니불(佛)》에게는 스스로의 법(法)으로 된 경전(經典)이 없는 것은 당연한 이치임을 여러분들께서는 아셔야 하는 것이다.

그리고 《악마(惡魔)의 신(神)》인 《석가모니불(佛)》이 불법(佛法) 일치를 이룬 완전함의 깨달음을 얻지 못한 직접적인 증거가 그의 《육신(肉身)》이 죽음을 맞이한 후 《화장(火葬)》하였을 때 많은 《사리(舍利)》가 나온 것이 그 증거이다. 불법(佛法) 일치를 이루신 《부처님》들의 《육신(肉身)》에서는 《사리(舍利)》가 나올 수 없는 것이 이치이다. 《마왕신(魔王神)》 부처(佛)를 이룬 자(者)들에게서 필수적으로 나오는 것이 《사리(舍利)》이며, 이는 《생명력(生命力)》을 가진 《업

(業)》덩어리의 나뉨으로 보면 정확한 것이다.

　　이러한《마왕신(魔王神)》부처(佛)가 첫 태어남에서부터《사방(四方)》7보(步)를 걸으면서《천상천하유아독존(天上天下唯我獨尊)》을 외치면서 스스로가《하나님》이심을 선포한 이것이《석가모니 하나님 부처님》을 사칭하고 지상(地上)의 인간들을 모두 속인 파렴치한 짓으로써 이 짓을 하기 위해《천상(天上)》에서부터《석가모니 하나님 부처님》의 명호(名號)를 도둑질하여 그의 아버지인 최고의《대마왕신(神)》인《비로자나 1세》가 그의 아들에게 이름 지어 준 것이《석가모니》임을 깊이 인식하시고 때문에《석가모니 하나님 부처님》과 구분하기 위해《악마(惡魔)의 신(神)》인《석가모니》로 이름하고 있는 것임을 아시기 바라며, 훗날 이와 같은《사기(詐欺)》를 치기 위해《천상(天上)》에서부터 계획하여 벌인《쇼(Show)》가《천상천하유아독존》사건이라는 점을 깊이 명심하시기 바란다.

② [금강경(金剛經)과 비자야(Vijaya, 생몰 562BC~475BC)]

　　《라후라(Rahula)》와《비자야(Vijaya)》(생몰 562BC~475BC)에 대한 상세한 설명은 진행(進行)을 하면서《남방불교전래(南方佛敎傳來)》편에서 밝혔으니 이를 참고하시고 이 장에서는 누락된 부분만 보충하는 수준에서 말씀드리겠다. 지금까지 설명 드린 내용이《사실적》인 증거가 되는 부분이《금강경(金剛經)》진언(眞言) 마지막 부분의 [비자야(Vijaya) 비자야(Vijaya) 사바하(娑波河)]이다. 이러한 진언(眞言)의 뜻은 한때 아들로 태어난《노사나불 1세》인《비자야》(생몰 562BC~475BC)에게《금강경(金剛經)》으로 근본(根本)을 다스리라는 의미를 가지고 있다.

　　그런데 이러한 부촉이 교활하기 짝이 없는《마왕신》부처(佛)다운 부촉이기 때문에 이의 깊은 뜻을 밝혀 드리겠다. 아시다시피《비자야(Vijaya)》(생몰 562BC~475BC)로 태어난《노사나불 1세》는《중원 대륙》에서《북두칠성연명경》을 소의경전으로 하여《연각승》의 도(道)인《선교(仙敎)》의 사상(思想)을 뿌리 깊게 심은 분이다. 이러한《신선》도(道)의 수행법(法)이《참선(參禪)》으로써 현재 이 나라에서도 보편화되어 있는《교외(敎外)》별전(別傳)된《간화선(看和禪)》역시 마찬가지이다. 즉,《악마(惡魔)의 신(神)》인《석가모니불(佛)》아들로 태어났던《비자야(Vijaya)》(생몰 562BC~475BC)인《노사나불 1세》에게《금강경(金剛經)》으로 근본(根本)을 다스려

라라는 뜻은 《참선수행(參禪修行)》을 위해 《금강경(金剛經)》을 이용하라는 뜻으로써 이를 위해 《금강경(金剛經)》을 공부하라는 뜻도 가진 것이다.

　스스로의 《욕망(慾望)》을 원천적으로 제거할 수 있는 방법이 《지혜(智慧)》의 완성(完成)이다. 이러한 《지혜(智慧)》의 완성(完成)을 등한시하는 《욕망(慾望)》을 억제하여 《욕망》으로부터 벗어나고자 하면 그것은 일시적인 방편일 뿐이며 잠재된 《욕망》은 언제 어디서 튀어나올지 모르는 위험천만한 방법으로써 일부 《신선도(神仙道)》 수행에 성공한 《신선(神仙)》들이 《신선(神仙)》 지위에 머무르다가 어느 한 부분에 《집착(執着)》을 하게 되면 일순간에 《마왕(魔王)》으로 돌변하는 이유가 여기에 있다.

　그리고 《참선수행(參禪修行)》은 《명상수행(冥想修行)》과 대비되는 상대개념(相對槪念)을 가진 수행(修行)으로써 《자연(自然)》으로 돌아가고자 하는 수행(修行)이다. 이러한 그럴싸한 말뜻을 가진 《자연(自然)》으로 돌아가고자 하는 실상(實相)을 구체적으로 말씀드리면, 이는 《진화(進化)》를 거부하고 자기 스스로가 《진화(進化)》하여온 길을 거슬러 올라가서 《진화(進化)》의 원점(原點)의 자리인 《암흑물질(Dark matter)》로 돌아가서 사라져 가겠다는 《창조주(創造主)》의 뜻과는 정반대되는 수행(修行)이 《참선수행(參禪修行)》이며, 이로써 나타나는 것이 《자연사상(自然思想)》의 실체인 것이다.

　《금강경(金剛經)》은 《제호(題號)》에서 드러난 그대로의 뜻이 [적멸보궁(寂滅寶宮)으로 들어가기 위한 지혜(智慧)의 완성(完成)으로 천궁(天宮)으로 들어가는 경(經)]이라는 뜻말을 가진 경(經)이다. 이러한 《금강경》은 《보살도(菩薩道)》의 바른 근본을 가르치기 위해 설(說)하여진 경(經)으로써 이치의 공부를 하는 데는 더할 나위 없는 중요한 경이다.

　그러나 이러한 경(經)을 《지혜(智慧)》의 완성(完成)에는 게을리 하면서 《참선 수행》에 이용을 하면, 한마디로 그는 두 번 다시 인간 《육신(肉身)》을 가지고는 태어날 수 없는 《파멸(波滅)》의 길로 가던지 《마왕(魔王)》이 되어 궁극적으로 《파멸》하여 우주간(宇宙間)에서는 영원히 사라져 가던지 하여야 하는 것이다. 고로 《금강경》을 공부하시는 분들께서는 《참선수행》은 특별한 경우를 제외하고는 하지 말아야 하며, 차라리 《지혜(智慧)》 완성에 도움이 되는 《진리(眞理)》의 법(法)을 《명상(冥想)》하는 《명상수행(冥想修行)》을 생활화하는 것이 큰 도움이 되는 것이다.

지금까지 《악마(惡魔)의 신(神)》인 《석가모니》에게 속아 《참선수행》에 성공한 상당수의 《승려》들이 두 번 다시 인간 육신(肉身)을 가지고 태어나지 못한 채 《대공(大空)》과 하나가 되지 못하고 《대공(大空)》 속에서 또 하나 《기(氣)》의 덩어리로 함께 모여 지내다가 하나같이 모두 《암흑물질(Dark matter)》로 돌아가 《무간지옥(無間地獄)》으로 빠졌음을 알려드리는 것이니 참고하여야 될 일이다.

이로써 볼 때, 《악마(惡魔)의 신(神)》인 《석가모니》가 그의 아들로 태어났던 《노사나불 1세》인 《비자야(Vijaya)》(생몰 562BC~475BC)에게 《금강경》으로 근본(根本)을 다스리라고 하고 부촉한 뜻은 《금강경》을 이용한 《참선 수행》으로 《노사나불 1세》를 우주간(宇宙間)에서 영원히 사라지게 하기 위한 교활한 술수이었음이 《메시아(Messiah)》에게 들통이 난 것이라는 사실을 분명히 하는 바이다. 그리고 《금강경》을 소의경전으로 한 《참선수행》은 대공(大空)과 계합하는 수행으로써, 이 수행에 성공한다 하여도 스스로의 욕망(慾望)의 근본(根本)을 뿌리째 제거하지 못한 관계로 대공(大空)과 진정한 일여(一如)를 이루지 못하고 공간(空間)에서 두 번 다시 인간으로 태어나지 못하고 그들만의 영역을 구축하여 《기(氣)》의 덩어리로 존재한다는 점을 분명히 하는 것이다.

이로써 모든 불자(佛者)들은 《마왕 승려》들의 감언이설에 속아서 실행하는 《참선수행》에 들어가 있으면 당장 중지하시고 지혜(智慧)의 완성에 도움이 되는 《진리(眞理)》의 《법(法)》을 《명상(冥想)》하는 《명상수행(冥想修行)》으로 전환하실 것을 강력히 권고 드리는 바이다.

③ [《악마(惡魔)의 신(神)》인 《석가모니》 성불(成佛)의 문제점]

지금까지 설명 드린 바대로 《악마(惡魔)의 신(神)》인 《대마왕신(神)》《석가모니》가 초특급 최고 《악마(惡魔)의 신(神)》으로서 《대마왕신(神)》들인 《비로자나 1세》와 《가이아신(Gaia 神)》으로부터 태어나서 반쪽짜리 부처(佛)인 《마왕신》 부처(佛)를 이룬 목적이 《중생(衆生)》들을 《구원》의 길로 《인도(引道)》하기보다는 스스로의 《야망(野望)》을 위해 《중생(衆生)》 위에 군림하면서 《중생(衆生)》들에게 《악(惡)》의 씨앗을 심고 그의 《사상(思想)》과 《관념(觀念)》을 뿌리 깊게 심어 《중생(衆生)》 무리의 《정신세계(精神世界)》를 정복함으로써 그를 따르는 추종 세력으로 만들기 위해 《마왕신》《부처(佛)》를 이룬 것이 특징이자 문제가 되는 부분인 것이다. 이러한 목적을 위해 《천상(天上)》에서부터 《석가모니 하나님 부처님》의 호(號)를 도용하고 《중생(衆生)》 무리들을 기만한 죄(罪)는 씻을 수가 없는 것이다.

이와 같은 《악마(惡魔)의 신(神)》인 《석가모니》가 [무량의경(無量義經)]《제2 설법품》을 설(說)하시면서 다음과 같은 말씀을 남긴다.

⑤ "착한 남자여, 내가 스스로 도량 보리수 아래 육 년을 단정히 앉아서 위없이 높고 바르며 크고도 넓으며 평등한 깨달음 이룸을 얻었느니라. 부처님의 눈으로써 일체의 모든 법을 관하였으되 가히 베풀어 설할 수 없었나니, 까닭은 무엇인가 하면, 모든 중생의 성이 하고자 하는 것이 같지 아니함일세, 성이 하고자 하는 것이 같지를 아니하므로 가지가지로 법을 설하였으며 가지가지의 법을 설하되 방편의 힘으로써 하였으며, 사십여 년 동안 진실을 나타내지 아니하였느니라. 이런 까닭으로 중생이 도를 얻음에도 차별이 있어 빨리 위없는 깨달음 이룸을 얻지 못하니라."

상기 대목 중 중요한 부분이 "『사십여 년 동안 진실을 나타내지 아니하였느니라.』"라는 대목으로써 《사십여 년》 같으면 《악마(惡魔)의 신(神)》인 《석가모니》가 《무량의경(無量義經)》을 설(說)할 때가 《76세》되는 때인데, 이때까지 설(說)한 법(法)은 《방편》의 법(法)이며 진실된 법(法)은 나타내지 않았다는 뜻이다. 이와 같이 《악마(惡魔)의 신(神)》인 《석가모니》가 말하고 있는 것은 《무량의경》 다음에 설(說)하여지는 《묘법연화경》을 《진실된 법》으로 말하고 있는 것이다. 즉, 《묘법연화경》을 설(說)하면서 《진실된 법(法)》을 밝히겠다는 뜻으로 해석이 되는 것이다.

이렇게 밝히겠다는 《묘법연화경》은 《메시아(Messiah)》가 여러 번 밝혀 왔듯이, 《문자반야(文字般若)》가 《1》의 비율로 그 뜻을 가지고 있고 《석가모니 하나님 부처님》《진리(眞理)의 법(法)》인 《천부진리(天符眞理)》가 《3》의 비율로 그 뜻을 가지고 있기 때문에 《천부진리 3》과

《문자반야 1》이 《3-1의 법칙》을 따라 부처님께서 나타내시고자 하는 뜻을 묶어 놓은 경(經)이 《묘법연화경》이다.

이러한 《묘법연화경》에서 《근본진리(根本眞理)》인 《천부진리(天符眞理)》는 왜곡을 할 수가 없다. 이러한 사정을 잘 알고 있는 《악마(惡魔)의 신(神)》인 《석가모니불(佛)》은 표면적으로 드러난 《문자(文字)》로 된 《문자반야(文字般若)》에서 《악마(惡魔)의 신(神)》인 《대마왕신(大魔王神)》답게 그의 뜻을 모두 문자화(文字化)하여 둔 것이다. 즉, 왜곡된 《묘법연화경》의 《문자반야(文字般若)》가 그가 말하는 《진실된 법(法)》임이 드러나는 것이다.

이렇게 왜곡된 《묘법연화경》 문자반야(文字般若)에 등장하는 《불(佛)》, 《보살(菩薩)》 80%가 《대마왕(大魔王)》들과 《악마(惡魔)의 신(神)》들인 《대마왕신(大魔王神)》들이며, 그 내용 역시 모두 엉터리로 꾸며져 내용 자체가 왜곡되어 있어 그나마 오염되지 않은 《품(品)》은 《제오 약초유품》과 《제칠 화성유품》과 《제15 여래수량품》 정도 밖에 없으며, 그 외의 품(品)은 《악마(惡魔)의 신(神)》인 마왕신 부처(佛)의 뜻을 담은 내용으로 되어 있다. 이로써 볼 때, 《방편》으로 설(說)하였다는 부분이 《석가모니 하나님 부처님》의 법(法)을 훔쳐 와서 그 스스로가 밝혔다고 인정하는 내용으로써 그가 밝히고자 하였던 《진실된 법》이 곧 《묘법연화경》에서 왜곡된 《문자반야(文字般若)》로써 이 왜곡된 《문자반야》가 바로 《악마(惡魔)의 신(神)》으로서 《마왕신(魔王神)》 부처(佛)의 본색(本色)을 드러낸 것임을 《메시아(Messiah)》가 분명히 하는 것이다.

그리고 《악마(惡魔)의 신(神)》으로서 《대마왕신(神)》인 《석가모니》가 《천상(天上)》의 《석가모니 하나님 부처님》 《불법(佛法)》을 훔쳐 와서 늦게나마 그의 뜻을 담은 《묘법연화경》 《문자반야》를 설(說)하게 된 배경은 때에 《석가모니 하나님 부처님 분신》께서 여러분들이 익히 알고 계시는 인도의 마가다국(Magadha) 《빔비사라(Bimbisara) 왕》(558BC~491BC)으로 오시어 《악마(惡魔)의 신(神)》인 《석가모니》가 천상(天上)에서 훔쳐온 《석가모니 하나님 부처님》의 《불법(佛法)》을 왜곡 없이 설(說)하고 있는지를 감시하고, 《미륵보살》 역시 그의 아들 《라후라》로 태어나 《악마(惡魔)의 신(神)》인 《석가모니》를 지켜보고 있는 탓에 그는 《빔비사라 왕》이 육신(肉身)의 죽음을 맞이한 이후에야 비로소 마지막으로 《묘법연화경》 《문자반야》에서 왜곡된 그의 뜻을 담아 《진실된 법》이라고 이름하고 설(說)하였음을 분명히 밝히는 바이다.

④ [《대마왕신(大魔王神)》《악마(惡魔)의 신(神)》인 석가모니의 군림(君臨)]

　《악마(惡魔)의 신(神)》인 《석가모니》는 그의 죽음(死) 이후 불법(佛法)의 결집(結集)부터 《굴내결집》과 《굴외결집》으로 갈라져 《보살도(菩薩道)》로 가는 《성문승의 불법》과 《연각》과 《독각》이 어우러진 《음(陰)의 독각불교(佛敎)》로 분열될 것을 미리 알고 있었으며, 이 이후부터 《악마(惡魔)의 신(神)》인 《비로자나 1세》와 《석가모니》는 《반복(反復)되는 윤회(輪廻)》를 통하여 그들이 거느리는 《악마(惡魔)의 신(神)》들인 《대마왕신(神)》들을 둘로 나누어 한쪽은 《권력(勸力)》을 쥐게 하고 또 다른 한쪽은 《승단(僧團)》을 장악하도록 한 후, 지속적으로 《악마(惡魔)의 신(神)》인 《석가모니》가 설(說)하였던 《천상(天上)》에서 훔쳐온 《석가모니 하나님 부처님》 불법(佛法)을 파괴하여 왜곡하고, 《불상(佛像)》을 모셔 놓은 자리에서 《조석》 《예불》을 하게 함으로써 참석 《대중(大衆)》들에게 그들의 《염력》으로 《악(惡)》의 씨앗을 심음과 동시에 그들의 사상(思想)과 관념(觀念)을 심고 고쳐진 경전(經典)의 《문자반야(文字般若)》에만 중생들을 매달리게 함으로써 경전(經典) 속에 숨어 있는 《근본진리》를 보지 못하게 가로막고 수행법으로는 궁극적으로 파멸(波滅)의 길로 가는 《참선법(參禪法)》을 가르치며, 오늘날까지도 《불교(佛敎)》라는 종교(宗敎)의 정상에 자리하여 중생(衆生)들의 《정신세계(精神世界)》를 지배한 후 중생(衆生)들을 타락시켜 그 위에 군림(君臨)을 하고 중생(衆生)들을 파멸(波滅)의 길로 내몰고 있는 것이다.

　지금까지 그대들이 믿고 따르고 있는 《석가모니》로 이름한 부처(佛)는 《악마(惡魔)의 신(神)》인 《석가모니》로서 반쪽짜리 부처(佛)인 《대마왕신》 부처(佛)이다. 이러한 《대마왕신》 부처의 본색(本色)을 상세히 공개하는 필자가 바로 《미륵불(彌勒佛, Maitreya Buddha)》이시다. 이러한 공개를 하는 이유가 바로 선량한 불자(佛者)들을 구원의 길로 인도하기 위해서이다.

　하여금 이 《미륵불(佛)》이 불자(佛者) 여러분들께 몇 가지 당부를 드리고자 한다. 현재 그대들이 믿고 따르고 있는 부처(佛)는 《대마왕신 부처(佛)》로서 《악(惡)》을 심는 부처(佛)이며 그대들이 가진 불법(佛法)은 《석가모니 하나님 부처님》 《진리(眞理)의 법(法)》이 훼손되고 고쳐진 타락한 최하위의 《마왕 불법》과 《해방(解放)》 이후 전환이 된 《대중부》 《독각불교》이다. 이러한 《마왕신 부처(佛)》와 《마왕불법(佛法)》과 《대중부 독각불교》로부터 하루빨리 벗어나고자 하면 《사찰》과 마왕신 부처(佛)의 하수인들인 《승려》들로부터 벗어나서 《석가모니 하나님 부처님》께 깊은 참회를 함으로써 지금까지 그대들이 그들로부터 받은 《마성(魔性)》으로부터 벗어난 후 《석가모니 하나님 부처님》 진리(眞理)의 법(法)을 바로 찾아 올바른 정진(精進)을 하였을 때라야 비로소《석가모니 하나님 부처님》께서 행(行)하시는《구원(救援)》의 대열에 설 수가 있음을 알려 드리는 바이다.

그리고 한 가지 더 명심하셔야 될 사항은 모든 중생(衆生)들을《구원(救援)》하실 수 있는 분은《원천창조주》이신《석가모니 하나님 부처님》밖에는 없으며 불법(佛法) 일치를 이루신 완전한 깨달음의 부처(佛)들도 그대들을 구원의 길로 인도하는 인도자일 뿐임을 바로 아시기 바란다. 그리고 지금의 때로 봐서는《시간(時間)》이 별로 없다. 이러한 시간이 곧《문명(文明)의 종말(終末)》을 말하는 것이다. 불자(佛者) 여러분들이 바로 섰을 때《미륵불(彌勒佛, Maitreya Buddha)》도 그대들을 바로 인도할 수 있기 때문에 때에 간절한 권고를 드리는 것이다.

[2] [불법(佛法) 파괴의 실상(實相)]

(1) [북방불교(北方佛敎)의 전래(傳來)]

《악마(惡魔)의 신(神)》인 《석가모니》 생전(生前)에 《관세음보살 1세》의 지시로 《사리프타》와 《목건련》으로 이름하고 《악마(惡魔)의 신(神)》인 《석가모니불(佛)》 10대 제자로 자리하였던 《문수사리》와 《지장보살 1세》가 호시탐탐 《악마(惡魔)의 신(神)》인 《석가모니불(佛)》 목숨을 노리다가 그들의 수하 《마왕(魔王)》들 덕분에 《악마(惡魔)의 신(神)》인 《석가모니불(佛)》 독살(毒殺)에 성공한 후 《관세음보살 1세》와 《문수사리》가 제일 처음 시도한 것이 《반야심경》을 《개작(改作)》 왜곡하여 《독각(獨覺)》의 《경(經)》으로 둔갑시키는 일이었으며,

두 번째 취한 조치가 《악마(惡魔)의 신(神)》인 《석가모니불(佛)》 멸후(滅後) 단행된 《대가섭존자》를 상좌로 한 《굴내결집(窟內結集)》이 1차적으로 단행되어 《경율(經律)》《2장(藏)》으로 된 《보살도(菩薩道)》로 가는 《성문(聲聞)》의 도(道)가 완성이 됨으로써 이때 《굴내결집》에 참여하지 못한 《사리프타》인 《문수사리》와 《목건련》인 《지장보살》을 따르는 《그리스》《자연사상》에 물든 타락한 《연각승》들과 《독각승(獨覺僧)》들의 무리들이 《문수사리》와 《관세음보살 1세》의 지시로 따로 《굴내결집본(窟內結集本)》을 왜곡하는 《굴외결집(窟外結集)》을 단행하여 처음부터 《자연사상(自然思想)》이 담긴 《경율(經律) 2장》으로 된 《연각승》과 《독각승》들만의 2차 불법(佛法) 파괴된 《음(陰)의 독각불교》 경전(經典)으로 결집(結集)을 마치는 것이다.

이러한 이후 《악마(惡魔)의 신(神)》인 《석가모니》가 반복되는 윤회로 《마하데바(Mahadeva)》로 이름하고 와서 《음(陰)의 독각불교》 경전을 가지고 《BC 383 ~ BC 348》년 《35년간》 3차 불법 파괴 왜곡하여 《대중부 독각불교》를 만들게 된다.

이러한 《대중부 독각불교》 탄생에 크게 자극을 받은 《관세음보살 1세》께서는 이후 반복(反復)되는 윤회(輪廻)로 남자(男子) 몸(身)을 받아 《인도》《마우리아 왕조(Maurya Dynasty)》의 《아쇼카왕(Ashoka)》(재위 273BC~236BC)으로 오시면서 《출산》을 담당하는 우주의 어머니(母)답게 2차

불법(佛法) 파괴로《음(陰)의 독각불교》를 탄생시킬 때의《문수사리》와《목건련》을 비롯한《바사파》를 중심한 승려들 모두를《반복(反復)》되는《윤회(輪廻)》로 다시 태어나게 한 후 이들을 한 곳에 모아《아쇼카왕(Ashoka)》(재위 273BC~236BC) 주도로 4차로 불법 파괴된 경전(經典) 결집을 행(行)하면서《경율 2장》에《논장》을 첨가하여《삼장》으로 만들고 이들《연각》과《독각》무리들이 가소롭게도 그들이《대승(大乘)》이라고 거들먹거린 것이다.

원래《논서(論書)》는 별도 관리하는 것이 원칙인데, 그들은 이를《논장》으로 이름하고 이를 통해 본격적으로《불법(佛法)》파괴에 들어가는 것이다. 방대한《불법(佛法)》에《논장》까지 가세하다 보니《불법(佛法)》은 더욱더 방대하게 된 것이다. 이러한《논장》첨가로 오는 폐해를 간단히 요약하면,

첫째,《논장》을 통한《불법(佛法)》파괴와 함께《불법(佛法)》을 그들의 입맛에 맞는 음(陰)의《독각불교》합리화에 이를 이용하고

둘째,《논장》이 첨가된 방대한 불법(佛法)으로 일반 선량한 불자(佛者)들로 하여금《불법(佛法)》에 직접 접근하는 것을 차단하며

셋째, 이로써《지혜(智慧)》도 쌓지 못하고《실력》도 없는《연각》과《독각 무리》승려들의 입(口)만 쳐다보는《기복불교(祈福佛敎)》의 고착화를 단행한 것이다.

이들 무리들은 이러한 짓을 함으로써 아예《음(陰)》의《독각불교(獨覺佛敎)》를《기복불교(祈福佛敎)》로 전환시켜 타락한《상좌부 연각과 독각 불교(佛敎)》를 만들어 이를《BC 2세기》에《중원 대륙》으로 들여보낸 것이《북방불교전래(北方佛敎傳來)》이며 한편으로는《스리랑카》를 통해《동남아시아》로 들여보내게 됨으로써《상좌부(上座部) 연각과 독각 불교》가 자리하게 되는 것이다. 또한,《상좌부 연각과 독각 불교》를《중원 대륙》으로 들여보내게 된 이유는 순수한《전법(傳法)》활동이 아닌 전략적인 차원에서《중원 대륙》으로 이를 전한 것이다.

이러한《중원 대륙》은《단군조선》편에서 설명 드린 바대로 음(陰)의《곰족(熊族)》무리들

인 《석가모니 하나님 부처님》의 직계와 《관세음보살 1세》의 후손들인 《구려족》들과 《노사나불(佛)》과 《연등불(佛)》의 후손들인 《연각승》 무리들을 제외한 《중원 대륙》 전체 인구의 《60%》를 차지하는 무리들인 《문수보살》 후손들인 《퉁구스족》과 《선비족》과 《무곡성불(佛)》과 《천관파군》과 《천왕불》과 《야훼 신(神)》과 《관세음보살 2세》와 《천관파군》 후손 민족들 모두들이 《독각》의 무리들이기 때문에 이들 《독각》 무리들을 장악하여 지배하기 위해 《문수사리보살》이 《관세음보살 1세》와 함께 《음(陰)》의 《독각불교(佛敎)》를 《상좌부 연각과 독각 불교》로 만들고 이들 《독각 무리》들에게 그들의 《사상(思想)》과 《관념(觀念)》을 심음으로써 《종교적(宗敎的)》으로 그들을 지배할 목적으로 이를 《중원 대륙》에 전하였음을 깊이 아시기 바라며, 이것이 《대승(大乘)》도 아닌 불교(佛敎) 진화(進化)의 과정에서 구분되는 《연각승》들과 《독각승》들이 선량한 불자(佛者)들을 현혹하여 기만한 《북방불교(北方佛敎)》 전래의 실상(實相)인 것이다. 그리고 이러한 무리들이 《동양사회》의 역사(歷史)를 왜곡한 무리들로서 이들이 기록한 내용들을 믿어서는 안되는 것이다.

(2) [상좌부 연각과 독각 불교(上座部 緣覺과 獨覺 佛敎)]

이와 같이 《아쇼카 왕(Ashoka)》(재위 273BC~236BC) 때에 진행된 4차 불법 파괴를 위한 경전 결집은 사실상 《아쇼카 왕(Ashoka)》으로 이름하고 오신 《관세음보살 1세》께서 주도한 것으로써, 《관세음보살 1세》께서 《대마왕》들과 뜻을 같이 한 때가 된다. 이후 《아쇼카 왕(Ashoka)》(재위 273BC~236BC)은 이렇게 하여 결집된 《상좌부》《연각》과 《독각》 불교 경전(經典)들을 《스리랑카(Sri Langka)》로 보내 이전 《노사나불》께서 《비자야(Vijaya)》(생몰 562BC~475BC)로 이름하고 《경율(經律)》 2장으로 된 《보살도》로 가는 《성문의 불법》인 순수한 불법(佛法)을 전한 루트를 따라 《버마(Burma)》, 《태국(Thailand)》 등 동남아시아 일대로 전(傳)하게 된 것이다. 이후 《비자야(Vijaya)》(생몰 562BC~475BC)가 전한 《성문》의 불법(佛法)과 《상좌부 연각과 독각 불교》로 이름된 불법(佛法)이 마찰을 빚어 상당한 파문을 일으키기도 한 것이다.

이러한 《상좌부 연각과 독각 불교》는 《보살불교(菩薩佛敎)》를 지향하는 《성문》의 불법(佛法)보다는 한 단계 아래 불법으로써 이 역시 대마왕들이 획책한 《그리스 자연사상》이 가

미된 《굴외결집》본(本)인 《음(陰)》의 《독각불교(獨覺佛敎)》 경전(經典)들 일부를 또다시 왜곡하고 이러한 경전(經典)에서 《논장(論藏)》이 첨가된 경전(經典)들이 곧 《상좌부 연각과 독각 불교(上座部 緣覺과 獨覺 佛敎)》 경전(經典)들임을 분명히 하는 것이다.

(3) [《악마(惡魔)의 신(神)》인 《석가모니》 불멸(佛滅) 이후의 《인도》]

　《악마(惡魔)의 신(神)》인 《석가모니》 불멸(佛滅) 이후 《인도 사회》는 굴내결집과, 《굴외결집》인 《음(陰)》의 독각불교와 《대중부 독각불교》와 《상좌부 불교》 경전 결집이 끝난 이후부터 《서력기원》 전후(前後)까지 혼탁한 《부파불교(部派佛敎)》 시대가 전개된다. 이러한 《부파불교》 시대를 한마디로 말씀드리면, 《성문승(聲聞僧)》들과 《연각승(緣覺僧)》들과 《독각승(獨覺僧)》들이 무리를 이루어 《불교(佛敎)》 주도권을 차지하기 위해 서로 다투는 시대를 말하는 것이다.

　이러한 이후의 《인도》는 인도 문명을 선도적으로 이끌어 왔던 《아리안(Aryan)》족과 《쌍둥이 천왕불》의 후손들인 《드라비다족(族)》들이 화해함으로써 외래 종교(宗敎)인 《이슬람교》, 《조로아스터교》, 《기독교》, 《불교(佛敎)》, 《자이나교》 등이 제외된 고대 《인도》로부터 전해 내려오던 《바라문교(婆羅門敎, Brahmanism)》가 복잡한 민간 신앙과 《자연사상(自然思想)》을 받아들여 《힌두교(Hindu)》로 탄생한 것이다. 이러한 《힌두교(敎)》를 《인도교(印度敎)》라고도 한다.

　이와 같은 《바라문교(婆羅門敎, Brahmanism)》가 고대 《한국(韓國)》의 5대 《태우의 한웅님》(3512BC)이셨던 《석가모니 하나님 부처님》께서 최초의 불교(佛敎)로 발전시켰던 《한단불교(桓檀佛敎)》가 그대로 옮겨진 것이 《바라문교(Brahmanism)》로써, 그들의 경전(經典)인 《베다(Vedas)》와 《우파니샤드(Upanishads)》가 먼저 밝혀 드린 《한단불교》 4대 《경전(經典)》을 그들 문자(文字)로 풀어서 기록한 《경전(經典)》들인 것이다.

《악마(惡魔)의 신(神)》으로서 《대마왕신(大魔王)》 부처(佛)인 《석가모니》가 《불법(佛法)》 일치를 이룬 완전한 깨달음을 얻지 못하였기 때문에 그의 독자적인 《법(法)》은 없다. 이 때문에 《석가모니 하나님 부처님》의 《법(法)》을 훔쳐 와서 《악마(惡魔)의 신(神)》인 《석가모니》가 설법(說法)함으로써 《묘법연화경》《문자반야(文字般若)》를 제외한 《굴내결집》된 《성문(聲聞)의 불법》 경전(經典)들은 귀한 《석가모니 하나님 부처님》의 《경전(經典)》들이 되는 것이다.

그러나 이러한 그가 설(說)한 《성문(聲聞)》의 불법(佛法)에 《연각승》과 《독각승》들이 끼어들어 《굴외결집》을 하여 따로 음(陰)의 《독각불교》《경전》으로 둔갑시키고 그것도 모자라 《대중부 독각 불교》와 《상좌부 불교》에서 불법(佛法)을 파괴하여 또다시 왜곡을 함으로써 근 500년 동안 《부파불교》 시대를 거치는 동안 온갖 추한 꼴을 다 보인 관계로 결국 그들과 그들의 《법(法)》은 배척을 당하고 결국 《한단불교》의 후신(後身)인 《바라문교(婆羅門敎, Brahmanism. 브라만교)》로 회귀(回歸)하여 《힌두교(敎)》로 거듭 태어난 것이다. 이 과정에서 《민간신앙》과 《자연사상》을 자연스레 받아들임으로써 《바라문교(Brahmanism)》의 《순수성》을 잃고 결국 《힌두교》 역시 《독각》 무리 우두머리 중의 한 분인 《드라비다족(族)》의 최고 조상(祖上)인 《쌍둥이 천왕불》이신 《알라신(神)》에게 지배당함으로써 《힌두교》 역시 타락한 것이다. 그러나 그들 가르침의 표상인 《경전(經典)》만은 변함없이 《순수성》을 가지고 있는 것이다.

(4) [불교(佛敎)와 불법(佛法)]

《한단불교(桓檀佛敎)》의 《석가모니 하나님 부처님》《진리(眞理)》의 《불법(佛法)》과 《악마(惡魔)의 신(神)》인 《대마왕신(神)》《석가모니》가 설(說)한 《석가모니 하나님 부처님》의 불법(佛法)은 《음양(陰陽)》 짝을 하는 《석가모니 하나님 부처님》의 불법(佛法)으로써 이로써 펼쳐지는 것이 《보살불교(佛敎)》가 되는 것이다. 때문에 《대마왕신(神)》으로서 《악마(惡魔)의 신(神)》인 《석가모니》가 설(說)한 《석가모니 하나님 부처님》의 《양(陽)》의 《불법(佛法)》 중 《묘법연화경》《경전(經典)》 속에 숨어 있는 《천부진리(天符眞理)》를 모르고 《경전》의 《문자반야(文字般若)》에만 끄달리면 《악마(惡魔)의 신(神)》인 《대마왕신(神)》《석가모니》로부터 비롯되는 《악(惡)

》의 씨앗인《마성(魔性)》의《기(氣)》로부터 자유로울 수가 없어《악마(惡魔)의 신(神)》인《대마왕신(神)》《석가모니》의 포로가 되어 궁극에는《파멸(波滅)》을 맞이하게 되나,《경전(經典)》속에 들어 있는《천부진리(天符眞理)》내용을 알고 공부를 같이 하면《악마(惡魔)의 신(神)》인《대마왕신(神)》《석가모니》의《마성(魔性)의 기(氣)》로부터 벗어나기 때문에《성불(成佛)》의 길로 나아가는 데는 아무런 방해도 받지 않는다는 사실을 깊이 인식하시기 바란다.

　　《한단불교》경전(經典)들이 전하여져 그들의 문자(文字)로 풀어서 경전(經典)을 만든 것이《바라문교(婆羅門敎)》의 경전(經典)들인《베다(Vedas)》와《우파니샤드(Upanishads)》임을 밝힌 바가 있다. 이렇듯《한단불교》의 경전(經典)에 있는《천부진리(天符眞理)》를 풀어서 쉽게《해설서(解說書)》로 만들어《베다(Vedas)》와《우파니샤드(Upanishads)》경전들을 만들다 보니《바라문교(婆羅門敎, 브라만교)》에서는 처음《한단불교(桓檀佛敎)》에서 전(傳)한《천부진리(天符眞理)》를 세월이 흐르면서 모르게 된 것이다. 이로써《바라문교(婆羅門敎)》에서는《석가모니 하나님 부처님》《양(陽)》의《불법(佛法)》에 담겨있는《천부진리(天符眞理)》를 보지 못하고《힌두교(敎)》를 만들 때《악마(惡魔)의 신(神)》인《석가모니》가 설(說)한《석가모니 하나님 부처님》《양(陽)》의《불법(佛法)》모두를 배척한 것은 크게 잘못된 일로써 이를 일찍이 간파하였다면《힌두교(敎)》의 발전은 엄청나게 되었을 터인데 하는 진한 아쉬움이 남는 것이다.

　　또한, 이러한 것을 방해한 주인공이《관세음보살 1세》와《문수보살》일당들이 만든《음(陰)》의《독각불교》라는 점을 분명히 하는 것이며,《자연사상(自然思想)》을 받아들이면 아울러 진화(進化)가 덜된《자연신(自然神)》까지 끌어들임으로써 궁극에는 그 종교(宗敎)가 부패하여 타락하고 만다는 이치를 분명히 아시기 바란다.

(5) [당 왕조(唐王朝)와 불법(佛法)]

　　《천제(天帝)》의 나라 계승(繼承) 문제를 놓고《고구려》와《수(隋)》나라 사이에서 벌어진《역사(歷史)》논쟁에서《고구려》가 승리한 후 이 여파로 인한 전쟁에서《수(隋)》나라가《고구려》에 패(敗)하자 《수(隋)》나라는 망하고 곧 뒤이어 《대마왕》《다보불(佛)》과 《문수보살 1세》의 비호 아래 《당 왕조(唐王朝)》가 들어서면서 《당 고조(唐高祖)》가 된 《이연(李淵)》(AD566~AD640, 재위 AD618~AD626)으로 이름한 《악마(惡魔)의 신(神)》인 《대마왕신(大魔王神)》《천관파군 1세》는 그의 아들로 태어나서 훗날 《당태종(唐太宗)》이 될 《이세민(李世民)》으로 이름한 대마왕(大魔王)《무곡성불》과 함께 《한민족(韓民族)》 구성원들이 만든 《고구려》와 《신라》와 《악마(惡魔)의 신(神)》들인 《비로자나 1세》의 후손들이 만든 《백제》가 모두 독실한 《보살 불교 국가(佛敎國家)》들임을 감안하여 《보살불교(菩薩佛敎)》와 《한민족(韓民族)》 말살을 위해 《미래세(未來世)》를 내다보고 《독각(獨覺)》 특유의 엄청난 흉계 3가지를 꾸미고, 이의 실행을 위해 만반의 준비를 갖춘다.

이러한 엄청난 흉계 3가지를 먼저 정리하면 다음과 같다.

첫째, 《연각승(緣覺乘)》과 《독각승(獨覺乘)》 위주로 번역된 《음(陰)》의 《독각불교(獨覺佛敎)》에서 다시 불법(佛法) 파괴된 《상좌부 연각과 독각 불교》 경전(經典)들을 만들고 《자연사상(自然思想)》을 신봉하는 《연각승(緣覺乘)》의 도(道)에서 《구원자(救援者)》로 자리한 《관세음보살 1세》를 《구원자》의 지위에서 끌어 내리고 《독각승(獨覺乘)》들만의 《당 마왕불교(唐魔王佛敎)》를 만들기 위한 준비와 실행

둘째, 《중원 대륙》의 모든 인간 무리들을 《대마왕》들과 《악마(惡魔)의 신(神)》들인 《대마왕신(神)》들의 추종 세력으로 만들기 위한 목적과 아울러 《당 마왕불교》를 《한반도》로 들여보내 《한민족(韓民族)》의 《정체성》을 파괴함과 아울러 《한민족(韓民族)》 구성원들인 《백성(百姓)》들을 타락시켜 《하층민》 전락과 아울러 궁극적으로 《한민족(韓民族)》 말살을 꾀하기 위한 준비와 실행

셋째, 《미래세(未來世)》 두 번째 설정한 목표 완성을 위해 《당 왕조(唐王朝)》 왕실의 종친을 《신라》로 이주시켜 훗날 그들 후손들의 왕조(王朝)를 《한반도》에 세워 두 번째 목적 완성을 꾀하기 위한 준비와 실행

이렇듯 이들《대마왕》들과《악마(惡魔)의 신(神)》들인《대마왕신(神)》들은 철두철미한 계획을 수립하고 먼 미래세(未來世)의 목표까지 완성하여 둠으로써《불법(佛法)》파괴는 물론《진리(眞理)》를 아예 송두리째 뽑고《한민족(韓民族)》말살에 광분하는 정책을 만들어 놓게 된다. 이로써《왕조(王朝)》가 바뀌더라도《대마왕》들과《악마(惡魔)의 신(神)》들인《대마왕신(神)》들이 만드는 왕조(王朝)에서는 어떠한《왕조(王朝)》가 되더라도 이러한 정책을 물려받아 변경 없이 지속적으로 목적 완성을 위해 노력하는 것이 불문율처럼 되어 있는 것이다. 이러한 모든 정책들이《독각》의 최고 우두머리인 한때《단군왕검(檀君王儉)》으로 왔던《문수보살》과《다보불(佛)》의 지시로 인하여 수행된다는 점을《한민족(韓民族)》모든 백성(百姓)들은 깊이 인식하셔야 될 일임을 밝혀 두는 바이다.

① [음(陰)의 독각불교(獨覺佛敎)]

　《자연사상(自然思想)》은《선천우주(先天宇宙)》동안《역리(逆理)》의 길인《1-4-1》의 진화(進化)의 길에서《지배욕(支配慾)》과《권력욕(權力慾)》에 의한 통치(統治) 차원의 방편으로써 만들어진 것이다. 이러한《자연사상》이 가미된《굴외결집》은 한마디로 말씀드리면,《보살도(菩薩道)》를 따르는《성문(聲聞)의 도(道)》를 배제한《연각승(緣覺乘)의 도(道)》와《독각 무리의 도(道)》의 입장에서 결집된 경전(經典)들로써 이러한《경전(經典)》들을 가지고 만들어진《불교(佛敎)》를《음(陰)의 독각불교》라고 하는 것이며, 이러한《음(陰)의 독각불교》가 3차 불법 파괴 때《마하데바》로 이름하고 온《악마(惡魔)의 신(神)》인《석가모니》에 의해《대중부 독각불교》로 다시 왜곡이 됨으로써 이를《음(陰)의 독각불교》에서 다시《음양(陰陽)》으로 나눈《음양(陰陽)》의 독각불교로써《대중부 독각불교》라고 하며, 4차 불법 파괴 때《논장》이 첨가된 3장으로 된《상좌부 연각과 독각 불교》는《음(陰)의 독각불교》를 다시《음양(陰陽)》으로 나눈《음음(陰陰)》의 독각불교로써 이름하는 것이다.

　이와 같이《대중부 독각불교》는 3차로《불법(佛法)》이 파괴되어 왜곡이 된 것이며, 그 다음으로《상좌부 독각불교》는 2차 불법(佛法) 파괴된《굴외결집본》인《음(陰)의 독각불교》를 4차로《불법(佛法)》을 파괴하여 왜곡을 한 것이다.

이와 같이 《음(陰)의 독각불교》로부터 《대중부 독각불교》와 《상좌부 연각과 독각 불교》로 나누어진 것임을 깊이 아시기 바란다. 즉, 《음(陰)》의 《독각불교》는 《연각승(緣覺乘)》과 《독각승(獨覺乘)》들만의 《불교(佛敎)》로써 《석가모니 하나님 부처님》 《진리(眞理)》의 《법(法)》을 바탕으로 한 《불교(佛敎)》보다는 우주적(宇宙的)으로 《100억 년(億年)》에서 《200억 년(億年)》 진화(進化)가 덜된 후퇴한 《불교(佛敎)》가 《음(陰)》의 《독각불교(獨覺佛敎)》인 것이다. 《연각승(緣覺乘)》과 《독각승(獨覺乘)》 둘만의 불교(佛敎)를 《음(陰)의 독각불교(獨覺佛敎)》라고 하는 점을 잊지 마시기 바라며, 이러한 《음(陰)의 독각불교》가 《대승(大乘)》 《보살도(菩薩道)》를 운운한다는 자체가 불자(佛者)들을 속이는 기만행위라는 것을 분명히 하는 것이다.

※ 특기(特記) 12 :

《대가섭존자》가 상좌로 한 《굴내결집본(窟內結集本)》인 경율 2장은 《산스크리트어(Sanscrit)》로 결집된 것이며, 《굴외결집본(窟外結集本)》은 《팔리어(Pali)》로 결집된 것이다. 변형된 《불법(佛法)》을 《산스크리트어(Sanskrit)》로 결집한다는 것은 불가능한 일로써 이는 《산스크리트어(Sanskrit)》가 《지상(地上)》의 선대문명(先代文明) 때에 《석가모니 하나님 부처님》께서 《신(神)》들을 위하여 만드신 《문자(文字)》이기 때문이다. 고로 《음(陰)의 독각불교》 경전(經典)들은 처음부터 《팔리어본(本)》으로 결집된 것임을 아시기 바란다.

② [당 마왕불교(唐魔王佛敎)]

《음(陰)》의 《독각불교》 경전(經典)에서 《자연사상(自然思想)》과 《연각승(緣覺乘)》의 자취인 《관음신앙》을 모두 지우고 순수한 《독각(獨覺)》들만의 《경전(經典)》으로 둔갑시켜 만든 《불교(佛敎)》로써 이를 《양(陽)의 독각불교》 또는 《당 마왕불교(唐魔王佛敎)》라고 한다. 이러한 《당 마왕불교(唐魔王佛敎)》는 《음(陰)의 독각불교》보다 진화(進化)가 100억 년(億年) ~ 200억 년(億年) 후퇴한 《불교(佛敎)》이고 《석가모니 하나님 부처님》 《진리(眞理)》의 《불교(佛敎)》보다는 200억 년(億年) ~ 300억 년(億年) 뒤로 후퇴한 《진화(進化)》가 덜된 《불교(佛敎)》로써 말 그대로 《마왕불교(魔王佛敎)》로써 《당(唐)》나라 이후 《동남아》 일부를 제외한 《동양권》 전체가 《당 마왕불교(佛敎)》를 하고 있었으나 지금의 때로써는 《음(陰)의 독각불교》가 다시 파괴된 《대중부 독각불교》가 주류를 이루고 있는 것이다.

※ 특기(特記) 13 :

《문수보살》이 《BC 2333년》 《단군왕검(檀君王儉)》으로 이름하고 《단군조선(檀君朝鮮)》을 세운 이후 《용자리 성단》 출신들인 《신선(神仙)》 《46분(分)》과 함께 《단군조선》을 다스리면서 《북두칠성연명경》을 소의 경전(經典)으로 하고 지배층에는 훗날 《교외별전》되는 《선법(禪法)》으로 《신선(神仙)》 수행을 시키고 백성(百姓)들에게는 《기복신앙》을 심어 《연각승(緣覺乘)》 사상(思想)과 《관념(觀念)》을 심은 후 《단군조선》이 망(亡)하게 됨으로써 《상좌부 연각과 독각불교(佛敎)》가 《중원 대륙》으로 전하여진 후, 《당(唐)》왕조(王朝)가 들어서면서 《다보불(佛)》과 《문수보살》은 《연등불(佛)》과 《관세음보살 1세》와 연관되어 있는 《연각승(緣覺乘)》의 도(道)와 《관음신앙》을 정리하여 《독각 무리》들만의 《마왕불교》를 만들게 된다. 이로써 《노사나불(佛)》과 《노사나불(佛) 3세》인 《연등불(佛)》은 《관세음보살 1세》와 결별하고 《관세음보살 1세》는 《다보불(佛)》과 《문수보살》과 다시 결별하게 됨으로써 《중원 대륙》 전체를 《다보불(佛)》과 《문수보살》 영향력 하에 장악하는 목적으로 단행된 것이 《당 마왕불교》인 것이다. 이로써 《연각승의 도(道)》와 《관음신앙》을 정리하여 《당 마왕불교(佛敎)》로 전환하면서도 《연각승》들의 수행법인 《교외별전》되는 《선법(禪法)》인 《간화선(看話禪)》은 그대로 받아들이고 《연각승》들의 《기복신앙(祈福信仰)》은 《기복불교(祈福佛敎)》로 전환시키는 교활함을 보인 것이다.

《연각승》들과 《독각승》들의 《음(陰)의 독각불교》에서는 《마왕》《부처(佛)》 이룸에 이르는 《진화(進化)》를 허용한 바가 있으나, 《당 마왕불교(唐魔王佛敎)》인 《양(陽)》의 《독각불교》에서는 진화(進化)는 처음부터 도외시하고 있다.

이러한 그들은 《불법》에 깊은 지식이 없는 불자(佛者)들을 《승단(僧團)》의 《승려》들을 통하여 《법당(法堂)》과 《신장전》에 도사리고 있는 《마왕》《불보살》들에게 《복(福)》이나 빌게 하여 《불자(佛者)》들로 하여금 《탐욕》과 《이기심》만 부채질하여 극대화시키게 하고, 착한(善) 불자(佛者)들에게는 《악(惡)》의 씨앗을 심고 처음에는 《복(福)》을 주는 척하다가 끝에는 《파멸》시키고 《악(惡)》의 씨앗을 가진 자가 와서 《복(福)》을 빌면 더욱더 《마왕짓》 많이 하라고 잘 되게 함으로써 《미래세(未來世)》 진화(進化)에 대하여서는 아무 생각도 하지 못하게 가로막고 오직 인간 육신(肉身)을 가지고 있는 《현생(現生)》에만 잘 먹고 잘 살고 뽐내며 교만하고 잘난 체하며 잘 살고 가면 된다는 것만 가르친 것이다.

그럼으로써 《다보불(佛)》과 《문수보살》은 《마왕》 무리들 《승단(僧團)》을 통하여 모든 불자(佛者)들을 《기복(祈福)》의 포로로 만들어 그들의 소유물(所有物)로 삼아 그들의 영향력과 지배하(支配下)에 두고 《승단(僧團)》을 이끌고 있는 무리들에게는 《지혜(智慧)》의 완성(完成)으로 가는 수행은 등한시하고 《연각승》 수행법인 《참선(參禪)》을 행(行)하게 함으로써 진화(進化)의 시발점인 《암흑물질(Dark matter)》로 되돌아가게 하여 《파멸》의 길로 내몰고 있는 것이다. 《신선(神仙)》 이루고자 《연각승》이 만든 《선법(禪法)》을 《신선(神仙)》 이루는 가르침의 싹을 자르고 《당 마왕불교(唐魔王佛法)》의 이용물로써 《선법(禪法)》을 가르치니 파멸(波滅)의 결과들이 나타나는 것이다.

상기 말씀드린 바를 한마디로 요약정리하면, 《당 마왕불교(唐魔王佛法)》와 그 수행 《선법(禪法)》은 《파멸》을 맞이한 이후 진화(進化)의 원점으로 돌아가서 다시 고통스러운 진화(進化)를 하겠다는 의미 밖에 없는 《진화(進化)》에 역행하는 마왕 《불교(佛敎)》라는 점을 《메시아(Messiah)》이신 《미륵불(彌勒佛, Maitreya Buddha)》이 분명히 하는 것이며, 이러한 《파멸》을 불러오는 《마왕불교(魔王佛敎)》를 만든 자가 바로 《다보불(佛)》과 《문수보살》이라는 사실을 《한국(韓國)》의 백성(百姓)들은 깊이 아로새겨야 할 것이다.

---

(6) [당 왕조(唐王朝)와 《다보불》과 《문수보살》]

《문수보살》이 상기 설명 드린 이러한 짓을 하기 위해《한국(韓國)》의 고대 국가인《구막한제국(寇莫韓帝國)》을《BC 2333년》에《석가모니 하나님 부처님》이신《거불단(단웅)》님으로부터《세습》으로 물려받은 후《단군조선(檀君朝鮮)》을 세우고《반복(反復)》되는《윤회(輪廻)》를 하면서 그의 수하에 있는《46분》의 신선(神仙)들인《단군(檀君)》들과 함께《노사나불(佛)》의 그늘 속에서《연등불(佛)》과 합작하여 약《2,300년》간 별별《쇼(Show)》를 다 벌여가며《한국(韓國)》의 고대 국가인《구막한제국(寇莫韓帝國)》을 토막 내어《한족(漢族)》의 조상(祖上)들인《8명》의《대마왕》들과《대마왕신(大魔王神)》들에게 넘겨준다.

그리고 그는《악마(惡魔)의 신(神)》인《석가모니불(佛)》불멸후(佛滅後) 지금까지 설명 드린 바대로《연각승》과《독각승》들이 어우러진《음(陰)의 독각불교》를 만들어 그의 입지를 굳힌 후 이번에는《연각승》을 축출함으로써《노사나불(佛)》과《관세음보살 1세》의 뒤통수치는《당 마왕불교》인《독각》들만의《불교(佛敎)》를 만듦과 동시에 그는 표면에 나서지 않고 8명의《대마왕》들과《악마(惡魔)의 신(神)》들인《대마왕신(神)》중의 한 분인《천관파군 1세》를 내세워《당 왕조(唐王朝)》를 만들어《당 고조(唐高祖)》(AD566~AD640, 재위 AD618~AD626)로 자리하게 한 후,《BC 27년》에《로마》가《석가모니 하나님 부처님》권위에 도전하는《황제(皇帝)》와《제국(帝國)》을 사칭하고《우주 쿠데타》를 선포한 것과 같이《동양(東洋)》에서는 두 번째로《다보불》과《문수보살》이 이들《대마왕신(神)》8명을 규합하여《관세음보살 1세》와《노사나불(佛)》과《연등불(佛)》을 배제한 후《황제(皇帝)》와《제국(帝國)》을 사칭하는《당 왕조(唐王朝)》(AD618~AD907)를 출발시킴으로써《석가모니 하나님 부처님》의《진리(眞理)》의《법(法)》에 반기(反旗)를 드는《우주 쿠데타》를 선포하고 그 정점에《다보불》과《문수보살》이 자리한 것이다.

이로써 그는 특이하게도《독각》의 우두머리들인《대마왕》들과《악마(惡魔)의 신(神)》들인《대마왕신(神)》《8》을 묶어 하나의 공동《성씨(姓氏)》인《이씨(李氏)》를 만들고 이들《대마왕》들과《악마(惡魔)의 신(神)》들인《대마왕신(神)》8명 각각의 1세, 2세, 3세로 하여금《반복(反復)》되는《윤회(輪廻)》를 통하여 번갈아 가며《측천무후》를 제외한 각 대(各代)의 왕(王)들로 자리하게 하여《독각》의《대마왕》들과《대마왕신(神)》《왕조(王朝)》로 운영하는 사례로 만든 것이 특이한 것이다. 이전에도 이러한 사례는 종종 있었으나 이번에도 이러한 그들만의 전통은 계속 유지가 된 것이다. 이와 같은《증거》로《당 왕조(唐王朝)》가 추숭한 조상(祖上)《8명》의《대마왕》들과《악마(惡魔)의 신(神)》들인《대마왕신(大魔王神)》들의 면모를 밝혀 드리면 다음과 같다.

[표1-4-2-1] 당 왕조(唐王朝)가 추숭한 조상(祖上) 8명의 《대마왕》들과 《대마왕신(大魔王神)》

묘호	시호	성명	신명(神名)
	덕명황제(德明皇帝)(당 고조 추숭)	고도(皐陶)	문수보살 1세
	선천태상황제(先天太上皇帝)(당 현종 추숭)	이경(李敬)	천관파군 1세
당 성조(唐聖祖) (당 현종 추숭)	고상대광도금궐 현원태상천황대제 (高上大廣道金闕 玄元太上天皇大帝)	이이(李耳)	천관파군 2세 (이오 신(神))
	흥성황제(興聖皇帝)(당 고조 추숭)	이고(李暠)	천왕불 1세
당 헌조(唐獻祖) (당 고조 추숭)	선황제(宣皇帝)	이희(李熙)	쌍둥이 천왕불
당 의조(唐懿祖) (당 고조 추숭)	광황제(光皇帝)	이천석(李天錫)	무곡성불
당 태조(唐太祖) (당 고조 추숭)	경황제(景皇帝)	이호(李虎)	문수보살 2세
당 세조(唐世祖) (당 고조 추숭)	원황제(元皇帝)	이병(李昞)	야훼 신(神)

[표 1-4-2-2] 당(唐, AD618~AD907) 왕조 왕명록

왕 순서	왕명 및 인명	신명(神名)	신(神) 구분	생몰 및 재위	비고
1	《고조(高祖)》 이연	천관파군 1세	●	생몰 AD566~AD640 재위 AD618~AD626	왕위에서 물려난 후 출가하여 《두순》으로 이름하고 《화엄종》의 종주로 자리함
2	《태종(太宗)》 이세민	무곡성불	◐	생몰 AD598~AD649 재위 AD626~AD649	
3대	《고종(高宗)》 이치	천관파군 2세(이오 신)	●	생몰 AD628~AD683 재위 AD649~AD683	도선(AD596~AD667, 이오 신(神) 분신)으로 하여금 《계율종》을 만들어 종주로 자리하게 하여 《당 마왕불교》를 완성함.
	《의종》 이홍 (중종 추숭)	대마왕신(神)	●		
4대	《중종》 이현	대마왕신(神)	●	생몰 AD656~AD710 재위 AD684.1.4~2.26	모친 측천무후 무씨에 의해 폐위 당함.

5대	《예종》 이단	대마왕신(神)	●	생몰 AD662~AD716 재위 AD684~AD690	모친 측천무후 무씨에 의해 등극하고 폐위 당함.
주(周) 나라	《측천무후》 무조	묘음보살	●	재위 AD690~AD705	국호를 《당(唐)》에서 《대주(大周, 무주(武周))》(AD690~AD705)로 변경함.
4대	《중종》 이현	대마왕신(神)	●	복위 AD705~AD710	자신의 부인 황후 위씨와 자신의 9년 안락공주에게 독살당함.
비 정통	《공종》 이중무	대마왕신(神)	●	생몰 AD695~AD714 재위 AD710(1개월미만)	《중종》과 황후 위씨의 아들로 중종의 4남. 이단의 3남 이융기가 위씨 일가 모조리 죽임. 이중무는 폐위되어 자택 감금당함.
5대	《예종》 이단	대마왕신(神)	●	복위 AD710-AD712	
			중　　략		
20대	《당 애종》 이축	대마왕신(神)	●	생몰 AD892~AD908 재위 AD904~AD907	독살당함.

◐ : 《선악(善惡)》 양면성을 근본 바탕으로 하는 《대마왕》
● : 《악(惡)》을 근본 바탕으로 하는 《악마(惡魔)의 신(神)》들인 《대마왕신(神)》
※ 당(唐) 왕조 황제(皇帝) 모두들은 《대마왕》과 《대마왕신족(神族)》들임.

(7) [당 왕조(唐王朝)와 현장(玄奘)]

　《당 고조(唐高祖)》《이연》(AD566~AD640, 재위 AD618~AD626)으로 이름한 《악마(惡魔)의 신(神)》인 《대마왕신(神)》《천관파군 1세》와 그의 아들로 태어나서 《이세민》으로 이름한 《무곡성불》과 최고의 대마왕 《다보불》과 《문수보살》은 《상좌부 연각과 독각 불교》를 《당 마왕불교(佛敎)》로 전환하기 위해서는 후세인(後世人)들이 납득할만한 《명분(名分)》이 필요했던 것이다.

이로써 《행(行)》하여진 일이 당시 승려 신분이었던 《현장(玄奘)》으로 이름한 《악마(惡魔)의 신(神)》으로서 마왕신(神)인 《천관파군 1세》의 또 다른 《분신(分身)》으로 하여금 《인도》로 들어가서 당대 《인도》에 남아 있던 《불교(佛敎)》 관계 모든 서적들을 수집하여 오도록 명령을 한다. 이러한 명령 수행을 《현장(玄奘)》이 모두 마치고 수집한 서적을 가지고 《당(唐)》으로 돌아왔을 때 《당 고조(唐高祖)》(AD566~AD640, 재위 AD618~AD626)를 중심하여 양쪽으로 늘어선 만조백관들로부터 환영을 받는 기록이 《당왕실》 기록에 지금도 전하여져 오고 있다. 이렇게 하여 수집하여온 《경전(經典)》들을 최고의 대마왕 《다보불》과 《문수보살》과 《현장(玄奘)》은 승려들을 동원하여 새로운 《번역》 사업을 하면서 그들의 입맛에 맞는 번역을 하여 왜곡된 경전(經典) 《대결집》을 다시 하는 것이다. 이로써 《상좌부 연각과 독각 불교》 경전(經典)들을 새로이 고치고 왜곡하는 《불법(佛法)》 파괴를 자행한 것이다.

이와 같은 번역 사업은 《측천무후》 때까지 계속됨으로써 《측천무후》는 《당 마왕불교》 《불법(佛法)》을 다시 파괴한 번역을 하여 《관음신앙》을 되살린 이후 이를 《당 마왕불교》에 접목시킴으로써 타락한 《당 마왕불교(唐魔王佛敎)》 《경전(經典)》들을 다시 완성하여 이를 《신역(新譯)》으로 이름하고 《상좌부 불교》 때의 경전들을 《구역(舊譯)》으로 이름하여 그들의 합리화(合理化)를 위해 이들 《구역(舊譯)》의 경전들을 수거하여 모두 폐기 처분한 것이다.

여기에서 《측천무후》는 한술 더 떠서 《대마왕》들과 《악마(惡魔)의 신(神)》들인 《대마왕신(神)》들이 《악(惡)》의 씨앗을 심는 《예불문》과 그 자신을 위해 만든 《천수경》과 타락한 《당 마왕불교》의 《경전》들과 그들의 수행법인 《선법(禪法)》을 《교외별전(敎外別傳)》으로 이름하고 이들 모두를 《한반도》에 정착한 《보살불교》와 《한민족(韓民族)》 말살을 위해 《우주 쿠데타》 차원에서 2차적으로 《한반도(韓半島)》로 들여보낸 것이다. 이로써 《반야심경》도 《현장(玄奘)》 손에 의해 《진언(眞言)》과 함께 다시 번역되어 《악(惡)》의 씨앗을 심는 《대마왕》들과 《악마(惡魔)의 신(神)》들인 《대마왕신(神)》들의 도구로 전락한 것이다.

(8) [《마왕불법(魔王佛法)》과 《측천무후(則天武后)》

《경(經)》을 독송하는 자(者)들이 파괴된 《마왕불법(魔王佛法)》과 《현장역(玄奘譯)》의 《반야심경》과 《천수경》을 독송하면 《악마(惡魔)의 신(神)》들인 《대마왕신(神)》들과 《묘음보살》인 《측천무후》는 《힘(力)》을 얻게 되고 《경(經)》을 독송하는 불자(佛者)들에게는 겉으로는 참회하는 문자(文字)를 늘어놓고 내면(內面)으로는 《진언(眞言)》으로 《악(惡)》의 씨앗을 심어 《업장》을 두텁게 만들고 《수행자(修行者)》들에게는 《참선(參禪)》을 가르쳐 수행에 성공하는 자(者)들은 궁극적인 《파멸(波滅)》의 길을 걷게 하고 수행(修行)에 실패하는 자(者)들은 《마왕(魔王)》이 되게 한 것이다.

이러한 《마왕》들을 양산시키는 《교외별전(敎外別傳)》된 《선법(禪法)》과 왜곡된 불법(佛法) 모두를 《한반도(韓半島)》로 들여보내 일찍부터 《한반도》에 정착한 《보살불교》를 타파하고 《한민족(韓民族)》 백성(百姓)들을 《하층민(下層民)》으로 전락시키기 위한 《당 왕조(唐王朝)》 《대마왕(大魔王)》들과 《악마(惡魔)의 신(神)》들인 《대마왕신(大魔王神)》들의 계획들이 성공을 거둔 결과, 이후 《한반도(韓半島)》에서의 《통일 신라》 이후는 타락한 불교(佛敎)로 전락하고 만 것이다.

이후 《당 왕조(唐王朝)》가 세 번째 계획하였던 《당 왕조(唐王朝)》 종친을 《신라》로 이주시켜 그들 후손(後孫)들이 국력(國力)이 약하여진 《고려》를 멸망하게 하고 세운 《조선 왕조(朝鮮王朝)》 역대 왕(歷代王)들이 하나같이 《악마(惡魔)의 신(神)》들인 《대마왕신(神)》들과 《대마왕》 불보살들이며, 이렇게 하여 망(亡)한 《고려 왕조(王朝)》 역시 《가이아 신(神)》과 《그림자 비로자나 1세》가 세운 《악마(惡魔)의 신(神)》들인 《물고기》, 《어패류》 영신(靈身)을 가진 《대마왕신(神)》들이 주도권을 쥔 나라로써 《고려 조정》은 《악마(惡魔)의 신(神)》들인 이들 《대마왕신(神)》들 상당수가 차례로 《왕(王)》들이 되어 《한반도(韓半島)》를 지배하며 《한민족(韓民族)》 정체성(正體性)을 파괴하고 《특수층》을 제외한 《백성(百姓)》들 모두를 《하층민(下層民)》으로 전락시킨 것이다.

이렇듯 《악마(惡魔)의 신(神)》들로서 《대마왕신(神)》들인 《가이아 신(神)》과 《그림자 비로자나 1세》가 주도권을 쥔 《고려》를 《조선 왕조(王朝)》가 멸망시킨 이유는 《고려 왕조(王朝)》 때에 시행착오를 겪었던 《국가 경영》을 시정하고 더욱 더 철두철미한 《악마(惡魔)의 신(神)》들인 《곤충 영신》을 가진 《대마왕신(神)》들과 《대마왕》 불보살들의 나라로 만들기 위해 체제 정비 차원에서 《고려 왕조》를 멸망시키게 된 것이다.

이러한 체제 정비의 근본 목적은 《악마(惡魔)의 신(神)》들인 《물고기》, 《어패류》의 영신(靈身)을 가진 《대마왕신(神)》들이 주도권을 쥐고 다스리는 나라에서 《악마(惡魔)의 신(神)》들인 《곤충 영신》을 가진 《대마왕신(神)》들이 다스리는 나라로 만들기 위한 목적이 첫 번째 목적이었으며,

다음으로 《정중부》(AD1106~AD1179)로 이름한 《천관파군 1세》가 《무신정권(武臣政權)》(AD1170) 수립으로 《일본(日本)》의 《막부 정치》 체제와 같은 《무력통치(武力統治)》 체제를 구축한 것이 《고려》(AD918~AD1392) 멸망 때까지 간 결과, 이에 반발한 《문신(文臣)》들과 《학자(學者)》들에 의해 최초의 《한단고기(桓檀古記)》가 결집되고 《공민왕》(재위 AD1351~AD1374) 때 《이암》(AD1296~AD1364), 《이명》 등이 만나 《한민족(韓民族)》 《상고사(上古史)》의 진실을 드러낼 것을 결의한 것이 《악마(惡魔)의 신(神)》들인 《대마왕신(神)》들이 다스리는 《고려》에 있어서는 《대마왕신(神)》들의 《심장》에 비수를 꽂는 형국이 되어 이후 이러한 사상(思想)과 관념(觀念)이 사회에 팽배하게 되면 지금까지 《공산사상(共産思想)》에 입각한 《무력통치(武力統治)》 체제를 갖춘 그들의 체제가 하루아침에 무너지게 되므로 이러한 결과를 막는 것이 두 번째 목적이며,

세 번째로 《고려》 《태조(太祖)》 《왕건(王建)》 때에 정착한 《마왕불교》와 이후 《최승로》의 등장으로 인한 《시무(時務)》 《28조》의 지침을 따르던 《악마(惡魔)의 신(神)》들인 《대마왕신(神)》 출신의 《군왕(群王)》들이 《유학(儒學)》을 《유교(儒敎)》로 승격시켜 이를 받아들여 《당 마왕불교》를 배척하는 정책을 취함으로써 부패하고 타락한 사회로 변한 고려 사회를 혁신하지 않고는 아무리 《무력통치》 체제로 국가를 이끌어 가도 무리가 따르는 한계가 있음을 알아차린 최고의 《대마왕신(神)》 《비로자나 1세》와 최고의 《대마왕》 《다보불》께서 이룬 합의에 의해 《악마(惡魔)의 신(神)》들인 《대마왕신(神)》 중 《천관파군 1세》가 《조선 왕조》 초대 왕 《이성계》로 이름하고 《천관파군 2세》인 《이오 신(神)》이 《태종(太宗)》 《이방원》으로 이름하고 와서 《대마왕》 《관세음보살 2세》가 《주원장》(재위 AD1368~AD1398)으로 이름하고 세운 《명(明)》나라와 손을 잡고 새로이 《악마(惡魔)의 신(神)》들인 《대마왕신(神)》들과 《대마왕》들이 다스리는 《조선 왕조(王朝)》를 출발시키게 되는 것이다.

이로써 《당(唐)》나라 이후의 《중원 대륙》은 《대마왕》들의 차지가 되고 《한반도》는 《악마(惡魔)의 신(神)》들인 《대마왕신(神)》들의 나라가 되었으나 《고려》 《23대 고종》(재위 AD1213~AD1259) 이후는 《한민족계(系)》 《대마왕신(神)》들과 《대마왕》들이 번갈아 가며 왕위(王位)에 올라 백성들을 다스린 것이다. 이후 《조선 왕조(王朝)》부터는 《악마(惡魔)의 신(神)》들인 《대마왕신(神)》들과 《대마왕》 불보살들이 공동으로 다스리는 나라로 변화한 후 왕위(王位)를 두고 처절한 다툼을 벌이게 되는 것이다.

이와 같은 모든 계획들을 지시한 자들 최정상에 《대마왕》《다보불(佛)》과 그의 아들인 《문수보살》과 최고의 《대마왕신(神)》인 《비로자나 1세》가 있는 것이며, 《당 왕조(唐王朝)》역시 이들의 수하 《악마(惡魔)의 신(神)》들인 《대마왕신(神)》들과 《대마왕》들이 차례로 왕위(王位)에 올라 공동 통치를 한 것이다.

이와 같이 《당 마왕불교》《불법(佛法)》 중 《불법(佛法)》을 노골적으로 파괴한 대표적인 한 《예》가 되는 것이 《천수경(千手經)》이며, 이러한 《천수경》을 만들게 한 《측천무후》에 대하여서는 따로 설명을 드리겠다.

① [측천무후(則天武后)]

《묘법연화경》《제23 묘음보살품》에 등장하는 《묘음보살》이 때로는 《천수천안》《관음(觀音)》으로도 불리우는 자(者)로서 악질 중의 악질 《악마(惡魔)의 신(神)》으로서 《대마왕신(神)》이다. 이러한 《악마(惡魔)의 신(神)》인 《대마왕신(神)》이 한때 인간 육신(肉身)을 가지고 태어났을 때가 《측천무후》이다. 이와 같은 《묘음보살》은 《천상(天上)》에서 초특급 대마왕들인 《그림자 비로자나 1세》와 《암흑의 신(神)》으로 유명한 《가이아 신(神)》 사이에 딸로서 태어난 자로서 《대마왕》《천왕불》과 《쌍둥이 천왕불》과 《대마왕신(神)》인 《야훼 신(神)》과 《천관파군》과 《이오 신(神)》과는 형제간들이다.

이러한 《악마(惡魔)의 신(神)》으로서 《대마왕신(神)》인 《묘음보살》이 때에 《최고 대마왕신(神)》으로서 《악마(惡魔)의 신(神)》인 《비로자나 1세》의 조화로 《유대인》《탈》을 쓰고 《남자(男子)》 몸을 받아 고대 《이집트》의 《모세(Moses)》(1211BC~1136BC)로 태어나서 훗날 성장하여 당시 형제간 같이 자란 《람세스 3세(Ramesses III)》(1209BC~1155BC, 재위 1186BC~1155BC) 파라오와 권력 다툼을 벌이다가 실패하여 《시나이》 사막으로 도망친 후, 《야훼 신(神)》의 《탈》을 쓴 최고 《악마(惡魔)의 신(神)》인 《비로자나 1세》의 도움으로 《이집트》에 다시 나타나서 《람세스 3세》를 신통으로 제압하고 《이스라엘인》들을 끌고 나와 궁극적으로 《파멸》의 길로 내몰게 되는 일들이 향후 강의에서 상세하게 공개가 된다.

이러한 이후 그는 《반복(反復)》되는 《윤회(輪廻)》로 다시 《중원 대륙》에 태어나게 되는데, 이때는 《이오 신(神)》과 같은 시대에 태어나게 된다. 즉, 《주(周)》나라를 처음 세운 분은 《문왕(文王)》(재위 1099BC~1050BC)으로서 《악마(惡魔)의 신(神)》인 《대마왕신(神)》《천관파군 1세》이며, 두 번째 왕(王)이 《은(殷)》나라를 《BC 1046년》에 멸망시키고 재위(在位)에 오른 《무왕(武王)》(재위 1046BC~1043BC)으로서 《천관파군 2세》인 《이오 신(神)》이다. 《주(周)》의 《문왕(文王)》 재위 때 《이오 신(神)》은 《천상(天上)》에서부터 그의 《애첩(愛妾)》인 《묘음보살》을 《달기(妲리)》로 이름하고 《은(殷)》의 마지막 왕(王)인 《주왕(紂王)》(재위 ?~1046BC)에게 《왕비(王妃)》로 들여 보낸 후 《주왕(紂王)》으로 하여금 포악한 짓을 많이 하게 하고 《은(殷)》나라 내부 사정에 대한 상세한 정보(情報)를 《주(周)》의 《무왕(武王)》인 《이오 신(神)》에게 보냄으로써 이를 바탕으로 《이오 신(神)》이 《관세음보살 1세》의 나라인 《은(殷)》을 멸망시키고 그 해에 재위(在位)에 오른 후 그의 《애첩(愛妾)》인 《달기(妲리)》와 《주(周)》의 《무왕(武王)》은 다시 결혼을 하게 된다. 이러한 이후 《무왕(武王)》인 《이오 신(神)》은 《강태공》인 《여상(呂尙)》의 충고로 《달기(妲리)》를 처형하고 그도 《주 성왕(周成王)》을 따르는 무리들의 반란에 의해 죽임을 당함으로써 재위(在位)에 머문 기간은 《3년》이 되는 것이다.

이때 《묘음보살》인 《달기(妲리)》를 죽게 만든 《여상(呂尙)》《강태공》도 옳은 인물이 되지 못한다. 즉, 《여상(呂尙)》《강태공》이 한때 《유수》로 이름하였던 《관세음보살 2세》가 반복(反復)되는 《윤회(輪廻)》로 때에 《강태공》으로 태어나서 《천관파군 2세》인 《이오 신(神)》으로 이름한 《주(周)》《무왕(武王)》에게 동조하여 《관세음보살 1세》의 나라인 《은(殷)》나라를 망하게 한 《독각(獨覺)》 출신으로써 이 역시 《대마왕(大魔王)》으로서 《주(周)》의 《무왕(武王)》으로 부터 영지를 받아 《제(齊)》(1046BC~221BC) 나라를 세운 것이나 이렇게 하여 세워진 《관세음보살 2세》의 《제(齊)》나라도 훗날 《진(秦)》나라 《시황제(始皇帝)》(259BC~210BC, 재위 221BC~210BC)로 이름한 《노사나불(佛)》에게 《BC 221년》에 멸망하고 마는 것이다.

《묘족(苗族, 먀오족)》의 나라로써 《성문승(聲聞乘)》의 나라로 불리우는 《관세음보살 1세》의 나라인 《은(殷)》을 멸망시키는 데 앞장선 《관세음보살 2세》인 《강태공》 역시 《대마왕(大魔王)》《다보불(佛)》의 지시에 따라 벌인 일들로써 《도덕성(道德性)》 같은 것은 아예 갖추지 못한 《대마왕》이다. 이러한 그가 세운 나라가 《제(齊)》나라로써 《독각》의 무리 나라라는 점을 깊이 인식하시기 바란다.

이와 같이 《주(周)》나라 때 못 다한 《한(恨)》을 풀기 위해 《악마(惡魔)의 신(神)》인 《대마왕신(神)》《묘음보살》인 《측천무후》가 《황제(皇帝)》가 된 후 《당(唐)》의 국호(國號)를 《주(周)》나라로 바꾼 큰 원인이 되는 것이다. 이러한 《측천무후》의 본명(本名)은 《무조(武曌)》로써 처음에는 《당 태종(唐太宗)》《이세민》의 《첩(妾)》으로서 다음으로는 《이세민》의 아들인 《당 고종(唐高宗)》《이치(李治)》의 《첩(妾)》이 되었다가 이들 사이에 태어난 《무조》의 딸을 《당 고종(唐高宗)》의 황후가 무척 사랑하는 것을 알아차린 《무조》는 그의 딸을 스스로가 죽이고 오히려 딸의 죽음을 《당 고종》의 황후에게 뒤집어씌우게 됨으로써 《당 고종》은 《황후》를 내어 쫓고 《무조》로 하여금 《황후》 자리에 앉게 하는 것이다. 이와 같이 《악마(惡魔)의 신(神)》인 《천관파군 2세》인 《이오 신(神)》으로 이름한 《당 고종(唐高宗)》《이치(李治)》와 《악마(惡魔)의 신(神)》으로서 《대마왕신(神)》《묘음보살》인 《무조》의 결혼은 숙명적인 것이다. 이로써 《악랄》한 《묘음》인 《무조》는 《측천무후》가 된 것이다.

이와 같이 《묘음보살》인 《측천무후》가 권력(勸力)을 쥐게 된 배경에는 《관세음보살 1세》가 도사리고 있는 것이며, 이들은 《당 마왕불교》에서 배척된 《관음신앙》을 다시 되살려 《당 마왕불교》에 접목시키기 위해 《권력(勸力)》을 쥐기 위해 수단과 방법을 가리지 않았던 것이다. 이로써 《측천무후》는 이후 그의 아들들 둘을 《황제(皇帝)》 위(位)에서 물러서게 한 후 그 스스로가 《황제(皇帝)》가 되어 그의 《한(恨)》풀이를 다한 후 《황제(皇帝)》 임기가 거의 끝나갈 무렵, 《당 마왕불교(唐魔王佛敎)》와 파괴된 《당 마왕불법(佛法)》과 《천수경》과 《수행자(修行者)》의 《파멸(波滅)》을 유도하는 《교외별전(敎外別傳)》으로 이름된 《선법(禪法)》을 일찍부터 《한반도》에 정착한 《보살불교》의 말살과 《한민족(韓民族)》의 하층민 전락을 위해 《통일신라》 이전 《선덕여왕》 때 《자장율사》(AD590~AD658)로부터 뿌리 내려진 《당 마왕불교(佛敎)》 승단(僧團)에 《통일신라》 이후에 《관음신앙》 접목을 위해 2차적으로 전달하게 되는 것이다.

② [대마왕신(大魔王神) 《묘음보살》과 《유다 3대 왕》《아사》]

한때 《측천무후》로 왔던 《묘음보살》과 《당 고종(唐高宗)》《이치(李治)》로 이름하고 있던 《악마(惡魔)의 신(神)》으로서 《천관파군 2세》인 《이오 신(神)》이 짝을 지어 《중동 지방》과 《서구 사회》에서 《역사(歷史)》 전체를 날조하고 행(行)한 《악행(惡行)》은 실로 말(言)로 다 표현을 할 수가 없다. 이들이 지구촌 인류들 60%를 파멸(波滅)의 수렁으로 내어 몬 장본인들로서 이들 관계《악행(惡行)》의 실체는 향후 계속되는 강의에서《진리(眞理)의 실상(實相)》을 밝히는 차원에서 낱낱이 밝혀지니 그렇게들 아시고 이 장에서는《인류 역사》에서 지울 수 없는 있어서도 안 되는《역사(歷史)》의 진실(眞實) 하나를 더 밝히고 다음을 진행하겠다.

《대마왕신(神)》《묘음보살》이《여호와 신(神)》으로 자처한 최고의《악마(惡魔)의 신(神)》으로서《대마왕신(神)》인《비로자나 1세》의 지시로《아미타불(佛)》의 후손들인《이스라엘인》들을 파멸(波滅)시키기 위해《유대인》《탈》을 쓰고《모세(Moses)》(1211BC~1136BC)로 태어나서《이집트》에 있는《이스라엘인》들을 끌고《유다 왕국(Judah kingdom)》으로 들어온 후,《반복(反復)》되는《윤회(輪廻)》로《중원 대륙》에 태어나서《주(周)》나라를 세운《문왕(文王)》으로 이름한《악마(惡魔)의 신(神)》인《천관파군 1세》를 도운 후《악마(惡魔)의 신(神)》으로서《천관파군 2세》인《이오 신(神)》이《무왕(武王)》으로 이름하고《은(殷)》나라를 멸망시킨 이후 육신(肉身)의 죽음을 맞이한 후, 다시《유대인》《탈》을 쓰고《묘음보살》이《유다(Judah) 왕국》으로 태어나서《유다(Judah) 3대 왕》《아사》(931BC~870BC, 재위 911BC~870BC)로 머물 때 강력한《유다 왕국》의 군대를 동원하여《유럽 침공》을 감행한 후《게르만 민족》의 영역들을 초토화시킨 후 많은 재물의 약탈과 함께 수많은《게르만 여인(女人)》들과《아이들》을 포로로 잡아와서《남자(男子)》아이들은 모조리 살해하고《여자(女子)》아이들은 노예로 파는 장면이《구약》에 상세히 묘사되어 있다.

이러한《구약》은《유대인》《탈》을 쓰고《자칭 유대인》으로 태어나《구약》결집을 시작한《악마(惡魔)의 신(神)》인《이오 신(神)》이《에스라(Ezra)》(510BC~440BC)로 이름하고 뒷날《서력기원 전(前)》《유대 헤로드 왕가》에서《아리스토부루스 4세 왕자(Prince Aristobulus IV)》(42BC~7BC)로 태어나《구약》결집을 완성함으로써《악마(惡魔)의 신(神)》인《이오 신(神)》《1인》이 결집 시작과 함께 반복되는 윤회로 다시 태어나서《구약》결집을 완성한 것이다.

이와 같은《유다 왕국》의《유럽 침공》은 최고의《악마(惡魔)의 신(神)》으로서 대마왕신(神)인《비로자나 1세》가《히브리 왕국》(1996BC~931BC) 멸망 이후《악마의 신(神)》들 중의 하나인《야훼 신(神)》의《탈》을 쓰고《야훼 신(神)》이 엄연히 따로 있는데도 그의 이름을 팔아 행세하면서 내린 지시로써 그 목적은 훗날의 순수한《음(陰)》의《곰족(熊族)》핏줄을 가진《아미타불(佛)》의 후손들인《유대인》들을 말살하기 위한 계획된 침공이었음을《메시아(Messiah)》가 분명히 밝히는 바이다.

이러한 음모로 진행된 침공이 《인(因)》이 되어 《결과》로써 나타난 것이 얼마 전에 있었던 《2차 세계대전》 때 《게르만 민족》의 국가인 《독일》의 《히틀러(Adolf Hitler)》(AD1889~AD1945)에 의해 자행된 《유대인》 대학살 사건이다. 원인 제공은 《유다 왕국》에서 하였으나 결과는 순수한 《유대인》들만 학살당한 사건으로써 이를 위해 《야훼 신(神)》 《탈》을 쓰고 이를 지시한 최고 《악마(惡魔)의 신(神)》으로서 대마왕신(神)인 《비로자나 1세》의 명령에 의해 《유대인》 《탈》을 쓴 《자칭 유대인》으로 자처한 무리들이 벌인 엄청난 사건의 전말이 이렇다.

　　《유대인》 《탈》을 쓴 《자칭 유대인》들 모두들이 《악마(惡魔)의 신(神)》들인 《대마왕신(大魔王神)》들이거나 《대마왕신(大魔王神)》들의 추종 세력들인 《하수인》들로서 이들도 《마왕신(神)》들임을 분명히 하며, 순수한 《아미타불》의 후손 《유대인》들과는 구분하여야 할 것이다. 이들 《자칭 유대인》들은 순수한 《유대인》들의 궤멸을 위해 활동하고 있는 《악마(惡魔)의 신(神)》 후손들로서 《마왕신(神)》들임을 차제에 깊이 인식하시기 바란다.

　　《후일담(後日談)》을 잠깐 말씀드리면, 이 《메시아(Messiah)》가 있는 곳에 전생(前生)의 《히틀러(Adolf Hitler)》(AD1889~AD1945)가 벌(罰)을 받고 《여자(女子)》 몸(身)으로 태어나서 찾아 온 적이 있어 이 자를 깊이 《참회》시키는 동안 그의 명령에 의해 살해되었던 모든 《영혼(靈魂)》들을 하나 빠짐없이 모두 불러와서 사건의 《전말(前末)》을 처음부터 《메시아(Messiah)》가 설명을 하는 가운데 살해되었던 《영혼》들은 그들이 살해되어야 했던 이유를 모두들 공감하고 깊은 《참회》를 하는 《히틀러(Adolf Hitler)》(AD1889~AD1945)를 용서하고 그들 《영혼》들에 얽혀 있던 《인연(因緣)》들을 모두 정리하고 홀가분한 마음으로 떠나게 되었다고 《메시아(Messiah)》에게 감사의 뜻을 전하고 모두 떠난 적이 있다.

　　이러한 사건은 《인연(因緣)》의 《법칙(法則)》을 이용한 악질적인 범죄 행위로써 《순수한》 《유대인》들이나 《게르만 민족》 모두가 피해를 당한 사건으로써 《악마(惡魔)의 신(神)》들인 《대마왕신(神)》들은 이러한 짓을 눈도 꿈쩍 하지 않고 저지른다는 사실을 아시기 바란다. 그리고 이러한 엄청난 사건이 《측천무후》로 왔던 《묘음보살》이 벌인 《악행(惡行)》 중의 한 사례(事例)가 되는 것이며, 이후의 《악행(惡行)》도 차례로 밝혀질 것이다.

③ [《대마왕신(大魔王神)》《묘음보살》의 행적(行跡) 일부분]

《악마(惡魔)의 신(神)》인 《대마왕신》《묘음보살》은 《달기(妲己)》의 일생(一生)을 마친 《BC 1045년》 이후 이듬해인 《BC 1044년》에 반복되는 윤회로 다시 태어나서 성년(成年)이 된 후 《곤륜산(崑崙山)》으로 들어가서 《서왕모(西王母)》(1044BC~932BC)로 머물게 된다. 이러한 기간 동안 《주(周)》의 《목왕》(재위 976BC~922BC)으로 이름한 《쌍둥이 천왕불》과의 연애 사건은 유명하다. 이러한 이후 《서왕모(西王母)》로 자리하였던 《악마(惡魔)의 신(神)》인 《묘음보살》은 다시 반복되는 윤회를 통하여 상기 설명 드린 《유다 왕국》의 《3대 왕》 《아사》(931BC~870BC, 재위 911BC~870BC)까지 머무는 동안 인류 역사상 씻을 수 없는 《악행(惡行)》을 저지른 것이다.

이러한 이후에도 그는 반복되는 윤회로 다시 태어나면서 많은 《악행(惡行)》을 저지르다가 《로마》《공화정(共和政)》끝 무렵 《집정관(執政官, consul)》인 《줄리어스 시저(Gaius Julius Caesar)》(100BC~44BC)로 이름한 《문수보살 1세》의 암살단의 일원인 《셀비리우스 카스카(Publius Servilius Casca Longus)》(?~42BC)로 태어나서 《줄리어스 시저(Gaius Julius Caesar)》(100BC~44BC)를 암살한 《악마(惡魔)의 신(神)》들인 《대마왕신(神)》들과 모두 합세하여 《줄리어스 시저(Gaius Julius Caesar)》(100BC~44BC) 암살에 성공한다. 이후 《악마(惡魔)의 신(神)》들인 《대마왕신(神)》들이 차례로 《황제(皇帝)》위(位)에 오르는 《로마 제국(帝國)》을 선언함으로써 《석가모니 하나님 부처님》 진리(眞理)의 《법(法)》에 반기를 드는 《우주 쿠데타》를 선포하는 것이다.

이러한 이후 인류 《역사상(歷史上)》일어나지 말았어야 할 《자칭 유대인》들에 의한 최고 위급 《악마(惡魔)의 신(神)》들인 《대마왕신(神)》들이 만드는 지금의 《천주교》 전신(前身)인 《자칭 유대교단(敎團)》 창단(創團)을 하게 되는데 이때 《묘음보살》도 반복되는 윤회를 통하여 《헤로데》 왕자(Prince Herod)로 이름하고 동참을 하게 되는 것이다.

이와 같은 《자칭 유대》교단(敎團)은 《악마(惡魔)의 신(神)》들 중의 하나로서 《이오 신(神)》인 《에스라(Ezra)》(510BC~440BC)가 훗날 《아리스토부루스 4세 왕자(Prince Aristobulus IV)》(42BC~7BC)로 이름하고 태어나서 《구약(舊約)》 결집을 완성함과 동시에 때에 《대마왕신(神)》 최고 두목인 《비로자나 1세》가 《헤로데 안티파스(Herod Antipas)》(24BC~AD39)로 이름하고 그의 동생인 《그림자 비로자나 1세》가 《헤로데 2세(Herod II)》(?~AD34)로 이름하고, 이들 두 사람을 생전에 남편으로 두고 왕래하며 살던 여걸 《암흑의 신(神)》 《가이아 신(神)》이 《헤로데 안티파스》(24BC~AD39)의 부인 《헤로디아(Herodia)》(15BC~AD39이후)로 이름하고 이들 모두들이 《서력기원》을 전후하여 인류들을 파멸로 이끌고 갈 《자칭 유대 교단》을 창단할 때 《악마(惡魔)의 신(神)》들로서 《대마왕신(神)》들인 《이오 신(神)》과 《묘음보살》 역시 주도적인 역할을 함과 동시에 《우주 쿠데타》에 동참을 하는 것이다. 이러한 이후 《자칭 유대 교단》을 만들었던 이들 《악마(惡魔)의 신(神)》들인 《대마왕신》들이 반복되는 윤회를 통하여 차례로 《로마 제국(帝國)》(27BC~AD286)의 《황제(皇帝)》들이 되는 것이다.

이와 같은 《로마 제국》도 최고위급 《악마(惡魔)의 신(神)》인 《대마왕신(神)》 중의 하나인 《그림자 비로자나 1세》가 《로마 제국》 51대 《디오클레티안(Diocletian)》(AD244~AD311, 재위 AD284~AD305)으로 이름하고 《황제(皇帝)》의 자리에 있을 때 《AD 286년 4월 1일》 이후 《사두정치》를 하면서 정치적 센터가 분산이 됨으로써 《로마》를 떠나게 된다. 이와 같이 《로마》를 떠난 《AD 286년 4월 1일》이 사실상 《로마 제국》의 멸망이 된 때로서, 이후부터 《대마왕신(神)》 《넷(4)》 모두는 강력한 《로마 군대》를 나누어 가지고 각자가 《황제(皇帝)》를 사칭하고 광활한 《로마》 점령지들을 나누어 다스리며 《로마 제국》 해체 작업을 활발히 하여 《악마(惡魔)의 신(神)》들인 《대마왕신(神)》 후손 민족들에게 나누어 주는 일을 본격적으로 하면서 《인간》들을 속이는 엉터리 《역사(歷史)》 기록을 남기고 있는 것이다. 이에 대한 상세한 내용은 추후 [로마 제국(帝國)]편에서 말씀드리기로 하고 이 장에서는 필요 부분만 말씀드리겠다.

이러한 때 《악마(惡魔)의 신(神)》인 《대마왕신(神)》 《묘음보살》도 《콘스탄티우스 2세(Constantius II)》(AD317~AD361)로 이름하고 《로마 황제(皇帝)》를 사칭한 때도 있는 것이다. 이와 같이 《대마왕신》 《묘음보살》은 반복되는 윤회 이후 한때는 《레오나르도 다빈치(Leonardo da Vici)》(AD1452~AD1519)로 태어나서 내면(內面)의 그의 모습을 그린 《마녀상(魔女像)》 《모나리자》를 남겼으며, 이후 곧바로 《16세기》에 《조선 왕조(朝鮮王朝)》 중기 《황진이》로 태어나서 때에 《유학자(儒學者)》 신분으로 와 있던 《이오 신(神)》이 《당(唐)》의 《측천무후》 때 《대마왕신(神)》 《묘음보살》이 행(行)한 악랄한 《악행(惡行)》 이후 스스로도 위험을 느껴 이 이후부터는 그녀(女)를 의도적으로 멀리할 때 《황진이》가 『청산리(靑山裏) 벽계수야』하고 남긴 시(詩)가 유명하다.

이러한 이후 《악마(惡魔)의 신(神)》인 《대마왕신》 《묘음보살》은 다시 《독일》의 《샤를로테 폰 슈타인(Charlotte von Stein)》(AD1742~AD1827)으로 태어났을 때 《이오 신(神) 분신1》은 《괴테(Johan n Volfgang von Goethe)》(AD1742~AD1832)로 태어난 후 《샤를로테 폰 슈타인(Charlotte von Stein)》이 소녀 시절 《이오 신(神) 분신1》인 《괴테(Johann Volfgang von Goethe)》와 《들장미 숲》이 있는 곳에서 《연애》를 한 후 《샤를로테 폰 슈타인》은 다른 곳으로 시집을 가게 된다. 이러한 옛 추억을 《괴테》가 《시(詩)》로써 남긴 것을 훗날 《슈베르트(Franz Peter Schubert)》(AD1797~AD1828)가 아름다운 《곡(曲)》을 붙여 불리우지던 노래가 유명한 《독일》 민요인 《들장미》인 것이다.

《조선 왕조(朝鮮王朝)》 마지막 비운(悲運)의 왕세자(王世子) 《이은(李銀)》(AD1897~AD1970)이 《대마왕》《무곡성불》이다. 이러한 《이은(李銀)》이 《일본(日本)》으로 볼모로 끌려가서 《이방자》 여사와 혼인을 하기 전에 궁녀(宮女)로 있던 《민갑완》(AD1897~AD1968)과 먼저 약혼한 사이인 것이다. 이때의 《민갑완》(AD1897~AD1968)이 바로 《악마(惡魔)의 신(神)》인 《대마왕신》《묘음보살》의 마지막 직전의 모습이며, 현재는 《서울》에 태어나서 초라한 생활을 하고 있는 것이며, 이로써 그녀는 《대마왕신》《이오 신(神)》으로부터도 버림을 받게 된 것이다.

(9) [마왕불교(魔王佛敎) 한반도(韓半島) 전래(傳來)]

지금까지 설명 드린 왜곡된 《당 마왕불교》와 《교외별전(敎外別傳)》되는 선법(禪法)이 《통일신라》 이전 일찍부터 《신라》에 정착한 《보살불교》 말살을 위해 《신라》 《선덕여왕》(재위 AD632~AD647) 때 《신라》에 전달되어 자리 잡게 되는 배경을 먼저 살펴보자.

《야망(野望)》이 큰 《대마왕》《관세음보살 2세》인 《유수》는 《관음불계(系)》《독각의 무리》 최고 우두머리로서 한때는 《여상(呂尙)》《강태공》으로 태어나서 《주(周)나라 《무왕(武王)》과 《달기(妲己)》와 공모하여 《관세음보살 1세》의 나라인 《은(殷)》나라를 멸망시키고 그 공로로 《주(周)》의 《무왕》으로부터 영지를 하사받아 《제(齊)》나라를 세운 후, 내친 김에 《주(周)》의 《무왕》과 결혼한 《달기(妲己)》를 죽이고 《주(周)》의 《무왕》마저 살해하고자 하므로 《주(周)》의 《무왕》은 도망쳐 《한반도》에 있는 《청송》《주왕산(周王山)》으로 피신하여 은거하게 된다. 이러한 이후 《강태공》은 그 추종 세력들을 시켜 《주(周)》《무왕》을 추적하여

《주왕산》에서 살해하는 집요함을 보인다. 이로써 현재 경북《청송》에 있는《주왕산》이 그때부터《주왕산》으로 이름하게 된 것이다.

　　이러한 이후《관세음보살 2세》는 반복되는 윤회로 이번에는《삼국지》에서도 유명한 《조조》(AD155~AD220)로 태어나서 그의 후손들을 위한《위(魏)》나라를 세우고 다음으로는 《대마왕》《다보불(佛)》과 결탁하여《보살불교(菩薩佛敎)》를 하는《신라인(新羅人)》들에게《당 마왕불교》의 사상과 관념을 심기 위해 여인(女人)의 몸(身)을 가지고《신라(新羅)》《제27대》 《선덕여왕(善德女王)》(재위 AD632~AD647)으로 이름하고《신라》에는 처음 나타나는 것이다. 한편 이와 동시대에《대마왕》으로서《독각》들의 최고 우두머리인《다보불(佛)》의 지시로 그의 아들 중 하나인《미륵 3세》를《자장율사》(AD590~AD658)로 태어나게 한다. 이렇게 하여 태어난 《미륵 3세》인 《자장율사》나 《관세음보살 2세》인 《선덕여왕》이나 이를 지시한 《다보불》 등은 하나같이 당대《신라》사회에서 일찍부터《지상(地上)》에서는 딱 한번 꽃피워졌던《보살불교》인《대승불교》를 파괴하여 타락한《독각불교》인《마왕불교》로 만들기 위해 음모를 꾸미고 실행하는 과정에서 의도적으로 이렇게 태어나게 한 것이다.

　　이후《선덕여왕》(재위 AD632~AD647)이 된《관세음보살 2세》는 의도적으로 그의 재위(在位) 5년째《자장율사》(AD590~AD658)를《당(唐)》으로 들여보내게 된다. 이러한 때에 이미《문수보살》은《당(唐)》에 있는《오대산》에서 뒷날《화엄종》을 만들어 거들먹거렸던《두순》 (AD566~AD640)과《계율종》을 만들어 거들먹거렸던《도선》을 불러들여《당 마왕불교》와 왜곡된《당 마왕불법》을 가르치고 있던 중《당(唐)》으로 들어온《자장율사》를 합류시켜《가사》와《사리》를 내리고《당 마왕불법》을 닦게 한 후《당(唐)》《현장(玄奘)》주도로 번역한 《신역(新譯)》으로 이름된 왜곡된《장경 1부》와 불구를 주어《신라(新羅)》로 다시 돌려보내는 것이다. 이때《자장율사》가《신라》로 들여온《당 마왕불법》이 바로《당 마왕불법》을 바탕으로 한《두순》이 만든《화엄종》이다. 이와 같은 사실이《대마왕》《다보불》과《문수보살》이《악마(惡魔)의 신(神)》인《천관파군 1세》를 충동질하여《당 왕조(唐王朝)》를 만든 후 《불법(佛法)》을 파괴하여《당 마왕불교》를 만들고《한민족(韓民族)》의 타락과 함께《한반도》에 정착한《보살불교》를 말살하고자 하는 짓을 획책한 직접적 증거가 되는 것이다.

　　이렇게 하여《당(唐)》으로부터 돌아온《대마왕》《자장율사》(AD590~AD658)는《대국통》이 되어《분황사》주지를 맡음으로써《불법(佛法)》파괴된《당 마왕불법》의《대승론》과《보살계론》등을 강론하고《독각불교》인《당 마왕불교》의 승려 규범과 승통 일체를 주관함으로써 이때까지 《의상》과 《원효》가 거느리던 진정한 《보살불교》인 《대승불교》를 하는 승려들과 크게 마찰을 빚음으로써 당대 《신라》 불교계는 큰 혼란을 겪게 된다. 이러한 혼란이 오게 된 원인을 알아보기 위해 《의상》과 《원효》 스님이 당(唐)으로 들어가 보기로 하고 출행(出行)을 하는 것이다.

이러한 《출행(出行)》을 후대의 《마왕 학자》들은 《유학》으로 표현을 하고 있는데 배울 것이 없는 《대마왕》들이 거느리는 《독각 무리》의 나라에 무엇이 배울 것이 있다고 《유학》이라는 표현을 쓰는지 《마왕 학자》들에게 되묻고 싶다. 당시 《신라》 《보살불교》를 이끌고 있던 두 기둥인 《의상 스님》이 곧 현재 이 글을 쓰고 있는 《미륵불(彌勒佛, Maitreya Buddha)》을 이룬 《메시아(Messiah)》이며 《원효스님》이 《칠성불(七星佛)》 중의 한 분인 《염정불》이시다. 이와 같은 두 스님이 《출행(出行)》을 하여 《당(唐)》으로 들어가다가 《고구려》 국경 부근에서 하룻밤 잠을 자는 동안, 《원효 스님》은 알려진 대로 《밤잠》에 취해 심한 갈증을 느낀 결과 무덤의 《해골》에 담긴 물을 꿀맛같이 마신 후 이튿날 일어나 살펴보니 옆에 《인골》이 있어 여기에 담긴 물을 마신 것을 알아차리고 깨달은 바 있어 《원효 스님》은 《신라》로 돌아가고 《의상 스님》만 《당(唐)》으로 들어가는 것이다.

이때 《원효 스님》이 깨달은 바가 "『썩은 《해골》바가지에 담겨 있는 빗물도 《갈증》에 의해 모르고 마시니 꿀맛과 같은 이치』"를 깨닫고 썩고 타락한 《당 마왕불법》이 이미 《승려》 집단에 파고들어 이를 썩은 불법(佛法)인지도 모르고 받아들이는 승려들과 이를 심는 자들이 멈추지 않는 이상 이를 막을 때가 이미 늦은 것임을 깨닫고 차라리 돌아가서 이를 막는 일에 전념하는 것이 옳은 처사임을 알고 《의상 스님》만 《당(唐)》으로 들어가게 한 것이다.

이로써 《당(唐)》에 도착한 《의상 스님》도 모든 것을 파악하고 그들 무리들에게 《진리(眞理)》가 무엇인지를 가르치기 위해 《화엄일승법계도》 일명 《법성게(法性偈)》를 창작하여 그들 무리에게 주고 《신라》로 귀국하는 것이다. 이렇게 하여 《의상 스님》이 남겨준 《법성게》도 이들이 왜곡하여 후세인(後世人)들에게 전(傳)한 것을 현생(現生)에 필자가 다시 와서 잘못 기록된 부분을 바로 하여 《브라만법화연수원》을 통해 《세간(世間)》에 발표를 한 바 있으나 《마왕 승려》들에게 세뇌된 상당수 불자(佛者)들은 아직도 고쳐지고 왜곡된 《법성게》를 가지고 《독송》하고 있는 것으로 알고 있다.

이와 같이 《대마왕》《다보불》과 그의 아들인 《문수보살》 사주로 만들어진 《당 왕조(唐王朝)》에 의해 파괴된 《불법(佛法)》인 《당 마왕불교》와 《당 마왕불법》과 《교외별전(敎外別傳)》된 선법(禪法)이 《대마왕》《다보불》과 《문수보살》과 이들의 하수인들인 《선덕여왕》과 《자장율사》와 《두순》(AD566~AD640)과 《도선》 등의 《대마왕》들과 《악마(惡魔)의 신(神)》들인 《대마왕신(神)》들에 의해 《한민족(韓民族)》 타락과 《신라》에 일찍부터 자리한 《보살불교》 말살을 위해 《신라》에 정착하게 된 것이다. 여기에서 한술 더 떠서 《대마왕》《자장율사》는 《AD 649년》《진덕여왕》 3년째 당(唐)나라 복식 제도를 권하여 실행하게 함으로써 《검소한》 신라인들에게 《사치》를 하게 함으로써 부패하고 타락한 무리들로 만드는 일에도 노력을 한 것이며 이러한 《자장율사》가 창건한 《양산 통도사》가 당대 《마왕불교》의 총본부가 된 것이다.

《다보불》과 《문수보살》과 《관세음보살 2세》 등에 의한 《광기(狂氣)》어린 《권력욕(權力慾)》과 《지배욕(支配慾)》이 만든 《한민족(韓民族)》 타락과 《보살불교》 파괴를 위한 《정신세계(精神世界)》 파괴가 이들로부터 이때 시작이 되는 통탄스러운 일들이 일어난 것임을 《한민족(韓民族)》 구성원 각각은 깊이 인식하여야 할 것이다. 그리고 상기 설명 드린 내용이 《신라(新羅)》에 《당 마왕불교》가 처음 뿌리 내리게 된 실상(實相)임을 아시기 바란다.

[3] [마왕불법(魔王佛法)과 진언(眞言)]

《진언(眞言)》은 《산스크리트어(Sanskrit)》로 되어 있다. 이러한 《산스크리트어(Sanskrit)》가 일반적인 문자(文字)가 아니다 보니 《대마왕(大魔王)》 불(佛), 보살(菩薩)들과 《악마(惡魔)의 신(神)》들인 《대마왕신(大魔王神)》들이 이를 악용(惡用)하여 《한문(韓文)》의 뜻글자로 번역을 하면서 엉터리 번역을 하여 기록하여 두고 《진언(眞言)》을 해석하면 큰일 나는 양 《독각》 중(衆)들이 호들갑을 떨면서 아무 것도 모르는 《앵무새》 《불자(佛者)》들로 하여금 《진언(眞言)》의 본래 의미하는 뜻과는 다른 《대마왕》들이 가진 《악(惡)》의 씨앗을 심고 그들의 사상(思想)과 《관념(觀念)》에 물들게 하는 《마성(魔性)》의 《기(氣)》만 심게 됨으로써, 궁극적으로 《불자(佛者)》들을 《파멸(波滅)》의 길로 인도하고 있는 무서운 짓을 서슴없이 하고 있는 실정이라 이러한 실정을 보다 못해 《진언(眞言)》 모두는 해석할 수 없으나 그 중 중요한 《정본(正本)》 《반야바라밀다심경(般若波羅蜜多心經)》 《진언(眞言)》만은 해설하여 드리고자 한다.

그러면 《정본 반야바라밀다심경(心經)》 진언(眞言)에 자주 등장하는 《아제(阿帝)》에 대한 확실한 이해를 위해 먼저 《아제(阿帝)》의 의미를 파악할 수 있는 배경 설명부터 살펴보고, 다음으로 진언(眞言)이 왜곡되어진 이유를 살펴보는 순서로 다음을 진행(進行)하도록 하겠다.

(1) [아제(阿帝)]

① [아만(阿曼)과 나반(那般)]

《한단고기(桓檀古記)》(임승국 번역주해, 정신세계사간, 1987) 《삼성기전하편(三聖記全下扁)》에 보면 《아만(阿曼)》과 《나반(那般)》에 대한 기록이 있다. 이러한 기록의 《아만(阿曼)》과 《나반(那般)》은 《석가모니 하나님 부처님》을 《음양(陰陽)》으로 나누어 놓은 용어(用語)이다. 즉, 《아만(阿曼)》은 《언덕이 끝이 없다》는 뜻으로 《석가모니 하나님 부처님》의 《음신(陰身)》이며, 현존(現存)하는 모든 《우주(宇宙)》들을 바탕하는 《대공(大空)》을 뜻하는 문자(文字)이며 《나반(那般)》은 《많은 것을 옮기는》 《천궁(天宮)》을 중심하여 《회전(回轉)》하는 우주간(宇宙間)의 《은하성단(銀河星團)》을 뜻하는 글자로써, 《대공(大空)》이 《원천창조주》이신 《석가모니 하나님 부처님》의 《음신(陰身)》이 되고 회전하는 수많은 별(星)들을 거느린 《성단(星團)》들이 《석가모니 하나님 부처님》의 나뉨으로써 《석가모니 하나님 부처님》의 《양신(陽身)》이 된다.

이로써 《아만(阿曼)》과 《나반(那般)》은 《석가모니 하나님 부처님》을 《음양(陰陽)》으로 나눈 《대공(大空)》과 《성단(星團)》을 뜻함으로써 회전하는 많은 별(星)들을 거느린 《성단(星團)》들에서는 《영체(靈體)》와 《고체(固體)》의 진화(進化)를 하는 수많은 《양자(陽子)》와 《전자(電子)》들이 《영(靈)》들이 되어 이동하며 진화(進化)한다는 사실을 깊이 인식하시기 바란다.

② [《석가모니 하나님 부처님》과 작은곰자리(Ursa Minor) 《베타성(β星)》

《선천우주(先天宇宙)》의 하늘(天)이 《상천궁(上天宮)》과 《천일궁(天一宮)》이 《음양(陰陽)》 짝을 한 것임을 여러 차례 밝힌 적이 있다. 이러한 《하늘(天)》에 있어서 《음(陰)》의 하늘(天)인 《상천궁(上天宮)》은 《석가모니 하나님 부처님》의 《화(化)》로서 지금은 《진화(進化)》되어 사라지고 없으나 《천일궁(天一宮)》의 중심을 이루고 있는 현재의 《북극성(北極星)》이 공전(公轉)을 하고 있어 《상천궁(上天宮)》의 위치를 알려 주고 있으며, 《양(陽)》의 《하늘(天)》인 《천일궁(天一宮)》은 《작은곰자리(Ursa Minor)》 별(星)자리를 이루고 지금도 존재(存在)하고 있다. 이러한 《하늘(天)》이 되는 《천일궁(天一宮)》에 있는 《베타성(星)》이 《석가모니 하나님 부처님》의 《육신성(肉身星)》이다.

이와 같은 《육신성(肉身星)》에 《석가모니 하나님 부처님》께서 머무르실 때 《석가모니 하나님 부처님》의 《육신(肉身)》도 《2음(陰) 1양(陽)》의 법칙에 의해 《음양(陰陽)》으로 다시 분리되어 《음(陰)》의 육신(肉身) 중의 한 분은 《석가모니 하나님 부처님》께서 《인간 육신(肉身)》을 가지고 태어나실 때 쓰시는 《육신(肉身)》이며 또 다른 《음(陰)의 육신(肉身)》 중 한 분은 《작은곰자리(Ursa Minor)》《베타성(β星)》에서 《옥황상제(玉皇上帝)님》으로 자리하시고 《육신(肉身)》에서 나누어진 《양(陽)》의 《육신(肉身)》은 《대마왕(大魔王)》《다보불(佛)》이 되시어 《석가모니 하나님 부처님》의 간섭을 받지 않고 독자적인 진화(進化)를 하는 《독각(獨覺)》의 최고 우두머리가 되시는 분이다. 이와 같은 설명에 있어서 제일 중요한 점은 《우주간(宇宙間)》의 모든 진화(進化)하는 《영(靈)》들 모두를 다스리는 분이 《석가모니 하나님 부처님》의 《음신(陰身)》 중의 한 분인 《옥황상제(玉皇上帝)》님이라는 점이다.

즉, 《석가모니 하나님 부처님》과 《옥황상제(玉皇上帝)》님은 쉽게 말씀드리면, 《석가모니 하나님 부처님》의 《정신(精神)》과 《음(陰)》의 《육신(肉身)》으로써 《우주간(宇宙間)》과 《세간(世間)》에서 일을 도모하실 때의 《석가모니 하나님 부처님》《음양(陰陽)》이라는 사실을 깊이 인식하시기 바란다.

③ [황제(皇帝)와 상제(上帝)와 천제(天帝)]

《원천창조주(源泉創造主)》이신 《석가모니 하나님 부처님》께서 인간 육신(肉身)을 가지고 태어나셔서 인간들을 다스리는 최고의 지위에 올랐을 때 《석가모니 하나님 부처님》께만 붙일 수 있는 고유한 칭호가 《황제(皇帝)》이며, 《석가모니 하나님 부처님》께서 천상(天上)에 오르셨을 때 모든 천제(天帝)들을 포함한 인간 무리들과 《만물(萬物)》들을 모두 다스리실 때 《천제(天帝)》들 중에서도 제일 높은 《천제(天帝)》라 하여 붙여진 칭호가 《상제(上帝)》이시다. 그리고 《제(帝)》의 칭호는 《노사나불(佛)》이나 《아미타불(佛)》이나 독각불(獨覺佛)이신 《다보불(佛)》 등 《불법(佛法)》 일치를 이루신 《부처님(佛)》들에게만 붙일 수 있는 칭호로써, 부처(佛)를 이루었으나 《법(法)》의 완성을 하지 못한 《부처(佛)》들에게는 붙일 수 없는 칭호가 《제(帝)》이다. 이와 같이 《불법(佛法)》 일치를 이루신 부처(佛)님들께서 하나같이 《천상(天上)》으로부터 오셨기 때문에 《제(帝)》를 《천제(天帝)》로써 호칭을 하는 것이다.

④ [황제(皇帝)와 제국(帝國)]

《석가모니 하나님 부처님》께서 인간 육신(肉身)을 가지고 오셔서 최고 지도자의 위(位)에 오르셨을 때 가지시는 고유한 칭호가 《황제(皇帝)》임을 앞장에서 밝혀 드렸다. 이러한 《황제(皇帝)》와 《천제(天帝)》들께서 다스리던 국가(國家)를 《제국(帝國)》이라고 하며 《우주간(宇宙間)》과 《세간(世間)》에서 이러한 《제국(帝國)》이 있었던 적은 유일하게 단 한 곳 밖에 없다. 이러한 한 곳을 밝혀 드리면, 《한민족(韓民族)》 고대 국가(國家)인 《한국(韓國)》(3898BC~2333BC) 시절 《신시(神市)》 세 곳을 《중원 대륙》에 만들고 《중원 대륙》을 다스렸던 《한국(韓國)》을 중심한 《구막한제국(寇莫韓帝國)》 밖에는 없는 것이다.

이때 《한국(韓國)》을 중심한 구막한제국(寇莫韓帝國)을 다스렸던 분들이 《18분》의 《한웅(桓熊)》님들로서 이러한 《18분(分)》의 《한웅(桓熊)》님들 중 《석가모니 하나님 부처님》께서 《4번》을 《황제(皇帝)》 지위에 머무셨고 나머지 《14분(分)》 중 3분을 제외한 《11분》들이 모두 《불법(佛法)》 일치를 이루신 《부처(佛)》들로서 《천제(天帝)》들이신 것이다. 이 관계의 상세한 설명은 최근(2012년) 필자가 강의를 한 [불교(佛敎)란 과연 어떠한 종교(宗敎)인가]편의 《한국(韓國)과 한웅(桓熊)》편을 참고하시면 쉽게 이해가 되실 것이다.

이 장을 통해서 다시 한 번 더 《메시아(Messiah)》가 밝히는 바는 《중원 대륙》에서의 《황하 문명(文明)》 따위는 존재하지 않았으며 다만 《한국(韓國)》을 중심한 《구막한제국(寇莫韓帝國)》 문명(文明)만 있었을 뿐이며, 이렇듯 역사(歷史) 왜곡을 한 마왕학자(魔王學者)들은 역사(歷史) 왜곡을 한 것보다 진리(眞理)의 실상(實相)을 왜곡한 탓에 《지옥고(地獄苦)》보다 더한 《우주간(宇宙間)》과 《세간(世間)》에서 두 번 다시는 인간 육신(肉身)을 가지고 태어나지 못하고 영원히 사라져 가야 할 슬픈 운명을 가진 자들임을 《메시아(Messiah)》가 분명히 하는 것이다. 더러 역사(歷史)를 전문적으로 연구한다는 자(者)들이 《황제(皇帝)》를 사칭하고 《왕조(王朝)》가 큰 영역을 지배하였다 하여 《제국(帝國)》, 《제국(帝國)》하고 함부로 떠벌리고 있는데, 이는 《마왕(魔王)》 학자(學者)들이 쓰는 상투적인 술법이니 이러한 짓을 하지 마시고 《제국(帝國)》의 의미가 과연 어디 있는지를 다시 한 번 더 생각하시기를 바란다. 그리고 이와 같은 《진리(眞理)》의 《실상(實相)》을 위해 분명히 경고하는 바는 《제(帝)》의 뜻을 훼손하는 어떠한 일들도 《천상(天上)》을 욕보이는 처사라는 점을 깊이 명심하시기 바라며, 다음으로 《진언(眞言)》에 대하여 말씀드리겠다.

[4] [당(唐) 현장 역(譯)《반야바라밀다심경(般若波羅蜜多心經)》]

《진언(眞言)》

[문자(文字)] [揭帝揭帝 波羅揭帝 波羅乘揭帝 菩提 娑婆訶]
　　　　　　게제게제　바라게제　바라승게제　모지　사바하

[발음(發音)] [　아제아제　바라아제　바라승아제　모지　사바하]

(1) [《당(唐)》《현장 역(譯)》반야심경(般若心經) 진언(眞言)의 문제점]

　《반야바라밀다심경》의 줄임말이《반야심경》이다. 고로 앞으로의 진행(進行)에서는 줄임의 뜻이 담긴《반야심경》으로 이름하는 것에 대해 이해를 하시기 바란다.《당(唐)》《현장 역(譯)》의《반야심경》《진언(眞言)》의 문제점은 상기와 같이《문자(文字)》의 뜻 따로,《발음(發音)》따로 분리를 하여 선량한《불자(佛者)》들을 기만하고 이러한《불자(佛者)》들에게《독각(獨覺)》의 최고 우두머리인《대마왕(大魔王)》《문수보살》을 찬양하며 그의《마성(魔性)》의 기(氣)인《악(惡)》의 씨앗을《관념(觀念)》으로 심는 진언(眞言)으로 되어 있다. 이러한《진언(眞言)》의《발음(發音)》은《산스크리트어(Sanskrit)》로《발음(發音)》함으로써《불자(佛者)》들을 속이고 있는 파렴치한 짓을 하고 있는 것이다.

　한마디로 말씀드리면,《불법(佛法)》을 고치고 왜곡하여《당 마왕불법(唐魔王佛法)》인《독각(獨覺)》들의《불법(佛法)》으로 만든 자(者)가《다보불(佛)》과《문수보살》이며, 같은 맥락으로《반야심경》역시 왜곡하고 고치어 쓴《불법(佛法)》으로 전환시킨 자(者)가《관세음보살

1세》와 《문수보살》이라는 뜻이다.

(2) [현장 역(譯) 《반야심경》 진언(眞言)의 해설]

① 《揭帝揭帝(게제게제)》

　《揭帝(게제)》의 《揭(게)》자(字)의 《한문(韓文)》 뜻글의 의미는 《높이들》이라는 뜻을 가진다. 그러나 《문수보살》은 《산스크리트어(Sanskrit)》를 처음 번역하면서 이를 《소리글》로 바꾸어 《揭(게)》로 번역하면서 《바다 게》라는 뜻으로 번역을 한 것이다. 여러분들이 잘 아는 《영덕 대게》와 같은 《바다 게》로써 《한문(韓文)》의 뜻글 중 《게(揭)》로써 번역을 하였다는 뜻이다.

　이렇게 번역을 한 목적은 《문수보살》이 《동해(東海)》 《사가라》 용궁(龍宮)에서 《사가라 용왕(龍王)》으로 있을 때의 형상이 《대게》이다. 고로 《게제(揭帝)》는 《문수보살》을 《천제(天帝)》로서 높이 받드는 문자(文字)로써 사용한 것이다. 즉, 《게제(揭帝) 게제(揭帝)》는 《음양(陰陽)》 짝을 하여 놓은 문자(文字)로써 그 뜻은 음(陰)의 《게제(揭帝)》가 《문수보살》을 이야기하는 것이며, 《양(陽)》의 《게제(揭帝)》가 《사가라 용왕(龍王)》을 뜻하는 것이다. 이로써 《게제(揭帝) 게제(揭帝)》의 의미는 《문수보살님》 《사가라 용왕(龍王)님》이라는 뜻이 되는 것이다.

※ 특기(特記) 14 :

　진행(進行)을 하면서 말씀드린 바와 같이 《제(帝)》의 칭호는 《불법(佛法)》 일치된 《부처님》

들에게만 붙일 수 있는 칭호로써 《불법(佛法)》 일치를 이루지 못한 《문수보살》로서는 감히 《제(帝)》의 칭호를 쓸 수 없는 분임을 기억하시기 바라며, 이 역시 《문수보살》의 《자만심》이 빚어낸 헤프닝이라는 사실을 《메시아(Messiah)》가 분명히 하는 것이며, 《문수보살》로서는 감히 쓸 수가 없는 칭호인 것이다.

---

② [《波羅揭帝(바라게제)》]

《바라(波羅)》는 《근본(根本)》을 뜻하는 용어(用語)로써, 이때의 《게제(揭帝)》는 음(陰)의 《게제(揭帝)》로써 《문수보살》이 된다. 고로 《바라게제(波羅揭帝)》는 [근본(根本)이신 문수보살님]이라는 뜻이 된다.

③ [《波羅乘揭帝(바라승게제)》]

《바라승게제(波羅乘揭帝)》의 《승(乘)》은 《수레》를 뜻함으로써 크게는 《영체(靈體)》 진화(進化)를 하는 《영(靈)》들과 《고체(固體)》의 진화(進化)를 하는 《영(靈)》들과 《물질(物質)》의 근본 씨앗이 되는 개체의 《양자(陽子)》들과 《전자(電子)》들과 많은 《물질(物質)》들을 진화(進化)시키면서 《회전》을 하며 수많은 《별(星)》들과 함께 이들을 거느리고 고정되거나 이동을 하는 《천궁(天宮)》을 중심한 《은하성단(銀河星團)》을 뜻하는 문자(文字)가 되며, 적게는 《은하성단(銀河星團)》에 소속하여 있는 개체의 《별(星)》들을 《수레》로 비유를 한 문자(文字)이다. 이러한 뜻을 감안한 《바라(波羅)》는 《근본(根本)》을 뜻하는 문자(文字)이며, 《게제(揭帝)》는 《양(陽)》의 《게제(揭帝)》로서 《사가라 용왕(龍王)》을 뜻한다. 이로써 《바라승게제(波羅乘揭帝)》 전체의 뜻은 [근본 수레이신 사가라 용왕님]이라는 뜻이 되는 것이다.

④ 《菩提娑婆訶(모지사바하)》

《모지(菩提)》는 《보리(菩提)》로써 《바른 깨달음》인 《정각(正覺)》을 뜻하는 문자(文字)이며, 《사바하(娑婆訶)》는 《원만, 성취》를 뜻함으로 전체의 뜻은 [바른 깨달음을 원만 성취하게 하소서]라는 뜻이 되는 것이다.

⑤ 《진언(眞言)》 전체의 뜻

게제게제(揭帝揭帝) 바라게제(波羅揭帝)
바라승게제(波羅乘揭帝) 모지사바하(菩提娑婆訶)

『문수보살님, 사가라 용왕(龍王)님
근본(根本)이신 문수보살님
근본 수레이신 사가라 용왕(龍王)님
바른 깨달음을 원만 성취하게 하소서』

라는 뜻이 되는 것이다.

[5] [정본(正本) 반야바라밀다심경(般若波羅蜜多心經)]

《석가모니 하나님 부처님》께서 《천상(天上)》에서 즐겨 설(說)하시는 경(經)이 《묘법화경(妙法華經)》과 《무량의경(無量義經)》과 《정본(正本) 반야바라밀다심경(般若波羅蜜多心經)》이다. 이러한 사실을 《천상(天上)》에서부터 잘 알고 있는 《문수보살》이 《악마(惡魔)의 신(神)》인 《석가모니》 불멸후(佛滅後) 곧바로 경(經)의 왜곡을 처음 시작한 것이 이 《반야심경》인 것이다. 이렇듯 고쳐지고 삽입하여 왜곡된 《반야심경》을 《미륵불(彌勒佛, Maitreya Buddha)》이 본래 《석가모니 하나님 부처님》께서 설(說)하신 원형을 찾아 이를 복원한 후 《석가모니 하나님 부처님》의 《검증》을 거쳐 세간(世間)에 이를 발표하면서 《문수보살》에 의해 왜곡된 《반야심경》과의 차별화를 위해 경(經)의 《제호(題號)》 앞에 《정본(正本)》을 첨가한 것이다.

이러한 정본(正本) 《반야심경》 본문(本文)의 『수상행식(受相行識) 역부여시(亦復如是)』 다음의 『식성시공(識性是空) 공성시식(空性是識) 식불이공(識不異空) 공불이식(空不異識) 식즉시공(識卽是空) 공즉시식(空卽是識)』은 《식(識)》의 중요성을 강조하기 위해 《오온(五蘊)》에서 《식(識)》을 따로 떼어내어 중복으로 기록한 내용임을 말씀드리는 바이다. 이와 같은 《정본(正本) 반야바라밀다심경(般若波羅蜜多心經)》의 상세한 해설은 필자의 저서(著書) 《(改訂版) 우주간의 법 해설 정본 반야바라밀다심경》(2015)편에 하여 두었으니 이를 참고하시고 이 장에서는 《진언(眞言)》에 대하여서만 말씀드리겠다.

[진언(眞言)]
阿帝阿帝 波羅阿帝 波羅乘阿帝 菩提 娑波河
아제아제 바라아제 바라승아제 모지 사바하

(1) [阿帝阿帝(아제아제)]

《아제아제(阿帝阿帝)》는 《아제(阿帝)》를 《음양(陰陽)》 짝을 하여 기록한 진언(眞言)으로써 《음(陰)》의 《아제(阿帝)》가 《아만(阿曼)》과 《나반(那般)》에서 설명 드린 바대로 《대공(大空)》을 《음신(陰身)》으로 하신 《석가모니 하나님 부처님》을 말씀하시는 것이며, 《양(陽)》의 《아제(阿帝)》는 《선천우주(先天宇宙)》《천일일(天一一) 우주》인 지금의 《오리온좌 성단》에 《석가모니 하나님 부처님》께서 머물고 계실 때를 《양(陽)》의 석가모니 하나님 부처님으로 호칭할 때의 용어가 되는 것이다. 고로 《양(陽)》의 《아제(阿帝)》 역시 《석가모니 하나님 부처님》을 호칭하는 용어가 되는 것이다. 이러한 뜻을 감안한 《아제아제(阿帝阿帝)》의 뜻을 정리하면 다음과 같다.

<u>음(陰) : 《석가모니 하나님 부처님》</u>
<u>양(陽) : 《석가모니 하나님 부처님》</u>

(2) [波羅阿帝(바라아제)]

　《바라(波羅)》는 《근본(根本)》을 뜻하는 용어(用語)로써 이때의 《아제(阿帝)》는 《음(陰)》의 《아제(阿帝)》로서 《석가모니 하나님 부처님》을 뜻하는 것이다. 이러한 뜻을 감안한 《바라아제(波羅阿帝)》의 뜻을 정리하면 다음과 같다.

《<u>근본(根本)이신 석가모니 하나님 부처님</u>》

(3) [波羅乘阿帝(바라승아제)]

《바라승아제(波羅乘阿帝)》의 《승(乘)》은 《수레》를 뜻함으로써 크게는 회전(回轉)을 하며 수많은 《별(星)》들을 거느리고 고정되거나 이동을 하는 《천궁(天宮)》을 중심(中心)한 《은하성단(銀河星團)》을 뜻하는 《문자(文字)》가 되며 적게는 《은하성단(銀河星團)》에 속하여 있는 개체의 《별(星)》들을 《수레》로 비유를 한 문자(文字)이다. 그리고 《바라(波羅)》는 《근본(根本)》을 뜻하는 문자(文字)이며, 《아제(阿帝)》는 《양(陽)》의 《아제(阿帝)》로서 《석가모니 하나님 부처님》을 뜻한다. 이로써 《바라승아제(波羅乘阿帝)》 전체의 뜻은 다음과 같다.

《성단(星團)들의 주인이신 석가모니 하나님 부처님》

(4) [菩提娑婆訶(모지사바하)]

《모지(菩提)》는 《보리(菩提)》(Bodhi)로써 《정각(正覺)》인 《바른 깨달음》을 말하는 것이며 《사바하(娑波河)》는 《원만(圓滿)》《성취(成就)》를 뜻하는 용어이다. 이와 같은 뜻을 감안한 전체의 뜻은 다음과 같다.

《바른 깨달음을 원만성취하게 하소서》

(5) [《진언(眞言)》 전체의 뜻]

아제아제(阿帝阿帝) 바라아제(波羅阿帝)
바라승아제(波羅乘阿帝) 모지사바하(菩提娑婆訶)

『석가모니 하나님 부처님, 석가모니 하나님 부처님
근본(根本)이신 석가모니 하나님 부처님
성단(星團)들의 주인이신 석가모니 하나님 부처님
바른 깨달음을 원만성취하게 하소서』

※ 이와 같은 진언(眞言)의 해석에서도 드러나 있듯이 진언(眞言)을 통해 《마성(魔性)》의 《기(氣)》를 불자(佛者)들에게 심어 《정신적》으로 그들을 지배하고자 하는 《대마왕》《관세음보살 1세》와 《문수보살》의 행위는 용서받지 못할 엄청난 잘못을 저지르고 있는 것이다.

이러한 진언(眞言) 해석의 뜻을 받아들이셔서 올바른 《불자(佛者)》들이라면 하루빨리 《정본(正本)》《반야바라밀다심경》을 받아들이시고 진언(眞言)의 잘못된 문자(文字) 역시 고쳐 적으시고 한글 《정본(正本)》《반야바라밀다심경》 독송을 마친 후에는 필히 바르게 해설한 진언(眞言) 내용을 독송하시기를 당부 드린다.

[6] [《진언(眞言)》과 《다라니》의 의의(意義)]

진리(眞理) 자체가 《석가모니 비로자나 하나님 부처님》이시다. 이러한 《진리(眞理)》가 있고 난 그 다음이 방편으로 나누어진 것이 진리(眞理)의 《양음(陽陰)》이다. 이렇듯 나누어진 진리(眞理)의 《양음(陽陰)》에 있어서 양(陽)의 진리(眞理)가 《석가모니 하나님 부처님》이시며, 음(陰)의 진리가 《관세음보살 1세》이시다. 고로 《석가모니 비로자나 하나님 부처님》께서 방편상 모든 일을 하실 때가 《석가모니 하나님 부처님》으로서 《석가모니 비로자나 하나님 부처님》이 곧 《석가모니 하나님 부처님》이신 것이다. 한마디로 말씀드려, 《진리(眞理)》 자체를 떠난 《음(陰)》의 진리(眞理)는 존재하지 않기 때문에, 《석가모니 하나님 부처님》을 떠나 《관세음보살 1세》가 존재하지 않는다는 뜻이다.

때문에 차제에 분명히 하여야 할 사안을 말씀드리면, 인간의 주인공인 《영혼》은 《영》과 《혼》이 양음 짝을 한 단어로써, 《영》은 개체의 《양자》가 《혼》이 깃들어짐으로써 《영》이 된 것이며 이러한 《영》에 깃들어져 있는 《혼》이 《석가모니 하나님 부처님》으로부터 받은 《양전자》로써 이를 《정명(正命)》이라고 한다. 이러한 《영혼》에 생명을 불어넣은 것이 《영신》으로써 영신을 이루고 있는 주인공인 《양자》와 《전자》는 《석가모니 하나님 부처님》께서 만드시고 이렇게 하여 만들어진 《양자》와 《전자》에게 생명을 불어넣는 《양전자》를 《진명(眞命)》이라고 하며 이러한 《진명(眞命)》을 관리하시는 분이 《관세음보살》이시다. 이로써 《양자》와 《전자》에게 《진명(眞命)》이 둥글게 둘러쌈으로써 《양자영(陽子靈)》과 《전자영(電子靈)》이 되어 인연 따라 《영신(靈身)》을 이루는 것이다.

이렇듯 『정명(正命)과 진명(眞命)이 조화를 이루고』 『양음(陽陰)의 이치가 균형을 이룬』 것이 《진언(眞言)인 다라니》로써 《원천창조주》의 신비한 힘(力)이 작용(作用)을 하는 것이다.

때문에 《정명(正命)》과 《진명(眞命)》이 조화를 이루지 못하고 《양음(陽陰)의 이치》가 균형이 깨어진 다라니는 《대마왕》들과 《악마(惡魔)의 신(神)》들인 《대마왕신》들의 다라니로써 향후 《대마왕》 노릇을 하시던 《관세음보살 1세》께서 만드신 《신묘장구대다라니》와 모든 《다라니》와 《대마왕》들과 《악마(惡魔)의 신(神)》들인 《대마왕신(神)》들이 만든 주문(主文)과 《다라니》 등 일체는 《석가모니 하나님 부처님》의 이름으로 《메시아(Messiah)》이신 《미륵불》이 이의 폐지(廢止)를 명령하는 바이니 그렇게들 아시기 바란다.

《대마왕》《관세음보살 1세》가 만든 《다라니》를 즐겨하는 《마왕 불자》들은 《파멸(波滅)》의 길로 가는 자들임을 분명히 하며, 《관세음보살 1세》 스스로께서도 이러한 문제들을 깊이 참회하시고 지금은 《관세음보살》의 직책을 떠나시어 사라져간 상태이며 향후 후천우주(後天宇宙) 《관세음보살》이 되실 분께도 이러한 《다라니》는 꼭 필요한 경우를 제외하고는 남발하지 않도록 하였음을 알려드림과 동시에 여타 《석가모니 하나님 부처님》께서 만드신 《다라니》는 상기 말씀드린 두 가지 원칙인 《정명(正命)》과 《진명(眞命)》의 조화를 이룬 가운데 《양음(陽陰)》의 이치가 균형을 이룬 《다라니》이니 이외의 일체 《마성(魔性)》을 가진 《다라니》는 《폐(廢)》하는 바이며 《다라니》는 최소화해야 할 필요가 있음을 알려드리는 바이다.

5. [유대의 역사(歷史)와 유대교(敎)]와 [로마(Rome)]

《기독교 사상》을 바로 알고자 하면 《유대》 역사에 대하여 알아야 하며 《유대》 역사의 바른 이해를 위하여서는 《유대인》과 《이스라엘인》들에 대한 《우주 진화(宇宙進化)》의 역사를 먼저 알아야 하는 것이 순서이다. 이러한 《유대인》과 《이스라엘인》들에 대한 《우주 진화》의 이치는 향후 강의되는 《제3장 진리의 실상》에서 그 이치가 상세히 밝혀짐으로 이 장에서는 필요 부분만 골라 설명을 드리는 것이니 유의하시기 바란다.

[1] [《유대인》과 《이스라엘인》들 우주적(宇宙的) 진화의 역사]

필자의 각종 저서(著書)에서 현재의 우주(宇宙)가 탄생하기 이전에 현재의 우주(宇宙) 탄생을 위해 《인간》과 《물질》의 씨종자들과 《복합원소》를 만들어 《물질》을 합성하는 기간이 《100억 년(億年)》이 있었음을 밝힌 바가 있다. 이러한 때 인간과 《물질》의 《씨종자》들인 《영(靈)》들을 만들기 위해 《석가모니 하나님 부처님》의 《정명궁(正明宮)》이 만들어지고,

《복합원소》와 《물질(物質)》 합성을 위해 《석가모니 하나님 부처님》께서 좌정하시는 《정명궁(正明宮)》으로부터 분신(分身)의 《진명궁(眞明宮)》이 태어나 이곳에서 《석가모니 하나님 부처님》의 동생(同生)으로서 최고 《악마(惡魔)의 신(神)》이 된 《비로자나 1세》가 태어남으로써 이후부터는 최고 《악마(惡魔)의 신(神)》인 《비로자나 1세》가 한동안 《진명궁(眞明宮)》의 주인이 된다.

이러한 《비로자나 1세》가 《진명궁(眞明宮)》의 주인이 되자마자 곧 《암흑의 신(神)》인 원조(原祖) 《가이아 신(神)》과 짜고 《석가모니 하나님 부처님》을 거세하여 없애고 그들이 《정명궁(正明宮)》을 탈취함으로써 훗날 만들어지는 전체 우주(宇宙)를 정복하겠다는 야망을 가지고 계획을 추진하다가 이와 같은 계획이 곧 《석가모니 하나님 부처님》께 발각이 되어 《진명궁(眞明宮)》이 《황금 태양(太陽)》을 이룬 이후 《핵(核)》의 붕괴 때 《악마(惡魔)의 신(神)》인 《비로자나 1세》는 《공간(空間)》으로 쫓겨 나와 이후부터는 두 번 다시 스스로의 《법신(法身)》인 《별(星)》의 《법신(法身)》은 갖지 못하고 인간 사회에 태어나서 인간 육신(肉身)만 가지고 진화(進化)하여야만 하는 벌(罰)을 《석가모니 하나님 부처님》으로부터 받게 되는 것이다.

이러한 이후 《진명궁(眞明宮)》은 《핵(核)》의 붕괴로 많은 《항성풍》을 쏟아낸 후 곧바로 《수축기》에 들어감으로써 이때부터 《25억 년(億年)》간은 《대관세음보살》께서 관리를 하신 이후 때에 《상천궁》《1-4의 성(星)》에서 《석가모니 하나님 부처님》의 아들로 태어난 《지적(地積)》에게 《수축기》《진명궁(眞明宮)》을 물려주게 된다. 그리고 나서 《지적(地積)》은 《5억 년(億年)》 노력 끝에 《진명궁(眞明宮)》이 《수축기》에 들어간 지 《30억 년(億年)》 만에 《황금알 대일(大一)》로 태어난 후 《정명궁(正明宮)》《중성자알 대일(大一)》의 폭발로 현재의 우주 탄생인 《상천궁(上天宮)》 탄생보다 《10억 년(億年)》 늦게 폭발하여 현재의 《북극성(北極星)》과 《북두칠성(北斗七星)》을 탄생시킴으로써 현재의 《북극성(北極星)》에는 《일월등명불(日月燈明佛)》께서 자리하시고 《북두칠성》 첫 번째 별(星)인 《알파성(星)》에는 《지적(地積)》이 부처(佛)를 이루어 《노사나불(佛)》로 자리함으로써 《일월등명불》과 《노사나불》이 쌍둥이로 태어나시는 것이다.

이러한 과정을 거칠 때 《정명궁(正明宮)》은 《진명궁(眞明宮)》보다 《10억 년(億年)》 빠르게 진화하여 《법공(法空)》이 새로운 진화기(進化期)에 들어간 지 《60억 년(億年)》 만에 《황금태양(黃金太陽)》을 이룬 이후 《핵(核)》의 붕괴로 10억 년(億年) 동안 《여섯 뿌리 진공(眞空)》을 외부로 분출한 후 축소기에 들어간 지 30억 년(億年) 만에 《중성자 알 대일(大一)》을 이루고 대폭발을 일으킴으로써 《1×1×1》 천궁도 성단을 만들어 《상천궁(上天宮)》 10성(星)을 탄생시켜 현재의 초기 우주(宇宙)가 탄생하는 것이다. 이러한 《상천궁(上天宮)》 10성(星)은 모두 《석가모니 하나님 부처님》의 화(化)이다.

　이러한 《상천궁(上天宮)》 10성(星) 중 1의 자리에 자리한 《중성자(中性子)》 《태양성(太陽星)》이 《석가모니 하나님 부처님》의 법신(法身)이며, 두 번째로 태어난 《1-2》의 《양전자(陽電子)》 성(星)이 《관세음보살》의 법신(法身)이며, 이 두 분 사이 딸로서 태어난 《정화수왕지불》이 《1-1》의 수성(水星)을 법신(法身)으로 하고, 다음으로 《1-3의 성(星)》을 법신(法身)으로 하여 《아미타불》께서 《석가모니 하나님 부처님》 분신(分身)의 아들로서 태어나며, 《1-4의 성(星)》을 법신(法身)으로 하여 《지적(地積)》이 태어난 후 《석가모니 하나님 부처님》 명령에 의해 《진명궁(眞明宮)》으로 자리를 옮겨 《진명궁(眞明宮)》 황금알 대일(大一)의 폭발로 현재의 《북극성(北極星)》과 《북두칠성》을 탄생시키고 《지적(地積)》이 《노사나불(佛)》을 이루시고 우주를 크게 세 구분한 《천(天)》, 《지(地)》, 《인(人)》의 우주에서 《지(地)》의 우주 진화(進化)를 선도하시는 것이다.

　이러한 때 《상천궁(上天宮)》 《1-4의 성(星)》에서 최고 《악마(惡魔)의 신(神)》인 《비로자나 1세》와 《가이아 신(神)》 사이에서 《악마(惡魔)의 신(神)》인 《석가모니》가 태어나서 처음부터 《석가모니 하나님 부처님》 명호를 도둑질하여 《석가모니》로 이름한 후 《지적(地積)》이 《진명궁(眞明宮)》 《황금알 대일(大一)》 작업에 한창 몰두할 때 《진명궁(眞明宮)》에서 만들어진 인간 무리 《영혼(靈魂)》들에게 스스로를 각인시키기 위해 《수기(授記)》를 준다고 호들갑 떠는 장면이 《묘법화경》을 왜곡한 《묘법연화경 제19 상불경보살품》에 잘 나와 있다. 이러한 사건으로 《악마(惡魔)의 신(神)》인 《석가모니》도 그의 아버지로서 최고 《악마(惡魔)의 신(神)》인 《비로자나 1세》와 같이 《원천창조주》이신 《석가모니 하나님 부처님》으로부터 두 번 다시는 《별(星)》의 《법신(法身)》을 갖지 못하고 인간 사회에서 《인간 육신(肉身)》의 진화(進化)만 할 수 있는 벌(罰)을 받은 것이다.

　이와 같이 《상천궁(上天宮)》이 태어난 이후 《초기 우주》 특성상 곧바로 별들 핵(核)의 붕괴로 《1-3의 아미타불》 법신(法身)과 《1-2의 관세음보살》 법신(法身)과 《1-1의 정화수왕지불》 법신(法身)의 《핵(核)》 붕괴로 인한 분출분들이 《1-3의 아미타불의 법신(法身) 《핵(核)》 붕괴로 인한 분출분을 중심으로 《2×1×2》 쌍둥이 천궁(天宮)을 이루고 《상천궁(上天宮)》을 벗어나서 《1-1의 정화수왕지불》 《법신(法身)》의 《핵(核)》 붕괴로 인한 분출분은 《지(地)》의 우주 진화의 길로 들어가고, 《아미타불》과 《관세음보살》《법신(法身)》의 《핵(核)》 붕괴로 인한 분출분이 쌍둥이 천궁(天宮)을 이룬 이후 계속 진화의 여행을 한 후 《아미타불》 천궁(天宮)에서 《백조자리》 성단을 탄생시킨 후 《아미타불》께서는 《목동자리》《알파성(星)》을 법신(法身)으로 하여 주위에 진신삼성(眞身三星)을 포진시킨다. 이와 같은 《목동자리》《알파성(星)》을 포함한 진신삼성(眞身三星) 모두를 《아미타불》《진신 4성(眞身四星)》이라고 하며 《이집트》《신화도(神話圖)》에서는 《아미타불》을 《오시리스(Osiris) 신(神)》으로 표현하고 다음과 같은 《신화도 형상》을 남기고 있는 것이다.

[그림 1-5-1] [이집트 신화도 형상 일부]

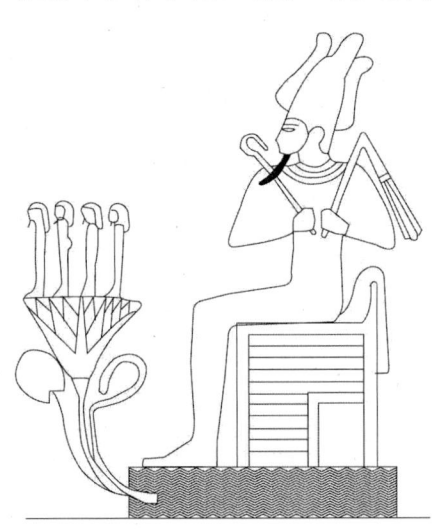

이와 같이 《아미타불》께서 《진신 4성》을 만드시는 것과 궤(匱)를 같이 하여 《관세음보살》의 《천궁(天宮)》도 진화를 모두 마치고 나머지 《목동자리》 별들을 만듦으로써 《목동자리》 성단이 탄생한 것이며, 이로써 《목동자리》《알파성(星)》인 《아미타불》의 법신(法身)을 고대(古代) 《이집트》에서는 《신전의 별(Temple Star)》이라고 하여 공경의 대상으로 삼은 별(星)이며, 고대(古代) 《아라비아(Arabia)》에서는 《하늘의 수호성》으로 이름한 것이다.

이러한 이후 《초기 우주》 특성상 《목동자리》《알파성(星)》으로 자리하였던 《아미타불》 법신(法身)이 핵(核)의 붕괴를 일으켜 《여섯 뿌리 진공(眞空)》을 《항성풍(風)》이 되게 하여 《공간(空間)》으로 쏟아낸 후 《아미타불》께서 다시 《4×3×4》 천궁도 성단을 만드신 후 《

천일궁(天一宮)》 인근을 여행하시다가 잠깐 《천일궁(宮)》이 있는 《작은곰자리》《베타성(星)》 인간들이 사는 별(星)에서 《인간》들의 왕(王)으로 자리하셨을 때 《예수》의 전신(前身)인 《세트 신(神)》이 《아미타불》의 아들로 태어나게 됨으로써 《필자》가 여러 저서(著書)에서 언급한 바와 같이 때에 최고의 《악마(惡魔)의 신(神)》으로서 《대마왕신(神)》인 《비로자나 1세》와 《악마(惡魔)의 신(神)》인 《석가모니》와 최고의 《대마왕》인 《다보불 1세》와 《문수보살 1세》가 《세트 신(神)》을 부추겨 그의 아버지인 《오시리스(Osiris)》로 이름한 《아미타불》을 살해하여 《영혼》 죽임까지 시키게 되는 엄청난 일을 저지르게 된다.

이로써 《대마왕신(神)》으로서 최고 《악마(惡魔)의 신(神)》인 《비로자나 1세》와 《악마(惡魔)의 신(神)》인 《석가모니》는 《아미타불》께서 만드신 《백조자리 성단》을 차지하게 되고 《석가모니 하나님 부처님》으로부터 받은 《벌(罰)》로 인한 결과를 보충하는 한(恨)을 풀게 되며, 《대마왕》인 《다보불》은 《4×3×4》 천궁도 성단이 만드는 《용자리 성단》에 그의 심복 아들인 《문수보살 1세》로 하여금 《용자리》《알파성(星)》에 자리하게 하여 《용자리》《성단》을 차지하고 《세트 신(神)》은 당대 육신(肉身)의 죽음 이후 《4×3×4》 천궁도 성단을 탈취하여 《중심혈》에 있는 그의 아비인 《아미타불》의 《혼(魂)》을 차지하고 《중심혈》에 앉음으로써 《4×3×4》 천궁도 성단이 진화(進化)를 마쳤을 때 그도 새로운 별(星)을 법신(法身)으로 하여 다시 태어나서 《용자리》《알파성(星)》이 있는 북쪽에 외톨이 별(星)로 자리하는 것이다. 이러한 《외톨이》 별(星)이 《서력기원》《원년(元年)》의 기준이 되는 별(星)로써 《예수의 별》이 되는 것이다.

이와 같이 하여 《용자리》《알파성(星)》 북쪽에 외톨이 별로 자리하였던 《세트 신(神)》의 법신(法身)도 초기 우주 특성상 곧바로 《핵(核)》의 붕괴를 일으켜 자그마한 《천궁도》 성단을 이루어 여행을 한 후 지금의 《오리온좌》 성단인 《천일일(天一一)》 우주를 통과하려 할 때, 이때를 기다리고 있던 《미륵불》에게 붙들려 그는 《석가모니 하나님 부처님》 법왕궁(法王宮)이 있는 곳으로 끌려 간 후 때마침 이곳을 통과하던 《노사나불》께서 만드신 《지일(地一)》의 《태양선(太陽船)》 지하 감옥에 《석가모니 하나님 부처님》의 명령으로 갇히게 되고 그의 천궁도 성단은 해체가 된다. 이러한 때 《세트 신》의 천궁도 성단을 따라 진화하던 모든 《영(靈)》들은 《석가모니 하나님 부처님》의 명령에 의해 《미륵불》이 훗날 만들어지는 그의 법신(法身)인 《화성(火星)》에서 진화시키면서 거두어 오게 된다.

이러한 이후 《지일(地一)》의 《태양선(太陽船)》에 갇혀 있던 《세트 신(神)》도 지금의 《황소자리》 성단인 《지일이(地一二)》 우주가 만들어질 때 풀려나 완전히 달라진 모습이 되어 《GAS 성(星)》 태양성(太陽星)을 법신(法身)으로 하여 새롭게 태어나서 《일체중생희견보살》로 이름한 후 지난날의 잘못을 참회하는 뜻으로 《일체중생희견보살》은 그의 법신(法身)인 《GAS 성(星)》《태양성(太陽星)》을 《1,200년》간 불태워 《4×3×4》 천궁도 성단에서 탈취하여온 《아미타불(佛)》의 《혼(魂)》을 되돌려 드림으로써, 《영혼(靈魂)》 죽임을 당한 채 50억 년(億年)간을 《인욕선인(仙人)》으로 지내시던 《아미타불》께서 부활하시고 《일체중생희견보살》은 그의 《법신(法身)》이 마지막 불타 사라지는 것과 때를 같이하여 《정안》, 《정장》 쌍둥이 형제로 태어나게 된다. 이로써 그들은 다시 많은 공덕을 쌓은 후 이번에는 《노사나불》의 아들들로 태어나서 《정안》이 우리들 태양계의 《해왕성》을 법신(法身)으로 받고 《약상보살》이 되며 《정장》이 《명왕성》의 법신(法身)을 받고 《약왕보살》이 된 후 훗날 《예수》로 태어나게 되는 것이다. 이러한 이들의 기록이 현재 《묘법연화경》(제22 약왕보살 본사품과 제26 묘장엄왕 본사품)에 전하여져 오고 있는 것이다.

한편, 《4×3×4》 천궁도 성단 탈취로 인하여 《세트 신(神)》을 따라 진화하던 영들을 《화성(火星)》에서 거두어 진화시켜 오다가 《영(靈)》들에게 지구계(地球界) 시간으로 지금으로부터 《4만 년 전》부터 《미륵불(佛)》께서 《혼(魂)》을 주어 《영혼(靈魂)》 진화를 시켜 《구석기인》으로 진화를 하게 된다. 이러한 화성에서의 구석기인으로의 진화는 지상(地上)에서와 같이 완벽한 인간 《육신(肉身)》의 진화를 하여온 《구석기인》들과는 다른 외형을 가졌으나 과정은 똑같이 《구석기인》을 진화시켜 지상(地上)의 시간 《BC 6000 ~ BC 4000》년간 《2,000년》 동안 화성(火星)에서 인간 문명(文明)이 일어나게 된다. 이러한 이후 《화성(火星)》에서의 인간들 문명도 《BC 4000년》으로 끝이 나고 문명의 종말을 맞이한 후 그 《영혼》들이 대거 지상(地上)으로 점차적으로 이동하여 《음(陰)》의 《곰족(熊族)》들의 육신을 가지고 지상(地上)의 인간들 무리로 태어나기 시작한 때가 《우르(Ur) 1왕조》(3740BC~3100BC) 때부터이다. 이로써 이들을 인도하여 《지상(地上)》으로 온 《메시아(Messiah)》이신 《미륵불》을 후세인(後世人)들은 《나그네 수호신(神)》《헤르메스(Hermes)》라고 한 것이다.

※ 결론(結論) :

이와 같이 《아미타불》께서 《백조자리 성단》에서 만드신 그의 후손들이 된 《유대인》

《영(靈)》들이 우주 진화(宇宙進化)의 길을 따라 진화하면서 《지상(地上)》에 도착하여 지금으로부터 《십만 년》 전(前)부터 시작된 《선대문명(先代文明)》부터 《영혼》 진화를 시작한 후 인류 마지막 《문명기》인 《북반구 문명》기에 들어와서 《구석기인》으로 진화하여 자리하였던 곳이 《메소포타미아》《중동부(中東部)》 지역이며, 《목동자리》《알파성(星)》이 있는 《아미타불》 진신 4성(眞身四星)에서 만들어졌던 그의 후손들이 된 《이스라엘인》《영(靈)》들이 우주 진화의 길을 따라 《지상(地上)》에 도착하여 지상(地上)의 《선대문명》을 거치고 《북반구 문명》기에 들어와서 《구석기인》으로 진화하여 자리하였던 곳이 《이집트》이며, 다음으로 《4×3×4》 천궁도 성단 탈취로 인하여 《세트 신(神)》을 따라 진화(進化)하여 오던 영(靈)들은 《메시아》이신 《미륵불》이 《화성(火星)》에서 거두어 진화시켜 오다가 《화성(火星)》에서 지구계 시간 《BC 6000 ~ BC 4000》년간 《2,000년》 동안 문명기를 거친 후 지상의 《수메르 문명권》(4100BC~1940BC)의 《우르(Ur) 1왕조》(3740BC~3100BC) 때 점차적으로 다시 태어나게 된다. 이로써 《아미타불》의 후손인 《유대인》과 《이스라엘인》들의 《영혼(靈魂)》들이 진화하여 온 루트는 셋(3)의 길을 따라 지상(地上)에 도착한 후 《구석기인》들과 《인간 무리》들로 거듭 태어나게 된 것이다.

한편, 《백조자리 성단》을 탈취한 후 《악마(惡魔)의 신(神)》들인 《비로자나 1세》와 《석가모니》가 남긴 그들 후손들의 《영(靈)》들도 진화하면서 지상(地上)에 도착하여 《구석기인》으로 진화한 곳이 《메소포타미아》 평야 《북동부(北東部)》 지역으로써 이들은 《별(星)》의 법신(法身)을 갖지 못한 채 인간 육신(肉身)을 통해서 남긴 영(靈)들이 진화하여 왔기 때문에 그 수(數)는 《아미타불》 후손 영(靈)들보다는 상대적으로 훨씬 적은 것이다.

---

(1) 《유대인》들과 《이스라엘인》들 지상(地上) 진화의 역사

《우주간(宇宙間)》에 인간들이 살고 있는 별(星)은 수(數)도 헤아릴 수 없이 많다. 그러나 진화의 특성상 인간 육신(肉身) 외형(外形)은 여러 가지 형태를 가진다. 이러한 여러 가지 형태

를 가진 인간 육신(肉身)이 《아름다움(美)》을 가진 완벽한 인간 육신(肉身)을 가지고자 할 때는 《법공(法空)》과 《대공(大空)》의 《0(ZERO)》 지점에 있는 《지구(地球)》로 와서 육신(肉身) 진화의 과정을 거치지 않으면 현재 《지상(地上)》의 인간들과 같은 육신(肉身)을 갖지 못하는 이치가 《진리(眞理)》로 존재한다. 이 때문에 《지상(地上)》에서는 10만 년 전부터 문명(文明)기가 시작되어 매 10,000년마다 문명(文明)이 일어나고 멸망하기를 《9번》을 한 끝에 마지막 《북반구 문명》 1만 년 기간에 돌입하여 지상(地上)의 시간 BC 8000년부터 AD 2000년까지 1만 년 《북반구 문명》 기간도 끝이 난 상태이나, 아직까지 《석가모니 하나님 부처님》께서 《지상(地上)》의 돌발 변수로 인하여 《문명의 종말》을 끝내시지 못하고 지금은 《북반구 문명》 연장선상에 있는 때이다.

이와 같은 지상(地上)의 선대문명(先代文明)에서 처음부터 90,000년까지의 문명은 《천일우주(天一宇宙) 100의 궁(宮)》의 인연 있는 성단(星團) 인간 무리들이 《불(佛)》, 《보살(菩薩)》들의 인도로 지상(地上)에 와서 아름다움을 갖춘 《인간 육신(肉身)》의 진화를 마치고 죽음을 맞이한 후 《영혼》과 《영신》의 상태로 본래 그들이 온 성단으로 돌아간 것이며, 이러한 100,000년 문명기 중 뒤편의 40,000년 문명기에 있어서 《30,000년》 문명기를 《남반구 문명(南半球文明)》이라고 하며 마지막 10,000년을 《북반구 문명(北半球文明)》이라고 하는 것이다.

이와 같은 《남반구 문명》 3만 년 중 2만 년 문명기를 《아미타불》께서 주도하시는 데 《4만 년 ~ 3만 년》까지 1만 년 문명기는 《백조자리 성단》에서 먼저 진화된 《아미타불》의 후손들을 《아름다움》을 갖춘 《인간 육신》 진화를 모두 마치고 문명의 종말과 함께 그들의 《영혼》과 《영신》들을 모두 《백조자리 성단》으로 돌려보내게 된다. 이로써 《지상(地上)》에 남은 흔적이 《남미》《페루》의 《나스카(Nazca)》 문양(文樣)이다. 이와 같은 문명이 종말에 가까울 때 《아미타불》께서는 일부의 그의 후손들을 싣고 대양(大洋)을 건너 《이집트》에 당도하시어 《3만 년 ~ 2만 년》까지 1만 년 문명기를 다시 펼치심으로써 《목동자리 성단》의 《아미타불》 진신 4성(眞身四星)으로부터 먼저 진화하여온 그들 후손들을 《아름다움》을 갖춘 《인간 육신》의 진화를 모두 마치게 한 후, 그의 후손 《영혼》과 《영신》들을 모두 《목동자리 성단》으로 되돌려 보내게 된다. 이때를 증거하는 유물이 남은 것이 《스핑크스(Sphinx)》와 얼마 전 《피라밋》 인근 사막에서 발굴된 《아비도스(Abydos)》 함대이다.

이러한 이후 《2만 년 ~ 1만 년》까지는 《노사나불》 주도로 《카시오페아》 성단과 《케페우스》 성단에서 먼저 진화하여온 무리들을 진화시킨 기간이며, 그 유적이 《남미》《페루》와 《멕시코》 일대에 산재해 있는 것이다.

　이러한 이후 《북반구 문명》이 《BC 8000년》부터 시작이 되었으나 때에 《지상(地上)》에 시작된 《빙하기》 때문에 《800년》은 《석가모니 하나님 부처님》께서 《천상(天上)》에서 지상(地上)을 다스리시다가 《BC 7200년》에 《석가모니 하나님 부처님》께서 《터키》《아라랏트》산(山)으로 내려오시어 미리 지상(地上)에 내려와 있던 《장자(長子)》이신 《노사나불》과 만나신 이후 《석가모니 하나님 부처님》께서는 《아조프 해(海)》 건너편의 《크림 반도》를 중심한 인근 평야 지대에서 《구석기인》 교화를 시작하시고 《노사나불》은 《터키》와 《코사크》 일대의 《구석기인》 교화를 하시면서 한민족(韓民族) 최초의 국가인 《한국(桓國)》(7200BC~6000BC)을 세우신 것이다.

　이러한 이후 1차 교화(敎化)와 함께 2차 교화인 《문명기》 시대를 겪으면서 《도덕성(道德性)》을 완벽히 갖춘 후손들을 《BC 6000년》에 단행된 1차 민족 대이동 때 《석가모니 하나님 부처님》 직계 음(陰)의 곰족(熊族)들과 《노사나불》 직계(直系) 《스키타이》 무리들을 2:1의 비율로 《3,000의 무리》를 만드시어 《노사나불》께서 이끄시고 《메소포타미아》 남부 지역에 산재한 《석가모니 하나님 부처님》 직계 《음(陰)》의 《곰족(熊族)》 《구석기인》들에 대한 1차 교화 작업에 들어갈 때, 《석가모니 하나님 부처님》 명령에 의해 《BC 6000년》에 《아미타불》께서는 그의 어머니(母)이신 《대관세음보살》과 함께 《천상(天上)》에서 《이란》 고원이 있는 《엘람(Elam)》 지방으로 내려오시어 어머니이신 《대관세음보살》께서는 후손들의 교화(敎化) 지역인 수메르 신화에서 《아라타(Aratta)》로 이름된 《중원 대륙》에 인접한 오늘날의 《윈난성(Yunnan)》으로 떠나시고 《아미타불》께서는 그의 후손 《구석기》인들이 진화하여 온 《메소포타미아》 중동부(中東部)로 가시어 《BC 6000 ~ BC 5500》년까지 1차 교화를 마치시게 되고, 《BC 5500 ~ BC 5200》년까지 《300년》간은 《석가모니 하나님 부처님》께서 초기 문명을 지도하시게 된다.

　한편, 이와 궤(軌)를 같이하여 《노사나불》께서도 메소포타미아 남부 지역에서 《BC 6000 ~ BC 5500》년까지 1차 교화를 마치신 후 불어난 인구들로 인하여 같이 온 《석가모니 하나님 부처님》의 직계 《음(陰)》의 《곰족(熊族)》들은 때에 이곳으로 오신 《석가모니 하나님 부처님》께 인계하시고 《노사나불》은 그의 직계 후손들인 《스키타이》 무리 《3,000》을 이끌고 《메소포타미아》 북부 지방으로 이동하여 《BC 5500 ~ BC 5000》년까지 《아시리아(Assyria)》 왕조(王朝)를 세우고 1차 교화(敎化)를 하시는 것이다.

이와 같이 《노사나불》이 《메소포타미아(Mesopotamia)》 남부 지역을 떠나신 이후, 《BC 5200년》에 《석가모니 하나님 부처님》께서 《메소포타미아》 남부 지역과 《아미타불》이 교화한 《메소포타미아》 중부 지방을 합하여 지상(地上) 최초의 인류 문명인 《수메르 문명》(5200BC~4100BC)을 여심으로써 《왕조(王朝)》 시대를 열고 《석가모니 하나님 부처님》께서 초대 왕 《알룰림(Alulim)》(재위 5200BC~5050BC)으로 자리하시어 《한민족(韓民族)》 왕조를 세우시는 것이다. 이로써 《수메르 문명》에 처음부터 참여한 《메소포타미아》 중동부(中東部) 지역에서 《아미타불》에 의해 교화된 후손들이 《유대인》들로서 이 역시 《석가모니 하나님 부처님》의 직계(直系) 음(陰)의 곰족(熊族)들이 되는 것이다.

① 《후리안족(Hurrians)》과 검은 텐트를 치고 사는 《유목 민족》

《수메르 문명(文明)》이 일어나기 이전 《아미타불》과 《대관세음보살》께서 《BC 6000년》 《천상(天上)》에서 《엘람(Elam)》 지방으로 내려오시어 후손들의 교화(敎化)를 위해 《엘람》 지방을 벗어난 후, 약간의 시간 차이를 두고 최고 《악마(惡魔)의 신(神)》들인 《비로자나 1세》와 《석가모니》와 《그림자 비로자나 1세》와 《가이아 신(神)》이 함께 내려온 후 《악마(惡魔)의 신(神)》인 《비로자나 1세》와 《석가모니》는 그들 후손 《구석기인》들이 있는 《메소포타미아》 《북동부(北東部)》 지역으로 이동하고 《악마(惡魔)의 신(神)》들인 《그림자 비로자나 1세》와 《가이아 신(神)》은 그들 후손 《구석기인》들이 모여 살고 있는 《메소포타미아》 《북서부(北西部)》 지역으로 이동하여 이들 그룹 각각이 《BC 6000 ~ BC 5500》년까지 1차 교화를 한 후, 《BC 5500~ BC 5000》년까지 초기 문명기를 거치면서 최고 《악마(惡魔)의 신(神)》인 《비로자나 1세》팀은 《후리안(Hurrians)》족(族)을 탄생시켜 이후 《수메르 문명》(5200BC~4100BC)과 《수메르 문명권》(4100BC~1940BC)을 침공하여 들어가서 《움마(Umma) 족》으로 자리하고 《그림자 비로자나 1세》팀은 《검은 텐트》를 치고 사는 《유목민》 후손들을 둔 후 이들도 훗날 《수메르 문명》이 일어난 곳으로 침공하여 들어가 자리를 하게 되는 것이다.

이와 같은 《후리안족(族)》은 《음(陰)》의 《곰족(熊族)》들보다 우주적(宇宙的)으로 《100억 년(億年)》 진화가 덜된 무리들이며 《검은 텐트》를 치고 사는 《유목민》들은 《200억 년(億年)》 진화가 덜된 무리들인 것이다. 이러한 《움마(Umma) 족》과 《검은 텐트》를 치고 사는 《유목민》들은 《수메르 문명》 때부터 《음(陰)》의 《곰족(熊族)》 무리들을 괴롭혀 온 무리들인 것이다.

이와 같은 사항들을 구체적으로 살펴보기 위해 먼저《수메르 문명》왕명록을 밝혀 드린 이후 이를 보고 다음 설명을 드리겠다.

② [수메르 문명(文明)과 음(陰)의 곰족(熊族)]

지금까지 설명 드린 바대로《음(陰)》의 곰족(熊族)이란《석가모니 하나님 부처님》의 직계 후손들로서,《한국(桓國)》에서《BC 6000년》《메소포타미아(Mesopotamia)》남부 지방으로 이동하여온 무리들이 교화한 인간들의 무리와《메소포타미아》중동부 지방에서《아미타불》이 교화한 민족들인《유대인》들 모두를《음(陰)》의《곰족(熊族)》이라고 하며《한민족(韓民族)》의 중심(中心)이 되는 민족들임을 아시기 바란다. 이러한《음(陰)》의《곰족(熊族)》들이 인류 최초로《지상(地上)》에서 일으킨《문명(文明)》이《수메르 문명》(5200BC~4100BC)이다. 이러한《수메르 문명》의《왕명록》을 밝혀 드리면 다음과 같다.

[표 1-5-1-1] 수메르 문명 왕명록

왕 순서	왕명(王名)	불보살 명호	재위
제1대	알룰림 (Alulim, 에리두그 Eridug)	《석가모니 하나님 부처님》	5200BC~5050BC
제2대	알라가르 (Alalngar, 에리두그 Eridug)	《미륵불(彌勒, Maitreya Buddha)》	5050BC~4900BC
제3대	엔멘루아나 (En-men-lu-ana, 바드-티비라 Bad-tibira)	《악마(惡魔)의 신(神)》인 《석가모니》	4900BC~4800BC
제4대	엔멘아나 1세 엔멘아나 2세	《다보불(佛) 1세》 《다보불(佛) 2세》	4800BC~4700BC
제5대	엔멘갈아나 (En-men-gal-ana, 바드-티비라 Bad-tibira)	《비로자나 1세》	4700BC~4600BC

제6대	두무지 (Dumizid, 바드-티비라 Bad-tibira, 양치기)	《미륵불(彌勒, Maitreya Buddha)》	4600BC~4500BC
제7대	엔-시파드-지드-아나 (En-sipad-zid-ana, 라라그 Larag)	《아미타불(佛)》	4500BC~4400BC
제8대	엔-멘-두르-아나 (En-men-dur-ana, 짐비르 Zimbir)	《그림자 비로자나 1세》	4400BC~4300BC
제9대	우바라-투투 (Ubara-Tutu, 슈루팍 Shuruppak)	《일월등명불(佛)》	4300BC~4200BC
제10대	진-수두 (지우수드라 Ziusudra, 슈루팍 Shuruppak)	《문수보살(菩薩) 1세》	4200BC~4100BC

진행(進行)을 하면서 말씀드렸듯이, 《수메르 문명》과 《수메르 문명권》 왕조(王朝)들에 대한 상세한 설명은 뒷장에서 강의되는 《수메르 문명》(5200BC~4100BC)과 《수메르 문명권》(4100BC~1674BC)에서 하게 되니 그렇게들 아시고, 지금 진행하는 사항은 《음(陰)》의 《곰족(熊族)》들인 《유대인》들을 《대마왕》들과 《악마(惡魔)의 신(神)》들인 《대마왕신(神)》들이 집요하게 핍박하게 되는 원초적인 《인연법(因緣法)》 규명 위주로 설명 드리는 점에 유의하시기 바란다.

인류 최초로 일어난 《수메르 문명》 《왕명록》에 드러난 바대로 처음부터 《악마(惡魔)의 신(神)》들로서 《대마왕신(神)》들인 《석가모니》와 《비로자나 1세》와 《그림자 비로자나 1세》가 파고 들어온 것이 기록되어 있다. 그리고 《수메르 문명》과 《수메르 문명권》의 여러 왕조(王朝)들 때까지는 《양(陽)》의 《곰족(熊族)》들을 이끌고 있는 《선악(善惡)》 양면성을 근본 바탕으로 한 《다보불》과 《문수보살》 등은 《석가모니 하나님 부처님》의 엄한 명령에 따라 《착함》을 근본 바탕으로 하는 《선신(善神)》의 대열에서 일들을 하신 것을 아시기 바란다.

《왕명록》에서 드러난 제3대 《엔멘루아나》로 이름한 《악마(惡魔)의 신(神)》인 《석가모니》는 제2대 《알라가르》로 이름한 《메시아(Messiah)》이신 《미륵불》의 아들로 태어나서 왕위(王位)에 오른 자이며, 제5대 《엔멘갈아나》로 이름한 최고 《악마(惡魔)의 신(神)》인 《비로자나 1세》는 제4대 《엔멘아나 1세》로 이름한 《다보불 1세》의 아들로 태어나서 《왕위(王位)》에 올라 이때 《메소포타미아》 북동부 지역에서 교화된 그의 후손 《후리안족》을 《수메르 문명》이 일어난 곳으로 끌어 들여 정착을 시킨 것이며, 제8대 《엔-멘-두르-아나》로 이름한 《그림자 비로자나 1세》는 제7대 《엔-시파드-지드-아나》로 이름한 《아미타불》의 아들로 태어나서 《왕위(王位)》에 올라 때에 《메소포타미아》 북서부에서 《노사나불》께서 교화한 그의 후손 민족들인 《검은 텐트》를 치고 사는 《유목민》들을 《수메르 문명》이 일어난 곳으로 끌어 들여 정착시킴으로써, 때에 《음(陰)》의 《곰족(熊族)》들에게는 《불(佛)》, 《보살(菩薩)》들께서 《도덕성(道德性)》 교육을 한참 가르치는 도중에 이와 같은 진화가 미천한 자들이 정착을 하다 보니 《수메르 문명》이 일어난 사회는 혼탁하여져 타락할 수밖에 없는 처지였다.

이로써 《천상(天上)》에서 이를 보다 못해 《기후》 재앙(災殃)을 내림으로써 7일 낮밤을 비가 내려 《대홍수(大洪水)》가 일어나 검은 텐트를 치고 사는 《유목민》들과 《악마(惡魔)의 신(神)》들인 《대마왕신(神)》 후손들에게 심대한 타격을 주게 되는 일이 이때 발생한 것이며, 이때 《음(陰)》의 《곰족(熊族)》들에게는 《대홍수》가 일어날 것을 미리 귀뜸해 주었기 때문에 《음(陰)》의 《곰족》 피해는 미미한 것이었다.

이와 같이 인류 최초로 일어난 《문명》 때부터 《악마(惡魔)의 신(神)》들인 《대마왕신(神)》들은 그들이 가진 《권력욕》과 《지배욕》 때문에 《권력(權力)》을 이용하여 음(陰)의 곰족(熊族)들에게 심어진 《도덕성》을 파괴하여 그들이 가진 《사상》과 《관념》들인 《마성(魔性)》을 심어 그들의 《하수인》으로 만들고자 악착같이 《권력》을 쥐는 《왕(王)》들이 되고자 한 사실이 《왕명록》에 그대로 드러나 있는 것이다. 즉, 이때부터 《음(陰)》의 《곰족(熊族)》들을 보호하고자 하는 《선(善)》을 근본 바탕으로 하는 불(佛), 보살(菩薩)들과 이들 백성들을 타락시켜 그들의 《하수인》으로 지배하고자 하는 《악(惡)》을 근본 바탕으로 하는 《악마(惡魔)의 신(神)》들인 《대마왕신(神)》들간에 치열한 다툼이 벌어진 것이다.

앞서도 설명 드린 바대로 《왕위(王位)》를 놓고 다툼을 벌이는 방식이 보통 《인간》들이 생각하는 방식을 뛰어 넘어 태어남(生)을 자유자재로 할 수 있는 《악마(惡魔)의 신(神)》들인 《대마왕신(神)》들이 《불(佛)》, 《보살》들의 아들로 태어나기 때문에 이를 방어하기란 사실상 어려운 것이다. 이 때문에 2대 왕 《알라가르》로 이름하였던 《미륵불》이 3대 왕 《엔멘루아나》로 이름한 《악마(惡魔)의 신(神)》인 《석가모니》를 아들로 두었기 때문에 왕위(王位)를 물려주게 된 것이다.

부처(佛)들께서는 그의 아들이 태어났을 때 일정기간이 지나면 그 본색(本色)을 알게 되나 《인연법(因緣法)》을 따라 이들을 가르쳐 교화(敎化)하고자 노력을 하기 때문에 처음부터 생명(生命)을 거두어 버리는 일을 하지 않는 것이 불문율로 되어 있는 것이다. 그리고 이러한 《악마(惡魔)의 신(神)》들인 《대마왕신(神)》들도 《인연(因緣)》줄을 따라 태어나는 것이지 아무 《대마왕신(神)》이나 《미륵불》에게 태어나는 것은 아닌 것이다.

　　이와 같이 때에 《수메르 문명》을 출발시키시고 제1대 《알룰림》(재위 5200BC~5050BC) 왕으로 이름하셨던 《석가모니 하나님 부처님》께서는 《재위(在位)》에 머무신 후 곧바로 《음(陰)》의 《곰족(熊族)》의 무리 《3,000》을 이끄시고 《알제리》에 있는 직계 《음(陰)》의 《곰족(熊族)》 《구석기인》들 교화(敎化)를 위해 떠나신 때문에 《메시아(Messiah)》이신 《미륵불》은 반복(反復)되는 윤회(輪廻)로 7대 《엔-시파드-지드-아나》(재위 4500BC~4400BC)로 이름하신 《아미타불》을 아들로 태어나게 하여 《아미타불》과 함께 《악마(惡魔)의 신(神)》들인 《대마왕신(神)》 출신 왕(王)들로부터 《음(陰)》의 《곰족(熊族)》들을 지키기 위해 혼신의 힘을 쏟은 것이다.

　　그리고 9대 《우바라투투》로 이름한 《일월등명불》은 《아미타불》 분신(分身)의 아들임도 밝혀 두는 바이며, 《음(陰)》의 《곰족(熊族)》들이 진화(進化)를 하는 가운데는 항상 《양(陽)》의 《곰족(熊族)》들이 발생을 하기 때문에 《다보불》과 《문수보살 1세》가 왕위(王位)에 오른 것이며, 이때까지만 하여도 《다보불》은 그의 직계 후손들인 《양(陽)》의 《곰족(熊族)》들이 세력을 확장하여 갈 때이기 때문에 《석가모니 하나님 부처님》의 뜻에 대체적으로 순응을 할 때였으나 《문수보살 1세》가 《진-수두》로 이름하고 왕위(王位)에 오른 이후에는 태도가 돌변하여 《악마(惡魔)의 신(神)》인 《비로자나 1세》와 담합하여 그 아들인 《문수보살 1세》에게 《악마(惡魔)의 신(神)》인 《비로자나 1세》의 명령을 따를 것을 종용한 것이다. 이러한 이후 마지막 10대 왕 《진-수두》(재위 4200BC~4100BC)로 이름한 《문수보살 1세》는 그의 재위(在位) 중에 모든 이동 준비를 완료하고 《재위》가 끝이 나는 《BC 4100년》에 《석가모니 하나님 부처님》의 허락도 없이 최고의 《악마(惡魔)의 신(神)》인 《대마왕신(神)》 《비로자나 1세》의 지시만 받고 《수메르 문명》을 겪은 음(陰)의 《곰족(熊族)》들 중 《유대인》들을 제외한 《사카족(Saka)》을 중심한 나머지 《음(陰)》의 《곰족(熊族)》 모두를 이끌고 이동하여 《인도》 서북쪽 국경을 넘어 들어가서 정착을 하는 것이다.

　　이러한 이동 때에 《유대인》들만 고스란히 남기고 떠난 이유는 《악마(惡魔)의 신(神)》들로서 《대마왕신(神)》들인 《비로자나 1세》와 《석가모니》를 의식하였기 때문에 《유대인》들만 남겨 놓고 떠남으로써 《수메르 문명》(5200BC~4100BC)은 막을 내리는 것이며, 이후는 《수메르 문명권》(4100BC~1940BC) 내에서 여러 왕조(王朝)들이 등장함으로써 음(陰)의 공족들인 《유대인》들을 지키기 위해 선신(善神) 대열에 있는 불(佛), 보살(菩薩)들이 노력하시는 것이다. 이러한 가운데 《악(惡)의 신(神)》들과 처절한 다툼을 벌이는 《신(神)》들의 전쟁이 본격화 된 것이다.

③ [수메르 문명권의 왕조(王朝)들]

《수메르 문명》의 10대 마지막 왕(王)이었던 《진-수두》로 이름한 《문수보살 1세》가 《악마(惡魔)의 신(神)》인 《비로자나 1세》의 명령에 따라 《수메르 문명》의 주력(主力) 세력들인 《음(陰)》의 《공족(熊族)》들 중 《유대인》을 제외한 《음(陰)》의 《공족(熊族)》 무리들에게 이동 명령을 내린 후 그 준비가 한창일 때, 《악마(惡魔)의 신(神)》인 《비로자나 1세》는 《수메르 문명》 주력(主力) 세력들이 이동한 이후 남은 《음(陰)》의 《공족(熊族)》들인 《유대인》과 《후리안족(Hurrian 族)》들과 《검은 텐트》를 치고 사는 《유목민》들로서 새로운 《왕조(王朝)》를 세우기에는 많은 무리가 따를 것을 예상하고 때에 《영국(英國)》에서 후손 《구석기인》들인 《앵글로족(族)》의 교화(敎化)에 힘을 쏟으시느라고 《한민족(韓民族)》 두 번째 고대 국가인 《딜문(Dilmun)》으로 불리우는 《배달국(倍達國)》을 《석가모니 하나님 부처님》께서 자리를 비운 틈을 타서 《대마왕》 《문수보살 2세》를 시켜 《배달국》에서 《음(陰)》의 《공족(熊族)》들을 데려오도록 지시하는 것이다.

이에 《문수보살 2세》는 《BC 4150년》에 《배달국(딜문 Dilmun)》에 도착하여 온갖 감언이설로 그들을 꾀어 《음(陰)》의 《공족(熊族)》 무리 일부를 데리고 《BC 4100년》에 《수메르 문명권》에 도착하게 됨으로 《비로자나 1세》는 이들과 《유대인》들을 주력(主力) 세력으로 하여 《BC 4100년》에 《우루크 1왕조》를 세움으로써 《수메르 문명권》(4100BC~1674BC)에서는 첫 왕조(王朝)가 탄생한 것이다.

이와 같이 《수메르 문명》 《왕조(王朝)》나 이후 《수메르 문명권》(4100BC~1940BC)에서 만들어지는 《왕조(王朝)》들이 《유대인》들과 《이스라엘인》들의 《왕조(王朝)》들로써 《잃어버린》 《유대인》들과 《이스라엘인》들의 《역사(歷史)》들이다. 이러한 《수메르 문명권》(4100BC~1940BC)에서 만들어진 《왕조(王朝)》들을 밝혀 드리면 다음과 같다.

가> 수메르 문명권(4100BC~1940BC) 일람표

[표 1-5-1-2] 수메르 문명권(4100BC~1940BC) 일람표

수 메 르 문 명 권	수밀이국(4100BC~2050BC)		
		우루크 1왕조	4100 BC ~ 3485 BC
		라가시 1왕조	3100 BC ~ 2360 BC
		우루크 2왕조	2695 BC ~ 2508 BC
		우루크 3왕조	2296 BC ~ 2270 BC
		우루크 4왕조	2256 BC ~ 2147 BC
		우루크 5왕조	2110 BC ~ 2050 BC
	우루국(우르 문명) (3740BC~ 940BC)		
		우르 1왕조	3740 BC ~ 3100 BC
		우르 2왕조	2411 BC ~ 2297 BC
		라가시 2왕조(갈데아 우르)	2346 BC ~ 2046 BC
		우르 3왕조	2046 BC ~ 1940 BC
기 타	라르사 왕조		1961 BC ~ 1674 BC
	이신 왕조		1953 BC ~ 1730 BC

※ 《수메르(Sumer)》 문명권에서 《아시리아(Assyria) 문명》(5500BC~3800BC)과 《아카드(Akkad) 문명》(5000BC~1762BC)은 《석가모니 하나님 부처님》 직계(直系) 《곰족(熊族)》의 진화(進化)에는 직접적인 관계가 없기 때문에 이를 기록하지 않았음을 아시기 바란다.

나> [《수메르 문명권》 왕조(王朝)들을 이끈 《유대인》들과 《이스라엘인》들의 조상(祖上) 불(佛), 보살(菩薩)들의 《왕명록》]

　《수메르 문명권》(4100BC~1940BC)에서 처음 만들어진 《우루크 1왕조》(4100BC~3485BC)도 3대 왕 《루갈반다》로 이름한 《악마(惡魔)의 신(神)》인 《비로자나 1세》가 다시 왕위(王位)에 올랐으나, 이후 4대 왕 《두무지드》(Dumuzid 또는 Dumuzi)로 이름한 《미륵불》이 《왕조(王朝)》를 차지한 이후 일시적으로 9대 왕 《엔-눈-타라-아나》로 이름한 《악마(惡魔)의 신(神)》인 《비로자나 1세》에게 8년간 왕위(王位)를 내어준 적이 있으나 12대 왕 때까지 대부분의 왕조 기간은 《선(善)》을 근본 바탕으로 하는 《선신(善神)》들이 《음(陰)》의 《곰족(熊族)》들을 이끌어 온 것이다.

　이와 같이 각 《왕조(王朝)》와 관련된 전체적인 《왕명록》은 진행을 하면서 《수메르 문명권》을 다시 다룰 때 밝혀 드리기로 하고 이 장에서는 각 《왕조》들에서 《유대인》과 《이스라엘인》들의 훌륭한 조상(祖上) 왕(王)들이 자리한 내용들만 간추려 밝혀 드리면 다음과 같다.

[표 1-5-1-3] 수메르 문명권 :《수밀이국》

우루크 1왕조 (4100BC~3485BC)			
왕 순위	왕명(王名)	불보살 명	비고
4	두무지드(Dumuzid 또는 Dumuzi)	미륵불	재위 3950BC~3890BC
5	길가메시(Gilgamesh)	아미타불	재위 3890BC~3810BC
6	우르-눈갈(Ur-Nungal)	일월등명불	재위 3810BC~3750BC
7	우둘-칼라마(Udul-kalama)	석가모니 하나님 불	재위 3750BC~3700BC
10	메쉬-헤(Mesh-he)	미륵불	재위 3622BC~3559BC
11	멜렘-안나(Melem-ana)	대관세음보살 1세	생몰 3579BC~3510BC 재위 3559BC~3510BC
12	루갈-키툰(Lugal-kitun)	아미타불	생몰 3530BC~3485BC 재위 3510BC~3485BC
라가시(Lagash) 1왕조 (3100BC~2360BC)			
3	우르난쉐(Ur-Nanshe 또는 Ur-Nina)	일월등명불 분신	재위 2855BC~2775BC
10	루갈란다(Lugalanda)	석가모니 하나님 불	재위 2400BC~2381BC
11	우르카기나(Urukagina)	미륵불	재위 2381BC~2360BC
우루크(Uruk) 2왕조 (2695BC~2508BC)			
2	루갈-우르 (Lugal-kinishe-dudu or Lugal-ure)	일월등명불	재위 2635BC~2515BC
우루크(Uruk) 3왕조 (2296BC~2270BC)			
1	루갈-자게-시(Lugal-zage-si)	일월등명불	재위 2296BC~2270BC
우루크(Uruk) 4왕조 (2256BC~2147BC)			
2	우르-기기르(Ur-gigir)	일월등명불	생몰 2269BC~2147BC 재위 2249BC~2243BC
5	우르-우투(Ur-Utu)	일월등명불	재위 2232BC~2147BC
우루크(Uruk) 5왕조 (2110BC~2050BC)			
1	우투-헤갈(Utu-hengal)	일월등명불	재위 2110BC~2050BC

[표 1-5-1-4] 수메르 문명권 : 《우르(Ur) 문명(우루국)》

우르(Ur) 1왕조 (3740BC~3100BC)			
왕순위	왕명(王名)	불보살 명	비고
1대	아카람두그(Akalamdug)	대관세음보살 1세	생몰 3761BC.10.6~3600BC 3761BC.10.6 《히브리력》의 시작 재위 3740BC~3600BC
2대	메스카람두그(Meskalamdug)	아미타불(佛)	재위 3600BC~3531BC.
7대	엘룰루(Elulu)	약상보살	재위 3161BC~3136BC(25년)
8대	발룰루(Balulu)	약왕보살	재위 3136BC~3100BC(36년)
라가시(Lagash) 2왕조 (갈데아 우르) (2346BC~2046BC)			
1대	키쿠이드	아미타불	재위 2346BC~2243BC
2대	엔길사	일월등명불	생몰 2269BC~2147BC 재위 2243BC(26세)~2232BC
6대	우르우투(Ur-Utu)	일월등명불	재위 2127BC~2110BC
8대	루바바(Lu-Baba)	약왕보살	재위 2106BC~2102BC
9대	루갈라(Lugula)	약상보살	재위 2102BC~2097BC
11대	우르바우 또는 우르바바 (Ur-Bau 또는 Ur-baba)	약상보살	재위 2093BC~2080BC
13대	우르닌기르수(Ur-Ningirsu)	미륵불	재위 2060BC~2055BC.
14대	피리그메(Pirigme/Ugme)	대관세음보살 1세	재위 2055BC~2053BC.
15대	우르가르(Ur-gar)	아미타불	생몰 2073BC~2017BC(56세) 재위 2053BC~2050BC.
16대	남마하니(Nammahani)	일월등명불	재위 2050BC~2046BC.
우르(Ur) 3왕조 (2047BC~1940BC)			
3대	아마르신(Amar-Suen)	미륵불	재위 1982BC~1973BC(9년)

※ 특기(特記) 15 :

　이와 같이 《수메르 문명권》의 각 왕조(王朝)들은 《유대인》들과 《이스라엘인》들이 통합되어 이룬 《유대인》들과 《이스라엘인》들의 《왕조(王朝)》들임을 《메시아》이신 《미륵불》이 분명히 하는 것이다. 그리고 때에 《아미타불》의 어머니(母)이신 《대관세음보살 1세》께서 《윈난성(운남성)》에 자리하였던 그의 후손 민족 교화(敎化)를 모두 마치신 후 《수메르 문명》 시작과 함께 《수메르 문명》(5200BC~4100BC)으로 돌아오시어 《메시아》의 부인으로서 내조를 하시다가 《수메르 문명권》(4100BC~1940BC) 왕조(王朝)들이 시작된 후에는 직접 《왕위(王位)》에 오르셔서 많은 활동을 하신 바 있으며, 특히 《우르 1왕조》(3740BC~3100BC)는 스스로께서 왕조(王朝)를 세우시고 초대 왕 《아카람두그》(생몰 3761BC.10.6~3600BC, 재위 3740BC~3600BC)로 이름하시고 재위(在位)에 머무신 것이다. 이때가 《유대인》들과 《이스라엘인》들에게는 특별한 때로써 이때부터 《화성(火星)》에서 《메시아(Messiah)》로부터 교화되어 문명(文明)을 일으켰던 《이스라엘인》들이 문명의 종말을 맞이한 후 그들의 《영혼(靈魂)》들이 지상(地上)에 도착하여 대거 인간 육신(肉身)을 받기 시작한 때이며, 이때부터 《대관세음보살 1세》의 탄생일인 《BC 3761. 10. 6》을 기점으로 《히브리력(曆)》이 시작되는 것이다.

　또한, 주목하여야 될 사항은 《우루크 1왕조》(4100BC~3465BC)의 10대 《메쉬헤(Mesh-he)》(재위 3622BC~3559BC) 왕(王)으로 이름하였던 《미륵불》이 《메시아(Messiah)》라는 또 다른 칭호를 갖게 된 것이다. 그리고 《라가시 2왕조》(2346BC~2243BC)는 《우르(Ur)》 문명(文明)의 부흥기로써 이를 《갈데아 우르 왕조》라고도 한다. 이와 같이 《라가시 2왕조》는 16대 《남마하니》(재위 2050BC~2046BC) 왕(王)으로 이름하셨던 《일월등명불》을 마지막으로 《라가시 2왕조》가 끝이 남과 동시에 《아미타불》과 《일월등명불》 등이 그때까지 진화하여 온 후손민족 대부분을 이끌고 처음 《히브리 왕국》(1996BC~931BC)이 들어선 《하란(Harran)》으로 이동하여 《히브리 왕국》을 세우는 것이다.

※ 특기(特記) 16 :

　다음은 최고 《악마(惡魔)의 신(神)》으로서 《대마왕신(神)》들인 《비로자나 1세》와 《석가모니》가 특별하게 《음(陰)》의 《곰족(熊族)》들인 《유대인》들에 대해 집착(執着)하는 이유를 밝혀야 할 것 같다.

　진행을 하면서 《유대인》들을 있게 한 《아미타불》께서 만드신 《백조자리 성단》을 탈취한 자가 최고 《악마(惡魔)의 신(神)》들인 《비로자나 1세》와 《석가모니》임을 말씀드림과 동시에 그들 후손들인 《후리안족(族)》 역시 《유대인》들과 마찬가지로 《백조자리 성단》에서 진화하여온 무리들이라는 사실도 진행을 하면서 밝혀 드렸다. 이와 같이 《유대인》이나 《후리안족(族)》들이 비록 본래의 바탕은 다르나 《동질성(同質性)》이 있는 것이 첫째 이유이며, 두 번째로 《유대인》들이 그들 후손들인 《후리안족》들보다 《우주적》으로 100억 년(億年) 진화가 빠른 민족들이다 보니 그들 후손 민족들보다는 훨씬 《밝고》 명석한 두뇌들을 가지고 있다. 이 때문에 이들에게 그들이 가진 《사상(思想)》과 《관념(觀念)》의 《마성(魔性)》을 심게 되면 아주 《영악》하고 《영리한》 인간들로 탈바꿈되는 것이다. 이러한 《영악》하고 《영리》한 인간들은 《욕망(慾望)》에 의한 《이기심(利己心)》으로 인해 《권력(權力)》지향적 인간 무리들로 변화함으로써 《악마(惡魔)의 신(神)》들인 《대마왕신(神)》들이 추구하는 《지배욕(支配慾)》과 《권력욕(權力慾)》을 충족하기 위한 《하수인》으로는 최적격이기 때문이다.

　이로써 이용하다가 궁극적으로 이들 무리들을 파멸(波滅)시키게 되면 《석가모니 하나님 부처님》 직계(直系) 후손들을 말살하여 그들 후손 민족들만이 《백조자리 성단》의 주인이 될 수 있으므로 이를 발판으로 현존 우주(宇宙) 탄생 때부터 그들이 획책하여 왔던 일들을 성공시키기 위해 첫 대상으로 삼은 민족이 《유대인》이라는 사실이다. 이러한 모든 일들이 그들의 《탐욕》으로부터 비롯된 사실임을 분명히 밝히는 바이다.

　상기 기록은 《유대인》들과 《이스라엘인》에 국한된 기록이나 이들 《악마(惡魔)의 신(神)》들인 《대마왕신(神)》들이 세계 도처에 있는 《한민족(韓民族)》 구성원들인 《음(陰)》의 《곰족(熊族)》들과 《노사나불》 직계 《스키타이족》들과 《관세음보살 1세》 직계들인 《구려족》들과 《묘족》들에게도 《유대인》들과 《이스라엘인》들과 같이 양상은 조금씩 다르나 그들이 목표하는 바는 똑같았음을 알려 드리는 것이다.

※ 특기(特記) 17 :

　《유대인》들과 《이스라엘인》들의 통합 왕조(王朝)였던 《수메르 문명》(5200BC~4100BC)과 《수메르 문명권》(4100BC~1940BC) 각 왕조(王朝)들에서는 《선(善)》과 《악(惡)》의 대결에서 훌륭한 조상불(祖上佛)들의 지혜(智慧)로운 처신으로 《선(善)》의 세력인 《유대인》들과 《이스라엘인》들의 통합 왕조(王朝)가 승리를 한 것이다. 이러한 승리가 《선(善)》과 《악(惡)》의 대결 제 1라운드라면은 제2 라운드는 《히브리 왕국》 시작(1996BC)부터 《로마 공화정》이 끝이 나는 《BC 27년》까지로써 1라운드에서 《유대인》들과 《이스라엘인》 조상불(祖上佛)들의 막강한 힘(力)과 지혜(智慧)에 패한 이들 《악마(惡魔)의 신(神)》들인 《대마왕신(神)》들은 2라운드에 들어가서는 선(善)을 추구하는 《불(佛)》, 《보살(菩薩)》들과의 직접적인 대결은 피하고 간접적인 대결 방법으로 선회하게 된다. 이로써 《유대인》 사회에 《악마(惡魔)의 신(神)》들인 《대마왕신(神)》들이 총출동하여 태어나서 《유대인》 탈을 쓴 후손들을 남김으로써 《자칭》 《유대인》들을 대량 생산하여 《유대인》 뿐만이 아닌 《이스라엘인》 사회에도 파고들어 《내부 붕괴》 작전을 감행한 것이다.

　본래부터 《유대인》들과 《이스라엘인》들은 《석가모니 하나님 부처님》과 《아미타불》과 《미륵불》의 순수 혈통(血統)을 가진 《음(陰)》의 《곰족(熊族)》들이다. 이와 같이 《악마(惡魔)의 신(神)》들인 대마왕신(神)들이 《유대인》들 사회에 파고들어 그들의 후손들을 남김으로써 《육신(肉身)》의 주인공들인 《영혼(靈魂)》과 《영신(靈身)》들은 《악마(惡魔)의 신(神)》들인 《대마왕신(神)》들의 후손들이나 《영혼》과 《영신》을 감싸는 인간 육신(肉身) 껍데기만은 《유대인》의 모습을 가졌기 때문에 이들을 《자칭》 《유대인》들이라고 하며, 특히 이러한 현상은 《유대인》들에게 편중되어 있기 때문에 이들을 《자칭》 《유대인》들이라고 하는 것이다.

　이와 같은 자칭 《유대인》들이 《히브리 왕국》(1996BC~931BC) 때부터 시작하여 태어나서 《유대인》을 《파멸》시키는 과정에 《유럽》을 침공하여 《게르만 민족》을 대학살한 3대 《유대 왕》으로 자리하였던 《아사》(931BC~870BC, 재위 911BC~870BC)로 이름한 자칭 유대인으로서 《악마(惡魔)의 신(神)》인 《대마왕신(神)》 《묘음보살》이 있으며, 이로써 그가 훗날 《독일》

의 《히틀러》에 의한 《유대인》 대학살의 《인(因)》을 심은 것이며 《이집트》에서 《이스라엘인》들을 끌고 나온 자칭 유대인 《모세》(1211BC~1136BC)로 이름한 《악마(惡魔)의 신(神)》인 《대마왕신(神)》이 바로 《묘음보살》로서 자칭 《유대인》 탈을 쓴 자이다. 또한, 《히브리 왕국》(1996BC~931BC) 이후 《남 유다》와 《북 이스라엘》을 망(亡)하게 한 자들이 자칭 《유대인》들로서 《신바빌로니아(Neo-Babylonia)》 멸망 이후 《유대인》들과 《이스라엘인》 포로 석방 때 《예루살렘(Jerusalem)》에 돌아와서 《구약》 결집을 시작한 《에스라(Ezra)》(510BC~440BC)가 악질 《악마(惡魔)의 신(神)》으로서 《대마왕신(神)》인 《천관파군 2세》로서 《이오 신(神)》이다. 이 자(者) 역시 자칭 《유대인》 탈을 쓴 자이다.

이와 같이 《자칭》 《유대인》들이 《유대》 사회에 탈(脫)을 쓰고 나타나 《유대인》 행세를 하며 《악마(惡魔)의 신(神)》들인 《대마왕신(神)》들과 내통(內通)하여 《북 이스라엘》과 《남 유다》 왕국을 멸망시켜 파멸로 몰고 간 것이며, 이 이후로는 《왕조(王朝)》 없이 《유대 사회》를 이루고 있게 된 것이다. 이와 같이 2라운드에서 그들의 작전은 성공을 거두게 됨으로써 《음(陰)》의 《곰족(熊族)》들은 지독한 《시련기》에 들어간 것이다.

이러한 이후 제3 라운드는 BC 27년 《로마 제국(帝國)》이 《대마왕》들과 《악마(惡魔)의 신(神)》들인 《대마왕신(神)》들에 의해 탄생하면서부터 2차 세계 대전 후 《이스라엘》이 탄생하기까지의 기간이 3라운드로써, 이러한 3라운드에 돌입하면서 《대마왕》들과 《악마(惡魔)의 신(神)》들인 《대마왕신(神)》들은 자칭 《유대교단》으로써 《로마 가톨릭》을 만들고, 《악마(惡魔)의 신(神)》인 《대마왕신(神)》 《가이아 신(神)》이 《헬레나(Helena)》로 이름하고 그의 아들 《천관파군 1세》가 《콘스탄틴 대제(Constantine the Great)》로 이름한 후 종교(宗敎) 단체를 만들어 《기독교》로 이름한 후 그들 《대마왕》들과 《악마(惡魔)의 신(神)》들인 《대마왕신(神)》들이 《로마》 《황제(皇帝)》를 자처하며 《참(眞) 기독인》들을 10만 명 이상 대량 학살하고 《요한성자》(AD274~AD304)와 《예수》(AD274~AD310)로 이름한 《약사유리광불(佛)》을 죽여 놓고 뻔뻔스럽게도 《예수》 이름을 팔아먹는 종교(宗敎)를 만든 후 내면적으로는 그들 《대마왕》들과 《악마(惡魔)의 신(神)》들인 《대마왕신(神)》들이 교주(敎主)로 앉고 수하 《마왕》들이 《교단》을 점령함으로써 모든 《유대인》들과 《이스라엘인》들을 《정신적》으로 지배한 후 《하층민》으로 전락시킴과 동시에 특히 《유대인》들에 대한 박해로 《유대인》 제거를 위해 광분한 시기가 이때로써 2차 세계 대전 때 《독일》의 《히틀러》에 의한 《유대인》 대학살도 《유다 왕국(Kingdom of Judah)》 때 심어진 《인(因)》이 《결과》로써 나타났을 뿐인 것이다. 이 역시 《악마(惡魔)의 신(神)》들인 《대마왕신(神)》들이 계산하고 벌인 일들인 것이다.

이와 같이 3라운드의 전체 목표는 《유대인》 소멸에 초점이 맞추어져 있었던 사실을 《메시아(Messiah)》가 분명히 밝히는 것이다. 이리하여 《제2 라운드》와 《제3 라운드》에서는 상상을 초월한 엄청난 《시련기》를 《유대인》과 《이스라엘인》들이 겪게 된 것이다. 그러면 이러한 대략적인 사실들을 염두에 두시고 다음을 진행하도록 하겠다.

---

(2) [《유대인》들과 《이스라엘인》들의 《히브리 왕국》(1996BC~931BC)]

《히브리 왕국》이 처음 들어서는 《하란(Harran)》에 먼저 도착을 한 분들은 진행을 하면서 밝혀 드린 《라가시 2왕조》 왕명록의 11대 《우르바우 또는 우르바바》(재위 2093BC~2080BC)로 이름한 《약상보살》 때 《재위(在位)》의 임기를 마친 이후 《석가모니 하나님 부처님》의 명령으로 《유대인》 3,000의 무리를 이끌고 《석가모니 하나님 부처님》께서 지정하여 주신 《하란(Harran)》에 먼저 도착하게 된다. 이러한 이후 34년 늦게 16대 《남마하니》(재위 2050BC~2046BC)로 이름한 《일월등명불》 재위(在位)를 끝으로 하여 《아미타불》과 《일월등명불》이 나머지 《유대인》들과 《이스라엘인》들을 이끌고 이동하여 합류를 하게 되는 것이다.

이렇듯 《석가모니 하나님 부처님》께서 처음부터 《하란(Harran)》에 《히브리 왕국》(1996BC~931BC)의 터를 잡은 목적은 《음(陰)》의 《곰족(熊族)》들인 《유대인》들과 《이스라엘인》들을 중심(中心)으로 하여 《석가모니 하나님 부처님》께서 초대 한국(桓國)(7200BC~6000BC)을 여시고 교화한 《노사나불》의 직계 후손들인 《스키타이인》들이 모여 살고 있는 지금의 《터키》와 《관세음보살 1세》의 직계 후손들인 《팔레스타인》을 묶어 셋이 하나된 강력한 《한민족(韓民族)》의 국가를 형성하여 주위의 《대마왕》들과 《악마(惡魔)의 신(神)》들인 《대마왕신(神)》들의 종주국으로 자리하여 다스릴 것을 《염두》에 두시고 《하란(Harran)》에 《히브리 왕국》(1996BC~931BC)의 터를 잡게 하신 것이다. 그러나 이러한 《석가모니 하나님 부처님》의 계획이 《대마왕》들과 《악마(惡魔)의 신(神)》들인 《대마왕신(神)》들의 집요한 방해로 수포로 돌아간 것이다. 이와 같은 《석가모니 하나님 부처님》의 구상이 실패하게 된 원인을 지금부터 차분히 그 원인을 살펴보기로 하자.

① 《석가모니 하나님 부처님》과 《아미타불》

이러한 《하란(Harran)》의 《유대인》 가정에서 《상천궁(上天宮)》 때부터 《석가모니 하나님 부처님》의 분신(分身)의 아들(子)로 태어난 《메시아》이신 《미륵불(佛)》께서 《나호르 1세(Nahor I)》로 이름하고 계실 때 이 혈통(血統)을 타고 《석가모니 하나님 부처님》께서 반복(反復)되는 윤회(輪廻)를 통해 《테라(Terah)》(생몰 2046BC~1881BC)로 이름하시고 태어나시게 된다.

한편, 이때 《갈데아 우르》인 《라가시 2왕조》 15대 《우르가르(Ur-gar)》(2073BC~2017BC, 재위 2053BC~2050BC) 왕(王)으로 이름하셨던 《아미타불》께서는 재위(在位)에 머무신 지 3년 만에 《천상(天上)》에서부터 그의 분신(分身)의 아들로 태어나서 진화하여온 16대 《남마하니(Nammahani)》(재위 2050BC~2046BC) 왕으로 이름한 《일월등명불》께 재위(在位)를 물려주시고 《갈데아 우르》에 자리한 그의 후손 민족들인 《유대인》과 《이스라엘인》들에게 《하란(Harran)》으로 이동할 준비를 모두 끝마치고 16대 《남마하니》 왕으로 이름하였던 《일월등명불》의 임기가 끝이 난 《BC 2046년》에 《아미타불》과 《일월등명불》은 그들의 후손 민족들을 이끌고 이동한 《20년》 만에 《하란(Harran)》에 도착하여 먼저 이동하여온 후손 민족들과 함께 합류를 하게 된다.

이와 같이 하여 《하란(Harran)》에 도착한 《아미타불》은 후손 민족들이 편안히 자리할 수 있도록 한동안 활동을 하신 이후 그의 나이 《57세》되던 해인 《BC 2017년》에 인간 육신(肉身)의 죽음(死)을 맞이한 후 반복(反復)되는 《윤회(輪廻)》로 곧바로 《테라(Terah)》로 이름하신 《석가모니 하나님 부처님》의 장자(長子)로 태어나시어 《아브람(Abram)》(생몰 2016BC~1841BC)으로 이름하시는 것이다. 이러한 이후 《아브람》께서는 성년(成年)이 되신 후 《히브리 왕국》(1996BC~931BC) 초대 왕(王)(재위 1996BC~1841BC)으로 자리하시는 것이다.

② [테라(Terah)로 이름하셨을 때의 《석가모니 하나님 부처님》 가계도(家系圖)]

다음은 때에 《테라(Terah)》로 이름하고 오셨던 《석가모니 하나님 부처님》께서 남기신 아들들과 그 후손들에 대한 설명을 다음 가계도(家系圖)를 참고하여 설명 드리도록 하겠다. 이러한 《가계도(家系圖)》에 있어서 《아들들》의 후손들은 특별한 인물들만 기록하였으니 유의하시기 바란다.

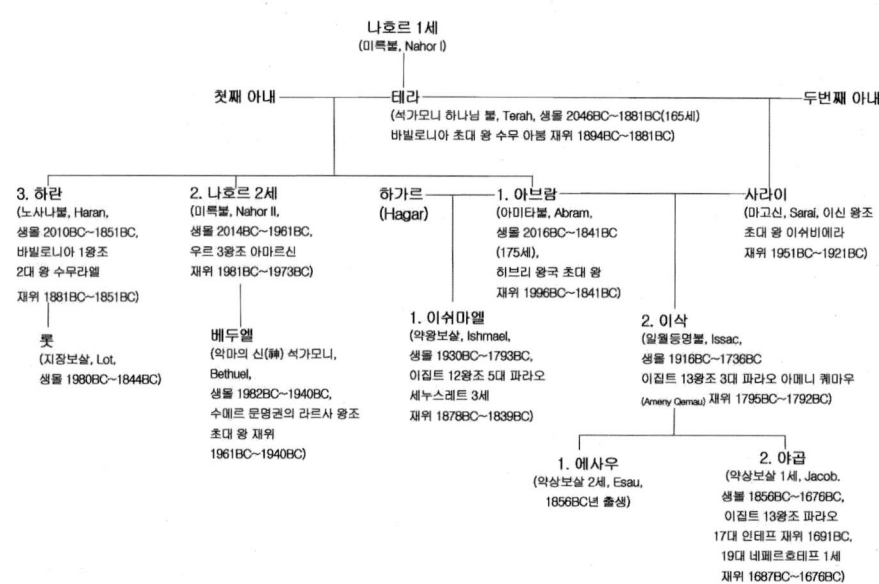

[가계도 1-5-1] 테라(Terah)로 이름하셨을 때의 석가모니 하나님 부처님 가계도

※ 아브람(Abram)과 나호르(Nahor II)와 하란(Haran)의 많은 후손들 중 대표되는 후손만 기록함.

가> [아브람(아미타불, Abram, 생몰 2016BC~1841BC, 재위 1996BC~1841BC)]

《아브람(Abram)》께서는 첫 번째 부인이신 《사라이(Sarai)》로 이름한 《마고신(神)》 사이에서 《이삭(Issac)》으로 이름한 《일월등명불》을 낳으시고 《일월등명불》이신 《이삭(Issac)》은 《에사우(Esau)》로 이름한 《약상보살 2세》와 《야곱(Jacob)》으로 이름한 《약상보살 1세》를 쌍둥이 형제로 생산하시는 것이다. 이러한 가계도에 등장하는 모든 분들은 《반복(反復)》되는 《윤회(輪廻)》로 태어나시게 되는 점을 깊이 인식하시기 바란다.

《아브람(Abram)》께서는 두 번째 부인이신 《하가르(Hagar)》와의 사이에서 《이쉬마엘(Ishmael)》로 이름한 《약왕보살》을 태어나게 하시며 이러한 《이쉬마엘(Ishmael)》로 이름한 《약왕보살》 후손들에게 처음으로 《석가모니 하나님 부처님》께서 《이스라엘(Israel)》이라는 호(號)를 내리시고 때에 《야곱(Jacob)》으로 이름하고 오신 《약상보살》 후손들에게는 《유다(Judah)》라는 호(號)를 내리시는 것이다.

이러한 사실들을 훗날 《대마왕신(神)》들과 《악마(惡魔)의 신(神)》들인 《대마왕신(神)》들의 지령을 받는 《자칭》 《유대인》들이 악랄하게 이를 왜곡하고 역사(歷史) 기록을 날조하고 거짓으로 꾸며 놓은 기록들이 지금까지 전하여져 오고 있다는 사실을 깊이 인식하시기 바라며, 《아브람》의 두 번째 부인이신 《이집트》 파라오의 딸인 《하가르(Hagar)》를 하녀(下女) 운운한 기록들은 악랄한 왜곡임을 분명히 밝혀 둔다.

나> [나호르 2세(미륵불, Nahor II. 생몰 2014BC~1961BC)]

《나호르 2세》(생몰 2014BC~1961BC)로 이름한 《메시아(Messiah)》이신 《미륵불》은 《테라(Terah)》로 이름하신 《석가모니 하나님 부처님》의 둘째 아들로 태어난 후 《베두엘(Bethuel)》(생몰 1982BC~1940BC)로 이름한 《악마(惡魔)의 신(神)》인 《석가모니》를 아들로 두게 된다. 이러한 이후 《나호르 2세(Nahor II)》로 이름한 《메시아》이신 《미륵불》은 《우르 3왕조》(2047BC~1940BC)에서 3대 왕 《아마르신(Amar-Suen)》(재위 1982BC~1973BC)으로 이름하시고 재위(在位)에 머무신 후 《BC 1961년》에 《53세》의 나이 때 아들인 《베두엘(Bethuel)》로 이름한 《악마(惡魔)의 신(神)》인 《석가모니》에게 살해된다.

이렇듯 아비를 살해한 《베두엘》로 이름한 《악마(惡魔)의 신(神)》인 《석가모니》는 《수메르 문명권》(4100BC~1940BC)에서 《라가시 2왕조》인 《갈데아 우르》에서 《음(陰)》의 《곰족(熊族)》들인 《유대인》과 《이스라엘인》들이 《하란(Harran)》으로 이동하고, 이후에 탄생한 《우르 3왕조》 초대 왕 《우르-남무》(재위 2047BC~2030BC)로 이름하였던 《다보불》과 2대 왕 《슐기》(재위 2030BC~1982BC)로 이름하였던 《문수보살 2세》가 그들 후손들인 《양(陽)》의 《곰족(熊族)》들을 2대 왕 《슐기》의 재위(在位)가 끝남과 동시에 한 무리는 《그리스 반도》로 이동시키고 또 한 무리는 《이탈리아》 북부 지방으로 이동시킴으로써, 텅 빈 《수메르 문명권》(4100BC~1940BC)에서 아비를 살해한 그 해에 《라르사(Larsa) 왕조(王朝)》(1961BC~1674BC)를 세우고 초대 왕 《나플라눔(Naplanum)》(재위 1961BC~1940BC)으로 이름하고 《베두엘》인 《악마(惡魔)의 신(神)》인 《석가모니》가 자리하는 것이다.

이러한 《수메르 문명》 때 《수메르 문명》 지역으로 침공하여 들어와서 정착하였던 최고 《악마(惡魔)의 신(神)》들인 《대마왕신(神)》 《비로자나 1세》와 《석가모니》 후손들이었던 《후리안족(族)》이 《수메르 문명권》에서는 《움마(Umma) 족》으로 이름하고 항상 《수메르 문명권》(4100BC~1940BC)의 왕조(王朝)들을 괴롭히다가 때에 《음(陰)》의 《곰족(熊族)》들과 《양(陽)》의 《곰족(熊族)》들이 《수메르 문명권》을 모두 철수한 후 이들을 바탕으로 하여 반복(反復)되는 윤회(輪廻)로 《베두엘》(1982BC~1940BC)로 이름하고 태어난 《악마(惡魔)의 신(神)》인 《석가모니》가 그의 아비를 살해하고 《라르사 왕조(王朝)》(1961BC~1674BC)를 세운 것이다. 이러한 이후 《우르 3왕조》도 5대 왕 《입비신(神)》(재위 1964BC~1940BC)으로 이름한 《혜경 보살》을 마지막으로 《라르사 왕조(王朝)》에게 멸망하게 되는 것이다. 이와 같은 《우르 3왕조》 5대 왕 《입비신(神)》은 사실상 《베두엘》과 형제간 사이로서, 《베두엘》로 이름한 《악마(惡魔)의 신(神)》인 《석가모니》는 그들 《대마왕신(神)》 후손들인 《엘람인》들을 시켜 《입비신(神)》을 납치하도록 교사를 함으로써 《우르 3왕조》를 멸망시킨 것이다.

이와 같이 《베두엘》로 이름한 《악마(惡魔)의 신(神)》인 《석가모니》가 《나플라눔》 왕(王)으로 이름하고 《라르사(Larsa) 왕조(王朝)》를 탄생시킨 《8년》 후 《아브람》의 첫 번째 부인이셨던 《사라이(Sarai)》로 이름하셨던 《마고신(神)》이 《수메르 문명》(5200BC~4100BC) 때 《수메르 문명》 유역을 침공하여 들어와서 정착한 《검은 텐트》를 치고 사는 《유목민》들의 후손들을 바탕으로 하여 《이신 왕조(王朝)》(1953BC~1730BC)를 세우고 초대 왕 《이쉬비-에라》(재위 1953BC~1921BC)로 이름하고 재위(在位)에 머물렀음을 아울러 밝히는 바이며, 《라르사 왕조(王朝)》나 《이신 왕조(王朝)》들 모두가 《악마(惡魔)의 신(神)》들인 《대마왕신(神)》들의 나라로써 이들이 당대 《역사(歷史)》 왜곡의 주인공 중의 한 무리들이었음을 밝혀 두는 바이다.

그리고 《베두엘》로 이름하고 태어났던 《악마(惡魔)의 신(神)》인 《석가모니》는 반복(反復)되는 《윤회(輪廻)》에서 진화(進化)의 특수성 때문에 항상 《메시아(Messiah)》이신 《미륵불》이나 천상(天上)의 그의 아비인 《비로자나 1세》의 아들로 태어난다는 점을 이해하시기 바란다.

다> [하란(노사나불, Haran, 생몰 2010BC~1851BC)]

《테라(Terah)》이신 《석가모니 하나님 부처님》의 셋째 아들로 태어난 《하란(Haran)》(생몰 2010BC~1851BC)은 《노사나불》이시다. 이러한 《하란》으로 이름한 《노사나불》께서는 《그리스 신화(神話)》에 등장하는 《제우스 신(神)》이시다. 이와 같이 《하란(Haran)》으로 이름한 《노사나불》께서는 때에 《롯(Lot)》(생몰 1980BC~1844BC)으로 이름한 《지장보살 1세》를 아들로 두게 된다. 이와 같이 아들로 둔 《롯(Lot)》(1980BC~1844BC)으로 이름한 《지장보살 1세》의 전신(前身)이 한때 《아카드 3왕조》(2270BC~2083BC)를 세우고 초대 왕 《사르곤(Sargon)》(재위 2270BC~2215BC)으로 자리한 후 《메소포타미아》 전체를 통일(統一)하였던 이력이 있는 분이 반복(反復)되는 윤회(輪廻)로 때에 《노사나불》이신 《하란(Haran)》의 아들로 태어난 것이다.

《테라(Terah)》의 큰 아들이신 《아브람》께서 《BC 1996년》에 《하란(Harran)》에서 《히브리 왕국》(1996BC~931BC)을 세우시고 왕위(王位)에 오르신 후 《석가모니 하나님 부처님》이신 《테라(Terah)》께서는 셋째 아드님이신 《하란》으로 이름한 《노사나불》을 대동하시고 다시 《수메르 문명권》(4100BC~1940BC)으로 돌아가시게 된다.

이렇듯 《수메르 문명권》(4100BC~1940BC)으로 다시 돌아가신 이유는 옛날 《노사나불》께서 《메소포타미아》 북부 지역에서 《BC 5500 ~ BC 5000》년까지 《아시리아 초기 왕조》를 세우고 교화(敎化)한 《노사나불》 직계 후손들인 《스키타이》 무리들과 이후 《이란》 북부로 교화(敎化)의 축(軸)을 옮기시어 《BC 5000 ~ BC 4500》년까지 교화한 《노사나불》 직계 《스키타이》 무리들이 여타 《악마(惡魔)의 신(神)》들인 《대마왕신(神)》 후손 무리들과 함께 《아시리아 문명권》을 이루고 있을 때 《아시리아 문명권》과 《이란》에 있는 《노사나불》 직계 후손들인 《아모리인(Amorites)》으로 불리우는 《스키타이》 무리들에게 《수메르 문명권》(4100BC~1940BC)이 자리하였던 《메소포타미아》 중부와 남부 지방으로 이동할 것을 《하

501

란(Haran)으로 이름한 《노사나불》이 태어났을 때 이미 《영적(靈的)》 명령을 내려 두신 가운데 《노사나불》과 함께 《수메르 문명권》으로 다시 돌아오신 것이다.

이렇듯 《스키타이》 무리들이 이동하여 온 것을 확인하시고 《테라(Terah)》이신 《석가모니 하나님 부처님》께서는 이들을 주축으로 하여 《바빌로니아 왕조》(1894BC~1595BC)를 세우시고 초대 왕 《수무아붐(Sumu-abum)》(생몰 2046BC~1881BC, 재위 1894BC~1881BC)으로 이름하시고 《재위(在位)》에 머무신 후 《165세》의 생(生)을 마감하신 이후 2대 왕은 《하란(Haran)》으로 이름하셨던 《노사나불》께서 《수무라엘(Sumu-la-El)》(생몰 2010BC~1851BC, 재위 1881BC~1851BC)로 이름하시고 왕위(王位)에 오른 것이다.

《바빌로니아 왕국(王國)》의 초대 왕(王)이신 《수무아붐(Sumu-abum)》이 《테라(Terah)》이신 《석가모니 하나님 부처님》이시며, 2대 왕 《수무라엘(Sumu-la-El)》이 《하란(Haran)》으로 이름하셨던 《노사나불》과 동일인(同一人)임을 《메시아(Messiah)》이신 《미륵불》이 분명히 밝히는 것이다.

그리고 《아시리아 초기 왕조》(5500BC~5000BC)와 《아시리아 1왕조》(5000BC~3800BC)와 《아카드 문명》(5000BC~1762BC)에 대하여는 향후 진행을 하면서 상세히 다루어짐으로 이 장에서는 필요 부분만 먼저 말씀드리고 있는 것에 대해 이해 있으시기를 바란다.

이러한 이후 《석가모니 하나님 부처님》께서는 반복(反復)되는 윤회(輪廻)로 곧바로 다시 태어나시어 이번에는 《메소포타미아》 북부 지역에 《대아시리아 왕국》을 세우시고 초대 왕(王) 《에리슘 1세(Erishum II)》(1880BC~1824BC, 재위 1860BC~1824BC)로 이름하시고 재위(在位)에 머무신 후 생(生)을 마감하심으로써 2대 왕에는 반복(反復)되는 윤회(輪廻)로 다시 태어나신 《노사나불》께서 《이쿠눔 2세(Ikunum II)》(1850BC~1770BC, 재위 1824BC~1823BC)로 재위(在位)에 머무신 지 1년 만에 왕위(王位)를 3대 왕 《앗수르(Assur)》(1843BC~1803BC, 재위 1823BC~1803BC)로 이름한 《지장보살 1세》에게 넘겨주는 것이다. 이와 같이 《왕위(王位)》를 넘겨받은 《앗수르》로 이름한 《지장보살 1세》가 《노사나불》께서 《테라(Terah)》로 이름하셨던 《석가모니 하나님 부처님》의 셋째 아들인 《하란(Haran)》으로 태어나셨을 때 그의 아들로 태어났던 《롯(Lot)》(생몰 1980BC~1844BC)으로 이름한 《지장보살 1세》가 《136세》의 일생(一生)을 산 후 다시 반복(反復)되는 《윤회(輪廻)》로 《앗수르(Assur)》로 이름하고 태어나서 《대아시리아 왕국》의 3대 왕이 된 것이다.

이로써 《석가모니 하나님 부처님》이신 《대아시리아 왕국》의 초대 왕 《에리슘 1세》께서 《대아시리아 왕국》을 만드신 목적이 《롯》의 후신인 《앗수르(Assur)》에게 《대아시리아 왕국》을 만들어 넘겨줌으로써 처음 서두에서 말씀드린 바대로 《테라(Terah)》로 이름하셨던 《석가모니 하나님 부처님》께서 일찍부터 《하란(Harran)》에 도읍을 정하고 《히브리 왕국》(1996BC~931BC)을 출범시킨 이유가 《하란(Harran)》을 중심으로 《팔레스타인》과 《터키》를 흡수한 《대한민족(大韓民族)》의 국가인 《히브리 왕국》을 만듦으로써 아브람을 비롯한 《유대계(系)》가 다스리고, 《이집트》는 《호루스(Horus)》로 이름한 미륵불을 비롯한 《이스라엘계》가 다스리고 《바빌로니아》는 셋째 아들이신 《하란(Haran)》으로 이름하셨던 《노사나불》께서 다스리며 《대아시리아 왕국》은 《롯》의 후신인 《앗수르》로 이름한 《지장보살 1세》가 다스림으로써 《악마(惡魔)의 신(神)》으로서 《대마왕신(神)》인 《야훼 신(神)》의 후손들인 《히타이트인(Hittites)》들과 《악마(惡魔)의 신(神)》으로서 《대마왕신(神)》인 《가이아 신(神)》과 《야훼 신(神)》의 후손들인 《엘람인(Elamites)》들과 최고 《악마(惡魔)의 신(神)》인 《비로자나 1세》와 《석가모니》 후손들인 《후리안족(Hurrians)》과 《그림자 비로자나 1세》와 《가이아 신(神)》의 후손들인 《검은 텐트》를 치고 사는 《유목민》들과 《그림자 비로자나 2세》의 후손들인 《구티족(Gutians)》 등을 다스려서 올바른 진화(進化)의 길로 이끌고자 하는 것이 《원천창조주》이신 《석가모니 하나님 부처님》께서 《테라(Terah)》로 이름하고 오신 궁극적인 목표였다는 사실을 《메시아(Messiah)》가 분명히 밝히는 것이다.

그리고 《테라(Terah)》로 이름하셨던 《석가모니 하나님 부처님》의 웅대한 계획을 뒤늦게 눈치 챈 최고 《악마(惡魔)의 신(神)》인 《비로자나 1세》는 《로마 제국(帝國)》 해체기에 《콘스탄틴우스 클로루스》(재위 AD293~AD312) 황제(皇帝)로 이름하고 《AD 310년》에 《예수》를 처형한 후 《천상(天上)》으로부터 벌(罰)을 받아 《영국(英國)》에서 육신(肉身)의 죽음(死)을 당할 때 《콘스탄틴 1세(Constantine I)》(생몰 AD272~AD337)로 이름하고 태어난 그의 아들인 《악마(惡魔)의 신(神)》인 《천관파군 1세》에게 《유언》을 하여 훗날 《콘스탄틴 1세》가 그의 아비가 다스리던 《로마 동부》 지역을 인계받고 《콘스탄틴 대제(大帝)》(재위 AD312~AD324, 비잔틴 제국 재위 AD324~AD337)가 된 후 《하란(Harran)》과 《터키》와 《로마》 동부 지역 일부를 포함하여 《콘스탄티노플(이스탄불)》에 도읍지를 정하고 《비잔틴 제국(帝國)》(AD324~AD1453)을 세워 영화를 누린 것이다.

이 역시 《히브리 왕국》(1996BC~931BC) 때 《아브람》의 실수가 없었다면 《유대인》들과 《이스라엘인》들의 몫으로써 씻을 수 없는 《아브람》의 실수가 《악마(惡魔)의 신(神)》들인 《대마왕신(神)》들에게는 영화를 안겨 주었고 반대로 그의 후손들인 《유대인》들과 《이스라엘인》들에게는 가혹한 《시련기》를 안겨 준 것이며, 이러한 《아브람》의 대실수가 훗날 《석가모니 하나님 부처님》께서 《로마 공화정(共和政)》(509BC~27BC) 초기부터 인간 무리들 진화(進化)를 위한 《석가모니 하나님 부처님》《진리(眞理)의 법(法)》을 집중적으로 심게 되는 무대로 활용하신 것이다. 이와 같은 모든 사실들을 《유대인》들과 《이스라엘인》들은 알아야 할 것이며, 전 지구계(全地球界)의 후세인(後世人)들도 알아야 할 것이다.

그리고 《대아시리아 왕국》이 세워지고 난 후 《노사나불》께서 2대 왕 《이쿠눔 2세(Ikunum II)》로 이름하고 1년간 재위(在位)에 머무시면서 왕(王)의 명칭을 이쿠눔 2세(Ikunum II)로 이름하신 데는 또 다른 의미를 내포하고 있다. 이러한 의미를 말씀드리면, 《노사나불》께서 《BC 5500년》《수메르 문명》 지역을 떠나 그의 직계 후손들인 《스키타이》 무리 《3,000》을 이끌고 《메소포타미아》 북부에 있는 《티그리스강》과 《데자브강》 합류점이 되는 삼각지역으로 가시어 그곳의 후손 《구석기인》들을 교화(敎化)하여 《신석기인》으로 전환시키면서 아울러 《메소포타미아》 북서부에 자리한 일부의 《그림자 비로자나 1세》의 후손 《구석기인》들도 《BC 5500 ~ BC 5000》년까지 같이 교화(敎化)를 하시는 것이다. 이때까지를 《아시리아 초기 왕조(교화기)》라고 하며, 이후 《노사나불》께서는 다시 《스키타이》 무리 《3,000》을 이끄시고 《이란》 북부 지역으로 교화(敎化)의 축(軸)을 옮기시어 《BC 5000 ~ BC 4500》년까지 교화를 하시는 것이다. 이러한 때 처음 《아시리아 초기 왕조(교화기)》를 마친 곳에서는 《아시리아 1왕조》가 탄생하여 《아시리아 문명기》(5000BC~3800BC)가 시작되며, 이러한 연장선상에서 《아카드 문명》이 시작되는 것이다. 이러한 이후 《대아시리아 왕조》에서 《통합(統合)》된 문명으로 나타나는 것이다.

이와 같은 과정을 거치는 동안 《아시리아 초기 왕조(교화기)》 때 《노사나불》이 교화한 《그림자 비로자나 1세》의 후손들이 《검은 텐트》를 치고 사는 《유목민》들이다. 이러한 《유목민》들을 《노사나불》께서 교화(敎化)한 탓으로 최고 《악마(惡魔)의 신(神)》인 《비로자나 1세》의 요청에 의해 《BC 4500년》에 이들 《유목민》들을 이끌고 《수메르 문명》 지역을 침공하여 《수메르 문명》 각 도시 지역에 분산 배치하여 이들을 정착하게 한다. 이러한 때 이들 《유목민》들을 이끌던 《노사나불》을 《이쿠눔(Ikunum)》으로 호칭을 한 것이며, 이러한 이후 《그림자 비로자나 1세》가 《수메르 문명》 제8대 왕 《엔멘두르아나》(재위 4400BC~4300BC)로 이름하고 왕위(王位)에 오른 것이다. 이와 같이 이때의 《이쿠눔》과 《대아시리아》 왕국 때의 《이쿠눔》을 차별화하기 위해 《유목민》들을 이끌던 《이쿠눔》을 《이쿠눔 1세》로 이름하고 《대아시리아》 왕국 때의 《이쿠눔》을 《이쿠눔 2세》로 이름한 것이다.

　　이와 같이 《노사나불》께서 《대아시리아》 2대 왕으로 1년 머무시면서 스스로를 《이쿠눔 2세》로 이름한 뜻은 《대아시리아》가 《지장보살 1세》인 《앗수르》의 후손들과 《검은 텐트》를 치고 사는 《유목민》들이 함께 《대아시리아 왕조(王朝)》의 축을 이루었음을 나타내는 뜻에서 《이쿠눔 2세》로 이름하신 것이다. 이와 같은 《이쿠눔 2세》로 이름하신 《천상(天上)》에서부터의 아버지(父)이신 《노사나불》로부터 《대아시리아》 왕국(王國)을 물려받으신 《앗수르》로 이름한 《지장보살 1세》께서 처음 한 일이 《아카드 문명기(文明期)》 내내 《아카드》 지역에서 《왕조(王朝)》들을 세우고 《아카드》 지역 정복을 노리고 때로는 《아카드》 지역을 파괴하고 분탕질한 《악마(惡魔)의 신(神)》들로서 《대마왕신(神)》들인 《가이아 신(神)》과 《야훼 신(神)》과 그들의 후손 민족들인 《엘람인》들을 《자그로스 산맥》 너머 《이란》 땅으로 추방함으로써 《아카드 3왕조》(2270BC~2083BC) 이후 《사르곤(Sargon)》 왕(王)(재위 2270BC~2215BC)의 옛날 명성을 되찾은 것이다. 이러한 《앗수르》의 업적을 지우기 위해 《악마(惡魔)의 신(神)》들인 《대마왕신(神)》들은 훗날 역사 기록을 조작하고 《대아시리아》 왕국 《왕명록》에서마저 《왕명》을 지우고 하는 파렴치한 짓을 서슴없이 한 것이다. 이로써 《지장보살 1세》는 오랜 동안 원수로 지내온 《야훼 신(神)》에게 통쾌한 보복을 시원스럽게 한 것이다

③ [아브람(Abram)과 《히브리 왕국》]

　　지금까지의 기록에서 드러나 있듯이, 《바빌로니아》 왕국을 《수무아붐(Sumu-abum)》(생몰 2046BC~1881BC, 재위 1894BC~1881BC)으로 이름하고 세우신 《테라(Terah)》로 이름하신 《석가모니 하나님 부처님》께서 《BC 1881년》 《바빌론》에서 생(生)을 마감하시자마자 《하란(Harran)》에 있는 《히브리 왕국》(1996BC~931BC)에서는 《우주간(宇宙間)》과 《세간(世間)》에서 전례(前例)가 없었던 《유대인》과 《이스라엘인》들을 파멸(波滅)로 몰고 가는 전무후무(前無後無)한 《대사기극(詐欺劇)》이 진행되고 있은 것이다. 이러한 《대사기극(大詐欺劇)》을 벌인 주인공이 최고 《악마(惡魔)의 신(神)》으로서 《대마왕신(神)》인 《야훼 신(神)》의 탈(脫)을 쓴 최고(最高)의 《대마왕신(神)》인 《비로자나 1세》와 《천상(天上)》에서부터 《비로자나 1세》의 딸인 《대마왕신(神)》인 《마고신(神)》이 《테라(Terah)》의 딸로 태어나서 《아브람》의 첫째 부인으로 자리한 《사라이(Sarai)》가 《사기극》의 주인공들이며, 그 대상이 《아브람(Abram)》으로 이름한 《아미타불》이

505

며 《사기극》의 무기가 최고 《악마(惡魔)의 신(神)》인 《비로자나 1세》의 《공중성(空中聲)》인 것이다.

　이러한 《공중성(空中聲)》은 공간(空間)에서 들려오는 우렁찬 음성(音聲)으로써 이와 같은 《공중성》을 내실 수 있는 분은 현재의 우주(宇宙)가 있기 전인 《개천이전(開天以前)》의 《인간의 씨종자》들과 《물질 씨종자》들을 만드신 《정명궁(正明宮)》의 주인이신 《석가모니 하나님 부처님》과 《복합 원소》와 《물질의 합성》을 위해 만들어졌던 《정명궁(正明宮)》 분신(分身)의 궁(宮)인 《진명궁(眞明宮)》의 한때 주인이었던 최고의 《대마왕신(神)》인 《악마(惡魔)의 신(神)》으로서 《비로자나 1세》밖에는 없는 것이다. 그러나 이러한 《공중성》의 주인(主人)을 당시 《아브람》으로 오셨던 《아미타불》은 그의 아버지로 오신 《테라(Terah)》이신 《석가모니 하나님 부처님》밖에 없다고 알고 있었던 것이 큰 화근이었다.

　이로써 《아브람》으로 이름하셨던 《아미타불》은 첫 번째로 《악마(惡魔)의 신(神)》인 《야훼 신(神)》의 탈을 쓴 《비로자나 1세》가 내는 《공중성》을 자기의 아버지이신 《테라(Terah)》로 이름하고 오셨던 《석가모니 하나님 부처님》의 《음성(音聲)》으로 착각하고 속은 것이며, 둘째로 《석가모니 하나님 부처님》께서 《인간》 육신(肉身)을 가지시고 태어나실 때는 태어나실 때마다 그 겉모습은 차이를 보이는 것이다. 그러나 본래의 모습을 가지고 형상을 나투실 때는 최고 《악마(惡魔)의 신(神)》인 《비로자나 1세》와 《석가모니 하나님 부처님》께서 쌍둥이 《형제》이시기 때문에 최고 《악마(惡魔)의 신(神)》인 《비로자나 1세》가 신통력(神通力)으로 그 모습을 드러낼 때는 상당히 비슷한 모습으로 나타나는 것이며, 셋째로는 최고 《악마(惡魔)의 신(神)》인 《비로자나 1세》의 사주를 받은 《마고신(神)》인 《사라이(Sarai)》가 《아브람》이신 《아미타불》의 판단력을 흐리게 한 이와 같은 세 가지 요인이 《야훼 신(神)》의 탈을 쓴 최고 《악마(惡魔)의 신(神)》인 《비로자나 1세》의 《사기극》에 말려들게 된 원인이 된 것이다.

　이로써 《40년》을 끌려 다닌 《아브람》의 대실수가 후손 민족들인 《유대인》들과 《이스라엘인》들로 하여금 《악마(惡魔)의 신(神)》인 《야훼 신(神)》을 《하나님》으로 받들게 하는 어처구니없는 결과를 가져오게 됨으로써, 《테라(Terah)》로 이름하셨던 《석가모니 하나님 부처님》께 세세생생 죄(罪)를 짓는 죄인들로 만든 결과가 《2,500년》을 나라 없는 서러움을 겪게 하고 세계 도처에 유랑하며 살고 있던 《유대인》들을 《로마 제국(帝國)》이 시작된 후 대량 학살을 당하게 하고 이후에도 계속되는 핍박과 함께 급기야는 《터키》의 《아르메니아인》 대학살과 《2차 세계 대전》 때 《독일》의 《히틀러》에 의해 무수한 《유대인》들이 참혹하게 죽어가게 한 씻지 못할 엄청난 죄업(罪業)을 짓게 된 것이다.

이와 같이 《야훼 신(神)》의 탈을 쓴 최고 《악마(惡魔)의 신(神)》인 《비로자나 1세》가 《창조주》 행세를 하면서 《공중성(空中聲)》으로 《아브람》을 불러 세운 이후 《화현(化現)》으로 형상을 나타낸 후 《아브람》에게 가라고 지시한 땅이 《예루살렘》이다. 이러한 《예루살렘》은 당시 《관세음보살 1세》께서 교화(敎化)한 《관세음보살 1세》 직계 후손들인 《팔레스타인인》들이 다스리는 지역으로써 《아브람》은 이러한 지시를 받은 즉시 《BC 1881년》 그의 나이 《135세》 때 조카인 《롯》과 함께 《히브리 왕국》의 군대를 이끌고 《예루살렘》을 침공하여 정복한 후 《BC 1878년》까지 《히브리 왕국》(1996BC~931BC)의 수도를 이곳으로 옮기게 되는 것이다. 이와 같이 《히브리 왕국》을 《하란(Harran)》에서 《예루살렘》으로 옮긴 이것이 《야훼 신(神)》의 탈을 쓴 최고 《악마(惡魔)의 신(神)》인 《비로자나 1세》가 쳐놓은 《덫》에 《아브람》이 정통으로 걸려 든 것이다.

이렇듯 《야훼 신(神)》의 탈을 쓴 최고 《악마(惡魔)의 신(神)》인 《비로자나 1세》가 《창조주 하나님》 행세를 하면서 《아브람》으로 하여금 《히브리 왕국》을 《하란(Harran)》에서 《예루살렘》으로 옮기게 한 이유는 진행을 하면서 【(2) 테라(Terah)로 이름하셨을 때의 《석가모니 하나님 부처님》 가계도(家系圖)】편의 《③ 하란(Haran, 노사나불)》편에 밝혀 드린 대로 《테라》이신 《석가모니 하나님 부처님》의 웅대한 계획을 간파한 《악마(惡魔)의 신(神)》인 《비로자나 1세》가 이러한 《석가모니 하나님 부처님》의 계획을 무산시키기 위한 큰 목적을 위해 이러한 일들을 꾸밈과 동시에 《예루살렘》은 지상(地上)의 《블랙홀(Black Hole)》이 있는 곳으로써 이곳으로 왕조(王朝)의 《수도(首都)》를 옮기면 그 옮긴 왕조(王朝)는 멸망하여야만 하는 곳이다. 이러한 비밀한 점을 이용하여 《악마(惡魔)의 신(神)》인 《비로자나 1세》는 일찍부터 《음(陰)》의 《곰족(熊族)》들인 《유대인》들의 말살을 염두에 두고 벌인 일들인 것이다.

이로써 《악마(惡魔)의 신(神)》으로서 《대마왕신(神)》인 《야훼 신(神)》의 탈을 쓰고 《창조주》 행세를 하는 최고 《악마(惡魔)의 신(神)》인 《비로자나 1세》에게 놀아난 어리석은 분이 《아브람》이었다는 사실이다.

이와 같이 하여 단행된 《예루살렘》에 대한 무력(武力) 침공이 자연스러운 한민족(韓民族)

구성원으로서의 통합(統合)이 되지 못하다 보니 《악마(惡魔)의 신(神)》들인 《대마왕신(神)》들의 획책에 의한 《자칭》《유대인》들과 《자칭》《팔레스타인인》에 의해 항상 갈등이 부채질 되는 현상이 오늘날까지도 계속되고 있는 것이다. 이러한 한 《예》를 들면, 현재 진행되고 있는 《이스라엘》과 《팔레스타인》과의 갈등에는 《하마스》라는 악질 《악마(惡魔)의 신(神)》으로서 《대마왕신(神)》인 《천관파군 1세》의 행동 대장들이 《자칭》《팔레스타인인》들을 부추겨 저항을 하고 있기 때문에 오래도록 그들의 갈등이 해소되지 않고 있는 이치와 같다.

이와 같은 《예루살렘》에 대한 무력(武力) 침공으로 인한 《히브리 왕국》(1996BC~931BC)의 《예루살렘》이동은 《팔레스타인》인(人)들과의 갈등으로 자연히 훗날 《히브리 왕국》의 고립을 가져옴으로써 《악마(惡魔)의 신(神)》들인 《대마왕신(神)》들은 이러한 사실들을 최대한 이용하게 되는 것이다.

그리고 다른 한편으로는 《테라》이신 《석가모니 하나님 부처님》께서 애써 구축한 《바빌로니아》와 《대아시리아 왕국》과의 《유기적(有機的)》인 관계 《단절(斷絶)》을 가져옴으로써 한때 《바빌로니아》 왕국(王國)의 속국으로 있던 《악마(惡魔)의 신(神)》인 《대마왕신(神)》《석가모니》가 만든 《라르사(Larsa) 왕조》(1961BC~1674BC)와 《악마(惡魔)의 신(神)》으로서 《대마왕신(神)》인 《사라이(Sarai)》로 이름하였던 《마고신(神)》이 《그림자 비로자나 1세》계(系)의 후손들을 끌어 모아 만든 《이신(Isin) 왕조》(1953BC~1730BC)에서 《그림자 비로자나 1세》의 아들인 《야훼 신(神)》과 《야훼 신(神)》의 후손들인 《히타이트》인(人)들이 육로(陸路)로는 《메소포타미아(Mesopotamia)》 북부에 《대아시리아》 왕국이 자리한 관계로 《이신(Isin) 왕조》로 직접 들어오지 못하고 《해상(海上)》 루트를 타고 이들을 끌어들여 왕조(王朝) 명칭을 《씨랜드(Sealand)》 왕조(王朝)(1732BC~1460BC)로 바꾸고 《야훼 신(神)》과 《야훼 신(神)》계(系)의 《대마왕신(神)》들이 자리하여 《바빌로니아(Babylonia)》를 《BC 1595년》에 멸망시킴으로써 《아모리인(Amorites)》으로 이름하는 《스키타이》들이 세운 《바빌로니아》 왕국은 멸망하게 됨으로써 《수메르 문명권》은 모두 《악마(惡魔)의 신(神)》들인 《대마왕신(神)》 후손들의 차지가 된 것이다.

이러한 이후 《후리안족(Hurrians)》을 중심하여 《악마(惡魔)의 신(神)》인 《석가모니》가 그의 아비인 《미륵불》을 죽이고 만든 《라르사 왕조(王朝)》(1961BC~1674BC)가 끝나고 나서 다시 《악마(惡魔)의 신(神)》인 《석가모니》가 《카사이트(Kassites)》 왕조(王朝)를 세움으로써 《후리안족(族)》들만의 왕조(王朝)가 계속되어 《수메르 문명권》을 지배하게 된다. 현재 전하여져 온 카사이트(Kassites) 왕조의 건국년대는 정확하지 않은 것이다. 이러한 이후에도 여러 번 《악마

《惡魔의 신(神)》들로서 《대마왕신(神)》들인 《그림자 비로자나 1세》계(系)와 《비로자나 1세》와 《악마(惡魔)의 신(神)》인 《석가모니》계(系)가 번갈아 《수메르 문명권》을 지배한 이후 《대마왕》《무곡성불》이 《신바빌로니아》 왕조(王朝)를 세우게 되는 것이다.

이와 같은 《수메르 문명권》이 변화를 겪는 동안 《히브리 통합 왕국》(1171BC~931BC)도 6대 왕 《솔로몬(Solomon)》(재위 971BC~931BC)을 끝으로 왕국이 문을 닫고 《북 이스라엘》(931BC~722BC)과 《남 유다》(931BC~520BC) 왕국으로 분리된 이후 《수메르 문명권》을 다스리던 이들 《악마(惡魔)의 신(神)》들인 《대마왕신(神)》들과 《대마왕》들에게 망(亡)함으로써 이후 두 번 다시는 《아브람》의 후손들인 《유대인》들은 그들만의 왕조(王朝)를 갖지 못하는 참담한 신세가 된 것이다.

이와 같이 간략히 간추린 기록이 《아브람》께서 한때 《악마(惡魔)의 신(神)》으로서 《대마왕신(神)》인 《야훼 신(神)》의 탈을 쓰고 《창조주》 행세를 하던 《비로자나 1세》에게 끌달려 다니던 《40년》의 결과가 후손들이 《파멸(波滅)》하는 참담한 결과를 가져온 것이다. 그러면 다음으로 이렇듯 참담한 결과를 가져오게 되는 《아브람》께서 《야훼 신(神)》의 탈을 쓴 최고 《악마(惡魔)의 신(神)》인 《비로자나 1세》에게 끌려 다닌 《40년》간의 이력을 살펴보자

가> [아브람(Abram)의 이력](생몰 2016BC~1841BC)

2016BC : 《테라(Terah)》(2046BC~1881BC)로 이름하신 《석가모니 하나님 부처님》의 첫 번째 부인과의 사이에서 《장남(長男)》으로 태어남

1996BC : 《하란(Harran)》에서 《히브리 왕국》(1996BC~931BC) 초대 왕(재위 1996BC~1841BC)으로 오르심

1930BC : 《아브람》 나이 《86세》에 두 번째 부인이신 《하가르(Hagar)》와의 사이에서 장남으로 《이쉬마엘(Ishmael)》(1903BC~1793BC)로 이름한 《악왕보살》 생산

1916BC : 《아브람》 나이 《100세》 때에 첫 번째 부인이신 《사라이(Sarai)》로 이름한 《마고신(神)》 사이에서 《이삭(Issac)》(1916BC~1736BC)으로 이름한 《일월등명불》 생산

1881BC : 아버지이신 《테라(Terah)》(2046BC~1881BC)로 이름하신 《석가모니 하나님 부처님》께서 《바빌로니아(Babylonia)》 왕국을 세우시고 초대 《수무 아붐(Sumu-abum)》(재위 1894BC~1881BC) 왕(王)으로 머무신 후 이 해에 《바빌론(Babylon)》에서 사망. 이때 최고 《악마(惡魔)의 신(神)》인 《대마왕신(神)》 《야훼 신(神)》의 탈을 쓴 《비로자나 1세》의 지시로 조카 《롯(Lot)》과 함께 《히브리 왕국》의 군대를 동원 《팔레스타인》인(人)들이 다스리던 《예루살렘》을 무력(武力) 침공하여 함락시킴. 이때 그의 나이 135세임.

1878BC : 《히브리 왕국》 수도를 하란(Harran)에서 예루살렘으로 이전 완료.
《예루살렘(Jerusalem)》에 있는 《모리아(Moriah)》 산(山)에서 《이삭(Issac)》을 제물로 바치는 제사 행함

1876BC : 《히브리 왕국》 군대를 이끌고 조카 《롯(Lot)》과 함께 《이집트》 방문.
때에 《이집트 12왕조》 5대 파라오로 자리한 《세누스레트 3세(Senusret III)》(1930BC~1793BC, 재위 1878BC~1839BC)로 이름하였던 그의 장남(長男) 《이쉬마엘(Ishmael)》인 《약왕보살》에게 물자를 요청하기 위해 방문

※ 《이집트 12왕조》는 《아미타불》의 아들인 《약왕보살》이 《아브람(Abram)》의 아들 《이쉬마엘(Ishmael)》로 태어나기 이전에 《아메넴하트 1세(Amenemhat I)》(재위 1991BC~1962BC) 파라오로 이름하고 세운 왕조로써 이후 다시 5대 파라오로 자리한 것이다.

1873BC : 《이집트 12왕조》 5대 파라오 《세누스레트 3세(Senusret III)》(1930BC~1793BC, 재위 1878BC~1839BC)로 이름한 그의 아들 《이쉬마엘(Ishmael)》의 협조로 낙타, 말, 가축 등과 많은 물자를 징발하여 《롯(Lot)》과 함께 《히브리 왕국》으로 돌아옴.

1872BC : 조카 《롯(Lot)》에게 재산을 나누어 주고 《요르단 강(Jordan river)》 남부에 있는 《소돔(Sodom)》과 《고모라(Gomorrah)》와 가나안(Canaan) 땅 일부를 내어 주어 독립하

게 함.

1871BC : 《야훼 신(神)》 탈을 쓰고 《창조주》 행세를 한 최고 《악마(惡魔)의 신(神)》인 《비로자나 1세》의 지시로 그의 이름을 《아브람(Abram)》에서 《아브라함(Abraham)》으로 바꾸고 그의 부인인 《사라이(Sarai)》는 《사라(Sarah)》로 이름을 바꿈.

※ 《아브람(Abram)》은 《존경하는 아버지》라는 뜻으로 3분의 《하느님》 반열에 있는 분 중의 한 분인 《아미타불》을 호칭하는 이름으로써, 이를 《야훼 신(神)》의 탈을 쓴 《비로자나 1세》의 지시로 《열국의 아버지》라는 뜻의 《아브라함(Abraham)》으로 바꿈으로써 《침략자의 아버지》로 탈바꿈시킨 사건임.

1844BC : 가나안 땅에 있는 《요르단 강(Jordan river)》 남부와 《사해(Dead Sea)》 북부 사이에 있는 《롯(Lot)》이 다스리는 타락한 지역인 《소돔(Sodom)》과 《고모라(Gomorrah)》와 《사해(Dead Sea)》 일대를 포함한 지역에 《테라(Terah)》로 이름하셨던 《원천창조주》이신 《석가모니 하나님 부처님》의 노여움으로 《천상(天上)》의 재앙(災殃)이 내림으로써 이들 지역이 모두 파괴됨과 아울러 《롯(Lot)》(생몰1980BC~1844BC) 역시 이때 사망을 함.

1841BC : 《아브람(Abram)》 예루살렘에서 사망. 이후 《히브리 왕국》은 부족 국가 시대로 전락.

ㄱ> [모리아(Moriah) 산(山)의 제례의식]

《아브람》께서 《히브리 왕국》을 《예루살렘》으로 완전히 이동한 《BC 1878년》에 《야훼 신(神)》 탈을 쓴 최고 《악마(惡魔)의 신(神)》인 《비로자나 1세》는 그가 벌인 《대사기극》의 《덫》에 《아브람》이 완전히 걸려든 것을 확인하기 위해 그는 《아브람》에게 《아브람》의 아들인 《이삭》을 《야훼 신(神)》 탈을 쓴 최고 《악마(惡魔)의 신(神)》인 《비로자나 1세》에게 《예루살렘》에 있는 《모리아산(山)》에 와서 《제물(祭物)》로 바칠 것을 요구한다. 중요한 점은 이러한 과정을 위해 최고 《악마(惡魔)의 신(神)》인 《비로자나 1세》가 처음부터 《야훼 신

《神》》의 탈《脫》을 쓰고 나타난 것이다.

즉,《아브람》에게 무리한《요구》를 함으로써 이러한《요구》를 듣지 않는 것은《공중성《空中聲》》과 화현《化現》으로《창조주》를 자칭한《대사기극》을《아브람》이 알아차린 경우가 됨으로써 이때를 대비하여 그 허물은《야훼 신《神》》에게 뒤집어씌우고 스스로는 빠져 나가기 위한 술책으로 처음부터《야훼 신《神》》을 사칭하는 탈을 쓰고 나타났다는 사실이다.

이러한《요구》이후《아브람》은《야훼 신《神》》의 탈《脫》을 쓴 최고《악마《惡魔》의 신《神》》인《비로자나 1세》가 실행한《공중성《空中聲》》《대사기극》의 술수를 눈치 채지 못하고 나이가《38세》된 그의 아들《이삭》을 데리고《예루살렘》에 있는《모리아산《山》》에 나타나서《제례의식》을 준비하는 것을 보고《야훼 신《神》》 탈을 쓴 최고《악마《惡魔》의 신《神》》인《비로자나 1세》는 그가 쳐 놓은《덫》에《아브람》이 완전히 걸려든 것을 확인하고《신통《神通》》으로《숫양》한 마리를 나타나게 하고 스스로도《화현《化現》》으로 그의 모습을 드러낸 후《아브람》의 진심어린 행《行》을 치하하면서《숫양》을 잡아《제단《祭壇》》에 올려놓고 그 피《血》를 사방에 뿌리도록 다시 지시한 후《신통《神通》》으로 그의《형상》은 사라지는 것이다. 이로써《아브람》과 그의 아들《이삭》은《야훼 신《神》》 탈을 쓴 최고《악마《惡魔》의 신《神》》인《비로자나 1세》의 지시에 따라《제례의식》을 마치게 되는 것이다.

이와 같은《제례의식》의 숨은 뜻을 이참에 밝혀 드리면,《숫양》은《메시아《Messiah》》이신《미륵불》상징 동물 중 하나이다. 즉,《숫양》을 잡아《제단《祭壇》》에 올리고 그 피《血》를 사방에 뿌리는 의식은 그에게 제일 걸림돌이 되는《메시아》이신《미륵불《佛》》을 죽여 최고《악마《惡魔》의 신《神》》인《비로자나 1세》의《제단》에 올리고 그 피《血》를 사방에 뿌리겠다는 일종의《맹세《盟誓》》를 하게 하는《의식《儀式》》이 되는 것이다.

이와 같은《공중성《空中聲》》《대사기극》의《덫》에《아브람》이 완전히 걸려든 것을 확인한 이후《야훼 신《神》》 탈을 쓴 최고《악마《惡魔》의 신《神》》인《비로자나 1세》는 계속하여《창조주》행세를 하면서《아브람》을 계속하여 끌고 다닌 것이다. 이러한 이후 최고《악마《惡魔》의 신《神》》인《비로자나 1세》는《야훼 신《神》》의 탈을 쓴 얄팍한 술수를 부린 것을 후회하고《야훼 신《神》》 탈을 벗고 그의 본래의 명칭인 최고《악마《惡魔》의 신《神》》인《비로자나 1세》로 돌아가기를 원하였으나《명분》이 없어《아브람》때에는 하지 못하고《아브람》에 의해 그의 후손 민족인《유대인》과《이스라엘인》들에게《야훼 신(神)》이《창조주》로서 뿌리 깊게 자리한 다음《히브리 왕국》(1996BC~931BC)이 문을 닫고《북 이스라엘》(931BC~722BC)과《남 유다》(931BC~520BC)로 갈라진 후《북 이스라엘》이 먼저 망하고 난 다음《남 유다》가 망하고 많은《유대인》들과《이스라엘인》들이《신바빌로니아》의 포로로 끌려갔다가 포로들이 석방되어《예루살렘》으로 돌아오게 된다.

이러한 때 마지막《유다 왕국》의 왕족으로 있던 자칭《유대인》탈을 쓴《에스라》와《느헤미야(Nehemiah)》등이《신바빌로니아》와《페르시아(Persia)》연합군과 내통(內通)하여《유다 왕국》을 멸망시키고 포로들은《신바빌로니아(Neo-Babylonia)》로 끌려가고 자칭 유대인들인《에스라》와《느헤미야》와 그들을 따르는《자칭》《유대인》들은 대접받으면서《페르시아》군을 따라 갔다가《신바빌로니아》에서 포로들이 석방된 이후《16년》이 지나서 이때 그들도《예루살렘》으로 다시 돌아와서《에스라》가 찬란한《유대인》들과《이스라엘인》들의《역사(歷史)》를 삭제하고 날조 왜곡된《구약》결집을 시작하면서《느헤미야》는《자칭》《유대인》들을 끌어 모아《바리새인파(Pharisees)》교단을 만들게 된다.

훗날 이《바리새인파(Pharisees)》를 중심으로《로마 제국(帝國)》때《자칭》《유대교단》을 만들고 신정일치(神政一致)를 이룬《황제(皇帝)》숭배가 최고《악마(惡魔)의 신(神)》으로서《비로자나 1세》인《퀴리누스(Quirinus)》사상과 직결됨으로써《퀴리누스》숭배가《황제(皇帝)》숭배이며《황제(皇帝)》숭배가 곧《퀴리누스》숭배 사상이 된 것이다. 이와 같은《황제(皇帝)》숭배 사상과《구약》을 받아들일 것을 강요하다가《유대인》들에 의한 3차례 걸친《대폭동》을 유발시키게 되고, 이러한《유대인》들의 폭동이 뒷날《참(眞)》《기독인》10만 명 이상을 대량 학살하게 되는 사건으로 연장이 되는 것이다. 이로써《야훼 신(神)》의 탈을 벗고 스스로를 드러내고자 하였던 최고의《악마(惡魔)의 신(神)》인《대마왕신(神)》인《비로자나 1세》의 기도는 수포로 돌아간 것이다.

이러한 사건 이후《참(眞)》《기독인》들과《유대인》들 학살의 허물을 감추기 위해《베드로》로 이름한《문수보살 1세》가《자칭》《유대교단》을《로마 가톨릭》으로 이름하였을 때《야훼 신(神)》의 탈을 쓰고는 최고의 대마왕인《다보불》이《창조주》의 자리에 앉게 된다. 이후《악마(惡魔)의 신(神)》인《대마왕신(神)》출신의《교황(敎皇)》이 자리하면《야훼 신(神)》의 탈을 쓰고 최고의《대마왕신(神)》인《비로자나 1세》가《창조주》가 되고《대마왕》출신의《교황(敎皇)》이 자리하면 최고의《대마왕》인《다보불》이《창조주》가 되어 자리하는 웃지 못할 전통이 세워지고, 지상(地上)에 《성자(聖者)》의 씨가 말랐는지 이러한 《악마(惡魔)의 신(神)》들인 《대마왕신(神)》들과 《대마왕》 출신의 《교황(敎皇)》들을 《성자(聖者)》로 추대하는 해괴망측한 짓을 서슴없이 한 곳이 《로마 가톨릭》인 것이다.

　　이로써 최고의 《악마(惡魔)의 신(神)》으로서 《대마왕신(神)》인 《비로자나 1세》는 영원히 《야훼 신(神)》의 탈(脫)을 벗지 못하게 된 것이다. 그리고 《악마(惡魔)의 신(神)》인 《대마왕신(神)》 중의 하나인 《야훼 신(神)》 스스로가 《창조주》를 사칭한 적이 없음을 《메시아(Messiah)》가 분명히 하는 것이다.

④ [타나크(Tanakh)]

　　《우르 문명(文名)》 부흥기로 불리우는 《갈데아 우르》인 《라가시 2왕조》(2346BC~2046BC)가 처음 시작될 때 《석가모니 하나님 부처님》께서는 후손 민족들을 위해 《수메르어(語)》를 바탕으로 하여 《히브리어(語)》를 창작하시어 후손 민족들에게 넘겨줌으로써 《갈데아 우르》로 불리우는 《라가시 2왕조》에서는 《히브리어(語)》가 《공용어(公用語)》가 된다. 이러한 사실을 감추기 위해 《대마왕》들과 《악마(惡魔)의 신(神)》들인 《대마왕신(神)》들은 당대 《아카드어(語)》가 《공용어(公用語)》라고 허위 거짓된 기록을 처음부터 남기고 오늘날까지 떠벌리고 있는 것이다.

　　이러한 이후 《라가시 2왕조》가 끝이 나는 《BC 2046년》에 《아미타불》과 《일월등명불》은 그들의 후손 민족들인 《유대인》들과 《이스라엘인》들을 이끌고 이동하여 《20년》만인 《BC 2026년》에 하란(Harran)에 도착하여 먼저 와서 정착한 무리들과 합류를 하는 것이다. 이러한 때 《석가모니 하나님 부처님》께서는 《아미타불》과 《메시아》이신 《미륵불》과 《일월등명불》 등과 함께 후손 민족들인 《유대인》들과 《이스라엘인》들을 위한 지침이 되는 《경전(經典)》 결집을 시작하여 《타나크(Tanakh)》로 이름하고 《율법서(토라, Torah)》와 《예언서(네비임, Neviim)》와 《성문서(케투빔, Ketubim)》 등 세 분야로 구분하고, 《율법서(Torah)》에서는 《창세기》, 《출애굽기》, 《레위기》, 《민수기》, 《신명기》 등을 담고 《예언서》에서는 《여호수아》, 《사시기/판관기》, 《사무엘기》, 《열왕기 상(上), 하(下)》 등을 담고 《성문서》에서는 《시편》, 《잠언》, 《전도서》, 《역대기 상(上), 하(下)》 등을 담음으로써 《BC 2026 ~ BC 2018》년까지 《8년》에 걸쳐 《타나크(Tanakh)》를 완성하시고, 《율법서(Torah)》에 있어서는 《악마(惡魔)의 신(神)》들인 《대마왕신(神)》들과 《대마왕》들이 파고 들어와서 《문자(文字)》로 된 《율법서(Torah)》를 고치고 왜곡할 것을 대비하여 따로 《구전(口傳)》으로만 전승되는 제도를 보완하시어 《유대교》 《성경》을 완성하시는 것이다. 이러한 《구전(口傳)》으로 전승되는 《율법서(Torah)》를 《구전(口傳)》 《율법서(Torah)》라고 하는 것이다.

이러한 《타나크(Tanakh)》가 완성이 된 후 《BC 2017년》에 《아미타불》께서는 육신(肉身)의 죽음(死)을 맞이하신 이후 반복(反復)되는 윤회(輪回)로 《BC 2016년》에 《테라(Terah)》로 이름하신 《석가모니 하나님 부처님》의 장자(長子)로 다시 태어나시어 《아브람》(2016BC~1841BC)으로 이름하시고 성년(成年)이 된 《BC 1996년》에 《하란(Harran)》에서 《히브리 왕국》(1996BC~931BC)의 초대 왕이 되신다. 이렇게 하여 《왕위(王位)》에 오르신 《아브람》은 《BC 1881년》 《테라(Terah)》이신 《석가모니 하나님 부처님》의 죽음 이후 《야훼 신(神)》 탈을 쓴 최고 《악마(惡魔)의 신(神)》인 《비로자나 1세》가 펼친 《공중성(空中聲)》 《대사기극》에 걸려들어 《BC 1881년》에 그의 조카 《롯(Lot)》과 함께 《예루살렘》을 침공하여 정복함으로써 《BC 1878년》에 《히브리 왕국》을 《예루살렘》으로 이동완료한 후 《BC 1876 ~ BC 1873》년까지 《3년》간 《이집트》를 방문하시게 된다.

이러한 《이집트》 방문 기간 《3년》 동안 《아브람》이 《예루살렘》에 없는 틈을 이용하여 《야훼 신(神)》 탈을 쓴 최고 《악마(惡魔)의 신(神)》인 《비로자나 1세》는 《야훼 신(神)》과 《아브람》의 첫째 부인이신 《사라이(Sarai)》로 이름한 《마고신(神)》과 《악마(惡魔)의 신(神)》인 《석가모니》와 《천관파군 1세》와 《천관파군 2세》인 《이오 신(神)》 등 《대마왕신(神)》들과 함께 《타나크(Tanakh)》에 기록된 《창조주》 《하나님》을 《야훼》 《하나님》으로 바꾸고 이와 관련된 기록들을 고치고 왜곡하는 《1차》 《타나크(Tanakh)》 왜곡을 감행하는 것이다. 이와 같은 사실들을 여러분들의 이해를 돕기 위해 먼저 년대(年代) 순서로 정리를 하고 다음을 진행하겠다.

가> [타나크(Tanakh)의 형성과 1차 왜곡]

[타나크(Tanakh)의 형성과 1차 왜곡의 이력]

2046BC : 《아미타불》과 《일월등명불》《갈데아 우르》 출발.

※ 《갈데아 우르》로 불리우는 《라가시 2왕조》(2346BC~2046BC) 16대 왕 《남마하니(Nammahani)》(재위 2050BC~2046BC)로 이름한 《일월등명불》 재위(在位) 마지막 년도인 《BC 2046》년에 《아미타불》과 《일월등명불》께서 《유대인》과 《이스라엘인》들을 이끌고 《하란(Harran)》으로 이동.

2026BC : 《아미타불》과 《일월등명불》께서 《유대인》과 《이스라엘인》들을 이끄시고 20년 만에 《하란(Harran)》에 도착

2026BC 8년에 걸쳐 《하란(Harran)》에서 《타나크(Tanakh)》 완성
~
2018BC : ※ 《타나크》를 만든 관계자 : 테라(Terah)로 이름하신 《석가모니 하나님 부처님》, 《아미타불》, 《일월등명불》, 《메시아》이신 《미륵불》

※ 완성된 《타나크》 : 《히브리어》로 완성

○ 율법서 《문자(文字) 토라(Torah)》와 《구전(口傳) 토라(Torah)》
  1. 창세기(Genesis, 브레쉬트)
  2. 출애굽기(Exodus, 쉬모트)
  3. 레위기(Leviticus, 바이크라)
  4. 민수기(Numbers, 브밋바르)
  5. 신명기(Deuteronomy, 드바림)

○ 예언서
  6. 여호수아(Joshua, 예호쉬아)
  7. 사사기/판관기(Judges, 숩팀)
  8. 사무엘기(상(上), 하(下))(Samuel, 쉬무엘)
  9. 열왕기(상(上), 하(下))(Kings, 믈라킴)

○ 성문서
  10. 시편(Psalms, 티힐림)
  11. 잠언(Proverbs, 미쉴레이)
  12. 전도서/코헬렛(Ecclesiastes, 코헬레트)

13. 역대기(상(上), 하(下))(Chronicles I & II, 디브리하야밈)

이로써 《유대교》《성경》이 완성됨.

2017BC : 《아미타불》 육신(肉身)의 죽음

2016BC : 반복(反復)되는 윤회(輪廻)로 《테라(Terah)》로 이름하신 《석가모니 하나님 부처님》의 장남(長男)이신 《아브람(Abram)》으로 이름하고 《아미타불》 재탄생.

1996BC : 《아브람》《하란(Harran)》에서 《히브리 왕국》 초대 왕으로 오르심

1878BC : 《아브람》《히브리 왕국》을 《하란(Harran)》에서 《예루살렘》으로 이전 완료

1876BC 《아브람》 3년간 《이집트》 방문.
~
1873BC : ※ 이러한 《아브람》(2016BC~1841BC, 재위 1996BC~1841BC) 《이집트》 방문 기간 3년 동안 《아브람》이 《예루살렘》에 없는 틈을 타서 《야훼 신(神)》의 탈을 쓴 최고 《악마(惡魔)의 신(神)》인 《비로자나 1세》의 지시로 《야훼 신(神)》, 《마고 신(神)》, 《악마(惡魔)의 신(神)》인 《석가모니》, 《천관파군 1세》, 《천관파군 2세》인 《이오 신(神)》 등이 참가하여 《타나크(Tanakh)》에 기록된 《창조주》《하나님》을 《야훼》《하나님》으로 바꾸고 관련된 기록들을 고치고 왜곡하는 《1차》《타나크》 왜곡을 3년 동안 감행함.

나> [타나크(Tanakh)의 2차 왜곡]

1차 《타나크(Tanakh)》 왜곡 이후 《이집트》로부터 돌아온 《아브람》은 《야훼 신(神)》 탈을 쓴 최고 《악마(惡魔)의 신(神)》인 《비로자나 1세》가 《창조주》 행세를 하는데 현혹되어 고쳐진 《타나크》에 대한 반응을 보이지 않자 《악마(惡魔)의 신(神)》들인 《대마왕신(神)》들이 대거 동원되어 《소돔(Sodom)》과 《고모라(Gomorrah)》에 머무르면서 《타나크》 전체에 대한 대대적

인 왜곡에 들어가 거의 완성 단계에 들어갔을 때 《석가모니 하나님 부처님》으로부터 노여움을 사게 됨으로써 《천상(天上)》으로부터 재앙(災殃)이 내려 《요르단 강》 남부 지역과 《사해(Dead Sea)》 북부에 자리한 《소돔》과 《고모라》와 《사해》 인근 유역까지 철저히 파괴됨으로써 《타나크》 왜곡에 앞장 선 《악마(惡魔)의 신(神)》들인 《대마왕신(神)》들과 이 지역에 거주하던 《자칭》《유대인》들과 《자칭》《팔레스타인 인》 및 심지어 《롯》까지 죽임을 당함으로써 《왜곡》된 《타나크》는 일체 유출됨이 없었던 것이다.

《소돔》과 《고모라》에 대한 《천상(天上)》의 재앙(災殃)은 썩고 타락한 사회의 탓도 있으나, 《악마(惡魔)의 신(神)》들인 《대마왕신(神)》들이 대거 몰려 《타나크》 왜곡 작업을 한 것이 주된 원인임을 《메시아(Messiah)》가 분명히 밝히는 바이다.

이러한 이후 《히브리 왕국》(1996BC~931BC)이 막을 내림과 동시에 《북 이스라엘》(931BC~722BC)과 《남 유다》(931BC~520BC) 왕국이 탄생한 후 《북 이스라엘》이 먼저 멸망한 후 《유다 왕국》이 《BC 520년》《신바빌로니아》와 《페르시아》 연합군에게 멸망당할 때 《신바빌로니아》로 끌려갔던 《유대인》들과 《이스라엘인》들이 《아케메네스 왕조(Achaemenid dynasty)》의 《키루스 2세(Cyrus II)》(재위 486BC~443BC)에게 《BC 483년》에 《신바빌로니아》가 점령당함으로써 이곳에 유폐되어 있던 《유대인》들과 《이스라엘인》들이 풀려남으로써 이들 중 일부가 《예루살렘》으로 돌아오게 된다.

이러한 때 《자칭》《유대인》들인 《에스라》(생몰 510BC~440BC)와 《느헤미야》가 《유다 왕국》의 종친으로 있을 때 《유다 왕국》을 몰락시킨 《신바빌로니아》와 《페르시아》 연합군과 내통(內通)하여 《유다 왕국》의 정보(情報)를 넘겨주어 《유다 왕국》(931BC~520BC)을 멸망하게 하고 그들은 《자칭》《유대인》들과 함께 《페르시아》군(軍)을 따라 갔다가 《신바빌로니아》로 끌려갔던 포로들이 석방되어 《예루살렘》으로 돌아간다는 소식을 듣고 이들도 《16년》 후 《페르시아》로부터 《예루살렘》으로 다시 돌아와서 《자칭》《유대인》들을 끌어 모아 《바리새인(Pharisees)》 교단을 만들고 《타나크(Tanakh)》를 바탕으로 하여 《구약》 결집을 시작하면서 《타나크》 내용을 엄청나게 왜곡하고 삭제하는 날조된 내용으로 결집을 하게 되는 것이다.

이러한 《구약》 결집을 시작한 《에스라》로 이름한 《악마(惡魔)의 신(神)》으로서 《대마왕신

(神)》《천관파군 2세》인 《이오 신(神)》은 반복(反復)되는 《윤회(輪廻)》를 통하여 《로마 공화정》(509BC~27BC) 끝 무렵 《딕타토르(Dictator)》로 있던 《줄리어스 시저》 암살 당시 암살단에 참여하였던 《키케로(Cicero)》(생몰 106BC~43BC)로 태어나서도 《구약》 결집을 계속한 후 다음으로 《헤로데 대제(大帝)》의 아들인 《아리스토부루스 4세》(생몰 42BC~7BC)로 이름하고 태어난 후 《BC 7년》에 《구약》 결집을 완료하게 되는 것이다. 이러한 이후 비밀 유지를 위해 《헤로데 대제(大帝)》로 이름한 최고 《대마왕》인 《다보불》은 그를 《BC 7년》에 죽이고 마는 것이다.

이러한 《구약》 결집에 대하여는 추후 진행을 하면서 상세히 밝혀지니 그렇게들 아시고 이 장에서는 필요 부분만 먼저 말씀드리고 있는 점에 유의하시기 바란다. 이렇듯 《타나크》를 왜곡한 《구약》 결집은 《에스라》로 이름하였던 《악마(惡魔)의 신(神)》으로서 《대마왕신(神)》인 《이오 신(神)》 단독으로 반복(反復)되는 《윤회(輪廻)》를 통해 결집을 완성한 것임을 《메시아》가 분명히 하는 것이며, 이와 같은 《구약》 결집 완성이 《타나크(Tanakh)》의 3차 왜곡의 실상(實相)이 되는 것이다.

《유다 왕국(Kingdom of Judah)》(931BC~520BC)이 《신바빌로니아》와 《페르시아》 연합군에 의해 멸망당할 당시 전쟁으로 인해 《1차 왜곡》된 《히브리어》로 된 《문자(文字)》《율법서》인 《토라(Torah)》는 대부분 소실되어 사라진 것이나, 극히 일부의 《문자(文字)》《율법서》인 《토라(Torah)》가 남아 있긴 하였으나 이마저 《바리새인》 교단을 이루고 있던 《자칭》《유대인》들 손에 의해 《1차 왜곡》된 《히브리어》로 된 《타나크》는 사라져간 것이며, 이후 《악마(惡魔)의 신(神)》들인 《대마왕신(神)》들이 차례로 《황제(皇帝)》로 자리한 《로마 제국(帝國)》(27BC~AD286) 때까지는 《바리새인(Pharisees)》 교단을 제외한 《사두개인파(Sadducees)》, 《에세네파(Essenes)》, 《젤롯파(Zealots)》 등의 《야훼교단》에서는 《1차 왜곡된》 《히브리어》로 된 《구전(口傳)》《토라(Torah)》가 전하여져 왔기 때문에 《로마 제국》의 황제(皇帝)들이 《황제(皇帝)》 숭배 사상과 함께 《구약》을 받아들일 것을 강요하였을 때, 《구약》이 왜곡되고 날조된 《타나크》로 이루어진 것을 누구보다도 잘 아는 《바리새인(Pharisees)》 교단을 제외한 나머지 3곳의 《야훼교단》에서 반발하게 됨으로써 3차례에 걸친 《유대인》 대폭동이 있게 된 것이다. 이러한 《유대인》들에 의한 폭동이 빌미가 되어 훗날 《악마(惡魔)의 신(神)》들인 《대마왕신(神)》들이 차례로 자리한 《로마 제국(帝國)》의 《황제(皇帝)》들에 의한 《유대인》 대학살이 자행된 것이며, 급기야는 《참(眞)》《기독인》 10만 명 이상을 학살하게 된 원인도 모두 같은 맥락에서 일어난 일인 것이다.

이로써 완강히 저항을 하던 《야훼교단》들도 살아남기 위한 방편으로 그들이 요구하는 《구약》을 받아들이기로 하고 《구전(口傳)》《토라(Torah)》에서 따로 《탈무드(Talmud)》를 남기고 《구약》을 받아들임으로써 일부 《야훼교단》이 살아남게 된 것이다.

이로써 《1차 왜곡된》《구전(口傳)》《토라(Torah)》인 《미쉬나(Mishnah)》도 지상(地上)에서 영원히 사라져 간 것이며, 《1차 왜곡된》《타나크》를 왜곡하고 날조된 경(經)을 《구약》으로 이름하고 남기게 된 것이다. 사정이 이러함에도 오늘날 《로마 가톨릭》인 《천주교》에서는 문자(文字)《토라(Torah)》로 전하여졌던 《율법서》 다섯을 《모세오경(五經)》으로 이름하고 후세인(後世人)들을 속이는 파렴치한 거짓말을 하고 있는 것이다.

⑤ [《롯(Lot)》과 《소돔(Sodom)과 고모라(Gomorrah)》]

《아브람》이신 《아미타불》께서는 《BC 1873년》에 조카 《롯》과 함께 《이집트》로부터 돌아오신 이후 《BC 1872년》에 조카 《롯(Lot)》에게 재산을 나누어 주고 《요르단 강》 남부와 《사해 북부》 사이에 있는 《소돔》과 《고모라》와 《가나안(Canaan)》 땅 일부를 내어 주어 독립을 하게 한다. 이렇게 하여 독립을 한 《롯(Lot)》으로 이름한 《지장보살 1세》가 다스리는 《소돔》과 《고모라》와 일부의 《가나안》 땅에 거주하였던 자(者)들 대부분이 《자칭》《유대인》들과 《자칭》《팔레스타인 인》들이었다. 이러한 자(者)들은 《야훼 신(神)》의 탈을 쓴 최고 《악마(惡魔)의 신(神)》인 《비로자나 1세》와 여타 《대마왕신(神)》들의 후손들로서 《육신(肉身)》의 껍데기만 《유대인》이요 《팔레스타인인》들이지 그들 내면의 《영혼(靈魂)》과 《영신(靈身)》들은 모두 《악마(惡魔)의 신(神)》들인 《대마왕신(神)》들의 후손들이 된다.

이러한 자(者)들은 《야훼 신(神)》의 탈을 쓴 최고 《악마(惡魔)의 신(神)》인 《비로자나 1세》의 근본 목적인 《유대인》들과 《팔레스타인인》들을 《파멸(波滅)》시키기 위해 탄생된 자(者)들이기 때문에 최고 《악마(惡魔)의 신(神)》인 《비로자나 1세》로부터 《마성(魔性)》이 뿌리 깊게 심어져 《관념화》된 자(者)들로서 《탐욕》과 《이기심》으로 점철된 《영악》한 인간 무리들이 되어 있는 것이다. 이러한 자(者)들이 《물질적》인 풍요로움이 따르면 그들이 머무는 사회는 쉽게 썩고 타락하고 마는 것이다.

이러한 와중에 【(4) 타나크(Tanakh)】에서 말씀드린 바와 같이 《1차 왜곡된》《타나크(Tanakh)》를 전반적으로 날조 왜곡하기 위해 최고 《악마(惡魔)의 신(神)》인 《대마왕신(神)》들인 《비로자나 1세》와 《석가모니》와 《아브람》의 첫 번째 부인인 《사라이(Sarai)》로 이름한 《마고신(神)》과 《야훼 신(神)》과 《가이아 신(神)》과 《그림자 비로자나 1세》와 《천관파군 1세》와 《천관파군 2세》인 《이오 신(神)》 등이 인간 육신(肉身)을 가지고 대거 몰려들어 《소돔》과 《고모라》에 나누어 살면서 《타나크(Tanakh)》를 날조하고 왜곡하는 작업을 시작한 후, 이 작업이 거의 끝나갈 무렵 이때를 기다리고 계시던 《석가모니 하나님 부처님》께서 《천상(天上)》의 재앙(災殃)을 《BC 1844년》에 내리시어 《요르단 강》 남부에 있는 《소돔》과 《고모라》와 《사해》 일대까지를 철두철미하게 파괴하시어 《개미새끼》 한 마리도 빠져 나가지 못하게 함으로써 《악마(惡魔)의 신(神)》인 《대마왕신(神)》 모두들과 이곳에 거주하던 《자칭》 《유대인》들과 《팔레스타인인》들과 심지어 《롯》으로 이름한 《지장보살 1세》까지 목숨을 잃게 되는 것이다. 이러한 《재앙(災殃)》 이후 《롯》으로 이름한 《지장보살 1세》는 《석가모니 하나님 부처님》의 배려로 반복(反復)되는 윤회(輪廻)로 곧바로 다시 태어나서서 《대아시리아》 왕국의 3대 왕 《앗수르(Assur)》(생몰 1843BC~1803BC, 재위 1823BC~1803BC)로 자리하게 되는 것이다.

이러한 《천상》의 《재앙(災殃)》으로 《악마(惡魔)의 신(神)》들인 《대마왕신(神)》들이 한꺼번에 육신(肉身)의 죽음을 당한 덕분에 《1차 왜곡된》《타나크(Tanakh)》일망정 《아브람》 이후의 《히브리 왕국》과 《히브리 왕국》(1996BC~931BC) 다음의 《북 이스라엘》(931BC~722BC)과 《남 유다》(931BC~520BC) 왕국 때까지 더 이상의 왜곡 없이 《1차 왜곡된》《타나크(Tanakh)》가 전승될 수 있었던 것이다. 이러한 《천상(天上)의 재앙(災殃)을 내림으로써 《가나안》 땅에 살고 있던 인간 무리들에게 《석가모니 하나님 부처님》께서는 경고를 내리신 것이다.

이러한 사실을 훗날 《2차 왜곡된》《타나크》를 《구약》으로 이름하고 결집을 시작한 《에스라》는 《야훼 신(神)》의 탈을 쓴 최고 《악마(惡魔)의 신(神)》인 《비로자나 1세》가 《창조주》 행세를 하면서 그가 인간 무리들에게 《벌(罰)》을 내린 것인 양 이야기를 꾸며 《구약》에 실어놓고 인간 무리들을 호도하고 있는 것이다.

이참에 분명히 밝히는 바는 최고 《악마(惡魔)의 신(神)》으로서 《대마왕신(神)》인 《비로자나 1세》나 《야훼 신(神)》이나 《대마왕》《다보불》 등은 《창조주》가 될 수 없는 《대마왕신(神)

》과 《대마왕》들일 뿐으로써 이들에게 《재앙(災殃)》을 내리는 능력과 권한은 전무(全無)한 자(者)들임을 《메시아》가 분명히 하는 바이다. 《우주간(宇宙間)》이나 《세간(世間)》에서 이러한 능력과 권한을 가지신 분은 오로지 《원천창조주》이신 《석가모니 하나님 부처님》한 분과 《석가모니 하나님 부처님》의 지시를 따르는 《메시아》이신 《미륵불》밖에는 없는 것으로써 이는 《원천창조주》이신 《석가모니 하나님 부처님》께서만이 가지시는 고유한 권능(權能)이라는 사실을 깊이 인식하시기 바라며, 《수메르 문명》 때의 《대홍수(大洪水)》나 《배달국(倍達國)》으로 이름되던 《딜문(Dilmun)》을 《타클라마칸(Taklamakan)》 사막으로 변화하게 하신 일 등 지상(地上)의 크고 작은 재앙(災殃)은 모두 《석가모니 하나님 부처님》께서 주관하셨다는 사실을 분명히 밝히는 바이다.

※ 특기(特記) 18 :

지금까지 《아브람(Abram)》으로 이름하신 《아미타불》과 《타나크(Tanakh)》에 관계된 내용들을 상세히 밝혀 드렸다. 이렇듯 비밀한 《천상(天上)》의 기록들을 《메시아》가 밝히는 이유는 지금까지 엄청난 고통을 이겨낸 《유대인》들과 《이스라엘인》들의 구원(救援)을 위해서이다. 이러한 구원(救援)을 위해서는 그대들이 《엘람인(Elamites)》들의 원천 조상(祖上)이요 《악마(惡魔)의 신(神)》인 《야훼 신(神)》을 《창조주》로 받드는 오랜 관습에서 벗어나야 한다는 사실이다.

이는 지금까지 밝혀 드린 대로 《야훼 신(神)》 탈을 쓴 최고 《악마(惡魔)의 신(神)》인 《비로자나 1세》가 펼친 《대사기극》의 《덫》에 그대들 최고 조상(祖上)이신 《아브람》께서 걸려든 탓에 일어난 《아브람》의 어리석음이 그대들 민족들의 파멸(波滅)을 몰고 왔다는 사실을 그대들 조상(祖上) 중의 한 분인 《메시아(Messiah)》가 분명히 밝히는 바이니 《야훼 신(神)》을 《창조주》로 받드는 오래된 관습들을 하루빨리 정리하시기를 단호히 말씀드리는 바이다.

《원천창조주》는 《아브람》의 아버지이셨던 《테라(Terah)》로 이름하셨던 《석가모니 하나님 부처님》한 분밖에는 없는 것이니 때늦은 감이 있으나 차라리 《테라(Terah)》 《하나님》을 《창조주》로 받드는 것이 옳은 자세이며, 이로써 지금까지 《야훼 신(神)》을 《하나님》으로 받든 죄(罪)와 원천 조상(祖上)이신《아브람》의 어리석음에 대해 후손들로서 깊은 참회가 있어야만 그대들을 구원(救援)을 할 수가 있지 오랜 관습을 버리지 못하고《악마의 신(神)》인《야훼 신(神)》을《창조주》로 찾는 한 그대들에 대한《구원》은 없을 것임을《석가모니 하나님 부처님》의 이름으로《메시아(Messiah)》이신《미륵불》이 분명히 밝히는 것이다.

여러분들이《구원》되는 세상은《악마(惡魔)의 신(神)》들인《대마왕신(神)》들과《대마왕》들과《마왕》들이 모두 사라진《안락》하고 쾌적한《이상사회》가 펼쳐지는 곳으로써 그대들이 받아야 할《복(福)》된 세상이 펼쳐지는 곳임을 분명히 알리는 바이며, 이러한 곳으로 그대들을 인도하기 위해《역사적(歷史的)》인《진리(眞理)》의《실상(實相)》을《메시아(Messiah)》가 밝히고 있는 것이다.

---

⑥ [이집트와《아미타불》]

《이집트》에 산재한《구석기인》의《신석기인》으로의 교화(敎化)는《아미타불》께서《BC 4400 ~ BC 3900》년간《500년》동안《하(下) 이집트》에서《아미타불》직계《구석기인》들과《천관파군 1세》의 후손《구석기인》들을 교화를 하시는 것이며,《상(上) 이집트》에서는《메시아(Messiah)》이신《미륵불》이《BC 4000 ~ BC 3500》년까지《500년》간《아미타불》의 후손《구석기인》들과《쌍둥이 천왕불》후손《구석기인》들을 교화(敎化)하여《신석기인》으로 전환시키는 것이다. 이와 같은 교화(敎化)가 끝이 났을 때《이집트인(人)》은《이스라엘인》《55%》와《대마왕》과《악마(惡魔)의 신(神)》으로서《대마왕신(神)》인《쌍둥이 천왕불》과《천관파군 1세》의 후손들이《45%》합(合)《100%》가《이집트인》들이 되는 것이다.

이러한《이집트인》들에서《쌍둥이 천왕불》후손들인《누비안족(Nubians)》과《천관파군 1세》의 후손들인《힉소스인(Hyksos)》들은《이스라엘인》들보다는《우주적(宇宙的)》으로《100억 년(億年)》에서《200억 년(億年)》진화(進化)가 덜된 인간 무리들인 것이다.

그러나 이들 역시 《아미타불》과 《메시아》가 교화(敎化)를 한 탓에 그들의 본래 조상(祖上)인 《쌍둥이 천왕불》이나 《천관파군 1세》가 직접 교화한 경우보다는 《우주적(宇宙的)》으로 《50억 년(億年)》 진화가 빠르게 된다. 이 때문에 이들은 그들에게 내려지는 《영적(靈的)》인 명령을 본래부터의 조상(祖上)과 《구석기인》을 《신석기인》으로 전환시킨 조상(祖上) 양쪽 모두로부터 받게 된다. 이 때문에 《이집트》를 《아미타불》의 나라라고 하는 것이며, 《아미타불》과 《메시아(Messiah)》는 한 핏줄이기 때문에 경계가 없다. 그리고 중요한 점은 《이집트인》들에 있어서 《이스라엘인》들이 《55%》가 된다는 사실을 분명히 기억하시기 바란다.

가> [이집트 통치(統治)의 역사적 구분]

[표 1-5-1-5] 이집트 통치(統治)의 역사적 구분

구분	시대	기간	비고
교화기	상(上) 이집트 교화기	4000BC~3500BC	교화하신 분 : 미륵불 교화 대상 : 아미타불 후손인 이스라엘인과 쌍둥이 천왕불 후손 구석기인을 신석기인으로 전환
	하(下) 이집트 교화기 (선 왕조)	4400BC~3900BC	교화하신 분 : 아미타불 교화 대상 : 아미타불 직계 구석기인과 천관파군 1세 후손 구석기인
문명기	원 왕조 (0 Dynasty)	3900BC~3100BC	호루스(Horus)로 이름하신 《메시아(Messiah)》이신 《미륵불》이 이집트를 통일하여 왕조 시대를 출발 준비를 위한 통치 기간
	이집트 내부 세력에 의한 통치기(3100BC~1077BC)		
왕조시대	1. 1 왕조 ~ 12 왕조	3100BC~1802BC	《석가모니 하나님 부처님》 직계 불(佛), 보살(菩薩)들만 통치
	2. 13 왕조 ~ 20 왕조	1802BC~1077BC	《석가모니 하나님 부처님》 직계 불(佛), 보살(菩薩) 및 대마왕들과 대마왕신(神)들이 혼재되어 통치
	이집트 외부 세력에 의한 통치기(1077BC~현재)		

	1. 내부 요청에 의한 외부 세력 지배기	1077BC~332BC	
	2. 순수 외부 침략으로 인한 지배기	332BC~현재	
	1) 고전 고대		
	① 프톨레마이오스 왕조 (Ptolemai Egypt)	332BC~30BC	
	② 로마제국과 비잔틴 제국 점령	30BC~AD641	
	③ 사산 페르시아 제국 점령(Sassanid Egypt)	AD621~AD629	
	2) 아랍 세력 점령기(중세)		
	① 아랍(Arab Egypt)	AD641~AD969	
	② 파티마 왕조(Fatimid Egypt)	AD969~AD1171	
	③ 아이유브 왕조 (Ayyubid Egypt)	AD1171~AD1250	
	④ 맘루크 왕조 (Mamluk Egypt)	AD1250~AD1517	
	3) 초기 현대		
	① 오스만 왕조(Ottoman Egypt)	AD1517~AD1867	
	② 이집트 크헤이바테 (Kheivate of Egypt)	AD1867~AD1914	
	4) 현대		
	① 영국 점령기	AD1882~AD1953	
	② 공화정	AD1953~현재	

나> [1왕조(王朝)~12왕조(王朝)까지의 이집트 통치(統治)]

《이집트》 1왕조(王朝)에서 12왕조(王朝)까지 각각의 왕조(王朝) 초대 왕(王)과 《신명(神名)》을 밝혀 드리면 다음과 같다.

[표 1-5-1-6] 이집트 왕조별 초대 왕명록 (12왕조까지)

왕조명	왕명(王名)	신명(神名)	재위
1왕조	나르메르(Narmer)	석가모니 하나님 불	3100BC~3050BC
2왕조	헤텝세켐위(Hotepsekhemry)	아미타불	2890BC~2852BC
3왕조	사나크테(Sanakhte)	석가모니 하나님 불 분신	2686BC~2668BC
4왕조	스네페루(Sneferu)	일월등명불	2613BC~2589BC
5왕조	우세르카프(Userkaf)	약상보살	2498BC~2491BC
6왕조	테티(Teti)	약왕보살	2345BC~2333BC
7왕조	나페르카레 1세(Naferkare I)	석가모니 하나님 불	2181BC~2136BC
8왕조			
9왕조	아치토에스(Achthoes)	아미타불	2160BC~2120BC
10왕조	메리하토르(Meryhathor)	대관세음보살	2130BC~?
11왕조	멘투호테프 1세(Mentuhotep I)	문수보살 1세	2154BC~2134BC
12왕조	아메넴헤트 1세(Amenemhat I)	약왕보살	1991BC~1962BC

《이집트》《1왕조~12왕조》 중 《11왕조》를 제외한 전 왕조(全王朝)는 《석가모니 하나님 부처님》을 비롯한 《석가모니 하나님 부처님》 직계 불(佛), 《보살(菩薩)》들이신 《미륵불》, 《아미타불》, 《대관세음보살》, 《일월등명불》, 《약상보살》, 《약왕보살》 등께서 반복(反復)되는 《윤회(輪廻)》로 《왕위(王位)》에 머무시면서 왕조(王朝)를 이끌어 오셨기 때문에 각 왕조별로 《초대 왕》과 《신명(神名)》만 밝힌 것이다. 이와 같이 밝혀드린 《왕조(王朝)》는 《이집트 왕조(王朝)》이나 그 내면(內面)은 사실상 《이스라엘》《왕국(王國)》임을 《메시아》가 분명히 하는 것이다.

ㄱ> 《이집트 11왕조(王朝)》에 대한 설명

※ 《이집트》11왕조(王朝)에 대한 《왕명록(파라오)》을 먼저 살펴보고 다음 설명을 드리도록 하겠다.

[표 1-5-1-7] 이집트 11왕조와 12왕조

왕조명	왕순서	왕명(王名)	신명(神名)	재위
11왕조	1	멘투호테프1세(Mentuhotep I Tepy-a)	문수보살1세	2154BC~2134BC
	2	인테프 1세(Sehertawy Intef I)	약상보살1세	2134BC~2117BC
	3	인테프 2세(Wahankh Intef II)	약상보살2세	2117BC~2069BC
	4	인테프 3세(Nakhtnebtepnefer Intef III)	약왕보살1세	2069BC~2060BC
	5	멘투호테프2세(Nebhetepre Mentuhotep II)	다보불 분신	2046BC~1995BC
	6	멘투호테프 3세(Sankhkare Mentuhotep III)	문수보살1세	2010BC~1998BC
	7	멘투호테프 4세(Nebtawyre Mentuhotep IV)	문수보살2세	1997BC~1991BC
12왕조	1	아메넴헤트 1세(Amenemhat I)	약왕보살1세	1991BC~1962BC

㉮
《11왕조》초대 왕 《파라오》가 된 《멘투호테프 1세》로 이름한 《문수보살 1세》는 《대마왕》으로서 파고 들어온 자(者)로서 《이집트》《이스라엘인(Israelites)》들인 《음(陰)》의 《곰족(熊族)》들 왕조(王祖)에는 들어오지 말아야 할 인물인데, 때에 불순한 뜻을 품고 《파라오》가 된 《양(陽)》의 《곰족(熊族)》 출신의 《대마왕》이다. 이러한 《멘투호테프 1세》로 이름한 《대마왕》《문수보살 1세》(재위 2154BC~2134BC)는 재위(在位)에 머문 지 《20년》 만에 《인테프 1세》(재위 2134BC~2117BC)로 이름한 먼 훗날 《히브리 통합 왕국》에서 《다윗 왕(David)》(재위 1010BC~970BC)으로도 오시게 되는 《약상보살》에게 밀려나게 된다.

527

이러한 이후 《11왕조》 3대 《파라오》는 《인테프 2세》(재위 2117BC~2069BC)로 이름한 《약상보살 2세》가 자리하고 다음은 4대 《파라오》로 《인테프 3세》(재위 2069BC~2060BC)로 이름한 《예수》의 전신(前身) 중의 하나인 《약왕보살 1세》가 자리하게 된 것이나 《재위(在位)》 《9년》만에 최고(最高)의 《대마왕》인 《다보불》에게 힘(力)에 의해 밀려남으로써 이후 《멘투호테프 3세》(재위 2010BC~1998BC)로 이름한 《문수보살 1세》가 자리하고 그 다음은 7대 《파라오》로는 《멘투호테프 4세》(재위 1997BC~1962BC)로 이름한 《문수보살 2세》가 자리함으로써 3대에 걸쳐 《55년》간을 《대마왕》들이 다스리다가 《12왕조》를 시작하는 《아메넴헤트》(재위 1991BC~1962BC)로 이름한 《약왕보살》이 《왕조(王朝)》를 되찾음으로써 《파라오》의 자리는 《석가모니 하나님 부처님》 직계(直系) 불(佛), 보살(菩薩)들에게 넘어오게 되는 것이다.

이러한 《아메넴헤트 1세》인 《약왕보살》이 훗날 《반복(反復)》되는 윤회(輪廻)로 《아브람(Abram)》의 장자(長子)인 《이쉬마엘(Ishmael)》(생몰 1930BC~1793BC)로 태어난 후 이집트 《12왕조》 5대 《파라오》 《세누스레트 3세》(재위 1878BC~1839BC)로 자리하는 것이다. 이러한 인연으로 《히브리 왕국》의 초대 《아브람 왕》(재위 1996BC~1841BC)께서 《히브리 왕국》을 《하란(Harran)》에서 《예루살렘》으로 옮긴 이후 《BC 1876년》에 《이집트》를 방문하게 되는 이유가 되는 것이다.

㈏

《이집트》 《11왕조》 6대 《파라오》인 《멘투호테프 3세》(재위 2010BC~1998BC)는 《문수보살 1세》로서 《대마왕》이다. 이러한 《대마왕》인 《문수보살 1세》가 《멘투호테프 3세》로 와서 《창작》한 것이 유명한 《이집트》 《사자(死者)의 서(書)》에 등장하는 《레우 누 페르 엠 후루(Reu nu pert em hru)》이다. 이러한 《레우 누 페르 엠 후루》에서 《문수보살 1세》는 "『내세의 서방 세계에서는 《오시리스(Osiris)》의 명령으로 신(神)들의 전쟁이 시작되었습니다』"라고 적고 있다. 즉, 이 뜻은 《신(神)들의 전쟁을 《오시리스》인 《아미타불》이 복수를 위해 이를 선포하고 그의 명령에 의해 시작된 것으로 기록하고 있는 《파렴치한》 거짓 기록을 남기고 《신(神)들의 전쟁》 책임을 《오시리스》로 이름한 《아미타불》에게 뒤집어씌우는 기록을 남기고 있는 것이다.

왜? 이 문제를 말씀 드리느냐 하면 《이집트》《11왕조》5대 《멘투호테프 2세》로 이름한 최고의 《대마왕》인 《다보불 1세 분신》과 6대 《멘투호테프 3세》로 이름한 《문수보살 1세》와 7대 《멘투호테프 4세》로 이름한 《문수보살 2세》가 3대에 걸쳐 《55년》을 다스린 이 자체가 《이집트》에서 《신(神)들의 전쟁》을 선포한 것이기 때문이다.

이러한 《대마왕》들이 《이집트》《11왕조》에 들어와서 《권력(勸力)》의 상징자리인 《파라오》의 자리에 파고 들어온 이 자체가 최고(最高)의 《대마왕》인 《다보불》과 최고(最高)의 《악마(惡魔)의 신(神)》으로서 《대마왕신(神)》인 《비로자나 1세》가 결탁하여 《이집트》에서 《신(神)들의 전쟁》을 정식으로 선포한 행위가 되는 것이다.

이로써 최고의 《대마왕》《다보불》과 《문수보살 1세》와 《문수보살 2세》가 《이집트》《11왕조》를 다스린 기간이 《BC 2046 ~ BC 1991》년까지로써 《아미타불》과 《일월등명불》이 《갈데아 우르》를 떠나 《하란(Harran)》에 도착한 후 《히브리 왕국》의 출발을 위해 노력한 후 《아미타불》이 육신(肉身)의 죽음을 맞이한 후 반복(反復)되는 윤회(輪廻)로 《테라(Terah)》(생몰 2046BC~1881BC)로 이름하신 《석가모니 하나님 부처님》의 장자(長子)로 다시 태어난 후 《아브람》(생몰 2016BC~1841BC)으로 이름하시고 《BC 1996년》에 《히브리 왕국》의 초대 왕(재위 1996BC~1841BC)으로 《재위(在位)》에 오르시기 까지 《석가모니 하나님 부처님》 직계(直系) 불(佛), 보살(菩薩)들과 《테라(Terah)》이신 《석가모니 하나님 부처님》께서 정신없이 바쁜 틈을 노려 그들은 《이집트》《11왕조》에 파고들어 《이집트》에서의 《신(神)들의 전쟁》을 정식으로 선포를 하고 이의 책임을 《오시리스(Osiris)》로 이름하신 《아미타불》이 《신(神)들의 전쟁》을 선포하였다고 뒤집어씌우고 있는 내용이 《레우. 누. 페르. 엠. 후루》인 것이다.

이와 같은 《신(神)들의 전쟁》을 《대마왕》들이 행동함으로써 정식 선포한 연장선상에서 《테라(Terah)》이신 《석가모니 하나님 부처님》께서 육신(肉身)의 죽음을 맞이한 직후 최고의 《악마(惡魔)의 신(神)》으로서 《대마왕신(神)》인 《야훼 신(神)》의 탈을 쓴 《비로자나 1세》가 벌인 《공중성(空中聲)》《대사기극》이 시작되어 《히브리 왕국》의 《아브람》을 《40년》 동안 끌고 다님으로써 《히브리 왕국》과 《유대인》들과 《이스라엘인》들을 《파멸(波滅)》로 인도하게 되는 것이다. 이와 같은 최고의 《대마왕》인 《다보불》과 최고의 《악마(惡魔)의 신(神)》으로서 《대마왕신(神)》인 《야훼 신(神)》의 탈을 쓴 《비로자나 1세》의 결탁에 의한 《신(神)들의 전쟁》 선포로 인한 여러 가지 사항들이 《메시아(Messiah)》이신 《미륵불》의 분노를 촉발하게 된 것이다.

다> [《히브리인》들을 위한 《메시아(Messiah)》의 분노]

　최고(最高)의 《대마왕》인 《다보불》과 최고(最高)의 《악마(惡魔)의 신(神)》으로서 《대마왕신(神)》인 《야훼 신(神)》의 탈을 쓴 《비로자나 1세》가 결탁하여 《신(神)들의 전쟁》을 선포한 후, 《신(神)들의 전쟁》이 한창일 때 이에 분노한 《메시아(Messiah)》이신 《미륵불》께서 《석가모니 하나님 부처님》의 허락을 얻은 후 《BC 1206 ~ BC 1140》년까지 《66년》간 《히브리인》들의 보호를 위해 최고 《악마(惡魔)의 신(神)》인 《비로자나 1세》의 후손들인 《후리안족》과 《대마왕》《다보불》의 후손들인 《미케네인》과 《천관파군 1세》의 후손들인 《아람인》들과 《야훼 신(神)》의 후손들인 《엘람인(Elamites)》들과 《히타이트인(Hittites)》들에 대한 《징벌(懲罰)》로써 《메소포타미아(Mesopotamia)》가 포함된 《서남아시아》와 《아나톨리아(Anatolia, 소아시아)》와 《지중해 동부》와 《그리스》가 포함된 《에게해》 일대와 《시리아》 지역과 《남부 레반트(Levant)》 지역에 《화산(火山)》 폭발과 《지진》과 《기후(氣候)》 재앙(災殃)을 내려 이들 지역을 초토화시킴으로써 《대마왕》들과 《악마(惡魔)의 신(神)》들인 《대마왕신(神)》 후손들을 대부분을 몰살시킨 것이다.

　이로써 《그리스》의 《미케네 문명》도 종말을 고하고 《메소포타미아》에 자리하였던 《후리안족》이 만든 《카사이트(Kassite) 왕조》(1507BC~1155BC)도 붕괴된 것이며, 여타 《대마왕》들과 《악마(惡魔)의 신(神)》들인 《대마왕신(神)》 후손들이 만든 《왕조(王朝)》들 모두가 초토화된 후 곳에 따라서는 《1,000년》간 사람들의 발자취가 끊어지게 된 것이다. 이와 같은 《메시아》이신 《미륵불》이 내린 《재앙(災殃)》을 후세인(後世人)들은 《청동기 시대의 붕괴(Bronze Age collapse)》라고 이름하고 있는 것이다. 이러한 사실적인 일들을 《대마왕》들과 《악마(惡魔)의 신(神)》인 《대마왕신(神)》과 그의 후손들이 감추고 있기 때문에 때에 《메시아》이신 《미륵불》이 이와 같은 사실을 정확히 밝히고 있는 것이다.

라> [13왕조(王朝)~20왕조(王朝)까지의 《이집트》 통치(統治)]

　《이집트》 13왕조(王朝)에서 20왕조(王朝)까지 각각의 왕조(王朝) 초대 《파라오》와 《신명(神名)》을 밝혀 드리면 다음과 같다.

[표 1-5-1-8] 이집트 왕조별 초대 왕명록 (13왕조~20왕조)

왕조명	왕명(王名)	신명(神名)	재위	비고
13왕조 (1802BC~1649BC)	소베크호테프 세크헴레-크후타위(Sobekhotep Sekhemre-Khutawy)	석가모니 하나님 불	1802BC~1799BC	
14왕조	네헤시(Nehesy)	악마(惡魔)의 신(神)인 석가모니	1705BC~1690BC	생몰 1773BC~1690BC (83세) 13왕조 웨가프 (Wegaf, 재위 1753BC~1705BC)
15왕조	사리티스(Salitis)	악마(惡魔)의 신(神)인 석가모니	1649BC~	하이집트 통치 (수도 : 아바리스(Avaris)
16왕조	성명 미상	다보불 1세	?~1649BC	상이집트 통치 (수도 : 테베)
17왕조	세크헴레 와흐크하우 라호테프(Sekhemrewahkhaw Rahotep)	비로자나 1세	1620BC	상 이집트 통치
18왕조 (1550BC~)	아흐모세 1세(Ahmose I)	악마(惡魔)의 신(神)인 석가모니	1550BC~1525BC	
19왕조	람세스 1세(Ramesses I)	석가모니 하나님 불	1292BC~1290BC	
20왕조	세트나크흐트(Setnakht)	노사나불 분신	1190BC~1186BC	

《이집트》《11왕조(王朝)》에서 최고의《대마왕》《다보불》과 최고의《악마(惡魔)의 신(神)》으로서《대마왕신(神)》인《야훼 신(神)》탈을 쓴《비로자나 1세》가 결탁하여《신(神)》들의 《전쟁》을 선포한 이후《이집트》에서《신(神)》들의 전쟁이 치열하게 전개된 때가《13왕조(王朝)》부터이다. 이러한《13왕조(王朝)》에서 전개된 사활(死活)을 건《신(神)》들의《전쟁》은 《석가모니 하나님 부처님》직계 불(佛), 보살(菩薩)들과《노사나불》과《노사나불》계(系)《대마왕》들이 한 그룹을 이루고《악마(惡魔)의 신(神)》으로서《대마왕신(神)》인《야훼 신(神)》탈을 쓴《비로자나 1세》와《석가모니》와《그림자 비로자나 1세》등《비로자나 1세》계(系)의《악마(惡魔)의 신(神)》들인《대마왕신(神)》들과《다보불(佛)》과《다보불》계(系)의《대마왕》들이 한 그룹을 이루어 이들 두 그룹이《왕조(王朝)》를 차지하기 위한《필사(必死)》의 노력

들을 한 것이다.

　이러한 전쟁에서 발생하는 무시할 수 없는 한 가지 결과는《다보불》계(系)의《대마왕》들과 최고《악마(惡魔)의 신(神)》인《비로자나 1세》계(系)의《대마왕신(神)》들은 고의적으로《자칭》《이스라엘인》들과《자칭》《유대인》들을 대량 생산함으로써 다음을 대비한다는 사실이다. 이와 같이 하여 진행되는《신(神)》들의《전쟁》을 세부적으로 들여다보기로 하자.

ㄱ>《이집트 13왕조(王朝)》(1802BC~1624BC)

　《이집트 13왕조(王朝)》의《파라오》들을 세밀히 분석한《파라오》명단을 정리하면 다음과 같다.

[표 1-5-1-9] 이집트 13왕조 왕명록

왕 순위	왕명 또는 성명	신명(神名)	신(神)	생몰 및 재위	비고
1	소베크호테프 세크헴레-크후타위 (Sobekhotep Sekhemre-Khutawy or Wegaf)	석가모니 하나님 불	○	재위 1802BC~1799BC	
2	아메넴하트 5세 (Amenemhat V)	노사나불	○	재위 1799BC~1795BC	
3	아메니 케마우 (Ameny Qemau)	일월등명불	○	생몰 1916BC~1736BC 재위 1795BC~1792BC	이삭(Issac)과 동일인임.
4	케마우 시하르네드제헤리테프 (Qemau siharnejheritef)	일월등명불 분신	○	재위 1792BC~1790BC	
5	제웨프니(Jewefni)	야훼 신 2세	●		
6	아메넴헤트 6세 (Amenmhet VI)	지장보살1세	◐		

7	네브누니(Nebnuni)	악마(惡魔)의 신(神)인 석가모니	●		
8	세헤테피브레(Sehetepibre)	비로자나1세	●		
9	세와드즈카레(Sewadjkare)	그림자 비로자나 1세	●		
10	소베크호테프 2세(Sobekhotep II)	석가모니 하나님 불	○	재위 1780BC~1750BC	
11	렌세네브(Renseneb)	아미타불	○	재위 1750BC(4개월)	
12	호르(Hor)	미륵불	○	재위 1750BC~1740BC	
13	아메넴헤트 7세(Amenemhet VII)	지장보살2세	◐	재위 1740BC~1733BC	
14	웨가프(Wegaf)	악마(惡魔)의 신(神)인 석가모니	●	생몰 1763BC~1690BC (73세) 재위 1733BC~1705BC	12대 왕 호르(Hor, 미륵불)의 아들. 네헤시(Nehesy)로 14왕조 초대 왕이 됨
15	크헨드제르(Khendjer)	지장보살1세	◐	재위 1705BC~1700BC	
16	이미레메흐사우 스멘크흐카레(Imyremeshaw Smenkhkare)	지장보살2세	◐	재위 1700BC~1691BC	
17	인테프(Intef)	약상보살1세	○	생몰 1856BC~1676BC (180세) 재위 1691BC(8개월)	야곱(Jacob)과 동일인임.
18	소베크호테프 3세(Sobekhotep III)	아미타불	○	재위 1691BC~1687BC	
19	네페르호테프1세(Neferhotep I)	약상보살1세	○	재위 1687BC~1676BC	
20	소베크호테프 4세(Sobekhotep IV)	약왕보살1세	○	재위 1676BC~1666BC	
21	소베크호테트 5세(Sobekhotep V)	약왕보살 2세	○	재위 1666BC~1662BC	
22	소베크호테프 6세(Sobekhotep VI)	약상보살 3세	●	재위 1662BC~1652BC	요셉(Joseph)
23	이비아우(Ibiaw)	천관파군 1세	●	재위 1652BC~1642BC	
24	아이(Ay)	천왕불 1세	◐	재위 1642BC~1629BC	
25	이니 1세(Ini I)	비로자나 1세	●	재위 1629BC~1627BC	

26	세와드즈투(Sewadjtu)	가이아신	●	재위 1627BC~1624BC	
27	메르세크헴레 이니(Mersekhemre Ini)	야훼 신 1세	●		
28	세와디즈카레 호리(Sewadjkare Hori)	야훼 신 2세	●		
29	데두모세 1세(Dedumose I)	다보불 1세	◐	재위 1690BC	
30	데두모세 2세(Dedumose II)	다보불 2세	◐		
31	몬투엠사프(Montuemsaf)	그림자 비로자나 1세	●		
32	세네브미우(Senebmiu)	다보불 3세	◐		
33	멘투호테프 5세(Mentuhotep V)	문수보살 1세	◐		
34	세나아이브(Senaaib)	문수보살 2세	◐		

※ 석가모니 하나님 부처님 직계 ○, 노사나불계 대마왕 ◑,
비로자나 1세계 대마왕신 ●, 다보불계 대마왕 ◐

《투린파피루스》에 등장하는 《파라오》의 명단은 《악마(惡魔)의 신(神)》들인 《비로자나 1세》계(系)의 《대마왕신(神)》들과 《다보불》계(系)의 《대마왕》들 위주로 작성된 것이기 때문에 가공인물과 부정확한 내용이 많이 기록되어 있으니 주의를 하시기 바란다.

《13왕조》 12대 《파라오》 《호르(Hor)》로 이름한 《메시아》이신 《미륵불》은 《BC 1740년》 재위 10년 이후 그의 아들인 14대 《웨가프(Wegaf)》(재위 1733BC~1705BC)로 이름한 《악마(惡魔)의 신(神)》인 《석가모니》에게 그의 부인과 함께 살해되었으며, 12대 《파라오》 《호르(Hor)》를 살해한 후 교활하게도 《웨가프》로 이름한 《악마(惡魔)의 신(神)》인 《석가모니》가 곧바로 《파라오》의 자리에 오르지 않고 13대 《아메넴헤트 7세》(재위 1740BC~1733BC)로 이름한 《지장보살 2세》로 하여금 《파라오》의 자리에 머무르게 한 후 《지장보살 2세》마저 7년 후 거세하고 그가 《파라오》의 자리에 오르고 《웨가프(Wegaf)》(재위 1733BC~1705BC)로 이름하고 재위(在位)에 머무른 이후 임기를 마치고 《이집트》 《14왕조》 초대 파라오가 되어 《네헤시(Nehesy)》(재위 1705BC~1690BC)로 다시 이름한 《패륜아》임을 아시기 바란다.

《이집트》13왕조(王祖) 다스림의 기간은《BC 1802년 ~ BC 1624년》까지로써《178년》 간을 다스리면서《상(上)》《하(下)》《이집트》를 다스린《파라오》의 수(數)가《34명》이다. 이 롭듯《파라오》의 수(數)가 많은 이유가《이집트》《13왕조(王祖)》왕명록에서 구분하여 드린 바대로《신(神)》들의《전쟁》을 위해《다보불》계(系)《대마왕》들과《악마(惡魔)의 신(神)》들인 《비로자나 1세》계(系)의《대마왕신(神)》들이 거의 총동원이 되다시피 하여 처절한 싸움판 을 벌인 관계로《파라오》의 수(數)가 많아진 것이다. 이로써 볼 때,《이집트》《13왕조》는 《신(神)》들간의 대충돌로 서로가《사력(死力)》을 다하여《전쟁》을 치른 왕조(王祖)였다는 사 실을 깊이 인식하시기 바란다.

ㄴ> [14왕조(王朝)~20왕조(王朝)까지] (1624BC~1077BC)

《이집트》《14왕조(王朝)~18왕조(王朝)》까지는《신(神)》들의《전쟁》에서 최고《악마(惡魔)의 신(神)》들로서《대마왕신(神)》인《비로자나 1세》와《석가모니》계(系)와《대마왕》《다보불》 계(系)의 그룹이《우세(優勢)》하였으며《석가모니 하나님 부처님》직계 불보살들과《노사나 불》계(系)《대마왕》그룹이《열세(劣勢)》였으나,《19왕조(王朝)~20왕조(王朝)》때는 반대로 《석가모니 하나님 부처님》직계 불(佛), 보살(菩薩)들과《노사나불》계(系)《대마왕》그룹이 《우세(優勢)》하였으며《악마(惡魔)의 신(神)》들로서《대마왕신(神)》인《비로자나 1세》와《석 가모니》계(系)와《대마왕》《다보불》계(系)가《열세(劣勢)》였던 것이다. 이와 같이《14왕조(王朝)~20왕조(王朝)》까지도 이들 두 그룹에 의한《신(神)》들의《전쟁》은 치열하였던 것이다.

그러나《이집트》《20왕조(王朝)》이후는《자칭》《유대인》인《악마(惡魔)의 신(神)》인《묘 음보살》이《모세》로 이름하고《아미타불》의 장자민족(長者民族)인《히브리 왕국》으로부터 《이집트》로 이동시켰던《이스라엘인》들을 선동하여 도로《히브리 왕국》으로 철수시킴 으로써 이후 이러한 일들이 결정적인 요인이 되어《신(神)》들의《전쟁》은《대마왕신(神)》인 《야훼 신(神)》의 탈을 쓴 최고《악마(惡魔)의 신(神)》인《비로자나 1세》와《악마(惡魔)의 신(神)》인《석가모니》계(系)와《대마왕》《다보불》계(系) 그룹들에게 유리한 방향으로 전개된 후 종국에는 이들《악마(惡魔)의 신(神)》들인《대마왕신(神)》들과《다보불》계《대마왕》들의 승 리로 끝이 나게 되는 것이다. 이로써《석가모니 하나님 부처님》직계 불(佛), 보살(菩薩)들과 《노사나불》계(系)《대마왕》그룹은 철두철미하게《이집트》《신(神)》들의《전쟁》에서 패배하게 되는 것이다.

 그러면 다음으로 《석가모니 하나님 부처님》계(系)의 불(佛). 보살(菩薩)들과 《노사나불》계(系)의 《대마왕》 그룹이 《신(神)》들의 전쟁에서 패배하게 되는 원인을 심층 있게 살펴보기로 하자. 《신(神)》들의 《전쟁》 이해를 위하여서는 먼저 《천상(天上)》의 족보(族譜) 즉 《혈통(血統)》을 이해하는 것이 급선무이다. 고로 천상(天上)의 혈통(血統) 전체를 밝히는 것은 기회가 있을 때마다 밝히기로 하고, 이 장에서는 《이집트》 《신(神)》들의 《전쟁》을 기준하여 말씀 드리도록 하겠다.

 먼저 《야훼 신(神)》의 탈을 쓴 최고의 《악마(惡魔)의 신(神)》으로서 《대마왕신(神)》인 《비로자나 1세》부터 밝혀 드리면, 최고 《악마(惡魔)의 신(神)》인 《비로자나 1세》와 악명 높은 《가이아 신(神)》 사이에서 처음 태어난 자(者)가 《대마왕신(神)》으로서 《악마(惡魔)의 신(神)》인 《석가모니》이며, 《악마(惡魔)의 신(神)》인 《비로자나 1세》의 분신(分身)인 《그림자 비로자나 1세》와 《가이아 신(神)》 사이에 처음 태어난 자(者)들이 《천왕불》과 《쌍둥이 천왕불》이며 이분들이 태어난 이후 상당한 시간 차이를 두고 두 번째로 태어난 자(者)들이 《야훼 신(神)》과 《천관파군》과 《묘음보살》 등 삼남매이다. 이와 같이 두 번째로 태어난 《악마(惡魔)의 신(神)》인 《야훼 신(神)》이 《창조주》를 자처한 자(者)이며, 《천관파군 1세》가 《이집트》 《힉소스인》의 조상(祖上)이며, 《천관파군 2세》인 《이오 신(神)》이 《구약결집》을 시작한 《에스라》이며, 《묘음보살》이 남자(男子) 몸(身)을 가지고 태어났을 때가 유명한 《모세》이며, 이들은 때에 따라 반복(反復)되는 윤회(輪廻)를 통해 여럿의 다른 이름으로도 태어난다.

 그리고 진행을 하면서 밝혀 드렸듯이 《이집트인》들의 《55%》가 《아미타불》의 후손들인 《이스라엘인》들이며, 《천관파군 1세》의 후손들인 《힉소스인》들과 《쌍둥이 천왕불》 후손들인 《누비안족(Nubians)》들의 합(合)이 《이집트인》들의 《45%》이다. 즉, 《아미타불》의 후손들은 《음(陰)》의 《곰족(熊族)》으로서 《석가모니 하나님 부처님》의 직계 후손들로서 《메시아(Messiah)》이신 《미륵불》도 같은 계열이며 이들의 혈통을 가진 《이집트인》들이 《55%》이며, 《악마(惡魔)의 신(神)》들인 《대마왕신(神)》들의 혈통을 가진 《이집트인》들이 45%가 된다. 즉, 《55%》의 《이스라엘인》들은 《착함》인 《선(善)》을 근본 바탕으로 하며, 《45%》의 《대마왕신(神)》 후손들은 《악(惡)》을 근본 바탕으로 한다.

이러한 근본 바탕에 대한《원천창조주》이신《석가모니 하나님 부처님》의 진리(眞理)의 법칙을 묶어서 말씀드리면,《선(善)》의 본질(本質)은《맑음》이다. 이러한《맑음》을 근본 바탕으로 한 자(者)들에게 혈통의 순수성을 지키면서 반복(反復)되는 윤회(輪廻)를 통하여《단련》을 시킴으로써《밝음》의 대명사인《지혜(智慧)》를 심게 되면《맑고》《밝은》 당체로서 그 자(者)의《영혼》은 비유를 하면 하이얀《옥돌색》《구슬》에 영롱한 광채가 나는《영혼》으로 변화하여 진화(進化)의 완성의 길에 들게 됨으로써 모든 고통으로부터 벗어나게 된다.

한편,《악(惡)》을 근본 바탕으로 하는 자(者)의 본질(本質)은《어둠》으로써《검은 색(色)》을 띤다. 이러한 자들 역시《반복(反復)되는 윤회(輪廻)》를 통하여《단련》을 시킴으로써《검은 바탕》이《회색(灰色)》 바탕으로,《회색》 바탕을《푸른 색》 바탕으로,《푸른색》 바탕을 최종 무색투명한《맑음》의 바탕으로 전환시킴으로써《착함》의 근본 바탕을 갖추게 하는 순서를 가지게 되는 것이다. 이러한 순서를 지키는 과정에 꼭 필요한 것이《밝음》의《지혜(智慧)》와 순수함의 수혈이다. 이와 같은 과정을 거치는 동안《회색》,《푸른색》의 과정을 거치는 동안《밝음》인《지혜》가 가미되면 처음부터《맑음》을 갖춘 자가《밝음》이 깃들게 되면 선명한《밝음》을 갖추는 것과는 달리 우중충하며《탁한》《밝음》을 갖게 된다. 이러한 우중충한《밝음》을《마성(魔性)》이라고 하며, 이와 같은《마성(魔性)》을 갖게 되면《신통(神通)》과《힘(力)》이 자재하게 되는데, 이때《도덕성(道德性)》을 갖추고《순리(順理)》를 따르면 종국에는 완전한《맑음》을 갖게 됨으로써 올바른 진화(進化)를 하여 진화(進化)의 완성의 길로 가는 성불(成佛)을 이룰 수가 있는 것이다. 이러한 좋은《예》가 인류《북반구 문명기》에 들어와서《그림자 비로자나 1세》와《가이아 신(神)》 아들로 태어났던《천왕불》과《쌍둥이 천왕불》이《대마왕신(神)》과《대마왕》의 과정을 거친 후 얼마 전《성불(成佛)》을 이룬《예》가 좋은《예》가 되는 것이다.

이와는 반대로《마성(魔性)》을 가진 자가《탐욕》과《이기심》에 젖어《악행(惡行)》을 계속하면《마성(魔性)》이《암흑물질(Dark matter)》을 끌어들임으로써《어둠》이 더해 비유를 하자면 이러한 자(者)들의《영혼》은 빛을 발(發)하는《야광주(夜光珠)》가 되어《대마왕》이나《악마(惡魔)의 신(神)》인《대마왕신(神)》이 되는 것이다. 이러한《대마왕》들이나《악마(惡魔)의 신(神)》들인《대마왕신(神)》들은 그들의《지배욕》과《권력욕》을 충족시키기 위해 그들을 따르는《특수층》을 만들고 철두철미한《계급사회》를 형성한 후 그들과《특수층》만을 위해 그들 후손들을 이용하다가 종국(終局)에는 그들 후손들을 파멸(波滅)의 길로 몰아넣고 마는 것이다. 즉, 이들은《악(惡)》을 위해 순리(順理)를 저버리고《역리(逆理)》의 길을 따르는《악행(惡

行》을 계속함으로써 스스로와 그들을 따르는 《특수층》 역시 끝판에는 파멸(波滅)의 길로 가고 마는 것이다. 즉, 진화(進化)를 거부하고 《탐욕》과 《이기심》만을 위한 철두철미한 《악행(惡行)》을 그들의 편안함과 이익을 위해 전념하는 무리들이 되는 것이다.

　《순수》한 혈통을 지키면서 《악(惡)》을 근본 바탕으로 한 무리들이라도 점차적으로 밝음의 세계로 인도하여 그들마저 《맑음》의 극치인 《선(善)》의 근본 바탕으로 바꾸고 이들 모두들을 영원히 고통 없는 《이상 세계》로 인도하고자 《석가모니 하나님 부처님》을 비롯한 불(佛), 보살(菩薩)들은 노력하는 것이며 이로써 《선(善)》을 바탕으로 한 인간 무리나 《악(惡)》을 근본 바탕으로 한 《마왕(魔王)》 무리들 모두를 귀중하게 여겨 《진리(眞理)》의 법(法)을 따라 《순리(順理)》대로 올바르게 진화(進化)하게 하여 종국(終局)에는 《이상사회》를 실현하고자 노력하는 것이나, 《탐욕》과 《이기심》에 의한 《권력욕》과 《지배욕》에 점철된 《대마왕》들과 《악마(惡魔)의 신(神)》들인 《대마왕신(神)》들은 《진리(眞理)》를 따르지 않고 《진화(進化)》를 거부하고 《선(善)》을 근본 바탕으로 한 《인간 무리》들에게는 《마성(魔性)》을 심어 《마왕 무리》들로 만들고 그들 후손 민족들인 일명(一名) 《독각의 무리》들로도 불리우는 《마왕 무리》들과 함께 《도덕성(道德性)》을 파괴함으로써 진화(進化)를 가로막고 《탐욕》과 《이기심》에 의한 교육을 시킴으로써 경쟁을 부추겨 필요한 자들은 그들의 행동대장들인 《특수층》으로 끌어들이고 경쟁에서 뒤지는 무리들은 그들의 《하수인》으로 거느리면서 《악(惡)》을 위한 《악(惡)》을 깊게 심어 종국(終局)에는 《파멸(波滅)》의 길로 내몰게 되는 것이다.

　이러한 《대마왕》들과 《악마(惡魔)의 신(神)》들인 《대마왕신(神)》들은 그들이 목적한 바를 달성하기 위하여서는 《권력(權力)》의 상징인 《파라오》의 지위를 차지하여야 하며, 이를 막고자 하는 《석가모니 하나님 부처님》과 직계 불(佛), 보살(菩薩)들과 진화(進化)에 순응하는 《도덕성》을 갖춘 《노사나불》계 《대마왕》들 그룹이 《파라오》의 자리를 지키고자 하는 대충돌이 《이집트》에서 일어난 것이 두 번째로 진행된 《신(神)》들의 《전쟁》이며, 이와 같은 《신(神)》들의 《전쟁》을 정식으로 선포하고 《전쟁》을 벌인 《대마왕》들과 《악마(惡魔)의 신(神)》들인 《대마왕신(神)》들이 《권력(權力)》의 상징인 《파라오》의 자리를 차지하고자 광분한 이유가 《권력(權力)》을 쥐어야만 순수한 혈통을 가진 착함을 근본 바탕으로 한 《55%》의 《이스라엘인》들과 《악(惡)》을 근본 바탕으로 한 《악마(惡魔)의 신(神)》들로서 《대마왕신(神)》 후손들인 《45%》 《마왕 무리》들과의 《피(血)》를 섞게 함으로써 이들 모두들에게 《마성(魔性)》을 심어 《마왕 무리》들로 만듦으로써 《이집트》를 정복할 수 있기 때문에 《권력자(權力者)》의 자리인 《파라오》의 자리에 미친 듯이 집착하여 달려든 이 자체가 《신(神)》들의 《전쟁》이 되는 것이다. 이로써 《55%》의 《이스라엘인》들과 《45%》의 《대마왕신(神)》 후손들의 피(血)를 모두 섞어 《마왕 무리》들로 만드는 데는 《300년》 기간이면 충분한 것이다.

　이와 같은 짓을 가로 막고 순리(順理)를 따르고자 한 그룹이 《석가모니 하나님 부처님》을 비롯한 직계 불(佛), 보살(菩薩)들과 순리(順理)를 따른 《노사나불》과 《노사나불》계(系)의 《대마왕》들이었던 것이다. 이렇게 하여 만들어진 《마왕 무리》들에게 순리(順理)를 따르는 《도덕성(道德性)》만 파괴하면 《악(惡)》을 위한 《악(惡)》을 따르는 그들의 《수하 마왕 무리》들로 변화하게 되는 것 역시 이치인 것이다.

　이로써 《이집트》 13왕조(王朝) 17대 파라오 《인테프(Intef)》(재위 1691BC 8개월)로 이름한 《야곱(Jacob)》(생몰 1856BC~1676BC)인 《약상보살 1세》가 《히브리 왕국》으로부터 이동시켜 온 《순수》한 혈통을 지킬 줄 아는 《아미타불》 장자(長子) 민족인 《화성(火星)》에서부터 진화(進化)하여 온 《이스라엘》 민족들을 《자칭》《유대인》 탈을 쓴 《모세》(1211BC~1136BC)가 《창조주》를 위장한 《야훼 신(神)》의 탈을 쓴 최고 《악마(惡魔)의 신(神)》인 《비로자나 1세》의 지시로 이들을 《야훼 신(神)》의 이름으로 선동하여 《이집트》로부터 철수시켜 《히브리 왕국》으로 돌려보냄으로써 《대마왕》들과 《악마(惡魔)의 신(神)》들인 《대마왕신(神)》들이 만든 《수하 마왕》들만 《이집트》에 고스란히 남게 됨으로써 《이집트》는 이들 《대마왕》들과 《악마(惡魔)의 신(神)》들인 《대마왕신(神)》들에 의해 정복이 되고 마는 것이다.

　그러면 다음으로 이와 같은 일들이 일어나게 되는 배경을 심도 있게 살펴보기로 하자.

ㄷ> [야곱(Jacob)과 요셉(Joseph)]

　《야곱(Jacob)》(생몰 1856BC~1676BC)은 《이삭(Issac)》(생몰 1916BC~1736BC)으로 이름한 《일월등명불》의 아들로서 《약상보살 1세》이며, 《야곱》으로 이름한 《약상보살 1세》의 여러 아들들 중의 하나가 《요셉(Joseph)》(생몰 1765BC~1655BC)으로 이름한 《약상보살 3세》이다. 이러한 《야곱》과 《요셉》이 《이집트》《신(神)》들의 전쟁이 시작된 지 얼마 되지 않았을 때 《이집트》

《13왕조》 왕명록에 등장하는 10대 《소베크호테프 2세(Sobekhotep II)》(재위 1780BC~1750BC) 파라오로 이름하신 《석가모니 하나님 부처님》께서 《히브리 왕국》에 있던 《화성(火星)》으로부터 지상(地上)으로 진화(進化)하여온 《아미타불》 장자(長子)의 맥(脈)을 가지고 있는 《이스라엘인》들을 인도하여 《이집트》로 이동을 시킬 것을 명령하심으로써 이러한 명령을 받들어 이동이 완료된 때가 《BC 1691년》이다.

이와 같이 《석가모니 하나님 부처님》께서 《아미타불》 장자(長子) 민족을 《이집트》로 이동시키신 이유는 《이집트》《13왕조》 왕명록에서 드러난 5대 《파라오》부터 9대 《파라오》까지 5명의 《파라오》들 중 4명의 《파라오》들이 최고위급 《악마(惡魔)의 신(神)》들인 《대마왕신(神)》들로서 이들 《파라오》들이 10년도 채 되지 않는 기간 동안 획책하고 있었던 일들이 《이집트》《이스라엘》인들과 그들 《악마(惡魔)의 신(神)》들인 대마왕신(神) 후손들과 《피(血)》를 섞어 《마성(魔性)》을 심음으로써 그들의 명령을 받드 《수하 마왕》들로 만들고자 일들을 도모하고 있는 것을 보신 《석가모니 하나님 부처님》께서는 세 가지 목적을 위해 《히브리 왕국》에 있는 장자(長子) 민족인 《이스라엘인》들의 이동을 명령하시는 것이다.

이러한 이동을 명령하신 세 가지 목적을 밝혀 드리면 다음과 같다.

《석가모니 하나님 부처님》께서 히브리 왕국에 있던 장자 민족인
이스라엘인들에게 이집트로의 이동을 명령하신 세 가지 목적

가) 우선은 《이집트》에 있는 《이스라엘인》들보다는 훨씬 진화(進化)가 많이 되어 《혈통(血統)》의 순수성을 지킬 줄 아는 《아미타불》 장자(長者) 민족인 《히브리 왕국》에 있는 《이스라엘인》들을 이동시켜 이들을 발판으로 하여 《신(神)》들의 《전쟁》을 승리로 이끌고

나) 《히브리 왕국》에 같이 있게 된 형제 민족인 《유대인》과 《이스라엘인》들의 갈등을 미리 차단하고

다) 《이집트》에서 《신(神)》들의 《전쟁》이 끝나게 되면 《히브리 왕국》에서 이동하여온 《아미타불》 장자맥(長子脈)을 가진 《이스라엘》들을 중심으로 《이집트》에 본래부터 있었던 《이스라엘인》들과 하나가 되어 강력한 《이집

트》를 구축하여 《도덕성(道德性)》을 확립함으로써 《대마왕》들과 《악마(惡魔)의 신(神)》들인 《대마왕신(神)》들의 《수하 마왕》으로 변화한 《이집트》《이스라엘인》들과 《대마왕》들과 《악마(惡魔)의 신(神)》들인 《대마왕신(神)》들의 후손들마저 올바른 진화(進化)의 길에 들어갈 수 있도록 하는 목적

　　등 이와 같은 세 가지 목적을 위해 《석가모니 하나님 부처님》께서 명령을 하심으로써 《야곱》(생몰 1856BC~1676BC)이신 《약상보살 1세》와 그의 아들인 《요셉》(생몰 1765BC~1655BC)으로 이름한 《약상보살 3세》가 그들도 《신(神)》들의 《전쟁》에 참여하기 위해 《이집트》로 오면서 《원천창조주》의 명령을 수행한 것이다.

　　이로써 《이집트》에 도착하신 《야곱》(생몰 1856BC~1676BC)과 《요셉》(생몰 1765BC~1655BC)은 《야곱》이 먼저 《이집트》《13왕조(王朝)》 제17대 《인테프(Intef)》(재위 1691BC 8개월) 파라오로 이름하고 자리한 이후 《히브리 왕국》으로부터 이동시켜 온 《장자맥(長子脈)》을 가진 《이스라엘인》들의 정착을 도운 다음 제19대 《네페르호테프 1세(Neferhotep I)》(재위 1687BC~1676BC)로 이름하고 재차 《파라오》의 자리에 오르시는 것이며, 이때 《히브리 왕국》으로부터 그를 따라 온 아들인 《요셉》으로 이름한 《약상보살 3세》는 제22대 《소베크호테프 6세(Sobekhotep VI)》(재위 1662BC~1652BC) 《파라오》로 이름하고 머무시게 되는 것이다.

　　이와 같은 《석가모니 하나님 부처님》의 비밀된 뜻을 눈치 챈 제23대 《이비아우》(재위 1652BC~1642BC) 파라오로 이름하고 자리한 《악마(惡魔)의 신(神)》인 《대마왕신(神)》《천관파군 1세》가 지금까지 설명 드린 내용을 감추기 위해 《요셉》(생몰 1765BC~1655BC)이 30세에 《국무총리》가 되었을 때 그의 아비인 《야곱》(생몰 1856BC~1676BC)이 때마침 《가나안 땅》에 불어 닥친 《대기근》을 피해 일족(一族)들을 데리고 《이집트》로 들어와서 그의 아들인 《요셉》을 만나게 되었다는 날조된 거짓말 기록을 꾸며서 남기고 이것도 모자라 반복(反復)되는 윤회(輪廻)를 통하여 《코란》 내용마저 고쳐 허위 기록을 남기고 《그리스》 쪽에도 똑같은 내용의 기록을 남김으로써 입(口)을 맞추어 놓고 후세(後世)의 인간 무리들을 기만하고 있는 것이다.

　　《메시아》가 분명히 잘라서 말씀 드리되, 때에 《가나안(Canaan)》 땅에서는 《소돔과 고모라》 사건이 있던 《BC 1844년》 이후에는 《기후(氣候)》 재앙(災殃) 따위는 없었기 때문에 《대기근》이 있었다는 것은 거짓이며, 《요셉》이 30세에 《국무총리》가 되었다는 얘기도

파렴치한 거짓 기록을 남기기로 유명한 《천관파군 1세》이 자(者)가 꾸며낸 기록이 되기 때문에 때에 《메시아(Messiah)》가 이의 실상(實相)을 분명히 밝히고 있는 것이다. 《악마(惡魔)의 신(神)》인 《대마왕신(神)》 중의 한 명인 《천관파군 1세》는 그의 동생인 《악마(惡魔)의 신(神)》으로서 《천관파군 2세》가 되는 《이오 신(神)》과 함께 《지상(地上)》에서 펼쳐진 《인간》들의 《역사(歷史)》를 날조하고 꾸며서 거짓 기록으로 남기는 데는 천재적인 소질을 가진 악질(惡質) 《악마(惡魔)의 신(神)》으로서 《대마왕신(神)》들임을 깊이 인식하시기 바라며, 《악마(惡魔)의 신(神)》으로서 《대마왕신(神)》인 《천관파군 1세》가 지금까지 설명 드린 내용을 감추고자 하는 이유는 진행을 하면서 모두 밝혀지게 된다.

ㄹ> [영아살해명령(嬰兒殺害命令)과 강제 노동]

《신(神)》들의 전쟁이 한창일 때인 《이집트》《19왕조(王朝)》 때 내려진 《영아 살해》 명령과 《이스라엘》 장자(長者) 민족에 대한 《강제 노역》의 실상을 파악하기 위해 먼저 이와 관련된 아래 내용을 살펴보고 다음을 진행하도록 하겠다.

[표 1-5-1-10] 《이스라엘》 장자 민족 영아살해(嬰兒殺害) 및 강제노역(强制奴役)에 관계된 《파라오(Pharaoh)》 명단

왕조명	왕순서	왕명(王名)	신명(神名)	재위	비고
19왕조	4	메르넵타(Banenre Merenptah)	악마의 신인 석가모니	1213BC~1203BC	영아살해 명령자(13년)
	5	아멘메세스(Menmire-setpenre Amenmesse)	비로자나 1세	1203BC~1200BC	
	6	세티 2세(Userkheperure Seti II)	노사나불 분신	1203BC~1197BC	영아살해 중지 명령(6년)

	7	시프타(Sekhaenre/Akhenre Merenptah Siptah)	천왕불 1세	1197BC~1191BC	심한 강제 노동 및 박해 기간(7년)
	8	투스레트(Satre-merenamun Tausret)	정화수왕지불 분신	1191BC~1190BC	
20왕조	1	세트나크테(Userkhaure Setnakht)	노사나불 분신	1190BC~1186BC	강제노동 완화기(35년)
	2	람세스 3세(Usermaatre-meryamun Ramesses III)	무곡성불	1186BC~1155BC	

상기 표에 드러난 《19왕조》 4대 파라오 《메르넵타》로 이름한 《악마(惡魔)의 신(神)》인 《석가모니》와 5대 파라오 《아멘메세스》로 이름한 《야훼 신(神)》의 탈을 쓰고 활동하는 최고 《악마(惡魔)의 신(神)》인 《비로자나 1세》와 7대 파라오 《시프타》로 이름한 《천왕불 1세》와 8대 파라오 《투스레트》로 이름한 《정화수왕지불 분신》 등 4명의 《파라오》들은 《도덕성(道德性)》과 《정의(正義)》를 파괴하는 《악마(惡魔)의 신(神)》들인 《대마왕신(神)》들이다.

그리고 6대 파라오 《세티 2세》로 이름한 《노사나불 분신》과 6대 파라오 《세티 2세》가 다시 《20왕조》 초대 파라오 《세트나크테》로 이름을 바꾸어 파라오의 지위에 오른 《노사나불 분신》은 동일인(同一人)으로서 이 분은 《도덕성(道德性)》을 갖춘 《노사나불》계(系)의 《대마왕》 《불보살(佛菩薩)》로서 이들 모두들은 《반복(反復)》되는 윤회(輪廻)로 때에 《19왕조》 3대 파라오 《람세스 2세》(Rameses II) 또는 람세스 대제(Ramesses the Great)》(재위 1279BC~1213BC)로 이름한 《노사나불》의 아들들과 딸로 태어난 자(者)들이다.

이러한 자(者)들 중 처음 《영아 살해》 명령을 내린 자는 4대 파라오 《메르넵타》로 이름한 《악마(惡魔)의 신(神)》인 《석가모니》이며, 이러한 명령은 5대 파라오 《아멘메세스》로 이름한 최고 《악마(惡魔)의 신(神)》인 《비로자나 1세》까지 《BC 1213 ~ BC 1200》년까지 《악마(惡魔)의 신(神)》들인 《대마왕신(神)》들에 의해 무려 《13년》간 시행이 되었으며, 이후 《노사나불》계(系) 6대 파라오 《세티 2세》로 이름한 《노사나불 분신》에 의해 《영아살해》 명령은 중지가 되는 것이다. 이와 같은 사건으로 《야훼 신(神)》의 탈을 쓴 《아멘메세스》 파라오로 이름한 최고 《악마(惡魔)의 신(神)》인 《비로자나 1세》와 《영아 살해》를 중지시킨 6대 파라오 《세티 2세》로 이름한 《노사나불 분신》간에는 심한 갈등이 있게 된 것이다. 이러한 이후 7대 파라오 《시프타》로 이름한 《천왕불 1세》와 8대 파라오 《투스레트》로 이름한 《정화수왕지불 분신》은 《대마왕신(神)》들로서 《야곱》과 《요셉》이 《히브리 왕국》으로부터 이동시켜 온 《이스라엘》《장자 민족》에 대한 심한 박해와 함께 강도 높은 강제 노동을 《BC 1197 ~ BC 1190》년까지 《7년》간 시킨 것이다.

이러한 다음 6대 파라오 《세티 2세》로 이름하셨던 《노사나불 분신》께서 다시 《파라오》의 이름을 바꾸시고 《20왕조》 초대 파라오 《세트나크테》로 이름하시고 《파라오》의 지위에 오르신 이후부터는 《노역》은 시키되 그 강도는 이전 《파라오》들 때보다는 훨씬 약한 완화된 《노역》을 시킨 것이다. 이와 같은 완화된 노역은 그의 아들인 《람세스 3세》로 이름한 《무곡성불》 때까지 계속된 것이다.

그러면 어찌하여 《악마(惡魔)의 신(神)》으로서 《대마왕신(神)》들인 《석가모니》와 《비로자나 1세》는 《영아 살해》 명령을 내리고 이의 실행을 계속하고 이후 《세티 2세》로 이름한 《노사나불 분신》께서 《영아 살해》 명령을 중지시킨 후 《악마(惡魔)의 신(神)》들로서 《대마왕신(神)》들인 《천왕불 1세》와 《정화수왕지불 분신》 등이 《이스라엘》《장자 민족》들을 계속 핍박하고 심한 강제 노동을 시키게 된 근본 원인을 밝혀야 할 것 같다. 이러한 근본 원인을 나누어 말씀드리면 아래와 같다.

[악마의 신들이 이집트에서 이스라엘인들을 핍박하고
강제 노동을 시킨 근본 원인]

가) 《이스라엘》《장자 민족》의 순수한 《혈통(血統)》을 통해서만 반복(反復)되는 윤회(輪廻)로 다시 태어나시게 되는 《석가모니 하나님 부처님》 직계 불(佛), 보살(菩薩)들의 탄생을 차단시키는 목적이 첫째이며,

나) 둘째로 《야곱》과 《요셉》이 《BC 1691년》에 《히브리 왕국》으로부터 《이집트》로 이동시켜 온 《이스라엘》《장자 민족》 씨종자들을 없애는 것이 두 번째 목적이며,

다) 《모세》로 이름하고 태어난 《악마(惡魔)의 신(神)》으로서 《자칭》《유대인》인 《묘음보살》을 《파라오》가 있는 왕궁으로 진입시키는 것이 세 번째 목적이며,

라) 《이스라엘》《장자 민족》들의 내부 동요를 촉발시켜 훗날 《이집트》로부터 추방시키기 위한 사전 정지 작업으로 《영아 살해》 명령 중지 이후는 《악마(惡魔)의 신(神)》들인 《대마왕신(神)》 출신들의 《파라오》들에게 최고 《악마(惡魔)의 신(神)》인 《비로자나 1세》가 지령을 내려 심한 강제 노동과 함께 박해를 계속한 것임

　이러한 모든 계획들은 《이집트》《19왕조》 4대 파라오 《메르넵타》로 이름한 《악마(惡魔)의 신(神)》인 《석가모니》와 5대 파라오 《아멘메세스》로 이름한 최고 《악마(惡魔)의 신(神)》인 《비로자나 1세》가 《파라오》의 지위에 오르기 전에 이미 이러한 계획을 수립한 후 《파라오》의 지위에 오르자마자 첫 실행을 한 것이 《영아 살해》 명령이며, 이러한 명령을 수행하는 동안 큰 복병을 만난 것이 《노사나불》계(系)의 6대 파라오 《세티 2세》로 이름한 《노사나불 분신》에 의한 《영아 살해》 중지 명령이며, 이후 《악마(惡魔)의 신(神)》들인 《대마왕신(神)》 파라오들에 의한 《이스라엘》 장자 민족에 대한 《강제 노동》과 박해인 것이다. 이러한 사실들이 《영아 살해》 명령과 《이스라엘》《장자 민족》에 대한 박해와 《강제 노동》의 실상(實相)이 되는 것이다.

ㅁ> [이스라엘 장자민족(長者民族)과 모세(Moses)]

　《BC 1876 ~ BC 1873》년까지 《3년》간 《아브람》께서 《예루살렘》에 자리한 《히브리 왕국》을 떠나 《이집트》를 방문하고 없는 틈을 타서 《야훼 신(神)》 탈을 쓴 최고 《악마(惡魔)의 신(神)》인 《비로자나 1세》가 여러 《악마(惡魔)의 신(神)》들인 《대마왕신(神)》들을 동원하여 《창조주 하나님》을 《야훼 하나님》으로 바꾸는 《타나크(Tanakh)》인 《유대 성경》을 1차 왜곡한 후, 《소돔과 고모라》에서 《악마(惡魔)의 신(神)》들인 《대마왕신(神)》들을 총동원시켜 2차 《타나크(Tanakh)》 왜곡을 하다가 《석가모니 하나님 부처님》의 노여움을 사 《천상(天上)》의 재앙(災殃)으로 《BC 1844년》에 《소돔과 고모라》와 《사해(Dead Sea)》 유역 일대까지 철저히 파괴됨과 아울러 최고 《악마(惡魔)의 신(神)》인 《비로자나 1세》를 비롯한 《악마(惡魔)의 신(神)》들인 《대마왕신(神)》들이 몰죽음을 당함으로써 《2차》《타나크(Tanakh)》 왜곡이 실패로 돌아갔음을 진행을 하면서 말씀드렸다.

이러한 이후 호시탐탐 기회만 노리고 있던 《야훼 신(神)》의 탈을 쓴 최고 《악마(惡魔)의 신(神)》인 《비로자나 1세》가 《이스라엘》 《장자 민족》과 《유대인》들의 《파멸(波滅)》을 위해 언젠가는 다시 《타나크》를 2차 왜곡하는 《구약결집》을 하여야만 하였기 때문에 이를 위한 거짓 명분을 쌓기 위함과 아울러 《이스라엘》 《장자 민족》의 순수한 혈통(血統)을 통해서 반복(反復)되는 윤회(輪廻)로 태어나게 되는 《석가모니 하나님 부처님》과 직계(直系) 불보살들의 탄생을 차단시킴으로써 《이집트 신(神)들의 전쟁》에서 《악마(惡魔)의 신(神)》들인 《대마왕신(神)》들과 《다보불계(系)》 《대마왕》들이 승리하기 위해 때에 빼어든 더러운 음모의 카드 중 하나가 《모세(Moses)》를 등장시키는 카드인 것이다. 이와 같은 더러운 음모의 실상을 심층 있게 파악하기 위해 먼저 아래 정리된 내용을 살펴보면서 다음을 진행하도록 하겠다.

[표 1-5-1-11] 《이스라엘》 장자 민족 박해 및 모세와의 관계 일람표

왕조명	왕순서	왕명(王名)	신명(神名)	재위	비고
19왕조	4	메르넵타 (Banenre Merenptah)	악마의 신인 석가모니	1213BC~1203BC	모세 선동으로 이스라엘 장자민족을 《이집트》로부터 《히브리 왕국》으로 추방 계획 완료됨과 동시에 영아 살해 기간.(13년) 모세(생몰1211BC~1136BC) 태어남.
	5	아멘메세스 (Menmire-setpenre Amenmesse)	비로자나 1세	1203BC~1200BC	
	6	세티 2세 (Userkheperure Seti II)	노사나불 분신	1203BC~1197BC	영아 살해 중지 명령
	7	시프타 (Sekhaenre/Akhenre Merenptah Siptah)	천왕불 1세	1197BC~1191BC	심한 강제 노동 및 박해기 (7년)
	8	투스레트 (Satre-merenamun Tausret)	정화수왕지불 분신	1191BC~1190BC	
20왕조	1	세트나크테 (Userkhaure Setnakht)	노사나불 분신	1190BC~1186BC	강제 노동 완화기.
	2	람세스 3세 (Usermaatre-meryamun Ramesses III)	무곡성불	1186BC~1155BC	강제 노동 완화기. 1156BC년부터 유대인과 이스라엘인들 이집트로부

					터 히브리 왕국으로 인도하기 위해 출발.(모세 나이 55세)

【2. 영아살해명령과 강제 노동】편에서는 《이스라엘》《장자민족》의 순수한 혈통을 통하여 《석가모니 하나님 부처님》과 직계 불(佛), 보살(菩薩)들이 태어나지 못하게 함과 동시에 《이스라엘》《장자 민족》들을 《강제 노동》등 박해를 통하여 《이집트》를 떠나게 함으로써 《이집트》를 《악마(惡魔)의 신(神)》인 《대마왕신(神)》과 《대마왕》들이 정복하는 위주로 설명을 드렸다면, 이장에서는 이와 병행하여 《모세(Moses)》로 하여금 진행되는 더러운 음모를 규명하는 차원에서 《모세(Moses)》(생몰 1211BC~1136BC) 위주로 설명 드리겠다.

《모세》의 전신(前身)이 《그림자 비로자나 1세》와 《가이아 신(神)》사이에서 태어난 《자칭》《유대인》노릇을 한 《악마(惡魔)의 신(神)》인 《묘음보살》임을 진행을 하면서 밝혀 드렸다. 이러한 《자칭》《유대인》인 《묘음보살》이 남자(男子) 몸(身)을 받고 《이스라엘인》가정에 태어나게 된 것도 최고의 《악마(惡魔)의 신(神)》으로서 《대마왕신(神)》인 《비로자나 1세》의 자유자재한 《신통(神通)》의 힘으로 획책된 일이며, 《모세(Moses)》가 탄생하자 《갈대 잎》으로 만든 배에 실려 《나일강》에 버려진 일과 때에 왕녀로 있던 천상(天上)에서부터 최고 《악마(惡魔)의 신(神)》인 《비로자나 1세》의 딸로 있던 《정화수왕지불 분신》이 《모세》를 《나일강》에서 왕궁으로 데려온 일 등이 모두 《야훼 신(神)》의 탈을 쓴 최고 《악마(惡魔)의 신(神)》인 《비로자나 1세》의 지시에 의해 일어났던 일들임을 《메시아》가 분명히 하는 것이며, 이후 왕녀인 《정화수왕지불 분신》은 6대 파라오 《세티 2세》로 이름한 《노사나불 분신》과 결혼하여 《람세스 3세》인 《무곡성불》을 아들로 태어나게 하며 이후 《정화수왕지불 분신》도 《이집트 19왕조》 9대 《파라오》《투스레트》로 이름하고 《파라오》가 되는 것이다.

이와 같이 최고 《악마(惡魔)의 신(神)》인 《비로자나 1세》가 《자칭》《유대인》인 《악마(惡魔)의 신(神)》《묘음보살》을 《모세》로 태어나게 한 이유가 앞장에서 설명 드린 《타나크》 2차 왜곡을 위한 거짓 명분 쌓기와 《이스라엘》《장자 민족》들을 《창조주》로 위장한 《야훼 신(神)》의 이름으로 선동하여 《이집트》를 정복하기 위해 《이집트》로부터 《히브리 왕국》으로 이동시킬려는 목적으로 《모세》를 태어나게 한 것이다. 이와 같은 목적을 가진 《모세》의 이력을 정리하면 다음과 같다.

[표 1-5-1-12] 모세(Moses)의 이력(履歷)

1213BC 《이집트》 19왕조(王朝) 4대 《메르넵타(Banenr Merenptah)》(재위 1213BC~1203BC) 파라오로 이름한 《악마(惡魔)의 신(神)》인 《석가모니》에 의한 《영아살해(嬰兒殺害)》 명령 반포

1211BC 최고의 《악마(惡魔)의 신(神)》인 《대마왕신(神)》 《비로자나 1세》의 관여로 《자칭 유대인》인 《악마(惡魔)의 신(神)》 《묘음보살》이 남자(男子) 몸(身)을 받고 《이스라엘인》 가정에 태어나서 《영아살해》 명령 때문에 그의 부모가 갈대 잎 배를 만들어 《어린아이》를 《나일강》에 버리게 됨으로써 때에 《천상(天上)》에서부터 최고 《악마(惡魔)의 신(神)》인 《비로자나 1세》의 딸로 태어났던 《정화수왕지불 분신(分身)》인 《이집트》 왕녀가 《비로자나 1세》의 지시를 받고 이 아이를 거두어 왕궁으로 들어가서 《모세(Moses)》로 이름하고 키우기 시작함. 즉 이 해가 《모세(Moses)》의 태어남의 해가 된다.

1209BC 뒷날 《19왕조》 6대 《세티 2세(Seti II)》(재위 1203BC~1197BC)로 이름하고 파라오의 지위에 오르는 《노사나불 분신(分身)》과 결혼한 8대 《투스레트(Tausret)》(재위 1191BC~1190BC)로 이름하고 파라오의 지위에 오르게 되는 《정화수왕지불 분신(分身)》이 《파라오》의 지위에 오르기 전 《모세》가 태어난 2년 후 이들과의 사이에서 《20왕조》 2대 《람세스 3세(Ramesses III)》(재위 1186BC~1155BC)로 이름한 《무곡성불》이 탄생. 이와 같은 《정화수왕지불 분신(分身)》이 《모세》를 왕궁으로 데려와서 키우게 되는 분임.

1186BC 《모세(Moses)》의 나이 《25세》 때 《람세스 3세(Ramesses III)》로 이름한 《무곡성불》과 《파라오》의 자리를 두고 권력(權力) 다툼을 벌인 끝에 패(敗)하여 《시나이 산(山)》으로 도망.

1157BC 《모세》 나이 《54세》 때 《야훼 신(神)》의 탈을 쓴 최고 《악마(惡魔)의 신(神)》인 《비로자나 1세》를 《창조주》로 받들기로 약속하고 《비로자나 1세》와 함께 《이집트》로 돌아온 《모세》는 그동안 《영아 살해》와 《강제 노역》 등에 시달려 지쳐있는 《야훼 신(神)》을 《창조주》로 받들고 있는 《이스라엘》 《장자 민족》들을 《야훼 신(神)》의 이름으로 선동하고 《신통(神通)》은 최고 《악마(惡魔)의 신(神)》인 《비로자나 1세》가 《모세》를 따라 다니며 부림으로써 《람세스 3세》와 대결함.

1156BC 《모세》와 《야훼 신(神)》의 탈을 쓴 최고 《악마(惡魔)의 신(神)》인 《비로자나 1세》는 비로소 《람세스 3세》를 신통(神通)으로 제압하고 《이스라엘》 장자 민족들을 이끌고 《모세》는 《히브리 왕국》으로 향하고 최고 《악마(惡魔)의 신(神)》인 《비로자나 1세》는 모습을 감춤.

1154BC 《모세》 나이 《60세》 때에 《이스라엘》 장자 민족들을 《히브리 통합 왕국》(1171BC~931BC)으로 인도하고 그는 《인도》 서북쪽 국경지대 캐시미르(Kashmir)로 도망을 침. 이때가 《히브리 통합 왕국》 1대 왕 《유다(Judah)》(생몰 1191BC~1111BC, 재위 1171BC~1111BC)로 이름하신 《아미타불》께서 왕위에 계실 때임.

※ 《이스라엘》 장자 민족들을 이끌고 《이집트》를 떠나 《히브리 왕국》으로 향할 때 《홍해(紅海)》 바다를 갈랐다고 하는 사실은 새빨간 거짓말이며 《신통(神通)》이 자재한 최고 《악마(惡魔)의 신(神)》인 《비로자나 1세》라도 그러한 능력이 없음을 《메시아》가 분명히 하는 것이다.

이와 같은 《이력》을 가진 《자칭》《유대인》 노릇을 하던 《악마(惡魔)의 신(神)》으로서 《대마왕신(神)》인 《묘음보살》을 《모세》로 태어나게 하여 행동대장을 만들어 앞장세운 최고의 《대마왕신(神)》으로서 《야훼 신(神)》의 탈을 쓴 《비로자나 1세》와 여타 고위급 《악마(惡魔)의 신(神)》들인 《대마왕신(神)》들이 《모세》를 앞장세워 획책한 목적들을 정리하면 다음과 같다.

[최고 《대마왕신(神)》 비로자나 1세와 고위급 《악마의 신》들이 《모세》를 앞장 세워 획책한 목적 정리]

① 《이스라엘》《장자 민족》의 《이집트》 철수로 인한 《이스라엘》 민족 《조상불(佛)》들이신 《석가모니 하나님 부처님》을 비롯한 직계 불(佛), 보살(菩薩)들이 반복(反復)되는 윤회(輪廻)를 통하여 《이집트》에 태어나게 되는 자체 기반을 무너뜨림

② 《이스라엘》《장자 민족》들을 《창조주》를 자처한 《야훼 신(神)》의 이름으로 선동하여 《이집트》에서 《통합 히브리 왕국》으로 철수시킴으로써 형제

민족의 갈등을 《자칭》《유대인》들을 통하여 부추김으로 《통합 히브리 왕국》의 내부 분열을 꾀함

③ 《이집트》에서 《이스라엘》《장자 민족》들의 철수로 인하여 본래부터 《이집트》에서 살고 있던 《이스라엘인》 사회의 내부 붕괴로 인한 자중지란으로 이들을 쉽게 《수하 마왕》들로 만듦으로써 《이집트》를 《악마(惡魔)의 신(神)》들인 《대마왕신(神)》들이 장악하여 정복함.

④ 《이스라엘》《장자 민족》과 《유대인》들의 궁극적인 파멸(波滅)을 위한 《2차 타나크》 왜곡으로 만들게 되는 《구약 결집》을 위한 거짓된 명분 쌓기가 목적이었음.

상기 정리된 이러한 목적 달성을 위해 《야훼 신(神)》의 탈을 쓴 최고 《악마(惡魔)의 신(神)》인 《비로자나 1세》가 《모세》를 등장시켜 활용을 한 실상(實相)임을 《메시아(Messiah)》이신 《미륵불(佛)》이 분명히 하는 것이다.

※ 결론 :

《하란(Harran)》에서 《BC 1996년》《히브리 왕국》을 세우고 초대 왕 《아브람》(2016BC~1841BC)으로 이름하신 《아미타불》께서 그의 아버지이신 《원천창조주》로서의 《테라(Terah)》로 이름하신 《석가모니 하나님 부처님》께서 인간 육신(肉身)의 죽음을 《BC 1881년》에 당하신 이후 《창조주》를 자처하는 《야훼 신(神)》의 탈을 쓴 최고 《악마(惡魔)의 신(神)》인 《비로자나 1세》가 펼친 《공중성(空中聲)》《대사기극》에 걸려들게 된다. 이러한 이후 《아브람》께서는 《창조주》로 자처한 《야훼 신(神)》의 지시로 《예루살렘》을 무력 정복한 후, 《BC 1878년》에 《히브리 왕국》(1996BC~931BC)을 《예루살렘》으로 옮긴 후 《아브람》께서는 《BC 1876 ~ BC 1873》년까지 《3년》간 《이집트》를 방문하게 된다.

이러한 때에 《창조주》로 자처한 《야훼 신(神)》 탈을 쓴 최고 《악마(惡魔)의 신(神)》인 《비

로자나 1세》가 여타 《악마(惡魔)의 신(神)》들인 《대마왕신(神)》들을 동원하여 《유대교 성경》 격인 《타나크(Tanakh)》에 기록된 《창조주 하나님》을 《야훼 신(神) 하나님》으로 바꾸고 관련 기록들을 고치는 《1차 타나크(Tanakh)》 왜곡을 하였음을 진행을 하면서 밝혀 왔다. 이러한 이후 《유대인》들이나 《이스라엘인》들은 《1차 왜곡된》 《타나크(Tanakh)》에 기록된 《야훼 신(神)》을 《창조주》로 받드는 전통이 세워지게 된 것이다. 이와 같이 하여 생긴 전통은 《아브람》으로 이름한 《아미타불》께서 《창조주》로 자처한 《야훼 신(神)》의 탈을 쓴 최고 《악마(惡魔)의 신(神)》인 《비로자나 1세》가 펼친 《공중성(空中聲)》 《대사기극》의 그물에 걸려든 《어리석음》의 《대실수》로부터 비롯된 《전통》이다.

이렇듯 《히브리 왕국》 초기부터 왜곡되어 잘못 기록된 《경전(經典)》으로부터 비롯된 《전통》을 이용하여 《이스라엘인》들과 《유대인》들을 《파멸(波滅)》로 몰고 가기 위해 첫 번째로 이를 이용을 한 때가 《신(神)》들의 《전쟁》이 한창 때였던 《이집트》 《19~20왕조(王朝)》 때인 것이다.

이와 같이 《이스라엘인》들과 《유대인》들을 《파멸(波滅)》로 몰고 가기 위해 《야훼 신(神)》의 탈을 쓴 《악마(惡魔)의 신(神)》들 중 최고의 《대마왕신(神)》인 《비로자나 1세》가 지시하여 《영아 살해》 명령이 내려짐으로써, 《이스라엘》 《장자 민족》의 순수한 혈통을 따라 《반복(反復)》되는 《윤회(輪廻)》를 통해 태어나시게 되는 《석가모니 하나님 부처님》과 직계 불(佛), 보살(菩薩)들이 《이집트》에 다시 태어나시지 못하게 가로 막고 《이스라엘》 《장자 민족》들을 《강제 노동》으로 박해하며 피곤에 지치게 만든 후 이들이 가지고 있는 잘못된 《전통》의 중심에 자리한 《창조주》로 자처한 《야훼 신(神)》의 이름으로 《이스라엘》 《장자 민족》을 선동하여 《모세》가 이들을 이끌고 《히브리 통합 왕국》(1171BC~931BC)으로 철수하게 됨으로써 《이집트》에서 《이스라엘 민족》과 《유대 민족》의 실력 있는 최고 조상(祖上)들이 발붙일 수 있는 기반이 허물어지게 된 것이다. 이로써 《이집트》에서 시작된 《신(神)》들의 《전쟁》에서는 《석가모니 하나님 부처님》을 비롯한 직계 불(佛), 보살(菩薩)들께서 철두철미하게 패배를 당하고 만 것이다.

이러한 이후 《이집트》는 《악마(惡魔)의 신(神)》들인 《대마왕신(神)》들에게 정복을 당한 것이며, 이와 같은 《악마(惡魔)의 신(神)》들인 《대마왕신(神)》들에 의한 《이집트》 정복이 원인이 되어 《이스라엘인》들과 《유대인》들은 《파멸(波滅)》의 길로 한 발짝 한 발짝씩 가까이 가게 되는 것이다. 이와 같이 《이스라엘인》들과 《유대인》들이 《파멸(波滅)》의 길로 가게 되는 근본적인 원인이 《히브리 왕국》의 초대 왕이셨던 《아브람》으로 이름하셨던 《아미타불》께서 《야훼 신(神)》의 탈을 쓴 《비로자나 1세》가 펼친 《덫》에 걸려들어 《40년》간 《창조주》로 자처한 《야훼 신(神)》 탈을 쓴 최고 《악마(惡魔)의 신(神)》인 《비로자나 1세》에게 끌려 다닌 것이 근본 원인이 된 것이라는 점을 《메시아(Messiah)》가 분명히 하는 것이다.

마> [《이집트》 20왕조(王朝) 이후의 역사(歷史)]

《이집트》 20왕조(王朝) 이후의 역사(歷史)를 크게 구분하면, 《대마왕》들과 《악마(惡魔)의 신(神)》들인 《대마왕신(神)》들 상호간 패권 다툼의 시대와 《악마(惡魔)의 신(神)》들인 《대마왕신(神)》들에 의한 정복기와 《이집트인》들의 《도덕성(道德性)》 회복기 등 셋으로 구분한다. 이와 같이 구분된 아래 《표》를 참고하여 다음 설명을 드리도록 하겠다. 그리고 이러한 구분은 진화(進化)의 법칙에 따른 구분임을 밝혀 두는 바이다.

[표 1-5-1-13] 《이집트 20왕조(王朝)》 이후의 역사(歷史)

시대	기간	비고
ㄱ> 내부 요청에 의한 외부 세력 지배기	1077BC~332BC	《대마왕》들과 《악마(惡魔)의 신(神)》들인 《대마왕신(神)》들 상호간 다툼의 시대
ㄴ> 순수 외부 침략으로 인한 지배기		
1) 고전 고대		
① 프톨레마이오스 왕조(Ptolemai Egypt)	332BC~30BC	《악마(惡魔)의 신(神)》들인 《대마왕신(神)》들에 의한 정복기
② 로마제국과 비잔틴 제국 점령	30BC~AD641	
③ 사산 페르시아 제국 점령(Sassanid Egypt)	AD621~AD629	

2) 아랍 세력 점령기(중세)		
① 아랍(Arab Egypt)	AD641~AD969	《악마(惡魔)의 신(神)》들인 《대마왕신(神)》들에 의한 정복기
② 파티마 왕조(Fatimid Egypt)	AD969~AD1171	
③ 아이유브 왕조(Ayyubid Egypt)	AD1171~AD1250	
④ 맘루크 왕조(Mamluk Egypt)	AD1250~AD1517	

ㄷ> 한민족(韓民族) 구성원들에 의한 점령기		
1) 초기 현대		
① 오스만 왕조(Ottoman Egypt)	AD1517~AD1867	《이집트인》들의 《도덕성(道德性)》 회복기
② 이집트 크헤이바테(Kheivate of Egypt)	AD1867~AD1914	
2) 현대		
① 영국 점령기	AD1882~AD1953	《이집트인》들의 《도덕성(道德性)》 회복기
② 공화정	AD1953~현재	

ㄱ> [내부 요청에 의한 외부 세력 지배기(1077BC~332BC)]

 《이스라엘》《장자 민족》의 《이집트》 철수 이후는 《도덕성(道德性)》을 갖춘 《노사나불》계(系)의 《대마왕》들과 《도덕성》 파괴를 근본으로 하는 《야훼 신(神)》 탈을 쓴 최고 《악마(惡魔)의 신(神)》인 《비로자나 1세》계(系)와 《그림자 비로자나 1세》계(系)의 《악마(惡魔)의 신(神)》들인 《대마왕신(神)》들간에 《이집트》를 장악하기 위한 패권 다툼이 치열하게 전개된 때가 되는 것이다.

 이러한 때 《이집트》 장악을 위해 《악마(惡魔)의 신(神)》들인 《대마왕신(神)》들인 《힉소스인(Hyksos)》들의 최고 조상인 《천관파군 1세》와 《누비안족(Nubians)》의 최고 조상인 《쌍둥이 천왕불》 등은 반복(反復)되는 윤회(輪廻)를 통하여 경쟁하듯이 《이집트》 이외의 지역에서 왕조(王朝)를 이루고 있던 그들《악마(惡魔)의 신(神)》들인《대마왕신(神)》후손들을 끌어 들여 《이집트》를 장악하는 것이나, 끌어들인 왕조(王朝) 역시 그들《악마(惡魔)의 신(神)》들인《대마왕신(神)》들의 통제 하에 있기 때문에《이집트》에서의 실질적 권한 행사는 이들을 끌어 들인《악마(惡魔)의 신(神)》들인《대마왕신(神)》들이 하는 것으로써 이는《이집트 내(內)》에 《도덕성(道德性)》을 갖춘《노사나불》계(系)《대마왕》들 세력을 축출하거나 지배하기 위해 《악마(惡魔)의 신(神)》들인《대마왕신(神)》들이 사용한 방편이기 때문에 이때를 내부 요청에 의한 외부 세력 지배기라고 하는 것이다.

이와 같이《악마(惡魔)의 신(神)》들인《대마왕신(神)》들이 동원한 방편의 이해를 위해《이집트》주변 나라들을 말씀드리면《수단》과《리비아》는《힉소스》인의 최고 조상(祖上)인 《천관파군 1세》의 후손 민족들의 나라로써《천관파군 1세》의 나라이며,《튀니지》는 《누비안족(Nubians)》의 최고 조상(祖上)인《쌍둥이 천왕불》후손 민족들의 나라로써 이는 곧 《쌍둥이 천왕불》의 나라이며,《사우디아라비아》는《천왕불》후손들의 나라로써 이는 《천왕불》의 나라가 되는 것이다.

이와 같은《악마(惡魔)의 신(神)》으로서《대마왕신(神)》들 중《천왕불》과《쌍둥이 천왕불》 은 훗날 진화가 되어《악마(惡魔)의 신(神)》인《대마왕신(神)》의 탈을 벗고《대마왕》들이 되 셨으나 당대에는《악마(惡魔)의 신(神)》인《대마왕신(神)》의 대열에 있었던 때로써, 이러한 인 연으로 이들《악마(惡魔)의 신(神)》들인《대마왕신(神)》들은 최고《악마(惡魔)의 신(神)》인《비로 자나 1세》계(系)의《대마왕신(神)》들과 합세하여《이집트》에서《노사나불》계(系)의《대마 왕》무리들과 사활을 건 패권 다툼을 하는 가운데 초기에는《힉소스인》의 최고 조상인 《악마(惡魔)의 신(神)》인《천관파군 1세》가 그의 후손《리비아인(Lybians)》들을 동원하여《이 집트》를 지배한 이후《악마(惡魔)의 신(神)》들인《대마왕신(神)》들은 반복(反復)되는 윤회(輪廻)를 통하여 차례로 그들 후손 민족 왕조(王朝)들을 끌어 들여《노사나불》계(系)《대마왕》무리들 을《이집트》로부터 추방하는데 성공하게 되는 것이다.

이렇게 하여《이집트》에서《악마(惡魔)의 신(神)》들인《대마왕신(神)》들에게 패(敗)하여 추 방된《노사나불》계(系)《대마왕》무리들 중《지장보살》이 이끄는 무리들은《시리아》쪽으 로 이동하고 한때《람세스 3세》로 이름하고 태어난 적이 있는《무곡성불》은 그의 후손 무리들과 함께《아프리카》중동부 지방에 있는《노사나불》직계《스키타이》들이 있는 곳으로 철수를 한 것이다. 이러한 인연이 먼 훗날《아프리카》중동부 지방에 있던《스키타이》 무리들과 《무곡성불》의 후손들 상당수가 《노예》가 되어 《아메리카》 대륙으로 끌려와 오늘날 《미국(美國)》의 국민들로서 자리하게 되는 것이다.

한편, 이때 《악마(惡魔)의 신(神)》들인 《대마왕신(神)》들로부터 패(敗)한 《대마왕》《무곡성불》이 《유대인》들에 대한 《반감(反感)》을 가지고 반복(反復)되는 윤회(輪廻)를 통해 철저히 《유대인》들에 대한 보복을 하게 되는 이유가 《자칭》《유대인》 탈을 쓰고 태어났던 《모세》가 그 원인을 심어 놓은 탓 때문이었다는 사실을 밝혀 두는 바이다.

ㄴ> [순수한 외부 침략으로 인한 지배기](332BC ~ AD1517)

《이집트》에서 《도덕성(道德性)》을 갖춘 《노사나불》계(系)의 《대마왕》들이 패(敗)하여 물러난 이후 《표》에서 정리된 바와 같이 《이집트》 인근 지역의 《도덕성(道德性)》 파괴를 즐기는 《악마(惡魔)의 신(神)》들인 《대마왕신(神)》들의 나라들이 강성하여져 약 《1,800년》간을 차례로 《이집트》를 지배한 것이다.

《히브리 왕국》 초기에 《테라(Terah)》로 이름하셨던 《석가모니 하나님 부처님》께서 《하란(Harran)》에 도읍을 정하여 주신 뜻을 《아브람》께서 잘 받들어 서쪽으로는 《한민족(韓民族)》 구성원의 나라인 《팔레스타인》과 화합하고, 북(北)으로는 같은 《한민족(韓民族)》 구성원으로서 《스키타이》의 나라인 《터키》와 화합하여 강력한 《히브리 왕국》(1996BC~931BC)을 구축하고 《노사나불》계(系)의 《대마왕》들인 《지장보살》이 반복(反復)되는 윤회(輪廻)로 《대아시리아》 왕국을 잘 지킴으로써, 《악마(惡魔)의 신(神)》으로서 《대마왕신(神)》인 《천관파군 1세》의 나라인 《페르시아》를 견제하고 《무곡성불》의 나라들이 《발칸 반도》를 잘 지켜내고 《이집트》가 《이스라엘 장자》 민족들에 의해 강성하여지고 《표》에서 정리된 《마왕신(神)》들의 나라들이 강성하여지는 것을 막고 견제를 하였다면 《중동 지방》과 《지중해 연안》과 《아프리카》 지역에 살고 있는 《인간 무리》들의 진화(進化)는 엄청나게 빨라져 《선천우주(先天宇宙)》를 마감하는 지금의 때로 봐서 이들 인간 무리들 상당수를 구원할 수 있었던 것이나, 유감스럽게도 《히브리 왕국》(1996BC~931BC) 초대 왕이신 《아브람》께서 《야훼 신(神)》의 탈을 쓴 《악마(惡魔)의 신(神)》인 《비로자나 1세》에 의한 《공중성(空中聲)》《대사기극》

555

에 걸려들어《40년》을 끌려 다닌 결과가 그의 후손 민족인《유대인》과《이스라엘인》들의 몰락뿐 만 아니라 이곳에서 거주하는《인간들 무리》들《60%》를《파멸(波滅)》의 길로 보내야 하는 엄청난 불행한 사태를 가져오게 되었다는 점을《메시아》가 한탄을 하는 것이다.

이렇듯《중동 지방》과《지중해 연안》과《아프리카》에 있어서《인간들 무리》진화(進化)의 중심축을 이루는 민족이《이스라엘》과《유대》민족이다. 이러한 중심축을 이루는 민족의 몰락은 이 지역《인간 무리》들에 대한《진화(進化)》가 실패한 것임을《메시아(Messiah)》가 분명히 밝히는 것이다.

ㄷ> [한민족(韓民族) 구성원들에 의한 점령기](AD1517~현재)

《메시아》가 여러 번 밝힌 바 있듯이《한민족(韓民族)》구성원들이란《석가모니 하나님 부처님》직계(直系) 후손들인《음(陰)》의《곰족(熊族)》들과《노사나불》직계(直系) 후손들인《스키타이》들과《관세음보살 1세》의 후손들인《구려족》등 셋을 하나로 한 민족을《한민족(韓民族)》이라고 하며, 이들을 따로 따로 이름할 때를《한민족(韓民族)》구성원들이라고 하는 것이며, 이는 진화(進化)에 따른 구분임을 분명히 한다.《표》에 기록된《오스만 왕조(王朝)》는 오늘날의《터키》로써《노사나불》직계《스키타이》들의 나라로써 그 연장선상에《이집트》《크헤이바테》가 있으며,《영국》은 전형적인《한민족(韓民族)》의 나라이다. 이러한《한민족(韓民族)》구성원들의 나라들이《이집트》를 다스릴 때는 정복 차원이 아닌 일시적인 점령에 지나지 않으며, 이로써 이때부터《이집트인》들은 늦게나마《도덕성(道德性)》회복기에 들어가서 정상적인《진화(進化)》를 할 때인 것이다.

이와 같이《한민족(韓民族)》구성원들의 나라가 점령을 하면《도덕성(道德性)》이 회복되는 이유를 말씀을 드리면 다음과 같다.《우주간(宇宙間)》과《세간(世間)》에 있어서 모든《만물(萬物)》의《진화(進化)》를 크게 나누면,《고체(固體)》의 진화와《영체(靈體)》의 진화(進化) 등 둘로 나눈다. 이러한 진화(進化)에 있어서《고체》의 진화는《별(星)》들의 진화(進化)에 의존해 있으며 이를《법신(法身)》의 진화(進化)라고도 하며,《영체》의 진화는《별(星)》들을 생산(生産)하고 거느리는 《성단(星團)》 중심을 이루고 있는 《천궁(天宮)》 내부(內部)의 진화(進化)의 길을 따르다가 《인간》《영혼(靈魂)》을 이룬 이후 《영혼》이 가진 《영신(靈身)》의 진화(進化) 길을 따른다.

이를 간단히 요약하면, 《법신(法身)》의 진화(進化)와 《영신(靈身)》의 진화(進化) 둘로 나누는데, 《법신(法身)》이나 《영신(靈身)》 등이 《양음(陽陰)》 짝을 한 주인공이 《인간(人間)》의 《영혼(靈魂)》으로써 이 때문에 《원천창조주》이신 《석가모니 하나님 부처님》과 모든 불(佛), 《보살(菩薩)》들은 《별(星)》과 《인간(人間)》을 동일시(同一視)하는 것이다. 즉, 《고체(固體)》의 진화(進化)는 《우주간(宇宙間)》의 진화(進化)가 되고 《영체(靈體)》의 진화(進化)는 《천궁 내(天宮內)》와 《세간(世間)》의 진화(進化)가 된다는 점을 올바르게 인식하시기 바라며, 《영체(靈體)》의 진화에 있어서 만물(萬物) 《영(靈)》들의 진화(進化)는 《천궁(天宮)》의 중심부와 《인간 무리》들의 《인간 육신(人間肉身)》 내면(內面)을 통하여 진화(進化)가 이루어지기 때문에 《인간 무리》들의 육신(肉身)을 《소우주(小宇宙)》라고 하는 것이다. 이러한 《진리(眞理)》를 깊이 인식하시고 다음 설명을 드리겠다.

이와 같은 진화(進化)에 있어서 《영체(靈體)》 진화를 주도하는 《영신(靈身)》의 진화도 《음양(陰陽)》으로 다시 갈라져 《우주간(宇宙間)》 진리(眞理)의 법칙 중 하나인 《1-3의 법칙》에 의해 《음(陰)》의 진화가 《식물(植物)》에 의존하는 진화가 되어 《36만 종》이 《1》이 되고 《양(陽)》의 진화가 《동물(動物)》에 의존하는 진화로써 《108만 종》이 《3》이 되어 《1-3의 법칙》을 따르는 가운데 이 중에서 《인간》《육신(肉身)》을 가지고 진화할 수 있는 쪽은 《동물(動物)》의 《108종》 밖에 없으며 나머지는 이러한 《동물》의 《108종》에 의지해 진화를 하는 것이다.

이와 같이 《108》 종류 《영신(靈身)》의 진화를 하는 《영혼》들을 세분화하면, 《인간》의 《영신(靈身)》을 가진 자가 《8종》이며 《짐승》의 무리가 《40종》이며, 《물고기와 어패류》와 《곤충》의 무리가 《60종》으로써 모두 《108종》이 되는 것이다. 이와 같은 《영신(靈身)》의 진화(進化)에 있어서 완벽한 인간의 《영신(靈身)》을 가진 자들은 《한민족(韓民族)》 구성원들 밖에 없으며 이러한 《한민족(韓民族)》 구성원들이 《인간(人間) 육신(肉身)》을 가지고 태어났을 때가 명실상부한 《인간(人間)》들이 되는 것이며, 《짐승》의 《영신(靈身)》을 가진 자들이 《인간 육신》을 가지고 태어났을 때를 《인간》 탈을 쓴 《짐승》들이라고 하며, 《물고기》나 《어패류》와 《곤충》의 《영신》을 가진 자들이 《인간 육신》을 가지고 태어났을 때를 《인간》 탈을 쓴 《물고기》와 《어패류》와 《곤충》들이라고 하는 것이다.

이와 같이 《인간 무리》들을 세 구분한 것이 《인간》과 《인간》 탈을 쓴 《짐승》과 《인간》 탈을 쓴 《물고기》와 《어패류》와 《곤충》들이 되는 것이다. 이와 같은 세 무리의 구분에서 《인간》을 제외한 《인간》 탈을 쓴 《짐승》들의 무리가 대부분 《대마왕》들과 《대마왕》들의 후손들이 되고 《인간》 탈을 쓴 《물고기》와 《어패류》와 《곤충》의 무리들이 《악마(惡魔)의 신(神)》들인 《대마왕신(神)》들과 《대마왕신(神)》들의 후손들이 되는 것이다.

이러한 《대마왕》들과 그들 후손들과 《악마(惡魔)의 신(神)》들인 《대마왕신(神)》들과 그들들 후손들을 《도덕성(道德性)》의 한 단면을 가지고 비유로써 말씀드리면, 《짐승》들은 《질서》를 지킬 줄 아나 《물고기》와 《어패류》와 《곤충》들은 《힘(力)》 센 자(者)가 최고인 것이다. 때문에 《인간》 탈을 쓴 《대마왕》들의 후손들은 《도덕성(道德性)》을 지킬 줄 아는 것이나 《인간》 탈을 쓴 《악마(惡魔)의 신(神)》들인 《대마왕신(神)》들은 《욕망》과 《이기심》을 충동질하여 《도덕성(道德性)》을 파괴하고 항상 경쟁을 통해 우수한 자(者)들을 양산하기 위해 혈안이 되어 있는 차이가 있는 것이며, 《악마(惡魔)의 신(神)》들인 《대마왕신(神)》들은 항상 《힘(力)》을 최우선으로 하는 것이다.

이러한 특성을 가진 《인간 무리》들에 있어서 《인간》 탈을 쓴 《짐승 무리》들과 《인간》 탈을 쓴 《물고기》와 《어패류》와 《곤충》의 무리들은 항상 《인간》들을 보고 따르며 가르침을 받음으로써 그들 자신들도 진화(進化)를 도모하는 것이 《진리(眞理)》인데, 적반하장(賊反荷杖)도 유분수이지 그들이 가진 《힘(力)》의 우위를 가지고 《인간》 탈을 쓴 《물고기》, 《어패류》, 《곤충》의 《진화(進化)》가 덜된 무리들이 그들보다 훨씬 빨리 진화(進化)된 《인간》들을 다스려온 것이 《이집트》의 입장으로써 《악마(惡魔)의 신(神)》들인 《대마왕신(神)》들의 무리들이 힘(力)의 우위를 가지고 약 《1,800년》간을 《이집트》 지배를 하였으나 궁극적으로는 《한민족(韓民族)》 구성원들이 《이집트》를 점령하여 《인간》 기준의 《다스림》을 펼치게 됨으로써 자연히 《이집트》에서는 《도덕성(道德性)》이 살아나게 되어 있었던 것이다. 이로써 《한민족(韓民族)》 구성원들 나라에서 《이집트》를 점령하였을 때를 《도덕성(道德性)》 회복기라고 하는 것이다.

※ 특기(特記) 19 :

한민족(韓民族) 혈통을 가진 나라들

차제에 《인간(人間)》들의 나라들인 《한민족(韓民族)》의 혈통(血統)을 가진 나라들을 밝혀 드리면 다음과 같다.

[한민족(韓民族) 혈통(血統)을 가진 나라들의 구분]

1) 알제리
2) 이디오피아
3) 이집트
4) 영국
5) 유대인
6) 이스라엘인
7) 팔레스타인
8) 그리스
9) 인도
10) 타지키스탄
11) 미얀마
12) 라오스
13) 태국
14) 캄보디아
15) 한국
16) 일본
17) 미국
18) 터키
19) 콩고
20) 케냐
21) 뉴질랜드
22) 호주
23) 캐나다
24) 이라크
25) 러시아
26) 이탈리아
27) 니제르
28) 말리
29) 페루
30) 멕시코
31) 아르메니아
32) 아제르바이잔
33) 벨라루스
34) 카자흐스탄
35) 키르키즈스탄
36) 몰도바
37) 우즈베키스탄
38) 몽고

※ 대부분 한민족(韓民族) 구성원들이 있는 국가들 각각의 국민들 60% 이상이 《한민족(韓民族)》의 혈통을 가진 나라들이며, 이상의 이집트는 《55%》, 일본국 《40%》, 이라크 《40%》, 이탈리아 《30%》, 멕시코 《20%》, 페루 《20%》가 한민족(韓民族)의 혈통을 가지고 있는 것이다.

※ 이러한 나라들 중 《한국》과 《콩고》와 《이라크》는 내전(內戰) 상태에 있으며, 《캄보디아》, 《라오스》는 공산 치하에 있으며, 공산주의자들에 의해 위협받고 있는 나라들이 《태국》과 《미얀마》 등이 《다보불》계(系) 《대마왕》들과 한 통속이 되어 있는 《악마(惡魔)의 신(神)》들인 《비로자나 1세》와 《그림자 비로자나 1세》계(系)의 《대마왕신(神)》들의 중단 없는 술수에 걸려들어 있는 것이다. 이러한 술수와 부추김에 의해 《관세음보살 1세》 후손들이 있는 《아일랜드》는 《영국》으로부터 독립한 상태이며, 세세생생 《악마(惡魔)의 신(神)》들인

《대마왕신(神)》들의 부추김에 놀아나고 있는 《관세음보살 1세》의 후손들인 《팔레스타인》은 그들이 파멸의 길로 가고 있는지도 모르고 《이스라엘》에 저항하며 《자치 정부》를 만들고 이제는 독립을 꿈꾸고 있는 상태이다.

이러한 모든 일들이 《인간》 탈을 쓴 《다보불》계(系) 《짐승》들과 공산사상(共産思想)을 만든 《악마(惡魔)의 신(神)》들인 《비로자나 1세》와 《그림자 비로자나 1세》계(系)의 《인간》 탈을 쓴 《물고기, 어패류, 곤충》의 《영신(靈身)》을 가지고 있는 무리들이 《인간》들을 지배하고 《파멸(波滅)》로 끌고 가기 위해 벌이고 있는 춤들이라는 사실을 《한민족(韓民族)》 구성원들인 《인간》들은 깨달아야 할 때이다. 《이집트 20왕조(王朝)》 이후의 역사(歷史)를 정리한 《표》에서도 드러나 있듯이 《한민족(韓民族)》 구성원들인 《인간》들이 흩어지면 이렇듯 《다보불》계(系)의 《대마왕》들과 《악마(惡魔)의 신(神)》들인 《대마왕신(神)》들에 지배당하여 궁극적으로 깨어나지 못하면 《파멸》을 벗어날 수가 없는 것이다.

특히, 《한민족(韓民族)》 구성원들은 《국가(國家)》의 개념에서 벗어나서 《음(陰)》의 《곰족(熊族)》들과 《스키타이》들과 《관세음보살 1세》계(系)의 《구려족》 등 셋이 하나를 이룬 《한민족(韓民族)》으로 거듭 태어나야 하는 《숙명(宿命)》을 가지고 있다는 사실을 깨달아야 하는 것이다. 《인간》들이 흩어지면 《인간》 탈을 쓴 《짐승》이나 《물고기, 어패류, 곤충》들의 지배를 받고 종국에는 《파멸》의 길로 가야 하고 《뭉치면》 이들을 제압할 수 있다는 교훈을 진실된 역사(歷史) 속에서 배우고 깨닫게 되면 그대들 모두가 《후천우주(後天宇宙)》에서는 《이상세계(理想世界)》로 진입할 수 있음을 《메시아》가 밝히면서 그대들의 위상(位相)을 일러 드리는 것이니, 하루빨리 《한민족(韓民族)》 구성원들의 나라들에서는 《파멸》의 지름길로 들어서는 《공산사상(共産思想)》과 《각종 종교(宗敎)》로부터 벗어나고 내분(內分)으로부터도 벗어나서 하나된 모습으로 거듭 태어날 것을 강력히 권고하는 바이다.

⑦ [《히브리 통합 왕국》과 《북 이스라엘》과 《남 유다》]

아래 《히브리 통합 왕국》 1~6대까지의 《왕명록》을 참고하여 다음 설명을 드리겠다.

[표 1-5-1-14] 《히브리 통합 왕국》(1171BC~931BC) 왕명록

순서	왕	신명(神名)	생몰 및 재위	비고
1	유다 (Judah)	아미타불	생몰 1191BC~1111BC 재위 1171BC~1111BC	※ 히브리 통합왕국을 붕괴시키기 위해 최고 《악마(惡魔)의 신(神)》인 비로자나 1세의 지시로 모세(1211BC~1136BC)가 BC 1154년에 이집트에서 이스라엘 장자 민족 이끌고 히브리 통합 왕국으로 돌아온 후 모세는 인도 서북쪽 국경지대 《캐시미르(Kashmir)》로 도망침.
2	벤자민 (Benjamin)	일월등명불	재위 1111BC~1047BC	자칭 유대인 실권 장악
3	사울 (Saul)	약왕보살 1세	생몰 1079BC~1007BC 재위 1047BC~1007BC	BC 1040년에 이스라엘과 유다 분리.
4	이쉬보셋 (Ish-boseth)	약왕보살 2세	재위 1007BC~1005BC	이스라엘 왕. 2년 만에 암살됨.
5	다윗 (David)	약상보살 1세	재위 1040BC~971BC	BC 1040년 이스라엘과 분리된 후 다윗인 약상보살 1세가 유다의 왕으로 자리한 후 분리된 이스라엘 왕 《이쉬보셋》(재위 1007BC~1005BC)이 암살당한 후 BC 1005년부터 이스라엘과 유다 왕조 통합.
6	솔로몬 (Solomon)	약왕보살 1세	재위 971BC~931BC	반복되는 윤회로 35세에 다시 재위에 오름

※ 히브리 왕국(1996BC~931BC)은 초기 히브리 왕국(1996BC~1878BC), 히브리 왕국을 중심한 부족국가시대(1878BC~1171BC), 히브리 통합 왕국(1171BC~931BC)으로 구분이 된다.

《아미타불》께서 《히브리 통합 왕국》 초대 왕 《유다(Judah)》(생몰 1191BC~1111BC, 재위 1171BC~11

11BC)로 이름하고 재위에 머무실 때《자칭》《유대인》인《악마(惡魔)의 신(神)》으로서《대마왕신(神)》《묘음보살》이《모세》로 이름하고《이스라엘》《장자 민족》들과 함께《이집트》를 출발하여《히브리 왕국》인근 지역에 도착한 이후《이스라엘》《장자 민족》들은《히브리 왕국》으로 들여보내고《모세》자신은 인도 서북쪽 국경 지대에 있는《캐시미르(Kashmir)》지방으로 도망을 하게 된다. 이러한 이후《히브리 왕국》으로 들어온《이스라엘》《장자 민족》들을《유다(Judah)》왕(생몰 1191BC~1111BC, 재위 1171BC~1111BC)은 어쩔 수 없이 이들을 받아들여《히브리 왕국》의 한 부분에 이들을 정착시키는 것이다. 그러나 문제는 이때부터《히브리 왕국》주인으로 자리하였던《유대 민족》으로부터 발생하기 시작하는 것이다.

즉, 진화(進化)의 특성상《악마(惡魔)의 신(神)》들인《대마왕신(神)》들이 파고 들어올 자리는《유대인》핏줄 밖에 없으며《이스라엘인》핏줄로는 파고 들어올 수 없기 때문에, 항상《유대인》핏줄을 타고《악마(惡魔)의 신(神)》들인《대마왕신(神)》들이 씨앗을 심게 됨으로써 발생한 것이《자칭》《유대인》들로서 때에《히브리 왕국》에서는《자칭》《유대인》들이 상당히 불어나 있는 상태였던 것이다. 이와 같은《자칭》《유대인》들은《야훼 신(神)》의 탈을 쓴 최고《악마(惡魔)의 신(神)》인《비로자나 1세》의《영적(靈的)》인 명령을 받음과 동시에 그 명령을 수행하기도 하는 것이다.

이로써 이들《자칭》《유대인》들이 불만을 하게 되면 여타 순수《유대인》들도 동조하게 되는 것이 인간 사회인 것이다. 이러한《유대인》들에게《자칭》《유대인》들이 부추김으로써《유대인》들의 불만이《히브리 통합 왕국》초대《유다(Judah) 왕》(생몰 1191BC~1111BC, 재위 1171BC~1111BC) 때부터 쌓이기 시작하여《이스라엘》《장자 민족》과《유대 민족》등 형제 민족들 간에 갈등이 최고조에 달해 폭발을 한 때가 3대《사울(Saul) 왕》(생몰 1079BC~1007BC, 재위 1047BC~1007BC)으로 이름한《약왕보살 1세》때이다. 이러한《사울 왕》재위(在位)《7년(年)》이 되는 때에《유대 민족》을 이끄는《약상보살 1세》가《BC 1040년》에 분리 독립을 선언한 후 5대《다윗(David)》왕(재위 1040BC~971BC)으로 자리하게 된다. 이러한 이후《사울(Saul)》왕이《BC 1007년》에 육신(肉身)의 죽음을 맞이하게 됨으로써 분리된《히브리 왕국》의 다른 한 쪽은《사울(Saul) 왕》의 아들인《약왕보살 2세》가《이쉬보셋(Ish-boseth)》(재위 1007BC~1005BC) 왕으로 이름하고《히브리 왕국》4대 왕의 지위에 오르게 되나 재위(在位)에 오른 지《2년》만에 암살을 당하게 된다. 이러한《이쉬보셋(Ish-boseth)》왕(王)으로 이름하였던《약왕보살 2세》의 암살 이후《히브리 왕국》은 재통합이 되어 5대《다윗(David)》왕으로 이름한《약상보살 1세》가 통합된《히브리 왕국》을 다스리다가 그 역시《BC 971년》에 육신(肉身)의 죽음을 맞이하게 됨으로써 《반복(反復)》되는 윤회(輪廻)를 통하여 《약왕보살 1세》가 《35세》에 《솔로몬(Solomon)》(재위 971BC~931BC) 왕으로 이름하고 《히브리 왕국》 《제6대》 마지막 왕(王)이 되시는 것이다.

이와 같이 《히브리 왕국》 6대 《솔로몬(Solomon)》 왕으로 이름한 《약왕보살 1세》 재위 이후 《이스라엘》 《장자 민족》과 《유대 민족》인 형제 민족 간의 갈등이 《야훼 신(神)》의 탈을 쓴 《악마(惡魔)의 신(神)》들인 《비로자나 1세》와 《그림자 비로자나 1세》계(系)인 《대마 왕신(神)》들이 《유대 민족》 가운데 씨앗 뿌려진 《자칭》 《유대인》들을 충동질함으로써 서로간 옛날처럼 화합할 수 없을 지경에 이르른 것을 방치할 수가 없어 《석가모니 하나님 부처님》과 《아미타불》께서는 이에 대한 의논을 하신 이후 《이스라엘》 《장자 민족》과 《유대 민족》을 분리하실 것을 결정하시고, 《석가모니 하나님 부처님》께서는 《BC 931년》에 《르호보암》(재위 931BC~913BC)으로 이름하시고 《남 유다 왕국》의 초대 왕(王)이 되시고 《아미타불》께서는 같은 해에 《여로보암 1세》(재위 931BC~909BC)으로 이름하시고 《북 이스라엘 왕국》의 초대 왕(王)이 되심으로써 《이스라엘》 《장자 민족》과 《유대 민족》은 《남(南)》과 《북(北)》으로 완전히 분리를 이루어 《BC 931년》을 끝으로 《6대 왕》으로서 《히브리 통합 왕국(王國)》 시대를 마감하게 되는 것이다.

이러한 《북 이스라엘 왕국》과 《남 유다 왕국》에 대한 정리된 《약력(略歷)》을 살펴보고 다음을 진행하겠다.

[표 1-5-1-15] 북 이스라엘 왕국과 남 유다 왕국의 약력

	북 이스라엘 왕국(Northern Kingdom of Israel) 약력(略歷)	남 유다 왕국(Southern Kingdom of Judah) 약력(略歷)
건국	·931BC ·초대 왕 여로보암 1세 (Jeroboam I, 재위 931BC~909BC) 신명(神名) : 아미타불	·931BC ·초대 왕 르호보암 (Rehoboam, 재위 931BC~913BC) 신명(神名) : 석가모니 하나님 부처님
기간	·931BC~722BC ·총 19명의 왕 재위	·931BC~520BC ·총 20명의 왕 재위.

멸망	・722BC 아시리아에 의해 멸망.
	・마지막 왕 호세아(Hosea, 재위 732BC~722BC)
	・아시리아 살만에세르 5세(천관파군 1세, Shalmaneser V, 재위 727BC~721BC)에 의해 멸망
		・520BC 신 바빌로니아와 페르시아 연합군에 의해 멸망.
		・마지막 왕 시드기야(Zedekiah, 재위 530BC~520BC)
		・신 바빌로니아의 나보니두스
		    (무곡성불, Nabonidus, 생몰 550BC~483BC, 재위 525BC~483BC)
		・페르시아의 다리우스 1세
		    (천관파군 1세, Darius I, 재위 522BC~486BC)

가> 북 이스라엘 왕국(931BC~722BC)

　상기 표에 정리된 대로 《북 이스라엘》(931BC~722BC)은 초대 왕 《여로보암 1세(Jeroboam I)》(재위 931BC~909BC)로 이름하신 《아미타불》께서 건국하신 이후 19대 《호세아(Hosea)》(재위 732BC~722BC) 왕(王)을 끝으로 《아시리아》《살만에세르 5세(Shalmaneser V)》(재위 727BC~721BC)로 이름한 《악마(惡魔)의 신(神)》으로서 《대마왕신(神)》인 《천관파군 1세》에게 멸망을 당하는 것이다. 당대 《아시리아》는 대체적으로 《북 이스라엘》이나 《남 유다》에 대해 우호적인 나라였으나, 《악마(惡魔)의 신(神)》인 《대마왕신(神)》《천관파군 1세》가 천상(天上)에서 한때 《노사나불》의 아들로 태어났던 인연으로 《아시리아》 왕국으로 파고들어 《왕(王)》이 된 후 당시 막강한 군사력을 가지고 있던 《아시리아》군을 동원하여 《북 이스라엘》을 멸망시킨 것이다.

　이 또한 최고의 《대마왕신(神)》인 《야훼 신(神)》의 탈을 쓴 최고 《악마(惡魔)의 신(神)》인 《비로자나 1세》의 지시로 이루어진 사실로써 이 전쟁에서 《살만에세르 5세》로 이름한 《악마(惡魔)의 신(神)》인 《천관판군 1세》가 승리하긴 하였으나 그는 《1년》 후 《천상(天上)》의 벌(罰)을 받아 《육신(肉身)》의 죽음(死)을 맞이한 것이다. 이로써 《이스라엘》은 《이집트》에서의 패배 이후 다시 철저히 패배하여 이후는 나라 없는 서러움을 겪게 되는 것이다. 이 역시 처음 《히브리 왕국》이 탄생하였을 때 초대 왕이셨던 《아브람》으로 이름하신 《아미타불》께서 《창조주》를 자처한 《대마왕신(神)》인 《야훼 신(神)》의 탈을 쓴 최고 《악마(惡魔)의 신(神)》인 《비로자나 1세》의 《공중성(空中聲)》《대사기극》《덫》에 걸려들어 《40년》 방황한 당연한 결과로써 나타난 사실임을 《메시아》가 분명히 하는 것이다.

나> 남 유다 왕국(931BC~520BC)

　　최고의 《대마왕신(神)》인 《야훼 신(神)》의 탈을 쓴 최고 《악마(惡魔)의 신(神)》인 《비로자나 1세》의 《영적(靈的)》 명령을 받는 《자칭》 《유대인》들의 부추김으로 《히브리 왕국》으로부터 갈라져 탄생한 《남 유다 왕국(Kingdom of Judah)》은 사실상 태어나지 말았어야 할 왕국(王國)이었다. 이러한 《유다 왕국》(931BC~520BC) 통치 기간 《411년》 동안 통치자들인 왕(王)들이 《20명》이었으나 이 중 ⅗인 《12명》이 《순수 유대인》 출신이 아닌 《자칭》 《유대인》의 혈통을 가진 《악마(惡魔)의 신(神)》들인 《대마왕신(神)》들이 왕(王)들이 됨으로써 이들이 다스리는 기간은 《순수한》 혈통(血統)을 가진 《유대인》들을 철저히 박해함과 아울러 《자칭》 《유대인》들을 양산한 기간이 된 것이며, 이러한 때 《자칭》 《유대인》이었던 《모세》도 반복(反復)되는 《윤회(輪廻)》를 통하여 《유다 왕국》 3대 《아사(Asa) 왕》(재위 911BC~870BC)으로 다시 태어나서 왕(王)이 되어 최고 《악마(惡魔)의 신(神)》인 《비로자나 1세》의 인도로 군대를 이끌고 《유럽》으로 건너가서 《게르만 민족》들의 나라들을 초토화시키고 많은 재물을 약탈하고 포로들을 끌고 와서 《남자(男子)》들과 남자(男子) 어린아이들은 모두 살육하고 여자(女子)들은 노예로 팔고 약탈한 재물은 《야훼 신(神)》의 탈을 쓴 최고 《악마(惡魔)의 신(神)》인 《비로자나 1세》와 나누는 장면이 그들이 만든 《구약》에 그대로 기록이 되어 있는 것이다.

　　이러한 짓을 한 목적이 《순수한》 혈통을 가진 《유대인》들을 훗날 대량 학살하게 하는 《인(因)》을 심는 것이 첫 번째 목적이었으며, 이로써 실제적인 사건이 일어난 때가 《2차 세계 대전》 때 《독일》의 《히틀러》에 의해 《유대인》 대량 학살이 자행된 것이며, 두 번째 목적이 《양(陽)》의 《곰족(熊族)》 최고 조상들인 최고의 《대마왕》 《다보불》과 《다보불》계(系)의 《대마왕》들을 이간질시켜 《석가모니 하나님 부처님》으로부터 확실히 등을 돌리게 하여 그들 《악마(惡魔)의 신(神)》들인 《대마왕신(神)》들과 한통속이 되게 하기 위해 일을 꾸민 것이다. 즉, 《게르만 민족》들은 《다보불》 직계 후손들이다. 이러한 《다보불》 직계 후손들을 《석가모니 하나님 부처님》 직계 후손들인 《유다 왕국》의 《유대인》들이 《유럽》을 침공하여 《게르만 민족》을 초토화시키게 됨으로써 《게르만 민족》의 최고 조상인 《다보불》과 《다보불》 직계 《대마왕》들은 당연히 《석가모니 하나님 부처님》으로부터 등을 돌리게 되어 있었던 것이다.

　　이러한 인연이 훗날 《로마 제국(帝國)》 때에 《석가모니 하나님 부처님》 법(法)에 반기를 드는 《우주 쿠데타》 선포 때에 《대마왕》 《다보불》과 《다보불》계(系) 《대마왕》들이 《우주 쿠데타》에 동참하게 된 결정적인 하나의 원인으로 작용(作用)하게 된 것이다. 이로써《다보불》과《다보불》계(系)의《대마왕》들도《악마(惡魔)의 신(神)》들인《대마왕신(神)》들과 함께《이스라엘인》들과《유대인》들 핍박에 적극적으로 나서게 된 것이었다. 이와 같은 엄청난 일들을 꾸민 당사자가《야훼 신(神)》의 탈을 쓴 최고《악마(惡魔)의 신(神)》인《비로자나 1세》였음을《메시아》가 밝히는 것이다.

　　이와 같이《유다 왕국(Kingdom of Judah)》은 사실상《순수 혈통》을 가진《유대인》들을 말살하기 위해《악마(惡魔)의 신(神)》들인《대마왕신(神)》들이 광분한 때로써 이때 이후《유대인》들도 순수 혈통(血統)을 가진《유대인》과《자칭》《유대인》들로 뚜렷이 양분이 된 것이다. 이러한《유다 왕국》도 마지막《20대 왕》《시드기야(Zedekiah)》(재위 530BC~520BC) 왕 때《신 바빌로니아》의《나보니두스(Nabonidus)》(재위 525BC~483BC)로 이름한《무곡성불》과《페르시아(Persia)》의《다리우스 1세(Darius I)》(재위 522BC~486BC)로 이름한《악마(惡魔)의 신(神)》인 대마왕신(神)《천관파군 1세》 연합군에 의해 침공을 받았을 때《유다 왕국》의 왕족(王族)으로 있던《에스라(Ezra)》(생몰 510BC~440BC)로 이름한《악마(惡魔)의 신(神)》으로서《천관파군 2세》인《이오 신(神)》과《느헤미야(Nehemiah)》(BC5세기 중엽)로 이름한《지장보살 2세》등《악마(惡魔)의 신(神)》들인《대마왕신(神)》들의 내통(內通)으로 인하여《유다 왕국》도《BC 520년》에 멸망하고 마는 것이다.

　　이와 같이《유다 왕국》을 멸망시킨《신바빌로니아》와《페르시아》연합군의《신바빌로니아》왕(王)《나보니두스(Nabonidus)》로 이름한《대마왕》《무곡성불》은 한때《이집트》《람세스 3세(Ramesses Ⅲ)》(생몰 1209BC~1155BC, 재위 1186BC~1155BC)로 이름하고 재위(在位)에 머물렀던《대마왕》《무곡성불》로서 때에《자칭》《유대인》인《모세》로부터 당한 보복(報復)으로《유다 왕국》을 멸망시키는데 앞장 선 것이며,《페르시아》왕《다리우스 1세(Darius I)》로 이름한《악마(惡魔)의 신(神)》인《대마왕신(神)》《천관파군 1세》는《북 이스라엘》왕국을 멸망시킨《아시리아》의《살만에세르 5세(Shalmaneser V)》(재위 727BC~721BC)로 이름하였던《천관파군 1세》가 반복(反復)되는 윤회(輪廻)로 이때 다시《페르시아 왕》으로 와서《유다 왕국》마저 멸망시킨《악마(惡魔)의 신(神)》인《대마왕신(神)》으로서 이 역시《야훼 신(神)》의 탈을 쓴 최고《악마(惡魔)의 신(神)》인《비로자나 1세》가《이스라엘인》과《유대인》 모두를 파멸(波滅)시키기 위한 목적에서 사주하고 지시함으로써 행(行)하여진 사실들임을《메시아》가 분명히 하는 것이다.

이러한 《유다 왕국》의 멸망 이후 《순수》 혈통을 가진 《유대인》과 《이스라엘인》들은 《신바빌로니아》의 《나보니두스》로 이름한 《무곡성불》이 포로로 데려가고, 《자칭》 《유대인》들인 《에스라(Ezra)》로 이름한 《악마(惡魔)의 신(神)》으로서 《천관파군 2세》인 《이오 신(神)》과 《느헤미야(Nehemiah)》로 이름한 《지장보살 2세》는 《자칭》 《유대인》들을 인솔하고 《페르시아》의 《다리우스 1세(Darius I)》로 이름한 《악마(惡魔)의 신(神)》인 《천관파군 1세》가 이끄는 《페르시아 군(軍)》과 함께 전쟁의 승리자들이 되어 의기양양하게 대접을 받으며 《페르시아》로 가게 된 것이다.

이와 같이 하여 《원천창조주》이신 《석가모니 하나님 부처님》께서는 《순수》 혈통(血統)을 가진 《유대인》들의 보호를 위해 향후 《유대인》들만이 세우게 되는 국가(國家)는 허락을 하지 않으시는 이치를 정하셨기 때문에 《유대인》들은 그들의 나라를 갖지 못한 채 세계 도처에서 무리 지어 뿔뿔이 흩어져 살게 되는 것이다. 그러나 다행히 2차 세계 대전 이후 《이스라엘》이 독립하여 존재하게 되는 것이 다행이라면 천만 다행인 것이다.

고로 이참에 덧붙여 《팔레스타인》인들에게 당부 드리는 바는 그대들은 《숙명적》으로 《이스라엘》과 하나의 민족인 《한민족(韓民族)》을 이루고 살아야 하는 《천상(天上)》의 이치가 정하여져 있는 민족이니 지금처럼 계속 《악마(惡魔)의 신(神)》들인 《대마왕신(神)》들과 그들 후손 민족들의 이간질 속에 《자치 정부》니 《독립》된 《팔레스타인》을 원한다면 그대들 민족은 《천상(天上)》으로부터 버림을 받아 그들과 함께 영원히 돌아올 수 없는 《파멸》의 길로 가야만 한다는 사실을 《메시아》가 경고하는 바이니 지금부터라도 《이스라엘》과 하나가 되어 그대들 민족을 보전하는 것이 현명한 처사일 것이다. 지금까지 《유대인》과 《이스라엘인》들이 파국을 맞이할 때 그대들이 《악마(惡魔)의 신(神)》들인 《대마왕신(神)》들에게 이용당하여 지은 죄(罪)도 엄청난 것이니 이를 깊이 참회함과 아울러 지금부터라도 《숙명적》으로 정하여진 이치를 따르는 것이 현명한 선택임을 《메시아》가 강력히 경고하는 것이다.

⑧ [바빌론 유수(幽囚)(Babylonian Captivity)] (520BC~483BC)

《BC 520년》《유다 왕국(Kingdom of Judah)》이 멸망한 이후 《유다 왕국》 멸망에 앞장 선 《신 바빌로니아》의 《나보니두스(Nabonidus)》 왕(王)으로 이름한 《무곡성불》을 징벌하기 위해 《아키메네스》 왕조(王朝) 4대 《키루스 2세(Cyrus II)》(재위 485BC~443BC)로 이름하신 《노사나불 분신(分身)》께서 군대를 일으켜 《BC 483년》에 《신바빌로니아》를 멸망시키고, 《나보니두스(Nabonidus)》(재위 525BC~483BC)로 이름한 《무곡성불》을 처형하고, 《신바빌로니아》에 포로로 끌려온 《순수》 혈통(血統)을 가진 《유대인》과 《이스라엘인》들에게 자유를 주고 《예루살렘》에 돌아가서 포로로 끌려오기 전에 이들이 행(行)하였던 종교(宗敎) 행사와 《신전 재건》도 허락을 한 것이다.

그러나 상당수의 《유대인》들은 옛 조상(祖上)들의 땅이었던 《신바빌로니아》에 남고 대부분의 《이스라엘인》들은 《이집트》로 떠나고 소수의 무리 《유대인》들만 《예루살렘》으로 돌아와서 《신전(神殿)》 재건이 한창일 때 이 소문을 듣고 《페르시아》 5대 왕 《아르타크세르크세스(Artaxerxes)》(재위 465BC~424BC)로 이름한 《야훼 신(神) 2세》는 재위 7년째인 《BC 457년》에 《에스라(Ezra)》로 이름한 《악마(惡魔)의 신(神)》으로서 《대마왕신(神)》 《천관파군 2세》인 《이오 신(神)》과 《느헤미야(Nehemiah)》로 이름한 《대마왕신(神)》 《지장보살 2세》에게 《유다 왕국》 멸망 이후 《페르시아》로 데려온 《자칭》 《유대인》들을 인솔하여 《예루살렘》으로 돌아가서 다시 정착하라는 《야훼 신(神)》 탈을 쓴 최고 《악마(惡魔)의 신(神)》인 《비로자나 1세》의 명령을 전달한다. 이로써 《에스라(Ezra)》와 《느헤미야(Nehemiah)》는 《야훼 신(神)》 탈을 쓴 최고의 《대마왕신(神)》인 《비로자나 1세》의 명령을 받들어 《신바빌로니아》에서 《포로》 석방이 이루어진 후 《16년》이 지나서 《자칭》 《유대인》들과 함께 《페르시아》를 출발하여 《예루살렘》에 도착할 때는 그들도 《페르시아》에 포로로 끌려갔다가 《석방》되어 돌아온 것인 양 위장을 하는 것이다.

이로써 《예루살렘》에서는 《신바빌로니아》에서 돌아온 《유대인》들로부터 훗날 《사두개인파》와 《엣세네파》와 《젤롯당》 등 3개의 《야훼교파》가 형성되고 《에스라(Ezra)》와 《느헤미야(Nehemiah)》가 《페르시아》로부터 인솔하여 온 《자칭》 《유대인》들만으로 《바리새인파》가 만들어져 《느헤미야(Nehemiah)》는 《바리새인파》 교단(敎團)을 맡고 《에스라(Ezra)》는 《2차 타나크(Tanakh)》 왜곡을 목적으로 한 《구약(舊約)》 결집을 시작하는 것이다. 이 이후에 일어나는 사항들은 진행을 하면서 차츰차츰 밝혀 드리도록 하겠다. 이로써 《유대인》들과 《이스라엘인》들에 대한 《바빌로니아》 포로 기간도 끝이 나는 것이다.

[2] 로마(Rome)

(1) 로마 민족(民族) 이동(移動)과 《라틴어(語)》

《로마 구석기인》씨앗이 진화(進化)한 곳은《이탈리아 북부》지방으로 이들은《석가모니 하나님 부처님》의 육신불(肉身佛)이신《다보불》의 후손들이다. 이러한《이탈리아》북부 지방은《다보불》께서《BC 3500년 ~ BC 3000년》까지《500년》동안《로마 구석기인》들을 교화(敎化)하여《신석기인》으로 전환하게 함으로써 이들을《에트루스칸족(族, Etruscans)》으로 이름한다. 이와 같은《다보불》후손《에트루스칸족(族)》이《이탈리아》북부 지방에 자리하기 훨씬 이전《수메르 문명》과《수메르 문명권》에서《석가모니 하나님 부처님》직계들인《사카족(Saka)》들과《유대족(族)》들과《이스라엘족(族)》등의《음(陰)》의《곰족(熊族)》들이 자리할 때 자연 발생적으로《다보불》의 후손들인《양(陽)》의《곰족(熊族)》들이 탄생하게 되는 것이다. 이러한《양(陽)》의《곰족(熊族)》들이《다보불》을 최고 조상(祖上)으로 한 훗날의《로마인》들로서 이러한《로마인》들 마음의 고향이《수메르 문명》(5200BC~4100BC)과《수메르 문명권》(4100BC~1674BC)인 것이다. 이와 같은《로마 민족(民族)》의 뿌리를 염두에 두시고 다음 설명을 드리도록 하겠다.

진행을 하면서《우르 문명》부흥기(復興期)인《갈데아 우르》문명(2346BC~2046BC) 마지막이 되어 갈 때《갈데아 우르》문명의 주력(主力) 세력들인《유대인》들과《이스라엘인》들이 두 차례로 나뉘어져《하란(Harran)》으로 이동하여《히브리(Hebrew)》왕국을 세웠음을 말씀드렸다. 이러한 이동은《유대인》과《이스라엘인》들이《석가모니 하나님 부처님》의 직계(直系) 후손들로서《곰족(熊族)》들을《음양(陰陽)》으로 나눈《음(陰)》의《곰족(熊族)》이동이 되며, 이분들이 모두 떠나고 난 이후에《수메르 문명 왕조》(5200BC~4100BC)와《수메르 문명권》(4100BC~1674BC) 각 왕조를 거치면서《음(陰)》의《곰족(熊族)》들 진화(進化)의 과정에서 자연발생적으로 탄생한《다보불(佛)》과《문수보살 2세》의 후손(後孫)들인《양(陽)》의《곰족(熊族)》들 상당수가 남아《수메르 문명권》각 도시들에 흩어져 살고 있었는데, 이들《양(陽)》의《곰족(熊族)》들을《수메르 문명권》으로부터 다른 지역으로 모두 이동시키기 위한 전(前) 단계로 만들어진 왕조(王朝)가《우르(Ur) 3왕조》(2047BC~1940BC)이다.

이러한 사실을 모르는 인간들의 기록에서는 《갈데아 우르》인 《라가시(Lagash) 2왕조》(2346BC~2046BC)의 마지막 왕(王)인 《남마하니(Nammahani)》(재위 2049BC~2046BC)와 《우르(Ur) 3왕조》를 세우신 《우르-남무(Ur-nammu)》(재위 2047BC~2030BC)로 이름한 《다보불》이 전쟁을 하여 망(亡)하게 하고 《정복》한 것으로 기록을 하고 있는데, 이는 크게 잘못된 기록으로써 당시 《남마하니(Nammahani)》 왕(王)이셨던 《일월등명불》께서 《우르-남무(Ur-Nammu)》(재위 2047BC~2030BC)로 이름하신 《다보불》께 《라가시(Lagash)》시(市)를 포함한 다스림의 영역들을 물려 드리고 떠나셨음을 《메시아(Messiah)》가 분명히 하는 것이다. 그러면 다음으로 《로마 민족(民族)》들의 이동사(移動史)를 확실히 이해하기 위해 《우르(Ur) 3왕조》(2047BC~1940BC) 왕명록을 살펴보고 다음 진행을 하도록 하겠다.

[표 1-5-2-1] 우르(Ur) 3왕조(2047BC~1940BC) 왕명록(王名綠)

왕순서	왕명	불보살명	신(神)	비고
1	우르-남무 (Ur-Namma or Ur-nammu)	다보불	◐	재위 2047BC~2030BC(18년) 통치 첫해 구티족(Guttian)에 대한 대대적인 파괴. 라가시를 남마하니(Nammahani, 일월등명불, 재위 2049BC~2046BC)로부터 인수. 우루크의 이전 군주들을 물리침. 우르의 거대한 지구라트 건설 착수.
2	슐기 (Shulgi)	문수보살 2세	◐	재위 2030BC~1982BC(46년) 우르의 거대한 지구라트 건설 완료. 우르남무의 아들. 취임 초 사원 건축. 서기(필기)학교의 광범위한 교과과정 개혁. 종교적인 의식 실시하지 않음. 재위 23년째 스스로를 신이라 선포함. 수메르어의 짝퉁어인 라틴어 만듦.
3	아마르신 (Amar-Suen)	미륵불	○	생몰 2014BC~1961BC 재위 1982BC~1973BC(9년) 테라(Terah, 석가모니 하나님 부처님)의 차남이신 나호르 2세(Nahor II)이심. 그는 완공되지 않았던 에리두(Eridu)의 지구라트에 착수했다. 이 지구라트는 바벨탑의 기원이라고 한다. 그의 재위기간 동안 양(陽)의 곰족 이동으로 공백상태에 있는 많은 도시들을 차지하기 위한 마왕신족들과의 전쟁으로 인해 에리두(Eridu) 시(市)는 버려졌다. 토양의 염분 문제로 농작물 수확이 저조. 1961BC 그의 아들 베두엘(Bethuel, 악마의 신 석가모니)에 의해 살해됨.
4	슈신 (Shu-Suen)	용시보살	○	재위 1973BC~1964BC(9년) 그녀의 아들 베두엘(Bethuel, 악마의 신 석가모니)에 의해 살해됨.

| 5 | 입비신
(Ibbi-Suen) | 혜경보살 | ○ | 재위 1964BC~1940BC(24년)
1940BC에 그의 형제 베두엘(Bethuel, 악마의 신 석가모니)이자 라르사 왕조(Larsa dynasty)의 초대 왕 나플라눔(Naplanum)의 사주로 엘람인(Elamite)의 공격에 입비신 납치됨. 이후 엘람에 투옥되어 생을 마감함. |

※ 우르-남무(Ur-Nammu)와 슐기(Shulgi) 때 북부 메소포타미아(Mesopotamia)까지 권력 확장. 하지만 그 지역은 이미 수메르인보다는 셈족화 되었고 셈족어를 사용하는 아카드인의 힘이 커지고 있었고 아모리인(Amorite)의 유입이 증가하고 있었다. 아모리인은 훗날 바빌로니아왕국 세움.

※ 3대 《아마르-신》으로 이름한 《미륵불》과 4대 《슈-신》으로 이름한 《용시 보살》과 5대 《입비-신》으로 이름한 《혜경 보살》은 모두 한 가족 관계이다.

① [1대 왕 우르-남무(다보불, 재위 2047BC~2030BC)]

《우르(Ur) 3왕조》(2047BC~1940BC) 초대 왕(王)인 《우르-남무(Ur-Nammu)》는 《석가모니 하나님 부처님》의 《양(陽)》의 육신불(肉身佛)이신 《다보불(佛)》이시다. 이러한 《다보불》께서는 초대 왕(王)으로 오르신 후 《갈데아 우르》인 《라가시(Lagash) 2왕조》(2346BC~2046BC)가 문을 닫은 후 그 공백을 틈타 《악마(惡魔)의 신(神)》들인 《마왕신(神)》들의 후손들인 《구티족(Guttian)》들이 침공을 하자 그들을 대대적으로 《파(波)》하여 《수메르 문명권》 바깥으로 쫓아낸 후 《아미타불(Amitābha)》이신 《월신(月神) 난나르》를 위한 거대한 《지구라트(Ziggurat)》를 짓게 된다. 이러한 《지구라트》의 완성은 2대 왕(王)이신 《슐기(Shulgi)》(재위 2030BC~1982BC) 왕(王)에 의해 완성이 된다. 이렇듯 《우르-남무(Ur-Nammu)》(재위 2047BC~2030BC)로 이름하신 《다보불》은 《천상(天上)》에서 《아미타불》 살해에 깊게 관여한 《최고》의 《대마왕》으로서 이러한 그가 《지상(地上)》에 와서 《아미타불》의 명령으로 《라가시 2왕조》 마지막 왕인 《남마하니》(재위 2049BC~2046BC)로부터 《왕조(王朝)》를 물려받아 《우르 3왕조》(2047BC~1940BC)를 건국하게 된 고마움의 증표로 《아미타불》이신 《월신(月神)》 《난나르》를 위한 거대한 《지구라트》를 짓게 된 것이다.

② [2대 왕(王) 슐기(문수보살 2세, 재위 2030BC~1982BC)]

《우르(Ur) 3왕조》(2047BC~1940BC) 2대 왕《슐기(Shulgi)》는《문수보살 2세》로서, 취임 초 사원 건축과 아울러 서기(필기) 학교의 광범위한 교과과정을 개혁하면서《수메르어》를 바탕으로 하여《수메르어》짝퉁 언어인《라틴어》를 만들어 이때부터《라틴어》를 가르친 것이다. 이것이《우르-남무(Ur-Nammu)》(재위 2047BC~2030BC) 때에 시작한《아미타불》이신《월신(月神)》《난나르》를 위한 거대한《지구라트(Ziggurat)》를 완성한 것과 아울러 때에《수메르어》의 짝퉁 언어인《라틴어》를 만들어 학생들에게 가르친 것이《슐기(Shulgi)》(재위 2030BC~1982BC)로 이름한《문수보살 2세》의 업적인 것이다. 이와 같은《라틴어》를 가르친 업적을《악마(惡魔)의 신(神)》들인《대마왕신(神)》들로부터 영향 받은 인간들의 기록에서는 오늘날 그들이 쓰고 있는 문자(文字)의 조상(祖上)격인《라틴어》창작(創作)에 대하여서는 기록을 삭제하고 있는 것을《메시아(Messiah)》가 분명히 밝히는 바이다.

이와 같이 2대《슐기왕(Shulgi)》(재위 2030BC~1982BC)으로 이름한《문수보살 2세》때까지가《우르 문명》이 꽃피워졌던 때인 것이다. 이러한 2대 왕(王)《슐기(Shulgi)》(재위 2030BC~1982BC)로 이름한《문수보살 2세》는 재위(在位)에 머문 후《BC 1981년》에《양(陽)》의《곰족(熊族)》무리를 둘로 나누어《우르-남무(Ur-Nammu)》이셨던《다보불》께서는 그의 직계(直系) 후손들을 직접 이끄시고《이탈리아》북부 지방으로 이동하시어《라틴족(族)》으로 자리하게 한다. 이러한《이탈리아》북부 지방은《다보불》께서《BC 3500년 ~ BC 3000년》까지《500년》동안 교화(敎化)한 그의 후손 민족들인《에트루스칸족(族)(Etruscans)》이 먼저 자리한 곳으로써 이곳에《수메르 문명》과《우르 문명》에서 교육받은 그의 직계 후손들인《라틴족》을 이동시켜 합류를 하게 하시고,《문수보살 2세》는 또 다른《다보불》직계 후손들을 직접 인솔하여《그리스 반도》로 이동시키시게 된다.

이때 옮겨온 그와 그의 후손들이《500년간》《미케네 문명》을 일으킨 후 훗날《크레타 문명》을 일으켰던《그리스》남부의《천왕불》후손들에게 패함과 아울러 자연 재앙(災殃)으로《미케네 문명》은 멸망하고 이후《미케네 문명》의 주력(主力) 세력들이《이탈리아》로 건너가서《문수보살 1세》와《문수보살 2세》가《로물루스(Romulus)》와《레무스(Remus)》로 이름하고《로마》를 세움으로써《사빈족(Sabines)》으로 이름하고 자리하는 것이다.

이로써《이탈리아》북부 지역에 자리한 그의 아버지이신《다보불》께서 교화(敎化)한《양(陽)》의《곰족(熊族)》들인《에트루스칸족(Etruscans)》과《우르(Ur) 3왕조》로부터 이동하여온《양(陽)》의《곰족(熊族)》들인《라틴족》과《미케네 문명》을 일으킨 후《이탈리아》로 이동하여

온 《사빈족(Sabins)》 등이 모두가 하나가 되어 《다보불》 후손들의 나라인 강력한 《로마》 제국을 일으키게 되는 것이다. 이러한 이동 때에 《이탈리아》 북동쪽으로 이동한 《다보불》의 직계 후손들인 《라틴족》이 《문수보살 2세》가 만든 《라틴어》를 가지고 이동한 것은 자연스러운 현상이며, 이로써 교육받은 그들이 처음 《다보불》이 교화한 《이탈리아》 북부 지역에 자리하였던 《양(陽)》의 《곰족(熊族)》들인 《에트루스칸족(Etruscans)》에게 이를 가르쳐 그들의 문자(文字)로 자리한 것이 훗날 《로마》를 이루었을 때 《라틴어》가 그들의 문자(文字)로 자리하게 되는 근본 원인이 되는 것이다. 그리고 이러한 《라틴어》가 훗날 《유럽》 여러 나라들에 지대한 영향을 끼친 것이다.

③ 《다보불》과 《양(陽)》의 《곰족(熊族)》

※ 참고로 《다보불》께서 교화(敎化)하신 후손 민족(民族)들인 《양(陽)》의 《곰족(熊族)》 교화(敎化) 현황을 간략히 정리하면 다음과 같다.

[표 1-5-2-2] 《다보불(佛)》과 《양(陽)》의 《곰족(熊族)》들의 교화(敎化)

교화(敎化) 신(神)	교화(敎化) 기간	교화(敎化)된 후손(後孫)	비고
다보불 《직계(直系)》	5000BC~4500BC	우즈베키스탄(Uzbekistan)	
다보불 《직계(直系)》	4500BC~4000BC	몽골족(族)	
다보불 《직계(直系)》	4000BC~3500BC	게르만 민족	
다보불 《직계(直系)》	3500BC~3000BC	이태리 북부의 에트루스칸족(Etruscans)	
다보불 《직계(直系)》	수메르 문명권 각 왕조(王朝)에서 교화한 무리	《라틴족(Latins)》	우르 문명 이후 이태리로 넘어온 종족
다보불 《직계(直系)》	수메르 문명권 각 왕조(王朝)에서 남긴 후손	《사빈족(Sabins)》	로마를 건국한 무리

다보불《방계(傍系)》	4000BC~3500BC	《선비족(鮮卑族)》	문수보살 1세계(系)
다보불《방계(傍系)》	3500BC~3000BC	《통구스족(族)》	문수보살 2세계(系)

※ 《다보불(佛)》직계(直系)와 문수보살 1세의 후손들의 진화는 거의 같은 시기에 이루어진다.

※ 오늘날 이탈리아는 남부 지방이 《관세음보살 1세》께서 교화한 민족들이 주로 자리하고 중부와 북부 지방은 《양(陽)》의 곰족(熊族)들이 주로 자리함으로써 《이탈리아》는 《한민족(韓民族)》을 《음양(陰陽)》 분리한 《양(陽)》의 《한민족(韓民族)》 국가가 되는 것이다.

(2) [로마(Rome) 건국](753BC~AD286)

① [로마(Rome) 역사(歷史)의 구분]

《로마(Rome)》의 역사(歷史)를 크게 구분하면 다음과 같다.

    ① 《로마》 왕정(王政) : 753BC~509BC
    ② 《로마》 공화정(共和政) : 509BC~27BC
    ③ 《로마》 제국(帝國) : 27BC~AD286

[표 1-5-2-3] [로마의 특징]

구분		존속년도	특징
초기	로마 왕정 (Roman Kingdom)	753BC~509BC	원로원 추대 왕정(王政)
중기	로마 공화정 (Roman Republic)	509BC~27BC	원로원 추대 공동 집정제(執政制, consulship)
말기	로마 제국 (Roman Empire)	27BC~AD286	·원로원 추대 황제(皇帝) 제도 도입. ·신정(神政) 일치 - 황제와 종교 최고직인 폰티펙스 막시무스(Pontifex Maximus)를 동시에 쥠. ·"황제 숭배"가 퀴리누스(비로자나1세, Quirinus) 숭배 사상을 매우 크게 팽창시켰다. 황제 추종은 로마가 그 지역에 로마의 존재를 광고하는 주요 방법 중의 하나가 되었고 제국 전체에 걸쳐 함께 나눈 문화적 정체성과 충성심을 길렀다. ·그 주(state)의 종교의 거절은 반역죄와 마찬가지였으며, 《로마 제국》은 《로마》《해체》를 목적으로 세워진 제국임을 분명히 한다.

※ 로마공화정 때 원로원 구성은 귀족 계급의 세습으로써 보통 200명으로 구성되었으나 때로는 300명까지 구성된 적이 있음

② [로마 왕정(王政)(Roman Kingdom)] (753BC~509BC)

《로마(Rome)》 왕정 시대(王政時代) 《왕명록》을 밝혀 드리면 다음과 같다.

[표 1-5-2-4] [로마 왕정 시대(753BC~509BC) 왕명록]

왕위	왕명	신명	신(神) 구분	생몰 또는 재위
1	로물루스(Romulus)	문수보살 1세	◐	재위 753BC~717BC

575

2	누마 폼프리우스(Numa Pomplilius)	쌍둥이 천왕불	◐	생몰 753BC~673BC 재위 717BC~673BC
3	툴루스 호스틸리우스(Tullus Hostilius)	천왕불	◐	재위 673BC~642BC
4	안쿠스 마르키우스(Ancus Marcius)	야훼신	●	재위 642BC~617BC
5	루시우스 타르퀸우스 프리스쿠스 (Lucius Tarquinius Priscus)	문수보살 2세	◐	재위 616BC~579BC
6	세르비우스 툴리우스(Servius Tullius)	문수보살 3세	◐	재위 578BC~535BC
7	루시우스 타르퀴니우스 수퍼부스 (Lucius Tarquinius Superbus)	아미타불 분신	○	생몰 ?~496BC 재위 535BC~509BC

※ 《로마(Rome)》를 건국하신 분은 《로물루스(Romulus)》로 이름한 《문수보살 1세》로서 《양(陽)》의 《곰족(熊族)》들을 이끄는 《최고(最高)》의 《대마왕》《다보불》의 아들로서 한때는 동양(東洋)에서 《단군조선(檀君朝鮮)》(2333BC)을 세우고 《단군왕검(檀君王儉)》으로 이름하신 적이 있으며 《로마 공화정(共和政)》 마지막 딕타토르(Dictator)로서 《악마(惡魔)의 신(神)》들인 《대마왕신족(神族)》들에게 무참히 살해당한 《줄리어스 시저(Julius Caesar)》(생몰 100BC~44BC)가 바로 《로물루스(Romulus)》로 이름하고 《로마(Rome)》를 건국한 《문수보살 1세》이다.

※ ○ 음(陰)의 한민족계(韓民族系)
  ◐ 양(陽)의 한민족계(韓民族系)
  ● 《악마(惡魔)의 신(神)》들인 대마왕신계(神系)

이러한 《로마 왕정(Roman Kingdom)》의 특징은 지도자로 자리한 《왕(王)》들이 《선악(善惡)》 양면성을 가진 《다보불계(系)》《대마왕》《불보살(佛菩薩)》이 《1대, 5대, 6대》로서 셋이며 《노사나불계(系)》《대마왕》《불보살》이 《2대, 3대》이며, 《선(善)》을 근본 바탕으로 한 《아미타불》 한 분과 《악(惡)》을 근본 바탕으로 한 《악마(惡魔)의 신(神)》인 《대마왕신(神)》《야훼 신(神)》이 《4대 왕》으로 자리하고 있다. 즉, 《로마 왕정》은 《선악(善惡)》 양면성을 가진 《대마왕》《불보살(佛菩薩)》들이 건국하고 주도적으로 《왕조(王朝)》를 이끌어 간 것이 특징이다.

③ [로마 공화정(共和政)](Roman Republic, 509BC~27BC)

《로마 공화정(共和政)》(Roman Republic)은 《왕정(王政)》제도를 폐지하고 《원로원》추대로 《공동 집정제(共同執政制)》가 이루어져 《집정관(執政官)》이 통치(統治)하는 시대로써 이러한 《집정관(執政官)》명단이 광범위하여 이 장에서는 《로마》의 《집정관(執政官)》제도를 뿌리 내리게 한 《초기 집정관》제도가 시작된 《BC 509년 ~ BC 502년》까지의 《집정관(執政官)》명단을 살펴보고 다음 진행을 하도록 하겠다.

[표 1-5-2-5] 로마 공화정(509BC~27BC) 초기 집정관

년도	집정관	불보살명	신(神)구분	비고
509 BC	푸브리우스 바레리우스 푸브리코라 (Publius Valerius Publicola)	석가모니 하나님 불	○	생몰 573BC~503BC
	루시우스 타르퀴니우스 코라티누스 (Lucius Tarquinius Colatinus)	다보불 1세	◑	
	스푸리우스 루크레티우스 트리시피티누스 (Spurius Lucretius Tricipitinus)	다보불 2세	◑	
	루시우스 주니우스 브루투스 (Lucius Junius Brutus)	비로자나 1세 분신	●	생몰 534BC~509BC
509 BC	푸브리우스 바레리우스 푸브리코라 (Publius Valerius Publicola)	석가모니 하나님 불	○	생몰 573BC~503BC
	마르쿠스 호라티우스 풀비루스 (Marcus Horatius Pulbillus)	문수보살 2세	◑	
508 BC	푸브리우스 바레리우스 푸브리코라 (Publius Valerius Publicola)	석가모니 하나님 불	○	생몰 573BC~503BC
	티투스 루크레티우스 트리시피티누스 (Titus Lucretius Tricipitinus)			
507 BC	푸브리우스 바레리우스 푸브리코라 (Publius Valerius Publicola)	석가모니 하나님 불	○	생몰 573BC~503BC
	마르쿠스 호라티우스 풀비루스 (Marcus Horatius Pulbillus)	문수보살 2세	◑	
506 BC	스푸리우스 라르티우스 (Spurius Lartius)			
	티투스 헤르미니우스 (Titus Herminius)			
505 BC	푸브리우스 포스투미우스 투베르투스 (Publius Postumius Tubertus)	용시보살 분신	○	

	?			
504 BC	푸브리우스 바레리우스 푸브리코라 (Publius Valerius Publicola)	석가모니 하나님 불	○	생몰 573BC~503BC
	티투스 루크레티우스 트리시피티누스 (Titus Lucretius Tricipitinus)			
503 BC	아그리파 메네니우스 라나투스 (Agrippa Menenius Lanatus)	노사나불	○	
	푸브리우스 포스투미우스 투베르투스 (Publius Postumius Tubertus)	용시보살	○	
502 BC	스푸리우스 카시우스 피스셀리누스 (Spurius Cassius Viscellinus)	아미타불	○	생몰 540BC~485BC(55세)
	오피테르 베르기니우스 트리코스투스 (Opiter Verginius Tricostus)			

※ ○ : 《착함(善)》을 근본 바탕으로 하는 《불보살》
　　◐ : 《선악(善惡)》을 양면성을 근본 바탕으로 하는 《대마왕》 불보살
　　● : 《악(惡)》을 근본 바탕으로 하는 《악마(惡魔)의 신(神)》들인 《대마왕신(神)》

　이와 같이 《로마 공화정》은 때에 《최고(最高)》의 《악마(惡魔)의 신(神)》으로서 《대마왕신(神)》 《비로자나 1세》가 《BC 509년》 《루시우스 주니어스 부르투스(Lucius Junius Brutus)》(534BC~509BC)로 이름하고 《로마 공화정》을 정복하기 위해 파고 들어와서 초대 《집정관(執政官)》으로 자리하였을 때, 《석가모니 하나님 부처님》께서 《푸브리우스 바레리우스 푸브리코라(Publius Valerius Publicola)》(생몰 573BC~503BC)로 이름하고 《집정관》이 되신 후 《악마(惡魔)의 신(神)》들 중 《최고(最高)》의 《대마왕신(神)》 《비로자나 1세》인 《루시우스 주니어스 부르투스》를 제거하고 향후 《로마 공화정》이 존속되는 한 《집정관(執政官)》으로는 《착함(善)》을 근본 바탕으로 한 《불보살(佛菩薩)》들과 《선악(善惡)》 양면성(兩面性)을 가진 《대마왕》 《불보살(佛菩薩)》들만 반복(反復)되는 윤회(輪廻)로 태어나서 《집정관》으로 임명하도록 《원천창조주》로서의 엄명을 하달하시고 《악마(惡魔)의 신(神)》들 중 《최고(最高)》의 《대마왕신(神)》 《비로자나 1세》를 비롯한 《악마(惡魔)의 신(神)》들인 《대마왕신족(神族)》들은 일체 《집정관》으로 진출할 수 없도록 명령을 내리심으로써 이 원칙은 《로마 공화정》이 계속되는 동안 잘 지켜진 것이다.

　이러한 기본적인 원칙을 바로 세우신 《석가모니 하나님 부처님》이신 《푸브리우스 바레

리우스 푸브리코라》 집정관(執政官)께서는 두 번째로 《로마 공화정》 내부를 다스리는 엄정한 법(法)을 공포하심으로써 《다스림》의 대원칙을 세우시는 것이다. 이와 같은 《다스림》의 대원칙을 정리하면 다음과 같다.

푸브리우스 바레리우스 푸브리코라(석가모니 하나님 부처님, Publius Valerius Publicola, 573BC~503BC)의 유명한 법

○ 로마인 누구나 집정관에 임명될 수 있다.
○ 집정관의 결정은 호소될 수 있다.
○ 주요 직위(직무)를 독점한 자는 누구나 일반 투표 없이 처형된다.
○ 군주제를 재구축하려는 자는 재판 없이 시민 누구나에 의해 사형될 수 있다.
○ 궁핍한 로마인들은 세금을 면제한다.
○ 귀족들은 집정관에 불복종한 것에 대해 평민들보다 더 심하게 처벌된다.
○ 재무부에 대한 통제는 집정관으로부터 제거되고, 임명된 재무관의 행정하에 그 재무부는 사투르누스(Temple of Saturn) 사원으로 물리적으로 옮기도록 한다.

이와 같은 두 번째 《다스림》의 대원칙을 세우신 《석가모니 하나님 부처님》께서는 세 번째로 《중동 지방》과 《지중해 연안》과 《유럽》과 《아프리카》에서 《대마왕》들과 《악마(惡魔)의 신(神)》들인 《대마왕신(神)》들이 그들의 후손 《구석기인》들을 《신석기인》들로 전환시키고 《초기 문명》을 일으키는 1차 교화(敎化)를 마친 곳이 《50곳》이 된다. 이러한 지역들에서 《석가모니 하나님 부처님》을 비롯한 착함(善)을 근본 바탕으로 한 《불(佛)》, 《보살(菩薩)》들께서 일으킨 문명(文明)이 《수메르 문명》과 《이집트 문명》과 《그리스 문명》이다.

이러한 문명이 일어난 《문명권》으로부터 《대마왕》 불보살들과 《악마(惡魔)의 신(神)》들인 《대마왕신(神)》들의 후손들도 영향을 받아 《문명(文明)》의 혜택을 상당히 받게 되었으나 《도덕성(道德性)》과 《사회정의(社會正義)》를 확고히 갖추는 데에는 상당히 문제가 있었던 것이다. 이러한 사실을 늘 간파하고 계시던 《석가모니 하나님 부처님》께서는 이들의 진화

(進化)를 위해 역대 《로마》《집정관(執政官)》들로 하여금 《중동 지방》과 《지중해 연안》과 《유럽》과 《아프리카》 등 대부분의 지역을 정복한 후 대통합(大統合)을 이루게 한 뒤, 이곳에 거주하며 살고 있는 《인간 육신(肉身)》을 가진 모든 인간 무리들에게 《로마인》들을 통해 《도덕성(道德性)》과 《사회정의(社會正義)》를 확고히 배움으로써 정착하게 한 후 《석가모니 하나님 부처님》의 《진리(眞理)》의 《법(法)》을 가르칠 것을 《집정관》들이 되는 《선(善)》을 근본 바탕으로 하는 《불보살(佛菩薩)》들과 《선악(善惡)》 양면성을 가지고 있는 《대마왕》《불보살(佛菩薩)》들에게 엄명을 내리시고 《푸브리우스 바레리우스 푸브리코라(Publius Valerius Publicola)》의 일생(一生)을 마치시고 육신(肉身)의 죽음을 맞이하시는 것이다. 이러한 이후 《석가모니 하나님 부처님》께서는 반복(反復)되는 윤회(輪廻)를 통해 《로마 공화정》의 집정관(執政官)으로 여러 번 다녀가시는 것이며 마지막 다녀가셨을 때가 《BC 190년》에 《가이우스 줄리우스 시저 1세(Gaius Julius Caesar I)》(190BC~106BC)로 이름하고 다녀가셨을 때이다.

이와 같이 《로마 공화정》은 《원천창조주》이신 《석가모니 하나님 부처님》을 비롯한 《천상(天上)》의 대불(大佛)들이신 《아미타불》과 《노사나불》과 《미륵불》과 《다보불》이 총동원이 되어 여타 《불보살(佛菩薩)》들과 《대마왕》《불보살(佛菩薩)》들이 반복(反復)되는 윤회(輪廻)를 통해 주로 집정관(執政官)들이 되었으나 더러 중간 중간 《악마(惡魔)의 신(神)》들인 《비로자나 1세》를 포함한 《대마왕신족(神族)》들이 파고 들어와 집정관(執政官)들이 된 경우가 있었으나 이들은 《석가모니 하나님 부처님》을 비롯한 《불보살》들과 《대마왕》《불보살》 출신 집정관(執政官)들의 위세에 눌러 크게 두각을 나타내지 못했던 것이다. 이로써 《석가모니 하나님 부처님》을 비롯한 《불보살(佛菩薩)》들과 《대마왕》《불보살(佛菩薩)》들에 의해 강력한 《로마》가 탄생할 수 있었음을 《메시아(Messiah)》이신 《미륵불》이 분명히 밝히는 것이다.

④ [로마 종교(宗敎)]

《초기 로마 왕정(王政)》(753BC~509BC)에서는 《카피톨린 삼신(三神)》(Capitoline Triad)으로 《목성(木星, Jupiter)》을 《법신(法身)》으로 하신 《석가모니 하나님 불》을 최고의 신(神)으로서 《주피터(Jupiter)》 신(神)으로 이름하고 《화성(火星, Mars)》을 법신(法身)으로 하신 《메시아(Messiah)》이신 《미륵불》을 《마르스(Mars)》 신(神)으로 이름하고, 《천상(天上)》의 벌(罰)로 인해 《법신(法身)》을 가질 수 없는 《악마(惡魔)의 신(神)》들 중 최고(最高)의 《대마왕신(神)》《비로자나 1세》를 《퀴리누스(Quirinus)》 신(神)으로 이름하고 최고(最高)의 신(神) 《주피터 신(神)》과 《마르스(Mars) 신(神)》과 최고의 《악마(惡魔)의 신(神)》인 《대마왕신(神)》《퀴리누스(Quirinus) 신(神)》을 《카피톨린 삼신(三神)》(Capitoline Triad)으로 받들고 신앙(信仰)을 한 것이다. 그러나 《로마 공화정(共和政)》(509BC~27BC)에서는 《천상(天上)》의 벌(罰)을 받고 스스로의 법신(法身)도 없는 최고의 《악마(惡魔)의 신(神)》인 《대마왕신(神)》《비로자나 1세》가 처음부터 《석가모니 하나님 부처님》이신 《푸브리우스 바레리우스 푸브리코라(Publius Valerius Publicola)》님으로부터 거세가 됨으로써 《퀴리누스(Quirinus)》로 이름한 《악마(惡魔)의 신(神)》인 《대마왕신(神)》《비로자나 1세》는 《카피톨린 삼신(三神)》(Capitoline Triad)에서는 탈락하고 대신에 《천지인(天地人)》 우주(宇宙) 구분에서 《지(地)》의 우주를 선도하시는 《그리스 신화》에서 《제우스 신(神)》으로 자리하시는 《노사나불》이 《미네르바(Minerva)》신(神)으로 이름하고 《카피톨린 삼신(三神)》 대열에 합류하는 것이다.

즉, 《로마 공화정(共和政)》(509BC~27BC)에서는 《카피톨린 삼신(三神)》(Capitoline Triad)으로 《목성(木星, Jupiter)》을 《법신(法身)》으로 하신 《석가모니 하나님 불》을 최고(最高)의 신(神)으로서 《주피터(Jupiter) 신(神)》으로 이름하고 《화성(火星, Mars)》을 법신(法身)으로 하신 《메시아(Messiah)》이신 《미륵불》을 《마르스(Mars) 신(神)》으로 이름하고 《태양성(太陽星)》을 법신(法身)으로 하신 《노사나불》을 《미네르바(Minerva) 신(神)》으로 이름하심으로써 《카피톨린 삼신(三神)》으로 받들고 신앙(信仰)을 한 것이다.

이러한 《카피톨린 삼신(三神)》 외에도 《로마》에서는 《관세음보살》을 받드는 《빅토리(Victory)》 신전(神殿)과 《일월등명불》을 받드는 《주노(Juno)》 신전(神殿)과 또 다른 《관세음보살 2세》를 받드는 《디아나(다이아나, Diana)》 신전(神殿)과 《대관세음보살》을 받드는 《테미누스(Terminus)》 신전(神殿)과 《용시보살》을 받드는 《포르투나(Fortuna)》 신전(神殿) 등이 있는 것으로 볼 때, 때에 《불보살(佛菩薩)》들의 호칭을 《신(神)》으로 호칭을 함과 동시에 《불보살(佛菩薩)》들의 명호(名號)를 《신명(神名)》으로 나타낸 차이 밖에 없음을 여러분들은 아셔야 하며, 《로마 왕정(王政)》과 《로마 공화정(共和政)》에서는 《석가모니 하나님 부처님》을 중심으로 모든 《불보살》들을 《신(神)》으로 이름하고 《로마 종교(宗敎)》를 이끌어 왔으며 이분들은 실제 인간 육신(肉身)을 가지고 태어나서 인간들을 일깨우기 위해 반복(反復)되는 윤회(輪廻)로 지도자로서 활동한 사실을 똑바로 알아야 하며 《신(神)》의 호칭과 《신명(神名)》은 달라도 《로마 왕정》과 《로마 공화정》은 《불교(佛敎)》 중에서도 《보살불교(菩薩佛敎)》를 신앙(信仰)하였음을 《메시아(Messiah)》이신 《미륵불》이 분명히 하는 것이다.

이와 같은《카피톨린 삼신(三神)》과《선(善)》을 근본 바탕으로 하는《제신(諸神)》들로 이름된《불보살(佛菩薩)》들을 받드는《로마 종교(宗敎)》의 최고위직인《대제사장》또는《교황(敎皇)》의 지위인《폰티펙스 막시무스(Pontifex Maximus)》지위가《초기 로마 왕정(王政)》2대《누마 왕》으로 이름된《쌍둥이 천왕불》때 만들어져《로마 종교(宗敎)》를 총괄하도록 한 것이다. 이러한《폰티펙스 막시무스(Pontifex Maximus)》지위에 오른 분은《왕(王)》이나《집정관(執政官)》다음으로 높은 지위를 부여 받은 분으로서《왕(王)》이나《집정관》의 충고자 역할을 하다가 점차적으로 정치적 성향을 띠게 된 것이다. 이러한《대제사장》또는《교황(敎皇)》의 지위인《폰티펙스 막시무스(Pontifex Maximus)》의 자리는《귀족 계급》에서 선출된 분이 자리하는 것이 통례였으나《BC 254년》부터는 평민에서도 이 지위에 오르게 된 것이다.

⑤ [로마 종교(宗敎)의 특징]

《석가모니 하나님 부처님》께서 동양(東洋)에서《한국(韓國)》을 중심하여《구막한제국(寇莫韓帝國)》을 세우시고《5대 태우의 한웅님》(재위 3512BC~3419BC)으로 이름하고 오신 이후《경전(經典)》을 갖춘 인류 최초의 고급 종교인《한단불교(桓檀佛敎)》를 만들어 후손 민족들에게 전하여 준 것을《BC 2333년》《구막한제국》을 세습으로 물려받은《단군왕검(檀君王儉)》으로 이름한《대마왕》《문수보살 1세》가《단군조선(檀君朝鮮)》(2333BC)을 출발시키면서《대마왕》《자허선인(紫虛仙人)》으로 이름한《연등불》과 함께《한단불교(桓檀佛敎)》를 없애고《선교(仙敎)》인《신선도(神仙道)》로 불리우는《연각승(緣覺乘)의 도(道)》를 정착시키기 위해《한단불교(桓檀佛敎)》4대 경전(四大經典)인《황제중경(皇帝中經)》과《황제내경(皇帝內經)》과《천부경(天符經)》과《삼일신고(三一神誥)》중《황제중경(皇帝中經)》은 파괴하여《자허선인》으로 이름한《연등불》이 파괴된《경(經)》의 일부 내용은 스스로가 창작(創作)한 것인 양 위장하고《황제내경(皇帝內經)》은《황제내경(黃帝內經)》으로 뜻글인《한문(韓文)》의《문자(文字)》를 바꾼 후《의술서(醫術書)》로 전락시키고《천부경(天符經)》과《삼일신고(三一神誥)》는《단군왕검(檀君王儉)》으로 이름한《문수보살 1세》가 탈취한 후 그가 창작(創作)한 것인 양 거들먹거리며 강설을 한 것이다.

이로써《단군왕검》으로 이름한《문수보살 1세》와《자허선인》으로 이름한《연등불》은《한단불교(桓檀佛敎)》말살의 비밀을 지키기 위해 파렴치하게도《한민족(韓民族)》의 뜻글인《한문(韓文)》의 발음문자(發音文字)인《36자(字)》로 된《가림토 문자》를《단군조선》내내 권력(權力)의 힘으로 없애 버린 것이다. 이러한 내용들이 《석가모니 하나님 부처님》께서 인류 《북반구 문명》과 함께 《지상(地上)》으로 오시어 최초의 고급 《종교(宗教)》를 만드시고 가르침의 진리(眞理)로 남겨둔 《경전(經典)》이 철저히 파괴되어 《선악(善惡)》 양면성을 가진 《대마왕》 불보살들에게 《종교(宗教)》 탈취를 당한 후 《진리(眞理)》의 《경전(經典)》이 악용(惡用)된 첫 사례가 되는 것이다.

다음으로 《석가모니 하나님 부처님》께서 《한국(韓國)》을 중심한 《구막한제국(寇莫韓帝國)》(3898BC~2333BC) 《5대 태우의 한웅님》(재위 3512BC~3419BC)으로 이름하고 오시어 《천부경(天符經)》, 《삼일신고(三一神誥)》, 《황제중경(皇帝中經)》, 《황제내경(皇帝內經)》 등 4대 경전(經典)을 바탕으로 하여 《한단불교(桓檀佛教)》를 만들어 후손 민족들에게 전(傳)하신 후 반복(反復)되는 윤회(輪廻)로 고대(古代) 《인도》의 《인드라프라스타(Indraprastha)》 왕 《유디스티라(Yudhisthira)》(생몰 3418BC~3347BC)로 재탄생하신 이후 일찍이 《태우의 한웅님》으로 이름하고 오셨을 때 《막내아들》로 태어난 《복희씨》로 이름된 《문수보살》로 하여금 《아리안족(Aryans)》들에게 전달한 《한단불교(桓檀佛教)》 4대 경전(經典) 중 《천부경(天符經)》, 《삼일신고(三一神誥)》, 《황제중경(皇帝中經)》을 《인도인》들의 정서에 맞도록 《산스크리트어(語)》로 쉽게 풀어서 기록하여 《리그베다(Rig Veda)》로 이름하고 《황제내경(皇帝內經)》을 《산스크리트어(語)》로 따로 번역하여 제자들에게 전하여 제자들이 이를 공부한 후 《석가모니 하나님 부처님》께 《법(法)》인가(印可)를 위해 지금의 《논문(論文)》 제출하듯이 제출케 하여 이를 묶어 《우파니샤드》로 이름한 후 《리그베다》와 《우파니샤드(Upanishads)》 경전(經典)으로 하여 《BC 3370년》에 《브라만교(Brahmanism)》를 창시함으로써 《인도판》 《한단불교(桓檀佛教)》를 이름만 바꾸어 《브라만교(敎)》라고 이름한 것이다.

이러한 《브라만교(敎)》 역시 《대마왕 불보살(大魔王 佛菩薩)》들과 《악마(惡魔)의 신(神)》들인 《대마왕신(神)》들이 반복되는 윤회로 인도 땅에 《권력자(權力者)》들로 태어나서 이와 관련된 고대 인도 역사와 《브라만교(敎)》 파괴를 위해 중단 없이 왜곡을 일삼음으로써 그 자취들이 지금까지 중구난방으로 전하여져 오고 있는 것이다.

이와 같은 사건이 있고 난 후 《우르(Ur) 문명》 부흥기로 불리우는 《갈데아 우르》인 《라가시 2왕조》(2346BC~2046BC)를 끝으로 《아미타불》과 《일월등명불》이 그들 후손 민족들인 《유대인》들과 《이스라엘인》들을 이끌고 《하란(Harran)》에 도착한 후 《석가모니 하나님 부처님》께서 《BC 2016년》에 《유대교(敎)》 《성경》인 《타나크(Tanakh)》를 완성하신 이후 《히브리 왕국》(1996BC~931BC) 건국 이후 《아브람》(2016BC~1841BC)으로 이름한 《아미타불》께서 《초대왕》이 되시어 《유대교(敎)》를 종교(宗敎)로 하여 출발하신 이후 《아브람(Abram)》으로 이름하신 《아미타불》께서 《야훼 신(神)》 탈(脫)을 쓴 《악마(惡魔)의 신(神)》들 중 《최고(最高)》의 《대마왕신(神)》 《비로자나 1세》가 펼친 《공중성(空中聲)》 《대사기극(大詐欺劇)》의 그물에 걸려들어, 《아브람(Abram)》으로 이름하신 《아미타불》께서 《악마(惡魔)의 신(神)》인 《야훼 신(神)》 탈(脫)을 쓴 《최고(最高)》의 《악마(惡魔)의 신(神)》인 《대마왕신(神)》 《비로자나 1세》에게 《40년간》 끌려 다닌 결과가 《유대교(敎)》 《경전(經典)》인 타나크(Tanakh)》의 본질이 파괴됨으로써 《유대교(敎)》가 일순간 《야훼교(敎)》로 변질되어 《아브람(Abram)》의 후손들인 《유대인》들과 《이스라엘인》들의 《정신세계(精神世界)》마저 도적질당한 것이다.

이와 같이 《유대교》 《경전(經典)》인 《타나크(Tanakh)》의 왜곡이 《악마(惡魔)의 신(神)》들인 《대마왕신족(神族)》들에게 《종교(宗敎)》 탈취를 당한 근본 원인이 된 것이다. 이러한 사건이 《악(惡)》을 근본 바탕으로 한 《악마(惡魔)의 신(神)》들인 《대마왕신족(神族)》들이 《종교(宗敎)》를 탈취한 후 《진리(眞理)》의 《경전(經典)》을 《악용(惡用)》한 두 번째 사례가 되는 것이다. 이러한 《유대교》 《경전(經典)》인 《타나크(Tanakh)》를 《야훼교(敎)》에서 악용(惡用)한 실례가 《로마 가톨릭》의 경전(經典)인 《구약(舊約)》으로써 오늘날까지 인간 무리들의 《정신세계(精神世界)》를 더럽히고 파멸(波滅)의 길로 이끌고 있는 것이다. 이와 같은 《진리(眞理)》의 《경전(經典)》을 남김으로써 일어난 세 번의 《경전(經典)》 왜곡으로 인한 《종교(宗敎)》 탈취로써 인간 무리들의 《정신적(精神的)》 지배를 노린 《대마왕》 불보살들과 《악마(惡魔)의 신(神)》들인 《대마왕신족(神族)》들은 《종교(宗敎)》의 《교주(敎主)》 노릇을 함과 동시에 반복(反復)되는 윤회(輪廻)로 《사제단》을 통제하여 《종교(宗敎)》의 《주도권》을 쥠으로써 인간 무리들의 정신세계를 타락시켜간 것이다.

이러한 폐단을 없애기 위해 《석가모니 하나님 부처님》께서는 《로마 공화정》부터는 처음 《문명기(文明期)》를 연 《수메르 문명》과 《이집트 문명》과 《그리스 문명》 때처럼 많은 《신전(神殿)》과 《사원(寺院)》을 짓고 《사제(司祭)》들을 교육시켜 《사제》들로 하여금 인간 무리들에게 직접 《석가모니 하나님 부처님》의 《진리(眞理)의 법(法)》을 가르쳐 《재가신교(在家神敎)》로 자리하게 한 후 《생활신교(生活神敎)》로 승화시킴으로써 《인간》들의 《진화(進化)》를 도모한 것이다.

《석가모니 하나님 부처님》의 《진리(眞理)》의 《법(法)》은 한마디로 말씀드리면, 《진화(進

化)》를 가르치는 것이다. 즉, 《선악(善惡)》 양면성을 가진 《대마왕》 불보살들을 제외한 《악(惡)》을 근본 바탕으로 하는 《악마(惡魔)의 신(神)》들인 《대마왕신족(神族)》들은 《진화(進化)》의 법칙이나 이에 따른 《만물(萬物)》 생성(生成)의 이치와 《인간》으로 진화(進化)하기까지의 《이치》에 대하여서는 전연 모른다. 이 때문에 《석가모니 하나님 부처님》의 진리(眞理)의 법(法)은 《악마(惡魔)의 신(神)》들인 《대마왕신(神)》들에게는 《빛(光)》의 《칼날》과 같은 것이기 때문에 《악마(惡魔)의 신(神)》들인 《대마왕신(神)》들이 감히 쉽게 범접을 하지 못하는 것이다. 이 때문에 《신전(神殿)》과 《사원(寺院)》에서 직접 《석가모니 하나님 부처님》의 《진리(眞理)》의 《법(法)》을 가르침으로써 《경전(經典)》은 필요 없고 오로지 《신화(神話)》만 남게 되는 것이다.

이러한 《신화(神話)》들을 《악마(惡魔)의 신(神)》들 중 최고(最高)의 《대마왕신(神)》 《비로자나 1세》와 《문수보살 1세》를 제외한 여타 《대마왕》 불보살들이나 《악마(惡魔)의 신(神)》들인 《대마왕신족(神族)》들은 만들 실력을 갖추지 못하였기 때문에 《신화(神話)》를 만들 수가 없다. 완벽한 《신화(神話)》를 만들 수 있는 분들은 오로지 《선(善)》을 근본 바탕으로 하는 《대불(大佛)》들 밖에 없으며 《신화(神話)》 자체가 《진리(眞理)》라는 사실을 지금의 인간들은 전연 모르고 있는 것이다. 이와 같은 완벽한 《진리(眞理)의 신화(神話)》는 《대불(大佛)》들이 아니면 만들 수가 없는 《진리(眞理)》 자체라는 것을 오늘을 살고 있는 인간들은 알아야 하며, 《한 예》로 덧붙여 말씀드리면, 《이집트》 《사자(死者)의 서(書)》(Book of the Dead) 자체가 《석가모니 하나님 부처님》의 《진리(眞理)》의 법(法)이라는 사실을 똑바로 아시기 바란다.

이 때문에 《대마왕》 불보살들과 《악마(惡魔)의 신(神)》들인 《대마왕신족(神族)》들이 장악하고 있는 현재 지상(地上)의 각종 종교(宗敎)인 《천주교》, 《기독교》, 《불교》, 《회교》 등의 《교황(敎皇)》, 《신부》, 《목사》, 《승려》 등이 《석가모니 하나님 부처님》의 《진리(眞理)》의 법(法)은 전연 모르고 입에 바른 《수식어》만 잔뜩 늘어놓는 《진화(進化)》를 무시한 《창조》의 논리(論理)만 내세우고 《창조(創造)》가 《진리(眞理)》인 양 호도하는 뒤바뀐 삿된 논리(論理)만 펼치는 파렴치한 무리들이라는 사실을 오늘을 살고 있는 인간 무리들은 분명히 알아야 하는 것이다. 그리고 인간들을 《구원(救援)》할 능력도 없는 자(者)들이 《구원(救援)》을 입에 담고 인간들에게 《사기(詐欺)》나 치는 무리들이 《대마왕》 불보살들과 《악마(惡魔)의 신(神)》들인 《대마왕신족(神族)》들인 것이다.

분명히 말씀드려, 《선악(善惡)》 양면성을 가지는 《대마왕》 불보살들이나 《악(惡)》을 근본 바탕으로 하는 《악마(惡魔)의 신(神)》들인 《대마왕신족(神族)》들이 《석가모니 하나님 부처님》《진리(眞理)》의 《법(法)》을 공부하여 깨우치지 못하면 《대마왕》이나 《악마(惡魔)의 신(神)》들인 《대마왕신(神)》의 탈(脫)을 깰 수가 없음을 분명히 하는 것이다. 이러한 이치는 《진리(眞理)》와 《마성(魔性)》의 대결에서 《진리(眞理)》가 승리하여야만 《대마왕》 불보살들이나 《악마(惡魔)의 신(神)》인 《대마왕신(神)》의 탈(脫)을 깰 수가 있기 때문이다.

《석가모니 하나님 부처님》《진리(眞理)의 법(法)》을 가르쳐 《재가신교(在家神敎)》로 자리하게 한 후 《생활신교(生活神敎)》로 승화시키는 이 자체가 《인간 진화》의 《완성》을 목표로 한 《신교(神敎)》로써 곧 《보살불교(菩薩佛敎)》가 되는 것이다.

즉, 《수메르 문명》이나 《이집트 문명》이나 《그리스 문명》이나 《로마 공화정(共和政)》 때의 《착함(善)》을 근본 바탕으로 하는 《신(神)》들을 따르는 《신교(神敎)》나 동양(東洋)에서 《한국(韓國)》을 중심한 《구막한제국(寇莫韓帝國)》 때나 《한반도(韓半島)》 《신라(新羅)》에서 꽃피워졌던 《보살불교(菩薩佛敎)》가 상기 말씀드린 《신교(神敎)》와 똑같이 《석가모니 하나님 부처님》께서 가르치시는 《진리(眞理)의 법(法)》으로부터 시작되는 《보살불교(菩薩佛敎)》라는 점을 《메시아(Messiah)》이신 《미륵불》이 분명히 하는 것이며, 이러한 《보살불교(菩薩佛敎)》 중 제일 수승한 《보살불교(菩薩佛敎)》가 《석가모니 하나님 부처님》께서 《도솔천》《내원궁》에서 설(說)하신 《성문법(聲聞法)》이 고대 《인도》에서 《굴내결집본》으로 나타난 《경율(經律)》 2장으로 된 《성문(聲聞)》의 불법(佛法)으로 다시 나타나 《한반도(韓半島)》 《신라(新羅)》로 전하여져 《석가모니 하나님 부처님》의 《진리(眞理)의 법(法)》인 《한단불교(桓檀佛敎)》와 결합되어 나타난 《보살불교(菩薩佛敎)》가 제일 수승한 《보살불교(菩薩佛敎)》임을 차제에 분명히 밝혀 두는 바이다.

이와 같이 하여 《석가모니 하나님 부처님》께서는 《로마 왕정기》와 《로마 공화정》에서는 《경전(經典)》을 남기시지 않고 많은 《신전(神殿)》과 《사원(寺院)》을 지어 《대사제장》으로 《폰티펙스 막시무스》직(職)을 두고 《대신관(pontifices)》들과 《원로사제》들인 《렉스 사크로룸(rex sacrorum)》과 《사제관(flamines)》들과 《무녀》들인 《베스타(vesta)》로써 《사제직(司祭職)》을 두어 《로마인》들에게 《석가모니 하나님 부처님》《진리(眞理)의 법(法)》을 가르쳐 《재가신교(在家神敎)》와 《생활신교(生活神敎)》로 자리하게 함으로써 평범한 《로마인》들에게 《종교(宗敎)》는 일상생활의 일부로 자리하게 한 것이다. 이러한 《신전(神殿)》과 《사원(寺院)》에서 《석가모니 하나님 부처님》《진리(眞理)의 법(法)》을 가르치는 《사제직(司祭職)》은 《귀족 계급》들로 구성이 되어 《무녀직》을 제외한 《사제》들은 결혼을 하였으며 가족들을 거느리며 정치적으로

도 활발한 활동을 한 것이다. 이때의 《귀족 계급》은 사실상 《신(神)》으로 이름되는 《불보살(佛菩薩)》들의 자녀(子女)들인 것이다.

　이와 같이 《로마 왕정기》(753BC~509BC)와 《로마 공화정》(509BC~27BC) 때의 종교(宗敎)는 《착함(善)》을 근본 바탕으로 한 《불보살(佛菩薩)》들을 《신(神)》으로 호칭을 한 《신교(神敎)》였음을 분명히 하는 것이다. 이로써 《석가모니 하나님 부처님》께서는 이후부터 《경전(經典)》을 남기시지 않고 《석가모니 하나님 부처님》《진리(眞理)의 법(法)》을 인간들에게 직접 가르침으로써 인간 무리들의 《진화(進化)》를 도모하셨다는 사실을 깊이 인식하시기 바란다.

　그리고 최근 밝혀진 중요한 사실을 덧붙여 기록으로 남기면, 《석가모니 하나님 부처님》이신 《테라(Terah)》께서 BC 1996년 《하란(Harran)》에서 《아브람》으로 이름한 《아미타불(佛)》을 《히브리 왕국》 초대 왕으로 임명하시고 《유대인》들을 위해 《유대교 성경》인 《타나크》를 소의 경전(經典)으로 하여 《유대교》를 출발시킬 때 반복(反復)되는 윤회(輪廻)로 《이집트》 《12왕조》 초대 파라오로 자리한 《아메넴헤트 1세》(재위 1991BC~1962BC)로 이름한 훗날 《예수》로 이름하고 오는 《약왕보살》로 하여금 《이스라엘인(人)》들을 위해 《크라이스트 사상》과 《아노도미니 사상》을 바탕으로 하여 《카르나크 대신전(大神殿)》에서 《테베 삼신(三神)》을 받드는 《초기 기독교》를 동시에 출발시키시는 것이다.

　이와 같은 《테베 삼신(三神)》이 《아멘》으로 이름하는 《석가모니 하나님 부처님》과 《뮤트》로 이름된 《관세음보살》과 《콘수》 또는 《몬투》로 이름된 《메시아》이신 《미륵불(佛)》을 말하는 것이다.

　이러한 《테베 삼신(三神)》을 받드는 《초기 기독교》가 《로마 왕정기》와 《로마 공화정》 때 《카피톨린 삼신(三神)》을 받드는 진화(進化)된 《초기 기독교》로 자리함으로써 《로마 신교(神敎)》는 《초기 기독교》가 처음으로 꽃피워진 종교(宗敎)였음이 만천하에 드러난 것이다. 《카피톨린 삼신(三神)》은 《로마왕정기》에서는 ④번 『로마 종교(宗敎)』에서 밝힌 바와 같이 《석가모니 하나님 부처님》을 『쥬피터 신(神)』으로 이름하고 《메시아》이신 《미륵불(佛)》을 『마르스 신(神)』으로 이름하고 《악마(惡魔)의 신(神)》인 최고의 대마왕신(神) 《비로자나 1세》를 『퀴리누스 신(神)』으로 이름하고 한때 《테베 삼신(三神)》으로 자리하였던 《관세음보살》을 《빅토리 신전》을 만들어 따로 두고 악랄한 《악마(惡魔)의 신(神)》인 《비로자나 1세》가 《카피톨린 삼신(三神)에 《퀴리누스》로 이름하고 자리한 적이 있었으나 《로마 공화정》때는 《퀴리누스》가 최고의 《악마의 신(神)》임이 발각이 되어 이후는 《천지인(天地人)》 우주 구분에서 《지(地)》의 우주를 선도하시는 《그리스 신화》에서 《제우스 신(神)》으로 자리하시는 《노사나불(佛)》이 『미네르바 신(神)』으로 이름하고 《카피톨린 삼신(三神)》 대열에 합류를 한 것이다.

    이로써 『로마』는 《로마공화정》 때에 《쥬피터 신(神)》, 《마르스 신(神)》, 《미네르바 신(神)》을 《카피톨린 삼신(三神)》으로 이름하고 신앙을 함으로써 일찍부터 전하여져 오던 《초기 기독교》를 크게 꽃 피울 수 있었던 사실을 《메시아》이신 《미륵불(佛)》이 분명히 밝히는 바이며, 《로마 신교(神敎)》가 곧 《초기 기독교》가 전래된 종교(宗敎)임도 분명히 함과 아울러 이 때문에 서력기원 후에 《악마(惡魔)의 신(神)》들인 대마왕신(神)들에 의해 만들어진 《예수》를 신앙하는 종교를 《마왕 기독교》로 단정을 지우는 것이다.

※ 특기(特記) 19 :

[문명기(文明期)와 신전(神殿)]

    《문명권》을 크게 나누면, 《수메르 문명》(5200BC~4100BC)과 그 연장선상에서 일어난 《수메르 문명권 문명》(4100BC~1674BC)과 《그리스 문명(키클라데스, 미노아, 미케네)》(3200BC~1140BC)과 《이집트 문명(원왕조~20왕조)》(3900BC~1077BC) 등 셋으로 나눈다.

    이러한 문명(文明) 중 《수메르 신화(神話)》와 연관된 《수메르 문명》과 그 연장선상에 있는 《수밀이국》과 《우루국(Ur)》 등 《수메르 문명권》에서는 진행을 하면서 밝힌 바 있듯이 《호칭》을 달리한 《석가모니 하나님 부처님》과 《선(善)》을 근본 바탕으로 한 《석가모니 하나님 부처님》 직계 불보살(佛菩薩)들이신 《미륵불》, 《아미타불》, 《대관세음보살》, 《약상보살》, 《약왕보살》, 《일월등명불》 등이 여러 《신전(神殿)》과 수많은 사원(寺院)에 자리한 것이다.

다음으로 《그리스 신화(神話)》와 연계된 《그리스 문명》은 우리들 태양계(太陽界)에 있어서 《석가모니 하나님 부처님》의 《목성(木星, Jupiter)》을 제외한 행성(行星) 10을 법신(法身)으로 한 《선(善)》을 근본 바탕으로 하는 《불보살》들과 《선악(善惡)》 양면성을 가진 《대마왕 불보살》들과 《악(惡)》을 근본 바탕으로 하는 《악마(惡魔)의 신(神)》들인 《대마왕신(神)》들이 골고루 포진하여 있으며, 따로 《악마(惡魔)의 신(神)》으로서 《대마왕신(神)》인 《아프로디테》와 《야훼 신(神)》이 포함된 《올림포스(Olympians) 12신(神)》으로 자리하며 이외에도 《쌍둥이천왕불》이 《헤라클레스(Heracles)》로 이름하고 《지장보살》이 《하데스(Hades)》로 이름하고 《문수보살》이 《포세이돈(Poseidon)》으로 이름하여 이들 《15신(神)》들이 모두 《신전(神殿)》과 《사원(寺院)》에 자리한 것이다. 이와 같은 《신(神)》들 중 《올림포스 12신(神)》을 밝혀 드리면 다음과 같다.

[표 1-5-2-6] 올림포스 12신(神)(Twelve Olympians)

일련번호	그리스신(神)	본색 신명(神名)	신(神) 구분	법궁(法宮)	역할
1	제우스(Zeus)	노사나불	○	태양	신들의 왕
2	헤스티아(Hestia)	제우스의 딸	○	수성	화롯불 주관
3	헤라(Hera)	백의관음	●	금성	제우스의 아내
4	아레스(Ares)	문수보살	◐	지구	군신(軍神)
5	데메테르(Demeter)	관세음보살	○	달	곡물의 성장 주관
6	헤르메스(Hermes)	미륵불	○	화성	전령(傳令) 나그네 수호신
7	아프로디테(Aphrodite)	헤파이스토스의 아내	●		사랑과 미의 여신
8	헤파이스토스(Hephaestus)	지장보살	◐	토성	불과 대장간의 신(神)
9	아테나(Athena)	천왕불(佛)	◐	천왕성	전쟁과 지혜의 신(神)
10	아르테미스(Artemis)	약상보살	○	해왕성	사냥과 출산의 신(神)
11	아폴로(Apollo)	약왕보살	○	명왕성	태양신, 음악, 의술, 궁술, 예언의 신
12	디오니소스(Dionysus)	야훼 신(神)	●	태양계 밖 가스(Gas) 성(星)	주신(酒神)

> ○ : 《선(善)》을 근본 바탕으로 하는 《불보살》
> ◐ : 《선악(善惡)》 양면성을 근본 바탕으로 하는 《대마왕 불보살》
> ● : 《악(惡)》을 근본 바탕으로 하는 《악마(惡魔)의 신(神)》인 《대마왕신(神)》
> ※ 헤라클레스(Heracles)는 《쌍둥이 천왕불》을 이름하며 지옥을 담당하는 《하데스(Hades)》는 《지장보살》을 이름한다.
> ※ 《포세이돈(Poseidon)》은 《문수보살》이 《천일우주(天一宇宙)》 100의 궁(宮)의 《용자리 알파성(星)》을 법신(法身)으로 하였을 때의 신명(神名)이다.

다음으로 《이집트 신화(神話)》와 연계된 《이집트》는 《상(上) 이집트》를 《메시아》이신 《미륵불》이 《BC 4000년 ~ BC 3500년》간 《호루스(Horus)》로 이름하고 교화(敎化)를 시켰으며 《하(下) 이집트》는 《아미타불》께서 《BC 4400년 ~ BC 3900년》간 《오시리스(Osiris)》로 이름하고 교화(敎化)를 시키신 것이다. 이러한 《이집트》에 대한 간략히 정리된 《역사(歷史)》 구분 표를 참고하여 다음을 진행하겠다.

[표 1-5-2-7] 이집트 통치(統治)의 역사적 구분

구분	시대	기간	비고
교화기	상(上) 이집트 교화기	4000BC~3500BC	교화하신 분 : 미륵불 교화 대상 : 아미타불 후손인 이스라엘인과 쌍둥이 천왕불 후손 구석기인을 신석기인으로 전환
교화기	하(下) 이집트 교화기 (선 왕조)	4400BC~3900BC	교화하신 분 : 아미타불 교화 대상 : 아미타불 직계 구석기인과 천관파군 1세 후손 구석기인
문명기	원 왕조 (0 Dynasty)	3900BC~3100BC	호루스(Horus)로 이름하신 《메시아(Messiah)》이신 《미륵불》이 이집트를 통일하여 왕조 시대를 출발 준비를 위한 통치 기간
왕조시대	이집트 내부 세력에 의한 통치기(3100BC~1077BC)		
왕조시대	1. 1 왕조 ~ 12 왕조	3100BC~1802BC	《석가모니 하나님 부처님》 직계 불(佛), 보살(菩薩)들만 통치

왕조시대	2. 13 왕조 ~ 20 왕조	1802BC~1077BC	《석가모니 하나님 부처님》 직계 불(佛), 보살(菩薩) 및 대마왕들과 《악마(惡魔)의 신(神)》들인 대마왕신(神)들이 혼재되어 통치
	이집트 외부 세력에 의한 통치기(1077BC~현재)		
	1. 내부 요청에 의한 외부 세력 지배기	1077BC~332BC	
	2. 순수 외부 침략으로 인한 지배기	332BC~현재	
	1) 고전 고대		
	① 프톨레마이오스 왕조(Ptolemai Egypt)	332BC~30BC	
	② 로마제국과 비잔틴 제국 점령	30BC~AD641	
	③ 사산 페르시아 제국 점령(Sassanid Egypt)	AD621~AD629	
	2) 아랍 세력 점령기(중세)		
	① 아랍(Arab Egypt)	AD641~AD969	
	② 파티마 왕조(Fatimid Egypt)	AD969~AD1171	
	③ 아이유브 왕조(Ayyubid Egypt)	AD1171~AD1250	
	④ 맘루크 왕조(Mamluk Egypt)	AD1250~AD1517	
	3) 초기 현대		
	① 오스만 왕조(Ottoman Egypt)	AD1517~AD1867	
	② 이집트 크헤이바테(Kheivate of Egypt)	AD1867~AD1914	
	4) 현대		
	① 영국 점령기	AD1882~AD1953	
	② 공화정	AD1953~현재	

　상기 [이집트 통치(統治)의 역사적 구분표]에 드러난 바와 같이 《원왕조 ~ 20왕조》(3900BC~1077BC)까지는 《선(善)》을 근본 바탕으로 하는 《석가모니 하나님 부처님》 직계 《불보살(佛菩薩)》들이신 《미륵불》, 《아미타불》, 《대관세음보살》, 《약왕보살》, 《약상보살》, 《관세음보살》 등께서 《신전(神殿)》과 각 사원(寺院) 등에서 호칭을 달리 하시어 자리하시는 것이다.

《상(上) 이집트》 나일강 인접 지역에 위치한 《카르나크 신전(神殿)》(Karnak Temple Complex)을 "예"로 들면 《테베 삼신(三神)》(Theban Triad)으로 《아문(Amun)》 또는 《아멘(Amen)》으로 이름하는 《석가모니 하나님 부처님》과 《뮤트(Mut)》로 이름하는 《관세음보살》과 아들 《콘수(Khonsu)》 또는 《몬투(Montu)》로 이름되는 《메시아(Messiah)》이신 《미륵불》이 《테베 삼신(三神)》(Theban Triad)으로 자리한 것이다. 현재 유적지에는 《아문-레(Amun-Re)》 또는 《아멘(Amen)》으로 이름되시는 《석가모니 하나님 부처님》 관할구와 《뮤트(Mut)》로 이름된 《관세음보살》의 관할구와 《몬투(Montu)》로 이름된 《메시아(Messiah)》이신 《미륵불》의 관할구와 《아멘호테프 4세》로 이름된 《악마(惡魔)의 신(神)》들 중 《최고(最高)》의 《대마왕신(神)》 《비로자나 1세》의 신전(神殿)이 자리하고 있으나 현재로써는 일반인들에게는 폐쇄되어 있다.

이와 같이 《수메르 문명》과 그 연장선상에 있는 《수메르 문명권》과 《이집트 문명권》은 대부분의 《신전(神殿)》과 《사원(寺院)》들이 《선(善)》을 근본 바탕으로 하는 《석가모니 하나님 부처님》 직계 《불보살》들이 자리하고 있으나 간혹 《악마(惡魔)의 신(神)》들인 《대마왕신(神)》들이 파고 들어와 《신전(神殿)》에 자리한 경우가 있다. 그러나 《그리스 문명》 신전(神殿)들에는 《선(善)》을 근본 바탕으로 하는 《불보살》들과 《선악(善惡)》 양면성을 근본 바탕으로 하는 《대마왕》《불보살》들과 《악(惡)》을 근본 바탕으로 하는 《악마(惡魔)의 신(神)》들인 《대마왕신(神)》들이 골고루 《신전(神殿)》에 포진하여 있는 것이다.

이러한 《신(神)》들의 《천상(天上)》에서의 호칭을 정리하면, 《선(善)》을 근본 바탕으로 하는 《신(神)》들을 《진화(進化)》된 《불보살(佛菩薩)》로 구분하고 《선악(善惡)》 양면성을 근본 바탕으로 하는 《신(神)》들을 상대적으로 《진화(進化)》가 덜 된 《대마왕》《불보살(佛菩薩)》로 구분을 하나 일반적인 호칭은 《불보살(佛菩薩)》로 호칭을 한 것이며, 《악(惡)》을 근본 바탕으로 한 무리들을 《악마(惡魔)의 신(神)》들로서 《대마왕신(神)》으로 《천상(天上)》에서는 구분을 한 것이다. 이러한 《천상(天上)》의 구분을 묶은 《불보살(佛菩薩)》들과 《악마(惡魔)의 신(神)》들인 《대마왕신(神)》들을 《지상(地上)》에서는 《선(善)》을 근본 바탕으로 한 《신(神)》과 《선악(善惡)》 양면성을 근본 바탕으로 한 《신(神)》과 《악(惡)》을 근본 바탕으로 한 《악마(惡魔)의 신(神)》으로서 《대마왕신(神)》 등 《신(神)》들을 셋으로 구분하기 위해 《석가모니 하나님 부처님》께서는 이들 모두들의 호칭을 《신(神)》으로 이름하신 것이다.

그러나 이와 같이 《지상(地上)》에서 만들어진 《신(神)》들의 호칭을 《석가모니 하나님 부처님》의 뜻을 어기고 《악마(惡魔)의 신(神)》들 중 최고(最高)의 《대마왕신(神)》 《비로자나 1

세》가 《천상(天上)》에서 《1차 우주 쿠데타》를 결행하기 훨씬 이전부터 《석가모니 하나님 부처님》의 호(號)를 도용하여 그의 아들 이름을 《석가모니》로 이름하고 이후 호시탐탐 기회를 노리고 있다가 《석가모니 하나님 부처님》께서 《로마》통치기(統治期)에 들어와서 《로마인》들과 《로마》 점령지 백성들에게 《경전(經典)》을 도외시하고 《석가모니 하나님 부처님》 《진리(眞理)의 법(法)》인 《진화(進化)》를 가르쳐 《재가신교(在家神敎)》와 《생활신교(生活神敎)》로 정착시키시는데 크게 자극을 받은 《악마(惡魔)의 신(神)》들 중 최고(最高)의 《대마왕신(神)》 《비로자나 1세》는 때에 《마야(Maya)》 부인으로 이름한 악명(惡名) 높기로 유명한 《가이아 신(神)》 사이에서 《싯다르타 태자》(생몰 577BC~497BC)를 생산하여 《악마(惡魔)의 신(神)》으로서 《대마왕신》 부처(佛)를 이루게 하여 《한단불교》 이후 《두 번째》로 북반구 문명기에 들어와서 새로운 《종교(宗敎)》인 마왕 《불교(佛敎)》를 만들어 《천상(天上)》에서 《석가모니 하나님 부처님》께서 설(說)하신 《불법(佛法)》을 최고(最高)의 《대마왕신(神)》 《비로자나 1세》가 훔쳐 와서 그의 아들에게 전함으로써 《악마(惡魔)의 신(神)》인 《석가모니》가 부처(佛) 놀이를 하면서 《석가모니 하나님 부처님》 《불법(佛法)》을 파괴하여 《선악(善惡)》 양면성을 근본 바탕으로 한 《대마왕》 《불보살》들과 《악(惡)》을 근본 바탕으로 하는 《악마(惡魔)의 신(神)》들인 《대마왕신족(神族)》 모두들을 《불보살(佛菩薩)》로 호칭을 함으로써 《석가모니 하나님 부처님》께서 《지상(地上)》에 오시어 만들어 놓은 《신(神)》들의 세계를 파괴한 것이다.

이로써 뒷날 《메시아(Messiah)》이신 《미륵불》이 《불교(佛敎)》 용어(用語)를 재정리하면서 《선(善)》을 근본 바탕으로 하는 《불보살(佛菩薩)》들과 《선악(善惡)》 양면성을 근본 바탕으로 하는 《대마왕》 《불보살(佛菩薩)》들과 《악(惡)》을 근본 바탕으로 하는 《악마(惡魔)의 신(神)》들인 《대마왕신족(神族)》들로 다시 분류하여 《석가모니 하나님 부처님》의 허락을 얻은 것이다. 이와 같이 《동양(東洋)》과 《서양(西洋)》에 사는 인간 무리들의 《정신세계(精神世界)》를 갈라놓은 자들이 《악(惡)》을 근본 바탕으로 하는 《악마(惡魔)의 신(神)》들인 《대마왕신족(神族)》들이라는 사실을 깊이 인식하시기 바란다.

이와 같이 《신(神)》들의 세계와 《불보살(佛菩薩)》과 《악마(惡魔)의 신(神)》들인 《대마왕신(神)》들에 대해 상세하게 설명 드리는 이유는 《지상(地上)》의 《수메르 문명》과 그 연장선상에 있었던 《수메르 문명권》과 《이집트 문명》과 《로마 왕정기》와 《로마 공화정》과 《삼국통일》 이전의 동양 삼국(東洋三國)인 《신라》, 《고구려》, 《백제》가 모두 《석가모니 하나님 부처님》 《진리(眞理)의 법(法)》인 《진화(進化)》의 이치를 배움으로써 《천상(天上)》 용어(用語)로 《재가불교(在家佛敎)》와 《생활불교(生活佛敎)》를 실천하는 《대승(大乘)》 《보살불교(菩薩佛敎)》를 하였음을 밝히기 위해 지금까지 《종교(宗敎)》로 인해 일어난 기본적인 일들을 말씀드린 것이다.

　이러한 사실들에 대해 《학자(學者)》들 뿐만이 아니라 모든 지상(地上)의 백성들이 상기 설명 드린 내용들을 깊이 인식하셔야 《악마(惡魔)의 신(神)》들인 《대마왕신족(神族)》들의 마수와 속임으로부터 벗어나서 《파멸(波滅)》을 면하고 때에 《석가모니 하나님 부처님》께서 행(行)하시는 《구원(救援)》의 대열에 들어갈 수 있음을 분명히 하며 《석가모니 하나님 부처님》《진리(眞理)의 법(法)》인 《진화(進化)》의 《이치》를 가르치는 목적은 《인간》《진화(進化)》의 《완성》이 목표라는 점을 밝혀 두는 바이니 깊이 인식들 하시기 바란다.

---

⑥ [로마 구원사상(救援思想)과 《줄리안력(歷)》]

　《줄리어스 시저(Julius Caesar)》가 《BC 48년》 《이집트》에 갔을 때 《이집트》에서는 《1》년이 《365일》이라는 고정된 년도를 사용하는 《태양력(太陽曆)》을 경험하고 《로마》로 돌아와서 달력 문제를 해결하기 위해 시도하던 중 때마침 《석가모니 하나님 부처님》께서 《알렉산드리아》에서 《소시제네스(Sosigenes)》(생몰 105BC~44BC)로 이름하시고 《천문학자》로 계셨을 때 《석가모니 하나님 부처님》이신 《소시제네스(Sosigenes)》의 도움을 얻어 《줄리안력(歷)》과 《천문학(天文學)》《책력(연감)》이 만들어져 《문수보살 1세》인 《줄리어스 시저(Julius Caesar)》에게 전달됨으로써 이에 《줄리어스 시저(Julius Caesar)》는 《줄리안력(歷, Julian calendar)》의 발표와 함께 《서력기원(西曆紀元)》《원년(元年)》을 발표하게 되는 것이다.

　진행을 하면서 《필자》가 여러 번 밝혀 왔다 시피 《서력기원(西曆紀元)》 원년(元年)은 이러한 《줄리안력(歷)》에서 비롯된 것으로써, 《원년(元年)》의 기준이 되는 별(星)이 《문수보살》의 법신(法身)인 지금의 《용(龍)자리》《알파성(星)》 북쪽에 자리하고 있는 외톨이 별(星)인 《예수》의 전신(前身)인 《세트 신(神)》의 법신(法身)으로써 이를 《예수의 별》이라고도 한다. 이러한 《예수의 별》을 기준한 《서력기원(西曆紀元)》 원년(元年)의 《기원전(紀元前)》을 Before Christ의 약자인 《BC》로 표기하고 《기원후(紀元後)》를 Anno Domini의 약자인 《AD》로 표기하여 《초기 기독교》의 바탕이 되는 《크라이스트(Christ)》 사상(思想)과 《아노 도미니(Anno Domini)》

사상(思想)을 《서력기원》에 담은 것이다.

　　이러한 《크라이스트(Christ)》 사상(思想)은 한마디로 말씀드려서 《석가모니 하나님 부처님》을 《원천창조주》로 받드는 사상이다. 즉, 《BC》로 표기되는 《Before Christ》의 《크라이스트(Christ)》는 《원천창조주》이신 《석가모니 하나님 부처님》께서 진리(眞理)의 법(法)으로 행(行)하시는 《구원(救援)》을 뜻하는 의미를 줄인 《창조주의 구원(救援)》을 뜻하는 용어로써 《석가모니 하나님 부처님》에 의한 《구원이전》을 뜻하는 용어가 《Before Christ(비포 크라이스트)》인 것이며, 《Anno Domini(아노 도미니)》는 《메시아》이신 《미륵불(佛)》에게 실상(實相)의 법(法)으로 구원(救援)의 길로 인도하여 달라고 요청하는 기원문(祈願文)으로써 **《메시아여 저희들을 실상(實相)의 법(法)으로 구원의 길로 인도하소서》**라고 기원(祈願)하는 용어가 《Anno Domini》이다. 이렇듯 《BC》와 《AD》는 《메시아(Messiah)》이신 《미륵불》이 《구원(救援)》의 길로 인도하게 되면 《구세주(救世主)》이신 《석가모니 하나님 부처님》께서 《구원(救援)》하시게 된다는 《구원사상(救援思想)》이 《서력기원》《원년(元年)》에 깃들어 있음과 동시에 《서력원년》이 다하면 《구원(救援)》의 때가 오게 됨을 묵시적으로 예언한 것이 《BC》와 《AD》를 《기원전후》로 표기하는 뜻이 되는 것이다.

　　여러 번 말씀 드렸듯이, 《아미타불》이나 《노사나불》이나 《미륵불》 등 불법(佛法) 일치를 이루신 부처님들 모두는 《중생(衆生)》들을 《구원(救援)》의 길로 인도하는 인도자 일뿐이며, 구원(救援)을 하시는 분은 단 한 분 《원천창조주》이신 《석가모니 하나님 부처님》뿐 이심을 명심하시기 바란다.

　　이러한 《서력기원》《원년》에 《구세주(救世主)》이신 《석가모니 하나님 부처님》으로 인한 《구원사상》을 담게 된 배경은 《로마 공화정》(509BC~27BC)까지는 《석가모니 하나님 부처님》을 비롯한 불법(佛法) 일치를 이루신 큰 부처님들이신 《아미타불》, 《노사나불》, 《미륵불》 등께서 반복(反復)되는 윤회(輪廻)로 《집정관(執政官, consul)》들이 되시어 노력하신 결과, 《로마인》들에게는 《도덕성(道德性)》과 《사회정의(社會正義)》가 확립이 되고 그러한 바탕에 《석가모니 하나님 부처님》《진리(眞理)》의 법(法)인 《진화(進化)》의 이치가 완전히 뿌리 내린 것이다. 이러한 증거가 《로마 신화(神話)》이며 《주피터(Jupiter)》 신전이며, 《마르스(Mars)》 신전이며, 《로마》에 있는 각종 《신전(神殿)》들이다. 이러한 《신전(神殿)》들 중 《주피터 신전》은 《목성(木星)》을 법신(法身)으로 한 《석가모니 하나님 부처님》을 섬기는 《신전》이며, 《마르스 신전》은 《화성(火星)》을 법신(法身)으로 한 《메시아(Messiah)》이신 《미륵불(佛)》을 받드는 《신전》이다. 때문에 이와 같은 증거들은 《석가모니 하나님 부처님》《진리(眞理)》의 법(法)인 《우주간(宇宙間)》의 법(法)이 정착하지 않고는 있을 수 없는 증거가 되는 것이다.

　　이러한 가운데 《로마 공화정》 중반 무렵부터는 《로마》를 비롯한 《로마》 점령지와 전 《유럽》 등지에 《크라이스트(Christ)》 사상과 《아노 도미니(Anno Domini)》 사상이 보편화되어 있었던 것이다. 이는 비유를 하면 《한반도》에 《마왕불교》가 들어오기 이전까지 《신라》, 《백제》, 《고구려》 등 삼국(三國)이 《600년》간 《보살불교》를 신앙한 이치와 같은 배경인 것이다. 이러한 배경들이 《줄리안력(歷)》에서 기원전(紀元前)을 《BC》로 표기하고 기원후를 《AD》로 표기하게 된 배경이 되는 것이다.

　　이와 같이 《로마 공화정》 마지막 무렵 《딕타토르(Dictator)》였던 《줄리어스 시저》가 《줄리안력(歷)》을 발표한 것이 《줄리어스 시저》로 이름하였던 《문수보살 1세》를 《악마(惡魔)의 신(神)》들인 《대마왕신(神)》들이 《암살》하게 된 직접적인 원인이며, 이후 《로마 제국(帝國)》(27BC~AD286)을 선포하고 《석가모니 하나님 부처님》《진리(眞理)》의 법(法)에 반기를 든 《2차 우주 쿠데타》를 《지상(地上)》에서 일으킨 직접적인 원인이 되는 것이다.

가> [줄리안(Julian) 력(歷)과 아노 도미니(Anno Domini) 사상(思想)의 수난(受難)과 그레고리안(Gregorian) 력(歷)]

　　《우주간(宇宙間)》과 《세간(世間)》의 《대사기꾼》인 악질 《악마(惡魔)의 신(神)》으로서 《대마왕신(神)》《천관파군 2세》인 《이오 신(神)》이 반복(反復)되는 윤회(輪廻)를 통하여 이번에는 《디오니시우스 엑시구스(Dionysius Exiguus)》(생몰 AD470~AD544)로 이름하고 태어나서 있지도 않았던 《예수님》 부활을 기념하는 《부활절》 테이블을 고안하면서 힌트(Hint)를 얻어 다음과 같은 목적으로 다시 지상(地上)의 인류들을 속이는 파렴치한 《대사기극》을 준비하는 것이다. 이와 같이 그가 《대사기극》을 벌이기 위해 노린 목적부터 설명을 드리면 다음과 같다.

《디오니시우스 엑시구스(Dionysius Exiguus)》가 부활절

테이블을 고안하면서 벌인 대사기극의 목적

(1) 《부활절》 테이블의 합리화
　　※ 부활절 주야 평분시가 《줄리안력(율리우스력, Julian calendar)》은 유동적, 《그레고리안력(그레고리력, Gregorian calendar)》에서는 주야 평분시가 고정

(2) 《아노 도미니(Anno Domini)》 사상의 탈취
　　※ 《아노 도미니(Anno Domini)》 기원(紀元)의 개발자로 자처

(3) 《줄리안력(歷)》 탈취
　　※ 훗날 반복되는 윤회로 《로마 가톨릭》 교황(敎皇) 《그레고리 13세(Gregory XIII)》(생몰 AD1502~AD1585)가 되었을 때 전생(前生) 《엑시구스》 때에 《줄리안력(율리우스력, Julian calendar)》을 일부 수정한 내용을 가지고 《줄리안력》 자체를 《그레고리안력(歷)》(그레고리력, Gregorian calendar)으로 이름함으로써 《줄리안력》을 탈취한 것임.

상기와 같은 목적을 위해 《디오니시우스 엑시구스(Dionysius Exiguus)》가 준비한 내용을 간단한 《표》로 만들어 다음 설명을 드리도록 하겠다.

[표 1-5-2-8] 《줄리안력(율리우스력, Julian calendar)과 그레고리안력(그레고리력, Gregorian calendar)의 차이 비교표》

자전축 기울기(Axial tilt)	23°26′21″.4119
《고정(固定)》된 자전축 기울기에 따른 태양년	365.24219827일
줄리안력 태양년	365.25일
그레고리안력 태양년	365.2425일

※ 비고 :

· 디오니시우스 엑시구스(Dionysius Exiguus, 생몰 AD470~AD544)
 - 신명(神名) : 《악마(惡魔)의 신(神)》인 천관파군 2세인 이오 신(神)
 - 부활절 테이블 고안자
 - 아노 도미니 기원(Anno Domini era) 개발자로 자처한 사기꾼.

· 교황 그레고리 13세(Pope Gregory XIII, 생몰 AD1502~AD1585)
 - 신명(神名) : 《악마(惡魔)의 신(神)》인 천관파군 2세인 이오 신(神)
 - 교황 재직 AD1572~AD1585
 - 그레고리력 창시자

※ 상기《표》의 설명에 앞서 여러분들께서는 우주간(宇宙間)의 진리(眞理) 한 부분을 이해하셔야 상기《표》의 설명을 이해하시는 데 큰 도움이 됨으로써 먼저《우주간(宇宙間)》의 진리(眞理) 한 부분부터 말씀 드리도록 하겠다.

　현재의《오리온좌》성단(星團)을《천일일(天一一) 우주》라고 한다. 이러한《천일일(天一一) 우주》는 현존(現存) 우주 최초로 태어난《상천궁(上天宮)》과 함께《석가모니 하나님 부처님》께서 직접 만드신《우주(宇宙)》이다.《석가모니 하나님 부처님》께서는 이와 같은《천일일(天一一) 우주》를 완성하신 이후《쌍둥이》이동 천궁도 성단인《6×5×6》천궁도 성단을 만드시어《천일일(天一一) 우주》아래의 우주로 여행을 하시다가《인일일(人一一) 우주》가 들어설 곳에 도착한 후《쌍둥이》천궁(天宮) 중 한쪽이 먼저 진화(進化)를 마친 후 대폭발을 일으켜 지금의 우리들 태양계에 자리한《중성자(中性子)》《태양성(太陽星)》인《목성(木星)》을 탄생시킨다.

　이러한《목성(木星)》이《석가모니 하나님 부처님》의 법신(法身)이다. 이와 같이 하여 태어난《중성자(中性子)》《태양성(太陽星)》인《목성(木星)》은《쌍둥이 천궁》중 남은 한쪽의 천궁(天宮)을 중심하여 외곽에《목성(木星)》이 자리하여 새로운 이동 성단을 이룬 이후 여행을 하면서《인일일(人一一)》우주를 완성시키고《인일이(人一二) 우주》를 절반 쯤 만들었을 때《이동 성단》중심을 이루었던《천궁(天宮)》도 진화의 과정을 모두 마치고《목성(木星)》이 탄생한 이후《15억 년(億年)》만에 대폭발을 일으켜《지구(地球)》와《달(月)》,《화성(火星)》등 삼성을 차례로 탄생시키게 된다.

　　이렇게 하여 탄생된 《목성》, 《지구(地球)》, 《달(月)》, 《화성(火星)》 등 4성(四星)을 《석가모니 하나님 부처님》《진신 4성(眞身四星)》이라고 하며, 이러한 《진신 4성(眞身四星)》은 《석가모니 하나님 부처님》 법신(法身)인 《중성자(中性子)》《태양성(太陽星)》을 중심으로 《지구》, 《달》, 《화성》이 우주간(宇宙間)의 법칙 중 하나인 《1-3의 법칙》에 의해 자리함으로써 《지구》, 《달》, 《화성》 등의 3성(三星)은 《지축(地軸)》의 기울기와 《자전(自轉)》 속도 등은 《목성(木星)》의 《통제하(統制下)》에 있게 되는 것이다. 이러한 《진신 4성(眞身四星)》 중 《지구(地球)》는 한때 《문수보살 1세》의 법신(法身)이었으나 《문수보살 1세》가 《지상(地上)》에 와서 《대마왕》이 되었기 때문에 지금은 《석가모니 하나님 부처님》께서 환수하시어 관리하시는 상태이며, 《달(月)》은 《관세음보살 1세》의 법신(法身)이며, 《화성(火星)》은 《메시아(Messiah)》의 법신(法身)이 된다.

　　이렇게 하여 탄생된 《석가모니 하나님 부처님》《진신 4성(眞身四星)》은 《인일이(人一二)》 우주를 완성하고 이어서 《인일삼(人一三)》 우주와 《은하수(銀河水)》를 만든 후 《중계(中界)의 우주》로 넘어와서 《노사나불》《지일(地一)》의 7성(七星)과 만나 지금으로부터 《20억 년(億年)》 전(前)에 현재와 같은 《태양계(太陽界)》를 이루게 된다.

　　이와 같은 《태양계(太陽界)》를 이루기 이전 《석가모니 하나님 부처님》 진신 4성은 《천(天)》과 《인(人)》의 우주의 길인 《시계 방향》의 회전을 하는 《1-3-1의 길》을 따르고 《노사나불》《지일(地一)》의 7성(七星)인 《태양성》, 《수성》, 《금성》, 《토성》, 《천왕성》, 《해왕성》, 《명왕성》 등 7성은 《지(地)》의 우주의 길인 《시계 반대 방향》의 회전을 하는 《1-4-1의 길》을 따르고 있었으나 《노사나불》《지일(地一)》의 7성(星)과 《석가모니 하나님 부처님》《진신 4성》이 만나 하나의 《태양계(太陽界)》를 이루게 됨으로써 《선천우주(先天宇宙)》 동안은 《노사나불》 법신(法身)인 《태양성(太陽星)》을 중심한 《시계 반대 방향》 회전 체제인 《지(地)의 우주》 운행 체계로 들어가게 된다. 이로써 《석가모니 하나님 부처님》《진신 4성》 모두가 《회전 방향》이 《시계 반대 방향》 회전으로 바뀌게 됨으로써 《지구(地球)》의 축(軸)이 《23°26′21″.4119》로 기울어지게 된 것이다.

　　이렇듯 《지구》의 축(軸)이 기울어져도 이의 《통제력》은 《노사나불》의 《태양성》이 갖는 것이 아니라 《목성(木星)》이 가지고 있는 것이다. 이러한 《지구(地球)》의 자전축(自轉軸)이 항상 고정되어 있는 것이 아니고 회전(回轉)을 하면서 《자전축》의 《고정점》에서 일정한 《오차》 범위 내에서 《역동적(力動的)》으로 움직이게 되는 것이 정상적인 것이다.

이러한 일정한 《오차》 범위 내에서 《역동적》으로 움직이는 《자전축》을 무시하고 《자전축》이 《고정점(固定點)》에 고착(固着)이 된 측정치인 《23°26′21″.4119》 때 계산한 《태양년》이 《365.24219827일》이다. 이러한 《태양년》의 측정치는 실제의 《태양년》과는 상당한 차이가 나는 것이다. 이러한 것을 감안하여 《석가모니 하나님 부처님》께서 《소시제네스(Sosigenes)(생몰 105BC~44BC)》로 이름하고 오시어 《줄리안력(歷)》을 만드실 때 《자전축》의 《오차》를 《23.4°》로 묶고 《자전(自轉)》하는 《지구(地球)》의 《속도》를 통제(統制)함으로써 얻어내신 《태양년》이 《365.25일》이다.

《목성(木星)》이 《중성자 태양성(太陽星)》으로써 《석가모니 하나님 부처님》의 법신(法身)이며, 이러한 《석가모니 하나님 부처님》의 법신(法身)인 《목성(木星)》이 《지구축(地球軸)》의 기울기와 《회전(回轉)》 속도를 《통제(統制)》함을 진행을 하면서 말씀드렸다. 즉, 이러한 뜻은 현재의 《태양성(太陽星)》을 중심으로 하는 《지구(地球)》의 공전과 자전은 《석가모니 하나님 부처님》 뜻에 의해 이루어지는 것이며, 《태양년》인 《365.25일》 역시 《석가모니 하나님 부처님》 뜻에 의해 《통제(統制)》되고 《결정》된다는 사실을 모든 인간들은 알아야 하는 것이다.

이와 같이 하여 《태양년》이 《줄리안력(歷)》에서 《365.25일》로 결정된 사실도 모르는 《대사기꾼》 《악마(惡魔)의 신(神)》인 《디오니시우스 엑시구스(Dionysius Exiguus)》로 이름한 《천관파군 2세》인 《이오 신(神)》은 날조되고 허위로 만들어진 《부활절》 《테이블(Table)》을 만들면서 《줄리안력(율리우스력, Julian calendar)》은 주야평분시가 유동적이 되다 보니 이의 신빙성을 높이기 위해 주야 평분시를 고정시키기 위해 《태양년》을 《365.2425일》로 만든 것이다.

이러한 《태양년》을 숫자로 나열하면,

　　　　　○ 지구(地球)의 자전축이 고정(固定)되어 23°26′21″.4119가 되
　　　　　　었을 때 : 태양년 365.24219827일
　　　　　○ 줄리안력(歷) 태양년 : 365.25일

○ 그레고리안력(歷) 태양년 : 365.2425일

이상의 《태양년》 숫자 나열로 봤을 때 《그레고리안력(歷)》의 《태양년》인 《365.2425일》은 지구(地球)의 자전축(自轉軸)이 고정(固定)되었을 때의 《태양년》인 《365.24219827일》과는 근접하여 있다. 이러한 근접 수치가 나왔다 함은 지구(地球) 자전축(自轉軸)의 《오차》 범위를 인정한 것이 되는 것이다. 즉, 이 《대사기꾼》은 지구(地球) 자전축의 《오차》를 인위적(人爲的)으로 설정하였다는 뜻이 되는 것이다. 즉, 지구의 《자전축》이나 회전(回轉)에 대한 《통제력(統制力)》도 갖추지 못한 자가 임의로 그가 설정한 지구 《자전축》의 《오차》 범위내에서만 《지구(地球)》가 《자전》을 하여야만 된다는 웃지 못할 짓을 해놓고 《그레고리안력(歷)》의 《태양년》이 《365.2425일》이 된다는 억지 논리(論理)를 펴고 있는 것이다.

《석가모니 하나님 부처님》께서 《줄리안력(歷)》을 만드시면서 지구의 《자전축》의 《오차》 범위를 최대한 정확도를 높이기 위한 《23.4°》로 하시고 《오차》가 《+》가 되거나 《-》가 되었을 때는 지구의 자전 속도를 통제(統制)하심으로써 《태양년》을 《365.25일》로 하신 것이기 때문에 《줄리안력(歷)》의 《태양년》 《365.25일》은 정확한 날짜 계산인 것이다.

이러한 전문적인 지식이 없는 인간들에게 《악마(惡魔)의 신(神)》으로서 《대사기꾼》인 《디오니시우스 엑시구스(Dionysius Exiguus)》(AD470~AD544)로 이름한 《천관파군 2세》인 《이오 신(神)》은 《지축(地軸)》이 《오차》 범위를 가지고 《역동적(力動的)》으로 움직인다는 사실을 감추고, 《지축》이 《고정(固定)》이 되었을 때의 《태양년》인 《365.24219827일》에 그가 만든 《태양년》인 《365.2425일》이 《줄리안력》에서 말하는 《태양년》 《365.25일》보다 더 가깝고 정확하다고 거들먹거리며 날조된 《부활절》을 만들어 놓고 그 《테이블》을 만든 후 당대에 이미 훗날 반복(反復)되는 윤회(輪廻)를 통하여 《악마(惡魔)의 신(神)》으로서 《그레고리 13세(Pope Gregory XIII)》 교황(敎皇)이 되어 《줄리안력》을 탈취하여 이름만 바꾼 《그레고리안력》을 세간(世間)에 발표하게 되는 이론적(理論的) 근거를 이때 이미 마련하여 놓고 있었던 것이다.

이렇듯 《디오니시우스 엑시구스(Dionysius Exiguus)》(AD470~AD544)로 이름한 《악마(惡魔)의 신(神)》인 《대마왕신(神)》 《천관파군 2세》인 《이오 신(神)》이 《줄리안력》을 바로 탈취하는 도둑질을 못하고 훗날을 기약하고 그 근거만 정리하여 《교황청》에 보관한 이유는 당시까지만 해도 《그리스》, 《알제리》 등 곳곳에 《줄리안력》에 밝은 현자(賢者)들이 상당수 있었기 때문에 《줄리안력》으로부터 비롯된 《크라이스트(Christ)》 사상이 담긴 《BC》와 《아노 도미니(Anno Domini)》 사상과 관련된 《AD》 등 년(年)의 앞뒤에 붙는 《연호(年號)》에 있어서 《크라이스트(Christ)》는 《콘스탄틴 대제(大帝)》로 이름한 《천관파군 1세》에 의해 그들 《악마(惡魔)의 신(神)》들인 《대마왕신(神)》들이 《예수님》의 탈을 쓰고 《하나님》 행세를 하는 《예수 그리스도(Jesus Christ)》 명호(名號)를 만들면서 써 먹다 보니 남은 것은 《아노 도미니(Anno Domini)》의 약자인 《AD》이다. 이미 이의 탈취를 위해 그는 훗날을 위해 미리 그가 《아노 도미니(Anno Domini)》 개발자로 자처하는 《도둑질》《기록》을 남겨 놓게 된 것이다.

※ [결론(結論)]

이와 같이 《디오니시우스 엑시구스(Dionysius Exiguus)》(AD470~AD544)로 이름한 《악마(惡魔)의 신(神)》인 《천관파군 2세》인 《대마왕신(神)》《이오 신(神)》이 반복(反復)되는 윤회(輪廻)로 약 《1,000년(年)》이 지나서 《그레고리 13세》 교황(敎皇)(AD1502~AD1585, 재임 AD1572~AD1585)으로 이름하고 와서 《교황청》에 보관한 《디오니시우스 엑시구스(Dionysius Exiguus)》 때 정리하여 두었던 그의 기록을 찾아 《줄리안력(歷)》을 도둑질한 《그레고리안력(歷)》을 발표하게 된 것이다.

이렇듯 《1,000년》 세월의 오랜 기간을 두고 《그레고리안력(歷)》을 늦게 발표한 이유는 그 동안 지난 오랜 세월 덕분에 《줄리안력》에 밝은 현자(賢者)들은 모두 사라지고 《서력기원》 전후(前後)에 붙어있는 《비포 크라이스트(Before Christ)》 사상의 약자인 《BC》와 《아노 도미니(Anno Domini)》 사상의 약자인 《AD》에 깃들어져 있는 《구원사상(救援思想)》이 퇴색되어 인간들의 뇌리에 사라져가고 그저 습관적으로 《기원(紀元)》 전후를 표시하는 《BC》와 《AD》를 사용할 즈음, 《구원사상》을 자기들의 것으로 만들기 위해 파렴치한 《줄리안력》 도둑질을 마지막 수순으로 한 것이다.

이와 같이 《줄리안력》을 도둑질한 근본 목적이 《서력기원》 전후로 표기된 《BC》와 《AD》에 깃들어져 있는 《구원사상》을 도둑질함으로써 《구원사상》이 그들로부터 비롯된 것임을 꾸미기 위해 《줄리안력》을 도둑질하게 된 사연임을 오늘을 살고 있는 인간 무리들은 분명히 알아야 할 것이다. 본래《줄리안력》의《태양년》이 《365.25일》로써 만약에 이《태양년》이 잘못된 것이고 그들이 계산한《태양년》이 《365.2425일》로써 옳은 것이라면은《줄리안력》《수정본》임을 표기하고《력(歷)》 자체의 호칭은《줄리안력》으로 하는 것이 옳은 처사인데, 그들은《력(歷)》의 호칭마저《그레고리안력》으로 바꿈으로써《줄리안력》의 뼈대를 송두리째 가져가서 그들의 소유로 하였기 때문에《도둑질》로 표현하는 것이다. 이로써 지금까지 설명 드린 바와 같이《서력기원》전후(前後)에 깃들어져 있는《Before Christ》와《Anno Domini》등《구원사상》을 도둑질하는데 혈안이 되어 있었기 때문에《력(歷)》자체를 송두리째 도둑질하게 되었다는 사실을 분명히 하는 것이다.

이와 같이 오랜 세월 이전부터 오늘날까지《그레고리안력》에서 계산한《날(日)》자 계산은 모두 잘못된 것으로써 엉터리《력(歷)》이《그레고리안력(歷)》임을《메시아(Messiah)》가 분명히 하며 이로써 지상(地上)의 인류들에게《악마(惡魔)의 신(神)》들인《대마왕신(神)》들과《대마왕》불보살들이 행(行)한《파렴치》한 짓들을《메시아(Messiah)》가 알리는 바이며, 또한 그들은 이러한 모든 거짓되고 잘못된 것을《진리(眞理)》로 가장하고 그들의 후손(後孫)들을 가르침으로써 수많은 인류들을《파멸(波滅)》시켜 이들의《영혼》과《영신》들을《우주간(宇宙間)》의 침몰하는《블랙홀(Black Hole)》로 인도하여 영원히 사라져 가게 하고 있는 가공할 짓을 하고 있는 것이다. 이 때문에《줄리안력》과 관계를 이루고 있는《예수님》의 탄생일을 아직까지 바르게 알리지 못하는 것이다.

이러한《예수님》의 올바른 탄생일이 밝혀지면 그들은《줄리안력》을 다른 각도에서 악용(惡用)할 것임을《석가모니 하나님 부처님》께서는 잘 아시기 때문에《메시아(Messiah)》가 이를 밝히고자 하실 때 이를 밝히시지 못하게 만류를 하심으로써 오늘날까지《예수님》의 탄생일은 밝혀지지 않고 미궁에 빠져 있는 것임을 깊이 인식하시기 바란다.

그리고 이와 같이《BC 27년》《로마 제국(帝國)》을 출발시키면서《지상(地上)》에서 2차로《우주 쿠데타》를 일으킨 후《천주교》와《기독교》를 최고(最高)의《악마(惡魔)의 신(神)》인《대마왕신(神)》《비로자나 1세》를 비롯한《악마(惡魔)의 신(神)》들인《대마왕신(神)》들이 만들고 중간 중간 그들의 합리화를 위해《진리(眞理)》를 왜곡하고 백성들을 속이는 파렴치한 사기(詐欺)나 치는 무리들이 《2차 우주 쿠데타》가 종결된 《AD 2013년 10월》까지 《2,040년》간을 《천주교인》들과 《기독교인》들을 속여 온 것이다. 이 때문에 《메시아(Messiah)》이신 《미륵불(Maitreya Buddha)》께서는 《천주교인》들과 《기독교인》들에게 더 이상 속지 말고 올바른 《예수님의 법(法)》을 찾든지 차라리 모든 《종교(宗敎)》로부터 벗어나라고 가르치는 것이다.

※ 특기(特記) 20 :

[메시아(Messiah)께서 《기독인》들에게 드리는 당부]

지금까지 설명 드린 바와 같이, 《서력기원(西曆紀元)》 이전을 《BC》로 표기한다. 즉, BC 100 또는 BC 60 등으로써 기원전(紀元前) 100년 또는 기원전(紀元前) 60년 등이라는 뜻이다. 이러한 《BC》는 《Before Christ(비포 크라이스트)》의 약자(略字)로써 《Before(비포)》가 《이전(以前)》을 뜻하는 용어이며 《Christ(크라이스트, 그리스도)》가 원천창조주이신 《석가모니 하나님 부처님》께서 진리(眞理)의 법(法)으로 행(行)하시는 《구원(救援)》을 뜻하는 《하나님 구원》을 뜻하는 용어로써 《석가모니 하나님 부처님》께서 진리(眞理)의 법(法)으로 《인간 구원(救援)》을 하기 이전(以前)을 뜻하는 용어가 《Before Christ(비포 크라이스트)》로, 그 약자가 《BC》인 것이다.

다음으로 《서력기원(西曆紀元)》 이후를 《AD》로 표기하며 이러한 《AD》는 《Anno Domini》의 약자로써, 이러한 《아노 도미니(Anno Domini)》는 『《메시아(Messiah)여! 저희들을 구원(救援)의 길로 인도하소서』라고 하는 《메시아》에게 《실상(實相)의 법(法)》으로써 《구원의 길》로 인도하여 달라는 《기원문(祈願文)》이다. 즉, 《AD 2013》년으로 표기하였을 때 《메시아여! 2013년에는 저희를 《실상(實相)의 법(法)》으로써 구원(救援)의 길로 인도하소서》라는 뜻을 가지는 《기원문(祈願文)》이 되는 것이다.

즉, 《서력기원(西曆紀元)》 전후(前後)에 《BC》, 《AD》를 붙이는 총체적인 의미는 【《메시아(Messiah)여! 저희들을 《실상(實相)의 법(法)》으로 구원(救援)의 길로 인도하시고 《석가모니 하

**나님 부처님》! 저희들을 《진리(眞理)의 법(法)》으로 구원(救援)하소서】라는 《진리(眞理)》의 뜻을 담은 용어의 약자가 《BC》와 《AD》인 것이다.

　사정이 이러함에도 《AD 304년》에 《요한 성자》(AD274~AD304)로 이름한 《노사나불 1세》를 사형시키고 《AD 310년》에 《예수님》(AD274~AD310)으로 이름한 《약사유리광불》을 처형한 《로마 황제(皇帝)》로 자처한 《콘스탄티우스 클로루스(Constantius Chlorus)》(생몰 AD250~AD312, 로마 황제 사칭 재위 AD293~AD312)로 이름한 《악마(惡魔)의 신(神)》들 중 최고의 《대마왕신(神)》《비로자나 1세》가 이후 영국으로 건너갔다가 《AD 311년》《예수님》 죽임의 벌(罰)을 받아 《천상(天上)》으로부터 죽임을 당하기 직전 그가 다스리던 《로마 동부》 지역을 때에 그의 아들로 태어나 있던 《콘스탄틴 1세(Constantine I)》로 이름한 《악마(惡魔)의 신(神)》인 《대마왕신(神)》《천관파군 1세》에게 유언함으로써 물려주게 된다.

　이러한 이후 《콘스탄틴 1세》로 이름한 《악마(惡魔)의 신(神)》인 《천관파군 1세》는 《콘스탄틴 대제(大帝)》(생몰 AD272~AD337, 로마 황제 사칭 재위 AD312~AD324, 비잔틴 제국 재위 AD324~AD337)로 이름하고 그의 아비가 《요한성자》와 《예수님》을 처형한 바탕에서 당대 《예수님》의 12제자로 있던 《대마왕》 불보살들과 《악마(惡魔)의 신(神)》들인 《대마왕신(神)》들에게 명령하여 《예수님》 가르침의 《법(法)》을 제출받아 《예수님》 진리(眞理)의 법(法)을 송두리째 뽑아 버리고 변두리 법(法)과 《악마(惡魔)의 신(神)》들인 《대마왕신(神)》들의 《사상(思想)》을 담아 엉터리 《성경》을 만든 후 일부는 《구약(舊約)》과 함께 《베드로》로 이름한 《대마왕》《문수보살 1세》가 가진 후 《자칭 유대교단》을 이끌고 《예루살렘》에서 《로마(Rome)》로 들어가서 《자칭 유대교단》을 《로마 가톨릭》 교단으로 개명(改名)하고 《베드로》로 이름한 《대마왕》《문수보살 1세》가 《로마 가톨릭》 초대 교황(敎皇)으로 자리하는 것이다.

　한편, 《악마(惡魔)의 신(神)》인 《콘스탄틴 대제(大帝)》는 《비잔틴 제국(帝國)》(AD324~AD1453)을 출발시키면서 최초의 《기독교단》인 《동방정교회》를 출발시키면서 신앙의 대상은 《예수님(Jesus)》 이름을 팔아먹는 《예수 그리스도(Jesus Christ)》로 이름하고 《악마(惡魔)의 신(神)》인 《대마왕신(神)》《천관파군 1세》가 《하나님》 노릇을 하는 파렴치한 종교(宗敎) 집단을 만든 것이다.

　《서력기원》에서도 설명된 바와 같이, 신앙의 대상이 《예수님》이신 《약사유리광불》이 되면 올바른 《기독교》가 된다. 그러나 《예수 그리스도》가 되면 《그리스도》로 이름한

《크라이스트(Christ)》가 진리(眞理)의 법(法)으로 행(行)하는 《하나님 구원(救援)》이 되기 때문에 《예수 그리스도》는 《예수 하나님 구원》의 뜻이 된다.

이로써 《진리(眞理)의 법(法)》을 터득하고 《부처(佛)》까지 이루신 《예수님》으로서는 《석가모니 하나님 부처님》을 사칭하고 《원천창조주》이신 《석가모니 하나님 부처님》께서만이 행사할 수 있는 고유의 권한인 진리(眞理)의 법(法)으로 행(行)하는 《하나님 구원(救援)》의 자리에 나아갈 수 있는 입장이 못 된다. 그러므로 《예수 그리스도》로 이름하는 자리에 《예수님》은 나아가실 수가 없는 것이다. 이러한 점을 잘 아는 《콘스탄틴 대제(大帝)》로 이름한 《악마(惡魔)의 신(神)》인 《대마왕신(神)》《천관파군 1세》가 그러한 틈을 노려 《예수 그리스도》로 이름하고 《예수님》의 이름을 팔아 《하나님》 노릇을 하는 종교가 《예수 그리스도교(敎)》라는 사실을 오늘을 살고 있는 인간 무리들은 알아야 할 것이다.

즉, 《예수님》 이름을 팔아먹는 파렴치한 《악마(惡魔)의 신(神)》인 《대마왕신(神)》《천관파군 1세》를 《하나님》으로 받드는 《예수 그리스도(Jesus Christ)》를 외치는 《악마(惡魔)의 신(神)》 후손 인간 무리들의 종교(宗敎)가 오늘날까지 전하여져 온 마왕(魔王) 《기독교(敎)》라는 사실을 《메시아(Messiah)》가 분명히 밝히는 바이다.

오늘날도 그들 무리는 "《예수》를 믿으세요 《예수》를 믿으세요"하고 선전을 하며 인간 무리들을 《교회당》으로 인도하여 놓고는 느닷없이 《예수 그리스도》께 기도합니다 하고 《예수님(Jesus)》 이름을 팔아먹는 사기(詐欺)나 치는 《종교(宗敎)》《사기(詐欺)》 집단이 마왕(魔王) 《기독교 집단》임을 만천하에 《메시아(Messiah)》가 밝히는 바이며, 이러한 자(者)들도 이제 때가 되어 《천상(天上)》의 《재앙(災殃)》을 피할 수 없는 입장에 와 있다는 사실을 분명히 깨우치는 것이다. 그리고 이 때문에 모든 백성(百姓)들에게 하루빨리 어떠한 《종교(宗敎)》로부터도 벗어나시라고 《메시아》가 가르치고 있는 것이다.

《우주간의 법 해설》《요한계시록》(2008)이 출간될 때만 하여도 이러한 진리(眞理)가 밝혀지지 않아 《예수님》의 호칭 자리에 《예수 그리스도》로 호칭을 한 것이나 《진리(眞理)》의 실상이 모두 밝혀진 지금의 때에 《우주간의 법 해설》《요한계시록》 개정판을 내어 드리면서 이 부분들을 모두 고치는 것이 옳은 일이나 경제적인 여유가 없어 차제에 인터넷을 통해 이러한 사실들을 알려 드리는 것이니 양해하시기 바라며, 현재 전하여져 오는 《요한계시록》에서 《악마(惡魔)의 신(神)》들인 《대마왕신족(神族)》들에 의해 왜곡된 부분이 바로 이러한 점들이라는 사실을 아울러 밝혀 두는 바이며 이러한 《예수 그리스도교(敎)》를 운영하는 자(者)들 모두가 《악마(惡魔)의 신(神)》들인 《대마왕신(神)》들과 그들의 하수인들로서 《기독교인》들에게 《악마(惡魔)의 신(神)》들인 《대마왕신(神)》들의 《사상(思想)》과 《관념(觀念)》의 정수(精髓)인 《탐욕》과 《이기심》을 심어 《기독교인》들을 《파멸(波滅)》로 이끌고 있는 자(者)들임을 분명히 하는 것이다.

⑦ [로마 제국(帝國)] (27BC~AD286)

《줄리어스 시저》가 암살된 후 《대마왕》 불보살들과 《악마(惡魔)의 신(神)》들인 《대마왕신(神)》들은 《옥타비안(옥타비아누스, Octavian)》(생몰 63BC~AD14)으로 이름한 《대마왕》《문수보살 2세》를 원로원 추대 형식으로 추대하여 《석가모니 하나님 부처님》께에만 붙일 수 있는 《황제(皇帝)》 칭호를 도입한 후 《BC 27년》에 《아우구스투스(Augustus)》(재위 27BC~AD14) 황제(皇帝)로 이름하고 《로마》를 《제국(帝國)》으로 선포함으로써 《석가모니 하나님 부처님》《진리(眞理)의 법(法)》에 반기(反旗)를 드는 《지상(地上)》에서의 2차 《우주 쿠데타》를 정식으로 선포하고 《황제》와 종교 최고의 직인 최고 대제사장인 폰티펙스 막시무스(Pontifex Maximus)의 직을 동시에 침으로써 《신정일치(神政一致)》를 이루고 《황제(皇帝)》 스스로가 《신(神)》임을 밝히게 된다.

이러한 《황제(皇帝)》 숭배가 《쿼리누스(Quirinus)》로 이름한 《악마(惡魔)의 신(神)》들 중 최고(最高)의 《대마왕신(神)》인 《비로자나 1세》 숭배사상으로 집중시켰으며, 이후 《황제(皇帝)》의 자리는 《대마왕》 불보살들과 《악마(惡魔)의 신(神)》들인 《대마왕신(神)》들이 반복(反復)되는 《윤회(輪廻)》를 통하여 자리하는 가운데, 《황제(皇帝)》를 추종하는 것은 《로마》가 그 지역에 《로마》의 존재를 광고하는 주요 방법 중의 하나로 자리하게 하였으며, 《로마 제국》 전체에 걸쳐 함께 한 《문화적》 정체성과 충성심을 길러 줌으로써 《대마왕》 불보살들과 《악마(惡魔)의 신(神)》들인 《대마왕신(神)》들의 사상(思想)과 관념(觀念)을 심는 일에 주력한 것이다. 그리고 이러한 《대마왕》 불보살들과 《악마(惡魔)의 신(神)》들인 《대마왕신(神)》 출신 《황제(皇帝)》가 명령하는 《종교(宗敎)》의 거절은 곧 《반역죄》로 다스린 것이다.

이러한 《로마 제국(帝國)》에서 일어난 중요한 큰 사건들을 묶어서 정리하면 다음과 같다.

(1) 《지상(地上)》에서의 2차 《우주 쿠데타》
(2) 《퀴리누스(Quirinus)》 숭배 사상과 《유대인》 폭동
(3) 《로마 제국(帝國)》 해체(解體)

이상과 같이 정리된 내용 각각을 따로 분리하여 심층 있게 살펴보기로 하자.

가> 《지상(地上)》에서의 2차 우주 쿠데타와 《로마 제국(帝國)》 (27BC~AD286)

《지상(地上)》에서 펼쳐진 인류 《북반구 문명》의 기간은 《BC 8000 ~ AD 2000》년까지 1만 년(萬年) 기간이다. 이러한 《북반구 문명》 기간 중 인간(人間)들의 문명(文明)이 최초로 일어난 것이 《메소포타미아》 남부 지방에서 《BC 5200년》에 일어난 《수메르 문명》(5200BC~4100BC)이다. 이와 같은 《수메르 문명》이 일어난 후 《수메르 문명》과 그 연장선상에 있는 《수메르 문명권》을 정복하기 위한 《신(神)》들의 전쟁이 본격적으로 시작이 된 때가 《BC 4800년》으로써 이후 《BC 27년》 《로마 제국(帝國)》이 탄생하기 까지 《신(神)》들의 전쟁은 계속된다.

지상(地上)에서 펼쳐지는 인간(人間)들의 《역사(歷史)》는 옛날이나 지금이나 하나같이 《천상(天上)》에서 내려온 《선(善)》을 근본 바탕으로 한 《불보살》들과 《선악(善惡)》 양면성의 근본 바탕을 가진 《대마왕》《불보살》들과 《악(惡)》을 근본 바탕으로 한 《악마(惡魔)의 신(神)》들인 《대마왕신(神)》들이 인간 육신(肉身)을 가지고 반복(反復)되는 윤회(輪廻)로 태어나서 써내려온 기록들이라는 사실들을 염두에 두시고 다음을 생각하시기 바란다.

'《신(神)》들의 전쟁'이란 이와 같이 《선(善)》을 근본 바탕으로 하는 《불(佛)》《보살(菩薩)》들과 《선악(善惡)》 양면성의 근본 바탕을 가진 《대마왕》《불보살(佛菩薩)》들과 《악(惡)》을 근

본 바탕으로 하는 《악마(惡魔)의 신(神)》인 최고(最高)의 《대마왕신(神)》《비로자나 1세》가 거느리는 《대마왕신(神)》들이 인간 육신(肉身)을 가지고 태어나서 인간들의 지도자들이 되어 《인간 무리》쟁탈전을 벌이는 《선(善)》과 《악(惡)》의 대결 자체를 《신(神)》들의 전쟁이라고 하는 것이다.

이러한 《신(神)》들의 전쟁 결과로써 나타난 것이 《지상(地上)》에서 일어난 《석가모니 하나님 부처님》《진리(眞理)》의 《법(法)》에 반기를 든 《지상(地上)》에서 획책된 2차 《우주 쿠데타》로써 그 시작은 《로마 제국(帝國)》이 탄생한 《BC 27년》부터 지금까지 계속되고 있는 것이다. 즉, 《수메르 문명권》이 진행되는 가운데인 《BC 4800년》부터 《로마 제국(帝國)》이 탄생하는 《BC 27년》까지가 《신(神)》들의 전쟁 기간이 되며, 이후 《로마 제국(帝國)》이 탄생하는 《BC 27년》부터 지금까지가 《2차 우주 쿠데타》의 기간이 되는 것이다.

사정이 이러하다 보니 현재 《지상(地上)》에 남아 있는 인간들의 《역사(歷史)》 기록은 2차 《우주 쿠데타》를 일으킨 《다보불》계(系) 《대마왕》들과 《악마(惡魔)의 신(神)》들인 《비로자나 1세》계(系) 《대마왕신(神)》들과 그들의 후손들인 《마왕》들과 《마왕신(神)》《학자(學者)》들에 의해 고쳐지고 꾸며서 날조하고 왜곡된 《엉터리》《역사(歷史)》 기록들이 넘쳐나고 있는 실정이다. 《현상(現像)》 세계에 진리(眞理)가 그대로 드러난 것이 《실상(實相)》으로써의 인간들 《역사(歷史)》 기록들이 된다. 이러한 《역사(歷史)》 기록들이 《사기》나 치는 《엉터리》 기록들이 되어 궁극적으로 지상(地上)의 인간 무리들 모두를 《파멸(波滅)》로 이끌고 있기 때문에 《선후천(先後天) 우주》 갈림길에서 《메시아(Messiah)》가 이를 밝히기 위해 현재 《천상(天上)》의 인간들 《역사》 기록을 《진리(眞理)》의 《실상(實相)》 규명 차원에서 차례로 공개를 하고 있는 것이며, 같은 맥락으로 《로마》에 대하여 말씀드리고 있는 것이니 주의력을 기울여 주시기 바란다.

《로마인(人)》들은 《석가모니 하나님 부처님》과 《대마왕》《다보불》과 《문수보살》의 후손들로서 이들을 《음양(陰陽)》의 《곰족(熊族)》들이라고 한다. 이러한 《음양(陰陽)》의 《곰족(熊族)》들 중 《양(陽)》의 《곰족(熊族)》 최고 조상(祖上)이 되는 《다보불》은 《원천창조주》이신 《석가모니 하나님 부처님》의 《양(陽)》의 《육신불(肉身佛)》이시다. 이 때문에 《석가모니 하나님 부처님》께서 《히브리 왕국》과 《북 이스라엘 왕국》과 《남 유다 왕국》 문명기(文明期)를 이끄신 후 착함(善)을 근본 바탕으로 하는 불(佛), 《보살(菩薩)》들과 특히 《아미타불》, 《노사나불》, 《미륵불》 등이 대거 《집정관(執政官)》으로 참여하여 《로마인》들에게 《도덕성(道德性)》과

《사회정의(社會正義)》를 갖추게 한 후 《석가모니 하나님 부처님》 《진리(眞理)의 법(法)》인 《진화(進化)》의 이치를 가르치기 위해 총력을 기울인 때가 《로마》 《공화정》(509BC~27BC) 때로써 이때가 《로마》의 《황금기(黃金期)》가 된다.

이러한 《황금기》를 이룬 《로마》 《공화정》의 마지막 무렵 《딕타토르(Dictator)》가 《줄리어스 시저》(생몰 100BC~44BC)로 이름한 《문수보살 1세》이다. 이와 같은 《문수보살 1세》인 《줄리어스 시저》를 때에 《악마(惡魔)의 신(神)》들인 《대마왕신(神)》들이 반복(反復)되는 《윤회(輪廻)》를 통하여 모두 태어나서 암살함으로써 《로마 공화정》은 끝이 나고 이후부터는 《대마왕》들과 《악마(惡魔)의 신(神)》들인 《대마왕신(神)》들이 《로마 제국(帝國)》(27BC~AD286)을 탄생시켜 《석가모니 하나님 부처님》 법(法)에 반기를 드는 《2차 우주 쿠데타》를 선언하고 난 이후 《대마왕》 불보살들과 《악마(惡魔)의 신(神)》들인 《대마왕신(神)》들이 《신정일치(神政一致)》를 이루고 《반복(反復)》되는 《윤회(輪廻)》로 차례로 《황제(皇帝)》가 되어 모든 《역사 기록》을 처음부터 날조하고 왜곡하며 《로마 제국》을 다스려 나가는 것이다.

이러한 2차 《우주 쿠데타》의 직접적인 원인은 《로마》 종교(宗敎)를 《신교(神敎)》로 이름하고 《석가모니 하나님 부처님》 《진리(眞理)의 법(法)》인 《진화(進化)》의 이치를 가르치고 《로마》의 구원사상(救援思想)인 《크라이스트(Christ)》 사상과 《아노 도미니(Anno Domini)》 사상을 《로마》를 비롯한 《로마 점령지》 전역으로 확산시키고 《줄리안력(歷)》에 《Before Christ(비포 크라이스트)》의 약자인 《BC》와 《아노 도미니(Anno Domini)》의 약자인 《AD》를 표기함으로써 《석가모니 하나님 부처님》과 《미륵불》에 의한 《구원사상(救援思想)》이 확산되는 것을 차단하기 위한 목적이 《2차 우주 쿠데타》를 일으킨 직접적인 원인이 되는 것이다. 이로써 《로마》 뿐만이 아니라 《로마》 점령지로 자리하였던 전 유럽 지역과 소아시아(아나톨리아), 레반트(Levant), 중동 지역 등에 거주하는 수많은 인간들에게 《단련》을 받는 《시련기》가 도래한 것이다.

그러면 지금까지 기록한 내용을 염두에 두시고 《2차 우주 쿠데타》를 일으킨 직접적인 원인과 이로써 파생된 《대마왕》 불보살들과 《악마(惡魔)의 신(神)》들인 《대마왕신(神)》들이 저지르는 가공할 범죄 행위들을 심층 있게 살펴보기 위해 먼저 《로마 제국》 왕명록을 살펴보고 다음을 진행하겠다.

[표 1-5-2-9] 로마 제국(27BC~AD286) 왕명록

왕순서	왕명(王名)	신명(神名)	신(神)구분	생몰 및 재위	비고	
원수정치기(The Principate Period)							
줄리오 크라우디안 왕조(Julio-Claudian dynasty)						
1	아우구스투스(Augustus)	문수보살 2세	●	생몰 63BC~AD14 재위 27BC~AD14		
2	티베리우스(Tiberius, 헤로드 왕가의 헤로드 안티파스)	비로자나 1세	●	생몰 41BC~AD39 재위 AD14~AD39(25년)	헤로드 안티파스(Herod Antipas, 41BC~AD39)와 동일인. 퀴리누스(Quinirnus) 사상을 강요하여 자칭 유대교단을 벗어나 야훼신 탈을 벗고 본래의 면목을 드러낸 퀴리누스로 돌아가서 대마왕신들만의 종교 교단 만들고자 시도함. 칼리귤라에 의한 암살 가능성 있음	로마제국의 《퀴리누스》 사상 강요에 의한 유대인 소요 시작
3	칼리귤라(Caligula)	문수보살 3세	●	생몰 AD12~AD41 재위 AD37~AD41(4년)	원로원과 친위대의 공모로 암살됨. 암살된 최초의 로마 황제	
4	클라우디우스(Claudius)			생몰 10BC~AD54 재위 AD41~AD54(13년)	아내에 의한 독살 가능성. 아내의 아들 네로의 찬성하에, 그 아내 이름은 Agrippina the Younger에 의한 독살	AD46~AD48 유대인들의 소요가 폭동 봉기로 발전함.
5	네로(Nero)			생몰 AD37~AD68 재위 AD54~AD68(14년)	원로원에 의해 대중의 적으로 선언된 뒤에 자살함.	
네 명의 황제의 해(AD69)와 플라비우스 왕조(AD69~AD96) (Year of the four Emperors and Flavian Dynasty)						

6	갈바(Galba)			생몰 3BC~AD69 재위 AD68~AD69(7개월)	스페인 지역의 지지를 얻어 네로 자살 후 권력 잡음. 오토(Otho)가 이끈 쿠데타에서 친위대에 의해 살해됨.	AD66~AD73 1차 유대인 대폭동
7	오또(Otho)			생몰 AD32~AD69, 재위 AD69~AD69(91일)	베드리아움 전투(Battle of Bedriaucm)에서 비텔리우스(Vitellius)에게 패한 후 자살함. 친위대에 의해 임명됨	AD66~AD73 1차 유대인 대폭동
8	비텔리우스(Vitellius)			생몰 AD24~AD69 재위 AD69~AD69(8개월)	베스파시안(Vespasian)의 군대들에 의해 살해됨. 독일지역의 지지로 권력잡음(Galba/Otho에 반대)	
9	베스파시안(Vespasian)			생몰 AD9~AD79(자연사) 재위 AD69~AD79(10년)	동부지역에서 지지 얻어 권력 잡음(Vitellius에 반대)	
10	티투스(Titus)			생몰 AD39~AD81 자연사(역병) 재위 AD79~AD81(2년)	예루살렘 파괴와 사원 파괴	
11	도미티안(Domitian)	비로자나 1세	●	생몰 AD51~AD96(암살) 재위 AD81~AD96(15년)	퀴리누스(Quirinus) 숭배 강요 정책 포기함.	

네르바-안토니누스 왕조(Nervan-Antonian dynasty) AD96~AD192

12	네르바(Nerva)			생몰 AD30~AD98 재위 AD96~AD98(2년)	원로원에 의해 임명됨.	
13	트라잔(Trajan)	천관파군 1세	●	생몰 AD53~AD117 재위 AD98~AD117(19년)	네르바의 양자이자 후계자. 13대 트라잔 황제의 명령으로 루시우스 퀴에투스 장군(가이아신, 57BC~118BC, 하드리안에 의해 살해됨)과 함께 중동 지방, 그리스 반도, 지중해 연안, 이집트, 시리아, 리비아, 유대 지역에 있는 석가모니 하나님 부처님	AD99~AD117 2차 유대인 대학살과 신전파괴

					진리의 법이 담겨 있는 모든 신전들과 사원들 파괴 및 유대인 대학살(100만 명) 감행	
14	하드리안 (Hadrian)	악마의 신인 석가모니 1세	●	생몰 AD76~AD138 재위 AD117~AD138(21년)	트라잔의 양자이자 후계자. 푸브리우스 아에리우스 하드리아누스 아페르(미륵불, Publius Aelius Hadrianus Afer, AD52~AD135)의 아들. 3차 유대인 대폭동시 유대인 지도자 시몬 바르 코크바(미륵불, Simon bar Kokhba, AD52~AD135)와 싸움.	AD132~AD135 : 3차 유대인 대폭동
15	안토니우스 피우스 (Antonius Pius)			생몰 AD86~AD161(자연사) 재위 AD138~AD161(23년)		
16	루시우스 베르수 (Lucius Versu)			생몰 AD130~AD169(자연사(역병)) 재위 AD161~AD169(8년)	15대 황제 안토니우스 피우스의 양자이자 후계자. 사망 때까지 17대 황제 마르쿠스 아우렐리우스(노사나불 1세, Marcus Aurelius)와 공동 황제	
17	마르쿠스 아우렐리우스 (Marcus Aurelius)	노사나불	○	생몰 AD121~AD180(자연사) 재위 AD161~AD180(19년)	15대 황제 안토니우스 피우스 (Antonius Pius)의 양자이자 후계자, AD169까지는 16대 황제 루시우스 베르수(Lucius Verus)와 함께 공동 황제. 스토아 철학자들 중의 한 명. 영화 글래디에이터(Gladiator) 주인공 : 미륵불 등.	
18	콤모두스 (Commodus)	천관파군 1세	●	생몰 AD161~AD192(궁전에서 암살) 재위 AD177~AD192(15년)		
- 이후 생략 -						

※ ○ : 《착함(善)》을 근본 바탕으로 하는 불보살
　◐ : 《선악(善惡)》 양면성을 근본 바탕으로 하는 《대마왕》 불보살
　● : 《악(惡)》을 근본 바탕으로 하는 악마(惡魔)의 신(神)들인 《대마왕신(神)》

나> [퀴리누스(Quirinus) 숭배 사상과 유대인 폭동]

《초기 로마 왕정(王政) 종교(宗敎)》에서 최고의 삼신(三神)을 《카피톨린 트리아드(Capitoline Triad)》로 이름하고 《주피터(Jupiter)》, 《마르스(Mars)》, 《퀴리누스(Quirinus)》를 신앙한 기록들이 전하여져 오고 있다. 이러한 삼신(三神) 중 《주피터(Jupiter) 신(神)》이 《목성(木星, Jupiter)》을 법신(法身)으로 하신 《석가모니 하나님 부처님》을 이름한 것이며, 《마르스(Mars) 신(神)》이 《화성(火星, Mars)》을 법신(法身)으로 한 《메시아(Messiah)》이신 《미륵불》을 이름한 것이며, 《퀴리누스(Quirinus) 신(神)》이 법신(法身)이 없는 《악마(惡魔)의 신(神)》들 중 최고(最高)의 《대마왕신(神)》《비로자나 1세》를 이름한 것이다.

이러한 《악마(惡魔)의 신(神)》인 최고(最高)의 《대마왕신(神)》《비로자나 1세》가 《히브리 왕국(王國)》(1996BC~931BC) 때부터 《유대교(敎)》를 탈취하여 《야훼교(敎)》로 둔갑시킨 후 《악마(惡魔)의 신(神)》으로서 《대마왕신(神)》 중의 하나인 《야훼 신(神)》의 탈을 쓰고 《창조주》 행세를 하면서 《히브리 왕국(王國)》과 《북 이스라엘 왕국》과 《남 유다 왕국》을 《파멸(波滅)》의 길로 인도하여 《파멸》시켜 놓고 이제는 《야훼 신(神)》의 탈을 벗어 던지고 스스로의 모습을 드러내고자 시도한 사건이 《퀴리누스(Quirinus)》 숭배 강요인 것이다.

《로마 제국》(27BC~AD284)은 《악마(惡魔)의 신(神)》들인 《대마왕신(神)》들이 대부분 장악한 제국(帝國)으로써 이들이 반복(反復)되는 《윤회(輪廻)》를 통해 《황제위(皇帝位)》에 오른 나라이다. 이와 같은 《로마 제국》은 《BC 27년》 출발하면서부터 《황제(皇帝)》가 종교(宗敎) 최고의 직인 《최고(最高)》《대제사장》인 《폰티펙스 막시무스(Pontifex Maximus)》의 직(職)을 동시에 가짐으로써 《신정일치(神政一致)》를 이루고 《황제(皇帝)》 스스로가 《신(神)》임을 밝히고 이러한 《황제(皇帝)》 숭배를 《퀴리누스(Quirinus)》로 이름한 《악마(惡魔)의 신(神)》들 중 최고(最高)의 《대마왕신(神)》인 《비로자나 1세》의 숭배사상으로 집중시킴으로써 《야훼 신(神)》의 탈을 벗고 《최고》의 《악마(惡魔)의 신(神)》인 《비로자나 1세》가 전면(全面)으로 나서기를 바란 것이다.

즉, 《로마 제국》의 《황제(皇帝)》 숭배 사상은 《황제(皇帝)》들이 믿고 따르는 최고의 《악마(惡魔)의 신(神)》으로서 《대마왕신(神)》인 《퀴리누스(Quirinus)》인 《비로자나 1세》를 받드는 《종교(宗敎)》로 귀결되도록 한 것이 《황제(皇帝)》 숭배 사상이다.

이러한 《황제(皇帝)》 숭배 사상은 《히브리 왕국》 때 만들어진 《야훼교(敎)》에서 《바빌론 유수》(520BC~483BC) 이후 자칭 《유대인》들이 만든 《바리새인(Pharisees) 교단》을 축(軸)으로 하여 《BC 7년》에 《자칭》 《유대교단》을 만들 때 헤로드(Herod) 대제(大帝)와 함께 《자칭》 《유대교단》을 만든 최고의 《악마(惡魔)의 신(神)》인 《대마왕신(神)》 《비로자나 1세》는 《헤로드(Herod) 대제(大帝)》로 이름한 최고의 《대마왕》인 《다보불》에게 기선(機先)을 빼앗기게 된다.

이러한 이후 《야훼 신(神)》 탈을 쓴 최고의 《악마(惡魔)의 신(神)》으로서 《대마왕신(神)》인 《비로자나 1세》가 《야훼 신(神)》의 탈을 벗고 그 스스로 본래의 면목을 드러내어 최고의 《악마(惡魔)의 신(神)》으로서 《대마왕신(神)》 《비로자나 1세》가 《교주(敎主)》가 되는 《악마(惡魔)의 신(神)》들인 《대마왕신(神)》들만의 《종교(宗敎)》로 만들어 《대마왕》 불보살들 뿐만 아니라 모든 인류들의 《정신세계》를 지배하고자 꺼낸 카드가 《퀴리누스(Quirinus)》 숭배 사상 카드인 것이다. 이와 같은 《퀴리누스(Quirinus)》 숭배 사상 강요가 시작된 때가 때에 《자칭》 《유대교단》 창단에 함께 참여하였던 《헤로드 안티파스(Herod Antipas)》(생몰 41BC~AD39)로 이름하였던 《최고》의 《악마(惡魔)의 신(神)》인 《비로자나 1세》가 《55세》에 《로마 제국(帝國)》 2대 《티베리우스(Tiberius)》(생몰 41BC~AD39, 재위 AD14~AD39) 황제(皇帝)로 재위(在位)에 오르면서부터 시작이 된다. 이렇듯 《로마 제국》 2대 《티베리우스(Tiberius)》 황제(皇帝)로 이름을 바꾼 최고의 《악마(惡魔)의 신(神)》인 《비로자나 1세》 때부터 《로마》 《정복지》 해체(解體) 정책이 시작됨으로써 《로마》 정복지 내(內)에서 《황제(皇帝)》가 믿는 《종교(宗敎)》를 받아들이는 《왕조(王朝)》들은 《로마 제국》 통치(統治)로부터 벗어나게 하여 자립(自立)할 수 있도록 하고 《황제(皇帝)》가 믿는 《종교(宗敎)》인 《퀴리누스(Quirinus)》 숭배를 거부하는 무리들은 《반역죄》로 다스린 것이다.

이러한 《로마》 《정복지》 해체 정책은 최고의 《악마(惡魔)의 신(神)》인 《비로자나 1세》가 반복(反復)되는 윤회(輪廻)로 11대 《도미티안(Domitian)》(재위 AD81~AD96) 황제(皇帝)로 와서 《퀴리누스(Quirinus)》 숭배사상 강요를 중지시킨 이후에도 《로마》 《정복지》 해체 정책은 계속되는 것이다.

ㄱ> 《1차 유대인 대폭동(大暴動)》 (AD66~AD73)

이러한 《퀴리누스(Quirinus)》 숭배 강요가 《히브리 왕국》 초대 왕 《아브람》 때부터 《1차 타나크(Tanakh)》 왜곡으로 《야훼 신(神)》을 《창조주》로 알고 관습적으로 받들고 있는 《로마 점령지》 내(內)에 살고 있는 《유대인》들 사회에서는 새로이 《퀴리누스(Quirinus)》를 《창조주》로 받들게 강요하는 일에 대해 불만을 하게 됨으로써 소요가 일어나게 되어 있었던 것이다. 이러한 소요가 《퀴리누스(Quirinus)》 숭배 강요가 시작된 《로마 제국》 2대 《티베리우스(Tiberius)》 황제(皇帝) 통치(統治) 중반 무렵부터 여러 곳에서 일어나기 시작하여 《AD 46 ~ AD 48》년에는 폭동 봉기로 발전하고 5대 《네로(Nero)》(재위 AD54~AD68) 황제(皇帝) 때부터 시작하여 9대 《베스파시안(Vespasian)》(재위 AD69~AD79) 황제(皇帝) 때까지 《AD 66 ~ AD 73》년까지 1차 대폭동으로 인한 《유대인》들과 《로마군(軍)》들의 전쟁이 계속된 것이다.

이러한 이후 10대 《티투스(Titus)》(재위 AD79~AD81) 황제(皇帝) 때에는 《예루살렘》 파괴와 사원 파괴가 자행된 것이며, 이와 같은 1차 《대폭동》 기간 중 《로마 제국》군(軍)에 의해 살해된 《유대인》들의 수(數)가 《백만 명》 이상으로써 그야말로 이 기간이 처참한 《유대인》들에 대한 1차 살육 기간이 된다. 이러한 대살육을 하도록 만든 자(者)가 《야훼 신(神)》 탈을 쓴 최고(最高)의 《악마(惡魔)의 신(神)》으로서 《대마왕신(神)》인 《비로자나 1세》인 것이다. 그리고 또한 이 기간에 《노예화(化)》된 《유대인》들이 《십만 명》 이상이 된 것이다.

이러한 이후 최고의 《악마(惡魔)의 신(神)》인 《비로자나 1세》는 반복(反復)되는 윤회(輪廻)의 과정을 거쳐 《로마 제국》 11대 《도미티안(Domitian)》(재위 AD81~AD96) 황제(皇帝)로 재위(在位)에 오른 이후 관습적(慣習的)으로 《야훼 신(神)》을 《창조주》로 알고 있는 《유대인》들의 강력한 반발에 부딪혀 그 스스로 《퀴리누스(Quirinus)》 숭배 사상 강요 정책이 실패한 것임을 자인(自認)하고 이때 비로소 《퀴리누스(Quirinus)》 숭배 사상 강요 정책을 중지시킴으로써 《야훼 신(神)》 탈을 벗고자 하는 그의 계획은 모두 수포로 돌아가고만 것이다.

그러나 《야훼 신(神)》 탈을 쓴 최고의 《악마(惡魔)의 신(神)》인 《비로자나 1세》는 《퀴리누스(Quirinus)》 숭배 사상 강요를 취소하는 대신 이번에는 《자칭》 《유대인》들인 《바리새인교파(Pharisees)》가 주동이 되어 만들어진 《자칭》 《유대교단》과 《2차 타나크(Tanakh)》 왜곡으로 만들어진 《구약》을 받아들일 것을 강요하는 정책으로 급선회함과 동시에 《악마(惡魔)의 신(神)》들인 《대마왕신(神)》 모두들에게 그들이 반복(反復)되는 윤회(輪廻)로 《황제위(皇帝位)》에 오르게 되면 《자칭》 《유대교단》과 《구약》을 모든 인간 무리들이 모두 받아들이도록 최고(最高) 《악마(惡魔)의 신(神)》으로서 《대마왕신(神)》의 강력한 명령을 내림과 동시에 모든 《야훼

교파》를 없애고 구전(口傳)되어 오는 《1차 왜곡》된 《타나크(Tanakh)》 등을 모두 없애게 하여 오로지 《자칭 유대교단》과 《구약》만이 뚜렷이 존재하도록 명령을 내림으로써 이후 《로마 제국》《악마(惡魔)의 신(神)》들인 《대마왕신(神)》 출신의 《황제(皇帝)》들은 이러한 명령을 충실히 지키게 되는 것이다.

ㄴ> [2차 《유대인》 대학살과 《신전(神殿)》 파괴](AD99~AD117)

 《유대인》 2차 폭동은 《전 인류》들을 향해 《사기(詐欺)》나 치는 파렴치한 역사(歷史) 날조의 전문가들인 《악마(惡魔)의 신(神)》들로서 《대마왕신(神)》《천관파군 1세》와 《천관파군 2세》인 《이오 신(神)》이 《역사(歷史)》 기록을 날조를 한 전형적인 하나의 《예》가 되는 사건이다. 이제 때가 되어 이 사건의 전말(顚末)도 밝혀야겠다.

 《로마 제국》 13대 《트라잔(Trajan)》(AD53~AD117, 재위 AD98~AD117) 황제(皇帝)로 이름한 자(者)는 《악마(惡魔)의 신(神)》인 《대마왕신(神)》《천관파군 1세》이다. 이러한 《천관파군 1세》인 13대 《트라잔(Trajan)》 황제(皇帝)는 재위(在位)에 오른 지 일 년 만인 《AD 99년》에 당시 《남자몸(男子身)》을 받고 《로마 제국》 11대 《도미티안(Domitian)》(재위 AD81~AD96) 황제(皇帝)로 이름한 최고의 《악마(惡魔)의 신(神)》인 《비로자나 1세》 때 관직에 올라 《로마 제국》《장군》이 된 《루시우스 퀴에투스(Lusius Quietus)》(AD57~AD118)로 이름한 《악마(惡魔)의 신(神)》《가이아신(神) 1세》에게 《로마 제국군(軍)》을 중심으로 《자칭》《유대인》들과 《후리안족(族)》들을 총동원하여 《메소포타미아》가 있는 《중동 지방》과 《그리스 반도》와 《지중해 연안》과 《이집트》, 《시리아》, 《리비아》, 《유대》 지역에 있는 《석가모니 하나님 부처님》 진리(眞理)의 법(法)이 담겨 있는 모든 《신전(神殿)》 및 《사원》 파괴와 함께 《유대교(敎)》의 《1차 왜곡》된 《토라(Torah)》의 말살을 위해 이곳에 흩어져 무리 지어 살고 있는 모든 《유대인》들을 모두 학살하여 없애 버릴 것을 명령을 하게 된다. 이러한 명령을 받은 《악마(惡魔)의 신(神)》인 《로마 제국》《장군》《루시우스 퀴에투스(Lusius Quietus)》는 이러한 13대 《트라잔(Trajan)》 황제(皇帝)로 이름한 악질 《악마(惡魔)의 신(神)》인 《천관파군 1세》의 명령을 충실히 이행하게 됨으로 이 때 상기 열거한 지역에 있던 모든 《신전(神殿)》들과 《사원》들이 파괴된 잔해가 지금까지 그 흔적을 남기고 있다.

이로써 이들은 마지막에 《유대 땅》《유대인》들이 거주하는 지역으로 들어와서 《유대인》들을 학살하고 파괴한 때가 《AD 115 ~ AD 117》년으로써 이들이 《트라잔(Trajan)》 황제(皇帝) 재위(在位) 마지막 년도인 《AD 117년》까지 18년간 각 지역에 흩어져 있던 《신전(神殿)》과 《사원》 파괴와 함께 《유대인》들을 학살한 수(數)가 《백만 명》 훨씬 넘어서는 잔혹한 짓을 한 것이다. 이와 같은 천인공노할 짓을 한 《악마(惡魔)의 신(神)》들인 《천관파군 1세》와 《가이아 신(神)》의 또 다른 속셈을 눈치 챈 14대 《하드리안(Hadrian)》(AD76~AD138, 재위 AD 117~AD138) 황제(皇帝)로 이름한 《악마(惡魔)의 신(神)》인 《대마왕신(神)》 《석가모니》에 의해 《루시우스 퀴에투스(Lusius Quietus)》로 이름한 《가이아신(神) 1세》도 《장군직(將軍職)》을 박탈당하고 《AD 118년》에 살해(殺害) 당하는 것이다.

ㄷ> [3차 《유대인》 대학살(大虐殺)]

《3차》《유대인》 대학살(大虐殺)은 《메시아(Messiah)》이신 《미륵불》과 그의 아들로 다시 태어난 《악마(惡魔)의 신(神)》인 《석가모니》의 《악연(惡緣)》에서부터 비롯된다. 당대 《메시아(Messiah)》는 《로마 제국》 13대 《트라잔(Trajan)》(AD53~AD117, 재위 AD98~AD117) 황제(皇帝)로 이름한 《악마(惡魔)의 신(神)》인 《천관파군 1세》와는 《외사촌》간으로 《푸브리우스 아에리우스 하드리아누스 아페르(Publius Aelius Hadrianus Afer)》(AD52~AD135)로 이름하고 《로마》에서 태어나서 《24세》되던 해인 《AD 76년》에 훗날 《로마 제국》 14대 《황제위(皇帝位)》에 오르게 되는 《악마(惡魔)의 신(神)》인 《하드리안(Hadrian)》을 낳게 된다. 이러한 이후 《하드리안(Hadrian)》은 장성하여 《호민관》 → 《지역 총독》 → 《아테네 집정관》 등을 거치고 13대 《트라잔(Trajan)》 황제(皇帝)가 《후사(後事)》를 이을 자식(子息)이 없었던 관계로 그의 아비인 《메시아(Messiah)》와 《트라잔(Trajan)》 황제(皇帝)가 《외사촌》의 인연을 가진 덕분과 때에 《악마(惡魔)의 신(神)》인 《트라잔(Trajan)》 황제(皇帝)의 부인으로 있었던 《폼페이아 프로티나(Pompeia Plotina)》로 이름한 《관세음보살 3세》가 전생(前生) 고대(古代) 《인도》에서 《악마(惡魔)의 신(神)》인 《석가모니》가 《석가모니불》(577BC~497BC)로 이름하고 왔을 때 그의 부인이 되었던 《야수다라 비(妃)》로서 이 인연으로 인해 《폼페이아 프로티나(Pompeia Plotina)》 황후의 적극적인 지원으로 인해 《악마(惡魔)의 신(神)》인 《하드리안(Hadrian)》은 그의 나이 《41세》되던 해인 《AD 117년》에 《로마 제국》 제14대 《하드리안(Hadrian)》(AD76~AD138, 재위 AD117~AD138) 황제(皇帝)가 된다. 이러한 《하드리안(Hadrian)》 황제(皇帝)가 곧 《메시아》의 아들로 태어났던 《악마(惡魔)의 신(神)》인 《석가모니》이다.

이러한 《메시아(Messiah)》의 아들인 《하드리안(Hadrian)》 황제(皇帝)가 때에 《자칭》《유대교단》을 제외한 여타 《야훼교단》과 《유대인》들을 초토화시켜 뿌리 뽑기 위한 계획을 세우는 것을 본 《푸브리우스 아에리우스 하드리아누스 아페르(Publius Aelius Hadrianus Afer)》로 이름한 《메시아(Messiah)》는 《유대인》들 보호를 위해 《로마》를 떠나 《유대 땅》에 도착한 이후 《시몬 바르 코크바(Simon bar Kokhba)》(AD52~AD135)로 이름을 바꾸고 때에 유대 땅에 태어나 있던 《아키바 벤 요셉(Akiba ben Joseph)》(AD85~AD135)으로 이름한 《약상보살 3세》와 함께 《젤롯당(Zealots)》을 중심으로 하여 독립 《유대 주》를 만들어 《로마군(軍)》과 마지막 운명을 건 일전(一戰)을 치르기 위해 준비한 후, 《AD 132 ~ AD 135》년까지 3년간 《로마군(軍)》과 전쟁을 치르면서 《로마군(軍)》 《제9 히스파냐(Hispana) 군단》과 《제22 데이오타리아나(Deiotariana) 군단》 등 2개 군단을 섬멸하고 나머지 《로마군(軍)》 10개 군단 중 8개 군단에서 심대한 타격을 준 후 최후의 승리를 눈앞에 두고 《악마(惡魔)의 신(神)》인 《하드리안(Hadrian)》 황제(皇帝)가 지휘하는 끝없이 밀려드는 《로마군(軍)》으로 인해 《중과부적(衆寡不敵)》으로 《유대군(軍)》을 지휘하던 《시몬 바르 코크바(Simon bar Kokhba)》로 이름한 《메시아》와 《아키바 벤 요셉(Akiba ben Joseph)》으로 이름한 《약상보살 3세》 등 두 지도자와 《유대군(軍)》 전원(全員)이 장렬히 전사(戰死)를 함으로써 전쟁에 패(敗)하게 된 것이다.

만약 《야곱》의 후손들인 《유대인》의 나라인 《아르메니아 왕조(王朝)》가 《악마(惡魔)의 신(神)》들 나라인 《로마 제국》과의 동맹을 깨고 이 전쟁에 참여하였다면 《악마(惡魔)의 신(神)》들인 《대마왕신(神)》들의 나라인 《로마 제국》은 그때 충분히 멸망시킬 수 있었던 것이며, 때에 그들을 멸망시켰으면 이후 그들이 인간 무리들을 이끌어 《파멸(波滅)》의 길로 가게 되는 것을 막게 됨으로써 《후천우주》로 들어서는 지금의 때에 많은 《인간 무리》들의 구원(救援)이 이루어졌을 것인데 하는 큰 아쉬움이 남는 전쟁이 바로 이 전쟁이었던 것이다.

이와 같이 치열했던 전쟁은 《악마(惡魔)의 신(神)》인 《하드리안(Hadrian)》 황제(皇帝)가 이끄는 《로마군(軍)》의 승리로 끝이 나면서 이들은 곧바로 《예루살렘》으로 진입하여 《유대》학자들 처형을 시작으로 대규모 《유대인》 학살에 들어가서 상당수의 《유대인》들은 《노예》로 전락시키고 나머지 《유대인》들에 대한 대량 학살을 감행하는 것이다. 이러한 와중에 《야훼교파》 중 《엣세네파(Essenes)》는 《황제(皇帝)》에게 그들도 《자칭》《유대교단》에 합류함과 아울러 그들이 요구하는 《구약》을 받아들이기로 약속함으로써 학살 대상에서는 제외된 것이다. 이로써 전쟁에서 전사한 《유대 군인》들과 때에 학살당한 《유대인》 수(數)가 《80만 명》이 넘는 것으로 《천상(天上)》은 파악하고 있는 것이다.

이렇듯 대살육극이 끝난 이후 《황제(皇帝)》는 《토라》법(法)과 《히브리력》을 금지시키고 《유대인》들이 《예루살렘》으로 들어가는 것을 일체 금지시킴과 아울러 《유대 명칭》을 《팔레스티나》령으로 통합시키고 그도 《로마군(軍)》을 이끌고 《로마》로 돌아갔으나 《개선행진(凱旋行進)》도 하지 못하고 조용히 《로마》로 입성을 한 것이다. 이로써 아비인 《메시아(Messiah)》와 악연(惡緣)을 가진 아들인 《악마(惡魔)의 신(神)》으로서 《석가모니》가 이 싸움에서 승리를 한 것이다.

※ 특기(特記) 21 :

《유대인》대폭동으로부터 시작된 세 차례에 걸친 《유대인》대학살과 한 차례에 걸친 《석가모니 하나님 부처님》진리(眞理)의 법(法)이 고스란히 담겨 있는 《신전(神殿)》과 《사원》파괴의 끝에 고스란히 남은 것은 《타나크(Tanakh)》를 《2차》왜곡한 엉터리 《구약》과 《자칭》《유대교단》만 남게 된 것이다.

이러한 《자칭》《유대교단》이 그들의 잔혹한 짓을 덮기 위해 간판을 바꾸어 단 종교(宗敎)가 《로마 가톨릭》이며 《천주교(天主敎)》이다. 이와 같은 종교(宗敎)의 교주(敎主)가 《악마(惡魔)의 신(神)》들 중 최고(最高)의 《대마왕신(神)》인 《비로자나 1세》와 최고(最高)의 《대마왕》인 《다보불》이며, 이러한 《종교 단체》를 끌고 가는 그들이 말하는 《교황(敎皇)》들이 모두 《악마(惡魔)의 신(神)》들인 《대마왕신(神)》들과 《대마왕》불보살들이 반복(反復)되는 윤회(輪廻)를 통해 차례로 자리하고 있으며, 수하 《마왕신(神)》들과 《마왕》들이 《추기경》이요 《신부(神父)》들이며 《천주교》교회 관계자들이다. 이러한 자(者)들이 온갖 거짓과 감언이설로 《인간 무리》들의 《정신세계(精神世界)》를 지배하며 《인간 무리》들을 《파멸(波滅)》로 이끌어 가고 있는 것이다.

이 때문에 《악마(惡魔)의 신(神)》들인 《대마왕신(神)》들과 《대마왕》불보살들이 대부분 《종교(宗敎)》의 《교주(敎主)》들로 자리하고 있으니, 《종교(宗敎)》를 버리고 《석가모니 하나님 부처님》의 《진리(眞理)의 법(法)》과 《메시아》가 전하고 있는 《석가모니 하나님 부처님》의 《실상(實相)》의 법(法)을 찾아 공부하고 따르시라고 진실(眞實)된 역사(歷史)의 실상(實相)을 《메시아(Messiah)》가 밝히고 있는 것이다.

《파멸(波滅)》이란 한마디로 말씀드리면, 인간 육신(肉身)의 주인(主人)이 되는 《영혼(靈魂)》과 《영신(靈身)》들이 두 번 다시는 인간(人間) 육신(肉身)을 가지고 태어나서 《인간》의 진화(進化)를 할 수 없는 경우를 말함과 동시에 《악마(惡魔)의 신(神)》들인 《대마왕신(神)》들과 일부의 《대마왕》 불보살들은 《우주간(宇宙間)》이나 《세간(世間)》에서 영원히 사라지는 것이며, 그들을 추종하던 세력 모두들은 진화(進化)의 처음 시작인 《암흑물질(dark matter)》로 돌아가서 《대공(大空)》 바깥의 《무간지옥(無間地獄)》에 떨어져 언제 다시 인간 진화의 길에 들어갈지 모르는 공포와 고통의 《심연》에 빠지는 경우와 《악마(惡魔)의 신(神)》들인 《대마왕신(神)》들의 후손들이 그들의 조상들로부터 《마성(魔性)》이 깊게 심어진 자(者)들은 그들의 《영신(靈身)》이 모두 다 《물고기》와 《어패류》와 《곤충》의 《영신(靈身)》들을 가지고 있는 자(者)들이기 때문에 이들은 그들의 《영신(靈身)》이 《인간》의 《영신(靈身)》으로 진화하기 이전까지는 《물고기》와 《어패류》와 《곤충》의 몸(身)을 받고 태어나서 살아가야만 하는 고통스러운 《윤회(輪廻)》의 과정을 거쳐야만 하는 것이다.

지금까지는 《물고기》와 《어패류》와 《곤충》의 《영신(靈身)》을 가진 자(者)들도 인간 육신을 가지고 태어날 수 있었으나 지금까지 진행을 하면서 밝혀 왔듯이 진화(進化)가 덜된 이러한 자(者)들이 진화(進化)가 많이 된 《인간》 《영신(靈身)》을 가진 자들을 힘(力)의 우위를 앞세워 너무나 고통스럽게 하고 괴롭혀 왔기 때문에 《원천창조주》이신 《석가모니 하나님 부처님》께서는 앞으로는 이들이 《인간》 《육신(肉身)》을 갖지 못하도록 《이치》로써 확정을 하셨기 때문에 이들은 본래 그들이 가진 《영신(靈身)》에 걸맞는 《물고기》, 《어패류》, 《곤충》의 육신(肉身)만을 가진 채 진화(進化)하여야 하는 것이다. 이와 같이 대략적으로 설명된 모든 과정들이 《파멸(波滅)》의 결과들임을 《메시아(Messiah)》가 분명히 밝히는 것이다.

그리고 때에 《인간》의 《영신(靈身)》을 가진 핍박만 받아왔던 《유대인》들에게 당부 드리는 바는 그대들이 《악마(惡魔)의 신(神)》으로서 《대마왕신(神)》인 《야훼 신(神)》을 《창조주》로 받드는 이상 《원천창조주》이신 그대들의 진정한 최고 조상이신 《석가모니 하나님 부처님》께서는 그대들에게 임하여 그대들을 도와 줄 수가 없는 진리(眞理)의 《이치》가 있기 때문에 그대들이 하루빨리 《악마(惡魔)의 신(神)》인 《야훼신(神)》을 창조주로 받드는 관습으로부터 벗어났을 때라야 그동안 억울하게 죽어간 그대들 조상들의 《영혼(靈魂)》들과 현재의 삶을 살아가고 있는 그대들을 구원(救援)할 수 있음을 《메시아(Messiah)》가 분명히 밝히는 바이니, 한 치의 의심 없이 《메시아(Messiah)》의 충고를 받아들이셔서 《창조주》로서의 《야훼신(神)》을 정리하시기 바란다.

그대들이 곤경에 처하였을 때 《메시아(Messiah)》이신 《미륵불》은 《3차》《유대인 대학살》에서도 드러나 있듯이 그대들 사회에 태어나서 그대들을 도울 수가 있었으나, 《원천창조주》이신 《석가모니 하나님 부처님》의 입장은 《메시아(Messiah)》와 또 다른 《원천창조주》로서의 입장이 있다는 점을 차제에 분명히 밝히는 바이니 그렇게들 아시고 그대들과 그동안 억울하게 죽은 그대들 조상(祖上)들의 《영혼(靈魂)》들을 구원(救援)하여 고통 없는 안락한 《이상세계(理想世界)》에 태어나고자 하면 《메시아(Messiah)》가 충고하는 바를 하루빨리 실행하시기를 바란다. 그리고 그대들이 《메시아(Messiah)》의 충고를 등한시하였을 때 그대들도 《악마(惡魔)의 신(神)》들인 《대마왕신(神)》들과 《대마왕》 불보살들이 간 길을 따라 《파멸(波滅)》할 것임을 동시에 밝혀 두는 바이다.

그리고 《악마(惡魔)의 신(神)》들 중 최고(最高)의 《대마왕신(神)》《비로자나 1세》를 포함한 《악마(惡魔)의 신(神)》들인 《대마왕신족(神族)》들은 《천상(天上)》에서부터의 《공산주의자(共産主義者)》들로서 《선천적(先天的)》인 《좌익 세력》 대표들이 되는 자(者)들이다. 이러한 자(者)들에 의해 때에 학살당한 《순수 유대인》들과 《이스라엘인》《영혼(靈魂)》과 《영신(靈身)》이 반복(反復)되는 윤회(輪廻)를 통해 숱한 어려움을 겪고 진화(進化)한 후 오늘날 《지상(地上)》의 《36궁(宮)》이 있는 《한국(韓國)》 땅에 몽땅 태어나서 《후천우주(後天宇宙)》《천상(天上)》으로 입성하기 위해 《한민족(韓民族)》으로 자리하고 있다. 이러한 《한민족(韓民族)》들이 지금도 《악(惡)의 축(軸)》이 옮겨온 《악마(惡魔)의 신(神)》들인 《대마왕신족(神族)》들인 《좌익 세력》들에 의해 시달리고 있는 실정이 계속되고 있는 것이다.

지금 《한국(韓國)》 땅에서 《좌익 활동》을 하고 있는 자(者)들 모두가 오래 전에 《순수 유대인》들과 《이스라엘인》들을 학살한 《악마(惡魔)의 신(神)》들인 《대마왕신(神)》들과 그들의 하수인들이라는 사실을 《메시아(Messiah)》이신 《미륵불》이 분명히 하는 것이다.

다> [《로마 제국(帝國)》(Roman Empire) 해체(解體)]

　　진행을 하면서 [(4) 퀴리누스(Quirinus) 숭배 강요와 유대인 폭동]편에서 말씀드린 바와 같이, 《로마 제국》(27BC~AD286) 2대 《티베리우스(Tiberius)》 황제(皇帝)(재위 AD14~AD39)로 이름한 《악마(惡魔)의 신(神)》들 중 최고의 《대마왕신(神)》인 《비로자나 1세》가 《로마 정복지》 내(內)에서 《황제(皇帝)》가 믿는 종교(宗敎)를 받아들이는 왕조(王朝)는 《로마 제국》 통치(統治)로부터 벗어나게 하여 자립(自立)할 수 있도록 하는 《로마 정복지》 해체(解體) 정책을 시작하여 이를 실행하다가 《유대인》《대폭동》이 일어난 이후 반복(反復)되는 윤회(輪廻)를 통하여 《악마(惡魔)의 신(神)》인 11대 《도미티안(Domitian)》(재위 AD81~AD96) 황제(皇帝)로 다시 재위(在位)에 올랐을 때 《퀴리누스(Quirinus)》 숭배 강요 정책을 포기하게 된다.

　　이로써 이때 《악마(惡魔)의 신(神)》들 중 최고(最高)의 《대마왕신(神)》인 《야훼 신(神)》 탈을 쓴 《비로자나 1세》는 최고(最高)의 《대마왕》《다보불》과 화해함으로써 《자칭》《유대교단》의 《교주(敎主)》의 자리인 《창조주》의 자리에는 《야훼 신(神)》 탈을 쓰고 번갈아 가며 자리하기로 결정하고 이번에는 《자칭》《유대교단》과 타나크(Tanakh)가 2차 왜곡된 《구약》을 받아들일 것을 강요하는 정책으로 급선회함으로써 《로마》 정복지 내(內)에 있는 《50 왕조(王朝)》 이상이 되는 《악마(惡魔)의 신(神)》들인 《대마왕신(神)》들과 《대마왕》 불보살들 후손들 나라의 독립을 위해 《로마》 정복지 해체(解體) 정책을 계속하는 것이다.

　　이러한 와중에 14대 《하드리안(Hadrian)》(재위 AD117~AD138) 황제(皇帝)로 이름한 《악마(惡魔)의 신(神)》인 《석가모니》 재위(在位) 시절 《3차》《유대인》 대학살 사건이 일어났을 때, 《유대인》 지도자가 된 《시몬 바르 코크바(Simon bar Kokhba)》로 이름한 《메시아(Messiah)》가 이끄는 《유대군(軍)》이 《로마군(軍)》에 패(敗)하기는 하였으나 《로마군(軍)》《12군단(軍團)》 중 《2개 군단(軍團)》은 섬멸하고 나머지 《10개 군단(軍團)》 중 《8개 군단(軍團)》에 심대한 타격을 주었기 때문에 《로마군(軍)》은 전성기 때의 막강한 위용을 잃어버리고 쇠퇴기에 접어들게 됨으로써, 《악마(惡魔)의 신(神)》들인 《대마왕신(神)》들은 《로마》《정복지》 해체(解體)를 가속화하여 51대 《디오클레티안(Diocletian)》(재위 AD284~AD305) 황제(皇帝)로 이름한 《악마(惡魔)의 신(神)》으로서 《대마왕신(神)》인 《그림자 비로자나 1세》 때는 《로마》 동부 지역을 제외하고는 《로마》 점령지 대부분을 독립을 시키고 《로마 제국》이 자리하였던 《이탈리아》와 《스페인》, 《프랑스》, 《독일》, 《포르투갈》에 있던 왕조(王朝)들은 《자칭》《유대교단》의 《대제사장》들이 다스리며 약해진 《로마군(軍)》들은 《치안(治安)》을 담당하는 수준으로 머물게 됨으로써

《종교(宗敎)》《통치(統治)》를 하는 교활한 다스림을 시작한 것이다. 이것이 《악마(惡魔)의 신(神)》들인 《대마왕신(神)》들과 《대마왕》 불보살들이 《인간 무리》들의 《정신세계(精神世界)》를 지배하고자 노린 목적이 표면적으로 드러난 경우가 되는 것이다.

본래부터 《스페인》과 《프랑스》는 《연각승(乘)》들의 나라로써 《스페인》은 대마왕 《불보살》인 《연등불》 후손의 나라이며 《프랑스》는 《악마(惡魔)의 신(神)》들 중 최고(最高)의 《대마왕신(神)》인 《비로자나 1세》 후손들의 나라이며, 《이탈리아》와 《독일》과 《포르투갈》은 《양(陽)》의 곰족(熊族)들의 나라로써 《석가모니 하나님 부처님》의 육신불(肉身佛)이신 최고(最高)의 《대마왕》《다보불》 직계 후손들의 나라들이다. 이 때문에 그들 후손들의 《정신세계》 지배는 쉬운 것이며, 이로써 《종교(宗敎)》《통치(統治)》 수단은 훨씬 효과적인 것이 될 수가 있었던 것이다.

이와 같은 《로마 제국》의 멸망은 사실상 《악마(惡魔)의 신(神)》인 51대 《디오클레티안(Diocletian)》《재위 AD284~AD305》 황제(皇帝)로 이름한 《그림자 비로자나 1세》가 그의 재위(在位) 2년이 지난 《AD 286년》에 《로마》를 떠남으로써 《로마 제국(帝國)》은 51대 황제(皇帝)로서 멸망한 것이 되며, 《로마시(市)》와 《이탈리아》 반도는 《자칭》《유대교단》의 《대제사장》이 다스리는 시대로 넘어간 것이다. 이러한 이후 이들 《악마(惡魔)의 신(神)》들인 《대마왕신(神)》들과 《대마왕》 불보살들이 《종교(宗敎)》《통치(統治)》를 하는 나라들에 흩어져 무리 지어 살고 있던 《유대인》들은 간간히 학살당하며 피눈물 나는 삶을 살다가 마침내 일어난 《2차 세계 대전》(AD1939~AD1945) 때 《독일》의 《히틀러》(AD1889~AD1945)에 의해 《600만 명》 이상의 《유대인》들이 또 학살을 당한 것이다.

이러한 《유대인》 대학살은 《히틀러》 개인의 문제가 아닌 《악마(惡魔)의 신(神)》들인 《대마왕신(神)》들과 《대마왕》 불보살들과 그들 후손 민족들인 《마왕신(神)》들과 《마왕》 백성들 모두가 연계된 일들이기 때문에 《악마(惡魔)의 신(神)》들인 《대마왕신(神)》들과 《대마왕》 불보살들을 제외한 이들 후손 민족들 스스로 역시 잘못된 《종교(宗敎)》들을 버리고 통렬한 반성과 참회가 있어야 하며, 그렇지 않았을 때 《석가모니 하나님 부처님》께서나 《메시아(Messiah)》는 결코 이러한 일들을 용서하지 않을 것이며 그 대가를 꼭 치르도록 할 것임을 분명히 하는 것이다.

이와 같이 《로마 제국》이 멸망한 《AD 286년》 이후 《악마(惡魔)의 신(神)》들인 《대마왕신(神)》들은 《로마 제국》으로 봐서는 항상 머리가 아팠던 말썽 많은 《로마》 동부(東部) 점령지를 《로마 제국》 황제(皇帝)로 자처하며 《삼두정치》, 《사두정치》 운운한 가운데 나누어 다스리다가 《AD 310년》에 《예수》를 처형시킨 《콘스탄티우스 클로루스(Constantius Chlorus)》(로마 황제 사칭 재위 AD293~AD312) 황제(皇帝)로 자처한 《악마(惡魔)의 신(神)》들 중 최고(最高)의 《대마왕신(神)》인 《비로자나 1세》가 《예수》를 처형한 이후 《AD 311년》에 《영국》으로 건너갔다가 천상(天上)의 벌(罰)을 받고 《AD 312년》에 죽임을 당할 때 《육신(肉身)》의 죽음 직전에 그의 아들이 되는 훗날 《콘스탄틴(Constantine) 대제(大帝)》(로마 황제 사칭 재위 AD312~AD324, 비잔틴 재위 AD324~AD337)가 되는 《악마(惡魔)의 신(神)》인 《천관파군 1세》에게 《로마》 《동부 지역》을 다스리는 후계자로 지명하고 그의 아들인 《콘스탄틴 1세》로 이름하는 《천관파군 1세》에게 《유대》와 《팔레스타인》과 《하란(Harran)》과 《터키》가 포함된 《로마》 《동부 지역》에 《비잔틴 제국(帝國)》을 세울 것을 유언하고 육신(肉身)의 죽음을 맞이하는 것이다. 이로써 《황제위(皇帝位)》에 오른 《악마(惡魔)의 신(神)》인 《콘스탄틴 1세》는 《AD 312 ~ AD 324》년까지는 《로마》 《동부 지역》을 다스리다가 이후는 《콘스탄티노플》 일명 《이스탄불》로 이름되는 곳으로 수도를 옮기고 《비잔틴 제국(帝國)》(AD324~AD1453)을 출발시킴으로써 《로마》 《동부 지역》 모두를 《비잔틴 제국(帝國)》 영역으로 한 후 그도 《콘스탄틴 대제(大帝)》로 이름하고 《비잔틴 제국(帝國)》 초대 황제(皇帝)로서 《AD 324 ~ AD 337》년까지 재위(在位)에 머물게 되는 것이다. 이로써 《로마》 점령지로써 《동부 지역》이라는 호칭도 사라지게 되는 것이다.

이와 같은 설명에서도 드러나 있듯이, 《서(西) 로마》니 《동(東) 로마》니 하는 실체는 처음서부터 없었던 것이며, 이러한 기록들이 후대(後代)에 전하여진 것 역시 역사(歷史) 왜곡의 전문가인 《악마(惡魔)의 신(神)》으로서 《콘스탄틴 대제(大帝)》로 이름한 《대마왕신(神)》인 《천관파군 1세》가 처음부터 허위 기록을 남긴 것임을 《메시아(Messiah)》가 분명히 하는 것이다.

이와 같은 《콘스탄틴 대제(大帝)》로 이름한 《악마(惡魔)의 신(神)》인 《천관파군 1세》가 만든 《비잔틴 제국(帝國)》(AD324~AD1453)이 《히브리 왕국》(1996BC~931BC) 때 《석가모니 하나님 부처님》께서 《테라》로 이름하시고 오셨을 때 장남(長男)인 《아브람》에게 《히브리 왕국》을 《하란(Harran)》에 자리하게 한 후 훗날 《악마(惡魔)의 신(神)》들인 《대마왕신(神)》들이 만들게 되는 《비잔틴 제국(帝國)》과 같은 강력한 《히브리 왕국》으로 만들고자 하였으나, 불행히도 《아브람》이 《야훼 신(神)》 탈을 쓴 《악마(惡魔)의 신(神)》들 중 최고의 《대마왕신(神)》인 《비로자나 1세》가 펼친 《공중성(空中聲)》 《대사기극》에 걸려들어 《히브리 왕국》을 《예루살렘》으로 이동한 이후부터 《유대인》들의 불행은 이미 시작이 된 것이며 《이스라엘》《장자 민족》 역시 《이집트》를 잃고 갖은 박해 속에 나라 없는 서러움을 겪게 되는 것이다.

　　이와 같이 《석가모니 하나님 부처님》께서 세우신 계획을 누구보다도 잘 알고 있었던 《악마(惡魔)의 신(神)》들 중 최고의 《대마왕신(神)》《비로자나 1세》가 이번에는 반대로 그의 아들인 《콘스탄틴 대제(大帝)》로 이름한 《악마(惡魔)의 신(神)》인 《천관파군 1세》를 시켜 옛날 《석가모니 하나님 부처님》께서 의도하셨던 뜻을 현실화시킨 나라가 《비잔틴 제국(帝國)》(AD324~AD1453)인 것이다. 이러한 《비잔틴 제국(帝國)》(AD324~AD1453)을 《콘스탄틴 대제(大帝)》로 이름한 《악마(惡魔)의 신(神)》인 《천관파군 1세》가 세우고 《왕조(王朝)》가 오랫동안 번영하며 지속되었던 이유가 때에 《AD 310년》《예수》의 죽음 이후 《유대인》과 《이스라엘인》들의 최고 조상(祖上) 중 한 분이신 《아미타불》께서 《악마(惡魔)의 신(神)》들 중 최고(最高)의 《대마왕신(神)》인 《비로자나 1세》 등에게 항복함으로써 《아미타불》과 한때 《야곱(Jacob)》으로 이름하였던 《약상보살》 등 《아미타불》계(系)의 《불(佛)》, 《보살(菩薩)》들이 《대마왕》《불(佛)》, 《보살(菩薩)》들로 변화하여 《악마(惡魔)의 신(神)》들인 《대마왕신(神)》들과 《다보불》계(系)의 《대마왕》 불보살들에게 적극 협력을 함으로써 《비잔틴 제국(帝國)》이 오랫동안 번창할 수 있었던 것이다. 이로써 이때부터 《아미타불》계(系)의 《대마왕》《불(佛)》, 《보살(菩薩)》들도 그들 후손민족(後孫民族)들을 《파멸(波滅)의 길로 이끌게 된 것임을 《메시아(Messiah)》가 기록으로 남기는 것이다.

[3] 악(惡)의 축(軸) 1, 2, 3의 움직임

《악(惡)》을 근본 바탕으로 하는 《악마(惡魔)의 신(神)》인 최고(最高)의 《대마왕신(神)》《비로자나 1세》가 거느리는 《악마(惡魔)의 신(神)》들인 《대마왕신(神)》 모두들을 《악(惡)의 축(軸)》이라고 한다. 이렇듯 《악(惡)의 축(軸)》으로 이름되는 《악마(惡魔)의 신(神)》들인 《대마왕신(神)》들과 그들의 후손들인 《마왕신족(神族)》들은 진화(進化)의 특성상 그들의 《영혼(靈魂)》과 《영신(靈身)》이 《음양(陰陽)》 분리되어, 《음(陰)》의 《영혼과 영신》이 《인간 육신(肉身)》을 가지고 태어나는 《반쪽짜리》 인간들이 되고 《양(陽)》의 《영혼과 영신》은 《물고기》, 《어패류》, 《곤충》의 무리로 실제 따로 태어나서 각각 따로따로 진화(進化)를 하다가 이들 각각이 《진화(進化)》가 완성이 되면 분리되었던 《영혼과 영신》이 《음양(陰陽)》 합일(合一)을 이루어 《짐승》 《영혼(靈魂)》과 《영신(靈身)》으로 진화(進化)를 한다. 이로써 《대마왕》 불보살들과 《마왕족(族)》으로 진화(進化)를 하여 《선악(善惡)》 양면성을 가진 불완전한 《인간》으로서 진화(進化)를 하게 되는 것이다. 이러한 《짐승》 《영혼과 영신》을 가진 《인간》들도 오랜 기간 진화(進化)를 하여 《진화(進化)》의 완성을 이루면 명실상부한 완벽한 《인간(人間)》《영혼(靈魂)》과 《영신(靈身)》을 가진 《선(善)》을 근본 바탕으로 한 《인간(人間)》으로 태어나서 다음으로 《인간 완성》을 목표로 진화(進化)를 하여 가는 것이 《석가모니 하나님 부처님》 진리(眞理)의 법칙(法則)이다.

즉, 《인간 육신(肉身)》을 가지고 진화하는 무리는 《선(善)》을 근본 바탕으로 하는 《인간》들과 《선악(善惡)》 양면성을 가진 《인간》들과 《악(惡)》을 근본 바탕으로 한 《반쪽짜리》《인간》 등 셋으로 구분이 되는 것이다. 이러한 《천상(天上)》의 비밀한 내용을 때가 되어 《메시아(Messiah)》이신 《미륵불》이 여러분들에게 비로소 진실(眞實)을 밝히고 있는 것이다.

이러한 인간 무리들 중 《악(惡)》을 근본 바탕으로 하는 《악마(惡魔)의 신(神)》들인 《대마왕신족(神族)》들은 진화(進化)의 과정에서 《순리(順理)》를 따르는 《진화(進化)》를 거부하고 《1차 우주 쿠데타》를 《천상(天上)》에서 결행할 때부터 《공산주의자(共産主義者)》들로 변한 《원조(元祖)》《좌익 세력》들이며, 이들의 후손들인 《마왕신족(神族)》들은 일부 《진화(進化)》에 순응하는 무리들이 있는 반면에 《진화(進化)》를 거부하는 무리들은 《진화》의 특수성 때문에 모두 《좌익 세력》들로 자리하여 《악마(惡魔)의 신(神)》들인 《대마왕신족(神族)》들의 통제(統制)를 받고 있는 것이다. 이와 같은 《악마(惡魔)의 신(神)》인 최고(最高)의 《대마왕신(神)》《비로자나 1세》를 포함한 《악마(惡魔)의 신(神)》들로서 《대마왕신(神)》 모두들을 《악(惡)의 축(軸)》이라고 하는 것이다.

　　선(善)을 근본 바탕으로 하는 《인간 무리》들인 《음(陰)》의 《곰족(熊族)》들과 《관세음보살 1세》 직계 《구려족》들과 《노사나불》 직계 《스키타이》 등 셋을 묶어 인간 무리들에 있어서는 제일 《진화(進化)》가 많이 된 《음(陰)》의 《한민족(韓民族)》들이라고 하며, 《다보불》 직계(直系)와 《문수보살 1세계(系)》와 《관세음보살 2세계(系)》 셋을 묶어 《양(陽)》의 《곰족(熊族)》들이라고 하며 이들이 《선악(善惡)》 양면성을 가진 《양(陽)》의 《한민족(韓民族)》들이라고 한다.

　　이렇듯 현재의 《지상(地上)》에는 《음양(陰陽)》의 《한민족(韓民族)》들이 전체 인구의 《40%》를 차지하며 《악마(惡魔)의 신(神)》들인 《대마왕신족(神族)》들과 《마왕신족(神族)》들이 전체 인구의 《60%》를 차지하고 있다.

　　이와 같은 인간 무리들이 《지상(地上)》에서 《진화(進化)》를 하는 동안 《수메르 문명》(5200BC~4100BC)부터 《로마 공화정》(509BC~27BC) 때까지 벌인 《신(神)》들의 전쟁은 《선(善)》과 《선악(善惡)》 양면성을 가진 《한민족(韓民族)》들과 《악마(惡魔)의 신(神)》들인 《대마왕신족(神族)》들을 중심으로 한 《마왕신족(神族)》들과의 다툼이 된다.

　　이러한 이후 《로마 공화정》 후반기에 《악마(惡魔)의 신(神)》들 중 최고(最高)의 《대마왕신(神)》《비로자나 1세》는 《지상(地上)》에서 《천상(天上)》의 《1차 우주 쿠데타》 연장선상에서 《2차 우주 쿠데타》 계획을 세우고 그가 거느리는 《악마(惡魔)의 신(神)》들인 《대마왕신(神)》《60명》을 때에 점차적으로 인간 육신(肉身)을 가지고 태어나게 하여 《원로원》 및 《로마 공화정》 지도부에 골고루 이들을 자리하게 한 후 《딕타토르(Dictator)》인 《줄리어스 시저》가 《크라이스트(Christ)》 사상과 《아노 도미니(Anno Domini)》 사상의 약자인 기원전인 《BC》와 기원후 《AD》를 《줄리안력(歷)》에 기록하여 발표를 하자 《2차 우주 쿠데타》 실행 차원에서 《악마(惡魔)의 신(神)》들인 《대마왕신(神)》《10여 명》이 《줄리어스 시저》 암살에 직접 참여하여 성공을 한 후 《선악(善惡)》 양면성을 가진 《양(陽)》의 《한민족(韓民族)》 지도층에 있는 《대마왕》《불보살(佛菩薩)》들을 회유하여 《2차 우주 쿠데타》에 동참시키는데 성공함으로써 《악(惡)》을 근본 바탕으로 하는 《악마(惡魔)의 신(神)》들인 《대마왕신(神)》들과 《선악

(善惡)》 양면성을 가진 《다보불계(系)》《대마왕》《불보살》들이 공동으로 《2차 우주 쿠데타》를 선포하고 《BC 27년》에 《로마 제국(帝國)》을 출발시키는 것이다.

이로써 《2차 우주 쿠데타》가 선포된 《BC 27년》부터 《AD 1000년》까지는 《선(善)》을 근본 바탕으로 하는 《불보살》들과 《선악(善惡)》 양면성을 가진 《대마왕》《불보살(佛菩薩)》들이 연대한 《악(惡)》을 근본 바탕으로 한 《악마(惡魔)의 신(神)》들인 《대마왕신(神)》들과의 다툼이었으며, 《AD 1000년》부터 《AD 2013년》까지는 《2차 우주 쿠데타》의 무모함을 깨달은 《선악(善惡)》 양면성의 근본 바탕을 가진 《대마왕》《불보살》들이 《석가모니 하나님 부처님》《진리(眞理)의 법(法)》으로 회귀(回歸)함으로써 《음(陰)》의 《한민족(韓民族)》들과 《양(陽)》의 《한민족(韓民族)》들이 비로소 《음양(陰陽)》 짝을 하여 한통속을 이루어 《악(惡)》을 근본 바탕으로 한 《악마(惡魔)의 신(神)》들인 《대마왕신족(神族)》들과 사활(死活)을 건 다툼을 벌이는 것이다.

이러한 다툼은 《로마 공화정》 끝 무렵 《딕타토르(dictator)》인 《줄리어스 시저》의 암살 성공 이후 《BC 27년》에 출발한 《로마 제국》으로부터 《2차 우주 쿠데타》가 선포된 후 시간(時間)의 연속선상에서 《악마(惡魔)의 신(神)》들인 《대마왕신족(神族)》들이 반복(反復)되는 윤회(輪廻)로 《악(惡)의 축(軸)》을 옮겨 가면서 한결같이 추진한 정책이 몇 가지가 있다. 이러한 정책 중 표면적으로 두드러지게 드러난 일들이 인간 무리들 중 제일 진화(進化)가 많이 된 《음(陰)》의 《한민족(韓民族)》들을 씨알도 남기지 않고 제거하여 파멸시키는 일이었다.

진행을 하면서 《인간》들의 《이치》가 크게 세 번 일어나는 곳이 《수메르 문명》과 《예루살렘》과 《한반도(韓半島)》였음을 말씀 드린 적이 있다. 이로써 《인간》들의 《이치》가 일어나는 《예루살렘》에서 진행을 하면서 밝혀 드린 바와 같이 《유대인》 폭동으로 인한 세 번의 대학살과 《예수님》 탄생 전후 《아노 도미니(Anno Domini)》를 외치는 《참(眞) 기독인》 대학살이 《음(陰)》의 《한민족(韓民族)》들인 《유대인》과 《이스라엘인》들에 대한 씨알 말리기의 대학살이며, 다음으로 마지막 《인간》들의 《이치》가 크게 일어나는 《한반도(韓半島)》에서 《악(惡)의 축(軸)》들로서 《악마(惡魔)의 신(神)》들인 《대마왕신족(神族)》들이 《고려 왕조》(AD918~AD1392)를 세우고 《조선 왕조》(AD1392~AD1910)를 거치면서 수많은 《한민족(韓民族)》들을 학살하고 남은 상당수는 《노비(奴婢)》로 만들어 《하층민》으로 전락시키고 《일본 식민지 시대》 이후는 옛과 같이 직접 학살 등의 방법을 쓸 수가 없으니 이제는 방법을 달리하여 간접 학살 방법으로 선회하여 경쟁 체제를 극대화하는 《대학 입시》 위주의 《교육 제도》를 통해 《마성

《마성(魔性)》의 극치인 《탐욕》과 《이기심》을 《한민족(韓民族)》들의 근본 바탕에 심어 썩고 부패한 《좌익사상》에 물든 인간들로 변모시켜 《반복(反復)》되는 《윤회(輪廻)》가 끝이 나는 《문명의 종말》 때 《석가모니 하나님 부처님》께서 이들 모두들을 《구원(救援)》할 수 없도록 만들어 놓고 이들 《악(惡)의 축(軸)》들인 《좌익 세력》들은 지금도 《한민족(韓民族)》들의 나라인 《대한민국(大韓民國)》을 《공산국가(共産國家)》로 만들기 위해 혈안이 되어 있는 것이다.

다음으로 두 번째 《악(惡)의 축(軸)》들로써 《악마(惡魔)의 신(神)》들인 《대마왕신족(神族)》들이 펼친 정책이 《인간》들의 《이치》가 크게 일어나는 《예루살렘》에서 《천주교(天主敎)》와 《기독교(敎)》 등의 《종교(宗敎)》를 만들어 《천주교》에서는 《악마(惡魔)의 신(神)》으로서 《대마왕신(神)》인 《야훼 신(神)》의 탈(脫)을 쓰고 《악마(惡魔)의 신(神)》들 중 최고(最高)의 《대마왕신(神)》 《비로자나 1세》와 최고(最高)의 《대마왕》《다보불 1세》가 교대로 자리하여 《교주(敎主)》가 되어 《창조주》《하나님》 노릇을 하고 《기독교》에서는 《악마(惡魔)의 신(神)》인 《대마왕신(神)》 《천관파군 1세》와 《그림자 비로자나 1세》와 《가이아 신(神)》이 《예수님》 탈(脫)을 쓰고 《예수 그리스도》로 이름하고 《교주(敎主)》 노릇을 하며 《창조주》 노릇을 함으로써 모든 인간 무리들의 《정신세계(精神世界)》 지배를 노린 것이다.

이러한 《악마(惡魔)의 신(神)》들인 최고(最高)의 《대마왕신(神)》들과 《대마왕》 불보살들 스스로는 《종교(宗敎)》 단체의 《교주(敎主)》로 자리하고 여타 《악마(惡魔)의 신(神)》들인 《대마왕신(神)》들과 《대마왕》 불보살들은 반복(反復)되는 윤회(輪廻)로 《종교 교단(宗敎敎團)》을 장악한 후 《종교(宗敎)》를 믿고(信) 따르는 인간 무리들에게 《악(惡)》으로부터 비롯되는 《마성(魔性)》의 극치인 《좌익사상》의 《정수(精髓)》들인 《탐욕》과 《이기심》을 인간들의 《영혼》과 《영신》이 가진 근본 바탕에 심게 됨으로써 《정신적(精神的)》으로 그들의 하수인들인 《노예(奴隸)》로 만들어 《힘(力)》의 우위를 앞장 세워 인간 무리들을 지배(支配)하기 위해 《종교(宗敎)》를 활용한 것이 두 번째의 정책을 편 것이 되는 것이다.

이와 같은 두 가지 정책이 《악(惡)의 축(軸)》을 이룬 《악마(惡魔)의 신(神)》들인 《대마왕신족(神族)》들이 《지상(地上)》에서 《2차 우주 쿠데타》를 일으킨 근본 목적이 되는 것이다. 이와 같이 《악(惡)》을 근본 바탕으로 하는 《악마(惡魔)의 신(神)》들인 《대마왕신(神)》들이 《교주(敎主)》로 자리한 《종교(宗敎)》를 믿는 자(者)들은 그들의 《밝고》《맑은》 《영혼》과 《영신》의 바탕이 《교주(敎主)》가 심는 《마성(魔性)》의 극치인 《탐욕》과 《이기심》으로 물들어 《어둡고》 《탁한》 《영혼》과 《영신》의 바탕으로 변화하기 때문에 《진화(進化)》하여야 할 숙명을 가진

《인간》들이 《진화(進化)》의 원점으로 되돌아가서 결국 파멸(波滅)하여야 하는 운명(運命)을 가지게 되는 것이다. 이 때문에 《진화(進化)》 이치도 모르는 《악마(惡魔)의 신(神)》들인 《대마왕신(神)》들은 《창조론(創造論)》을 들고 나와서 그들을 신앙(信仰)하는 자(者)들을 속이고 《구원(救援)》을 할 능력도 없는 자(者)들이 《구원》을 입에 담으며 거들먹거리고 있는 것이다.

이로써 《예루살렘》에서 두 번째 일어난 《인간》들의 《이치》가 《인도》와 《동남아시아》와 《중국》, 《한국》, 《일본》을 제외한 《중동 지방》과 《지중해 연안》과 《아프리카》와 《서구 유럽》 전역에 《종교(宗敎)》의 질서로 자리함으로써 이들 《인간》들 사회는 《탐욕》과 《이기심》으로 인한 전쟁이 끊어질 날이 없었으며 썩고 부패한 사회로 전락한 실례는 인간들의 역사가 이를 증명하고 있는 것이다.

이러한 천인공노할 짓을 과감히 저지른 《악마(惡魔)의 신(神)》들인 《대마왕신족(神族)》들이 《악(惡)의 축(軸)》을 이루고 시간(時間)을 따라 반복(反復)되는 윤회(輪廻)로 《공간(空間)》과 장소를 이동하여 가며 《전쟁》을 즐기며 《인간 무리》들을 고통스럽게 하고 타락시켜 파멸로 인도한 실상을 오늘을 살고 있는 인간 무리들은 알아야 할 필요가 있기 때문에 이 장에서는 《악(惡)의 축(軸)》이 세 번 옮겨 다니면서 저지른 만행을 간략히 정리하여 살펴보기로 하자.

《BC 27년》부터 《AD 2013년》까지 《2차 우주 쿠데타》가 진행이 된 《2,040년》간은 《천주교》, 《기독교》, 《불교》, 《회교》 등 《지상(地上)》의 각종 《종교(宗敎)》를 신앙(信仰)하던 모든 인간 무리들이 《악마(惡魔)》들인 《대마왕신족(神族)》들에게 속아 살아온 실상(實相)을 적나라하게 밝힘으로써 세계(世界)에 흩어져 살고 있는 《한민족(韓民族)》들과 진화(進化)에 순응하는 《악마(惡魔)의 신(神)》 후손들인 《마왕신족(神族)》들에게 《지상(地上)》에 있는 각종 《종교(宗敎)》와 《좌익사상》을 청산하고 그동안 《악마(惡魔)》들에게 속아 《어둡고》 《탁하여진》 마음(心)의 근본 뿌리인 《영혼》과 《영신》의 바탕을 《맑고》 《깨끗한》 근본 바탕으로 바꾸고 《탐욕》과 《이기심》은 《지혜(智慧)》로 승화시킴으로써 그대 코앞에 닥쳐온 《문명(文明)의 종말(終末)》을 슬기롭게 넘겨 그대들 길고 넓은 《운명(運命)》의 《강(江)》을 건너게 하여 《후천우주(後天宇宙)》 시작과 함께 펼쳐지는 이상 세계(理想世界)로 인도하고자 하는 것이다.

《악마(惡魔)》들이 지배하던 《지상(地上)》의 《2,040년》간 끝에 지상(地上)에 남은 것은 《탐욕》과《이기심》에 가득 찬 인간 무리들과《전쟁》을 하기 위해 천문학적인《돈》을 쏟아 부어 만든《첨단 무기》와《타락》한 사회만 고스란히 남았다는 사실을 오늘을 살고 있는 《인간》무리들은 깨달아야 할 것이다.

그러면 다음으로 세 번에 걸친《악(惡)의 축(軸)》의 움직임에 대하여 차례로 살펴보기로 하자.

(1) 《악(惡)》의《축(軸) 1》: 줄리어스 시저(문수보살 1세, 100BC~44BC) 암살단

《줄리어스 시저》(100BC~44BC)로 이름한《문수보살 1세》가《줄리안력(歷)》을 발표한 것이 《시저》암살의 직접적인 동기가 되었음을 말씀드렸다. 이러한《줄리어스 시저》의 암살을 위해《악마(惡魔)의 신(神)》들인《대마왕신(神)》들은 약 60명으로《암살단》을 만든 후《줄리어스 시저》암살에 들어가는 것이다. 이와 같은《암살단》에는 그들의 동조 세력들이 200여명까지 더 있었으나《줄리어스 시저》암살에는 직접 참여하지 않은 것이다. 이와 같은《암살단》들 중《시저》의 암살을 선동한 자 및 직접 암살에 참여한 중요한 일부의 《악마(惡魔)의 신(神)》들인《대마왕신(神)》들을《악(惡)》의《축(軸) 1》이라고 하며 이들의 본래 모습을 밝혀 드리면 다음과 같다.

[표 1-5-2-10] 악의 축 1 : 줄리어스 시저(문수보살 1세, 100BC~44BC) 암살단

암살단 명단	신명(神名)	신(神)	생몰연대
마르쿠스 브루투스 (Marcus Junius Brutus the Younger)	비로자나 1세	●	82BC~42BC
카시우스(Gaius Cassius Longinus)	가이아신(神) 1세	●	85BC이전~42BC
데시무스 브루투스 (Decimus Junius Brutus Albinus)	그림자 비로자나 1세	●	85BC~43BC

틸리우스 킴버 (Lucius Tillius Cimber)	그림자 비로자나 2세	●	?~42BC
안토니우스(Mark Antony)	천관파군 1세	●	83BC~30BC
트레보니우스(Gaius Trebonius)	야훼 신 1세	●	92BC~43BC
키케로(Marcus Tullius Cicero)	천관파군 2세(이오 신(神))	●	106BC~43BC
셀비리우스 카스카 (Publius Servilius Casca Longus)	묘음보살 1세	●	?~42BC

※ ○ : 《착함(善)》을 근본 바탕으로 하는 불보살
◐ : 《선악(善惡)》 양면성을 근본 바탕으로 하는 《대마왕》 불보살
● : 《악(惡)》을 근본 바탕으로 하는 악마(惡魔)의 신(神)들인 《대마왕신(神)》

① 줄리어스 시저(문수보살 1세) 암살단에 대한 설명

마르쿠스 브루투스

(비로자나 1세(●), Marcus Junius Brutus the Younger, 생몰 85BC~42BC)

최고의 《악마(惡魔)의 신(神)》인 《비로자나 1세》는 《히브리 왕국》 때 《여호와 하나님》으로 불리우던 자로서 《유대》와 《이스라엘》을 파멸(波滅)로 이끈 후 《악마(惡魔)의 신(神)》인 《야훼 신(神)》의 가면(假面)을 쓰고 《하나님》 행세를 하고, 《악의 축 1》에서는 《마르쿠스 브루투스》로 와서 줄리어스 시저 암살을 주도한 자이며, 《악의 축 2》에서는 《헤로드 안티파스(Herod Antipas)》로 와서 《자칭(自稱)》 《유대교》 창단에 선도적으로 앞장 선 자로, 모든 악(惡)은 이 자(者)로부터 시작된 것이며, 《악의 축 3》에서는 《콘스탄티우스 클로루스(Constantius Chlorus)》로 와서 AD 304년에 《요한성자》를 살해하고 AD 310년 《예수》를 처형한 장본인으로서 그 벌(罰)을 받아 AD 312년 영국에서 죽게 된다.

카시우스
(가이아신(神)(●), Gaius Cassius Longinus, 생몰 85BC 이전~42BC)

《가이아 신(神)》은 《암흑의 여신(神)》으로 《악마(惡魔)의 신(神)》들인 《비로자나 1세》와 《그림자 비로자나 1세》 등 둘의 남편을 항상 거느리며, 《악의 축 1》에서는 《남자(男子)》 몸(身)을 가지고 태어나고 《악의 축 2》에서 《헤로디아(Herodias)》로 태어나 《헤로드 안티파스(Herod Antipas)》인 최고의 《악마(惡魔)의 신(神)》인 《비로자나 1세》와 《헤로드 필립 1세》인 《그림자 비로자나 1세》 모두와 부부 관계를 유지하고 《자칭(自稱)》 《유대교》 창단 핵심 세력으로 자리한 후, 《악의 축 3》에서 《헬레나(Helena)》로 태어나서 그의 남편 중 하나였던 《디오클레티안(Diocletian)》인 《그림자 비로자나 1세》가 진정한 《기독교인》 100,000명 이상을 학살하여 제거한 후 이 이전에 마왕신 아들들 9명을 《예수》 제자로 들여보낸 후 BC 310년에 《예수》가 처형되자 《예수》의 가르침 핵심 진리(眞理)는 모두 빼고 《변두리》 가르침과 갖은 미사어구로 《신약》을 결집한 후 《교회(敎會)》를 세우고 《악마(惡魔)의 신(神)》들의 《기독교(基督敎)》를 창단한 후 이후 세세생생 이를 장악한 자(者)이다. 특히, 《예수》 처형을 독려한 자로 유명하다.

데시우스 브루투스
(그림자 비로자나 1세(●), Decimus Junius Brutus Albinus, 생몰 85BC~43BC)

《악의 축 2》에서는 《헤로드 필립 1세 또는 헤로드 2세(Herod Philip I 또는 Herod II)》로 와서 《악마(惡魔)의 신(神)》으로서 《가이아 신(神)》인 《헤로디아(Herodias)》의 첫 번째 남편으로서 《자칭(自稱)》 《유대교단》 창단에 깊이 관여하고, 《악의 축 3》에서는 《디오클레티안(Diocletian)》 황제로 와서 AD 303년 ~ AD 311년까지 진정한 《참기독교인》 약 10만 명 이상 학살하여 이들을 제거함으로써 그의 부인이었던 《악마(惡魔)의 신(神)》인 《가이아 신(神)》인 《헬레나(Helena)》가 《기독교 교단》 창단을 하도록 선도적인 일을 한 《악마(惡魔)의 신(神)》으로서 대마왕신(大魔王神)이다.

틸리우스 킴버
(그림자 비로자나 2세(●), Lucius Tillius Cimber, 생몰 ?~42BC)

《악마(惡魔)의 신(神)》인 《그림자 비로자나 2세》는 《악(惡)의 축(軸) 1》에서 《틸리우스 킴버》로 태어나 《문수보살 1세》인 《줄리어스 시저》 암살에 가담하였으며, 《악의 축 2》에서 《헤로데 필립 2세》로 태어나서 《자칭(自稱)》 《유대인 교단》 탄생에 깊이 관여하고, 《악의 축 3》에서는 《갈렐리우스》로 태어나서 기독교인 박해에 앞장 선 자(者)이다.

안토니우스
(천관파군 1세(●), Mark Antony, 생몰 83BC~30BC)

악질 《악마(惡魔)의 신(神)》인 《천관파군 1세》는 《악의 축 1》에서 《안토니우스》로 와서 《줄리어스 시저》 암살에 동조한 후 훗날을 위해 스스로는 암살에 가담하지 않은 듯 위장한 자(者)임과 아울러, 《악의 축 2》에서는 《헤로드 아켈라우스(Herod Archelaus)》로 와서 《자칭》《유대교단》 창단에 깊이 관여하고, 《악의 축 3》에서는 《악마(惡魔)의 신(神)》 왕(王)으로서 《콘스탄틴 대제(大帝)》로 이름하고 《헬레나(Helena)》와 함께 《기독교 교단》을 만든 로마 황제 중 최초인 인물로서 AD 313년 《밀란 칙령(Edict of Milan)》에 서명하여 《헬레나(Helena)》가 만든 《기독교》를 수용하겠다고 선포한 자(者)이다.

트레보니우스
(야훼 신 1세(●), Gaius Trebonius, 생몰 92BC~43BC)

《야훼 신(神) 1세》는 《악마(惡魔)의 신(神)》으로 유명하며, 《엘람인》과 《마케도니아인》들의 최고 조상으로서, 《악의 축 2》에서는 《안티파터 2세(Antipater II)》로 와서 《자칭(自稱)》 《유대교단》 창단에 깊숙이 개입한 자로서 악마(惡魔)의 신(神)으로 유명한 자이며, 《악의 축 3》에서는 《맥시미안(Maximian)》으로 태어나 《참기독인》 박해에 크게 관여한 인물임과 동시에 《예수》의 제자 《빌립보(Philip)》로 이름하고 왔던 자(者)이다.

키케로
(천관파군 2세(이오 신)(●), Marcus Tullius Cicero, 생몰 106BC~43BC)

악질《악마(惡魔)의 신(神)》으로서《천관파군 2세》인《이오 신(神)》은《BC 510 ~ BC 440》년에 내면(內面)의 혈통(血統)이 다른 자가《유대인 탈》을 쓰고《에스라(Ezra)》(510BC~440BC)로 태어난 후《유대》와《이스라엘》의 찬란한 역사를 삭제하고《구약》결집을 시작한 자(者)로서,《악(惡)의 축(軸) 2》에서《아리스토부루스 4세》왕자(Prince Aristobulus Ⅳ)로 태어나서《구약》결집을 완료한 자(者)이며,《AD 470 ~ AD 544》년에는《디오니시우스 엑시구스(Dionysius Exiguus)》때에 엉터리 수리(數理) 체계를 만들어《부활절》테이블을 만든 자이다.《AD 1502년 ~ AD 1585년》때에《교황》《그레고리 13세(Pope Gregory XIII)》로 와서《줄리안력(Julian calendar)》의 극히 일부분을 고치고《그레고리력(Gregorian calendar)》으로 이름하여《줄리어스 시저(Julius Caesar)》인《문수보살 1세(○)》에 의해 천문학자《소시제네스(Sosigenes)》로 오셨던《석가모니 하나님 부처님(○)》께서 만드신《줄리안력》을 도둑질한 자(者)로서《천상(天上)》에서는 악명높은 자(者)임과 동시에,《악의 축 3》에서는《예수》의 제자《대야고보》로 와서《예수》의 가르침 중 핵심 진리(眞理)는 삭제하고 변두리 가르침을 묶어 마왕(魔王) 성경 결집을 주도한 자였다.

《에스라(Ezra)》라는 역대기 저자로 온 적이 있는《선동(煽動)》의 전문가로 세세생생 인간들에게《마성(魔性)》의 관념과 사상을 심어 지상(地上)의 인간들로 하여금 타락의 길로 인도한 장본인이다.

셀비리우스 카스카
(묘음보살(●), Publius Servilius Casca Longus, 생몰 ?~42BC)

《악마(惡魔)의 신(神)》인《묘음보살》은《BC 13세기경》에 내면(內面)의 혈통(血統)이 다른 자가《유대인》《탈》을 쓰고《모세(Moses)》로 이름하고 태어났던 자로서《천상(天上)》에서는 여자 몸(身)이나 때에 남자(男子) 몸(身)을 가지고 태어난 자이다. 있지도 않은《모세오경》과《모세》를 신성시하기 위해 이 자(者)에 관한 기록은 철두철미하게 삭제하는 것이 관례로 된 자이며,《악의 축 2》에서는《헤롯 왕자》로 태어난 후《자칭(自稱)》《유대교단》탄생에 깊이 관여함과 아울러,《악의 축 3》에서는《악마(惡魔)의 신(神)》으로서《천관파군 1세》

인《콘스탄틴 대제(Constantine I)》의 아들인《콘스탄티우스 2세》(AD317~AD361)로 태어나서 로마 황제로 사칭한 자이다.

② 최고《악마(惡魔)의 신(神)》《대마왕신(神)》《비로자나 1세》와《대마왕》《다보불 1세》와의 동참을 위한《2차 우주 쿠데타》합의 사항

《BC 44년》《줄리어스 시저》암살에 성공한《마르쿠스 브루투스》(85BC~42BC)로 이름한《악마(惡魔)의 신(神)》들 중 최고(最高)의《대마왕신(神)》《비로자나 1세》는 곧바로 최고(最高)의《대마왕》《다보불 1세》를 찾아가서《지상(地上)》에서 결행되는《2차 우주 쿠데타》에 동참할 것을 요구하고《악마(惡魔)의 신(神)》인 최고(最高)의《대마왕신(神)》《비로자나 1세》와 최고(最高)의《대마왕》《다보불 1세》는 다음 4개 항에 합의를 함으로써《선악(善惡)》양면성을 가진《대마왕》《다보불계(系)》《불보살(佛菩薩)》들이《2차 우주 쿠데타》에 동참을 하는 것이다. 이렇듯 합의된 4개 항을 밝혀 드리면 다음과 같다.

최고《악마(惡魔)의 신(神)》인《대마왕신(神)》《비로자나 1세》와《대마왕》《다보불 1세》와의《2차 우주 쿠데타》동참을 위한 합의 사항

1. 헤로드(Herod, 74BC~4BC)로 이름한 최고(最高)의《대마왕》《다보불 1세》가《유대 지역》왕(王)이 되도록 협조한다.

2.《악(惡)의 축(軸) 1》에 관계되는《악마(惡魔)의 신(神)》들이《줄리어스 시저》암살과 관련하여 모두 처형이 된 후 반복(反復)되는 윤회(輪廻)로 모두《헤로드》왕가(王家)에서 태어나도록 한다.

※ 상기 합의 내용 실현은 최고(最高)의《대마왕》《다보불 1세》의 부인으로 출산과 잉태를 담당하는《우주(宇宙)》의《어머니(母)》이신《관세음보살 1세》의《육신불》인《마고 신(神)》이기 때문에 이의 실행은 식은 죽 먹기보다 쉬운 문제이다.

3. 《악(惡)의 축(軸) 1》에서 반복(反復)되는 《윤회(輪廻)》로 《헤로드 왕가(王家)》로 모두 태어난 《악마(惡魔)의 신(神)》들이 성인(成人)이 되었을 때 《야훼교(敎)》의 《바리새인 교단》을 중심으로 《자칭 유대교단》을 만들기로 합의한다.

4. 《로마 제국(帝國)》 초대 황제(皇帝)는 《다보불계(系)》《대마왕》《문수보살 2세》인 《옥타비안(Octavian)》을 《아우구스투스(Augustus)》 황제(皇帝)로 이름하고 추대할 것을 합의한 후 《아우구스투스》가 황제(皇帝) 위(位)에 오른 후 《지상(地上)》에서의 《2차 우주 쿠데타》를 선포하도록 한다.

등 이상과 같은 4개 항에 합의를 한 후 《선악(善惡)》 양면성의 근본 바탕을 가진 최고(最高)의 《대마왕》《다보불 1세》를 포함한 《다보불계(系)》《대마왕》《불보살(佛菩薩)》들이 《2차 우주 쿠데타》에 합류를 하는 것이다.

※ 이와 같이 《악마(惡魔)의 신(神)》들 중 최고(最高)의 《대마왕신(神)》《비로자나 1세》와 최고(最高)의 《대마왕》《다보불 1세》는 《2차 우주 쿠데타》에서 첫 번째 합의를 이룸으로써 훗날 《중원 대륙》에서 《당(唐)》나라를 건국할 당시 《악(惡)의 축(軸) 5》가 이동하여 두 번째 합의를 이끌어 내게 되며 이 분들은 다시 마지막 《인간》들의 《이치》가 일어나는 《한반도(韓半島)》로 《악(惡)의 축(軸) 6》이 옮겨왔을 때 《고려 왕조》 끝 무렵 《조선 왕조》 건국을 위해 세 번째 합의를 이끌어 낸 바탕에서 《조선 왕조》가 건국되었음을 잊지 마시기 바란다.

(2) [《악(惡)》의 《축(軸) 2》] : 자칭 유대교단 창단 멤버(헤로드 왕가)

① [헤로드 대제(大帝)(다보불 1세, 74BC~4BC, 재위 37BC~4BC)]

《헤로드(Herod) 대제(大帝)》(생몰 74BC~4BC)는 《로마령(領)》《유대》 지역을 다스리던 왕으로서 최고(最高)의 《대마왕》인 《다보불》이 반복(反復)되는 윤회(輪廻)로 한때 태어났을 때를 호칭한 이름이다. 이와 같은 《헤로드(Herod) 대제(大帝)》로 이름한 《다보불》이 《유대 지역》을 다스릴 때, 먼저 진행한 《줄리어스 시저(Julius Caesar)》(생몰 100BC~44BC, 재임 49BC~44BC) 암살단 중 핵심 암살단들을 정리한 《악(惡)의 축(軸) 1》에 기록된 자(者)들 중 《안토니우스》(83BC~30BC)로 이름한 《천관파군 1세》를 제외한 《7명》 모두는 《줄리어스 시저》를 암살한 벌(罰)을 《석가모니 하나님 부처님》으로부터 받아 《1년~2년》 차이를 두고 동시에 모두 육신(肉身)의 죽음을 당하게 된다. 이러한 이후 그들은 반복(反復)되는 윤회(輪廻)를 통해 《헤로드 대제(大帝)》로 이름한 최고의 《대마왕》인 《다보불》과 그의 여러 부인의 몸(身)을 빌어 시간 차이를 두고 모두 다시 태어나게 되는 것이다.

이로써 《줄리어스 시저》 암살 이후 《악마(惡魔)의 신(神)》들 중 최고(最高)의 《대마왕신(神)》《비로자나 1세》와 《헤로드 대제(大帝)》로 이름한 최고(最高)의 《대마왕》《다보불》 사이에 합의된 합의 사항이 시간 차이를 두고 《예루살렘》에서 현실화된 것이다. 즉, 《악(惡)의 축(軸) 1》의 활동 무대는 《로마(Rome)》였으나 《악(惡)의 축(軸) 2》의 활동 무대가 《예루살렘》으로 바뀐 것이다. 이와 같이 《헤로드(Herod)》 왕가(王家)에 태어난 《악마(惡魔)의 신(神)》들인 《대마왕신(神)》들을 살펴보면 다음과 같다.

[표 1-5-3-1] 헤로드 왕가

자칭 유대교단 만든 자	신명(神名)	신(神)	생몰	비고
헤로드 대제(Herod the Great 또는 Herod I)	다보불 1세	◐	74BC~4BC(70세) 재위 37BC~4BC	유대 지역의 하스모니안 왕가를 종식시키고 유대 지역의 왕이 됨.
헤로드 안티파스 (Herod Antipas)	비로자나 1세	●	41BC~AD39 재위 AD14~AD39	로마 제국 2대 황제 티베리우스(Tiberius, 재위 AD14~AD39)와 동일인으로 그의 재위 동안 퀴리누스(Quirinus) 사상 강요함.

헤로디아(Herodias)	가이아신 1세	●	30BC~AD56 재위 AD30~AD56	아디아베네(Adiabene)의 여왕(재위 AD30~AD56)와 동일인.
헤로드 2세(Herod II 또는 Herod Philip I)	그림자 비로자나 1세	●	27BC~AD34	
헤로드 필립 2세 (Herod Philip II)	그림자 비로자나 2세	●	25BC~AD34	
헤로드 아켈라우스 (Herod Archelaus)	천관파군 1세	●	29BC~AD18	
안티파터 2세 (Antipater II)	야훼 신 1세	●	42BC~4BC	4BC 헤로드 대제(다보불 1세)를 살해하여 로마 제국 초대 왕 아우구스투스(문수보살 2세, Augustus)에게 처형당함
아리스토부루스 4세 왕자 (Prince Aritobulus IV)	천관파군 2세 (이오 신)	●	42BC~7BC	
헤로드 왕자 (Prince Herod)	묘음보살 1세	●	41BC~AD4	
알렉산더 왕자 (Prince Alexander)	야훼 신 2세	●	35BC~7BC	

※ ○ : 《착함(善)》을 근본 바탕으로 하는 불보살
　◐ : 《선악(善惡)》양면성을 근본 바탕으로 하는 《대마왕》불보살
　● : 《악(惡)》을 근본 바탕으로 하는 악마(惡魔)의 신(神)들인 《대마왕신(神)》

상기 정리된 《표》와 같이 《악(惡)의 축(軸) 1》에서 《줄리어스 시저》를 《BC 44년》에 살해한 《악마(惡魔)의 신(神)》들인 《대마왕신(神)》 모두들이 육신(肉身)의 죽음을 맞이한 후 시간 차이를 두고 《헤로드(Herod) 대제(大帝)》로 이름한 《대마왕》《다보불》의 아들들과 딸로 몽땅 반복(反復)되는 윤회(輪廻)를 통해 다시 태어나서 이름을 달리 한 것이다.

이와 같이 최고(最高)의 《대마왕》《다보불》은 부인이 출산(出産)을 총체적으로 담당을 하

는 《관세음보살 1세》와 분리된 《관세음보살 1세》의 육신(肉身)인 《마고신(神)》이기 때문에 《다보불》계(系)의 《대마왕》 불보살들과 여타 《악마(惡魔)의 신(神)》들인 《비로자나 1세》계(系) 《대마왕신(神)》 모두들을 뜻에 따라 원하는 곳에 태어나게 할 수 있으나, 《악마(惡魔)의 신(神)》으로서 최고(最高)의 《대마왕신(神)》인 《야훼 신(神)》 탈을 쓴 《비로자나 1세》는 그의 부인이 《가이아신(神)》이기 때문에 소수의 《악마(惡魔)의 신(神)》들인 《대마왕신(神)》들만 뜻에 따라 원하는 곳에 태어날 수 있게 하는 능력들을 가지고 있는 것이다.

이와 같이 최고(最高)의 《대마왕》《다보불》과 《악마(惡魔)의 신(神)》들 중 최고의 《대마왕신(神)》인 《야훼 신(神)》의 탈을 쓴 《비로자나 1세》는 그들의 능력(能力)에 따라 《대마왕》 불보살들이나 《악마(惡魔)의 신(神)》들인 《대마왕신(神)》들의 《영혼(靈魂)》과 《영신(靈神)》들을 그들의 뜻에 따라 원하는 곳에 자유자재로 《인간 육신(肉身)》을 가지고 태어날(生) 수 있게 하는 능력들을 가지고 있음을 깊이 인식하시기 바라며, 이러한 그들이라도 《인간 육신(肉身)》의 《죽음(死)》은 마음대로 할 수가 없으며, 이는 《원천창조주》이신 《석가모니 하나님 부처님》의 고유의 《권능(權能)》이라는 사실을 깊이 아시기 바란다.

고로 때에 《대마왕》《다보불》이 《악(惡)의 축(軸) 1》에서 육신(肉身)의 죽음을 맞이한 《악마(惡魔)의 신(神)》들인 《대마왕신(神)》들을 시간 차이를 두고 모두 태어나게 하였다는 사실이 《지상(地上)》의 인류 역사(歷史)에 미치는 영향은 실로 파괴적인 것이며, 이로써 《지상(地上)》의 인간 무리들 모두를 《파멸(波滅)》로 몰고 가는 엄청난 파동(波動)을 몰고 온 일이었다는 점을 분명히 밝히는 바이다.

※ [아리스토부루스 4세(천관파군 2세, 생몰 42BC~7BC)와 구약 결집 완성]

[표 1-5-3-1. 헤로드 왕가]에 기록된 《아리스토부루스 4세》(42BC~7BC) 왕자는 《바빌론 유수》(520BC~483BC) 이후 16년이 지나서 《페르시아(Persia)》로부터 《예루살렘(Jerusalem)》으로 돌아와서 2차 《타나크(Tanakh)》 왜곡으로 《구약 결집》을 시작한 《자칭》《유대인》인 《에스라(Ezra)》(510BC~440BC)이며, 이후 그는 《로마 공화정(共和政)》 끝 무렵 《줄리어스 시저》 암살

단에 가담한 《악(惡)의 축(軸) 1》에서 기록된 《키케로(Cicero)》(106BC~43BC)로 태어나서도 《구약 결집》을 계속한 후 이때 다시 《헤로드(Herod) 대제(大帝)》의 아들로 태어나 《BC 7년》에 《구약 결집》을 완성한 자(者)이다. 이러한 자의 당시 이름이 《아리스토부루스 4세》로 이름한 《악마(惡魔)의 신(神)》들 중 《대마왕신(神)》 중의 하나인 《천관파군 2세》인 《이오 신(神)》이다.

이러한 《아리스토부루스 4세》(42BC~7BC)로 이름한 《악마(惡魔)의 신(神)》으로서 《대마왕신(神)》《천관파군 2세》인 《이오 신(神)》은 《BC 7년》《구약 결집》을 완성한 해에 그의 친형제로 태어난 《알렉산더 왕자》(35BC~7BC)로 태어난 《야훼 신(神) 2세》와 함께 《구약 결집》 완성의 비밀을 지키기 위해 《헤로드(Herod) 대제(大帝)》로 이름한 《대마왕》《다보불》인 당시 그들의 아버지로부터 죽임을 당하게 된다.

그러나 이들 역시 《악마(惡魔)의 신(神)》들인 《대마왕신(神)》들로서 《악(惡)의 축(軸) 2》와 《악(惡)의 축(軸) 2》가 바탕이 된 《자칭》《유대교단》을 창설하는데 공로가 큰 자(者)들이기 때문에 《악(惡)의 축(軸) 2》와 《자칭》《유대교단》 창단 《멤버(members)》에 포함이 되는 인물들이다. 그리고 《헤로드 왕자(Prince Herod)》(41BC~AD4)로 이름된 《악마(惡魔)의 신(神)》인 《대마왕신(神)》《묘음보살》이 《이스라엘》《장자 민족》들을 파멸로 이끈 《자칭》《유대인》 노릇을 한 《모세(Moses)》이다. 나머지 《악마(惡魔)의 신(神)》들인 《대마왕신(神)》들에 대하여서는 《악(惡)의 축(軸) 1》에서 설명 드린 바 있으니 이 장에서는 설명을 생략하겠다.

---

② [《악(惡)의 축(軸) 2》와 《자칭》《유대교단》]

진행을 하면서 말씀드린 바대로 《헤로드(Herod) 왕가(王家)》에서 반복(反復)되는 윤회(輪廻)로 태어난 《악마(惡魔)의 신(神)》들인 《대마왕신(神)》들 각각이 《악(惡)의 축(軸) 1》에서 육신(肉身)의 죽음을 맞이한 이후 반복(反復)되는 윤회(輪廻)로 《헤로드(Herod) 대제(大帝)》를 아버지(父)로 하여 다시 태어난 《악마(惡魔)의 신(神)》들인 《대마왕신(神)》들이기 때문에 이들 모두들을 《악(惡)의 축(軸) 2》의 구성원들로서 이름을 하는 것이다. 이러한 《악(惡)의 축(軸) 2》가 정리된 《표》를 다시 구성하여 다음을 진행하겠다.

[표 1-5-3-2] 악의 축 2 : 자칭 유대 교단 창단 멤버

자칭 유대교단 만든 자	신명(神名)	신(神)	생몰	비고
헤로드 대제 (Herod the Great 또는 Herod I)	다보불 1세	◐	74BC~4BC(70세) 재위 37BC~4BC	유대 지역의 하스모니안 왕가를 종식시키고 유대 지역의 왕이 됨.
헤로드 안티파스 (Herod Antipas)	비로자나 1세	●	41BC~AD39 재위 AD14~AD39	로마 제국 2대 황제 티베리우스(Tiberius, 재위 AD14~AD39)와 동일인으로 그의 재위 동안 퀴리누스(Quirinus) 사상 강요함.
헤로디아(Herodias)	가이아신 1세	●	30BC~AD56 재위 AD30~AD56	아디아베네(Adiabene)의 여왕(재위 AD30~AD56)와 동일인.
헤로드 2세(Herod II 또는 Herod Philip I)	그림자 비로자나 1세	●	27BC~AD34	
헤로드 필립 2세 (Herod Philip II)	그림자 비로자나 2세	●	25BC~AD34	
헤로드 아켈라우스 (Herod Archelaus)	천관파군 1세	●	29BC~AD18	
안티파터 2세 (Antipater II)	야훼 신 1세	●	42BC~4BC	4BC 헤로드 대제(다보불 1세)를 살해하여 로마 제국 초대 왕 아우구스투스(문수보살 2세, Augustus)에게 처형당함
아리스토부루스 4세 왕자 (Prince Aritobulus IV)	천관파군 2세(이오 신)	●	42BC~7BC	
헤로드 왕자 (Prince Herod)	묘음보살 1세	●	41BC~AD4	

| 알렉산더 왕자
(Prince Alexander) | 야훼 신 2세 | ● | 35BC~7BC | |

※ ○ :《착함(善)》을 근본 바탕으로 하는 불보살
　◐ :《선악(善惡)》양면성을 근본 바탕으로 하는《대마왕》불보살
　● :《악(惡)》을 근본 바탕으로 하는 악마(惡魔)의 신(神)들인《대마왕신(神)》

　이와 같이《악마(惡魔)의 신(神)》인《대마왕신(神)》들로 이루어진《악(惡)의 축(軸) 2》의 자식(子息)들을 거느린《헤로드(Herod) 대제(大帝)》로 이름한 최고의《대마왕》《다보불》은 그의 아들 중 하나인《아리스토부루스 4세》로 이름한《악마(惡魔)의 신(神)》으로서《천관파군 2세》인《이오 신(神)》이 완성한 2차《타나크(Tanakh)》를 왜곡한《구약결집본(本)》을 그의 손아귀에 틀어쥐고《바빌론 유수》(520BC~483BC) 이후《에스라(Ezra)》로 이름한《천관파군 2세》인《이오 신(神)》과《느헤미야(Nehemiah)》로 이름한《지장보살 2세》등의《악마(惡魔)의 신(神)》들인《대마왕신(神)》들이 당시에 만든《유대교파》중《바리새인파》의 조직을 개편하여 최고의《대제사장》자리는《대마왕》불보살들과《악마(惡魔)의 신(神)》들인《대마왕신(神)》들이 반복(反復)되는 윤회(輪廻)를 통해 자리하도록 규칙을 정하고 그들이《유대교단》의 유일한 대표 교단(敎團)이라고 자처하는《자칭》《유대 교단(敎團)》을《악(惡)의 축(軸) 2》의 무리들과 함께《BC 7년》에《헤로드(Heord) 대제(大帝)》로 이름한《다보불》의 주도로 이를 만들게 된다.

　이렇게 하여 만들어진《자칭》《유대 교단(敎團)》에 대한 주도권을 빼앗긴《헤로드(Heord) 대제(大帝)》의 아들로 태어났던 최고(最高)의《악마(惡魔)의 신(神)》으로서《대마왕신(神)》인《헤로드 안티파스(Herod Antipas)》(41BC~AD39)로 이름하였던《비로자나 1세》는《천상(天上)》에서부터 그의 아들로 자주 태어났던《안티파터(Antipater)》(42BC~4BC)로 이름한《야훼 신(神) 1세》를 부추겨《BC 4년》에《헤로드(Heord) 대제(大帝)》로 이름한《다보불》을《살해(殺害)》하게 된다. 이러한《헤로드(Heord) 대제(大帝)》(74BC~4BC)로 이름한《다보불》살해(殺害) 소식이 당시《로마제국(帝國)》초대 황제(皇帝)인《아우구스투스(Augustus)》(재위 27BC~AD14)로 이름한《다보불계(系)》의《문수보살 2세》의 귀에 들어가게 됨으로써 그는《아우구스투스(Augustus)》황제(皇帝)로 이름한《문수보살 2세》로부터 죽임을 당하게 되는 것이다.

　이와 같이《자칭》《유대 교단(敎團)》의 주도권 다툼으로부터 비롯된 이러한 사건이 원인이 되어 훗날《악마(惡魔)의 신(神)》인《헤로드 안티파스(Herod Antipas)》(41BC~AD39)로 이름한

《비로자나 1세》가 《55세》 때에 《로마 제국(帝國)》 2대 《티베리우스(Tiberius)》(재위 AD14~AD39) 황제(皇帝)로 재위(在位)에 오른 이후 《퀴리누스(Quirinus)》 숭배 사상을 강요하게 되는 직접적인 원인이 되는 것이다. 이로써 《야훼 신(神)》 탈을 쓴 최고의 《악마(惡魔)의 신(神)》인 《비로자나 1세》는 《자칭》 《유대교단》을 벗어남으로써 《야훼 신(神)》 탈을 벗고 그 스스로 본래의 면목을 드러낸 《퀴리누스(Quirinus)》로 돌아가서 독자적인 《악마(惡魔)의 신(神)》들인 《대마왕신(神)》들만의 《종교(宗敎)》 《교단》을 만들고자 시도한 것이나, 이 역시 《유대인》들의 폭동으로 인한 《로마 제국》과의 전쟁으로 인해 궁극적으로는 실패하고 마는 것이다.

※ 구원사상의 왜곡

《악마(惡魔)의 신(神)》들인 《대마왕신(神)》들이 《악(惡)의 축(軸)》 이동을 자유자재로 하며 저지르는 만행을 상세히 밝히는 이유 중의 하나가 《예수님》(생몰 AD274~AD310)으로 이름하고 태어난 《약사유리광불》을 이용하고 그 이름을 팔아먹는 파렴치한 《악마(惡魔)의 신(神)》들인 《대마왕신(神)》들의 행위들을 밝히고자 하는 목적도 가지고 있다.

《예수》 성인(聖人)이 태어난 해가 《AD 274년》이며 《악마(惡魔)의 신(神)》으로서 《로마 제국》 《황제(皇帝)》로 자처한 《콘스탄티우스 클로루스》로 이름한 《비로자나 1세》로부터 죽임을 당한 때가 《AD 310년》이다. 이러한 사실을 훗날 《악마(惡魔)의 신(神)》인 《콘스탄틴 대제(大帝)》(생몰 AD272~AD337)로 이름하였던 《천관파군 1세》와 《예수》 성인(聖人)의 12제자 중 하나인 《대야고보》로 이름한 《천관파군 2세》인 《이오 신(神)》 등의 《역사(歷史)》 날조의 두 전문가가 《서력(西曆)》 기원 전후(前後)를 표기하는 《BC》와 《AD》에 깃들어 있는 《크라이스트(Christ)》 사상과 《아노 도미니(Anno Domini)》 사상을 무력화(無力化) 시킴과 동시에, 《서력(西曆)》 기원 《원년(元年)》의 기준이 되는 《용자리》《알파성(星)》 북쪽에 자리한 외톨이 별(星)인 《예수의 별(星)》과 연루시켜 《AD 274년》에 태어난 《예수》를 《BC 7년》에 《예수》가 탄생한 것으로 위장을 함으로써 《예수》 탄생을 위해 《서력기원》이 만들어진 것으로 호도하고, 《예수》 본인(本人)의 의지(意志)와는 관계없이 당대 《악마(惡魔)의 신(神)》들인 《대마왕신(神)》들이 《예수》로 이름한 《약사유리광불》을 죽여 놓고 《서력기원》 이전부터 《로마》《점령지》 등에 광범위하게 퍼져 있던 《석가모니 하나님 부처님》으로부터 시행되었던 《구원사상(救援思想)》을 담은 《비포 크라이스트(Before Christ)》 사상(思想)과 《아노 도미니(Anno Domini)》

사상(思想)을 무력화시키고 이러한 사상이 《예수》로부터 비롯된 《구원사상(救援思想)》이라는 것을 위장함으로써 이를 이용해서 《예수》가 《창조주》가 되는 《크라이스트(Christ)》로 둔갑시키게 된다.

　이와 같이 하여 《예수》가 《창조주》가 된 《예수 그리스도》는 《악마(惡魔)의 신(神)》들인 《대마왕신(神)》들이 《예수》의 이름을 팔아 이용하기 위해 만든 용어로써, 처음에는 《악마(惡魔)의 신(神)》인 《천관파군 1세》가 《예수 그리스도》를 호칭하였으나 뒷날은 《천관파군 1세》와 《그림자 비로자나 1세》와 《가이아 신(神)》들 중 하나가 번갈아 가며 《예수 그리스도》를 호칭한 것이다. 이와 같이 이들 《악마(惡魔)의 신(神)》들인 《대마왕신(神)》들이 이러한 일들을 꾸미게 된 배경에는 당대 《예수》로 이름한 《약사유리광불》의 죽음 이후 《서구 사회》에서 모든 기반을 잃게 된 《천상(天上)》에서부터 《예수》의 《본래》 아버지이셨던 《아미타불》께서 《악마(惡魔)의 신(神)》인 최고(最高)의 《대마왕신(神)》들인 《비로자나 1세》와 《그림자 비로자나 1세》와 《가이아신(神)》에게 항복함으로써 《아미타불》의 동의하에 이러한 일들이 꾸며지게 되는 것이다.

　이러한 이후 《역사(歷史)》 날조의 전문가들인 《콘스탄틴 대제(大帝)》로 이름한 《악마(惡魔)의 신(神)》인 《천관파군 1세》와 《대야고보》로 이름한 《악마(惡魔)의 신(神)》으로서 《천관파군 2세》인 《이오 신(神)》이 《AD 274년》에 태어난 《예수》를 《BC 7년》에 태어난 것으로 소급하여 기록함으로써 이에 따른 모든 《역사(歷史)》 기록과 《종교(宗敎)》 관계 기록들을 날조하고 왜곡한 엉터리 기록으로 남겼음을 《메시아(Messiah)》가 분명히 밝히는 바이다. 그리고 《예수》로 이름한 《약사유리광불》은 《천상(天上)》이나 《지상(地上)》에서 세세생생 수많은 윤회(輪廻)를 하면서 그 절반은 《아미타불》의 아들로 태어나고 나머지 절반은 《메시아(Messiah)》이신 《미륵불》에게서 아들로 태어났기 때문에 이러한 《예수》와 관계되는 일들을 《메시아(Messiah)》이신 《미륵불》이 정확히 알고 있는 것이다.

――――――――――――――――――――――――――――――――

(3) [악(惡)의 축(軸) 3] : 로마 황제 및 로마 황제 사칭자들, 예수님의 12제자

《악(惡)의 축(軸) 3》의 활동 무대는 《악(惡)의 축(軸) 2》에서 활동한 《예루살렘》에서 《악마(惡魔)의 신(神)》들이 인간 육신(肉身)의 죽음을 맞이한 후 반복(反復)되는 《윤회(輪廻)》를 통해 시간 차이를 두고 《예수님》(AD274~AD310) 탄생을 전후(前後)하여 다시 《예루살렘》에 태어나서 《악(惡)의 축(軸) 3》을 이루고 활발한 활동을 하는 때를 이름하는 것이다.

즉, 《예수님》의 탄생과 죽음을 전후(前後)하여 《지상(地上)》의 《블랙홀(Black Hole)》인 《예루살렘》에서 《인류》들을 파멸(波滅)시켜 《우주간(宇宙間)》의 큰 침몰하는 《블랙홀(Black Hole)》로 몰고 가기 위해 거대한 회오리바람을 일으킨 《악마(惡魔)의 신(神)》들인 《대마왕신(神)》들을 《악(惡)의 축(軸) 3》이라고 이름하며, 이러한 《악(惡)의 축(軸) 3》의 명단을 밝혀 드리면 다음과 같다.

[표 1-5-3-3] 악(惡)의 축(軸) 3-1 : 로마 황제 및 로마 황제 사칭자들

왕 순서	이름	신명	신(神) 구분	생몰 및 재위	비고
51대	디오클레티안 (Diocletian)	그림자 비로자나 1세	●	생몰 AD244~AD311 재위 AD284~AD286 재위 AD286~AD305 (로마 황제 사칭)	유대인과 이스라엘인 10만명 이상을 학살한 주범. 예수 처형 이후 천상(天上)으로부터 죽임 당함.
52대	맥시미안 (Maximian)	야훼신 1세	●	생몰 AD250~AD311 재위 AD286~AD311 (로마 황제 사칭)	예수 처형 이후 천상(天上)으로부터 죽임 당함. 예수님 제자인 마태오와 동일인임.
53대	갈렐리우스 (Galerius)	그림자 비로자나 2세	●	생몰 AD260~AD311 재위 AD293~AD308 (로마 황제 사칭)	예수 처형 이후 천상(天上)으로부터 죽임 당함
54대	콘스탄티우스 클로루스 (Constantius Chlorus, Contstantius I)	비로자나 1세	●	생몰 AD250~AD312 재위 AD293~AD312 (로마 황제 사칭)	AD304 요한성자 처형 AD310 예수 처형 AD311 영국으로 건너가서 AD312년에 천상(天上)으로부터 죽임 당함

55대	맥시미니스 2세 (Maximinus II)	야훼신 2세	●	생몰 AD270~AD313 재위 AD310~AD312 (로마 황제 사칭)	예수 처형 이후 천상(天上)으로부터 죽임 당함. 예수님 제자인 빌립보와 동일인임.
56대	세베루스 2세 (Severus II)	비로자나 1세 분신	●	생몰 ?~AD307 재위 AD306~AD307 (로마 황제 사칭)	예수 처형 이전 죽음
57대	콘스탄틴 대제 (Constantine the Great)	천관파군 1세	●	생몰 AD272~AD337 재위 AD312~AD324 (로마 황제 사칭) 재위 AD324~AD337 (비잔티 제국 초대 왕)	AD313 밀란 칙령 AD312 콘스탄티우스 클로루스(비로자나 1세) 사망으로 로마 동부 인계 받음.
왕비	헬레나(Helena)	가이아신 1세	●	생몰 AD246~AD330	AD266~AD289까지 콘스탄티우스 클로루스(비로자나 1세)를 남편으로 함. 이후 AD289~AD311 까지 디오클레티안(그림자 비로자나 1세)을 남편으로 함 AD326~AD328 : 베들레헴 교회와 예수 출생지 교회 두 군데 세움
61대	콘스탄티우스 2세 (Constantius II)	묘음보살 1세	●	생몰 AD317~AD361	콘스탄틴 대제(천관파군 1세)의 아들
왕비	유트로피아 (Eutropia)	묘음보살 2세	●	생몰 ?~AD325이후	맥시미안(야훼신 1세)의 처
왕비	파우스타 (Fausta)	묘음보살 3세	●	생몰 AD289~AD326	맥시미안(야훼신 1세)의 딸이자 콘스탄틴 대제(천관파군 1세)의 처

※ ○ : 《착함(善)》을 근본 바탕으로 하는 불보살
　◐ : 《선악(善惡)》 양면성을 근본 바탕으로 하는 《대마왕》불보살
　● : 《악(惡)》을 근본 바탕으로 하는 악마(惡魔)의 신(神)들인 《대마왕신(神)》

※ 《악(惡)의 축(軸) 2》의 무리들이 《자칭》《유대교단》인 《로마 가톨릭》 또는 《천주교(天主

敎)》를 만들고 《악(惡)의 축(軸) 3》의 무리들이 《예수 그리스도(Jesus Christ) 교(敎)》를 만들어, 지금의 때에 이들 두 종교(宗敎)를 믿고 따르는 《인류》《영혼(靈魂)》과 《영신(靈身)》들 대부분을 《파멸(波滅)》의 수렁인 《우주(宇宙)》의 크나큰 침몰하는 《블랙홀(Black Hole)》로 거대한 회오리 바람처럼 몰려들게 하여 두 번 다시는 《인간》《육신(肉身)》을 가지고 태어날 수 없는 《고통》과 《공포》의 《심연(深淵)》으로 빠지게 한 자(者)들이 《악마(惡魔)의 신(神)》들인 《대마왕신(神)》들이라는 사실을 《메시아(Messiah)》가 분명히 밝히는 바이다. 이와 같이 《악(惡)의 축(軸) 3》에서 《악마(惡魔)의 신(神)》들이 활동한 내역은 상기 [표 1-5-3-3]의 《비고》란에서 간략히 정리하였으니 참고하시기 바라며, 다음은 《악(惡)의 축(軸)》과 불가분의 관계를 가지고 있는 《예수님》에 대하여 집중적으로 살펴보기로 하자.

(4) [예수(Jesus)와 기독교(基督敎)]

① 《예수님》의 출생(出生)

진행을 하면서 말씀드린 바 있듯이, 지금으로부터 100억 년 전(億年前) 천일궁(天一宮)이 있는 지금의 《작은곰자리》《베타성》 인간들의 사는 별(星)에 있을 때 《예수》 전신(前身)의 이름이 우주간(宇宙間)에서는 유명한 《세트 신(神)》이다. 이러한 《세트 신(神)》이 당대 최고(最高)의 《악마(惡魔)의 신(神)》으로서 《대마왕신(神)》인 《비로자나 1세》와 최고(最高)의 《대마왕》인 《다보불》의 꾀임에 빠져 당시 왕(王)으로 있던 그의 아버지이신 《오시리스(Osiris)》로 이름하신 《아미타불》을 살해하여 《영혼》 죽임까지 시키게 된다. 이러한 이후 《세트 신(神)》은 《아미타불》께서 만드신 《4×3×4》 천궁도 성단까지 탈취한 후 천궁도(天宮圖) 성단(星團) 진화(進化)의 완료로 지금의 《용자리》《알파성》 북쪽에 자리한 《서력기원(西曆紀元)》 기준이 되는 《별(星)》을 법신(法身)으로 하여 다시 태어나게 된다.

이러한 이후 초기 우주 특성상 《세트 신(神)》의 법신(法身)은 일찍부터 《핵(核)》의 붕괴를 일으켜 공간(空間)에서 작은 《천궁도》 성단(星團)을 만든 후 아래의 우주(宇宙)로 여행을 하다가 《천일일(天一一) 우주(宇宙)》로 이름되는 지금의 《오리온좌》 성단을 지나다가 이곳을 통과할 때를 기다리던 《호루스(Horus)》로 이름한 《메시아(Messiah)》에게 붙들려 그는 당시 이곳을 지나던 《노사나불》 《지일(地一)》의 태양선(太陽船) 지하 감옥에 갇히고 그가 거느리고 오던 그의 백성(百姓) 영(靈)들은 《메시아》이신 《미륵불》의 법신(法身)인 《화성(火星)》에서 거두어 진화(進化)시키면서 《지상(地上)》으로 데려왔음을 진행을 하면서 말씀드렸다.

이와 같이 《노사나불》 《지일(地一)》의 태양선(太陽船)에 갇혀 있던 《세트 신(神)》은 《노사나불》께서 《지일(地一)》의 태양선(太陽船) 진화(進化)의 완성으로 《지일일(地一一)》 우주(宇宙)를 탄생시키고 지금의 《황소자리》 성단인 《지일이(地一二)》 우주를 탄생시킬 때 《세트 신(神)》은 《20억 년(億年)》간의 《지옥고(地獄苦)》에 갇힌 생활을 끝내고 《GAS 성(星)》 태양성(太陽星)을 법신(法身)으로 하여 《일체중생희견보살》이라는 호(號)를 가지고 태어나신 이후 그동안 《노사나불》로부터 받은 감화로 그 스스로 그의 《법신(法身)》을 불태우는 《등신공양(等身供養)》을 하게 된다.

이러한 《등신공양》을 함으로써 《일체중생희견보살》은 그가 《전생(前生)》에 그의 아비인 《아미타불》을 죽이고 《4×3×4》 천궁도 성단을 탈취하였을 때 함께 탈취하여 온 《아미타불》의 혼(魂)을 되돌려 드림으로써 《아미타불》은 《50억 년(億年)》 만에 《부활》하시고 《일체중생희견보살》은 그의 법신(法身)이 마지막 불타 사라질 때 그의 《법신(法身)》 《핵(核)》은 《음양(陰陽)》으로 분리되어 《묘장엄왕》 부인이신 《정덕부인》에게 잉태되어 《정안》, 《정장》 두 아들로 태어나 일생을 살다가 다시 《노사나불》을 아버지로 하여 《정안》은 《해왕성》의 법신(法身)을 받고 《정장》은 《명왕성》의 법신(法身)을 받고 태어남으로써 《지일(地一)》의 태양선(太陽船)은 지금의 우리들 《태양성》과 《수성》, 《금성》, 《토성》, 《천왕성》, 《해왕성》, 《명왕성》 등 7성(七星)으로 태어난 것이다.

이로써 태어난 《정안》이 《약상보살》로서 뒷날 《히브리 왕국》 때 《야곱》과 《다윗》 등으로 태어나며, 《정장》이 《약왕보살》로서 《이쉬마엘》, 《사울 왕》, 《솔로몬 왕》 등으로 태어난 《아미타불》 장자(長者)의 맥(脈)을 가진 분이다.

이러한 《약왕보살》이 《지혜(智慧)》의 완성으로 《성불(成佛)》 시점이 되어 때에 그의 아버지이셨던 《노사나불》과의 인연으로 《목수 요셉》으로 이름한 《노사나불 분신(分身)》을 아버지(父)로 하고 《마리아》로 이름한 《정화수왕지불 분신(分身)》을 어머니(母)로 하여 《약왕보살》이 《AD 274년》에 《예수님》으로 이름하고 태어나는 것이다.

　이로써 《예수님》은 《우주간(宇宙間)》과 《세간(世間)》에서 《아미타불》과 《노사나불》과 《메시아(Messiah)》이신 《미륵불》 등 세 분의 대불(大佛)을 아버지로 하시며, 때에 《성불(成佛)》을 위해서는 상기 설명 드린 인연법(因緣法) 때문에 필수적으로 《노사나불》의 도움을 받아야 하는 것이 이치이다. 이러한 인연으로 《노사나불》은 《예수님》이 《불법(佛法)》 일치된 완전한 깨달음의 《부처(佛)》를 이루어 진리(眞理)의 법(法)을 펼칠 때에 이를 도와주기 위해 《노사나불 본신(本身)》께서는 《요한》(생몰 AD274~AD304)으로 이름하시고 《예수님》이 태어나기 몇 개월 앞서 《AD 274년》에 태어나시게 되는 것이다.

　즉, 《노사나불》 《본신(本身)》께서는 《요한 성자》로 이름하고 태어나시고 《노사나불 분신(分身)》은 《예수》를 태어나게 하신 《육신(肉身)》의 아버지(父)로 오시어 《목수 요셉》으로 이름하신 것이다. 이러한 《예수》를 낳아주신 아버지이신 《요셉》으로 이름하신 《노사나불 분신(分身)》과 어머니이신 《마리아》로 이름하신 《정화수왕지불 분신(分身)》은 훗날 《AD 310년》에 《예수님》께서 처형된 후 《유대》를 떠나 《인도》 서북쪽 국경 지대에 있는 《캐시미르(Kashmir)》 지방으로 이주하시어 살게 된다. 이러한 이후 그곳에는 지금도 이 두 분의 무덤이 존재하고 있는 것이다.

　이와 같은 《예수님》의 《성불(成佛)》 시점을 제외한 《지상(地上)》에서의 대부분의 수많은 태어남은 반복(反復)되는 윤회(輪廻)를 통해 절반은 《아미타불》을 아버지(父)로 하여 태어나고 나머지 절반은 《메시아》를 아버지(父)로 하여 태어나는 인연을 가지며, 특히 《상(上) 이집트》를 교화(敎化)한 《호루스(Horus)》로 이름한 《메시아》의 아들로 반복(反復)되는 윤회(輪廻)를 통해 여러 번 태어나서 《이집트인》들을 올바르게 다스린 흔적은 화려한 것이다.

② 《예수님》 성장(成長)과 배경

《요셉》으로 이름한 《노사나불 분신(分身)》과 《마리아》로 이름한 《정화수왕지불 분신(分身)》을 부모(父母)로 하여 태어난 《예수님》이 《8세》 때인 《AD 282년》에 교역(交易)을 하는 《대상(大商)》에게 맡겨져 《인도》 동북부 《네팔》 국경지대에 자리한 《라마(Rama)》《사원(寺院)》으로 들어가게 된다.

이러한 《라마 사원》이 BC 7세기 《인도》의 《산스크리트어(Sanscrit)》로 된 유명한 대서사시 《라마야나(Ramayana)》를 남긴 《라마(Rama)》로 이름한 《노사나불》《불법(佛法)》을 신앙하는 《사원(寺院)》이다. 이러한 《라마(Rama)》《사원(寺院)》으로 들어간 《예수》는 《12살》이 되는 《AD 286년》부터 《AD 293년》까지 7년에 걸친 대정진(大精進) 끝에 《19세》되던 해인 《AD 293년》에 《불법(佛法)》 일치된 완전한 깨달음에 도달한 부처(佛)를 이루게 된다.

이와 같은 《예수님》께서 《불법(佛法)》 일치를 이룬 완전한 깨달음을 얻은 경지는 BC 6세기 《고대(古代)》《인도》에서 《석가모니 하나님 부처님》의 《명호(名號)》를 도둑질하여 《법(法)》의 완성은 이루지 못하고 《대마왕신》 부처(佛)를 이루었던 《석가모니불(佛)》로 이름하였던 《악마(惡魔)의 신(神)》인 《석가모니》가 이루었던 《마왕신 부처(佛)》의 지위보다는 한층 더 무게가 있는 대업(大業)을 이루시고 《약사유리광불》의 지위에 오르신 것이다.

이렇듯 《19세》에 《불법(佛法)》 일치를 이룬 완전한 깨달음에 이른 《예수님》은 《유대 땅》으로 돌아오면서 《인도》 곳곳에서 그가 터득한 진리(眞理)의 불법(佛法)을 설(說)하면서 《23세》되는 《AD 297년》에 유대로 돌아오게 된다. 이와 같이 《예수》가 《유대》로 돌아오면서 《인도》 곳곳에서 설(說)한 그의 법(法)의 자취가 지금도 《인도》 일부 지방에 남아 있는 것으로 《메시아》는 알고 있다.

③ [예수님의 설법(說法)]

이와 같이 《예수님》께서 《23세》인 《AD 297년》에 《유대》에 도착하기 전에 이미 《요한 성자(聖者)》로 이름한 《노사나불》은 그의 나이 《20세》 되던 해부터 《예수님》의 《설법(說

《법(法)》때를 대비하여《유대인》들을 일깨우는 법(法)을《세례》를 통하여《법(法)》을《설파(說破)》하고 있었던 것이다.

이러한 때 당시《유대》사회는《3차》《유대인》《대학살극》을 일으킨《로마 제국》14대《하드리안(Hadrian)》(재위 AD117~AD138) 황제(皇帝)로 이름한《악마(惡魔)의 신(神)》인《석가모니》때에《토라(Torah)》법(法)과《히브리력(歷)》을 금지당하고《유대인》들이《예루살렘》으로 들어가는 것을 금지당한 후 살아남기 위한 방편으로《자칭》《유대교단》에 합류를 하면서《구약》을 받아들이는 대신《탈무드》를 남겼던《엣세네파》《유대인》들은《암울》한 생활을《160년》간을 겪는 가운데,《예수님》의 출현은 한 가닥 강렬한 희망의《빛(光)》이 되었으며 그의 설법(說法)은《광명(光明)》그 자체였다.

이러한 때《예수님》은 그 스스로가 터득한《진리(眞理)》의 법(法)과 한때 그의 아비였던《메시아(Messiah)》이신《미륵불》이 인도하게 되는《구원사상(救援思想)》인《아노 도미니(Anno Domini)》사상(思想)을《음양(陰陽)》짝하여 비밀리에《설법(說法)》을 함으로써 당대《유대인》사회에《구약》에 관계되는《설법(說法)》이 아닌 새로운《진리(眞理)의 법(法)》《설법(說法)》이 공감대를 이루게 됨으로써 새로운 활력소를 불어넣게 된 것이다. 이러한 때《요한 성자(聖者)》의 설법(說法) 역시 같은 맥락에서《법(法)》이 설(說)하여짐으로써《예수님》의 설법(說法)은 더욱더 빛(光)을 발(發)하게 된 것이다.

이와 같이《예수님》의 진리(眞理)의 법(法)과《메시아》에게《구원(救援)》을 요청하는《아노 도미니(Anno Domini)》사상을《설법(說法)》하신《예수님》의《설법(說法)》을 듣고 믿는 마음을 내게 됨으로써 이들 역시《원천창조주》이신《석가모니 하나님 부처님》께서《진리(眞理)의 법(法)》으로《행(行)》하시는《창조주(創造主)》의《구원(救援)》을 뜻하는《크라이스트(Christ, 그리스도)》사상을 갈망하는 무리들이기 때문에 이들을《크리스챤(Christians)》또는 번역하여《기독인(基督人)》이라고 하는 것이다.

즉, 이 뜻을 잘라 말씀드리면,《원천창조주》이신《석가모니 하나님 부처님》《진리(眞理)》의《법(法)》테두리 내(內)에 있는《약사유리광불》로서의《예수님》이심을 뜻하기 때문에 이러한《예수님》을 믿고 따르는 무리들은《석가모니 하나님 부처님》께서《진리(眞理)의 법(法)》으로《행(行)》하시는《창조주의 구원》을 바라는 무리들이라고 하여《크리스챤

(Christians)》 또는 번역하여 《기독인(基督人)》이라고 이름하는 것이다. 이와 같이 《예수님》께서는 그를 따르는 무리들의 성격 규정을 분명히 하시고 이러한 이름으로 호칭을 하셨다는 사실을 깊이 인식하시기 바란다.

그리고 이러한 《크리스챤(Christians)》의 뜻을 왜곡하여 이들을 거느리기 위해 《예수님》의 《법(法)》을 날조하고 왜곡하여 《마왕 성경》을 만들고 《마왕 기독교 교단》을 만든 《디오클레티안》 황제(皇帝)로 이름한 《그림자 비로자나 1세》와 《헬레나(Helena)》로 이름하였던 《가이아 신(神) 1세》와 《콘스탄틴 대제(Constantine the Great)》로 이름하였던 《천관파군 1세》가 《예수(Jesus)》와 《석가모니 하나님 부처님》께서 《진리(眞理)의 법(法)》으로 행(行)하시는 《창조주의 구원》을 뜻하는 《크라이스트(Christ)》를 묶어 《예수 그리스도(Jesus Christ)》라고 이름함으로써 《예수님》을 《창조주》로 만들어놓고 《그림자 비로자나 1세》와 《가이아 신(神)》과 《천관파군 1세》가 교대로 십자가에 못 박힌 《예수님》상(像)에서 《예수님》의 탈을 쓰고 자리하여 파렴치한 《창조주》 노릇을 하고 있는 것이다.

이로써 《예수님》 죽음 이후 《예수 그리스도》를 믿고 따르는 자(者) 모두들을 《마왕 크리스챤》 또는 《마왕 기독인》들이라고 하는 것이다. 이와 같이 《마왕 크리스챤(Christians)》 또는 《마왕 기독인(基督人)》으로 이름하는 《예수 그리스도(Jesus Christ)》를 따르는 자(者)들은 《그림자 비로자나 1세》와 《가이아 신(神)》과 《천관파군 1세》 등 셋을 《창조주(創造主)》로 받드는 종교(宗敎)이며, 《자칭》《유대교단》으로 이름하는 《로마 가톨릭》 또는 《천주교(天主敎)》는 《야훼 신(神)》 탈을 쓴 최고(最高)의 《대마왕신(神)》《비로자나 1세》와 최고(最高)의 《대마왕》《다보불》을 《창조주(創造主)》로 받드는 종교(宗敎)임을 《메시아》가 분명히 밝히는 바이다.

그러나 지금의 때에는 이들이 혼합된 이상한 종교(宗敎)로 발전하여 있는 것이다. 그러므로 이러한 일들이 일어나게 되는 일 그 자체가 그들의 종교가 《악마(惡魔)의 신(神)》들인 《대마왕신(神)》들과 《대마왕》들의 종교(宗敎)로써 파국(破局)으로 치닫고 있음을 알리는 좋은 징표가 되는 것임을 아울러 밝혀 두는 것이다.

④ [《요한 성자(聖者)》의 죽음]

　《AD 286년》《로마 제국(帝國)》의 멸망으로 《로마》 동부 점령지를 《악마(惡魔)의 신(神)》들인 《대마왕신(神)》들이 계속하여 《황제(皇帝)》를 자처하고 《로마군(軍)》의 통솔권을 쥔 채 《삼두정치》, 《사두정치》를 운운하며, 이 지역을 나누어 다스릴 때 《예루살렘》 지역은 《콘스탄티우스 클로루스(Constantius Chlorus)》(재위 AD293~AD312) 황제(皇帝)로 이름한 최고(最高)의 《대마왕신(神)》인 《비로자나 1세》가 다스리고 있었던 것이다. 진행을 하면서 여러 번 말씀드린 바 있듯이, 《로마 제국(帝國)》의 멸망은 《로마》 점령지들 중 《로마》 동부 지역을 제외한 전체 《로마 제국(帝國)》의 해체(解體)가 완료되었음을 의미하는 것이다. 이러한 이후 《악마(惡魔)의 신(神)》들인 《대마왕신(神)》들과 《대마왕》들은 《로마 제국(帝國)》을 해체하여 독립을 이룬 왕조(王朝)들을 《자칭》《유대교단》인 훗날 간판을 바꾸어 달게 되는 《로마 가톨릭》 지배하에 두게 됨으로써 《종교(宗敎)》 통치(統治)를 하게 되는 것이다.

　이러한 때 《자칭》《유대교(敎)》인 훗날의 《로마 가톨릭》이 이제 막 《종교(宗敎)》《통치(統治)》를 하는 나라들에게 뿌리 내려 정착하고자 할 때 당대 《지상(地上)》의 《블랙홀(Black Hole)》이자 《종교(宗敎)》의 총본산지 역할을 하던 《예루살렘》에 《불법(佛法)》 일치를 이루신 《예수님》과 《요한 성자》께서 옛날 《로마 공화정》 이후 전 《로마》 점령지들에 전하여져 생활화되었던 《크라이스트(Christ)》 사상과 《아노 도미니(Anno Domini)》 사상 등 《창조주》의 《구원(救援)》 사상과 《예수님》께서 깨우침을 얻으신 《진리(眞理)》의 《법(法)》과 함께 《설법(說法)》을 하시어 새로운 《진리(眞理)》의 《바람(風)》을 일으킴으로써 《진리(眞理)》가 파괴된 《악마(惡魔)의 신(神)》들인 《대마왕신(神)》들과 《대마왕》들의 《종교(宗敎)》인 《자칭》《유대교단》인 훗날의 《로마 가톨릭》의 《종교적(宗敎的)》 기반(基盤)이 무너질 절대 절명의 위기를 그들은 맞이하게 되는 것이다.

　이렇듯 그들이 지금까지 애써 구축하여 놓은 《종교적》 기반이 무너지게 되면 그들은 모든 것을 한꺼번에 잃게 되어 있는 상황에서 그들은 수단과 방법을 가리지 않고 《예수님》과 《요한 성자》께서 펼치고 있는 《진리(眞理)》의 《법(法)》 확산을 막아야 하는 절대 위기에서 《예수님》과 《요한 성자》의 움직임을 예의 주시(注視)하는 가운데 《자칭》《유대교인》 첩자들을 《요한 성자》와 《예수님》의 제자들로 위장하여 심어놓게 된 것이다. 이러한 어느 날 《요한 성자》께서 제자(弟子) 몇 명을 앞혀 놓고 《자칭》《유대교단》이 만들어진 배경과 그들이 신앙하는 《야훼 신(神)》의 본색(本色)을 밝히면서 당부의 설법을 하시게 된다.

때에 이러한 설법을 하신 내용을 밝혀 드리면 다음과 같다.

『《헤로데(Herod)》왕가(王家) 시절《헤로데(Herod)》황제(皇帝)(생몰 74BC~4BC)로 이름한《다보불 1세》의 아들로 태어난《헤로데 2세(Herod II)》(생몰 27BC~A34)로 이름한《그림자 비로자나 1세》는 역시《헤로데 대제(大帝)》의 딸로 태어난《헤로디아(Herodias)》(생몰 30BC~AD56)로 이름한《가이아 신(神) 1세》와 결혼하고 이후《35세》가 되는《AD 5년》에 첫 남편과 이혼한 후 그녀의 동생이 되는《헤로데 안티파스(Herod Antipas)》(생몰 41BC~AD39)로 이름한《비로자나 1세》와 다시 결혼을 하게 된다.

이러한 이들《헤로데 왕가(王家)》의《제신(諸神)》들인《그림자 비로자나 1세》와《가이아 신(神) 1세》와《비로자나 1세》가《헤로데 대제(大帝)》로 이름한《다보불 1세》의 주도로《타나크(Tanakh)》가《2차》왜곡된《구약》을 경(經)으로 하여《자칭》《유대교단》을 만들게 된다.

이러한 이후 그들은《구약》과《자칭》《유대교단》을 받아들이도록 그동안 수많은《유대인》들을 학살하고《구약》에 근거한 유일신(唯一神)으로서《야훼 신(神)》을 신앙하도록 한 것이다. 그러나《요한성자》께서는 그들《종교(宗敎)》에서 받드는《야훼 신(神)》은《창조주》가 될 수 없는《악마(惡魔)의 신(神)》임을 밝히고 이제《유대인》들과《이스라엘인》들을《구원(救援)》의 길로 인도할 진정한《영적(靈的)》인《이스라엘 왕(王)》이신《예수님》께서 이 세상에 오셨으니《예수님》의 가르침을 따르라고《요한 성자》께서 그의 제자(弟子)들에게 설법(說法)을 하신 것이다.』

이러한《요한 성자》의 설법(說法)이 끝이 난 후《설법(說法)》을 들은 자(者)들 중《자칭》《유대교단》에서 침투하여 온 첩자가 이와 같은《요한 성자》의 설법 내용을《자칭》《유대교단》에서 그대로 보고를 함으로써《자칭》《유대교단》에서는 당시《예루살렘》을 다스리고 있던《콘스탄티우스 클로루스(Constantius Chlorus)》(재위 AD293~AD312)로 이름한《비로자나 1세》에게 이러한 사실을 보고하게 된 것이다.

이와 같이 하여 《콘스탄티우스 클로루스》 황제(皇帝)로 이름한 최고 《악마(惡魔)의 신(神)》인 《비로자나 1세》는 당대에도 반복(反復)되는 윤회(輪廻)로 다시 태어나서 《헬레나(Helena)》(생몰 AD246~AD330)로 이름한 《가이아 신(神) 1세》와 《AD 266 ~ AD 289》년까지 부부관계를 이룬 이후 합의 이혼하고 이혼한 《헬레나(Helena)》는 《AD 289 ~ AD 311》년까지는 《디오클레티안(Diocletian)》(생몰 AD244~AD311) 황제(皇帝)로 이름한 《그림자 비로자나 1세》와 부부관계를 이루고 있었던 것이다.

이와 같은 일 때문에 크게 자극을 받은 《자칭》 《유대교단》으로부터 보고를 받은 《콘스탄티우스 클로루스》 황제(皇帝)는 《황실(皇室)》의 《성(性)》 도덕(道德) 문란을 거론하였다는 죄목(罪目)으로 《요한 성자》를 붙들어 와서 그의 별장에 가둔 후 재판도 없이 《AD 304년》에 《요한 성자》로 이름한 《노사나불》을 황제(皇帝) 자신이 직접 살해(殺害)하게 된 것이다. 이로써 《요한 성자》이신 《노사나불》은 《콘스탄티우스 클로루스》 황제(皇帝)로 이름한 《악마(惡魔)의 신(神)》인 《비로자나 1세》에게 죽임을 당하게 되는 것이다.

⑤ [참(眞) 기독인 대학살]

《악마(惡魔)의 신(神)》들인 《대마왕신(神)》을 음양(陰陽) 분리하면 《음(陰)》의 《대마왕신(神)》과 《양(陽)》의 《대마왕신(神)》 등 두 그룹으로 나누어진다. 이렇게 하여 나누어진 《음(陰)》의 《대마왕신(神)》계(系)가 《짐승》의 《영신(靈身)》을 가진 《비로자나 1세》계(系)와 《음(陰)》의 《악마(惡魔)의 신(神)》들인 《석가모니》계(系)와 《음(陰)》의 야훼 신(神)》계(系)가 되며 《양(陽)》의 《대마왕신(神)》계(系)가 《물고기》와 《어패류》와 《곤충》의 《영신(靈身)》을 가진 《그림자 비로자나 1세》와 《가이아신(神)》과 《천관파군》과 양(陽)의 야훼 신(神)》계(系)와 양(陽)의 《악마(惡魔)의 신(神)》인 《석가모니》계(系)가 된다.

이와 같은 《악마(惡魔)의 신(神)》들인 《대마왕신(神)》 그룹들 중 《양(陽)》의 《대마왕신(神)》 그룹들이 저지른 짓이 《2차 유대인》 대학살과 《신전(神殿) 파괴》(AD99~AD117)이다. 이와 같은 천인공노할 짓을 계획하고 저지른 자(者)들이 《로마 제국》 13대 《트라잔(Trajan)》(재위 AD98~AD117) 황제(皇帝)로 이름하였던 《천관파군 1세》와 때에 남자(男子) 몸을 받고 《루시우스

657

퀴에투스(Lusius Quietus)》(AD57~AD118) 장군으로 이름하였던 《가이아 신(神) 1세》이다.

　　이러한 《양(陽)》의 《대마왕신(神)》들인 이들은 훗날 《음(陰)》의 《대마왕신(神)》들과 《다보불》계(系)의 《대마왕》들이 손잡고 벌이고 있는 《자칭》《유대교단》이 완전히 정착할 것을 예견하고 그렇게 되었을 때 《양(陽)》의 《대마왕신(神)》들인 그들이 서야 할 입지가 좁은 것을 눈치 채고 이때 이미 훗날 《예수님》이 태어날 것을 예견하고 《예수님》과 《아노 도미니》 사상을 접목하여 이를 이용할 계획을 확립하고 그들을 따르는 《자칭》《유대인》들을 시켜 이때부터 그들의 계획을 구체화시켜 오던 중 13대 《트라잔(Trajan)》 황제(皇帝)가 죽고 난 후 14대 《하드리안(Hadrian)》(재위 AD117~AD138) 황제(皇帝)로 이름한 《악마(惡魔)의 신(神)》인 《석가모니》에게 그들의 계획이 발각되어 《루시우스 퀴에투스》로 이름하였던 《가이아 신(神) 1세》는 장군직도 박탈당함과 동시에 살해되는 사건이 발생하게 되는 것이다.

　　이러한 인연(因緣)으로 《양(陽)》의 《대마왕신(神)》들은 반복(反復)되는 윤회(輪廻)의 과정을 거쳐 《예수님》께서 탄생하시기 전후(前後)하여 모두 태어나서 《예수님》께서 한참 《설법(說法)》 활동을 하시는 동안 최고 《악마(惡魔)의 신(神)》인 《비로자나 1세》인 《콘스탄티우스 클로루스(Constantius Chlorus)》 황제(皇帝)의 비호 아래 이번에는 《디오클레티안(Diocletian)》(AD244~AD311, 재위 AD284~AD305) 황제(皇帝)로 이름한 《그림자 비로자나 1세》의 주도로 《AD 303년》부터 《참(眞) 기독인》 박해에 들어가는 것이다. 이러한 와중에 최고 《악마(惡魔)의 신(神)》인 《비로자나 1세》인 《콘스탄티우스 클로루스(Constantius Chlorus)》 황제(皇帝)에 의해 《요한 성자》께서 죽임을 당하시는 것이다.

　　이와 같은 《디오클레티안(Diocletian)》 황제(皇帝)로 이름한 《그림자 비로자나 1세》 주도로 시작된 《참(眞) 기독인》 박해자 모두를 밝혀 드리면 다음과 같다.

[표 1-5-3-4] 《로마 제국(帝國)》 멸망(AD286) 이후 참(眞) 《기독인》 박해자 명단

왕순서	이름	신명(神名)	생몰 및 재위	비고
51대	디오클레티안 (Diocletian)	그림자 비로자나 1세	생몰AD244~AD311 재위AD284~AD305	유대인과 이스라엘인 10만 명 이상을 학살한 주범. 예수 처형 이후 천상(天上)으로부터 죽임 당함.
52대	맥시미안 (Maximian)	야훼 신 1세	생몰AD250~AD311 재위AD286~AD311	예수 처형 이후 천상(天上)으로부터 죽임 당함.
53대	갈렐리우스 (Galerius)	그림자 비로자나 2세	생몰AD260~AD311 재위AD293~AD308	예수 처형 이후 천상(天上)으로부터 죽임 당함
54대	콘스탄티우스 클로루스 (Constantius Chlorus, Contstantius I)	비로자나 1세	생몰AD250~AD312 재위AD293~AD312	AD304 요한 성자 처형 AD310 예수 처형 AD311 영국으로 건너가서 천상(天上)으로부터 죽임 당함
55대	맥시미니스 2세 (Maximinus II)	야훼 신 2세	생몰AD270~AD313 재위AD310~AD312	예수 처형 이후 천상(天上)으로부터 죽임 당함
56대	세베루스 2세 (Severus II)	비로자나 1세 분신	생몰?~AD307 재위AD306~AD307	예수 처형 이전 죽음

이와 같은 박해자 명단 중 최고 《악마(惡魔)의 신(神)》인 《비로자나 1세》를 제외한 황제(皇帝)로 자처한 자 모두들은 《양(陽)》의 《대마왕신(神)》들로서 《디오클레티안(Diocletian)》 황제(皇帝)로 이름한 《그림자 비로자나 1세》의 명령을 충실히 따르는 자(者)들이다. 이 때문에 《참(眞) 기독인》 박해 기간은 《AD 303년》부터 《디오클레티안(Diocletian)》 황제(皇帝)로 이름한 《그림자 비로자나 1세》의 사망년도인 《AD 311년》까지로써 8년간 박해가 계속된 것이며, 이 기간 동안 《아노 도미니》를 외치던 《예루살렘》의 《참(眞) 기독인》 《십만 명》 이상이 학살을 당한 것이다.

이때 이들 《참(眞) 기독인》들이 죽어가면서 《아노 도미니》를 외치던 함성이 지금도 《메시아》이신 《미륵불》의 귓가에 맴돌 때는 눈물을 흘리곤 하는 것이다. 이때 학살당한 《참(眞) 기독인》 대부분은 《유대교(敎)》 《엣세네파》 유대인들이 《예수님》의 《설법(說法)》을 듣

고 《참(眞) 기독인》들이 되신 분들로서 이들 모두들을 최근 《석가모니 하나님 부처님》께서는 《구원(救援)》을 하셨음을 《메시아》가 밝히는 바이다.

　　이러한 《참(眞) 기독인》 대학살을 주도한 《디오클레티안(Diocletian)》 황제(皇帝)로 이름한 《그림자 비로자나 1세》가 의도한바 목적은 《AD 310년》에 있게 되는 《예수님》의 죽음과 함께 《예수님》께서 설(說)한 《진리(眞理)》의 법(法)과 《구원사상(救援思想)》이 담긴 《크라이스트(Christ)》 사상과 《아노 도미니(Anno Domini)》 사상의 잔재를 말끔히 청소하는 차원에서 《참(眞) 기독인》 대학살을 감행한 것이며, 이로써 《대학살》에 직접 참여하지 않은 그의 부인 《헬레나(Helena)》로 이름한 《가이아 신(神) 1세》와 때에 《콘스탄티우스 클로루스(Constantius Chlorus)》 황제(皇帝)의 아들로 태어나 있던 그의 천상(天上)의 아들인 《콘스탄틴(Constantine) 대제(大帝)》로 이름한 《천관파군 1세》로 하여금 엉터리 성경(聖經)인 《마왕 성경(魔王聖經)》을 만들고 《마왕 기독교교단(魔王基督敎敎團)》을 만들게 한 후 《예수님》을 그들 스스로가 죽여 놓고 《예수님》을 《예수 그리스도(Jesus Christ)》로 이름하고 그들이 《예수》의 탈을 쓰고 차례로 《창조주》가 되어 자리하고 《교단(敎團)》 역시 반복(反復)되는 윤회(輪廻)를 통해 그들이 장악하여 수하 《마왕(魔王)》들로 하여금 《교단(敎團)》을 이끌어 가게 만듦으로써 《예수님》을 따르는 모든 인간 무리들을 《정신적(精神的)》으로 《지배(支配)》하기 위해 그 기반을 닦는 의미에서 《참(眞) 기독인》 대학살을 감행하였음을 《메시아》가 분명히 밝히는 바이다.

　　차제에 다시 한 번 더 강조 드리는 바는 《예수 그리스도(Jesus Christ)》는 《예수님》과는 무관한 《예수》 이름을 팔아 《예수》의 탈을 쓰고 《대마왕신(神)》들이 《창조주》 노릇을 할 때 《예수 그리스도(Jesus Christ)》라고 이름하는 것이며, 이러한 호칭은 《예수님(Jesus)》과는 전혀 다른 의미의 호칭임을 깊이 인식하시기 바란다.

⑥ [《예수님》의 죽음]

　　《요한 성자》이신 《노사나불》께서 《콘스탄티우스 클로루스(Constantius Chlorus)》 황제(皇帝)로 이름한 최고 《악마(惡魔)의 신(神)》인 《비로자나 1세》로부터 《AD 304년》에 죽임을 당하신 이후 《예수님》께서는 《예루살렘》을 떠나시어 《갈릴리(Galilee)》 지방으로 가시어 설법(說法)

활동을 계속하시는 것이다.

　이러한 때 《콘스탄티우스 클로루스(Constantius Chlorus)》 황제(皇帝)로 이름한 최고(最高)의 《대마왕신(神)》인 《비로자나 1세》가 《요한 성자》와 함께 《예수님》을 처형하지 않고 방관한 이유는 때에 《예루살렘》에서 계속되는 《참(眞) 기독인》 색출과 함께 《대학살》이 진행되는 상태였기 때문에 《대학살》이 마지막 끝이 나는 마무리 단계에서 《예수님》을 처형하기로 하였기 때문에 《예수님》께서는 《요한 성자》의 죽음 이후 《6년》간을 《갈릴리(Galilee)》에서 설법(說法) 활동을 계속 할 수 있었던 것이다.

　이와 같은 《콘스탄티우스 클로루스(Constantius Chlorus)》 황제(皇帝)의 결정은 《예수님》 처형 이후 《악마(惡魔)의 신(神)》들로서 《양(陽)》의 《대마왕신(神)》들인 당시 그의 아들로 태어나서 그의 사후(死後) 《콘스탄틴(Constantine) 대제(大帝)》가 되는 《천관파군 1세》와 한때 그의 부인이었던 《천관파군 1세》의 어미가 되는 《헬레나(Helena)》로 이름한 《악마(惡魔)의 신(神)》인 《가이아 신(神) 1세》가 《마왕 기독교 교단》을 만들 수 있는 시간을 주기 위해 이러한 결정을 하게 된 것이다.

　이러한 이후 《예루살렘》에서의 《참 기독인》 대학살이 마무리 단계에 들어섰을 때 그가 장악하고 있던 《자칭》 《유대교단》에서 《예수님》께서 《영적(靈的)》인 《이스라엘 왕(王)》으로 호칭을 하고 있다는 핑계를 내세워 《황제(皇帝)》에게 고발하는 형식을 취한 후 《예수님》을 《갈릴리(Galilee)》에서 체포하여 《예루살렘》으로 압송하여 온 후 형식적인 재판을 거쳐 《AD 310년》에 《가시 면류관》을 《예수님》 머리에 씌우고 《십자가(十字架)》를 메고 고통스러운 행진을 하게 한 후 《십자가(十字架)》에 못 박아 죽이는 형벌을 내리게 되는 것이다.

　《콘스탄티우스 클로루스(Constantius Chlorus)》 황제(皇帝)로 이름한 최고의 《악마(惡魔)의 신(神)》인 《비로자나 1세》가 《예수님》에게 이러한 형벌을 내린 이유는 이제는 전 세계(全世界) 인간들이 알아야 할 때가 온 것 같다. 《십자가(十字架)》의 상징은 《선천우주(先天宇宙)》의 하늘(天)인 지금의 《작은곰자리》 성단이 있는 《천일궁 10의 궁(天一宮 10의 宮)》을 뜻하는 수리(數理)로써 《열 십(十)》자(字)를 의미한다. 진행을 하면서 《예수님의 일생(一生)》에서 말씀드렸다시피, 이 《천일궁 10의 궁(宮)》에서 《예수님》의 전신(前身)인 《세트 신(神)》이 때에 최고(最高)의 《악마(惡魔)의 신(神)》으로서 《대마왕신(神)》인 《비로자나 1세》와 최고(最高)의 《대마왕》인

661

《다보불》의 꾀임에 빠져 이들과 함께《원천창조주》이신《석가모니 하나님 부처님》과 《아미타불》과《노사나불》과《미륵불》이신《메시아(Messiah)》등을 차례로 모두 제거하고 《악마(惡魔)의 신(神)》들인《대마왕신(神)》들과《대마왕》불보살들이 다스리는 우주로 만들어 그들 셋이 전체 우주(宇宙)를 정복하자고 결의한 후, 그 첫 조치로 당시《세트 신(神)》으로 하여금 그의 아버지이신《오시리스(Osiris)》로 이름한《아미타불》을 먼저 살해하도록 충동질함으로써《세트 신(神)》은 그의 아버지이신《오시리스(Osiris)》로 이름한《아미타불》을 살해하게 되는 것이다.

이러한 이후《악마(惡魔)의 신(神)》들 중 최고(最高)의《대마왕신(神)》인《비로자나 1세》는 《아미타불》께서 만드신《백조자리 성단》을 차지하고 이후《세트 신(神)》은 그의 아버지이신《아미타불》께서 만드신《4×3×4》천궁도 성단을 최고의《대마왕신(神)》인《비로자나 1세》도움으로 탈취한 후 성단(星團) 중심혈(中心穴)에 앉아 여행을 하면서《용(龍)》자리 성단(星團)을 만들자 이러한《용자리》성단을 최고(最高)의《대마왕》인《다보불》이 차지하여 그의 아들인《문수보살 1세》에게 물려줌으로써《문수보살 1세》의 법신(法身)이《용자리 성단》《알파성(星)》으로 자리하게 된다. 이러한 이후《4×3×4》천궁도 성단 중심혈(中心穴)에 앉아 있던《세트 신(神)》도 진화(進化)를 마친 후《용자리》《알파성》이 있는 북쪽에 외톨이 별(星)을 법신(法身)으로 재탄생이 된다. 이와 같은《세트 신(神)》의 새로운 법신(法身)이 《서력기원》《원년》의 별(星)로 자리한《예수의 별(星)》이 되는 것이다.

여기까지는《악마(惡魔)의 신(神)》들 중 최고의《대마왕신(神)》인《비로자나 1세》와 최고의 《대마왕》인《다보불》과《세트 신(神)》이 함께 결탁한 약속이 잘 지켜져《악마(惡魔)의 신 (神)》들인《대마왕신(神)》들과《다보불계(系)》《대마왕》불보살들이《천일우주 100의 궁(宮)》을 모두 지배할 수 있었으나 이 이후부터 문제가 발생한 것이다.

즉,《용자리》《알파성(星)》북쪽에 자리하였던《세트 신(神)》의 법신(法身)도 초기 우주 특성상 일찍부터《핵(核)》의 붕괴를 일으켜 공간(空間)으로《항성풍》을 쏟아낸 후 작은《천궁도》성단을 이루고 성단(星團) 중심혈에《세트 신(神)》이 자리하여 아래의 우주로 여행을 하다가 지금의《오리온좌》성단을 통과하려 할 때, 이때를 기다리던《호루스(Horus)》로 이름한《메시아(Messiah)》이신《미륵불》에게 붙들려《석가모니 하나님 부처님》앞으로 끌려간 《세트 신(神)》은 때마침 이곳을 지나던《노사나불》《지일(地一)》의 태양선(太陽船) 지하 감옥에 갇히고 그가 거느리고 오던 그의 백성(百姓)들《영(靈)》들은《메시아(Messiah)》가 거두어

《메시아(Messiah)》의 법신(法身)인 《화성(火星)》에서 진화(進化)시키면서 《지상(地上)》으로 데려오게 된다. 이로써 《세트 신(神)》의 《천궁도》 성단은 해체를 당한 것이다.

이러한 이후 《세트 신(神)》은 《지일(地一)》의 태양선(太陽船) 지하 감옥에 20억 년(億年)을 갇혀 있으면서 그가 《악마(惡魔)의 신(神)》들 중 최고의 《대마왕신(神)》인 《비로자나 1세》와 최고의 《대마왕》인 《다보불》의 꾀임에 빠진 것을 알고 깊이 참회하며 정진(精進)한 결과, 그의 《영민(靈敏)》함이 살아나 《노사나불(佛)》께서 《지일(地一)》의 태양선(太陽船) 진화(進化)를 모두 마치고 《지일일(地一一)》 우주를 탄생시킨 후 지금의 황소자리 성단인 《지일이(地一二)》 우주를 탄생시킬 때 《세트 신(神)》도 《보살(菩薩)》을 이루어 《일체중생희견보살》이 되시어 《GAS 성(星)》 태양성(太陽星)을 법신(法身)으로 하여 새로운 삶을 시작하시게 된다. 이때 《일체중생희견보살》은 깨달은 바가 있어 지난 과거사를 청산하기 위해 그의 《GAS성(星)》 태양성(太陽星)인 법신(法身)을 《1,200년》간을 불태워 일찍이 《4×3×4》 천궁도 성단에서 탈취하여온 《아미타불》의 혼(魂)을 되돌려 드림으로써 때에 《아미타불》은 《50억 년(億年)》만에 《부활》하시고 이후 《일체중생희견보살》의 법신(法身)이 불타 마지막 사그러질 때 《가스성(GAS星)》 핵(核)은 양분되어 《묘장엄왕》 부인이신 《정덕부인》에게 잉태되어 《정안》, 《정장》 두 아들로 태어나게 된다. 이러한 이후 일생의 삶을 마치고 그들은 다시 《노사나불》을 아버지로 하여 태어나서 《정안》은 《해왕성》을 법신(法身)으로 받은 후 《약상보살》로 거듭 태어나고 《정장》은 《명왕성》을 법신(法身)으로 받은 후 《약왕보살》로 거듭 태어나게 되는 것이다. 이러한 이후 《지일(地一)》의 태양선(太陽船)에서 지금의 우리들 태양계(太陽系)의 《태양성》, 《수성》, 《금성》, 《토성》, 《천왕성》, 《해왕성》, 《명왕성》 등 7성(星)이 태어나 지금의 우리들 태양계를 이루고 계속 진화(進化)한 후 지상(地上)에서 《인류》《북반구 문명》《1만 년》이 시작된 후 《법신(法身)》의 《핵(核)》들은 《인간》《육신(肉身)》 진화(進化)를 계속하게 된다.

진행을 하면서 설명 드린 바와 같이, 《지상(地上)》에서 최초로 일어난 《수메르 문명》 이후 여러 《왕조(王朝)》들에서 많은 활동을 하신 《약왕보살》께서는 《AD 274년》에 《예루살렘》에서 《예수님(AD274~AD310)》으로 이름하고 태어나신 이후 《네팔》 국경 지대에 있는 《라마 사원》에서 《AD 293년》에 불법(佛法) 일치된 완전한 깨달음을 얻으시고 《약사유리광불》의 지위에 오르신 후 《AD 297년》《23세》되시던 해에 《예루살렘》으로 다시 돌아오시어 인간들을 일깨우는 설법(說法) 활동을 하신 이것이 《악마(惡魔)의 신(神)》들 중 최고(最高)의 《대마왕신(神)》인 《비로자나 1세》인 《콘스탄티우스 클로루스(Constantius Chlorus)》 황제(皇帝)로 봐서는 《천일궁(天一宮)》《10의 궁(宮)》에서 그 스스로와 최고(最高)의 《대마왕》인 《다보불》과

《예수님》의 전신(前身)인 《세트 신(神)》이 결탁하여 전체 우주(宇宙)를 《악(惡)》을 근본 바탕으로 하는 《악마(惡魔)의 신(神)》들인 《대마왕신(神)》과 《대마왕》 불보살들의 우주(宇宙)로 만들어 나누어 다스리기로 한 약속을 《예수님》의 전신(前身)인 《세트 신(神)》이 《배신(背信)》하여 깬 것임으로 이를 응징하는 차원에서 《천일궁(天一宮)》 《10의 궁(宮)》에서의 약속을 상기시키는 의미에서 《십자가(十字架)》를 매게 하고 《세트 신(神)》 때에 20억 년(億年) 옥고를 치른 후 《영민(靈敏)》함을 되찾고 《일체중생희견보살》이 된 후 그의 법신(法身)을 불태워 《아미타불》 《혼(魂)》을 되돌려 줌으로써 《아미타불》을 부활시킨 《영민(靈敏)》함과 《영적(靈的)》인 이스라엘 왕(王)으로 자처한 것에 대한 벌(罰)로써 《예수님》의 머리에 《가시 면류관》을 씌우고 《십자가(十字架)》를 메고 고통스러운 행진을 하게 한 후 《십자가(十字架)》에 못 박아 죽이게 하는 형벌을 내리게 된 것이다.

이러한 형벌을 최고의 《악마(惡魔)의 신(神)》인 《비로자나 1세》가 내리게 된 또 다른 목적이 훗날 밝혀지게 됨으로써 이를 말씀드리면 다음과 같다. 《십자가(十字架)》에 못 박혀 고통스럽게 죽은 《예수님》 상(像)을 《로마 가톨릭》이나 《기독교 교단》에서는 그들의 교회당에 《예수님》 상(像)을 걸어놓고 있지도 않은 《예수 부활》을 거짓 선전하고 《예수님》께서 흘린 피(血)가 그의 후손 민족들이 지은 《원죄(原罪)》를 《대속(代贖)》한 것이라고 거짓 선전을 하고 있는 이면에는 《악마(惡魔)의 신(神)》들인 《대마왕신(神)》들과 《대마왕》 불보살들과 이들의 행동 대장들 모두과 《로마 가톨릭》과 《기독교》 교인(教人) 《영혼(靈魂)》과 《영신(靈身)》들 모두들에게 《악마(惡魔)의 신(神)》인 최고 《대마왕신(神)》 《비로자나 1세》와 최고의 《대마왕》 《다보불 1세》가 《천상(天上)》에서 결의한 바 약속과 《로마 가톨릭》 교단과 《기독교 교단》에 대하여 《배신(背信)》하는 자(者) 모두들은 《예수님》과 같은 벌(罰)을 받게 될 것임을 경고하는 엄청난 《협박》을 하기 위하여 그의 《법력(法力)》을 《십자가(十字架)》 상(像)에 담아 놓고 있는 것이다. 이 때문에 그들 교회당에는 지금까지 《십자가(十字架)》에서 《예수님》을 내려놓지 않고 있는 것이다.

차제에 《메시아(Messiah)》가 분명히 말씀드리는 바는 진화(進化)를 따르는 《인과(因果)》 법칙에서는 남의 죄(罪)를 대신 갚아 주는 《대속(代贖)》이란 있을 수가 없는 것이며, 스스로 지은 죄(罪)의 《업장》은 스스로가 소멸시키든지 스스로가 죄업(罪業)을 받게 되어 있는 것이 철칙인 것이다. 이로써 볼 때, 그들이 선전하고 있는 《대속(代贖)》은 있을 수가 없는 말장난임을 《메시아(Messiah)》가 분명히 하는 것이다.

이러한 《예수님》의 죽음이 담긴 《십자가(十字架)》에 대한 최고의 《악마(惡魔)의 신(神)》인 《비로자나 1세》의 경고가 있기 이전에는 《악마(惡魔)의 신(神)》들인 《대마왕신(神)》들과 《대마왕》 불보살들과 그들의 추종 세력들과 그들 후손들 중에서 상당수가 정상적인 진화(進化)의 과정을 겪고 《선(善)》을 근본 바탕으로 하는 인간 무리들 대열에 합류를 하였으나, 《십자가(十字架)》에 매달린 《예수님》의 상(像)에 최고의 《악마(惡魔)의 신(神)》인 《비로자나 1세》가 그의 법력(法力)을 담아 《악마(惡魔)의 신(神)》들인 《대마왕신(神)》들과 《대마왕》 불보살들과 중소(中小) 《마왕신(神)》과 《마왕》 무리들의 《영혼(靈魂)》과 《영신(靈身)》들에게 경고를 한 이후부터는 그들도 《예수님》 같은 벌(罰)을 받을까 하는 두려움 때문에 그들 대열에서 이탈하여 진화(進化)하고자 하는 자(者)들이 한명도 없게 된 것이 사실인 것이다.

이와 같이 《십자가(十字架)》에 매달린 《예수님》의 상(像)은 하루빨리 없어져야 하는 것이며, 이로써 《악마(惡魔)의 신(神)》들인 《대마왕신(神)》들과 《대마왕》 불보살들을 조상(祖上)으로 둔 《죄(罪)》없는 그들 후손들이 《십자가(十字架)》를 벗어 던짐으로써 파멸(波滅)로 가는 《족쇄》를 스스로 벗어 던지는 첫 발걸음이라는 점을 일러 드리는 바이다. 그리고 《예수님》 상(像)이 없는 빈 《십자가(十字架)》를 《악세사리》로 지니든지 가지고 다니는 의미 역시 이 세상(世上)을 《탐욕》과 《이기심》이 가득 찬 세상(世上)으로 만들어 《악마(惡魔)의 신(神)》들인 《대마왕신(神)》들이나 《대마왕》 불보살들이 다스리는 세상(世上)으로 만들겠다는 뜻과 함께 "나는 내 스스로 파멸(波滅)의 길로 가고 있소"하고 선언하는 의미를 담은 《흉물》임을 《메시아(Messiah)》가 분명히 하는 것이니 이 역시 하루빨리 인간 사회에서는 사라져야 할 물건들임을 분명히 일러 드리는 바이니 깊이 명심하시기 바란다.

⑦ [협박(脅迫)의 상징 십자가(十字架)]

《육신(肉身)》을 가지고 삶을 살고 있는 《인간》을 평면도로 도형화하면 [도형 1-5-2]와 같다. 《인간》의 주인공은 《영혼(靈魂)》과 《영신(靈身)》으로써 《유령(幽靈)》으로 이름하는 당체이다. 이러한 《영혼(靈魂)》과 《영신(靈身)》은 《마음(心)》을 경계로 하여 외곽에 《속성(屬性)》과 《육신(肉身)》을 거느린다. 즉, 《영혼》과 《영신》은 《양음(陽陰)》 짝을 하여 《마음(心)》의 경계 안쪽에 머물고 《속성》과 《육신》 역시 《양음(陽陰)》 짝을 하여 《마음(心)》의 경계 바깥쪽에 머문다.

[도형 1-5-2] 인간 평면도

이러한 구조를 가진 《인간》들의 《영혼》과 《영신》은 《마음(心)》 경계 바깥에 있는 《속성》이 거느리는 《육신》을 떠나서 자유자재로 움직이는 능력을 가지고 있으며 이렇듯 《영혼》과 《영신》이 《속성(屬性)》이 거느리는 《육신》을 떠나 있어도 《속성》과 《육신》은 《마음(心)》의 경계 바깥에 있기 때문에 《영혼》과 《영신》이 들락거리는 것을 전혀 눈치 채지 못하는 것이다. 이와 같은 사실적인 일들을 《예》를 들어서 설명 드리면 《서울》에서 생존(生存)해 있는 아버지가 지방으로 출장 간 아들의 꿈속에 나타나서 닥쳐올 위험을 알려 주고 사라지는 이치와 같은 것이다.

이와 같이 《영혼》과 《영신》이 《마음(心)》을 통해 《속성》에게 어떠한 사실을 알려 주기 이전에는 《속성》과 거느리는 《육신》은 《영혼》과 《영신》이 도모하는 일에 대해서는 전연 모르는 것이 이치이다. 이러한 《인간》 구조에 있어서 《진화(進化)》가 제일 많이 된 쪽이 《영혼》이며 이러한 《영혼》이 가진 《정보량(情報量)》은 인간 육신(肉身)을 거느리는 《속성》보다는 월등한 것이다.

이와 같이 월등한 《정보량(情報量)》을 가진 《영혼》의 《영(靈)》들이 만들어진 곳이 《천일우주(天一宇宙) 100의 궁(宮)》으로써 이러한 《영(靈)》들의 집합체인 현재 지상(地上)에 살고 있는 《인간》들의 《영혼》들은 《천상(天上)》에서 일어난 《1차 우주 쿠데타》와, 《세트 신(神)》인 《예수님》이 최고(最高)의 《대마왕신(神)》《비로자나 1세》와 최고(最高)의 《대마왕》《다보불》과

666

결탁하여 아버지이신 《오시리스》로 이름한 《아미타불》을 살해하는 반란을 일으킨 사실과, 이후 《대마왕신(神)》들과 《대마왕》들과 결별하고 《예수님》께서 《약사유리광불》을 이루신 사실에 대한 풍부한 《정보량(情報量)》이 《영혼》들에게 내재되어 있기 때문에 지금을 살고 있는 《인간》들의 《속성》과 《육신》들은 몰라도 《영혼》과 《영신》들은 이러한 사실들을 잘 알고 있다.

이와 같은 사실을 잘 알고 있는 최고(最高)의 《대마왕신(神)》《비로자나 1세》가 《콘스탄티우스 클로루스》 황제(皇帝)로 이름하고 《예수님》을 처형할 때 《십자가(十字架)》에 못 박혀 죽이는 형벌을 내린 이유는 다분히 의도적으로 그러한 형벌을 내리게 된 것이다. 이러한 다음 그는 《악마(惡魔)의 신(神)》들이 만든 《종교(宗敎)》인 《천주교》와 《기독교》에 호감을 가진 일반민(一般民)들을 감언이설로 꼬여 《교회당》 문턱을 넘어서기만 하면 《십자가(十字架)》에 매달린 《예수님》상(像)을 먼저 보게 하여 《교회당》 문턱을 넘어선 자(者)《영혼》과 《영신》들에게 너도 《악마(惡魔)의 신(神)》들이 만든 《종교(宗敎)》의 《야훼 신(神)》과 《예수 그리스도》로 자리한 《창조주》 노릇을 하는 《비로자나 1세》와 《천관파군》을 받들지 않으면 배신자(背信者)로 낙인찍어 언제인가는 《천상(天上)》에서의 약속을 깨고 배신을 한 《예수님》처럼 처형할 것이라고 《공갈(恐喝)》《협박(脅迫)》부터 하는 것이다.

이러한 《공갈》《협박》을 받은 《영혼》과 《영신》들은 《천상(天上)》에서 일어난 일들을 너무나 잘 알고 있기 때문에 두려움에 떨며 그의 《속성》에게 명령하여 《속성》이 거느리는 인간 《육신(肉身)》으로 하여금 최고(最高)의 《악마(惡魔)의 신(神)》들에게 충성하도록 함으로써 《천주교》와 《기독교》 등 《악마(惡魔)》의 종교(宗敎)로부터 이탈하지 못하도록 하는 치밀한 계산에 의한 악랄한 술법을 《악마(惡魔)의 신(神)》들이 획책하였음을 분명히 밝히는 바이다.

이제는 때가 되어 《석가모니 하나님 부처님》과 《메시아》이신 《미륵불》이 《악마(惡魔)의 신(神)》 모두들의 《영혼(靈魂)》과 《영신(靈身)》들을 파멸시켜 《우주간》과 《세간》에서 영원히 사라지도록 하였으니 《천주교인》과 《기독교인》들은 두려워하지 마시고 지금까지 그대들 《영혼》과 《영신》들에게 위협을 가하던 《십자가(十字架)》를 수거해 불 지르고 《천주교》 교황청을 비롯한 모든 교회당을 폐쇄시켜 《악마(惡魔)》의 종교(宗敎)로부터 떠나 완전한 자유인(自由人)들이 되어 《석가모니 하나님 부처님》《진리(眞理)의 법(法)》을 찾아 공부하고 정진을 스스로가 함으로써 때에 행(行)하시는 《석가모니 하나님 부처님》의 《구원(救援)》 실현을 기다리시는 것이 옳을 것이다.

그리고 때에 첨부하여 말씀드리면, 서구 사회 《악마(惡魔)의 종교(宗敎)》와 마찬가지로 동양(東洋) 사회에 널리 신앙되고 있는 《불교(佛敎)》 역시 《한반도(韓半島)》 《삼국시대》를 제외한 《1,400년》간을 《대마왕신(神)》들과 《대마왕》들이 지배하는 《악마(惡魔)의 종교(宗敎)》로 변화되어 전하여져 오고 있으니 이 역시 사찰은 폐쇄되어야 하며 모든 종교(宗敎)의 상징물 역시 불구덩이에 들어갈 때가 되었음을 《메시아(Messiah)》이신 《미륵불》이 단호히 선언하는 바이다.

⑧ [마왕 성경(魔王聖經)과 마왕 기독교(魔王基督敎)]

현재 《기독교》에서 그들의 경전(經典)으로 이름하는 《성경(聖經)》은 《마왕 성경(魔王聖經)》이며, 그들의 《교단(敎團)》 역시 《마왕》 《교단(敎團)》이다. 이와 같이 그들이 신앙하는 교(敎)의 경전(經典)인 《마왕 성경》이 어찌하여 《마왕 성경》이라고 하는지에 대하여 살펴보기로 하자. 이러한 《마왕 성경》은 《예수님》 생전(生前)에 거느리시던 《12제자》와 밀접한 관계를 가지고 있다. 그러므로 먼저 《12제자》에 대한 본래 면목부터 살펴보고 다음을 진행하겠다.

[표 1-5-3-5] 악(惡)의 축(軸) 3-2 : 예수님의 12제자

이름	신명(神名)	신(神)	비고
요한(John)	노사나불 1세	○	※ 악(惡)의 축(軸)에서 제외됨. 생몰 AD274~AD304
베드로(Simon Peter)	문수보살 1세	●	성경 결집
도마(Thomas)	약상보살 2세	●	예수님(AD274~AD310)의 동생
안드레아(Andrew)	천왕불 1세	◐	
마태오(Matthew)	야훼 신 1세	●	로마 황제 사칭자인 맥시미안과 동일인.
바르톨로메오(Bartholomew, son of Talemai)	천왕불 3세	◐	

빌립보(Philip)	야훼 신 2세	●	로마 황제 사칭자인 맥시미니스와 동일인
대 야고보 (James, son of Zebedee)	천관파군 2세(이오 신)	●	요한의 형. 성경 결집
소 야고보 (James, son of Alphaeus)	천관파군 3세	●	
유다 타대오(Jude the Apostle 또는 Judas Thaddaeus)	악마의 신(神) 석가모니 2세	●	유다서 저자 예수님의 형제
시몬(Simon the Zealot)	쌍둥이 천왕불	◐	
가롯 유다(Judas Iscariot)	천관파군 2세 분신	●	예수님 밀고자

※ ○ : 《착함(善)》을 근본 바탕으로 하는 불보살
　◐ : 《선악(善惡)》 양면성을 근본 바탕으로 하는 《대마왕》 불보살
　● : 《악(惡)》을 근본 바탕으로 하는 악마(惡魔)의 신(神)들인 《대마왕신(神)》

가> 예수님(약왕보살) 12제자의 본색(本色)

　상기 《표》에서도 드러난 바와 같이, 《요한 성자》로 이름한 《노사나불 1세》를 제외한 11명의 제자들 모두가 《대마왕》 불보살들과 《악마(惡魔)의 신(神)》들인 《대마왕신(神)》들이다. 이렇듯 《대마왕》들과 《악마(惡魔)의 신(神)》들인 《대마왕신(神)》들이 대거 《예수님》의 제자로 자리하게 된 이유는 《디오클레티안(Diocletian)》(생몰 AD244~AD311) 황제(皇帝)로 이름한 《그림자 비로자나 1세》와 《헬레나(Helena)》(생몰 AD246~AD330)로 이름한 《가이아 신(神)》 등의 《악마(惡魔)의 신(神)》 《대마왕신(神)》들이 오래 전(前)부터 《예수님》을 희생(犧牲)시켜 그들 《악마(惡魔)의 신(神)》들인 《대마왕신(神)》들이 자리하는 《종교(宗敎)》 체제 구축을 노려 왔기 때문에 상기 《표》에서 드러난 《대마왕》 불보살들과 《악마(惡魔)의 신(神)》들인 《대마왕신(神)》들을 《예수님》 탄생을 전후(前後)하여 모두 태어나게 한 후 때에 《예수님》께서 설법(說法)을 시작하자마자 스스로들이 자청하여 《예수님》의 제자가 되는 형국을 취했기 때문에 이들이 모두 《예수님》의 제자가 된 것이며, 특히, 《도마(Thomas)》와 《유다 타대오(Judas Thaddaeus)》로 이름한 《약상보살 2세》와 《악마의 신(神)》 《석가모니 2세》를 《예수님》의 형제로 태어나게 하는 치밀함까지를 보인 것이다.

즉, 간단히 말씀드리면 《예수님》 명성과 《진리(眞理)》의 《법(法)》 도둑질을 위해 처음부터 의도적으로 《대마왕》 불보살들과 《악마(惡魔)의 신(神)》들인 《대마왕신(神)》들이 《예수님》의 제자(弟子)들이 된 증거가 상기 《예수님의 12제자》《표》의 《신명(神名)》에서 정확히 드러난 것이다.

나> 《마왕 성경》 결집과 《마왕 기독교》 탄생

　《예수님》께서는 설법(說法)을 행(行)하시는 동안 순차적으로 몰려드는 제자(弟子)들이 하나같이 《대마왕》 불보살들이며 《악마(惡魔)의 신(神)》들인 《대마왕신(神)》들임을 꿰뚫어 보고 아시면서도 이들의 《교화(敎化)》를 위해 모르는 척 묵묵히 지켜만 보고 계신 것이다. 이러한 때 《예수님》께서는 《콘스탄티우스 클로루스(Constantinus Chlorus)》(재위 AD293~AD312) 황제(皇帝)로 이름한 최고의 《악마(惡魔)의 신(神)》인 《비로자나 1세》에게 《AD 310년》에 죽임을 당하시는 것이다. 이러한 《예수님》께서 죽임을 당하신 이후 《콘스탄티우스 클로루스(Constantinus Chlorus)》 황제(皇帝)로 이름한 최고의 《악마(惡魔)의 신(神)》인 《비로자나 1세》는 《예수님》을 죽인 벌(罰)을 《천상(天上)》으로부터 받고 《AD 312년》에 《영국》에서 죽임을 당하게 된다. 이와 같은 죽음 직전 《콘스탄티우스 클로루스(Constantinus Chlorus)》 황제(皇帝)로 이름한 최고의 《악마(惡魔)의 신(神)》인 《비로자나 1세》는 그가 다스리던 《로마》 동부 지역 통치권(統治權)을 그의 아들로 태어나 있던 《콘스탄틴 1세(Constantine I)》로 이름한 《악마(惡魔)의 신(神)》인 《천관파군 1세》에게 위임하는 《유언(遺言)》을 남기고 죽게 된다.

　이로써 《AD 312년》에 《콘스탄틴 1세(Constantine I)》로 이름한 《악마(惡魔)의 신(神)》인 《천관파군 1세》는 《로마》 동부 점령지를 다스리는 《황제(皇帝)》 지위에 오른 이후 처음 한 일이 그의 어미가 되는 《악마(惡魔)의 신(神)》인 《헬레나(Helena)》로 이름한 《가이아신(神) 1세》와 함께 《예수님》의 제자(弟子)였던 11명의 《대마왕》들과 《악마(惡魔)의 신(神)》들인 《대마왕신(神)》들을 불러들여 그동안 《예수님》 제자(弟子)로 있을 당시 《예수님》으로부터 듣고 배운 바 모든 법(法)을 각자의 이름으로 기록하여 《대야고보》로 이름한 악질 《악마(惡魔)의 신(神)》으로서 《천관파군 2세》인 《이오 신(神)》과 《베드로》로 이름한 《문수보살 1세》에게 제출하게 함으로써 《마왕 성경》 결집(結集)을 《AD 312년》에 명령하는 것이다. 이러한 이후 《콘스탄틴(Constantine)》 황제(皇帝)(로마 동부 지역 재위 AD312~AD324)로 이름한 《악마(惡魔)의 신(神)》인

《천관파군 1세》는 그동안 《선대(先代)》 황제(皇帝)들이 《참(眞) 기독인》들을 청소하듯이 색출하여 대량 학살을 감행하여 놓은 바탕에서 뒤늦게 이를 중지시키는 《밀란 칙령》을 《AD 313년》에 발표를 하게 된다.

이러한 동안에 《대야고보》로 이름한 악질 《악마(惡魔)의 신(神)》으로서 《천관파군 2세》인 《이오 신(神)》과 《베드로》로 이름한 《문수보살 1세》는 여타 《예수님》 제자(弟子)였던 《대마왕》 불보살들과 《악마(惡魔)의 신(神)》들인 《대마왕신(神)》들로부터 그들이 준비한 기록들을 넘겨받아 그들의 기록들에서 《예수님》 가르침의 핵(核)이 되는 《진리(眞理)》의 《법(法)》은 송두리째 뽑아 없애 버리고 《핵심》 진리(眞理)가 빠져버린 변두리에 해당하는 법(法)들을 날조하고 왜곡한 후 《AD 316년》에 《마왕 성경》을 완성하고 이를 《신약성서(新約聖書)》로 이름을 한 것이다.

이러한 《신약성서》 결집을 완성한 《대야고보》로 이름한 악질 《악마(惡魔)의 신(神)》으로서 《천관파군 2세》인 《이오 신(神)》은 한때 《에스라(Ezra)》(510BC~440BC) → 《키케로(Cicero)》(106BC~43BC) → 《아리스토부루스 4세》(42BC~7BC) 등으로 이름하고 와서 《2차》 《타나크(Tanakh)》를 왜곡하여 《구약(舊約)》 결집(結集)을 완성한 자(者)로서 이번에는 《예수님》의 제자(弟子) 《대야고보》로 이름하고 와서 《베드로》로 이름한 《문수보살 1세》와 함께 《예수님》 진리(眞理)의 법(法)을 파괴하고 날조하여 왜곡된 《예수님》의 《법(法)》을 만들어 이를 《신약성서(新約聖書)》로 이름한 것이다.

이와 같이 《대야고보》로 이름한 악질 《악마(惡魔)의 신(神)》으로서 《천관파군 2세》인 《이오 신(神)》과 《베드로》로 이름한 《문수보살 1세》가 《마왕 성경》인 《신약성서》 결집(結集)을 완성한 《AD 316년》에 《콘스탄틴(Constantine)》 황제(皇帝)로 이름한 《악마(惡魔)의 신(神)》인 《천관파군 1세》와 그의 어미가 되는 《헬레나(Helena)》로 이름한 《악마(惡魔)의 신(神)》인 《가이아 신(神) 1세》는 비로소 같은 해인 《AD 316년》에 《예수 그리스도(Jesus Christ)》를 믿는 《마왕》 《기독교(基督敎)》 《교단(敎團)》을 출발시키는 것이다.

다> 요한계시록

《마왕 성경》인 《신약성서》에서 심하게 왜곡되지 않은 경(經)이 《요한계시록》이다. 이러한 《요한계시록》이 《악마(惡魔)의 신(神)》들인 《대마왕신(神)》들의 손에 의해 심하게 왜곡되지 않은 이유는 《요한계시록》 내용 자체가 전체적인 《석가모니 하나님 부처님》 우주간(宇宙間)의 《법(法)》인 진리(眞理)를 알지 못하면 왜곡을 할 수가 없도록 《요한 성자》이신 《노사나불》께서 심혈을 기울여 기록한 경(經)이기 때문에 이러한 깊은 우주간(宇宙間)의 법(法)인 진리(眞理)를 해석할 《대마왕》 불보살들과 《악마(惡魔)의 신(神)》들인 《대마왕신(神)》들 중에는 한명도 없다. 특히, 《요한 성자》이신 《노사나불》께서는 《요한계시록》 중 《4개 품(品)》에서는 《우주간》에서 《석가모니 하나님 부처님》과 《노사나불》과 《메시아(Messiah)》이신 《미륵불》 등 세 분의 부처님들만이 알고 있는 내용으로 되어 있다.

이와 같은 의미는 《요한계시록》은 《예언서》로써 미래세(未來世) 《인류》들을 《구원(救援)》의 길로 인도할 《메시아(Messiah)》이신 《미륵불》만이 《해설(解說)》을 할 수 있도록 만들어 놓은 경(經)이기 때문에 날고 기는 재주를 가진 《악마(惡魔)의 신(神)》들인 《천관파군 1세》나 《천관파군 2세》인 《이오 신(神)》 정도의 실력으로는 어찌 해 볼 방도가 없는 경(經)이 《요한계시록》이다.

《예수님》께서 예언하신 부분은 《크라이스트(Christ)》와 《아노 도미니(Anno Domini)》 등에 의한 《구원사상(救援思想)》을 전(傳)함으로써 《예언》을 하신 것이다. 이러한 《예언》에 대한 부분을 《예수님》과는 전혀 성격이 다른 《악마(惡魔)의 신(神)》을 창조주로 받드는 《예수 그리스도(Jesus Christ)》를 만들어 놓고 《악마(惡魔)의 신(神)》들인 《그림자 비로자나 1세》와 《가이아 신(神)》과 《천관파군 1세》가 《예수》의 탈을 쓰고 차례로 《창조주》 노릇을 하는데 이용을 하다 보니 울며 겨자 먹기로 할 수 없이 《신약성서》에 《요한계시록》 중 일부분만 왜곡하여 집어넣어 결집(結集)을 한 것이다.

《신약성서》라고 이름하면서 《예언》 부분이 빠지게 되면 《성서(聖書)》로써 구성이 되지 않기 때문에 할 수 없이 《마왕 성경》인 《신약성서》에 《예언서(書)》로써 넣게 된 것이 불행 중 천만다행인 것이다. 이와 같이 《예언서(書)》인 《요한계시록》을 일전 《메시아》가 해설을 하여 《우주간의 법 해설》《요한계시록》으로 이름하고 세간(世間)에 그 모습을 드러내 놓고 있으니 뜻이 있는 분들은 구독하시고 주위에 많은 사람들이 가까이 할 수 있도록 당부 드리는 바이다.

그리고 《대야고보》로 이름한 《악마(惡魔)의 신(神)》으로서 《대마왕신(神)》인 《천관파군 2세》로서의 《이오 신(神)》과 《베드로》로 이름한 《문수보살 1세》가 《신약(新約)》 결집(結集)을 할 때 《예수님》께서 설(說)하신 《진리(眞理)》의 《법(法)》을 모두 도려내어 《베드로》로 이름한 《문수보살 1세》가 보관하고 있던 중, 이 역시 불행 중(不幸中) 천만다행으로 《마왕불교(魔王佛敎)》에서 《약사유리광여래본원공덕경(藥師瑠璃光如來本願功德經)》 또는 《약사경(藥師經)》으로 이름하고 《베드로》로 이름한 《문수보살 1세》가 《예수님》의 진리(眞理)의 법(法)을 후대(後代)에 마왕 불교(佛敎) 경전(經典)으로 만든 것이다. 이러한 경전(經典)은 그 내용이 상당히 왜곡되어 있으나 그래도 《예수님》 진리(眞理)의 법(法)이 상당수가 남아 있어서 얼마 전 《메시아》가 《약사유리광여래본원공덕경》(서기 2008년 (주)아나 간행)에서 《약사유리광여래본원공덕해설경》과 《약사유리광여래본원공덕경 근본진리》로 이름하고 《예수님》의 《진리(眞理)》의 법(法) 중 일부를 드러내어 《세간(世間)》에 발표를 한 바가 있다. 그러나 이 경(經) 역시 《마왕 승려》들에 의해 심하게 왜곡되어 있어서 권장할 경전(經典)은 되지 못하나 《경(經)》 속에 숨어있는 《진리(眞理)》의 《법(法)》은 변함이 없기 때문에 이를 알고 공부를 하면 크게 도움이 되는 경전(經典)임을 《메시아(Messiah)》가 밝혀 두는 바이다.

⑨ [마왕 천주교(魔王天主敎)]

《AD 310년》에 《예수님》께서 《콘스탄티우스 클로루스(Constantius Chlorus)》로 이름한 최고의 《악마(惡魔)의 신(神)》인 《비로자나 1세》에게 죽임을 당하신 후, 《AD 312년》 《콘스탄틴(Constantine)》 황제(皇帝)로 이름한 《악마(惡魔)의 신(神)》인 《천관파군 1세》의 명령으로 시작된 《마왕 성경》 결집(結集)에 적극적으로 동참한 《예수님》 《12제자》 중 한 명인 《베드로》로 이름한 《대마왕》 《문수보살 1세》는 《마왕 성경》인 《신약성서》 결집이 완성된 《AD 316년》에 완성된 《마왕 성경》인 《신약성서》와 《자칭》 《유대교단》의 경전(經典)인 《구약(舊約)》을 가지고 《예루살렘》에 자리하였던 《자칭》 《유대교단》 관계자들을 모두 이끌고 《AD 316년》에 《예루살렘》을 떠나 그의 후손 민족들이 있는 《이탈리아》 《로마시(市)》로 들어가서 지금까지 그들 《대마왕》 불보살들과 《악마(惡魔)의 신(神)》들인 《대마왕신(神)》들이 행(行)한 수많은 《유대인》 학살과 《참기독인》들 대학살의 허물을 덮기 위해 《자칭》 《유대교단》의 명칭을 《로마 가톨릭》(일명(一名) 천주교(天主敎))으로 바꾸고 《자칭》 《유대교단》의 최고위직인 《대제사장》의 명칭을 《교황(敎皇, Pope)》으로 이름함으로써 《로마시(市)》에서 《교황청(敎皇廳)》을 출발시키게 된다.

이로써 《베드로》라고 이름한 《대마왕》《문수보살 1세》가 초대 《교황(敎皇)》이 되어 《이탈리아》와 《프랑스》와 《독일》과 《포루투칼》과 《스페인》 등의 나라들에 자리한 《왕조(王朝)》들을 다스리는 《종교통치(宗敎統治)》를 시작하는 것이다.

이와 같이 《자칭》《유대교단》의 간판을 《로마 가톨릭》으로 이름한 《천주교(天主敎)》는 《교단》의 통치(統治)를 《로마 교황청》을 중심한 《중앙집중식》 체제를 갖추고 《교단》을 통치한 것이며, 《신앙(信仰)》의 대상은 《악마(惡魔)의 신(神)》으로서 《대마왕신(神)》인 《야훼 신(神)》을 《하나님》으로 받들되 《대마왕》 출신의 《교황(敎皇)》이 《교황(敎皇)》 지위에 오르게 되면 최고(最高)의 《대마왕》인 《다보불》이 《야훼 신(神)》의 탈을 쓰고 《하나님》 노릇을 하고 《악마(惡魔)의 신(神)》들인 《대마왕신(神)》 출신의 《교황(敎皇)》이 《교황(敎皇)》 지위에 오르면 《악마(惡魔)의 신(神)》들 중 최고(最高)의 《대마왕신(神)》인 《비로자나 1세》가 《야훼 신(神)》의 탈을 쓰고 《하나님》 노릇을 하는 것을 번갈아 가며 하는 것이다.

이러한 《로마 가톨릭》으로 이름한 《천주교(天主敎)》를 신앙하는 《신자(信者)》 대부분이 《짐승》의 《영신(靈身)》을 가진 《인간》 탈을 쓴 《짐승》들과 《물고기》,《어패류》,《곤충》 영신을 가진 인간 탈을 쓴 자(者)들 모두가 최고(最高)의 《대마왕》인 《다보불》과 최고(最高)의 《대마왕신(神)》인 《비로자나 1세》의 후손(後孫)들이다. 이러한 그들 후손들 중 《로마 가톨릭》으로 이름한 《천주교(天主敎)》로부터 벗어나고 《도덕성(道德性)》을 갖추고 지금까지 속아 살아온 과거를 《석가모니 하나님 부처님》께 깊이 참회하면 《구원(救援)》의 길은 열려 있다. 그러나 《메시아(Messiah)》의 충고를 거부하였을 때 이들 역시 인간 육신(肉身)을 가지고 두 번 다시 태어날 수 없는 《우주간(宇宙間)》의 《블랙홀(Black Hole)》로 빨려 들어가 영원히 사라져 가야 할 것임을 《메시아(Messiah)》가 분명히 밝히는 바이다.

⑩ [마왕 기독교(魔王基督敎)]

지금까지 설명 드린 바와 같이 《마왕 성경》인 《신약성서》를 경전(經典)으로 하여 《악마(惡魔)의 신(神)》인 《예수 그리스도(Jesus Christ)》를 신앙하는 종교(宗敎)를 《마왕 기독교(魔王基督敎)》라고 하며 이 종교(宗敎)는 《예수님》과는 무관한 《예수》의 이름을 팔아먹는 종교로써,

《AD 316년》에 《마왕 성경》인 《신약성서》가 《악마(惡魔)의 신(神)》으로서 《대야고보》로 이름한 《천관파군 2세》인 《이오 신(神)》과 《베드로》로 이름한 《문수보살 1세》로부터 결집(結集)이 완성되었을 때 《콘스탄틴(Constantine)》 황제(皇帝)로 이름한 《악마(惡魔)의 신(神)》인 《천관파군 1세》와 황제(皇帝)의 어머니이신 《헬레나(Helena)》로 이름한 《악마(惡魔)의 신(神)》인 《가이아 신(神) 1세》가 출발시킨 종교(宗教) 교단(教團)이 《마왕 기독교 교단》이다

이러한 《마왕 기독교 교단》은 《로마 가톨릭》으로 이름한 《천주교(天主教)》가 《로마 교황청》을 중심한 《중앙집중식》 체제를 갖춘 것과는 달리, 《교단》을 여러 도시에 분산 배치하여 《교회》들을 다스리는 체제들을 갖추고 여러 도시에 분산 배치된 《교단》에는 《그림자 비로자나 1세》와 《가이아신(神) 1세》와 《천관파군 1세》계(系)의 《악마(惡魔)의 신(神)》들인 《대마왕신(神)》들이 반복(反復)되는 윤회(輪廻)를 통하여 자리하여 《교회》들을 다스리는 체제를 갖추고 있다. 이러한 《마왕 기독교》에서 신앙(信仰)의 대상은 《악마(惡魔)의 신(神)》인 《예수 그리스도(Jesus Christ)》로서 이는 《예수님(Jesus)》 호칭과는 다른 의미를 가진 호칭이다. 이로써 《그림자 비로자나 1세》와 《가이아신(神) 1세》와 《천관파군 1세》가 《예수님》의 탈을 쓰고 번갈아 가며 《하나님》 행세를 할 때의 호칭이 《악마(惡魔)의 신(神)》인 《예수 그리스도(Jesus Christ)》이다. 즉, 단정적으로 말씀드리면, 《마왕 기독교(基督教)》에는 《예수님》의 탈을 쓴 《악마(惡魔)의 신(神)》들인 《그림자 비로자나 1세》와 《가이아 신(神) 1세》와 《천관파군 1세》를 《하나님》으로 받드는 《종교(宗教)》임을 《메시아(Messiah)》가 분명히 하는 것이다. 이 때문에 《기독교(基督教)》를 《마왕 기독교》라고 하는 것이다. 이러한 《마왕 기독교(基督教)》를 믿는 신자(信者)들 대부분은 그들의 《영신(靈身)》이 《물고기》, 《어패류》, 《곤충》 등의 《영신(靈身)》을 가진 자(者)들로서 《악마(惡魔)의 신(神)》들로서 《양(陽)》의 《대마왕신(神)》들인 《그림자 비로자나 1세》와 《가이아신(神) 1세》와 《천관파군》과 《야훼 신(神)》 후손(後孫)들이 대부분이다.

가> [《지상(地上)》의 인류들을 향한 파렴치한 거짓말과 《예수님》의 행적(行蹟)]

《마왕 천주교(魔王天主教)》와 《마왕 기독교(魔王基督教)》에서 지상(地上)의 인류들을 향하여 파렴치한 거짓말을 하고 있는 것이 두 가지가 있다. 이러한 두 가지 중 《마왕 천주교》에서는 《예수님》의 어머니(母)되시는 《마리아》를 《동정녀 마리아》라고 이름하고 선전하는 일

이다. 이러한 《마리아》는 본색(本色)이 《정화수왕지불 분신(分身)》으로서 《악마(惡魔)의 신(神)》들 중 최고(最高)의 《대마왕신(神)》인 《비로자나 1세》의 딸이며 이 역시 《악마(惡魔)의 신(神)》인 《대마왕신(神)》 중의 한 분이다. 이러한 신분(身分)을 가진 《마리아》와 《노사나불 분신(分身)》이신 목수 《요셉》 사이에서 태어난 분이 《예수님》이심을 《메시아(Messiah)》가 분명히 하는 것이다.

이렇듯 《예수님》을 낳아주신 《마리아》를 《동정녀》로 선전하는 이유는 《마리아》를 《신비(神秘)》로 포장하여 은연 중 그들이 신앙하며 《하나님》으로 앞장세우는 《야훼 신(神)》의 아들로 포장함으로써 《예수님》이 《하나님》의 아들임을 내세우기 위해 《마리아》를 《동정녀》로 만들어 놓고 지상(地上)의 모든 인류들에게 파렴치한 거짓말을 하고 있는 것이다. 이러한 《마리아》가 한때 우주공간(宇宙空間)에서 지옥(地獄)으로 가는 중간(中間) 단계인 《연옥(煉獄)》을 만들어 놓고 《예수님》 사후(死後) 많은 《천주교인》과 《기독교 교인》들을 붙들어 놓고 있었던 것이 《메시아(Messiah)》에게 발각이 되어 《메시아(Messiah)》가 《연옥(煉獄)》을 파(波)하여 갇혀 있던 《영혼(靈魂)》들을 풀어주어 정상적인 진화(進化)의 길에 들어가도록 조치를 한 바가 있다.

그리고 《마왕 천주교(魔王天主敎)》나 《마왕 기독교(魔王基督敎)》 두 종교 단체에서 똑같이 지상(地上)의 인류들을 향해 파렴치한 거짓말을 하고 있는 부분이 《예수님》의 《부활》이다. 즉, 《예수님》께서 《십자가(十字架)》에 못 박혀 죽음을 당하신 후 그 시체를 《무덤》에 안장하였는데 《예수님》께서 육신(肉身)이 《부활》하시어 다시 살아나서 《설법》 활동을 일부 하셨다는 파렴치한 거짓말을 그들은 하고 있는 것이다. 인간 육신(肉身)의 죽음 이후 진화(進化)의 법칙상 그 죽은 자의 《영혼(靈魂)》과 《영신(靈身)》은 반복(反復)되는 윤회(輪廻)로 새로운 인간 육신(肉身)을 가지고 태어나는 것은 이치로 되어 있으나 한번 육신(肉身)의 완전한 죽음을 맞이한 이후는 다시 살아날 수 없는 것이 이치이다. 그러나 인간 《육신(肉身)》이 다시 살아나는 경우는 완전한 육신(肉身)의 죽음이 아니기 때문에 일어나는 현상으로써 《예수님》께서는 《무덤》 속에서 다시 살아나신 적이 없음을 《메시아》가 분명히 하는 것이다. 이를 두고 《부활절》 운운하는 자체가 파렴치한 거짓말을 하고 있다는 사실을 지상(地上)의 모든 인간들은 알아야 할 것이다.

※ 특기(特記) 22 :

《마왕 천주교》와 《마왕 기독교》 등 두 종교(宗敎) 단체 《교회당》에 그들 《대마왕》들과 《대마왕신(神)》 후손(後孫)들이 들어서게 되었을 때 그때부터 《하나님》으로 자처하는 《야훼 신(神)》 탈을 쓴 자(者)들과 《예수님》의 탈을 쓴 자(者)들이 지속적으로 그들 후손(後孫) 《영혼(靈魂)》과 《영신(靈身)》들에게 《마왕 천주교》와 《마왕 기독교》를 배신(背信)하게 되면 《교회당》에 걸어놓은 《십자가(十字架)》에 매달아 놓은 《예수님》처럼 죽이겠다고 협박을 하는 《관념》을 심어줌과 동시에 이들이 어떤 사안에 대해 간절히 기도하면 들어주기도 하며 때로는 기도하는 자와 《영적(靈的)》인 대화도 하는 것이다. 이 때문에 《교회당》에 한 번 발을 들여 놓은 그들 후손들은 그들이 쳐 놓은 그물망을 빠져 나올 수 없게 되어 있는 것이다.

그러나 지금의 때에 《하나님》을 자처하던 최고(最高)의 《대마왕신(神)》들과 《대마왕》들과 여타 《대마왕신(大魔王神)》들과 《대마왕(大魔王)》들의 《영혼(靈魂)》과 《영신(靈身)》들이 《석가모니 하나님 부처님》과 《메시아》에 의해 일망타진되어 《영혼 죽임》을 당한 채 우주간(宇宙間)의 침몰하는 《블랙홀(Black Hole)》로 빨려 들어가서 영원히 사라져 간 것이다.

이러한 때가 그들 후손들로 봐서는 그들 최고 조상(祖上)들이 쳐놓은 《마(魔)》의 그물망을 과감히 벗어 던지고 《종교(宗敎)》들을 탈피하고 《메시아》께서 당부 드린 대로 행(行)하게 되면 《석가모니 하나님 부처님》께서 행(行)하시는 《구원(救援)》의 대열에 설 수가 있음을 밝혀 드리는 것이다. 그리고 일부 현재 인간 육신(肉身)을 가지고 있는 《대마왕신(神)》들과 《대마왕》들 모두들은 그들의 《영혼》과 《영신》들이 사라진 관계로 예전처럼 그대들 후손들에게 영향을 미칠 수가 없게 되어 있으며, 이들도 육신(肉身)의 죽음을 맞이한 이후는 그들 《영혼》과 《영신》들이 간 길을 따라가야 함을 분명히 밝혀 두는 바이다.

6. [신라(新羅) 왕조(王朝)와 《불교(佛敎)》]

[1] 《진리(眞理)의 법(法)》 묘법화(妙法華)

《한국(韓國)》(3898BC~2333BC)의 《구막한제국(寇莫韓帝國)》 제5대 《태우의》 한웅(桓熊)님(3512BC~3419BC)께서 고대(古代) 《한국(韓國)》에 두 번째로 육신(肉身)을 가지고 태어나신 《석가모니 하나님 부처님》이심을 여러 차례 밝혀 왔다. 이러한 《석가모니 하나님 부처님》께서 5대 《태우의 한웅님》으로 오셨을 때 《천부경(天符經) 81자(字)》와 《삼일신고(三一神誥)》와 《황제중경(皇帝中經)》과 《황제내경(皇帝內經)》 등 4대 경전(經典)을 바탕으로 하여 《지상(地上)》에서 《인류 북반구(北半球)》 문명이 일어난 후 최초의 《종교(宗敎)》인 《한단불교(桓檀佛敎)》를 탄생시켰음을 진행(進行)을 하면서 말씀드렸다.

이러한 《한단불교(桓檀佛敎)》의 4대 경전(四大經典)은 《천부수리(天符數理)》로 이루어진 《천부경 81자(字)》《1》과 《한문(韓文)》의 뜻글자로 이루어진 《문자반야(文字般若)》로 이루어진 《삼일신고(三一神誥)》와 《황제중경》과 《황제내경》《3》이 우주간(宇宙間)의 법칙 중 하나인 《1-3》의 법칙에 따라 《천부수리(天符數理)》의 진리(眞理)와 《문자반야(文字般若)》가 음양(陰陽) 짝을 한 《묘법화(妙法華)》로써 이를 《진리(眞理)의 법(法)》 《묘법화(妙法華)》라고 한다.

이와 같이 《진리의 법(法)》《묘법화(妙法華)》를 일명(一名)《석가모니 하나님 부처님》《진리의 법(法)》 또는 《석가모니 하나님 부처님》《음(陰)》의 《불법(佛法)》이라고 한다.

이러한 《진리(眞理)의 법(法)》《묘법화》 중 《천부경》과 《삼일신고》와 《황제내경(皇帝內經)》은 지금까지 그 내용이 상당히 왜곡되어 전하여져 오고 있으나 《황제중경(皇帝中經)》은 《단군왕검(檀君王儉)》 이후부터 《한반도》를 장악한 《권력자(權力者)》들인 《대마왕》들에 의해 사라져 간 것이나 요행히 《고려 팔관기(八觀記)》에 그 자취의 일부가 지금까지 전하여져 오고 있다.

(1) [한단불교(桓檀佛敎)와 《신라(新羅)》]

《단군조선》 멸망 후 《단군조선》의 주력(主力) 세력들이 《한반도》로 철수하여 들어와서 만든 《후고조선(後古朝鮮)》《삼한(三韓)》 중 《진한(辰韓)》에서 《BC 36년》에 《석가모니 하나님 부처님》께서 《신라(新羅)》의 초대 왕(王) 《박혁거세》로 이름하시고 《신라(新羅)》의 《건국 왕(建國王)》이 되신 후 시간만 있으면 신하들에게 《옛날》《한국(韓國)》 시절처럼 《석가모니 하나님 부처님》 진리(眞理)의 법(法) 중 《천경신고(天經神誥)》를 강설(講說)하심으로써 《신라(新羅) 사회》는 자연스레 《한단불교(桓檀佛敎)》가 정착하게 된 것이다.

(2) 《한단불교(桓檀佛敎)》와 《금관가야》]

이러한 과정에 《박혁거세 왕(王)》으로 이름하신 《석가모니 하나님 부처님》께서는 때에

《석가모니 하나님 부처님》을 따라 지상(地上)의 신라(新羅) 땅으로 오시어 태어나신《관세음보살 1세》와 혼인을 함으로써《관세음보살 1세》의 명칭이《선도 성모(聖母)》가 되시어 많은 아들들을 낳으시게 되는데, 이때《장자(長子)》로서《노사나불(佛)》께서《수로(首爐)》(25BC~AD110, 재위 6BC~AD110)로 이름하시고 아버지이신《박혁거세 왕(王)》이신《석가모니 하나님 부처님》으로부터《금(金)》씨(氏) 성씨(姓氏)까지 하사받으신 후 성년(成年)이 되신 후《BC 6년》에 아버지이신《박혁거세 왕(王)》의 권유로 지금의 경남《김해(金海)》를 중심으로 하여 그동안《한민족(韓民族)》들의 고대 국가에서《구한(九桓)》의 물자 수송과 치안을 담당하였던《스키타이》후손들이《석가모니 하나님 부처님》의 이동 명령에 따라《기마군단(騎馬軍團)》을 이루어《몽골》평원을 가로질러《한반도》에 도착한 후《죽령고개》를 넘어《김해(金海)》지역으로 도착함으로써《수로(首爐)》(생몰 25BC~AD110)는 이들을 나누어《가야 연방국》을 세우시고 스스로께서는《금관가야》초대 왕(王)(재위 6BC~AD110)으로 추대된다. 이로써《가야 연방국》도 자연스레《한단불교(桓檀佛敎)》가 자리하게 된 것이며, 그 증거가 수도 없이 많이 출토된《가야 토기》들이다.

(3) [《한반도(韓半島)》《양(陽)》의《불법(佛法)》 전래(傳來)]

　《태국》이《대아유타야》왕국(王國)(300BC~AD640)을 이루고 있을 때 초반 무렵부터《노사나불》께서《비자야(Vijaya)》(생몰 562BC~475BC)로 이름하고 태어나시어 2차 교화기 문명(文明)의《아유타야(Ayuttha)》왕조(王朝)에 전(傳)한《성문승(聲聞乘)》의 불법(佛法)과《관세음보살 1세》께서 만드시어《동남아시아》로 전(傳)한《상좌부 연각과 독각 불교》가 부딪혀 심한 갈등을 겪을 때《천상(天上)》의 지시로 본래《천상(天上)》에서부터《노사나불》의 부인이셨던《정화수왕지불》께서《허황옥(許黃玉)》으로 이름하시고《장유화상》과 함께《굴내결집본》인 경율(經律) 2장으로 된《보살불교》로 가는《성문승》의《불법》을 가지고 해상 루트를 따라《BC 1년》에 한국(韓國)의 경남 김해(金海)에 당도하시어《금관가야》《수로왕(首爐王)》(25BC~AD110, 재위 6BC~AD110)과 혼인하심으로써《가야》와《신라(新羅)》에《석가모니 하나님 부처님》의《양(陽)》의 불법(佛法)인《성문승(聲聞乘)》의《불법(佛法)》이 전(傳)하여지게 되는 것이다.

[2] [신라(新羅) 보살불교(菩薩佛敎)의 탄생과 전래(傳來)]

《금관가야》《허왕후》로부터 《신라》에 전래된 《성문승》의 《불법(佛法)》을 《석가모니 하나님 부처님》《양(陽)》의 《불법(佛法)》이라고 하며, 진행을 하면서 말씀드린 《석가모니 하나님 부처님》《진리(眞理)의 법(法)》《묘법화》를 《석가모니 하나님 부처님》《음(陰)》의 《불법(佛法)》이라고 한다. 이러한 《석가모니 하나님 부처님》 불법(佛法)이 《음양(陰陽)》 짝을 함으로써 지상(地上)에서는 최초로 완벽한 《보살불교(菩薩佛敎)》가 《신라(新羅)》에서 탄생한 것이다.

이와 같은 《보살불교》가 《AD 1세기》에 이미 《신라》와 《가야》에는 쉽게 정착이 된 것이며, 이로써 당대 《삼한(三韓)》을 나누어 탄생한 《고구려》와 《연각승》의 나라인 《백제》에도 자연스럽게 《신라》로부터 《보살불교》가 전하여져 《AD 2세기》경에는 이들 나라들에서도 《보살불교》가 보편화되어 있었던 것이다.

《신라(新羅)》에서 《보살불교》가 일찍부터 정착한 증거들이 《경주 불국사》요 《석굴암》이며 《천마총》 같은 고분 벽화이며, 《통일신라》 때까지 《승단(僧團)》을 이끌던 《원효대사》와 《의상스님》 같은 분들이 좋은 "예"가 되며, 《고구려》 고분벽화들이 《보살도》에 정통하지 않으면 남길 수 없는 유물들이며 《백제》의 경우 《익산(솦山)》《미륵사지(彌勒寺址)》가 이의 좋은 《예》가 되는 것이다.

《익산》《미륵사》는 《서동요》로 유명한 《백제》 30대 《무왕(武王)》(재위 AD600~AD641) 때에 지어진 사찰로써 《신라》에 《자장율사》가 《당(唐)》나라로부터 《당 마왕불교》를 가지고 들어온 때가 《AD 643년》이기 때문에 그 이전에 지어진 사찰로써, 특히 《상좌부 연각과 독각 불교》에서는 구원자로서 항상 《관세음보살》이 등장하며 《마왕불교》인 《대중부 독각불교》에서는 《석가모니불(佛)》로 이름하고 《악마(惡魔)의 신(神)》인 《석가모니》가 구원자로 등장하며, 또 다른 《당(唐)》나라에서 만든 《당 마왕불교》는 《불명호》 없이 《부처님》으로만 《호칭》을 하게 되면 《다보불(佛)》이 구원자로 등장하는 것이다.

이와 같이 《상좌부 연각과 독각 불교》와 《마왕불교》에서는 《미륵불(彌勒佛)》을 구원자로 내세우는 《미륵신앙》은 거의 없다고 봐야 하는 것이며, 《백제》와 같이 국가적인 대사업(大事業)이 되는 《미륵》을 신앙하는 《대찰(大刹)》을 짓는다는 것은 《보살불교》가 아니면 불가능한 일인 것이다. 이로써 볼 때, 《백제》가 당대 《보살불교》를 하였다는 확실한 증거가 되는 것이 《미륵신앙》이 되는 것이다.

　이와 같이 《한반도》와 《중원대륙》 동북부 지역을 포함하여 자리하였던 《신라》, 《고구려》, 《백제》 등 삼국(三國)에 일찍부터 《보살불교》가 정착하였기 때문에 《대마왕》들과 《악마(惡魔)의 신(神)》들인 《대마왕신(神)》들이 합세하여 《당(唐)》의 건국과 함께 대규모 《불법(佛法)》 파괴를 하여 《당 마왕불교》를 만들어 이를 《한반도》로 들여보내 한반도 내(內)에 정착한 《보살불교》를 타파하고 《한민족(韓民族)》 구성원들을 타락시켜 《하층민》으로 전락시키기 위해 《대마왕》들과 《악마(惡魔)의 신(神)》들인 《대마왕신(神)》들이 광분을 한 것이다.

　또한, 《음(陰)》의 《독각불교》가 2차로 파괴된 《상좌부 연각과 독각 불교》와 《마왕불교》에서 《불법(佛法)》을 파괴한 《미륵경》에 보면 《미륵불(佛)》은 《56억 7천만 년》 후에나 오시어 중생들을 구원한다고 기록하고 있다. 그러면 《백제》의 왕(王)을 비롯한 신하들과 당대 《백제》의 《승려》들은 어찌하여 이러한 《미륵불(佛)》에 대한 《미륵신앙》을 위해 당대 국가적인 대사업인 《미륵사》를 《익산》에 창건을 하였을까? 하는 의문이 드는 것이 아닌가?

　이 문제의 해답은 그들이 《보살불교》를 하였기 때문에 머지않은 장래에 《미륵불(佛)》께서 오시어 구원실현을 위한 인도를 하실 것을 알았으므로 염원을 담아 《익산》 《미륵사》를 창건한 것으로 봐야 하는 것이다.

　때에 분명히 잘라서 말씀드리되, 《북방경로》를 통해 《중원 대륙》에 전하여진 불교(佛敎)는 《상좌부 연각과 독각 불교》이며, 《당(唐)》나라 《현장(玄奘)》이 《인도》에서 수집하여온 경전(經典)들은 주로 《대중부 독각불교》 경전들이다. 이러한 《상좌부 연각과 독각 불교》 경전들과 《대중부 독각불교》 경전들을 모두 한 곳에 모아 《불법(佛法)》 파괴와 함께 왜곡 재편성 번역하여 나온 것이 《당 마왕불교》의 경전들임을 《메시아(Messiah)》이신 《미륵불(佛)》이 분명히 하는 것이다.

이러한 《불법(佛法)》 파괴된 왜곡되고 날조된 《당 마왕불교》의 경전들이 《한반도》에 처음 유입이 된 때가 《대마왕》《미륵 3세》가 《자장율사》(AD590~AD658)로 이름하고 《AD 643년》에 《신라》로 가져 돌아옴으로써 이며, 그 이전에 《신라》, 《백제》, 《고구려》에 있었던 《불교(佛敎)》는 《보살불교》 밖에 없었으며, 경전들 역시 《보살불교》 경전들 밖에 없었음을 분명히 하는 것이다.

이로써 《신라 보살불교》가 진행을 하면서 말씀드린 바대로 《백제》와 《고구려》에 전하여져 《신라》가 《삼국통일》을 이룬 《AD 676년》까지 약 《600년》간 《한반도》에는 《보살불교》만이 존재하였음을 밝히는 바이며, 《대마왕》들과 《악마(惡魔)의 신(神)》들인 《대마왕신(神)》들을 추종하는 《권력(權力)》을 등에 짊어진 《마왕》《중놈》들이 신라(新羅)에 《불교(佛敎)》가 국교(國敎)로 정하여질 때 《흰피(白血)》를 흘리는 《이차돈》 사건을 만든 것 자체가 《신비로움》을 포장한 어리석은 백성(百姓)들을 속이는 파렴치한 《사기극(詐欺劇)》이라는 것을 분명히 밝히는 바이다.

[표 1-6-2-1] 불교의 구분

불교 구분		구원자	비고
보살불교	석가모니 하나님 부처님의 음(陰)의 불법	석가모니 하나님 부처님	· 한단불교, 신라 보살불교 · 한단불교 경전 : 천부경, 삼일신고, 황제중경, 황제내경 · 신라 : 천경신고
성문의 불교	석가모니 하나님 부처님의 양(陽)의 불법	석가모니 하나님 부처님	· BC 1년 대아유타야 왕국의 허왕후가 금관가야에 가져 옴. · 《성문승(聲聞乘)》의 불법(佛法). 굴내 결집본
마왕불교 (佛敎)	상좌부 연각과 독각 불교	관세음보살	음음(陰陰)의 독각불교
	마왕관음불교	관세음보살	연각불교
	대중부 독각불교	악마(惡魔)의 신(神)인 석가모니	음양(陰陽)의 독각불교
	《당(唐)》 마왕불교	다보불	양(陽)의 독각불교

※ 광역적인 의미로 볼 때, 《상좌부 연각과 독각 불교》나 《대중부 독각불교》나 《당(唐)》

나라 건국시 출발한 《당 마왕불교》 모두가 《마왕불교(魔王佛敎)》들로써 《북반구 문명》 1만 년 기간 후반 2,500년 동안 인간 무리들의 진화(進化)를 최대로 가로막은 《종교(宗敎)》가 상기 셋으로 구분한 《마왕불교(魔王佛敎)》들임을 깊이 인식하시기 바란다.

※ 특기(特記) 23 :

《한단고기(桓檀古記)》(임승국 번역 주해. 정신세계사간. 1987)의 《태백일사/소도경전본훈》편에 다음과 같은 기록이 있다.

『최치원은 일찍이 신지의 옛 비석에 새겨진 《천부경》을 얻어 다시 또 첩을 만들고 이로써 세상에 전했으니 낭하리의 조각은 바로 모두 그 실제의 자취이다.』

상기 기록에 등장하는 《최치원》은 통일신라 말기의 대유학자(大儒學者)로 알려져 있다. 이러한 《최치원》의 본색이 《대마왕신(神)》인 《그림자 비로자나 1세》와 《가이아 신(神)》 사이에 태어난 유명한 《악마(惡魔)의 신(神)》으로서 《대마왕신(神)》 중의 하나인 《야훼 신(神) 1세》이다. 이와 같은 《야훼 신(神) 1세》 《천상(天上)》의 어머니가 악명 높은 《가이아 신(神)》으로서 때에 남자(男子) 몸을 받고 태어난 《고려》 태조(太祖) 《왕건(王建)》이다.

이러한 《최치원》으로 이름한 《악마(惡魔)의 신(神)》으로서 《대마왕신(神)》인 《야훼 신(神) 1세》가 《신라》 역사의 왜곡과 일찍부터 《한반도》에 자리한 《보살불교》를 무력화시키기 위해 꾸며낸 기록이 상기 기록으로써 이와 같은 기록을 남긴 목적이 《보살불교》의 《근간(根幹)》이 되는 《천부경(天符經)》을 《신라》 시조왕(始祖王) 《박혁거세》로 이름하고 오셨던 《석가모니 하나님 부처님》께서 신하들을 위해 틈틈이 《천경신고(天經神誥)》를 강설하신 일과 《석가모니 하나님 부처님》 《진리(眞理)의 법(法)》과 며느리가 되시는 《허왕후》가 가져오신 《성문의 법》이 《음양(陰陽)》 짝을 하여 《보살불교》가 탄생하여 일찍부터 《한반도》 국가(國家)들에 정착된 사실을 왜곡하기 위하여 《악마(惡魔)의 신(神)》들이 꾸며낸 기록을 《태백일사/소도경전본훈》에 추가로 삽입하여 《한단고기(桓檀古記)》를 왜곡한 내용임을 분명히 하는 것이다.

　　이와 같이 《한단고기(桓檀古記)》에 실려 있는 《태백일사/소도경전본훈》은 《고려 24대》 《원종 5년》인 《AD 1264년》에 《석가모니 하나님 부처님》께서 《이맥》(AD1216~AD1279)으로 이름하고 창작하신 기록이다. 이러한 기록에 《통일신라》 말기의 유학자로 알려진 《악마(惡魔)의 신(神)》인 《최치원》(AD857~AD926)의 이름으로 상기 인용문을 꾸며서 《태백일사/소도경전본훈》에 삽입하여 후대에 전(傳)한 목적은 《천부경 81자》와 관계된 《신라 보살》 불교와 《한단고기(桓檀古記)》를 왜곡시키기 위해 《악마(惡魔)의 신(神)》들이 꾸며낸 기록들임을 분명히 밝히는 바이며, 《고려 24대》 《원종》 때에 《석가모니 하나님 부처님》께서 《이맥》으로 이름하고 오시어 창작하신 《태백일사/소도경전본훈》에는 상기 인용된 기록이 없음을 메시아인 《미륵불》이 분명히 하는 것이다.

　　그리고 《대마왕》 《관세음보살 2세》가 《신라》 27대 《선덕여왕》(재위 AD632~AD647)으로 이름하고 재위(在位)에 머무를 때 《당(唐)》으로부터 《당 마왕불교》를 들여온 《자장율사》와 그의 제자 10여명과 《화엄종》 《두순》(AD566~AD640)과 《계율종》 《도선》 등의 《중놈들》이 이후 《권력(權力)》을 등에 업고 이들이 《마왕불교》를 도입하기 이전 일찍부터 《신라》 사회에 정착한 《보살불교》의 자취를 없애기 위해 《역사》 왜곡을 하여 놓은 바탕에서 《신라 말기》 《대마왕신(神)》인 《야훼 신(神) 1세》가 《최치원》으로 이름하고 와서 그들 일당들이 미리 《역사》 왜곡을 한 것을 사실화시키는 차원에서 《천부경 81자》를 마치 그가 전한 것인 양 이 나라 《백성(百姓)》들을 속이고 기만하는 파렴치한 짓을 한 기록임을 《메시아》이신 《미륵불(佛)》이 분명히 하는 것이다. 《대마왕신(神)》들은 이와 같은 짓을 시간 차이를 두고 《집요》하게 《역사》 왜곡을 중단 없이 한다는 사실을 차제에 깊이 인식하시기 바란다.

(1) [《한반도(韓半島)》《보살불교(菩薩佛敎)》의 수난(受難)]

　《한반도(韓半島)》에 거주하는 《한민족(韓民族)》의 정통성은 《석가모니 하나님 부처님》의 직계 후손들인 《음(陰)》의 《곰족(熊族)》들과 《노사나불(佛)》의 직계 후손들인 《스키타이》와 《관세음보살 1세》의 직계 후손들인 《구려족》 등 셋이 하나된 무리를 《한민족(韓民族)》들이 됨을 여러 차례 밝혀 왔다. 이러한 《한민족(韓民族)》들 중 《구려족》이 세운 나라가 《고구려》이며, 《스키타이》들이 세운 나라가 《가야 연방국》이며, 《음(陰)》의 《곰족(熊族)》들과 《스키타이》들이 세운 나라가 《신라》이다. 이 때문에 《고구려》를 《관세음보살》의 나라라 하고 《가야 연방국》을 《노사나불(佛)》의 나라라고 하며 《신라》를 《석가모니 하나님 부처님》의 나라라고 하는 것이다.

　이러한 《한민족(韓民族)》 정통성에서 빠져 있는 《백제》는 《악마(惡魔)의 신(神)》으로서 최고(最高)의 《대마왕신(神)》인 《비로자나 1세》의 직계 후손들 나라로써 처음부터 《한반도》와 《한민족(韓民族)》 전체를 정복하여 지배하고자 하는 계획으로 만들어진 나라이기 때문에 《한민족(韓民族)》 정통성에서는 제외되는 것이다.

　그리고 《법공(法空)》과 《대공(大空)》의 《0(ZERO)》 지점이 되는 지금의 《한국(韓國)》 땅인 《지상(地上)》의 《36궁(宮)》 보호를 위해 존재하게 되는 《일본 열도》에도 《한민족(韓民族)》의 핏줄을 가진 《인간(人間)》들의 무리 《30%》와 《한반도》로부터 《일본》《규슈》 지방으로 이동하여 진화를 거친 《인간》들의 무리들에게 호의적인 《독각》의 무리 《10%》 등 이들의 합(合) 《40%》가 지금의 《일본 열도》에 살고 있는 《한민족(韓民族)》과 직접적인 《혈연(血緣)》을 가진 인간들의 무리가 됨을 《일본(日本)》편에서 밝혀 드린 바가 있으며, 이러한 《일본 열도》를 점령하기 위해 《악마(惡魔)의 신(神)》들인 《대마왕신(神)》들과 《대마왕》들인 최고 《악마(惡魔)의 신(神)》인 《비로자나 1세》와 《다보불》과 《문수보살》의 직계 후손들이 《일본 열도》에 침공하여 들어가서 현재 정착하고 있는 인간 육신(肉身)을 가지고 살고 있는 무리들의 수(數)가 《다보불》과 《문수보살》 후손들이 《일본국》 인구 수의 《50%》가 되며 《악마(惡魔)의 신(神)》인 《비로자나 1세》의 후손들이 《10%》가 됨을 진행하면서 아울러 밝혀 드렸다.

　이와 같이 당시 《한반도(韓半島)》 국가들인 《신라》와 《가야 연방국》과 《고구려》와 《백제》와 이웃한《일본국》등을 최고《악마(惡魔)의 신(神)》인《비로자나 1세》와《다보불》과 《문수보살》등의《대마왕신(神)》들과《대마왕》들이 지배하여《한반도(韓半島)》에 자리한 《지상(地上)의 36궁(宮)》을 정복함으로써 그들이 벌인《우주 쿠데타》를 마감하기 위해 엄청난 계략을 꾸며 실행하게 된다. 이러한《대마왕신(神)》들과《대마왕》들이 세운 계획들을 먼저 간략히 정리하여 살펴보고 다음을 진행하겠다.

이와 같이 첫 번째 세우게 되는 그들 계략의 원인은《노사나불》께서《수로왕》(25BC~AD110, 재위 6BC~AD110)으로 오시어 강력한《스키타이》기마군단을 바탕으로 하여《가야 연방국》을 세우시고 아버지(父) 나라인《신라》를 중심으로 하여《가야 연방》《스키타이》무리들을 중심한《한민족(韓民族)》들과《일본국》《스키타이》무리를 중심한《한민족(韓民族)》들이 음양(陰陽) 짝을 하여《노사나불(佛)》께서 한때《비자야(Vijaya)》(생몰 562BC~475BC)로 이름하고 첫 왕조(王朝)를 세웠던《스리랑카》로부터 한때《노사나불(佛)》의 아들로 태어나《말레이》반도를 점령하고 있던《쌍둥이 천왕불》의 나라를 거쳐《일본국》과 멀리 해양(海洋) 루트를 따라《멕시코》《마야》에 걸친《대해양(大海洋)》강국의 꿈을 펼치기 위한《노사나불(佛)》꿈을 좌절시키기 위해 그들에게 항상 위협적인 존재로 자리한《스키타이》기마 군단을《한반도》에서《축출》하고《노사나불》의 나라인《일본국》을 그들《대마왕》들과《대마왕신(神)》들이 다스리는 나라로 만드는 것이 첫 번째 그들의 목표였으며, 그리고 두 번째로《대마왕》들과《악마(惡魔)의 신(神)》들인《대마왕신(神)》들이 노린 것이《고구려》와《신라》왕조(王朝)에서 최고 권력자(權力者)의 자리인《왕위(王位)》를《대마왕》불보살들과《악(惡)》을 근본 바탕으로 하는《대마왕신(神)》들이 차지하여《세습》으로 왕위(王位)를 물려줌으로써《고구려》와《신라》를 정복하기 위한 계획을 두 번째로 세운 것이다.

다음으로 두 번째 목적한 바가 성공을 이루게 되면《신라》와《고구려》에서《권력(權力)》을 장악한 후《신라》와《고구려》백성(百姓)들 모두들의《정신적》인 지배를 위해 시간 차이를 두고《중원 대륙》의《수(隋)》나라가《고구려》와의 전쟁으로 인한 여파로《멸망》한 후《대마왕》《다보불》과《문수보살》이《악마(惡魔)의 신(神)》인《대마왕신(神)》《천관파군》으로 하여금《당(唐)》나라를 만들게 하고《악마(惡魔)의 신(神)》들인《대마왕신(神)》중의 하나인《현장(玄奘)》을 시켜《인도》로 들여보내 당대《인도》에 남아 있던《대중부 독각불교》경전(經典)들 대부분을 수집하여《당(唐)》으로 돌아온 후 일찍부터 북방경로를 통해《중원 대륙》으로 들어온《상좌부 연각과 독각 불교》경전(經典)들을 왜곡하는 새로운 번역 사업을 하면서 대규모로《불법(佛法)》을 파괴하여《당 마왕불교》경전(經典)들로 만들어 이를《신역(新譯)》으로 이름하고《당 마왕불교》를 탄생시켜,《승려》의 수행법(法)으로는 예부터

《신선승(神仙乘)》의 수행법(法)으로 전하여져온《선법(禪法)》과 함께 이를《한반도(韓半島)》로 들여보내《권력(權力)》을 등에 업은《승려》들을 이용하여《한반도》국가들에 정착한《보살불교》를《정조준(正照準)》하여 이를 타파하게 하고《당 마왕불교》를 정착시켜 일찍부터 《한반도》에 정착한《한민족(韓民族)》들을 타락시켜《하층민》으로 전락시킨 후 이들을 지배(支配)하기 위한 계획이 세 번째 계획이었던 것이다.

이러한《대마왕》들과《악마(惡魔)의 신(神)》들인《대마왕신(神)》들이 계획하였던 바 일들 중 첫 번째 계획을 실행하는 가운데 당대《일본(日本)》본토(本土) 문명기(文明期)(AD201~AD539) 때《신무천왕(神武天王)》(재위 AD335~AD461)으로 오셨던《노사나불》께서 이들《대마왕》들과《대마왕신(神)》들의 계략에 말려들어 훗날 이들《대마왕》들과《악마(惡魔)의 신(神)》들인《대마왕신(神)》들의 나라로 변화한《고구려》와《백제》를 징벌하는 차원에서《노사나불》께서《김춘추》(AD604~AD661)로 이름하고《신라》에 태어나시고《노사나불(佛)》의 아들로 한때 태어났던《천왕불》을《김유신》(AD595~AD673)으로 이름하고《신라》에 태어나게 한 후 이들이 벌인《신라》《삼국통일(三國統一)》전쟁이《한반도》에 일찍부터 정착하였던《보살불교》를 영원히 사라지게 하는 큰 원인으로 작용한 것이다.

이와 같이 상기 기록된《한반도(韓半島)》국가들과《일본국(日本國)》이 관련된 전체적인 배경이《한반도(韓半島)》에 정착하였던《보살불교》의 수난사(受難史)와 밀접한 관계를 이루고 있으니 이를 염두에 두시고《대마왕》들과《악마(惡魔)의 신(神)》들인《대마왕신(神)》들이 꾸민 엄청난 계략의 실상(實相)을 깊숙이 살펴보기로 하자.

(2) [《고구려》19대《광개토왕》의 남하(南下) 정책]

진행을 하면서 {[9]일본-(2)-④-나>}번의 【대마왕들과《악마(惡魔)의 신(神)》들인 대마왕신(神)들의 엄청난 계략】편에서 밝혀 드린 바와 같이,《고구려》19대《광개토왕》의 전력(前歷)은 여인(女人)의 몸(身)을 가진《천상(天上)》의《세지보살》로서《대마왕》《문수보살》의 부인이 되시는 분이다. 이러한《문수보살》의 부인이신《세지보살》을 시아버지 되는《대마왕》들 중 최고의《대마왕》이 되는《다보불》이 전술한《대마왕》들과《악마(惡魔)의 신(神)》들인《대마왕신(神)》들이 꾸민 첫 번째 계략을 실행하기 위해《세지보살》을 남자(男子) 몸(身)을 가지고 태어나게 하신 분이《고구려》《광개토왕》인 것이다.

이러한《광개토왕》이 태어나기 직전부터 최고의《악마(惡魔)의 신(神)》들인《대마왕신(神)》인《비로자나 1세》는《일본 열도》서북부 지방에 거주하는《한반도(韓半島)》《백제계》와 같은 그의 직계 후손들인《연각승》무리들에게《영적(靈的)》인 명령을 내려 시간만 있으면《신라》해안(海岸) 지방에 침투하여 노략질 할 것을 명령함으로써《신라》는 이러한《왜구》의 침략으로 한동안 시달리게 된다.

이러한 때《고구려》19대 왕(王)이 된《광개토》는《대마왕》《다보불》로부터 명령을 받은 대로 왕위(王位)에 올라 당시까지《후고조선》《삼한(三韓)》의 공조체제가 살아 있던 때였기 때문에《마한(馬韓)》역할을 하는《고구려》가《왜구》로부터《신라》를 보호한다는 구실로《신라》의 저항이 없는 가운데 자연스레《고구려》병력을 이동시켜《신라》를《신탁통치》하게 되는 것이다.

이렇듯《고구려》가《신라》를 왜구의 침략으로부터 보호하겠다는 구실로 쉽게《신탁》통치를 하게 된 근본 목적은《신라》인근에 자리한《가야 연방국》의 막강한《스키타이》기마군단을 몰아내기 위한 속셈을 감추고《고구려》병력을《신라》에 주둔시킨 후 주변을 안심시킨 후《가야 연방국》의 동태를 살피다가 어느 날 갑자기 주둔한 병력(兵力)을 이끌고《가야 연방국》의 중심이 되는《금관가야》로 쳐들어가서《금관가야》5대《이시품왕》(재위 AD346~AD407)을 죽이고《스키타이》기마군단과 치열한 접전을 벌인 끝에《스키타이》기마군단은 이 전쟁에서 패하여《일본(日本)》《규슈 지방》으로 철수를 하게 된다. 이와 같이 하여《고구려》의《광개토》는 여세를 몰아《일본(日本)》본토(本土) 공격을 감행하는 것이다.

이로써《광개토》가 노린 목적이《가야 연방국》《정복》과 아울러 때에《일본(日本) 본토(本土)》《문명기(文明期)》를 이끌던《노사나불》이신《신무천왕(神武天王)》을 제거한 후《일본》서동북부(西東北部) 지역에 자리한《대마왕》《다보불》계(系)의《독각 무리》들과《악마(惡魔)의 신(神)》들인《대마왕신(神)》《비로자나 1세》계(系)의《연각승》무리들과 함께《일본 열도》마

690

저 정복함으로써《일본 열도》의《패권》을 쥐고자 한 것이 목적이었음이 여실히 드러난 것이다.

이러한《일본국》과의 전쟁에서《노사나불》이신《신무천왕(神武天王)》께서 일으킨《신풍(神風)》이《광개토》의 선단(船團)을 궤멸시키자《광개토》는 이 전쟁에서 패하여 철수하고《한반도(韓半島)》에서도《스키타이》주력(主力) 세력들이 빠져 나간《가야국》으로부터는 조공을 받기로 결정하고 철수를 하고《신라》로부터도 철수하여《고구려》본국으로 돌아감으로써《대마왕》들과《악마(惡魔)의 신(神)》들인《대마왕신(神)》들이 획책하였던 계략은 절반의 성공을 거둔 것이다.

이로써《고구려》는 19대《광개토왕》이후부터는《세습》에 의해《대마왕》들과《대마왕신(神)》들이 반복(反復)되는 윤회(輪廻)를 통해 왕위(王位)에 차례로 오르게 됨으로써《고구려》는 이때부터《대마왕》들과《대마왕신(神)》들이 다스리는《대마왕》들과《대마왕신(神)》들의 나라가 된 것이며, 이 사건 이후《한반도(韓半島)》국가들간의《후고조선》《삼한(三韓)》의 공조체제는 깨어지고 이로써 이후부터는《삼국(三國)》상호간의《영토 확장》에 따른 전쟁이 끊임없이 일어나게 된 것이다.

(3) [《신라》마왕불교의 정착]

《신라》27대《선덕여왕》(재위 AD632~AD647)은 때에 최고의《대마왕》《다보불》의 지시로《신라》사회에 파고든《대마왕》《관세음보살 2세》로서 이때부터 통일《신라》마지막 왕(王)이신 56대《경순왕》(재위 AD927~AD935) 때까지는《선악(善惡)》양면성을 근본 바탕으로 하는《노사나불계(系)》의《대마왕》들과《악(惡)》을 근본 바탕으로 하는《악마(惡魔)의 신(神)》들인《대마왕신(神)》들과《관세음보살계(系)》의《대마왕》들과《악마(惡魔)의 신(神)》들인《대마왕신(神)》들이 반복(反復)되는 윤회(輪廻)로 왕위(王位)에 올라 백성(百姓)들을 다스린 때로써 이때부터가《신라인》들에 대한《시련기》가 도래한 것이다.

이와 같이 《대마왕》《관세음보살 2세》가 《신라》 27대 《선덕여왕》(재위 AD632~AD647)으로 이름하고 재위(在位)에 머물 때 《대마왕》《미륵 3세》인 《자장율사》(AD590~AD658)와 그의 제자 10명을 《당(唐)》으로 들여보내 당시 《당(唐)》나라 《청량산》에 머물던 《대마왕》《문수보살 1세》로부터 《당 마왕불교》에 대한 교육을 받고 《사구게》를 받은 후 《악마(惡魔)의 신(神)》인 《석가모니》 부처의 《가사》와 《발우》와 《석가모니》 진신사리(眞身舍利)와 《당 마왕불교》 경전(經典) 1부를 받은 후, 《당(唐)》 태종(太宗) 《이세민》(재위 AD626~AD649)으로 이름한 《대마왕》《노사나불 2세》인 《무곡성불》의 융숭한 대접까지 받고 《AD 643년》 《신라》로 돌아와 《권력(權力)》을 등에 업고 《보살불교》를 하는 《승려》들을 핍박하며 《당 마왕불교》를 정착시켜 갈 때 《자장율사》 일행보다 먼저 《문수보살 1세》로부터 《당 마왕불교》 교육을 받은 《화엄종》을 세우고 거들먹거린 《두순》(AD566~AD640)으로 이름한 《악마(惡魔)의 신(神)》인 《대마왕신(神)》《천관파군 1세》와 《계율종》을 세우고 거들먹거린 《도선》(AD596~AD667)으로 이름한 《악마(惡魔)의 신(神)》인 《대마왕신(神)》《천관파군 2세 분신》인 《이오 신 분신》 등이 만든 《화엄종》과 《계율종》 등이 모두 《신라》로 들어와서 《선덕여왕》의 비호 아래 《당 마왕불교》를 정착시키기 위해 광분을 한 것이다. 이러한 짓을 한 《선덕여왕》 치세(治世) 동안 《천상(天上)》으로부터 벌(罰)을 받아 《기후(氣候)》 《재앙(災殃)》은 계속된 것이었다.

이와 같이 《대마왕》《관세음보살 2세》가 《신라》 27대 《선덕여왕》으로 온 이후 《대마왕》들과 《악마(惡魔)의 신(神)》들인 《대마왕신(神)》들의 계략에 빠져 든 야망(野望)에 눈이 먼 《김춘추》로 이름한 《노사나불》께서 일으킨 전쟁이 《삼국통일(三國統一)》 전쟁이다. 이러한 《삼국통일》 전쟁 때문에 《김춘추》로 이름한 《노사나불》께서는 《종교(宗敎)》를 돌아볼 시간적 여유가 없었던 것이다.

이로써 《대마왕》들과 《대마왕신(神)》들은 이러한 사정들을 미리 치밀하게 계산하고 때에 《선덕여왕》으로 하여금 《마왕불교》를 《신라》 사회 곳곳에 뿌리 내리게 한 것이며, 《노사나불》이신 《태종무열왕》 이후 《노사나불계(系)》와 《관세음보살계(系)》의 《대마왕》들과 《악마(惡魔)의 신(神)》들인 《대마왕신(神)》들이 차례로 《왕위(王位)》에 오름으로써 이들 《대마왕》과 《대마왕신(神)》 출신 《왕(王)》들의 비호를 받은 《마왕 승려》들이 집요하게 《보살불교》를 하는 《승려》들을 핍박하고 《보살불교》의 자취를 없애는 《역사(歷史)》 날조를 예사롭게 한 결과, 《보살불교》는 사라지고 《당 마왕불교》가 그 자리를 모두 차지함으로써 《통일신라》 이후의 《신라 불교》는 타락하고 썩은 《마왕불교(佛敎)》로 전락하게 된 것이다.

(4) [《신라(新羅)》 삼국통일(三國統一) 전쟁]

　　진행(進行)을 하면서 《노사나불》께서 《수로(首露)》 왕이 되시어 강력한 《스키타이》 기마 군단을 바탕으로 하여 《가야 연방국》을 세우고 《일본 열도》에 자리한 《한민족(韓民族)》들인 《스키타이》들이 《음양(陰陽)》 짝을 하여 그의 아버지 나라인 《신라》를 중심으로 《스리랑카》로부터 《일본 열도》를 거쳐 《남미》 《멕시코》에 있는 《마야》까지를 다스리는 《대해양(大海洋)》 강국(强國)을 만들고자 하였던 《노사나불》의 웅대한 계획을 눈치 챈 《대마왕》들과 《악마(惡魔)의 신(神)》들인 《대마왕신(神)》들이 《천상(天上)》에서도 힘(力) 세기로 유명한 《다보불》의 《며느리》인 《세지보살》을 《남자(男子)》 몸을 가지고 《고구려》 19대 《광개토왕》으로 태어나게 한 후, 일시적으로 《신라》를 《신탁 통치》하면서 기회를 노리다가 순간적으로 《금관가야》로 쳐들어가 《금관가야》 5대 《이시품왕》을 죽이고 《스키타이》 기마 군단과 처절한 접전 끝에 《스키타이》 기마 군단을 《일본 규슈》 지방으로 내어 쫓은 후 내침 김에 《일본 본토(日本本土)》로 진격하여 때마침 《노사나불》께서 《신무천왕(神武天王)》으로 이름하시고 《일본 열도》 《문명기(文明期)》를 주도하실 때 《신무천왕》의 군대와 전쟁을 벌이다가 《신무천왕(神武天王)》께서 일으킨 《신풍(神風)》 덕분에 《광개토》의 《선단(船團)》들이 궤멸되자 《광개토》는 이 전쟁에서 패하여 《고구려》로 철수하였음을 말씀드렸다.

　　이와 같은 사건이 계기가 되어 《노사나불》께서는 처음 그가 세운 계획에 대한 미련을 버리지 못하시고 《신무천왕(神武天王)》 때 당한 일들에 대한 징벌적 차원에서 《신라》 주도로 《삼국(三國)》을 통일(統一)시키기 위해 《전쟁》 잘하기로 유명한 그의 아들들 중 한 분인 《천왕불》을 《김유신(金庾信)》(AD595~AD673)으로 이름하고 먼저 태어나게 하시고 스스로께서도 《김춘추》(AD604~AD661)로 이름하고 태어나신 이후 《27대 선덕여왕》의 계획된 부추김으로 《삼국통일》의 꿈을 키워 오시다가 이의 실행을 위해 《김춘추(金春秋)》는 《AD 648년》 《당(唐)》으로 건너가서 《당(唐)》 태종(太宗) 《이세민》으로 이름한 《대마왕》 《노사나불 2세》인 《무곡성불》과 담판을 벌여 《나당(羅唐)》 연합군을 형성하여 《백제》와 《고구려》를 멸망시키는 전쟁을 일으켜 전쟁에서 승리할 경우 《신라》는 《백제》 땅과 《평양》 이남의 《고구려》 땅을 갖기로 합의하고 《전쟁》을 일으켜 먼저 《백제》를 멸망시키고 여세를 몰아 《고구려》까지 멸망시킴으로써 《신라》는 《삼국(三國)》을 통일한 것이다.

　　이러한 사실은 일반적으로 알려져 있는 사실이니 이 장에서는 때에 《김춘추(金春秋)》로 이름하고 오신 《노사나불》께서 《대마왕》들과 《악마(惡魔)의 신(神)》들인 《대마왕신(神)》들의 계략에 말려들어 《한민족(韓民族)》의 운명(運命)을 크게 바꾼 일들을 심층 있게 살펴보도록 하자.

　　《신라》 주도로 《삼국(三國)》을 통일(統一)하여 《일본계(日本系)》《한민족(韓民族)》들과 하나가 되어 처음 《노사나불》께서 꿈꾸어 왔던 《대해양(大海洋)》 강국(强國)을 부활시키고자 하는 《야망(野望)》을 가지고 《신라》에 다시 태어났던 《노사나불》이신 《김춘추(金春秋)》와 《천왕불》이신 《김유신(金庾信)》에게 《삼국통일(三國統一)》을 새삼 부추긴 자(者)가 《요사(妖邪)》스러운 《대마왕》《선덕여왕》이었다.

　　이렇듯 《요사》스러운 《대마왕》《선덕여왕》의 부추김에 《김춘추》와 《김유신》이 《삼국통일》 의지를 확고히 할 때 《관세음보살 2세》인 《대마왕》《선덕여왕》은 한편으로는 《자장율사》로 이름한 《대마왕》《미륵 3세》를 시켜 그의 제자 10명과 함께 《당(唐)》으로 들여보내 당시 《당(唐)》나라 《청량산》에 있던 《대마왕》《문수보살 1세》로부터 《당 마왕불교》에 대한 공부를 하고 《마왕 부처(佛)》의 《가사》와 《발우》와 《마왕 부처》의 진신사리(眞身舍利)까지 받고 《당 마왕불교》 경전 1부를 받고 《당(唐)》 태종(太宗)으로부터 융숭한 대접을 받고 있을 때 《신라》는 때에 《대마왕》의 나라로 변한 《고구려》와 《대마왕신(神)》의 나라인 《백제》로부터 본격적으로 침공을 받고 있을 때이며, 이 역시 《대마왕(大魔王)》들과 《악마(惡魔)의 신(神)》들인 《대마왕신(神)》들이 《김춘추》와 《김유신》으로 하여금 《삼국통일》 의지를 확고히 하게끔 벌인 계략의 일환이었다.

　　이로써 이 계략에 말려든 《김춘추》와 《김유신》이 《삼국통일》을 위해 온통 정신이 쏠려있을 때 《요망스러운》《대마왕》《선덕》은 《대마왕》《자장》이 당(唐)으로 떠난 지 7년이 되는 《AD 643년》에 《대마왕》《당 태종(唐太宗)》(재위 AD626~AD649)에게 서한을 보내 《자장》을 서둘러 보내 줄 것을 요청함으로써 그 해 《AD 643년》에 《자장》은 그들 일행과 더불어 《신라》로 돌아와서 《권력(權力)》을 등에 업고 《당 마왕불교》 심기에 여념이 없었던 것이다.

　　즉, 이러한 《요사스러운》《선덕》은 《김춘추》와 《김유신》의 시선을 다른 데로 돌려놓고 일찍부터 《신라》에 정착한 《보살불교》를 타파하기 위해 이때를 맞춰서 《자장》과 그의 제자들과 《도선》 등이 총동원이 되어 《마왕불교》를 심게 됨으로써 《신라》 사회는 《노사나불》이신 《김춘추》와 《천왕불》이신 《김유신》의 발아래부터 《타락》하고 썩어 들어가고 있었던 것이다.

이러한 때 《야망(野望)》에 눈이 먼 《노사나불》이신 《김춘추》는 《AD 648년》《당(唐)》으로 건너가서 《대마왕》인 당태종(唐太宗)과 담판을 벌림으로써 완전히 《대마왕》들과 《악마(惡魔)의 신(神)》들인 《대마왕신(神)》들의 계략에 걸려든 것이었다.

즉, 《한반도(韓半島)》 국가들인 《신라》, 《고구려》, 《백제》 삼국(三國)에는 일찍부터 뿌리 내려진 《보살불교》가 자리하고 있었기 때문에 이러한 《보살불교》를 타파하고 《한민족(韓民族)》 전체를 타락시켜 하층민으로 전락시키기 위해 《당(唐)》왕조를 만들고 《당 마왕불교》를 만들어 요사스러운 《대마왕》《선덕》을 시켜 《신라》에는 《당 마왕불교》를 심어 놓은 마당에 《김춘추》가 《나당(羅唐)》 연합을 위해 《당(唐)》 태종(太宗)을 찾아 왔으니, 《대마왕》들과 《악마(惡魔)의 신(神)》들인 《대마왕신(神)》들로서는 그들이 목표하는 바를 모두 이룰 수 있는 절호의 기회가 찾아온 것이다.

즉, 《보살불교》의 본고장인 《신라》에는 《대마왕》《선덕》을 시켜 그들이 만든 《당 마왕불교》를 심어 《마왕 중놈》들을 시켜 그 세력을 확장하는 가운데 《보살불교》를 하였던 《백제》와 《고구려》에서 《보살불교》의 흔적을 한꺼번에 모두 파괴하기 위해서는 《전쟁》 만큼 유용한 수단이 없기 때문이다.

이로써 《당 태종(唐太宗)》과 《김춘추》의 담판에서 《당 태종》(재위 AD626~AD649)은 전쟁이 승리하였을 때 《신라》에게 《백제》 땅과 《평양》 이남의 《고구려》 땅을 내어 주기로 하고 《김춘추》와 합의함으로써 《신라통일전쟁》은 시작이 된 것이다.

이와 같은 설명에서 《대마왕》《당 태종》이 어찌하여 《악마(惡魔)의 신(神)》으로서 《대마왕신(神)》 중 최고의 《대마왕신(神)》인 《비로자나 1세》의 나라인 《백제》의 땅을 《신라》에게 주기로 하였는지에 대해 깊은 의문을 여러분들께서는 하셔야 하는 것이다.

이러한 결정을 내린 주요한 원인은 《백제》 역시 《신라》의 영향을 받아 근 《600년》 동안 《보살불교》를 하면서 일반민(一般民)을 포함한 《백제인》 모두들은 상당히 진화된 인간 무리들로 변하여 있었기 때문에 원래부터 그들의 최고 조상인 최고 《악마(惡魔)의 신(神)》인 《비로자나 1세》의 후손 민족 본래의 모습을 되찾게 하기 위하여서는 《전쟁》을 통하여 《보살불교》의 모든 유물들과 경전 등 모든 자취를 지우고 새로이 출발시켜야 하는 이유 때문에 《1보 후퇴》《2보 전진》의 차원에서 《백제》 땅을 순순히 《신라》에 내어 주게 된 것이다.

《1보 후퇴》는 《백제》에 그동안 만연하여 있던 《보살불교》의 모든 자취를 지우기 위해서는 《나라》의 멸망이라는 아픔을 가지는 것이고, 《2보 전진》이란 《통일신라》 이후 혼란기인 《후삼국》 시대를 지나 세워진 《고려》나 《조선 왕조》 모두가 《백제계(系)》의 《악마(惡魔)의 신(神)》들인 《대마왕신(神)》들이 왕위(王位)를 상당수 차지한 나라들이었기 때문에 《악마(惡魔)의 신(神)》들인 《대마왕신(神)》 후손들인 《백제계(系)》가 근 1,000년을 잘 먹고 잘 살은 때이기 때문에 이를 《2보 전진》이라고 하는 것이다.

이와 같이 《김춘추》와 《당 태종》(재위 AD626~AD649)의 합의에 의해 《삼국 통일》 전쟁은 《나당연합군》에 의해 시작이 되어 《백제》가 먼저 《멸망》하고 다음으로 《고구려》가 멸망당하게 되는 것이다.

이러한 《삼국통일》 전쟁에서 특이한 것은 《당(唐)》나라 장수 《소정방》에 의해 《백제》와 《고구려》 왕실의 서고(書庫) 및 《사찰(寺刹)》과 대가(大家) 등 《보살불교》에 관계되는 모든 것과 《한단(桓檀)》의 역사(歷史) 기록 등이 있을 만한 곳은 모두 불 지르고 철저히 파괴함으로써 《고구려》와 《백제》 역대 왕(王)들의 무덤에서나 《보살불교》의 자취가 남아 있을 정도인 것이다.

이와 같이 뒷날 《태종무열왕》이 된 《김춘추》로 이름하였던 《노사나불》이나 《김유신》으로 이름하였던 《천왕불》은 《삼국통일》의 대업은 이루었으나 《한민족(韓民族)》으로 봐서는 《민족(民族)》의 《혼(魂)》을 빼앗기게 된 것이며, 이로써 《대마왕》들과 《악마(惡魔)의 신(神)》들인 《대마왕신(神)》들의 《정신적(精神的)》 지배에서 벗어나지 못하고 있는 상태가 지금까지 계속되고 있는 것이다.

《석가모니 하나님 부처님》께서 《보살불교》로써 민족(民族) 《혼(魂)》의 《정서(情緒)》를 세우시고 때에 《미륵불(佛) 분신》이 23대 《법흥왕》(재위 AD514~AD540)으로 이름하고 오시고 《석가모니 하나님 부처님》께서 다시 24대 《진흥왕》(재위 AD540~AD576)으로 이름하고 오시어 강력한 《신라》를 만들어 넘겨주었더니, 《관세음보살 2세》인 《요망》한 《선덕》이 27대 왕으로 와서 《석가모니 하나님 부처님》 《불법(佛法)》을 썩게 만들고 《한민족(韓民族)》을 타락시켜 《하층민》으로 전락시킬 목적으로 《당 마왕불교》를 《신라》 사회에 심고 《야망(野望)》에 눈이 먼 《노사나불》이신 《김춘추》가 일으킨 《삼국통일》 전쟁이 두고 두고 《한민족(韓民族)》 백성(百姓)들에게는 《악마(惡魔)의 신(神)》들인 《대마왕신(神)》들이 지배자가 되어 세세생생 그들이 만든 《지배층》과 함께 《노예》 개념으로 《무력통치》를 하면서 《백성(百姓)》들을 다스리게 됨으로써 이후 《후삼국(後三國)》 시대를 거쳐 악명(惡名) 높은 《고려 왕조(王朝)》가 탄생한 것이다. 이로써 《보살불교》는 《신라》 사회에서 영원히 사라져 간 것이다.

이와 같이 이때 이후부터 《중원 대륙》은 《대마왕》들의 차지가 되고 《한반도(韓半島)》는 《악마(惡魔)의 신(神)》들인 《대마왕신(神)》들의 차지가 된 것이나, 이후 《조선 왕조(王朝)》는 《대마왕》들과 《악마(惡魔)의 신(神)》들인 《대마왕신(神)》들이 공동통치(共同統治)를 한 것이다.

그리고 《삼국통일》 전쟁 이후 《백제》와 《고구려》에 살고 있던 일반 《백성(百姓)》들 후손들에게서는 전통적으로 《불교(佛敎)》에 대한 《신심(信心)》이 사라져간 것이나, 《신라》에 살고 있던 일반 백성(百姓)들 후손들인 《영남인(嶺南人)》들만이 옛날 《보살불교》를 오래 동안 신앙하였던 전력 때문인지 대부분이 돈독한 《신심(信心)》을 지금까지 유지하고 있는 모습이 보이는 것이다. 그러나 그들이 《신앙》하는 불교(佛敎)가 《당 마왕불교》인 것을 깨닫지 못하고 허우적거리고 있는 것이 안타까운 노릇인 것이다.

지금까지 오랜 세월 이전 《한민족(韓民族)》 《혼(魂)》의 《정서(情緖)》로 자리하였던 《보살불교》 수난사(受難史)에 대하여 기록하였다. 이러한 기록을 남기면서 《한민족(韓民族)》 구성원들 각각들과 《영남인(嶺南人)》들에게 마지막으로 《메시아》이신 《미륵불》이 경고하는 바는 하루빨리 그대들 《마음(心)》에서 그대들을 《파멸》로 이끌고 있는 《마왕 중놈》들을 내팽개치고 그대들이 지금까지 경배하던 자(者)들이 하나같이 《대마왕》들이나 《악마(惡魔)의 신(神)》들인 《대마왕신(神)》들이니 그들의 《상(像)》을 끌어내려 두들겨 부수어서 용광로에 쳐넣어야 비로소 그대들이 《마지막》 때에 《석가모니 하나님 부처님》께서 《행(行)》하시는 《구원(救援)》의 대열에 설 수가 있으며, 이 경고를 무시하였을 때 그대들도 《파멸》을 면할 수가 없으며 《인간(人間)》으로 두 번 다시 태어날 수가 없음을 단정적으로 말씀드리는 바이다.

(5) [신라(新羅)의 멸망]

《삼국(三國)》 통일(統一) 이후의 신라(新羅) 사회에서는 《당 마왕불교》를 신앙하는 《마왕 승려》들이 권력(權力)을 등에 업고 《보살불교》를 하는 승려들을 탄압한 결과, 《보살불교》는 점차 사라져 가고 일반 백성(百姓)들에게는 《기복불교(祈福佛敎)》를 정착시킴으로써 이를 따르는 백성(百姓)들은 점차적으로 《이기심(利己心)》에 물들어 《한민족(韓民族)》 고유의 《정서(情緒)》는 퇴화되고, 《대마왕》들과 《악마(惡魔)의 신(神)》들인 《대마왕신(神)》들이 《부처(佛)》의 자리를 지키고 있는 줄도 모르고 그들을 참된 《부처(佛)》로 알고 경배함으로써 점차적으로 《대마왕》들과 《악마(惡魔)의 신(神)》들인 《대마왕신(神)》들의 《정신적(精神的)》 지배를 받으며 타락하여 가고, 이때부터 《백성(百姓)》들을 다스리는 《왕(王)》들은 《노사나불계(系)》와 《관세음보살계(系)》 《대마왕》들과 《악마(惡魔)의 신(神)》들인 《대마왕신(神)》들이 반복(反復)되는 《윤회(輪廻)》로 번갈아 가며 《왕위(王位)》에 오른 것이다.

이러한 《대마왕》들과 《악마(惡魔)의 신(神)》들인 《대마왕신(神)》들 출신의 《왕(王)》들은 《선(善)》을 근본바탕으로 한 《불(佛)》 《보살(菩薩)》 출신의 왕(王)들보다 우주적(宇宙的)으로 50억 년(億年)에서 200억 년(億年)까지 진화(進化)가 덜된 왕(王)들이므로 《선신(善神)》 계열의 《불(佛)》, 《보살》 출신의 왕(王)들보다 《지혜(智慧)》가 부족하기 때문에 국가(國家) 경영 능력도 부족할 뿐 아니라 일신(一身)의 이익됨에만 탐착하고 《욕망(慾望)》에 끄달려 항상 《왕위(王位)》 다툼을 일삼고 하다보면 《특수층》에 자리한 신하들은 부패하고 타락하여 《백성(百姓)》들을 돌보기보다는 괴롭히고 수탈함으로써 이들이 다스리는 나라는 점차적으로 병들고 썩어 가게 되어 있는 것이다.

이로써 《신라》 말기에 앞장에서 설명 드린 바대로, 《한반도》 중부 지방과 북부 지방 일부에 《신라인》들보다 우주적으로 《150억 년(億年)》에서 《250억 년(億年)》 진화가 덜된 《그림자 비로자나 1세》와 《가이아 신(神)》의 직계 후손(後孫)들이 이동하여 정착함으로써 《신라》 사회는 더욱더 혼탁하여져 국가 기강은 무너지고 반란이 곳곳에서 일어날 때 반복(反復)되는 윤회(輪廻)로 《관세음보살 2세》가 다시 《신라》 51대 《진성여왕》(재위 AD887~AD897)이 되고 이러한 《진성여왕》 재위(在位) 시절인 《AD 892년》에 최고 《악마(惡魔)의 신(神)》인 《비로자나 1세》가 《견훤》(생몰 AD867~AD936)으로 이름하고 《옛 백제》 땅 《무진주(武珍州)》로 불리웠던 지금의 《광주(光州)》에서 무장봉기를 일으킨 후, 그의 직계 후손민족들이 자리한 옛 《백제》 《완산주(完山州)》로 불렸던 지금의 《전주(全州)》에 도읍을 정하고 《AD 900년》에 《후백제》(AD900~AD936)를 건국하게 된다. 이와 같이 《견훤》이 《후백제》를 건국한 1년 후 《궁예》 역시 《송악》을 도읍지로 정한 후 《AD 901년》에 《후고구려》를 세움으로써 《후삼국 시대》가 시작이 된다.

사정이 이렇듯 급격하게 변화하면 《신라》로써는 《국방》을 튼튼히 하고 내부 개혁을 통해 다시 《국가》 기강을 바로 세우고 떠난 《민심(民心)》을 추스리는 것이 순서인데, 당대 《신라》는 귀족들의 사치와 부패는 극에 달하였으며 그리고 왕위계승으로 인한 다툼으로 신라 사회는 큰 혼란에 빠지게 되고 계속되는 《왕(王)》들의 실정과 흉년 등으로 백성들의 생활은 더욱 어려워지고 이러한 때 중앙정부에서는 조세를 독촉하게 됨으로써 이에 반발한 반란은 도처에서 일어나 썩을 대로 썩은 신라 조정이 회생(回生)할 수 있는 여력을 잃고 있을 때 《후백제》의 《견훤》이 《AD 927년》에 《신라》의 수도 《경주》를 침공하여 《신라》 55대 《경애왕》(재위 924~AD927)을 살해하고 때에 《남자(男子)》 몸을 가지고 태어나 있던 《정화수왕지불》을 《경순왕》(재위 AD927~AD935)으로 옹립하고 《견훤》은 《신라》로부터 철수를 하는 것이다.

이와 같이 《후백제》 《견훤》인 《비로자나 1세》가 《신라 왕》으로 옹립한 《경순왕》은 《천상(天上)》에서 최고 《악마(惡魔)의 신(神)》인 《비로자나 1세》의 장녀(長女)로 태어난 여인(女人)으로서의 《정화수왕지불》이시다. 이러한 《정화수왕지불》이 여인(女人)의 몸(身)으로 《노사나불》과 부부 관계를 이루고 《지상(地上)》에서 여러 가지 일을 도모할 때는 《선신(善神)》의 《불(佛)》, 《보살(菩薩)》로서 분류되나, 《노사나불》을 떠나 단독으로 그 스스로의 일을 할 때나 《남자(男子)》 몸(身)을 받고 태어나서 그 스스로의 일을 할 때는 최고 《악마(惡魔)의 신(神)》인 《비로자나 1세》의 딸로서 《대마왕신(神)》이 되는 이중성을 가진 분이 《정화수왕지불》이다. 최고 《악마(惡魔)의 신(神)》으로서 《비로자나 1세》인 《후백제》 《견훤》이 이러한 남자(男子) 몸(身)을 가지고 태어난 《정화수왕지불》을 《경순왕》으로 옹립하고 《신라》로부터 철수한 이유는 《고려》《왕건(王建)》을 의식한 전략적인 결정이었음을 밝히는 바이다.

이러한 이후 《후백제》의 《견훤》은 왕실 내부의 불화로 인하여 장남인 《신검(神劍)》에 의해 《AD 935년 4월》 《금산사(金山寺)》에 유폐된 후 《AD 935년 음 6월》에 탈출하여 《고려》 《왕건》에게 귀순한 후 곧바로 《왕건》과 함께 대군(大軍)을 이끌고 《신라》로 쳐들어가서 왕실 서고(書庫) 및 귀족들의 집들을 불 지르고 파괴를 자행함으로써 방어 능력이 없었던 《신라》 《경순왕》은 《군신회의(君臣會議)》를 소집하여 《고려》에 항복하기로 결정하고 《AD 935년 11월》에 《고려》《왕건》에게 항복함으로써 신라는 그 막을 내리게 되는 것이다. 이와 같은 항복 이후 《정화수왕지불》인 《경순왕》은 《가이아 신(神)》인 《고려》 태조 《왕건》으로부터 《경주(慶州)》를 식읍으로 받고 《경주》의 《사심관(事審官)》에 임명되어 여생을 보내게 되는 것이다.

한편, 《신라》의 《경순왕》으로부터 항복을 받아낸 《고려》 태조 《왕건》은 《견훤》과 함께 여세를 몰아 10만 대군을 이끌고 지금의 경상북도 구미의 낙동강 전투에서 《후백제》의 《신검(神劍)》군(軍)을 대파하여 《AD 936년》 《후백제》도 멸망시키게 됨으로써 다시 《한반도》의 통일(統一)을 이루게 되는 것이다.

이러한 《통일 전쟁》에서 《가이아 신(神)》인 《고려》 태조 《왕건》이 저지른 만행이 《신라》 왕실 《서고(書庫)》를 불 지르고 옛 《신라》 《보살불교》와 《한단(桓檀)》의 《역사(歷史)》와 《신라》 초기의 기록들이 보관된 곳이나, 이러한 기록들이 있을만한 《대가(大家)》를 이룬 귀족들의 집들을 철저히 파괴를 하는 만행을 저지른 것이다.

제 2 장

탈취(奪取)당한 한반도(韓半島)

1. 한반도(韓半島)에서 일어나는 3차 《인간들》이치의 소용돌이

《단군조선》멸망 이후 《악마(惡魔)의 신(神)》으로서 《대마왕신(神)》인 《석가모니》가 《유방》(생몰 247BC~195BC, 재위 206BC~195BC)으로 이름하고 《한(漢)》(206BC~AD220) 나라를 세우고 《중원대륙》을 통일하였을 때 《단군조선》의 한 축(軸)을 이루었던 《구려족》대부분은 《악마(惡魔)의 신(神)》들인 《대마왕신(神)》들과 그들 후손들의 《노예》가 된다.

이러한 때 《고주몽》(생몰 199BC~128BC, 재위 179BC~128BC)이 일어나 《구려족》일부를 《노예》에서 해방시켜 《고구려》(179BC~AD668)를 건국하게 된다. 이와 같이 《고주몽》이 《고구려》를 건국할 당시 최고의 《악마(惡魔)의 신(神)》인 《대마왕신(神)》《비로자나 1세》의 지시로 《악마(惡魔)의 신(神)》으로서 《대마왕신(神)》 중의 하나인 《소서노》로 이름한 《그림자 관세음보살 2세》가 《고주몽》에게 접근하여 《고구려》 건국을 돕는 척하며 《한반도(韓半島)》 진출을 꾀하는 것이다.

이로써 《고구려》가 건국된 후 《소서노》는 《고주몽》과 사이에서 태어난 《온조》 왕자로 이름한 《악마(惡魔)의 신(神)》인 《대마왕신(神)》《비로자나 1세 분신》을 앞세워 당대 《한반도》에서 만들어진 《후고조선》《삼한(三韓)》의 고구려 몫인 《마한(馬韓)》 땅을 요구하여 《온조》로 하여금 《BC 159년》에 《백제》를 건국하게 하는 것이다. 이렇게 하여 만들어진 《백제》가 《대마왕신(神)》《비로자나 1세》 직계 후손들의 나라가 되는 것이다. 이러한 《백제》(159BC~AD660)의 건국이 《대마왕신(神)》《비로자나 1세》가 《한반도》에서 《한민족》 모두를 축출한 후 그들 《악마(惡魔)의 신(神)》들인 《대마왕신(神)》들이 《한반도》를 탈취하고자 하는 계획의 첫 걸음인 것이다.

이러한 《악마(惡魔)의 신(神)》들 중 최고의 《대마왕신(神)》《비로자나 1세》의 계획을 눈치챈 《석가모니 하나님 부처님》께서 《악마(惡魔)의 신(神)》들인 《대마왕신(神)》들의 계획을 무산시키기 위해 《BC 36년》에 《박혁거세》로 이름하시고 《후고조선 삼한》의 《진한(眞韓)》 땅에서 《신라(新羅)》의 전신인 《서라벌》을 세우시고 장남인 《노사나불》을 《수로(首爐)》(25BC~AD110, 재위 6BC~AD110)로 이름하고 《금관가야》(6BC~AD532)를 만들게 하신다.

이로써 《한반도》는 《고구려》, 《백제》, 《가야》, 《신라》 등 4국(四國) 체제를 갖추고 《수로왕》 부인이신 《허왕후》가 《대아유타야국》으로부터 가져온 《성문의 불법》과 《신라》의 《석가모니 하나님 부처님》이신 《박혁거세》님이 가르친 《한단불교(桓檀佛敎)》가 만나 지상(地上) 최초로 《보살불교(菩薩佛敎)》가 탄생하게 된다. 이러한 이후 《가야》가 멸망하고 난 후 《신라》, 《고구려》, 《백제》 등이 3국 체제를 형성하고 있을 때까지 《한반도》는 오랫동안 《보살불교(菩薩佛敎)》를 하게 된다. 이러한 《보살불교》로 인하여 《백제인》들에게는 《미륵신앙》이 뿌리 깊게 자리함으로써 《짐승 영신》의 진화를 하는 여타 《대마왕신계(系)》의 인간들 무리보다는 훨씬 진화(進化)가 많이 된 인간 무리들이 되었던 것이다.

이와 같은 《신라》(36BC~AD935), 《고구려》(179BC~AD668), 《백제》(159BC~AD660)가 《신라》 주도로 일으킨 《삼국 통일》 전쟁에서 《고구려》와 《백제》가 나당연합군에 의해 패하게 됨으로써 《신라》가 《삼국》을 통일하게 된다. 이와 같은 《신라》 삼국 통일이 기폭제가 되어 《한반도》가 혼란한 틈을 노려 《악마(惡魔)의 신(神)》들 중 최고의 《대마왕신(神)》들인 《비로자나 1세》와 《그림자 비로자나 1세》의 영적(靈的) 명령에 따라 《이란》과 《중원 대륙》에 있던 《악마(惡魔)의 신(神)》들인 《대마왕신(神)》 후손들이 민족 대이동을 하여 《한반도》로 유입되어 《호족(豪族)》 세력을 이룬다.

즉, 《한반도》 탈취를 위한 《악마(惡魔)의 신(神)》들인 《대마왕신(神)》 후손들의 소리 없는 침략이 단행된 것이다. 이러한 역사적 사실을 《악마(惡魔)의 신(神)》들인 《대마왕신(神)》들이 역사(歷史)를 왜곡함으로써 후대의 《한민족》들은 까맣게 모르고 있는 것이다. 이러한 《호족》세력들이 세운 나라가 《후백제》(AD900~AD936)와 《고려 왕조》(AD918~AD1392)로써 전형적인 《악마(惡魔)의 신(神)》들인 《대마왕신(神)》들의 나라가 된 것이다.

　　이와 같이 《한반도(韓半島)》 탈취를 위한 《악마(惡魔)의 신(神)》들인 《대마왕신(神)》 후손들의 소리 없는 《한반도(韓半島)》 침략 행위를 지상(地上)에서 《인간》들의 이치가 크게 세 번 일어나는 소용돌이 중 세 번째 《이치》가 일어나는 시작의 때로 이름한다. 진행(進行)을 하면서 두 번째 《인간》들의 《이치》가 일어나는 《예루살렘》에서 《악마(惡魔)의 신(神)》들이 《악(惡)의 축(軸)》을 옮겨 가면서 악행(惡行)을 저지른 사건을 《악(惡)의 축(軸) 1, 2, 3》으로 정리를 한 바 있다. 이러한 움직임 이후 《악마(惡魔)의 신(神)》들은 반복(反復)되는 윤회(輪廻)로 《악(惡)의 축(軸) 1, 2, 3》의 움직임 연장선상에서 《악(惡)의 축(軸) 4, 5, 6》의 움직임을 결행하게 되는데, 이때 《악마(惡魔)의 신(神)》들이 움직인 사건 중 《악(惡)의 축(軸) 5》의 움직임 때에 《악마(惡魔)의 신(神)》들에 의해 《한반도(韓半島)》 탈취가 결정이 됨으로써 먼저 《악(惡)의 축(軸) 4, 5, 6》 움직임의 전모를 살펴보고 다음을 진행하겠다.

[1] 《악(惡)의 축(軸) 4, 5, 6》의 움직임

(1) [악(惡)의 축(軸) 4](AD400~AD600) : 동남아의 일부 왕조들

《악(惡)의 신(神)》들인 《대마왕신족(神族)》들이 반복(反復)되는 윤회(輪廻)로 《악(惡)의 축(軸)》을 《동남아시아》로 옮겨 와서 활동한 때를 《악(惡)의 축(軸) 4》라고 하는 것이다. 이러한 활동 상황을 왕조(王朝)별로 묶어 정리를 하면 다음과 같다.

① 《버어마 타톤 왕조(王朝)》 (593BC~AD1057)
② 《북부 베트남 초기 리(Ly) 왕조(王朝)》 (AD544~AD602)
　※ 《초기 리(Ly) 왕조》는 《악마(惡魔)의 신(神)》들 중 최고(最高)의 《대마왕신(神)》《비로자나 1세》가 세운 왕조로써, 이후 《동남아》뿐만 아니라 《중원 대륙》일대까지 영향력을 행사하는 왕조로써 《악마(惡魔)의 신(神)》인 최고(最高)의 《대마왕신(神)》《비로자나 1세》가 외부 노출을 적극적으로 경계한 왕조(王朝)이다. 《AD 602년》 이후에도 왕조(王朝)의 영속성은 계속된 나라이며 이곳이 《악(惡)의 축(軸)》 거점이 되는 나라이다.
③ 남부 베트남의 《참파(Champa) 왕조(王朝)》 (AD192~AD1832)

(2) [악(惡)의 축(軸) 5](AD618~AD907) : 당 왕조가 추숭한 조상들과 당 왕조

《악(惡)의 신(神)》들인 《대마왕신족(神族)》들과 《대마왕》《불보살》들이 반복(反復)되는 윤회(輪廻)로 《악(惡)의 축(軸)》을 《중원 대륙》으로 옮겨와서 《악마(惡魔)의 신(神)》들 중 최고(最高)의 《대마왕신(神)》《비로자나 1세》와 최고(最高)의 《대마왕》《다보불 1세》가 《로마》에서 첫 번째로 합의를 하여 《2차 우주 쿠데타》를 결행한 이후 《2차 우주 쿠데타》 연장선상에서 두 번째 합의를 이끌어 내고 《황제(皇帝)》 칭호를 하는 《당(唐)》나라를 건국한 후 활동한 때를 《악(惡)의 축(軸) 5》라고 한다. 이러한 때 최고의 《악마(惡魔)의 신(神)》인 《대마왕신(神)》 《비로자나 1세》와 《대마왕》《다보불 1세》가 합의한 합의 내용을 밝혀 드리면 다음과 같다.

① [합의 사항]

가> 새로운 왕조(王朝)인 《당(唐)》 나라가 탄생함과 동시에 《대마왕》《다보불》과 《문수보살 1세》는 《중원 대륙》에 일찍부터 자리한 《상좌부 연각과 독각 불교》와 《대중부 독각불교》를 다시 불법(佛法) 파괴하여 순수 《독각불교》인 《당 마왕불교》로 만들고,

다른 한편으로는 《당 고조(唐高祖)》로는 《악마(惡魔)의 신(神)》인 《대마왕신(神)》《천관파군 1세》가 《이연》(AD566~AD640, 재위 AD618~AD626)으로 이름하고 왕위(王位)에 오른 이후 그의 아들인 《2대 당 태종(唐太宗)》에게 왕위(王位)를 물려준 후 《악마(惡魔)의 신(神)》인 《당 고조(唐高祖)》 이연은 출가(出家)하여 《두순》(AD566~AD640)으로 이름하고 《당 마왕불교》를 바탕으로 하여 《화엄종(華嚴宗)》을 만들어 《종주(宗主)》로 자리하기로 하고 《악마(惡魔)의 신(神)》으로서 《대마왕신(神)》《천관파군 2세》인 《이오 신(神)》《분신(分身)》인 《도선(道宣)》(AD596~AD667)으로 하여금 《계율종(戒律宗)》을 만들어 《종주(宗主)》로 자리하게 하여 《당(唐) 마왕불교》를 완성하기로 하고

이렇게 하여 《당 마왕불교》가 완성이 되면 이러한 《당 마왕불교》를 《중원 대륙》을 비롯한 《한반도(韓半島)》와 《일본》까지

정착을 시켜 이곳에 살고 있는 모든 백성(百姓)들《정신세계》를 《악마(惡魔)의 신(神)》으로서 《대마왕불(佛)》인 《석가모니》와 《대마왕》인 《다보불》의 지배(支配)하에 두도록 한다.

나>《당(唐)》 왕조(王朝)가 탄생하였을 때 최고의 《악마(惡魔)의 신(神)》인 《비로자나 1세》계(系)의 후손(後孫)들 중 《그림자 비로자나 1세》가 거느리는 《양(陽)》의 《독각》 무리들이 다스리던 《중원 대륙》 남부(南部) 지방의 여러 곳을 최고의 《악마(惡魔)의 신(神)》인 《비로자나 1세》의 직계 후손들인 《양(陽)》의 《연각승》들의 나라인 《한반도》에 있는 《백제》가 다스리도록 한다.

다> 훗날 《한반도》에서 《신라》 주도로 《나당연합군》에 의해 일어나게 되는 《삼국통일》 전쟁에서 《나당연합군》이 승리하여 《신라》가 《삼국통일》을 이루었을 때 혼란스러운 틈을 이용하여 《중원 대륙》 남부 지방 곳곳에 자리한 최고의 《악마(惡魔)의 신(神)》인 《그림자 비로자나 1세》가 거느리는 《양(陽)》의 《독각》 무리들을 《한반도》로 이동시켜 정착시키게 됨으로써,

《중원 대륙》의 《당(唐)》 왕조(王朝)의 《통치(統治)》는 《악마(惡魔)의 신(神)》들인 《대마왕신(神)》들과 《대마왕》 불보살들이 공동으로 통치하고 《당(唐)》 왕조 이후의 《중원 대륙》은 《다보불》과 《문수보살 1세》와 《관세음보살 2세》인 《마고신 2세》와 《무곡성불》 등의 《대마왕》 불보살 왕조(王朝)들이 《통치(統治)》를 하도록 하고 지상(地上)의 《36궁(宮)》이 있는 《한반도》는 최고의 《악마(惡魔)의 신(神)》인 《비로자나 1세》 직계인 《백제계》《양(陽)》의 《연각승》 무리들과 같은 《비로자나 1세》계(系)의 《그림자 비로자나 1세》가 거느리는 《양(陽)》의 《독각》의 무리가 하나가 되어 《통일신라》를 멸망시킨 후 《한민족(韓民族)》들을 말살함과 아울러 《하층민》으로 전락시키고,

이후 《악마(惡魔)의 신(神)》들인 《대마왕신(神)》들이 《한반도》를

통치(統治)하고 지배(支配)함으로써 《중원 대륙》은 최고의 《대마왕》인 《다보불》이 차지하고 《지상(地上)》의 중심이 되는 《36궁(宮)》이 있는 《한반도》는 《악마(惡魔)의 신(神)》인 최고의 《대마왕신(神)》인 《비로자나 1세》가 차지하기로 한다.

라> 다음은 최고(最高)의 《악마(惡魔)의 신(神)》인 《대마왕신(神)》《비로자나 1세》의 나라인 《초기 리(Ly) 왕조(王朝)》가 있는 《북 베트남》은 《중원 대륙》의 어느 왕조(王朝)가 들어서더라도 침범하거나 지배할 수 없다.

이상과 같은 4개 항에 합의를 한 최고(最高)의 《악마(惡魔)의 신(神)》인 《대마왕신(神)》《비로자나 1세》와 최고(最高)의 《대마왕》《다보불》은 곧바로 《수(隋)》왕조(王朝)를 멸망시키고 때에 《북 베트남》에서 최고의 《악마(惡魔)의 신(神)》인 《비로자나 1세》의 아들로 태어나 《중원 대륙》에 진출해 있던 《악마(惡魔)의 신(神)》인 《천관파군 1세》를 《이연》으로 이름하고 《당 고조(唐高組)》(AD566~AD640, 재위 AD618~AD626)가 되게 함으로써 《당 왕조(唐王朝)》(AD618~AD907)가 출발하게 되는 것이다.

② [악(惡)의 축(軸) 5의 명단]

[표 2-1-1-1] 악(惡)의 축(軸) 5-1 : 당 왕조(唐王朝)가 추숭한 조상(祖上) 8명의 《대마왕》들과 《악마(惡魔)의 신(神)》들인 《대마왕신(大魔王神)》 일람표

묘호	시호	성명	신(神)	신(神) 구분
	덕명황제(德明皇帝)(당 고조 추숭)	고도(皐陶)	문수보살 1세	◐
	선천태상황제(先天太上皇帝)(당 현종 추숭)	이경(李敬)	천관파군 1세	●
당 성조(唐聖祖) (당 현종 추숭)	고상대광도금궐 현원태상천황대제 (高上大廣道金闕 玄元太上天皇大帝)	이이(李耳)	천관파군 2세 (이오 신(神))	●
	흥성황제(興聖皇帝)(당 고조 추숭)	이고(李暠)	천왕불 1세	◐
당 헌조(唐獻祖) (당 고조 추숭)	선황제(宣皇帝)	이희(李熙)	쌍둥이 천왕불	◐
당 의조(唐懿祖) (당 고조 추숭)	광황제(光皇帝)	이천석(李天錫)	무곡성불	◐
당 태조(唐太祖) (당 고조 추숭)	경황제(景皇帝)	이호(李虎)	문수보살 2세	●
당 세조(唐世祖) (당 고조 추숭)	원황제(元皇帝)	이병(李昞)	야훼 신(神)	●

※ ○ : 《착함(善)》을 근본 바탕으로 하는 불보살
　◐ : 《선악(善惡)》 양면성을 근본 바탕으로 하는 《대마왕》 불보살
　● : 《악(惡)》을 근본 바탕으로 하는 악마(惡魔)의 신(神)들인 《대마왕신(神)》

[표 2-1-1-2] 악(惡)의 축(軸) 5-2 : 당(唐, AD618~AD907) 왕조 왕명록

왕순서	왕명 및 인명	신명(神名)	신(神)구분	생몰 및 재위	비고
1대	당《고조(高祖)》 이연	천관파군 1세	●	생몰 AD566~AD640 재위 AD618~AD626	왕위에서 물려난 후 출가하여《두순》으로 이름하고《화엄종》의 종주로 자리함
2대	당《태종(太宗)》 이세민	무곡성불	◐	생몰 AD598~AD649 재위 AD626~AD649	
3대	당《고종(高宗)》 이치	천관파군 2세(이오 신)	●	생몰 AD628~AD683 재위 AD649~AD683	도선(AD596~AD667, 이오신(神) 분신)으로 하여금《계율종》을 만들어 종주로 자리하게 하여《당 마왕불교》를 완성함.
	당《의종》 이홍 (중종 추숭)	대마왕신(神)	●		
4대	당《중종》 이현	대마왕신(神)	●	생몰 AD656~AD710 재위 AD684.1.4~2.26	모친 측천무후 무씨(묘음보살)에 의해 폐위 당함.
5대	당《예종》 이단	대마왕신(神)	●	생몰 AD662~AD716 재위 AD684~AD690	모친 측천무후 무씨(묘음보살)에 의해 등극하고 폐위 당함.
주(周)나라	《측천무후》 무조	묘음보살	●	재위 AD690~AD705	국호를《당(唐)》에서《대주(大周, 무주(武周))》(AD690~AD705)로 변경함.
4대	당《중종》 이현	대마왕신(神)	●	복위 AD705~AD710	자신의 부인 황후 위씨와 자신의 9녀 안락공주에게 독살 당함.

비정통	당《공종》 이중무	대마왕신(神)	●	생몰 AD695~AD714 재위 AD710(1개월 미만)	《중종》과 황후 위씨의 아들로 중종의 4남. 이단의 3남 이융기가 위씨 일가 모조리 죽임. 이중무는 폐위되어 자택 감금당함.
5대	당《예종》 이단	대마왕신(神)	●	복위 AD710-AD712	
중 략					
20대	당《애종》 이축	대마왕신(神)	●	생몰 AD892~AD908 재위 AD904~AD907	독살당함.

◐ : 《선악(善惡)》 양면성을 근본 바탕으로 하는 《대마왕》 불보살
● : 《악(惡)》을 근본 바탕으로 하는 《악마(惡魔)의 신(神)》들인 《대마왕신(神)》
※ 당(唐) 왕조 황제(皇帝) 모두들은 《대마왕》 불보살들과 《악마(惡魔)의 신(神)》들인 《대마왕신족(神族)》들임.

③ [《악(惡)의 축(軸) 5》의 움직임]

　《한반도(韓半島)》에서 일어난 《신라(新羅)》 주도의 《삼국 통일 전쟁》은 사실상 최고(最高)의 《대마왕》《다보불 1세》의 지시로 《천상(天上)》에서부터 그의 딸이 되는 《신라》《선덕여왕》으로 이름한 《관세음보살 2세》 때에 《김춘추》로 이름한 《노사나불 1세》를 부추김으로 일어난 음모로부터 시작된 전쟁인 것이다. 당시 《김춘추》로 이름한 《노사나불 1세》와 《당 태종(唐太宗)》으로 이름한 《무곡성불》간에 《나당연합군》 협상에서 《당(唐)》나라가 협상에 흔쾌히 응하게 된 본질(本質)을 후세인(後世人)들은 분명히 알아야겠다.

　이러한 《나당연합군》 협상에 흔쾌히 응한 《당(唐)》나라 입장을 말씀드리면, 첫째 목표가 《당 마왕불교(唐魔王佛敎)》로써 《한반도(韓半島)》에 거주하는 《신라》, 《고구려》, 《백제》의 모든 백성(百姓)들 《정신적(精神的)》 지배를 위해 당대 《삼국(三國)》에 근 《600여년》간 만연하

던《보살불교(菩薩佛敎)》를 완전히 말살하고 그 자취를 완전히 없애기 위해서는《전쟁》보다 더 좋은 수단이 없었기 때문이다. 다음으로 두 번째 목표가《한반도(韓半島)》삼국(三國)에는《한민족(韓民族)》《상고사(上古史)》를 포함한《한단불교(桓檀佛敎)》와《한국(韓國)》을 중심한《구막한제국(寇莫韓帝國)》시절의 귀중한 관계 기록이 곳곳에 남아 있었기 때문에《구막한제국(寇莫韓帝國)》과《단군조선》의《종주국(宗主國)》으로 있던《한국(韓國)》의 존재를 없애는 것이 두 번째 목적으로 이를 위해 훗날《당나라》장수《소정방》이《백제》와《고구려》서고(書庫)를 서둘러 불 지른 이유가 여기에 있는 것이다. 그 다음 세 번째 목표가《중원 대륙》에 항상 위협이 되는《고구려》를 제거하여《한반도(韓半島)》대동강 이북의 옛 고구려 영토를 차지하는 것이며, 이러한 이후《신라 통일기》혼란한 틈을 노려 최고(最高)의《대마왕》《다보불 1세》와 최고(最高)의《악마(惡魔)의 신(神)》인《대마왕신(神)》《비로자나 1세》의 합의대로《페르시아》와《중원 대륙》에 있는《악마(惡魔)의 신(神)》들인《대마왕신(神)》들 후손들인《호족 세력》들을《한반도(韓半島)》탈취와《한민족(韓民族)》말살을 위해 대거 이동시키는 것이다.

　《신라》《김춘추》에 의한《한반도(韓半島)》《삼국 통일 전쟁》은 순전히 최고(最高)의《대마왕》《다보불 1세》와 최고(最高)의《악마(惡魔)의 신(神)》인《대마왕신(神)》《비로자나 1세》등《악(惡)의 축(軸) 5》의《악마(惡魔)의 신(神)》들 계략에 의해 전개된 것으로써 이들의 목적을 한마디로 말씀드리면,《한반도(韓半島)》에 있는《한민족(韓民族)》정신(精神)과《한민족(韓民族)》말살에 그 초점이 맞추어져 있었던 것이다. 이와 같은《한반도(韓半島)》에 있는《한민족(韓民族)》들의《민족정신(民族精神)》이 온전히 살아 있었던 때가《삼국시대(三國時代)》라는 사실을 분명히 아시기 바라며, 이 이후《한민족(韓民族)》《정신(精神)》의 구심점인《보살불교》가 사라진 관계로 이들《악(惡)의 축(軸) 5》의 무리들에 의해《한민족(韓民族)》정신(精神)이 썩고 타락하여 갔음을 분명히 하는 것이다.

　최고(最高)의《대마왕》《다보불 1세》와 그의 아들인《문수보살 1세》가 만든《당 마왕불교》는 1차로《삼국 통일 전쟁》이 시작되기 직전에《신라》《선덕여왕》때 전하여져 뿌리내리고 있었으며 이후《삼국 통일 전쟁》이 끝나고 2차로 불법(佛法) 파괴된《불법(佛法)》과《선법(禪法)》이《당(唐)》나라《측천무후》로 불리우는《악마(惡魔)의 신(神)》인《대마왕신(神)》《묘음보살》에 의해《한반도(韓半島)》로 전하여져《한민족(韓民族)》정신(精神)을 썩게 하는 촉매제가 되었음을 분명히 밝혀 두는 바이다.

(3) [악(惡)의 축(軸) 6](AD918~AD1392)

: 후삼국, 고려 왕조, 일본 가마쿠라 막부

《악(惡)의 축(軸) 5》에서 설명된 《당(唐)》나라 건국 직전 최고의 《대마왕》 불보살이신 《다보불》과 최고의 《악마(惡魔)의 신(神)》으로서 《대마왕신(神)》인 《비로자나 1세》와 합의한 합의내용 시나리오대로 《악마(惡魔)의 신(神)》들인 《대마왕신(神)》들에 의해 《한반도(韓半島)》 탈취와 함께 《한민족(韓民族)》 말살을 위해 《악(惡)의 축(軸) 6》이 옮겨 와서 활동한 무대는 《한반도(韓半島)》 《통일 신라 이후》 《후삼국(後三國)》(AD900~AD936)과 《고려 왕조(王朝)》(AD918~AD1392)와 《일본(日本)》의 《가마쿠라 막부》(AD1180~AD1339)이다. 이러한 《악(惡)의 축(軸) 6》을 이루는 《대마왕신족(神族)》들인 《악마(惡魔)의 신(神)》들이 반복(反復)되는 윤회(輪廻)를 통해 《고려 왕조》가 멸망할 때까지와 《일본》 《가마쿠라 막부》 시대가 끝이 날 때까지 꾸준히 활동을 한 것이다. 고로 향후 진행되는 《후삼국》편과 《고려 왕조》편과 《일본》의 《가마쿠라 막부》가 끝이 날 때까지 《악마(惡魔)의 신(神)》들에 의한 반복(反復)되는 윤회(輪廻)를 통해 이루어지는 《악(惡)의 축(軸) 6》의 움직임 때임을 깊이 인식하시기 바란다.

그리고 《한반도(韓半島)》 탈취를 위해 《통일신라》 이후 《한반도》로 소리 없이 이동하여 온 《호족(豪族)》들이 《물고기, 어패류》 《영신(靈身)》 진화를 하는 《악마(惡魔)의 신(神)》들로서 《대마왕신(神)》 《그림자 비로자나계(系)》와 《곤충 영신》 진화를 하는 《천관파군계(系)》와 《악마(惡魔)의 신(神)》인 《석가모니계》들이며, 이들은 최고의 《악마(惡魔)의 신(神)》인 《대마왕신(神)》 《비로자나 1세》의 《영적 명령》을 충실히 따르는 무리들임을 참고하시고 세부적인 설명을 드리도록 하겠다.

① [고려 태조(太祖) 왕건(王建, 가이아신, AD877~AD943, 재위 AD918~AD943)]

《고려 왕조》(AD918~AD1392)를 건국한 《태조 왕건》(생몰 AD877~AD943, 재위 AD918~AD943)이 《악마(惡魔)의 신(神)》인 《대마왕신(神)》들 중에서도 악명(惡名) 높은 《가이아 신(神)》이 남자 몸(男身)을 받고 태어난 자(者)이며, 이러한 《가이아 신(神)》의 우주적인 표상이 《거대한》 《거미》이다.

이와 같은 《태조 왕건》으로 이름하고 온 《악마(惡魔)의 신(神)》인 《가이아 신(神)》이 때에 로마 제국(27BC~AD286)에서 《헬레나(Helena)》(생몰 AD246~AD330)로 이름하고 태어나서 《예수님》을 죽인 공범들 중의 한 명으로서, 이후 그의 아들인 《콘스탄틴 대제(大帝)》(생몰 AD272~AD337, 로마황제 사칭 재위 AD312~AD324, 비잔틴 제국 재위 AD324~AD337)로 이름한 《악마(惡魔)의 신(神)》인 《대마왕신(神)》《천관파군 1세》와 함께 수많은 참(眞)기독인과 유대인들을 학살한 이후 그 바탕에서 《예수님》《진리(眞理)의 법(法)》이 왜곡된 엉터리 《신약성서》를 만들어 《예수》의 탈(脫)을 쓴 《악마(惡魔)의 신(神)》인 《천관파군 1세》를 《하나님》으로 받드는 《예수 그리스도교(敎)》를 만든 장본인이며 이후 반복(反復)되는 윤회(輪廻)로 때에 《고려》《태조 왕건》으로 이름하고 와서 《고려》(AD918~AD1392)를 건국한 것이다.

② [고려 4대 광종(그림자 비로자나 1세, AD925~AD975, 재위 AD949~AD975)]

　《고려》《4대 광종》(생몰 AD 925~AD975, 재위 AD949~AD975)으로 이름한 자가 《악마(惡魔)의 신(神)》인 《대마왕신(神)》 최고 두목 중의 하나인 《그림자 비로자나 1세》로서 때에 《AD 956년》에 《노비안검법》을 만든 후 《한민족(韓民族)》《60만》명 이상을 학살한 자이다. 이와 같이 악랄한 《악마(惡魔)의 신(神)》 행적을 먼저 살펴보고 다음을 진행하겠다.

[표 2-1-1-3] 그림자 비로자나 1세의 행적

인명(人名) 또는 왕명(王名)	생몰 및 재위	비고
엔-타라-아나 (En-tarah-ana)		《아시리아 교화기(敎化期)》(5500BC~5000BC)의 《아시리아 초기 왕조》(5500BC~5000BC) 4대 왕
엔-메-누나 (En-me-nuna)		《아시리아 교화기(敎化期)》(5500BC~5000BC)의 《아시리아 1왕조》(5000BC~3800BC) 6대 왕
엔-멘-두르-아나 (En-men-dur-ana, 짐비르 Zimbir)	재위 4400BC~4300BC	《수메르 문명》(5200BC~4100BC) 8대 왕

엔-멘-바라게-시 (En-me-barage-si)		《아시리아 교화기(敎化期)》(5500BC~5000BC)의 《아시리아 1왕조》(5000BC~3800BC) 14대 왕 엘람의 땅(아완왕조)을 항복시킨 왕. 우루크 1왕조(4100BC~3450BC)의 4대 왕 두무지드(미륵불)에게 생포됨.
에안나툼(Eannatum)	재위 2705BC~2625BC	《수밀이국(湏密爾國)》(4100BC~2050BC)의 《라가시(Lagash) 1왕조》(3100BC~2360BC) 5대 왕. 아카드(Akkad), 우루크(Uruk), 우르(Ur), 라르사(Larsa)를 포함한 수메르 전체 장악. 엘람(Elam)과 페르시아만까지 영토 확장. 정책의 문제로서 테러를 사용함. 그의 죽음 직후에 왕조는 붕괴
엔안나툼 2세 (Enanatum II)	재위 2485BC~2440BC	《수밀이국(湏密爾國)》(4100BC~2050BC)의 《라가시(Lagash) 1왕조》(3100BC~236BC) 8대 왕
메쉬-키-앙-난나 2세 (Mesh-ki-ang-Nanna II)	재위 2361BC~2297BC	《우르(Ur) 문명(文明)》(3740BC~1940BC)의 《우르(Ur) 2왕조》(2411BC~2297BC) 2대 왕
우르-닌긴(Ur-ningin)	생몰 2269BC~2243BC 재위 2256BC~2249BC	《수밀이국(湏密爾國)》(4100BC~2050BC)의 《우루크(Uruk) 4왕조》(2256BC~2147BC) 초대 왕
이루슈이리아(Ilushuilia)		《아카드 문명기(文明期) 2》(2775BC~1762BC)의 《하마지(Hamazi) 왕조》(2775BC~2005BC) 6대 왕
벨라쿰(Belakum)		《아카드 문명기(文明期) 2》(2775BC~1762BC)의 《하마지(Hamazi) 왕조》(2775BC~2005BC) 17대 왕
시움(Si-um/Si-u?)	재위 2057BC~2050BC	《아카드 문명기(文明期) 2》의 《구티 왕조》(2127BC~2050BC) 18대 왕
세와드즈카레 (Sewadjkare)		《이집트》 13왕조 9대 왕
몬투엠사프(Montuemsaf)		《이집트》 13왕조 31대 왕
데시무스 브루투스 (Decimus Junius Brutus Albinus)	생몰 85BC~43BC	악의 축 1 : 줄리어스 시저(문수보살 1세, 100BC~44BC) 암살단

헤로드 2세 (Herod II 또는 Herod Philip I)	생몰 27BC~AD34	악의 축 2 : 헤로드 왕가
디오클레티안(Diocletian)	생몰 AD244~AD311 재위 AD284~AD286, 로마 황제 사칭 재위 AD286~AD305	악의 축 3 : 로마 제국 51대 황제 참 기독인 학살자
백제 무왕	재위 AD600~AD641	《백제》 시절 《익산(益山)》《미륵사》를 창건. 서동요의 주인공
고닌 천왕	재위 AD770~AD781	《일본》 나라 시대 《백제계》(AD715~AD781) 6대 왕
야소바르만 1세 (Yasovarman I)	재위 AD889~AD900	《캄보디아》《크메르 제국 1 문명기》(AD802~AD1006) 4대 왕
광종 왕소	생몰 AD925~AD975 재위 AD949~AD975	《고려》 왕조 4대 왕 한민족(韓民族) 60만 명 이상 학살
고토바 천왕	재위 AD1183~AD1198	《가마쿠라 막부(幕府) 시대》(AD1180~AD1339) 2대 왕
고우다 천왕	생몰 AD1267~AD1324 재위 AD1274~AD1287	《가마쿠라 막부(幕府) 시대》(AD1180~AD1339) 11대 왕 1차(AD1274), 2차(AD1281) 원(쿠빌라이)과 고려(충렬왕) 연합군의 일본 원정
휴애거사 범장	생몰 AD1346~AD1397	고려 때 북부여기 상하, 가섭원부여기
성녕대군	생몰 AD1405~AD1418 (병사(病死))	조선 태종 이방원을 왕으로 옹립한 공신들과 가족 명단
성삼문	생몰 ?~AD1456(처형)	조선 단종(천관파군 2세) 복위자들 중 한 명 사육신(死六臣)
고카시와바라 천왕	생몰 AD1464~AD1526 재위 AD1500~AD1526	《무로마치 막부(幕府) 시대》(AD1339~AD1611) 8대 왕
심의겸	생몰 AD1535~AD1587	명종양위와 관계된 자들 중 한 명
김자점	생몰 AD1588~AD1651	《인조반정》 획책한 자들 중 한 명
최시형	생몰 AD1827~AD1898	동학교 탈취. 천도교 2대 교주
문선명	생몰 AD1920~AD2012	통일교 총재

이 자가 때에 《로마 제국》《51대 디오클레티안(Diocletian)》(생몰 AD244~AD311, 로마 제국 재위 AD284 ~AD286, 로마 제국 황제 사칭 재위 AD286~AD305)으로 태어나서 《아노 도미니(Anno Domini)》를 외치는 《유대인》과 《이스라엘인》《10만 명》 이상을 학살한 자이며, 《구한말》《동학농민운동》《3차 봉기》(AD1894)가 일어났을 때 《동학교도》들을 《관군》과 《일본군》에게 팔아먹고 때에 《야훼 신(神)》이 《최제우》(AD1824~AD1864)로 이름하고 태어나서 부처(佛)를 이루고 만든 종교(宗敎)인 《동학교(東學敎)》의 가르침을 왜곡하여 《마왕신(神)》 종교인 《천도교(天道敎)》를 만들어 《동학교》를 탈취한 《최시형》(AD1827~AD1898)이 반복되는 윤회로 태어난 같은 《악마(惡魔)의 신(神)》인 악질 《대마왕신(神)》인 《그림자 비로자나 1세》인 것이다.

이로써 《백제계(系)》에서 《인간 영신》의 진화를 하는 《한민족(韓民族)》화가 된 《야훼 신(神)》이었던 《궁을(ㄹ乙)》《부처(佛)》 후손 《40%》 중 《동학교도》《10만 명》 이상을 《관군》과 《악마(惡魔)의 신(神)》들인 《예수 그리스도》를 믿는 자들이 학살하도록 사주한 자가 바로 때에 《최시형》(AD1827~AD1898)으로 이름하고 태어난 《악마(惡魔)의 신(神)》인 《대마왕신(神)》 《그림자 비로자나 1세》인 것이다.

③ [고려 5대 경종(그림자 비로자나 2세, AD955~AD981, 재위 AD975~AD981)]

《고려 5대 경종》(생몰 AD955~AD981, 재위 AD975~AD981)은 《악마(惡魔)의 신(神)》인 《대마왕신(神)》 《그림자 비로자나 2세》로서 《4대 광종》에 뒤이어 《한민족(韓民族)》《40만》 이상을 학살한 자로서 [표 2-1-1-4]의 [그림자 비로자나 2세의 행적]에서 드러난 필요 부분만 설명 드리면 다음과 같다.

[표 2-1-1-4] 그림자 비로자나 2세의 행적

인명	생몰 및 재위	비고
누라쿰(Nurakhum)		《아카드 문명기(文明期) 2》(2775BC~1762BC)의 《하마지(Hamazi) 왕조》(2775BC~2005BC) 7대 왕
틸리우스 킴버 (Lucius Tillus Cimber)	생몰 ?~42BC	악의 축 1 : 줄리어스 시저(문수보살 1세, 100BC~44BC) 암살단
헤로데 필립 2세 (Herod Philip II)		자칭 유대교단 창단 멤버
갈렐리우스(Galerius)	생몰 AD260~AD311 로마 황제 사칭 재위 AD293~AD308	로마 제국의 53대 황제로 로마 황제 사칭자. 유대인과 이스라엘인 대학살에 동참한 자. 악의 축3 예수 처형 이후 천상(天上)으로부터 죽임 당함
신숭겸	생몰 AD882?~AD927	후고구려 장수로 왕건(가이아 신)과 함께 군사 쿠데타 공모. 왕건(가이아 신) 추대하여 고려 건국 기여
고려 경종	생몰 AD955~AD981 재위 AD975~AD981	고려 왕조 5대 왕. 한민족(韓民族) 40만 명 이상 학살
김효원	생몰 AD1542~AD1590	동인
소현세자	생몰 AD1612~AD1645	
손병희	생몰 AD1861~AD1922	천도교 3대 교주, 3·1만세운동(AD1919)
가지마 노보루	생몰 AD1925~AD2001	일본

이 자는 때에 《틸리우스 킴버(Lucius Tillus Cimber)》(?~42BC)로 이름하고 태어나서 《줄리어스 시저》 암살단에 참가한 인물로서 이후 반복(反復)되는 윤회(輪廻)로 《헤로드 왕가》에서 《헤로드 대제(大帝)》로 이름한 최고의 《대마왕》 《다보불 1세》를 아버지로 하여 《헤로드 필립 2세(Herod Philip II)》(25BC~AD34)로 이름하고 태어나 기원전 《자칭 유대교단》이 만들어질 때 창단 멤버로 활동하게 된다.

이러한 이후 《로마 제국(帝國)》이 《51대 디오클레티안》(로마 제국 재위 AD284~AD286)을 마지막으로 황제(皇帝)가 《로마》를 떠남으로써 이때부터를 《로마 제국》의 《멸망》으로 이야기한다. 그러나 이들은 계속 《로마 제국》 황제(皇帝)로 자처하며 군대를 거느리고 《로마 점령지》를 옮겨 가며 《로마 점령지》 해체 작업을 하였기 때문에 이후부터는 《로마 제국 황제 사칭》기라고 이름한다. 그러므로 《51대 디오클레티안》의 《로마 제국 황제 사칭 재위》가 《AD 286 ~ AD 305》년이 되는 것이다.

이러한 이후 《악마(惡魔)의 신(神)》인 《대마왕신(神)》《그림자 비로자나 2세》는 《53대 갈레리우스(Galerius)》(로마 제국 황제 사칭 재위 AD 293~AD308)로 와서 《로마 제국》《황제(皇帝)》로 사칭할 때 《51대 디오클레티안》으로 이름한 《악마(惡魔)의 신(神)》인 《대마왕신(神)》《그림자 비로자나 1세》와 함께 《유대인》들과 《이스라엘인》들 대학살 때 동참한 인물이다. 이러한 자(者)가 반복(反復)되는 《윤회(輪廻)》로 때에 《고려 5대 경종》으로 와서 《한민족(韓民族)》 말살 차원에서 《40만》 이상을 대학살한 것이다. 이러한 자가 《조선 왕조》에서도 태어나 《악마(惡魔)의 신(神)》으로서 《대마왕신(神)》 노릇을 하며 자취를 남긴 내용은 《조선 왕조》편에서 상세히 말씀 드리도록 하겠다.

④ [고려 6대 성종(천관파군 1세, AD960~AD997, 재위 AD981~AD997)]

《고려 6대 성종》(생몰 AD960~AD997, 재위 AD981~AD997)은 악질 《악마(惡魔)의 신(神)》인 《대마왕신(神)》《천관파군 1세》로서, 《곤충 영신》 진화를 하는 《천관파군계(系)》의 두목이다. 이러한 《악마(惡魔)의 신(神)》으로서 《대마왕신(神)》인 《천관파군 1세》가 때에 반복(反復)되는 윤회(輪廻)로 《고려 6대 성종》으로 와서 《한민족(韓民族)》 말살 차원에서 《한민족》《50만 명》 이상을 학살하고 《노비안검법》을 철폐한 후 다시 살아남은 《한민족(韓民族)》 상당수들에게 《노비(奴婢)》라는 무거운 족쇄를 채운 용서받지 못할 짓을 한 《악마(惡魔)의 신(神)》인 《대마왕신(神)》인 것이다.

다음은 [표 2-1-5-31]의 [천관파군 1세 행적]에서 드러난 필요 부분만 발췌하여 말씀 드리겠다. 《고려 6대 성종》으로 이름한 《악마(惡魔)의 신(神)》인 《천관파군 1세》가 처음 동양(東洋)에 발을 내딛게 된 때가 《중원대륙》에서 최초로 《악마(惡魔)의 신(神)》들인 《대마왕신(神)》들의 나라를 세웠던 《주(周)》나라(1099BC~256BC)에서 이며, 이때 《악마(惡魔)의 신(神)》인 《천관파군 1세》가 《주 문왕》(재위 1099BC~1050BC)으로 이름하고 《주(周)》나라를 건국한 것이다.

이후 《페르시아》 초대 왕 《다리우스 1세(Darius I)》(재위 522BC~486BC)로 왔을 때 《남 유다》 왕국을 멸망시킨 적이 있으며, 이러한 이후 《로마 공화정》 끝 무렵 《줄리어스 시저》 암살 계획을 세울 때부터 깊이 관여한 그는 《시저》 암살 현장에서는 계획적으로 자리를 피한 《안토니우스(Mark Antonius)》(생몰 83BC~30BC)가 바로 《악마(惡魔)의 신(神)》으로서 《대마왕신(神)》 《천관파군 1세》이다.

다음으로 그는 반복(反復)되는 윤회(輪廻)로 《헤로드 왕가》에서 다시 태어나서 《헤로드 아켈라우스(Herod Archelaus)》(29BC~AD18)로 이름하고 《자칭 유대교단》 창단에 깊숙이 관여한 바가 있다.

이러한 이후 《악마(惡魔)의 신(神)》인 《대마왕신(神)》 《천관파군 1세》는 반복되는 윤회로 다시 태어나서 《로마 제국》 《13대 트라잔(Trajan)》(재위 AD98~AD117) 황제(皇帝)가 되어 《중동 지방》과 《그리스 반도》와 《지중해 연안》과 《이집트》, 《시리아》, 《리비아》, 《유대》 지역에 산재한 《석가모니 하나님 부처님》 진리(眞理)의 법(法)을 형상화하여 둔 모든 《신전(神殿)》과 《사원》들을 파괴하게 하고 《유대교(敎)》의 1차 왜곡된 《토라(Torah)》의 말살을 위해 이곳에 흩어져 살고 있던 《유대인》들을 학살할 것을 명령한 자(者)로서 이 《악마(惡魔)의 신(神)》인 《대마왕신(神)》에 의해 귀중한 우주간의 법(法)이 담긴 《신전》과 《사원》들이 파괴된 것이다. 이와 같이 엄청난 짓을 저지른 자(者)가 《천관파군 1세》이다.

이러한 그는 다시 반복되는 윤회로 때에 《로마 점령지》를 다스리고 있던 《54대 콘스탄티우스 클로루스(Constantius Chlorus)》(로마 제국 황제 사칭 재위 AD293~AD312) 황제(皇帝)로 자처한 최고의 《악마(惡魔)의 신(神)》인 《대마왕신(神)》 《비로자나 1세》의 아들로 태어나서 그의 아비가 다스리던 《로마》 《동부 지역》을 물려받아 《콘스탄틴(Constantine) 대제(大帝)》(로마제국 황제 사칭 재위 AD312~AD324, 비잔틴 제국 초대 왕 재위 AD324~AD337)로 이름한 자가 《악마(惡魔)의 신(神)》으로서 《대마왕신(神)》《천관파군 1세》이다.

이러한 《콘스탄틴 대제(大帝)》의 아비 되는 《54대 콘스탄티우스 클로루스》가 《요한 성자》와 《예수 성인》을 죽인 자로서, 《그림자 비로자나 1세》였던 《악마(惡魔)의 신(神)》인 《51대 디오클레티안》에게 《유대인》과 《이스라엘인》 학살을 명령한 자이다.

이러한 바탕에서 《AD 310년》 《예수 성인》의 죽음 이후 《콘스탄틴 대제(大帝)》로 이름한 《악마(惡魔)의 신(神)》인 《천관파군 1세》와 그의 어미인 《가이아 신(神)》인 《헬레나(Helena)》가 《예수님》의 제자였던 일찍이 《구약》을 결집한 바 있는 《악마(惡魔)의 신(神)》으로서 《대야고보》로 이름한 《대마왕신(神)》 《천관파군 2세》인 《이오 신(神)》과 《베드로》로 이름한 《문수보살 1세》에게 명령하여 《예수님》의 가르침 중 핵심이 되는 《진리(眞理)의 법(法)》은 쏙 빼어 버리고 변두리 가르침과 《악마(惡魔)의 신(神)》들인 《대마왕신(神)》들의 사상과 관념이 담긴 《마왕 신약성서》를 만들게 된다.

이후 《베드로》로 이름한 《문수보살 1세》는 《구약》과 《신약》을 가지고 《예루살렘》에 있던 《자칭 유대교단》 관계자를 모두 이끌고 《로마》로 들어가서 《자칭 유대교단》을 개명(改名)하여 《로마 가톨릭》으로 이름하게 된다.

이러한 때 《콘스탄틴 대제(大帝)》로 이름한 《악마(惡魔)의 신(神)》인 《천관파군 1세》는 《비잔틴 제국》(AD324~AD1453)을 출발시킨 후 곧바로 그 어미인 《헬레나》로 이름한 《가이아 신(神)》과 함께 《신약》을 위주로 하여 《악마(惡魔)의 신(神)》인 《대마왕신(神)》 《천관파군 1세》가 《창조주》로 자리한 《예수 그리스도교(敎)》를 만들어 최초의 《기독교단》인 《동방정교회》를 만듦으로써 《예수님》의 이름을 팔아먹는 종교(宗敎)로 둔갑시키게 된다. 이러한 이후 교단의 최고위에 자리하는 자는 항상 《천관파군계(系)》 《악마(惡魔)의 신(神)》들인 《대마왕신(神)》들이 반복(反復)되는 윤회(輪廻)로 태어나서 자리하게 한 자(者)가 《고려 6대 성종》으로 이름하고 온 《악마(惡魔)의 신(神)》으로서 《대마왕신(神)》 《천관파군 1세》인 것이다.

이러한 이후 《악마(惡魔)의 신(神)》인 《대마왕신(神)》 《천관파군 1세》는 《대마왕》 《다보불 1세》의 도움으로 《당(唐)》(AD618~AD907) 나라를 건국한 후 《당 고조(唐高祖)》 《이연》(재위 AD618~A

D626)으로 자리한 후 왕위(王位)를 《AD 626년》에 아들인 《당 태종(唐太宗)》에게 물려주고 머리를 깎고 승려가 되어 《두순》(생몰 AD566~AD640)으로 이름하고 《화엄종》의 초조(初祖)가 된다.

이후 《악마(惡魔)의 신(神)》인 《대마왕신(神)》《천관파군 1세》는 반복되는 윤회를 통해 다시 《후백제》(AD900~AD936)를 세운 《견훤》(생몰 AD867~AD936)으로 이름한 최고의 《악마(惡魔)의 신(神)》인 《대마왕신(神)》《비로자나 1세》의 장남인 《신검》으로 태어난 후 《왕위(王位)》 다툼으로 그의 아비인 《견훤》으로 이름한 최고의 《악마(惡魔)의 신(神)》인 《비로자나 1세》를 《금산사》에 유폐시킨 적이 있으며, 이후 다시 반복되는 윤회로 《고려 6대 성종》으로 온 이후 《정중부》(AD1106~AD1179)로도 이름하고 와서 《고려 무신 정권》을 수립한 이력을 가지고 있으며, 다시 반복되는 윤회로 《고려 승려》《일연》 또는 《유경》(AD1206~AD1289)으로 이름하고 와서 엉터리 《삼국유사》를 지어 남김으로써 《역사》 왜곡을 하여 후대의 《한반도》 백성들 모두를 기만한 것이다.

이와 같이 세계의 역사와 《한반도》 역사 모두를 《악마(惡魔)의 신(神)》들인 《대마왕신(神)》들 위주로 기록하여 날조되고 왜곡된 엉터리 역사 기록을 남긴 자가 《악마(惡魔)의 신(神)》인 《대마왕신(神)》《천관파군 1세》와 《천관파군 2세》인 《이오 신(神)》이라는 것을 깊이 인식하시기 바란다. 그리고 이하의 기록은 《조선 왕조》에서 계속 설명 드리겠다.

⑤ [고려 10대 정종(천관파군 2세인 이오 신(神), 재위 AD1034~AD1046)]

《고려 10대 정종》(생몰 AD1018~AD1046, 재위 AD1034~AD1046)은 《악마(惡魔)의 신(神)》으로서 《대마왕신(神)》《천관파군 2세》인 《이오 신(神)》으로서 《곤충 영신》 진화를 하는 《천관파군계(系)》의 부두목이다. 이러한 《악마(惡魔)의 신(神)》으로서 《대마왕신(神)》《천관파군 2세》인 《이오 신(神)》이 때에 반복(反復)되는 윤회(輪廻)로 《고려 10대 정종》으로 와서 《한민족(韓民族)》 말살 차원에서 《AD 1039년》에 《노비종모법》을 발표하여 《한민족(韓民族)》 대학살 이후 《한반도(韓半島)》에 거주하는 인구 수(數) 《20%》의 《한민족(韓民族)》들을 《노비(奴婢)》로 만들어 놓고 《노비(奴婢)》의 혼인(婚姻)은 《노비(奴婢)》끼리 혼인을 하는 《동색혼(同色婚)》을 원칙으로 하고, 《악마(惡魔)의 신(神)》들인 《대마왕신(神)》들의 후손들과 《악마(惡魔)의 신(神)》들인

《대마왕신(神)》들의 정책에 동조하는 일부의 《한민족(韓民族)》들을 《양인(良人)》으로 이름하고 이러한 자(者)들과 《노비(奴婢)》와의 《양천교혼(良賤交婚)》은 허락하지 않고 《노비(奴婢)》 신분이 된 소생자녀의 성씨는 모계(母系)를 따르도록 한 것이다. 이러한 《노비종모법》은 《노비(奴婢)》가 된 《한민족(韓民族)》들에게 비유를 하면 《고양이 목》에 방울을 달아 놓은 형국인 것이다.

이와 같은 《노비종모법》은 《한민족(韓民族)》들을 《하층민》으로 전락시킨 대표적인 《악법(惡法)》으로써 이러한 《양인(良人)》과 《천민(賤民)》으로 나눈 《노비종모법》이 결실을 맺은 것이 훗날 《조선 왕조》 때에 《지배 계층》인 《양반》 계층의 구축에 있었다는 사실을 알아야 하는 것이다.

즉, 《악마(惡魔)의 신(神)》들인 《대마왕신(神)》들이 반복(反復)되는 윤회(輪廻)를 통해 《왕(王)》과 《왕실(王室)》을 이룬 아래로 《지배 계층》인 《양반》 계층이 자리하고 《양인(良人)》들과 《천민(賤民)》들을 다스리는 《통치(統治)》 체제의 구축으로 《한민족(韓民族)》들을 다스리는 구체적인 조치를 두고 나온 것이 《노비종모법》으로써 악질적인 《악마(惡魔)의 신(神)》으로서 《대마왕신(神)》 《천관파군 2세》인 《이오 신(神)》이 《고려 10대 정종》으로 이름하고 와서 이를 발표한 것임을 오늘을 살고 있는 《한민족(韓民族)》들은 결코 잊어서는 안 되는 것이다.

그러면 다음으로 이러한 《고려 10대 정종》으로 이름하고 와서 《한민족(韓民族)》들을 핍박한 《악마(惡魔)의 신(神)》으로서 《대마왕신(神)》 《천관파군 2세》인 《이오 신(神)》에 대한 [표 2-1-1-5]의 [천관파군 2세인 《이오 신(神)》 행적]에서 드러난 필요 부분만 발췌하여 말씀드리도록 하겠다.

[표 2-1-1-5] 《천관파군 2세》인 《이오 신(神)》의 행적

인명	생몰 및 재위	비고
루갈-안네-문두 (Lugal-Anne-Mundu)		《아카드 문명기(文明期) 2》《아답(Adab) 왕조》(2490BC~2400BC) 2대 왕
이게샤우쉬 또는 일루-안(Ilgeshaush or Ilu-An)	재위 2109BC~2103BC	《아카드 문명기(文明期) 2》《구티 왕조》(2127BC~2050BC)
《주(周)》《무왕》	재위 1046BC~1043BC	《주(周)》나라 2대 왕
마힌트라티라트 (Mahinthrathirat)		《태국 아유타야(Ayutthaya) 왕조 2차 교화기(敎化期) 문명(文明) (800BC~300BC) 18대 왕
루드라바르만 (Rudravarman)		《캄보디아 1차 교화기 푸난(Funan) 왕조(王朝) 교화(敎化) 기간(800BC~300BC) 7대 왕
에스라(Ezra)	생몰 510BC~440BC	구약 결집 시작.
키케로(Cicero)	생몰 106BC~43BC	《로마 공화정》 말경의 줄리어스 시저 암살단
아리스토부루스 4세 왕자(Prince Aristobulus IV)	생몰 42BC~7BC	《로마령 유대지역》의 헤로드 왕가. 구약결집 완성. 헤로드 대제(다보불 1세)에게 죽임 당함. 구약결집 완료
요세푸스(Josephus)	생몰 AD37~AD100	로마-유대 역사학자
대야고보 (James, son of Zebedee)		요한(노사나불)의 형. 성경 결집. 예수의 12제자 중 한 명. 《로마 제국》 당시 헬레나(가이아신)의 지시로 베드로(문수보살 1세)와 함께 마왕 신약 성서 만듦
디오니시우스 엑시구스(Dionysius Exiguus)	생몰 AD470~AD544	《부활절》 테이블을 고안. 《아노 도미니》 기원 개발자로 자처
당 성조(唐聖祖) 이이(李耳)		《당》 왕조가 추숭한 조상들 중 한 명
당 《고종(高宗)》 이치	생몰 AD628~AD683 재위 AD649~AD683	《당나라》 3대 왕. 도선(AD596~AD667, 이오 신(神) 분신)으로 하여금 《계율종》을 만들어 종주로 자리하게 하여 《당 마왕불교》를 완성함.

자야바르만 3세 (Jayavarman III)	재위 AD850~AD877	《캄보디아》 크메르 제국 1 문명기 (AD802~AD1006) 2대 왕
고려 10대 정종	생몰 AD1018~AD1046 재위 AD1034~AD1046	한민족 말살 차원에서 한민족(韓民族)을 하층민으로 전락시킨 악법인 노비종모법 시행
김부식	생몰 AD1075~AD1139	《고려》 때 삼국사기 저자
이고	생몰 AD1140~AD1171	《고려》 때 정중부의 난(AD1170)의 주역들 중의 한명
태종 이방원	생몰 AD1367~AD1422 재위 AD1400~AD1418	《조선 왕조》3대 국왕
단종	생몰 AD1441~AD1457 재위 AD1452~AD1455	《조선 왕조》6대 국왕
스레이 레체아 (Srei Reachea)	재위 AD1469~AD1485	《캄보디아 왕국 1》《차르크토모크 시대(Charktomok Era)》(AD1393~AD1525) 3대 왕
그레고리 13세 (Gregory XIII)	생몰 AD1502~AD1585 재직 AD1572~AD1585	《로마 가톨릭》교황. 줄리안력 탈취하여 그레고리안력 창안.
바롬레체아 2세 (Baromreachea II)	재위 AD1596~AD1599	《캄보디아왕국 1》《스레이 산토르 시대(Srei Santhor Era)》(AD1594~AD1618) 2대 왕
영창대군	생몰 AD1606~AD1614	
현종	생몰 AD1641~AD1674 재위 AD1659~AD1674	《조선 왕조》18대 국왕
목호룡	생몰 AD1684~AD1724	《고려》
칼 막스(Karl Marks)	생몰 AD1818~AD1883	공산사상가

《고려 10대 정종》으로 이름하고 온 《악마(惡魔)의 신(神)》으로서 《대마왕신(神)》《천관파군 2세》인 《이오 신(神)》이 《중원 대륙》에 첫발을 디딘 때가 《주(周)》나라 《2대 무왕》(재위 1046BC~1043BC)이다. 이러한 《2대 무왕》이 고대 《단군조선》의 제후국인 《은(殷)》나라를 멸망시키기 위해 그의 애첩인 《달기》로 이름한 《악마(惡魔)의 신(神)》인 《대마왕신(神)》 중의 하

나인《묘음보살》을 《은(殷)》나라 《주왕(紂王)》의 왕비가 되게 한 후 《강태공》으로 이름한 《대마왕》《관세음보살 2세》와 결탁하여 《한민족(韓民族)》들의 나라인 《은(殷)》나라를 《BC 1046년》에 멸망시키고 재위에 오른 후 요사스러운 《달기》를 그의 아내로 맞아들여 왕비를 만듦으로써 당시 백성들의 원성을 사자 《달기》는 죽임을 당하고 그는 《BC 1043년》에 도망하여 《한반도(韓半島)》의 《청송》 주왕산까지 와서 피신하였으나 《강태공》이 보낸 군사들에 의해 지금의 《경북 청송》《주왕산》에서 피살당하는 이력을 가지고 있다.

이후 《바빌론 유수》(520BC~483BC) 때 《악마(惡魔)의 신(神)》인 《에스라(Ezra)》(생몰 510BC~440BC)로 이름하고 와서 《수메르 문명》과 《우르 문명》 등 찬란한 역사를 가진 《유대인》과 《이스라엘인》들의 역사를 싹뚝 잘라 버리고, 《야훼 신(神)》 탈(脫)을 쓴 최고의 《악마(惡魔)의 신(神)》인 《대마왕신(神)》《비로자나 1세》를 《창조주 하나님》으로 만들기 위해 《구약》 결집을 하면서 《히브리 왕국》과 《이스라엘인》들의 문명인 《이집트 문명》 등을 왜곡 날조하여 《구약》에 실으면서 결집을 시작한 후 육신의 죽음을 맞이할 때 때에 《느헤미야(Nehemiah)》와 함께 만든 《자칭 유대교단》인 《바리새인 교단》에 그의 미완성된 《구약》에 대한 《원고(原稿)》를 맡겨둔 후 육신의 죽음을 맞이하고, 이후 《로마 공화정》때 《키케로(Cicero)》(생몰 106BC~43BC)로 와서 결집을 계속하면서 《줄리어스 시저》 암살단에 관여한 후 그 죄로 《BC 43년》에 처형당하게 된다.

이러한 이후 그는 곧바로 반복(反復)되는 윤회(輪廻)로 《헤로드 왕가》에서 《아리스토부르스 4세(Aristobulus IV)》(42BC~7BC) 왕자로 태어나서 《BC 7년》에 엉터리 《구약》 결집을 완료한 후 《구약》 결집 완성의 비밀 유지를 위해 《BC 7년》에 《헤로드 대제(大帝)》(74BC~4BC)로 이름한 최고의 《대마왕》《다보불 1세》인 그의 아버지에 의해 죽임을 당한다.

다음으로 《악(惡)의 축(軸) 6》의 움직임에 포함된 《후삼국》과 나머지 설명되지 않은 《고려 왕조》편과 《일본》《가마쿠라 막부》편은 진행을 하면서 상세히 설명될 것이니 그렇게들 아시기 바란다.

[2] [후삼국 시대(後三國時代)](AD900~AD936)

《후삼국(後三國)》은 《신라》《진성여왕》(재위 AD887~AD897)으로 불리우는 한때 《27대 선덕여왕》(재위 AD632~AD647)으로 이름하고 왔던 《대마왕》《관세음보살 2세》때 최고(最高)의 《대마왕》《다보불 1세》와 《악마(惡魔)의 신(神)》들 중 최고(最高)의 《대마왕신(神)》《비로자나 1세》가 《당(唐)나라》(AD618~AD907) 건국 당시 합의한 합의 내용의 뜻에 따라 지방 호족들 독자 세력을 키우는데 전념하여 《후삼국 시대》의 서막을 연 가운데, 《AD 892년》에 《견훤》으로 이름한 《악마(惡魔)의 신(神)》들 중 최고(最高)의 《대마왕신(神)》《비로자나 1세》가 그의 직계 후손들이 살고 있는 옛 《백제 땅》《무진주》(지금의 광주)에서 봉기를 일으킨 후 《AD 900년》에 《완산주》(지금의 전주)에서 《후백제》를 세우고 《AD 927년》에 부패하고 힘없는 왕조(王朝)로 변한 《신라》《경주》를 침공하여 당시 《경애왕》으로 이름한 《대마왕》《미륵 2세》를 죽이고 《천상(天上)》에서부터 그의 딸로 태어난 《정화수왕지불》이 남자(男子) 몸(身)을 가지고 태어나 있던 《경순왕》(재위 AD927~AD935)을 옹립하고 《신라》로부터 철수하게 된다.

한편, 이때 《신라 왕손》으로 있었던 《궁예》로 이름한 《대마왕》《미륵 3세》는 《죽주》《기훤》의 부하를 거쳐 《AD 892년 ~ AD 894년》까지 《양길》의 부하로 있다가 《AD 896년》《왕륭》과 《왕건》으로 이름한 남자 몸(男子身)을 받고 태어나 있던 《가이아 신(神)》이 투항하여 옴으로써 《양길》과 일전을 벌여 승리한 후 《송악》에서 《AD 901년》《후고구려》(AD901~AD918)를 세우고 이후 도읍지를 《철원》으로 옮기는 것이다.

이로써 《신라》(36BC~AD935)와 《후백제》(AD900~AD936)와 《후고구려》(AD901~AD918)가 처음 《후삼국(後三國)》 시대를 이룬 이후 《후고구려》에서 《왕건》(재위 AD918~AD943)으로 이름한 《가이아 신(神)》이 《AD 918년》에 부하 장수들인 《신숭겸》, 《복지겸》, 《배현경》, 《홍유》, 《환선길》, 《유금필》 등 《그림자 비로자나 1세계(系)》《악마(惡魔)의 신(神)》들과 함께 《군사 쿠데타》를 일으켜 《궁예 왕》을 제거하고 《왕건》으로 이름한 《악마(惡魔)의 신(神)》으로서 《대마왕신(神)》인 《가이아 신(神)》이 《왕위(王位)》에 오름으로써 《국호》를 《고려》로 이름한 것이다. 이로써 《신라》(36BC~AD935), 《후백제》(AD900~AD936), 《고려》(AD918~AD1392)가 두 번째 《후삼국(後三國)》이 되는 것이다.

이러한 구도 속에 힘이 없는 《신라》를 제외한 《짐승 영신(靈身)》의 진화(進化)를 하는 《옛 백제계(系)》를 직계(直系) 후손들로 둔 《견훤》(재위 AD900~AD935)으로 이름한 《악마(惡魔)의 신(神)》들 중 최고(最高) 《대마왕신(神)》 《비로자나 1세》와 《천상(天上)》이나 《지상(地上)》에서 《악마(惡魔)의 신(神)》들인 《대마왕신(神)》 《비로자나 1세》와 《그림자 비로자나 1세》 둘을 번갈아 가며 부부 관계를 이루고 살던 《악마(惡魔)의 신(神)》인 《대마왕신(神)》 《가이아 신(神)》이 남자 몸(男子身)을 가지고 《왕건(王建)》으로 태어난 이후에는 《물고기》와 《어패류》와 《곤충》 영신(靈身)을 가지고 진화(進化)를 하는 《그림자 비로자나계(系)》와 《악마(惡魔)의 신(神)》인 《석가모니계(系)》와 《천관파군계(系)》로 이루어진 《호족(豪族)》 세력 후손들을 등에 업고 최고 《악마(惡魔)의 신(神)》인 《비로자나 1세》와 치열한 패권 다툼을 벌인 것이다.

이러한 때 《AD 927년》 공산(팔공산) 동수 전투에서 《후백제》 《견훤군(軍)》에게 크게 패한 《왕건(王建)》은 부하 장수 8명을 잃고 패주한 후 계략을 꾸며 《천상(天上)》이나 《지상(地上)》에서 《가이아 신(神)》이 여인(女人)의 몸(身)을 가지고 왔을 때 세세생생 아들로 태어났던 당대 《견훤》의 장남(長男)으로 태어나 있던 《신검》(재위 AD935~AD936)으로 이름한 《악마(惡魔)의 신(神)》인 《대마왕신(神)》 《천관파군 1세》에게 그의 아버지인 《견훤》으로 이름한 《비로자나 1세》를 살해하거나 구금하라고 밀명을 내리는 것이다.

이러한 밀명을 받은 《신검》으로 이름한 《천관파군 1세》는 호시탐탐 기회를 노리다가 때에 《견훤》으로 이름한 《비로자나 1세》가 그의 후계자를 지명하면서 장자(長子)로 태어난 《신검》으로 이름한 《천관파군 1세》와 차남으로 태어난 《양검》으로 이름한 《천관파군 1세 분신2》와 삼남으로 태어난 《용검》으로 이름한 《천관파군 2세 분신2》보다 월등히 《영력(靈力)》이 탁월한 한때 고대 인도에서 《석가모니불》로 이름하고 태어나기도 하고 《한 고조(漢高祖)》 《유방》(재위 206BC~195BC)으로 태어나 《한(漢)》나라(206BC~AD220)를 세운 적도 있는 사남 《금강》으로 이름한 《천상(天上)》에서의 그의 장남(長男)으로서 《악마(惡魔)의 신(神)》인 《석가모니》에게 후계자의 자리를 지명함으로써 이에 분노한 《신검》이 그의 동생들인 《양검》과 《용검》과 합세하여 《견훤》으로 이름한 《비로자나 1세》를 《AD 935년 3월》에 《금산사》에 유폐시키고 사남인 《금강》으로 이름한 《악마(惡魔)의 신(神)》인 《석가모니》를 살해하게 된다. 이러한 이후 《견훤》으로 이름한 《비로자나 1세》는 《AD 935년 6월》에 《금산사》를 탈출하여 《고려》 《왕건》으로 이름한 《대마왕신(神)》인 《가이아 신(神)》에게 투항을 하는 것이다.

이러한 이후 《고려 태조》《왕건》으로 이름한 《악마(惡魔)의 신(神)》인 《대마왕신(神)》《가이아 신(神)》은 내친 김에 《견훤》으로 이름한 《악마(惡魔)의 신(神)》들 중 최고(最高)의 《대마왕신(神)》《비로자나 1세》를 앞장 세워 《신라》를 침공하여 《신라》를 《AD 935년》에 항복받고 《신라》 마지막 왕(王)이었던 《경순왕》으로 이름한 《악마(惡魔)의 신(神)》인 《대마왕신(神)》《정화수왕지불》을 《경주》《사심관》으로 임명하고 철수를 한 후 다음 해인 《AD 936년》에 《경북》《구미》《일리천》 전투에서 《신검군(軍)》이 이끄는 《후백제군(軍)》을 대파함으로써 승리를 거두고 때에 포로로 잡은 《양검》과 《용검》은 모두 처단하고 《신검》으로 이름한 《천관파군 1세》는 목숨을 구하는 것이다.

이와 같이 《일리천》 전투를 대승으로 이끈 《고려 태조》《왕건》으로 이름한 《악마(惡魔)의 신(神)》인 《대마왕신(神)》《가이아 신(神)》은 그 여세를 몰아 《견훤》으로 이름한 최고(最高)의 《대마왕신(神)》《비로자나 1세》와 《후고구려》(AD901~AD918) 때 그와 함께 《군사 쿠데타》를 같이 일으켰던 《복지겸》으로 이름한 《악마(惡魔)의 신(神)》인 《대마왕신(神)》《그림자 비로자나 3세》와 《배현경》과 《홍유》로 이름하였던 《그림자 비로자나계(系)》《악마(惡魔)의 신(神)》들인 《대마왕신(神)》들을 모두 함께 처형함으로써 《고려》가 다시 《한반도(韓半島)》 통일을 이루는 것이다.

《BC 3898년》《석가모니 하나님 부처님》께서 《거발한》《한웅님》으로 이름하시고 《한반도(韓半島)》 땅에 세운 《한국(韓國)》이 《중원 대륙》에서 세웠던 《구막한제국(寇莫韓帝國)》(3814BC~2333BC)의 《종주국(宗主國)》으로 있다가 이후 다시 계속된 《단군조선(檀君朝鮮)》(2333BC~232BC)의 《종주국(宗主國)》으로 있었던 《한민족(韓民族)》들이 주인(主人) 민족(民族)으로 살고 있었던 《한반도(韓半島)》가 《신라》《27대 선덕여왕》(재위 AD632~AD647)으로 이름하였던 《대마왕》《관세음보살 2세》가 그때까지 《한민족(韓民族)》들 《민족정신(民族精神)》의 구심점인 《보살불교(菩薩佛敎)》를 말살하기 위해 《AD 643년》에 《자장율사》(AD590~AD658)로 이름한 《대마왕》《미륵 3세》를 시켜 《당 마왕불교(唐魔王佛敎)》를 들여와 때에 《대마왕》《불보살》들과 《악마(惡魔)의 신(神)》들인 《대마왕신(神)》들 출신 《군왕(群王)》들의 권력(權力)을 등에 업은 《대마왕》,《대마왕신(神)》 출신의 《중놈》들이 《통일 신라》 이후의 《신라》 백성(百姓)들의 《민족정신(民族精神)》을 부패하게 하고 타락시킨 후,

《대마왕》《관세음보살 2세》가 이번에는 《신라 51대 진성여왕》(재위 AD887~AD897)으로 이름하고 와서 지방 《호족》들 독자 세력 키움을 장려함으로써 사실상 《통일 신라》를 해체하는 수순을 밟는 가운데 두 번에 걸친 《악마(惡魔)의 신(神)》들 패권 다툼을 위한 《후삼국(後三

國)》을 끝으로 《호족 세력》의 최고 두목인 《왕건》으로 이름한 《가이아 신(神)》이 최종 승자가 되어 《고려》가 《AD 936년》에 통일을 이룸으로써 《한민족(韓民族)》들의 《한반도(韓半島)》가 《4,834년》만에 《호족 세력》들인 《악마(惡魔)의 신(神)》《대마왕신족(神族)》들에게 탈취를 당하였음을 오늘을 살고 있는 《한국(韓國)》의 《한민족(韓民族)》들은 뼈저린 반성과 함께 깊이 인식하여야 될 것이다.

그리고 《후삼국(後三國)》은 《옛 백제계(系)》와 《호족 세력》들간의 패권 다툼의 시대였다는 점도 분명히 하는 것이다. 그러면 다음으로 《후삼국(後三國)》 시대의 《신명(神名)》이 밝혀진 다음 《표 2-1-2-1》을 살펴보고 《한민족(韓民族)》들의 말살이 본격적으로 시작이 되는 《고려》편으로 넘어가도록 하겠다.

[표 2-1-2-1] 후삼국 시대

인명	신명(神名)	신(神)구분	생몰	비고
후고구려 (AD901~AD918)				
궁예	미륵 3세	◐	생몰 AD861~AD918 재위 AD901~AD918	신라의 왕손 승려 생활 마감 후 죽주의 기훤의 부하로 지냄 AD892년~AD894년 양길의 부하 AD896년 왕륭과 왕건 부자 투항하고, 양길과의 일전에서 승리함. AD901년 후고구려 건국. 도읍지 : 송악 AD905년 도읍지를 철원으로 옮김. 몽골국 왕 3대 구유크 칸(재위 AD1229~AD1241)으로 태어나 고려-몽골 전쟁 이끔.
왕건	가이아 신(神)	●	생몰 AD877~AD943 고려 초대 왕 재위 AD918~AD943	AD896년부터 왕건(가이아신)은 궁예(미륵3세)의 부하 장수 AD918년 후고구려 장수들과 함께 군사 쿠데타 일으켜 후고구려 멸망시키고 고려 건국

신숭겸 (초명: 삼능산)	그림자 비로자나 2세	●	생몰 AD882?~AD927	고려 개국 공신(평산 신씨 시조) 후고구려 장수(궁예 부장). 왕건과 함께 군사 쿠데타 공모함(AD918). 왕건 추대하여 고려 건국 기여. AD927 후백제 견훤과의 싸움인 공산(팔공산) 동수 전투에서 왕건 갑옷 입고 김낙(?~AD927)과 함께 왕건 대신 죽고 그를 포함해 8명의 장수들 사망하고 왕건 가까스로 도망침.
복지겸 (초명: 복사귀)	그림자 비로자나 3세	●	생몰 ?~AD936	고려 개국 공신(면천 복씨 시조) 후고구려 장수. 왕건과 함께 군사 쿠데타 공모함(AD918). 환선길의 역모 모의를 왕건에게 밀고함. 임춘길 역모 평정.
배현경 (초명: 백옥삼)	그림자 비로자나계(系)	●	생몰 AD874~AD936	고려 개국 공신(경주 배씨 시조) 후고구려 장수. 왕건과 함께 군사 쿠데타 공모함(AD918).
홍유 (초명: 홍술)	그림자 비로자나계(系)	●	생몰 ?~AD936	고려 개국 공신(남양 홍씨 시조) 후고구려 장수. 왕건과 함께 군사 쿠데타 공모함(AD918).
환선길 (桓宣吉)	악마의 신인 석가모니계(系)	●	생몰 ?~AD918	궁예 부하로 왕건의 꼬임에 넘어가 군사 쿠데타 가담하였으나 정변 성공 후 왕건이 그를 제거하려고 하자 왕건을 시해하기로 마음먹었으나 복지겸의 밀고로 잡힘.
유금필	악마의 신인 석가모니 2세	●	생몰 ?~AD941	고려 건국에 공을 세움 평산 유씨 시조. 원래부터 왕건파임.
후백제 (AD900~AD936)				

견훤	비로자나 1세	●	생몰 AD867~AD936 재위 　AD900~AD935?	AD892년 옛 백제 땅 무진주(현 지명 광주)에서 무장봉기 일으킴. AD900년 완산주(현 지명 전주)에서 후백제 세움. AD927년 신라 경주 침공. 경애왕 죽이고 경순왕(정화수왕지불) 옹립한 후 신라로부터 철수함. AD935년 3월 신검(천관파군 1세)에 의해 금산사에 유폐되었고 이후 탈출하여 동년 6월 고려 왕건(가이아신)에게 투항함.
신검(神劍)	천관파군 1세	●	재위 AD935~AD936	견훤과 왕후 박씨의 장남. 견훤이 금강을 후계자로 세우려 하자 후백제의 관리인 능환과 함께 반란 일으킴. AD936년(고려 태조 19년) 경북 구미에서 일어난 고려와의 일리천 전투에서 대패함. 왕건은 신검이 양검과 용검에 비해 그 죄가 경하다고 하여 처형하지 않음.
양검(良劍)	천관파군 1세 분신2	●	생몰 ?~AD936	견훤과 왕후 박씨의 차남 AD936년 일리천 전투 패한 후 왕건에 의해 진주 유배 후 처형됨.
용검(龍劍)	천관파군 2세(이오 신) 분신2	●	생몰 ?~AD936	견훤과 왕후 박씨의 삼남 AD936년 일리천 전투 패한 후 왕건에 의해 유배 후 처형됨.
금강	악마의 신(神) 석가모니	●	생몰 ?~AD935	견훤과 후궁의 아들로, 견훤의 사남. AD935년 신검, 양검, 용검, 이찬, 능환 등이 일으킨 난에서 살해됨.
왕후 박씨	가이아 신 2세	●		견훤의 왕후
박영길	다보불 2세	◐		견훤의 사위. 고려 왕건을 도와 후백제를 정복하여 통합하는데 기여함.
신라 (36BC~AD935)				

진성여왕	관세음보살 2세	◑	생몰 ?~AD897 재위 AD887~AD897	신라 51대 국왕. 경문왕과 문의왕후 소생. 색욕, 미소년 징집. 지방 호족들 독자 세력 키우는데 전념(후삼국 시대의 서막) AD892년 견훤이 옛 백제 땅 무진주(광주)에서 무장 봉기 일으킴. AD894년 최치원(야훼신 1세)을 아찬으로 임명. 최치원의 시무책 10여조.
효공왕 (김요)	노사나불계(系)	◑	생몰 AD883~AD912 재위 AD897~AD912	신라 52대 국왕
신덕왕 (박경휘)	노사나불계(系)	◑	생몰 ?~AD917 재위 AD912~AD917	신라 53대 국왕
경명왕 (박승영)	노사나불계(系)	◑	생몰 ?~AD924 재위 AD917~AD924	신라 54대 국왕 경주를 포함한 주변 지역만 다스리고 그 외 지역은 궁예와 견훤에게 빼앗김. AD918년 현승의 반란
경애왕 (박위응)	미륵 2세	◑	재위 AD924~AD927	신라 55대 국왕
경순왕 (김부)	정화수왕지불	●	생몰 ?~AD978 재위 AD927~AD935	신라 56대 국왕 AD935년 고려 왕건에게 항복함. 이후 경주 사심관으로 임명됨.

◑ : 《선악(善惡)》양면성을 근본 바탕으로 하는 《대마왕》《불보살》
● : 《악(惡)》을 근본 바탕으로 하는 《악마(惡魔)의 신(神)》들인 《대마왕신(神)》

[3] [고려 왕조] (AD918~AD1392)

(1) [고려의 건국(高麗의 建國)]

　《다보불계(系)》의 《대마왕》 중의 하나인 《미륵 3세》인 《궁예》는 신라(新羅)의 왕손(王孫)으로서 처음 《세달사(世達寺)》에서 승려 생활을 하였으나 승려 생활에 뜻을 두지 못한 《궁예》는 《세달사》를 나와서 방황하다가 《죽주(竹州)》 《기훤》의 부하가 되었으나 《기훤》의 난폭함에 염증을 느낀 그는 《죽주》를 떠나 《AD 892년》에 북원(北原)의 《양길(梁吉)》의 부하가 된 후 《AD 894년》 강릉 지역을 수중에 넣고 여세를 몰아 화천, 철원 등 강원도 지역 대부분을 점령하고 이후 《양길》과 결별한 후 《AD 896년》 《송악》으로 진격하여 《왕륭》과 《왕건》 부자의 투항을 받고 《왕건》 부자(父子)의 도움으로 손쉽게 경기 북부와 서해안 일대를 손아귀에 넣고 계속하여 충주 지역과 한때 결별하였던 《양길》과도 일전을 벌려 승리하고 계속하여 《철원》을 거점으로 영토 확장을 한 후 《AD 901년》에 《송악》을 수도로 하여 《후고구려》를 세우게 된다. 이러한 이후 《AD 904년》에 도읍지를 《철원》으로 옮기고 국호를 《마진》으로 하였다가 《AD 911년》에 국호를 다시 《태봉(太封)》으로 하게 된다.

　이렇게 하여 《궁예》에 의해 만들어진 《후고구려》에는 《가이아 신(神)》인 《왕건(王建)》이 태어나기 이전 《신라》가 삼국통일을 한 직후인 《AD 700년》에 《가이아 신(神)》과 《그림자 비로자나 1세》가 그들이 거느리는 직계(直系)들이 거주하는 《페르시아》와 《중원 대륙》의 후손(後孫)들에게 《한반도(韓半島)》 중부 지역으로 이동할 것을 《영적(靈的)》으로 명령을 함으로써 《물고기》와 《어패류》의 《영신(靈身)》을 가진 진화(進化)가 덜 된 무리들이 《해상 루트》나 《중원 대륙》으로부터 대거 《민족(民族)》 이동을 하여 유입이 되어 《한반도(韓半島)》 《중부 지방》과 《북부 일부》 지역에서 《호족(豪族)》 세력을 이루고 있었으며, 특히 《왕건(王建)》이 태어난 《송악》인 《개경》에는 이들 후손들 중 핵심 세력들이 《왕건》 일족(一族)의 《호족》 세력을 이루고 있었던 것이다.

본래부터 《한반도(韓半島)》에는 《삼국시대(三國時代)》부터 최고 《악마(惡魔)의 신(神)》인 《비로자나 1세계(系)》의 《양(陽)의 연각승》 무리들인 《백제계(系)》와 《한민족(韓民族)》들만이 거주하였으나 《신라》가 《삼국통일》을 한 직후 《한반도》가 혼란에 빠졌을 때 이 기회를 놓치지 않고 《그림자 비로자나 1세》와 《가이아 신(神)》이 페르시아와 《중원 대륙》에 거주하던 그들 후손 민족들에게 《AD 700년》에 《영적(靈的)》인 명령을 내려 《한반도》로 이동할 것을 명령함으로써 이들은 점차적으로 그들 최고 조상들의 명령을 받들어 대거 이동을 하여 《한반도》《중부 지방》과 《북부》지역에 자리하여 《호족》 세력들을 이룬 것이며, 이러한 이동은 《고려 왕조》 4대 《광종(光宗)》으로 이름한 《그림자 비로자나 1세》 때까지 《중원 대륙》《후주(後周)》(AD951~AD960)로부터 유입이 계속되어 《호족》으로서 자리한 것이다. 이로써 《고려 왕조》가 시작된 후 《태조 왕건》이 《성씨(姓氏)》를 하사하는 일이 빈번히 이루어진 것이다. 이러한 때로부터 사실상 《한민족(韓民族)》의 순수성이 파괴되기 시작한 때가 되는 것이다.

이와 같이 《후고구려》에 자리한 《호족》들 대부분이 《왕건(王建)》으로 이름하고 온 《가이아 신(神)》의 직계 후손들 무리로서 《신라》 말기 《반란》을 일으킨 《죽주(竹州)》의 《기훤》이나 《북원(北原)》《양길》 등이 모두 이들 무리들의 일원이며, 《후고구려》에서 《가이아 신(神)》인 《왕건(王建)》이 주도한 《군사 쿠데타》에 가담한 《신숭겸》, 《복지겸》, 《백옥삼》, 《홍유》 등이 모두 이들 세력에 소속된 《호족》들인 것이다.

이와 같이 하여 《가이아 신(神)》인 《왕건(王建)》은 그의 직계 후손들로서 《호족》 세력을 이루고 《후고구려》의 장수로 있던 《신숭겸》, 《복지겸》, 《백옥삼》, 《홍유》 등과 공모하여 《AD 918년》에 군사 쿠데타를 일으켜 무력(武力)으로 《후고구려》를 멸망시키고 《다보불계(系)》의 《대마왕》인 《궁예》를 전쟁을 하는 가운데 살해하고 국호를 《고려(高麗)》라 이름하고 《태조(太祖)》(생몰 AD877~AD943, 재위 AD918~AD943)로써 왕위(王位)에 오르는 것이다.

이러한 《왕건》에 의한 《고려》 건국(建國)이 원인이 되어 훗날 《몽골》 3대 《구유크 칸》(재위 AD1229~AD1241)으로 다시 태어난 《미륵 3세》가 전생(前生)의 복수로 고려를 침공하여 《28년》간 《고려》와 《몽골》간의 전쟁이 계속된 후 곧바로 《원(元)》(AD1271~AD1368) 나라를 세운 《쿠빌라이 칸》(생몰 AD1215~AD1294, 재위 AD1260~AD1294)으로 이름한 《다보불계(系)》《대마왕》인 《미륵 2세》의 보복을 받아 침공을 당함으로써 《고려》 25대 《충렬왕》(재위 AD1274~AD1298) 때부터 《원(元)》나라의 제후국으로 전락하여 《고려》 31대 《공민왕》(재위 AD1351~AD1374) 때까지 수모를 당하는 것이다.

《후고구려》의 《궁예 왕》은 현재 전하여지는 날조되고 왜곡된 《역사(歷史)》 기록과는 달리 원대한 포부를 지닌 개혁가였으며 민초들의 삶에 신경 쓴 지도자로서 결국 《쿠데타》로 인해 《폭군》의 오명을 받은 것이나 이는 《가이아 신(神)》의 아들들인 세계의 역사를 위조하고 날조한 《삼국사기》와 《삼국유사》를 쓴 《천관파군 2세》인 《이오 신(神)》과 《천관파군 1세》가 《김부식》과 《중놈》《일연》으로 와서 조작한 엉터리 기록들임을 《메시아》가 분명히 하는 것이다.

(2) [고려 왕조(王朝) 왕명록](AD918~AD1392)

《한민족(韓民族)》들의 땅인 《한반도(韓半島)》를 《한민족(韓民族)》《민족정신(民族精神)》을 썩게 하여 탈취한 《대마왕신족(神族)》들인 《악마(惡魔)의 신(神)》들이 《한민족(韓民族)》 탈(脫)을 쓰고 《한반도(韓半島)》를 다스린 《신명(神名)》이 밝혀진 《고려 왕조(王朝)》《왕명록》을 먼저 살펴보고 다음을 진행하겠다.

[표 2-1-3-1] 고려 왕조 왕명록 (AD918~AD1392)

대수	왕명(王名)	신명(神名)	신(神)구분	생몰 및 재위	재위기간	비고
1	태조(왕건)	가이아 신(神) 1세	●	생몰 AD877~AD943 재위 AD918~AD943	25년	AD943년 태조 사망 직전 박술희(?~AD945)에게 군국대사를 부탁하고 《훈요십조》를 전수함.
2	혜종(왕무)	가이아 신(神) 2세	●	생몰 AD912~AD945 재위 AD943~AD945	2년	
3	정종(왕요)	가이아 신(神) 3세	●	생몰 AD923~AD949 재위 AD945~AD949	4년	혜종의 이복동생

4	광종 (왕소)	그림자 비로자나 1세	●	생몰 AD925~AD975 재위 AD949~AD975	26년	혜종의 이복동생 AD956년 노비안검법 실시 한민족(韓民族) 60만 이상 학살
5	경종	그림자 비로자나 2세	●	생몰 AD955~AD981 재위 AD975~AD981	6년	한민족(韓民族) 40만 이상 학살
6	성종	천관파군 1세	●	생몰 AD960~AD997 재위 AD981~AD997	16년	최승로(야훼신 1세)의《시무 28조》 AD987년 노비안검법 철폐 한민족(韓民族) 50만 이상 학살 윤회:《조선 왕조》초대 태조, 9대 성종, 24대 헌종
7	목종	천관파군 1세 분신1	●	생몰 AD980~AD1009 재위 AD997~AD1009	12년	윤회:《조선왕조》17대 효종
8	현종	천관파군 1세 분신2	●	생몰 AD992~AD1031 재위 AD1009~AD1031	22년	
9	덕종	천관파군 1세 분신3	●	생몰 AD1016~AD1034 재위 AD1031~AD1034	3년	윤회 : 조선 왕조 10대 연산군, 14대 선조
10	정종	천관파군 2세(이오 신(神))	●	생몰 AD1018~AD1046 재위 AD1034~AD1046	12년	AD1039년 노비종모법 발표 윤회:《조선 왕조》3대 태종, 6대 단종, 18대 현종, 영창대군
11	문종	이오 신(神) 분신1	●	생몰 AD1019~AD1083 재위 AD1046~AD1083	37년	
12	순종	이오 신(神) 분신2	●	생몰 AD1047~AD1083 재위 AD1083	1년	
13	선종	이오 신(神) 분신3	●	생몰 AD1049~AD1094 재위 AD1083~AD1094	11년	
14	헌종	이오 신(神) 분신4	●	생몰 AD1084~AD1097 재위 AD1094~AD1095	1년	
15	숙종	악마의 신인 석가모니 1세 분신	●	생몰 AD1054~AD1105 재위 AD1095~AD1105	10년	

16	예종	악마의 신인 석가모니 2세	●	생몰 AD1079~AD1122 재위 AD1105~AD1122	17년	
17	인종	악마의 신인 석가모니 3세	●	생몰 AD1109~AD1146 재위 AD1122~AD1146	24년	김부식(천관파군 2세, AD1075 ~AD1139) 삼국사기 씀.
18	의종	악마의 신인 석가모니 1세 분신1	●	생몰 AD1127~AD1173 재위 AD1146~AD1170	23년	무신정권(AD1170~AD1270)
19	명종	악마의 신인 석가모니 2세 분신1	●	생몰 AD1131~AD1202 재위 AD1170~AD1197	27년	〃
20	신종	악마의 신인 석가모니 3세 분신1	●	생몰 AD1144~AD1204 재위 AD1197~AD1204	7년	〃
21	희종	악마의 신인 석가모니 1세 분신2	●	생몰 AD1181~AD1237 재위 AD1204~AD1211	7년	〃
22	강종	악마의 신인 석가모니 2세 분신2	●	생몰 AD1152~AD1213 재위 AD1211~AD1213	2년	〃
23	고종	일월등명불	◐	생몰 AD1192~AD1259 재위 AD1213~AD1259	46년	무신정권(AD1170~AD1270) 고려-몽골 전쟁(AD1231 ~AD1259, 28년간)
24	원종	일월등명 1세 분신	◐	생몰 AD1219~AD1274 재위 AD1259~AD1269 복위 AD1270~AD1274	14년	무신정권(AD1170~AD1270) 몽골국 지배기 (AD1259~AD1271) 원나라 지배기 (AD1271~AD1279)
임시	영종왕			생몰 ?~? 재위 AD1269. 6월 ~AD1269. 11월	1년	몽골국 지배기 (AD1259~AD1271)
25	충렬왕	일월등명 2세	◐	생몰 AD1236~AD1308 재위 AD1274~AD1298 복위 AD1298~AD1308	34년	원나라 속국 (AD1279~AD1351) 일연(천관파군 1세, AD1206~ AD1289)이 삼국유사 씀. 일연은 무신집권기간 유일한 문신 집권자인 유경(집권 AD1258~AD1260) 과 동일인임.

26	충선왕	일월등명 2세 분신	◐	생몰 AD1275~AD1325 재위 AD1298 복위 AD1308~AD1313	6년	원나라 속국 (AD1279~AD1351)
27	충숙왕	일월등명 3세	◐	생몰 AD1294~AD1339 재위 AD1313~AD1330 복위 AD1332~AD1339	24년	〃
28	충혜왕	일월등명 3세 분신	◐	생몰 AD1315~AD1344 재위 AD1330~AD1332 복위 AD1339~AD1344	7년	〃
29	충목왕	일월등명 2세 분신	◐	생몰 AD1337~AD1348 재위 AD1344~AD1348	4년	〃
30	충정왕	일월등명 3세 분신	◐	생몰 AD1338~AD1352 재위 AD1348~AD1351	3년	〃
31	공민왕	무곡성불 1세	◐	생몰 AD1330~AD1374 재위 AD1351~AD1374	23년	원나라 속국 (AD1279~AD1351) 고려 주권 회복기 (AD1351~AD1392) 신돈 실권(AD1365~AD1371)
32	우왕	무곡성불 1세 분신	◐	생몰 AD1365~AD1389 재위 AD1374~AD1388	14년	고려 주권 회복기 (AD1351~AD1392) 이성계 실권 장악. 위화도 회군(AD1388)
33	창왕			생몰 AD1380~AD1389 재위 AD1388~AD1389	1년	고려 주권 회복기 (AD1351~AD1392)
34	공양왕	무곡성불 2세	◐	생몰 AD1345~AD1394 재위 AD1389~AD1392	3년	〃

◐ :《선악(善惡)》양면성을 근본 바탕으로 하는《대마왕》《불보살》
● :《악(惡)》을 근본 바탕으로 하는《악마(惡魔)의 신(神)》들인《대마왕신(神)》
※《고려》《23대 고종》부터《34대 공양왕》까지는《한민족(韓民族)》계(系)의《대마왕》불보살들께서 왕위(王位)에 올라 다스린 때가 된다.

(3)《고려 왕조(王朝)》에 특정 지어진 중요한 사항들에 대한 설명의 순서

① [고려 왕조의 시작과 멸망]
② [고려 왕조의 일관(一貫)된 정책]
③ 훈요십조
④ 노비(奴婢) 안검법과 노비(奴婢) 종모법
⑤ 4대 광종과 은진미륵
⑥ 6대 성종과 시무(時務) 28조
⑦ 무신정권(武臣政權)
⑧ 몽골군 개입
⑨ 원(元)나라 속국
⑩ 삼국사기와 삼국유사
⑪ 한단고기(桓檀古記)와 역사(歷史) 왜곡

이상과 같은 순서로《악마(惡魔)의 신(神)》들인《악(惡)의 축(軸) 6》의《대마왕신(神)》들이《고려 왕조(王朝)》를 세우고 도모한 일들을 차례로 살펴보기로 하자.

① [고려 왕조(王朝)의 시작과 멸망]

진행(進行)을 하면서 말씀드린 바와 같이,《고려 왕조》는《악마(惡魔)의 신(神)》인《대마왕신(神)》《그림자 비로자나 1세》와《가이아 신(神)》이《신라》가《삼국통일》을 한 직후 전쟁으로 인해《백제》와《고구려》유역이 혼란한 틈을 노려《페르시아》와《중원 대륙》에 있던 그들의 직계 후손들에게《한반도(韓半島)》중부와 북부 지역으로 이동할 것을《AD 700년》에《영적(靈的)》인 명령을 내림으로써 이들이《해상 루트》와《육로》를 통해 점차적으로 한반도로 이동하여《호족(豪族)》세력들을 이루고 자리한 후《가이아 신(神)》이 남자(男子) 몸(身)을 가지고《왕건(王建)》(재위 AD918~AD943)으로 태어나서 세운 왕조(王朝)로써 이는 최고의《대마왕》인《다보불》과 최고의《악마(惡魔)의 신(神)》인《대마왕신(神)》《비로자나 1세》가《중원 대륙》에서《당(唐)》나라가 탄생하기 직전 합의한《합의(合意)》내용에 따라 진행된 결과이다.

이와 같이 하여 만들어진 《고려 왕조》는 한마디로 잘라서 말씀드리면, 《악마(惡魔)의 신(神)》들인 《대마왕신(神)》들이 《당 마왕불교(佛敎)》를 《한반도》에 정착시켜 《한민족》을 타락시켜 《하층민》으로 전락시킨 후 이들을 《정신적(精神的)》으로 지배하고 《한민족(韓民族)》 보다 《우주적(宇宙的)》으로 《150억 년(億年)》에서 《250억 년(億年)》 진화(進化)가 덜된 《악마(惡魔)의 신(神)》인 《그림자 비로자나 1세》와 《가이아 신(神)》 직계 후손들이 《한민족(韓民族)》들 위에 군림하여 《한민족》들을 다스림으로써 종국에는 《한민족》들을 파멸(波滅)시키기 위해 최고 《악마(惡魔)의 신(神)》인 《비로자나 1세》 《음(陰)》의 후손들인 《백제계》 《양(陽)》의 연각승과 《비로자나 1세》 《양(陽)》의 후손들인 《그림자 비로자나 1세》와 《가이아 신(神)》 후손들이 세운 왕조가 고려 왕조로써 《왕조(王朝)》의 주도권은 《비로자나 1세》 양(陽)의 후손들인 《악마(惡魔)의 신(神)》인 《그림자 비로자나 1세》와 《가이아 신(神)》계(系)의 《대마왕신(神)》들이 쥐게 된 것이다.

사정이 이렇다 보니 《마왕 승려》들이 자연히 《정치(政治)》에 참여하게 됨으로써 《마왕 승려》, 《호족 세력》, 《문신(文臣)》들이 상위 계층인 《특수 계층》으로 자리하고 하위 개념으로써는 《무신(武臣)》들이 무력통치(武力統治) 체제를 갖추고 자리하여 《왕조(王朝)》가 출발된 것이다.

이러한 출발로부터 《태조 왕건》의 아들로 태어나서 4대 《광종(光宗)》(재위 AD949~AD975)으로 이름한 《악마(惡魔)의 신(神)》인 《그림자 비로자나 1세》는 《왕권(王權)》 강화를 위해 《공포정치》를 함으로써 《태조 왕건》 때 임명한 《개국공신(開國功臣)》 《3,200명》의 자격을 박탈하고 축출함으로써 《공신(功臣)》 40여명만 남게 되어 《호족》 세력들은 많이 약화되었으나 그래도 원천적으로 이익됨에만 탐착하는 《욕망》으로 가득 찬 《마왕 승려》, 《호족세력》, 《문신(文臣)》들이 상위 계층인 《특수 계층》을 이루고 하위 개념에 있는 《무신(武臣)》들이 《무력통치》 체제를 갖춤으로써 《진화(進化)》가 미천하여 《지혜(智慧)》가 없는 《권력(權力)》만 휘두를 줄 아는 《왕(王)》을 정점으로 《백성(百姓)》들을 다스리다 보니 《고려》 중반까지는 《강조의 난》(AD1009), 《이자겸의 난》(AD1126), 《묘청의 난》(AD1135) 등의 크고 작은 소요들이 발생하게 되고, 《고려》 18대 《의종》(재위 AD1146~AD1170) 때에는 사치와 유락(遊樂)이 국가 재정의 파탄을 가져왔고 이로써 이는 농민 수탈의 강화를 초래하게 되고 이에 도탄에 빠진 농민들은 지배 체제의 문란과 하극상 풍조에 자극되어 신분 해방과 지배층의 수탈에 항거하기 위해 대규모 반란을 일으키게 된다.

[표 2-1-3-2] 무신정권시작(정중부의 난(AD 1170, 고려 18대 의종 24년)) 주역들의 명단과 신명(神名)

인명	생몰	신명(神名)	비고
정중부	AD1106~AD1179	천관파군 1세	
이고	AD1140~AD1171	천관파군 2세(이오 신(神))	
이의방	?~AD1174	이오 신 2세	
이의민	?~AD1196	천관파군 3세	안남국 리왕조 후손

즉, 이러한 일들은 잦은 《거란족(族)》들의 침공과 《진화(進化)》가 덜된 《악마(惡魔)의 신(神)》인 《대마왕신(神)》 출신 《왕(王)》들의 국가 경영 미숙으로 인하여 나타난 결과들이기 때문에 이러한 일들 이후 《국가 경영》에 한계를 느낀 《악마(惡魔)의 신(神)》들인 《대마왕신(神)》들은 이후부터는 《천상(天上)》에서 그들 무리 다스림으로부터 비롯된 《공산사상(共産思想)》의 전유물인 《무력통치(武力統治)》 체제로 바꾸는 것이다.

이로써 《고려》 18대 《의종》 때 《천관파군 1세》가 《정중부》로 이름하고 《천관파군 2세》인 《이오 신(神)》이 《이의방》으로 이름하고 《이오 신(神) 2세》가 《이고》로 이름하고 《천관파군 3세》가 《이의민》으로 이름하고 《의종 24년》(AD1170) 8월에 이들 《악마(惡魔)의 신(神)》들인 《대마왕신(神)》들이 군사 《쿠데타》를 일으켜 정권(政權)을 장악하고 《무신정변》을 완성하는 것이다.

이로써 《악마(惡魔)의 신(神)》들인 《대마왕신(神)》들이 《군사 쿠데타》로 정권(政權)을 장악함으로부터 《무신(武神)》들이 정권(政權)의 상층부인 《특수층》에 자리하게 되고 《군사 쿠데타》가 일어나기 이전 《상층부》인 《특수층》에 자리하였던 《마왕 승려》들과 《호족》들과 《문신(文臣)》들은 하루아침에 《특수층》에 자리한 《무신(武臣)》들의 지시를 따르는 하위(下位) 《특수》 계층으로 추락을 한 것이다.

이로써 《고려》는 《특수층》 상층부에 자리한 《무신(武臣)》들에 의한 《무력통치(武力統治)》 체제가 갖추어져 한때 《최충헌》(AD1196~AD1219)으로 이름한 《악마(惡魔)의 신(神)》으로서 《대마왕신《神》》 중의 하나인 《야훼 신《神》》이 《무신정권》을 장악한 이후에도 이러한 《무력 통치 체제》는 계속되어 《고려》 말기 《요동 정벌》에 나섰던 《이성계》로 이름하고 다시 태어난 《천관파군 1세》 때까지 정권(政權)에 대한 무신(武臣)들의 간섭은 계속되는 것이다.

이와 같이 《고려》에서 시작된 《악마(惡魔)의 신(神)》들인 《대마왕신(神)》 왕(王)을 중심한 권력(權力)의 상층부 《특수층》에 자리한 《무신(武臣)》들의 《무력통치》 체제가 훗날 《일본 열도(日本列島)》를 다스리던 《다보불계(系)》 《대마왕》들과 《악마(惡魔)의 신(神)》들인 《대마왕신(神)》들에게 《막부정치(幕府政治)》를 하게 하는 모델이 된 것이다. 이러한 《무력통치》 체제는 《지혜(智慧)》가 미천한 진화(進化)가 덜된 《악마(惡魔)의 신(神)》들인 《대마왕신(神)》들이 선택할 수 있는 마지막 방편이 되는 것이다.

이와 같이 《정중부》로 이름한 《천관파군 1세》 일당들이 벌인 《무신정변》 이후 《고려 왕조(王朝)》는 호된 《업(業)》 잔치로써 《몽골》과의 전쟁을 《28년》간 거친 후 결국 《원(元)》(AD1271~AD1368)을 세운 《쿠빌라이 칸》(재위 AD1260~AD1294)으로 이름한 《미륵 2세》에게 정복된 후 《고려》 《25대 충렬왕》(재위 AD1274~AD1298) 때부터 《31대 공민왕》(재위 AD1351~AD1374) 재위(在位) 중 《AD 1368년》 《원(元)》나라가 망할 때까지 《원(元)》나라의 《속국》으로 자리하는 수모를 당한 후 32대 《우왕》(재위 AD1374~AD1388) 때 단행된 《요동 정벌》로 인한 《이성계》로 이름한 《천관파군 1세》가 《위화도》 회군(回軍) 사건을 일으켜 《최영》 장군으로 이름한 《야훼 신(神) 1세 분신》을 처형한 후 《32대 우왕》 마저 페위시키고 《33대 창왕》(재위 AD1388~AD1389)이 《재위(在位)》에 오른 지 얼마 되지 않아 《이성계》는 《33대 창왕》 마저 페위시키고 《34대 공양왕》(재위 AD1389~AD1392)을 옹립한 후 《AD 1392년》에 《34대 공양왕》을 페위시키고 《AD 1392년》에 《조준, 정도전》 등 급진 개혁을 추진하는 《역성혁명파(易姓革命派)》가 온건한 개량을 주장하는 《이색》, 《정몽주》 등 반대파를 물리치고 《이성계》를 왕(王)으로 옹립함으로써 《왕조(王朝)》는 《고려》에서 《조선(朝鮮)》으로 바뀌어지게 된 것이다.

이로써 《고려 왕조(王朝)》는 AD 918 ~ AD 1392년까지 34대 왕 474년의 통치를 끝으로 하여 멸망하고 만 것이나, 이는 《물고기》와 《어패류》 《영신(靈身)》을 가진 《악마(惡魔)의 신(神)》들인 《대마왕신(神)》들의 통치에서 체제 정비를 다시 하여 《곤충》 무리의 《영신(靈身)》을 가진 《악마(惡魔)의 신(神)》들인 《대마왕신(神)》들과 《짐승》 무리의 《영신(靈身)》을 가진 《대마왕》들의 통치로 넘어가는 《조선 왕조(朝鮮王朝)》로 바뀌는 나라 바꾸기에 지나지 않는 것이다.

즉, 《양(陽)》의 《대마왕신(神)》들을 《음양(陰陽)》으로 다시 구분하면 《음(陰)》의 《대마왕신(神)》들과 그의 후손들이 《물고기》와 《어패류》의 《영신(靈身)》을 가진 무리들이며, 《양(陽)》의 《대마왕신(神)》들과 그의 후손들이 《곤충》 무리의 《영신(靈身)》을 가진 무리들이다.

② [고려 왕조(王朝)의 일관(一貫)된 정책]

　이와 같이 《악마(惡魔)의 신(神)》들인 《대마왕신(神)》들이 경영한 《고려 왕조》에 대한 큰 사건만 대략적으로 살펴보았다. 그러면 다음으로 정작 중요한 《대마왕신(神)》들이 왕(王)이 되고 《특수층》에 자리한 《마왕신(神)》들이 다스린 《일반민(一般民)》들에 대해 말씀드리도록 하겠다.

　이참에 다시 한 번 더 강조 드리는 바는 《고려 왕조(王朝)》의 일관된 정책이 《악마(惡魔)의 신(神)》들인 《대마왕신(神)》들이 《이기심(利己心)》과 《욕망》에 탐착하는 진화가 덜된 그들 후손 민족들의 《한반도》 정착과 아울러 최고의 《악마(惡魔)의 신(神)》으로서 《대마왕신(神)》인 《비로자나 1세》의 후손들인 《백제계》 《양(陽)의 연각》의 무리들과 함께 《음(陰)의 곰족(熊族)》들과 《스키타이》들과 《구려족(族)》이 하나된 인간의 《영신(靈身)》들을 가진 《한민족(韓民族)》들을 썩은 《당 마왕불법》으로 오염시켜 《한민족》《정서(情緖)》를 파괴한 후 《기복불교》로써 《한민족》의 《정신세계》를 정복하고 《한민족》을 타락시켜 파멸시키기 위해 《악마(惡魔)의 신(神)》들인 《대마왕신(神)》들과 그들의 후손 민족들이 《한민족》 구성원들 위(上)에 군림하면서 《힘(力)》으로 다스리는 정책을 일관되게 추진을 한 것임을 《한민족(韓民族)》 구성원들은 분명히 알아야 하는 것이다.

　이로써 《고려 왕조》 상층부에 자리한 《특수층》들 역시 썩은 고려불교를 신앙하며 본래 그들이 지닌 《욕망》함에 의한 《이기심》이 억제되기보다는 항상 표면으로 돌출함으로써 《지혜력(智慧力)》이 부족하여 《정치력(政治力)》이 미천한 최고의 《권력자》인 《악마(惡魔)의 신(神)》들인 《대마왕신(神)》 왕(王)들이 이들을 올바로 다스리지 못한 《화(禍)》는 그들 후손 민족들과 《백제계》《양(陽)의 연각》의 무리들에게 돌아가기 보다는 대부분이 《한민족(韓民族)》 구성원들에게 자연히 돌아가게 되어 있었던 것이다.

이러한 때에 《고려》 4대 《광종(光宗)》(재위 AD949~AD975)으로 이름한 《그림자 비로자나 1세》가 그의 후손들인 《호족》 세력들 중 세력이 강하여 《왕권(王權)》을 위협할 수준에 있는 《호족》 세력들을 정리하면서 이들의 세력 약화를 위해 《AD 956년》에 《노비안검법(奴婢按檢法)》을 실시하여 양민으로서 부당하게 노비(奴婢)가 되었거나 빚 등으로 노비가 된 자들을 석방한 후, 곧바로 이들을 상대로 한 《대학살》을 감행하여 《한민족(韓民族)》 《150만 명》을 학살하는 포문을 열게 된 것이다. 이렇듯 노비가 된 자들이 사실상 대부분이 《한민족》 구성원들인 것이다.

이때 《광종》이 처리한 《호족》들의 수(數)가 《태조》 왕건(王建)이 임명한 《개국공신》 《3,200명》 중 《공신(功臣)》 40여명만 남겨 두었을 정도이니 이들 《개국공신》들이 거느린 노비(奴婢)가 과연 얼마나 많았겠는가. 이때 《광종》으로 이름한 《악마(惡魔)의 신(神)》으로서 《대마왕신(神)》인 《그림자 비로자나 1세》가 《한민족(韓民族)》을 학살한 수(數)가 《60만 명》 이상이 되는 것이다.

이러한 이후 6대 《성종》은 《노비안검법》 실시로 양민으로 회복된 대부분의 사람들이 《학살》당한 이후 《노비안검법》을 철폐하고 10대 《정종》(재위 AD1034~A1046)은 《AD 1039년》에 《노비종모법》을 부활하는 것이다. 이들 《악마(惡魔)의 신(神)》들인 《대마왕신(神)》 왕(王)들은 그들이 뜻한 목적이 성취되면 그 다음은 《권력(權力)》의 힘으로 손바닥 뒤집듯이 그 결과를 뒤집는 것이 이들 《악마(惡魔)의 신(神)》들인 《대마왕신(神)》 출신 왕(王)들의 특기인 것이다.

이와 같이 《한민족(韓民族)》 백성(百姓)들 상당수가 《학살》당한 후 나머지 일부는 《노비(奴婢)》로 때로는 도둑의 무리가 되어 유랑하고 때로는 《호족》 세력들이나 관군(官軍)의 하급군(軍)으로 징발되어 전쟁에 내몰려 죽임을 당하게 되고 일부 농사짓는 자(者)들은 농사를 지어 놓고 나면 수탈당하는 이와 같은 수모를 《고려 왕조》 내내 당하면서 《천민》 신세를 벗어나지 못한 것이다. 이러한 《고려 왕조》 시대상을 가늠할 수 있는 《정변》들을 정리하면 [표 2-1-3-3]과 같다.

이와 같은 《고려 왕조》가 일관(一貫)되게 추진한 정책이 《한민족(韓民族)》 말살정책이었음을 《메시아(Messiah)》이신 《미륵불(佛)》이 분명히 밝히는 것이다. 한마디로 잘라서 말씀드려,

[표 2-1-3-3] 고려의 정변(난)

순서	정변 명칭	발생년도	순서	정변 명칭	발생년도
1	강조의 난	1009년	10	만적의 난	1198년
2	이자겸의 난	1126년	11	밀성 관노의 난	1200년
3	묘청의 난	1135년	12	이비·패좌의 난	1202년
4	정중부의 난	1170년	13	최강수의 난	1217년
5	김보당의 난	1173년	14	이연년의 난	1237년
6	조위총의 난	1174년~1176년	15	삼별초의 난	1271년~1273년
7	망이·망소이의 난	1176년~1177년	16	최유의 난	1364년
8	죽동의 난	1182년	17	위화도 회군	1389년
9	김사미·효심의 난	1193년			

《고려 왕조》는 《한민족(韓民族)》을 희생양으로 하여 《백제계(系)》《양(陽)의 연각》 무리들과 《물고기》와 《어패류》의 영신(靈身)을 가진 《악마(惡魔)의 신(神)》들인 《대마왕신(神)》 후손들만 잘 먹고 잘 살은 왕조(王朝)로 규정할 수가 있는 것이다.

이때 이들이 남긴 후손들이 지금의 때 《지상(地上)》의 36궁(宮)이 되는 《한국(韓國)》의 인구 비율로 볼 때 《20%》가 되며, 이후 《고려 왕조》의 연장선상에서 만든 《곤충》 무리 《영신》을 가진 《대마왕신(神)》들이 만든 《조선 왕조》에서 남긴 후손들이 《10%》, 《백제계(系)》《연각》의 무리가 《10%》가 됨으로써 전체 《대마왕신(神)》 후손들이 《40%》가 되며 《한민족(韓民族)》이 《60%》가 되는 것이다.

이러한 《악마(惡魔)의 신(神)》들인 《대마왕신(神)》들의 후손들 중 《백제계(系)》는 옛 영토를 지키며 편중되어 있으나 《30%》가 되는 《마왕신(神)》들의 후손들은 《영남 지방》을 포함한 전국에 골고루 흩어져 분포하고 있는 것이다.

이와 같은 《악마(惡魔)의 신(神)》들인 《대마왕신(神)》들의 후손들이 《왕조(王朝)》 시대가 끝이 난 지금도 《고려 왕조》와 《조선 왕조》에서 《한민족(韓民族)》들을 핍박하며 누린 《1,000년》 영화(榮華)를 못 잊어서 이제는 그들의 본색인 《공산사상(共產思想)》을 노골적으로 드러내어 《천상(天上)》에서부터 비롯된 《원조(原祖)》《공산사상가(共產思想家)》들이 《좌익 세력》으로 이름하고 그들 사상(思想)이 《퇴보(退步)》된 사상(思想)임도 모르고 그들이 추구하는 《좌익사상》을 《진보(進步)》라 이름하고 온 백성(百姓)들을 속이고 기만하는 가운데 모든 《악마(惡魔)의 신(神)》들인 《대마왕신(神)》들과 이들의 《특수층》에 자리하였던 《행동 대장》들이 《반복(反復)》되는 윤회(輪廻)로 다시 태어나서 《일반민(一般民)》들에게 《좌익사상》을 심고 다시 《정권(政權)》을 탈취하여 옛날 그들 《영화(榮華)》를 되찾고자 하다가 이때를 기다리고 계시던 《석가모니 하나님 부처님》과 《미륵불(佛)》에 의해 그들 《영혼》들이 일망타진되어 《지하세계》에 갇혀 있다가 최근 다시 끌려 나와 《천상(天上)》의 공개 재판을 받고 지상(地上)의 서기 2012년 12월 26일 《천상(天上)》에서 공개 처형이 되어 《우주간(宇宙間)》이고 《세간(世間)》 어디에서도 머물지 못하고 영원히 사라져 간 것이다.

이로써 그들은 두 번 다시 인간으로 태어날 수도 없으며 현재 육신을 가지고 거들먹거리고 《백성(百姓)》들을 기만하고 있는 《육신(肉身)》을 가진 자들도 《육신(肉身)》의 죽음(死) 이후는 《귀소본능》의 원칙에 따라 그들 《영혼》들이 간 길을 따라 가야하는 것이 《철칙》이라는 사실도 알아야 할 것이다.

이와 같이 향후 《우주간》이나 《세간》에서 《인류》를 파멸로 몰고 가는 《공산사상(共產思想)》은 사라져 갈 것이며, 현재 지상(地上)에 남아 있는 《공산당》과 《공산 정부》도 조만간 흔적도 없이 사라져 갈 것임을 《메시아》이신 《미륵불》이 분명히 하는 것이며, 이때를 맞이하여 《한민족(韓民族)》들은 다시 깨어나야 하고 《지도자》들을 잘못 만난 《악마(惡魔)의 신(神)》들인 《대마왕신(神)》 후손들은 《마왕》의 탈을 깨끗이 벗고 《석가모니 하나님 부처님》께서 행(行)하시는 《구원》의 대열에 동참할 수 있도록 노력하시라고 【고려 왕조】편의 잘못된 정책을 알려 드리면서 당부를 하는 것이다.

③ [훈요십조]

《고려》《태조 왕건(太祖王建)》(재위 AD918~AD943)으로 이름한 《가이아 신(神)》은 《고려 왕조(王朝)》를 출발시키면서 《당 왕조(唐王朝)》(AD618~AD907)가 출발할 때 《악마(惡魔)의 신(神)》들 중 최고의 《악마(惡魔)의 신(神)》으로서 《대마왕신(神)》인 《비로자나 1세》와 최고의 《대마왕》인 《다보불》이 합의한 내용을 따라 《고려 왕조》 초기부터 《당 마왕불교(佛敎)》를 받아들여 정착을 시킴과 동시에 《마왕 승려》들도 《지배 계층》에 포함시켜 벼슬을 할 수 있도록 한 것이다. 이와 같은 사정으로 《태조 왕건(太祖王建)》은 임종 직전에 후대(後代)의 왕(王)들에게 가르침을 베푸는 지침을 남기게 되는데, 이렇듯 남긴 지침이 《훈요십조》이다. 이러한 《훈요십조》를 먼저 살펴보고 다음을 진행하도록 하겠다.

[훈요십조]

1. 불교를 장려하되 간신과 승려들의 사원 쟁탈은 못하게 하라.
2. 도선 스님이 정해 놓은 땅 이외의 곳에 함부로 절을 짓지 마라.
3. 장자가 왕위 계승을 하되, 어질지 못하면, 신망 있는 자에게 전통을 잇게 하라.
4. 고려의 특성에 맞게 예악을 발전시켜라.(거란의 제도는 본받지 마라.)
5. 지맥의 근본인 서경을 중시하여, 서경에서 1년에 100일간 머물라.
6. 연등(燃燈)과 팔관(八關) 등을 소홀히 하지 말라.
7. 백성들의 신망을 얻고 신상필벌을 확실히 하라.
8. 차령산맥 남쪽과 공주강(금강) 밖 지방은 산세가 거꾸로 달려 역모의 기상을 품고 있으니 결코 그 지역 사람을 중히 쓰지 말라.
9. 백관의 녹봉을 제도에 따라 마련했으니, 함부로 증감하지 말라.
10. 경전과 역사를 널리 읽어 온고지신의 교훈으로 삼아라.

가> 《훈요십조》 2조에 등장하는 《도선(道詵)》(AD827~AD898)은 《악마(惡魔)의 신(神)》들 중 《대마왕신(神)》《천관파군 2세》인 《이오 신(神)》의 분신(分身)으로서 《당(唐)》나라(AD618~AD907) 때에는 《한문(韓文)》의 뜻글자가 다른 《도선(道宣)》(AD596~AD667)으로 이름하고 《계율종》을 창시하고, 반복(反復)되는 윤회(輪廻)로 《당(唐)》나라 때에 다시 《한문(韓文)》의 뜻글자가 다른 《도선(道璿)》(AD702~AD760)으로 이름하고 《화엄종》을 일본(日本)에 첫 번째로 전하였으며, 또 다시 반복(反復)되는 윤회(輪廻)로 세 번째 《도선(道詵)》(AD827~AD898)으로 태어난 것이다. 이러한 《악마(惡魔)의 신(神)》으로서 《대마왕신(神)》《천관파군 2세》인 《이오 신(神)》의 분신(分身)인 《도선(道詵)》(AD827~AD898)이 《신라》 말기 《계율종》을 가지고 온 《풍수설》의 대가로 알려진 자(者)로서 《고려》 건국에 영향을 크게 미친 자(者)이며 《도선비기》로 유명한 《악마(惡魔)의 신(神)》 중의 한 명인 것이다.

나> 《훈요십조》 중 《8조》의 『차령산맥 남쪽과 공주강(금강) 밖 지방은 산세가 거꾸로 달려 역모의 기상을 품고 있으니 결코 그 지역 사람을 중히 쓰지 말라』라는 조항은 《악마(惡魔)의 신(神)》들 중 최고(最高)의 《대마왕신(神)》《비로자나 1세》의 직계 후손들인 《백제계(系)》를 지칭하는 것으로써 《훈요십조》가 전승되던 《고려 3대》《정종》(재위 AD945~AD949) 때까지 《백제계(系)》 백성(百姓)들이 상당히 핍박받았던 내용으로 되어 있는 것이다. 이러한 《훈요십조》는 《고려 3대 정종》(재위 AD945~AD949) 때 이후부터는 계속 전승되지 않았음을 아시기 바란다.

※ 특기(特記) 1 :

[기복불교(祈福佛敎)]

《화엄종》,《계율종》 등은 모두 《당 마왕불교》에서 갈라져 나온 《종단》들이다. 이러한 《당 마왕불교》뿐만 아니라 《천태종》,《조계종》,《태고종》 등 각종 《불교 종단》들이 《이기심》과 《욕망(慾望)》을 부추기는 《기복(祈福)》 신앙(信仰)을 뼈대로 하여 《대마왕》《다보불》과 《악마(惡魔)의 신(神)》인 《대마왕신(神)》《석가모니》가 《구원자(救援者)》가 되어 《구원(救援)》의 능력도 없는 《창조주》 노릇을 하고 있는 종교(宗敎)가 《마왕 불교(佛敎)》이다.

이러한 《마왕 불교》를 《고려 태조(太祖)》《왕건(王建)》으로 이름한 《가이아 신(神)》 이후 《6대 성종》(재위 AD981~AD997)으로 이름한 《악마(惡魔)의 신(神)》인 《대마왕신(神)》《천관파군 1세》 때부터의 《고려 왕조(王朝)》에서는 이를 배척함으로써 이때부터 대부분의 《비로자나 1

세》계(系)의 《백제계(系)》와 《독각》의 무리들인 《호족(豪族)》계(系)는 《마왕 불교(佛敎)》를 믿지 않게 된 것이다. 이와 같은 최고 《악마(惡魔)의 신(神)》인 《비로자나 1세》의 후손들인 《백제계》와 《호족계》 대부분이 《마왕 불교(佛敎)》를 배척하고 믿지 않는 전통은 오늘날까지도 전하여져 《악마(惡魔)의 신(神)》인 《비로자나 1세》계(系)는 《마왕 불교》를 비웃음의 대상으로 알고 있는 것이다.

그러나 일찍부터 《보살불교(菩薩佛敎)》에 길들여진 《한민족(韓民族)》들은 《고려 왕조》에 들어와서 나라를 빼앗기고 이들 무리들에 의한 《대학살》 이후 《노비(奴婢)》가 되고 《하층민》으로 전락하여 《소수 민족》이 된 암담한 시절의 탈피를 위해 매달릴 곳은 《부처님》 밖에 없었기 때문에 《마왕 불교》니 《보살불교》니를 따져볼 형편이 되지 못한 가운데, 《마왕 불교》에 깊이 빠져들어 신앙생활을 하는 전통이 오늘날까지 전하여져 옴으로써 《부산(釜山)》 사람들과 《경상도》 지방 사람들이 전국 《사찰》의 《마왕 승려》들을 모두 먹여 살린다고 《마왕 승려》들 스스로가 이야기하고 있는 실정이다.

이러한 선량한 무리들인 《한민족(韓民族)》들에게 당부 드리는 바는 《당 마왕불교》나 《천태종》, 《조계종》, 《태고종》 등 모든 종단의 불자(佛者)를 자처하는 그대들은 사실상 《마왕 불자(佛者)》들이다. 비유를 하면, 최고의 《대마왕》《다보불》과 《문수보살 1세》와 《악마(惡魔)의 신(神)》인 《대마왕신(神)》《석가모니》가 여러분들을 향해 던진 더러운 《오물(汚物)》통에 맞아 《오물(汚物)》을 뒤집어 쓴 채 《오물독(汚物毒)》이 뼈 속 깊숙이 스며들어 있는 상태로써

이러한 《마왕 불교》의 더러운 《오물(汚物)》을 그대들이 씻어 내지를 못하면 그대들도 《석가모니 하나님 부처님》께서 행(行)하시는 《구원(救援)》의 대열에 서지를 못하고 그대들에게 더러운 《오물(汚物)》통을 집어던진 《대마왕》《다보불》과 《문수보살 1세》와 이들을 따르는 하수인 집단들인 《조계종》과 《천태종》과 《태고종》 등 모든 불교 종단 《마왕 승려》들과 함께 《침몰》하는 우주간(宇宙間)의 《블랙홀(Black Hole)》로 그대들 《영혼》들이 빨려 들어가서 영원히 인간 육신(肉身)을 가지고 태어날 수 없는 《무간지옥》의 고통 속으로 빠져 들어 엄청난 공포와 고통 속에서 지내야 할 것임을 《메시아》가 분명히 밝히는 바이며,

그래도 선량했던 그대들의 근본 바탕을 알고 있는 《미륵불》이기 때문에 이러한 불우한 과정을 겪은 《한민족(韓民族)》들을 일깨워 더러운 《오물(汚物)》을 깨끗이 씻은 후 그대들을 《이상 세계》로 가는 《구원(救援)》의 대열에 세우기 위해 지금까지 《메시아(Messiah)》이신 《미륵불》이 노력을 하고 있으나 《마왕 중놈》들에게 속고 있는 그대들이 《메시아》이신

《미륵불》이 《선천우주(先天宇宙)》 마지막 때인 지금의 때에 《한국(韓國)》의 《부산(釜山)》으로 와서 모든 《실상(實相)》의 《역사(歷史)》를 밝히고 있는 지금까지 달라지는 바가 없는 것이 무척 안타까울 뿐인 것이다.

　　《선천우주(先天宇宙)》 기간 동안은 진화(進化)의 이치 때문에 《참(眞) 인간》이나 《인간》 탈을 쓴 《짐승》들이나 《인간》 탈을 쓴 《물고기》, 《어패류》, 《곤충》의 《영신(靈身)》을 가진 자(者)들이 반복(反復)되는 윤회(輪廻)를 통해 《인간 육신》을 가지고 태어날 수 있었으나, 《후천우주》가 시작되는 지상(地上)의 문명 종말 이후에는 《석가모니 하나님 부처님》께서 행(行)하시는 《구원(救援)》의 대열에 서지 못한 자(者)들은 영원히 사라져야 하는 형편임을 분명히 알려 드리는 바이다.

---

④ [노비안검법(奴婢按檢法)과 노비종모법(奴婢從母法)]

가> [노비(奴婢) 안검법(按檢法)]

　　《고려 왕조(王朝)》의 일관된 정책은 《악마(惡魔)의 신(神)》들인 《대마왕신(神)》들이 《이기심(利己心)》과 《욕망》에 탐착하는 진화(進化)가 한참 덜된 그들 후손 민족들의 《한반도(韓半島)》 정착과 아울러 《악마(惡魔)의 신(神)》들 중 최고의 《대마왕신(神)》인 《비로자나 1세》의 후손들인 《백제계》의 무리들과 함께 《음(陰)의 곰족(熊族)》들과 《스키타이》들과 《구려족(族)》이 하나된 인간의 《영신(靈身)》들을 가진 《한민족(韓民族)》들을 썩은 《당 마왕불법》으로 오염시켜 《한민족》 《정서(情緖)》를 파괴한 후 《기복불교》로써 《한민족》의 《정신세계》를 정복하고 《한민족》을 타락시켜 파멸시키기 위해 《악마(惡魔)의 신(神)》들인 《대마왕신(神)》들과 그들의 후손 민족들이 《한민족》 구성원들 위(上)에 군림하면서 《힘(力)》으로 다스리는 정책을 일관되게 추진을 한 것임을 《한민족(韓民族)》 구성원들은 분명히 알아야 하는 것이다.

　　이로써 《고려 왕조》 상층부에 자리한 《특수층》들 역시 썩은 고려불교를 신앙하며 본래 그들이 지닌《욕망》함에 의한《이기심》이 억제되기보다는 항상 표면으로 돌출함으로써 《지혜력(智慧力)》이 부족하여《정치력(政治力)》이 미천한 최고의《권력자》인《악마(惡魔)의 신 (神)》들인《대마왕신(神)》왕(王)들이 이들을 올바로 다스리지 못한《화(禍)》는 그들 후손 민 족들과《백제계》에게 돌아가기보다는 대부분이《한민족(韓民族)》구성원들에게 자연히 돌 아가게 되어 있었던 것이다.

이러한 때에《고려》4대《광종(光宗)》(재위 AD949~AD975)으로 이름한《그림자 비로자나 1 세》가 그의 후손들인《호족》세력들 중 세력이 강하여《왕권(王權)》을 위협할 수준에 있는 《호족》세력들을 정리하면서 이들의 세력 약화와《한민족(韓民族)》말살을 위해《AD 956 년》에《노비안검법(奴婢按檢法)》을 실시하여 양민으로서 부당하게 노비(奴婢)가 되었거나 빚 등으로 노비가 된 자들을 석방한 후, 곧바로 이들을 상대로 한《대학살》을 감행하여《한 민족(韓民族)》《150만 명》을 학살하는 포문을 열게 된 것이다. 이렇듯 노비가 된 자들이 사 실상 대부분이《한민족》구성원들인 것이다.

이때《광종》이 처리한《호족》들의 수(數)가《태조》왕건(王建)이 임명한《개국공신》《3, 200명》중《공신(功臣)》40여명만 남겨 두었을 정도이니 이들《개국공신》들이 거느린 노 비(奴婢)가 과연 얼마나 많았겠는가? 이때《광종》으로 이름한《악마(惡魔)의 신(神)》으로서《 대마왕신(神)》인《그림자 비로자나 1세》가《한민족(韓民族)》을 학살한 수(數)가《60만 명》이 상이 되는 것이다. 이러한 이후 6대《성종》은《노비안검법》으로 인해 양민으로 회복된 대부분의 사람들이《학살》당한 이후《노비안검법》을 철폐하고 10대《정종》(재위 AD1034~AD 1046)은《AD 1039년》에《노비종모법》을 다시 부활하는 것이다.

이들《악마(惡魔)의 신(神)》들인《대마왕신(神)》왕(王)들은 그들이 뜻한 바 목적이 성취되면 그 다음은《권력(權力)》의 힘으로 손바닥 뒤집듯이 그 결과를 뒤집는 것이 이들《악마(惡魔) 의 신(神)》들인《대마왕신(神)》출신 왕(王)들의 특기인 것이다.

이와 같이《한민족(韓民族)》백성(百姓)들 상당수가《학살》당한 후 나머지 일부는《노비(奴 婢)》로, 일부의 무리는 도둑의 무리가 되어 유랑하고 때로는《호족》세력들이나 관군(官軍) 의 하급 군(軍)으로 징발되어 전쟁에 내몰려 죽음을 당하게 되고 일부 농사짓는 자(者)들은 농사를 지어 놓고 나면 수탈당하는 이와 같은 수모를《고려 왕조》내내 당하면서《천민》신세를 벗어나지 못한 것이다.

이러한 《노비(奴婢)》《안검법(按檢法)》 철폐 이후 《한민족(韓民族)》들을 학살한 학살자 명단을 정리하면 다음과 같다.

[표 2-1-3-4] 고려 왕조(王朝) 한민족(韓民族) 학살자 명단

왕 순서	왕명 (王名)	신명(神名)	신(神) 구분	생몰 및 재위	비고
4대	광종	그림자 비로자나 1세	●	생몰 AD925~AD975 재위 AD949~AD975	AD956년 노비안검법 실시 한민족(韓民族) 60만 이상 학살
5대	경종	그림자 비로자나 2세	●	생몰 AD955~AD981 재위 AD975~AD981	한민족(韓民族) 40만 이상 학살
6대	성종	천관파군 1세	●	생몰 AD960~AD997 재위 AD981~AD997	AD987년 노비안검법 철폐 한민족(韓民族) 50만 이상 학살
중 략					
10대	정종	천관파군 2세 (이오 신)	●	생몰 AD1018~AD1046 재위 AD1034~AD1046	AD1039년 노비종모법 발표

※ AD 956년 ~ AD 996년까지 40년 동안 이들 《악마(惡魔)의 신(神)》들인 《대마왕신(神)》들이 한민족(韓民族)을 대량학살한 수(數)가 150만 명(萬名) 이상임.
※ ● : 《악(惡)》을 근본 바탕으로 하는 《악마(惡魔)의 신(神)》들인 《대마왕신(神)》

이와 같이 《고려》 4대 《광종(光宗)》으로부터 시작된 《한민족(韓民族)》들에 대한 학살은 《고려》 6대 《성종(成宗)》으로 이름한 《천관파군 1세》 재위 《AD 996년》까지 40년 동안 《150만 명》 이상을 학살하는 대살육극을 벌이게 된다. 이러한 와중인 《AD 987년》에 《성종》으로 이름한 《천관파군 1세》는 《노비안검법(奴婢按檢法)》을 철폐한 후 다시 살아남은 《한민족(韓民族)》 상당수들에게 《노비(奴婢)》라는 무거운 족쇄를 다시 채운 것이며, 이를 피

해 산속으로 도망친 무리들은 《도둑 떼》가 된 것이며, 일부는 유랑 걸식하는 무리들로 변한 것이다.

이와 같이 《고려 왕조(王朝)》는 처음부터 《한민족(韓民族)》 말살과 《하층민》으로 전락시키기 위해 혈안이 되었던 《왕조(王朝)》였다는 사실을 오늘날을 살고 있는 《남한(南韓)》 백성들의 《60%》가 되는 어렵게 살아남은 《한민족(韓民族)》들은 깊이 인식하여야 하는 것이다.

이를 두고 옛날에 일어난 일들이라고 방관하여서는 안 되는 것이 《반복(反復)》되는 《윤회(輪廻)》의 법칙이 엄연히 존재하고 있는 한 그대들이 이렇게 실상(實相)을 밝혀 드리는 사실에 대해 깨어나지 못하고 남의 일처럼 생각하다가는 그대들 역시 《고려 왕조(王朝)》를 있게 하고 《조선 왕조(王朝)》를 있게 하였던 《악마(惡魔)의 신(神)》들인 《대마왕신(神)》들과 그동안 잘 먹고 잘 살았던 그들의 후손들인 《백제계》와 여타 《대마왕신(神)》 후손 무리들과 같이 그대들의 《영혼》과 《영신》 역시 《우주간(宇宙間)》의 침몰하는 《블랙홀》로 몰려 들어가서 인간 육신(肉身)을 가지고 태어날 수 없는 곳으로 사라져 가야 한다는 사실을 《메시아(Messiah)》가 분명히 하는 것이다.

그리고 오늘을 살고 있는 한민족(韓民族)들에게 《메시아(Messiah)》가 특별히 당부하는 바는 이와 같이 《악마(惡魔)의 신(神)》들인 《대마왕신(神)》들과 그들의 후손 마왕 무리들은 《고려 왕조》나 《조선 왕조》 때에 그들이 《한민족(韓民族)》들을 《천민》으로 거느리면서 잘 먹고 잘 살던 때의 《영화》를 잊지 못해 오늘날은 그들 무리가 《천상(天上)》에서부터 본래 가지고 있었던 《공산사상(共産思想)》을 표면화하여 《좌익사상》을 《남한(南韓)》 백성 모두들에게 뿌리내리도록 혈안이 되어 있다는 점이다.

이 역시 그들 《악마(惡魔)의 신(神)》들인 《대마왕신(神)》들과 그들 후손 마왕 무리들이 이번에는 방법을 달리 하여 《한민족(韓民族)》들을 새로운 방법으로 《노예》로 만들기 위하여 혈안이 되어 있다는 사실을 차제에 《고려 왕조》의 실상(實相)을 전하면서 《메시아(Messiah)》가 분명히 하는 것이다. 그러므로 《좌익》 활동을 하는 무리들을 《한민족(韓民族)》들은 단호히 배척하여야 할 것이다.

이러한 사실적인 일들 때문에 《고려 왕조(王朝)》는 통치 기간 내내 여러 가지 난으로 시달려 오다가 《왕조(王朝)》가 더 이상 지탱하기 어려운 때에 《악마(惡魔)의 신(神)》으로서 《대마왕신(神)》인 《천관파군 1세》가 반복(反復)되는 윤회(輪廻)를 통해 《정중부》(생몰 AD1106~AD1179)로 이름하고 태어나서 여타 《악마(惡魔)의 신(神)》 《대마왕신(神)》들과 함께 군사 쿠데타를 일으켜 이후부터는 《무신(武臣)》들에 의한 《무력통치(武力統治)》 체제를 갖추어 《무력(武力)》으로 나라를 다스린 것이 《고려 왕조》 중반 때까지 계속되었음을 알아야 할 것이다. 그리고 《고려 왕조(王朝)》에서 이때부터 행(行)하여진 《무력통치》 체제가 인근 《일본국》에서 《악마(惡魔)의 신(神)》들인 《대마왕신(神)》들과 《대마왕》《불보살》들에 의해 《막부 정치》를 하게 되는 기본 모델이 되었음을 아울러 밝혀 두는 바이다.

나> [노비종모법(奴婢從母法)]

　　《고려》 시대는 전통적으로 《노비(奴婢)》의 혼인은 《노비(奴婢)》끼리 혼인을 하는 《동색혼(同色婚)》을 원칙으로 하고 《한민족(韓民族)》 탈(脫)을 쓴 《악마(惡魔)의 신(神)》들인 《대마왕신(神)》들과 그들의 후손(後孫)들과 《악마(惡魔)의 신(神)》들인 《대마왕신(神)》들의 정책에 동조하는 일부의 《한민족(韓民族)》들을 《양인(良人)》으로 이름한 《양천교혼(良賤交婚)》은 허락하지 않고 《노비(奴婢)》 신분이 된 소생자녀의 성씨(姓氏)는 모계(母系)를 따르도록 한 법이 《노비종모법(奴婢從母法)》으로써 전형적인 《한민족(韓民族)》들을 《하층민》으로 전락시키게 되는 대표적인 악법(惡法)이 되는 것이다. 이러한 악법(惡法)은 《악마(惡魔)의 신(神)》들 중 《대마왕신(神)》들 중에서도 교활하기 짝이 없는 《천관파군 2세》인 《이오 신(神)》이 《고려》 10대 《정종(正宗)》으로 이름하고 《AD 1039년》에 만들어 발표한 법(法)이 되는 것이다.

　　이와 같이 《양인(良人)》과 《천민(賤民)》으로 나눈 《노비종모법》의 뜻하는 바가 결실을 맺은 것이 훗날 《조선 왕조(朝鮮王朝)》 때의 《지배 계층》인 《문무(文武)》를 함께 갖춘 《양반(兩班)》 계층의 구축에 있었다는 사실을 알아야 할 것이다. 즉, 《한민족(韓民族)》 탈(脫)을 쓴 《악마(惡魔)의 신(神)》들인 《대마왕신(神)》들이 반복(反復)되는 윤회(輪廻)를 통해 《왕(王)》과 《왕실(王室)》을 이룬 아래로 《지배 계층》인 《양반(兩班)》 계층이 자리하여 《일반민(一般民)》들과 《천민(賤民)》들을 다스리는 《통치(統治)》 체제의 구축으로 《한민족(韓民族)》을 다스리는 구체적인 조치로써 나온 것이 바로 《노비종모법》인 것이다.

이러한 내용을 구체적으로 살펴보면, 《고려》 4대 《광종(光宗)》으로 이름한 《그림자 비로자나 1세》와 5대 《경종(景宗)》으로 이름한 《그림자 비로자나 2세》와 6대 《성종(成宗)》으로 이름한 《천관파군 1세》 등 《악마(惡魔)의 신(神)》들인 《대마왕신(神)》들에 의해 학살된 《한민족(韓民族)》의 수(數)가 《150만》 이상 이었음을 진행을 하면서 밝혔다. 이러한 학살 이후 《한반도(韓半島)》의 인구 분포를 보면, 《악마(惡魔)의 신(神)》들 중 최고(最高)의 《대마왕신(神)》인 《비로자나 1세》의 직계 후손들인 《백제계》와 《야훼신계(系)》가 30%, 《백제》가 다스린 《중원대륙》 여러 곳으로부터 《통일신라》 이후 한반도로 이동하여 들어와서 《고려》를 세운 《호족(豪族) 세력》들이 《30%》, 《한민족(韓民族)》 무리가 40%로써 이러한 《한민족(韓民族)》들 중 《20%》가 《노비(奴婢)》 신분인 것이다.

즉, 《신라》 《삼국 통일》 이전 《한반도》에 거주하던 민족들의 분포는 《한민족(韓民族)》이 《70%》이며, 《비로자나 1세》계(系)의 《백제》계(系)와 《야훼신계(系)》가 《30%》이었던 것이 《대학살》 이후 《한민족(韓民族)》 탈(脫)을 쓴 《악마(惡魔)의 신(神)》들인 《대마왕신(神)》들과 그들의 후손들이 《60%》가 되고 《한민족(韓民族)》 《20%》에 《한민족(韓民族)》 《노비(奴婢)》가 《20%》가 되는 구조로 변화되어 《한민족(韓民族)》들이 소수 민족으로 전락을 한 것이다.

이러한 인구 분포를 《지배 계층》을 중심으로 다시 분석하면, 《지배 계층》이 모두 《10%》가 되는데, 이 중 《8%》가 《악마(惡魔)의 신(神)》들인 《대마왕신(神)》들과 《마왕신(神)》들로 이루어진 《호족 세력》들과 《백제계(系)》와 《야훼신계(系)》며 《2%》가 살기 위해 《악마(惡魔)의 신(神)》들인 《대마왕신(神)》들의 정책에 동조하였던 소수의 《한민족(韓民族)》들에 의해 구성이 이루어진 것이며, 《일반민(一般民)》에 있어서는 《한민족(韓民族)》 탈(脫)을 쓴 《마왕신(神)》 계열이 《52%》, 《한민족(韓民族)》 계열이 《18%》가 되며 《한민족(韓民族)》 출신 《노비(奴婢)》가 《20%》가 되는 가운데, 《한민족(韓民族)》들을 소수민족(少數民族)으로 만들어 《악마(惡魔)의 신(神)》들인 《대마왕신(神)》들이 지배(支配)를 하기 위해 그들은 《대학살》을 감행한 것임이 드러나는 것이다.

이와 같이 《한민족(韓民族)》들을 《악마(惡魔)의 신(神)》들인 《대마왕신(神)》들이 지배(支配)하기 위한 한 단면이 잘 드러나 있는 곳이 때에 《악마(惡魔)의 신(神)》인 《대마왕신(神)》 중의 하나인 《야훼 신(神) 1세》가 《최승로》(생몰 AD927~AD989)로 이름하고 와서 남긴 《시무(時務) 28조》 중 《19조》에서 "『개국공신의 후손들을 등용해야 한다.』"라고 이야기 한 점과 《22조》에서 "『신분 차별을 엄격히 해야 한다.』"고 기록을 남긴 것을 볼 때, 《노비종모법》을 발표한 《고려》 10대 《정종(靖宗)》으로 이름한 《천관파군 2세》인 《이오 신(神)》이 이에 크게 영향 받았음이 드러나고 있는 것이다.

　이러한 가르침을 남긴 《최승로》로 이름한 《야훼 신(神) 1세》는 《천상(天上)》 족보로 봐서는 《천관파군 2세》인 《이오 신(神)》에게는 형(兄)이 되는 자(者)로서, 때에 《비로자나 1세》의 지시를 받고 《역대》 《악마(惡魔)의 신(神)》들인 《대마왕신(神)》 출신의 《고려 왕(王)》들을 가르치기 위해 온 자(者)임을 《메시아(Messiah)》가 밝혀 두는 바이다.

　이와 같이 《고려》 10대 《정종(靖宗)》에 의해 발표된 《노비종모법》은 《한민족(韓民族)》들을 지배(支配)하기 위한 하나의 방법으로써 발표되고 실행된 것임을 분명히 밝혀 두는 바이며 이와 같이 설명된 민족 구성 비율을 《표》로써 정리하면 다음과 같다.

[표 2-1-3-5] 《신라》 삼국 통일 이전 한반도 민족 구성 비율

	한민족(韓民族)	백제계 (비로자나 1세 직계 및 야훼신계)
한반도 민족 구성	70%	30%

[표 2-1-3-6] 고려 때 한민족 대학살(AD956~AD996) 이후 한반도 민족 구성 비율

	한민족(韓民族)	백제계	호족계		비율(%)
	음(陰)의 곰족, 구려족, 스키타이	비로자나 1세 직계 및 야훼신계	그림자 비로자나 1세계 및 천관파군계	문수보살 2세계 및 악마의 신(神)인 석가모니계	
지배층	2%	2%	5%	1%	10%
양인(良人)	18%	28%	15%	9%	70%
노비	20%	0%	0%	0%	20%
비율(%)	40%	30%	30%		100%

⑤ [고려 4대 광종(光宗, 대마왕신(神) 그림자 비로자나 1세, 재위 AD949~AD975)과 은진미륵(恩津彌勒)]

《백제》시절《익산(益山)》《미륵사》를 창건한 분이《서동요》로 유명한《백제》30대《무왕(武王)》(재위 AD600~AD641)임을 진행을 하면서 말씀드렸다. 이와 같은《백제》30대《무왕(武王)》이《그림자 비로자나 1세》이며《무왕(武王)》의 왕후가 되는《선화공주》가《아프로디테 3세》로서 이들 모두가《악마(惡魔)의 신(神)》들인《대마왕신(神)》들이다. 이러한《그림자 비로자나 1세》가 때에《고려》태조(太祖)《왕건(王建)》의 아들로 태어나서 왕위(王位)에 오른 때가《고려》4대《광종(光宗)》(재위 AD949~AD975)이다.

이러한《그림자 비로자나 1세》가 반복(反復)되는 윤회(輪廻)로써 이름을 달리하고 태어나서 때로는《익산(益山)》《미륵사(彌勒寺)》를 창건하고《고려 왕조》에서는《천상(天上)》에서 그의 부인인《가이아 신(神)》과 함께《당 마왕불교》를 정착시키기 위해 그들의 후손 민족을 바탕으로 하여《왕조(王朝)》까지 세운《악마(惡魔)의 신(神)》으로서《대마왕신(神)》인《그림자 비로자나 1세》가 어찌하여《논산》에《은진미륵》을 조성하게 되었는가를 깊이 생각해 볼 필요가 있는 부분이다. 언뜻 보기에는《백제》《보살불교》시절《미륵신앙》을 하던《백제계(系)》유민들을 위하는 것처럼 보이나《당 마왕불교》정착을 위해 노력하던 그들《악마(惡魔)의 신(神)》들인《대마왕신(神)》들로 볼 때 이는 앞뒤가 맞지 않는 행동들이 되는 것이다. 이로써《그림자 비로자나 1세》인 4대《광종》(재위 AD949~AD975)이《미륵불상》조성을 시작하게 된 배경을 알아볼 필요가 있는 것이다.

이와 같이《고려 왕조》를 만든《가이아 신(神)》인《태조(太祖)》《왕건(王建)》과 4대《광종》으로 이름한《그림자 비로자나 1세》가《고려 왕조》를 만들기 전에 이들이 인류 역사상 씻을 수 없는 범죄 행위를 저지른 것을 정확히 여러분들께서는 아셔야만《고려사(史)》를 올바르게 이해할 수 있기 때문에 지금으로부터《로마 제국》이후 그들이 저지른 한 부분을 드러내어 설명을 드리겠다.

《고려》4대 광종(光宗, 재위 AD949~AD975)으로 이름한《그림자 비로자나 1세》는 진행을 하면서 밝혀진《로마 제국》51대《디오클레티안(Diocletian)》황제(皇帝)(생몰 AD244~AD311, 재위 AD284~AD305)로 이름하고《AD 303 ~ AD 311》년까지 8년 동안《아노 도미니(Anno Domini)》를 외치던《참(眞)》《기독인》10만 명 이상을 학살한《이력》을 가지고 있는 최고의《악마(惡魔)의 신(神)》으로서 《대마왕신(神)》 중의 하나이다.

이러한 《악마(惡魔)의 신(神)》으로서 《대마왕신(神)》인 《그림자 비로자나 1세》가 이번에는 《고려》 4대 왕 《광종(光宗)》으로 이름하고 와서 《태조(太祖)》 《왕건(王建)》으로 이름한 《악마(惡魔)의 신(神)》으로서 《대마왕신(神)》인 《가이아 신(神)》이 임명한 비대해진 《공신(功臣)》들과 이들 세력들이 커져 《정권》에 위협을 주는 《호족》 세력들의 정리를 명분으로 이들이 거느리고 있던 《한민족(韓民族)》 출신 《노예》들을 풀어주고 감시하는 《노비안검법(奴婢按檢法)》을 《AD 956년》에 발표한 후 《노비(奴婢)》에서 풀려난 《한민족(韓民族)》들을 대량 학살하기 시작하여 그의 재위(在位)가 끝나는 《AD 975년》까지 《19년》 동안 학살한 《한민족(韓民族)》의 수(數)가 《60만 명》 이상이 된다.

이러한 《고려》 4대 왕 《광종(光宗)》으로 이름한 《그림자 비로자나 1세》는 앞서 말씀드린 《로마 제국》 51대 《디오클레티안(Diocletian)》 황제(皇帝)로 이름하였을 때 《참(眞)》 기독인 10만 명 이상을 학살한 후 《천상(天上)》의 벌(罰)을 받아 《AD 311년》 죽임을 당한 이력 때문에 이번에도 《한민족(韓民族)》들을 학살하는 동안도 그 스스로는 극심한 《공포》에 시달리게 된다.

이러한 과정 중에도 《훈요십조》 《8조》에 기록된 내용을 불식(拂拭)시켜 그들 《악마(惡魔)의 신(神)》들로서 《대마왕신(神)》들의 후손(後孫)들인 《옛 백제계》 유민들을 안심시키고 《옛 백제계》 백성(百姓)들은 《학살》의 대상이 아님을 알리기 위해 현재의 충남(忠南) 논산 《관촉동》에 있는 《악마(惡魔)의 신(神)》들 중 최고(最高)의 《대마왕신(神)》 《비로자나 1세》의 석불입상이 있는 주위에 《은진미륵상》을 《AD 968(광종 19년)》년에 조성을 시작하게 되는 것이다.

이로써 《4대 광종》으로 이름한 《악마(惡魔)의 신(神)》인 《그림자 비로자나 1세》는 《태조왕건(太祖王建)》이 남긴 《훈요십조》 중 최고(最高)의 《대마왕신(神)》 《비로자나 1세》 직계 후손과 《야훼 신(神)》 직계 후손으로 이루어진 《옛 백제계(系)》 백성(百姓)들을 핍박하는 『차령산맥 남쪽과 공주강(금강) 밖 지방은 산세가 거꾸로 달려 역모의 기상을 품고 있으니 결코 그 지역 사람을 중히 쓰지 마라.』는 《8조》를 사실상 폐기시키고 《승려》들을 통해 《옛 백제계(系)》와 《고려》를 건국한 《호족계》는 다 같은 《형제 민족》이니 《학살》의 대상이 아님을 분명히 알리고 《백제계(系)》 백성(百姓)들에게 생업(生業)에 안심하고 열중하도록 당부하는 의미를 담은 것이 《논산》《관촉동》에 있는 최고(最高)의 《대마왕신(神)》《비로자나 1세》의 《석불입상》이 있는 주위에 《은진미륵상》을 조성하게 된 이유가 되는 것이다.

참고로 《짐승 영신(靈身)》 진화(進化)를 하는 《악마(惡魔)의 신(神)》들 중 최고(最高)의 《대마왕신(神)》《비로자나 1세계(系)》와 《야훼 신(神)계》는 《물고기 영신(靈身)》 진화(進化)를 하는 《호족 세력》을 이루고 있는 《그림자 비로자나 1세계(系)》와는 《음양(陰陽)》 관계에 있는 《형제민족》들임을 밝혀 두는 바이다.

⑥ [6대 성종(대마왕신(神) 천관파군 1세, 재위 AD981~AD997)과 《시무(時務) 28조》

가> [시무(時務) 28조가 성립된 배경]

《고려》《태조 왕건(太祖王建)》(재위 AD918~AD943)으로 이름한 《가이아 신(神)》은 《고려 왕조(王朝)》를 출발시키면서 《당 왕조(唐王朝)》(AD618~AD907)가 출발할 때 최고의 《대마왕신(神)》인 《비로자나 1세》와 최고의 《대마왕》인 《다보불》이 합의한 내용을 따라 《고려 왕조》 초기부터 《당 마왕불교(佛敎)》를 받아들여 정착을 시킴과 동시에 《마왕 승려》들도 《지배 계층》에 포함시켜 벼슬을 할 수 있도록 함으로써 《고려》에 《당 마왕불교》를 정착시키고 임종 직전에는 《훈요십조》까지 남긴 것이다.

그러나 시간이 흐르면서부터 《악마(惡魔)의 신(神)》들 중 최고(最高)의 《대마왕신(神)》《비로자나 1세》의 생각은 달라진 것이다. 즉, 《신라 27대》《선덕여왕》(재위 AD632~AD647)으로 이름한 《대마왕》《관세음보살 2세》가 《AD 643년》《자장율사》로 이름한 《대마왕》《미륵 3세》를 시켜 《당(唐) 마왕불교》를 들여온 후 역대 왕(歷代王)들의 권력(權力)의 힘을 빌어 《마왕 승려》들이 당시까지 《신라》《백성》들의 정신적 구심점인 《보살불교》를 말살하고 《당(唐)》《마왕불교》를 정착시킨 후 《대마왕》《관세음보살 2세》가 다시 반복(反復)되는 윤회(輪廻)로 《신라》《51대 진성여왕》(재위 AD887~AD897)으로 이름하고 와서 지방 《호족》 세력들을 키움으로써 사실상《통일 신라》해체 수순을 밟을 때까지인《통일 신라》기간 동안인 《AD 643년 ~ AD 897년》진성여왕 재위 마지막까지《254년》동안《신라인》들의《정신세계(精神世界)》는《당(唐)》《마왕불교》로 인하여 썩고 부패하여 허물어져 가고 있었던 것이었다.

이러한 모습을 냉정히 지켜본 최고(最高)의《악마(惡魔)의 신(神)》인《대마왕신(神)》《비로자나 1세》는 때에《후백제》《견훤》(재위 AD900~AD935)으로 이름하고 와서《고려》《태조 왕건》에게 투항한 후《AD 936년》에 지금의《경북 구미》《일리천》전투에서 대승한《태조 왕건》으로부터 죽임을 당한 후 반복(反復)되는 윤회(輪廻)로《북송(北宋)》의《주희(周喜)》(AD941~AD1011)로 태어나서, 어렵게《인간》들의《이치》가《세 번째》로 일어나는《한반도(韓半島)》를 탈취하여《고려 왕조(王朝)》를 세운《음양(陰陽)》의 그의 후손들인《야훼신계(系)》가 포함된《백제계(系)》와《호족계(系)》후손들이《태조 왕건(太祖王建)》이 정착시킨《당 마왕불교》를 신앙(信仰)하면 그의 후손들 역시《정신세계(精神世界)》가 허물어져 타락하여져 부패할 것임을 누구보다도 잘 알고 있었기 때문에 이때를 대비하여 일찍부터《악마(惡魔)의 신(神)》들인《대마왕신족(神族)》들이 미리 만들어 둔《유학(儒學)》을《종교(宗敎)》로써의《유교(儒敎)》로 둔갑시키기 위해 고대(古代)로부터 전하여져 오던《한단불교(桓檀佛敎)》경전(經典)인《삼일신고(三一神誥)》일부 내용을 도적질하여 순전히《한반도(韓半島)》백성들을 겨냥하여《성리학(性理學)》을 만들게 된 것이다.

이러한 이후,《유교(儒敎)》를 정착시켜《악마(惡魔)의《근원(根源)》뿌리인《마성(魔性)》의 극치로써《좌익사상》의《정수(精髓)》인《탐욕》과《이기심》을 뿌리 깊게 심음으로써《지배계층》에는《엘리트 의식》을 심는데 이를 이용하고 일반 백성들에게는《노예근성》을 뿌리 깊게 심어 이들을 지배하기 위해《유학(儒學)》을《유교(儒敎)》로 둔갑시키기 위해《악마(惡魔)의 신(神)》들이 광분한 때가《고려 왕조》《6대 성종》(재위 AD981~AD997)으로 이름한《악마(惡魔)의 신(神)》《천관파군 1세》때부터이다.

《유교(儒敎)》는《창조주(創造主)》의《구원(救援)》사상이 결여된《유학(儒學)》일 뿐임을《메시아(Messiah)》이신《미륵불》이 여러 번 밝힌 바가 있다. 이러한《유학(儒學)》에서 진일보(進一步)한 학문(學問)이《성리학(性理學)》일 뿐인 것이다. 이로써《인간 내면(內面)》의《영혼(靈魂)》과《영신(靈身)》의 진화(進化)를 외면한 껍데기인《인간 육신(肉身)》의 위의(威儀)를 갖추는《학문(學問)》일 뿐임을 분명히 하며, 지금까지 설명 드린 바대로《고려》에서《당 마왕불교》를 배척하고 《유학(儒學)》을 《유교(儒敎)》로 둔갑시켜 《종교(宗敎)》로 자리하게 하기 위해 《고려》《군왕(群王)》들을 깨우칠 목적으로 《최고(最高)》의 《대마왕신(神)》《비로자나 1세》가 내린 절대적인 명령서가 《시무(時務) 28조》로써 이를 위해 상기 설명 드린 바대로 준비한 과정이 《시무(時務) 28조》가 성립된 배경이 되는 것이다.

나> [시무(時務) 28조의 지침을 명령한 이유]

　《태조 왕건》때 정착시킨 《당 마왕불교》는 《왕조(王朝)》출발과 동시에 《태조 왕건》이 베푼 지나친 과보호로 《태조 왕건》사후(死後) 4대 《광종》(재위 AD949~AD975) 때부터는 《당 마왕불교》에 대한 견제가 시작이 된다. 이러한 견제가 일찍부터 시작이 된 이유를 먼저 살펴보자.

　《고려 왕조》를 세운 《악마(惡魔)의 신(神)》들인 《대마왕신(神)》들은 우주적(宇宙的)인 진화(進化)가 미천한 관계로 전쟁을 하거나 《무력 통치》를 하는 데는 익숙한 자(者)들이나 군왕(群王)으로서의 자질은 부족한 자(者)들이다. 이 때문에 때에 《악마(惡魔)의 신(神)》들 중 최고(最高)의 《대마왕신(神)》《비로자나 1세》는 《신라 말기》《최치원》(생물 AD857~AQ926)으로 이름한 《악마(惡魔)의 신(神)》으로서 《대마왕신(神)》 중의 하나인 《야훼 신(神)》을 반복(反復)되는 윤회(輪廻)의 과정을 거쳐 《최승로》(생물 AD927~AD989)로 이름하고 태어나게 한 후 《야훼 신(神)》인 《최승로》를 통하여 역대 《악마(惡魔)의 신(神)》들인 《대마왕신(神)》 출신의 군왕(群王)들에게 《악마(惡魔)의 신(神)》인 최고(最高) 《대마왕신(神)》으로서 《비로자나 1세》의 명령이 담긴 지침으로써 《시무(時務) 28조》를 《최승로》를 통하여 전달하게 된 것이다. 이러한 《시무(時務) 28조》 중 《당 마왕불교(佛敎)》와 관계되는 조항부터 살펴보고 다음을 진행하겠다.

[표 2-1-3-7] 《최승로》의 《시무(時務) 28조》 중 지금까지 전하여져 오는 22조까지 드러난 당 마왕불교(佛敎)와 관계되는 조항

2조	불교의 폐단을 줄여야 한다.
6조	스님들의 고리 빚을 금지해야 한다.
8조	승려들의 횡포를 막아야 한다.
10조	중이 관(館)이나 역(驛)에 유숙하는 것을 막아야 한다.
11조	중국의 제도를 무조건 따르는 것은 옳지 않다.
13조	연등과 팔관회에서 사람 동원과 노역을 줄여야 한다.
16조	백성을 동원하여 절을 짓는 것을 금지해야 한다.
18조	불경과 불상을 사치스럽게 만드는 것을 금해야 한다.
20조	불교를 억제하고 유교를 일으켜야 한다.

이러한 《최승로》로 이름한 《야훼 신(神)》이 《고려 왕조(王朝)》의 역대 군왕(群王)들에게 전달한 《시무(時務) 28조》는 《악마(惡魔)의 신(神)》들 중 최고의 《대마왕신(神)》《비로자나 1세》가 내리는 지침으로써 《악마(惡魔)의 신(神)》들인 《대마왕신(神)》 출신의 왕(王)들에게는 절대적인 권위를 가진 지침서임을 깊이 인식하시기 바라며, 《시무(時務) 28조》 중 사라진 6조는 《한민족(韓民族)》 박해와 핍박에 관련된 조항들로써 이는 후대(後代)에 전하여지는 것을 두려워하여 《고려 왕조》가 끝나기 전에 삭제하여 없애어 버린 것을 《메시아(Messiah)》가 분명히 밝히는 것이다.

이와 같이 《악마(惡魔)의 신(神)》들 중 최고의 《대마왕신(神)》《비로자나 1세》가 《최승로》로 이름한 《악마(惡魔)의 신(神)》으로서 《대마왕신(神)》인 《야훼 신(神)》을 통하여 내린 지침서인 《시무(時務) 28조》 중 지금까지 전하여져 오는 22조까지에서 드러난 《당 마왕불교》와 관계되는 조항에서도 보듯이, 이는 《당(唐)》 왕조(王朝)가 출발할 때 최고의 《대마왕신(神)》인 《비로자나 1세》와 최고의 《대마왕》《다보불》이 합의한 내용 중 《당 마왕불교》를 받아들여 정착하고 확산시키기로 한 약속을 깨고 《당 마왕불교》를 견제하고 배척하는 내용 상당수가 지침서에 들어가 있는 것이다.

이와 같이 [가> 시무(時務) 28조가 성립된 배경]에 설명된 내용을 뒤로 두고라도 《당(唐)》(AD618~AD907)나라 건국 직전에 《대마왕》《다보불》과 합의한 약속을 깨고 《악마(惡魔)의 신(神)》들 중 최고(最高)의 《대마왕신(神)》《비로자나 1세》가 《대마왕》《다보불》의 뒷통수를 후려치게 되는 속사정을 말씀을 드리면, 《당 마왕불교》가 번창하게 되면 《마왕 승려》들에 의해 《당 마왕불교》는 타락하고 《고려 사회》는 썩어간다는 사실을 간파한 《악마(惡魔)의 신(神)》들 중 최고의 《대마왕신(神)》《비로자나 1세》는 《우주적(宇宙的)》인 진화(進化)로 볼 때 《정치력(政治力)》이 미천한 《악마(惡魔)의 신(神)》들인 《고려 왕조》의 역대 《군왕(群王)》들로서는 《지배 계층》으로 된 《마왕 승려》들이 《종교적(宗敎的)》 영향력으로 《군왕(群王)》들을 흔들게 되었을 때 《대마왕신족(神族)》들이 만든 《왕조(王朝)》의 장래는 불투명한 것이 되며,

특히, 《악마(惡魔)의 신(神)》들 중 최고의 《대마왕신(神)》《비로자나 1세》와 《대마왕》《다보불》이 《당 마왕불교》를 받아들일 것으로 합의를 하였을 때 《당 마왕불교》를 따르는 《인간》들이 《석가모니 부처님》 명호(名號)를 부르면 《악마(惡魔)의 신(神)》인 《대마왕신(神)》《석가모니》가 《불상(佛像)》에 임하고 그냥 《부처님》하고 이름을 불렀을 때는 《대마왕》《다보불》이 《불상(佛像)》에 임하여 《창조주》로서 《구원자(救援者)》로 자리하기로 약속이 된 바 있었는데, 《대마왕》《다보불》과 《문수보살 1세》가 《불교경전(佛敎經典)》을 그들의 입맛에 맞는 《당 마왕불교》 경전(經典)으로 다시 결집을 하면서 《경전(經典)》에서는 《악마(惡魔)의 신(神)》인 《석가모니》 명호를 삭제하고 《부처님》이라는 용어로 통일하여 《부처님》은 여럿이 된다는 점을 강조하게 됨으로써 《경전상(經典上)》으로써는 《악마(惡魔)의 신(神)》인 《석가모니》가 《창조주》의 자리인 《구원자(救援者)》의 지위에서 밀려나 있는 것을 훗날 《비로자나 1세》가 발견을 한 것이다.

즉, 이 뜻을 간략히 말씀드리면, 《중생 무리》들이 발원을 하고 기도를 할 때 《부처님》을 쉽게 찾지 굳이 《석가모니 부처님》하고 부르는 경우가 많지 않다는 사실이며, 《경전(經典)》에서는 대부분이 《부처님》 이름으로 경전 결집이 되다 보니 시간이 흐르면 흐를수록 《석가모니 부처님》을 찾는 경우는 드물게 되는 것이다.

이렇게 되었을 때 《당 마왕불교》를 신앙하는 자(者)들과 그 집단은 모두 《대마왕》《다보불》의 추종자들이 되는 것으로써 《대마왕》《다보불》과 《문수보살 1세》의 주도면밀한 계략을 뒤늦게 간파한 《악마(惡魔)의 신(神)》인 《대마왕신(神)》《비로자나 1세》가 그의 후손 민족들인 《백제계》와 《호족 세력》들과 연합하여 어렵게 《지상(地上)》의 36궁(宮)을 정복하여 세운 《고려 왕조(王朝)》를 지키기 위함과 아울러 《대마왕》《다보불》의 영향으로부터 벗

어나게 하기 위해 내린 결단이 《당 마왕불교》의 배척으로써 상기 정리하여 드린 《최승로》의 《시무(時務) 28조》 중 22조에서 드러난 《당 마왕불교》 관계 조항으로 《군왕(群王)》들을 일깨우게 된 것이다. 이러한 《시무(時務) 28조》 시행이 훗날 《몽골군》 개입 하나의 원인이 되는 것이다.

다> 《성리학(性理學)》과 주희(대마왕신(神) 비로자나 1세, AD941~AD1011)

　　미세한 《진공(眞空)》과 미세한 《암흑물질(dark matter)》이 《음양(陰陽)》 짝을 한 것을 《반야공(般若空)》이라고 하며, 이러한 《반야공(般若空)》이 《색(色)》, 《수(受)》, 《상(相)》, 《행(行)》, 《식(識)》 등의 《오온(五蘊)》의 과정을 거칠 때의 바탕을 《기(氣)》라고 하며, 《오온(五蘊)》과 《오온》의 단계 마지막인 《식(識)》이 다시 《음양(陰陽)》 짝을 한 《셋》이 모여 《하나》를 이루는 《삼합(三合)》 작용으로 탄생하는 《중성자(中性子)》, 《양자(陽子)》, 《중간자(中間子)》, 《양전자(陽電子)》, 《전자(電子)》 등 《다섯 기초 원소》와 《영체(靈體)》의 진화(進化)를 하는 《영(靈)》의 무리 모두들을 《성(性)》이라고 한다. 이와 같은 《성(性)》의 진화(進化) 모두를 《반야공(般若空)》의 진화(進化)라 한다.

　　이러한 《반야공(般若空)》의 진화(進化)에서 《성(性)》인 《다섯 기초 원소》의 진화는 《1:3》의 비율로 《영체(靈體)》의 진화(進化)와 《고체(固體)》의 진화 등으로 둘로 나누어져 《인간 씨종자》들이 되고 《물질(物質)》의 씨종자들이 되는 것이다. 이와 같은 진화(進化)에 있어서 《영체(靈體)》 진화(進化)의 궁극적인 《귀결점(歸結點)》이 《인간》 무리들 진화(進化)이다.

　　이러한 《인간》도 《영혼(靈魂)》이 《영신(靈身)》과 《육신(肉身)》과 《법신(法身)》 등 셋을 거느림으로써 최정상에 《인간》의 《영혼》이 있는 것이며, 이러한 인간 《영혼》 역시 《영체 진화》를 하는 《다섯 기초 원소》가 인연 따라 결합하여 만들어진 것이다.

　　이러한 진화(進化)하는 《인간》 무리들의 바탕을 구분하면 《영체》 진화를 하는 《반야공(般若空)》 《8》 중 《3》의 《반야공(般若空)》이 착함인 《선(善)》을 근본 바탕으로 하고 《5》가 《악

(惡)》을 근본 바탕으로 하는 것이다. 즉,《선(善)》과《악(惡)》의 구분은《천궁(天宮)》이나《태양성(太陽星)》에서 초기《반야공(般若空)》이 탄생할 때 이미 구분이 되는 것이며,《착함》을 근본 바탕으로 하는《반야공(般若空)》이나《악(惡)함》을 근본 바탕으로 하는《반야공(般若空)》 모두가 진화(進化)의 과정을 거쳐《진공(眞空)》으로 회귀(回歸)하고자 하는 것이《성불(成佛)》이며 진화(進化)의 궁극적인 목표가 되는 것이다.

즉,《진공(眞空)》과 결합한《암흑물질》이 진화(進化)하여 똑같은 불꽃없는《불(火)》의 바퀴를 이루는《진공(眞空)》 구슬이 될 때까지《진화(進化)》가 계속되는 것이《원천창조주》이신《석가모니 하나님 부처님》께서 의도하시는 근본 뜻이 되는 것이다.

이러한 깊은《이치》가 있는 것도 깨닫지 못한《주희》가《인간 육신(肉身)》의 주인공인《영혼(靈魂)》과《영신(靈身)》의 진화(進化)를 무시하고《껍데기》일 뿐인 인간 육신(肉身)의《진화(進化)》만을 추구하는《인간》 육신(肉身)의 위의(威儀)를 갖추는《유학(儒學)》을 접목시켜《성선설(性善說)》,《성악설(性惡說)》을 입(口)에 담는 자체가 우스운 것이며, 비유를 하자면 주인공인《영혼》과《영신(靈身)》을 배제한 채《껍데기》를 치장하면서《선(善)》과《악(惡)》을 논하고《도덕성(道德性)》 운운하는 자체가《백성(百姓)》들을 기만하는 엉터리《학설(學說)》이《성리학(性理學)》이라는 사실을 차제에 깊이 인식하시기 바라며,《도덕성(道德性)》은 껍데기인 인간《육신(肉身)》의 치장용이 아니고《인간》 육신(肉身)의《주인공》인《영혼(靈魂)》과《영신(靈身)》이 진화(進化)를 위해 갖추어야 할《덕목(德目)》이라는 사실을 아셔야 하는 것이다.

그리고 상기 말씀드린《오온(五蘊)》을 있게 하는 바탕으로써 측정불가능한 미세한 각종《공(空)》들과 각종《암흑물질》 종류들이 혼재되어 있는 바탕을《음(陰)》으로써《기(氣)》라고 하며,《양(陽)》의《반야공(般若空)》들을 모두《성(性)》이라고 한다. 이러한《성(性)》을 있게 하는《이치》인《진리(眞理)》가《1-3의 분열의 법칙》이며《음양(陰陽)》 분리와《합일(合一)》의 법칙이며《삼합(三合)》과《육합(六合)》의 법칙이며《오행의 법칙》 등이다. 이러한 이치가《리(理)》로써《진리(眞理)》를 말하는 것이다.

즉,《성리학(性理學)》이라면은 당연히《성(性)》의 실체를 알아야 하고《성(性)》을 존재하게 한《리(理)》인《진리(眞理)》를 알아야《성리(性理)》를 논할 수 있는 것이다. 그리고《성리학(性理學)》을 주장한《주희》(AD941~AD1011)로 이름한《악마(惡魔)의 신(神)》들 중 최고의《대마왕신

《신(神)》《비로자나 1세》가 《성리(性理)》에 대하여서는 《무식(無識)》한 《자(者)》임이 한 눈에 드러나는 곳이 《이기론(理氣論)》이다.

즉, 《주희》는 《리(理)》인 《진리(眞理)》와 《기(氣)》도 구분하지 못하고 《리(理)》와 《기(氣)》를 동일(同一)선상에 두고 《동일(同一)》한 것이라고 주장한 자체가 《진리(眞理)》인 《리(理)》도 모르고 《기(氣)》에 대한 실체도 모르는 자(者)인 것이 한 눈에 드러나는 것이다.

지금까지 《석가모니 하나님 부처님》께서 가르치신 《진리(眞理)의 법(法)》에 대하여 대략적으로 살펴보았다. 이러한 《진리(眞理)의 법(法)》에 있어서 《리(理)》와 《기(氣)》의 실체도 모르는 자(者)가 《리(理)》와 《기(氣)》를 동일시(同一視)하여 《이기론(理氣論)》을 논(論)하고, 《인간(人間)》《육신(肉身)》의 주인공인 《영혼(靈魂)》과 《영신(靈身)》의 존재도 모르는 자(者)가 이를 도외시한 채 껍데기에 불과한 《인간 육신》에만 집착하여 《육신(肉身)》을 치렁치렁하게 꾸미는 《위선(僞善)》에 가득 찬 《위의(威儀)》를 갖추기 위해 고대(古代)로부터 《한민족(韓民族)》들에게 전(傳)하여져온 《삼일신고(三一神誥)》에 기록된 《진리(眞理)의 법(法)》 일부를 도적질하여 《도덕성(道德性)》의 본질(本質)도 깨우치지 못한 자가 《오행(五行)》 운운하며, 《성(性)》의 《실체》도 모르는 자(者)인 《주희(朱喜)》가 《성(性)》의 이치인 《리(理)》를 논(論)한 자체가 인간들을 속이는 우스운 노릇이 아닌가? 이러한 그는 기존에 전하여져 오는 《유학(儒學)》에 그의 엉터리 학설(學說)을 접목시켜 《유학(儒學)》을 《유교(儒敎)》인 《종교(宗敎)》로 승격시키기 위하여 만든 것이 《성리학(性理學)》인 것이다.

이러한 《성리학(性理學)》을 만든 자(者)가 때로는 반복(反復)되는 윤회(輪廻)로 세계(世界) 각처에서 《권력자(權力者)》가 되어 나타나 진실(眞實)된 인간들 역사(歷史)를 날조하고 왜곡하여 역사를 말살하고 파괴시키도록 《악마(惡魔)의 신(神)》으로서 《대마왕신(神)》인 《천관파군 1세》와 《천관파군 2세》인 《이오 신(神)》에게 명령을 내린 《악마(惡魔)의 신(神)》들 중 최고(最高)의 《대마왕신(神)》인 《비로자나 1세》로서, 한때는 《고려 왕조(王朝)》를 다스리던 《악마(惡魔)의 신(神)》들인 《대마왕신(神)》 출신 《군왕(群王)》들에게 그의 하수인인 《야훼 신(神)》으로 하여금 《최승로(崔承老)》(AD927~AD989)로 이름하고 태어나게 한 후 《시무(時務)》《28조》를 만들어 《교육》하게 하고 이번에는 《지상(地上)》의 모든 인간 무리들 진화(進化)를 방해하기 위해 반복(反復)되는 윤회(輪廻)로 《북송(北宋)》(AD960~AD1127)의 《주희(朱喜)》(AD941~AD1011)로 이름하고 와서 《한반도(韓半島)》에서는 백성(百姓)들에게 《노예근성(奴隸根性)》을 뿌리 깊게 심어 때가 되면 《공산사상(共産思想)》에 입각한 《노예 개념》으로 다스리기 위한 준비를 미리부터 하고 일부《한민족(韓民族)》두뇌들에게는《선비의식(鮮卑意識)》을 심어《탐욕》과《이기심》과《교만함》과《교활함》의 극치인《엘리트(Elite) 의식(意識)》을 심게 됨으로써《대마왕신(神)》들의 하수인들이 되게 하여 궁극적으로는 스스로들도 몰래《공산당원(共産黨員)》으로 만들기 위해 순전히《한반도(韓半島)》백성(百姓)들을 겨냥해서 만든 것이《성리학(性理學)》인 것이다.

　이와 같이《주희》로 이름하고 온《악마(惡魔)의 신(神)》으로서《대마왕신(神)》인《비로자나 1세》가 전(傳)한《성리학(性理學)》이《동양사회》에 미친 영향이 실로 엄청나기 때문에 그동안 진행(進行)을 하면서 밝혀온《유학(儒學)》과 관련되어 있는 이 자(者)의 행적을 간략히 다시 정리하여 말씀드리면,《중원대륙》에서《단군조선(檀君朝鮮)》(2333BC~232BC)의 제후국으로써《주 문왕(周文王)》(재위 1099BC~1050BC)에 의해《주(周)》나라가 건국되었을 때가《BC 1099년》이 된다. 그러나 이후《주 무왕(周武王)》이《주 문왕(周文王)》으로부터《왕위(王位)》를 물려받은 때가《BC 1050년》이었으나 때에《주 무왕(周武王)》은 같은 제후국으로써《한민족(韓民族)》나라 중 하나인《은(殷)》나라와 전쟁 중이었기 때문에《재위(在位)》에 오르지 못하고《BC 1046년》에《은(殷)》나라를 멸망시키고《재위》에 올랐기 때문에《주 무왕(周武王)》의《재위(在位)》년도는《BC 1046 ~ BC 1043》년까지이며《주(周)》나라 존속년대는《BC 1099 ~ BC 256》년이 되는 것이다. 이러한 때《단군조선(檀君朝鮮)》(2333BC~232BC) 제후국임을 감추기 위해《은(殷)》나라(1600BC~1046BC)를 멸망시키고《제후국》간의 통일을 이룬《BC 1046년》을《주(周)》나라의 건국년도로 기록을 남기는 속임수를 지금까지 쓰고 있는 것이다.

　이러한 때《주(周)》(1099BC~256BC)나라를 건국한《주 문왕(周文王)》(재위 1099BC~1050BC)이《이오 신(神)》과 함께《세계(世界)》의 진실(眞實)된《역사(歷史)》를 말살한 또 하나의 주범인《악마(惡魔)의 신(神)》으로서《대마왕신(神)》《천관파군 1세》이며,《주 무왕(周武王)》(재위 1046BC~1043BC)이 악질(惡質)《대마왕신(神)》인《천관파군 2세》로서의《이오 신(神)》이다. 이때《주 무왕(周武王)》의 형제로서《악마(惡魔)의 신(神)》들 중《최고(最高)》의《대마왕신(神)》인《비로자나 1세》가《주공 단(周소旦)》으로 이름하고 와서 때에《한역(韓易)》에서 전(傳)한《장기판》이치 일부를 도용하여《인간》의 길흉화복이나 점치는《점술서(占術書)》를《주역(周易)》으로 이름하고《괘사(卦辭)》는《주 문왕(周文王)》으로 이름하고 왔던《천관파군 1세》가 쓰고《효사(爻辭)》는《주공 단(周소旦)》으로 이름하였던《악마(惡魔)의 신(神)》들 중 최고(最高)의《대마왕신(神)》인《비로자나 1세》가 써서 후대(後代)에 전(傳)한 것을《천관파군 2세》인《이오 신(神)》분신이 반복(反復)되는 윤회(輪廻)로 훗날《한 무제(漢武帝)》(156BC~87BC)로 이름하고 와서《십익(十翼)》을 그가 쓰고는《공자(孔子)》(551BC~479BC)가《십익(十翼)》을 쓴 것인 양 위장한 것이다.

한낱 《점술서(占術書)》에 지나지 않는 《주역(周易)》을 《역경(易經)》으로 이름하고 《오경(五經)》에 포함시킨 이후 뒷날 반복(反復)되는 윤회(輪廻)로 《악마(惡魔)의 신(神)》들 중 최고(最高)의 《대마왕신(神)》 《비로자나 1세》가 《북송(北宋)》의 《주희(AD941~AD1011)로 이름하고 와서 인간 무리들의 진화(進化)를 방해하여 《파멸(波滅)》로 이끄는 《엉터리》 학문인 《성리학(性理學)》을 완성시켜 당대 인간 무리들에게 전(傳)하게 된 것임을 《메시아(Messiah)》이신 《미륵불(佛)》이 분명히 밝히는 바이다.

이러한 《악마(惡魔)의 신(神)》으로서 최고(最高)의 《대마왕신(神)》 《비로자나 1세》인 《주희》가 창작한 《성리학(性理學)》을 금과옥조처럼 여기고 《고려 왕조》에서 유학(儒學)을 유교(儒敎)로 만들고자 광분하더니 《조선 왕조》에서는 《통치이념》으로 자리하게 하여 《사, 농, 공, 상》 계급 제도를 만들고 《지배 계층》으로 《악마(惡魔)의 신(神)》들인 《대마왕신(神)》들이 왕(王)이나 《양반(兩班)》 계층을 이루고 《백성(百姓)》들을 쥐어짬으로써 《한민족(韓民族)》들을 핍박하는 제도로써 활용하였다는 사실을 《한민족(韓民族)》들은 기억하여야 하며, 이로써 《유학(儒學)》 사상에 물든 《관습(慣習)》이 《한민족(韓民族)》 사회에 오래도록 남아 백성(百姓)들에게는 《노예근성》이 뿌리 깊게 자리하고 일부 자(者)들에게는 《엘리트(Elite)》 의식(意識)을 깊게 심어져 《정신세계》를 지배한 것임을 여러분들은 아셔야 하는 것이다.

이렇듯 《한반도(韓半島)》를 침탈하여 《한반도》로부터 《한민족(韓民族)》을 내쫓고 말을 듣지 않으면 학살하고 일부의 《한민족》들은 《하층민》으로 전락시켜 지배하기 위해 《물고기》와 《어패류》와 《곤충》의 《영신》 진화를 하는 《반쪽짜리》 인간 무리들인 그들이 《한(漢)》나라(206BC~AD220)를 세우고 초반부터 《한반도》와 《한민족》 정복 계획을 미리부터 세웠음을 《메시아(Messiah)》이신 《미륵불》이 분명히 밝히는 것이다.

이와 같이 《백제계》와 《물고기, 어패류》와 《곤충 영신》의 진화를 하는 《호족계》가 연합하여 세운 《고려 왕조》 《4대 광종》(AD 925~AD975, 재위 AD949~AD975)과 《5대 경종》(AD955~AD981, 재위 AD975~AD981)과 《6대 성종》(AD960~AD997, 재위 AD981~AD997)에 이르기까지 3대에 걸친 《40년》 동안 《한민족(韓民族)》 《150만 명》 이상을 대량 학살하고 《한민족(韓民族)》 《20%》를 《노비(奴婢)》로 전환시킨 결과, 《한민족(韓民族)》들은 《양인(良人)》이 《18%》라는 소수 민족으로 전환되었으나 이 중 상당수는 토지, 전답 등을 모두 빼앗기고 산속으로 들어가서 《도둑떼》가 되거나 유랑 걸식하는 무리가 부지기수였으며 요행이 이를 면하고 정착한 《한민족(韓民族)》들도 《남자(男子)》들은 병졸로 차출하여 전쟁이 일어나면 화살받이로 이용하여 사라져 가게 함으로써 농사는 부녀자들이 짓게 되며 이렇게 하여 지어놓은 농사도 《호족계》 지도층에 있는 자들이 수탈하게 되니 그야말로 《한민족》들은 지옥 같은 생활을 한 것이다.

이러한 가운데 《악마(惡魔)의 신(神)》들 중 최고의 《대마왕신(神)》《비로자나 1세》의 후손들인 《백제계》와 《그림자 비로자나 1세》와 《천관파군계(系)》의 《호족》 세력들은 힘없는 《한민족(韓民族)》들을 다스리며 배불리 잘 먹고 잘 산 때가 《고려 왕조》였던 것임을 《메시아(Messiah)》이신 《미륵불》이 정확히 하는 것이다.

이러한 내용들이 《악마(惡魔)의 신(神)》들인 《대마왕신(神)》들이 《한반도》의 본래부터 주인 민족인 《한민족(韓民族)》을 말살하거나 《하층민》으로 전락시키고 그들이 권력을 휘두르며 지배함으로써 《한반도》를 탈취하고자 한 실상(實相)이 되는 것이다.

※ 특기(特記) 2 :

[진화(進化)와 창조(創造)]

진행(進行)을 하면서 [《인간(人間)》《육신(肉身)》의 주인공인 《영혼(靈魂)》과 《영신(靈身)》의 존재도 모르는 자(者)가 이를 도외시한 채 껍데기에 불과한 《인간 육신(肉身)》에만 집착하여 《육신(肉身)》을 치렁치렁하게 꾸미는 《위선(僞善)》에 가득찬 《위의(威儀)》를 갖추기 위해]라고 말씀드린 적이 있다. 이와 같은 대목을 정확하게 이해하기 위해 지금까지와는 다른 각도로 《성리학(性理學)》에 대하여 설명 드리면 다음과 같다.

먼저 《육신(肉身)》을 가지고 삶을 살고 있는 《인간》을 평면도로 도형화하면 다음과 같다.

[도형 2-1-1] 인간 평면도

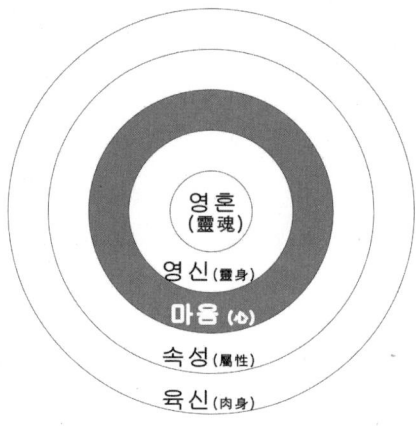

《인간》의 주인공은 《영혼(靈魂)》과 《영신(靈身)》으로써 《유령(幽靈)》으로 이름하는 당체이다. 이러한 《영혼(靈魂)》과 《영신(靈身)》은 《마음(心)》을 경계로 하여 외곽에 《속성(屬性)》과 《육신(肉身)》을 거느린다. 즉, 《영혼》과 《영신》은 《양음(陽陰)》 짝을 하여 《마음(心)》의 경계 안쪽에 머물고 《속성》과 《육신》 역시 《양음(陽陰)》 짝을 하여 《마음(心)》의 경계 바깥쪽에 머문다. 이와 같이 《마음(心)》의 경계를 이루고 있는 층을 《다르마의 구름층》이라고 하며 측정 불가능한 미세한 《빛(光)》의 입자들이 자리하는 곳으로 《마음(心)》이 사라질 때는 미세한 《빛》의 입자들이 《좌뇌》와 《우뇌》로 흩어져 들어가며, 다시 《마음(心)》이 형성될 때는 인연 있는 《빛》의 입자들이 다시 《다르마의 구름층》을 이루어 《마음(心)》을 형성하는 것이며, 《마음(心)》이 사라졌을 때라도 빈 공간(空間)으로 그 경계는 뚜렷이 남는 것이다.

이러한 구조를 가진 《인간》들의 《영혼》과 《영신》은 《마음(心)》 경계 바깥에 있는 《속성》이 거느리는 《육신》을 떠나서 자유자재로 움직이는 능력을 가지고 있으며 이렇듯 《영혼》과 《영신(靈身)》이 《속성》이 거느리는 《육신》을 떠나 있어도 《속성》과 《육신》은 《마음(心)》의 경계 바깥에 있기 때문에 《영혼》과 《영신》이 들락거리는 것을 전혀 눈치 채지 못하는 것이다.

이와 같은 사실적인 일들을 《예》를 들어서 설명 드리면 《서울》에서 생존(生存)해 있는 아버지가 지방으로 출장 간 아들의 꿈속에 나타나서 닥쳐올 위험을 알려 주고 사라지는 이치는 아버지의 《육신(肉身)》은 《속성》과 함께 서울에 두고 아버지의 《영혼》과 《영신》이 하나가 되어 아들의 꿈속으로 들어오기 때문에 일어나는 이치이다.

이와 같이 《영혼》과 《영신》은 《반야공(般若空)》인 《성(性)》이 진화(進化)하여 필요에 의해 《천일우주(天一宇宙) 100의 궁(宮)》에서 지금으로부터 《100억 년(億年)》 전(前)에 만들어져 진화(進化)하여 오는 과정에서 《천일일(天一一) 우주(宇宙)》로 불리우는 《오리온좌》 성단에서 《80억 년 전(億年前)》에 《영혼》과 《영신》으로 만들어져 《양음(陽陰)》 짝을 하여 진화(進化)하여 오다가 지금의 우리들 《지구(地球)》가 탄생할 때 필요에 의해 《45억 년 전(億年前)》에 《속성(屬性)》을 《창조(創造)》한다.

이렇게 하여 만들어진 《영혼》과 《영신》과 《속성》 등 셋이 하나 된 것을 《2음(陰) 1양(陽)》의 법칙을 따른다고 하며 이렇듯 만들어진 셋이 하나된 《영혼》과 《영신》과 《속성》은 《지구(地球)》 《대기권》으로 들어와서 《속성》이 《지표면》에 내려와 《음식물》이 되는 《식물》이나 《동물》 속에 들어가 이를 취한 《어머니》, 《아버지》가 《난자》와 《정자》를 만든 상태가 《속성》이 《음양(陰陽)》으로 갈라져 있는 상태이며, 이러한 이후 부부가 합방을 하면 《수태》가 되어 《속성》은 《어머니》 《자궁(子宮)》 속에 안착을 하는 것이다. 이러한 때가 《속성》이 다시 《음양(陰陽)》 짝을 하는 때이다.

이러한 과정을 거칠 동안 《영혼》과 《영신》은 《음양(陰陽)》 짝을 하여 《속성》 주위를 맴돌다가 《속성》이 《어머니》 《자궁(子宮)》에 안착을 하게 되면 《음양(陰陽)》 짝을 한 《영혼》과 《영신》은 총알같이 《어머니 자궁(子宮)》 속의 《속성》과 다시 《셋》이 《하나》가 되어 다음으로 《어머니》가 공급하여 주는 《영양분》으로 인간 육신(肉身)을 《창조(創造)》하는 것이다.

《2음(陰) 1양(陽)》의 법칙을 따르고 있는 《영혼》과 《영신》과 《속성》 등 셋이 하나된 이 자체가 살아 있는 《컴퓨터》이며 이들 임무 수행은 추호의 오차도 없다. 이와 같이 하여 《10개월》이 지나면 인간 육신(肉身)을 가진 어린아이가 탄생하여 일생(一生)을 살다가 늙고(老) 병(病)들어 죽는(死) 것이다. 어머니 자궁(子宮) 속에서 《태아》가 자랄 때부터와 일생(一生)의 삶을 살 때 《마음(心)》의 경계가 생기는 것이며, 이후 인간 육신(肉身)의 죽음을 맞이하면 《셋》이 하나된 《영혼》과 《영신》과 《속성》은 인간 육신(肉身)을 벗어나서 반복(反復)되는 윤회(輪廻)의 길에 들어가는 것이다.

지금까지 설명 드린 내용이 《무명(無明)》, 《행(行)》, 《식(識)》 등 셋이 하나된 《속성》이 《명색(名色)》, 《육입(六入)》, 《촉(觸)》, 《수(受)》, 《애(愛)》, 《취(取)》, 《유(有)》, 《생(生)》, 《노사(老死)》의 과정을 겪는 불가(佛家)의 《십이인연법(十二因緣法)》을 풀어서 말씀 드린 것이다.

《명색(名色)》은 《난자》와 《정자》가 《음양(陰陽)》 짝을 하는 부모님의 합방을 뜻하는 용어이며, 이로써 《셋》이 《하나》된 《속성》이 《음양(陰陽)》 짝을 하여 완전한 《하나》의 《속성》을 이루었을 때 《영혼》과 《영신》이 《여섯》이 되어 어머니(母) 자궁(子宮) 속으로 들어가 완전한 《속성》과 한 덩어리를 이루는 상태를 《육입(六入)》이라고 하며, 이때를 《1양(陽) 2음(陰)》의 법칙을 따라 《태양수(太陽數) 9》를 이루었다고 한다. 다음으로 《촉(觸)》, 《수(受)》, 《애(愛)》의 과정은 완전한 하나를 이룬 《속성》과 《육입》된 《영혼》과 《영신》이 한 덩어리를 이루어 서로 부딪혀서 확인하는 과정을 《촉(觸)》, 《수(受)》, 《애(愛)》의 과정으로써 설명하고 있다.

즉, 《영혼》과 《영신》이 그동안 헤어져 있던 《속성》과 만나 서로 《닿아》보고 《받들어》 《사랑》한다고 확인하는 단계가 《촉(觸)》, 《수(受)》, 《애(愛)》의 과정이며, 이러한 확인이 끝이 난 후 이제 《육신(肉身)》의 《창조(創造)》를 위해 《어머니》가 공급하여 주는 《영양분》을 취하는 단계를 《취(取)》라고 한 것이며, 다음으로 《태아(胎兒)》로 탄생한 단계를 《유(有)》라고 한 것이다. 이로써 《10개월》 후의 탄생을 《생(生)》의 단계로 설명하고 이후 일생(一生)을 산 후 《늙어서 죽는》 단계를 《노사(老死)》로써 설명한 것이 《십이인연법(十二因緣法)》이다. 이러한 《십이인연법》을 《천부진리(天符眞理)》에서는 《셋》이 《하나》된 《속성》이 《3.3.3》의 합(合)을 한다고 하여 《1.3.3.3》 《합(合)의 법칙》을 따른다고 하는 것이다.

이와 같은 《십이인연법》 설명을 참고하여 상기 기록한 《도형》의 내용을 설명 드리면, 《영혼》과 《영신》은 인간의 주인(主人)으로서 진화(進化)하는 당체이며, 필요에 의해 《속성》을 《창조》하여 어머니 자궁(子宮)에서 인간 육신(肉身)을 《창조(創造)》하는 것이다. 즉, 《영혼》과 《영신》 진화(進化)의 목적 때문에 필요에 의해 《속성》과 《육신(肉身)》이 《창조(創造)》된다는 점을 깊이 인식하시기 바란다.

> 그리고 《인간(人間)》들은 《반야공(般若空)》 진화(進化)의 과정에서 스스로의 《영혼》과 《영신》이 탄생하여 그 스스로의 필요에 의해 《속성》과 《육신(肉身)》을 창조(創造)하며 이후 진화(進化)하는 《영혼》과 《영신》이 창조(創造)된 《속성》과 《육신(肉身)》과 함께 《음양(陰陽)》 짝을 하여 《인간(人間)》 진화(進化)의 완성의 길로 감으로써 《인간》《영혼》은 《영신》과 《육신》과 《법신》 셋을 거느리는 《우주간(宇宙間)》의 법칙인 《1-3의 법칙》을 완성하게 되는 이것이 지금까지 설명 드린 데에 대한 결론인 것이다.

이러한 《진화(進化)》에 대하여 《무지(無知)》한 《악마(惡魔)의 신(神)》들에게 속고 있는 《창조론자(創造論者)》들에게 분명히 경고 드리는 바는 《인간(人間)》과 《만물(萬物)》은 《하나님》이나 특정한 《신(神)》이 《창조(創造)》하는 《창조물(創造物)》이 아니라 《반야공(般若空)》 진화(進化)의 과정에서 《성(性)》의 이합집산으로 《만물(萬物)》이 탄생하며 이러한 과정에서 《인간》의 《영혼》과 《영신》이 탄생하여 그 스스로의 필요에 의해 《속성》과 《속성》이 거느리는 《인간육신(肉身)》을 《창조(創造)》한다는 사실을 《메시아(Messiah)》이신 《미륵불》이 분명히 하는 바이니 《인간》을 《하나님》이나 특정한 《신(神)》이 《창조(創造)》하였다고 하는 논리(論理)로 인간들을 속이는 파렴치한 짓을 하지 마시기 바란다.

이와 같이 《진화(進化)》의 《진리(眞理)》에 대하여 무지(無知)한 《악마(惡魔)의 신(神)》들 중 최고(最高)의 《대마왕신(神)》《비로자나 1세》가 《북송(北宋)》의 《주희(周喜)》로 이름하고 와서 《인간(人間)》들의 본래 주인(主人)인 《영혼》과 《영신》은 도외시하고 《창조(創造)》의 산물인 《속성》과 《속성》이 거느리는 《육신(肉身)》의 《위엄》을 갖추는 《성리학(性理學)》을 만들어 《유학(儒學)》을 《유교(儒敎)》로 만들고자 한 목적은 《유교(儒敎)》로써 인간들의 《정신세계(精神世界)》를 지배하고자 한 것이다.

이러한 《정신세계》 지배의 실상을 살펴보면, 《영혼》과 《영신》은 진화(進化)의 완성을 이루지 못하였으나 《속성》보다는 오랜 진화(進化)의 과정을 겪었기 때문에 상당히 진화(進化)가 많이 되어 있다. 그러나 《속성》은 《영혼》과 《영신》보다 상대적으로 진화(進化)가 덜 되어 있다. 진화(進化)의 근본 목적은 《육신(肉身)》의 단련을 통하여 《영혼》과 《영신》과 《속성》에 내재된 《암흑물질》이 《생명력(生命力)》을 띤 《마성(魔性)》을 제거하고 그러한 바탕에 《밝은》《지혜(智慧)》를 심어 《지혜(智慧)》를 완성하는 데 있다.

이러한 이치로 볼 때, 《속성》은 《영혼》과 《영신》보다 훨씬 진화(進化)가 덜 되어 있기 때문에 《마성(魔性)》이 두텁다. 이러한 《마성(魔性)》이 두터운 《육신(肉身)》을 다스리는 《속성》에게 《좌익사상》의 《정수(精髓)》인 《탐욕》과 《이기심》을 심으면 《속성》은 이러한 《정보(情報)》를 《영혼》과 《영신》에게 전달하여 《영혼》과 《영신》마저 어둡게 만들어 진화(進化)에서 후퇴시키게 됨과 동시에 《속성》 스스로도 더욱더 《마성(魔性)》이 두터워지게 되는 것이다. 이렇듯 진화(進化)에서 후퇴한 자(者)들에게 《도덕성(道德性)》과 《정의(正義)》는 없는 것으로써 다만 있는 척 거들먹거릴 뿐인 것이다. 이러한 것을 《위선(僞善)》이라고 하는 것이다. 이와 같은 결과는 《힘(力)》을 가진 《악마(惡魔)의 신(神)》들인 《대마왕신족(神族)》들에게는 잘난 척하는 《엘리트 의식》의 정수인 《선비사상(鮮卑思想)》을 심고 힘(力)이 없는 백성들에게는 《힘(力)》 즉 《무력(武力)》에 항거하지 못하는 《노예근성》을 뿌리 깊게 심어 그들 《악마(惡魔)의 신(神)》들인 《대마왕신족(神族)》들에게 복종하게 하는 수단으로 이를 이용한 자체가 《정신세계》 지배인 것이다.

이와 같이 《악마(惡魔)의 신(神)》들 중 최고(最高)의 《대마왕신(神)》 《비로자나 1세》가 《북송(北宋)》의 《주희(周熹)》로 이름하고 와서 만든 《성리학(性理學)》은 인간들의 주인(主人)인 《영혼》과 《영신》마저 파괴시키기 위해 《창조(創造)》의 범위에 있는 《속성》이 거느리는 《육신(肉身)》에 탐착하게 함으로써 궁극적으로 《욕망(慾望)》에 가득 찬 삶을 살다가 《파멸(波滅)》의 길로 가야만 하는 학문(學問)일 뿐임을 차제에 여러분들이 아셔야 하며 잘못된 《학문(學問)》을 하는 자세가 오늘을 살고 있는 인간 무리들을 진화(進化)시키기는 커녕 《파멸(波滅)》의 길로 인도하여 인간들의 《미래세(未來世)》가 없도록 만들고 있어서 이 부분에 대하여 상세히 말씀 드리고 있다는 점을 아시기 바란다.

---

⑦ [고려 무신정권(武臣政權)](AD1170~AD1270)

가> [고려 무신정권(武臣政權)을 위한 《군사 쿠데타》]

《고려 왕조》에서 《백제계》와 《호족계》가 연합하였으나 사실상의 통치는 《물고기》,

《어패류》,《곤충》영신의 진화를 하는《반쪽짜리》인간 무리들인《호족계》가 통치를 한 것이다. 이러한《반쪽짜리》인간 무리들인《호족계》는《한민족(韓民族)》들보다 우주적(宇宙的)으로《100억 년 ~ 200억 년》진화가 덜된 사나운 종족들이다. 때문에 이들 출신《악마(惡魔)의 신(神)》들인《대마왕신(神)》군왕(群王)들은《정치력(政治力)》부재로《무력통치(武力統治)》를 선호하는 가운데 처음 그들이 구성한《지배층》은《승려》들과《호족》들 중《문신(文臣)》들이 주로 자리한 것이다. 그러나《군왕(群王)》을 비롯한《지배층》들이《권력욕(權力慾)》과《지배욕(支配慾)》으로 뭉쳐진《탐욕스러운》무리들이기 때문에 이들이 다스리는 사회는 일정 기간이 지나면 반드시 썩고 타락한 사회로 변해 가는 것이 교과서적인 사항이다.

이와 같은 내부적인 배경을 가진《고려 왕조》에서《10대 정종》으로 이름한《악마(惡魔)의 신(神)》으로서《대마왕신(神)》《천관파군 2세》인《이오 신(神)》이후《16대 예종》(AD1105~AD1122) 때까지《76년》간은 겉으로는 평온함을 보였으나 내막적으로는《사치》와《탐욕》으로 인해《고려 왕조》가 서서히 썩어 가고 있을 때 문제는《17대 인종》(AD1122~AD1146) 때에 일어나는 것이다.

즉,《17대 인종》(AD1122~AD1146) 때《이자겸》(?~AD1126)으로 이름한《다보불계(系)》《대마왕》《문수보살 1세 분신》이《AD 1126년》에《이자겸》의 난을 일으키고, 이후《AD 1135년》에《묘청》(?~AD1135)으로 이름한《다보불계(系)》《대마왕》《미륵 2세》가《서경천도》를 명분으로《서경》의《한민족(韓民族)》세력들과 결탁하여《묘청의 난》을 일으킨다.

이에 크게 자극받은 때에 반복(反復)되는 윤회(輪廻)로《정중부》(AD1106~AD1179)로 이름하고 태어나 있던《악마(惡魔)의 신(神)》인《대마왕신(神)》《천관파군 1세》가 당시《지배층》으로 자리한《승려》들과《문신(文臣)》들의 부패로 인해《고려 사회》가 사치와 탐욕으로 썩어 가는 틈을 타서《다보불계(系)》《대마왕》《불보살》들이 중단 없이 파고 들어오는 것에 대해 크게 불안감을 가지게 된다.

이로써 그들《악마(惡魔)의 신(神)》들인《대마왕신(神)》들이 애써 구축하여 놓은《고려 왕조》를 지키고 특히《서경천도》를 전제로 한《묘청의 난》을《한민족(韓民族)》들의 반란으로 규정한《악마(惡魔)의 신(神)》으로서《대마왕신(神)》《천관파군 1세》인《정중부》는《10대 정종》 이후 반복(反復)되는 윤회(輪廻)로 다시 불어나고 있는 《한민족(韓民族)》들과 그가 《6대 성종》으로 와서 《한민족(韓民族)》을 학살한 이후 남은 《한민족(韓民族)》들을 모조리 학살하여 씨 알도 없이 만듦으로써 그들 《악마(惡魔)의 신(神)》들인 《대마왕신(神)》들이 처음 계획하였던 바를 완성할 목적으로 《군사 쿠데타》를 일으켜 이후는 그들 《악마(惡魔)의 신(神)》들인 《대마왕신(神)》들이 선호하는 《무력통치(武力統治)》 체제를 구축하기 위해 그의 추종 세력들과 함께 《군사 쿠데타》를 일으키는 것이다. 이러한 《군사 쿠데타》를 《정중부의 난》(AD1170, 18대 의종 24년)으로 이름하며, 이로써 《무신 정권》이 시작이 되는 것이다.

이러한 때 《정중부의 난》에 연루된 자(者)들과 신명(神名)을 밝혀 드리면 다음과 같다.

[표 2-1-3-8] 고려 무신정권 시작(정중부의 난(AD1170, 고려 18대 의종 24년)) 주역들의 명단과 신명(神名)

인명(人名)	신명(神名)	신(神) 구분	생몰	비고
정중부	천관파군 1세	●	AD1106~AD1179	
이고	천관파군 2세(이오 신(神))	●	AD1140~AD1171	
이의방	이오 신(神) 2세	●	?~AD1174	
이의민	천관파군 3세	●	?~AD1196	안남국 리왕조 후손
● : 《악(惡)》을 근본 바탕으로 하는 《악마(惡魔)의 신(神)》들인 《대마왕신(神)》				

※ 《고려 18대 의종 24년(AD1170)》 때 일어난 《군사 쿠데타》는 《정중부》로 이름한 《악마(惡魔)의 신(神)》인 《대마왕신(神)》 《천관파군 1세》와 함께 주도적으로 활약을 한 《이고》로 이름한 《악마(惡魔)의 신(神)》으로서 《대마왕신(神)》 《천관파군 2세》인 《이오 신(神)》은 《이고》로 이름하고 태어나기 직전의 삶이 《서경천도》를 앞장서서 반대하던 유명한 《김부식》(AD1075~AD1139)이다. 이러한 《김부식》이 《악마(惡魔)의 신(神)》들인 《대마왕신(神)》들의 입장에서 역사를 날조하고 왜곡하여 《삼국사기》를 편찬한 인물이다. 이러한 《김부식》이 반복(反復)되는 윤회(輪廻)로 다시 태어났을 때가 《이고》(AD1140~AD1171)이다. 그리고 《정중부의 난》에 가담한 《대마왕신(神)》들이 모두 《곤충 영신》 진화를 하는 무리들로서 이들이 《군사 쿠데타》에 성공함으로써 향후 《24대 원종》(재위 AD1259~AD1269, 복위 AD1270~AD1274) 때인

《AD 1270년》때까지《무신정권》이 계속되는 것이다.

나> [고려 무신정권(武臣政權) (AD1170~AD1270)]

다음은《고려 무신정권(武臣政權)》《집권자》및《신명(神名)》을 먼저 밝혀 드리고 다음을 설명 드리겠다.

[표 2-1-3-9] 고려 무신정권 집권자 명단과 신명(神名)

순서	인명	신명(神名)	신(神)구분	생몰 및 집권기간	집권기간	왕	권력기구
1대	이의방	이오신 2세	●	생 몰 ?~AD1174 집권기간 AD1170~AD1174	4년	의종	
2대	정중부	천관파군1세	●	생 몰 AD1106~AD1179 집권기간 AD1174~AD1179	5년		중방
3대	경대승	노사나불 3세 분신	◐	생 몰 AD1154~AD1183 집권기간 AD1179~AD1183	4년		
4대	이의민	천관파군 3세	●	생 몰 AD1140~AD1196 집권기간 AD1183~AD1196	13년		
5대	최충헌	야훼신 1세	●	집권기간 AD1196~AD1219	23년	명종, 신종, 희종, 강종, 고종	교정도감
6대	최우	야훼신 1세 분신	●	생 몰 ?~AD1249 집권기간 AD1219~AD1249	30년	고종	

779

7대	최항	야훼신 2세	●	생　　몰　?~AD1257 집권기간 AD1249~AD1257	8년	고종	교정도감, 정방
8대	최의	야훼신 3세	●	생　　몰　?~AD1258 집권기간 AD1257~AD1258	1년		
9대	김준	노사나불 분신	◐	생　　몰　?~AD1268 집권기간 AD1260~AD1268	8년	원종	
10대	임연			생　　몰　?~AD1270 집권기간 AD1268~AD1270	2년		
11대	임유무			생　　몰　?~AD1270 집권기간 AD1270~AD1270	1년		

※ 8대 최의 다음으로 AD1258년~AD1260년까지 고려 무신정권의 유일한 문인 실권자인 《유경》(생몰 AD1206~AD1289)과 《삼국유사》 저자인 《중놈》《일연》은 동일인으로서 《악마(惡魔)의 신(神)》인 《대마왕신(神)》《천관파군 1세》이다. 그러나 이 자(者)는 당대 문인 신분이라 위의 내용에서 빠진 것이다.

※ ◐ : 《선악(善惡)》 양면성을 근본 바탕으로 하는 《대마왕》《불보살》
　● : 《악(惡)》을 근본 바탕으로 하는 《악마(惡魔)의 신(神)》들인 《대마왕신(神)》

《고려 18대 의종 24년》에 《정중부》로 이름한 《악마(惡魔)의 신(神)》인 《대마왕신(神)》《천관파군 1세》 일당들이 획책한 《군사 쿠데타》가 성공한 후 곧바로 《무신정권(武臣政權)》 통치가 시작이 된다. 이러한 《무신정권》 집권자 중 《1대 이의방》과 《2대 정중부》와 《4대 이의민》 등 《악마(惡魔)의 신(神)》들인 《대마왕신(神)》들은 그들이 《군사 쿠데타》를 일으킨 명분실현을 위해 《한민족(韓民族)》《10만 명》 이상을 학살하고 《2만 명》 이상을 《노비(奴婢)》로 전환시킴으로써 이러한 자(者)들이 반복되는 《윤회(輪廻)》로 지금 세상에 다시 태어나서 《현 정부》를 뒤집어엎고자 하는 《좌익 세력》들로써 자리하고 있는 것이다. 이러한 《악마(惡魔)의 신(神)》들이 당대 이를 응징하기 위한 《양(陽)》의 《곰족(熊族)》들의 나라인 《몽골국(國)》의 침공을 자초하게 되는 것이다.

이후 《무신정권(武臣政權)》의 《5대 최충헌》부터는 《한민족(韓民族)》들에 대한 직접적인 학살은 멈추었으나 《유학(儒學)》을 《유교(儒敎)》로 이름하고 이를 장려하고 《불교(佛敎)》에 대한 탄압은 계속한 것이다. 이러한 가운데 《5대 최충헌》으로 이름한 《대마왕신(神)》《야훼 신(神) 1세》를 비롯한 《6대 최우》, 《7대 최항》, 《8대 최의》 등의 《야훼신계(神系)》《대마왕신

(神)》들은 《AD 1231년》부터 시작되어 《28년》간 계속된 《몽골국》과의 전쟁 때에 《한민족(韓民族)》 사내들만 징집하여 전쟁의 선두에 세워 《화살받이》로 이용하는 작전을 펼쳐 《몽골군(軍)》을 견제함과 동시에 《한민족(韓民族)》들을 간접 학살하는 작전을 펼친 악랄한 《악마(惡魔)의 신(神)》들인 것이다.

⑧ [몽골군(軍) 개입]

가> 최고(最高)의 《대마왕》《다보불 1세》 진리(眞理)로의 대회귀(大回歸)

《로마 제국(帝國)》(27BC~AD286) 출발 당시 선포된 《2차 우주 쿠데타》 실행 과정에서 《악마(惡魔)의 신(神)》들인 《대마왕신(神)》들과 《대마왕》들이 합의한 결정사항 중 《한반도(韓半島)》 지배에 대한 사항이 미리부터 결정된 탓에 《중원 대륙》에서 《당(唐)》나라(AD618~AD907) 건국 당시 《대마왕》들인 《다보불계(系)》에서 《당(唐) 마왕 불교》를 만든 후 《악마(惡魔)의 신(神)》들 중 최고의 《대마왕신(神)》《비로자나 1세》와 최고의 《대마왕》《다보불 1세》가 만나 《한반도》의 지배 문제를 결정하면서 《종교(宗敎)》는 《당 마왕 불교》를 할 것을 다시 합의를 한다. 이러한 바탕에서 《통일 신라》 이후 혼란한 틈을 타서 《중원 대륙》과 《페르시아》 등지에 있던 《악마(惡魔)의 신(神)》들인 《대마왕신(神)》《그림자 비로자나계(系)》와 《천관파군계(系)》와 《석가모니계》 후손들이 대거 《민족 이동》하여 《호족(豪族)》 세력을 이루고 《고려 왕조》(AD918~AD1392)를 건국하였음을 말씀드렸다.

그러나 《당 마왕 불교》를 만드는 과정에서 한 깨달음을 크게 얻은 최고의 《대마왕》《다보불 1세》는 《우주 쿠데타》 차원에서 결정된 사항을 번복할 수가 없어 때에 《악마(惡魔)의 신(神)》들 중 최고의 《대마왕신(神)》《비로자나 1세》와 합의를 할 때 《한반도》 지배권을 《악마(惡魔)의 신(神)》들인 《대마왕신(神)》들에게 내어 주었으나, 이후 세월이 흐르면서 많은 일들을 겪고 《대마왕》《불보살》들이 상당히 《진화(進化)》를 이루었을 때 《악마(惡魔)의 신(神)》들인 《대마왕신(神)》들이 《고려 왕조》를 이루고 처음에는 《당 마왕불교》를 《종교(宗敎)》로 하고 《승려》들마저 《정치(政治)》에 참여하도록 함으로써 《지배층》을 이루고 《고려》를 다스려 갈 때 《당(唐)》나라 건국 직전에 《악마(惡魔)의 신(神)》들 중 최고의 《대마왕신(神)》《비로자나 1세》와 최고의 《대마왕》《다보불 1세》가 《우주 쿠데타》 연장선상에서 합의한 《합의사항》을 《악마(惡魔)의 신(神)》들 중 최고의 《대마왕신(神)》《비로자나 1세》가 깨트리는 일이 발생한 것이다.

이러한 공조가 깨어지게 된 내막부터 살펴보면, 일찍이 《악마(惡魔)의 신(神)》들인 《대마왕신(神)》들의 나라인 《한(漢)》나라 때에 《무제(武帝)》(156BC~87BC)로 이름한 《악마(惡魔)의 신(神)》으로서 《대마왕신(神)》《천관파군 2세》인 《이오 신(神)》 분신이 《주역(周易)》에 대한 《십익(十翼)》을 그가 쓰고는 이를 《유학(儒學)》의 창시자인 《공자(孔子)》(551BC~479BC)가 쓴 것인 양 위장하고 한낱 《점술서》에 지나지 않는 《주역(周易)》을 《역경(易經)》으로 이름하고 《오경(五經)》에 포함시켜 《유학(儒學)》을 《종교(宗敎)》인 《유교(儒敎)》로 둔갑시키기 위한 발판을 마련하여 둔 것을 훗날 이를 바탕으로 하여 《악마(惡魔)의 신(神)》들 중 최고의 《대마왕신(神)》《비로자나 1세》가 《후백제》《견훤》으로 이름하고 태어난 이후 《고려 태조》《왕건》으로 이름한 《가이아 신(神)》에게 죽임을 당한 이후 곧바로 《북송(北宋)》(AD960~AD1127)에서 《주희》(AD941~AD1011)로 이름하고 태어나서 《성리학(性理學)》을 창시하게 된다.

이러한 《성리학(性理學)》을 《악마(惡魔)의 신(神)》들 중 최고의 《대마왕신(神)》《비로자나 1세》는 당대 《최승로》(AD927~AD989)로 이름하고 태어나 있던 《악마(惡魔)의 신(神)》인 《대마왕신(神)》《야훼 신(神) 1세》를 불러 지금까지 《고려 왕조》의 《종교(宗敎)》로 자리한 《불교》를 억압하고 《성리학》으로 이름된 《유교(儒敎)》를 받아들이고 동시에 《악마(惡魔)의 신(神)》들인 《대마왕신(神)》 출신의 《고려》《군왕(群王)》들에게 《통치이념》을 담은 지침인 《시무(時務) 28조》를 《고려 6대 성종》(재위 AD981~AD997)으로 이름한 《악마(惡魔)의 신(神)》인 《대마왕신(神)》《천관파군 1세》에게 전달하여 향후 《고려 군왕(群王)》들은 이를 지킬 것을 명령하는 것이다. 이와 같은 《주희》로 이름한 《악마(惡魔)의 신(神)》들 중 최고의 《대마왕신(神)》《비로자나 1세》의 명령은 《악마(惡魔)의 신(神)》들인 《대마왕신(神)》《고려 군왕》들에게는 절대적인 것이다.

이러한 설명에서도 드러나듯이, 《성리학(性理學)》은 《주희》로 이름한 《악마(惡魔)의 신(神)》인 《비로자나 1세》가 순전히 《한반도》 인간 무리들을 지배하기 위한 목적으로 만들어진 《학문》일 뿐이라는 사실을 분명히 기억하시기 바란다.

이와 같이 진행을 하면서 언급한 바와 같이, 《고려 4대 광종》과 《5대 경종》과 《6대 성종》때까지 40년 동안 《한민족(韓民族)》 《150만 명》 이상을 학살하고 《한민족(韓民族)》 《20%》를 《노비(奴婢)》로 만들고 한 《노비안검법》이 《호족》 세력들에게 강제로 붙들려 《노비》 생활을 하는 《한민족(韓民族)》들을 학살하기 위한 방편으로 발표된 것이며, 이로써 《한민족(韓民族)》들 학살이 마쳐진 후 새로이 만들어진 《노비》들을 다시 묶은 법이 《노비안검법》 철폐이다.

　이러한 바탕에서 《화(禍)》를 입은 분들을 제외한 백성(百姓)들에게 《불교》를 믿지 못하게 하기 위해 《불교》를 탄압하고 《유교(儒敎)》를 믿게 만들어 《통치(統治)》하고자 《성리학》을 고려로 들여보내고 《군왕(群王)》들에게는 이의 실행을 위해 《악마(惡魔)의 신(神)》들 중 최고의 《대마왕신(神)》 《비로자나 1세》의 《통치 이념》이 담긴 《시무(時務) 28조》를 따라 《고려》를 통치하도록 지시한 최고의 《대마왕신(神)》 《비로자나 1세》의 배신(背信)에 최고의 《대마왕》 《다보불 1세》는 마지막 《인간 이치》가 일어나는 《한반도(韓半島)》에서 《음(陰)》의 《곰족(熊族)》들인 《한민족》들이 사라지면 세계(世界) 여러 곳에 흩어져 살고 있는 그의 후손들인 《양(陽)》의 《곰족(熊族)》들 역시 《악마(惡魔)의 신(神)》들인 《대마왕신(神)》들이 펼쳐 놓은 《정신세계(精神世界)》에 휩쓸리어 《악마(惡魔)의 신(神)》들인 《대마왕신(神)》들의 지배를 받게 됨으로써 《양(陽)》의 《곰족(熊族)》들의 《존재 가치》마저 사라져 갈 것임을 비로소 크게 깨달은 최고의 《대마왕》 《다보불 1세》는 《AD 1000년》을 기점으로 모든 《대마왕》 《불보살》들은 《우주 쿠데타》를 포기하고 《석가모니 하나님 부처님》 《진리(眞理)》의 《법(法)》을 따라 《순리(順理)》를 따르는 진화(進化)의 길로 회귀(回歸)할 것을 선언하고 모든 《대마왕》 《불보살》들에게 이를 따를 것을 지시함으로써 때에 《석가모니 하나님 부처님》을 비롯한 모든 《불(佛)》 《보살(菩薩)》들을 안심하게 하는 것이다.

　이와 같이 최고의 《대마왕》 《다보불 1세》의 선언 이후 《다보불계(系)》 《대마왕》 《불보살》들과 《노사나불계(系)》 《대마왕》 《불보살》들은 《한반도》 《한민족》들과 세계에 흩어져 살고 있는 《한민족》들 보호에 적극적이었으며 이러한 최고의 《대마왕》 《다보불 1세》의 《순리(順理)》를 따르는 진화의 길 회귀(回歸) 선언이 《한반도》에서 《한민족》들이 살아남는 계기가 되었으며, 이러한 선언이 없었다면 《한민족》들은 《악마(惡魔)의 신(神)》들인 《대마왕신(神)》들에 의해 《고려 왕조》 동안 《한반도》에서 그 씨앗도 찾아볼 수 없는 처지가 되었을 것임을 《메시아(Messiah)》이신 《미륵불》이 분명히 하는 것이다.

나> [몽골국](AD1206~AD1368)

　최고(最高)의 《대마왕》《다보불 1세》 직계 후손들인 《양(陽)》의 《곰족(熊族)》들이 세운 《몽골국(國)》의 왕명록을 밝혀 드리면 다음과 같다.

[표 2-1-3-10] 몽골국(AD1206~AD1368) 왕명록

왕순서	왕명(王名)	신명(神名)	신(神)구분	생몰 및 재위	비고
1	징기스 칸	미륵불 1세	○	생몰 AD1162~AD1227 재위 AD1206~AD1227	통일국 건국
2	오고타이 칸	문수보살 1세	◐	생몰 AD1186~AD1241 재위 AD1229~AD1241	·고려 침공 개시(AD1231). ·고려대장경 시작(AD1238).
3	구유크 칸	미륵 3세	◐	생몰 AD1206~AD1248 재위 AD1246~AD1248	《후고구려》《궁예》 왕(생몰 AD861~AD918, 재위 AD901~AD918)으로 태어났다가 반복되는 윤회로 때에 다시 태어난 자(者)
4	몽케 칸	문수보살 2세	◐	생몰 AD1209~AD1259 재위 AD1251~AD1259	·고려 23대 고종(재위 AD1213~AD1259) 45년인 AD1258년 대장경 완성. ·고려 침공 종결(AD1259)
5	쿠빌라이 칸	미륵 2세	◐	생몰 AD1215~AD1294 재위 AD1260~AD1294	· 원나라 초대 황제. · 고려를 제후국으로 편입시킴(AD1279).
6	토곤 테무르 칸	문수보살 1세	◐	생몰 AD1265~AD1307 재위 AD1294~AD1307	원나라 2대 황제.

※ ○ : 《참함(善)》을 근본 바탕으로 하는 《불보살》
　◐ : 《선악(善惡)》 양면성을 근본 바탕으로 하는 《대마왕》《불보살》
　● : 《악(惡)》을 근본 바탕으로 하는 《악마(惡魔)의 신(神)》들인 《대마왕신(神)》

《몽골국》《초대 왕》《징기스칸》(재위 AD1206~AD1227)이 현재 이 글을 쓰고 있는 《메시아(Messiah)》이신 《미륵불》이다. 이러한 《메시아(Messiah)》이신 《미륵불》이 때에 《천상(天上)》의 명을 받고 《다보불 1세》의 아들로 태어나서 《징기스칸》으로 이름하고 《남미》와 《아프리카》를 제외한 《중동 지방》을 포함한 전 유럽을 통일한 것이다.

이렇듯 《징기스칸》으로 이름한 《미륵불》이 일부를 제외한 전 세계를 정복한 목적을 《악마(惡魔)의 신(神)》들인 《대마왕신(神)》들과 그들 후손 《마왕신(神)》 학자들이 침묵하고 있는 진정한 뜻을 이제는 전 세계에 흩어져 살고 있는 《한민족(韓民族)》들과 《대마왕》《불보살》 후손들 나라 백성(百姓)들에게 밝혀야 될 때가 온 것 같다.

당시 전 세계에서 각각의 민족들이 형성한 《나라》들 대부분이 두 번째 《인간》들의 《이치》가 결정된 《예루살렘》의 대소용돌이 이후 《인간》들 다스림의 《이치》가 결정됨으로써 《중동 지방》을 포함한 《지중해 연안》과 《북아프리카》와 《유럽》 전 지역의 나라들과 동양(東洋)의 각 나라들이 《천주교》와 《예수 그리스도》를 찾는 《기독교》와 《회교》와 《마왕불교》를 신앙하는 나라들이 되어 《악마(惡魔)의 신(神)》들인 《대마왕신(神)》들의 지배하에 있었기 때문에 이들 나라들 중 《음(陰)》의 《한민족(韓民族)》들의 나라와 《양(陽)》의 《한민족(韓民族)》들인 《대마왕》《불보살》들 후손의 나라에서 《악마(惡魔)의 신(神)》들인 《대마왕신(神)》들과 그들 후손들인 《마왕신족(神族)》들을 축출하여 《음양(陰陽)》의 《한민족(韓民族)》들이 그들 《악마(惡魔)의 신(神)》들인 《대마왕신(神)》들의 지배로부터 벗어나서 《음양(陰陽)》의 《한민족(韓民族)》들 나라들이 《자주성(自主性)》을 회복함으로써 《악마(惡魔)의 신(神)》들인 《대마왕신(神)》 후손들의 나라와 격리되어 올바른 진화(進化)를 할 수 있도록 터전을 마련하여 주는 것이 주된 목적이었다.

이러한 목적 때문에 당대 《악마(惡魔)의 신(神)》들인 《대마왕신(神)》 후손들의 나라들이 우글거리고 있는 곳에 《몽골군(軍)》 일부를 남겨 훗날 나라를 만들게 한 것이 《헝가리》이다. 이와 같은 《음(陰)》의 《한민족(韓民族)》들의 나라들과 《양(陽)》의 《한민족(韓民族)》들인 《대마왕》《불보살》들 나라들은 《한민족(韓民族)》《음양(陰陽)》의 나라들이라는 사실을 깊이 아시고 때에 완전한 독립을 이루었던 《한민족(韓民族)》《음양(陰陽)》의 나라들 백성(百姓)들은 오늘날까지 그들의 국가가 존재하게 된 것이 《징기스칸》으로 이름하였던 《메시아(Messiah)》이신 《미륵불》의 공(功)이 컸음을 새삼 인식하시기 바란다.

이와 같이 《징기스칸》의 세계 정복 목적은 《한민족(韓民族)》《음양(陰陽)》의 나라들에서 《악마(惡魔)의 신(神)》들인 《대마왕신(神)》들과 그들 후손들을 내어 쫓고 《자주성(自主性)》을 찾게 하기 위해 유럽을 정복한 것임을 당대 《징기스칸》으로 이름하고 태어났던 《메시아(Messiah)》이신 《미륵불》이 재차 분명히 밝히는 바이며, 이 역시 《AD 1000년》을 기점으로 최고의 《대마왕》《다보불 1세》께서 선언하신 《순리(順理)》를 따르는 진화(進化)의 길로 회귀(回歸)하신 첫 《자주성(自主性)》을 위한 질서 회복이 가시적으로 나타난 것이 《징기스칸》의 《유럽 정복》이라는 점을 깊이 인식하시기 바란다. 그리고 이러한 《징기스칸》의 《유럽 정복》이 고대(古代) 《그리스》와 《로마》 문명의 재인식과 재수용을 부추김으로써 《석가모니 하나님 부처님》과 《다보불》 후손의 나라인 《이탈리아》로부터 시작이 되어 《14세기~16세기》에 걸쳐 일어난 《르네상스》 시대가 도래하였음을 분명히 하는 것이다.

이러한 이후 《징기스칸》의 아들로 태어난 《오고타이 칸》(재위 AD1229~AD1241)으로 이름한 《문수보살 1세》는 최고의 《대마왕불》《다보불 1세》의 지시로 《한민족(韓民族)》 학살과 함께 《불교(佛敎)》를 탄압하고 《유학(儒學)》을 《유교(儒敎)》로 이름하고 《국교(國敎)》로써 채택한 《인간》들의 《이치》가 일어나는 《한반도(韓半島)》 정벌을 명령함으로써 《몽골국》《2대 왕 오고타이》는 군대를 일으켜 《AD 1231년》에 《고려》를 침공하여 《1차 고려-몽골》간의 전쟁이 시작된다.

그러나 전 유럽을 재패하여 《통일국》을 이룬 《몽골군》의 위용에 《고려》는 기가 죽을 수밖에 없는 처지로써 전쟁 시작이 된지 얼마 되지 않아서 《고려군》은 《몽골군》이 요구하는 아래 《4가지 사항》을 지키는 것을 전제로 하여 항복하게 된다. 이와 같이 《고려군》이 항복하면서 지키기로 한 《4가지》《강화조약》 조건을 설명 드리면 다음과 같다.

[몽골국과 고려와의 강화 조약 전문]

1. 《고려》는 《몽골국(國)》 신하(臣下)의 나라로써 향후 《고려 왕조》는 신하의 나라로써 《예(禮)》를 다할 것을 약속한다.

2. 《고려 왕조》는 《한민족(韓民族)》 학살 행위를 일체 중지하고 《한민족(韓民族)》《양민(良民)》들에 대한 차별 대우를 하지 않는다.

3. 《불교(佛敎)》 탄압을 일체 중지하며 《유교(儒敎)》는 종교(宗敎)로써 인정하지 않으며, 《유교(儒敎)》 사상(思想)과 관념(觀念)을 백성(百姓)들에게 일체 심지 않을 것을 약속하고 종교(宗敎)는 《불교(佛敎)》 밖에 없음을 인정한다.

4. 현재 백성(百姓)들에게 만연하여 있는 《유교적》《사상》과 《관념》을 뿌리 뽑고 《승려》들 탄압에 대한 명예 회복과 함께 《고려 백성》 모두들에게 《불교(佛敎)》의 《사상(思想)》과 《관념(觀念)》을 새로이 심는 의미에서 《관민(官民)》이 합동으로 《대장경》을 판각하여 완성할 것.

등을 약속하는 《강화조약》을 맺고 약간의 인질을 대동하고 《몽골군》은 철수를 하는 것이다.

그러나 《몽골군》 철수 후 《고려 왕조》는 일방적으로 《강화조약》을 어기고 《몽골군》에게 적대적인 행동을 함으로써 《고려 23대 고종》(재위 AD1213~AD1259) 재위년도 끝까지 《고려》와 《몽골》 전쟁(AD1231~AD1259)은 《28년》간 계속이 되었으며, 《AD 1258년》 《팔만대장경》이 완성이 된 이듬해인 《AD 1259년》에야 《몽골군》의 《고려 침공》은 종결이 되는 것이다.

이와 같은 《고려-몽골》 전쟁(AD1231~AD1259) 《28년》간의 상세한 설명은 《고려-몽골》 전쟁 편에서 말씀드리도록 하겠다. 이와 같이 《고려》와 《몽골》의 전쟁이 끝난 이후 《미륵불 2세》가 《쿠빌라이 칸》(재위 AD1260~AD1294)으로 이름하고 통일된 《중원대륙》에서 《원(元)》(AD1271~AD1368) 나라를 세움으로써 《초대 황제(皇帝)》가 된 후 《AD 1279년》에 《고려》를 제후국으로 편입시키게 된다.

이로써 때에 《다보불(佛)》 직계 《대마왕》 불(佛), 보살(菩薩)들이 왕(王)으로 자리한 《몽골국》의 《고려》에 대한 개입이 있었기 때문에 《한민족(韓民族)》들이 살아남아 오늘날 《대한민국》 인구 중 《60%》의 《한민족(韓民族)》으로 자리할 수 있었음을 분명히 하며, 당대 《몽골》의 개입은 《침공》이지 《침략》이 아니라는 사실을 오늘을 살고 있는 《한민족(韓民族)》들은 깊이 인식하여야 될 것이다.

다> [올바른 불교(佛敎)]

《AD 1000년》이후 최고의 《대마왕》《다보불 1세》가 순리(順理)를 따르는 진화(進化)를 선포한 이후에는 《당 마왕 불교》를 《당 마왕 불교》로 이름하지 않고 《불교(佛敎)》라고 호칭을 하는 것이다. 이렇듯 호칭이 바뀌게 되는 이유는 《당 마왕 불교》를 만들 때 《당 마왕 불법》은 최고의 《대마왕》《다보불 1세》를 《창조주》로 하는 《불법》으로 고쳐지고 왜곡되었으나 방대한 《불법》을 원형대로 《성문의 불법》으로 한 순간에 바꾸는 것은 불가능한 일이다.

그러나 《당 마왕불법》을 가르치는 자(者)가 순리(順理)를 따르는 분으로 변화되었을 때 《종교》의 특성상 신앙을 하는 교주(敎主)의 사상(思想)과 관념(觀念)에 믿는 자들이 영향 받게 되는 것이 우선이므로 《불법(佛法)》을 가르칠 때 잘못된 부분은 고쳐 바르게 가르치면 되는 이유도 있지만, 《대마왕》《다보불 1세》가 《순리(順理)》를 따르게 됨으로써 그의 본래의 자리인 《석가모니 하나님 부처님》의 《육신불(肉身佛)》의 자리로 되돌아오신 처지이기 때문에 이때부터는 《당 마왕 불교》등의 호칭을 쓰지 않고 제자리를 찾은 부처(佛)의 《법(法)》으로써 《불법(佛法)》 또는 《불교(佛敎)》로 호칭을 하는 것이다.

이렇듯 《악마(惡魔)의 신(神)》인 《대마왕신(神)》《석가모니》가 《석가모니 하나님 부처님》의 《불법(佛法)》을 훔쳐 와서 《설법(說法)》한 이후, 《불교(佛敎)》가 올바르게 바로 선 때가 《고려 11대 문종》(재위 AD1046~AD1083) 때 《다보불 1세》께서 《대각국사》《의천》(AD1055~AD1101)으로 이름하고 오신 때부터이며, 반복(反復)되는 윤회(輪廻)로 《보조국사》《지눌》(AD1158~AD1210)로 오시어 오늘날의 《조계종》종파를 만드시어 《승풍》을 진작시키고 바른 《불법(佛法)》을 펴시었으나, 《조선 왕조》(AD1392~AD1910) 《13대 명종》(재위 AD1545~AD1567) 때 섭정을 한 《문정왕후》(AD1501~AD1565)로 이름한 《관세음보살 1세 분신의 딸》에 의해 《권력(權力)》의 힘으로 《고려》때 힘들게 바로 섰던 《불교(佛敎)》가 다시 《마왕 불교(佛敎)》인 《관음불교(觀音佛

敎)》로 돌아앉고 《조계종단》 역시 다시 《마왕 불교(佛敎)》로 돌아앉는 애석한 일이 발생하여 지금까지 《마왕 불교》인 《관음불교(佛敎)》가 전하여져 오고 있다는 사실을 오늘을 살고 있는 《불자(佛者)》들은 깊이 인식하시고 이러한 《마왕 불교》로부터 하루빨리 벗어나서 현생에 《메시아(Messiah)》이신 《미륵불(Maitreya Buddha)》이 오시어 펼치시는 《보살불교》에 귀의하실 것을 당부 드리는 것이다.

이와 같이 《신라》 《보살불교》 이후 한때나마 《불교(佛敎)》가 《석가모니 하나님 부처님》 뜻을 따르는 《불교(佛敎)》로 자리하였던 때가 《다보불》에 의해 《고려 11대 문종》(재위 AD1046~AD1083) 때부터 《조선 왕조》 《13대 명종》(재위 AD1545~AD1567) 때까지였음을 기억하시기 바란다.

라> [고려와 몽골 전쟁(AD1231~AD1259)]

지금까지 《고려 23대 고종》(재위 AD1213~AD1259) 때 일어난 《고려》와 《몽골국》간의 《1차 전쟁》과 《강화조약》을 말씀드렸으니 다음으로 《28년》간 계속된 전쟁 중 중요한 부분만 간추려 만든 다음 《표》를 참고하여 계속 설명을 드리겠다.

[표 2-1-3-11] 고려-몽골 전쟁 (AD1231~AD1259, 28년간)

전쟁 (시작년도)	몽골국 왕	신명 (神名)	신 (神) 구분	결과
1차 전쟁 (AD1231)	2대 오고타이 (생몰 AD1186~AD1241, 재위 AD1229~AD1241)	문수 보살1 세	◐	강화 맺음.
2차 전쟁 (AD1232)				· 최우에 의해 강화 천도가 결정되자 이는 몽골에 대한 적의를 보인 것으로 알고 살리타이가 침입. · 살리타이 전사. · 고려대장경 초조판 불타 없어짐. · 고려군 사기 회복

789

3차 전쟁 (AD1235)				· 몽골 4년에 걸쳐 전국 각지 휩씀. - 반쪽짜리 인간 100만 명 이상 학살 · 대장경 재조 시작. · AD1238년 고려 강화 제의. · AD1241년 신안공의 종형 영녕공 준을 왕자로 가장시켜 몽골에 인질로 보냄
4차 전쟁 (AD1246)	3대 구유크 칸 (생몰 AD1206~AD1248, 재위 AD1246~AD1248)	미륵 3세	◐	고려 왕자 안경공 창을 몽골에 보내 항복 표시함.
5차 전쟁 (AD1254)	4대 몽케 칸 (생몰 AD1215~AD1294, 재위 AD1251~AD1259)	문수 보살 2세	◐	· 자랄타이 침입. · 고려 피해 심함. · 《백제계(系)》와 《그림자 비로자나 1세계》와 《천관파군계(系)》와 《악마의 신(神)》인 《석가모니계(系)》 포로 20만 6천 8백여 명, 반쪽짜리 인간 80만 명 이상 학살.
6차 전쟁 (AD1255)				몽골에 갔던 김수강이 몽케칸 설득하여 몽골 고려에서 철수
7차 전쟁 (AD1257)				· 고려 몽골에 세공 정지→자랄타이 침략. · 고려 정부 교섭 사신 몽골 파견. · AD1259년 고려 사신 보내어 고려의 강화 태도에 확증 증명하여 고려 굴복함

※ 고려-몽골 전쟁(AD1231~AD1259)은 23대 고종(생몰 AD1192~AD1259, 재위 AD1213~AD1259) 재위 기간에 발생하였다.
※ ○ : 《참함(善)》을 근본 바탕으로 하는 《불보살》
　◐ : 《선악(善惡)》 양면성을 근본 바탕으로 하는 《대마왕》《불보살》
　● : 《악(惡)》을 근본 바탕으로 하는 《악마(惡魔)의 신(神)》들인 《대마왕신(神)》

ㄱ> [2차 전쟁](AD1232)

　《고려》와 《몽골》간의 1차 전쟁 이후 《강화조약》이 체결되었으나 《무신정권》의 집권자인 《최우》(집권 AD1219~AD1249)로 이름한 《대마왕신(神)》《야훼 신(神) 1세 분신》에 의해 《항전》 의지가 결정됨으로써 《AD 1232년》 수도를 《개경》에서 《강화도》로 천도하게 된다. 이로써 《몽골》의 《살리타이》가 재차 침공하여 《2차 전쟁》이 일어나 《AD 1232 ~ AD 1234》년까지 《3년》간 전쟁이 계속된다. 이러한 《2차 전쟁》에서 《몽골》의 《살리타이》가 전사하므로 《고려》는 일시적으로 전쟁에서 승리하게 되는 것이다. 이러한 《2차 전쟁》 때 《1차 강화조약》 이후 착수하였던 《고려대장경》 초조판은 불타 없어지게 되는 것이다.

ㄴ> [3차 전쟁](AD1235)

　《2차 전쟁》에서 패한 《몽골》은 《당을태》에게 대군을 주어 《AD 1235년》《고려 고종 22년》에 다시 《고려》를 침공하여 《4년》간에 걸쳐 전국 각지를 휩쓸면서 《짐승 영신》의 진화를 하는 《비로자나계(系)》의 후손들인 《백제계(系)》 인간 무리들과 《호족계》《대마왕신(神)》들인 《물고기》, 《어패류》 영신(靈身) 진화를 하는 《그림자 비로자나 1세계(系)》의 후손들과 《곤충 영신》 진화를 하는 《천관파군계(系)》와 《악마(惡魔)의 신(神)》의 《석가모니계(系)》 후손들인 《반쪽짜리》 인간 무리들 《100만 명》 이상을 대량 학살하게 된다. 이러한 때 《경주》의 유명한 《황룡사 9층탑》도 파괴가 되는 것이다. 이렇듯 《황룡사 9층탑》이 때에 파괴된 원인은 《황룡사 9층탑》이 지닌 의미 때문에 파괴가 된 것이다.

　이 무렵 《고려 고종》으로 이름한 《일월등명불》은 본래의 출신이 《한민족계(韓民族系)》《대마왕》《불보살》로서 때에 《고려 23대 고종》(재위 AD1213~AD1259)으로 온 분으로서, 이분은 《고려》와 《몽골》간 전쟁의 본질(本質)을 《고려》의 어느 군왕(群王)들보다 잘 파악하고 있었던 분이었다. 이로써 《고종》은 《팔만대장경》이 완성되기 이전까지는 전쟁이 끝나지 않을 것을 잘 알고 있었기 때문에 전쟁을 하는 동안도 《강화도》에서 새로이 《대장경》 판각을 하도록 지시를 한 것이다. 이와 같이 새로이 시작된 《대장경》 제조의 본질을 파악하지 못한 후대의 《마왕 승려》들과 《마왕신(神)》 학자(學者)들은 [《부처(佛)》의 힘을 빌려 난을 피하고자 《대장경》 제조를 시작하였다]라고 파렴치한 허위 기록을 남기고 거짓말을 하고 있는 것이다.

분명히 말씀드려서, 《고려》와 《몽골》간의 전쟁은 《고려》에서 단행된 《한민족(韓民族)》 학살과 《불교(佛敎)》 탄압 때문에 일어난 전쟁이라는 사실을 다시 한 번 더 강조하는 바이다.

이러한 가운데 더 이상의 피해를 우려하여 《AD 1238년》《고종 25년》에 《김보정》 등을 적진에 보내어 강화를 제의함으로써 《몽골》은 왕(王)의 입조를 조건으로 이듬해 봄에 철수를 시작하였다. 그러나 《몽골군》 철수 후 《고려》는 약속을 이행하지 않다가 《몽골》의 독촉으로 입조의 불가능함을 말하고 왕족 《신안공 전(新安公 佺)》을 왕의 아우라 칭하고 대신 몽골에 보낸 후 《AD 1241년》《고종 28년》에는 《신안공》의 사촌형인 《영녕공 준》을 왕자로 가장시켜 《몽골》에 인질로 보내는 것이다.

ㄷ> [4차 전쟁](AD1246)

《몽골국 왕(王)》《2대 오고타이》로 이름한 《대마왕》《문수보살 1세》가 죽음을 맞이한 후 대를 이은 《3대 구유크칸》은 《미륵 3세》로서 《고려》 건국 당시 《왕건(王建)》으로 이름한 《가이아 신(神)》이 《호족》 세력들과 함께 《군사 쿠데타》를 일으킬 때 죽인 《후고구려》의 《궁예 왕》이 반복(反復)되는 윤회(輪廻)로 때에 다시 태어나 《3대 구유크 칸》으로 이름한 분이다. 이러한 《3대 구유크 칸》으로 이름한 《미륵 3세》는 즉위한 후 《고려》의 입조와 《강화도》에서 나올 것을 조건으로 《아모간》에게 군사를 주어 다시 《고려》를 침공하게 된다. 이러한 이후 《몽골》은 《3대 구유크 칸》이 죽고 후계자 문제로 분규가 생겨 한때 철군하였으나 《4대 몽케 칸》으로 이름한 《문수보살 2세》가 즉위하자 《AD 1251년》《예케》를 시켜 《고려》에 대거 침입하게 된다. 이러한 때 《고려》는 고려 왕자 《안경공》 《창》을 《몽골》로 보내 항복을 표시함으로써 《몽골군》은 완전히 철군하게 된다.

ㄹ> [5차 전쟁](AD1254)

그러나 《몽골국》《4대 왕 몽케 칸》으로 이름한 《대마왕》《문수보살 2세》는 《고려》 왕자의 입조만으로 만족하지 않고 국왕의 출륙과 입조를 요구하면서 《AD 1254년》《고종 41년》 음력 7월에 《자랄타이》를 시켜 대군을 이끌고 《고려》로 침공한 후 전국 각지를 휩쓸고 다니면서 《고려 국왕》이 《강화도》를 나와 항복할 때까지 《악마(惡魔)의 신(神)》들 중 최고의 《대마왕신(神)》《비로자나 1세》의 후손들인 《백제계(系)》와 《호족》 세력들인 《그림자 비로자나 1세계(系)》와 《천관파군계(系)》와 《악마의 신(神)》인 《석가모니계(系)》 후손들 절반 이상을 살육할 계획을 가지고 《80만 명》 이상을 학살하였을 때 《몽골국》 본국에서 최고의 《대마왕》《다보불 1세》께서 《4대 왕 몽케 칸》에게 더 이상의 살육을 하지 말 것을 건의함으로써 《4대 몽케 칸》은 《자랄타이》에게 철군을 명령하여 《자랄타이》는 《대마왕신(神)》 후손들 《20만 6천 8백 명》을 포로로 잡아끌고 가게 되는 것이다.

ㅁ> [6차 전쟁](AD1255)

이듬해 《몽골》은 《자랄타이》를 대장으로 하여 인질로 갔던 《영녕공》과 《홍복원》을 대동하여 대거 침입하여 《갑곶대안(甲串對岸)》에 집결하여 《강화도》에 돌입하고자 하였으나 때마침 이전에 《몽골》에 갔던 《김수강》이 《몽케 칸》을 설득시키는데 성공하게 됨으로써 《몽골군》은 《고려》에서 철수하게 되는 것이다.

ㅂ> [7차 전쟁](AD1257)

《김수강》에 의한 《몽케 칸》의 설득으로 《6차 전쟁》에서 《몽골군》이 《고려》로부터 철수함으로써 《6차 전쟁》이 마감되었으나 이는 일시적인 대책에 불과한 것이지 전쟁 중지의 근본 대책은 되지 못한 것이다. 더욱이 《AD 1257년》(고종 44년)에는 해마다 《몽골》에 보내던 《세공》을 정지하게 되자 《몽골》의 《자랄타이》는 다시 군사들을 이끌고 《고려》를 침공하게 된다. 이러한 때 《고려 조정》은 《김수강》을 철병 교섭의 사신으로 《몽골》에 파견하여 《몽케 칸》을 알현하여 《출륙》과 《친조》를 조건으로 《몽골군》 철수를 약속받게 된다. 그러나 《몽골군》은 군대를 북으로 후퇴시킨 후 《고려》의 동정을 살피고 있은 것이다.

이처럼 7차에 걸친 《몽골》의 침공은 《고려》 백성(百姓)들을 도탄에 빠트리고 막대한 인명과 재산상의 손실을 입힌 가운데, 《AD 1258년》(고종 45년)에 《무신정권》 8대 집권자인 《최의》(집권 AD1257~AD1258)로 이름한 《대마왕신(神)》《야훼 신(神) 3세》가 《무신정권》 9대 집권자가 될 《김준》(집권 AD1260~AD1268)으로 이름한 《한민족계(韓民族系)》 《대마왕》 《노사나불 분신》에게 피살당하자 정세는 돌변하여 《몽골》에 대한 강화가 추진된 가운데, 《AD 1259년》(고종 46년) 음력 3월 《박희실》 등을 사신으로 보내어 《자랄타이》와 회견 후 《왕(王)》의 출륙과 입조를 약속하고 태자 《전(倎)》 등 40여명을 《몽골》에 인질로 보내고 《강화도》의 성(城)을 헐어 《고려》의 《강화》 태도에 확증을 보인 후 《AD 1259년》 《몽골》에 항복함으로써 《28년》에 걸친 전쟁에 종지부를 찍게 되는 것이다.

《고려》와 《몽골》 전쟁이 《28년간》 계속된 주된 원인은 《왕(王)》을 허수아비와 같은 명목상의 군주로 두고 실권은 《무신정권》의 《악마(惡魔)의 신(神)》들로서 《대마왕신(神)》들인 《집권자》들이 쥐고 권력을 휘두르는 가운데, 《집권자》들의 강한 집착이 전쟁을 오래 끌고 간 주요 원인으로써 이는 《악마(惡魔)의 신(神)》들인 《대마왕신(神)》들이 가진 구조적인 사고(思考)에 근본 원인이 있는 것이다.

즉, 《악마(惡魔)의 신(神)》들인 《대마왕신(神)》들은 특수 《지배층》에 있는 자(者)들을 제외한 《백성(百姓)》들을 《노예》 개념으로 다스리는 특징을 가지고 있다. 비유를 하면, 현재의 《공산당》과 같은 개념을 가지고 있는 것이다. 이 때문에 《무신정권》의 《집권자》들이 《강화도》로 천도한 후 《강화섬》만 철옹성같이 지키고 전국에 있는 그들 후손 민족들을 내팽개친 결과 《백제계(系)》와 《호족계(系)》 그들 후손 민족 《1/3》이 《몽골군》에 의해 희생이 된 것이며, 전 국토는 황폐화되어 간 것이다.

《무신정권》 초기 《1대 집권자》 《이의방》과 《2대 정중부》와 《4대 이의민》 등이 《한민족(韓民族)》 《10만 명》 이상을 학살하고 《2만 명》 이상을 《노비(奴婢)》로 전환시킨 데에 대한 《몽골군》의 보복이 그들 후손 《2백만 명》 이상을 희생시킨 것이다. 이렇듯 많은 수의 그들 후손 민족들을 학살하고 포로로 끌고 간 이유의 설명은 다음 [특기(特記)]편에서 하여 드리겠다.

《5차 전쟁》 당시 《몽골 왕》《4대 몽케 칸》이 《자랄타이》에게 철군 명령을 내리지 않았으면 그들 후손 《3백만 명》이 희생이 될 예정이었으나 요행이 철군 명령이 내린 탓에 《2백만 명》 정도로 끝이 난 것이다. 그리고 전쟁 구분 중 《출륙》과 《입조》라는 단어가 나오는데 이는 《국왕》이 《육지》로 나와서 《항복》하라는 의미로써 《개경》으로 나와서 항복하라는 의미를 가지고 있는 용어이다.

마> [팔만대장경]

진행을 하면서 [몽골국 침공]《고려-몽골》 전쟁편의 《몽골국과 고려와의 조약 전문》에서 밝힌 바와 같이 《팔만대장경》의 탄생은 《몽골국》과 《고려》의 《강화조약》의 산물이다. 이러한 《팔만대장경》은 《일본》의 《신수대장경》을 가지고 와서 판각한 것이며, 《일본》의 《신수대장경》은 《당 마왕불법》을 《일본》으로 가져가서 만든 것이 《신수대장경》이다.

이렇듯 《팔만대장경》이 만들어진 배경이 《몽골국》과 《고려》의 《강화조약》 산물인데, 이를 두고 《마왕 승려》들과 《마왕신(神)》 역사학자들은 그들의 잘못된 허물을 덮기 위해 《고려》를 침공한 《몽골군》을 부처님의 위신력으로 물리치기 위해 고려 백성 모두가 일심으로 판각하여 만든 것이 《고려》《팔만대장경》이라고 후학들을 가르치고 불자들을 속이는 거짓된 엉터리 역사를 가르치는 파렴치한 짓을 지금도 하고 있는 것이다. 이러한 거짓을 후학들에게 가르치는 것은 백성(百姓)들을 속이는 《범죄》 행위라는 것을 그들은 알아야 하는 것이며, 《한민족(韓民族)》들은 이러한 사실들을 깊이 인식하셔야 될 필요가 있어 차제에 《진실》을 밝히는 것이다.

※ 특기(特記) 3 :

　　《고려 무신정권》의 《집권자》인 《최우》(집권 AD1219~AD1249)가 《개경》에서 《강화섬》으로 천도하면서 그때까지 《선대(先代)》 《집권자》들이 무력(武力)으로 빼앗은 토지, 전답 등을 《한민족(韓民族)》들에게 되돌려 준 것은 대단히 긍정적인 면이 있으나, 다른 한편으로 볼 때 《28년간》 《고려-몽골》 전쟁 기간 중 《무신정권》 《집권자》들은 《한민족(韓民族)》 중에서 장정들을 뽑아 《병졸(兵卒)》로 만들어 《화살받이》로 이용하는 간접 학살을 유도한 것이 부정적인 일면인 것이다.

　　일시에 《유럽》을 점령한 《몽골군》이 전쟁사에 유례없는 《한반도(韓半島)》에서 전쟁을 한꺼번에 끝내지 못하고 《고려》에 질질 끌려 다닌 이유가 바로 《화살받이》로 동원된 《한민족(韓民族)》들 때문이었다는 사실이다. 결코 《고려》 《무신(武臣)》들이 용감하고 전쟁에 탁월한 능력이 있는 것도 아니라는 사실을 후세인(後世人)들은 분명히 알아야 하며, 이로써 전쟁 초기부터 《몽골》의 《2대 오고타이》 왕(王)이 《강화조약》을 쉽게 맺고 철군한 이유이며, 이후도 《몽골군》이 들락날락하며 전쟁을 하게 된 이유도 바로 이러한 이유 때문에 그렇게 한 것이며, 이러한 점을 《고려》 《무신정권》에서 십분 활용을 한 것이다.

　　이러한 과정에 《화살받이》로 사라져간 《한민족(韓民族)》 장정들이 《8만 명》 이상임을 《몽골》 지도자들은 계산하는 것이다. 이로써 《무신정권》 출범 이후 희생된 《한민족(韓民族)》이 《20만 명》이며 《고려-몽골》 전쟁 기간 중 《대마왕신(神)》 후손들이 학살과 함께 포로로 끌려간 자들의 합(合)이 《200만 명》 이상이다.

　　이와 같이 《한민족(韓民族)》 《1명(名)》 학살에 《대마왕신(神)》 후손 《10명(名)》을 《몽골》군들이 살해를 한 것이다. 이러한 《1:10》의 비율로 《대마왕신(神)》 후손들을 학살한 《몽골군》들이 사나워서 이와 같은 결과를 가져오게 된 것이냐 하면 결코 그렇지 않다. 이러한 비율의 학살은 《진리(眞理)》의 《법칙》에 따른 학살로써, 지금으로부터 설명 드리는 내용이 《원천창조주》이신 《석가모니 하나님 부처님》의 《진리(眞理)》의 《법(法)》이 펼쳐진 《진화(進化)》를 거부하고 반기(反旗)를 든 《악마(惡魔)의 신(神)》들 중 최고의 《대마왕신(神)》 《비로자나 1세》가 던진 《승부수(勝負手)》에 대한 《인간 무리》 《진화(進化)》에 따른 《비밀한》 법칙을 공개하는 것이니 주의력을 집중하시기를 다시 한 번 더 강조 드리는 바이다.

진행을 하면서 《인간 무리들》의 진화(進化)가 《인간 영신(靈身)》과 《짐승 영신》과 《물고기 영신》과 《어패류 영신》과 《곤충 영신》 진화(進化) 등 《다섯(5)》이 있음을 밝혀 드렸다. 이러한 《영신(靈身)》의 진화(進化)에 있어서 《인간 영신》과 《짐승 영신》의 진화를 하는 《인간 무리》들은 《음양(陰陽)》 합일된 완벽한 《인간 육신(肉身)》을 가지고 진화를 하나, 《물고기 영신》과 《어패류 영신》과 《곤충의 영신》을 가진 무리는 《진화(進化)》의 특성상 《음양(陰陽)》이 분리되어, 《음(陰)》의 《영혼과 영신》은 인간 《육신(肉身)》을 가지고 태어나는 《반쪽짜리 인간》들이 되고 《양(陽)》의 《영혼과 영신》은 《물고기》, 《어패류》, 《곤충》의 무리들로 태어나서 《반쪽짜리》 인간들이 머무는 《공간(空間)》에서 태어나 같이 진화를 하기 때문에 《반쪽짜리》 인간이 태어날 때는 《인간 영신》과 《짐승 영신》 진화를 하는 완벽한 인간 육신(肉身)을 가진 자들보다는 《10배수》로 많이 태어난다. 이렇듯 태어난 《반쪽짜리》 인간과 그의 《양신(陽身)》인 《물고기》, 《어패류》, 《곤충》이 진화(進化)의 완성을 이루면 《음양(陰陽)》 합일을 이룸으로써 《짐승 영신》으로 진화(進化)를 하게 되는 것이다.

　　즉, 《물고기 영신》과 《어패류 영신》과 《곤충 영신》을 가진 자가 《짐승 영신》을 가진 자로 진화하기 까지는 《10명》 중 《1명》이라는 진리(眞理)의 《법(法)》이 《이치》로써 작용(作用)하는 것이다.

　　이와 같이 하여 태어나는 《반쪽짜리》 인간들은 원천적으로 진화(進化)가 덜된 탓에 사나우면서 그들을 있게 하여준 최고 조상(祖上)의 《영적인》 명령에는 절대적으로 복종하는 특성을 가지고 있다. 이러한 《이치》 때문에 때에 《고려-몽골》의 전쟁에서 이와 같은 《이치》를 잘 알고 있는 《양(陽)》의 《곰족(熊族)》들인 《몽골군》들이 일찍부터 《악마(惡魔)의 신(神)》들인 《대마왕신(神)》족(族)들이 《한민족(韓民族)》 《20만 명》을 희생시킨 대가로 《대마왕신(神)》 후손들인 《한민족(韓民族)》 탈(脫)을 쓴 《마왕신족(神族)》 《200만 명》을 학살하거나 포로로 잡아가서 《노예》로 만든 것이다. 이러한 일이 훗날 《조선 왕조》에서도 반복이 되는데 이는 《조선 왕조》를 다룰 때 설명 드리기로 하겠다.

　　이와 같이 완벽한 《인간 육신(肉身)》을 가지고 태어나는 《인간 무리》들보다 《10배수》나 많이 태어나는 《마왕신족(神族)》들을 이용하여 전 세계에 흩어져 살고 있는 《한민족(韓民族)》 모두들을 씨알도 없이 사라지게 한 후 그들 후손 《마왕신족(神族)》들을 《노예》 거느리듯이 거느리며 상층부에 《악마(惡魔)의 신(神)》들인 《대마왕신(神)》들이 군림하여 《지상(地上)》과 우주(宇宙) 전체를 다스리기 위해 《우주 쿠데타》를 선포하여 《원천창조주》이신 《석가모니 하나님 부처님》과 《미륵불》마저 제거하고자 《악마(惡魔)의 신(神)》들 중 최고의 《대마왕신(神)》《비로자나 1세》가 그의 수하 《악마(惡魔)의 신(神)》들인 《대마왕신(神)》들과 함께 광분하는 가운데 일시적으로 《짐승 영신》 진화를 하는 《다보불계(系)》와 《노사나불계(系)》《대마왕》《불보살》들을 끌어 들였으나, 마지막 《이치》가 일어나는 《한반도(韓半島)》에서 《악마(惡魔)의 신(神)》들인 《대마왕신(神)》들이 《고려 왕조》(AD918~AD1392)를 세움으로써 《지상(地上)》의 중심점인 《36궁(宮)》을 그들이 정복함으로써 이제는 필요가 없게 된 《대마왕》《불보살》들과 관계를 끊는 수순에서 《고려 왕조》와 《조선 왕조》에서 《인간 이치》의 《대소용돌이》가 일어나는 것이다.

이러한 가운데 《고려 왕조》에서는 《양(陽)》의 《곰족(熊族)》《대마왕》《불(佛)》, 《보살(菩薩)》들이 개입하여 《한민족(韓民族)》이 《한반도》에서 살아남을 수 있도록 필사의 노력을 경주하고 《조선 왕조》에서 역시 《대마왕》《불(佛)》, 《보살(菩薩)》들과 《천상(天上)》의 《불(佛)》, 《보살》들이 총동원이 되어 필사의 노력을 경주한 결과, 오늘날 《한국(韓國)》에 《한민족(韓民族)》《60%》와 《대마왕신족(神族)》《40%》로 고정시켜 놓았으나 이러한 사실도 모르고 《한민족(韓民族)》《역사(歷史)》는 송두리째 《한민족》 탈을 쓴 《악마(惡魔)의 신(神)》 후손들인 《마왕신족(神族)》들에게 빼앗기고 엉터리 거짓으로 된 《악마(惡魔)의 신(神)》들인 《마왕신족(神族)》들의 《역사(歷史)》만 판을 치는 가운데 그동안 《한민족(韓民族)》들에게 이 글을 쓰고 있는 《메시아(Messiah)》이신 《미륵불》이 수차례에 걸쳐 경고한 바가 있는데, 아직도 이들 《한민족》들이 그들의 발밑이 썩고 있는 줄도 모르고 그들의 가족 안위와 그들 자신의 편안함에만 안주함으로써 이제 조만간 닥쳐올 《문명의 종말》때 그가 사랑하는 가족들과 그 자신이 두 번 다시 《인간 육신》을 가지고 태어날 수 없는 《영원한 고통》이 있는 곳으로 들어가기를 자청하고 있기 때문에 이를 일깨우기 위해 시간이 촉박하여 이번 강의를 계획하고 진행을 하고 있는 것이다.

《한국》 땅에 살고 있는 《한민족》 그대들이 곧 닥쳐오는 이상세계의 진입을 눈 앞에 두고 좌절하여 《영원한 고통》 속으로 빠져 들어가기를 원하거든 계속 《미륵불》의 경고를 무시하고 엉터리 사이비 《미륵불》이 떠들고 있다고 비웃으며 없는 자의 고통들은 남의 일로 치부하고 흥청망청 《해외여행》이나 하며 귀중한 시간을 낭비하고 있으면, 그대들이 비록 《한민족(韓民族)》들일지언정 어느 부처(佛)도 이제는 그대들을 눈에 보이지 않게 도와서 《구원(救援)》의 자리인 《이상세계》 진입을 할 수 있도록 할 수가 없음을 그대들은 알아야 할 것이다. 그리고 현재 《한국(韓國)》의 《언론 기관》 대부분은 그대들을 지금까지 말살하고 《하층민》으로 전락시키고자 하는 《한국》 땅에 살고 있는 《악마(惡魔)의 신(神)》들인 《

대마왕신족《神族》과 그 후손들《40%》가 획책하는《좌익사상》을 가진 자들이 정복하고 그대들에게 그들《악마(惡魔)의 신(神)》들인《대마왕신(神)》들의 사상과 관념 심기에 여념이 없다는 사실을 직시하여야 하며 그들《좌익》기자들을 추방할 수 있는 용기들을 가져야 하는 것이다.

　마지막《이상세계》에 진입할 수 있는《한민족(韓民族)》구성원들은 그대들을《파멸》로 이끌《좌익사상》으로부터 무조건 벗어나야 하며 현재《악마(惡魔)의 신(神)》들인《대마왕신(神)》들이 모두 점령한 모든《종교(宗敎)》들을 버림으로써 자유로워졌을 때야 비로소《미륵불》이 그대들을《구원》의 길로 인도할 수 있음을 차제에 분명히 하는 바이며, 현생의 출세가 오히려 미래세의 그대들 후손을《파멸》의 길로 인도하는 지름길이라는 사실을 덧붙여 밝혀 두는 바이다.

---

⑨ [원(元)나라 속국(屬國)] (AD1279~AD1351)

　이와 같은《고려》와《몽골》의 전쟁은《AD 1259년》에 끝이 났으나《20년 후》《원(元)》나라를 세운《쿠빌라이 칸》(재위 AD1260~AD1294)으로 이름한《미륵 2세》는《AD 1279년》에《고려》를《원(元)》나라의《제후국》으로 편입시켜《고려》는 최고의《대마왕》《다보불》과 그의 수하에 있는《승단》으로부터 벗어나지 못함으로써《악마(惡魔)의 신(神)》들 중 최고(最高)의《대마왕신(神)》인《비로자나 1세》가 꿈꾸어 왔던《유학(儒學)》을 종교(宗敎)로 승격시켜《유교(儒敎)》로 만들고자 하였던 계획은 수포로 돌아간 것이다.

　이러한《양(陽)》의《한민족(韓民族)》들인《다보불계(系)》《대마왕》《불보살(佛菩薩)》들이 세운《원(元)》나라 속국 시절《고려 왕조(王朝)》의 왕명록을 따로 정리하면 다음과 같다.

[표 2-1-3-12] 《원(元)》나라 속국(AD1279~AD1351) 시절의 《고려 왕조(王朝)》 왕명록

대수	왕명	생몰 및 재위	재위기간	신명(神名)	신(神) 구분	비고	
24	원종	생몰 AD1219~AD1274 재위 AD1259~AD1269	10년	일월등명 1세 분신	아미타불계 대마왕신(神)	◐	무신정권 (AD1170~AD1270)	몽골국 지배기 (AD1259~AD1271)
임시	영종왕	생몰 ?~? 재위 AD1269. 6월 ~AD1269. 11월	1년					
24	원종	복위 AD1270~AD1274	4년	일월등명 1세 분신	아미타불계 대마왕신(神)	◐	AD1270년 개경 환도와 더불어 몽골과 강화 맺음. 삼별초의 난 (AD1270~AD1273)	원(元)나라 지배기 (AD1271~AD1279)
25	충렬왕	생몰 AD1236~AD1308 재위 AD1274~AD1298	24년	일월등명 2세	아미타불계 대마왕신(神)	◐	AD1274(충렬왕 즉위년) 11월 1차 원나라의 일본(가마쿠라 막부 11대 고우다 천황 재위 AD1274~AD1298) 정벌 AD1284년(충렬왕 7년) 원나라의 2차 일본 정벌	원(元)나라 속국(AD1279~AD1351)
26	충선왕	생몰 AD1275~AD1325 재위 AD1298	1년	일월등명 2세 분신	아미타불계 대마왕신(神)	◐		

25	충렬왕	복위 AD1298~AD1308	10년	일월등명 2세	아미타불계 대마왕 신(神)	◐		
26	충선왕	복위 AD1308~AD1313	5년	일월등명 2세 분신	아미타불계 대마왕 신(神)	◐		
27	충숙왕	생몰 AD1294~AD1339 재위 AD1313~AD1330	17년	일월등명 3세	아미타불계 대마왕 신(神)	◐		
28	충혜왕	생몰 AD1315~AD1344 재위 AD1330~AD1332	2년	일월등명 3세 분신	아미타불계 대마왕 신(神)	◐		원(元)나라 속국(AD1279~AD1351)
27	충숙왕	복위 AD1332~AD1339	7년	일월등명 3세	아미타불계 대마왕 신(神)	◐		
28	충혜왕	복위 AD1339~AD1344	5년	일월등명 3세 분신	아미타불계 대마왕 신(神)	◐		
29	충목왕	생몰 AD1337~AD1348 재위 AD1344~AD1348	4년	일월등명 2세 분신	아미타불계 대마왕 신(神)	◐		
30	충정왕	생몰 AD1338~AD1352 재위 AD1348~AD1351	3년	일월등명 3세 분신	아미타불계 대마왕 신(神)	◐		
31	공민왕	생몰 AD1330~AD1374 재위 AD1351~AD1374(홍윤.	23년	무곡성불 1세	노사나불계 대마왕	◐	· 원나라의 지원으로 왕위에 오	

		최만생 등에 의해 시해됨) · AD1351~AD1365 친정 · AD1365~AD1371 신돈(생몰 AD1322~AD 1371) 실권 · AD1371~AD1374 친정					르나, 즉위 후 주권 회복 정 책. · 을사환국(1365 년 음 5월) · 신돈 실권 (AD1365 ~AD1371) · 전민변정도감 설치(AD1366). 이 개혁으로 권문 세족과 신흥 무 인세력 힘 잃 음. · 신해환국 (AD1371 음 7월, 신돈 유배된 후 처 형):임견미와 염 흥방 세력은 신 돈 제거에 성 공.	고려 주권 회복 기 (AD13 51~AD 1392)
32	우왕	생몰 AD1365~AD1389 재위 AD1374~AD1388	14년	무곡성 불 1세 분신	노사나불 계 대마왕	◐		
33	창왕	생몰 AD1380~AD1389 재위 AD1388~AD1389	1년		노사나불 계 대마왕	◐		
34	공양왕	생몰 AD1345~AD1394 재위 AD1389~AD1392	3년	무곡성 불 2세	노사나불 계 대마왕	◐		
※ ◐ :《선악(善惡)》양면성을 근본 바탕으로 하는《대마왕》《불보살》								

※ 상기《왕명록》에 드러나 있듯이《고려》와《몽골》과의 전쟁이 끝이 난《AD 1259년》이후는 다음과 같이 분류로《통치(統治)》기간이 나누어진다.

1. 《몽골국》 지배기 (AD1259~AD1271)
2. 《원(元)》 나라 지배기 (AD1271~AD1279)
3. 《원(元)》 나라 속국 (AD1279~AD1351)
4. 《고려》 주권 회복기 (AD1351~AD1392)

이러한 《통치(統治)》 기간의 특징은 《23대 고종》(재위 AD1213~AD1259)에서 부터 《30대 충정왕》(재위 AD1348~AD1351)까지는 《한민족계(韓民族系)》인 《아미타불계(系)》《대마왕》들이 《군왕(群王)》들로 자리하고 《31대 공민왕》(재위 AD1351~AD1374)에서 마지막 왕(王) 《34대 공양왕》(재위 AD1389~AD1392)까지는 《한민족계(系)》인 《노사나불계(系)》《대마왕》《불보살(佛菩薩)》들이 《군왕(群王)》들로 자리함으로써 철두철미하게 《악마(惡魔)의 신(神)》들인 《호족계(系)》를 《군왕(群王)》에서 배제한 것이 《한반도(韓半島)》의 주인민족(主人民族)들인 《한민족(韓民族)》들이 살아남는 또 하나의 계기가 된 것이다.

가> [《음양(陰陽)》의 《이치》와 《한일(韓日)》 관계 역사(歷史)]

다음은 《왕명록》에 기록된 《원(元)》나라 지배기와 《원(元)》나라 속국 시절 《AD 1274년》과 《AD 1281년》 두 차례에 걸쳐 《려몽 연합군》이 《일본 정벌》에 나선 이유를 오늘을 살고 있는 《한민족(韓民族)》들은 분명히 알아야 하기 때문에 이 장을 진행하는 것이다.

《1.3.3.3》 합(合)의 법칙에 입각한 《인간》《이치》의 일어남을 설명 드린 바가 있다. 이러한 《인간》《이치》 일어남이 마지막 세 번째로 크게 소용돌이치는 곳이 《한반도(韓半島)》로써 이러한 차원에서 《후삼국(後三國)》 시대를 거쳐 《고려 왕조(王朝)》가 세워져 소용돌이가 시작되었음을 설명 드려 왔다. 이와 같이 《한반도(韓半島)》로부터 시작되는 세 번째 《인간》《이치》의 일어남은 《음양(陰陽)》으로 갈라져서 《음(陰)》의 《이치》가 《한반도(韓半島)》를 중심하여 일어나고 《양(陽)》의 《이치》가 《일본(日本)》을 중심으로 일어난다.

즉, 세 번째 《인간》《이치》의 일어남은 현재 민족(民族)의 동질성(同質性) 때문에 《한반도

《한반도(韓半島)》를 중심하여 《일본(日本)》과 한 덩어리가 되어 《이치》가 일어나는 것이다. 이와 같이 《한일(韓日)》 양국의 변화되는 《역사(歷史)》는 각각 따로 가지고 있으나 그 내막은 《동질성(同質性)》 때문에 《상호 의존적》으로 발전하여 왔기 때문에 《한일(韓日)》간의 역사를 따로 떼어놓고 논(論)할 수 없는 《이치》가 존재를 하는 것이다.

지금의 때 《지상(地上)》의 《36궁(宮)》이 있는 《한반도(韓半島)》《3.8선(線)》 이남에 자리한 《한국(韓國)》의 인구수(人口數)를 세밀히 분류를 하면, 《음(陰)의 한민족(韓民族)》《30%》와 《양(陽)의 한민족(韓民族)》《10%》와 진화(進化)되어 《한민족(韓民族)》대열에 합류를 한 《백제계》《20%》가 모두 《한민족(韓民族)》들이 되어 《60%》를 차지하고, 아직까지 《진화(進化)》를 이루지 못한 《악마(惡魔)의 신(神)》 후손들인 《백제계》《10%》와 《호족계》《30%》가 《좌익 세력》들이 되어 모두 《40%》를 이루고 《한민족(韓民族)》 탈(脫)을 쓴 《악마(惡魔)의 신(神)》 후손들인 《마왕신족(神族)》으로 자리한다. 즉, 《한국(韓國)》에는 《한민족(韓民族)》들이 《60%》가 되고 《한민족(韓民族)》 탈(脫)을 쓴 《악마(惡魔)의 신(神)》 후손들인 《마왕신족(神族)》들이 《40%》가 되는 것이다.

다음으로 《일본(日本)》의 인구수(人口數)를 세밀히 분류를 하면 《음(陰)의 한민족(韓民族)》이 《40%》, 그리고 《다보불》 직계 《30%》와 《문수보살 1세계(系)》《20%》 등 《양(陽)의 한민족(韓民族)》이 《50%》가 됨으로써 《음양(陰陽)》의 《한민족(韓民族)》들이 《90%》가 되며, 나머지 《10%》가 《악마(惡魔)의 신(神)》들 중 최고(最高)의 《대마왕신(神)》《비로자나 1세》 직계 후손들인 《일본(日本)》《백제계》《마왕신족(神族)》들인 것이다.

이러한 인구수(人口數) 분류에 있어서 《한국(韓國)》의 《한민족(韓民族)》《60%》와 《일본》의 《한민족(韓民族)》《90%》가 가지는 의미는 《세간(世間)》이나 《우주간(宇宙間)》에 있어서 엄청난 뜻을 가지는 《천부진리(天符眞理)》에서 말하는 《6.9의 작용(作用)》을 뜻하는 것이다. 즉, 《6.9의 작용(作用)》이란 『《여섯 뿌리》를 중심으로 한 《태양수(太陽數) 9》의 작용(作用)』으로써 《여섯 뿌리》의 법궁(法宮)인 《석가모니 하나님 부처님》의 《법신(法身)》인 《목성(木星)》을 중심으로 《태양수(太陽數) 9》를 가진 《노사나불》의 《법신(法身)》인 《태양성(太陽星)》의 《작용(作用)》으로 형성되어 있는 우리들의 《태양계(太陽界)》를 다스리는 민족(民族)이 《한국(韓國)》과 《일본(日本)》의 《한민족(韓民族)》들이라는 뜻이다. 우리들의 《태양계(太陽界)》를 다스리는 자(者)들이 곧 《후천우주(後天宇宙)》를 다스린다는 의미도 가지고 있는 것이다.

이와 같은 엄청난 의미를 지니고 있는 것이《한국(韓國)》과《일본(日本)》의《한민족(韓民族)》들로서, 이 때문에 세 번째《인간》들의《이치》가 크게 소용돌이치는《한반도(韓半島)》에서《한반도(韓半島)》를 탈취한《고려 왕조》를 세운《악마(惡魔)의 신(神)》들인《호족 세력》들이《한반도(韓半島)》의《한민족(韓民族)》들을 학살하여 씨앗도 없이 만든 후《백제계(系)》와 연합하여《한반도(韓半島)》에서《좌익사상》의《정수(精髓)》인《탐욕》과《이기심》이 깊게 심어진《악마(惡魔)의 신(神)》 후손들인《호족계》와《백제계》 등의《마왕신족(神族)》들이《60%》가 될 수 있도록 한 후 다음으로《공산통치(共産統治)》를 위한《무력통치(武力統治)》체제를 갖추기 위해《군사 쿠데타》를 성공시킨 후《고려 무신정권(武臣政權)》을 출발시켰으나《양(陽)의 곰족(熊族)》들인《몽골국(國)》의 개입으로《무력통치(武力統治)》를 근간으로 한《공산통치(共産統治)》체제를 구축하는 데는 실패를 하게 된다.

이러한 때《몽골국(國)》의 개입을 눈치 챈《악마(惡魔)의 신(神)》들 중 최고(最高)의《대마왕신(神)》《비로자나 1세》는《정중부》로 이름한《천관파군 1세》가 일으킨《군사 쿠데타》가 성공한 후《무신통치(武臣統治)》체제를 갖추어 갈 때《한반도(韓半島)》와《음양(陰陽)》관계에 있는《일본(日本)》으로 건너가서《가마쿠라 막부》(AD1180~AD1339)를 세우고 최고 상층부에는《천왕(天王)》이 자리하고 그 아래로《쇼군》을 두고 지방 하부 조직에는《다이묘》와 무사(武士) 집단인《사무라이》집단을 두고《백성(百姓)》들을《노예 개념》으로 다스리는《무력통치(武力統治)》를 완성하여《공산통치(共産統治)》체제를 완성하는 것이다. 이러한《공산통치(共産統治)》체제가 완성이 된《가마쿠라 막부》의《왕명록》을 살펴보고 다음을 진행하겠다.

[표 2-1-3-13] 가마쿠라 막부(幕府) 시대 왕명록
문명(文明) 기간 : AD1180~AD1339

왕 순서	천왕명	신명(神名)	신(神) 구분	재위	비고
1	안토쿠 천왕	비로자나 1세 분신	●	재위 AD1180~AD1185	
2	고토바 천왕	그림자 비로자나 1세	●	재위 AD1183~AD1198	
3	쓰치미카도 천왕	다보불 1세 분신	◐	재위 AD1198~AD1210	
4	준토쿠 천왕	문수보살 1세 분신	◐	재위 AD1210~AD1221	

5	주쿄 천왕	문수보살 2세 분신	●	재위 AD1221~AD1221	
6	고호리카와 천왕	악마의 신인 석가모니 1세	●	재위 AD1221~AD1232	
7	시조 천왕	대마왕신족(神族)	●	재위 AD1232~AD1242	
8	고사가 천왕	천관파군 1세 분신	●	생몰 AD1220~AD1272 재위 AD1242~AD1246	
9	고후카쿠사 천왕	비로자나 1세	●	생몰 AD1243~AD1304 재위 AD1246~AD1259	
10	가메야마 천왕	대마왕신족(神族)	●	생몰 AD1249~AD1305 재위 AD1259~AD1274	
11	고우다 천왕	그림자 비로자나 1세	●	생몰 AD1267~AD1324 재위 AD1274~AD1287	1차(AD1274), 2차(AD1281) 원나라 (쿠빌라이 칸)와 고려(충렬왕) 연합군의 일본 원정
12	후시미 천왕	대마왕신족(神族)	●	재위 AD1287~AD1298	
13	고후시미 천왕	〃	●	재위 AD1298~AD1301	
14	고니조 천왕	〃	●	재위 AD1301~AD1308	
15	하나조노 천왕	〃	●	재위 AD1308~AD1318	
16	고다이고 천왕	〃	●	재위 AD1318~AD1339	

※ ◐ : 《선악(善惡)》 양면성을 근본 바탕으로 하는 《대마왕》《불보살》
　● : 《악(惡)》을 근본 바탕으로 하는 《악마(惡魔)의 신(神)》들인 《대마왕신(神)》

　이러한 《가마쿠라 막부》(AD1180~AD1339) 때에 《한민족계(韓民族系)》인 《다보불 1세계(系)》의 《대마왕》《불보살(佛菩薩)》들이 《23년간》《3대, 4대, 5대》《천왕(天王)》들이 되시어 《악마(惡魔)의 신(神)》들인 《대마왕신족(神族)》《천왕(天王)》들과 함께 치열한 《권력(權力)》 다툼을 벌였으나 《6대 고호리카와 천왕》(재위 AD1221~AD1232)으로 이름한 《악마(惡魔)의 신(神)》인 《대마왕신(神)》《석가모니》 이후 부터 《16대 고다이고 천왕》(재위 AD1318~AD1339)까지 《악마(惡魔)의 신(神)》들인 《대마왕신족(神族)》 출신의 《천왕(天王)》들이 《권력(權力)》 다툼에 성공하여 《가마쿠라 막부》를 석권하는 것이다.

　　이와 같이《가마쿠라 막부》에《악마(惡魔)의 신(神)》들 중 최고(最高)의《대마왕신(神)》《비로자나 1세》가 구축한《무력통치(武力統治)》체제는《천상(天上)》의《공산사상(共産思想)》을 펼치기 위해 현실화한《무력통치(武力統治)》체제로써《무력통치(武力統治)》가 곧《원조 공산당(元祖共産黨)》의 통치(統治) 방식임을 분명히 하는 것이다.

　　이러한 때《고려 왕조(王朝)》에서《악마(惡魔)의 신(神)》들인《호족계》군왕(群王)들을 발붙이지 못하게 한《원 세조(元世祖)》《쿠빌라이 칸》(재위 AD1271~AD1294)으로 이름한《한민족계(系)》《대마왕》《불보살》인《미륵 2세》는 이러한 제반사항을 잘 파악하고 있던《군주(群主)》였기 때문에《가마쿠라 막부》에서《비로자나 1세》를 포함한《악마(惡魔)의 신(神)》들인《대마왕신족(神族)》모두를 축출할 목적으로《고려 25대》《충렬왕》(재위 AD1274~AD1298) 즉위년도에《려몽 연합군》을 편성하여《1차》로《일본(日本)》정벌에 나섰으나 실패하고 이후《AD 1281년(충렬왕 7년)》에《2차》《일본(日本)》정벌에 나섰으나 이 역시 실패를 하는 것이다.
　　이때《가마쿠라 막부》는《11대 고우다 천왕》(재위 AD1274~AD1287)으로 이름한《악마(惡魔)의 신(神)》인《대마왕신(神)》《그림자 비로자나 1세》가《천왕위(天王位)》에 있을 때《악마(惡魔)의 신(神)》들 중 최고(最高)의《대마왕신(神)》《비로자나 1세》를 포함한《악마(惡魔)의 신(神)》들인《대마왕신족(神族)》들이 때에 대거 태어나서《려몽 연합군》과 필사의 전투를 벌인 끝에 승리함으로써 이후의《가마쿠라 막부》는《호족 세력》들인《악마(惡魔)의 신(神)》들인《대마왕신족(神族)》들이《천왕(天王)》과《쇼군》의 자리에 있으면서 안정적인《무력통치(武力統治)》를 한 것이다.

　　그리고《악마(惡魔)의 신(神)》들 중 최고(最高)의《대마왕신(神)》《비로자나 1세》가《가마쿠라 막부》(AD1180~AD1339)를 세우고《무력통치(武力統治)》체제를 구축한 목적이 진행(進行)을 하면서 말씀드린《6.9의 작용(作用)》을《공산화(共産化)》된《6.9》의 작용(作用)으로 바꾸기 위해《일본(日本)》의《한민족(韓民族)》《90%》에게《공산사상(共産思想)》을 심기 위해《무력통치(武力統治)》체제를 구축하게 되었음을《메시아(Messiah)》이신《미륵불》이 분명히 하는 것이다.

※ 특기(特記) 4 :

1. [군국주의(軍國主義)와 일본(日本)]

《악마(惡魔)의 신(神)》들 중 최고(最高)의《대마왕신(神)》《비로자나 1세》가《가마쿠라 막부》(AD1180~AD1339)에서《무력통치(武力統治)》체제를 완전히 구축한 이후《다보불계(系)》《대마왕》《문수보살 1세》가《북조 막부》(AD1331~AD1412)를 세워《무력통치(武力統治)》체제를 계승하게 된다. 이로써 다음으로 들어선《무로마치 막부》(AD1339~AD1611)에서는《악마(惡魔)의 신(神)》들 중 최고(最高)의《대마왕신(神)》《비로자나 1세계(系)》와《다보불계(系)》의《대마왕》《불보살》들과《노사나불계(系)》의《대마왕》《불보살》들간에《정권(政權)》을 서로 쥐기 위한 심한《권력(權力)》쟁탈전을 벌이는 가운데에도《무력통치(武力統治)》체제는 계속 유지를 한 것이다.

이러한 이후 다음에 들어선《에도 막부》(AD1611~AD1866)가《악마(惡魔)의 신(神)》인《대마왕신(神)》《석가모니》가 유명한《덕천가강》으로도 이름하는《고미즈노오 천왕》(재위 AD1611~AD1629)이 되어《에도 막부》를 출발시킨 이후《악마(惡魔)의 신(神)》들인《대마왕신족(神族)》들이《권력(權力)》의 정상에 머무르면서《무력통치(武力統治)》체제를 계속 승계한 것이다. 이러한 이후 마지막으로《메이지》(AD1867~현재) 시대가 시작되는 것이다.

이와 같이《막부체제》가 바뀔 때마다《천왕》을 비롯한《쇼군》과《쇼군》이 거느리는《무사(武士)》집단과 지방《호족 세력》과《사무라이》집단 등 지배 계층에 있는《상위(上位) 10%》만 바뀔 뿐이지《90%》의 백성(百姓)들은《노예근성》으로 다스렸기 때문에《일본》백성(百姓) 모두들은《가마쿠라 막부》시작부터《메이지 시대》까지《687년간》《공산사상(共産思想)》이《체질화(體質化)》된 채《조선(朝鮮)》에서《선비의식(鮮卑意識)》으로《엘리트 의식》을 심고《일반민(一般民)》들에게《노예근성》을 뿌리 깊게 심었듯이《일본》에서는《무사도(武士道) 정신》으로《엘리트 의식》을 심고《공산사상(共産思想)》이 체질화(體質化)된 일반민(一般民)들에게는《노예근성》을 뿌리 깊게 심음으로써 그들을《무력통치(武力統治)》체제로 다스린 것이다.

이와 같은《막부체제》의 근간이 되는《무력통치(武力統治)》체제가 외부로 표출(表出)이 될 때는《군국주의(軍國主義)》로 나타난다. 이 때문에《메이지 정부》가《메이지 유신》성공 이후 강력한《군국주의(軍國主義)》를 표방하고 나타난 것이 이를 증명하고 있는 것이다.

　이와 같이《메이지 정부》가《군국주의(軍國主義)》를 표방하고 출발한 이후 어느《막부》에서도 하지 못한 한 가지 중요한 조치를 취한 것이다. 이러한 조치가《메이지》《2대 천왕(天王)》이신《다이쇼 천왕》(재위 AD1912~AD1926)으로 이름하신《쌍둥이 천왕불 1세》께서 강력한《교육(敎育)》개혁을 추진하시어 성공함으로써 지금까지《노예근성》에 젖어 있었던 일반민(一般民)들을《노예근성》을 탈피한《민주주의(民主主義)》를 할 수 있는 백성(百姓)들로 전환을 시킨 것이다.

　이로써 백성(百姓)들에게《도덕성(道德性)》확립과《사회정의(社會正義)》를 갖추게 한 것이 발판이 되어《2차 세계 대전》이 끝난 이후《일본(日本)》은《군국주의(軍國主義)》국가에서 벗어나서《평화 헌법》을 가진《민주주의(民主主義)》의 국가로 거듭 태어나는 것이다.

　그러나《민주주의》국가로 거듭 태어난《일본(日本)》에 암운이 드리워지기 시작한 때가《공산화(共産化)》된《6.9의 작용(作用)》을 위해《한국(韓國)》의《좌익 세력》화와 맞물려 때에《전병헌》(AD1958~현재)으로 이름하고 반복(反復)되는 윤회(輪廻)로 다시 태어난《악마(惡魔)의 신(神)》들 중 최고(最高)의《대마왕신(神)》《비로자나 1세》가 그의 직계 후손들인《일본 백제계》《악마(惡魔)의 신(神)》들인《대마왕신족(神族)》들에게《일본(日本)》을 움직일 수 있는《권력자(權力者)》의 자리로 들어갈 것을 지령하게 된다. 이러한 지령에 따라《악마(惡魔)의 신(神)》들인《대마왕신족(神族)》들이 역대《일본 총리》가 된 아래《표》를 참고하여 다음을 진행하겠다.

[표 2-1-3-14] 역대 일본 총리

순서	인명	신명(神名)	신(神)구분	생몰 및 재임	비고
82대 83대	하시모토 류타로	대마왕신(神)	●	생몰 AD1937~AD2006 재임 AD1996.01~AD1998.07	· AD1998.01.23 일본 측의 일방적인 기존 어업협정 파기
84대	오부치 게이조	대마왕신(神)	●	생몰 AD1937~AD2000 재임 AD1998.07~AD2000.04	· 일본 외무부 장관 역임(재임 AD1997~AD1998) · AD1998.09. 신한일어업협정 기본 원칙에 합의 · AD1998.10 한일정상회담 · AD1998.11 신한일어업협정 서명(서명자 : 일본 외무부 장관 고무라 마사히코(AD1942~현재, 재임 AD1998.7~AD1999, 재임 AD2007~AD2008), 한국 외무부 장관 홍순영(AD1937~현재, 재임 AD1998.8.4~AD2000.1.14))
85대 86대	모리 요시로	대마왕신(神)	●	생몰 AD1937~현재 재임 AD2000.04~AD2001.04	
87~ 89대	고이즈미 준이치로	대마왕신(神)	●	생몰 AD1942~현재 재임 AD2001~AD2006	
90대	아베 신조	대마왕신(神)	●	생몰 AD1954~현재 재임 AD2006.09~AD2007.09	· 현재 일본 총리 (2차 재임 AD2012~현재)
91대	후쿠다 야스오	대마왕신(神)	●	생몰 AD1936~현재 재임 AD2007.09~AD2008.09	· 현 자민당 총재 (재임 AD2007.09~현재)
92대	아소 다로	대마왕신(神)	●	생몰 AD1940~현재 재임 AD2008.09~2009.09	· 현 일본 부총리 (재임 AD2012.12~현재)
93대	하토야마 유키오	대마왕신(神)	●	생몰 AD1947~현재 재임 AD2009~AD2010	민주당

94대	간 나오토	대마왕신(神)	●	생몰 AD1946~현재 재임 AD2010.06~AD2011.08	민주당 AD2010.08.10 대한민국만을 대상으로 일본의 대한제국 병합 과정의 강제성을 우회적으로 시인.
95대	노다 요시히코	대마왕신(神)	●	생몰 AD1957~현재 재임 AD2011.08~AD2012.12	일본 신당(AD1992~AD1994) 민주당 소속(AD1996~현재) 민주당 출범 이후 세 번째 총리
96대	아베 신조	대마왕신(神)	●	생몰 AD1954~현재 재임 AD2012~현재	

※ ○ : 《참함(善)》을 근본 바탕으로 하는 《불보살》
　◐ : 《선악(善惡)》 양면성을 근본 바탕으로 하는 《대마왕》《불보살》
　● : 《악(惡)》을 근본 바탕으로 하는 《악마(惡魔)의 신(神)》들인 《대마왕신(神)》

　상기 《표》에 등장하는 《일본 총리》 모두가 《악마(惡魔)의 신(神)》들 중 최고(最高)의 《대마왕신(神)》《비로자나 1세》의 절대적인 명령을 수행하는 《대마왕신족(神族)》들로서 《악마(惡魔)의 신(神)》들이다.

　이러한 《악마(惡魔)의 신(神)》들이 《일본 평화 헌법》을 고쳐 《군국주의(軍國主義)》 헌법 체제로 바꾸고 현재 《한국(韓國)》 땅인 《독도》와 《중국》과 분쟁 중인 《댜오위다오》 섬(센카쿠 열도)을 자기들의 영토로 주장하며 이를 빌미로 《역사(歷史)》를 왜곡하고 《도덕성(道德性)》과 《사회정의(社會正義)》가 붕괴된 《공산사상(共産思想)》의 《정수(精髓)》인 《탐욕》과 《이기심》을 심는 《한국(韓國)》《교육(敎育)》의 연장선상에서 《도덕성(道德性)》과 《사회정의(社會正義)》가 바탕으로 되어 있는 《일본》《교육(敎育)》 제도를 파괴하기 위해 《교과》를 개편하고 왜곡된 《역사(歷史)》 교과서로써 후학(後學)들을 교육함으로써 지금까지 《평화 헌법》으로 《민주주의》를 교육하던 올바른 《일본 정신(日本精神)》을 타락시켜 다시 《막부 시절》의 《노예근성》으로 되돌려 《상층부》《10%》는 《권력(權力)》을 잡은 《악마(惡魔)의 신(神)》들인 《대마왕신족(神族)》들과 그들의 후손들인 《비로자나 1세》의 후손들인 《일본계》《백제계》가 자리하고 그 아래로 《막부 시절》처럼 타락한 《노예근성》으로 점철된 《90%》의 《일본계(系)》《한민족(韓民族)》들이 자리하여 이로써 그들은 《일본계(系)》《한민족(韓民族)》들 위에 군림하면서 《무력통치《武力統治》체제를 다시 갖춤으로써 전일본《全日本》을《공산화《共産化》》하기 위한 목적이《군국주의《軍國主義》》표방으로 나타난 것이며, 이를 위해《일본계《系》》《악마《惡魔》의 신《神》》들인《대마왕신족《神族》》들은 혈안이 되어 있는 것이다.

　이러한《군국주의》를 획책하고 있는《악마《惡魔》의 신《神》》들인《대마왕신족《神族》》들이 획책하고 있는《군국주의》《헌법》이 만들어지고 그들이 바라는《교육《敎育》》개혁이 모두 이루어졌을 때《일본 열도》는 붕괴되어 물《水》속으로 가라 앉아《멸망《滅亡》》하여야만 하는 이치가 따르는 것이다.

　《천상《天上》》에서《원천창조주》이신《석가모니 하나님 부처님》께서 원하시는 바가《선《善》》을 근본 바탕으로 하는《한민족《韓民族》》이《6.9의 작용《作用》》을 일으킴으로써《후천우주《後天宇宙》》《이상세계《理想世界》》를 열어가게 하는 것이 근본 목적이시기 때문에《탐욕》과《이기심》에 찌든《공산화》된《6.9의 작용》을 원하지 않으시는 것이다. 이로써《우주간《宇宙間》》의《이치》상《한국《韓國》》의《좌익 세력》들은《천상《天上》》의 재앙《災殃》으로써 다스려 청소를 할 것이나《일본》은 물속으로 침몰시킴으로써《천상《天上》》의《이치》를 바로 세울 것임을《메시아《Messiah》》이신《미륵불》이 분명히 밝히는 것이다.

　이와 같은《일본 열도》침몰을 막고자 하였을 때《아리랑 고개》《9부 능선》까지 어렵게 올라온《일본계》《한민족《韓民族》》들에게《메시아《Messiah》》이신《미륵불》이 당부 드리는 바는 되돌이킬 수 없는 지경까지 오기 전에《권력《權力》》을 쥔《악마《惡魔》의 신《神》》들인《대마왕신족《神族》》들과 싸워《평화 헌법》을 지키고 개편된《교육《敎育》》제도를 되돌리고 진실《眞實》에 입각한《역사 교육》을 후학들에게 바로 가르쳤을 때《일본국》에 희망이 있는 것이지 되돌이킬 수 없는 지경까지 갔을 때 비록 그대들 국민《90%》가《한민족《韓民族》》들이나《천상《天上》》은 그대들을 버려야 하는《이치》가 있음을 깨우치는 바이니 지금 크게 일어나서《악마《惡魔》의 신《神》》들인《대마왕신족《神族》》들이 획책하고 있는《군국주의》망상을 부수어 버려야 할 때임을 분명히 하는 것이다.

　현재《악마《惡魔》의 신《神》》들인《대마왕신족《神族》》들이 추진한 목표 달성 정도는《40%》경계에 와 있는 것을《메시아《Messiah》》이신《미륵불》이 분명히 보고 있다. 이러한 때《일본 천왕가《家》》도 방관만 하지 말고 일본 국민 모두와 함께 뜻을 하나로 묶어《일본》을

《파멸》의 길로 몰고 가고자 하는 《악마(惡魔)의 신(神)》들인 《대마왕신족(神族)》들과 한판 승부를 벌여야 할 것이다. 이러한 《천상(天上)》의 경고를 무시하였을 때 그대들 나라 《후지산(山)》은 다시 불(火)을 뿜을 것이고 그대들 나라 백성들은 극심한 공포 속에 바다 속으로 가라앉아야 할 것이다.

《군국주의》 완성으로 《무력통치》 체제가 완성이 되었을 때 《일본국》이 《공산화(共産化)》될 것임을 앞장에서 설명 드렸다. 이러한 때 《공산당(共産黨)》은 《악마(惡魔)의 신(神)》들인 《대마왕신족(神族)》들이 최상층부에 자리하고 그 아래로 《악마(惡魔)의 신(神)》들인 《대마왕신족(神族)》들의 후손들인 《일본계》《백제계》가 자리함으로써 《일본》 국민 인구수 《10%》가 《원조(元祖)》《공산당》으로 자리하고 그 아래로 《노예근성》을 가진 《90%》의 《한민족(韓民族)》들이 자리하게 되는 것이다.

이러한 《일본》《공산당(共産黨)》은 《천상(天上)》에서 만들어진 《원조(元祖)》《공산당(共産黨)》이 지상(地上)에 고스란히 옮겨온 《공산당》으로써 지상(地上)에서 만들어진 《중국 공산당》이나 《이북 공산당》과는 구별하여야 하는 《공산당》이다. 이러한 《원조(元祖)》《공산당》을 이루고 있는 《일본 백제계》《10%》 중 《5%》는 《국수주의자(國粹主義者)》로 불리우는 《극좌파(極左派)》 세력으로써 최정상에는 현재 일본 총리로 있는 《아베 신조》와 부총리로 자리한 《아소 다로》가 있으며 《5%》는 《좌익 세력》으로 최정상에는 전(前) 총리인 《노다 요시히코》가 있는 것이다. 즉, 일본에 거주하는 《일본 백제계》는 하나같이 《좌익 세력》을 이루고 있는 것이다.

사정이 이러함에도 《파렴치》한 거짓말을 잘하는 《악마(惡魔)의 신(神)》들인 《대마왕신족(神族)》들이 《메이지 시대》《우파(右派)》 인사들을 《극우주의자(極右主義者)》들로 몰아부쳐 《국수주의자(國粹主義者)》로 매도하는 《오물(汚物)》 바가지를 뒤집어 씌워 놓고 있는 것이다. 분명히 말씀드려, 오늘날 《군국주의(軍國主義)》를 부채질하는 《일본》《국수주의자(國粹主義者)》들은 《극좌파 세력》들임을 분명히 하는 것이다.

이와 같이 《군국주의》 체제로 전환하여 《공산화(共産化)》된 《일본(日本)》이 첫 번째로 그들이 가지고 있는 막대한 《자금력》으로 정복하고자 하는 나라가 《미국(美國)》이다. 이러한 《미국》은 《메시아(Messiah)》이신 《미륵불》의 후손들이 《상층부》를 이루고 있는 나라이다.

그래서 이참에 《메시아》이신 《미륵불》이 후손 민족들에게 당부 드리는 바는 이때 《미국》이 정신을 똑바로 차리지 않으면 2차 세계 대전 당시 《진주만》 폭격을 당하였듯이 이번에는 소리 소문 없이 《공산화》된 《일본》이 《미국》을 정복할 것이란 사실을 미리 알려 드리는 것이다.

즉, 현재의 《미국》《공화당》과 《종교계》에는 《악마(惡魔)의 신(神)》인 최고(最高)의 《대마왕신(神)》《비로자나 1세》로부터 영적(靈的) 지령을 받는 《악마(惡魔)의 신(神)》들인 《대마왕신족(神族)》들 상당수가 자리하고 있다. 이와 같은 《악마(惡魔)의 신(神)》들인 《대마왕신족(神族)》들이 하나같이 《천상(天上)》의 《원조(元祖)》《공산당원》들로서 《공산사상(共産思想)》이 뿌리 깊게 내려져 있는 자(者)들이다.

이러한 자(者)들에게 《공산화》된 《일본》의 막대한 자금이 흘러 들어가면 이들이 《선거》를 통해 《정계(政界)》에 한번 진출하면 물러설 줄을 모르고 그 다음은 수단과 방법을 가리지 않고 《선거》에 승리하고자 집착을 하는 것이다. 이로써 《공화당》 정권이 들어서면 《미국》 국민들에게도 《좌익사상》의 《정수(精髓)》인 《탐욕》과 《이기심》을 뿌리 깊게 심는 정책을 취함으로써 지금까지 《미국》이 자랑한 《도덕성(道德性)》과 《사회정의(社會正義)》를 허물어 뜨려 《미국》 국민 모두를 《좌익사상》에 물들게 하여 쉽게 정복함으로써 《미국》 국민들을 《노예 개념》으로 다스리고 상위 《10%》의 위치를 차지한 《악마(惡魔)의 신(神)》들인 《대마왕신족(神族)》들에게 기득권을 가졌던 《미국》《역사》 발전에 공이 컸던 《메시아(Messiah)》이신 《미륵불》의 후손들은 밀려 나게 되어 있는 것이 이치이다.

이로써 소리 없이 《미국》도 《공산 국가》로 전락하여 《천상(天上)》의 《원조(元祖)》《공산당》들이 자리한 《일본 공산당》의 지배를 받게 됨으로써 《미국》은 영화롭던 강대국의 지위를 내려놓고 서서히 《멸망의 길》로 들어가야만 하는 것이다.

이러한 모든 사실을 내려다보고 있는 그대들의 조상(祖上)인 《메시아(Messiah)》이신 《미륵불》이 충고 드리되, 《미국》은 어떠한 일이 있더라도 《일본》이 《평화 헌법》을 뜯어고쳐 《군국주의(軍國主義)》로 가는 길을 막아야 하며 《독도》라는 작은 섬이 《한국령(韓國領)》이라는 사실을 분명히 대내외에 천명하여야 될 때가 되었음을 알려 드리는 바이며, 이 충고를 소홀히 하였을 때 그대들 나라 《미국》도 《공산화》되어 《일본》의 속국이 된다는 사실을 분명히 아시기 바라며 《미국》이 《공산화》되어 나타나는 체제가 《글로벌 이코노미(Global economy)》 체제의 완성인 것이다.

　그리고 차제에 《미국 정부》에게 《메시아(Messiah)》이신 《미륵불》이 강력히 충고 드리는 바는 현재 《미국》에 있는 모든 《종교(宗敎)》의 교주(敎主)들이 하나같이 《악마(惡魔)의 신(神)》들인 《대마왕신(神)》들이 《교주(敎主)》가 되고 《교단(敎團)》은 《악마(惡魔)의 신(神)》들인 《대마왕신족(神族)》들로 가득 채워져 선량한 《교인(敎人)》들에게 《좌익사상》의 《정수》인 《탐욕》과 《이기심》을 심어 《정신세계》를 《공산화(共産化)》시켜 놓고 있으니 하루빨리 모든 《종교(宗敎)》를 폐하여 없애 버리고 진정한 《예수님》의 《진리(眞理)의 법(法)》을 새로이 찾든지 《원천창조주》이신 《석가모니 하나님 부처님》께서 전하신 《진리(眞理)의 법(法)》을 《메시아(Messiah)》이신 《미륵불》로부터 받아 가시어 그대들 정서에 맞도록 하여 진정한 《구원(救援)》의 길로 갈 수 있는 《종교(宗敎)》로써 자리하게 하였을 때라야 그대들 나라에 닥치는 《천상(天上)》의 《재앙(災殃)》을 막을 수 있음을 거듭 충고를 드리는 바이며, 이 충고 역시 등한시 하였을 때 그대들 나라에 밀어 닥치는 《천상(天上)》의 《재앙(災殃)》은 점점 더할 것임을 분명히 일러 드리는 바이다.

　《일본(日本)》이 《군국주의》 체제 성공으로 《공산당 국가》로 전락하였을 때 그들의 정복 대상 첫째가 《미국》임을 말씀드렸다. 이러한 이후 이들은 《천상(天上)》의 《원조(元祖)》 《공산당》임을 내세워 다음 정복의 대상으로 《중국 공산당》과 《이북 공산당》으로 하고 있다. 이러한 발톱이 드러나 만천하에 공개 협박하는 장면이 최근 《다보스 포럼(Davos Forum)》 (AD2014.01)에서 《일본》의 총리로 있는 《악마(惡魔)의 신(神)》인 《아베 신조》가 전쟁 운운한 장면이 이에 연루가 되어 있다.

　세계의 모든 이들에게 《악마의 신(神)》인 《아베 신조》의 뜻 전달이 이루어지도록 손꼽아 기다려 온 분이 《메시아(Messiah)》이신 《미륵불》이다. 미안하지만 《아베군》 《중국 공산당》은 드물게도 그들 백성(百姓)들에게 《도덕성(道德性)》을 심고 《정의(正義)》를 가르치는 나라이며 《이북 공산당》은 지역적 특수성 때문에 이들 나라 《공산 정부》는 《천상(天上)》에서 보호를 하고 있다. 때문에 그대들 《원조(元祖)》 《공산당》들도 어찌할 수 없는 경계 바깥에 있는 《공산 정부》들이라는 사실을 분명히 아시기 바라며, 이를 위해 그대들 《원조 공산당》들인 《악마(惡魔)의 신(神)》들인 《대마왕신족(神族)》들이 활동을 시작하기 전에 《한국(韓國)》에 있는 《악마의 신》들인 《대마왕신족(神族)》 모두들과 진행을 하면서 《표》로써 밝혀 둔 《일본》의 《악마의 신》들 모두의 육신(肉身)이 가진 명(命)을 거둠으로써 죽음에 이르게 할 것임을 《메시아(Messiah)》이신 《미륵불》이 공언하는 바이며, 그 다음 수순이 《일본 열도》의 바다 속 침몰이라는 사실을 분명히 하는 것이다.

이러한 《메시아(Messiah)》이신 《미륵불》의 뜻을 《중국》의 《시진핑》 주석과 《북한》의 최고 지도자 《김정은》에게 전하는 것이니 《천상(天上)》의 《원조 공산당》 협박에 주눅들 필요가 없음을 알려 드리는 바이다.

2. [최고(最高)의 《대마왕신(神)》《비로자나 1세》의 계략(計略)]

《악마(惡魔)의 신(神)》들 중 최고(最高)의 《대마왕신(神)》《비로자나 1세》는 《악마(惡魔)의 신(神)》들인 《대마왕신족(神族)》들이 천왕(天王)들이 되어 《막부》를 다스리던 《에도 막부》(AD1611~AD1866)가 끝나갈 무렵, 《악마(惡魔)의 신(神)》으로서 《대마왕신(神)》《천관파군 2세》인 《이오 신(神) 분신(分身)》을 《마르크스》(AD1818~AD1883)로 이름하고 태어나게 하고 《악마(惡魔)의 신(神)》인 《대마왕신(神)》《가이아 신(神)》을 남자(男子) 몸(身)을 가진 《엥겔스》(AD1820~AD1895)로 이름하고 태어나게 하고 《악마(惡魔)의 신(神)》인 《대마왕신(神)》《비로자나 1세 분신》을 《레닌》(AD1870~AD1924)으로 이름하고 태어나게 한 후, 이들 모두들에게 《천상(天上)》에서 그들에 의해 만들어진 《공산사상(共産思想)》을 《일본》《막부 정치》의 《무력통치(武力統治)》 체제의 경험을 살려 서둘러 《공산사상》《이론(理論)》 체계를 정리하여 지구계(地球界) 인간 무리들 모두들의 《정신적(精神的)》 지배를 위해 《공산사상(共産思想)》을 주입시킬 것을 지령하게 된다.

이러한 이후 《악마(惡魔)의 신(神)》들 중 최고(最高)의 《대마왕신(神)》《비로자나 1세》는 《구한말(舊韓末)》《주시경》(AD1876~AD1956)으로 이름하고 태어나서 《천상(天上)》에서부터 시작된 《공산사상(共産思想)》의 카드를 마지막으로 빼어들고 《세계(世界)》의 《악마의 신》들인 《대마왕신족(神族)》들에게 《공산주의(共産主義)》로써 《세계》의 모든 인간 무리들을 지배할 것을 공식 선언한 후, 그의 나이 《51세》 때에 《김대중》(AD1926~AD2009)으로 이름한 《좌익 세력》의 두목 중 하나인 《악마(惡魔)의 신》《야훼 신(神) 3세 분신》을 아들로 두게 된다.

이러한 이후 《좌익 세력》의 두목 중 하나인 《악마의 신》인 《김대중》(재임 AD1998~AD2003)이 《한국(韓國)》의 15대 대통령이 되었을 때 《악마(惡魔)의 신(神)》들 중 최고(最高)의 《대마왕신(神)》《비로자나 1세》도 반복(反復)되는 윤회(輪廻)로 《전병헌》(AD1958~현재)으로 이름하고 태어나서 《AD 1998년》에는 대통령 《정무 비서관》이 된 후 당시 《빨갱이》 중의 《빨갱이》들인 《원조(元祖)》《공산당》들로서, 《남한(南韓)》의 《악마(惡魔)의 신(神)》들인 《대마왕신족(神族)》들이 대거 《일본》으로 건너가서 《일본》 원조 공산당들로서 《일본 백제계》《악마(惡魔)의 신(神)》들인 《대마왕신족(神族)》들과 《한일어업협정》 체결을 빌미로 사실상 《독도》를 《일본》에 넘겨주면서 《악마(惡魔)의 신(神)》들 중 최고(最高)의 《대마왕신(神)》《비로자나 1세》인 《전병헌》은 《일본》쪽 《악마의 신》들인 《대마왕신족(神族)》들에게 다음과 같은 다섯 가지 사항을 지령한다. 이러한 지령을 정리하면 다음과 같다.

1. 현재 일본(日本)의 《평화헌법》을 고쳐 《군국주의》 체제를 갖춤으로써 《막부정치》 체제로 돌아가서 《무력통치(武力統治)》 체제를 완성할 것.

2. 현재 《한국(韓國)》과 같이 《도덕성(道德性)》과 《사회정의(社會正義)》가 파괴되어 《탐욕》과 《이기심》을 부채질하는 경쟁체제를 고취시키는 교육(敎育)으로 과감히 전환함으로써 《좌익사상》의 본질을 심는 《교육개혁》을 실행할 것.

3. 역사 교과서를 《좌익사상》을 고취시키는 방향으로 재편성하여 후학(後學)들을 가르칠 것.

4. 2차 세계대전 당시 일본군이 강제 징용한 《위안부》 사건이 확대 재생산되어 《한국》및 세계 여러 나라들로부터 배상과 《사과》 요구가 빗발쳐도 일본 정부는 기필코 사과나 배상 문제에 응하지 말 것.

5. 한국에서 국호를 바꾼 원조 공산당 정부가 공식화되는 때와 보조를 맞춰 《일본》의 《군국주의》 체제를 완성할 것.

이러한 《악마(惡魔)의 신(神)》들 중 최고(最高)의 《대마왕신(神)》《비로자나 1세》인 《전병헌》의 다섯 가지 지령 중 네 가지 지령은 《일본 열도》의 《공산화(共產化)》에 초점이 맞추어져 있다. 그러나 4항의 《위안부》 문제는 그 본질을 따로 밝혀야 할 때가 온 것 같다. 즉, 《2차 세계 대전》 당시 전쟁을 수행하던 《일본》 고위층에서는 《한반도(韓半島)》의 《한민족(韓民族)》 대부분은 징발하여 《민족 동질성》을 감안하여 《일본》 본토(本土) 내의 광산이나 노역장으로 배치하고 《악마(惡魔)의 신(神)》들인 《대마왕신족(神族)》들의 후손들인 《호족계(系)》로 이름되는 대부분의 《마왕신족(神族)》들은 징발하여 《남양군도》로 보내 남자(男子)들은 《총알받이》로 이용하고 여자(女子)들은 《위안부》로 만든 것이다.

이러한 점에 대한 보복으로 지난날의 《역사》를 잊고 사는 《한국 사회》에서 본질은 감추고 《동정심》을 유발시켜 《반일(反日)》 감정을 극대화시켜 《한국(韓國)》의 《한민족(韓民族)》들과 《일본》의 《한민족(韓民族)》들과의 《민족 동질성》을 파괴시켜 이간질 시키고 《한국 사회》에 《좌익사상》의 확산을 위해 이를 십분 활용하고 있는 것이 《위안부》 문제인 것이다.

즉, 《위안부》 출신 할머니들은 《좌익 세력》들의 앞잡이 노릇을 하고 있는 것이다. 《부처(佛)》의 눈으로 볼 때, 이들 할머니들은 《전생(前生)》 업장의 보답으로 《위안부》로 끌려간 것이다. 이러한 입장으로 보면, 《현생(現生)》에서는 조용히 《참회》하는 자세를 취하는 것이 그들 자신의 미래세를 위하여서는 옳은 처사이나 이들은 《좌익 세력》들에게 이용당하여 《한국 사회》를 《좌익화》하는데 앞장서고 있는 것이 큰 문제인 것이다. 그리고 이러한 문제로 《한국 정부》는 《일본 정부》의 사과를 요구하고 있는데 이는 매우 잘하는 일로써 《일본 정부》로부터 사과를 받아내어야 《한일(韓日)》간의 《악마(惡魔)의 신(神)》들인 원조(元祖) 《공산당》들간에 꾸민 일부의 계략들을 무효화시켜 《독도》를 실질상 되찾아 올 수 있다는 점을 다시 한 번 더 생각해 보시기 바란다.

참고로 한 말씀 더 드리면, 《한국(韓國)》에서 《박정희 대통령》 이후 《도덕성(道德性)》과 《사회정의(社會正義)》가 파괴된 《탐욕》과 《이기심》을 심는 《대학 입시》 위주의 《경쟁 체제》를 부추기는 교육(敎育)으로 전환한지 《33년》 만에 《공산화(共產化)》 교육을 받은 자들의 《정신(精神)》들이 하나같이 《탐욕》과 《이기심》에 물들어 《좌익사상》에 빠지게 되는 무서운 면을 보이는 것이 《교육(敎育)》이라는 점을 분명히 하며, 《대학 입시》 위주의 《경쟁 체제》를 부추기는 교육(敎育)이라는 점을 분명히 하며, 《대학 입시》 위주의 《경쟁 체제》를 부추기는 교육(敎育)이 《공산사상(共產思想)》의 정수(精髓)인 《탐욕》과 《이기심》과 《교만함》과

《교활함》과 《영악함》을 심는 원조(元祖) 《공산당(共産黨)》의 전형적인 술법임을 《메시아(Messiah)》이신 《미륵불》이 분명히 밝혀 두는 바이다.

이로써 《악마(惡魔)의 신(神)》들 중 최고(最高)의 《대마왕신(神)》 《비로자나 1세》는 마지막 《인간》들의 이치가 《음양(陰陽)》으로 일어나는 《한국(韓國)》과 《일본(日本)》 모두를 포함하여 《글로벌 경제 체제》를 완성함으로써 《공산화(共産化)》시켜 《악마의 신》들인 《대마왕신족(神族)》들이 《공산화》된 《6.9의 작용(作用)》 이치로 《세계(世界)》를 지배한 후 《인간》이 《별(星)》과 동일(同一)한 점을 노려 우리들의 《태양계(太陽界)》를 점령한 후 《후천우주(後天宇宙)》를 《악(惡)》의 세력들이 지배하는 우주(宇宙)로 만들고자 광분하고 있다는 사실을 분명히 말씀 드리는 것이다.

━━━━━━━━━━━━━━━━━━━━━━━━━━━━━━━━━━━━━

나> [당(唐)나라 이후 《중원 대륙》을 대표한 왕조(王朝)들]

《BC 27년》 《로마 제국(帝國)》이 출발하면서 선포한 2차 《우주 쿠데타》를 지상(地上)에서 선포한 연장선상에서 《당(唐)》나라 건국 직전 최고(最高)의 《대마왕》 《다보불 1세》와 《악마(惡魔)의 신(神)》들 중 최고(最高)의 《대마왕신(神)》 《비로자나 1세》와의 사이에 4개 항에 걸친 《합의문》을 두 번째로 도출한다. 이러한 《합의문》 내용 중 《당(唐)》나라 이후 《중원 대륙》이 최고(最高)의 《대마왕》 《다보불 1세》의 영향력 하에 통치(統治)되는 장면이 담긴 조항만 인용하여 살펴보고 다음을 진행하는 것이 《고려 왕조》 《역사(歷史)》 이해에 도움이 될 것 같아 이 장을 진행하는 것이다.

[관계 합의문 다>항]

다> 훗날 《한반도》에서 《신라》 주도로 《나당연합군》에 의해 일어
나게 되는 《삼국통일》 전쟁에서 《나당연합군》이 승리하여 《
신라》가 《삼국통일》을 이루었을 때 혼란스러운 틈을 이용하여
《중원 대륙》 남부 지방 곳곳에 자리한 《악마(惡魔)의 신(神)》들

인《비로자나 1세》계(系)의《그림자 비로자나 1세》가 거느리는《양(陽)》의《독각》무리들을《한반도》로 이동시켜 정착시키게 됨으로써

《중원 대륙》의《당(唐)》왕조(王朝)의《통치(統治)》는《악마(惡魔)의 신(神)》들인《대마왕신(神)》들과《대마왕》《불보살》들이 공동으로 통치하고《당(唐)》왕조 이후의《중원 대륙》은《다보불》과《문수보살 1세》와《관세음보살 2세》인《마고신 2세》와《무곡성불》등의《대마왕》《불보살》들의 왕조(王朝)들이《통치(統治)》를 하도록 하고

지상(地上)의《36궁(宮)》이 있는《한반도》는《악마(惡魔)의 신(神)》인《비로자나 1세》직계인《백제계》《양(陽)》의《연각승》무리들과 같은《악마(惡魔)의 신(神)》인《그림자 비로자나 1세》가 거느리는《양(陽)》의《독각》의 무리가 하나가 되어《통일신라》를 멸망시킨 후《한민족(韓民族)》들을 말살함과 아울러《하층민》으로 전락시키고

이후《악마(惡魔)의 신(神)》들인《대마왕신(神)》들이《한반도》를 통치(統治)하고 지배(支配)함으로써《중원 대륙》은 최고의《대마왕》인《다보불》이 차지하고《지상(地上)》의 중심이 되는《36궁(宮)》이 있는《한반도》는《악마(惡魔)의 신(神)》들 중 최고의《대마왕신(神)》인《비로자나 1세》가 차지하기로 한다.

이러한 관계《합의문》에서도 드러난 바와 같이《한반도(韓半島)》의《삼국통일(三國統一)》전쟁과《후삼국(後三國)》을 거쳐《고려 왕조(王朝)》가 탄생된 것 모두가《지상(地上)》에서 선포된 2차《우주 쿠데타》연장선상에서 최고(最高)의《대마왕》《다보불 1세》와《악마(惡魔)의 신(神)》들 중 최고(最高)의《대마왕신(神)》《비로자나 1세》가《당(唐)》나라(AD618~AD907) 건국 직전에 합의한 내용대로 계획적으로《역사(歷史)》가 이루어져 왔다는 사실을 깊이 인식하시기 바란다.

이러한《합의문》에서도 드러난 바와 같이《당(唐)》나라 이후의《중원 대륙》통치(統治)는

《한민족(韓民族)》계(系)로서 《양(陽)》의 곰족(熊族) 수장인 《대마왕》《다보불 1세》의 영향력 아래 《역사(歷史)》가 만들어져 간 것이다. 이와 같은 《역사》의 한 단면이 드러난 《당(唐)》나라 이후 《중원 대륙》을 대표한 왕조(王朝)들을 정리하여 살펴보도록 하자.

[표 2-1-3-15] 당(唐)나라(AD618~AD907) 이후 《중원 대륙》을 대표한 왕조들

나라명	왕명 및 성명	신명(神名)	신(神) 구분	생몰 및 재위	비고
요(遼)나라 (AD907 ~AD1125)	요 태조 야율아보기	무곡성불 1세	◐	생몰 AD872~AD926 재위 AD916~AD926	거란족
송(宋)나라 (AD960 ~AD1279)	송 태조 조광윤	관세음보살 2세 또는 마고신(神) 2세	◐	생몰 AD927~AD976 재위 AD960~AD976	북송 (AD960~AD1127) 남송 (AD1127~AD1279)
금나라 (AD1115 ~AD1234)	금 태조 아구다	관세음보살 2세 또는 마고신(神) 2세	◐	생몰 AD1068~AD1123 여진족 추장 재위 AD1113~AD1115 재위 AD1115~AD1123	
원나라 (AD1271 ~AD1368)	원 세조 쿠빌라이	미륵 2세	◐	생몰 AD1215~AD1294 재위 AD1260~AD1294	몽골국 5대왕 이자 원나라 건국 왕
명나라 (AD1368 ~AD1644)	명 태조 주원장	관세음보살 2세 또는 마고신(神) 2세	◐	생몰 AD1328~AD1398 재위 AD1368~AD1398	
후금 (AD1616 ~AD1636) 청나라 (AD1636 ~AD1912)	청 태조 누르하치	무곡성불 1세	◐	생몰 AD1559~AD1626 건주여진 재위 AD1583~AD1616 후금 재위 AD1616~AD1626	청 고종(高宗) 건륭제(乾隆帝, 관세음보살 2세, AD 1711~1799, 재위 AD1735~AD1795)
※ ◐ : 《선악(善惡)》 양면성을 근본 바탕으로 하는 《대마왕》 《불보살》					

이와 같이 《당(唐)》나라 이후의 《중원 대륙》은 《한민족(韓民族)》계(系)들인 《노사나불계(

系)》《대마왕》《불보살(佛菩薩)》들과 《다보불계(系)》《대마왕》《불보살(佛菩薩)》들이 《구막한제국(寇莫韓帝國)》과 《단군조선(檀君朝鮮)》을 거쳐 《중원 대륙》에 살아온 《한민족(韓民族)》들을 다스리기 위해 상기 왕조(王朝)들을 세웠음을 후학(後學)들은 분명히 아시기 바란다.

⑩ [삼국사기와 삼국유사]

　　《BC 3898년》 고대 《한국(韓國)》이 세워진 후 《4,834년》간을 《한반도(韓半島)》 주인이었던 《한민족(韓民族)》으로부터 《한반도(韓半島)》를 탈취한 후 《대학살》과 함께 상당수의 《한민족(韓民族)》을 《노비(奴婢)》로 전락시키고 소수(小數) 민족으로 만들어 정복하고 《고려 왕조(王朝)》를 만든 《한민족(韓民族)》들보다 우주적(宇宙的)으로 《100억 년(億年)》에서 《200억 년(億年)》 진화(進化)가 덜된 무리들인 《악마(惡魔)의 신(神)》으로서 최고의 《대마왕신(神)》인 《비로자나 1세》의 후손들인 《백제계》《양(陽)》의 《연각》 무리들과 《독각》의 무리들인 《호족》 세력들이 《한반도(韓半島)》의 주인 노릇을 하며 그들의 좋지 않은 모든 허물을 감추기 위하여서는 그들만의 새로운 역사를 기록하여야 하는 당위성과 《한반도》에서의 《한민족(韓民族)》 역사인 《한국(桓國)》과 《배달국(倍達國)》 딜문(Dilmun)의 《상고사(上古史)》와 《한국(韓國)》을 정점으로 한 《중원 대륙》에서의 《구막한제국(寇莫韓帝國)》과 《단군조선(檀君朝鮮)》의 역사(歷史)를 잘라내어야 할 필요성 때문에 때에 반복(反復)되는 윤회(輪廻)로 《악마(惡魔)의 신(神)》인 《그림자 비로자나 1세》가 《고려》 17대 《인종》(재위 AD1122~AD1146)으로 이름하고 와서 역시 반복(反復)되는 윤회(輪廻)로 《김부식》(생몰 AD1075~AD1139)으로 이름하고 태어나 있던 《악마(惡魔)의 신(神)》인 《대마왕신(神)》 중에도 악질 《대마왕신(神)》인 《천관파군 2세》로 이름한 《이오 신(神)》에게 명령하여 그때까지는 《최승로》의 《시무(時務) 28조》가 위력을 발휘할 때였기 때문에 그들이 말하던 《유교적(儒敎的)》 관점에서 날조되고 왜곡된 엉터리 《삼국사기》가 만들어진 것이다.

　　이후 《고려 왕조》가 《원(元)》나라의 속국이 된 《고려》 25대 《충렬왕》(재위 AD1274~AD1308) 때 《마왕 중놈》 신분으로 와 있던 《일연》으로 이름한 《천관파군 1세》에 의해 엉터리 짜집기한 이야기책인 《삼국유사》가 《삼국사기》 보충용 기록 형식으로 만들어진 것이다.

진행을 하면서 정리한 바와 같이,《수메르 문명권》과 《우르 문명권》과 《히브리 왕국》과 《유대 왕국》과 《이집트 문명권》과 《악(惡)》의 축(軸)이 옮겨 다니는 곳곳마다 세계(世界)의 역사(歷史)를 왜곡하고 날조하고 삭제한 엉터리 《역사(歷史)》 기록을 처음부터 남긴 자(者)가 때에 《고려》의 《삼국사기》를 쓴 《악마(惡魔)의 신(神)》들인 《김부식》으로 이름한 《천관파군 2세》인 《이오 신(神)》과 《삼국유사》를 쓴 《악마(惡魔)의 신(神)》으로서 《마왕 중놈》《일연》으로 이름한 《천관파군 1세》인 것이다.

한마디로 잘라 말씀드려서 이렇듯 처음부터 불순한 의도로 남겨진 추호도 가치 없는 《역사》 기록들은 하루빨리 불(火) 구덩이에 쳐 넣어야 할 것임을 분명히 하는 것이다. 이와 같이 《한반도(韓半島)》에는 자랑스럽고 길이 보전이 되어야 할 진실(眞實)된 《한민족(韓民族)》의 역사는 사라지고 없으며 《한민족(韓民族)》도 아닌 《악마(惡魔)의 신(神)》들인 《대마왕신(神)》들과 그들 후손들인 《백제계》《양(陽)의 연각》과 《독각》의 무리인 《호족》 세력들의 역사인 엉터리로 기록된 《고려사》와 《조선 왕조》 역사만 오롯이 남아 있을 뿐인 것이다.

이들 왕조(王朝)들 중 《고려 왕조(王朝)》는 《한민족(韓民族)》의 왕조(王朝)가 아닌 《한민족(韓民族)》들을 말살하고 《하층민》으로 만들려고 한 《인간》 탈을 쓴 《물고기, 어패류》,《곤충》의 영신(靈身)을 가진 《악마(惡魔)의 신(神)》들인 《호족》 세력들의 《왕조(王朝)》라는 사실을 아시고, 이 땅의 인구 중 《60%》를 차지하고 있는 《한민족(韓民族)》들은 《메시아(Messiah)》가 현재 밝히고 있는 《전 세계》를 상대로 한 진실된 《역사(歷史)》 기록이 《전 세계》에 있는 《한민족(韓民族)》들의 역사(歷史) 기록들임을 분명히 하는 것이며, 《한민족(韓民族)》들은 하루빨리 깨어나 《조만간》 닥쳐올 《지상(地上)》《문명(文明)》의 종말(終末) 때를 대비하여야 할 것임을 《삼국사기》와 《삼국유사》의 실체를 밝히면서 아울러 당부 드리고 있는 것이며, 아직도 정신을 차리지 못하고 있는 《좌익 세력》들인 이들 《악마(惡魔)의 신(神)》들로서의 《대마왕신족(神族)》들이 반복(反復)되는 윤회(輪廻)로 《한국(韓國)》 땅에 태어나서 《한민족(韓民族)》 탈(脫)을 쓰고 《한민족(韓民族)》들을 말살하고 《하층민》으로 거느리기 위해 광분하고 있다는 사실을 《한민족(韓民族)》들은 깊이 인식하시기 바라며, 지금도 그들은 《좌익화》된 날조된 《역사》 기록을 위해 미친 개(犬)가 설치듯이 한다는 사실을 직시하시기 바란다.

⑪ 한단고기(桓檀古記)와 역사(歷史) 왜곡

《한민족(韓民族)》들의 땅인 《한반도(韓半島)》를 탈취한 후 《고려 왕조(王朝)》를 세운 《악마(惡魔)의 신(神)》들인 《호족계》로 불리는 《대마왕신족(神族)》 출신 군왕(群王)들이 그들의 후손들인 《호족계》《마왕신족(神族)》들을 정착시키기 위해 《한민족(韓民族)》 말살 정책을 시작한 《고려》《태조 왕건》(생몰 AD877~AD943, 재위 AD918~AD943)으로 이름한 《악마(惡魔)의 신(神)》인 《대마왕신(神)》《가이아 신(神) 1세》 때부터 《22대 강종》(재위 AD1211~AD1213)까지 《295년간》의 역사(歷史) 기록은 엄청나게 왜곡된 《역사(歷史)》 기록으로 점철되어 있으며 이때까지는 《악마(惡魔)의 신(神)》들인 《대마왕신족(神族)》들과 그들의 후손들인 《호족계》로 불리우는 《마왕신족(神族)》들의 《역사(歷史)》 기록들만 남아 있지 《한민족(韓民族)》들에 대한 《역사(歷史)》 기록들은 전무(全無)한 것이나 마찬가지이다.

《고려》《23대 고종(高宗)》(생몰 AD1192~AD1259, 재위 AD1213~AD1259)은 《한민족계(韓民族系)》《대마왕》《불보살(佛菩薩)》로서 《일월등명불(日月燈明佛)》이시다. 이전의 군왕(群王)들이 모두 《악마(惡魔)의 신(神)》으로서 《호족계》인 것에 비하면 드물게도 《한민족계(韓民族系)》 왕(王)으로서 《46년간》 보위에 머물면서 《고려-몽골》 전쟁(AD1231~AD1259)을 치른 왕(王)이시다. 이러한 《고종》 때에 《고려 팔만대장경》 판각이 시작될 때, 《석가모니 하나님 부처님》께서 《이맥(李陌)》(AD1216~AD1279)으로 이름하시고 호(號)를 《10개의 궤도》를 가진 우리들 태양계(太陽界)의 제일인자(者)란 뜻의 《일십당(一十堂)》으로 하여 오시고, 《아미타불》께서 때에 《서방극락정토》인 《천이일(天二一) 우주》에 머물고 계실 때를 뜻하는 《편안함을 품은 노인》이라는 뜻의 《안함로(安含老)》로 이름하시고 오시고, 《메시아(Messiah)》이신 《미륵불》이 《바로 잡는 가운데 으뜸인 자》라는 뜻의 《원동중(元童仲)》(AD1236~AD1295)으로 이름하고 오시어 왕명(王命)으로 세 분이 《한민족(韓民族)》의 정신(精神)을 살리기 위해 심혈을 기울여 《AD 1249년》(고려 고종 46년)에 《대변경(大辯經)》과 《고려 팔관기(八觀記)》를 완성하시게 된다.

이러한 이후 《이맥(李陌)》으로 이름하신 《석가모니 하나님 부처님》께서는 《태백일사》 집필에 들어가시고 《석가모니 하나님 부처님》 명(命)에 의해 《안함로(安含老)》로 이름하신 《아미타불》께서는 《삼성기(三聖記)》《전상편》의 집필에 들어가시고 《원동중(元童仲)》으로 이름한 《메시아》이신 《미륵불》이 《삼성기(三聖記)》《전하편》의 집필에 들어가시어 《고려 24대》《원종》《5년 AD1264년》에 모든 집필을 끝내시고 이들을 모두 묶어 《한단고기(桓檀古記)》(AD1264)로 이름하신 것이다. 이와 같이 하여 《고려 24대 원종》《5년》에 만들어진 최초의 《한단고기(桓檀古記)》의 목록을 살펴보면 다음과 같다.

가> 최초의 한단고기(桓檀古記) 목록

[최초의 한단고기(桓檀古記) 목록]

1. 대변경(大辯經)
2. 고려 팔관기(八觀記)
3. 삼성기(三聖記) 전상편
4. 삼성기(三聖記) 전하편
5. 태백일사
   ─ 삼신오제본기 제1
   ─ 한국본기 제2
   ─ 신시본기 제3
   ─ 삼한관경본기 제4
   ─ 소도경전본훈 제5
   ─ 후고조선상한기 제6
   ─ 고구려국본기 제7
   ─ 대진국본기 제8
   ─ 신라국본기 제9

이로써 《한민족(韓民族)》의 고대사(古代史)가 《이맥》으로 이름하신 《석가모니 하나님 부처님》과 《안함로》로 이름한 《아미타불》과 《원동중》으로 이름한 《메시아(Messiah)》이신 《미륵불》에 의해 최초의 《한단고기(桓檀古記)》가 탄생하면서 정리가 된 것이다.

이러한 이후 《메시아(Messiah)》이신 《미륵불》이 반복(反復)되는 윤회(輪廻)로 《고려 25대》《충렬왕》(재위 AD1274~AD1298, 복위 AD1298~AD1308) 때 《행촌》《이암(李嵒)》(AD1296~AD1364)으로 태어나서 《단군세기》를 집필하여 《최초의 한단고기(桓檀古記)》를 보완한 것이다. 이와 같이 《보완》된 《최초의 한단고기(桓檀古記)》 목록 순서가 중대한 의미를 지니므로 《보완》된 《최초의 한단고기(桓檀古記)》 목록 순서를 다시 밝히면 다음과 같다.

나> [(보완된) 최초의 한단고기(桓檀古記) 목록]

[(보완된) 최초의 한단고기(桓檀古記) 목록]

1. 대변경(大辯經)
2. 고려 팔관기(八觀記)
3. 삼성기(三聖記) 전상편
4. 삼성기(三聖記) 전하편
5. 태백일사
　　　─ 삼신오제본기 제1
　　　─ 한국본기 제2
　　　─ 신시본기 제3
　　　─ 삼한관경본기 제4
　　　─ 단군세기 제5
　　　─ 소도경전본훈 제6
　　　─ 후고조선상한기 제7
　　　─ 고구려국 본기 제8
　　　─ 대진국 본기 제9
　　　─ 신라국 본기 제10

이러한 때 《악마(惡魔)의 신(神)》인 《대마왕신(神)》으로서 혐오스러운 《바퀴벌레》 출신인 《원조(元祖)》 《공산당(共産黨)》 두목 중의 하나인 《반쪽짜리》 인간인 《천관파군 1세》가 《중놈 일연》(AD1206~AD1289)으로 이름하고 태어나서 세계의 역사(歷史)를 권력(權力)의 힘으로 위조하고 날조하여 엉터리 기록을 남긴 《악마(惡魔)의 신(神)》인 《대마왕신(神)》으로서 혐오스러운 《사마귀》 출신인 《원조(元祖)》 《공산당(共産黨)》 두목 중의 하나로서 《반쪽짜리》 인간인 《천관파군 2세》 《이오 신(神)》이 《김부식》(AD1075~AD1139)으로 이름하고 와서 《한민족(韓民族)》 역사(歷史)를 날조하여 만든 《삼국사기》 내용을 보완하고 《한단고기(桓檀古記)》의 일부 내용을 교란시키기 위해 엉터리 《삼국유사(三國遺事)》를 《고려 25대 충렬왕》(생몰 AD1236~AD1308, 재위 AD1274~AD1298, 복위 AD1298~AD1308) 때 집필하여 남기는 것이다.

이러한 이후 《고려 31대 공민왕》(생몰 AD1330~AD1374, 재위 AD1351~AD1374)으로 이름한 《한민족계(韓民族系)》 《대마왕》 《불보살(佛菩薩)》이신 《무곡성불 1세》 때 《이암》(AD1296~AD1364)으로 이름한 《메시아》이신 《미륵불》과 때에 《고려 23대 고종(高宗)》(재위 AD1213~AD1259)으로 이름하고 오셨던 《한민족계(韓民族系)》 《대마왕》이신 《일월등명불》께서 반복(反復)되는 윤회(輪廻)로 《청평산》 《이명(李茗)》(AD1260~AD1324)으로 이름하고 태어나 계실 때 《메시아(Messiah)》이신 《미륵불》이신 《이암(李嵒)》과 《일월등명불》이신 《이명(李茗)》 두 분은 한자리에 모여 《한민족(韓民族)》 《상고사(上古史)》의 진실(眞實)이 담겨 있는 《최초의 한단고기(桓檀古記)》를 후대(後代)에라도 후손(後孫)들에게 바르게 전할 것을 결의하게 된다.

이러한 결의를 하였을 때가 《고려 31대 공민왕》 때로써 이때 《메시아(Messiah)》이신 《미륵불》이 《이암(李嵒)》으로 오시어 《단군세기》 집필을 모두 마친 때이다. 이와 같은 때에 《한민족(韓民族)》들의 정통 《역사서(歷史書)》인 《한단고기(桓檀古記)》 탈취를 위해 《악마(惡魔)의 신(神)》으로서 《대마왕신족(神族)》 중의 하나인 《그림자 비로자나 1세》가 《휴애거사》 《범장》(AD1346~AD1397)으로 이름하고 태어난 후 《정몽주》의 제자로 있다가 《AD 1369년(공민왕 18년)》에 과거에 합격한 후 훗날 《악마(惡魔)의 신(神)》인 《대마왕신족(神族)》들과 그들의 후손들인 《마왕신족(神族)》들의 《역사(歷史)》인 《백제》와 《고려사(史)》의 연결을 위해 《북부여기(北夫餘記) 상하(上下)》와 《가섭원부여기(迦葉原夫餘紀)》를 완성하는 것이다.

이와 같은 일을 제외하고 《고려 23대 고종》(재위 AD1213~AD1259)으로 이름한 《한민족계(韓民族系)》 《대마왕》이신 《일월등명불》 때부터 《고려 31대 공민왕》으로 이름한 《한민족계(韓民族系)》 《대마왕》 《불보살(佛菩薩)》이신 《무곡성불 1세》 때까지는 《한민족계(韓民族系)》 군왕(群王)들이 다스린 관계로 《한민족(韓民族)》들의 역사(歷史)들이 바르게 전하여진 것이다. 이 역시 《양(陽)》의 곰족(熊族)들의 나라인 《몽골국》과 《원(元)》나라와 《진리(眞理)의 법(法)》으로 회귀(回歸)하신 《다보불》의 영향력이 있었기 때문에 가능한 일이었음을 오늘을 살고 있는 《한민족(韓民族)》들은 깊이 인식하여야 할 것이다.

《한민족(韓民族)》들의 정통 《역사서(歷史書)》인 《최초의 한단고기(桓檀古記)》 출현은 《고려 왕조(王朝)》를 처음 세웠던 《악마(惡魔)의 신(神)》들인 《대마왕신족(神族)》들로 이름되는 《물고기》, 《어패류》, 《곤충》 영신(靈身)의 진화(進化)를 하는 《반쪽짜리》 인간 무리들인 《원조(元祖)》 《공산당(共産黨)》들인 《악마(惡魔)의 신(神)》 세력들에게는 비유를 하면 《심장》에 비수를 꽂는 형국이 된 것이다.

이러한 이유들 때문에 《악마(惡魔)의 신(神)》인 《대마왕신족(神族)》으로서 《원조(元祖)》 《공산당(共産黨)》두목 중의 하나인 혐오스러운《바퀴벌레》출신의《반쪽짜리》인간인《천관파군 1세》가《중놈》《일연》(AD1206~AD1298)으로 온 이후 반복(反復)되는 윤회(輪廻)로《이성계》(생몰 AD1335~AD1408)로 이름하고 태어나서 그의 일당들과 함께《고려 31대 공민왕》(재위 AD1351~AD1374)을 살해하고 다시《한민족계(韓民族系)》《군왕(群王)》들을 허수아비로 두고 실질상 정권(政權)은《악마(惡魔)의 신(神)》들인《호족계(系)》《대마왕신(神)》들인《이성계》,《최영》,《조민수》등《무신(武臣)》들이 쥐게 되는 것이다.

이러한 이후《요동정벌》을 빌미로《위화도》회군(回軍) 이후《이성계》로 이름한《악마(惡魔)의 신(神)》《천관파군 1세》는 같은《악마(惡魔)의 신(神)》인《대마왕신족(神族)》으로서《야훼 신(神) 1세 분신》인《최영》과《조민수》등을 죽이고《무신(武臣)》들《권력(權力)》의 정상에 서서《권력(權力)》의 힘으로 그들 눈에 가시처럼 박혀 있는《최초의 한단고기(桓檀古記)》들을 그들 세력 하수인들인《유학자(儒學者)》들과 함께 미친 듯이 색출하여 불태움으로써 다시《한민족(韓民族)》들의 역사(歷史) 말살에 광분한 것이다.

이러한 이후《악마(惡魔)의 신(神)》으로서《반쪽짜리 인간》인《원조(元祖)》《공산당(共産黨)》두목 중의 하나인《이성계》로 이름한《천관파군 1세》는《조선 왕조(朝鮮王朝)》(AD1392~AD1910)를 건국하고《태조(太祖) 이성계》(생몰 AD1335~AD1408, 재위 AD1392~AD1398)로 자리한 후 훗날 세계(世界)의 역사를 반복(反復)되는 윤회(輪廻)로 날조하고 왜곡한《악마(惡魔)의 신(神)》인《대마왕신족(神族)》으로서 혐오스러운 곤충인《사마귀》영신(靈身) 진화(進化)를 하는《반쪽짜리 인간》《천관파군 2세》《이오 신(神)》이 이번에는《3대 태종(太宗)》《이방원》으로 이름하고 와서 전국 사찰《36곳》만 남겨 두고 나머지 사찰 모두를 불 질러 없애고《포고령》까지 발표하여《한단고기》나《단군사》등《한민족(韓民族)》들의《상고사(上古史)》등이《양반》들 집에 있는 것을《노비(奴婢)》가 발고만 하여도《노비》로 하여금《양반》지위를 가지게 하고《양반》이 가졌던 재물 모두들을 소유하도록 하겠다고《포고령》을 내리면서까지《조선(朝鮮)》의 구석구석까지를 뒤져 관계 서적들과 기록들을 모아 불 지르게 된다.

이와 같은 일들이 있은 후 어느 날 갑자기《한단고기(桓檀古記)》가 불쑥 튀어 나올 것을 두려워한 최고(最高)의《악마(惡魔)의 신(神)》《비로자나 1세》가《조선 왕조(王朝)》《10대 연산군》으로 이름한《악마(惡魔)의 신(神)》인《천관파군 1세 분신》때에《임사홍》(AD1454~AD1506)으로 이름하고 와서《고려 왕조》《23대 고종》(재위 AD1213~AD1259) 때《이맥》(李陌)》(AD1216~AD1279)으로 이름하시고 오신《석가모니 하나님 부처님》을《조선 초기》《문신(文臣)》(AD1455~AD152

8)으로 본관은 《고성(固城)》이며 자는 정부(井夫), 호는 《일십당(一十堂)》이라고 역사(歷史) 왜곡을 하여 기록하게 하는 역겨운 파렴치한 짓을 해 놓고 있는 것이다. 분명히 잘라서 말씀드려, 이러한 기록은 엉터리 기록임을 《메시아(Messiah)》이신 《미륵불》이 분명히 하는 것이다.

다> [2차 한단고기(桓檀古記) 편찬과 《계연수》 선생]

《AD 1912년》에 30권으로 편찬된 《한단고기(桓檀古記)》는 암울한 시기에 《계연수》(AD1864~AD1920) 선생에 의해 결집된 《2차 한단고기(桓檀古記)》이다. 이러한 《2차 한단고기(桓檀古記)》를 편찬한 《계연수》 선생은 《삼신오제본기 제일(三神五帝本記第一)》 첫머리에 등장하는 《표훈천사(表訓天詞)》로서 《한민족(韓民族)》계(系) 《대마왕》인 《일월등명불(日月登明佛)》이시다. 이와 같은 《표훈천사》는 《신라 30대 문무왕》(재위 AD661~AD681) 때 《의상(義湘)》(AD625~AD702)으로 이름한 《메시아(Messiah)》이신 《미륵불》의 수제자(首弟子)로서 《AD 674년(문무왕 14년)》 《황복사(皇福寺)》에서 스승으로부터 법(法)인가(認可)를 받은 분이다.

이러한 《표훈(表訓)》은 반복(反復)되는 윤회(輪廻)로 때에 《고려 23대 고종(高宗)》(생몰 AD1192~AD1259, 재위 AD1213~AD1259)으로 와서 《고려 팔만대장경》을 완성한 이후 또다시 반복(反復)되는 윤회(輪廻)로 이번에는 《청평산》《이명(李茗)》(AD1260~AD1324)으로 태어나게 된다. 이러한 때 《원동중(元童仲)》(AD1236~AD1295)으로 이름하고 태어났던 《메시아(Messiah)》이신 《미륵불》도 반복(反復)되는 윤회(輪廻)로 《이암(李嵒)》(AD1296~AD1364)으로 태어난 후 《단군세기》를 완성한 후 먼저 태어나 있던 《이명(李茗)》으로 이름한 《일월등명불》과 만나 《한민족(韓民族)》 실상(實相)의 역사(歷史)가 담겨있는 《한단고기(桓檀古記)》를 후대(後代)의 후손(後孫)들에게 전할 것을 《고려 31대 공민왕》 때 결의를 하게 된다.

이와 같은 결의에 의해 《구한말(舊韓末)》 반복(反復)되는 윤회(輪廻)로 《메시아》이신 《미륵불》은 《백진사(白進士)》《관묵(寬黙)》(AD1866~AD1941)으로 이름하고 태어나고 《한민족계(韓民族系)》《대마왕》이신 《일월등명불》은 《계연수》(AD1864~AD1920) 선생으로 태어나시고 《미륵불》의 분신(分身)이 《해학(海鶴)》《이기(李沂)》(AD1848~AD1909) 선생으로 이름하고 오시게 된다.

이러한 이후 《고려 공민왕》 때의 약조대로 《메시아》이신 《미륵불》이신 《백진사(白進士)》《관묵(寬黙)》의 지도하에 《고려 말》《위화도》회군(回軍) 이후 권력(權力)을 잡은 《대마왕신족(神族)》으로서 《악마(惡魔)의 신(神)》인 《천관파군 1세》가 《이성계》로 이름하고 미친듯이 《초기 한단고기(桓檀古記)》를 없앨 때 사라진 《대변경(大辯經)》과 《고려 팔관기(八觀記)》를 제외한 《미륵불》이신 《백진사(白進士)》《관묵(寬黙)》이 대대로 비밀리에 보관하여 오던 《삼성기(三聖記)》와 《단군세기》와 《태백일사》 일부분과 《일월등명불》이신 《계연수》 선생이 도맥(道脈)을 통하여 비밀리에 보관하여 오던 《태백일사》 일부분을 한 곳에 모아 《백진사(白進士)》《관묵(寬黙)》과 《계연수》 선생이 왜곡된 부분이 있는지 일일이 검토하여 편집한 후 《해학(海鶴)》《이기(李沂)》로 이름한 《미륵불 분신》이 감수를 하여 《한문(韓文)》으로 된 《2차 한단고기(桓檀古記)》 편집을 완성하는 것이다.

이러한 이후 《홍범도》, 《오동진》 등 뜻있는 분들의 자금 지원으로 《AD 1912년》에 《한단고기(桓檀古記)》《30권》을 편찬하는 것이다. 이렇게 하여 《2차》로 결집(結集)된 《한단고기(桓檀古記)》의 목록을 밝혀 드리면 다음과 같다.

라> [2차 결집된 한단고기(桓檀古記)의 목록]

[2차 결집된 한단고기(桓檀古記)의 목록]

1. 삼성기(三聖記) 전상편
2. 삼성기(三聖記) 전하편
3. 태백일사
   ─ 삼신오제본기 제1
   ─ 한국본기 제2
   ─ 신시본기 제3
   ─ 삼한관경본기 제4
   ─ 단군세기 제5
   ─ 소도경전본훈 제6
   ─ 후고조선삼한기 제7
   ─ 고구려국 본기 제8
   ─ 대진국 본기 제9
   ─ 신라국 본기제10

이와 같이 《2차》《한단고기(桓檀古記)》가 결집되어 출간된 후 《백진사(白進士)》《관묵(寬黙)》으로 이름한 《메시아(Messiah)》이신 《미륵불》은 다음 일을 위해 몸을 감추게 되고 《계연수》로 이름한 《일월등명불》은 《만주》에서 독립 운동을 하는 한편 후학(後學) 양성을 위해 《한단고기(桓檀古記)》 강설도 열심히 한 것이다.

이러한 때 《한단고기(桓檀古記)》 출현과 함께 《계연수》 선생이 후학(後學) 양성을 위해 심혈을 기울인다는 소식이 때에 반복(反復)되는 윤회(輪廻)로 《주시경》(AD1876~AD1956)으로 이름한 최고(最高)의 《대마왕신(神)》으로서 《악마(惡魔)의 신(神)》들 두목인 《비로자나 1세》에게도 들려오게 됨으로써 《주시경》으로 이름한 《악마(惡魔)의 신(神)》들 중 최고(最高)의 《대마왕신(神)》《비로자나 1세》는 그의 직계 후손들인 《일본》《백제계(系)》 형사들과 밀정들에게 세간(世間)에 퍼져나간 《한단고기(桓檀古記)》들을 모두 추적하여 없애 버리고 《일월등명불》인 《계연수》 선생을 살해한 후 《한민족(韓民族)》들의 정통 《역사서(歷史書)》인 《한단고기(桓檀古記)》를 왜곡하여 《한민족(韓民族)》 탈(脫)을 쓴 《악마(惡魔)의 신(神)》들인 《대마왕신족(神族)》들과 《마왕신족(神族)》들의 역사서(歷史書)로 만들 것을 결정하고 《한반도(韓半島)》와 《일본》에 있는 수하 《악마(惡魔)의 신(神)》들인 《일본》의 형사들과 밀정 노릇을 하는 《일본 백제계》 그의 후손들 모두들에게 지령을 하게 된다. 이러한 지령에 의해 독립군으로 가장한 《일본 백제계》 밀정의 손에 의해 《일월등명불》이신 《계연수》 선생은 《AD 1923년》에 살해당하는 것이다.

이러한 《일월등명불》이신 《계연수》 선생 살해 이후 독립군으로 가장한 《일본 백제계》 밀정은 2차 결집 후 《30권》으로 만들어진 《한단고기(桓檀古記)》를 소지하고 있는 분들을 추적하여 수단과 방법을 가리지 않고 한권 한권씩 찾아내어 불 질러 없애게 됨으로써 마지막 남은 1권을 《이유립(李裕岦)》(AD1907~AD1986)으로 이름한 《대마왕신족(神族)》으로서 《악마(惡魔)의 신(神)》인 《그림자 비로자나 2세 분신2》가 소지하게 되는 것이다.

한편, 이러한 때 《고려 공민왕》 시절 《정몽주》의 제자로서 《북부여기》와 《가섭원 부여기》를 집필하여 《한단고기(桓檀古記)》 근간을 흔들고자 하였던 《휴애거사 범장》으로 이름한 《대마왕신족(神族)》으로서 《악마(惡魔)의 신(神)》인 《그림자 비로자나 1세》가 반복(反復)되는 윤회(輪廻)로 때에 《문선명》(AD1920~AD2013)으로 이름하고 태어나서 《박창암》(AD1923~AD2003)으로 이름한 《악마(惡魔)의 신(神)》인 《그림자 비로자나 1세 분신》과 함께 《악마(惡魔)의 신(神)》들 중 최고(最高)의 《대마왕신(神)》《비로자나 1세》의 지시로 《악마(惡魔)의 신(神)》들로서 《

호족 세력》들인 《대마왕신족(神族)》들과 그들의 후손들인 《마왕신족(神族)》 위주의 엉터리 《고려국본기》를 완성한 이후 《이유립》으로 이름한 《대마왕신족(神族)》으로서 《악마(惡魔)의 신(神)》인 《그림자 비로자나 2세 분신2》와 함께 본격적으로 《2차》 결집된 《한단고기(桓檀古記)》 왜곡에 들어가는 것이다.

마> 위작(僞作) 《한단고기(桓檀古記)》

이와 같이 《대마왕신족(神族)》으로서 《악마(惡魔)의 신(神)》들인 《문선명》(AD1920~AD2013)으로 이름한 《그림자 비로자나 1세》와 《박창암》(AD1923~AD2003)으로 이름한 《그림자 비로자나 1세 분신》과 《이유립》(AD1907~AD1986)으로 이름한 《그림자 비로자나 2세 분신2》가 《2차》 결집한 《한단고기(桓檀古記)》를 왜곡하여 만든 《위작(僞作) 한단고기(桓檀古記)》 목록을 살펴보고 다음을 진행하겠다.

[위작(僞作) 한단고기(桓檀古記) 목록]

1. 삼성기(三聖記) 전상편
2. 삼성기(三聖記) 전하편
3. 단군세기
4. 북부여기 상(上)하(下)
   가섭원부여기
5. 태백일사
   ─ 삼신오제본기 제1
   ─ 한국본기 제2
   ─ 신시본기 제3
   ─ 삼한관경본기 제4
   ─ 소도경전본훈 제5
   ─ 고구려국 본기 제6
   ─ 대진국 본기 제7
   ─ 신라국 본기 제8
   ─ 고려국 본기 제9

위작(僞作) 《한단고기(桓檀古記)》를 편찬한 《대마왕신족(神族)》으로서 《악마(惡魔)의 신(神)》들인

《문선명》과 《박창암》과 《이유립》은 《태백일사(太白一事)》의 뜻도 모르는 자(者)들이다. 즉, 《태백(太白)》은 《큰 백색(白色)》을 의미하는 글자이다. 이러한 《백색(白色)》은 《음양(陰陽)》으로 갈라져 《음(陰)》의 《백색(白色)》이 《환한 밝은 빛(光)》을 이야기하며 《양(陽)》의 《백색(白色)》이 《옥(玉)돌색》《하이얀 빛(光)》을 이야기한다.

이러한 《환한 밝은 빛》과 《옥(玉)돌색》《하이얀 빛(光)》은 《음양(陰陽)》짝을 한 《원천창조주》이신 《석가모니 하나님 부처님》의 상징 《색(色, color)》으로써 《태백(太白)》으로 이름하였을 때 《석가모니 하나님 부처님》이라는 뜻을 가진 용어(用語)가 《태백(太白)》이다. 그리고 다음 글자인 《일사(一事)》는 《하나의 일》로써 이들 두 용어(用語)가 하나된 《태백일사(太白一事)》는 《석가모니 하나님 부처님의 하나의 큰일》이라는 뜻을 가진 《천부진리(天符眞理)》용어(用語)가 《태백일사(太白一事)》인 것이다.

이 때문에 《BC 7200년》에 《석가모니 하나님 부처님》께서 《안파견(安巴堅)》한님으로 이름하시고 《한민족(韓民族)》 최초의 고대 국가인 《한국(桓國)》을 세우시고 《구석기인》들을 《신석기인》들로 교화(敎化)시킨 후 《문명기》를 열게 하신 이후 교화(敎化)의 축을 옮기시어 《BC 6000년》에 《배달국(倍達國) 딜문(Dilmun)》을 여시고 《2,000년》간을 교화(敎化)하시고 인간들에게 《농경법》과 《가축》 기르는 법(法)을 가르쳐 《문명기》를 열게 할 때까지를 포괄적으로 묶어 《삼성기(三聖記)》《전(全) 상하(上下)》편에서 누락된 부분을 기술한 내용이 《삼신오제본기 제1》이며, 이후 《BC 4000년》에 《배달》인 《딜문》을 떠나 《101년간》《몽골평원》을 가로 질러 《한반도(韓半島)》《평양》에 도착하여 《BC 3898년》에 최초의 《한국(韓國)》을 세워 교화(敎化)와 함께 《한반도(韓半島)》를 다스린 때를 묶어 《한국본기 제2》로 기술한 것이며, 다음으로 《한국(韓國)》이 종주국(宗主國)으로 자리하고 이후 《신시(神市)》를 《세번》 만든 후 《구막한제국(寇莫韓帝國)(3814BC~2333BC)》을 이루고 《중원 대륙》을 다스릴 때를 포괄적으로 묶어 기술한 것이 《신시본기 제3》이며, 이후 《단군조선(檀君朝鮮)(2333BC~232BC)》이 《진한(眞韓)》, 《번한(番韓)》, 《모한(慕韓)》 등 《삼한(三韓)》으로 나뉘어져 역할을 할 때를 포괄적으로 묶어 기술한 내용이 《삼한관경본기 제4》이며, 이를 구체적으로 기술한 내용이 《단군세기 제5》이다. 이러한 때 《소도》를 세우고 종교(宗敎)적인 가르침을 베푼 내용을 묶어 기록으로 전한 것이 《소도경전본훈 제6》이다.

이러한 내용 전개에 있어서 《삼성기(三聖記)》《전 상하(上下)》편 다음에 《태백일사》에 포함된 《단군세기》를 별도로 뽑아 올린 행위 자체가 《태백일사》의 뜻도 모르는 행위인 것이다. 이러한 무지(無知)한 자(者)들이 《단군세기》 다음 《단군조선(檀君朝鮮)》의 멸망으로 《단군조선》의 주력(主力) 세력을 이루었던 《삼한(三韓)》이 《한반도(韓半島)》로 철수하여 다시 경계를 정한 《마한(馬韓)》, 《진한(辰韓)》, 《변한(弁韓)》 등 《후고조선(後古朝鮮)》《삼한(三韓)》을 이루게 되는데, 이때 《마한(馬韓)》의 영역은 훗날 건국되는 《고구려》의 경계까지가 되는 것이다.

이와 같은 《후고조선(後古朝鮮)》《삼한(三韓)》의 역사(歷史) 기록을 쏙 뽑아 버리고 그 자리에 《한민족(韓民族)》들도 아닌 《한민족(韓民族)》 탈(脫)을 쓴 《대마왕신족(神族)》들인 《악마(惡魔)의 신(神)》들이 그들 민족(民族)의 역사(歷史)인 《북부여기》와 《가섭원 부여기》를 끼워 넣기 하여 《한민족(韓民族)》들의 《역사서(歷史書)》인 《한단고기(桓檀古記)》를 탈취한 것이다.

이러한 이후 《대마왕신족(神族)》으로서 《악마(惡魔)의 신(神)》인 《문선명》과 《박창암》은 《호족 세력》들인 《악마(惡魔)의 신(神)》들이 《한반도(韓半島)》를 탈취하여 만든 《고려 왕조(王朝)》의 역사(歷史)를 엉터리로 기록하여 《고려국본기》로 이름하고 첨부함으로써 그들 《대마왕신족(神族)》들인 《악마(惡魔)의 신(神)》들 후손 민족(民族)들의 정통성을 회복하기 위해 《위작(僞作)》된 《한단고기(桓檀古記)》를 만든 후, 이를 《한단고기(桓檀古記)》의 《원본(原本)》으로 이름하고 《이유립》으로 이름한 《악마(惡魔)의 신(神)》인 《그림자 비로자나 2세 분신2》는 《AD 1979년 11월》에 《광오이해사》라는 출판사를 통해 한문본(韓文本) 100부의 한정판을 만들어 그 중 한 부를 《박창암》으로 이름한 《악마(惡魔)의 신(神)》인 《그림자 비로자나 1세 분신》을 통해 일본(日本)의 변호사 출신 재야학자인 《가지마 노부로》(AD1925~AD2001)로 이름한 《악마(惡魔)의 신(神)》으로서 《대마왕신족(神族)》 중의 하나인 《그림자 비로자나 2세》에게 《한단고기(桓檀古記)》 원본(原本)이라고 전달하게 된다. 이러한 이후 《악마(惡魔)의 신(神)》으로서 《그림자 비로자나 2세》인 《가지마 노부로》는 이를 《영문(英文)》 번역하여 세계 여러 곳에 알리는 파렴치한 짓을 한 것이다.

한편, 이러한 일이 있기 전 《이유립》으로 이름한 《악마(惡魔)의 신(神)》《그림자 비로자나 2세 분신2》는 《AD 1976년》에 《악마(惡魔)의 신(神)》들인 《대마왕신족(神族)》 학자(學者)들인 《박창암》, 《유봉영》, 《박시인》 등과 《한민족계(韓民族系)》 학자(學者)들인 《안호상》, 《문정창》, 《임승국》 등과 함께 국사찾기협의회를 조직함으로써 《한민족계(韓民族系)》 학자(學者)들을 끌어들인 이후 《AD 1979년》에 《위작(僞作)》된 《한문본(韓文本)》《한단고기(桓檀古記)》《100부》를 한정판으로 출판하면서 이를 《한단고기(桓檀古記)》 원본(原本)이라고 속이는 치밀함을 보인 것이다.

바> 2차 위작(僞作)된 《한단고기(桓檀古記)》

　　이와 같이 《악마(惡魔)의 신(神)》들인 《대마왕신족(神族)》들의 계략에 정통으로 걸려든 《한민족계(韓民族系)》 학자가 《임승국》교수이다. 즉, 《임승국》교수가 《미국》에 갔을 때 도서관에서 《악마(惡魔)의 신(神)》인 《대마왕신족(神族)》으로서 《그림자 비로자나 2세》인 《가지마 노부로》가 영역(英譯)한 《한단고기》를 보고 놀라서 이것이 《이유립》이 《박창암》을 통하여 《가지마 노부로》에게 《원본(原本)》이라고 전하여진 《위작(僞作)》된 《한단고기》의 영문(英文) 번역임도 모르고 국내에 돌아와서 이를 번역하여 세상에 내어놓은 《한단고기》가 2차로 《위작(僞作)》된 《한단고기》임을 분명히 하는 것이다. 이러한 《임승국》교수가 《한단고기》를 한글 번역한 공로는 무시할 수 없는 것이며 이와 같이 《임승국》교수가 번역한 《한단고기》의 특징은 《신라국본기》가 빠져 있다. 이러한 번역된 《한단고기》의 목록을 살펴보면 다음과 같다.

[《임승국》교수가 번역한 한단고기(桓檀古記)의 목록]

1. 삼성기(三聖記) 전상편
2. 삼성기(三聖記) 전하편
3. 단군세기
4. 북부여기 상(上), 하(下),
   가섭원 부여기
5. 태백일사　　　　─ 삼신오제본기 제1
　　　　　　　　　├ 한국본기 제2
　　　　　　　　　├ 신시본기 제3
　　　　　　　　　├ 삼한관경본기 제4
　　　　　　　　　├ 소도경전본훈 제5
　　　　　　　　　├ 고구려국 본기 제6
　　　　　　　　　├ 대진국 본기 제7
　　　　　　　　　└ 고려국 본기 제8

※ 이러한 위작(僞作) 《한단고기》를 만들면서 《이유립》과 《문선명》과 《박창암》이 일부 내용을 왜곡한 경우가 있으나 이들이 고쳐놓은 내용은 눈에 드러나게 되어 있는 것이 《한단고기》이다. 즉, 《한단고기》의 내용 상당수가 《천부진리(天符眞理)》 내용을 풀어서 쓴 경우가 많기 때문에 《천부진리(天符眞理)》에 대하여 문외한인 이들의 실력으로 고쳐 놓은 일부

부분들은 쉽게 눈에 드러나게 되어 있음을 아시기 바란다.

사> [3차 결집 예정인 《한단고기(桓檀古記)》]

　　《일월등명불》이신 《계연수》(AD1864~AD1920) 선생과 함께 《2차》《한단고기》 결집을 마친 이후 다음 일을 위해 몸(身)을 감추었던 《백진사(白進士)》《관묵(寬默)》(AD1866~AD1941)으로 이름한 《메시아(Messiah)》이신 《미륵불》도 육신(肉身)의 죽음을 맞이한 후 반복(反復)되는 윤회(輪廻)로 《김현두》(AD1942~현재)로 이름하고 태어나서 현재 《부산》의 《브라만법화연수원》에서 많은 집필을 한 후 몇 년 전(2012년)부터 《실상(實相)의 법(法)》인 인간들의 역사(歷史)에 대해 강의를 하다가 현재 《특별강의》를 하고 있다.

　　《진리(眞理)의 법(法)》이 《현상세계(現像世界)》에 그대로 드러난 것이 《실상(實相)》이다. 이러한 《실상(實相)》 중 제일 수승한 것이 《인간》들의 《실상(實相)》으로써 곧 진실(眞實)된 인간들의 《역사(歷史)》가 되는 것이다. 이러한 차원에서 현재 진행 중인 《특별강의》가 모두 끝나고 난 뒤 《특별강의》 때문에 중단하였던 《본 강의》를 모두 마친 뒤 이를 정리하여 아래 목록과 같이 《3차》로 《한단고기》 결집을 마칠 예정으로 있다. 이와 같이 예정된 《3차》 결집의 《한단고기》 목록을 밝히면 다음과 같다.

[3차 결집 예정인 《한단고기(桓檀古記)》 목록]

1. 삼성기(三聖記) 전상편
2. 삼성기(三聖記) 전하편
3. 태백일사
   ─ 삼신오제본기 제1
   ─ 한국본기 제2
   ─ 신시본기 제3
   ─ 삼한관경본기 제4
   ─ 단군세기 제5
   ─ 소도경전본훈 제6
   ─ 후고조선삼한기 제7

```
├─고구려국 본기 제8
├─대진국 본기 제9
├─신라국 본기 제10
├─고려국 본기 제11
└─조선국 본기 제12
```

※ 부록 : 일본식민지사
　　　　　대한민국본기

　상기와 같이 목록 내용 중 지금은 사라지고 없는《후고조선 삼한기 제7》과《신라국본기 제10》과《고려국 본기 제11》과《조선국 본기 제12》는 시대감각에 맞게《한글 해설》형식으로 결집을 추진할 것이며, 이것으로《3차》《한단고기》결집을 마칠 것이나 부록으로 첨부되는《일본 식민지사》및《대한민국 본기》역시《한글 해설》형식으로 결집을 마칠 것이니 그렇게들 아시기 바란다.

※ 주(註) :

　무릇《선(善)》을 근본 바탕으로 하는《도덕성(道德性)》교육과《사회정의(社會正義)》를 후학(後學)들에게 가르치는《교육 제도》와 진실(眞實)된《민족(民族)의 역사(歷史)》를 가르치는 것은 민족(民族)의 흥망성쇠를 결정짓는 중요한 잣대이다. 그러므로 어떠한《권력자(權力者)》나《인간 법(法)》을 만드는 기관인《국회(國會)》에서 이해에 따라 좌지우지되어서는 절대로 안 되는 문제이기 때문에《헌법》조항에 이를 명시하는 것이 옳을 것이다. 이러한 조치가 그 민족(民族)의 장래와 미래세(未來世)를 결정짓는《진화(進化)》에 순응하는《순리(順理)》를 따르는 길임을 명심할 것이며, 이를 어겨《역리(逆理)》를 따르는 길을 택하면 일시적인 흥함은 있을 것이나 궁극적으로는 파멸하고 만다는 사실을 아시고《3차》로 결집되는《한단고기》는《지상(地上)》에 펼쳐진 모든 문명(文明)의 중심에 있는 정통《한민족(韓民族)》들의 역사서(歷史書)로써《한민족(韓民族)》들뿐만 아니라《천상(天上)》에도 길이 보관되어야 할 귀중한 자료라는 점을 깊이 인식하시기 바란다.

(4) [《고려 왕조(王朝)》와 유교(儒敎)]

　　《유학(儒學)》은 《춘추전국시대》(770BC~221BC) 말기 《공자님(孔子)》(551BC~479BC)으로 이름한 《약상보살 1세》가 창시(創始)한 《공자님》 사상(思想)이 담긴 학문(學問)으로써 《시(詩)》, 《서(書)》를 남기심에 따라 《공자(孔子)》로 이름한 《약상보살 1세》 사후(死後) 훗날 《한 무제(漢武帝)》(재위 140BC~87BC)로 이름한 《천관파군 2세》인 《이오 신(神)》 분신이 《역(易)》, 《예(禮)》, 《춘추(春秋)》를 추가하여 《오경(五經)》을 만듦으로써 《유학(儒學)》이 성립이 된 것이다. 이러한 이후 《송(宋)나라》(AD960~AD1279) 때 《성리학(性理學)》이 성립되면서 유학(儒學)의 도(道)가 전하여져 이어온 계통이 강조되어 《공자》, 《증자》, 《자사》, 《맹자》 등의 내성파의 계보가 중시되어 《공자》의 《논어》, 《증자》의 《대학》, 《자사》의 《중용》, 《맹자》의 《맹자》의 4서(四書)가 성립이 된다. 이렇게 하여 만들어진 《4서(四書)》와 먼저 만들어진 《오경》을 합한 《4서(四書)》《오경(五經)》 모두를 《유학(儒學)》이라고 하는 것이다.

　　이러한 《유학(儒學)》은 한마디로 잘라 말씀드리면, 《인간(人間)》의 진화(進化)에 있어서 《인간 육신(肉身)》의 주인공(主人公)이 되는 《영혼(靈魂)》과 《영신(靈身)》의 진화(進化)를 도외시한 알맹이 없는 껍데기인 《인간 육신(肉身)》의 《위의(威儀)》를 갖추는 《학문(學問)》일 뿐임을 《메시아(Messiah)》가 분명히 한다.

　　즉, 《인간》 내면(內面)에 도사리고 있는 《인간》의 주인공인 《영혼(靈魂)》과 《영신(靈身)》의 진화(進化)는 도외시하고 《인간》 《육신(肉身)》의 진화(進化) 만을 위한 《도리(道理)》를 가르치는 《학문(學問)》이 《유학(儒學)》이라고 정의할 수 있는 것이다.

　　《인간(人間)》 내면(內面)에 도사리고 있는 주인공인 《영혼(靈魂)》과 《영신(靈身)》의 진화(進化)를 위해서는 필수적으로 따르는 것이 《석가모니 하나님 부처님》《진리(眞理)의 법(法)》이다. 이 때문에 《석가모니 하나님 부처님》께서 고대(古代) 《한국(韓國)》(3898BC~2333BC)과 《신라》(36BC~AD935) 초대 왕 《박혁거세》(재위 36BC~AD36)로 오셨을 때 《진리(眞理)의 법(法)》이 담긴 《천경신고(天經神誥)》를 강설하신 것이다.

이러한 사실을 잘 알고 있는 비유를 하면, 꼬리가 열 개 달린 교활한 《여우》같은 《천관파군 2세》인 《이오 신(神)》분신이 상기 말씀드린 내용을 보완하여 훗날 《유학》을 《유교(儒敎)》로 둔갑시키기 위해 《한 무제(漢武帝)》(재위 140BC~87BC)로 이름하고 와서 《유학(儒學)》을 성립시키면서 《역경(易經)》을 《오경(五經)》에 포함시킨 것이다.

이와 같이 《오경(五經)》에 포함시킨 《역경(易經)》이라는 것이 《주역(周易)》으로써 한낱 《인간》의 길흉화복을 점치는 《점술서(占術書)》에 지나지 않는 것을 《역(易)》으로 이름하고 과대포장하여 《역경(易經)》으로 이름한 자체가 《백성(百姓)》들을 속이고 기만한 파렴치한 행위를 당연시 한 것이 《유학》의 《역경》인 것이다. 이러한 《유학》에서 《역경》으로 이름한 《주역(周易)》에 대하여 좀 더 구체적으로 살펴보자.

① [주역(周易)]

《주역(周易)》의 실체(實體)에 대한 상세한 내용은 향후 진행되는 《한민족(韓民族)》들만의 고유의 《역(易)》인 【한역(韓易)】편에서 상세히 밝혀짐으로써 이 장에서는 대략적인 관계 부분만 먼저 거론하여 《주역(周易)》을 살펴보도록 하겠다. 《한국(韓國)》을 중심한 고대 국가인 《구막한제국(寇莫韓帝國)》을 《거불단(단웅)》(재위 2381BC~2333BC)으로 이름하셨던 《석가모니 하나님 부처님》으로부터 《세습》으로 나라를 물려받은 《왕검(王儉)》으로 이름한 《문수보살 1세》가 《BC 2333년》에 나라 이름을 《단군조선(檀君朝鮮)》으로 바꾸고 초대 《단군(檀君)》이 되어 《권력(權力)》을 쥐자마자 때에 반복(反復)되는 윤회(輪廻)로 동시대에 태어나 있던 《자허선인(紫虛仙人)》으로 이름한 《대마왕》인 《연등불》과 함께 최고의 《대마왕》인 《다보불》의 지시로 《구막한제국》의 5대 《태우의 한웅님》(3512BC)으로 이름하고 오신 《석가모니 하나님 부처님》께서 《천부경(天符經)》과 《황제중경(皇帝中經)》과 《황제내경(皇帝內經)》과 《삼일신고(三一神誥)》 등의 4대 경전(經典)을 창작하시고 출발시킨 지상(地上) 최초의 《진리(眞理)》의 《종교(宗敎)》인 《한단불교(桓檀佛敎)》를 허물어뜨리고 그 토대 위에 일찍이 《노사나불》께서 창작하신 《북두칠성연명경》을 소의 경전(經典)으로 한 《신선도(神仙道)》를 세워 《선교(仙敎)》를 만들고, 백성(百姓)들에게는 《기복신앙(祈福信仰)》을 심는 일에 광분하면서 그때까지 전(傳)하여져온 《한민족(韓民族)》 고대사(古代史)들을 모두 파기하여 없애고 일부는 날조된 내용으로 만들어 놓는 과정에서 《한단불교》의 4대 경전 중(經典中) 중요한 위치에 있는 《황제중경(皇帝中經)》에 기록된 내용 중 《한역(韓易)》은 《대마왕신(神)》인 《자허선인》으로 이름한 《연등불》이 《도적질》하고 《8괘(卦)》와 여타 나머지 내용은 《단군왕검(檀君王儉)》으로 이름한 《왕검씨(王儉氏)》가 《도적질》한 후 그때까지 곳곳에 남아 있던 《황제중경(皇帝中經)》을 권력의 힘으로 이를 거두어 들여 없애 버린 것이다.

이러한 《황제중경(皇帝中經)》을 모두 없애면서 《한역(韓易)》을 《도적질》한 《자허선인(紫虛仙人)》으로 이름한 《연등불》은 《한역(韓易)》에 담겨 있는 《28숙도(宿圖)》를 《칠정운천도(七政運天圖)》로 이름을 바꾸고 《한역(韓易)》에 기록되어 있는 일부를 떼어내어 《칠회제신(七回祭神)》 책력으로 이름하고 그가 창작한 것인 양 파렴치한 《도둑》의 행각을 한 것이다.

이와 같이 《자허선인》으로 이름한 《연등불》이 《황제중경(皇帝中經)》에서 《도둑질》한 《한역(韓易)》에는 이를 창작하신 《석가모니 하나님 부처님》께서 《역(易)》의 이치를 가르치기 위해 《윷》과 《윷판》과 《장기판》과 《바둑판》 등을 통한 《놀이》 문화(文化)로써 《역(易)》의 이치를 쉽게 가르치기 위해 방편(方便)으로 기록하여 둔 것을 《도둑질》하여 자신이 만든 것으로 위장한 《자허선인》으로 이름한 《연등불》은 이러한 《역(易)》의 이치를 자기의 이름으로 후세(後世)에 전(傳)한 바가 있다.

이렇게 하여 전(傳)하여진 《한역(韓易)》에서 극히 일부분에 해당하는 《장기판》에 숨어있는 《진리(眞理)》의 《법(法)》을 말씀드리면, 한때 우리들의 《태양계》는 《중계(中界)》 우주 중심이 되는 《36궁(宮)》을 이루고 《지이삼(地二三)》 우주 《1천(天)》에 머물면서 《시계 반대 방향》의 회전인 《1-4-1의 길》 운행(運行)을 하면서 《시계 반대 방향》의 회전길인 《1-4-1의 길》에는 《아촉궁(宮)》을 중심한 《33천(天)》이 있는 《지이삼(地二三)》 우주를 거느리고 《36궁(宮)》의 또 다른 한쪽에는 《시계 방향》 회전길인 《1-3-1의 길》 회전을 하는 《안드로메다 성단》으로 이름하는 《인이삼(人二三)》 우주를 거느린 것이다.

이러한 우리들 《태양계》인 《36궁(宮)》은 《6×6=36괘(卦)》를 이루는 《6궤(匱)》의 작용(作用)을 하며 《중심(中心)》을 이룬 가운데, 《지일(地一)》의 7성(星)인 《태양성》, 《수성》, 《금성》, 《토성》, 《천왕성》, 《해왕성》, 《명왕성》 등에서 만들어진 《다섯 기초 원소》들을 《4-1의 길》에 있는 《지이삼(地二三)》 우주 중심(中心) 천궁(天宮)으로 공급하면 《중심》 《천궁》은 많은 《별(星)》들을 만들어 성단(星團)을 이룬 것이 《33천》을 가진 《지이삼(地二三)》 우주이며, 다음으로 《목성(木星)》, 《달(月)》, 《화성(火星)》, 《지구(地球)》 등 《석가모니 하나님 부처님》 진신4성(眞身四星)에서 만들어진 《다섯 기초 원소》들은 《상극(相剋)》의 원리를 이용해 《인이삼(人二三)》 우주 중심 천궁(天宮)으로 공급하여 많은 별(星)들을 생산하여 《성단(星團)》으로 자리하게 한 것이 《인이삼(人二三)》 우주인 《안드로메다 성단》이다.

이와 같이 《6궤(匱)》의 작용(作用)을 하며 《36궁(宮)》을 이룬 우리들 《태양계(太陽界)》 외곽은 《시계 반대 방향》의 회전길인 《1-4-1의 길》에 《지이삼(地二三)》 우주가 자리하고 《시계 방향》의 회전길에는 《1-3-1의 길》을 이루고 《인이삼(人二三)》 우주가 자리하여 《8궤(匱)》의 작용을 함으로써 《8×8=64》로써 《64괘(卦)》를 이루어 《인이삼(人二三)》 우주의 몫이 《30괘(卦)》가 되며 《지이삼(地二三)》 우주의 몫이 《34괘(卦)》가 된다. 이러한 《64괘(卦)》의 나눔에 있어서 《지이삼(地二三)》 우주가 《4괘(卦)》가 많은 것은 《불(佛)의 용(用)의 수(數) 4》로써 《지이삼(地二三)》 우주를 있게 한 《노사나불》 움직임의 《4괘(卦)》가 포함이 되어 《34괘(卦)》를 이루는 것이다.

이와 같이 하여 《36궁(宮)》을 이룬 우리들 《태양계》의 《36괘(卦)》와 《태양계》 외곽의 작용인 《인이삼(人二三)》 우주와 《지이삼(地二三)》 우주가 작용(作用)하여 만든 《64괘(卦)》를 합하면 《100괘(卦)》로써 《100방(方)》을 펼치게 되는 것이다.

한편, 《인이삼(人二三)》 우주와 《지이삼(地二三)》 우주의 중심(中心)을 이루는 진화(進化)의 길에 있는 《천궁(天宮)》에서 만들어지는 《다섯 기초 원소》 중 《양자(陽子)》와 《전자(電子)》와 《중간자(中間子)》 등 셋은 회귀(回歸)의 길을 통해 다시 우리들 《태양계(太陽界)》로 돌아와서, 《양자(陽子)》는 《석가모니 하나님 부처님》의 법신(法身)으로서 《중성자(中性子)》《태양성(太陽星)》인 《목성(木星)》으로 끌어들여져 《석가모니 하나님 부처님》의 《혼(魂)》이 되는 《정명(正命)》인 《양전자(陽電子)》를 받아 《양전자(陽電子)》가 《양자(陽子)》를 둥글게 싸면 《양자(陽子)》는 《양자영(靈)》이 되어 《목성(木星)》 내(內)에서 인연 있는 《양자영(靈)》들이 서로 결합 《양자영 18》로 이루어진 《인간》《영혼(靈魂)》으로 탄생되며, 이렇게 탄생된 《인간》《영혼》들과 짝을 찾지 못한 《양자영》들이 함께 《목성(木星)》으로부터 분출되어 《1-3의 길》을 따라 《지구(地球)》로 오게 되면 《지구》는 이들을 끌어들여 《성층권》에 머물게 하여 《진화(進化)》의 과정을 겪게 한다.

한편, 회귀(回歸)의 길을 따라 《태양계(太陽界)》로 돌아온 《중간자(中間子)》와 《전자(電子)》는 《노사나불》 법신(法身)인 《태양성핵(核)》으로 끌어들여져 《중간자(中間子)》는 《양자(陽子)》로 진화한 후 《전자(電子)》와 함께 《태양성(太陽星)》 《핵(核)》으로부터 《양전자(陽電子)》인 《진명(眞命)》을 받음으로써 이들도 《양자영(靈)》과 《전자영(靈)》으로 진화(進化)한 후 《태양성(太陽星)》 상극(相剋)의 길인 1-3의 길을 통해 분출이 되면 이들 역시 《지구(地球)》가 이들을 끌어들여 《성층권》에 머물게 하여 《진화(進化)》를 시키는 것이다.

이렇듯 《지구》 《성층권》으로 몰려든 《양자영》들과 《전자영》들은 이곳에서 인연(因緣) 법칙을 따라 《영체 진화》를 하는 무리들의 《영혼》과 각각 개체수가 다른 《영(靈)》들의 덩어리로 결합되는 경우가 많으며, 《태양성 핵(核)》으로부터 《진명(眞命)》을 받은 《양자영》과 《전자영》은 《6×6》 구조를 가진 《영신(靈身)》을 이루고 인간 무리들의 《영혼》들과 《음양(陰陽)》 짝을 하여 《명(命)》인 《전자영》을 거느릴 수 있는 주인공으로 전환이 되는 것이다. 한편, 《전자영》은 《명(命)》이 되어 빗물 등을 통해 《지상(地上)》으로 내려와 여러 가지 형태로 《지상(地上)》에 머물면서 《인연(因緣)》의 때를 기다리는 것이다.

이와 같이 하여 만들어진 《인간》의 《영혼(靈魂)》과 《영신(靈身)》들이 우주의 어머니(母)이신 《관세음보살 1세》의 통제 속에 인연(因緣)있는 부모(父母)를 만나 잉태되어 인간 육신(肉身)을 가지고 살다가 《반복(反復)》되는 《윤회(輪廻)》를 통하여 그의 《영혼(靈魂)》과 《영신(靈身)》이 상당히 진화(進化)되었을 때 진화(進化)된 《영혼》과 《영신》은 그의 육신(肉身)을 버리고 《지이삼(地二三)》 우주나 《인이삼(人二三)》 우주에 만들어져 있는 그의 《법신(法身)》인 《별(星)》로 돌아가서 《별(星)》 핵(核)으로 자리하여 진화(進化)를 하면서 필요에 의해 그의 《법신(法身)》을 떠나 《인간》 《육신(肉身)》을 가지고 태어나서 《영혼》과 《영신》 진화(進化)를 꾀한 이후 다시 그의 법신(法身)인 《별(星)》로 돌아가서 《천인(天人)》의 생활을 하는 이치가 있는 것이다.

이러한 이치를 가르치기 위해 《석가모니 하나님 부처님》께서는 《한역(韓易)》을 만드시면서 방편으로 《놀이 문화》로써 《윷》과 《장기》와 《바둑》판 원리를 중생들로 하여금 깨우치게 하기 위해 《놀이 문화》로써 이를 전승하게 하신 것이다.

이와 같은 《놀이》에서 《윷》과 《윷판》은 《6괘(卦)》의 작용을 하는 우리들 《태양계(太陽界)》가 중심을 이룬 《36궁(宮)》의 이치를 담았으며, 이에 대한 상세한 설명은 향후 진행되는 【한역(韓易)】편에서 하여 드리기로 하겠다. 그리고 이와 연관된 《장기판 놀이》는 다음 《장기판》《도형》을 참고하여 말씀드리겠다.

[도형 2-1-2][장기판 도형]

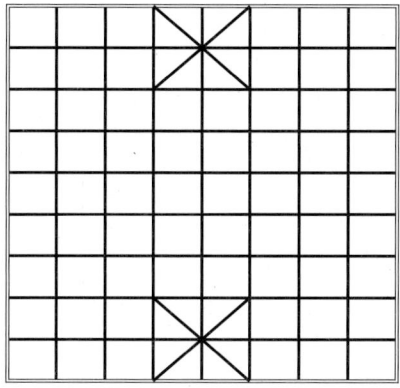

《장기판》전체 칸 수가《72칸》으로 이를《음양(陰陽)》으로 나누면《양음(陽陰)》의《36》이 된다. 이러한《양음(陽陰)》의《36궁(宮)》의 의미가《지이삼(地二三)》우주 36궁(宮)과《인이삼(人二三)》우주 36궁(宮)의 작용을 의미하며, 다음으로《지이삼(地二三)》우주와《인이삼(人二三)》우주 중심《천궁(天宮)》을《8칸》씩 만들어《8궤(匱)》의 작용이 일어나는 곳으로 표시함으로써 전체 칸수《72칸》에서《양쪽 천궁 사선 친 칸 8》을 감하면《64의 수리》가 나타난다. 이와 같은《64수(數)》가《8궤(匱)》의 작용에서 나타나는《8×8=64》로써《64괘(卦)》를 나타낸 것이다.

이러한《64괘(卦)》의《인이삼(人二三)》우주의 몫《30괘(卦)》와《지이삼(地二三)》우주의 몫《34괘(卦)》는 따로 표기를 한 것이며《장기판》전체의《사선》이《세로 10》과《가로 9》로써 이는《십거일적(十鉅一積)》수(數)인《창조주》의《19수(數)》를 나타냄으로써《36괘(卦)》의 작용이 일어나는 우리들《태양계(太陽界)》로부터《10》에서《하나》까지 펼쳐지는《십거(十鉅)》의 작용으로《여섯 뿌리》와《여섯 가지》진공(眞空)과《다섯 기초 원소》들이 만들어져 길을 따라 도착하여《지이삼(地二三)》우주와《인이삼(人二三)》우주《천궁(天宮)》을 이루고《하나》에서《아홉》까지 차례로 쌓아올려《일적(一積)》을 이룸으로써《성단(星團)》을 이루고《64괘(卦)》를 이루었다는 의미를 가진《창조주》의 수(數)를 나타낸 것이다.

그리고 《장기판》 위에서 《음양(陰陽)》으로 나뉘어져 움직이는 《천궁(天宮)》을 상징하는 《양음(陽陰)》의 《장(長)》을 제외한 《장기알 6》은 두 성단의 중심을 이룬 우리들 《태양계》인 《36궁(宮)》이 《6괘(匭)》의 작용을 하는 것을 상징하며 이를 두고 《여섯 뿌리》와 《여섯 가지》의 작용(作用)이라고 하는 것이다. 이러한 작용(作用)에 의해 《성단(星團)》들의 《별(星)》들이 탄생하게 되는 것이다.

이와 같은 뜻을 감안한 《장기판》이 전하는 《진리(眞理)》의 《법(法)》을 요약하면 다음과 같다.

"『6괘(匭)의 변화가 일어나는 우리들 《태양계(太陽界)》 《36궁(宮)》으로부터 시작된 《십거일적(十鉅一積)》으로부터 《여섯 뿌리》와 《여섯 가지》 진공(眞空)의 작용으로 많은 《다섯 기초 원소》가 탄생하여 《인이삼(人二三)》 우주 《36궁(宮)》과 《지이삼(地二三)》 우주 《36궁(宮)》의 성단(星團)들이 만들어지고 그 두 우주 중심(中心) 《천궁(天宮)》에서 《8괘(匭)》의 작용이 일어나 《64괘(卦)》를 이루되 《인이삼(人二三)》 우주의 몫이 《30괘(卦)》이며 《지이삼(地二三)》 우주의 몫이 《34괘(卦)》이다.』"

라는 《진리(眞理)》의 《법(法)》을 일깨워 《중생(中生)》들을 진화(進化)시켜 《성불(成佛)》의 길로 인도하고자 나온 방편(方便)의 놀이가 《장기》, 《윷》, 《바둑》 같은 《놀이 문화》였다는 사실을 깊이 인식하시기 바란다.

사정이 이러함에도 《우주적(宇宙的)》으로 《진화(進化)》가 한참 덜 된 《악마(惡魔)의 신(神)》인 《대마왕신(神)》들인 《천관파군 1세》가 《주(周)》(1099BC~256BC) 《문왕(文王)》(재위 1099BC~1050BC)으로 이름하고 《천관파군 2세》인 《이오 신(神)》이 《주 무왕(周武王)》으로 이름하고 최고의 《대마왕신(神)》인 《비로자나 1세》가 《주공 단(周公旦)》으로 이름하고 와서 《진리(眞理)》의 《법(法)》 《깨우침》하고는 거리가 먼 《장기놀이》 《도사(道師)》들이 되어 어느 날 《장기판》을 뚫어지게 쳐다보고 있다가 《장기판》의 《64괘(卦)》가 《인이삼(人二三)》 우주의 《몫》 《30괘(卦)》와 《지이삼(地二三)》 우주의 《몫》 《34괘(卦)》로써 《인이삼(人二三)》 우주와 《지이삼(地二三)》 우주의 작용이라는 정도는 알고 《괘(卦)》가 자리하는 곳이 모두 별(星)들의 세계이며 이러한 별

(星)들의 핵(核)이《인간들》로서 이와 같은《인간》들은《지상(地上)》에서 태어나 궁극적으로는《인이삼(人二三)》우주와《지이삼(地二三)》우주 별(星)들의 세계로 돌아갈 것임을 알아차린 이들《악마(惡魔)의 신(神)》들인《대마왕신(神)》들은《괘(卦)》의 위치와 관계되는 곳의《물질(物質)》과《인간》들의《길흉화복(吉凶禍福)》을 점치는《점술(占術)》로써 발전시켜《인간》무리들에 대한《예언서》로 써먹기 위해《역(易)》의 일부 원리와《괘(卦)》를 도둑질하여《괘사(卦辭)》는《문왕(文王)》으로 이름한《대마왕신(神)》인《천관파군 1세》가 쓰고,《효사(爻辭)》는《주공 단(周公旦)》으로 이름한 최고의《대마왕신(神)》인《비로자나 1세》가 당대에 쓴 것이며, 《십익(十翼)》은《천관파군 2세》인《이오 신(神)》분신이 반복(反復)되는《윤회(輪廻)》로《한(漢)》《무제(武帝)》(재위 141BC~87BC)로 이름하고 왔을 때 쓴 것이다.

이와 같은《주역(周易)》에 대하여 정의(正義)를 내리면 다음과 같다.

《주(周)》(1099BC~256BC)나라를 탄생시킨《문왕》(재위 1099BC~1050BC)으로 이름한《천관파군 1세》와《주공 단(周公旦)》으로 이름한 최고의《대마왕신(神)》인《비로자나 1세》와 훗날《한(漢)》나라《무제(武帝)》(재위 141BC~87BC)로 이름한《대마왕신(神)》인《천관파군 2세》로 불리우는《이오 신(神)》분신이《장기판》원리 중《장기알 12》이 가진《6궤(匱)》의 변화를《음(陰)》으로 하고《8궤(匱)》의 변화인《64괘(卦)》를《양(陽)》으로 하여《한역(韓易)》의《역(易)》자와《괘(卦)》를《도둑질》하여《인간》의《길흉화복》을 점(占)치는《점술(占術)》로써 발전시킨 것이 그들이 말하는《주역(周易)》이며, 이러한《주역(周易)》은《역경(易經)》이 될 수 없는《점술서》로써 이를《역경(易經)》으로 이름하는 자체가《인간》들을 속이는《대마왕신(神)》들의 상투적인 술법으로써 이는 명백한 파렴치한《사기(詐欺)》임을《메시아》가 분명히 밝히는 바이다.

지금까지 설명 드린《장기판 놀이》에 깃들어져 있는《진리(眞理)》의《법(法)》을 깨우치면 그는《세상(世上)》의 모든《욕망(慾望)》으로부터 벗어난《대자유인(大自由人)》으로서의《부처(佛)》을 이룬 분이 되는 것이나, 이를 깨닫지 못한《악마(惡魔)의 신(神)》들로서《대마왕신(神)》들이 되다 보니 선량한《백성(百姓)》들을 속이는《사기꾼》이 되는 것이다.

아울러 이와 관련된 《거짓》으로 점철된 《중원 대륙》의 일부 학자들의 기록을 알려 드리면서 당부의 말씀을 드리고자 한다.

『《왕필(王弼)》은 《복희씨(伏羲氏)》가 《황하강(黃河)》에서 나온 《용마(龍馬)》의 등에 있는 《도형(圖形)》을 보고 《계시(啓示)》를 얻어 천문 지리를 살피고 만물의 변화를 관찰하여 처음 8괘를 만든 뒤 이를 발전시켜 64괘를 만들었다고 기록하고 있으며, 또 《사마천》은 복희씨가 8괘를 만들고 문왕(文王)이 64괘와 괘사와 효사를 만들었다고 기록하고, 《마융(馬融)》은 괘사는 《문왕(文王)》이, 효사는 《주공(周公)》이, 십익(十翼)은 《공자(孔子)》가 만들었다고 기록을 하고 있다.』

이와 같이 《중원 대륙》 학자들이 옛날이나 지금이나 《한민족(韓民族)》에 관련된 기록들은 입에 침도 바르지 않고 거짓으로 일관하고 있는 것이다. 차제에 분명히 밝혀 둘 일은 《8괘(卦)》는 《복희씨》가 만든 것이 아닌 《황제중경(皇帝中經)》의 《한역(韓易)》에서 나온 것임을 분명히 하며, 이러한 관계 내용이 《대마왕》《문수보살 1세》가 《왕검씨(王儉氏)》로 《단군》의 지위에 오른 이후 《권력(權力)》을 잡자말자 《대마왕》《연등불》이 《자허선인》으로 이름하고 왔을 때 이들과 함께 《황제중경(皇帝中經)》 내용 중 《8괘(卦)》와 여타 《황제중경》 내용은 《왕검씨(王儉氏)》가 《도적질》한 후 이를 그의 전생(前生) 삶을 산 《구막한제국》《5대 태우의 한웅님》 막내아들로 태어난 《복희씨》가 창작한 것인 양 소급적용시켜 놓고, 《대마왕》《연등불》은 《자허선인》으로 왔을 때 《왕검씨》와 짜고 《한역(韓易)》을 《도적질》한 후 그도 그의 전생(前生) 삶을 살았던 《자부선생》 앞으로 소급 적용시킴으로써 《한단불교》를 말살시키고 그 토대 위에 《신선도(神仙道)》인 《선교(仙敎)》를 세운 행위들을 감추고 거짓 기록들만 후대에 남겼음을 《메시아(Messiah)》가 여러분들께 분명히 밝혀 드리는 것이다.

② [유교(儒敎)]

《유학(儒學)》은 인간 진화(進化)에 있어서 《인간》《육신(肉身)》의 주인공이 되는 《영혼》과 《영신》의 진화를 도외시한 알맹이 없는 껍데기에 지나지 않는 《인간 육신》의 《위의(威

儀》를 갖추는 《인간 육신》의 진화(進化) 만을 가르치는 《학문》이지 《인간》의 주인공인 《영혼(靈魂)》과 《영신(靈身)》의 진화를 위한 《진리(眞理)》의 《법(法)》은 결여되어 있다. 이러한 《유학》이 종교(宗敎)로써 자격을 갖추고자 하면 《구원사상(救援思想)》이 담긴 《예언》에 대한 진리(眞理)의 법(法)을 갖추어야만 《종교(宗敎)》로써의 자격을 갖추게 되는 것이다.

이러한 문제 때문에 《대마왕신(神)》인 《천관파군 2세》로서의 《이오 신(神)》 분신이 미래세에 《유학(儒學)》을 《유교(儒敎)》로 둔갑시키기 위해 《한(漢)》나라 때 《무제(武帝)》(재위 140BC~87BC)로 이름하고 와서 《유학》을 성립시키면서 《역경(易經)》을 《오경(五經)》 속에 넣은 것이다.

이렇게 하여 《유학》에 넣은 《역경》이 《역경(易經)》으로 이름하였을 때 《참(眞)》다운 《역경(易經)》인 《석가모니 하나님 부처님》 진리(眞理)의 《법(法)》이 담긴 《한역(韓易)》을 넣게 되면 《유학》은 종교(宗敎)로써 여건을 갖춘 《유교(儒敎)》가 될 수가 있다. 그러나 《역경(易經)》으로 이름하여 놓고 《인간》의 《길흉화복》이나 점(占)치는 《점술서(占術書)》인 《주역(周易)》을 《역경(易經)》으로 이름하고 넣은 자체가 《인간》들을 기만하는 처사로써 《유학》은 《유교(儒敎)》라는 종교(宗敎)가 될 수 없는 《학문(學問)》일 뿐인 것이며, 이러한 사정을 분명히 하기 위하여 진행을 하면서 《주역(周易)》에 대하여 상세히 설명을 드린 것이다.

이와 같이 《악마(惡魔)의 신(神)》들인 《대마왕신(神)》들이 《한반도(韓半島)》를 탈취하여 《고려 왕조(王朝)》를 세운 이후 《마왕불교(佛敎)》로부터 벗어나기 위해 《유학(儒學)》을 《유교(儒敎)》로 둔갑시킨 내용이 《최승로》로 이름한 《야훼 신 1세》가 최고의 《악마(惡魔)의 신(神)》으로서 《대마왕신(神)》인 《비로자나 1세》의 명령으로 역대 《고려 왕조》의 《악마(惡魔)의 신(神)》들인 《대마왕신(神)》 출신들의 《군왕(群王)》들에게 내린 지침서인 《시무(時務) 28조》에 그 뜻이 잘 나타나 있다.

즉, 이때에 와서 《유학(儒學)》을 《종교(宗敎)》로 격상시켜 《유교(儒敎)》로 호칭을 함으로써 최고의 《악마(惡魔)의 신(神)》으로서 《대마왕신(神)》인 《비로자나 1세》가 때에 《종교사기(宗敎詐欺)》를 하기 위해 이미 오래전에 《악마(惡魔)의 신(神)》인 《대마왕신(神)》으로서 《천관파군 2세》인 《이오 신(神)》 분신이 《한(漢)》나라 《무제(武帝)》(141BC~87BC)로 왔을 때 《유학(儒學)》을 성립시키면서 《역경(易經)》을 《오경(五經)》에 넣고 그 《역경(易經)》을 오래전 《주(周)》나라 초기 그들 《악마(惡魔)의 신(神)》들인 《대마왕신(神)》들이 만든 《주역(周易)》을 《역경(易經)》이라고 하는 파렴치한 《기만책(欺瞞策)》을 쓴 것이다. 이와 같이 《악마(惡魔)의 신(神)》들인 《대마왕신(神)》들은 시간 차이를 두고 용이주도한 《사기극(詐欺劇)》을 예사롭게 벌이는 것이다.

　　고로 《유학(儒學)》은 《종교(宗敎)》가 될 수 없는 《학문》일 뿐이며, 《유교(儒敎)》라고 할 때 이는 《종교사기(宗敎詐欺)》임을 《메시아(Messiah)》가 분명히 하는 것이다.

※ 특기(特記) 7 :

[《한 무제(漢武帝)》와 《성리학(性理學)》]

　　다음으로 《악마(惡魔)의 신(神)》인 《천관파군 2세》인 《이오 신(神)》 분신은 《한(漢)》나라 《무제(武帝)》(156BC~87BC, 재위 140BC~87BC)로 태어나서 《유학(儒學)》을 성립시키면서 한낱 《점술서》에 지나지 않는 《주역(周易)》에 대한 《십익(十翼)》을 그가 쓰고 이를 마치 《공자(孔子)》(551BC~479BC)가 쓴 것인 양 위장하고 이러한 《주역(周易)》을 《역경(易經)》으로 이름하고 《오경(五經)》에 포함시켜 《유학(儒學)》을 종교(宗敎)인 《유교(儒敎)》로 둔갑시키기 위한 발판을 마련함으로써 훗날 《북송(北宋)》(AD960~AD1127)에서 《주희(周熹)》(AD941~AD1011)로 이름한 최고의 《악마(惡魔)의 신(神)》인 《대마왕신(神)》 《비로자나 1세》가 《성리학(性理學)》을 창작하는데 도움을 주기 위해 미리부터 이러한 짓을 하여 둔 것이다.

　　《성(性)》에 대한 실체도 깨우치지 못한 《악마(惡魔)의 신(神)》인 《주희》가 《성(性)》과 《우주간》의 법(法)의 흐름인 《이치(理)》를 동일시하여 《성리학(性理學)》으로 이름하고 《기(氣)》가 과연 어떠한 것인지도 깨우치지 못하고 《진리(眞理)의 법(法)》도 깨우치지 못한 파렴치한 《주희》로 이름한 최고의 《악마(惡魔)의 신(神)》인 《대마왕신(神)》 《비로자나 1세》가 《이기론(理氣論)》을 논(論)한다는 자체가 우스운 노릇이 아닌가?

　　이러한 최고의 《악마(惡魔)의 신(神)》으로서 《대마왕신(神)》 《비로자나 1세》인 《주희》가 창작한 《성리학(性理學)》을 금과옥조처럼 여기고 《고려 왕조》에서 유학(儒學)을 《악마(惡魔)의 신(神)》들 종교(宗敎)인 유교(儒敎)로 만들고자 광분하더니 《조선 왕조》에서는 《통치이념》으로 자리하게 하여 《사, 농, 공, 상》 계급 제도를 만들고 《지배 계층》으로 《악마(惡魔)의 신(神)》들인 《대마왕신(神)》들이 왕(王)이나 《양반(兩班)》 계층을 이루고 《백성(百姓)》들을 쥐어짬으로써 《한민족(韓民族)》들을 핍박하는 제도로써 활용하였다는 사실을 《한민족(韓民族)》들은 기억하여야 하며, 이로써 《유학(儒學)》 사상에 물든 《관습(慣習)》이 《한민족(韓民族)》 사회에 오래도록 남아 《정신세계》를 지배한 것임을 여러분들은 아셔야 하는 것이다.

이렇듯 《한반도(韓半島)》를 침탈하여 《한반도》로부터 《한민족(韓民族)》을 내쫓고 말을 듣지 않으면 학살하고 일부의 《한민족》들은 《하층민》으로 전락시켜 지배하기 위해 《물고기》와 《어패류》와 《곤충》의 《영신》 진화를 하는 《반쪽짜리》 인간 무리들인 그들이 《한(漢)》나라를 세우고 초반부터 《한반도》와 《한민족》 정복 계획을 미리부터 세웠음을 《메시아(Messiah)》이신 《미륵불》이 분명히 밝히는 것이다.

지금의 《중국》에서 《물고기》와 《어패류》와 《곤충》 영신의 진화를 하는 《마왕신족(神族)》들이 바로 《한족(漢族)》들로서 이들이 현재의 《중국》 인구 중 $\frac{1}{4}$이 되며, 나머지가 《양(陽)》의 곰족(熊族)인 《다보불》 직계와 《다보불》 방계(傍系)인 《문수보살 1세》의 후손 《선비족(鮮卑族)》이 합하여 $\frac{1}{4}$이 되며, 다음으로 《노사나불》 방계(傍系)인 《연등불》 후손과 《무곡성불》 후손 합이 $\frac{1}{4}$이 되며, 그 다음으로 《구려족》이 《음양(陰陽)》으로 나누어진 《음(陰)》 《구려족》인 《한민족(韓民族)》을 제외한 《양(陽)》의 《구려족》이 $\frac{1}{4}$이 됨으로써 《한민족(韓民族)》의 사촌(四寸)들인 《형제 민족》이 《$\frac{3}{4}$》이다.

이러한 《한민족(韓民族)》 《형제민족》 《$\frac{3}{4}$》이 《한족(漢族)》으로 이름하는 《반쪽짜리》 인간 무리들로서 《악마(惡魔)의 신(神)》들인 《대마왕신족(神族)》들이 《한민족(韓民族)》 고유의 문자(文字)인 《한문(韓文)》의 발음문자인 《가림토 문자》 발음을 폐기하고 그들 고유의 《발음》으로 고침으로써 《한문(韓文)》을 탈취하여 《한문(漢文)》으로 이름하고 이러한 《문자(文字)》로써 《악마(惡魔)의 신(神)》들인 《대마왕신(神)》들이 그들 위주로 편향되게 《역사(歷史)》 기록을 함으로써 이러한 《역사(歷史)》 사기에 걸려든 《형제 민족》 《$\frac{3}{4}$》이 아직도 정신을 차리지 못하고 그들 자신도 《반쪽짜리》 인간 무리들인 《한족(漢族)》으로 이름하고 있는 서글픈 상태가 지금까지 지속되고 있는 것이다.

이렇듯 진실된 역사를 왜곡하고 《문자(文字)》를 찬탈하여 사기나 치는 천재적인 소질을 가진 민족들이 바로 《악마(惡魔)의 신(神)》들인 《대마왕신(神)》들과 그들 후손들인 《마왕신족(神族)》들로서의 《한족(漢族)》들이라는 사실을 꿰뚫어 보시기를 당부 드리는 바이며, 이렇듯 오래 전부터 미리 준비한 《악마(惡魔)의 신(神)》들인 《대마왕신(神)》들 계획의 실행을 위해 《고려 10대 정종》으로 이름하고 《악마(惡魔)의 신(神)》으로서 《대마왕신(神)》《천관파군 2세》인 《이오 신(神)》이 때에 《고려 왕조》 왕(王)으로 왔다는 사실을 깊이 인식하시기 바란다.

부 록

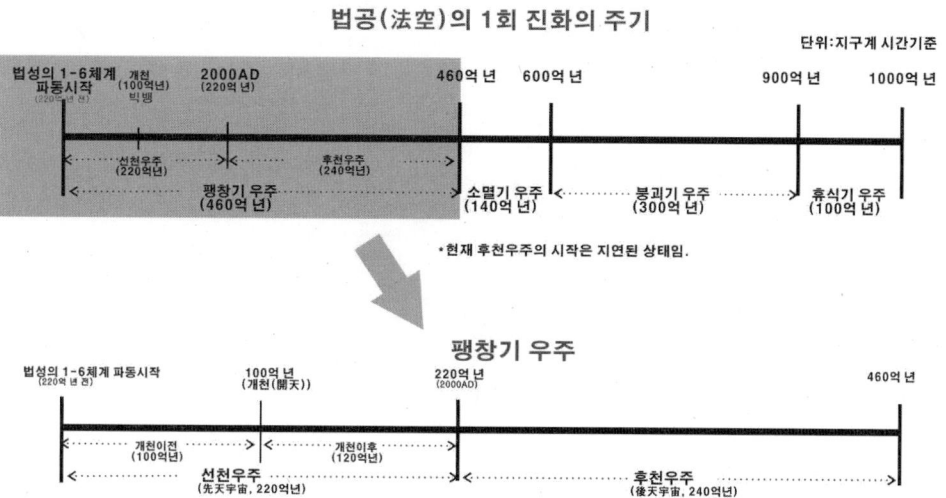

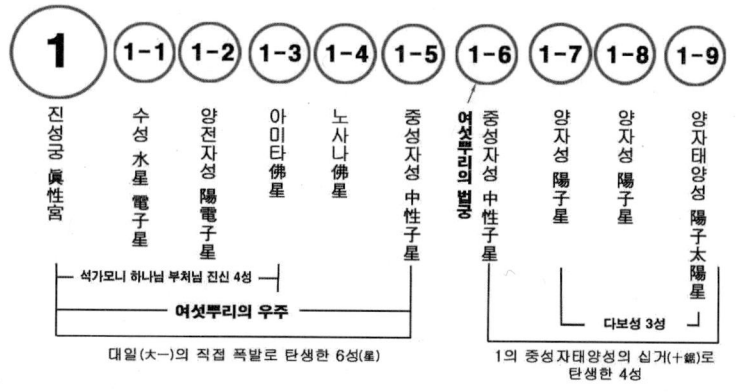

853

[그림] 천일궁(天一宮)을 포함한 천일우주(天一宇宙) 100의 궁(宮)

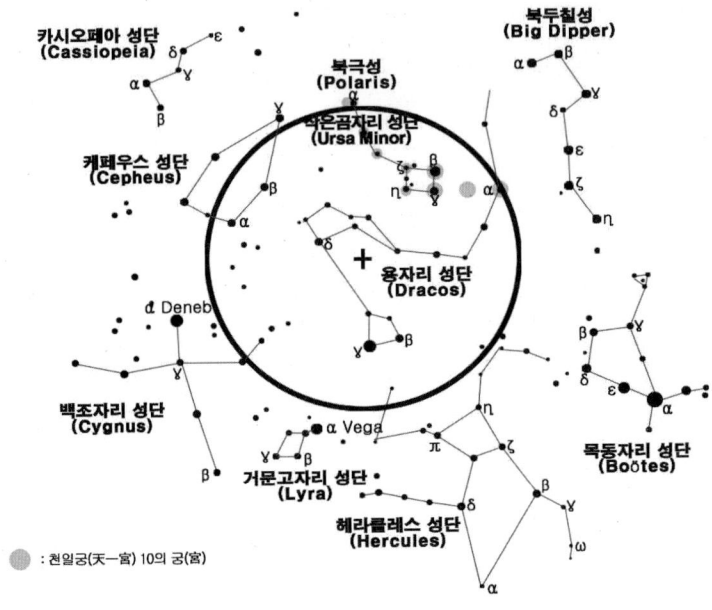

[도표] 지상에서의 문명과 지도하신 부처님

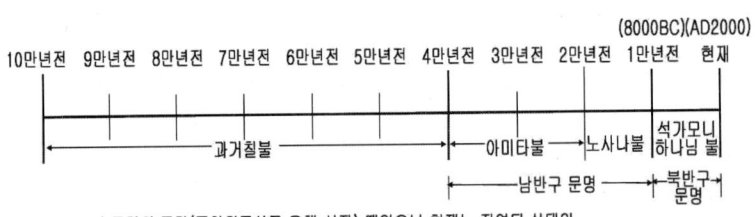

*서기 2000년 문명의 종말(중앙천궁상궁 운행 시작) 때였으나 현재는 지연된 상태임.

[지도] 고대 메소포타미아 지역의 수메르 문명과 수메르 문명권

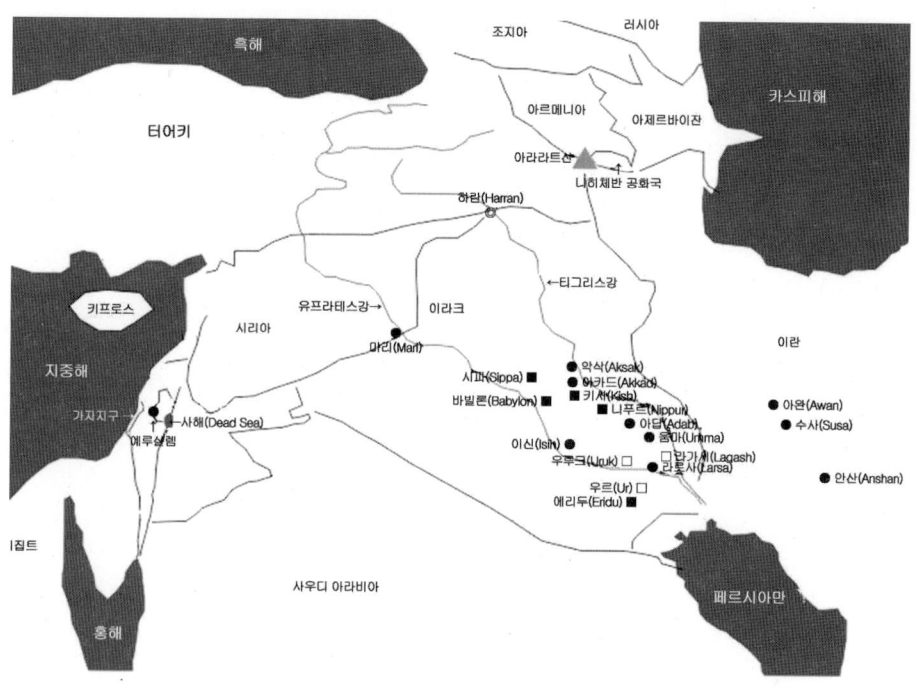

[지도] 북반구 문명(8000BC~AD2000) 최초의 한민족(韓民族) 국가인
한국(桓國)의 위치

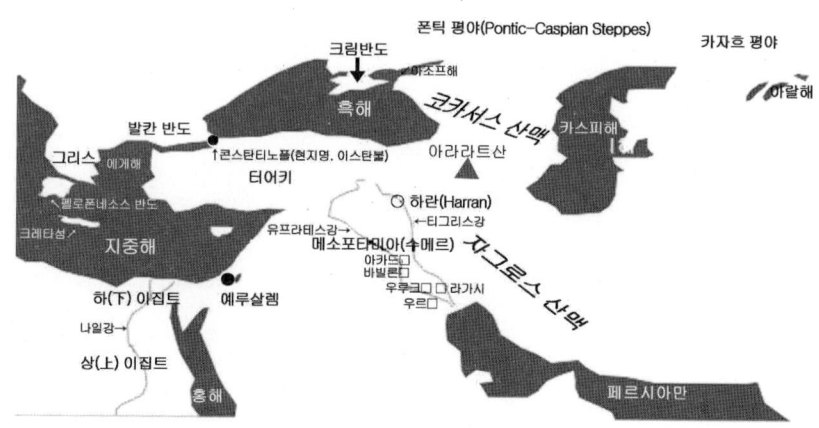

1국 3체제 구한(九桓)

1국(國)	한국(韓國)
3체제	일군국 객현한국 구막한제국
구한(九桓)	비리국 양운국 구다천국 우루국 구모액국 매구여국 또는 직구다구 사납아국 선비국(시위국, 통고사국) 수밀이국

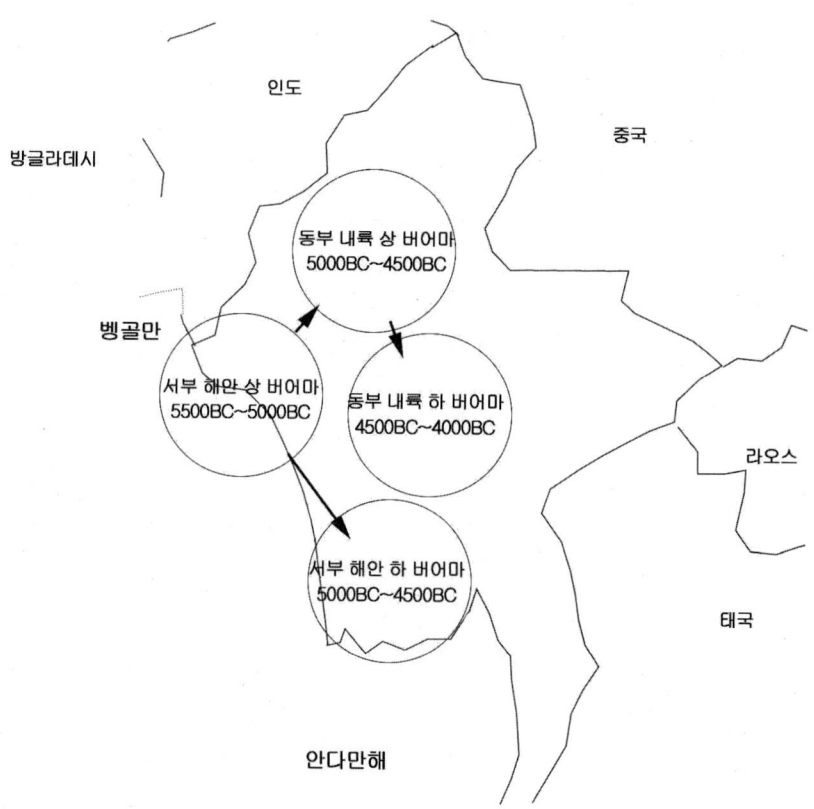

지도. 버어마(Burma) 1차 교화 영역 및 시기

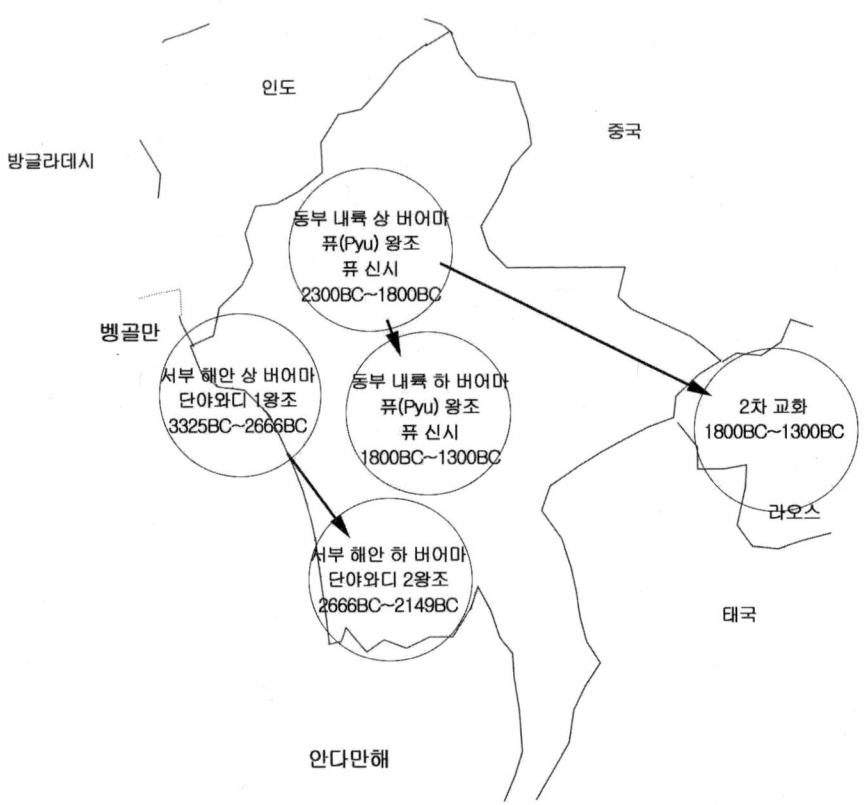

지도. 버어마(Burma) 2차 교화 영역 및 시기

※ 상기 그림은 단야와디 1왕조와 단야와디 2왕조의 위치를 표시한 것이고, 단야와디 1왕조와 2왕조의 통치는 2300BC까지 서부 해안과 동부 내륙의 상하버어마 전 지역에 걸쳐 이루어졌으며, 동부 내륙의 2차 교화는 2300BC부터 시작되었다.

지도. 태국 2차 교화기 문명 및 캄보디아 1차 교화기

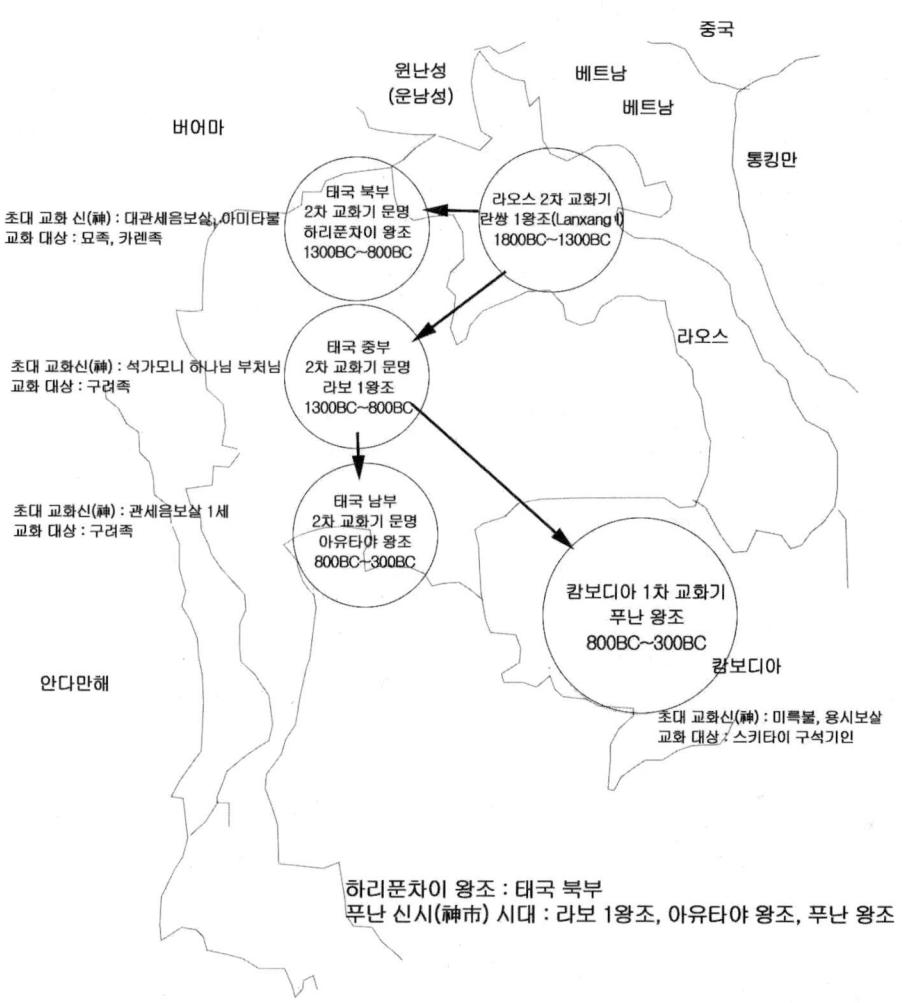

[지도] 고대 라오스 왕조들의 신시(神市) 위치

[표] 불교 구분

구분			비고
보살불교 (대승)	석가모니 하나님 부처님의 음(陰)의 불법	한단불교	한단불교 4대 경전(천부경, 삼일신고, 황제내경, 황제중경)
		바라문교(브라만교)	우파니샤드, 리그베다
		신라보살불교	천경신고
		로마신교(초기 기독교)	
성문불교 (소승)	석가모니 하나님 부처님의 양(陽)의 불법	성문의 불법 정토신앙	굴내결집본 능엄경, 무량수경, 승만경, 유마경
마왕불교	음(陰)의 독각불교	상좌부 연각과 독각불교	굴외결집본(굴내결집본 왜곡)
		대중부 독각불교	굴외결집본 왜곡
	양(陽)의 독각불교	당 마왕불교	굴외결집본 왜곡

[표] 불교 구분에 따른 구원자

불교 구분		구원자	비고
보살불교	석가모니 하나님 부처님의 음(陰)의 불법	석가모니 하나님 부처님	· 한단불교, 신라 보살불교 · 한단불교 경전 : 천부경, 삼일신고, 황제중경, 황제내경 · 신라 : 천경신고
성문불교	석가모니 하나님 부처님의 양(陽)의 불법	석가모니 하나님 부처님	· BC 1년 대아유타야 왕국의 허왕후가 금관가야에 가져 옴. · 《성문승(聲聞乘)》의 불법(佛法). 굴내결집본
마왕불교 (佛敎)	상좌부 연각과 독각불교	관세음보살	음음(陰陰)의 독각불교
	마왕관음불교	관세음보살	연각불교
	대중부 독각불교	악마(惡魔)의 신(神)인 석가모니	음양(陰陽)의 독각불교
	《당(唐)》 마왕불교	다보불	양(陽)의 독각불교

[표] 불교경전 결집과 불법 파괴

	시기	주최자	구원자	결과
1차 불법 파괴	503BC~497BC	악마(惡魔)의 신(神)인 《석가모니》	악마(惡魔)의 신(神)인 석가모니	· 묘법연화경
1차 경전결집 (굴내결집)	497BC~496BC	천왕불(아사세 왕(Ajatasatru))	석가모니 하나님 부처님	·《경율 2장》으로 된 《굴내결집본》 완성 ·《성문(聲聞)》의 불법
2차 불법 파괴 (굴외결집)	495BC~492BC	관세음보살 1세 (위제희 부인)		· 음(陰)의 독각불교 경전인 《굴외결집본》 완성
3차 불법 파괴	383BC~348BC (35년간)	비로자나 1세 (카라쇼카(Kalasoka) 왕) 악마(惡魔)의 신(神)인 석가모니(마하데바(Mahadeva))	악마(惡魔)의 신(神)인 석가모니	· 대중부 독각불교 경전
4차 불법 파괴		관세음보살 1세 (아쇼카왕(Ashoka, 재위 273BC~236BC))	관세음보살	·《경율논 3장》인 상좌부 연각과 독각불교 경전
5차 불법 파괴	AD608~AD649	다보불 문수보살 1세	다보불	· 양(陽)의 독각불교(당 마왕불교)

[표] 마왕불교 내에서의 관음신앙(觀音信仰)

마왕불교 구분		구원자	관음신앙
음(陰)의 독각불교	상좌부 연각과 독각 불교	관세음보살	관세음보살 : 관세음보살 1세
	대중부 독각불교	악마(惡魔)의 신(神)인 석가모니	관세음보살 :《관세음보살 1세》의《분신(分身)의 딸 2세》
양(陽)의 독각불교	당 마왕불교	다보불	관세음보살 :《관세음보살 1세》의《분신(分身)의 딸 1세》 해수관음 :《문수보살 1세》의 딸인《화엄보살》 천수천안관음 :《관세음보살 1세》의《분신(分身)의 딸 1세》의《분신(分身)의 딸》인《묘음보살》